RECHT WIRTSCHAFT STEUERN

GmbH-Recht in der Praxis

von

Professor Dr. Markus Gehrlein

Richter am Bundesgerichtshof, Karlsruhe
Honorarprofessor der Universität Mannheim

Professor Dr. Carl-Heinz Witt, LL.M.

Universität Erfurt

Michael Volmer

Notar, Starnberg

4., überbearbeitete und erweiterte Auflage 2019

Fachmedien Recht und Wirtschaft | dfv Mediengruppe | Frankfurt am Main

Bibliografische Information der Deutschen Nationalbibliothek

Die Deutsche Nationalbibliothek verzeichnet diese Publikation in der Deutschen Nationalbibliografie; detaillierte bibliografische Daten sind im Internet über www.dnb.de abrufbar.

ISBN: 978-3-8005-1686-5

dfv Mediengruppe

© 2019 Deutscher Fachverlag GmbH, Fachmedien Recht und Wirtschaft, Frankfurt am Main

www.ruw.de

Das Werk einschließlich aller seiner Teile ist urheberrechtlich geschützt. Jede Verwertung außerhalb der engen Grenzen des Urheberrechtsgesetzes ist ohne Zustimmung des Verlages unzulässig und strafbar. Das gilt insbesondere für Vervielfältigungen, Bearbeitungen, Übersetzungen, Mikroverfilmungen und die Einspeicherung und Verarbeitung in elektronischen Systemen.

Druckvorstufe: Lichtsatz Michael Glaese GmbH, 69502 Hemsbach

Druck und Verarbeitung: Appel & Klinger, Druck und Medien GmbH, 96277 Schneckenlohe

Printed in Germany

Vorwort

Die freundliche Aufnahme der Vorauflage des Praxis-Handbuchs macht eine Neuauflage erforderlich, deren Konzeption unverändert ist. Die Leserin und der Leser sollen mit dem GmbH-Recht in allen seinen wesentlichen Facetten vertraut gemacht werden, wobei die Rechtsprechung des Bundesgerichtshofs im Mittelpunkt steht, allerdings auch Entscheidungen der Oberlandesgerichte verstärkt Berücksichtigung finden. Besonderes Augenmerk wird selbstverständlich auf grundlegende Entscheidungen des BGH aus jüngerer Zeit gelegt, wie sie etwa die Gewährleistung beim Kauf von GmbH-Anteilen, die wirksame Beschlussfassung der Gesellschafter über die Einziehung eines solchen Anteils oder die Anforderungen an eine Ressortaufteilung unter den Geschäftsführern betreffen. Außerdem werden die aktuellen, durch Rechtsprechung und deutsche wie europäische Gesetzgebung veranlassten Neuerungen zur Gesellschafterliste eingehend dargestellt (Geldwäscheprävention, GesellschafterlistenVO). Wie in den Vorauflagen wird daneben der Stand des Schrifttums, insbesondere der Kommentarliteratur, referiert und Fragen der Vertragsgestaltung haben weiterhin großes Gewicht.

Eine Erweiterung bringt die Neuauflage mit Blick auf das Insolvenzrecht. So werden sowohl der Eigenverwaltung und dabei insbesondere den Fragen der Haftung von Geschäftsführern und Gesellschaftern als auch der GmbH in der Regelinsolvenz nunmehr eigene Kapitel gewidmet. Die Bearbeitung der somit neuen Kapitel 9 und 10 hat Markus Gehrlein ebenso übernommen wie weiterhin diejenige des Kapitels 8, in dem es um die Behandlung von Gesellschafterdarlehen in der Insolvenz geht. Hingegen wurde auf das in den beiden Vorauflagen beibehaltene Kapitel zum Eigenkapitalersatzrecht in der Neuauflage verzichtet. Dies schien den Autoren wie dem Verlag mehr als zehn Jahre, nachdem das Eigenkapitalersatzrecht im Zuge des Gesetzes zur Modernisierung des GmbH-Rechts und zur Bekämpfung von Missbräuchen (MoMiG) außer Kraft gesetzt wurde, trotz seiner Fortgeltung für Altfälle angemessen. Wie bisher stammen die Kapitel 1, 2 und 6 aus der Feder von Michael Volmer, zeichnet Carl-Heinz Witt für die Kapitel 3 bis 5, 7 und 11 verantwortlich.

In bewährter Weise liegt ein Schwerpunkt der Darstellung weiterhin auf Verständlichkeit, Transparenz und Prägnanz. Rechtsprechung und Schrifttum konnten durchgehend bis Frühsommer 2019 berücksichtigt werden.

Landau in der Pfalz, Erfurt, Starnberg, im Juli 2019
Markus Gehrlein
Carl-Heinz Witt
Michael Volmer

Inhaltsverzeichnis

Vorwort V
Abkürzungsverzeichnis XVII

Kapitel 1
Gründung der GmbH

I. Vorgründungsgesellschaft 3
    1. Vertragsschluss 3
    2. Rechtsnatur, Haftung 4
    3. Verhältnis der Vorgründungsgesellschaft zu Vor-GmbH und GmbH 4

II. Gesellschaftsvertrag 5
    1. Gesellschaftszweck 6
    2. Gesellschafter 9
    3. Mindestinhalt 11
    4. Körperschaftliche Regelungen 16
    5. Form 19
    6. Auslegung des Vertrages 23
    7. Inhaltskontrolle als AGB 24
    8. Vereinfachte Gründung bei Verwendung eines Musterprotokolls 24

III. Vorgesellschaft 29
    1. Rechtsnatur 29
    2. Rechtsfähigkeit 29
    3. Vertretung der Vorgesellschaft 31
    4. Innenverhältnis 31
    5. Einpersonen-GmbH 32
    6. Handeln für künftige GmbH 32

IV. Haftung für Verbindlichkeiten der Vorgesellschaft ... 33
    1. Problematik 33
    2. Unterbilanzhaftung 34
    3. Verlustdeckungshaftung 37
    4. Beweislast 38
    5. Handelndenhaftung 38
    6. Eigenkapitalersatz 41
    7. Unechte Vor-GmbH bei fehlender Eintragungsabsicht ... 42

V.	**Eintragung der GmbH**	44
	1. Anmeldung	44
	2. Registergerichtliche Prüfung	46
	3. Eintragung	48
VI.	**Fehlerhafte Gesellschaft**	48
	1. Vor-GmbH	48
	2. Eintragung der GmbH	49
	3. Unheilbare Beitrittsmängel	50
	4. Abtretung von Geschäftsanteilen	50
VII.	**Unternehmergesellschaft**	52
	1. Gründung	53
	2. Stammkapital	53
	3. Anmeldung	56
	4. Firma	56
	5. Folgen der Bildung des gesetzlichen Mindeststammkapitals	56
VIII.	**Vorratsgründung, Mantelverwendung**	58
	1. Vorratsgründung	58
	2. Mantelverwendung	59
	3. Registerrechtliche Kontrolle	60
	4. Unterbilanzhaftung	62
	5. Handelndenhaftung	63
	6. Fazit zu Mantelverwendung	63

Kapitel 2
Die Mitgliedschaft in der GmbH

I.	**Mitgliedschaft und Geschäftsanteil**	66
	1. Begriff	66
	2. Mehrere Geschäftsanteile	67
	3. Veräußerlichkeit des Geschäftsanteils	68
	4. Vererblichkeit des Geschäftsanteils	70
II.	**Formzwang der Anteilsveräußerung**	72
	1. Zweck des Formgebots	73
	2. Verpflichtungsgeschäft	73
	3. Heilung des formwidrigen Verpflichtungsgeschäfts	79
	4. Verfügungsgeschäft	81
III.	**Gewährleistung bei Anteilsveräußerung**	81
	1. Unterscheidung zwischen Rechts- und Unternehmenskauf	81
	2. Unmöglichkeit	82

	3. Wegfall der Geschäftsgrundlage	83
	4. Aufklärungspflichten	83
	5. Ergebnisabgrenzungsvereinbarung zwischen Verkäufer und Käufer	83
	6. Bereicherungsausgleich bei unwirksamer Übertragung eines Kundenstamms	84
	7. Kapitalerhöhung keine Anteilsveräußerung	84
IV.	**Beschränkung der Abtretung (Vinkulierung)**	**85**
	1. Regelungszweck	85
	2. Satzungsgrundlage	86
	3. Genehmigungsberechtigter	87
	4. Genehmigung	88
	5. Erteilung der Genehmigung	88
	6. Reichweite der Vinkulierung	89
V.	**Fehlerhafte Übertragung eines Geschäftsanteils**	**91**
VI.	**Teilung und Zusammenlegung von Geschäftsanteilen**	**92**
VII.	**Mitberechtigung am Geschäftsanteil**	**93**
	1. Regelungszweck	93
	2. Mitberechtigung	93
	3. Gemeinschaftliche Rechtsausübung	94
	4. Haftung der Mitberechtigten	95
	5. Rechtshandlungen der GmbH gegenüber Mitberechtigten	96
VIII.	**Nachweis der Gesellschafterstellung**	**96**
	1. Gesellschafterliste	96
	2. Ausübung der Gesellschafterrechte	108
	3. Gutgläubiger Erwerb von Geschäftsanteilen	113
	4. Fehlerhafte Listenerstellung	122
IX.	**Gewinnausschüttung**	**123**
	1. Gewinnanspruch	123
	2. Konkludenter Beschluss – Vorabausschüttung	123
	3. Fehlender Gesellschafterbeschluss	124
	4. Einpersonengesellschaft	124

Kapitel 3
Verlust der Mitgliedschaft

I.	**Einziehung**	**126**
	1. Differenzierung zwischen Einziehung und Ausschließung	126
	2. Begriff der Einziehung	126

Inhaltsverzeichnis

	3. Satzungsgrundlage	127
	4. Zustimmung des Betroffenen bei freiwilliger Einziehung	130
	5. Erhaltung des Stammkapitals	131
	6. Durchführung der Einziehung	132
	7. Rechtsfolgen der Einziehung – Abfindung	135
	8. Rechtmäßigkeitsprüfung	141
II.	**Ausschließung eines Gesellschafters aus wichtigem Grund**	142
	1. Verhältnis von Ausschließung und Einziehung	142
	2. Ausschließung als Ergebnis der Rechtsfortbildung	143
	3. Beispiele möglicher Ausschließungsgründe	144
	4. Satzungsregeln zur Bestimmung von Ausschließungsgründen	148
	5. Durchführung der Ausschließung	153
	6. Abfindung	160
III.	**Austritt eines Gesellschafters**	164
	1. Austritt bei wichtigem Grund	164
	2. Austritt mit Einverständnis der Gesellschaft	165

Kapitel 4
Die Gesellschafterversammlung

I.	**Kompetenzen der Gesellschafterversammlung**	169
	1. Zwingende Zuständigkeiten	169
	2. Statutarische Regelungen	169
	3. Zuständigkeitskatalog des § 46 GmbHG	170
II.	**Einberufung der Gesellschafterversammlung**	186
	1. Einberufungskompetenz	186
	2. Form, Inhalt und Frist der Einberufung	191
	3. Heilung von Einberufungsmängeln	195
III.	**Beschlussfassung**	197
	1. Ablauf der Versammlung	197
	2. Mehrheitserfordernisse	200
	3. Teilnahmerecht	201
	4. Stimmrecht	204
	5. Beschlussfassung außerhalb einer Gesellschafterversammlung	218
	6. Kombinierte Beschlussfassung	219
IV.	**Rechtliche Kontrolle von Gesellschafterbeschlüssen**	220
	1. Anwendbarkeit von Anfechtungs- und Nichtigkeitsklage	220
	2. Schwebende Unwirksamkeit eines Beschlusses	223

3. Nichtigkeit von Beschlüssen........................... 224
4. Anfechtbarkeit von Beschlüssen....................... 230

Kapitel 5
Der Geschäftsführer

I. Geschäftsführer als Vertretungs- und Geschäftsführungsorgan. 238
   1. Funktion des Geschäftsführers........................ 238
   2. Vertretung.. 239
   3. Geschäftsführung.................................... 251
II. Organverhältnis.. 256
   1. Unterscheidung zwischen Organ- und Anstellungsverhältnis.... 256
   2. Berufung in das Organverhältnis...................... 258
   3. Beendigung der Organstellung......................... 265
III. Anstellungsverhältnis.................................. 276
   1. Begründung des Anstellungsverhältnisses............... 276
   2. Rechte des Geschäftsführers.......................... 284
   3. Pflichten des Geschäftsführers....................... 298
   4. Beendigung des Anstellungsverhältnisses............... 305
IV. Haftung des Geschäftsführers........................... 317
   1. Ansprüche der GmbH gegen den Geschäftsführer.......... 317
   2. Ansprüche der Gläubiger der GmbH..................... 347
   3. Ansprüche der Veräußerer und Erwerber eines
      Geschäftsanteils.................................... 357
V. Haftung von Prokuristen und Handlungsbevollmächtigten..... 358
   1. Verletzung des Anstellungsvertrages.................. 358
   2. Deliktische Haftung................................. 359

Kapitel 6
Sicherung der Kapitalaufbringung

I. Kapitalaufbringung als Korrelat der Haftungsbefreiung...... 362
II. Unversehrtheitsgrundsatz............................... 363
   1. Verwirklichung durch Differenzhaftung................ 363
   2. Mehrzahlung über Mindesteinlage hinaus............... 364
III. Zahlung der Bareinlage................................ 364
   1. Fälligkeit der Bareinlage........................... 364
   2. Gleichmäßige Behandlung der Gesellschafter........... 365

Inhaltsverzeichnis

  3. Erfüllung der Bareinlageschuld. 366
  4. Verjährung. 378
  5. Befreiungsverbot. 379
  6. Aufrechnungsverbot 381
 IV. **Erbringung der Sacheinlage** 385
  1. Begriff. 385
  2. Gegenstand einer Sacheinlage. 386
  3. Gutgläubiger Erwerb der GmbH von einem Gesellschafter 387
  4. Verdeckte Sacheinlage 388
 V. **Kapitalerhöhung** 396
  1. Verwirklichung der Kapitalerhöhung 396
  2. Fälligkeit. 398
  3. Zeitpunkt der Zahlung. 399
  4. Vorausleistungen 399
  5. Zahlung auf im Debet geführtes Konto. 402
  6. Ausschüttungs-Rückhol-Verfahren 402
  7. Genehmigtes Kapital. 404
 VI. **Kaduzierung** 405
  1. Anwendungsbereich 405
  2. Verfahrensgang 405
  3. Wirkungen. 408

Kapitel 7
Sicherung der Kapitalerhaltung

 I. **Prinzip des Kapitalschutzes** 414
  1. Notwendigkeit der Kapitalerhaltung 414
  2. Ausgestaltung des Kapitalschutzes 415
  3. Unterschiede zwischen GmbH- und Aktienrecht 418
 II. **Reichweite des Vermögensschutzes**. 418
  1. Stammkapital als Ausgangsgröße 418
  2. Auszahlungsverbot 420
  3. Unterbilanz und Überschuldung 429
  4. Unterbilanz 429
  5. Überschuldung 432
  6. Anwendbarkeit auf die GmbH & Co. KG 438
 III. **Auszahlungsempfänger** 439
  1. Gesellschafter 439
  2. Dritte 441

IV.	Der Erstattungsanspruch	445
	1. Umfang des Anspruchs	445
	2. Inhalt des Anspruchs	445
	3. Fälligkeit des Anspruchs	446
	4. Nachträgliche Auffüllung des Stammkapitals	447
	5. Anspruch gegen gutgläubigen Gesellschafter	448
	6. Aufrechnung, Erlass, Stundung	448
	7. Ausfallhaftung	449
	8. Verjährung	451
	9. Darlegungs- und Beweislast	451
	10. Erstattungsanspruch bei Verstoß gegen § 43a GmbHG	452
V.	**Ansprüche gegen Gesellschafter wegen existenzvernichtenden Eingriffs**	452
	1. Haftungsvoraussetzungen	453
	2. Rechtsfolgen	457
	3. Haftung im qualifiziert faktischen Konzern	458
VI.	**Durchgriffshaftung**	459
	1. Vermögensvermischung	460
	2. Sphärenvermischung	461
	3. Unterkapitalisierung	461
	4. Einpersonengesellschaft	462
	5. Umgekehrter Durchgriff	462
VII.	**Weitere Haftung von Gesellschaftern**	463
	1. Mithaftung des Gesellschafters neben der GmbH	463
	2. Haftung der Gesellschafter untereinander	464

**Kapitel 8
Gesellschafterdarlehen in der Insolvenz**

I.	**Legitimationsgrundlage der gesetzlichen Regelung**	466
II.	**Befriedigung eines Darlehens (§ 135 Abs. 1 Nr. 2 InsO)**	467
	1. Entbehrlichkeit einer Krise	467
	2. Rechtshandlung, Gläubigerbenachteiligung	468
	3. Gesellschafterdarlehen	469
	4. Befriedigung einer gleichgestellten Forderung	472
	5. Einbeziehung verbundener Unternehmen	476
	6. Darlehen naher Angehöriger	478

III. Anfechtung der Besicherung eines Gesellschafterdarlehens (§ 135 Abs. 1 Nr. 1 InsO) 479
1. Begriff der Sicherung 479
2. Keine Sperrwirkung des § 135 Abs. 1 Nr. 2 für § 135 Abs. 1 Nr. 1 InsO 480
3. Bargeschäftsprivileg unanwendbar 481
4. Abgabe der Beteiligung.................................. 482

IV. Freiwerden einer für ein Drittdarlehen gegebenen Gesellschaftersicherung (§ 135 Abs. 2 InsO) 483
1. Rechtshandlung... 483
2. Erwerb der Gesellschafterstellung nach Sicherheitengewährung . 484
3. Gläubigerbenachteiligung............................... 485

V. Nutzungsanspruch der insolventen Gesellschaft gegen Gesellschafter (§ 135 Abs. 3 InsO) 486
1. Kein Anspruch auf unentgeltliche Nutzungsüberlassung 486
2. Aussonderungssperre 487

VI. Gewährung eines Gesellschafterdarlehens keine unentgeltliche Leistung.. 490

VII. Rangrücktritt 491
1. Inhalt der Erklärung 491
2. Rechtsfolge eines Rangrücktritts......................... 492
3. Anfechtbarkeit einer trotz eines Rangrücktritts geleisteten Zahlung.. 494

Kapitel 9
Haftung in der Eigenverwaltung

I. Einleitung 497

II. Aufgabenzuweisung in der Eigenverwaltung.................. 498

III. Haftung des Geschäftsführers............................... 499
1. Zahlungsverbot des § 64 GmbHG......................... 499
2. Insolvenzverschleppungshaftung 506
3. Haftung aus § 43 Abs. 2 GmbHG, § 93 Abs. 2 AktG.......... 507
4. Haftung aus §§ 60, 61 InsO.............................. 512

IV. Haftung der Gesellschafter 519
1. Einflussnahme auf die Geschäftsführung 519
2. Gesellschaft mit beschränkter Haftung (GmbH).............. 521
3. Offene Handelsgesellschaft (oHG)......................... 522

V.	**Geltendmachung der Ansprüche**	523
	1. Inhalt der Verweisungsnormen	523
	2. Folgerungen.	524
	3. Besonderheiten bei der GmbH	526
VI.	**Fazit**	527

Kapitel 10
Die GmbH in der Regelinsolvenz

I.	**Eröffnungsverfahren**	530
	1. Eigenantrag einer juristischen Person	530
	2. Fremdantrag	533
	3. Zahlungsunfähigkeit	534
	4. Nachrangigkeit einer Forderung	536
	5. Offene Gesellschafterdarlehen als Insolvenzgrund	538
	6. Befriedigungsaussichten	539
II.	**Abgrenzung der Befugnisse im eröffneten Verfahren**	539
	1. Umfang des Insolvenzbeschlags	539
	2. Grundsätze ordnungsgemäßer Verwaltung	542
	3. Befugnisse des Verwalters.	543
	4. Organisationsverfassung der Gesellschaft	548
III.	**Auskunftspflichten der Geschäftsleiter**	557
	1. Grundsatz	558
	2. Umfang der Auskunftspflicht	558
IV.	**Haftung**	559
	1. Haftungsbereiche	559
	2. Geschützter Personenkreis	559
	3. Haftungsmaßstab	560
	4. Zurechnung von Pflichtverletzungen des Verwalters zum Nachteil der Masse	562
V.	**Insolvenz und Bestand der Gesellschaft**	562
	1. Auflösung der Gesellschaft	563
	2. Liquidation der Gesellschaft	563
	3. Löschung der Gesellschaft	564
	4. Fortsetzung der aufgelösten Gesellschaft	565

Kapitel 11
Auflösung und Beendigung der GmbH

I. **Auflösung, Liquidation und Beendigung der Gesellschaft** 567
   1. Beendigung einer GmbH in drei Phasen 567
   2. Zusammenfallen von Auflösung und Beendigung 568

II. **Auflösungsgründe** 569
   1. Befristung 569
   2. Auflösungsbeschluss 570
   3. Auflösung kraft Hoheitsakts 572
   4. Insolvenzeröffnung 575
   5. Ablehnung der Insolvenzeröffnung 576
   6. Registergerichtliche Verfügung 576
   7. Gesellschaftsvertragliche Auflösungsgründe 576

III. **Fortsetzung einer aufgelösten GmbH** 577
   1. Fortsetzungsbeschluss 578
   2. Keine Vollbeendigung 578
   3. Beseitigung des Auflösungsgrundes 579

IV. **Liquidation** 582
   1. Bestellung und Anstellung des Liquidators 582
   2. Vertretungsmacht der Liquidatoren 583
   3. Aufgaben der Liquidatoren im Innenverhältnis 586

V. **Vollbeendigung** 591

Literaturverzeichnis 593

Sachregister 595

Abkürzungsverzeichnis

a. A.	andere(r) Ansicht
a. a. O.	am angegebenen Ort
a. E.	am Ende
a. F.	alte(r) Fassung
Abs.	Absatz
AG	Aktiengesellschaft / Die Aktiengesellschaft (Zeitschrift)
AGB	Allgemeine Geschäftsbedingungen
AGBG	Gesetz zur Regelung des Rechts der Allgemeinen Geschäftsbedingungen
AGG	Allgemeines Gleichbehandlungsgesetz
AktG	Aktiengesetz
allg. M.	allgemeine Meinung
AnfG	Gesetz über die Anfechtung von Rechtshandlungen eines Schuldners außerhalb des Insolvenzverfahrens (Anfechtungsgesetz)
Anh.	Anhang
AO	Abgabenordnung
ApoG	Gesetz über das Apothekenwesen
ArbGG	Arbeitsgerichtsgesetz
ArbZG	Arbeitszeitgesetz
Art.	Artikel
Aufl.	Auflage
AuslG	Gesetz über die Einreise und den Aufenthalt von Ausländern im Bundesgebiet (Ausländergesetz)
BAG	Bundesarbeitsgericht
BAGE	Entscheidungen des Bundesarbeitsgerichts (amtliche Sammlung)
BausparkG	Gesetz über Bausparkassen
BayObLG	Bayerisches Oberstes Landesgericht
BB	Betriebs-Berater (Zeitschrift)
BeckRS	Beck-Rechtsprechung
Beschl.	Beschluss
BetrAVG	Gesetz zur Verbesserung der betrieblichen Altersversorgung (Betriebsrentengesetz)
BFH	Bundesfinanzhof
BGB	Bürgerliches Gesetzbuch
BGBl.	Bundesgesetzblatt
BGH	Bundesgerichtshof

Abkürzungsverzeichnis

BGHZ	Entscheidungen des Bundesgerichtshofs in Zivilsachen (amtliche Sammlung)
BilMoG	Gesetz zur Modernisierung des Bilanzrechts (Bilanzrechtsmodernisierungsgesetz)
BR	Bundesrat
BRAO	Bundesrechtsanwaltsordnung
BSG	Bundessozialgericht
BT	Bundestag
BZRG	Gesetz über das Zentralregister und das Erziehungsregister (Bundeszentralregistergesetz)
DAV	Deutscher Anwaltverein e. V.
DB	Der Betrieb (Zeitschrift)
DDR	Deutsche Demokratische Republik
d. h.	das heißt
DNotZ	Deutsche Notar-Zeitschrift
DrittelbG	Gesetz über die Drittelbeteiligung der Arbeitnehmer im Aufsichtsrat (Drittelbeteiligungsgesetz)
Drucks.	Drucksache
DStR	Deutsches Steuerrecht (Zeitschrift)
EFZG	Gesetz über die Zahlung des Arbeitsentgelts an Feiertagen und im Krankheitsfall (Entgeltfortzahlungsgesetz)
EGGmbHG	Einführungsgesetz zum Gesetz betreffend die Gesellschaften mit beschränkter Haftung
EGInsO	Einführungsgesetz zur Insolvenzordnung
EStDV	Einkommensteuer-Durchführungsverordnung
EStG	Einkommensteuergesetz
etc.	et cetera
EuGH	Gerichtshof der Europäischen Gemeinschaften (Europäischer Gerichtshof)
e. V.	eingetragener Verein
f./ff.	folgende
FamFG	Gesetz über das Verfahren in Familiensachen und in den Angelegenheiten der freiwilligen Gerichtsbarkeit
FGG	Gesetz über die Angelegenheiten der freiwilligen Gerichtsbarkeit
Fn.	Fußnote(n)
GbR	Gesellschaft bürgerlichen Rechts

Abkürzungsverzeichnis

GenG	Gesetz betreffend die Erwerbs- und Wirtschaftsgenossenschaften (Genossenschaftsgesetz)
GG	Grundgesetz
Ggs.	Gegensatz
GmbH	Gesellschaft mit beschränkter Haftung
GmbHG	Gesetz betreffend die Gesellschaften mit beschränkter Haftung
GmbHR	GmbH-Rundschau (Zeitschrift)
GVG	Gerichtsverfassungsgesetz
h. L.	herrschende Lehre
h. M.	herrschende Meinung
HGB	Handelsgesetzbuch
HReg	Handelsregister
HRV	Handelsregisterverordnung
HS	Halbsatz
HypBG	Hypothekenbankgesetz
i. L.	in Liquidation
InsO	Insolvenzordnung
i. S.	im Sinne
i. V.	in Verbindung
KG	Kommanditgesellschaft/Kammergericht
KGaA	Kommanditgesellschaft auf Aktien
KSchG	Kündigungsschutzgesetz
KStG	Körperschaftsteuergesetz
KWG	Gesetz über das Kreditwesen (Kreditwesengesetz)
LG	Landgericht
LS	Leitsatz/Leitsätze
MitbestG	Gesetz über die Mitbestimmung der Arbeitnehmer (Mitbestimmungsgesetz)
MittBayNot	Mitteilungen des Bayerischen Notarvereins, der Notarkasse und der Landesnotarkammer Bayern (Zeitschrift)
MoMiG	Gesetz zur Modernisierung des GmbH-Rechts und zur Bekämpfung von Missbräuchen
MontanMitbestG	Gesetz über die Mitbestimmung der Arbeitnehmer in den Aufsichtsräten und Vorständen der Unternehmen des Bergbaus und der Eisen und Stahl erzeigenden Industrie (Montan-Mitbestimmungsgesetz)

Abkürzungsverzeichnis

m.w.N.	mit weiteren Nachweisen
Nachw.	Nachweis(e)
NJW	Neue Juristische Wochenschrift
NJW-RR	NJW-Rechtsprechungsreport
Nr.	Nummer(n)
NZA	Neue Zeitschrift für Arbeitsrecht
NZG	Neue Zeitschrift für Gesellschaftsrecht
NZI	Neue Zeitschrift für das Recht der Insolvenz und Sanierung
OHG	Offene Handelsgesellschaft
OLG	Oberlandesgericht
PartGG	Gesetz über Partnerschaftsgesellschaften Angehöriger freier Berufe (Partnerschaftsgesellschaftsgesetz)
PublG	Gesetz über die Rechnungslegung von bestimmten Unternehmen und Konzernen (Publizitätsgesetz)
RG	Reichsgericht
RGZ	Entscheidungen des Reichsgerichts in Zivilsachen (amtliche Sammlung)
Rn.	Randnummer(n)
S.	Seite(n)
SCE	Societas Coorperativa Europaea
SchiffsBG	Schiffsbankgesetz
SE	Societas Europaea
SGB	Sozialgesetzbuch
SGG	Sozialgerichtsgesetz
Slg.	Sammlung
sog.	sogenannte(r)
StBerG	Steuerberatungsgesetz
StGB	Strafgesetzbuch
Tz.	Textzahl(en)
UG	Unternehmergesellschaft
UmwG	Umwandlungsgesetz
Urt.	Urteil
v.	von/vom

VAG	Gesetz über die Beaufsichtigung der Versicherungsunternehmen (Versicherungsaufsichtsgesetz)
vgl.	vergleiche
VwGO	Verwaltungsgerichtsordnung
VwZG	Verwaltungszustellungsgesetz
WM	Wertpapier-Mitteilungen, Zeitschrift für Wirtschafts- und Bankrecht
WPO	Gesetz über die Berufsordnung der Wirtschaftsprüfer (Wirtschaftsprüferordnung)
z.B.	zum Beispiel
ZInsO	Zeitschrift für das gesamte Insolvenzrecht
ZIP	Zeitschrift für Wirtschaftsrecht
ZNotP	Zeitschrift der Notarpraxis
ZPO	Zivilprozessordnung
ZVG	Gesetz über die Zwangsversteigerung und die Zwangsverwaltung

Kapitel 1
Gründung der GmbH

Übersicht

	Rn.
I. Vorgründungsgesellschaft	2
1. Vertragsschluss	3
2. Rechtsnatur, Haftung	4
3. Verhältnis der Vorgründungsgesellschaft zu Vor-GmbH und GmbH	5
a) Trennung der Rechtsgebilde	5
b) Haftungsübernahme	6
II. Gesellschaftsvertrag	7
1. Gesellschaftszweck	8
a) Zweck und Unternehmensgegenstand	8
b) Mögliche Zwecke	9
c) Rechtsfolgen eines unzulässigen Zwecks	12
2. Gesellschafter	13
a) Natürliche Personen	13
b) Juristische Personen	14
c) Einpersonengründung	15
3. Mindestinhalt	16
a) Firma	17
b) Sitz	19
c) Unternehmensgegenstand	20
d) Höhe des Stammkapitals	21
e) Betrag der einzelnen Stammeinlagen	22
4. Körperschaftliche Regelungen	23
5. Form	27
a) Notarielle Beurkundung	27
b) Ausländische Beurkundung	28
c) Materielle Satzungsbestandteile	29
d) Änderungen des Vertrages	30
e) Vorvertrag	31
f) Treuhand	32
6. Auslegung des Vertrages	33
7. Inhaltskontrolle als AGB	34
8. Vereinfachte Gründung bei Verwendung eines Musterprotokolls	35

	Rn.
a) Wahl des Musterprotokolls	36
b) Der Geschäftsführer	37
c) Eintragung trotz Abweichung vom Musterprotokoll	39
d) Änderung des als Gesellschaftsvertrag fungierenden Musterprotokolls	40
III. Vorgesellschaft	41
1. Rechtsnatur	41
2. Rechtsfähigkeit	42
3. Vertretung der Vorgesellschaft	43
4. Innenverhältnis	44
5. Einpersonen-GmbH	45
6. Handeln für künftige GmbH	46
IV. Haftung für Verbindlichkeiten der Vorgesellschaft	47
1. Problematik	47
2. Unterbilanzhaftung	48
a) Grundlagen	48
b) Voraussetzungen	49
3. Verlustdeckungshaftung	52
4. Beweislast	53
5. Handelndenhaftung	54
a) Handelnder	55
b) Rechtsgeschäftliches Handeln	56
c) Umfang der Haftung	57
d) Erlöschen der Haftung	58
e) Rückgriffsanspruch des Handelnden	59
6. Eigenkapitalersatz	60
7. Unechte Vor-GmbH bei fehlender Eintragungsabsicht	61
a) Gesamtschuldnerische Außenhaftung	61
b) Einpersonengründung, Treuhand	62
c) Feststellung der Aufgabe der Eintragungsabsicht	63
d) Vertretung	64

Volmer

Kap. 1 Gründung der GmbH

	Rn.
V. Eintragung der GmbH	66
1. Anmeldung	66
a) Allgemeines	66
b) Geschäftsanschrift	67
2. Registergerichtliche Prüfung	68
3. Eintragung	70
VI. Fehlerhafte Gesellschaft	71
1. Vor-GmbH	72
a) Grundsätze der fehlerhaften Gesellschaft	72
b) Abwicklung	73
2. Eintragung der GmbH	74
3. Unheilbare Beitrittsmängel	75
4. Abtretung von Geschäftsanteilen	76
a) Vor-GmbH	76
b) Eingetragene GmbH	77
VII. Unternehmergesellschaft	78

	Rn.
1. Gründung	79
2. Stammkapital	80
a) Mindeststammkapital	80
b) Rücklage	82
3. Anmeldung	84
4. Firma	85
5. Folgen der Bildung des gesetzlichen Mindeststammkapitals	86
VIII. Vorratsgründung, Mantelverwendung	87
1. Vorratsgründung	88
2. Mantelverwendung	90
3. Registerrechtliche Kontrolle	91
4. Unterbilanzhaftung	95
5. Handelndenhaftung	96
6. Fazit zu Mantelverwendung	97

1 Die GmbH kann als eine in das Handelsregister eingetragene, mit selbstständiger Rechtspersönlichkeit ausgestattete Handelsgesellschaft definiert werden, die jedem erlaubten Zweck dienen kann und deren Gesellschafter mit Einlagen auf das in Teile zerlegte Stammkapital beteiligt sind, ohne persönlich für die Verbindlichkeiten der Gesellschaft zu haften.[1] Sie ist Formkaufmann (§ 6 HGB) und Unternehmer (§ 343 HGB, § 14 BGB). Bekanntlich ist die Bezeichnung „mit beschränkter Haftung" zumindest unscharf, weil die GmbH ihren Gläubigern unbeschränkt haftet (§ 13 Abs. 2 GmbHG), das Haftungsprivileg vielmehr nur ihre Gesellschafter genießen. Als juristische Person (§ 13 GmbHG) entsteht die GmbH mit der Eintragung in das Handelsregister (§ 11 GmbHG). Der erste Abschnitt des GmbH-Gesetzes befasst sich in den §§ 1 bis 11 mit den Voraussetzungen für die Eintragung der GmbH. Die GmbH wird mit Abschluss des Gesellschaftsvertrages **errichtet**, mit ihrer Eintragung in das Handelsregister **gegründet**.[2] Die Gründung der GmbH vollzieht sich in fünf Schritten (nicht notwendig in der nachgenannten Reihenfolge, was die Erstellung der Dokumente angeht): Abschluss des Gesellschaftsvertrages (§ 2 GmbHG), Bestellung der Geschäftsführer (§ 6 GmbHG), Leistungen auf den Geschäftsanteil (§ 7 Abs. 2 und 3 GmbHG), Anmeldung zum Handelsregister (§§ 7 Abs. 1, 8 GmbHG) sowie schließlich registergerichtliche Prüfung, Eintragung und Bekanntmachung (§§ 9c, 10, 11 GmbHG).[3]

---

1 Rowedder/Schmidt-Leithoff/*C. Schmidt-Leithoff*, § 1 Rn. 3.
2 Lutter/Hommelhoff/*Bayer*, § 1 Rn. 1.
3 Roth/*Altmeppen*, § 1 Rn. 2.

I. Vorgründungsgesellschaft

Den Zeitraum vor Errichtung der GmbH (also vor notarieller Beurkundung) bezeichnet man als **Vorgründungsstadium**. In diesem Stadium kann – muss aber nicht – eine Vorgründungsgesellschaft bestehen. Sie ist mit der schließlich eingetragenen GmbH nicht identisch. Erst mit Abschluss des Gesellschaftsvertrages entsteht die Vor-GmbH oder Vorgesellschaft, die nach Eintragung in das Handelsregister von der (fertigen) GmbH abgelöst wird.

1. Vertragsschluss

Es sind – bei uneinheitlicher Terminologie[4] – zwei Formen der Vorgründungsgesellschaft zu unterscheiden: Die Gesellschafter können einen der Form des § 2 GmbHG unterliegenden **Vorvertrag** schließen, durch den sie sich zum späteren Abschluss eines GmbH-Gesellschaftsvertrages verpflichten und den Inhalt des künftigen Vertrages weitgehend festlegen. In dieser Konstellation spricht man von einer **Vorgründungsgesellschaft im engeren Sinn**. Daneben können sich die Gründer, ohne den Inhalt des Gesellschaftsvertrages vorzuzeichnen, formfrei verpflichten, fördernd auf die spätere Errichtung einer GmbH hinzuwirken. Dieser Fall wird als **Vorgründungsgesellschaft im weiteren Sinn** bezeichnet.[5] Der Zweck der Vorgründungsgesellschaft ist darauf gerichtet, durch gemeinsames Zusammenwirken eine GmbH zu gründen. Mit Errichtung des Gesellschaftsvertrages wird die Vorgründungsgesellschaft wegen Zweckerreichung (§ 726 BGB) aufgelöst. Da die Vorgründungsgesellschaft regelmäßig nur als vermögenslose Innengesellschaft besteht (und sie keine bei ihr verbleibenden Verbindlichkeiten eingeht – die Gründungkosten werden auf die einzutragende GmbH verlagert), findet auch keine erkennbare Liquidation statt. Dazu trägt insbesondere bei, dass die Kreditinstitute in der Regel erst nach Errichtung der GmbH zu einer Kontoeröffnung bereit sind. Der Vorgründungsgesellschaft fehlt damit weitgehend die Möglichkeit, als solche aktiv am Rechtsverkehr teilzunehmen. (Die Gesellschafter könnten alternativ als GbR auftreten, aber dann liegt die Nicht-Identität offen zutage.) Das OLG Schleswig hat die Annahme einer Vorgründungsgesellschaft auf eine Kapitalerhöhung übertragen,[6] um insbesondere bei Fehlschla-

---
4 Scholz/K. Schmidt, § 11 Rn. 10.
5 Vgl. BGH, Urt. v. 7.10.1991 – II ZR 252/90, NJW 1992, 362 f.; BGH, Urt. v. 21.9.1987 – II ZR 16/87, BB 1988, 159.
6 OLG Schleswig ZIP 2014, 1525; sog. „Vorbeteiligungsgesellschaft". Genau anders für diesen Fall der fehlgeschlagenen Kapitalerhöhung BGH NJW 2015, 3786: Rücktrittsrecht des Übernehmers nach § 313 Abs. 3 Satz 1 BGB oder Rückgewähranspruch (§ 346 BGB) bzw. Schadensersatzanspruch auf negatives Interesse gerichtet auf Wiederherstellung des status quo ante. Anders als OLG Schleswig auch BGH NJW 2007, 589 für den Fall einer fehlgeschlagenen Gründung einer AG (Mehrheitsaktionär ist liquide; Kündigungsrecht des Minderheitsaktionärs aus § 723 BGB analog).

Kap. 1 Gründung der GmbH

gen der Erhöhung den Bereicherungsanspruch des vorleistenden Inferenten aberkennen zu können (nur Gesamtliquidation sei möglich). Das trifft weder in seiner Zielsetzung noch in der Dogmatik zu, zumal die herausgabepflichtige GmbH selbst nicht Gesellschafterin der Vorbeteiligungsgesellschaft wäre.

2. Rechtsnatur, Haftung

4 Eine schon bestehende, die spätere GmbH-Tätigkeit vorbereitende Personenvereinigung hat mit der in Aussicht genommenen GmbH im Rechtssinn noch nichts zu tun. Es handelt sich um eine eigenständige Gesellschaft bürgerlichen Rechts oder, wenn bereits ein Handelsgewerbe betrieben wird, um eine OHG. Aus den für die Gesellschaft abgeschlossenen Geschäften haften die Gesellschafter **persönlich und unbeschränkt**.[7] Treten die Gründer vor Abschluss des Gesellschaftsvertrages namens der GmbH oder einer GmbH in Gründung auf, so kommt der Vertrag mit der Vorgründungsgesellschaft zustande. Es handelt sich um eine Falschbezeichnung, die dazu führt, dass nach den Grundsätzen des **betriebsbezogenen Geschäfts** der ordnungsgemäß vertretene wahre Rechtsträger berechtigt und verpflichtet wird.[8] Eine Vorgründungsgesellschaft ist als OHG zu qualifizieren, wenn sie mit ihren Geschäften beginnt und sich nicht aus §§ 2, 105 Abs. 2 HGB etwas anderes ergibt. Die erste der Geschäftsaufnahme dienende Rechtshandlung wie eine Kontoeröffnung kann ausreichen. Die Haftung der Gesellschafter ist jedenfalls begründet, wenn sie mit dem Geschäftsbeginn einverstanden sind.[9]

3. Verhältnis der Vorgründungsgesellschaft zu Vor-GmbH und GmbH

a) Trennung der Rechtsgebilde

5 Zwischen der Vorgründungsgesellschaft einerseits und der Vor-GmbH andererseits wie auch der GmbH besteht **keine Kontinuität**. Das GmbH-Recht greift auf die Zeit vor Abschluss des Gründungsvertrages nicht über. Rechte und Verbindlichkeiten der Vorgründungsgesellschaft gehen, weil GmbH-Recht noch nicht gilt, mit der GmbH-Gründung nicht automatisch auf die Vorgesellschaft und später auf die GmbH über, sondern müssen, wenn sie in die GmbH eingebracht werden sollen, durch besonderes Rechtsgeschäft übertragen werden.[10] Al-

---

7 BGH, Urt. v. 7.5.1984 – II ZR 276/83, BGHZ 91, 148 = BB 1984, 1315 = NJW 1984, 2164; BGH, Urt. v. 20.6.1983 – II ZR 200/82, BB 1982, 1433 = NJW 1982, 2822.
8 BGH, Urt. v. 7.5.1984 – II ZR 276/83, BGHZ 91, 148 = BB 1984, 1315 = NJW 1984, 2164.
9 BGH, Urt. v. 26.4.2004 – II ZR 120/02, BB 2004, 1357.
10 BGH, Urt. v. 7.5.1984 – II ZR 276/83, BGHZ 91, 148 = BB 1984, 1315 = NJW 1984, 2164.

lerdings können Vermögenswerte von der Vorgründungsgesellschaft konkludent auf die Vorgesellschaft oder GmbH übertragen werden.[11] Indizien hierfür können sich aus den Geschäftspapieren der gegründeten GmbH ergeben, wenn diese Vermögensgegenstände der Vorgründungsgesellschaft als ihr Eigentum führt.[12]

b) Haftungsübernahme

Für die Verbindlichkeiten der Vorgründungsgesellschaft haben mangels Übergang auf Vorgesellschaft und GmbH deren Gesellschafter einzustehen. Eine rechtsgeschäftliche persönliche Haftung der GmbH-Gesellschafter für Verbindlichkeiten, die sie vorweg für die erst noch zu gründende Gesellschaft eingegangen sind, endet mit Gründung oder Eintragung der GmbH im Handelsregister nur, wenn das mit dem Gläubiger so vereinbart ist. Eine solche Vereinbarung muss der Haftungsschuldner beweisen.[13] Daneben besteht die Möglichkeit, dass die Vorgesellschaft oder GmbH die Schuld ihres Gründers übernimmt (§§ 414, 415 BGB). Der Schuldübernahmevertrag kann zwischen Gläubiger und GmbH vereinbart werden. Wird die Schuldübernahme zwischen Gründer und GmbH verabredet, so hängt deren Wirksamkeit von der Genehmigung durch den Gläubiger ab (§ 415 Abs. 1 Satz 2 BGB). Anstelle einer Genehmigung kann der Gläubiger der Schuldübernahme im Voraus zustimmen. Eine konkludente Zustimmung kann schwerlich angenommen werden, weil der Gläubiger regelmäßig nicht bereit ist, den durch den Vertragsschluss gewonnenen unbeschränkt haftenden Schuldner gegen einen beschränkt haftenden auszutauschen.[14]

6

II. Gesellschaftsvertrag

Der Abschluss des Gesellschaftsvertrages ist Gründungsvoraussetzung. Der Gesellschaftsvertrag enthält zum einen die Einigung der Gesellschafter über die Errichtung der GmbH; zum anderen regelt er die Verfassung (§ 25 BGB) der GmbH, ihre Organisation und die mitgliedschaftlichen Rechte und Pflichten der Gesellschafter und hat daher satzungsmäßigen Charakter. Aus dieser Erwägung wird der Gesellschaftsvertrag der GmbH üblicherweise als **Satzung** bezeichnet.

7

---

11 *Goette*, § 1 Rn. 34.
12 Vgl. BGH, Urt. v. 7.10.1991 – II ZR 252/90, NJW 1992, 362 f.; BGH, Urt. v. 21.9.1987 – II ZR 16/87, BB 1988, 159.
13 BGH, Urt. v. 20.6.1983 – II ZR 200/82, BB 1982, 1433 = NJW 1982, 2822.
14 BGH, Urt. v. 9.3.1998 – II ZR 366/96, BB 1998, 813 = NJW 1998, 1645.

Kap. 1 Gründung der GmbH

1. Gesellschaftszweck

a) Zweck und Unternehmensgegenstand

8 Das Gesetz unterscheidet zwischen (Gesellschafts-)Zweck (§§ 1, 61 Abs. 1 GmbHG) und Unternehmensgegenstand (§§ 3 Abs. 1 Nr. 2, 8 Abs. 1 Nr. 6, 10 Abs. 1, 75, 76 GmbHG). Beide Begriffe stehen im Verhältnis von Mittel und Zweck, besagen also, durch welche Tätigkeit (Unternehmensgegenstand) ein bestimmter Zweck (Gewinnerzielung, karitative Belange) erreicht werden soll.[15] Beide Begriffe werden regelmäßig inhaltlich übereinstimmen; zwingend ist dies aber nicht. So kann der Unternehmensgegenstand „Import von Dritte-Welt-Produkten" mit dem Zweck der Gewinnerzielung, aber auch der Entwicklungshilfe kombiniert werden. Während eine Änderung des Unternehmensgegenstandes mit 3/4-Mehrheit durch eine Satzungsänderung beschlossen werden kann (§ 53 Abs. 2 GmbHG), bedarf eine Änderung der Zweckbestimmung als Grundlagengeschäft der Zustimmung aller Gesellschafter (§ 33 Abs. 1 Satz 2 BGB).[16] Ob ein derart weit gefasster, vom Unternehmensgegenstand zu scheidender Gesellschaftszweck zu irgendeinem Erkenntnisgewinn führt, erscheint indes fraglich. Zwar macht § 61 Abs. 1 GmbH den Gesellschaftszweck zur primären Entscheidungsgrundlage für eine Auflösungsklage. Er ist aber nirgendwo ausdrücklich artikuliert; allenfalls lassen ausdrückliche Satzungsbestimmungen zur Erlangung der steuerlichen Gemeinnützigkeit auf karitative oder jedenfalls selbstlose Zwecke schließen. Eine Gewinnerzielungsabsicht muss aber bestenfalls aus dem Gesamtzusammenhang der Gründung und Satzungsformulierung erschlossen werden.

b) Mögliche Zwecke

aa) Grundsatz

9 Eine GmbH kann gemäß § 1 GmbHG zu jedem gesetzlich zulässigen Zweck errichtet werden. Grundsätzlich können alle beliebigen, seien es wirtschaftliche oder nicht wirtschaftliche Zwecke, verfolgt werden. Im Unterschied zu den kaufmännischen Organisationsformen wird kein Betrieb eines Handelsgewerbes (§§ 1 Abs. 1, 105 Abs. 1, 161 Abs. 1 HGB) vorausgesetzt. In der Praxis stehen erwerbswirtschaftliche und sonstige unternehmerische Zwecke deutlich im Vordergrund. Aber auch ideelle (religiöse, künstlerische, karitative Betätigungen) wie gemeinnützige Zwecke (öffentliche Wohnungsbauunternehmen) können un-

---

15 Scholz/*Cramer*, § 1 Rn. 4; Ulmer/*Ulmer*, § 1 Rn. 5 ff.; a. A. Baumbach/Hueck/*Fastrich*, § 1 Rn. 5.
16 Scholz/*Cramer*, § 1 Rn. 3; Ulmer/*Ulmer*, § 53 Rn. 118; *K. Schmidt*, § 4, II. 3; Lutter/Hommelhoff/*Bayer*, § 1 Rn. 20; a. A. *Goette*, § 1 Rn. 6.

ter dem Dach einer GmbH gefördert werden.[17] Die öffentliche Daseinsvorsorge bedient sich – vor allem auf kommunaler Ebene – ebenfalls der Organisationsform der GmbH. Freilich ist die GmbH unabhängig von ihrem Unternehmensgegenstand kraft Gesetzes eine Handelsgesellschaft (§ 13 Abs. 3 GmbHG) und folglich Kaufmann kraft Rechtsform (§ 6 Abs. 2 HGB); ihre Geschäfte sind, ohne dass eine private Sphäre zu separieren wäre, stets Handelsgeschäfte (§ 343 Abs. 1 HGB).[18]

bb) Einschränkungen durch §§ 134, 138 BGB

Die möglichen Gesellschaftszwecke stehen natürlich unter dem Vorbehalt der §§ 134, 138 BGB. Eine GmbH, die auf Steuerhinterziehung angelegt ist, verstößt gegen ein **gesetzliches Verbot** (§§ 369 ff. AO); anders verhält es sich, wenn die Gesellschaft lediglich auf Steuervermeidung ausgerichtet ist, selbst wenn die GmbH später steuerrechtlich nicht anerkannt wird.[19] Verboten ist die Ausnutzung fremder Schutzrechte, der Eingriff in ein staatliches Monopol und die Veranstaltung unerlaubten Glücksspiels.[20] **Sittenwidrig** ist die Übernahme des organisierten Austauschs von Finanzwechseln zwecks Kreditbeschaffung.[21] Dagegen unterliegt der Betrieb eines Bordells, wenn nicht besondere Umstände wie eine gezielte Ausbeutung der Prostituierten hinzutreten, auch im Hinblick auf das Prostitutionsgesetz nicht dem Verdikt der Sittenwidrigkeit.[22] Wird ein zulässiger Zweck mit verbotenen Mitteln verfolgt, so führt dies nicht zur Unzulässigkeit des Zwecks; vielmehr stehen lediglich die spezialgesetzlichen Sanktionen offen. Wird eine GmbH von Ausländern unter Missachtung des Verbots einer inländischen Erwerbstätigkeit (§ 14 Abs. 2 AuslG) gegründet, bestimmen sich die Rechtsfolgen allein nach dem Ausländerrecht. Dient die Gründung dagegen dem Zweck, eine verbotene inländische Erwerbstätigkeit zu verwirklichen, liegt ein sittenwidriger Rechtsformmissbrauch vor.[23]

10

cc) Spezialgesetzliche Regelungen

Aufgrund gesetzlicher Verbote sind der Betrieb einer Apotheke (§ 8 ApoG), eines Versicherungsunternehmens (§ 7 VAG), einer Hypothekenbank (§ 2 Abs. 1

11

---

17 BGH, Urt. v. 22.1.1976 – VII ZR 280/75, BGHZ 66, 514 = NJW 1976, 514.
18 BGH, Urt. v. 22.1.1976 – VII ZR 280/75, BGHZ 66, 514 = NJW 1976, 514.
19 Scholz/*Cramer*, § 1 Rn. 40.
20 Michalski/Heidinger/Leible/Schmidt/*Schmidt*, § 1 Rn. 23.
21 BGH, Urt. v. 28.4.1958 – II ZR 197/57, BGHZ 27, 172 = BB 1958, 502 = NJW 1958, 989.
22 Ulmer/*Ulmer*, § 1 Rn. 41; Lutter/Hommelhoff/*Bayer*, § 1 Rn. 14; Rowedder/Schmidt-Leithoff/*C. Schmidt-Leithoff*, § 1 Rn. 57 (Fn. 192).
23 Ulmer/*Ulmer*, § 1 Rn. 42 f.; Baumbach/Hueck/*Fastrich*, § 1 Rn. 16; Roth/*Altmeppen*, § 1 Rn. 16.

Kap. 1   Gründung der GmbH

HypBG), einer Schiffspfandbriefbank (§ 2 SchiffsBG) und einer privaten Bausparkasse (§ 2 BausparkG) der Organisationsform der GmbH entzogen. Sonstige Bankgeschäfte (§ 2a KWG), und Kapitalverwaltungsgesellschaften (§ 18 Abs. 1 KAGB) können dagegen in der Rechtsform einer GmbH geführt werden. Die sog. **freien Berufe** können – im Unterschied zur früheren am herkömmlichen Berufsbild haftenden Betrachtungsweise – überwiegend unter dem Dach einer GmbH ausgeübt werden: Für Steuerberater (§§ 49 ff. StBerG) und Wirtschaftsprüfer (§§ 27 ff. WPO) ist die Betätigung in einer GmbH ausdrücklich zugelassen, Architekten und Ingenieuren wird sie – ohne spezialgesetzliche Regelung – gestattet.[24] Die Rechtsanwalts-GmbH hat seit dem Jahr 1999 in §§ 59c bis 59m BRAO eine ausdrückliche Regelung erfahren. Allerdings erscheint das Verbot berufsübergreifender Gesellschaften zweifelhaft, womöglich verfassungswidrig.[25] Eine Rechtsanwalts-Partnerschaftsgesellschaft kann keinen Geschäftsanteil an einer RechtsanwaltsGmbH übernehmen. Eine RechtsanwaltsGmbH & Co.KG bleibt unzulässig.[26] Gesetzespolitische Vorschläge für eine Neuordnung der anwaltlichen Zusammenschlüsse sind in der Diskussion.[27] Die Tätigkeit eines Heilpraktikers[28] wie auch die ambulante zahnärztliche Versorgung[29] kann innerhalb einer GmbH ausgeübt werden. Entsprechendes müsste – entgegen landesgesetzlicher Bestimmungen – für sonstige ärztliche Berufe gelten.[30] Bei der freiberuflichen Tätigkeit in der Rechtsform der GmbH muss stets beachtet werden, dass der einzelne Leistungserbringer über die notwendigen persönlichen und fachlichen Voraussetzungen verfügt.[31]

c) Rechtsfolgen eines unzulässigen Zwecks

12 Ist die Gesellschaft noch nicht in das Handelsregister eingetragen worden, bedingt ein unzulässiger Zweck die **Nichtigkeit des Gesellschaftsvertrages**. Diese Rechtsfolge kann von jedermann geltend gemacht werden; Gesellschafter können die Zahlung ihrer Einlage verweigern oder auf Feststellung der Nichtigkeit klagen.[32] Wurde die Vor-GmbH bereits in Vollzug gesetzt, so ist die Gesellschaft, wenn ihr nicht wegen der Schwere des Gesetzes- oder Sittenverstoßes jede rechtliche Anerkennung zu versagen ist, nach den **Grundsätzen der fehlerhaften Ge-**

---

24 Scholz/*Cramer*, § 1 Rn. 22; Lutter/Hommelhoff/*Bayer*, § 1 Rn. 8.
25 Ansatz dafür BVerfG NJW 2016, 700.
26 BGH NJW 2011, 3036.
27 *Römermann*, NZG 2018, 1041.
28 BGH, Urt. v. 5.12.1991 – I ZR 11/90, NJW-RR 1992, 430.
29 BGH, Urt. v. 25.11.1993 – I ZR 281/91, BGHZ 124, 224 ff. = NJW 1994, 786.
30 Scholz/*Cramer*,   § 1   Rn. 27;   Rowedder/Schmidt-Leithoff/*C. Schmidt-Leithoff*, § 1 Rn. 15; Lutter/Hommelhoff/*Bayer*, § 1 Rn. 13.
31 *Goette*, § 1 Rn. 5.
32 Rowedder/Schmidt-Leithoff/*C. Schmidt-Leithoff*, § 1 Rn. 58; Michalski/Heidinger/Leible/Schmidt /*Schmidt*, § 1 Rn. 29.

sellschaft auseinanderzusetzen.[33] Im Falle eines unzulässigen Zwecks hat das Registergericht die Eintragung abzulehnen.[34] Wird der Mangel nicht erkannt und kommt es zur Eintragung, so ist die GmbH trotz des nichtigen Gesellschaftsvertrages zunächst wirksam entstanden.[35] Erstreckt sich die Nichtigkeit auch auf den **Unternehmensgegenstand**, kommen sowohl die Nichtigkeitsklage nach § 75 GmbHG als auch eine Amtslöschung (§§ 395, 397 FamFG) in Betracht. Betrifft die Nichtigkeit lediglich den **Zweck**, so scheidet eine Nichtigkeitsklage nach dem Wortlaut des § 75 GmbHG aus; vielmehr können die Gesellschafter nach Maßgabe des § 61 GmbHG auf Auflösung klagen. Ferner ist eine Amtsauflösung nach § 62 GmbHG möglich. Verfügt ein Gesellschafter nicht über die für eine Auflösungsklage nach § 61 GmbHG vorausgesetzte Mindestbeteiligung von 10 %, so ist ihm ein Austrittsrecht aus wichtigem Grund zuzubilligen.[36]

2. Gesellschafter

a) Natürliche Personen

Die Gesellschaft kann durch eine oder – ohne praktisch relevante Zahlenbegrenzung – mehrere Personen errichtet werden (§ 1 GmbHG). Gründer kann jede natürliche oder juristische Person sein.[37] Für nicht voll geschäftsfähige Personen (§§ 104 ff. BGB), insbesondere **Minderjährige**, handeln deren gesetzliche Vertreter. Falls der gesetzliche Vertreter selbst am Vertragsschluss beteiligt ist (GmbH-Gründung zwischen Eltern und Kindern), bedarf es – für jedes einzelne minderjährige Kind – der Bestellung eines Pflegers (§§ 1909, 1795, 1629 BGB).[38] Einer Dauerpflegschaft bedarf es nicht; nach Abschluss des Gesellschaftsvertrages kann der gesetzliche Vertreter – auch im Falle eigener Beteiligung ohne Verstoß gegen § 181 BGB – etwa bei Beschlussfassungen die Belange des Minderjährigen wahrnehmen.[39] Darüber hinaus ist eine familiengerichtliche Genehmigung gemäß §§ 1822 Nr. 3, 1643 BGB erforderlich, sofern die

13

---

33 BGH, Urt. v. 12.5.1954 – II ZR 167/53, BGHZ 13, 320, 323 = BB 1954, 611 = NJW 1954, 1562; Lutter/Hommelhoff/*Bayer*, § 1 Rn. 18; Scholz/*Cramer*, § 1 Rn. 42; Ulmer/*Ulmer*, § 1 Rn. 45.
34 Scholz/*Cramer*, § 1 Rn. 43.
35 Das gilt auch bei Kartellverstößen, K. *Schmidt*, GmbHR 2015, 505.
36 Ulmer/*Ulmer*, § 1 Rn. 46; Baumbach/Hueck/*Fastrich*, § 1 Rn. 17; Michalski/Heidinger/Leible/ Schmidt /*Schmidt*, § 1 Rn. 29; ebenso jetzt auch Lutter/Hommelhoff/*Bayer*, § 1 Rn. 19.
37 *Goette*, § 1 Rn. 7.
38 BGH, Beschl. v. 9.7.1956 – V BLw 11/56, BGHZ 21, 229 = NJW 1956, 1433; Ulmer/*Ulmer*, § 2 Rn. 72; Scholz/*Cramer*, § 2 Rn. 48; Rowedder/Schmidt-Leithoff/ C. Schmidt-Leithoff, § 2 Rn. 13.
39 BGH, Beschl. v. 18.9.1975 – II ZB 6/74, BGHZ 65, 93 = NJW 1976, 49; Scholz/*Cramer*, § 2 Rn. 48; Baumbach/Hueck/*Fastrich*, § 1 Rn. 25.

Kap. 1 Gründung der GmbH

GmbH – dem Regelfall entsprechend – ein **Erwerbsgeschäft** betreiben soll.[40] Fehlt es an einem erwerbswirtschaftlichen Gesellschaftszweck, dürfte § 1822 Nr. 3 BGB wegen der Eigenschaft der GmbH als Formkaufmann ebenfalls einschlägig sein,[41] während der Rückgriff auf § 1822 Nr. 10 BGB[42] an der fehlenden Übernahme einer fremden Verbindlichkeit scheitern dürfte.[43]

b) Juristische Personen

14 In- und ausländische juristische Personen des privaten (AG, GmbH, KGaA, e. V., rechtsfähige Stiftung etc.) und öffentlichen Rechts können sich an einer GmbH beteiligen. Allerdings muss der Beitritt durch den gesetzlich oder statutarisch bestimmten Aufgaben- und Wirkungsbereich des Rechtsträgers und die Vertretungsmacht seiner Organe gedeckt sein.[44] Als Gründer einer GmbH können Idealvereine wie der ADAC indirekt eine weitreichende unternehmerische Tätigkeit entfalten.[45] Die Fähigkeit der Personenhandelsgesellschaften OHG und KG, eine GmbH zu gründen, ist seit langem anerkannt;[46] OHG und KG können eine Einpersonen- oder mit einem ihrer Gesellschafter eine Mehrpersonengründung vornehmen.[47] Entsprechendes gilt für die Partnerschaftsgesellschaft.[48] Nach Anerkennung der Rechtsfähigkeit[49] der **Gesellschaft bürgerlichen Rechts** steht deren – schon zuvor anerkannte – Tauglichkeit, Gründerin einer GmbH zu sein,[50] außer Frage. Auch die weiteren Gesamthandsgemeinschaften des bürgerlichen Rechts – Erbengemeinschaft, eheliche Gütergemeinschaft

---

40 *K. Schmidt*, § 34, II. 1.; Ulmer/*Ulmer*, § 2 Rn. 73; jetzt auch Lutter/Hommelhoff/*Bayer*, § 2 Rn. 5; a. A. *Kurz*, NJW 1992, 1798, 1800.
41 Rowedder/Schmidt-Leithoff/*C. Schmidt-Leithoff*, § 2 Rn. 15; Lutter/Hommelhoff/ *Bayer*, § 2 Rn. 5.
42 In diesem Sinne Ulmer/*Ulmer*, § 2 Rn. 74; a. A. Scholz/*Cramer*, § 2 Rn. 50.
43 Vgl. BGH, Beschl. v. 3.2.1964 – II ZB 6/63, BGHZ 41, 71 = BB 1964, 278 = NJW 1964, 766 betreffend Genossenschaft.
44 BGH, Urt. v. 28.2.1965 – I ZR 84/54, BGHZ 20, 119 = BB 1956, 351 = NJW 1956, 746; Scholz/*Cramer*, § 2 Rn. 59; Ulmer/*Ulmer*, § 2 Rn. 76; Baumbach/Hueck/*Fastrich*, § 1 Rn. 30.
45 Vgl. BGH, Urt. v. 29.9.1982 – I ZR 88/80, BGHZ 85, 84 = NJW 1983, 569.
46 Roth/*Altmeppen*, § 1 Rn. 33; *K. Schmidt*, § 34, II. 1.
47 Ulmer/*Ulmer*, § 2 Rn. 58; Michalski/Heidinger/Leible/Schmidt/*Schmidt*, § 2 Rn. 97.
48 Lutter/Hommelhoff/*Bayer*, § 2 Rn. 7.
49 BGH, Urt. v. 29.1.2001 – II ZR 331/00, BGHZ 146, 341 = NJW 2001, 1056.
50 BGH, Beschl. v. 3.11.1980 II ZB 1/79, BGHZ 78, 311 = BB 1981, 450 = NJW 1981, 682 betreffend GmbH; BGH, Beschl. v. 4.11.1991 – II ZB 10/91, BGHZ 116, 86, 88 = BB 1992, 162 = NJW 1922, 499 betreffend Genossenschaft; BGH, Urt. v. 13.4.1992 – II ZR 277/90, BGHZ 118, 83, 99 = NJW 1992, 2222 betreffend AG; BGH, Urt. v. 2.10.1997 II ZR 249/96, BB 1997, 2498 = NJW 1998, 376 betreffend GbR; Ulmer/*Ulmer*, § 2 Rn. 80 und 80a; *K. Schmidt*, § 34, II. 1.; *Goette*, § 1 Rn. 8; Scholz/*Cramer*, § 2 Rn. 61.

(auch ähnliche Rechtsgemeinschaften ausländischer Eherechtsordnungen), nicht rechtsfähiger Verein – können an der Gründung einer GmbH mitwirken.[51] Aus erbrechtlichen Gründen ist nur die Neubeteiligung der Erbengemeinschaft auf den Surrogaterwerb beschränkt.

c) Einpersonengründung

Eine Einmann- oder Einpersonen-GmbH ist dadurch gekennzeichnet, dass sich alle Geschäftsanteile in der Hand eines Gesellschafters vereinigen. Durch den nachträglichen Erwerb sämtlicher fremden Geschäftsanteile konnte seit jeher eine Einmann-GmbH entstehen. Seit 1980 ermöglicht § 1 GmbHG auch eine Einmanngründung. Die Einpersonengründung folgt im Wesentlichen den Regeln der Mehrpersonengründung. An die Stelle des Gesellschaftsvertrages tritt ein **einseitiger Errichtungsakt**.[52] Die einseitige Erklärung des Gesellschafters hat dem Mindestinhalt des § 3 GmbHG zu genügen. Die Einmanngründung hat hohe praktische Bedeutung, weil sie dem Alleinunternehmer die Möglichkeit bietet, seine Haftung durch Zwischenschaltung einer GmbH zu begrenzen. 15

3. Mindestinhalt

Der Mindestinhalt eines Gesellschaftsvertrages ergibt sich aus § 3 Abs. 1 GmbHG; sein fakultativer Inhalt ist (nicht abschließend) in § 3 Abs. 2 GmbHG geregelt. 16

a) Firma

aa) Freie Wahl der Unternehmensbezeichnung

Der Gesellschaftsvertrag muss die Firma der Gesellschaft angeben (§ 3 Abs. 1 Nr. 1 GmbHG). Bei der Wahl der Firma herrscht eine weitgehende Gestaltungsfreiheit: Die GmbH kann **Personenfirma** („Müller GmbH", „Müller und Meier GmbH"), eine dem Unternehmensgegenstand entlehnte **Sachfirma** („Gesellschaft für Wirtschaftsförderung mbH") oder eine Mischform aus beidem („Bauunternehmung Schulze GmbH") bilden, aber auch auf eine reine **Phantasiebezeichnung** („Wikulac", „Wefra", „Precismeca", „Mabak", „Medica") zurückgreifen.[53] Die Firma muss kennzeichnungsfähig, unterscheidungskräftig und darf nicht irreführend sein. Der Firma muss gemäß § 4 GmbHG die Bezeichnung „Gesellschaft mit beschränkter Haftung" oder die allgemeine verständliche Abkürzung „GmbH" hinzugefügt werden; dadurch soll der Geschäftsverkehr da- 17

---

51 Rowedder/Schmidt-Leithoff/*C. Schmidt-Leithoff*, § 2 Rn. 24; Roth/*Altmeppen*, § 1 Rn. 35; Michalski/Heidinger/Leible/Schmidt/*Schmidt*, § 2 Rn. 97.
52 Baumbach/Hueck/*Fastrich*, § 1 Rn. 21; *Goette*, § 1 Rn. 7.
53 Lutter/Hommelhoff/*Bayer*, § 4 Rn. 4.

Kap. 1 Gründung der GmbH

rüber unterrichtet werden, dass der Geschäftspartner nur mit einem beschränkten Haftungsfonds ausgestattet ist.[54] Der Gesellschafter, dessen Namen Firmenbestandteil ist, kann nach seinem Ausscheiden nicht verlangen, dass die GmbH ihre Firma ändert. Der BGH versagt dem Gesellschafter den Schutz des § 24 Abs. 2 HGB, weil der Gesellschafter einer GmbH – im Unterschied zum Gesellschafter einer OHG oder KG (nach früherem Recht) – nicht gezwungen sei, der Gesellschaft seinen Namen zur Firmenbildung zu überlassen. Den Interessen der GmbH sei der Vorzug zu geben, weil die Firma einer GmbH zugleich auch deren Name und damit wesentlicher Teil ihrer Rechtspersönlichkeit sei, unter dem die Gesellschaft nicht nur im Handels-, sondern überhaupt im Geschäftsverkehr auftrete.[55] Eine Irreführung ergibt sich nach der Liberalisierung des Firmenrechts aber noch nicht allein aus der Verwendung eines Nachnamens (bei einer Personenfirma), der im Kreis der Gesellschafter gar nicht oder nur als Inhaber einer Kleinbeteiligung auftaucht.[56] Die Gefahr einer Irreführung besteht, wenn der Firmenname den Schluss auf eine andere Rechtsform zulässt: Der BGH hat die Bezeichnung „INDROHAG Industrie-Rohstoffe Handelsgesellschaft mit beschränkter Haftung" als unzulässig erachtet, weil die Endung „AG" auf eine Aktiengesellschaft hindeute. Die Irreführungsgefahr werde durch den Zusatz „mit beschränkter Haftung" nicht beseitigt, weil ein Phantasiename dazu bestimmt, jedenfalls aber geeignet sei, für sich allein verwendet zu werden.[57] Ebenso ist der GmbH der Partnerschaftsgesellschaften reservierte Zusatz vorenthalten. Allen Gesellschaften mit einer anderen Rechtsform als der Partnerschaft, die nach dem Inkrafttreten des Partnerschaftsgesellschaftsgesetzes gegründet oder umbenannt werden, ist die Bezeichnung „und Partner" verwehrt (§ 11 Abs. 1 PartGG). Dies gilt auch für die Zusätze „+ Partner" oder „& Partner".[58] Spezialgesetzlich bestehen weitere Verwendungsbeschränkungen („Bank"; „Kapitalanlagegesellschaft"). Kennzeichnungs- und Unterscheidungskraft der Firma spielen eine Rolle bei der Verwendung von nicht aussprechbaren, sondern nur buchstabierbaren Buchstaben-/Zahlenkombinationen. Auch nur buchstabierbare Kombinationen können eine zulässige Firma sein,[59] allerdings muss der Kombination nach der Anschauung der angesprochenen Verkehrskreise einer Unterscheidungskraft zukommen. Das wäre z. B. bei „O2" zu bejahen, bei einer Firma einer Schlüsseldienst GmbH bestehend aus einer Aneinanderreihung von viel-

---

54 BGH, Urt. v. 18.3.1974 – II ZR 167/72, BGHZ 62, 216, 226 = BB 1974, 757 = NJW 1975, 1191.
55 BGH, Urt. v. 20.4.1972 – II ZR 17/70, BGHZ 58, 322 = BB 1972, 981 = NJW 1972, 1419.
56 OLG Rostock NJW-RR 2015, 491.
57 BGH, Beschl. v. 25.10.1956 – II ZB 18/56, BGHZ 22, 88 = BB 1956, 1046 = NJW 1956, 1873.
58 BGH, Beschl. v. 21.4.1997 – II ZB 14/96, BGHZ 135, 257 = NJW 1997, 1051.
59 BGH NZG 2009, 192 („HM & A").

leicht 6 oder mehr „A" (zur Erlangung einer vorderen Position im Telefonbuch) aber nicht, weil die Anrufer irgendwann nicht mehr zwischen x „A" und (x+1) „A" differenzieren.

bb) Rechtsscheinhaftung

Wer für die Gesellschaft ohne den in § 4 GmbHG vorgeschriebenen Formzusatz **18** „mit beschränkter Haftung" auftritt, unterliegt einer Rechtsscheinhaftung. Nach der Rechtsprechung des BGH haftet der für eine GmbH im Geschäftsverkehr Auftretende – gleichgültig, ob der Geschäftsführer selbst oder ein anderer Vertreter für das Unternehmen handelt – dann wegen Verstoßes gegen § 4 Abs. 2 GmbHG a. F. (der mittlerweile in § 4 GmbHG aufgegangen ist), wenn er durch sein Zeichnen der Firma ohne Formzusatz das berechtigte Vertrauen des Geschäftsgegners auf die Haftung mindestens einer natürlichen Person hervorgerufen hat. Dieser Grundsatz ist auch anzuwenden, wenn nicht für die bereits eingetragene GmbH, sondern nach Abschluss des notariellen Gesellschaftsvertrages für die **Vorgesellschaft**, deren Aktiva und Passiva mit Eintragung der GmbH in das Handelsregister ohne weiteres auf die als solche (§ 11 Abs. 1 GmbHG) entstandene GmbH übergehen, gehandelt wird. Auch die für eine Vorgesellschaft handelnde Person hat durch die Zeichnung deutlich zu machen, dass sie für ein Unternehmen handelt, dessen Haftungsfonds künftig beschränkt sein wird (gebräuchlich: „GmbH i.G."). Die Rechtsscheinhaftung wegen Fortlassens des Formzusatzes kann nicht nur den Geschäftsführer der GmbH treffen, sondern auch jeden anderen Vertreter des Unternehmens, der durch sein Zeichnen der Firma ohne den Formzusatz das berechtigte Vertrauen des Geschäftsgegners auf die Haftung mindestens einer natürlichen Person hervorgerufen hat. Der Rechtsscheinhaftung ist ausschließlich der für das Unternehmen handelnde **Vertreter** unterworfen, sodass für ein Handeln des Prokuristen nur dieser allein und nicht auch der Geschäftsführer einzustehen hat.[60] Der Handelnde trägt die Beweislast für seine Behauptung, der Geschäftsgegner habe die wahren Haftungsverhältnisse gekannt.[61] Neben die Rechtsscheinhaftung des Vertreters tritt eine Verbindlichkeit der GmbH, die nach den Grundsätzen des unternehmensbezogenen Geschäfts wirksam vertreten wurde.[62] Der aus Rechtsschein haftende Vertreter und die GmbH sind **Gesamtschuldner**.[63] Mündliche Geschäftsabschlüsse begründen

---

60 BGH, Urt. v. 8.7.1996 – II ZR 258/95, BB 1996, 1955 = NJW 1996, 2645; BGH, Urt. v. 24.6.1991 – II ZR 293/90, BB 1991, 1586 = NJW 1991, 2627; BGH, Urt. v. 3.2.1975 – II ZR 128/73, BGHZ 64, 11, 17 = BB 1975, 621 = NJW 1975, 1166.
61 BGH, Urt. v. 15.1.1990 – II ZR 311/88, BB 1990, 653 = NJW 1990, 2678.
62 BGH, Urt. v. 8.7.1996 – II ZR 258/95, BB 1996, 1955 = NJW 1996, 2645; BGH, Urt. v. 24.6.1991 – II ZR 293/90, BB 1991, 1586 = NJW 1991, 2627; BGH, Urt. v. 3.2.1975 – II ZR 128/73, BGHZ 64, 11, 17 = BB 1975, 621 = NJW 1975, 1166.
63 BGH, Urt. v. 24.6.1991 – II ZR 293/90, BB 1991, 1586 = NJW 1991, 2627; BGH, Urt. v. 15.1.1990 – II ZR 311/88, BB 1990, 653 = NJW 1990, 2678.

Kap. 1 Gründung der GmbH

nicht das die Rechtsscheinhaftung auslösende Vertrauen, vielmehr ist „Zeichnung" des Vertreters unter Fortlassung des Formzusatzes oder die ausdrückliche mündliche Verneinung des Handelns für eine GmbH erforderlich.[64]

b) Sitz

19 Zu den unentbehrlichen Bestandteilen des Gesellschaftsvertrages gehört insbesondere die Angabe des Sitzes der Gesellschaft (§ 3 Abs. 1 Nr. 1 GmbHG). Der Sitz der Gesellschaft ist gemäß § 4a GmbHG ein durch die Satzung bestimmter Ort im Inland. Infolge der Streichung des § 4a Abs. 2 GmbHG, nach dem der satzungsmäßige Sitz entweder am Ort der **Verwaltung** oder einer **Betriebsstätte** zu nehmen war, muss der Verwaltungssitz nicht mehr notwendig mit dem Satzungssitz übereinstimmen; ein Auflösungsverfahren[65] kann auf das Auseinanderfallen nicht mehr gestützt werden. Dies ermöglicht ausländischen Investoren, die Rechtsform der GmbH zu wählen und, ohne den Verwaltungssitz im Inland führen zu müssen, die Geschäftstätigkeit ganz oder überwiegend vom Ausland her auszuüben. Umgekehrt werden inländische Unternehmen in den Stand gesetzt, im Ausland gegründete und von dort aus geleitete Tochterunternehmen in der Rechtsform einer deutschen GmbH zu errichten. Auf diese Weise wird – mitbestimmungsrechtlich neutral[66] – die **Mobilität der Rechtsform GmbH** gefördert. Freilich müssen Gesellschaften mit einem Auslandssitz zumindest eine inländische Geschäftsanschrift im Register anmelden (§ 8 Abs. 4 Nr. 1 GmbHG) und tatsächlich unterhalten.[67] Die Anschrift muss aber nicht dem Sitz entsprechen und kann beliebig andernorts im Inland liegen. Die Geschäftsanschrift wird im Handelsregister eingetragen, ist aber nicht Teil des Gesellschaftsvertrages. Der Sitz der GmbH hat Bedeutung für die Zuständigkeit des Registergerichts (§ 7 Abs. 1 GmbHG), des Prozessgerichts (§ 17 ZPO) und des Insolvenzgerichts (§§ 3, 4 InsO; dies aber eingeschränkt durch einen anderweitigen Mittelpunkt der wirtschaftlichen Tätigkeit). Zugleich ist der Sitz Erfüllungsort für die Rechte und Pflichten der GmbH gegenüber ihren Organmitgliedern. Gesellschafterversammlungen finden im Zweifel am Sitz der GmbH statt.[68]

c) Unternehmensgegenstand

20 Die Angabe des Unternehmensgegenstandes dient dem Zweck, den **Schwerpunkt der Geschäftstätigkeit** mitzuteilen. Die Anforderungen an die Angabe des Unternehmensgegenstandes dürfen andererseits nicht überspannt werden.

---

64 BGH, Urt. v. 8.7.1996 – II ZR 258/95, BB 1996, 1955 = NJW 1996, 2645; *Goette*, § 1 Rn. 27; *K. Schmidt*, § 34, II. 4. b.
65 So noch BGH NJW 2008, 2914.
66 BT-Drucks. 16/9737, S. 55.
67 BR-Drucks. 354/07, S. 81.
68 Lutter/Hommelhoff/*Bayer*, § 4a Rn. 3.

II. Gesellschaftsvertrag

Dem mit der Angabe des Unternehmensgegenstandes verfolgten Hauptzweck, die interessierte Öffentlichkeit in groben Zügen über den Tätigkeitsbereich des neuen Unternehmens zu unterrichten, wird ausreichend Genüge getan, wenn die Zuordnung zu einem bestimmten Geschäftszweig als einem abgegrenzten Sachbereich des Wirtschaftslebens möglich ist. Eine noch weiter reichende Individualisierung bis in die letzten Einzelheiten der Geschäftsplanung hinein ist weder aus Gründen des Verkehrsschutzes noch dazu erforderlich, innergesellschaftlich das Tätigkeitsfeld der Geschäftsführer zu begrenzen.[69] Allerdings kann aus Gründen der Vermeidung bzw. Begrenzung (konkludenter) Wettbewerbsverbote eine konkrete Fassung empfehlenswert sein.[70] Unzureichend sind Leerformeln wie „Produktion und Vertrieb von Waren aller Art", „Betreiben von Handelsgeschäften" und „Herstellung von Maschinen aller Art", während durch die Angaben „Betrieb von Gaststätten" und „Handel mit Webwaren" eine ordnungsgemäße Konkretisierung erfolgt.[71]

d) Höhe des Stammkapitals

Zum notwendigen Satzungsinhalt gehört nach § 3 Abs. 1 Nr. 3 GmbHG die Angabe der Höhe des Stammkapitals. Das Stammkapital bildet den Betrag, der mindestens als Reinvermögen zur Befriedigung der Gesellschaftsgläubiger zur Verfügung stehen soll. Die Bereitstellung dieses **Haftungsfonds** rechtfertigt die Haftungsfreistellung der Gesellschafter. Die GmbH „muss mindestens" (§ 5 Abs. 1 GmbHG) mit einem Stammkapital von 25.000,- € ausgestattet sein. Ohne Änderung dieses verpflichtend klingenden Wortlauts hat aber der Gesetzgeber schon im unmittelbaren Anschluss in § 5a GmbHG für die UG Abweichendes geregelt, weswegen vom Zwangscharakter der Norm wenig geblieben ist. Die Höhe des Stammkapitals ist nach § 3 Abs. 1 Nr. 3 GmbHG als fester Betrag in der Satzung anzugeben. Es genügt nicht, lediglich die Stammeinlagen auszuweisen, aus deren Summe das Stammkapital errechnet werden kann.[72]

e) Betrag der einzelnen Stammeinlagen

Da ein Gesellschafter infolge der Umgestaltung des § 5 Abs. 2 Satz 2 GmbHG nunmehr bereits bei Errichtung der GmbH **mehrere Geschäftsanteile** überneh-

---

69 BGH, Beschl. v. 3.11.1980 – II ZB 1/79, BGHZ 78, 311 = BB 1981, 450; Ulmer/*Ulmer*, § 3 Rn. 14 ff.; Baumbach/Hueck/*Fastrich*, § 3 Rn. 8.
70 *Heckschen/Heidinger*, § 4 Rn. 119a.
71 Michalski/Heidinger/Leible/Schmidt/*Schmidt*, § 3 Rn. 15 ff. m.w.N.; Baumbach/Hueck/*Fastrich*, § 3 Rn. 8.
72 Scholz/*Cziupka*, § 3 Rn. 47; Lutter/Hommelhoff/*Bayer*, § 3 Rn. 20; Rowedder/Schmidt-Leithoff/*C. Schmidt-Leithoff*, § 3 Rn. 19; Michalski/Heidinger/Leible/Schmidt/*Schmidt*, § 3 Rn. 27; a. A. Ulmer/*Ulmer*, § 3 Rn. 24. Die Gestaltungspraxis macht von dieser a. A. einhellig keinen Gebrauch.

Kap. 1 Gründung der GmbH

men kann (was § 5 Abs. 2 GmbHG a.F. verbot), sind folgerichtig gemäß § 3 Abs. 1 Nr. 4 GmbHG sowohl Zahl als auch Nennbetrag der Geschäftsanteile im Gesellschaftsvertrag niederzulegen. Nennbetragslose „Stückanteile" als Pendant zu § 8 Abs. 1 2. Alt AktG sind bei der GmbH weiterhin nicht zulässig. Dabei können die Gesellschafter die Höhe der Nennbeträge der übernommenen Geschäftsanteile weitaus individueller als früher gestalten. § 5 Abs. 2 Satz 1 GmbHG sieht nur noch vor, dass der Nennbetrag eines Geschäftsanteils auf **volle Euro**, mindestens also **einen Euro**,[73] lauten muss. Die Teilbarkeitsregel des § 5 Abs. 3 Satz 2 GmbHG a.F., wonach ein Geschäftsanteil durch 50 dividierbar sein musste, wurde aus dem GmbHG gestrichen.[74] Diese Änderungen haben die Teilung und Abtretung von Geschäftsanteilen, etwa nach einem Erbfall, deutlich erleichtert. Außerdem gestattet § 5 Abs. 3 Satz 1 GmbHG, die Nennbeträge der einzelnen Geschäftsanteile unterschiedlich zu bestimmen. Dem einzelnen Gesellschafter wird also die Möglichkeit eröffnet, bei Gründung mehrere Geschäftsanteile mit unterschiedlichem Nennbetrag zu übernehmen.[75] Wegen der naheliegenden Gefahr einer stärkeren **Zersplitterung** sind die einzelnen Geschäftsanteile, weil andernfalls dem sachenrechtlichen Bestimmtheitsgrundsatz nicht genügt würde,[76] durchgehend zu nummerieren (§ 8 Abs. 1 Nr. 3 GmbHG). Die Nummerierung setzt sich bei Änderungen der Gesellschafterliste fort (Einzelheiten Kap. 2 Rn. 58) und ermöglicht eine Identifizierung der Anteile bei der Frage offener Einlagen, Zuordnung von Sonderrechten etc. Bei Gründung entspricht die Summe der Nennbeträge der Geschäftsanteile dem satzungsmäßigen Stammkapital, während beide Ziffern nachfolgend ggf. (durch Einziehung) auseinanderfallen können.[77]

4. Körperschaftliche Regelungen

23 Gemäß § 3 Abs. 2 GmbHG sind körperschaftliche Regelungen, die für Gläubiger der Gesellschaft und Erwerber von Geschäftsanteilen von unmittelbarer rechtlicher Bedeutung sind und in ihren Wirkungen über den engeren Kreis der Vertragsbeteiligten hinausgehen, in die Satzung aufzunehmen.[78] Dazu gehört die Einräumung von **Sonderrechten** etwa in der Ausprägung eines unentziehbaren Geschäftsführeramts (vgl. § 38 Abs. 2 GmbHG).[79] Übernehmen die Gesellschaf-

---

73 *Böttcher/Blasche*, NZG 2007, 565, 568.
74 Gemäß § 1 Abs. 1 Satz 2 EGGmbHG bleibt (u.a.) die Teilbarkeitsvorschrift jedoch anwendbar für nicht umgestellte DM-GmbH. Eine absolute Pflicht zur Euroumstellung wurde nicht eingeführt. Es gibt also 1-€-Geschäftsanteile, aber keine 2-DM-Anteile.
75 BR-Drucks. 354/07, S. 68.
76 *Bormann*, GmbHR 2007, 897 f.
77 Dazu BGH NJW 2015, 1385.
78 *Goette*, § 1 Rn. 17.
79 BGH, Urt. v. 4.11.1968 – II ZR 63/67, BB 1969, 1399 = NJW 1969, 131.

ter einer GmbH die Verpflichtung, zu den Kosten der Gesellschaft Deckungsbeiträge zu erbringen, so bedarf die Absprache der Aufnahme in die Satzung, wenn die Verpflichtung in der Weise an den Gesellschaftsanteil gebunden sein soll, dass sie ohne Weiteres auch künftige Gesellschafter treffen soll; andernfalls ist eine formfreie Vereinbarung der Gesellschafter untereinander oder der Gesellschaft gegenüber (§ 328 BGB) ausreichend.[80] Soll eine **Nebenleistungspflicht** der Gesellschafter begründet werden, der GmbH beteiligungsproportional Kreditmittel zur Verfügung zu stellen, so ist die Regelung, wenn sie nicht nur für die an der Gründung beteiligten Gesellschafter gelten, sondern an den Geschäftsanteil gebunden und auch künftige Gesellschafter treffen soll, in der Satzung zu verankern.[81] Die Bestimmung muss so konkret gefasst sein, dass die verpflichteten Gesellschafter das Ausmaß der Verpflichtung ohne Weiteres überschauen können. Dem genügt eine Klausel nicht, wonach Verluste **in unbestimmter Höhe** zeitlich **unbeschränkt** übernommen werden.[82] Ein Aufgeld (Agio) kann sowohl in statutarischer Form (§ 3 Abs. 2 GmbHG) bzw. aufgrund eines Kapitalerhöhungsbeschlusses als auch ohne statutarische Grundlage durch eine schuldrechtliche Vereinbarung rechtlich verbindlich begründet werden.[83]

Als (fakultative) Bestimmung kann die Satzung auch die Gesellschafter zu ehevertraglichen Regelungen zwingen, wonach im Scheidungsfall keine Zugewinnausgleichsansprüche aus Wertsteigerungen des Geschäftsanteils hergeleitet wurden oder zunächst eine Vollstreckung in den Geschäftsanteil zur Durchsetzung von Zugewinnausgleichsansprüchen ausgeschlossen wird. Dies kann mit Ausschlussrechten (Hinauskündigung/Einziehung) der anderen Gesellschafter verbunden werden.[84]

24

Die Satzung kann die Übernahme des **Gründungsaufwands** durch die Gesellschaft vorsehen; diese Möglichkeit ist in §§ 9a, 82 GmbHG vorausgesetzt. Wegen des sonst geltenden Unversehrtheitsgrundsatzes muss die Übernahme aber auch in der Satzung vorgesehen werden (analog § 26 Abs. 2 AktG);[85] fehlt es an einer solchen Bestimmung, tragen die Gründer die Kosten bzw. müssen sie der GmbH erstatten, was diese an Gründungsaufwand aufgebracht hat.[86] Eine Kos-

25

---

80 BGH, Urt. v. 8.2.1993 – II ZR 24/92, BB 1993, 676 = NJW 1993, 1788 (LS) = NJW-RR 1993, 607.
81 BGH, Urt. v. 28.6.1999 – II ZR 272/98, BGHZ 142, 116, 123 = NJW 1999, 2809.
82 BGH, Beschl. v. 22.10.2007 – II ZR 101/06, NZG 2008, 148.
83 BGH, Urt. v. 15.10.2007 – II ZR 216/06, ZIP 2007, 2416 Tz. 13. Vgl. dazu nun auch die Regelung im Musterprotokoll.
84 Zur Abwägung zwischen berechtigtem Selbsterhaltungsinteresse der GmbH und übermäßigem Druck auf den Gesellschafter und dessen Ehegatten vgl. *Brambring*, DNotZ 2008, 724.
85 *Römermann*, GmbHR 2016, 1121.
86 BGH, Urt. v. 20.2.1989 – II ZR 10/88, BGHZ 107, 1 = BB 1989, 795 = NJW 1989, 1610.

Kap. 1   Gründung der GmbH

tenübernahme nur in der Registeranmeldung genügt nicht.[87] Eine praxisübliche Formulierung lautet etwa:[88]

> *„Die Gesellschaft trägt die mit der Gründung verbundenen Kosten (insbesondere die Notar- und Gerichtskosten, die Kosten der Bekanntmachung, die Kosten der Rechts- und Steuerberatung, die Bankgebühren sowie etwaige Steuern) in Höhe von bis zu (…) Euro. Alle darüber hinaus gehenden Gründungskosten tragen die Gesellschafter im Verhältnis ihrer Beteiligung an der Gesellschaft persönlich."*

In den weiteren Einzelheiten ist die Praxis der Registergerichte und auch der Oberlandesgerichte uneinheitlich. Das konstatiert selbst die Rechtsprechung.[89]

26   Die h. M. verlangt dabei eine bezifferte (nicht bloß prozentuale – bezogen auf das Stammkapital) Festlegung der Höchstsumme in der Satzung, ebenso – wenngleich nicht restlos überzeugend[90] – eine schlagwortartige – Bezeichnung der möglichen Gründungskosten.[91] Nicht verlangt wird hingegen eine exakte Spezifizierung der jeweiligen Kostenposition analog § 37 AktG.[92] Gegen eine genauere Spezifizierung spricht nicht zuletzt das Musterprotokoll, welches allein den Gesamtaufwand festlegt.[93] Eine strengere Ansicht verlangt detaillierte Angaben, um Rückflüssen in Form von Gründerlohn möglichst entgegenzuwirken.[94] Fraglich ist, ob eine Höchstgrenze an Aufwandsübernahme besteht.[95] Immerhin sieht das Musterprotokoll eine solche Höchstgrenze unterhalb des Stammkapitals nicht vor – das Stammkapital als Höchstgrenze sollte selbstverständlich sein, anderenfalls schon mit Gründung eine Überschuldung erreicht sein könnte. Richtigerweise sollte dies allein eine Frage des Nachweises bzw. der Prüfungspflicht des Registergerichts sein:[96] Eine Aufwandsübernahme, die sich bis auf 10% des Stammkapitals beläuft, wird erfahrungsgemäß ohne weitere Nachweise anerkannt.[97] Aber auch ein darüber hinausgehender Aufwand kann zulässig sein, wenn er den gesetzlichen Gebühren für Notar und Handelsregister entspricht,

---

87 *Römermann*, GmbHR 2016, 1121.
88 *Wachter*, GmbHR 2016, 791, 794.
89 OLG Celle MittBayNot 2016, 436.
90 *Cramer*, NZG 2015, 373; *Wagner*, GmbHR 2017, R 49.
91 BGH NZG 1998, 102; BGH NJW 1989, 1611; *Cramer*, NZG 2015, 373.
92 A. A. OLG Celle GmbHR 2015, 139.
93 *Römermann*, GmbHR 2016, 1121.
94 OLG Celle MittBayNot 2016, 436.
95 So OLG Celle GmbHR 2015, 139 (Gründungskosten bis 60% des Stammkapitals unzulässig).
96 *Wachter*, GmbHR 2016, 791, 794; *Cramer*, NZG 2015, 373.
97 Offenbar wird das nicht näher hinterfragt, *Römermann*, GmbHR 2016, 1121. Tatsächlich belaufen sich die Kosten bei Notar und Handelsregister bei einer 25.000 € GmbH auf knapp 900 € bei Einmanngründung und auf knapp 950 € bei Mehrpersonengründung.

eine Gründung dieser Gesellschaft also notwendigerweise mindestens diese Gebühren hervorruft.[98] Analog § 26 AktG muss die Satzungsbestimmung 10 Jahre lang nach Eintragung beibehalten werden.[99]

5. Form

a) Notarielle Beurkundung

Der Gesellschaftsvertrag bedarf gemäß § 2 Abs. 1 GmbHG notarieller Beurkundung. Der Formzwang dient Beweissicherungs- und damit Rechtssicherheitsgründen, aber auch dem Zwecke einer materiellen Richtigkeitsgewähr sowie der Gewährleistung einer Prüfungs- und Belehrungsfunktion.[100] Die Notwendigkeit der Unterzeichnung des Gesellschaftsvertrages durch sämtliche Gründer (§ 2 Abs. 1 Satz 2 GmbHG) bedeutet nicht, dass die Beurkundung nur in Gegenwart aller Gesellschafter möglich ist. Eine **Stufenbeurkundung** durch Unterzeichnung zu verschiedenen Zeitpunkten ist möglich; auch können die Gesellschafter ihre Erklärungen bei verschiedenen Notaren abgeben.[101] Bei der Gründung einer GmbH ist Stellvertretung zulässig. Die Vollmacht bedarf (mindestens) der notariellen Beglaubigung als notarieller Formerfordernis (§ 2 Abs. 2 GmbHG entgegen § 166 BGB). Entsprechend bedarf die Genehmigung des vollmachtlos Vertretenen der Form des § 2 Abs. 2 GmbHG. Die erteilte Vertretungsbefugnis muss aber die Errichtung der GmbH decken; das ist bei einer Generalvollmacht der Fall; bei einer durch Aufzählung einzelner Geschäfte umrissenen Spezialvollmacht hingegen nur bei ausdrücklicher Benennung.[102] Eine Einmanngründung durch einen vollmachtlosen Vertreter ist gem. § 180 Satz 1 BGB nichtig und wird auch durch nachfolgende Genehmigung nicht geheilt.[103] Wirkt ein Minderjähriger an der Errichtung einer GmbH mit, so bedarf die Genehmigung durch den gesetzlichen Vertreter nach § 2 Abs. 2 GmbHG der notariellen Beurkundung oder Beglaubigung. Nach Eintritt der Volljährigkeit kann der zuvor minderjährige Gesellschafter die Genehmigung selbst formlos erteilen.[104]

27

---

98 KG GmbHR 2015, 1158; *Haag*, BB 2015, 2836.
99 OLG Celle MittBayNot 2018, 267.
100 BGH, v. 24.10.1988 – II ZB 7/88, BGHZ 105, 324, 338 = BB 1989, 95 = NJW 1989, 295.
101 Ulmer/*Ulmer*, § 2 Rn. 12 f.; Rowedder/Schmidt-Leithoff/*C. Schmidt-Leithoff*, § 2 Rn. 37.
102 OLG Frankfurt MittBayNot 2017, 508.
103 OLG Frankfurt MittBayNot 2017, 508.
104 BGH, Urt. v. 21.1.1980 – II ZR 153/79, BB 1980, 857 = NJW 1980, 1842 (LS).

Kap. 1 Gründung der GmbH

b) Ausländische Beurkundung

28 Die Form für den Abschluss eines Gesellschaftsvertrages über die Errichtung einer GmbH bestimmt sich ausschließlich nach § 2 GmbHG; die Ortsform des Art. 11 EGBGB ist unanwendbar.[105] Eine ausländische notarielle Beurkundung ist anzuerkennen, wenn sie der deutschen gleichwertig ist. Gleichwertigkeit ist gegeben, wenn die ausländische Urkundsperson nach Vorbildung und Stellung im Rechtsleben eine der Tätigkeit des deutschen Notars entsprechende Funktion ausübt und für die Errichtung der Urkunde ein Verfahrensrecht zu beachten hat, das den tragenden Grundsätzen des deutschen Beurkundungsrechts entspricht. Dazu zählen in formeller Hinsicht Vorlesen, Genehmigung durch die Beteiligten und deren eigenhändige Unterschrift.[106] Die **Gleichwertigkeit** kann nicht wegen fehlender Kenntnis des deutschen GmbH-Rechts abgelehnt werden.[107] Diese Voraussetzungen sind für Notare in Österreich, der Schweiz[108] und Notare des sog. lateinischen Notariats (Belgien, Frankreich, Italien, Niederlande, Spanien) anerkannt.[109]

c) Materielle Satzungsbestandteile

29 Die Beurkundungspflicht erstreckt sich auf die notwendigen (§ 3 Abs. 1 GmbHG) wie auch die fakultativen (§ 3 Abs. 2 GmbHG) Satzungsbestandteile.[110] Wegen der Reichweite des Beurkundungszwangs bei fakultativen Bestimmungen ist zwischen **materiellen** (korporationsrechtlichen) Regelungen, die auch für künftige Gesellschafter und/oder Gläubiger der Gesellschaft gelten, und **formellen** Individualvereinbarungen der Gründer zu unterscheiden, die nur die handelnden Personen binden.[111] Notarieller Beurkundung bedürfen nur materiellrechtliche Satzungsbestandteile.[112] Besondere schuldrechtliche Vereinbarungen der Gesellschafter untereinander, die einen von ihnen persönlich gegenüber der Gesellschaft verpflichten, aber keine mitgliedschaftliche Bindung auch für später eintretende Gesellschafter herbeiführen sollen, sind dem Formgebot selbst dann nicht unterworfen, wenn die vereinbarte Leistung – im Streitfall Ver-

---

105 Scholz/*Cramer*, § 2 Rn. 16 ff.; Roth/*Altmeppen*, § 2 Rn. 19.
106 KG MittBayNot 2018, 276 = BB 2018, 657 (Gründung); KG MittBayNot 2019, 290 = NZG 2018, 1195 (Verschmelzung).
107 BGH, Beschl. v. 16.2.1981 – II ZB 8/80, BGHZ 80, 76, 78 f. = BB 1981, 693 = NJW 1981, 1160.
108 KG MittBayNot 2018, 276 (Schweizerischer Notar des Kantons Bern); KG NZG 2018, 1195.
109 Lutter/Hommelhoff/*Bayer*, § 2 Rn. 19; Baumbach/Hueck/*Fastrich*, § 2 Rn. 9. A. A. zur Gründung *Weber*, MittBayNot 2018, 215. Ausführliche Darstellung, aber insgesamt kritisch zur Anerkennung als gleichwertig Roth/*Altmeppen*, § 2 Rn. 17 ff.
110 Michalski/Heidinger/Leible/Schmidt/*Schmidt*, § 2 Rn. 46.
111 Michalski/Heidinger/Leible/Schmidt/*Schmidt*, § 2 Rn. 38 ff.
112 Scholz/*Cramer*, § 2 Rn. 10.

kauf eines Baggers – für die wirtschaftlichen Zwecke der Gesellschaft unerlässlich ist.[113] Den Gesellschaftern ist eine Gestaltungsfreiheit eröffnet, ob sie bestimmte Klauseln als korporativen oder unechten Satzungsbestandteil ausgestalten: Eine Schiedsabrede kann korporativ für alle gegenwärtigen und künftigen Gesellschafter oder lediglich obligatorisch zwischen den Gründungsgesellschaftern verabredet werden.[114] Entsprechendes gilt für die korporativ an den Geschäftsanteil oder lediglich schuldrechtlich an einen bestimmten Gesellschafter gekoppelte Nebenpflicht, der Gesellschaft Darlehensmittel oder einen Deckungsbeitrag zu gewähren.[115] Die Bestellung des Geschäftsführers ist nur korporationsrechtlicher Satzungsbestandteil, wenn einem Gesellschafter ein Sonderrecht auf Wahrnehmung der Geschäftsführung eingeräumt wird.[116]

d) Änderungen des Vertrages

Vertragsänderungen vor Eintragung unterliegen grundsätzlich den Erfordernissen der Einstimmigkeit und der notariellen Beurkundung. In dieser Phase setzt sich (noch) der Vertragscharakter der Gründungssatzung durch. Analog angewandt wird lediglich § 54 Abs. 1 Satz 2 GmbHG, d. h., es muss über den Änderungsvertrag hinaus eine Satzungszusammenstellung mit Notarbescheinigung eingereicht werden.[117] Der Formzwang ist zu beachten, soweit **materielle Satzungsbestandteile** betroffen sind. Ein **Gesellschafterwechsel** – gleich ob Ausscheiden oder Beitritt eines Gesellschafters oder eine Kombination aus Ausscheiden und Beitritt – bedarf vor Eintragung der GmbH in das Handelsregister als Vertragsänderung notarieller Beurkundung[118] unter Beteiligung aller anderen Gesellschafter. Freilich steht einem Gesellschafter die Möglichkeit offen, seinen Geschäftsanteil schon vor Eintragung der GmbH, aber erst mit Wirkung ab deren Eintragung – in notarieller Form – an einen Dritten abzutreten (§ 15 Abs. 3 GmbHG). An einer solchen Abtretung wären, vorbehaltlich vereinbarter Vinkulierungsklauseln, die anderen Gesellschafter nicht zu beteiligen. Diese Verfü-

30

---

113 BGH, Urt. v. 20.1.1977 – II ZR 222/75, BB 1977, 1729 = NJW 1977, 1151.
114 BGH, v. 25.10.1962 – II ZR 188/61, BGHZ 38, 155, 161 = BB 1962, 1344 = NJW 1963, 203.
115 BGH, v. 28.6.1999 – II ZR 272/98, BGHZ 142, 116, 123 = NJW 1999, 2809; BGH, Urt. v. 8.2.1993 – II ZR 24/92, BB 1993, 676 = NJW-RR 1993, 607 = NJW 1993, 1788 (LS).
116 BGH, v. 19.1.1961 – II ZR 217/58, BB 1961, 227 = NJW 1961, 507; BGH, Urt. v. 29.9.1955 – II ZR 225/54, BGHZ 18, 205, 208 = BB 1955, 975 = NJW 1955, 1716.
117 Roth/*Altmeppen*, § 8 Rn. 3.
118 BGH, Urt. v. 27.1.1997 – II ZR 123/94, BB 1997, 905 = NJW 1997, 1507; BGH, Urt. v. 16.2.1959 – II ZR 170/57, BGHZ 29, 300, 303 = BB 1959, 352 = NJW 1959, 934; BGH, Urt. v. 12.7.1956 – II ZR 218/54, BGHZ 21, 242, 245 = BB 1956, 765 = NJW 1956, 934.

Kap. 1 Gründung der GmbH

gung wird mit Eintragung der GmbH in das Handelsregister wirksam.[119] Die Bestellung zum Geschäftsführer und die Festsetzung des Gehalts kann als **formeller Satzungsbestandteil** ohne Einhaltung der für Satzungsänderungen maßgeblichen Form nachträglich modifiziert werden.[120] Wird einem Gesellschafter das Amt des Geschäftsführers hingegen als Sonderrecht eingeräumt, handelt es sich um eine materielle, beurkundungspflichtige Bestimmung.[121]

e) Vorvertrag

31 Auch der Vorvertrag, durch den sich die Beteiligten zur Gründung einer GmbH verpflichten, ist notariell zu beurkunden.[122] Bei Tätigwerden eines **Bevollmächtigten** ist § 2 Abs. 2 GmbHG anzuwenden.[123] Ausnahmsweise hat der BGH einen ohne notarielle Vollmacht geschlossenen Vorvertrag, der in einem von den Beteiligten über Jahrzehnte gebilligten KG-Vertrag enthalten war, als wirksam erachtet.[124]

f) Treuhand

32 Ein Treuhandvertrag hinsichtlich eines Geschäftsanteils, der vor der Beurkundung des Gesellschaftsvertrages geschlossen wird, unterliegt nicht dem Formzwang des § 15 Abs. 4 GmbHG, weil weder ein Geschäftsanteil vorhanden noch dessen Entstehen in die Wege geleitet ist. Im Vorgründungsstadium kann die Treuhandabrede also formlos geschlossen werden. Ist die Gesellschaft durch **Abschluss des Gesellschaftsvertrages** errichtet, aber noch nicht eingetragen worden, so kommt die Formvorschrift hingegen zum Tragen. Nur durch diese Auslegung kann der Zweck des § 15 Abs. 4 GmbHG, den Beweis der Anteilsinhaberschaft zu gewährleisten und den freien Handel mit GmbH-Geschäftsanteilen zu unterbinden, erreicht werden. Folgerichtig greift das Formgebot auch ein, wenn nach Eintragung der GmbH eine Treuhandabrede über einen bestehenden Geschäftsanteil getroffen wird.[125] Das Formgebot gilt nicht nur für eine Treuhandabrede über einen bereits gehaltenen Geschäftsanteil (**Vereinbarungstreu-**

---

119 BGH, Urt. v. 19.4.1999 – II ZR 365/97, BGHZ 141, 207, 212 = BB 1999, 1233 = NJW 1999, 2594; BGH, Urt. v. 26.9.1994 – II ZR 166/93, NJW 1995, 128; BGH, Beschl. v. 9.10.1956 – II ZB 11/56, BB 1956, 1118 = NJW 1957, 17 f.
120 BGH, Urt. v. 29.9.1955 – II ZR 225/54 = BB 1955, 975 = NJW 1955, 1716.
121 BGH, Urt. v. 4.11.1968 – II ZR 63/67, BB 1968, 1399 = NJW 1969, 131.
122 BGH, Urt. v. 7.10.1991 – II ZR 252/90, NJW 1992, 362; BGH, Urt. v. 21.9.1987 – II ZR 16/87, BB 1988, 157 = NJW-RR 1988, 288; Ulmer/*Ulmer*, § 2 Rn. 44; *Goette*, § 1 Rn. 14; Scholz/*Cramer*, § 2 Rn. 108.
123 Ulmer/*Ulmer*, § 2 Rn. 46; Rowedder/Schmidt-Leithoff/*C. Schmidt-Leithoff*, § 2 Rn. 88.
124 BGH, Urt. v. 5.5.1969 – II ZR 115/68, BB 1969, 892 = NJW 1969, 1856.
125 BGH, Urt. v. 19.4.1999 – II ZR 365/97, BGHZ 141, 207 = BB 1999, 1233 = NJW 1999, 2594; Scholz/*Cramer*, § 2 Rn. 70 ff.

II. Gesellschaftsvertrag Kap. 1

hand), sondern auch für eine Abrede über einen erst zu erwerbenden, bei Beendigung des Treuhandverhältnisses an den Treugeber herauszugebenden Geschäftsanteil.[126] Ausnahmsweise kann die Berufung auf das Formgebot nach § 242 BGB in Fällen einer **Existenzgefährdung des anderen Teils** oder einer **besonders schweren Treupflichtverletzung** unbeachtlich sein.[127]

6. Auslegung des Vertrages

Auch bei der Auslegung der Satzung ist zwischen den **korporativen Satzungsbestandteilen** und den **individualrechtlichen Bestimmungen** zu differenzieren.[128] Korporativer Charakter kommt allen Regelungen zu, die die gegenwärtigen und künftigen Gesellschafter betreffen und auch für die Gesellschaftsgläubiger von Bedeutung sind. Die Auslegung solcher Bestimmungen unterliegt der uneingeschränkten Nachprüfung durch das Revisionsgericht. Bei der Auslegung haben Umstände, die außerhalb der Vertragsurkunde liegen und nicht allgemein erkennbar sind, außer Betracht zu bleiben. Dies gilt insbesondere für die Entstehungsgeschichte der Satzung, für Vorentwürfe und die Vorstellungen oder Äußerungen von Personen, die an der Abfassung des Gesellschaftsvertrages mitgewirkt haben.[129] Individualrechtliche Regelungen sind dagegen nach §§ 133, 157 BGB auszulegen. Korporativer Natur[130] sind Bestimmungen über Unternehmensgegenstand[131] und Gesellschaftszweck,[132] Kapitalausstattung, Zulassung von Sacheinlagen,[133] Vinkulierung von Geschäftsanteilen,[134] Mitgliederbestand,[135] Stimmrecht,[136] Mehrheits-[137] und Formerfordernisse von Gesellschafterbeschlüs-

33

---

126 BGH, Beschl. v. 12.12.2005 – II ZR 330/04, NJW-RR 2006, 1415.
127 BGH, Beschl. v. 12.12.2005 – II ZR 330/04, NJW-RR 2006, 1415.
128 Zum Meinungsstreit siehe Michalski/Heidinger/Leible/Schmidt/*Schmidt* § 2 Rn. 81 ff.
129 BGH, Urt. v. 16.12.1991 – II ZR 58/91, BGHZ 116, 359, 364 = BB 1992, 448 = NJW 1992, 892; Lutter/Hommelhoff/*Bayer*, § 2 Rn. 13; kritisch Scholz/*Cramer*, § 2 Rn. 39.
130 Vgl. die Zusammenstellungen bei *Goette*, § 1 Rn. 23; Michalski/Heidinger/Leible/Schmidt/*Schmidt*, § 2 Rn. 39.
131 BGH, Urt. v. 20.1.1983 – II ZR 243/81, BB 1983, 996 = NJW 1983, 1910; BGH, Urt. v. 17.1.1966 – II ZR 157/63, WM 1966, 446 f.
132 BGH, Urt. v. 20.1.1983 – II ZR 243/81, BB 1983, 996 = NJW 1983, 1910.
133 BGH, Urt. v. 13.10.1966 – II ZR 56/64, BB 1966, 1410.
134 BGH, Urt. v. 13.7.1967 – II ZR 238/64, BGHZ 48, 141 = BB 1967, 1016 = NJW 1967, 2159.
135 BGH, Urt. v. 13.7.1967 – II ZR 238/64, BGHZ 48, 141 = BB 1967, 1016 = NJW 1967, 2159.
136 BGH, Urt. v. 9.6.1954 – II ZR 70/53, BGHZ 14, 25, 36 f. = BB 1954, 611 = NJW 1954, 1401.
137 BGH, Urt. v. 25.9.1989 – II ZR 304/88, BB 1989, 2132 = NJW-RR 1990, 99.

Kap. 1   Gründung der GmbH

sen,[138] Sonderrechte,[139] Gewinnverteilung,[140] Kompetenzverteilung in der GmbH[141] und Abfindung.[142] Gerade bei der Auslegung von Abfindungsklauseln ist zu berücksichtigen, dass im Zweifel eine auf Dauer wirksame und die Gesellschafter (und deren Rechtsnachfolger) gleich behandelnde Regelung gewollt war.[143] Individuellen Charakter haben Regelungen über die Vergütung von Geschäftsführern und ihren Hinterbliebenen.[144]

7. Inhaltskontrolle als AGB

34   Formularverträge auf dem Gebiet des Gesellschaftsrechts sind gemäß § 310 Abs. 4 BGB (früher: § 23 AGBG) einer Inhaltskontrolle nach Maßgabe der §§ 305ff. BGB entzogen. Handelt es sich jedoch um eine – in der Rechtsform der GmbH eher seltene – **Publikumsgesellschaft** oder um den Fall eines anonymen einflusslosen Beitritts, erfolgt im Interesse des Anleger- und Kleinaktionärsschutzes eine an § 242 BGB orientierte Billigkeitskontrolle.[145] Als Auslegungshilfe wird vorgeschlagen, den Gesellschaftern stets die im AktG vorgesehenen Mindestinformations-, Kontroll-, Einfluss- und Lösungsrechte zu belassen.[146] Die Bereichsausnahme des § 310 Abs. 4 BGB verbietet eine Kontrolle der auf den Gesellschaftszweck, im Streitfall die Gewährung von Ferienwohnrechten, bezogenen Regelungen. Soweit daneben Einkaufsvorteile eröffnet werden, findet hingegen eine Inhaltskontrolle statt.[147]

8. Vereinfachte Gründung bei Verwendung eines Musterprotokolls

35   Sein Ziel, in Standardfällen die Möglichkeit einer vereinfachten GmbH-Gründung zu eröffnen, hat der Gesetzgeber, nachdem er zunächst einen beurkun-

---

138 BGH, Urt. v. 13.7.1967 – II ZR 238/64, BGHZ 48, 141 = BB 1967, 1016 = NJW 1967, 2159.
139 BGH, Urt. v. 4.11.1968 – II ZR 63/67, BB 1968, 1399 = NJW 1969, 131.
140 BGH, Urt. v. 29.9.1955 – II ZR 225/54, BGHZ 18, 205, 208 = BB 1955, 975 = NJW 1955, 1716.
141 BGH, Urt. v. 13.6.1983 – II ZR 67/82, DB 1983, 1864; BGH, Urt. v. 29.3.1973 – II ZR 139/0, BB 1973, 772 = NJW 1973, 1039.
142 BGH, Urt. v. 16.12.1991 – II ZR 58/91, BGHZ 116, 359 = BB 1992, 448 = NJW 1992, 892. Dabei dürfen aber die Abfindungsbeschränkungen nicht zu weit gehen, vgl. BGH NZG 2013, 942.
143 BGH NZG 2011, 1420 = BB 2011, 3089.
144 BGH, Urt. v. 29.9.1955 – II ZR 225/54, BGHZ 18, 206 = BB 1955, 975 = NJW 1955, 1716.
145 Baumbach/Hueck/*Zöllner/Noack*, § 45 Rn. 8.
146 Lutter/Hommelhoff/*Bayer*, § 3 Rn. 65; zurückhaltend Baumbach/Hueck/*Zöllner/Noack*, § 45 Rn. 7.
147 BGH, Urt. v. 11.11.1991 – II ZR 44/91, BB 1992, 89 = NJW-RR 1992, 379.

II. Gesellschaftsvertrag Kap. 1

dungsfreien (bei Wahrung der Schriftform und öffentlicher Beglaubigung der Unterschriften der Gesellschafter wirksamen) Mustergesellschaftsvertrag hatte etablieren wollen, schließlich in Gestalt eines beurkundungspflichtigen **„Musterprotokolls"** verwirklicht (§ 2 Abs. 1a GmbHG). Das dem Gesetz als Anlage beigefügte, in zwei Varianten bereit gestellte Musterprotokoll **fasst drei Dokumente zusammen**: den Gesellschaftsvertrag, die Geschäftsführerbestellung und die Gesellschafterliste. Seine Verwendung ist **kostenrechtlich** nach §§ 105 Abs. 6, 107 Abs. 1 Satz 2 GNotKG insofern **privilegiert**, als Mindestgeschäftswerte für die Notargebühren in Höhe von 30.000 €, die sonst für die Beurkundung des Gesellschaftsvertrages sowie für die Anmeldung der Gesellschaft inklusive der Geschäftsführerbestellung zum Handelsregister bestehen, nicht gelten. Vor diesem Hintergrund ergibt sich freilich allein bei der Unternehmergesellschaft (haftungsbeschränkt), für die das Erfordernis eines Mindeststammkapitals in Höhe von 25.000 € (§ 5 Abs. 1 GmbHG) nicht gilt (§ 5a Abs. 1 GmbHG), die Möglichkeit einer echten Kosteneinsparung.[148] Beschleunigungsaspekte, die etwa im Vorbild der spanischen „Blitz-GmbH" mit gesetzlicher Zusage der Eintragung binnen drei Tagen bei Einführung der Mustersatzung auch Pate standen, haben sich nicht ergeben. Schon zuvor verzögerte sich die Eintragung nicht wegen inhaltlicher Rechtsprobleme der Satzung, über die hätte diskutiert werden müssen, sondern wegen anderer, außerhalb der Satzungsformulierung stammender Gründen (Nachweis der Mindesteinzahlung; Werthaltigkeitsnachweis von Sacheinlagen; Beibringung erforderlicher Genehmigungen [weswegen die weitgehende Streichung der Prüfungspflicht des Registergerichts unter Beschleunigungsaspekten mehr gebracht hat als das Musterprotokoll]; vor allem die unterschiedliche Handhabung der Registergerichte bei der Beteiligung berufsständischer Organe bei Eintragung gem. § 380 FamFG und daraus resultierende Verzögerungen). Andererseits kann nun wegen des Wortlautzwanges trotz im Einzelfall unpassender sowie irritierender Formulierungsvorgabe des Musterprotokolls über nahezu jedes Komma gestritten werden. Vor allem aber wird bei geringkapitalisierten UG (die nicht gesetzlich zwingend, aber eben empirisch typischerweise das Musterprotokoll verwenden) wesentlich häufiger ein Kostenvorschuss verlangt. Von seinem Vorhaben, auch für die Handelsregisteranmeldung ein Muster zur Verfügung zu stellen, hat der Gesetzgeber Abstand genommen. Die notarielle Beurkundung stellt indes sicher, dass die Notare die elektronische Anmeldung der Gesellschaft beim Registergericht vornehmen und weiter den Anzeigepflichten nach § 54 EStDV gegenüber den Finanzbehörden unterliegen.[149]

---

148 BT-Drucks. 16/9737, S. 93; *Fliegner*, DB 2008, 1668; *Wedemann*, WM 2008, 1381, 1383.
149 *Seibert/Decker*, ZIP 2008, 1208, 1209.

Kap. 1 Gründung der GmbH

a) Wahl des Musterprotokolls

36 Voraussetzung für die Gründung einer GmbH unter Verwendung des Musterprotokolls ist, dass die Gesellschaft **höchstens drei Gesellschafter**, seien es natürliche oder juristische Personen, Personenhandelsgesellschaften oder auch GbR,[150] und nur einen Geschäftsführer hat (§ 2 Abs. 1a Satz 1 GmbHG). Es wird ein Musterprotokoll für die (Bar-)Gründung einer Einpersonengesellschaft sowie eines für die (Bar-)Gründung einer Mehrpersonengesellschaft mit bis zu drei (d. h. mit zwei oder drei) Gesellschaftern zur Verfügung gestellt; die Gesellschafter dürfen jeweils nur einen Geschäftsanteil übernehmen. Der **Unternehmensgegenstand** kann **frei** bestimmt werden, muss aber die allgemeinen Konkretisierungsanforderungen beachten. Die zunächst angedachte Auswahl zwischen den drei Alternativen „Handel mit Waren", „Produktion von Waren" und „Dienstleistungen"[151] ist nicht Gesetz geworden. Somit können auch Handwerker im vereinfachten Verfahren eine GmbH gründen. Jedenfalls hält der Gesetzgeber an der in Rechtsprechung und Schrifttum geforderten Individualisierung des Unternehmensgegenstandes fest.[152] Das Musterprotokoll beschränkt sich das Musterprotokoll auf den Mindestinhalt eines Gesellschaftsvertrages (§ 3 Abs. 1 GmbHG). Die Gesellschafter haben danach die Firma, den Unternehmensgegenstand, das Stammkapital sowie die Nennbeträge der Geschäftsanteile zu bestimmen.

b) Der Geschäftsführer

37 Bei Gründung unter Verwendung des Musterprotokolls ist zwingend nur ein Geschäftsführer bestellungsfähig. Dieser ist (zunächst) alleinvertretungsberechtigt und von den Beschränkungen des § 181 BGB vollumfänglich befreit. Treten später weitere Geschäftsführer hinzu, so gilt: Der erstbestellte Geschäftsführer ist weiterhin von den Beschränkungen des § 181 BGB vollumfänglich befreit. Die neu hinzutretenden Geschäftsführer sind es nicht, da sich die Aussage zu § 181 BGB im Musterprotokoll nur auf den dort benannten Geschäftsführer bezieht.[153] Mangels Satzungsgrundlage sind sie auch nicht befreiungsfähig. Die mehreren Geschäftsführer sind fortan auch nur gemeinschaftlich vertretungsberechtigt, da keine von § 35 Abs. 2 Satz 1 GmbHG abweichende Anordnung getroffen ist.[154] Korrekturen bedürften einer Satzungsänderung, durch welche aber

---

150 Mit Blick auf die zuvor geplante Mustersatzung zu formalistisch *Noack*, DB 2007, 1395, 1398.
151 Demgegenüber mit Recht kritisch der Bundesrat, BT-Drucks. 16/6140, S. 148; ebenso *Bayer/Hoffmann/Schmidt*, GmbHR 2007, 953 f.; *Heckschen*, DStR 2007, 1442, 1444.
152 Vgl. BGHZ 117, 323, 334; Baumbach/Hueck/*Fastrich* § 3 Rn. 8; Lutter/Hommelhoff/*Bayer*, § 3 Rn. 6.
153 *Blasche*, GmbHR 2015, 403, 406.
154 *Blasche*, GmbHR 2015, 403, 406.

II. Gesellschaftsvertrag Kap. 1

das Kostenprivileg verloren ginge. Die Benennung des ersten Geschäftsführers verschafft diesem kein satzungsmäßiges Sonderrecht auf Bestellung.[155]

Darüber hinaus dürfen bei Verwendung des Musterprotokolls keine vom Gesetz abweichenden Bestimmungen getroffen werden (§ 2 Abs. 1a Satz 3 GmbHG); anderenfalls geht die kostenrechtliche Privilegierung verloren. Unschädlich sind hingegen Ergänzungen, die dem Gesetz entsprechen. Durch die unverändert bestehende Beurkundungspflicht ist sichergestellt, dass die **notariellen Hinweise** gegeben und dass insbesondere die bei der Wahl der Firma häufig auftretenden Zweifelsfragen von den Gründungsgesellschaftern nicht ohne rechtliche Beratung bewältigt werden müssen. Das fällt ins Gewicht, können die Gründer doch anderenfalls vielfach gar nicht einschätzen, ob das Musterprotokoll geeignet ist, die von ihnen gewünschte vertragliche Gestaltung zu verwirklichen. So entspricht es möglicherweise gar nicht ihrem Interesse, eine reine Bargründung vorzunehmen, dem Geschäftsführer (wie es das Musterprotokoll zwingend vorsieht) das Selbstkontrahieren zu gestatten oder überhaupt nur einen Geschäftsführer zu bestellen. Die juristische Beratung mag also ergeben, dass die individuelle Ausarbeitung des Gesellschaftsvertrages für den Interessenausgleich der Beteiligten und zur vorbeugenden Vermeidung späterer Streitigkeiten unbedingt erforderlich ist.[156] Sie wird den Gründern jedenfalls nahebringen, dass das Musterprotokoll **praktisch bedeutsame Bereiche nicht behandelt**, angefangen vom Kündigungsrecht eines Gesellschafters, der Möglichkeit eines Ausschlusses, der Erbfolge, der Befugnis zur Einziehung von Geschäftsanteilen bei Insolvenz oder Tod des Gesellschafters bis hin zur Vinkulierung der Anteile.[157]

38

c) Eintragung trotz Abweichung vom Musterprotokoll

Jede vom Inhalt des Musterprotokolls abweichende oder darüber hinausgehende vertragliche Bestimmung führt gemäß § 2 Abs. 1a Satz 3 GmbHG zur Untauglichkeit der Urkunde für eine Gründung im vereinfachten Verfahren. Unwirksam im Sinne einer Nichtigkeit (mit Wirkung jedenfalls inter partes oder ggf. sogar gegenüber Dritten) wird die Urkunde deswegen aber nicht.[158] Wird die Urkunde nicht durch Nachtrag auf einen zulässigen Inhalt korrigiert, muss deswegen dann die Gründung in eine ordentliche Gründung überführt werden. Es fehlt dazu die obligatorische Gesellschafterliste als separates Dokument. Das Kostenprivileg entfällt; allerdings kann nach § 21 GNotKG eine teilweise Nichterhebung stattfinden. Abweichungen von der in § 2 Abs. 1a GmbH vorgesehenen Stückelung und Höchstgründerzahl sind aber für regulär gegründete GmbH ge-

39

---

155 *Blasche*, GmbHR 2015, 403, 405.
156 So mit Recht der Bundesrat, BT-Drucks. 16/6140, S. 147 f.
157 Darauf schon für die zunächst geplante Mustersatzung hinweisend *Freitag/Riemenschneider*, ZIP 2007, 1485, 1487; *Heckschen*, DStR 2007, 1442, 1444.
158 Wie hier OLG München NZG 2010, 795; *Seebach*, RNotZ 2013, 261, 273.

stattet. Das Fehlen der Gesellschafterliste ist kein Nichtigkeitsgrund. Aus alledem folgt: Würde eine im vereinfachten Verfahren gegründete GmbH unter Missachtung des Abweichungs- und Ergänzungsverbots in § 2 Abs. 1a Satz 3 GmbHG in das Handelsregister eingetragen (was angesichts der vorgeschalteten Prüfung ein theoretischer Fall sein dürfte), so ist die GmbH voll wirksam mit der vereinbarten Satzung entstanden. Besondere Probleme ergeben sich für ihren Bestand aus § 2 Abs. 1a GmbHG nicht. Lösungsrechte der Gesellschafter bestehen in der Zwischenzeit m.E. ebenfalls nicht, weil der ausgedrückte rechtsgeschäftliche Wille sich auf die konkret ausformulierte Satzung bezog und deren Verwendung im vereinfachten Verfahren nur Motiv war.

d) Änderung des als Gesellschaftsvertrag fungierenden Musterprotokolls

40 Auf das Musterprotokoll finden die Vorschriften des GmbHG über den Gesellschaftsvertrag entsprechende Anwendung (§ 2 Abs. 1a Satz 5 GmbHG). So unterfällt eine Änderung des Gesellschaftsvertrages dem **Beurkundungserfordernis** des § 53 Abs. 2 Satz 1 GmbHG, der insofern keine Formerleichterung vorsieht. Sie kann auch vom Musterprotokoll nicht genannte Regelungsgegenstände betreffen. Indes gilt die kostenrechtliche Privilegierung §§ 105 Abs. 6, 107 GNotKG nur dann auch für Änderungen des Gesellschaftsvertrages, wenn vom Musterprotokoll nicht abgewichen wird. Erfasst wird also z.B. eine Änderung des Unternehmensgegenstandes, die Änderung von Firma oder Sitz der Gesellschaft oder die Aufnahme eines weiteren Gesellschafters in eine von zwei Personen mittels Musterprotokolls gegründete GmbH. Das verlangt dann besondere Formulierungskünste, weil einerseits die Wortlautvorgabe der Muster zwingend ist, andererseits die Änderung gegenüber dem ursprünglichen Gründungsprotokoll ausgedrückt werden muss.[159] Eine Kapitalerhöhung ist indes nur dann nach §§ 105, 107 GNotKG privilegiert, wenn es sich um eine reine Bar-Erhöhung handelt, kein neuer Geschäftsanteil geschaffen und kein vierter Gesellschafter aufgenommen wird. Denn auch im Rahmen der Kapitalerhöhung ist zu beachten, dass bei Verwendung des Musterprotokolls jeder Gesellschafter nur einen Geschäftsanteil übernehmen darf und an der Gesellschaft höchstens drei Gesellschafter beteiligt sein dürfen.[160] Änderungen des Gesellschaftsvertrages dürfen auch wiederholt in der privilegierten Form vorgenommen werden.

---

159 Etwa OLG Karlsruhe MittBayNot 2018, 372.
160 So mit Recht für die zunächst geplante Mustersatzung *Bormann*, GmbHR 2007, 897, 903.

III. Vorgesellschaft

1. Rechtsnatur

Mit Abschluss des Gesellschaftsvertrages wird die GmbH errichtet (vgl. § 29 AktG). Der Begriff Vor-GmbH oder Vorgesellschaft bezieht sich auf die errichtete, aber noch nicht in das Handelsregister eingetragene GmbH.[161] Die Vorgesellschaft ist als mittlerweile von Rechtswissenschaft und Rechtspraxis anerkannte notwendige Vorstufe zu der mit der Eintragung entstehenden juristischen Person als werdende Kapitalgesellschaft bereits ein eigenständiges, von ihren Gründern und Gesellschaftern verschiedenes körperschaftlich strukturiertes Rechtsgebilde mit eigenen Rechten und Pflichten. Die Vorgesellschaft als solche und nicht jeder einzelne Gesellschafter oder eine von ihr verschiedene Gesamtheit der Gesellschafter ist Träger der eingebrachten Vermögenswerte. Demgegenüber ging der historische Gesetzgeber, erkennbar an der unveränderten Formulierung des § 11 Abs. 1 GmbHG, eher von der vollständigen Nichtexistenz jeder von den Gesellschaftern unabhängigen „Wirkeinheit" vor der Eintragung aus. Das führt aber zumal wegen der Verpflichtung zur vorherigen Einlageleistung zu einem unauflösbaren Zirkelschluss. Da die Rechtsentwicklung zu einer anderen Anschauung der Vor-GmbH geführt hat, sind die maßgeblichen Rechtsvorschriften erst zu entwickeln. Die Vor-GmbH entspricht bis auf die Rechtsfähigkeit der eingetragenen GmbH. Infolgedessen sind auf sie bereits die **Vorschriften des GmbH-Rechts anzuwenden**, soweit diese nicht gerade die Rechtsfähigkeit voraussetzen oder auf die besonderen Umstände bzw. Verhältnisse des Gründungsstadiums keine hinreichende Rücksicht nehmen.[162]

41

2. Rechtsfähigkeit

Die Vorgesellschaft wird vielfach als teilrechtsfähig bezeichnet.[163] Aufgrund der sehr weitgehenden Anerkennung der Vor-GmbH als Rechtssubjekt wird dieser zwar vermehrt auch volle Rechtsfähigkeit zugesprochen.[164] Diese Aussage ließe aber vom Wortlaut des § 11 Abs. 1 GmbHG nichts übrig und sollte als dogmatischer Rechtssatz weiterhin abgelehnt werden. Wie die Anwendung des § 124 HGB zeigt, folgt aus der Zuerkennung „nur" von Teilrechtsfähigkeit auch kein Erwerbs- oder Verpflichtungsverbot hinsichtlich einzelner Vermögensgegenstände. Das Vermögen ist unabhängig von dieser Formulierungsfrage der Vor-

42

---

161 Scholz/*K. Schmidt*, § 11 Rn. 27.
162 BGH, Urt. v. 18.1.2000 – XI ZR 71/99, BGHZ 143, 314 = NJW 2000, 1193; BGH, Beschl. v. 16.3.1992 – II ZB 17/91, BGHZ 117, 323 = BB 1992, 1018 = NJW 1992, 1824.
163 Ulmer/*Ulmer*, § 11 Rn. 59: rechtsfähige Einheit.
164 Scholz/*K. Schmidt*, § 11 Rn. 34; Lutter/Hommelhoff/*Bayer*, § 11 Rn. 4.

Kap. 1   Gründung der GmbH

GmbH, nicht den einzelnen Gesellschaftern oder einer aus den Gesellschaftern bestehenden Gesamthandsgemeinschaft zugeordnet.[165] Folglich kann die Vorgesellschaft Eigentümer, Gläubiger und Schuldner sein.[166] Die Vorgesellschaft verfügt über eine eigene Firma, ist konto-[167] und grundbuchfähig und nach der im Schrifttum herrschenden Auffassung auch scheck- und wechselfähig.[168] Zur Vermeidung von Irreführungen hat die Vor-GmbH ihre Firma mit dem Zusatz „in Gründung" oder „i.G." zu versehen;[169] betreibt die Vorgesellschaft kein Handelsgewerbe, so genießt sie doch nach § 12 BGB Namensschutz.[170] Die Vor-GmbH kann die Funktion des persönlich haftenden Gesellschafters in einer KG übernehmen.[171] Die Vorgesellschaft ist im Zivilprozess aktiv und passiv parteifähig;[172] sie kann Anträge im Handelsregisterverfahren stellen;[173] in Einklang damit wird ihr auch Insolvenzfähigkeit zuerkannt.[174] Die Vor-GmbH ist als solche aber weder registerpflichtig noch registerfähig. Wird ein nichtkaufmännisches Einzelunternehmen in eine neu gegründete GmbH eingebracht, so findet, weil es sich dabei nicht um eine Personengesellschaft handelt, § 28 HGB keine Anwendung. Entsprechendes gilt bei Einbringung in eine Vor-GmbH, die ebenfalls keine Personengesellschaft darstellt.[175]

---

[165] BGH, Beschl. v. 16.3.1992 – II ZB 17/91, BGHZ 117, 323 = BB 1992, 1018 = NJW 1992, 1824; Scholz/*K. Schmidt*, § 11 Rn. 35; Lutter/Hommelhoff/*Bayer*, § 11 Rn. 4; wohl auch BGH, Urt. v. 18.1.2000 – XI ZR 71/99, BGHZ 143, 314, 319 = NJW 2000, 1193, und *Goette*, § 1 Rn. 37, anders aber Rn. 41; a.A. noch BGH, Urt. v. 9.3.1981 – II ZR 54/80, BGHZ 80, 129, 135 = BB 1981, 689 = NJW 1981, 1373, der – höchst widersprüchlich – von „Gesamthandsvermögen in der Hand einer Vorgesellschaft" spricht; Baumbach/Hueck/*Fastrich*, § 11 Rn. 7; Ulmer/*Ulmer*, § 11 Rn. 41.

[166] Scholz/*K. Schmidt*, § 11 Rn. 39.

[167] BGH, Urt. v. 2.5.1966 – II ZR 219/63, BGHZ 45, 338, 347 = BB 1966, 597 = NJW 1966, 1311: schon zwecks Einzahlung der Einlagen.

[168] BGH, Beschl. v. 16.3.1992 – II ZB 17/91, BGHZ 117, 323 = BB 1992, 1018 = NJW 1992, 1824.

[169] *K. Schmidt*, § 34, III. 3. a.

[170] BGH, Urt. v. 29.10.1992 – I ZR 264/90, BGHZ 120, 103, 106 = BB 1993, 163 = NJW 1993, 459; BGH, Urt. v. 23.1.1981 – I ZR 30/79, BGHZ 79, 239, 241 = NJW 1981, 873.

[171] BGH, Beschl. v. 16.3.1992 – II ZB 17/91, BGHZ 117, 323 = BB 1992, 1018 = NJW 1992, 1824; BGH, Urt. v. 9.3.1981 – II ZR 54/80, BGHZ 80, 129, 132 = BB 1981, 689 = NJW 1981, 1373.

[172] BGH, Urt. v. 23.10.2006 – II ZR 162/05, BGHZ 169, 270 = BB 2006, 2773 = NJW 2007, 589 Tz. 7; BGH, Urt. v. 28.11.1997 – V ZR 178/96 = BB 1998, 862 = NJW 1998, 1079.

[173] BGH, Urt. v. 9.3.1981 – II ZR 54/80, BGHZ 80, 129, 143 = BB 1981, 689 = NJW 1981, 1373.

[174] BGH, Beschl. v. 16.10.2006 – II ZR 32/05, NJW-RR 2007, 259 = DB 2006, 2630; BGH, Beschl. v. 9.10.2003 – IX ZB 34/03, BB 2003, 2477 = NJW-RR 2004, 258 = BGH-Report 2004, 68.

[175] BGH, Urt. v. 18.1.2000 – XI ZR 71/99, BGHZ 143, 314 = NJW 2000, 1193.

3. Vertretung der Vorgesellschaft

Grundsätzlich ist zu berücksichtigen, dass die Vertretungsmacht der Geschäftsführer in der Vorgesellschaft durch deren **Zweck** begrenzt ist, als notwendige Vorstufe zur juristischen Person deren Entstehung zu fördern und bis dahin das schon eingebrachte Vermögen zu verwalten und zu erhalten. Geht es dabei zum Beispiel um die Fortführung eines als **Sacheinlage** eingebrachten Handelsgeschäfts, so wird sich die Vertretungsbefugnis praktisch weitgehend mit der umfassenden Vertretungsmacht des Geschäftsführers einer eingetragenen GmbH nach §§ 35 ff. GmbHG decken. Bei **Bargründungen** beschränkt sie sich dagegen im Allgemeinen auf solche Rechtshandlungen, die unerlässlich sind, um die gesetzlichen Eintragungsvoraussetzungen und die Eintragung selbst herbeizuführen. Die Gründer sind aber nicht gehindert, die Vertretungsmacht der Geschäftsführer zu erweitern. Das kann insbesondere der Fall sein, wenn die Gründer den oder die Geschäftsführer **übereinstimmend** ermächtigen, bereits vor der Eintragung ein Geschäft weiterzubetreiben oder zu eröffnen oder namens der Vor-GmbH die Komplementärrolle einer KG zu übernehmen. Hierfür bedarf es nicht der Form des § 2 GmbHG.[176] Für die von ihr eingegangenen Verbindlichkeiten haftet die Vor-GmbH mit ihrem Vermögen.[177]

43

4. Innenverhältnis

Die **Gesellschafterversammlung** ist auch in der Vor-GmbH oberstes Gesellschaftsorgan.[178] **Gesellschafterbeschlüsse** sind nach Maßgabe der §§ 45 bis 50 GmbHG zu fassen. Grundsätzlich genügt die Mehrheit der Stimmen, die sich nach dem Wert der Geschäftsanteile errechnet.[179] Zur Bestellung eines Geschäftsführers (§ 6 Abs. 3 GmbHG) reicht Stimmenmehrheit. Ferner können Gesellschafterbeschlüsse mit Anfechtungs- und Nichtigkeitsklage angegriffen werden.[180] Änderungen des **Gesellschaftsvertrages** wie Ein- und Austritt von Mitgliedern bedürfen hingegen – neben der notariellen Beurkundung – der Zustim-

44

---

176 BGH, Urt. v. 9.3.1981 – II ZR 54/80, BGHZ 80, 129, 139 = BB 1981, 689 = NJW 1981, 1373; Lutter/Hommelhoff/*Bayer*, § 11 Rn. 11; Roth/*Altmeppen*, § 11 Rn. 48 (der selbst aber die Geschäftstätigkeit auf die Eintragung der GmbH begrenzen will); Ulmer/*Ulmer*, § 11 Rn. 68; a.A. Scholz/*K. Schmidt*, § 11 Rn. 72; Michalski/Heidinger/Leible/Schmidt/*Blath*, § 11 Rn. 63: unbegrenzte Vertretungsmacht.
177 Lutter/Hommelhoff/*Bayer*, § 11 Rn. 12.
178 Ulmer/*Ulmer*, § 11 Rn. 45; Michalski/Heidinger/Leible/Schmidt/*Blath*, § 11 Rn. 49.
179 Rowedder/Schmidt-Leithoff/*C. Schmidt-Leithoff*, § 11 Rn. 43; *Ulmer*, § 11 Rn. 45; *Goette*, § 1 Rn. 37; Scholz/*K. Schmidt*, § 11 Rn. 55; a.A. Lutter/Hommelhoff/*Bayer*, § 11 Rn. 12.
180 BGH, Urt. v. 23.3.1981 – II ZR 27/80, BGHZ 80, 212 = BB 1980, 212 = NJW 1981, 2125.

Kap. 1 Gründung der GmbH

mung aller Gesellschafter.[181] Das Prinzip des zweiseitigen Veräußerungsvertrages (§ 15 GmbHG) gilt in dieser Phase noch nicht. Allerdings kann die Satzung vorsehen, dass § 53 GmbHG und die dort bestimmte 3/4-Mehrheit schon vor Eintragung verbindlich sein soll.[182] Ein Aufsichtsrat kann nach Gesellschaftsvertrag oder Gesetz schon im Gründungsstadium vorgeschrieben sein.[183] Da bei der Vorgesellschaft wegen ihres Übergangscharakters eine Auflösungsklage (§ 61 GmbHG) und mangels übertragbarer Geschäftsanteile ein Austrittsrecht nicht in Betracht kommt, ist den Gesellschaftern unter der Voraussetzung eines wichtigen Grundes ein **außerordentliches Kündigungsrecht** (§ 723 BGB) zuzubilligen. Ein Kündigungsgrund ist gegeben, wenn die Eintragung an der Unfähigkeit eines Gesellschafters, die von ihm geschuldete Einlage zu erbringen, scheitert.[184]

5. Einpersonen-GmbH

45 Da § 1 GmbHG **Einpersonengründungen** gestattet, führt der Abschluss des Gesellschaftsvertrages zu einer **Einpersonen-Vor-GmbH**. Deshalb ist das Privatvermögen des Gründers strikt vom Vermögen der Vor-GmbH zu trennen. Privatgläubiger des Gründers können nicht unmittelbar auf das Gesellschaftsvermögen zugreifen, aber die Mitgliedschaft pfänden;[185] andererseits ist Gläubigern der Vor-GmbH die direkte Inanspruchnahme des Gründers nicht verwehrt.[186] Die Einlageleistung muss in einer nach außen erkennbaren Weise erbracht werden.[187] (Vgl. auch Kap. 6 Rn. 9,12).

6. Handeln für künftige GmbH

46 Ein nicht für die Vor-Gesellschaft, sondern für die künftige noch einzutragende GmbH geschlossener Vertrag kann von dieser nach ihrer Entstehung genehmigt

---

181 BGH, Urt. v. 27.1.1997 – II ZR 123/94, BB 1997, 905 = NJW 1997, 1507; BGH, Urt. v. 16.2.1959 – II ZR 170/57, BGHZ 29, 300, 303 = BB 1959, 352 = NJW 1959, 934; BGH, Urt. v. 12.7.1956 – II ZR 218/54, BGHZ 21, 242, 246 = BB 1956, 765 = NJW 1956, 1435; Ulmer/*Ulmer*, § 11 Rn. 47; Rowedder/Schmidt-Leithoff/*C. Schmidt-Leithoff*, § 11 Rn. 43; Baumbach/Hueck/*Fastrich*, § 11 Rn. 8; Scholz/*K. Schmidt*, § 11 Rn. 58.
182 Rowedder/Schmidt-Leithoff/*C. Schmidt-Leithoff*, § 11 Rn. 43.
183 Rowedder/Schmidt-Leithoff/*C. Schmidt-Leithoff*, § 11 Rn. 47 ff.
184 BGH, Urt. v. 23.10.2006 – II ZR 162/05, BGHZ 169, 270 = BB 2006, 2773 = NJW 2007, 589; Ulmer/*Ulmer*, § 11 Rn. 53.
185 Lutter/Hommelhoff/*Bayer*, § 11 Rn. 31.
186 BGH, Urt. v. 27.1.1997 – II ZR 123/94, BGHZ 134, 333, 341 = BB 1997, 907 = NJW 1997, 1507; Scholz/*K. Schmidt*, § 11 Rn. 175; *Goette*, § 1 Rn. 83; a. A. Baumbach/Hueck/*Fastrich*, § 11 Rn. 44.
187 Lutter/Hommelhoff/*Bayer*, § 11 Rn. 28.

werden. Ein solches Handeln erst für die künftige GmbH ist aber selten anzunehmen und müsste auch ausdrücklich vereinbart werden. Nach den Grundsätzen der Zurechnung unternehmensbezogener Geschäfte spricht ja eine tatsächliche Vermutung für einen Vertragsschluss des objektiv richtigen (vorhandenen) Unternehmensträgers, hier eben die Vor-GmbH. Auch wäre die Vertragsdurchführung auf einen für beide Seiten nicht restlos kalkulierbaren Zeitpunkt aufgeschoben. Ein solcher Wille mag im Einzelfall vorhanden sein; die Regel ist er gewiss nicht. Für den Vertragspartner gilt in dieser Konstellation § 178 Satz 1 BGB entsprechend. Danach kann er seine Vertragserklärung nicht widerrufen, wenn er wusste, mit einer noch in Entstehung begriffenen, im Handelsregister noch nicht eingetragenen GmbH zu kontrahieren.[188]

IV. Haftung für Verbindlichkeiten der Vorgesellschaft

1. Problematik

Die Vorgesellschaft hat für die von ihren Vertretern im **Einverständnis** sämtlicher Gesellschafter begründeten – auch deliktischen – Verpflichtungen mit ihrem Vermögen einzustehen.[189] Für die Haftung einer Vor-GmbH kommt es nicht auf die Kenntnis der Gesellschafter über die konkret eingegangenen Verbindlichkeiten an. Für die Verpflichtung der Vorgesellschaft und gegebenenfalls ihrer Gründer reicht es aus, dass diese mit der vorzeitigen Geschäftsaufnahme einverstanden sind und die Geschäftsführer damit bevollmächtigen, nicht nur die Eintragung der Gesellschaft herbeizuführen, sondern darüber hinaus Verbindlichkeiten einzugehen.[190] Diese Verbindlichkeiten gehen mit Eintragung auf die nunmehr als juristische Person entstandene GmbH über.[191] Die Aufnahme der Geschäftstätigkeit durch die Vorgesellschaft birgt für Gesellschaftsgläubiger die Gefahr, dass im Zeitpunkt der Eintragung das Stammkapital nicht mehr unversehrt vorhanden ist oder Anlaufverluste sogar dazu führen, dass die Gesellschaft überhaupt nicht eingetragen wird. Für diese Fälle hat der BGH – nach langer Wegstrecke[192] – eine einheitliche Gründerhaftung konzipiert, die sich – **nach**

47

---

188 BGH, Urt. v. 14.3.1973 – VIII ZR 114/72, NJW 1973, 798.
189 BGH, Urt. v. 24.10.1988 II ZR 176/88, BGHZ 105, 300 = BB 1989, 169 = NJW 1989, 710; BGH, Urt. v. 9.3.81 – II ZR 54/80, BGHZ 80, 129 = BB 1981, 689 = NJW 1981, 1373; Lutter/Hommelhoff/*Bayer*, § 11 Rn. 12; Baumbach/Hueck/*Fastrich*, § 11 Rn. 22.
190 BGH, Urt. v. 4.11.2002 – II ZR 204/00, BGHZ 152, 290 = BB 119 = NJW 2003, 429.
191 BGH, Urt. v. 27.1.1997 – II ZR 123/94, BGHZ 134, 333, 338f. = BB 1997, 905 = NJW 1997, 1507; BGH, Urt. v. 24.10.1988 – II ZR 176/88, BGHZ 105, 300 = BB 1989, 169 = NJW 1989, 710; BGH, Urt. v. 9.3.1981 – II ZR 54/80, BGHZ 80, 129, 137ff. = BB 1981, 689 = NJW 1981, 1373; Lutter/Hommelhoff/*Bayer*, § 11 Rn. 5; Baumbach/Hueck/*Fastrich*, § 11 Rn. 56.
192 Vgl. die instruktive Darstellung auch zur Rechtsentwicklung bei *Goette*, § 1 Rn. 45 ff.

Kap. 1 Gründung der GmbH

Eintragung – in einer Vorbelastungs-, Differenz- oder Unterbilanzhaftung und – bei **Scheitern der Eintragung** – in einer Verlustdeckungshaftung manifestiert, aber jeweils auf gleichen, der jeweiligen Gründungsphase angepassten Voraussetzungen beruht.[193] Die Haftung ist als **Innenhaftung** der Gesellschafter gegenüber der eingetragenen GmbH (Unterbilanzhaftung) bzw. der Vorgesellschaft (Vorbelastungshaftung) ausgestaltet.[194]

2. Unterbilanzhaftung

a) Grundlagen

48 Im Falle der Einbringung einer **Sacheinlage**, namentlich eines Handelsgeschäfts, können Anlaufverluste zur Folge haben, dass der Wert des eingebrachten Gegenstandes den Betrag der dafür übernommenen Stammeinlage in Wirklichkeit nicht (oder nicht mehr) erreicht. In diesem Fall muss der Gesellschafter den Fehlbetrag gegenüber der GmbH in Geld ausgleichen (§ 9 GmbHG). Dies gilt analog gem. § 19 Abs. 4 GmbHG bei Fehlbeträgen infolge einer verdeckten Sacheinlage. Der **Unversehrtheitsgrundsatz** wird hier also nicht buchstäblich, sondern wertmäßig verstanden, weil das eingebrachte Sachvermögen bei Aufstellung einer Bilanz einen Aktivüberschuss in Höhe des Stammkapitals aufweisen soll.[195] Auch bei **Bargründungen** gilt der Grundsatz der wertmäßigen Aufbringung des Stammkapitals. Dann ist es aber nur folgerichtig, hier ebenfalls eine Differenzhaftung eingreifen zu lassen, also die Gesellschafter gegenüber der eingetragenen GmbH zur Auffüllung der Kapitallücke zu verpflichten, die bilanzmäßig durch Vorbelastungen entstanden ist.[196]

b) Voraussetzungen

aa) Unterbilanz

49 Dies bedeutet, dass Gesellschafter auch bei einer Bargründung der GmbH gegenüber anteilig auf die Differenz zwischen dem Stammkapital und dem Wert des Gesellschaftsvermögens im **Zeitpunkt der Eintragung** haften, was ggf. eine Ausfallhaftung nach § 24 GmbHG einschließt.[197] Sowohl im Fall einer

---

193 BGH, Urt. v. 27.1.1997 – II ZR 123/94, BGHZ 134, 333, 338; Lutter/Hommelhoff/Bayer, § 11 Rn. 17.
194 BGH, Urt. v. 4.11.2002 – II ZR 204/00, BGHZ 152, 290, 293 = BB 2003, 119 = NJW 2003, 429.
195 BGH, Urt. v. 9.3.1981 – II ZR 54/80, BGHZ 80, 129 = BB 1981, 689 = NJW 1981, 1373.
196 BGH, Urt. v. 9.3.1981 – II ZR 54/80, BGHZ 80, 129 = BB 1981, 689 = NJW 1981, 1373.
197 BGH, Urt. v. 9.3.1981 – II ZR 54/80, BGHZ 80, 129 = BB 1981, 689 = NJW 1981, 1373.

IV. Haftung für Verbindlichkeiten der Vorgesellschaft   Kap. 1

Sach- wie einer Bargründung haften die Gesellschafter der GmbH anteilig auf Ausgleich, soweit sich im Zeitpunkt der Entstehung der GmbH bei Eintragung ins Handelsregister eine Differenz zwischen dem Stammkapital und dem Wert des Gesellschaftsvermögens ergibt. Außer Betracht bleiben Minderungen des Gesellschaftsvermögens durch **Gründungskosten**, die aus der Natur der Sache zulasten der Gesellschaft gehen.[198] Zur Ermittlung einer Unterbilanz ist eine **Vorbelastungsbilanz** zu erstellen. Dabei ist das Gesellschaftsvermögen grundsätzlich mit seinen wirklichen Werten nach Fortführungsgrundsätzen zu bewerten.[199] Im Falle einer negativen Fortbestehensprognose sind hingegen die Vermögensgegenstände mit ihren Veräußerungswerten zu veranschlagen.[200] Hat die Ingangsetzung der Vor-GmbH in der Zeit zwischen Aufnahme der Geschäftstätigkeit und Eintragung der Gesellschaft zu einer **Organisationseinheit** geführt, die als Unternehmen anzusehen ist, das über seine einzelnen Vermögenswerte hinaus einen eigenen Vermögenswert repräsentiert, hat die Bewertung des Vermögens in der Vorbelastungsbilanz nach der Ertragswertmethode zu erfolgen.[201] Eine Organisationseinheit ist nicht gegeben, solange die Gesellschaft noch im Vorstadium werbender Tätigkeit aktiv ist.[202]

bb) Ermächtigung zur Aufnahme des Geschäftsbetriebs

Die Haftung setzt eine **übereinstimmende Ermächtigung** der Gründer an den   50
Geschäftsführer, den Geschäftsbetrieb aufzunehmen, voraus.[203] An das Einvernehmen der Gesellschafter sind keine besonderen Anforderungen zu stellen. Wird ein Geschäftsführer zwecks alsbaldiger Fertigstellung eines Bauvorhabens bestellt, so liegt darin die Ermächtigung der Gesellschafter, die zur Fortführung des Bauvorhabens notwendigen Geschäfte einzugehen.[204] Infolge der Ermächtigung müssen Verbindlichkeiten der Vorgesellschaft entstanden sein.[205]

---

198 BGH, Urt. v. 16.1.2006 – II ZR 65/04, BB 2006, 907 Tz. 10 = NJW 2006, 1594.
199 BGH, Urt. v. 6.12.1993 – II ZR 102/93, BGHZ 124, 282, 285 = BB 1994, 392 = NJW 1994, 724.
200 BGH, Urt. v. 29.9.1997 – II ZR 245/96, NJW 1998, 233.
201 BGH, Urt. v. 16.1.2006 – II ZR 65/04, BB 2006, 907 = NJW 2006, 1594; BGH, Urt. v. 9.11.1998 – II ZR 190/97, BGHZ 140, 35 = BB 1999, 14 = NJW 1999, 283.
202 BGH, Urt. v. 16.1.2006 – II ZR 65/04, BB 2006, 907 = NJW 2006, 1594; BGH, Urt. v. 9.3.1981 – II ZR 54/80, BGHZ 80, 129, 141 = BB 1981, 689 = NJW 1981, 1373.
203 BGH, Urt. v. 24.10.1988 – II ZR 176/88, BGHZ 103, 300 = BB 1989, 169 = NJW 1989, 710.
204 BGH, Urt. v. 15.6.1978 – II ZR 205/76, BGHZ 72, 45 = BB 1978, 1132 = NJW 1978, 1978.
205 Michalski/Heidinger/Leible/Schmidt/*Blath*, § 11 Rn. 133.

cc) Höhe der Haftung

51 Die im **Verhältnis zur GmbH** und nicht unmittelbar deren Gläubigern eingreifende (**Innen**-)Haftung ist nicht auf die Höhe des Stammkapitals beschränkt, sondern gleicht unbegrenzt jede darüber hinausgehende **Überschuldung** aus. Dabei spielt es keine Rolle, worauf die Kapitallücke zurückzuführen ist.[206] Der BGH hat sich auch für Sonderlagen, in denen die GmbH vermögenslos ist oder nur einen Gesellschafter hat, zugunsten des Innenhaftungskonzepts ausgesprochen.[207] Besteht bei der Gesellschaft im Zeitpunkt der Eintragung bei Vergleich der Stammkapitalziffer zum tatsächlich vorhandenen Gesellschaftsvermögen eine Unterbilanz, ist sie von den Gesellschaftern nach Maßgabe ihrer **Beteiligungsquote** (pro rata) auszugleichen.[208] Der Anspruch geht nicht unter, falls die Kapitallücke im Zuge der weiteren Geschäftstätigkeit der GmbH nach Eintragung ausgeglichen wird.[209] Wie beim Einlageanspruch ist es ohne Bedeutung, ob das Stammkapital auf andere Weise gedeckt wird. Wegen der Anwendbarkeit des § 19 Abs. 2 GmbHG kann der Gesellschafter nicht mit einer ihm zustehenden Forderung aufrechnen.[210] Will der Gläubiger den Gesellschafter auch auf die Einlage eines Mitgesellschafters in Anspruch nehmen, so reicht der Hinweis auf § 24 GmbHG nicht aus. Vielmehr hat der Kläger außer der Nichterfüllung der Einlagepflicht darzulegen, dass die für eine auf diese Vorschrift gestützte Ausfallhaftung erforderlichen Voraussetzungen nach §§ 21 ff. GmbHG erfüllt sind, insbesondere also der Geschäftsanteil des anderen Gesellschafters wirksam kaduziert worden ist.[211] Mangels eines eigenen Anspruchs kommt für Gesellschaftsgläubiger nur in Betracht, auf den Anspruch der GmbH gegen ihren Gesellschafter – nach Erwirkung eines Titels – im Wege der Pfändung und Überweisung zuzugreifen. Die Unterbilanzhaftung verwirklicht sich erst mit der **Eintragung** der GmbH in das Handelsregister;[212] folgerichtig **verjährt** der Anspruch analog § 9 Abs. 2 GmbHG innerhalb von zehn Jahren ab Eintragung.[213] Die Fälligkeit der Unterbilanzhaftung setzt keinen Gesellschafterbeschluss

---

206 BGH, Urt. v. 24.10.1988 – II ZR 176/88, BGHZ 103, 300 = BB 1989, 169 = NJW 1989, 710; *Porzelt* GmbHR 2018, 663, 664.
207 BGH, Urt. v. 24.10.2005 – II ZR 129/04, BB 2005, 2773 = NJW-RR 2006, 254.
208 BGH, Urt. v. 4.11.2002 – II ZR 204/00, BGHZ 152, 290 = BB 2003, 119 = NJW 2003, 429.
209 BGHZ 165, 391; BGHZ 124, 282; *Porzelt*, GmbHR 2018, 663, 665.
210 BGH, Urt. v. 16.1.2006 – II ZR 65/04, BB 2006, 907 = NJW 2006, 1594 Tz. 22 ff.; BGHZ 80, 129, 141.
211 BGH, Urt. v. 17.2.2003 – II ZR 281/00, BB 2003, 703; OLG Rostock, Urt. v. 4.6.2014, 1 U S1/11; *Ulrici*, GmbHR 2014, R 309; *Porzelt*, GmbHR 2018, 663, 666.
212 Michalski/Heidinger/Leible/Schmidt/*Blath*, § 11 Rn. 135 ff.; *Ulrici*, GmbHR 2014, R 309.
213 BGH, Urt. v. 24.10.1988 – II ZR 176/88, BGHZ 105, 300 = BB 1989, 169 = NJW 1989, 710.

IV. Haftung für Verbindlichkeiten der Vorgesellschaft   **Kap. 1**

voraus.[214] Ausnahmsweise dürfte eine direkte Haftung der Gesellschafter anzunehmen sein, wenn die GmbH – etwa bei Ablehnung der Eröffnung des Insolvenzverfahrens mangels Masse – vermögenslos ist, wenn es sich nur um einen Gläubiger oder eine Einpersonengesellschaft handelt.[215]

3. Verlustdeckungshaftung

Die Grundsätze der Verlustdeckungshaftung sind Bestandteil der einheitlichen, regelmäßig als Innenhaftung der Gesellschafter gegenüber der Vorgesellschaft (Verlustdeckungshaftung) bzw. gegenüber der eingetragenen GmbH (Unterbilanzhaftung) ausgestalteten Gründerhaftung. Kommt es überhaupt nicht mehr zur Eintragung und stellen die Gesellschafter den Betrieb der Vor-GmbH ein, so trifft sie eine Verlustdeckungshaftung, die darauf gerichtet ist, der Gesellschaft anteilig **ohne Haftungsbeschränkung** die zur Tilgung ihrer Verbindlichkeiten erforderlichen Mittel zur Verfügung zu stellen. Es handelt sich also um eine anteilige **Innenhaftung** der Gesellschafter,[216] die im Schrifttum auf Zustimmung,[217] unter Berufung auf die Vorteile einer Außenhaftung sowie die Vorgabe des § 13 Abs. 2 GmbHG aber auch auf Ablehnung[218] gestoßen ist. **Fällig** wird der Anspruch mit Scheitern der Eintragung; ein solches kann bei Rücknahme oder Ablehnung des Eintragungsantrages, Eröffnung oder Ablehnung der Eröffnung des Insolvenzverfahrens angenommen, bei überlanger Verfahrensdauer oder Nichtbeachtung von Zwischenverfügungen des Registergerichts wie auch der Aufgabe des Geschäftsbetriebs vermutet werden.[219] Ausnahmsweise besteht ein **Direktanspruch** des Gesellschaftsgläubigers gegen die Gesellschafter, wenn die Vor-GmbH vermögenslos ist, keinen Geschäftsführer mehr hat, weitere Gläubiger nicht vorhanden sind oder es sich um eine Einpersonengründung handelt.[220] In diesem Fall haften die Gesellschafter nicht anteilig, sondern gesamtschuldnerisch für die Verbindlichkeiten der Gesellschaft.[221]

52

---

214 *Porzelt*, GmbHR 2018, 663, 665.
215 Michalski/Heidinger/Leible/Schmidt/*Blath*, § 11 Rn. 77.
216 BGH, Urt. v. 27.1.1997 – II ZR 123/94, BGHZ 134, 333 = BB 1997, 905 = NJW 1997, 1507; BGH, Urt. v. 4.11.2002 – II ZR 204/00, BGHZ 152, 290 = BB 2003, 119 = NJW 2003, 429.
217 Baumbach/Hueck/*Fastrich*, § 11 Rn. 29 m. w. N.; Ulmer/*Ulmer*, § 11 Rn. 119 ff.
218 Scholz/*K. Schmidt*, § 11 Rn. 88 ff. m.w.N; *Porzelt*, GmbHR 2018, 663.
219 Baumbach/Hueck/*Fastrich*, § 11 Rn. 26.
220 BGH, Urt. v. 27.1.1997 – II ZR 123/94, BGHZ 134, 333, 341 = BB 1997, 905 = NJW 1997, 1507.
221 Rowedder/Schmidt-Leithoff/*C. Schmidt-Leithoff*, § 11 Rn. 100 m. w. N. pro und contra.

Kap. 1 Gründung der GmbH

4. Beweislast

53 Nach allgemeinen Regeln ist die Gesellschaft – bzw. im Falle ihrer Insolvenz der Insolvenzverwalter – darlegungs- und beweispflichtig für das Bestehen von Unterbilanzhaftungsansprüchen, denen sie durch Erstellung einer Vorbelastungsbilanz nachkommt.[222] Den Schwierigkeiten, denen vor allem ein Insolvenzverwalter ausgesetzt sein kann, substanziierten Vortrag zu halten, wenn eine Vorbelastungsbilanz auf den Eintragungsstichtag nicht erstellt worden ist oder wenn nicht einmal geordnete Geschäftsaufzeichnungen vorhanden sind, ist nach den Grundsätzen der sekundären Behauptungslast zu begegnen. Ergeben sich aus dem dem Insolvenzverwalter vorliegenden Material hinreichende Anhaltspunkte dafür, dass das Stammkapital der Gesellschaft schon im Gründungsstadium angegriffen oder verbraucht worden ist oder sogar darüber hinausgehende Verluste entstanden sind, ist es Sache der Gesellschafter darzulegen, dass eine Unterbilanz nicht bestanden hat.[223] Ein lediglich pauschales Bestreiten von Bilanzansätzen durch den Gesellschafter ist unbeachtlich und berechtigt das Gericht, die Werte als unstreitig (§ 138 Abs. 3 ZPO) zugrunde zu legen.[224]

5. Handelndenhaftung

54 Mit der vom BGH entwickelten umfassenden Gründerhaftung geht ein Bedeutungsverlust der in § 11 Abs. 2 GmbHG geregelten Handelndenhaftung einher. Eine Handelndenhaftung scheidet bei einem Tätigwerden im Vorgründungsstadium aus, kommt also erst nach Errichtung des Gesellschaftsvertrages in Betracht.[225]

a) Handelnder

55 Nach der überkommenen Rechtsprechung war der Kreis der Handelnden weit zu ziehen und umfasste alle Gründungsgesellschafter, die allgemein ihr Einverständnis mit der Geschäftsaufnahme bekundet hatten.[226] Von dieser Rechtsprechung hat der BGH Abstand genommen. Der Handelndenhaftung unterliegen nur die Geschäftsführer als Organ der Vorgesellschaft sowie solche Personen, die sonst Geschäftsführungsaufgaben für die künftige GmbH unmittelbar oder mittelbar aufgenommen haben. Handelnder im Sinne des § 11 Abs. 2 GmbHG ist also nur derjenige, der als Geschäftsführer oder wie ein (faktischer) Ge-

---

222 Zu den Bilanzansätzen s. *Porzelt*, GmbHR 2018, 663, 666.
223 BGH, Urt. v. 17.2.2003 – II ZR 281/00, BB 2003, 703.
224 BGH, Urt. v. 16.1.2006 – II ZR 65/04, BB 2006, 907 = NJW 2006, 1594 Tz. 19.
225 BGH, Urt. v. 7.5.1984 – II ZR 276/83, BGHZ 91, 148 = BB 1984, 1315 = NJW 1984, 2164; Rowedder/Schmidt-Leithoff/*C. Schmidt-Leithoff*, § 11 Rn. 109.
226 BGH, Urt. v. 9.3.1981 – II ZR 54/80, BGHZ 80, 129 = BB 1981, 689 = NJW 1981, 1373.

schäftsführer rechtsgeschäftliche Erklärungen für die mit der Gründung entstandene Vorgesellschaft abgegeben hat. Wird ein Vertrag vom Treuhänder der Geschäftsanteile in seiner Eigenschaft als Geschäftsführer der Vor-GmbH geschlossen, so kann aus § 11 Abs. 2 GmbHG eine Haftung des beim Vertragsschluss nicht in Erscheinung getretenen Treugebers nicht hergeleitet werden.[227] Die Regelung erfasst nur organschaftliche, nicht nachgeordnete Vertreter wie Prokuristen und Handlungsbevollmächtigte.[228] Freilich haftet der Geschäftsführer, der einen Bevollmächtigten einsetzt.[229] Ein Gesellschafter, der sich lediglich mit der Eröffnung oder Fortführung des Geschäftsbetriebs vor der Eintragung allgemein einverstanden erklärt hat, ist einer Handelndenhaftung nicht unterworfen. Das Gleiche gilt, wenn der Gründer, sei es auch in maßgeblicher Weise, die vorzeitige Geschäftsaufnahme veranlasst, gefordert oder erst ermöglicht, sich aber nicht selbst geschäftsführend betätigt hat. § 11 Abs. 2 GmbHG setzt ein Handeln „im Namen der Gesellschaft" voraus. Sie ist keine bloße Veranlassungshaftung, sondern eine Haftung aus rechtsgeschäftlichem Handeln. Demnach scheidet eine Handelndenhaftung von Gründern aus, die weder dem Vertretungsorgan der Vor-GmbH angehören noch in der Art von Geschäftsführern im Rechtsverkehr auftreten.[230]

b) Rechtsgeschäftliches Handeln

Die Haftung ist an ein rechtsgeschäftliches, auch rechtsgeschäftsähnliches, zu Ansprüchen aus Verschulden bei Vertragsschluss (§ 311 Abs. 2 BGB) oder ungerechtfertigter Bereicherung (§ 812 BGB) führendes Handeln gekoppelt;[231] bei **gesetzlichen Ansprüchen** (etwa auf Abführung von Sozialversicherungsbeiträgen oder Steuern) greift sie hingegen nicht ein.[232] Die Haftung wird ohne Unterschied darauf begründet, ob der Handelnde im Namen der GmbH oder der Vor-GmbH auftritt.[233] Bedeutungslos ist ebenfalls, ob mit oder ohne Vertretungs-

---

227 BGH, Urt. v. 19.3.2001 – II ZR 249/99, BB 2001, 900 = NJW 2001, 2092.
228 Roth/*Altmeppen*, § 11 Rn. 116.
229 BGH, Urt. v. 9.2.1970 – II ZR 182/68, BGHZ 53, 206 = BB 1970, 465 = NJW 1970, 1043; BGH, Urt. v. 9.2.1970 – II ZR 137/69, BGHZ 53, 210 = BB 1970, 465 = NJW 1970, 806.
230 BGH, Urt. v. 8.10.1979 – II ZR 165/77, BGHZ 66, 359 = BB 1980, 11 = NJW 1980, 287; BGH, Urt. v. 15.12.1975 – II ZR 95/73, BGHZ 65, 378 = BB 1976, 200 = NJW 1976, 419; Lutter/Hommelhoff/*Bayer*, § 11 Rn. 23; Baumbach/Hueck/*Fastrich*, § 11 Rn. 47.
231 Ulmer/*Ulmer*, § 11 Rn. 136; Lutter/Hommelhoff/*Bayer*, § 11 Rn. 24; a. A. Scholz/*K. Schmidt*, § 11 Rn. 117.
232 Scholz/*K. Schmidt*, § 11 Rn. 117 m.w.N.; Baumbach/Hueck/*Fastrich*, § 11 Rn. 49.
233 Ulmer/*Ulmer*, § 11 Rn. 138; Rowedder/Schmidt-Leithoff/*C. Schmidt-Leithoff*, § 11 Rn. 120; a. A. Scholz/*K. Schmidt*, § 11 Rn. 118; Roth/*Altmeppen*, § 11 Rn. 120; ebenso wohl BGH, Urt. v. 19.3.2001 – II ZR 249/99, BB 2001, 900 = NJW 2001, 2092, der ein Handeln namens der GmbH fordert.

Kap. 1 Gründung der GmbH

macht gehandelt wurde.[234] Der Geschäftsführer haftet nicht für vertragliche Pflichten, die erst nach seinem Ausscheiden durch vertragswidriges Verhalten der GmbH begründet wurden.[235] Die Vorschrift gilt nur gegenüber **Dritten** und nicht gegenüber Gründern oder solchen Personen, die der werdenden Gesellschaft beitreten wollen und über die inneren Verhältnisse der Gründervereinigung unterrichtet sind.[236] Auch die Aufsichtsratsmitglieder einer Vor-GmbH haften dem ersten Geschäftsführer der Gesellschaft, mit dem sie den Anstellungsvertrag geschlossen haben, nicht wegen seiner Vergütungsansprüche.[237]

c) Umfang der Haftung

57 § 11 GmbHG statuiert eine **akzessorische Haftung**, die inhaltsgleich neben oder anstelle der Verpflichtung der GmbH tritt.[238] Auf diese Weise soll der Gläubiger nicht schlechter, aber auch nicht besser gestellt werden, als er stünde, wäre die GmbH bei Vertragsschluss bereits eingetragen gewesen und darum unmittelbar und allein verpflichtet worden. Die Haftung des Handelnden geht darum nicht weiter als die einer bestehenden GmbH.[239] Deshalb besteht abweichend von § 179 BGB ungeachtet, ob die Vor-GmbH wirksam verpflichtet wurde oder nicht, kein Wahlrecht zwischen einem Erfüllungsanspruch und einem Schadensersatzanspruch wegen Nichterfüllung.[240] Mehrere Handelnde haften **gesamtschuldnerisch**; dies gilt auch im Verhältnis zwischen dem Handelnden und der mitverpflichteten Gesellschaft.[241]

d) Erlöschen der Haftung

58 Die Handelndenhaftung erlischt mit **Eintragung** der GmbH in das Handelsregister. Da die aufgrund einer Ermächtigung der Gesellschafter im Namen der Vorgesellschaft eingegangenen Verbindlichkeiten mit der Eintragung gegen die GmbH fortwirken und die Gesellschafter für etwaige Lücken im Stammkapital aufkommen müssen, endet die Handelndenhaftung im Zeitpunkt der Eintragung

---

234 BGH, Urt. v. 9.2.1970 – II ZR 137/69, BGHZ 53, 210 = BB 1970, 465 = NJW 1970, 806; Rowedder/Schmidt-Leithoff/*C. Schmidt-Leithoff*, § 11 Rn. 118.
235 BAG, Urt. v. 20.1.1998 – 9 AZR 593/96, NJW 1998, 2845; Rowedder/Schmidt-Leithoff/*C. Schmidt-Leithoff*, § 11 Rn. 115.
236 BGH, Urt. v. 17.3.1980 – II ZR 11/79, BGHZ 76, 320 = BB 1980, 693 = NJW 1980, 1630; BGH, Urt. v. 20.11.1954 – II ZR 53/53, BGHZ 15, 204 = BB 1954, 1080 = NJW 1955, 219; Baumbach/Hueck/*Fastrich*, § 11 Rn. 49.
237 BGH, Urt. v. 14.6.2004 – II ZR 47/02, BB 2004, 1585 = NJW 2004, 2519.
238 Scholz/*K. Schmidt*, § 11 Rn. 123.
239 BGH, Urt. v. 9.2.1970 – II ZR 137/69, BGHZ 53, 210 = BB 1970, 1970, 465 = NJW 1970, 806; Michalski/Heidinger/Leible/Schmidt/*Blath*, § 11 Rn. 103.
240 Ulmer/*Ulmer*, § 11 Rn. 142; Scholz/*K. Schmidt*, § 11 Rn. 123.
241 Baumbach/Hueck/*Fastrich*, § 11 Rn. 51; Rowedder/Schmidt-Leithoff/*C. Schmidt-Leithoff*, § 11 Rn. 130; a. A. Scholz/*K. Schmidt*, § 11 Rn. 125.

IV. Haftung für Verbindlichkeiten der Vorgesellschaft   Kap. 1

der GmbH in das Handelsregister.[242] Wurde die eingetragene GmbH mangels **Vertretungsmacht** nicht wirksam verpflichtet, dauert die Handelndenhaftung ohne die Erleichterung des § 179 Abs. 2 BGB fort.[243]

e) Rückgriffsanspruch des Handelnden

Der gemäß § 11 Abs. 2 GmbHG als Handelnder in Anspruch genommene Geschäftsführer hat aus seinem Anstellungsvertrag gegen die **Vorgesellschaft** einen Regressanspruch auf Aufwendungsersatz (§§ 675, 670 BGB) oder Schuldbefreiung (§ 257 BGB), sofern die Aufnahme des Geschäftsbetriebs im Einverständnis der Gesellschafter erfolgte.[244] Fehlt es an einer Ermächtigung, besteht ein Anspruch aus § 683 BGB.[245] Die **Gründer** können nur im Rahmen der Vorbelastungshaftung im Wege der Innenhaftung belangt werden.[246] Ausnahmsweise kann ein unmittelbarer Anspruch gegen die Gesellschafter bestehen, wenn der Geschäftsführer auf deren Weisung gehandelt hat.[247]   59

6. Eigenkapitalersatz

Schließlich hat der BGH (in einem noch dem GmbHG vor MoMiG unterliegenden Altfall) eine Inanspruchnahme der Gründungsgesellschafter und nahestehender Personen (bzw. eine Aberkennung der Anspruchsdurchsetzung) nach den Grundsätzen der Erstattung eigenkapitalersetzender Gesellschafterdarlehen bejaht, selbst wenn die Gewährung des Darlehens bereits an die Vor-GmbH erfolgte.[248] Im rechtlichen Ausgangspunkt bestehen diese Grundsätze auch nach MoMiG fort. Die Verlagerung des Eigenkapitalersatzes in das Insolvenzrecht mit § 135 InsO n. F. spricht angesichts der Insolvenzfähigkeit der Vor-GmbH[249] eher dafür als dagegen. Wirtschaftlich wirkt sich natürlich die gesetzgeberische Korrektur beim Umfang der Eigenkapitalersatzhaftung auch hier aus, ebenso die   60

---

242 BGH, Urt. v. 16.3.1981 – II ZR 59/80, BGHZ 80, 182 = BB 1981, 750 = NJW 1981, 1452; Scholz/*K. Schmidt*, § 11 Rn. 130; Ulmer/*Ulmer*, § 11 Rn. 146.
243 Lutter/Hommelhoff/*Bayer*, § 11 Rn. 26; Ulmer/*Ulmer*, § 11 Rn. 147; Baumbach/Hueck/*Fastrich*, § 11 Rn. 53; a. A. unter Hinweis auf § 179 BGB Scholz/*K. Schmidt*, § 11 Rn. 132.
244 BGH, Urt. v. 13.12.1982 – II ZR 282/81, BGHZ 86, 122 = BB 1983, 144 = NJW 1983, 876; Ulmer/*Ulmer*, § 11 Rn. 149; Scholz/*K. Schmidt*, § 11 Rn. 126.
245 Ulmer/*Ulmer*, § 11 Rn. 150; Rowedder/Schmidt-Leithoff/*C. Schmidt-Leithoff*, § 11 Rn. 131.
246 Baumbach/Hueck/*Fastrich*, § 11 Rn. 54; Rowedder/Schmidt-Leithoff/*C. Schmidt-Leithoff*, § 11 Rn. 131; Ulmer/*Ulmer*, § 11 Rn. 151.
247 BGH, Urt. v. 13.12.1982 – II ZR 282/81, BGHZ 86, 122 = BB 1983, 144 = NJW 1983, 876.
248 BGH NZG 2009, 782 = BB 2009, 1554.
249 BGH BB 2003, 2477 = NJW-RR 2004, 258.

Kap. 1 Gründung der GmbH

verkürzten Eintragungszeiten durch (weitgehenden) Wegfall der Genehmigungsprüfungen. Jedenfalls aber verdrängen Handelndenhaftung und Vorbelastungshaftung die Anwendung des § 135 InsO nicht per se.

7. Unechte Vor-GmbH bei fehlender Eintragungsabsicht

a) Gesamtschuldnerische Außenhaftung

61 Das Modell der Verlustdeckungshaftung findet keine Anwendung, wenn die Gesellschafter nach Aufgabe der Eintragungsabsicht, also nach Scheitern der Gründung, den **Geschäftsbetrieb fortführen**. Dieser Fall steht Gestaltungen näher, in denen die handelnden Personen von Anfang an nicht die Absicht haben, die GmbH eintragen zu lassen. Hier ist seit langem anerkannt, dass sie sich so behandeln lassen müssen, als wären sie in einer **Personengesellschaft** miteinander verbunden. Nach aufgegebener Eintragungsabsicht ist der einzige Grund dafür entfallen, den Gläubigern der Vorgesellschaft zu versagen, die Gründer persönlich in Anspruch zu nehmen, der darin liegt, dass die Kapitalgesellschaft notwendig ein Vorstadium durchlaufen muss und deren Gläubiger erwarten dürfen, sich wegen ihrer Ansprüche an eine alsbald entstehende GmbH mit einem gesetzlich kontrollierten und garantierten, notfalls auf dem Wege der Unterbilanzhaftung aufzufüllenden Haftungsfonds halten zu können. Entfällt diese Voraussetzung, müssen die Gründer die Geschäftstätigkeit sofort einstellen und die Vorgesellschaft abwickeln, wenn sie es vermeiden wollen, nicht nur wegen der **neuen**, sondern auch wegen der **bis dahin begründeten Verbindlichkeiten** der Vor-GmbH persönlich und gesamtschuldnerisch haftend von den Gläubigern in Anspruch genommen werden zu können.[250]

b) Einpersonengründung, Treuhand

62 Gläubiger der Vor-GmbH können den **Alleingesellschafter** in Ermangelung einer Eintragung der GmbH unmittelbar als Haftungsschuldner in Anspruch nehmen. Ein Treuhandgesellschafter hat gegen den Treugeber einen Anspruch auf Freistellung von dieser Haftung. Bestehen mehrere voneinander unabhängige Treuhandverhältnisse, so haftet jeder Treugeber dem Treuhänder in Höhe seiner von dem Treuhänder für ihn gehaltenen Beteiligung an der Gesellschaft. Diesen Befreiungsanspruch kann der Treuhänder seinem Gläubiger abtreten. Infolge der Abtretung wandelt sich der Freistellungsanspruch in der Hand des Gläubigers in einen unmittelbaren Zahlungsanspruch gegen den Treugeber um.[251]

---

250 BGH, Urt. v. 23.10.2006 – II ZR 162/05, BGHZ 169, 270 = BB 2006, 2773 = NJW 2007, 589 Tz. 15; Urt. v. 4.11.2002 – II ZR 204/00, BGHZ 152, 290 = BB 2003, 119 = NJW 2003, 429.
251 BGH, Urt. v. 19.3.2001 – II ZR 249/99, NJW 2001, 209.

IV. Haftung für Verbindlichkeiten der Vorgesellschaft   **Kap. 1**

c) Feststellung der Aufgabe der Eintragungsabsicht

Die Aufgabe der Eintragungsabsicht und das Scheitern der Gründung wird sich regelmäßig aus äußeren Umständen feststellen lassen. Das gilt beispielsweise, wenn die Gesellschafter mangels Einigung über die Bewertung der einzubringenden Sacheinlagen keinen Eintragungsantrag mehr stellen, Beanstandungen des Registergerichts im Eintragungsverfahren nicht umgehend abgestellt werden, die Auflösung der Vorgesellschaft beschlossen wird oder die Geschäftsführer der Vorgesellschaft selbst einen Insolvenzantrag stellen.[252]   63

d) Vertretung

Die mit Abschluss des Gesellschaftsvertrages entstandene Vor-GmbH ist rechts- und parteifähig. Die Parteifähigkeit wird durch die **nachträgliche** Aufgabe der Eintragungsabsicht seitens der Gesellschafter nicht berührt. Vielmehr ist die Vor-GmbH abzuwickeln und besteht bis zur Beendigung als rechts- und parteifähige Abwicklungsgesellschaft fort, die von den Liquidatoren vertreten wird. Geben die Gesellschafter die Eintragungsabsicht auf, beschließen sie aber, die Gesellschaft nicht zu liquidieren, sondern fortzusetzen, unterliegt sie dem Recht der GbR bzw. der OHG, die beide rechts- und parteifähig sind. Die Rechtsformänderung lässt die Identität der Gesellschaft unberührt; ihr ist durch eine Rubrumsberichtigung Rechnung zu tragen. Wird die Eintragungsabsicht in einem Aktivprozess nach Klageerhebung aufgegeben, wurde die GmbH bei Klagezustellung durch den Geschäftsführer ordnungsgemäß vertreten. Der spätere Wechsel der Vertretung vom Geschäftsführer auf den Liquidator bzw. den Geschäftsführer der GbR oder OHG wirkt sich für das laufende Verfahren nicht aus, wenn die GmbH durch einen Prozessbevollmächtigten vertreten wird, dessen Vollmacht nach § 86 ZPO fortdauert.[253]   64

Bestand die Eintragungsabsicht schon bei Klageerhebung nicht mehr, handelt es sich statt einer Vor-GmbH um eine GbR oder OHG. Liegt eine OHG vor, ist ein Mitgesellschafter nach § 125 Abs. 1 HGB allein – auch zur Prozessführung – vertretungsberechtigt. Im Falle einer GbR bedarf es der Mitwirkung oder Genehmigung der Prozessführung seitens sämtlicher Gesellschafter nur, wenn mangels einer anderen Vereinbarung alle Gesellschafter die GbR nur gemeinsam vertreten können.[254]   65

---

252 BGH, Urt. v. 4.11.2002 – II ZR 204/00, BGHZ 152, 290 = BB 2003, 119 = NJW 2003, 429.
253 BGH, Urt. v. 31.3.2008 – II ZR 308/06, BB 2008, 1249 Tz. 6 ff.
254 BGH, Urt. v. 31.3.2008 – II ZR 308/06, BB 2008, 1249 Tz. 9 f.

V. Eintragung der GmbH

1. Anmeldung

a) Allgemeines

66 Die Anmeldung der Gesellschaft zum Handelsregister, die im elektronischen Wege zu erfolgen hat[255] (§ 8 Abs. 5 GmbHG i.V. mit § 12 Abs. 2 HGB), ist nach § 78 HS 2 GmbHG von allen Geschäftsführern im Namen der Gesellschaft vorzunehmen.[256] Der **Geschäftsführer** hat im Gründungsstadium alle erforderlichen Maßnahmen zu ergreifen, damit die Gesellschaft angemeldet und eingetragen werden kann. Dazu sind die Bareinlagen mindestens zu 1/4 (§ 7 Abs. 2 GmbHG) und Sacheinlagen vollständig (§ 7 Abs. 3 GmbHG) einzufordern; insgesamt müssen vor Anmeldung mindestens Bar- und Sacheinlagen im Gesamtbetrag von 12.500 € bewirkt worden sein (§ 7 Abs. 2 Satz 2 GmbHG). Der **Anmeldung** sind die in § 8 Abs. 1 GmbHG bezeichneten Dokumente beizufügen: Neben einer elektronisch beglaubigten Abschrift des Gesellschaftsvertrages (§ 8 Abs. 1 Nr. 1 GmbHG) und der – falls sie sich nicht bereits aus dem Gesellschaftsvertrag ergibt – etwa auf einem Gesellschafterbeschluss beruhenden Legitimation der Geschäftsführer (§ 8 Abs. 1 Nr. 2 GmbHG) ist eine Liste der Gesellschafter einzureichen (§ 8 Abs. 1 Nr. 3 GmbHG); diese muss den formellen Vorgaben des § 40 GmbHG i.V. mit GesellschafterlistenVO entsprechen. Bei Sachgründungen sind Ausführungsverträge über die Einbringung (Beispiel: Auflassung), Belege über den Wert der Sacheinlage vorzulegen und ein (ggf. durch ein Sachverständigengutachten[257] untermauerter) Sachgründungsbericht zu fertigen (§ 8 Abs. 1 Nr. 4 und 5 GmbHG). Jeder Geschäftsführer hat zu versichern, dass die gemäß § 7 Abs. 2 und 3 GmbHG zu leistenden Stammeinlagen zu seiner freien Verfügung bewirkt sind und keine Umstände nach § 6 Abs. 2 Satz 2 Nr. 2 und 3 sowie Satz 3 GmbHG (Berufsverbot, Verurteilung wegen einer einschlägigen Straftat) seiner Bestellung entgegenstehen (§ 8 Abs. 3 GmbHG). Dabei genügt, sofern inhaltlich zutreffend, die allgemeine Versicherung, wegen keinerlei Straftat, weder im Inland noch im Ausland, verurteilt worden zu sein.[258] Eine Einzelaufführung der Katalogstraftaten, um dem Erklärenden diese deutlich ins Bewusstsein zu rufen, ist nicht erforderlich: Eher weiß der juristische Laie, ob er überhaupt verurteilt wurde als die genaue juristische Bewertung der Straftat. Andererseits genügt die Versicherung „keine Verurteilung während der letzten 5 Jahre" nicht, weil diese Aussage eine erst später eintretende Rechtskraft des Strafurteils nicht erfasst.[259] Außerdem hat der Geschäftsfüh-

---

255 Dazu *Eickelberg*, NZG 2015, 81.
256 Rowedder/Schmidt-Leithoff/*Baukelmann*, § 78 Rn. 13.
257 Roth/*Altmeppen*, § 8 Rn. 7, 8.
258 BGH DNotZ 2010, 930.
259 BGH NJW-RR 2011, 1257.

rer seine Vertretungsbefugnis mitzuteilen (§ 8 Abs. 4 Nr. 2 GmbHG). Seine Versicherung nach § 8 Abs. 2 Satz 1 GmbHG hat sich auch auf die im Zeitpunkt der Anmeldung bestehenden Verbindlichkeiten zu erstrecken, für die eine Unterbilanzhaftung der Gesellschafter eingreift. Es ist nicht Sinn der Unterbilanzhaftung, die Eintragung der GmbH trotz unzureichender Kapitalausstattung zu ermöglichen. Bei Bargründungen erstreckt sich deshalb die Versicherung des Geschäftsführers nach § 8 Abs. 2 GmbHG und die entsprechende Prüfung durch das Registergericht (§ 9c GmbHG) auch darauf, inwieweit das aus Geldeinlagen oder Geldeinlageforderungen gebildete Stammkapital bereits durch Verbindlichkeiten vorbelastet ist.[260] Wird der Eintragungsantrag abgelehnt, so steht das **Beschwerderecht** nicht den Geschäftsführern, sondern der Vor-GmbH zu.[261] Genehmigungsurkunden, wie sie nach § 8 Abs. 1 Nr. 6 GmbH a. F. vorzulegen waren, müssen der Anmeldung nicht mehr beigefügt sein. Die Aufhebung der Norm bezieht sich aber allein auf die frühere GmbH-interne Genehmigungskontrolle durch die Registergerichte. Soweit Spezialgesetze den Registergerichten noch eine entsprechende Kontrolle zuweisen, muss die Genehmigung weiterhin vorgelegt werden. Gemäß § 43 Abs. 1 KWG (i.V. mit § 32 KWG) überprüft das Registergericht weiterhin die Erteilung einer Bankerlaubnis, soweit der Unternehmensgegenstand dies andeutet. In der Anmeldung sind ferner Gesellschafterdarlehen und Cash-Pool-Abreden offenzulegen (§ 19 Abs. 5 GmbHG).[262]

b) Geschäftsanschrift

Als zusätzliches Erfordernis der Anmeldung verlangt § 8 Abs. 4 Nr. 1 GmbHG nunmehr stets die Mitteilung einer **inländischen Geschäftsanschrift**, die in das Handelsregister einzutragen ist (§ 10 Abs. 1 Satz 1 GmbHG).[263] Ebenso wie für natürliche Personen, deren Anschrift über das Einwohnermeldeamt ermittelt werden kann, soll für juristische Personen eine aus einem **öffentlichen Register** ablesbare Anschrift fixiert werden. Die Angabe hat sowohl Straße und Hausnummer als auch Ort und Postleitzahl zu umfassen.[264] Regelmäßig wird die Geschäftsanschrift mit der **Anschrift des Geschäftslokals**, dem **Sitz der Verwaltung** oder des **Betriebs**, übereinstimmen. Eine Pflicht, nur solche Adressen zu wählen, an denen sich für die Verwaltung oder den Betrieb der GmbH eine maßgebliche Stelle befindet, besteht aber nicht. Die inländische Geschäftsanschrift muss auch nicht mit dem Satzungssitz zusammenhängen und kann anderenorts –

---

260 BGH, Urt. v. 9.3.1981 – II ZR 54/80, BGHZ 80, 129, 143 = BB 1981, 689 = NJW 1981, 1373.
261 BGH, Beschl. v. 16.3.1992 – II ZB 17/91, BGHZ 117, 323 = BB 1992, 1018 = NJW 1992, 1824; BGH, Beschl. v. 24.10.1988 – II ZB 7/88, BGHZ 105, 324 = BB 1989, 95 = NJW 1989, 295.
262 Vgl. *Römermann*, GmbHR 2017, 1121, 1123.
263 *Steffek*, BB 2007, 2077.
264 *Steffek*, BB 2007, 2077.

Kap. 1 Gründung der GmbH

auch außerhalb des Gerichtsbezirks – liegen. Als Geschäftsanschrift kann deswegen auch eine reine Briefkastenanschrift (wegen der Möglichkeit der Ladung aber keine Postfachanschrift) oder c/o-Angabe gewählt werden.[265] Das ermöglicht z. B. Gesellschaften im Ausland eine inländische Geschäftsanschrift, gilt aber auch für rein inländische GmbH. Da die Anschrift nicht mit dem Sitz der Betriebsstätte oder der Verwaltung übereinstimmen muss, kann die Gesellschaft ihren effektiven Verwaltungssitz ohne Weiteres in das Ausland verlegen.[266] Hier ist als andere Geschäftsanschrift etwa – im Einverständnis des Betroffenen – die inländische Wohnanschrift des Geschäftsführers oder eines Gesellschafters oder die Anschrift eines als Zustellungsbevollmächtigten eingesetzten Vertreters (Rechtsanwalt, Steuerberater) anzugeben. Über die erstmalige Anmeldung hinaus ist die Anschrift **ständig zu aktualisieren**.[267] Erlangt das Registergericht glaubhaft Kenntnis von einer Anschriftsänderung, kann es deren Anmeldung durch Verhängung eines Zwangsgeldes erzwingen (§ 14 HGB, §§ 388 ff. FamnFG).[268] Missachtet die Gesellschaft die Verpflichtung aus § 31 HGB, eine Änderung der inländischen Anschrift mitzuteilen, kommt gemäß § 185 Nr. 2 ZPO eine öffentliche Zustellung in Betracht.[269] Ein Prokurist kann als solcher eine Änderung der Geschäftsanschrift nicht anmelden.[270]

2. Registergerichtliche Prüfung

68   Den Umfang der registergerichtlichen Kontrolle gibt § 9c GmbHG vor. Aus Gründen der Verfahrensbeschleunigung hat der Gesetzgeber bestimmte Verstöße gemäß § 9c Abs. 2 GmbHG nur unter Einschränkungen als Eintragungshindernis eingestuft. Eine volle registergerichtliche Kontrolle besteht nach wie vor hinsichtlich der vorgeschriebenen Kapitalaufbringung und der Richtigkeit der Angaben dazu. Fehlerhafte oder zumindest kritische Bestimmungen des Gesellschaftsvertrages, die regelmäßig nur das Innenverhältnis der Gesellschafter betreffen, sind vom Gericht nur unter Einschränkungen zu beanstanden. Aufgegriffen werden erfahrungsgemäß z. B. alle Verkürzungen der Ladungsfristen (aus Gründen des Minderheitenschutzes) sowie Bestimmungen, die – wenngleich nur potenziell – in die Ausgestaltung und Erstellung des Jahresabschlusses eingreifen, weil mit dessen Erstellung und Offenlegung auch Drittschutzaspekte betroffen sind.

---

265 OLG Naumburg MittBayNot 2009, 391; OLG Hamm GmbHR 2011, 595; OLG Hamm MittBayNot 2016, 65; *Stenzel*, NZG 2011, 851.
266 *Steffek*, BB 2007, 2077 f.
267 *Steffek*, BB 2007, 2077 f.
268 *Steffek*, BB 2007, 2077 f.
269 BR-Drucks. 354/07, S 81.
270 OLG Karlsruhe NJW-RR 2015, 94.

V. Eintragung der GmbH **Kap. 1**

Trotz der ungenauen Formulierung des § 9c GmbHG hat eine umfassende regis- 69
tergerichtliche Kontrolle stattzufinden. Die Prüfung erstreckt sich neben den
Formalien wie örtliche Zuständigkeit und ordnungsgemäße Antragstellung[271]
vor allem auf die Vollständigkeit und Wirksamkeit des Gesellschaftsvertrages
und die Zulässigkeit der gewählten Firma (§ 9c Abs. 2 Nr. 1 GmbHG), die vor-
geschriebene **Kapitalaufbringung** und die Richtigkeit der Angaben (§ 9c
Abs. 2 Nr. 2 und 3 GmbHG).[272] Bei erheblichen Zweifeln an der Richtigkeit der
Versicherung der Geschäftsführer, dass die auf die Geschäftsanteile zu erbringenden Leistungen bewirkt worden sind und sich der Gegenstand der Leistung
endgültig in ihrer freien Verfügung befindet, kann das Registergericht Nachweise (u. a. Einzahlungsbelege) verlangen (§ 8 Abs. 2 Satz 2 GmbHG). Andererseits
folgt aus der Formulierung des Regel-/Ausnahmeverhältnisses in § 8 Abs. 2
Satz 2 GmbHG, dass Einzahlungsbelege nicht ohne Weiteres verlangt werden
können und deswegen auch nicht vorsorglich vom einreichenden Notar vorgelegt werden müssen.[273] Im Unterschied zum früheren Recht, das eine Vollprü-
fung der Werthaltigkeit vorsah, ist bei der Einbringung von **Sacheinlagen** die
Kontrolle nunmehr darauf beschränkt, ob Sacheinlagen nicht unwesentlich über-
bewertet wurden (§ 9c Abs. 1 Satz 2 GmbHG). Das Erfordernis eines Sachgrün-
dungsberichts bleibt erhalten.[274] Auch im Übrigen geben nur konkrete Anhaltspunkte dem Registergericht Veranlassung, in eigene Ermittlungen über die Richtigkeit der Angaben einzutreten (§ 26 FamFG).[275] Das Registergericht hat eine
reine Rechtmäßigkeitsprüfung und keine Zweckmäßigkeitskontrolle vorzunehmen und darf die Eintragung nicht wegen **Unterkapitalisierung** oder fehlender
Solvenz der Gründer ablehnen.[276] Anders verhält es sich, wenn die Absicht
sittenwidriger Schädigung der Gläubiger evident ist. Die Bank, die in Kenntnis
der Tatsache, dass die angebliche Bareinlage bereits an den Einleger zurück
überwiesen ist oder absprachegemäß demnächst zurück überwiesen werden
wird, den Geschäftsführern der GmbH zur Vorlage beim Handelsregister eine
Bestätigung ausstellt, wonach die Bareinlage geleistet sei und zur endgültig frei-
en Verfügung der Geschäftsführer stehe, haftet der Gesellschaft für die ausstehende Bareinlage analog § 37 Abs. 1 Satz 4 AktG.[277]

---

271 Lutter/Hommelhoff/*Bayer*, § 9c Rn. 4.
272 BGH, Urt. v. 18.2.1991 – II ZR 104/90, BGHZ 113, 335 = BB 1991, 993 = NJW
 1991, 1754; *K. Schmidt*, § 34, II. 3. b.
273 Für späte Beweisprobleme empfiehlt sich gleichwohl die dauerhafte Aufbewahrung
 der Belege im Notararchiv.
274 *Noack*, DB 2007, 1395, 1397.
275 Ulmer/*Ulmer*, § 9c Rn. 14.
276 Baumbach/Hueck/*Fastrich*, § 9c Rn. 6; einschränkend Scholz/*Veil*, § 9c Rn. 40; Ul-
 mer/*Ulmer*, § 9c Rn. 11 und 33.
277 BGH, Urt. v. 18.2.1991 – II ZR 104/90, BGHZ 113, 335 = BB 1991, 993 = NJW
 1991, 1754.

Kap. 1 Gründung der GmbH

3. Eintragung

70 Nach positiver Prüfung bildet die **Eintragung** den Abschluss des Gründungsverfahrens (§ 10 GmbHG). Ihr Mindestinhalt folgt aus § 10 Abs. 1 GmbHG. Die Eintragung hat für die Entstehung der GmbH als juristische Person **konstitutive Wirkung**; die (insoweit bedeutungslose)[278] **Bekanntmachung** ist seit der Streichung des § 10 Abs. 3 GmbHG nicht mehr obligatorisch.

VI. Fehlerhafte Gesellschaft

71 Der Gesellschaftsvertrag kann wie jeder andere Vertrag **nichtig** sein: §§ 125, 134 und 138 BGB sind ebenso wie etwaige Vertretungsmängel zu beachten. Ebenso kommt eine Anfechtung der einzelnen Willenserklärung in Betracht (§§ 119, 123 BGB). Schließlich greift der Schutz zugunsten in ihrer Geschäftsfähigkeit beschränkter Personen ein (§§ 104 ff. BGB). Bei den Auswirkungen dieser Mängel auf die Existenz der GmbH sind die Phasen nach Vertragsschluss und nach Eintragung der Gesellschaft zu unterscheiden.

1. Vor-GmbH

a) Grundsätze der fehlerhaften Gesellschaft

72 Die Nichtigkeitsfolge kann von dem Gesellschafter ohne Weiteres geltend gemacht werden, solange die GmbH noch **nicht in Vollzug** gesetzt ist.[279] Anders verhält es sich, wenn die Gesellschaft durch Aufnahme der Geschäfte oder Leistung der Einlagen in Gang gekommen ist. Die zur fehlerhaften Gesellschaft entwickelten Grundsätze sind auch auf die Vor-GmbH anzuwenden, wenn sie nach außen und innen ins Leben getreten ist und so viele derart gewichtige Rechtstatsachen geschaffen hat, dass Recht und Verkehrssicherheit es verbieten, ihnen die rechtliche Anerkennung zu versagen.[280] Damit wird die fehlerhafte Vor-GmbH im Wesentlichen ebenso wie die fehlerhafte Personengesellschaft behandelt,[281] d.h. im Verhältnis zu Dritten wird die Gesellschaft als gegenüber ihren Gesellschaftern selbständige (teilrechtsfähige) Organisation möglichst aufrechterhalten. Im Verhältnis der Gesellschafter untereinander wie auch im Verhältnis der Gesellschafter zur Vor-GmbH gilt dieser Grundsatz aber nur eingeschränkt und insoweit, als die Vor-GmbH nicht einfach als nichtexistent behandelt werden kann. Im Übrigen kann jeder Gesellschafter aber bei Nichtigkeitsgründen, An-

---

278 Ulmer/*Ulmer*, § 10 Rn. 16; Scholz/*Veil*, § 10 Rn. 20.
279 Lutter/Hommelhoff/*Bayer*, § 2 Rn. 21.
280 BGH, Urt. v. 12.5.1954 – II ZR 167/53, BGHZ 13, 320 = BB 1954, 611 = NJW 1954, 1562.
281 Rowedder/Schmidt-Leithoff/*C. Schmidt-Leithoff*, § 2 Rn. 68; Baumbach/Hueck/*Fastrich*, § 2 Rn. 35.

VI. Fehlerhafte Gesellschaft **Kap. 1**

fechtungsgründen oder sonst außerordentlichen Gründen gemäß § 723 BGB (analog) die Vor-GmbH kündigen und von den Geschäftsführern den Übertritt in die Liquidation verlangen.[282] In dieser Phase hat der Gesellschafter noch nicht das Kündigungsrecht aus außerordentlichen Gründen, und auch die Auflösungsklage nach § 62 GmbHG ist in der Phase der Vor-GmbH nicht analog anwendbar. Ein vertragliches Ausscheiden bedürfte einer allseitigen Änderung der Gründungsverträge, die ggf. bei Unstimmigkeiten der Gesellschafter nicht erlangt werden kann. § 723 BGB analog ist damit vor allem für den Minderheitsgesellschafter die einzige Möglichkeit, einer Haftung aus vorzeitiger Geschäftsaufnahme zu entgehen. Einer Auflösungsklage nach § 61 GmbHG bedarf es nicht.[283]

b) Abwicklung

Die Liquidation der Vor-GmbH erfolgt nicht nach §§ 730 ff. BGB, sondern analog §§ 60 ff. GmbHG, soweit die Regelungen nicht – wie etwa § 65 GmbHG – die Eintragung in das Handelsregister voraussetzen.[284] Der Übergang der werdenden zu einer sich auflösenden GmbH macht aus dem korporationsähnlichen Sondergebilde **keine** Personengesellschaft. Die Vor-GmbH trägt in sich die beiden Entwicklungsmöglichkeiten, entweder durch Eintragung juristische Person zu werden oder in das **Liquidationsstadium** zu treten. Das ändert aber nichts am Rechtscharakter der Vor-GmbH, die nach GmbH-Recht zu behandeln ist.[285] Folglich sind nach § 66 GmbHG die Geschäftsführer (und nicht die Gesellschafter) als Liquidatoren berufen.

73

2. Eintragung der GmbH

Mit Eintragung der GmbH in das Handelsregister werden die **Formmängel** des Gesellschaftsvertrages und der Vollmacht geheilt. Sonstige Mängel werden in dem Sinn „geheilt", dass sie – wie Irrtum, Täuschung oder Drohung (außer mit Gewalt), Gesetz- und Sittenwidrigkeit (§§ 134, 138 BGB)[286] – im Interesse des Bestandsschutzes der GmbH nicht mehr geltend gemacht werden können. Lediglich die besonderen im Klageweg durchzusetzenden **Nichtigkeitsgründe** des

74

---

282 BGH, Urt. v. 23.10.2006 – II ZR 162/05, NJW 2007, 589.
283 Ulmer/*Ulmer*, § 2 Rn. 93; Scholz/*Emmerich*, § 2 Rn. 64; Baumbach/Hueck/*Fastrich*, § 2 Rn. 35; Rowedder/Schmidt-Leithoff/*C. Schmidt-Leithoff*, § 2 Rn. 70; a. A. Scholz/*K. Schmidt*, § 11 Rn. 64: § 133 HGB analog.
284 BGH, Urt. v. 28.11.1997 – V ZR 178/96, BB 1998, 862 = NJW 1998, 1079; *Goette*, § 1 Rn. 31; Scholz/*K. Schmidt*, § 11 Rn. 65; Ulmer/*Ulmer*, § 11 Rn. 55; anders noch BGH, Urt. v. 24.10.1968 – II ZR 216/66, BGHZ 51, 30, 34 = BB 1969, 153 = NJW 1969, 509.
285 BAG, Urt. v. 8.11.1962 – 2 AZR 11/62, BB 1963, 283 = NJW 1963, 680.
286 Rowedder/Schmidt-Leithoff/*C. Schmidt-Leithoff*, § 2 Rn. 75.

Kap. 1 Gründung der GmbH

§ 75 GmbHG bleiben unberührt. Ebenso ist die Amtslöschung (§§ 397, 395 FamFG) auf diese Fälle beschränkt und nicht bei sonstigen Gründungsmängeln möglich.[287] Die Nichtigkeit einzelner Satzungsklauseln – etwa betreffend die Abfindung – wird analog § 242 Abs. 2 AktG nach Ablauf von drei Jahren geheilt.[288] Infolge der Heilung des Mangels können keine Schadensersatzansprüche gegen die GmbH erhoben werden, wohl aber gegen Dritte wie Mitgründer, die etwa für eine Täuschung verantwortlich sind.[289]

3. Unheilbare Beitrittsmängel

75   Im Falle besonders schwer wiegender Mängel ist trotz In-Vollzug-Setzung der fehlerhaften Vorgesellschaft und selbst nach Eintragung in das Handelsregister eine Bindung des betroffenen Gesellschafters abzulehnen. Dies ist in folgenden Fällen anzunehmen: **Fehlende Geschäftsfähigkeit, Fehlen einer** dem Gründer zurechenbaren **Willenserklärung** bei **Fälschung** der Unterschrift oder **fehlender Vertretungsmacht**, Erzwingung der Willenserklärung durch **Gewalt** oder durch **Drohung mit Gewalt** (nicht sonstige Drohung), **fehlende Zustimmung des Ehegatten** (§§ 1365, 1423, 1487 BGB).[290] Nichtig ist aber – § 139 BGB ist unanwendbar – nur der Beitritt des betroffenen Gesellschafters. Er wird nicht Gesellschafter, und sein Geschäftsanteil entsteht nicht, sodass das Stammkapital und die Summen der Nennbeträge der Geschäftsanteile nicht mehr übereinstimmen. Die übrigen Gesellschafter, die nicht nach § 24 GmbHG für die nie entstandene Stammeinlage haften, können diesen Mangel durch eine Kapitalherabsetzung beseitigen.[291] Wird dies versäumt, ist Raum für das Beanstandungsverfahren nach § 399 FamFG.[292]

4. Abtretung von Geschäftsanteilen

a) Vor-GmbH

76   Vor Eintragung besteht noch kein Geschäftsanteil, der übertragen werden könnte. Möglich ist nur die Übertragung des **künftigen Geschäftsanteils**, die aber erst mit der Eintragung der GmbH in das Handelsregister wirksam wird. Zuvor ist eine Veränderung des Gesellschafterkreises nur durch eine der Form des § 2

---

287   Scholz/*Cramer*, § 2 Rn. 25; Baumbach/Hueck/*Fastrich*, § 2 Rn. 36; Michalski/Heidinger/Leible/Schmidt/*Schmidt*, § 2 Rn. 67.
288   BGH, Urt. v. 19.6.2000 – II ZR 73/99, BGHZ 144, 365 = NJW 2000, 2819.
289   Scholz/*Cramer*, § 2 Rn. 102.
290   Ulmer/*Ulmer*, § 2 Rn. 98 ff.
291   Rowedder/Schmidt-Leithoff/*C. Schmidt-Leithoff*, § 2 Rn. 78; a. A. Lutter/Hommelhoff/*Bayer*, § 2 Rn. 30.
292   Scholz/*Cramer*, § 2 Rn. 98; Baumbach/Hueck/*Fastrich*, § 2 Rn. 39.

Abs. 1 GmbHG genügende, die Mitwirkung aller Gesellschafter erfordernde Änderung des Gesellschaftervertrages möglich. Fehlt es daran, so sind die Grundsätze der fehlerhaften Gesellschaft unanwendbar. Denn der Formzwang ist auch im Gründungsstadium uneingeschränkt zu beachten.[293]

b) Eingetragene GmbH

Wenn die Abtretung eines Geschäftsanteils an einem Mangel wie Irrtum, arglistige Täuschung oder sittenwidrige Übervorteilung leidet, sind die Grundsätze der fehlerhaften Gesellschaft **nicht anwendbar**. Gemäß § 16 Abs. 1 GmbHG führen die bürgerlichrechtlichen Nichtigkeits- und Anfechtungsvorschriften nicht dazu, dass die Gesellschafter im Verhältnis zur Gesellschaft rückwirkend in ihre alten Rechtspositionen eingesetzt werden. Vielmehr bestimmt die Vorschrift, dass die Gesellschaft im eigenen Interesse, aber auch zum Schutz von Veräußerer und Erwerber berechtigt und verpflichtet ist, unabhängig von der wahren Rechtslage jeden, der in der im Handelsregister aufgenommenen Gesellschafterliste eingetragen ist, als Inhaber des betreffenden Geschäftsanteils zu behandeln hat, bis ein anderer als solcher eingetragen ist. Der Veräußerer des Anteils haftet nach § 16 Abs. 2 GmbHG der Gesellschaft auch weiterhin für die bis dahin auf den Geschäftsanteil rückständigen Leistungen. Dasselbe gilt, wenn die Anteilsübertragung angefochten und dies der Gesellschaft gemeldet wird, für die Haftung desjenigen, der den Anteil anfechtbar erworben hat; er kann sich der Haftung für die Rückstände nicht durch nachträgliche Anfechtung entziehen. Die Fehlerhaftigkeit des Anteilserwerbs und eine daran anknüpfende **Rückwirkungsfolge der Anfechtung** ist damit auf die Rechtsbeziehungen von Gesellschaft und Gesellschafter ohne Einfluss. Bedeutung erlangt die Rückwirkung lediglich für die **Rechtsbeziehung zwischen Veräußerer und Erwerber**. Die rückwirkende Abwicklung dieser Geschäftsbeziehung mag im Einzelfall schwierig sein. Derartige Schwierigkeiten sind aber nicht auf diese Art Rückabwicklung beschränkt, treten vielmehr auch außerhalb des Gesellschaftsrechts auf; sie allein rechtfertigen es nicht, die bürgerlichrechtlichen Anfechtungs- und Nichtigkeitsvorschriften auf den Fall der Anteilsabtretung nicht anzuwenden.[294] Ein durch den Abtretungsvertrag im Voraus vereinbarter Ausschluss der Anfechtung wegen arglistiger Täuschung ist im Blick auf den durch § 123 BGB bezweckten Schutz der Willensfreiheit unwirksam, wenn die Täuschung von einem Vertragspartner oder einer Person verübt wird, die nicht Dritter im Sinne des § 123 Abs. 2 BGB ist.[295]

---

293 BGH, Urt. v. 13.12.2004 – II ZR 409/02, BB 2005, 400.
294 BGH, Urt. v. 22.1.1990 – II ZR 25/89, BB 1990, 508 = NJW 1990, 1915; BGH, Urt. v. 10.5.1982 – II ZR 89/81, BGHZ 84, 47 = BB 1982, 1325 = NJW 1982, 2822; BGH, Urt. v. 17.1.2007 – VIII ZR 37/06, BB 2007, 1073 = NJW 2007, 1058; Scholz/*Seibt*, § 15 Rn. 103.
295 BGH, Urt. v. 17.1.2007 – VIII ZR 37/06, BB 2007, 1073 = NJW 2007, 1058.

Kap. 1 Gründung der GmbH

VII. Unternehmergesellschaft

78 Als Konzession an die Befürworter einer vollständigen Streichung oder doch jedenfalls einer Absenkung des Mindeststammkapitals auf 10.000 €[296] hat der Gesetzgeber in § 5a GmbHG mit der „Unternehmergesellschaft" eine Variante zur angestammten GmbH eingeführt. Die **Unternehmergesellschaft ist eine GmbH**, auf die – soweit § 5a GmbHG nichts anderes vorsieht – die Bestimmungen des GmbHG Anwendung finden.[297] Diese Gesellschaftsform soll es **Existenzgründern** – insbesondere in Verbindung mit der Verwendung des Musterprotokolls für die Gründung einer GmbH (obwohl der Konnex von UG und Musterprotokoll nicht zwingend ist) – erleichtern, ihre unternehmerischen Ziele ohne großen Gründungsaufwand und insbesondere ohne die Einzahlung des bisherigen Mindeststammkapitals zu verfolgen. Ob zur Vermeidung einer Flucht in die britische Limited wirklich ein Bedürfnis für eine Gesellschaft ohne Mindeststammkapital besteht, ist zwar unter Auswertung statistischen Materials energisch bestritten worden.[298] Allerdings deuten nachfolgende Erhebungen darauf hin, dass mit Einführung der geringer kapitalisierten Unternehmergesellschaft der zuvor festzustellende Ansturm auf die Limited abgeflaut ist. Eine Nachfrage nach Haftungsbeschränkung unter geringem Kapitaleinsatz bestand demnach. Diese Feststellung beantwortet aber nicht oder nur eingeschränkt die rechtspolitische Frage, ob der Gesetzgeber dieser Nachfrage wirklich nachgeben musste. Der Verzicht auf ein Mindeststammkapital ändert nichts daran, dass jede unternehmerische Betätigung ohne Kapitaleinsatz von vornherein zum Scheitern verurteilt ist und dass es daher nur um die Frage geht, auf welchem Weg – durch ein Mindestkapital oder durch Gesellschafterdarlehen – die unverzichtbare Kapitalausstattung verwirklicht wird. Auch wer die Möglichkeit einer Haftungsbeschränkung „ohne jeden Kapitaleinsatz" für Start-up-Unternehmen propagiert, muss einräumen, dass die unvermeidlichen Anfangsverluste durch sonstige Zuzahlungen abgedeckt werden müssen.[299] Außerdem sollte für den Gesetzgeber auch eine Rolle spielen, wie durch Zulassung geringkapitalisierter Gesellschaften etwaige Insolvenzausfälle umverteilt werden, voraussichtlich nämlich zulasten anderer Kleinunternehmer und des sonst so hochgeschätzten Mittelstandes, weil die Banken sich über Gesellschaftersicherheiten absichern und Verbraucher eher selten Vorkasse leisten. Nach derzeitigem Gesetzesstand ist der UG (haftungsbeschränkt) gleichwohl kein Unternehmensgegenstand kraft Rechtsform (also allgemein) verschlossen, der für eine GmbH eröffnet wäre. So kann sie Verwalterin nach WEG sein.[300]

---

296 BT-Drucks. 16/9737, S. 94 f.
297 *Wilhelm*, DB 2007, 1510; *Bormann*, GmbHR 2007, 897 f.; *Joost*, ZIP 2007, 2242 f.
298 *Niemeier*, ZIP 2007, 1794.
299 Anders *Kallmeyer*, DB 2007, 2755.
300 BGH NJW 2012, 3175.

VII. Unternehmergesellschaft **Kap. 1**

1. Gründung

§ 5a GmbHG gestattet die Gründung einer mit einem geringeren Stammkapital 79
als 25.000 € ausgestatteten Unternehmergesellschaft. Wegen der Anknüpfung
des Gesetzeswortlauts an das Merkmal der Gründung kann nicht eine bestehende
GmbH durch Absenkung des Stammkapitals zur Unternehmergesellschaft mutieren.[301] Ebenso wenig ist es möglich, dass eine bestehende Gesellschaft anderer
Rechtsform in eine Unternehmergesellschaft umgewandelt wird.[302] Auch eine
Gründung durch Abspaltung scheidet aus.[303] Demgegenüber kann die Unternehmergesellschaft als eine GmbH in eine Gesellschaft anderer Rechtsform umgewandelt werden. Ferner kann die Unternehmergesellschaft die Funktion der
Komplementärin in einer KG übernehmen, wobei selbstverständlich der besondere Rechtsformzusatz beizubehalten ist. Insoweit wird zwar diskutiert, ob die
Komplementär-UG an Kapital und Gewinn der KG beteiligt sein muss, um eine
Rücklagenbildung möglich erscheinen zu lassen.[304] Der KG-Vertrag, aus dem
sich die Gewinnbeteiligung der UG ergeben könnte, ist aber dem Registergericht
nicht mitzuteilen oder im Handelsregister offenzulegen. Angesichts des Bestrebens, Eintragungen im Handelsregister zum Schutz des Rechtsverkehrs möglichst als wirksam aufrechtzuhalten, ist deswegen die Wirksamkeitskontrolle anhand eines niemandem bekanntgegebenen Kriteriums nicht sinnvoll umsetzbar.

2. Stammkapital

a) Mindeststammkapital

Die Unternehmergesellschaft kann gemäß § 5a Abs. 1 GmbHG mit einem 80
Stammkapital gegründet werden, welches das Mindeststammkapital von
25.000 € (§ 5 Abs. 1 GmbHG) unterschreitet. Nach dem Wortlaut des Gesetzes,
der ein das Mindeststammkapital nicht erreichendes, aber immerhin vorhandenes Stammkapital voraussetzt, kann auf ein Stammkapital nicht völlig verzichtet
werden. In Verbindung mit § 5 Abs. 2 GmbHG ist davon auszugehen, dass der
einzelne Gesellschafter mit Rücksicht auf den Mindestbetrag eines Geschäftsanteils eine **Einlage von 1 €** aufbringen muss.[305] Folglich kann die Unternehmergesellschaft mit einem Kapital von **1 € bis 24.999 €** gegründet werden.[306] Abwei-

---

301 *Veil*, GmbHR 2007, 1080, 1084.
302 *Bormann*, GmbHR 2007, 897, 898 f.
303 BGH DNotZ 2012, 70 = BB 2011, 1749 = NJW 2011, 1883.
304 Meinungsstand bei *Seebach*, RNotZ 2013, 261, 264.
305 Ebenso Handelsrechtsausschuss des DAV, Rn. 16; *Oppenhoff*, BB 2008, 1630; *Noack*, DB 2007, 1395 f.; *Wilhelm*, DB 2007, 1510; *Bormann*, GmbHR 2007, 897 f.; *Drygala*, NZG 2007, 561; *Joost*, ZIP 2007, 2242, 2246; *Kallmeyer*, DB 2007, 2755.
306 *Fliegner*, DB 2008, 1668; *Freitag/Riemenschneider*, ZIP 2007, 1485 f.; *Veil*, GmbHR 2007, 1080 f.

Kap. 1   Gründung der GmbH

chend von § 7 Abs. 2 GmbHG sind die Stammeinlagen sofort voll einzuzahlen (§ 5a Abs. 2 Satz 1 GmbHG). Die Einbringung von Sacheinlagen ist nach § 5a Abs. 2 Satz 2 GmbHG verboten.[307] Deswegen kann eine UG nicht durch Abspaltung gegründet werden, die Abspaltung betrachtet das Gesetz als Sachgründung (§§ 5 Abs. 4 GmbH, 138 UmwG).[308] Eine gleichwohl getroffene Sacheinlageabrede führt zur Nichtigkeit (§ 134 BGB) des Gesellschaftsvertrages,[309] wobei auch hier der Mangel durch Eintragung in das Handelsregister geheilt wird. Weiter umstritten ist die Zulässigkeit einer verdeckten Sacheinlage.[310] Die Anerkennung einer Anrechnung würde aber zu einem Ergebnis führen, das offengelegt unzulässig wäre. Sinnvoll im Sinne von widerspruchsfrei wäre eine solche Auslegung nicht. Indes sind die Gefahren für die Gründer wegen der geringen Nachzahlungsbeträge (im Umfang nämlich des geringen Stammkapitals) überschaubar. Wenig sinnvoll erscheint es, Sacheinlagen zum Zwecke einer Kapitalerhöhung auf das Mindeststammkapital zuzulassen, weil die Wahl der Unternehmergesellschaft von vornherein verfehlt ist, wenn eine Sacheinlage geleistet werden soll.[311] Zulässig ist aber eine Sachkapitalerhöhung, wenn im selben Akt das Stammkapital auf mindestens 25.000,– € (§ 5 Abs. 1 GmbHG) heraufgesetzt wird.[312]

81   Mangels eines Mindeststammkapitals knüpft § 5a Abs. 4 GmbHG die Pflicht zur Einberufung der Gesellschafterversammlung abweichend von § 49 Abs. 3 GmbHG anstelle des Verlusts der Hälfte des Stammkapitals an die **drohende Zahlungsunfähigkeit**. Indes hat der Bundesrat zutreffend darauf hingewiesen, dass der Einberufungsgrund des Verlustes der Hälfte des Stammkapitals auch bei der Unternehmergesellschaft beizubehalten ist, weil ihm etwa bei der Vereinbarung eines Stammkapitals von nur wenig unter dem gesetzlichen Mindeststammkapital durchaus eigenständige Bedeutung zukommt.[313] Die Pflicht zur Einberufung bei drohender Zahlungsunfähigkeit wird ohnehin häufig zu spät kommen.[314] Der Gesetzgeber hat diesen Hinweis freilich nicht aufgegriffen.

---

307 *Noack*, DB 2007, 1395 f.
308 BGH BB 2011, 1748.
309 *Freitag/Riemenschneider*, ZIP 2007, 1485 f.
310 Unzulässig nach *Freitag/Riemenschneider*, ZIP 2007, 1485 f.; ebenso *Bormann*, GmbHR 2007, 897, 901, der in diesem Fall entgegen aller Gesetzesintention die bisherige Rechtsprechung zur verdeckten Sacheinlage anwenden will; ganz anders *Joost*, ZIP 2007, 2242, 2244, nach dem wegen der Unzulässigkeit einer Sacheinlage eine verdeckte Sacheinlage ausscheidet. Vgl. auch *Seebach*, RNotZ 2013, 261, 267.
311 In diesem Sinne Handelsrechtsausschuss des DAV, Rn. 22; BGH MittBay Not 2011, 413 (obiter).
312 BGH MittBay Not 2011, 413 = BB 2011, 1550 = BGHZ 189, 254.
313 BT-Drucks. 16/6140, S. 152; ebenso *Freitag/Riemenschneider*, ZIP 2007, 1485, 1489; keine Bedenken sieht *Kallmeyer*, DB 2007, 2555, 2757.
314 *Veil*, GmbHR 2007, 1080, 1083; a. A. *Joost*, ZIP 2007, 2242, 2244, der einer Unterkapitalisierungshaftung nähertritt.

b) Rücklage

Zur Stärkung der Eigenkapitalausstattung[315] hat die Unternehmergesellschaft gemäß § 5a Abs. 3 Satz 1 GmbHG eine gesetzliche Rücklage in Höhe von **einem Viertel des Jahresüberschusses** zu bilden. Sie darf nur zur Kapitalerhöhung oder zum Verlustausgleich verwendet werden.[316] Eine Begrenzung der Rücklagenbildung nach Erreichen des Mindeststammkapitals von 25.000 € sieht das Gesetz nicht vor.[317] Die Pflicht zur Dotierung entfällt erst bei einer Kapitalerhöhung (aus Gesellschaftsmitteln) und Übergang in die GmbH. Ein Verstoß gegen § 5a Abs. 3 GmbHG führt analog § 256 AktG zur Nichtigkeit der Feststellung des Jahresabschlusses und damit analog § 253 AktG auch zur Nichtigkeit eines Gewinnverwendungsbeschlusses.[318] Wird dennoch ein Gewinn ausgeschüttet, so begründet dieser Gesetzesverstoß sowohl aus §§ 30, 31 GmbHG als auch aus § 812 BGB herzuleitende **Rückzahlungsansprüche gegen die Gesellschafter**.[319] Nicht zuletzt macht sich der Geschäftsführer durch eine Mitwirkung an der Auszahlung schadensersatzpflichtig (§ 43 GmbHG). Die Schwäche dieser Verpflichtung besteht aber in dem Verweis auf eine Bilanzierung nach §§ 242, 264 HGB. Die Gesellschafter sind also nicht gehindert, Überschüsse – unternehmerisch gesprochen – über Geschäftsführergehälter, Entgelt für Gebrauchsüberlassung oder Zinsen auf Gesellschafterdarlehen an sich zu transferieren.[320] Die Rücklagenbildung läuft leer, wenn nach Abzug dieser Zahlungen kein (handelsbilanzieller) Gewinn in der UG verbleibt.[321] Ob eine materielle Rechtskontrolle dieser Zahlungen – etwa analog § 57 AltG – stattfinden kann,[322] ist offen.

82

Die Geschäftsführer haben außerdem zu bedenken, dass für die Unternehmergesellschaft der **Insolvenzgrund der Überschuldung** uneingeschränkt gilt. Sie müssen in ihrem eigenen Interesse wegen des erheblichen Risikos einer Haftung aus § 823 Abs. 2 BGB i.V. mit § 15a Abs. 1 InsO (früher § 64 Abs. 1 GmbHG) auf eine angemessene Finanzausstattung der Gesellschaft achten.[323] Den Gesellschaftern obliegt es, einer Insolvenz durch geeignete Finanzierungsmaßnahmen vorzubeugen. Insbesondere kann eine Überschuldung gemäß § 39 Abs. 1 Nr. 5

83

---

315 *Joost*, ZIP 2007, 2242, 2245.
316 *Kessel*, GmbHR 2016, 199.
317 *Joost*, ZIP 2007, 2242, 2245; *Kessel*, GmbHR 2016, 199, 200; a. A. *Kallmeyer*, DB 2007, 2755.
318 BR-Drucks. 354/07, S. 72.
319 *Freitag/Riemenschneider*, ZIP 2007, 1485, 1488; *Joost*, ZIP 2007, 2242, 2247; *Noack*, DB 2007, 1395 f., hält §§ 30 f. GmbHG für unanwendbar.
320 Vgl. *Kessel*, GmbHR 2016, 199, 203.
321 *Seebach*, RNotZ 2013, 261, 277.
322 So *Kessel*, GmbHR 2016, 199, 203 m. w. N.
323 Vgl. *Drygala*, NZG 2007, 561, 563.

Kap. 1 Gründung der GmbH

InsO durch die Gewährung von **Gesellschafterdarlehen**, die nicht zu passivieren sind, vermieden werden.³²⁴

3. Anmeldung

84 Im Unterschied zur üblichen GmbH, die nach Einzahlung von mindestens der Hälfte des Mindeststammkapitals zum Handelsregister angemeldet werden darf, kann die Anmeldung einer Unternehmergesellschaft kraft § 5a Abs. 2 Satz 1 GmbHG erst erfolgen, wenn das **Stammkapital in voller Höhe eingezahlt** ist. Diese scheinbare Erschwernis fällt nicht nachteilig ins Gewicht, weil bei der Unternehmergesellschaft die Höhe des Stammkapitals frei gewählt und das Erfordernis der Volleinzahlung durch ein geringes oder fast fehlendes Stammkapital umgangen werden kann.³²⁵ Falls die Gründer erkennen, dass die Gesellschaft nach der Errichtung gewisse Barmittel benötigt, können diese als Stammkapital ausgewiesen, müssen dann aber vor Anmeldung eingezahlt werden.³²⁶

4. Firma

85 Eine ohne nennenswertes Stammkapital gegründete Gesellschaft mit beschränkter Haftung darf, um gegenüber dem Rechtsverkehr das Fehlen eines Mindeststammkapitals offenzulegen, ihrer Firma nicht den Rechtsformzusatz „GmbH" anfügen. Das Gesetz schreibt in § 5a GmbHG vielmehr die Bezeichnung „**Unternehmergesellschaft (haftungsbeschränkt)**" oder alternativ die Abkürzung „**UG (haftungsbeschränkt)**" vor. Der Zusatz „haftungsbeschränkt" darf nicht abgekürzt werden. Sonst entstünde eine unbeschränkte persönliche Haftung der Gesellschafter.³²⁷ Sperrungen sind gleichfalls unzulässig.³²⁸ Eine Rechtsscheinhaftung analog § 179 BGB, gerichtet als persönliche Haftung gegen den Handelnden, greift auch dann, wenn eine UG (haftungsbeschränkt) als GmbH auftritt.³²⁹

5. Folgen der Bildung des gesetzlichen Mindeststammkapitals

86 Die Regelungen des § 5a Abs. 1 bis 4 GmbHG gelten dauerhaft für die Unternehmergesellschaft einschließlich der Verpflichtung des § 5a Abs. 3 Satz 1 GmbHG, ein Viertel des Jahresüberschusses in die Rücklage einzustellen. Bei einer rentablen Gesellschaft, die weder zur Gewinnvermeidung überhöhte Ge-

---

324 Handelsrechtsausschuss des DAV, Rn. 25 und 82; a. A. *Drygala*, NZG 2007, 561, 563.
325 *Veil*, GmbHR 2007, 1080 f.
326 BR-Drucks. 354/07, S. 71.
327 BR-Drucks. 354/07, S. 71; *Freitag/Riemenschneider*, ZIP 2007, 1485 f.
328 *Seebach*, RNotZ 2013, 261, 265.
329 BGH DNotZ 2013, 54 = BB 2012, 2784 = NJW 2012, 2871.

VII. Unternehmergesellschaft Kap. 1

hälter an die Geschäftsführung zahlt[330] noch durch überteuerte Entgelte an ihre Gesellschafter verdeckte Gewinne ausschüttet,[331] kann dies, weil eine **Obergrenze der gesetzlichen Rücklage** nicht vorgesehen ist,[332] dazu führen, dass die nicht für Gewinnausschüttungen an die Gesellschafter verwendbare[333] Rücklage das Mindeststammkapital erreicht oder gar überschreitet. Von den einschränkenden Bestimmungen des § 5a Abs. 1 bis 4 GmbHG kann sich die Unternehmergesellschaft in diesem Fall befreien, indem sie kraft eines **Gesellschafterbeschlusses**[334] durch eine **Kapitalerhöhung aus Gesellschaftsmitteln** das Mindeststammkapital (§ 5 Abs. 1 GmbHG) generiert.[335] Die Rücklagenbildung allein genügt aber nicht. Die Gesellschaft kann dann, ohne dass dies eine Gesamtrechtsnachfolge oder Umwandlung darstellt,[336] in eine „normale" GmbH umfirmieren (§ 4 GmbHG), ist dazu aber gemäß § 5 Abs. 5 HS 2 GmbHG nicht verpflichtet.[337] Entgegen einer Empfehlung des Handelsrechtsausschusses[338] hat der Gesetzgeber keinen Zwang zur Umgestaltung in eine „normale" GmbH festgeschrieben, sobald die Rücklage das gesetzliche Mindeststammkapital erreicht. Dies macht aus Gläubigerschutzgesichtspunkten Sinn, kann doch die Rücklage der Unternehmergesellschaft im Unterschied zum Stammkapital der GmbH auch nicht darlehensweise an die Gesellschafter ausgezahlt werden. Umgekehrt besteht nicht die Möglichkeit, eine „normale" GmbH zu einer Unternehmergesellschaft herabzustufen.[339] Die Zwangsrücklage darf ausschließlich für eine **Kapitalerhöhung aus Gesellschaftsmitteln oder zur Verlustdeckung** verwendet werden (§ 5a Abs. 3 Satz 2 GmbHG). Müssen Rücklagen zur Verlustdeckung verwendet werden, so ist es den Gesellschaftern nachfolgend ohne Weiteres zumutbar, künftige Gewinne in die Rücklage einzustellen, weil sie diese Verpflichtung auch bei dauerhaftem wirtschaftlichem Erfolg der Gesellschaft träfe.[340] Mit dieser Kapitalbindung vertrüge es sich nicht, im Anschluss an eine Kapitalerhöhung bis zur Grenze von 24.999 € durch eine Kapitalherabsetzung den Gewinn an die Gesellschafter auszukehren. Zu Unrecht ausgeschüttete Gewinne sind der GmbH nach §§ 30, 31 GmbHG bzw. § 812 BGB zu erstatten.[341] Wird mit Hilfe

---

330 *Bormann*, GmbHR 2007, 897, 899; skeptisch *Heckschen*, DStR 2007, 1442, 1446.
331 *Freitag/Riemenschneider*, ZIP 2007, 1485, 1488.
332 *Veil*, GmbHR 2007, 1080, 1082; *Joost*, ZIP 2007, 2242, 2245.
333 *Freitag/Riemenschneider*, ZIP 2007, 1485, 1487.
334 *Joost*, ZIP 2007, 2242, 2245.
335 *Wilhelm*, DB 2007, 1510 f.
336 *Veil*, GmbHR 2007, 1080 f.
337 *Bormann*, GmbHR 2007, 897, 899; *Freitag/Riemenschneider*, ZIP 2007, 1485, 1491; *Veil*, GmbHR 2007, 1080 f.
338 Handelsrechtsausschuss des DAV, Rn. 23; in diese Richtung wohl auch *Wilhelm*, DB 2007, 1510 f.
339 *Freitag/Riemenschneider*, ZIP 2007, 1485, 1491.
340 Zu Unrecht kritisch *Veil*, GmbHR 2007, 1080, 1083.
341 *Freitag/Riemenschneider*, ZIP 2007, 1485, 1488.

Kap. 1 Gründung der GmbH

einer aus der Rücklage gewonnenen Kapitalerhöhung eine übliche GmbH mit einem Mindeststammkapital von 25.000 € geschaffen, so kann der nicht benötigte Teil der Rücklage an die Gesellschafter als Gewinn ausgeschüttet werden.[342] Auch wenn die gemäß § 5a Abs. 3 GmbHG gebildete Rücklage zur Erreichung des Mindeststammkapitals nicht benötigt wurde, kann sie aufgelöst werden.[343] Überdies kann der Weg in eine übliche GmbH gemäß § 5a Abs. 5 GmbHG beschritten werden, indem das Stammkapital durch Einlagen der Gesellschafter erhöht wird.[344] Eine Überwälzung der Kapitalerhöhungskosten auf die GmbH soll unzulässig sein.[345]

VIII. Vorratsgründung, Mantelverwendung

87 Von einer Mantel- oder Vorratsgründung spricht man bei der Verwendung einer Kapitalgesellschaft, die gegenwärtig nicht aktiv wirtschaftend im Rechtsverkehr auftritt. Empirisch lassen sich dabei die Fälle einer Vorratsgründung (Gründung einer Gesellschaft, die vorerst nicht am Markt tätig wird, deren Vermögen also nicht durch Betriebstätigkeit gemindert/belastet wird) und einer Verwendung einer zuvor aktiv gewesenen, jetzt aber weitgehend bis vollständig untätigen GmbH (Mantelverwendung) unterscheiden.[346] Zwischen den Zeilen tendiert die Rechtsprechung zumal des BGH zur Ermöglichung der Vorrats- bei Zurückdrängung der Mantelverwendung.

1. Vorratsgründung

88 Die Gründung einer Vorratsgesellschaft dient dem Zweck, eine juristische Person auf Vorrat zu schaffen, die erst später bei Bedarf einer unternehmerischen Verwendung zugeführt werden soll. Dahinter steht regelmäßig die Absicht der Gründer, einem späteren Nutzer, insbesondere auch Erwerber, bei Bedarf sofort für den angegebenen oder jeden beliebigen anderen Zweck eine Kapitalgesellschaft zur Verfügung stellen zu können, um ihm die mit der (Neu-)Gründung einer Kapitalgesellschaft zum Zwecke der Erlangung der Haftungsbefreiung verbundenen Gründungsformalitäten einschließlich etwaiger dabei auftretender Haftungsfragen zu ersparen. Bei der Ersteintragung der Vorrats-GmbH müssen die gesetzlichen **Gründungsvorschriften** ohne Abstriche beachtet werden. Problematisch ist dabei die Festlegung des Unternehmensgegenstands. Dieser

---

342 BR-Drucks. 354/07, S. 72; *Veil*, GmbHR 2007, 1080, 1082; a.A. *Freitag/Riemenschneider*, ZIP 2007, 1485, 1491.
343 BR-Drucks. 354/07, S. 72.
344 *Freitag/Riemenschneider*, ZIP 2007, 1485, 1488; *Joost*, ZIP 2007, 2242, 2246.
345 OLG Celle MittBayNot 2018, 372.
346 *Berkefeld*, GmbHR 2018, 337.

muss „wahr" (d.h. ernstlich gewollt) und in absehbarer Zeit zu verwirklichen sein. Scheinangaben zur Verschleierung der Vorratsgründung sind hingegen unwirksam. Die Gesellschaft darf, wenn das Registergericht die unzutreffende Angabe des Unternehmensgegenstandes bemerkt, nicht eingetragen werden.[347] Im Falle der Eintragung kann ein Gesellschafter Nichtigkeitsklage (§ 75 GmbHG) erheben.[348] Wesentlich entschärft für die Praxis hat sich diese Frage jedoch durch die Anerkennung der „Verwaltung eigenen Vermögens" als zulässigen Unternehmensgegenstand.[349] Damit kann die Gründung als offene Vorratsgründung durchgeführt werden. Die Gestaltungspraxis hält sich daran. Zur ordnungsgemäßen Kapitalaufbringung vgl. Kap. 6 Rn. 9 ff.

Der BGH stuft die nachfolgende Aktivierung der Vorratsgesellschaft (wirtschaftlich erkennbar am erstmaligen unternehmerisch-werbenden Auftreten im Rechtsverkehr; formal an der Anteilsabtretung an den Investor, zugleich gepaart mit Umfirmierung, Austausch der Geschäftsführung, Änderung des Unternehmensgegenstandes und Sitzverlegung) als wirtschaftliche Neugründung ein und verlangt in diesem Stadium die erneute – rechtlich aus Analogie gewonnene – Anwendung des Gründungsrechts, insbesondere eine nochmalige Kontrolle der realen Kapitalaufbringung.[350] Vom Investor wird also neben der sowieso erforderlichen Anmeldung der Satzungsänderung und Geschäftsführerabberufung sowie -neubestellung die Offenlegung der wirtschaftlichen Neugründung an sich (in der Anmeldung) sowie die (erneute) Versicherung der Leistungsbewirkung zur freien Verfügung (§ 8 Abs. 2 GmbHG) verlangt. Diese Zusätze seien, so der BGH, bei einer aus praktischen Gesichtspunkten anzuerkennenden Vorratsgründung und -verwendung problemlos zu erfüllen. 89

2. Mantelverwendung

Die Mantelverwendung folgt auf der Rechtsfolgenseite denselben Grundsätzen, ihr liegt aber empirisch ein anderer Tatbestand zugrunde. Der Investor als Verwender des Mantels erwirbt eine im Rechtsverkehr nicht mehr auftretende GmbH, deren Vermögen regelmäßig unterhalb des satzungsgemäßen Stammkapitals von 25.000,– € liegt. Im Vordergrund steht weniger die Zeitersparnis, als vielmehr die Möglichkeit, für einen geringeren Kapitaleinsatz als 25.000,– € eine juristische Person mit Haftungsabschottung für Investitionszwecke zu bekommen. Daneben mag gerade im Konzernverbund die Überlegung im Raum stehen, dass der noch nicht liquidierte GmbH-Mantel für ein neues Projekt prak- 90

---

347 BGH, Beschl. v. 16.3.1992 – II ZB 17/91, BGHZ 117, 323 = BB 1992, 1018 = NJW 1992, 1824 (zur AG).
348 *Goette*, § 1 Rn. 21.
349 BGH BB 1992, 1018 = BGHZ 117, 323 (zur AG); vgl. nun auch § 105 Abs. 2 HGB.
350 BGH NJW 2003, 892.

tischerweise zur Verfügung steht.[351] Die Verwendung eines noch vorhandenen Verlustvortrags für Steuerzwecke dürfte hingegen kaum mehr in Betracht kommen, da die steuerliche Verwendung von der wirtschaftlichen Identität (und nicht nur von der Identität der juristischen Person als Rechtsperson) abhängt. Die Mantelverwendung sieht der BGH inhaltlich. Die Formalakte, die insbesondere dem Registergericht zur Kenntnis gelangen (Geschäftsanteilsabtretung, Austausch der Geschäftsführung, Satzungsänderung mit insbesondere Umfirmierung und Sitzverlegung), sind insoweit lediglich Indizien. Im Vordergrund steht vielmehr die Frage, ob in der GmbH noch eine, wenn auch geringe, Wirtschaftstätigkeit stattfindet, an die der Neuinvestor nach Reaktivierung anknüpft oder ob die GmbH nur noch eine leere Hülse ohne Geschäftstätigkeit ist, die vom Erwerber vollständig zu neuem Leben erweckt wird. Für „Resttätigkeit" genügt eine Vorbereitungstätigkeit zur Geschäftsaufnahme, selbst wenn diese sich über einen Zeitraum von sechs Monaten hinzieht und in dieser Zeit die GmbH nicht werbend auftritt.[352] Wird hingegen ein leerer Gesellschaftsmantel ohne jede Aktivität wiederbelebt, ist die Mantelverwendung, ebenso wie bei der Verwendung einer Vorrats-GmbH, dem Registergericht gegenüber offenzulegen, bei einer Reaktivierung eines leeren Mantels innerhalb eines Konzerns (also ohne die hinzutretenden Formalakte) ggf. als isolierte „Anmeldung". Die Offenlegung führt aber nicht zu einer Eintragung in das Handelsregister: Die Erklärung wird lediglich in den Registerordner eingestellt.[353] Ebenso ist die erneute Versicherung der Leistungsbewirkung in Höhe des Mindeststammkapitals erforderlich, die gerade bei der Mantelverwendung im Vordergrund steht. Die Grundsätze der wirtschaftlichen Neugründung gelten auch bei Reaktivierung einer in Liquidation befindlichen GmbH.[354] Mit der Abkoppelung der Mantelverwendung von reinen Formalakten schließt der BGH zugunsten des Rechtsverkehrs aus, dass der Investor vorläufig auf diese Formalakte verzichtet, um die Mantelverwendung zu verschleiern. Allerdings sind an die Annahme eines leeren Unternehmensmantels hohe Anforderungen zu stellen; Restabwicklungsgeschäfte auch ohne werbendes Auftreten können zur Widerlegung genügen.[355]

3. Registerrechtliche Kontrolle

91 Das Registergericht hat sowohl im Fall der Aktivierung einer Vorrats-GmbH wie bei Verwendung eines GmbH-Mantels entsprechend § 9c GmbHG i.V. mit § 26 FamFG in eine (erneute) Gründungsprüfung einzutreten, die sich jedenfalls auf die Erbringung der Mindeststammeinlagen und im Falle von Sacheinlagen auf

---

351 *Berkefeld*, GmbHR 2018, 337, 338.
352 BGH NJW 2010, 1459 = BB 2010, 791.
353 *Berkefeld*, GmbHR 2018, 337, 343.
354 BGH NJW-RR 2014, 416.
355 BGH NJW-RR 2014, 416.

VIII. Vorratsgründung, Mantelverwendung   Kap. 1

deren Werthaltigkeit zu beziehen hat (§§ 7 Abs. 2, 3, 8 Abs. 2 GmbHG). Entscheidender verfahrensrechtlicher Anknüpfungspunkt für die Kontrolle durch das Registergericht ist die verlangte Offenlegung der Vorrats-/Mantelverwendung[356] in einer nochmaligen **Anmeldeversicherung** nach § 8 Abs. 2 Satz 1 GmbHG, nun bezogen auf den Anmelde-, gleich: Aktivierungszeitpunkt. Anknüpfungstatsachen für den Eintritt in zusätzliche Amtsermittlungen können sich für das Registergericht aber auch aus anderen Indizien ergeben, vorrangig aus kumulativ angemeldeten Satzungs- und Geschäftsführungsänderungen, die für eine Vorrats-/Mantelverwendung typisch sind,[357] ohne dass die Tatsache einer wirtschaftlichen Neugründung offengelegt wäre. Die bei der Mantelverwendung verlangte Geschäftsführerversicherung entspricht im Übrigen derjenigen der Erstanmeldung (§ 8 Abs. 2 Satz 1 GmbHG). Danach ist zu versichern, dass die in § 7 Abs. 2 und 3 GmbHG bezeichneten Leistungen auf die Stammeinlagen bewirkt sind[358] bzw. – eine andere Forderung des BGH – dass „im Anmeldezeitpunkt die geschuldeten Einlagen nicht schon durch entstandene Verluste ganz oder teilweise aufgezehrt sind"[359] und dass der Gegenstand der Leistungen sich endgültig in der freien Verfügung der Geschäftsführer befindet. Offen ist aber, mit welchem Ziel die Ermittlung des Registergerichts betrieben werden soll, da die Offenlegung der wirtschaftlichen Neugründung keine eintragungspflichtige Tatsache ist.[360] Denkbar wäre allenfalls ein Registersperre für andere anmeldepflichtige Tatsachen – mit allen drohenden Systembrüchen.[361]

Die Versicherung nach § 8 Abs. 2 Satz 1 GmbHG ist am **satzungsmäßigen**   92
Stammkapital auszurichten, sodass im Zeitpunkt der Offenlegung die Gesellschaft noch ein Mindestvermögen in Höhe der statutarischen Stammkapitalziffer besitzen muss, von dem sich ein Viertel – wenigstens aber 12.500 € – wertmäßig in der freien Verfügung der Geschäftsführung zu befinden hat. Es liegt in der Konsequenz der analogen Anwendung der Kapitalaufbringungsvorschriften, dass bei der wirtschaftlichen Neugründung – genauso wie bei der „regulären" rechtlichen Neugründung – die Kapitalaufbringung im Umfang der statutarisch festgelegten Kapitalziffer sichergestellt werden soll.[362] Nur wenn ausreichende Anhaltspunkte dafür bestehen, dass dies – entgegen der Versicherung – nicht der Fall ist, darf und muss das Registergericht seine Prüfung auch auf die Frage erstrecken, ob die GmbH im Zeitpunkt der Anmeldung der Mantelverwendung

---

356 BGH BB 2003, 2078 = NJW 2003, 3198.
357 BGH, Beschl. v. 9.12.2002 – II ZB 12/02, NJW 2003, 892.
358 BGHZ 155, 318; BGHZ 192, 341.
359 So BGHZ 155, 318.
360 *Berkefeld*, GmbHR 2018, 337, 343.
361 *Berkefeld*, GmbHR 2018, 337, 343.
362 BGH, Beschl. v. 7.7.2003 – II ZB 4/02, BB 2003, 2079 = NJW 2003, 3198.

nicht bereits eine Unterbilanz aufweist.[363] Grundlage der Anmeldeversicherung (und ggf. auch Grundlage der registergerichtlichen Prüfung, falls das Registergericht in eine solche eintritt) ist dann eine Vermögensbilanz auf den Stichtag der Offenlegung.

93   Die vom BGH verlangte Gründungsprüfung hat sich bei Sacheinlagen auf deren Werthaltigkeit zu beziehen.[364] Alle weiteren Fragen sind höchstrichterlich noch ungeklärt, insbesondere die Bewertung, das Erfordernis einer Offenlegung und die Modalitäten einer etwaigen Einzahlung durch den Mantelerwerber zum Ausgleich einer Unterbilanz (Sachgründung oder Bargründung!).[365]

94   Zu den Kosten einer wirtschaftlichen Neugründung erscheint eine eindeutige Satzungsbestimmung sinnvoll. Allenfalls bei einer VorratsGmbH kann eine Auslegung nach dem Verwendungszweck der Gesellschaft dazu führen, dass die Kosten der Aktivierung durch die Kostentragungsregelung bei Gründung aufgefasst sind.[366] Teils lehnen die Gerichte die doppelte Kostentragung ab.[367] Das OLG Stuttgart hat – bei Aktivierung einer Vorrats-GmbH – die Hinzufügung einer Aufwandsübernahme gestattet, nachdem die Kosten der ursprünglichen Gründung vom Gründer selbst getragen worden waren.[368]

4. Unterbilanzhaftung

95   Die Kapitalaufbringung ist sowohl bei der Mantelverwendung als auch der Aktivierung einer Vorratsgesellschaft über die registerrechtliche Präventivkontrolle hinaus auf der materiell-rechtlichen Haftungsebene durch entsprechende Anwendung des Haftungsmodells der Unterbilanzhaftung sicherzustellen. Als maßgeblicher **Stichtag** für eine Unterbilanzhaftung der Gesellschafter bei wirtschaftlicher Neugründung ist die – mit der Versicherung nach § 8 Abs. 2 Satz 1 GmbHG zu verbindende – Offenlegung (sowie Anmeldung der etwa mit ihr einhergehenden Satzungsänderung) gegenüber dem Handelsregister anzunehmen. Eine Gewährleistung der Unversehrtheit des Stammkapitals über diesen Zeitpunkt hinaus ist bei der wirtschaftlichen Neugründung ebenso wenig veranlasst wie bei der Erstgründung einer sogleich aktiven GmbH. Einmal bedarf – anders bei einer „echten" Neugründung, die erst mit der Eintragung vollzogen ist (§ 11 Abs. 1 GmbHG) – bei der Verwendung einer Vorratsgesellschaft oder einer Mantel-GmbH der bereits als frühere GmbH wirksam entstandene Rechtsträger

---

363 BGH, Beschl. v. 9.12.2002 – II ZB 12/02, NJW 2003, 892; BGH, Beschl. v. 7.7.2003 – II ZB 4/02, BB 2003, 2079 = NJW 2003, 3198.
364 BGHZ 192, 341; BGHZ 153, 158.
365 Dazu ausführlich *Berkefeld*, GmbHR 2018, 337, 339 f.
366 *Wachter*, GmbHR 2016, 791, 795.
367 OLG Thüringen GmbHR 2004, 1468.
368 OLG Stuttgart GmbHR 2012, 1301.

zu seiner weiteren rechtlichen Existenz keiner zusätzlichen „konstitutiven" Eintragung mehr. Zum anderen ist dem Gläubigerschutz durch die Unversehrtheit des Stammkapitals im Zeitpunkt der Offenlegung (bzw. Anmeldung) hinreichend genügt.[369] Die Haftungsbegrenzung auf die Unterbilanz im Zeitpunkt der wirtschaftlichen Neugründung (und damit unter Ausschluss nachfolgender zusätzlicher Verluste) hat der BGH erneut bestätigt.[370] Allerdings ist diese Zahlungspflicht eine auf den Geschäftsanteil rückständige Leistung, für die auch ein Erwerber des Geschäftsanteils haftet.[371]

5. Handelndenhaftung

Neben der Unterbilanzhaftung ist auch eine Handelndenhaftung analog § 11 Abs. 2 GmbHG in Betracht zu ziehen. Dies gilt in Fällen, in denen **vor Offenlegung** der wirtschaftlichen Neugründung die Geschäfte aufgenommen werden, ohne dass dem alle Gesellschafter zugestimmt haben.[372] Gegen diese Analogie spricht aber, dass bei Mantel- und Vorratsverwendung eine rechtsfähige GmbH als Bezugspunkt der Pflichten bzw. als Schuldner bereits zur Verfügung steht. Das Erfordernis der Zustimmung aller Gesellschafter gäbe dem Minderheitsgesellschafter die Möglichkeit, durch seinen Widerspruch die Haftung insgesamt zu vermeiden (wenngleich in der Praxis die Mantelverwendung typischerweise als „Einpersonengründung" auftritt).[373]

96

6. Fazit zu Mantelverwendung

Der Topos der wirtschaftlichen Neugründung ist in der wissenschaftlichen Argumentation angegriffen worden, ohne dass dies den BGH zu einem Einlenken veranlasst hätte.[374] Erstaunlicherweise hat trotz der neu eingeführten Möglichkeit einer geringkapitalisierten juristischen Person in Gestalt der UG (haftungsbeschränkt) das Anschauungsmaterial zur Verwendung von GmbH-Mänteln noch zugenommen. Überzeugen kann die Rechtsprechung des BGH nämlich nicht. Gegen den BGH ist beispielsweise vorgebracht worden, dass die Verwendung des Topos der „leeren Hülse" zu Abgrenzungsschwierigkeiten führe.[375] Dies hat der BGH zurückgewiesen mit dem Argument, dass Abgrenzungsschwierigkeiten auch in anderen Bereichen der Rechtsanwendung immer wieder auftreten könnten. Das ist aber gar nicht der Kern des Arguments. Es geht nicht um die

97

---

369 BGH, Beschl. v. 7.7.2003 – II ZB 4/02, BB 2003, 2079 = NJW 2003, 3198.
370 BGH MittBayNot 2012, 484.
371 BGH MittBayNot 2012, 484.
372 BGH, Beschl. v. 7.7.2003 – II ZB 4/02, BB 2003, 2079 = NJW 2003, 3198.
373 *Berkefeld*, GmbHR 2018, 337, 341.
374 *Heerma*, Mantelverwendung und Kapitalaufbringungspflichten (1997).
375 *Altmeppen*, DB 2003, 2050.

Kap. 1 Gründung der GmbH

Frage, ob die Abgrenzungsschwierigkeiten mehr oder minder groß sind. Es geht vielmehr um einen Analogieschluss, der einen reinen Formalakt der Gründung ohne Abgrenzungsschwierigkeiten auf einen Akt mit zugrundeliegender wirtschaftlicher Betrachtungsweise und damit mit Abgrenzungsschwierigkeiten überträgt. Schon dies sollte den Beteiligten nicht zugemutet werden.[376] Zum anderen überzeugt die Rechtsprechung des BGH nur bei weitgehender Ausblendung der Tatsache, dass sowohl bei der Vorrats-GmbH wie auch beim GmbH-Mantel bereits eine juristische Person existiert, die einem vom GmbH-Gesetzgeber entworfenen Kontrollmechanismus und Haftungsregime unterworfen ist. Nur besteht das Haftungsregime nicht in einer erneuten Anwendung der Gründungsvorschriften mit Kapitalaufbringung, sondern in einer zur Anwendung zu bringenden Kapitalerhaltung und Verpflichtung zur Stellung eines Insolvenzantrags bei Überschuldung. Wenn der Investor den Mantel für deutlich weniger als 25.000,– € erwirbt und man aus den Umständen eines Verkehrsgeschäfts daraus schließen darf, dass dies dem inneren Wert der GmbH entspricht, müsste man lediglich einen verkehrsadäquaten Sorgfaltsmaßstab hinsichtlich der Erkennbarkeit der Überschuldung anwenden. Im Verfahren BGH-NJW-RR 2014, 416 hatte das LG Würzburg als Ausgangsinstanz sogar (obiter) die Überschuldung des Mantels schon zur Gesellschafterzeit des Veräußerers festgestellt,[377] ohne dass der eigentlich erforderliche Insolvenzantrag gestellt worden wäre. Man müsste also, anstatt die beteiligten Personen und die Notare[378] in Unsicherheit über das Vorhandensein oder Nichtvorhandensein eines Mantels zu belassen, lediglich die Insolvenzverschleppungshaftung für diesen Fall mit der gebotenen Stringenz zur Anwendung bringen.

---

376 Vergleiche etwa den Sachverhalt von BGH NJW-RR 2014, 416. Vgl. auch *Berkefeld*, GmbHR 2018, 337, 344: „Unsicherheiten auf der Tatbestandsseite".
377 LG Würzburg, Urt. v. 30.11.2010, 62 O 540/10.
378 Die Revision in NJW-RR 2014, 416 führte der streitverkündete Notar!

Kapitel 2
Die Mitgliedschaft in der GmbH

Übersicht

	Rn.
I. Mitgliedschaft und Geschäftsanteil	1
1. Begriff	1
2. Mehrere Geschäftsanteile	2
3. Veräußerlichkeit des Geschäftsanteils	3
a) Gesamtschuldnerische Haftung von Veräußerer und Erwerber für Einlagepflichten	4
b) Verteilung der Gewinne	5
4. Vererblichkeit des Geschäftsanteils	6
a) Erbfolge in Geschäftsanteil	6
b) Gesellschaftsvertragliche Regelungen	7
II. Formzwang der Anteilsveräußerung	11
1. Zweck des Formgebots	12
2. Verpflichtungsgeschäft	14
a) Reichweite des Formgebots	14
b) Satzungsgemäßes Angebot an Mitgesellschafter	23
3. Heilung des formwidrigen Verpflichtungsgeschäfts	24
a) Rechtsgrund der Heilung	24
b) Unwirksames Verpflichtungsgeschäft	25
c) Bedingungseintritt oder -verzicht	26
4. Verfügungsgeschäft	27
III. Gewährleistung bei Anteilsveräußerung	28
1. Unterscheidung zwischen Rechts- und Unternehmenskauf	28
2. Unmöglichkeit	29
3. Wegfall der Geschäftsgrundlage	30
4. Aufklärungspflichten	31

	Rn.
5. Ergebnisabgrenzungsvereinbarung zwischen Verkäufer und Käufer	32
6. Bereicherungsausgleich bei unwirksamer Übertragung eines Kundenstamms	33
7. Kapitalerhöhung keine Anteilsveräußerung	34
IV. Beschränkung der Abtretung (Vinkulierung)	35
1. Regelungszweck	35
2. Satzungsgrundlage	36
3. Genehmigungsberechtigter	37
4. Genehmigung	38
5. Erteilung der Genehmigung	39
6. Reichweite der Vinkulierung	40
a) Treuhand	40
b) Nachlassanteil und andere Fälle indirekter Beteiligung	41
c) Ein- und Zweipersonengesellschaft	42
V. Fehlerhafte Übertragung eines Geschäftsanteils	43
VI. Teilung und Zusammenlegung von Geschäftsanteilen	44
VII. Mitberechtigung am Geschäftsanteil	45
1. Regelungszweck	45
2. Mitberechtigung	46
3. Gemeinschaftliche Rechtsausübung	47
4. Haftung der Mitberechtigten	48
5. Rechtshandlungen der GmbH gegenüber Mitberechtigten	49
VIII. Nachweis der Gesellschafterstellung	50
1. Gesellschafterliste	50
a) Überblick	50

Kap. 2 Die Mitgliedschaft in der GmbH

	Rn.		Rn.
b) Exkurs: Das Transparenzregister	52	c) Tatsächlich existierender Geschäftsanteil	87
c) Formalien der Gesellschafterliste	57	d) Bedingte Abtretung	88
d) Pflichten der Geschäftsführer	64	e) Dingliche Belastungen	89
e) Pflichten des Notars	66	f) Verfügungsbeschränkungen	90
f) Pflichten des Registergerichts	72	g) Reichweite des Gutglaubensschutzes	91
2. Ausübung der Gesellschafterrechte	75	h) Eintragung eines Widerspruchs	94
a) Voraussetzung: Eintragung in Gesellschafterliste	75	i) Fazit zur Neuordnung der Gesellschafterliste	97
b) Erfasste Rechtsausübungen	78	4. Fehlerhafte Listenerstellung	99
c) Einstweiliger Rechtsschutz	80	IX. Gewinnausschüttung	102
3. Gutgläubiger Erwerb von Geschäftsanteilen	84	1. Gewinnanspruch	102
a) Grundsatz und Reichweite	84	2. Konkludenter Beschluss – Vorabausschüttung	103
b) Rechtsgeschäftlicher Erwerb	86	3. Fehlender Gesellschafterbeschluss	104
		4. Einpersonengesellschaft	105

I. Mitgliedschaft und Geschäftsanteil

1. Begriff

1 Die Beteiligung des Gesellschafters an der GmbH bezeichnet das GmbHG als Geschäftsanteil (z. B. §§ 14, 15 GmbHG) und fasst darin alle Rechte und Pflichten in einem Rechtsbegriff zusammen. Die Bezeichnung als Geschäftsanteil bringt über die Mitgliedschaft (des Gesellschafters an der GmbH) hinaus den Charakter dieser Beteiligung als selbstständiges vermögenswertes Recht zum Ausdruck, welches insbesondere im Prinzip selbstständig veräußert und vererbt werden kann (§ 15 Abs. 1 GmbHG) sowie als Objekt einer Pfändung und Verpfändung zur Verfügung steht. Zudem zeigen §§ 5 Abs. 2, 15 Abs. 2 GmbHG, dass die Beteiligung des Gesellschafters an einer GmbH eine mehrfache sein kann. Der Geschäftsanteil wird erworben durch Beteiligungserklärung bei Gründung oder Kapitalerhöhung sowie durch Abtretung, Erbschaftserwerb u. a. Neben Vermögensrechten (Gewinn- und Liquidationsanteil, Bezugsrecht) bestehen Mitverwaltungsrechte (Stimmrecht, Anfechtungsrecht), Informationsrechte (§ 51a GmbHG) und Minderheitenrechte (§ 50 Abs. 1, § 61 GmbHG). Unter den Pflichten kommt den vermögensrechtlichen Pflichten auf Leistung der Einlage verbunden mit einer Differenz- und Ausfallhaftung besondere Bedeutung zu. Gesellschafter ist, wer einen oder mehrere Geschäftsanteil(e) an der GmbH hält. Die Gesellschafter werden nicht in das Handelsregister eingetragen (§ 10

GmbHG), deswegen greift § 15 HGB im Fall einer unrichtigen Gesellschafterliste nicht ein. Die (von Geschäftsführern und Notaren aktuell zu haltende, §§ 8 Abs. 1 Nr. 3, 40 GmbHG) Gesellschafterliste ist aber im Unternehmensregister zum elektronischen Abruf hinterlegt. Praktisch liegen zwischen Handelsregister und Gesellschafterliste damit „zwei Mausklicks". Die Rechtswirkungen im Fall einer Unrichtigkeit folgen aus § 16 GmbHG. Die Mitgliedschaft wird nicht in einer Beteiligungsquote, sondern einem festen Nennbetrag ausgedrückt. „Stückgeschäftsanteile" sind nicht gestattet. Der Nennbetrag der einzelnen Geschäftsanteile kann unterschiedlich sein (§ 5 Abs. 3 GmbHG).

2. Mehrere Geschäftsanteile

Schon bei Gründung (§ 5 Abs. 2 Satz 2 GmbHG) wie auch im Rahmen einer Kapitalerhöhung (§ 55 Abs. 4 GmbHG) kann ein Gesellschafter nach neuem Recht mehrere Geschäftsanteile übernehmen. Vom Grundsatz der einheitlichen Beteiligung hat der Gesetzgeber Abschied genommen. Seit jeher war es möglich, nachträglich von Mitgesellschaftern selbstständig bleibende Geschäftsanteile zu erwerben (§ 15 Abs. 2 GmbHG). Die Aufrechterhaltung mehrerer Geschäftsanteile als selbstständig[1] hat ihren Grund darin, dass der Rechtsvorgänger eines mit der Zahlung der Stammeinlage säumigen und darum nach § 21 GmbHG aus der Gesellschaft ausgeschlossenen Gesellschafters dessen Geschäftsanteil erwirbt, wenn er den rückständigen Betrag bezahlt (§ 22 Abs. 4 GmbHG). Diese Bestimmung kann nur eingehalten werden, wenn ein unbezahlter Geschäftsanteil, der seinen Inhaber gewechselt hat, als selbstständig identifizierbar fortbesteht. Die Aufrechterhaltung mehrerer Geschäftsanteile dient somit dem Gläubigerschutz, weil sie das Aufkommen des Stammkapitals zu sichern sucht. Daneben können satzungsgemäße Sonderrechte mit einem bestimmten Anteil verbunden sein, etwa Gewinnvorzüge, Mehrstimmrechte oder Geschäftsführerbenennungsrechte. Nach dem Normzweck ist eine Zusammenlegung deswegen möglich, wenn die Anteile voll eingezahlt sind und auch keine Nachschusspflicht (§ 26 GmbH) statuiert ist. Und auch die Zusammenlegung eines kaduzierten Geschäftsanteils, den die Gesellschaft nach § 23 GmbHG verwertet hat, mit voll eingezahlten Geschäftsanteilen begegnet keinen Bedenken. Daher muss unter diesen Voraussetzungen die Zusammenlegung von Geschäftsanteilen trotz der Vorschrift des § 15 Abs. 2 GmbHG nach allgemeiner Ansicht zugelassen werden.[2] Die **Zusammenlegung** geschieht durch Beschluss der Gesellschafterversammlung. Dieser bedarf nach der Vorstellung des Gesetzgebers nicht der Zustimmung des betrof-

---

1 Bei der KG z. B. gilt das nicht, aber *Esch*, BB 1996, 1621; *Lüttge*, NJW 1994, 5.
2 BGH, Urt. v. 13.7.1964 – II ZR 110/62, BGHZ 42, 89 = BB 1964, 942 = NJW 1964, 1954; Hachenburg/*Zutt*, § 15 Rn. 140; Ulmer/*M. Winter/Löbbe*, § 15 Rn. 286; Baumbach/*Hueck/Fastrich*, § 15 Rn. 19; *Reichert/Weller*, GmbH-Geschäftsanteil, 2006, § 15 Rn. 184.

Kap. 2 Die Mitgliedschaft in der GmbH

fenen Gesellschafters.[3] Das Gesetz ist aber jedenfalls analog § 53 Abs. 3 GmbHG zu korrigieren: Die Zusammenlegung greift in Rechtspositionen des Gesellschafters ein, indem z. B. künftige Teilveräußerungen erschwert werden (erneuter Teilungsbeschluss erforderlich). Deswegen muss die Zustimmung des betroffenen Gesellschafters verlangt werden.

3. Veräußerlichkeit des Geschäftsanteils

3   § 15 Abs. 1 GmbHG erklärt den Geschäftsanteil für veräußerlich und vererblich. Die freie Übertragung von Geschäftsanteilen wird gleichwohl durch eine Reihe von Regelungen erschwert: Verpflichtungs- wie auch Verfügungsgeschäft (§ 15 Abs. 3 und 4 GmbHG) bedürfen der notariellen Beurkundung. Mit diesem Formgebot für die Übertragung von Geschäftsanteilen, an der er trotz verbreiteter Kritik bis heute festhält, will der Gesetzgeber den Charakter der Mitgliedschaft als eines der Regel nach dauernden Verhältnisses fördern und verhindern, dass Geschäftsanteile Gegenstand des freien Handelsverkehrs werden.[4] Die Satzung kann die Veräußerung von weiteren Erfordernissen wie einer Genehmigung der Gesellschaft abhängig machen (§ 15 Abs. 5 GmbHG) und die Übertragbarkeit sogar gänzlich ausschließen. Dies verschafft den Gesellschaften eine Kontrolle über den Beitritt weiterer Personen. Der Geschäftsanteil kann zwar in einem Anteilsschein verbrieft, aber nicht als Wertpapier gehandelt werden. Da es an einem dem Börsenhandel vergleichbaren organisierten Markt für Geschäftsanteile fehlt, stößt eine Veräußerung mitunter auch auf praktische Schwierigkeiten.

a) Gesamtschuldnerische Haftung von Veräußerer und Erwerber für Einlagepflichten

4   Mit der Aufnahme der aktualisierten Gesellschafterliste im Handelsregister wird der Veräußerer nicht von allen Pflichten gegenüber der GmbH frei. Zwar tritt der Erwerber in die Rechtsstellung des Veräußerers ein. Beide haften aber nach § 16 Abs. 2 GmbHG (der dem § 16 Abs. 3 GmbHG a. F. entspricht) für die im Zeitpunkt der Aufnahme der Liste im Handelsregister rückständigen Leistungen. Dies können fällige Einlageverpflichtungen oder Ansprüche aus Differenz-, Unterbilanz- oder Ausfallhaftung sein. Der Erwerber haftet jedoch mangels Verbindung mit dem Geschäftsanteil nicht für die gegen den Veräußerer wegen Verlet-

---

3 BR-Drucks. 354/07, S. 102; a. A. das überwiegende Schrifttum: *Lutter*/Hommelhoff/ *Bayer*, § 15 Rn. 14; Scholz/*Seibt*, § 15 Rn. 46; Ulmer/*M. Winter/Löbbe*, § 15 Rn. 288; *Reichert/Weller*, GmbH-Geschäftsanteil, 2006, § 15 Rn. 187; Baumbach/*Hueck/Fastrich*, § 15 Rn. 19 m. w. N.; differenziert: Rowedder/Schmidt-Leithoff/*Görner*, § 15 Rn. 11.
4 BGH, Urt. v. 19.4.1999 – II ZR 365/97, BGHZ 141, 207 = BB 1999, 1233 = NJW 1999, 2594; Scholz/*Seibt*, § 15 Rn. 1.

I. Mitgliedschaft und Geschäftsanteil   **Kap. 2**

zung der gesellschaftlichen Treuepflicht gerichteten **Schadensersatzansprüche**.[5] Die **Mindesteinlage** muss bereits bei Anmeldung der GmbH erbracht sein (§ 7 Abs. 2 Satz 1 GmbHG). Eine gesamtschuldnerische Haftung von Veräußerer und Erwerber kommt darum insbesondere wegen der **Resteinlage** in Betracht. Fehlt es an einem **satzungsmäßig festgelegten Zahlungstermin**, der in der Formulierung liegen kann, dass die Einlage „vor Anmeldung der Gesellschaft zum Handelsregister" zu erbringen ist,[6] so wird die Resteinlage durch ein zweistufiges Verfahren fällig gestellt: Einmal bedarf es eines **Gesellschafterbeschlusses** (§ 46 Nr. 2 GmbHG) über die Einforderung der Einlage, bei dessen Fassung alle – auch betroffene – Gesellschafter (ohne Beschränkung durch § 47 Abs. 4 Satz 2 Alt. 1 GmbHG) stimmberechtigt sind.[7] Als weitere Voraussetzung hat die vom Geschäftsführer zu bewirkende **Anforderung** der Zahlung an den Gesellschafter, mit deren Zugang die Einlage fällig wird, hinzuzutreten.[8] Der Einforderungsbeschluss kann von **sämtlichen** Gesellschaftern (auch konkludent) getroffen werden und bedarf in diesem Fall keiner Umsetzung durch eine Anforderung des Geschäftsführers.[9] § 16 Abs. 2 GmbHG ist nicht anwendbar, wenn die Resteinlage im Zeitpunkt der Anmeldung noch nicht fällig gestellt war. Dann hat nur der Erwerber und nicht auch der Veräußerer für die Einlage aufzukommen.[10] Allerdings hat der BGH den Veräußerer im Streitfall unter dem Gesichtspunkt einer verdeckten Sacheinlage der Haftung unterworfen. Tritt ein Gesellschafter seinen Geschäftsanteil an einer GmbH, aus dem die Resteinlage noch nicht fällig gestellt ist, an eine andere GmbH ab, an der er ebenfalls beteiligt ist und an die er die Mindesteinlage geleistet hat, so greifen die Grundsätze der verdeckten Sacheinlage ein, wenn die zweite GmbH die auf sie übergegangene, nunmehr fällig gestellte Resteinlageverpflichtung mit dem Mindesteinlagebetrag erfüllt.[11]

b) Verteilung der Gewinne

Das Gewinnstammrecht geht bei der Veräußerung des Geschäftsanteils zusammen mit diesem auf den Erwerber über. Der aus dem Stammrecht resultierende Gewinnanspruch steht dem **Erwerber** auch für das der Übertragung vorausgegangene Geschäftsjahr zu, wenn der **Jahresabschluss** für dieses Geschäftsjahr vor der Übertragung des Geschäftsanteils noch nicht festgestellt worden ist.

5

---

5 Lutter/Hommelhoff/*Bayer*, § 16 Rn. 28.
6 BGH, Urt. v. 9.1.2006 – II ZR 72/05, BB 2006, 624 = NJW 2006, 906 Tz. 7.
7 BGH, Urt. v. 9.7.1990 – II ZR 9/90, BB 1990, 1923 = NJW 1991, 172.
8 Ulmer/*Ulmer*, § 19 Rn. 9; *Goette*, § 2 Rn. 12; Scholz/*Veil*, § 19 Rn. 13.
9 BGH, Urt. v. 16.9.2002 – II ZR 1/00, BGHZ 152, 37 = BB 2002, 2347 = NJW 2002, 3774.
10 BGH, Urt. v. 4.3.1996 – II ZR 89/95, BGHZ 132, 133 = BB 1996, 711 = NJW 1996, 1286 (zu § 16 Abs. 3 GmbHG a. F.).
11 BGH, Urt. v. 4.3.1996 – II ZR 89/95, BGHZ 132, 133 = BB 1996, 711 = NJW 1996, 1286.

Kap. 2 Die Mitgliedschaft in der GmbH

Denn erst mit dieser Feststellung entsteht der Gewinnanspruch der Gesellschafter.[12] Mangels abweichender Abreden hat der seinen Gesellschaftsanteil veräußernde Gesellschafter einen schuldrechtlichen Anspruch nach § 101 Nr. 2 HS 2 BGB gegen den Erwerber auf den während seiner Zugehörigkeit zur Gesellschaft entfallenen anteiligen Gewinn, sofern er ausgeschüttet wird. Dies gilt nicht, wenn die nicht gewinnbezugsberechtigte GmbH den Geschäftsanteil erwirbt.[13] In dieser Konstellation kann der Gesellschafter darauf dringen, dass ihm ein vertraglicher Ausgleichsanspruch entsprechend der Dauer seiner Gesellschaftsangehörigkeit eingeräumt wird.[14] Da eine unterjährige Gewinnermittlung aber mit besonderen Mühen verbunden ist, sollte der latente Anspruch besser in den Kaufpreis einberechnet werden.

4. Vererblichkeit des Geschäftsanteils

a) Erbfolge in Geschäftsanteil

6   Der oder die Erben werden mit dem Tod des Erblassers kraft testamentarischer oder gesetzlicher Erbfolge unmittelbar Gesellschafter mit allen Rechten und Pflichten. Für ihre Legitimation gegenüber der Gesellschaft ist indes die Eintragung in der im Handelsregister aufgenommenen Gesellschafterliste erforderlich (§ 16 Abs. 1 Satz 1 GmbHG). Der Geschäftsanteil gehört zum Nachlass. Eine Sonderrechtsnachfolge in den Geschäftsanteil außerhalb des Erbrechts ist – im Unterschied zum Personengesellschaftsrecht – nicht möglich, aber, betrachtet man die für die Sonderrechtsnachfolge vorgebrachten Argumente, auch nicht erforderlich. Die Satzung kann weder die Vererblichkeit ausschließen noch mit dem Tode des Gesellschafters eine automatische Einziehung seines Anteils anordnen.[15] Deswegen kann man von einem **Vorrang des Erbrechts** gegenüber dem Gesellschaftsrecht sprechen.[16]

b) Gesellschaftsvertragliche Regelungen

7   Wenngleich das Erbrecht durch die Satzung weder entzogen noch beschränkt werden darf, kann der Gesellschaftsvertrag über den dauernden Verbleib des Erben in der GmbH Bestimmungen treffen.[17]

---

12 BGH, Urt. v. 8.12.1997 – II ZR 203/96, BB 1998, 1327 = NJW 1998, 1314.
13 BGH, Urt. v. 30.1.1995 – II ZR 45/94, BB 1995, 690 = NJW 1995, 1027.
14 *Goette*, § 5 Rn. 37.
15 Baumbach/*Hueck/Fastrich*, § 15 Rn. 12; Hachenburg/*Zutt*, § 15 Rn. 5 f.; Ulmer/*M. Winter/Löbbe*, § 15 Rn. 9; *Reichert/Weller*, GmbH-Geschäftsanteil, 2006, § 15 Rn. 186.
16 Michalski/Heidinger/Leible/Schmidt/*Ebbing*, § 15 Rn. 6.
17 Rowedder/Schmidt-Leithoff/*Görner*, § 15 Rn. 132 ff.; Formulierungsmuster bei *Dahlbender*, GmbH-StB 2014, 244.

aa) Hinauskündigung des Erben

Im Bereich der GmbH legt der Gesellschaftsvertrag nicht selten fest, dass bei dem Tod eines Gesellschafters und dem darauf erfolgten Eintritt eines Erben in die Gesellschaft diesem durch einen oder mehrere Gesellschafter wieder gekündigt werden kann. Dann muss die Hinauskündigung des Erben, falls es an einer ausdrücklichen Regelung fehlt, im Wege der Vertragsauslegung (§ 157 BGB) **binnen kurzer Frist** nach seinem Eintritt in die Gesellschaft durchgeführt werden. Gegen eine solche Vertragsgestaltung bestehen nicht die gegen eine Kündigung aus freiem Ermessen anzumeldenden Bedenken. Der entscheidende Grund hierfür liegt darin, dass sich die ausschlussberechtigten Gesellschafter angesichts des zeitlich beschränkten Ausschließungsrechts zügig darüber Klarheit verschaffen müssen, ob sie sich mit dem neuen Mitgesellschafter abfinden wollen oder nicht. Nach der gesellschaftsvertraglichen Regelung ist daher ausgeschlossen, dass es zu einer willkürlichen und missbräuchlichen Handhabung des Kündigungsrechts und damit zu einer nicht hinzunehmenden Gefährdung der für ein gedeihliches Zusammenwirken erforderlichen freien Willensbildung der Gesellschafter kommen kann. Eine andere Beurteilung ergibt sich hingegen, wenn die Kündigungsklausel ein zeitlich unbefristetes Ausschließungsrecht gegenüber dem Erben enthält.[18]

bb) Nachfolgeklausel

Bei der Auslegung einer Nachfolgeklausel müssen die Belange der Gesellschafter und der Gesellschaft selbst, die im Gesellschaftsvertrag geschützt sind, gewahrt werden. Andererseits muss der durch den Erbfall entstandenen erbrechtlichen Lage Rechnung getragen werden, soweit sich dies mit der gesellschaftsvertraglichen Regelung vereinbaren lässt. Erfüllen nur einige der Erben die gesellschaftsvertraglichen Nachfolgevoraussetzungen eines Mindestalters und einer bestimmten Ausbildung, hat der BGH den gebotenen Interessenausgleich verwirklicht, indem der im Nachlass befindliche Gesellschaftsanteil auf solche Miterben übertragen wird, die zur **Nachfolge in die Gesellschafterstellung** berechtigt sind. Die nicht nachfolgeberechtigten Miterben scheiden dann aus der Gesellschaft aus, sodass das von der gesellschaftsvertraglichen Regelung in erster Linie verfolgte Ziel erreicht ist, Personen, die nicht die vertraglichen Voraussetzungen erfüllen, als Gesellschaftsnachfolger fernzuhalten. Dass die nicht nachfolgeberechtigten Miterben für eine kurze Übergangszeit zur gesamten Hand Mitberechtigte an dem ererbten Geschäftsanteil sind, kann hingenommen werden und bietet keinen sachlichen Grund dafür, ein Erwerbsrecht der übrigen Gesellschafter eingreifen zu lassen. Neben dem Eintrittsberechtigten kann auch

---

18 BGH, Urt. v. 19.9.1988 – II ZR 329/87, BGHZ 105, 213 = NJW 1989, 834.

Kap. 2 Die Mitgliedschaft in der GmbH

die Gesellschaft von dem Erben Vollzug der Abtretung verlangen.[19] Auch können die Erben verpflichtet werden, den Anteil auf einen unter ihnen oder einen Dritten, der kraft der Satzung ein obligatorisches Recht erworben hat (§§ 328, 331 BGB), zu **übertragen**. Dabei ist die Form des § 15 Abs. 3 GmbHG zu wahren.[20] Zum Ausgleich der Verpflichtung, den Geschäftsanteil auf einen anderen zu übertragen, kann dem Erben ein Nießbrauch an dem Geschäftsanteil eingeräumt werden.[21] Ohne Mitwirkung des Erben kann die Nachfolge durch eine auf den Todesfall bedingte Übertragung zwischen Gesellschafter und Eintretendem bewerkstelligt werden.[22] Schließlich kann die Satzung eine Befugnis zur Einziehung des Geschäftsanteils nach dem Tod seines Inhabers vorsehen.[23]

cc) Abfindung

10 Einigkeit herrscht darüber, dass im Falle einer Nachfolge-, Einziehungs- oder Kündigungsregelung der Gesellschaftsvertrag die Modalitäten der Abfindungszahlung wie Fälligkeit und Zahlungsbedingungen festlegen kann. Ferner werden **Abfindungsbeschränkungen** auf den Substanzwert oder den Buchwert nach Handelsbilanz und – ausnahmsweise zur dauerhaften Wahrung des Charakters einer Familiengesellschaft[24] – bis hin zu einem völligen **Abfindungsausschluss** gebilligt.[25] Dann wird aber zu untersuchen sein, ob erbrechtliche Ausgleichsansprüche nach §§ 2050 ff., 2325 ff. BGB in Betracht kommen.[26]

II. Formzwang der Anteilsveräußerung

11 Das Formgebot der notariellen Beurkundung erstreckt sich bei einer Anteilsveräußerung sowohl auf das Verpflichtungsgeschäft (§ 15 Abs. 4 GmbHG) als auch die Abtretung (§ 15 Abs. 3 GmbHG).

---

19 BGH, Urt. v. 5.11.1984 – II ZR 147/83, BGHZ 82, 386 = BB 1985, 477 = NJW 1985, 2592; Michalski/Heidinger/Leible/Schmidt/*Ebbing*, § 15 Rn. 27; Scholz/*Seibt*, § 15 Rn. 32.
20 BGH, Urt. v. 14.6.1996 – II ZR 56/95, NJW-RR 1996, 1377; Lutter/Hommelhoff/*Bayer*, § 15 Rn. 16.
21 BGH, Urt. v. 24.6.1996 – II ZR 56/95, NJW-RR 1996, 1377.
22 Lutter/Hommelhoff/*Bayer*, § 15 Rn. 16.
23 Michalski/Heidinger/Leible/Schmidt/*Ebbing*, § 15 Rn. 31.
24 BGH, Urt. v. 20.12.1976 – II ZR 115/75, BB 1977, 563.
25 Baumbach/*Hueck/Fastrich*, § 15 Rn. 14; Michalski/Heidinger/Leible/Schmidt/*Ebbing*, § 15 Rn. 33.
26 Michalski/Heidinger/Leible/Schmidt/*Ebbing*, § 15 Rn. 34.

1. Zweck des Formgebots

Die Bedeutung der Formvorschrift des § 15 Abs. 3 und 4 GmbHG liegt im Unterschied zu der des § 311b BGB nicht darin, eine unüberlegte Veräußerung von GmbH-Geschäftsanteilen zu verhindern (d.h. den Veräußerer individuell vor Weggabe potenziell werthaltiger Vermögensgegenstände zu schützen). Der Zweck dieser Formvorschrift geht vielmehr dahin, den **leichten und spekulativen Handel** mit GmbH-Geschäftsanteilen auszuschließen. Die Anteilsrechte an einer GmbH sollen nicht zum Gegenstand des freien Handelsverkehrs werden und nicht wie Aktien in den Börsenverkehr geraten; eine ungebundene Umsetzung der Geschäftsanteile von Hand zu Hand soll durch die Formvorschrift unmöglich gemacht werden. Hinzu kommt, dass das Mitgliedschaftsrecht an einer GmbH in der Regel einer besonderen Verbriefung in Gestalt eines Anteilscheins ermangelt und deshalb im Hinblick auf die Verpflichtung zur Aktualisierung der Gesellschafterliste wesentlich der Beweiserleichterung dient, wenn die Rechtsübertragung dem Formzwang unterstellt wird.[27] Daneben bezweckt die Beurkundungsform eine Aufklärung des Erwerbers über die mit dem Anteil verbundenen Lasten und Pflichten.[28]

12

Eine **Auslandsbeurkundung** ist anzuerkennen, wenn sie einer inländischen Beurkundung gleichwertig ist.[29] Diese Grundsätze gelten auch nach MoMiG und trotz § 40 Abs. 2 GmbHG, da der Gesetzgeber keine Erschwerung der Veräußerung wollte.[30] Da es nicht um die Beurkundung des Gesellschaftsvertrages als der auch künftige Mitglieder bindenden Verfassung der GmbH, sondern nur die Übertragung eines Geschäftsanteils geht, sind an die Gleichwertigkeit keine übertriebenen Anforderungen zu stellen.[31]

13

2. Verpflichtungsgeschäft

a) Reichweite des Formgebots

aa) Wesentliche Vertragsbestandteile

Ohne Bedeutung für den Formzwang ist die Rechtsnatur des Verpflichtungsvertrages. Praktisch wird es sich häufig um einen Kaufvertrag handeln, aber auch Tausch und **Schenkung** kommen in Betracht. Im Unterschied zu § 518 BGB gebietet § 15 Abs. 4 GmbHG über das Schenkungsversprechen hinaus die Beur-

14

---

27 BGH, Urt. v. 24.3.1954 – II ZR 23/53, BGHZ 13, 49 = BB 1954, 360 = NJW 1954, 1157; BGH, Urt. v. 19.4.1999 – II ZR 365/97, BGHZ 141, 207 = BB 1999, 1233 = NJW 1999, 2594; Michalski/Heidinger/Leible/Schmidt/*Ebbing*, § 15 Rn. 55.
28 Roth/*Altmeppen*, § 15 Rn. 66 m. w. N.
29 Vgl. oben Kap. 1 Rn. 28 zur Gründung; BGH NJW 2014, 2026.
30 BGH NJW 2014, 2026.
31 *Goette*, § 5 Rn. 10.

kundung des gesamten Vertragsinhalts, also auch der Annahme.[32] Formbedürftig sind Angebot und Annahme des schuldrechtlichen Verpflichtungsgeschäfts, die freilich getrennt beurkundet werden können (§§ 128, 152 BGB).[33] Für den Umfang des Formgebots (bezogen auf das schuldrechtliche Verpflichtungsgeschäft) können trotz des abweichenden Regelungszwecks die zu § 311b BGB entwickelten Grundsätze (wegen des dort umfangreicheren Fallmaterials) herangezogen werden. Die wesentlichen Bestandteile des Vertrages sind zu beurkunden; dazu gehört naturgemäß die Höhe des Kaufpreises.[34] Die häufig durch steuerrechtliche Erwägungen geleitete Angabe eines unzutreffenden Kaufpreises führt zur Annahme eines nichtigen Scheingeschäfts (§ 117 Abs. 1 BGB) und der Wirksamkeit des verdeckten Geschäfts (§ 117 Abs. 2 BGB) über den tatsächlich gewollten Preis, das indes der gebotenen Beurkundung entbehrt und nur durch Vollzug der Abtretung geheilt werden kann (§ 15 Abs. 4 Satz 2 GmbHG).[35]

15 Faktisch ergibt sich aber eine wesentliche Abweichung aus § 15 Abs. 4 Satz 2 GmbHG. Die (für sich wirksame) dingliche Verfügung heilt die Formmängel, und zwar bei unbedingter Erklärung sofort mit Beurkundung. Sowohl bei Geschäftsanteilsveräußerungen wie beim Grundstückskauf werden nach aktuellem Vertragsstandard die schuldrechtliche Verpflichtung und die dingliche Verfügung in einer Urkunde zusammengefasst. Weil kein Drittakteur hinzugezogen muss, wirkt damit bei Geschäftsanteilsveräußerungen die Heilung sofort. Demgegenüber folgt im Immobilienverkehr die Heilung nach § 311b Abs. 1 Satz 2 BGB unter anderem wegen der Grunderwerbsteuerabwicklung erst Monate später.

bb) Nebenabreden

16 Das Formerfordernis des § 15 Abs. 4 Satz 1 GmbHG erstreckt sich neben der **Verpflichtung auf Übertragung** der Geschäftsanteile auf alle **Nebenabreden**, die nach dem Willen der Parteien Bestandteil der Vereinbarung über die Verpflichtung der Abtretung sein sollen.[36] Zu den beurkundungsbedürftigen Nebenabreden gehören die Modalitäten der Vertragserfüllung,[37] der Verzicht auf nicht ausgeschütteten Gewinn,[38] und die Zusicherung einer Eigenschaft des Geschäfts-

---

32 BGH Beschl. v. 8.5.2007 – VIII ZR 235/06, BB 2007, 1354 Tz. 9; Michalski/Heidinger/Leible/Schmidt/*Ebbing*, § 15 Rn. 63; Scholz/*Seibt*, § 15 Rn. 48.
33 BGH, Urt. v. 12.7.1956 – II ZR 218/54, BGHZ 21, 242 = BB 1956, 765 = NJW 1956, 1435; Scholz/*Seibt*, § 15 Rn. 66; Michalski/Heidinger/Leible/Schmidt/*Ebbing*, § 15 Rn. 89.
34 Roth/*Altmeppen*, § 15 Rn. 72.
35 BGH, Urt. v. 16.1.1991 – VIII ZR 335/89, NJW 1991, 1223; BGH, Urt. v. 23.2.1983 – IVa ZR 187/81, NJW 1983, 1843.
36 BGH, Urt. v. 27.6.2001 – VIII ZR 329/99, NJW 2002, 143.
37 BGH, Urt. v. 25.9.1996 – VIII ZR 172/95, BB 1996, 2427 = NJW 1996, 3338; Hachenburg/*Zutt*, § 15 Rn. 48 f.; Scholz/*Seibt*, § 15 Rn. 66.
38 BGH, Urt. v. 30.6.1969 – II ZR 71/68, BB 1969, 1242 = NJW 1969, 2049.

II. Formzwang der Anteilsveräußerung Kap. 2

anteils.[39] Die Formnichtigkeit wird unter dem Gesichtspunkt des Schutzzwecks der Norm nicht schon durch fehlerhafte Positionen einer dem Vertrag beigefügten Anlage begründet. Die Vereinbarung einer Option[40] oder eines Vorkaufsrechts[41] ist formbedürftig; Vorkaufsrecht und Option können hingegen formfrei ausgeübt werden.[42] Dem Formzwang werden die Vereinbarung einer **Bedingung** wie auch die Umwandlung einer bedingten in eine unbedingte Verpflichtung unterworfen.[43] Dies gilt auch für Vertragsänderungen, die nicht nur klarstellende Funktion haben.[44] Ein **Garantievertrag**, der die Verpflichtung zur Übertragung oder Abnahme eines Geschäftsanteils begründet, wird von § 15 Abs. 4 GmbHG erfasst.[45] Der Vertrag, der eine Verpflichtung zur Übertragung eines Geschäftsanteils enthält, kann formfrei, also auch konkludent, **aufgehoben** werden.[46]

cc) Treuhand, Treuhänderwechsel, Abtretung des Übertragungsanspruchs

Treuhandvereinbarungen sind in der Rechtsordnung mittlerweile allgemein anerkannt,[47] so auch im GmbH-Recht, selbst wenn sie der Verschleierung der wirtschaftlichen Verhältnisse dienen. Sie sind aber im Transparenzregister (Rn. 52) zu melden. Sollte im Zuge einer neuerlichen Überarbeitung der EU-Geldwäscherichtlinien ein allgemeines Einsichtsrecht in das Transparenzregister eingeführt werden, stellt sich aber die Frage nach dem – wirtschaftlichen – Sinn neuer Treuhandvereinbarungen. Das Formgebot der Treuhand folgt aus § 15 Abs. 4 GmbHG einmal wegen der typischerweise vereinbarten Pflicht des Treuhänders, den Anteil auf jederzeitiges Anfordern auf den Treugeber oder einen von diesem benannten Dritten abzutreten. Über den Normwortlaut hinaus führt nach h. M. auch die Erwerbspflicht (Rücknahmepflicht des Treugebers) zum Beurkundungserfordernis.[48] Die Rechtspraxis hat hier (auch wegen des anderen Form-

17

---

39 Scholz/*Seibt*, § 15 Rn. 66.
40 Michalski/Heidinger/Leible/Schmidt/*Ebbing*, § 15 Rn. 76.
41 Baumbach/*Hueck*/*Fastrich*, § 15 Rn. 31; Scholz/*Seibt*, § 15 Rn. 54.
42 Hachenburg/*Zutt*, § 15 Rn. 29 f.; Lutter/Hommelhoff/*Bayer*, § 15 Rn. 30; Michalski/Heidinger/Leible/Schmidt/*Ebbing*, § 15 Rn. 70 und 76.
43 BGH, Urt. v. 25.9.1996 – VIII ZR 172/95, BB 1996, 2427 = NJW 1996, 3838; BGH, Urt. v. 23.11.1988 – VIII ZR 262/87, BB 1989, 372 = NJW-RR 1989, 291; Lutter/Hommelhoff/*Bayer*, § 15 Rn. 30.
44 Baumbach/*Hueck*/*Fastrich*, § 15 Rn. 30; Hachenburg/*Zutt*, § 15 Rn. 50; Scholz/*Seibt*, § 15 Rn. 66a.
45 Baumbach/*Hueck*/*Fastrich*, § 15 Rn. 33; Michalski/Heidinger/Leible/Schmidt/*Ebbing*, § 15 Rn. 82.
46 Scholz/*Seibt*, § 15 Rn. 61; Hachenburg/*Zutt*, § 15 Rn. 41; Ulmer/*M. Winter*/*Löbbe*, § 15 Rn. 69; *Reichert*/*Weller*, GmbH-Geschäftsanteil, 2006, § 15 Rn. 104; Michalski/Heidinger/Leible/Schmidt/*Ebbing*, § 15 Rn. 79.
47 Für das Gesellschaftsrecht: *Gebke*, GmbHR 2014, 1128.
48 OLG München DB 1995, 316; Roth/*Altmeppen*, § 15 Rn. 79; Baumbach/Hueck/*Fastrich* § 15 Rn. 33.

Kap. 2 Die Mitgliedschaft in der GmbH

zwecks) einen anderen Weg eingeschlagen als zu § 313 BGB a. F. (bis 30.6.1973 mit Beurkundungspflicht allein der Veräußerung). Die Treuhand kann wegen der Rücknahmepflicht damit nicht über den Herausgabeanspruch des § 667 BGB formfrei vereinbart werden. Die Treuhand wäre nur dann formfrei, wenn sie bei allen Pflichten und Sanktionen nicht auf die Inhaberschaft am Anteil einwirkt. Das kann allenfalls bei Stimmbindungsvereinbarungen oder Stimmrechtspools denkbar sein (die man aber traditionell dann nicht als Treuhand ansieht).

18 In zeitlicher Hinsicht gilt die Formpflicht der Abtretung und damit auch der Treuhand jedenfalls ab Errichtung der GmbH (= notarielle Beurkundung der Gründung).[49] Demgegenüber sollen Treuhandvereinbarungen, die vor Errichtung einer GmbH vereinbart werden und sich nicht auf eine spezifische GmbH beziehen, formfrei möglich sein[50] – angesichts des Normtelos zweifelhaft.

19 § 15 Abs. 4 GmbH ist ferner zu beachten, wenn der Treuhänder seine Rechtsposition auf einen neuen Treuhänder überträgt, dies schon wegen der erforderlichen dinglichen Übertragung des Geschäftsanteils.

20 Die Abtretung des Anspruchs auf Übertragung eines Geschäftsanteils fällt ebenfalls unter § 15 Abs. 3 GmbHG. Die **formlose** Abtretung eines solchen Erwerbsanspruchs kann von der Rechtsordnung nicht anerkannt werden, weil andernfalls Sinn und Zweck der zwingenden Formvorschrift des § 15 Abs. 3 und 4 GmbHG verfehlt würde. Die Anspruchsabtretung ist zum Aufbau eines Marktes geeignet, der wirtschaftlich auf den Umsatz von Geschäftsanteilen gerichtet ist. Der angemessene Weg, die Entwicklung eines solchen vom Gesetz missbilligten Marktes zu unterbinden, ist, die Anspruchsabtretung ebenfalls der Formvorschrift zu unterwerfen.[51] Richtig bedarf damit auch die Auswechslung des Treugebers durch Abtretung seines Übertragungsanspruchs gegen den Treuhänder der notariellen Beurkundung.[52] Demgegenüber soll die Auswechslung des Treuhänders nicht der Form des § 15 Abs. 4 GmbHG bedürfen, weil die damit verbundene Abtretung von vornherein ungeeignet sei, einen Handel mit Geschäftsanteilen zu ermöglichen.[53] Angesichts der evidenten Geschäftsanteilsabtretung zwischen den Treuhändern und den Übertragungsansprüchen im neuen Treuhandverhältnis erscheint diese Aussage widersprüchlich. Es kann gegen die Geschäftseinheit

---

49 BGH, Urt. v. 19.4.1999 – II ZR 365/97, BGHZ 141, 207 = BB 1999, 1233 = NJW 1999, 2594; BGH, Urt. v. 26.9.1994 – II ZR 166/93, NJW 1995, 128; BGH, Urt. v. 12.7.1956 – II ZR 218/54, BGHZ 21, 242 = BB 1956, 765 = NJW 1956, 1435.
50 BGH NZG 2006, 590; Baumbach/Hueck/*Fastrich*, §15 Rn. 56.
51 BGH, Urt. v. 5.11.1979 – II ZR 83/79, BGHZ 75, 352 = BB 1980, 278 = NJW 1980, 1100; Rowedder/Schmidt-Leithoff/*Görner*, § 15 Rn. 52; Hachenburg/*Zutt*, § 15 Rn. 39; Ulmer/*M. Winter*/*Löbbe*, § 15 Rn. 67; Roth/*Altmeppen*, § 15 Rn. 79; a. A. Scholz/*Seibt*, § 15 Rn. 94.
52 BGHZ 141, 208 = BB 1999, 1233 = NJW 1999, 2594.
53 BGHZ 19, 69 = NJW 1956, 58; BGHZ 75, 352 = BB 1980, 278 = NJW 1980, 1100.

(§ 139 BGB) sprechen, wenn die Beteiligten nur die Geschäftsanteilsabtretung beurkunden lassen, nicht aber den Treuhandvertrag zwischen Erwerber und Treugeber – dies in Kenntnis der Beurkundungspflicht aus § 15 Abs. 3 GmbHG wegen etwaiger Verpflichtungen zur Anteilsübertragung.[54] Dann geht die Treuhand zum Erwerber im Zuge der Transaktion verloren. Ungeklärt ist, ob § 15 Abs. 4 GmbHG auf einem deutschen Orts- und Geschäftsrecht unterliegenden Treuhandvertrag über einen Geschäftsanteil an einer polnischen GmbH anzuwenden ist.[55] Die Frage dürfte zu verneinen sein, weil der Gesetzeszweck des § 15 Abs. 4 GmbHG nicht ohne Weiteres auf die Verpflichtung zur Abtretung eines Geschäftsanteils an ausländischen Gesellschaften übertragbar ist. Bei entsprechend vereinbarter Treuhand bedarf die Kündigung selbst dann nicht der Form, und zwar selbst dann nicht, wenn sie auf dinglicher Ebene als auflösende Bedingung zu einem sofortigen Rückfall des Anteils an den Treugeber führen sollte.

dd) Übertragung eines mit dem GmbH-Anteil verknüpften GbR-Anteils

Das Verpflichtungsgeschäft zur Übertragung eines Gesellschaftsanteils an einer GbR, deren Gesellschaftsvermögen aus einem GmbH-Anteil besteht, bedarf nicht schlechthin der notariellen Beurkundung entsprechend § 15 Abs. 4 GmbHG. Nicht in allen Fällen, in denen das Halten von GmbH-Anteilen der Hauptzweck der GbR ist, liegt ein Umgehungsfall vor. Formbedürftig ist der Vertrag nur dann, wenn die Errichtung der GbR dazu dient, die Formvorschrift des § 15 Abs. 4 GmbHG zu umgehen. Bei einer der Mitarbeiterbeteiligung dienenden GbR ist dies jedenfalls zu verneinen, wenn die Schutzzwecke der Formvorschrift nicht berührt sind.[56]

21

ee) Vollmacht

Bei Geschäften über Geschäftsanteile gilt regelmäßig der Grundsatz der **Formfreiheit** der Vollmacht (§ 167 Abs. 2 BGB). Nur solchen formlosen Vollmachten, die den Zweck der Vorschrift aushöhlen, indem sie den unter Formzwang stehenden Verpflichtungsvertrag ersetzen und dadurch einen freien Umsatz von Geschäftsanteilen ermöglichen, ist die rechtliche Anerkennung zu versagen. Das ist nicht der Fall, wenn die Vollmacht den **Bevollmächtigten benennt** und damit nur einen einmaligen Verkauf und eine einmalige Abtretung, also nur ein bestimmtes Geschäft, ermöglicht. Anders ist es hingegen bei schriftlichen **Blankovollmachten**, die geeignet sind, von Hand zu Hand weitergegeben zu werden

22

---

54 BGH GmbHR 2016, 1198.
55 BGH, Urt. v. 4.11.2004 – III ZR 172/03, BB 2004, 2707.
56 BGH, Urt. v. 10.3.2008 – II ZR 312/06, BB 2008, 1251 = ZIP 2008, 876 = DNotZ 2008, 785.

Kap. 2 Die Mitgliedschaft in der GmbH

und die dadurch praktisch die freie Übertragbarkeit von Geschäftsanteilen herbeiführen können. Sie würden eine Umgehung der Formvorschrift des § 15 GmbHG darstellen und daher keine rechtliche Anerkennung finden können. Dabei macht es keinen Unterschied, ob eine schriftliche Blankovollmacht im Einzelfall eine Befreiung vom **Verbot des Selbstkontrahierens** enthält oder nicht, weil auch beim Fehlen einer solchen Befreiung die formlose Weitergabe von Hand zu Hand und damit der einfache Handel mit GmbH-Geschäftsanteilen möglich ist. Insbesondere wegen § 16 GmbHG können auf diese Weise zwar keine Geschäftsanteile veräußert werden, sondern nur Optionen auf Anteile. Nach dem Normzweck ist das Formgebot ebenso wie bei der Zession von Erwerbsansprüchen aber schon auf vorgelagerte Verträge anzuwenden. Dagegen bestehen nach Grundgedanken und Zweck der Formvorschrift keine Bedenken, wenn der Erwerber eines Geschäftsanteils den Veräußerer oder umgekehrt der Veräußerer den Erwerber unter Befreiung von dem Verbot des § 181 BGB **namentlich bevollmächtigt**, den Verkauf und die Abtretung des Geschäftsanteils zugleich auch in seinem Namen vorzunehmen.[57] Die Genehmigung des vollmachtlosen Geschäfts ist gemäß § 182 Abs. 2 BGB formlos gültig. Das Formgebot bezieht sich nicht auf die Genehmigung Dritter, die aufgrund einer Vinkulierungsklausel (§ 15 Abs. 5 GmbHG) erforderlich sind. Eine Verpflichtung, die Abtretung später zu genehmigen, ist privatschriftlich zulässig. Es würde eine Überspannung der Formerfordernisse des § 15 Abs. 4 Satz 1 GmbHG bedeuten, wollte man dieser Bestimmung auch die Verpflichtungserklärung in Bezug auf die Genehmigung unterstellen, obwohl die Genehmigung selbst kraft ausdrücklicher Vorschrift trotz ihrer weitreichenden Rechtsfolgen formfrei erteilt werden kann.[58]

b) Satzungsgemäßes Angebot an Mitgesellschafter

23 Die Abtretungsverpflichtung kann bereits in dem notariell beurkundeten Gesellschaftsvertrag enthalten sein, jedenfalls soweit die Gründungsgesellschafter von ihr betroffen sind. So gibt es kein Gebot, dass in der Gründungsurkunde nicht auch andere als Strukturregelungen der GmbH niedergelegt sein können. Dem Formzweck des § 15 GmbHG ist bereits genügt, wenn der **formgerecht abgeschlossene Gesellschaftsvertrag** einen kündigenden Gesellschafter verpflichtet, seinen Geschäftsanteil zu bestimmten Bedingungen an einen zur Übernahme bereiten Mitgesellschafter zu übertragen. In einem solchen Fall enthält schon der Gesellschaftsvertrag eine Vereinbarung nach § 15 Abs. 4 GmbHG, die eine konkrete, lediglich durch die Kündigung und das Vorhandensein eines Übernehmers bedingte Abtretungsverpflichtung begründet, sodass sich nicht nur der Abschluss und die Beurkundung einer besonderen Vereinbarung erübrigen, sondern

---

57 BGH, Urt. v. 24.3.1954 – II ZR 23/53, BGHZ 13, 49 = BB 1954, 360 = NJW 1954, 1157; Scholz/*Seibt*, § 15 Rn. 95; Rowedder/Schmidt-Leithoff/*Görner*, § 15 Rn. 47.
58 BGH, Urt. v. 25.9.1996 – VIII ZR 172/95, BB 1996, 2427 = NJW 1996, 3838.

II. Formzwang der Anteilsveräußerung **Kap. 2**

auch eine beurkundete **Annahmeerklärung** des Anteilserwerbers. Zweifelhaft ist aber, ob der Anteilserwerber für den Fall, dass er seinerseits weiterveräußert, insofern gebunden ist, als das satzungsmäßige Abtretungsangebot auch ihm zugerechnet wird bzw. als von ihm abgegeben gilt. Für das Wohnungseigentum etwa lehnt die Rechtsprechung die Aufnahme schuldrechtlicher einseitiger Erklärungen in den korporativen Rechtsakt der Gemeinschaftsordnung mit Bindungswirkung auch gegenüber Sonderrechtsnachfolgern gerade ab.[59] Die Abtretung zu anderen, nur formlos oder privatschriftlich vereinbarten Bedingungen – etwa über einen Verzicht auf nicht ausgeschütteten Gewinn – kann nicht verlangt werden.[60] Ist ein Gesellschafter nach der Satzung verpflichtet, vor Veräußerung an einen außen stehenden Dritten seinen Geschäftsanteil den Mitgesellschaftern zu vordefinierten Bedingungen zum Erwerb anzubieten, so bedarf dieses Angebot nicht gemäß § 15 Abs. 4 GmbHG der notariellen Beurkundung. Denn die Verpflichtung ist bereits durch den (notariellen) Gesellschaftsvertrag begründet worden, der dem Veräußerer die Bestimmung des Kaufpreises überlässt (§ 316 BGB). Die Andienung entspricht hier einer formfreien Anfrage, ob der Berechtigte sein – bereits in der Satzung begründetes – Recht ausübt.[61] Richtet sich die satzungsgemäße Abtretungsverpflichtung an einen **außerhalb** der Gesellschaft stehenden Übernehmer, ist dessen Annahmeerklärung notariell zu beurkunden. Stets bedarf der Vollzug der Verpflichtung durch Abtretung des Geschäftsanteils der notariellen Beurkundung.[62]

3. Heilung des formwidrigen Verpflichtungsgeschäfts

a) Rechtsgrund der Heilung

Das formunwirksame Verpflichtungsgeschäft wird gemäß § 15 Abs. 4 Satz 2 GmbHG durch den in notarieller Form geschlossenen Abtretungsvertrag geheilt. Der Sinn der Heilungsvorschrift besteht, wie der BGH unter Hinweis auf die Gesetzesmaterialien ausgeführt hat, darin, dass ein ohne die geforderte Form geschlossenes Rechtsgeschäft nachträglich gültig werden soll, sobald der Abtretungsvertrag hinzutritt. Andernfalls würde der materielle Rechtsgrund des Letzteren, wenn er nicht ebenfalls in dem Vertrag beurkundet wird, stets der Wirksamkeit entbehren, sodass auch das Verfügungsgeschäft selbst der Kondiktion ausgesetzt wäre. Die Heilungsvorschrift will mithin den **Bestand** der formgerecht vollzogenen Abtretung bewirken und eine **Rückforderung** aus Gründen der Rechtssicherheit ausschließen. Wenn formgerecht erfüllt ist, soll unabhängig

24

---

59 BGH ZWE 2003, 259; BayOblGZ 1997, 233.
60 BGH, Urt. v. 30.6.1969 – II ZR 71/68, BB 1969, 1242 = NJW 1969, 2049; vgl. auch BGH, Urt. v. 20.6.1983 – II ZR 237/82, BB 1983, 1628 = NJW 1983, 2880.
61 BGH, Urt. v. 25.11.2002 – II ZR 69/01, BB 2003, 171 = NZG 2003, 127.
62 Goette, § 5 Rn. 18.

Kap. 2 Die Mitgliedschaft in der GmbH

davon, ob auf der Ebene des Verpflichtungsgeschäfts die angestrebte Handelserschwernis erreicht wird, die Anteilsübertragung nicht mehr rückabgewickelt werden.[63]

b) Unwirksames Verpflichtungsgeschäft

25 Die Heilung durch Vollzug tritt unabhängig davon ein, ob es an einem notariell beurkundeten Verpflichtungsgeschäft völlig fehlt oder der Vertrag lediglich unvollständig ist. Den klassischen Fall der Unwirksamkeit bilden **Schwarzgeldabreden** (§ 117 BGB), wenn ein Teil des Kaufpreises als Beraterhonorar deklariert wird oder neben dem Kaufpreis weitere Zahlungspflichten eingegangen werden.[64] Die Heilung tritt selbst dann ein, wenn die Vertragsbeteiligten den Formmangel des Verpflichtungsgeschäfts offenlegen, indem sie etwa den Kaufpreis nicht angeben oder sogar mitteilen, dass sie den Kaufpreis nicht angeben.

c) Bedingungseintritt oder -verzicht

26 Bei Abtretung unter einer aufschiebenden Bedingung (insbes. Zahlung) wird die Nichtigkeit erst mit Bedingungseintritt geheilt. Die bedingt vereinbarte Abtretung wird auch durch den – formlos gültigen – Verzicht der begünstigten Partei auf die Bedingung wirksam. Der Verzicht auf die Bedingung hat jedoch **keine rückwirkende Kraft**. Mit Zugang des Verzichts tritt die Heilung des wegen eines Formmangels unwirksamen Verpflichtungsgeschäfts ein. Auch hinsichtlich des Verpflichtungsgeschäfts erfolgt keine rückwirkende, sondern eine Heilung ex nunc. Darum wird das Verpflichtungsgeschäft erst im Zeitpunkt des Eintritts oder Verzichts der mit dem dinglichen Geschäft verknüpften Bedingung gültig.[65] Eine Abtretung nach § 15 Abs. 3 GmbHG heilt nur denjenigen formwidrigen Verpflichtungsvertrag, in dessen Erfüllung sie erfolgt. Deswegen scheidet eine Heilung aus, wenn Anteile in einem notariellen Vertrag an **andere Personen** abgetreten worden sind als an die in dem privatschriftlichen Verpflichtungsvertrag bezeichneten Erwerber. Die Abtretung der Geschäftsanteile an einen Dritten führt ausnahmsweise zur Heilung des Verpflichtungsgeschäfts, wenn es sich um eine **Lieferkette** handelt und der Veräußerer den Geschäftsanteil mit Zustimmung seines Vertragspartners an dessen Erwerber abtritt.[66]

---

63 BGH, Urt. v. 21.9.1994 – VIII ZR 257/93, BGHZ 127, 129 = BB 1994, 2228 = NJW 1994, 3227.
64 BGH, Urt. v. 16.1.1991 – VIII ZR 335/89, NJW 1991, 1223; BGH, Urt. v. 23.2.1983 – IVa ZR 187/81, NJW 1983, 1843.
65 BGH, Urt. v. 25.3.1998 – VIII ZR 185/96, BGHZ 138, 195 = BB 1998, 1171 = NJW 1998, 2360; BGH, Urt. v. 21.9.1994 – VIII ZR 257/93, BGHZ 127, 129 = BB 1994, 2228 = NJW 1994, 3227.
66 BGH, Urt. v. 27.6.2001 – VIII ZR 329/99, NJW 2002, 143.

4. Verfügungsgeschäft

Den Abtretungsvertrag (§§ 398, 413 BGB) unterstellt § 15 Abs. 3 GmbHG ebenfalls zur Vermeidung spekulativen Handels mit Geschäftsanteilen dem Formzwang der notariellen Beurkundung. Der notariellen Form bedürfen Sicherungs- sowie Treuhandabtretung, die Verpfändung wie auch die Einbringung eines Geschäftsanteils in eine Personen- oder Kapitalgesellschaft.[67] Die Formbedürftigkeit gilt unabhängig davon, ob ein wirksames Verpflichtungsgeschäft vorliegt. Häufig werden Verpflichtungs- und Verfügungsgeschäft in einer Urkunde zusammengefasst. Sowohl der Erwerber als auch der Gegenstand der Abtretung müssen **hinreichend bestimmt** sein.[68] An der Bestimmtheit fehlt es, wenn in der Verfügungsurkunde Anteile in einer Stückelung abgetreten werden, die so gar nicht vorhanden sind und erst durch (ausdrücklich nicht vorhandene Teilungsbeschlüsse) geschaffen werden müssten.[69] Bei Mitwirkung aller Gesellschafter an der Abtretung (sei es auch nur durch Zustimmung) kommt aber die Auslegung im Sinne einer konkludenten Beschlussfassung in Betracht.[70] Durch den Zwang zur Nummerierung der Gesellschafterliste hat sich dieses Problem aber wesentlich entschärft. Auch Änderungen des Abtretungsvertrages haben den Anforderungen des § 15 Abs. 3 GmbHG zu genügen.[71] Dient die Bedingung – wie ein Eigentumsvorbehalt – nur den Interessen eines Vertragspartners, so kann der begünstigte Vertragsteil durch einseitige, empfangsbedürftige Erklärung, die keiner Annahme bedarf, auf die Bedingung verzichten.[72] Auch eine befristete Abtretung ist möglich. Der Formpflicht ist auch bei Abtretung **künftiger Geschäftsanteile** zu genügen.[73]

27

III. Gewährleistung bei Anteilsveräußerung

1. Unterscheidung zwischen Rechts- und Unternehmenskauf

Erstreckt sich ein Kaufvertrag lediglich auf einzelne Geschäftsanteile einer GmbH, so handelt es sich um einen **Rechtskauf**.[74] Die gesetzliche Gewährleis-

28

---

67 Lutter/Hommelhoff/*Bayer*, § 15 Rn. 29.
68 BGH NZG 2014, 184; Baumbach/*Hueck/Fastrich*, § 15 Rn. 22; Michalski/Heidinger/ Leible/Schmidt/*Ebbing*, § 15 Rn. 116.
69 BGH BB 2010, 2076 = NZG 2010, 908.
70 BGH NZG 2014, 184.
71 Hachenburg/*Zutt*, § 15 Rn. 93; Michalski/Heidinger/Leible/Schmidt/*Ebbing*, § 15 Rn. 125.
72 BGH, Urt. v. 21.9.1994 – VIII ZR 257/93, BGHZ 127, 129 = BB 1994, 2228 = NJW 1994, 3227.
73 BGH, Urt. v. 26.9.1994 – II ZR 166/93, NJW 1995, 128 m. w. N.; Michalski/Heidinger/ Leible/Schmidt/*Ebbing*, § 15 Rn. 122.
74 BGH, Urt. v. 12.11.1975 – VIII ZR 142/74, BGHZ 65, 246 = NJW 1976, 236; BGH BB 2019, 15 = NJW 2019, 145 = DNotZ 2019, 125.

tungspflicht des Verkäufers für Sachmängel bezieht sich zunächst einmal nur auf den Bestand der Gesellschaft und deren Nicht-Insolvenz und Nicht-Liquidation.[75] Ein Mangel des Anteils kann weiter im Zurückbleiben von damit verbundenen Rechten (Stimmrechtsausschluss, Gewinnnachteil) bestehen. Sind einzelne Vermögensgegenstände mit Mängeln behaftet, so ist es streitig, ob der Käufer daraus Gewährleistungsrechte herleiten kann. Teils wird unter Berufung auf § 453 Abs. 3 BGB jegliche Haftung abgelehnt, weil der Geschäftsanteil kein Besitzrecht vermittelt.[76] Dagegen handelt es sich um einen **Unternehmenskauf**, wenn der Erwerber alle oder fast alle Geschäftsanteile übernimmt.[77] Hier führen Mängel von Einzelgegenständen nur zu Gewährleistungsansprüchen, wenn sie für das Gesamtunternehmen relevant sind.[78] Der Zuerwerb weiterer 50% Beteiligung ist Rechtskauf, nicht Unternehmenskauf (BGH BB 2019, 15). Kautelarjuristisch wird aber die gesetzliche Gewährleistung typischerweise zugunsten von selbstständigen Garantieversprechen abbedungen,[79] mit der sich der Pflichtenkatalog des Veräußerers und die Sanktionen auf Rechtsfolgenseite individuell-passgenau regeln lassen.

2. Unmöglichkeit

29 Der für Kaufrecht zuständige VIII. Zivilsenat des Bundesgerichtshofs hatte im Jahr 2005 über die Gültigkeit eines Vertrages zu entscheiden, durch den ein Geschäftsanteil im Nominalwert von 6.250 DM auf den Erwerber übertragen werden sollte. Sowohl das Verpflichtungs- als auch Verfügungsgeschäft erwiesen sich gemäß § 306 BGB a. F. als unwirksam, weil die Vereinbarung gegen § 5 Abs. 3 GmbHG a. F. verstieß, wonach bei Bildung eines Geschäftsanteils der Nennbetrag der neuen Anteile durch 100 – seit Einführung des Euro durch 50 – teilbar sein musste. Auch eine Heilung des Vertrages im Wege ergänzender Vertragsauslegung (§ 157 BGB) schied aus, weil verschiedene Anpassungsmöglichkeiten (6.200 oder 6.300 DM) bestanden.[80]

---

75 BeckOGK BGB/*Wilhelmi*, 1.1.2019, § 453 BGB Rn. 126; zweifelnd BGH BB 2019, 15.
76 Bamberger/Roth/*Faust*, BGB, 2. Aufl. 2007, § 453 Rn. 21 m. w. N. auch zur Gegenauffassung.
77 BGH, Urt. v. 12.11.1975 – VIII ZR 142/74, BGHZ 65, 246 = BB 1976, 11, 155 = NJW 1976, 236; BGH, Urt. v. 24.11.1982 – VIII ZR 263/81, BGHZ 85, 367 = NJW 1983, 390; BGH BB 2019, 15 = NJW 2019, 145 = DNotZ 2019, 125.
78 BeckOGK BGB/*Wilhelmi*, 1.1.2019, BGB § 453 Rn. 612–629; Bamberger/Roth/*Faust*, BGB, 2. Aufl. 2007, § 453 Rn. 27 m. w. N.
79 *Paefgen/Wallisch*, NZG 2018, 801, 803; *Griwotz*, ZNotP 2019, 147.
80 BGH, Urt. v. 20.7.2005 – VIII ZR 397/03, BB 2005, 2206 = NJW-RR 2005, 1619.

III. Gewährleistung bei Anteilsveräußerung **Kap. 2**

3. Wegfall der Geschäftsgrundlage

Ein Wegfall der Geschäftsgrundlage (§ 313 BGB) kann eintreten, wenn der Veräußerer von GmbH-Geschäftsanteilen entgegen seinen gegenüber dem Erwerber abgegebenen, nicht zum Vertragsbestandteil erhobenen Erklärungen nach der Anteilsveräußerung eine **Konkurrenztätigkeit** aufnimmt. Hierfür ist es ohne Bedeutung, ob der Veräußerer für den Verlust von Kunden des Erwerbers persönlich verantwortlich ist. Bei der Anpassung des Kaufpreises ist neben der Übernahme der allgemeinen Konkurrenztätigkeit eine konkrete Abwerbung von Kunden zusätzlich mindernd zu berücksichtigen. Im Falle einer arglistigen Täuschung über die beabsichtigte Konkurrenztätigkeit kann überdies eine Anfechtung des Vertrages (§ 123 BGB) gerechtfertigt sein.[81] Ferner hat der BGH (BB 2019, 15) bei einem Rechtskauf die Insolvenzreife des Unternehmens nicht als Mangel der Anteile gesehen, sondern als Geschäftsgrundlagenstörung des Anteilskaufs. Trotz wirksamen Gewährleistungsausschlusses konnte der Käufer damit eine Vertragsanpassung (d. h. Rückzahlung) verlangen; vertragliche Vereinbarungen zur Gewähr für Rechts- und Sachmängel bedingen § 313 BGB nicht ab.

30

4. Aufklärungspflichten

Bei Vertragsverhandlungen, in denen die Parteien entgegengesetzte Interessen verfolgen, besteht für jeden Vertragspartner die Pflicht, den anderen Teil über solche Umstände aufzuklären, die den **Vertragszweck** (des anderen) vereiteln können und daher für seinen Entschluss von wesentlicher Bedeutung sind, sofern er die Mitteilung nach der Verkehrsauffassung erwarten konnte. Bei Verhandlungen über den Kauf eines Unternehmens oder von GmbH-Geschäftsanteilen trifft den Verkäufer im Hinblick auf die wirtschaftliche Tragweite des Geschäfts und die regelmäßig erschwerte Bewertung des Kaufobjekts durch den Kaufinteressenten diesem gegenüber eine gesteigerte Aufklärungs- und Sorgfaltspflicht. Dabei erstreckt sich die Aufklärungspflicht namentlich auf alle Umstände, welche die **Überlebensfähigkeit** ernsthaft gefährden, insbesondere also drohende oder bereits eingetretene Zahlungsunfähigkeit oder Überschuldung.[82]

31

5. Ergebnisabgrenzungsvereinbarung zwischen Verkäufer und Käufer

Behält sich der Veräußerer eines Geschäftsanteils in dem Anteilskaufvertrag die Auszahlung des für ein bestimmtes Geschäftsjahr zu erwartenden Gewinns an ihn selbst vor, so liegt in der entsprechenden Vereinbarung die rechtlich mögli-

32

---

81 BGH, Urt. v. 8.2.2006 – VIII ZR 304/04, BB 2006, 911 = NJW-RR 2006, 1037.
82 BGH, Urt. v. 6.2.2002 – VIII ZR 185/00, BGHReport 2002, 573; BGH, Urt. v. 4.4.2001 – VIII ZR 32/00, NJW 2001, 216.

che **Rückabtretung** des – von dem an den Geschäftsanteil gebundenen Gewinnstammrecht zu unterscheidenden – Anspruchs auf Auszahlung des Gewinns. Haben die Parteien in einem Kaufvertrag über GmbH-Geschäftsanteile vereinbart, dass der für einen bestimmten Stichtag festzustellende Gewinn der Gesellschaft dem Verkäufer zustehen soll, so ist es den Gesellschaftern im Regelfall verwehrt, gemäß § 29 Abs. 2 GmbHG eine anderweitige Gewinnverwendung zu beschließen. Vereiteln die Gesellschafter durch einen Beschluss über eine anderweitige Gewinnverwendung den Gewinnauszahlungsanspruch des Anteilsverkäufers, so sind sie diesem gegenüber unter dem Gesichtspunkt der **positiven Vertragsverletzung** zum Schadensersatz verpflichtet.[83]

6. Bereicherungsausgleich bei unwirksamer Übertragung eines Kundenstamms

33 Für die bereicherungsrechtliche Rückgängigmachung der Einbringung eines Kundenstammes ist davon auszugehen, dass der Anspruch aus § 812 BGB in erster Linie auf Herausgabe des Erlangten selbst gerichtet und demgegenüber der Wertersatzanspruch des § 818 Abs. 2 BGB subsidiär ist. Tatsächlich ist indessen die Erfüllbarkeit des primären Anspruchs auf Herausgabe des bereits in das Unternehmen des Bereicherungsschuldners eingegliederten Kundenstamms nicht allein vom Willen und der Rechtsmacht des Schuldners, sondern vornehmlich davon abhängig, dass die Kunden den Wechsel vom Bereicherungsschuldner zum Gläubiger mit vollziehen; sind die Kunden nicht zur Rückkehr zum Gläubiger bereit, so ist der Bereicherungsschuldner zur Herausgabe außer Stande mit der Folge, dass er nach § 818 Abs. 2 BGB **Wertersatz** schuldet. Durch die bloße Rückgabe der Kundenliste kann der Bereicherungsschuldner seine primäre Verpflichtung zur Rückübertragung des Kundenstammes ebenso wenig erfüllen wie durch die zusätzliche Verpflichtung zur Unterlassung weiterer Geschäftsabschlüsse mit den Kunden. Abgesehen davon fehlte für das Unterlassungsbegehren die gesetzliche Grundlage, weil es nicht dem Leitbild der Herausgabe im Sinne des § 812 BGB entspräche.[84]

7. Kapitalerhöhung keine Anteilsveräußerung

34 Eine Kapitalerhöhung vollzieht sich im Wege von Kapitalerhöhungsbeschluss (§ 53 GmbHG), Übernahme des erhöhten Kapitals (§ 55 GmbHG), Leistung der Einlage (§ 57 Abs. 2 GmbHG) sowie Anmeldung und Eintragung der Kapitalerhöhung (§§ 57, 57a GmbHG). Mit der Annahme der Übernahmeerklärung des Gesellschafters durch die GmbH kommt ein Übernahmevertrag zustande. Ein

---
83 BGH, Urt. v. 30.6.2004 – VIII ZR 349/03, ZIP 2004, 1551 = BB 2004, 1759.
84 BGH, Urt. v. 14.1.2002 – II ZR 354/99, NJW 2003, 1340.

solcher Vertrag verpflichtet in erster Linie den durch Gesellschafterbeschluss nach § 55 GmbHG zugelassenen Übernehmer zur Erbringung der vorgesehenen Einlage. Es handelt sich nicht um einen **Austauschvertrag** wie bei der Veräußerung eines Geschäftsanteils, sondern um einen Vertrag mit körperschaftlichem Charakter, weil das von dem Übernehmer erstrebte Mitgliedschaftsrecht nicht von der Gesellschaft „geliefert" wird, sondern auf der Grundlage des satzungsändernden Kapitalerhöhungsbeschlusses und des Übernahmevertrages kraft Gesetzes mit der Eintragung in das Handelsregister entsteht.[85]

IV. Beschränkung der Abtretung (Vinkulierung)

1. Regelungszweck

Die grundsätzlich freie Übertragbarkeit von Geschäftsanteilen kann gemäß § 15 Abs. 5 GmbHG statutarisch begrenzt und sogar ausgeschlossen werden. Darum kann die Abtretung von Geschäftsanteilen und die Einräumung einer Mitberechtigung (§ 747 BGB) an weitere Voraussetzungen geknüpft werden. Der praktisch häufigste Fall der Vinkulierung ist das Erfordernis einer **Genehmigung** durch die Gesellschaft, die Gesellschafterversammlung oder alle Gesellschafter; die Abtretung kann aber auch an die Übernahme bestimmter Verpflichtungen (z.B. paralleler Anteilserwerb in der GmbH & Co. KG) oder gewisse Eigenschaften des Erwerbers wie Familienzugehörigkeit, Konfession, Fachkunde oder Alter gekoppelt werden.[86] Nicht nur, aber gerade in einer personalistisch strukturierten GmbH werden die Gesellschafter häufig ein Interesse haben, das Eindringen unerwünschter Gesellschafter zu verhindern. Außerdem kann mit Hilfe einer Vinkulierung (Bindung des Übertragungsrechts) bei mehreren Eigentümerstämmen einer Änderung der Beteiligungsverhältnisse vorgebeugt werden.[87] Die Vinkulierung betrifft nicht das **schuldrechtliche Geschäft**, sondern als **Wirksamkeitserfordernis**[88] allein den Vollzug durch die Abtretung.[89] § 15 Abs. 5 GmbHG gilt als Ausnahme von § 137 BGB nur bei freiwilligen Veräußerungen, neben Vollübertragung und Unterbeteiligung auch für die Verpfändung und Bestellung eines Nießbrauchs. Dagegen wird eine Verwertung des Geschäftsanteils im Rahmen der **Zwangsvollstreckung** oder eines **Insolvenzverfahrens** durch

35

---

[85] BGH, Urt. v. 11.1.1999 – II ZR 170/98, BGHZ 140, 258 = NJW 1999, 1252; BGH NJW 2015, 3786.
[86] Baumbach/*Hueck/Fastrich*, § 15 Rn. 38; Michalski/Heidinger/Leible/Schmidt/*Ebbing*, § 15 Rn. 161.
[87] *Goette*, § 5 Rn. 38.
[88] Baumbach/*Hueck/Fastrich*, § 15 Rn. 37; Michalski/Heidinger/Leible/Schmidt/*Ebbing*, § 15 Rn. 131.
[89] Lutter/Hommelhoff/*Bayer*, § 15 Rn. 65; Hachenburg/*Zutt*, § 15 Rn. 96; *Reichert/Weller*, GmbH-Geschäftsanteil, 2006, § 15 Rn. 362; Roth/*Altmeppen*, § 15 Rn. 106; Rowedder/Schmidt-Leithoff/*Görner*, § 15 Rn. 175.

Kap. 2 Die Mitgliedschaft in der GmbH

§ 15 Abs. 5 GmbHG nicht gehindert. Insofern räumt das Gesetz der Befriedigung des Gläubigers Vorrang vor den Interessen der Gesellschaft ein, das Eindringen Fremder in die Gesellschaft zu verhindern.[90] Indes: Hiergegen werden typischerweise Einziehungsklauseln vereinbart;[91] auch können die Gesellschafter in der Versteigerung mitbieten und selbst erwerben.

2. Satzungsgrundlage

36 Die Vinkulierung bedarf einer klaren und eindeutigen Verankerung in der Satzung.[92] Es muss unmissverständlich zum Ausdruck kommen, ob die Genehmigung von der Gesellschaft, vertreten durch den Geschäftsführer, oder der Gesellschafterversammlung erteilt wird. Eine in der Gründungsatzung nicht vorgesehene Vinkulierung kann durch einen satzungsändernden Gesellschafterbeschluss nur mit Zustimmung aller (betroffenen) Gesellschafter (§ 53 Abs. 3 GmbHG) eingeführt werden, weil das unentziehbare Recht der freien Veräußerlichkeit beschnitten wird.[93] Entsprechendes gilt für die Verschärfung einer Vinkulierungsklausel. Zur Aufhebung oder **Abschwächung** einer Vinkulierungsbestimmung genügt grundsätzlich die für eine Satzungsänderung erforderliche Mehrheit von drei Vierteln der Stimmen (§ 53 Abs. 2 GmbHG). Falls die Vinkulierung jedoch Ausdruck eines einzelnen oder allen Gesellschaftern eingeräumten Sonderrechts ist, bedarf es der Zustimmung der bevorzugten Gesellschafter.[94] Dies ist anzunehmen, wenn die Zustimmung eines bestimmten Gesellschafters oder einer bestimmten Gesellschaftergruppe oder Erwerbsvorrechte vorgesehen sind.[95] Eine ohne die gebotene Mehrheit beschlossene Änderung wird freilich nach Ablauf von drei Jahren seit Eintragung in das Handelsregister geheilt.[96]

---

90 BGH, Beschl. v. 12.6.1975 – II ZB 12/73, BGHZ 65, 22 = BB 1975, 1177 = NJW 1975, 1835; Baumbach/*Hueck/Fastrich*, § 15 Rn. 39; Scholz/*Seibt*, § 15 Rn. 112, 202.
91 Würzburger Notarhandbuch/*Wilke*, V.3 Rn. 69.
92 BGH, Urt. v. 13.7.1967 – II ZR 238/64, BGHZ 48, 141= BB 1967, 1016.
93 Baumbach/*Hueck/Fastrich*, § 15 Rn. 40; *K. Schmidt*, § 35, II. 1 b; Hachenburg/*Zutt*, § 15 Rn. 101; Ulmer/*M. Winter/Löbbe*, § 15 Rn. 217; *Reichert/Weller*, GmbH-Geschäftsanteil, 2006, § 15 Rn. 395; Michalski/Heidinger/Leible/Schmidt/*Ebbing*, § 15 Rn. 133; Lutter/Hommelhoff/*Bayer*, § 15 Rn. 62.
94 Lutter/Hommelhoff/*Bayer*, § 15 Rn. 62; Baumbach/*Hueck/Fastrich*, § 15 Rn. 40; Ulmer/*M. Winter/Löbbe*, § 15 Rn. 218; *Reichert/Weller*, GmbH-Geschäftsanteil, 2006, § 15 Rn. 396.
95 Michalski/Heidinger/Leible/Schmidt/*Ebbing*, § 15 Rn. 134; Hachenburg/*Zutt*, § 15 Rn. 102; Roth/*Altmeppen*, § 15 Rn. 98.
96 BGH, Urt. v. 19.6.2000 – II ZR 73/99, BGHZ 144, 365 = BB 2000, 1590 = NJW 2000, 2819; BGH, Urt. v. 6.11.1995 – II ZR 181/94, BB 1996, 129 = NJW 1996, 257; *Goette*, § 5 Rn. 39.

IV. Beschränkung der Abtretung (Vinkulierung) **Kap. 2**

3. Genehmigungsberechtigter

Die Satzung kann die Übertragung etwa von der Genehmigung des Geschäfts- 37
führers, des Aufsichtsrats bzw. Beirats oder eines gesellschaftsfremden Dritten
abhängig machen.[97] Regelmäßig wird das Genehmigungserfordernis der **Gesellschafterversammlung** (allein oder neben dem Geschäftsführer) zugewiesen.
Sie entscheidet unter Mitwirkung des stimmberechtigten veräußerungswilligen
Geschäftsführers mit **einfacher Mehrheit**.[98] Wird der abtretungswillige Gesellschafter zu der Gesellschafterversammlung nicht geladen, bildet der Mangel
keinen Nichtigkeitsgrund eines Zustimmungsbeschlusses, weil der Gesellschafter nicht durch ablehnende Stimmabgabe gegen seine Veräußerungsverpflichtung verstoßen darf.[99] Knüpft die Satzung an die Zustimmung „der Gesellschafter", dürfte ebenfalls die einfache Mehrheit der Gesellschafterversammlung
genügen.[100] In einer personalistischen GmbH kann die Klausel im Sinne der Einstimmigkeit zu verstehen sein, was das Einverständnis aller und nicht nur der
erschienenen Gesellschafter voraussetzt.[101] Mit der schuldrechtlichen Abtretungsverpflichtung übernimmt der Gesellschafter die Nebenpflicht, die nach
dem Gesellschaftsvertrag erforderliche Genehmigung der Gesellschafterversammlung herbeizuführen. Deswegen ist der Gesellschafter verpflichtet, in der
Gesellschafterversammlung seine Zustimmung zu erteilen. Der Abstimmungsvereinbarung steht § 47 Abs. 4 GmbHG nicht entgegen, weil der abtretungswillige Gesellschafter mangels eines Rechtsgeschäfts mit der GmbH an der
Abstimmung teilnehmen darf.[102] Eine konkludente Genehmigung der Gesellschafter liegt vor, wenn sie ihre gesamten Geschäftsanteile an den Erwerber
übertragen.[103] Bei dieser Sachlage stellt das Fehlen einer satzungsmäßig vorgesehenen **förmlichen Genehmigungsurkunde** keinen Nichtigkeitsgrund dar,

---

97 Lutter/Hommelhoff/*Bayer*, § 15 Rn. 70; Michalski/Heidinger/Leible/Schmidt/*Ebbing*, § 15 Rn. 152; *Reichert/Weller*, GmbH-Geschäftsanteil, 2006, § 15 Rn. 429; a.A. im Blick auf gesellschaftsfremde Dritte Scholz/*Seibt*, § 15 Rn. 122; Ulmer/ *M. Winter/Löbbe*, § 15 Rn. 240.
98 BGH, Urt. v. 29.5.1967 – II ZR 105/66, BGHZ 48, 163 = BB 1967, 975 = NJW 1967, 1963; BGH, Urt. v. 8.4.1965 – II ZR 77/63, BB 1965, 567 = NJW 1965, 1376; Rowedder/Schmidt-Leithoff/*Görner*, § 15 Rn. 183; Scholz/*Seibt*, § 15 Rn. 126; Roth/*Altmeppen*, § 15 Rn. 103.
99 BGH, Urt. v. 8.4.1965 – II ZR 77/63, BB 1965, 567 = NJW 1965, 1376.
100 Lutter/Hommelhoff/*Bayer*, § 15 Rn. 68; Hachenburg/*Zutt*, § 15 Rn. 114; Ulmer/ *M. Winter/Löbbe*, § 15 Rn. 238; *Reichert/Weller*, GmbH-Geschäftsanteil, 2006, § 15 Rn. 425; a.A. Scholz/*Seibt*, § 15 Rn. 126; Rowedder/Schmidt-Leithoff/*Görner*, § 15 Rn. 185: Einstimmigkeit.
101 Michalski/Heidinger/Leible/Schmidt/*Ebbing*, § 15 Rn. 151.
102 BGH, Urt. v. 29.5.1967 – II ZR 105/66, BB 1967, 975 = NJW 1967, 1963.
103 BGH, Urt. v. 1.12.1954 – II ZR 285/53, BGHZ 15, 324 = BB 1955, 5 = NJW 1955, 220.

Kap. 2   Die Mitgliedschaft in der GmbH

weil das Einverständnis gegenüber dem Vertragspartner bereits durch die Abtretungsverträge bekundet wurde.[104]

4. Genehmigung

38   Das Zustimmungserfordernis des § 15 Abs. 5 GmbHG wird als Anwendungsfall der §§ 182 ff. BGB betrachtet. Die Zustimmung kann als **Einwilligung** vor und als **Genehmigung** nach Vollzug der Abtretung erteilt werden. Als Einwilligung kann die Zustimmung schon zeitlich deutlich vor der Anteilsabtretung gefasst werden, darum weitergehend auch ohne gegenwärtigen Bezug auf eine konkret anstehende Abtretung, sondern pauschal für allenfalls grob umrissene, künftige Abtretungen (etwa pauschal für alle künftigen Überlassungen an Abkömmlinge oder für alle künftige Übertragungen an konzernverbundene Unternehmen). Die Verweigerung einer Genehmigung im Sinne der §§ 182 ff. BGB ist ebenso unwiderruflich wie ihre Erteilung. Die Verweigerung der Genehmigung wirkt rechtsgestaltend auf die schwebend unwirksame Verfügung in der Weise, dass diese endgültig unwirksam wird. Diese Wirkung kann nicht durch eine einseitige Erklärung des Zustimmungsberechtigten wieder beseitigt werden. Es stünde mit den Erfordernissen einer Sicherung des Rechtsverkehrs nicht in Einklang, den Widerruf einer einmal ausgesprochenen Verfügung zuzulassen.[105] Demgegenüber ist die Verweigerung einer Einwilligung, die vor der Abtretung ausgesprochen wird, nicht bindend. In diesem Fall kann das Einvernehmen der Gesellschaft nachgeholt werden.[106] Die Verweigerung kann **rechtsmissbräuchlich** sein, wenn der ablehnende Gesellschafter selbst beabsichtigt, seinen Geschäftsanteil alsbald zu veräußern. Die **Beweislast** für eine die schwebende Unwirksamkeit beseitigende Zustimmungsverweigerung trägt die Partei, die sich darauf beruft.[107]

5. Erteilung der Genehmigung

39   Sieht die Satzung einer GmbH vor, dass Geschäftsanteile nur mit Genehmigung der Gesellschaft abgetreten werden können, so erteilt der Geschäftsführer die Genehmigung. Im Innenverhältnis bedarf er hierzu aber eines Beschlusses der

---

104   BGH, Urt. v. 1.12.1954 – II ZR 285/53, BGHZ 15, 324 = BB 1955, 5 = NJW 1955, 220; a. A. Michalski/*Ebbing*, § 15 Rn. 141; Scholz/*Seibt*, § 15 Rn. 131.
105   BGH, Urt. v. 28.4.1954 – II ZR 8/53, BGHZ 13, 179 = BB 1954, 360 = NJW 1954, 1155; Michalski/Heidinger/Leible/Schmidt/*Ebbing*, § 15 Rn. 156; Hachenburg/*Zutt*, § 15 Rn. 119; Ulmer/*M. Winter/Löbbe*, § 15 Rn. 229.
106   BGH, Urt. v. 29.5.1967 – II ZR 105/66, BGHZ 48, 163 = BB 1967, 975 = NJW 1967, 1963; Baumbach/*Hueck/Fastrich*, § 15 Rn. 47; Hachenburg/*Zutt*, § 15 Rn. 106; Ulmer/*M. Winter/Löbbe*, § 15 Rn. 229.
107   BGH, Beschl. v. 10.5.2006 – II ZR 209/04, BB 2006, 1647 = NJW-RR 2006, 1414.

IV. Beschränkung der Abtretung (Vinkulierung) **Kap. 2**

Gesellschafterversammlung oder des von der Satzung berufenen Organs. Die Zuständigkeit zur Erteilung bzw. Verweigerung der Zustimmung liegt also nach der Beschlussfassung bei dem oder den **vertretungsberechtigten** Geschäftsführern. Ist der Geschäftsführer kraft Satzung selbst zur Entscheidung berufen, so führt er keinen Beschluss aus, sondern erteilt mit seiner Erklärung die Zustimmung.[108] Die Genehmigung ist gegenüber dem Veräußerer oder Erwerber zu erklären. Entbehrlich ist eine Erklärung, wenn der Veräußerer an der Gesellschafterversammlung teilgenommen hat und über das Ergebnis der Beschlussfassung in Kenntnis ist.[109] Fraglich ist, ob die nach außen bekundete Genehmigung wirksam ist, obwohl sie einer zustimmenden Beschlussfassung entbehrt. Eine Bindung scheidet im Blick auf den Schutzzweck des § 37 Abs. 2 GmbHG aus, wenn das Einvernehmen gegenüber dem veräußernden Gesellschafter bekundet wird. Ferner ist die Genehmigung nach den Grundsätzen über den **Missbrauch der Vertretungsmacht unwirksam**, wenn der Dritte weiß oder sich ihm aufdrängt, dass der Beschluss nicht herbeigeführt worden ist.[110] Ist der Erwerber jedoch gutgläubig, dürfte die nicht durch einen Gesellschafterbeschluss gedeckte Erklärung des Geschäftsführers, wie der BGH im vergleichbaren Fall der Genehmigung zur Veräußerung von Teilen eines Geschäftsanteils entschieden hat, gegen die GmbH wirken.[111] Eine konkludente Zustimmung durch Akzeptieren des Erwerbers als Gesellschafter[112] dürfte wegen § 16 GmbHG und der zuvor erforderlichen Listenkorrektur (§ 40 GmbHG) nunmehr ausscheiden. Die Zustimmung kann aber in der Einreichung der neuen Liste liegen, soweit der Geschäftsführer für die Erteilung der Genehmigung verantwortlich ist (wegen der Beurkundungspflicht und der daraus folgenden Zuständigkeit des Notars für die Listenerstellung aber kaum denkbar).

6. Reichweite der Vinkulierung

a) Treuhand

Verlangt der Gesellschaftsvertrag für die Abtretung eines Geschäftsanteils die Zustimmung der Gesellschafter, gilt dies einmal, wenn der Treugeber seinen Geschäftsanteil auf einen Treuhänder überträgt. Das Genehmigungserfordernis ist aber auch bei einer Rückabtretung des Treuhänders an den Treugeber zu beach- 40

---

108 BGH, Urt. v. 14.3.1988 – II ZR 211/87, BB 1988, 994 = NJW 1988, 2241.
109 Lutter/Hommelhoff/*Bayer*, § 15 Rn. 74.
110 BGH, Urt. v. 14.3.1988 – II ZR 211/87, BB 1988, 994 = NJW 1988, 2241; Rowedder/Schmidt-Leithoff/*Görner*, § 15 Rn. 182; Michalski/Heidinger/Leible/Schmidt/*Ebbing*, § 15 Rn. 143.
111 BGH, Urt. v. 9.6.1954 – II ZR 70/53, BGHZ 14, 25 = BB 1954, 611 = NJW 1954, 1401; Baumbach/*Hueck/Fastrich*, § 15 Rn. 42; Scholz/*Seibt*, § 15 Rn. 123.
112 So noch BGH, Beschl. v. 10.5.2006 – II ZR 209/04, BB 2006, 1647 = NJW-RR 2006, 1414.

ten. Der Treuhänder hat, wenn er auch an die Weisungen des Treugebers gebunden ist und im Verhältnis zu diesem lediglich die Stellung eines Beauftragten hat, nach außen die Stellung des **vollen Rechtsinhabers**. Daher bedarf die Abtretung auch dann der Genehmigung, wenn sie an den erfolgt, in dessen Auftrag und auf dessen Rechnung der Zedent den Geschäftsanteil hält. Auch bei einer Sicherungstreuhand kann der Treugeber, selbst wenn er früher der GmbH angehörte, nicht gegen den Willen der Gesellschafter in seine alte Gesellschafterstellung einrücken. Anders verhält es sich indes, wenn der Gesellschafter den **Antrag** stellt, eine treuhänderische Abtretung zu genehmigen; er hat wesensgemäß auch zum Inhalt, es solle zugleich die Rückübertragung gebilligt werden. Andernfalls würde die Abtretung zu Treuhand-, insbesondere Sicherungszwecken für den Zedenten mit dem unzumutbaren Risiko belastet, nicht in die Gesellschaft zurückkehren zu können. Falls die Gesellschafter die Rückabtretung nicht sogleich mitgenehmigen wollen, so müssen sie ihrer Erklärung einen entsprechenden Vorbehalt beifügen. Fehlt es an einem Vorbehalt, kann die im Voraus erteilte Zustimmung zur Rückübertragung später nicht widerrufen werden.[113] Eine konkludente Zustimmung zum Treuhandvertrag wird wegen des Erfordernisses der Listenkorrektur nur eingeschränkt in Betracht kommen. Die Verweigerung der Zustimmung kann **rechtsmissbräuchlich** sein, wenn der ablehnende Gesellschafter selbst beabsichtigt, seinen Geschäftsanteil alsbald zu veräußern. Die **Beweislast** für eine die schwebende Unwirksamkeit beseitigende Zustimmungsverweigerung trägt die Partei, die sich darauf beruft.[114]

b) Nachlassanteil und andere Fälle indirekter Beteiligung

41 Die Verfügung über den Miterbenanteil an einem Nachlass, zu dem ein Geschäftsanteil an einer GmbH gehört, bedarf nicht der für die Abtretung des Geschäftsanteils erforderlichen Genehmigung. Das Gesetz unterscheidet zwischen dem Anteil des Miterben am Nachlass, über den nach § 2033 Abs. 1 BGB frei verfügt werden kann, und dem Anteil an den einzelnen Nachlassgegenständen, der einer gesonderten Verfügung nicht zugänglich ist (§ 2033 Abs. 2 BGB). Der Erwerber kann aber aufgrund einer gesellschaftsrechtlichen Erwerbsklausel schuldrechtlich verpflichtet sein, hinsichtlich des Geschäftsanteils die satzungsgemäße Rechtslage wiederherzustellen.[115] Dieselbe Trennung der Ebenen gilt für andere Fälle der gestuften Beteiligung. Die Vinkulierungsklausel in der GmbH greift nicht gegenüber der Abtretung eines GbR-Anteils, wenn ein Geschäftsanteil im Vermögen der GbR steht, ebenso wenig gegenüber anderen An-

---

113 BGH, Urt. v. 30.6.1980 – II ZR 219/79, BGHZ 77, 392 = NJW 1980, 2708; BGH, Urt. v. 8.4.1965 – II ZR 77/63, BB 1965, 567 = NJW 1965, 1376; Michalski/Heidinger/Leible/Schmidt/*Ebbing*, § 15 Rn. 215; Lutter/Hommelhoff/*Bayer*, § 15 Rn. 75.
114 BGH, Beschl. v. 10.5.2006 – II ZR 209/04, BB 2006, 1647 = NJW-RR 2006, 1414.
115 BGH, Urt. v. 5.11.1984 – II ZR 147/83, BB 1985, 477 = NJW 1985, 2592.

teils- oder Strukturänderungen einer Muttergesellschaft und auch nicht – bei natürlichen Personen – gegenüber einer güterrechtlich begründeten Mitbeteiligung des anderen Ehegatten (etwa durch Begründung von Gütergemeinschaft oder ähnlichen Güterständen ausländischen Rechts). Kautelarjuristisch hilft nur, an diese Vorgänge Einziehungsoptionen zu binden.

c) Ein- und Zweipersonengesellschaft

Bei Veräußerungen von Geschäftsanteilen durch den Alleingesellschafter ist eine Genehmigung entbehrlich. Es würde eine **Überspannung** des Genehmigungserfordernisses bedeuten, wenn man neben der Erklärung des alleinigen Gesellschafters noch eine besondere Genehmigungserklärung des Geschäftsführers als Vertreter der GmbH verlangen würde.[116] In der Zweipersonengesellschaft kann auf eine Genehmigung ebenfalls verzichtet werden, wenn ein Gesellschafter alle seine Geschäftsanteile auf den anderen Gesellschafter überträgt.[117]

42

V. Fehlerhafte Übertragung eines Geschäftsanteils

Die Abtretung eines Geschäftsanteils kann infolge Nichtigkeits- oder Anfechtungsgründen unwirksam sein. § 16 Abs. 1 GmbHG regelt sodann, was im Verhältnis der Gesellschaft zu ihren Gesellschaftern in Fällen gilt, in denen Geschäftsanteile fehlerhaft übertragen worden sind. Ein Rückgriff auf die Grundsätze der Fehlerhaften Gesellschaft ist daneben ausgeschlossen. Danach führen die bürgerlich-rechtlichen Nichtigkeits- und Anfechtungsvorschriften gerade nicht dazu, dass die Gesellschafter im Verhältnis zur Gesellschaft rückwirkend in ihre alten Rechtspositionen eingesetzt werden. Vielmehr bestimmt § 16 Abs. 1 GmbHG, dass die Gesellschaft im eigenen Interesse, aber auch zum Schutz von Veräußerer und Erwerber berechtigt und verpflichtet ist, unabhängig von der wahren Rechtslage jeden, der einmal in der Gesellschafterliste eingetragen ist, so lange als solchen zu behandeln, bis ein anderer eingetragen ist.[118] Die Fiktion des § 16 Abs. 1 GmbHG gilt damit auch für Pflichten des Gesellschafters gegenüber der GmbH, d. h. zulasten des Scheingesellschafters. Die Fiktion gilt auch hier bis zur Einreichung einer neuen Liste.[119] Was nach § 16 Abs. 2 GmbHG gilt, dass nämlich der **Veräußerer** des Anteils der Gesellschaft auch weiterhin für die bis dahin auf den Geschäftsanteil rückständigen Leistungen

43

---

116 BGH, Urt. v. 15.4.1991 – II ZR 209/90, BB 1991, 1071; BGH, Urt. v. 6.6.1988 – II ZR 318/87, BB 1988, 1618 = NJW 1989, 168; Michalski/Heidinger/Leible/Schmidt/*Ebbing*, § 15 Rn. 136; Roth/*Altmeppen*, § 15 Rn. 99.
117 Scholz/*Seibt*, § 15 Rn. 134; Baumbach/*Hueck/Fastrich*, § 15 Rn. 39; Roth/*Altmeppen*, § 15 Rn. 99.
118 *Mayer*, MittBayNot 2014, 27.
119 Dazu *Löbbe*, GmbHR 2016, 141, 142.

haftet, gilt auch, wenn die Anteilsübertragung angefochten und dies der Gesellschaft gemeldet wird, für denjenigen, der den Anteil anfechtbar erworben hat. Er kann sich der Haftung für die Rückstände nicht durch nachträgliche Anfechtung entziehen. Die Fehlerhaftigkeit des Anteilserwerbs und eine daran anknüpfende Rückwirkungsfolge der Anfechtung ist damit auf die Rechtsbeziehungen zwischen Gesellschaft und Gesellschafter ohne Einfluss.[120]

VI. Teilung und Zusammenlegung von Geschäftsanteilen

44 Die Teilung und Zusammenlegung von Geschäftsanteilen stellt § 46 Nr. 4 GmbHG nach Streichung von § 17 GmbHG ausschließlich in das formfreie[121] Ermessen der **Beschlussfassung durch die Gesellschafterversammlung**.[122] Da lediglich die Mindeststückelung des § 5 Abs. 2 Satz 1 GmbHG zu beachten ist, kommt äußerstenfalls eine Teilung auf Nennbeträge von jeweils einem Euro in Betracht.[123] Die Zusammenlegung nicht voll eingezahlter Geschäftsanteile wird überwiegend für unzulässig gehalten, wegen der noch offenen Ausfall- und Vormännerhaftung zu Recht auch bei gleich hohem Rückstand.[124] Auch dürfen die Anteile nicht unterschiedlich belastet oder mit verschiedenen Rechten oder Pflichten ausgestattet sein. Der **Zustimmung des Gesellschafters**, dessen Geschäftsanteil von einer Teilung oder Zusammenlegung betroffen ist, bedarf es nach Auffassung der Bundesregierung nicht.[125] Vorzugswürdig erscheint freilich die Gegenposition, wonach die Zusammenlegung von Geschäftsanteilen nicht gegen den Widerspruch des betroffenen Gesellschafters erfolgen darf.[126] Dies ergibt sich aus einem Analogieschluss zu § 53 Abs. 3 GmbHG, da infolge einer Zusammenlegung die Möglichkeit partieller Abtretungen erschwert wird. Da der Katalog des § 46 GmbHG dispositiver Natur ist, kann der Gesellschaftsvertrag die Teilung und Zusammenlegung von Geschäftsanteilen an strengere oder mildere Voraussetzungen knüpfen.[127] Problemlos können nunmehr mehrere Geschäftsanteile gleichzeitig auf denselben Erwerber übertragen werden.[128] Im Anschluss an eine Teilung oder Zusammenlegung hat der Geschäftsführer eine aktualisierte Gesellschafterliste zum Handelsregister einzureichen. Wegen des

---

120 BGH, Urt. v. 22.1.1990 – II ZR 25/89, BB 1990, 508 = NJW 1990, 1915; BGH, Urt. v. 10.5.1982 – II ZR 89/81, BGHZ 84, 47 = BB 1982, 1325 = NJW 1982, 2822; Michalski/Heidinger/Leible/Schmidt/*Ebbing*, § 15 Rn. 129; Scholz/*Seibt*, § 15 Rn. 103.
121 Handelsrechtsausschuss des DAV Rn. 67.
122 *Böttcher/Blasche*, NZG 2007, 565, 568.
123 BR-Drucks. 354/07, S. 102. Für DM-GmbH ist aber die gem. § 1 EGGmbHG fortgeltende Vorschrift zur Stückelung zu beachten.
124 *Heckschen/Heidinger*, § 4 Rn. 301a.
125 BR-Drucks. 354/07, S. 102.
126 *Heckschen/Heidinger*, § 4 Rn. 301.
127 BR-Drucks. 354/07, S. 102.
128 BR-Drucks. 354/07, S. 89 f.

dazu erforderlichen Nachweises sollten die Beschlüsse schriftlich gefasst werden.[129] Eine Aktualisierung durch den Notar hat bei beurkundeten Teilungsbeschlüssen zu erfolgen, z.B. im Vorfeld von Teilabtretungen. Eine Teilung kann konkludent in einer Veräußerung enthalten sein, wenn alle zustimmungspflichtigen Personen auch der Beurkundung mitwirken.[130]

VII. Mitberechtigung am Geschäftsanteil

1. Regelungszweck

Geschäftsanteile können nicht nur durch beschlussweise Teilung und nachfolgende Abtretung real, sondern durch Einräumung von Mitberechtigungen auch ideell geteilt werden. In praxi betrifft dies vorrangig Spitzenbeträge (nunmehr im Umfang weniger Euro nominaler Beteiligung), die aus Gründen der Beteiligungsparität nicht einem Gesellschafter zugewiesen werden können. Die Vorschrift des § 18 GmbHG dient dann dem Schutz der Gesellschaft, falls ein Geschäftsanteil ungeteilt mehreren Berechtigten zusteht. Im Interesse der Rechtssicherheit soll der Rechtsverkehr zwischen der GmbH und den Mitberechtigten erleichtert werden.[131] Deshalb bestimmt § 18 Abs. 1 und 2 GmbHG, dass die Mitberechtigten ihre Rechte nur gemeinsam ausüben können, auf die für den Geschäftsanteil zu bewirkenden Leistungen aber gesamtschuldnerisch haften. Schließlich kann die GmbH gemäß § 18 Abs. 3 GmbHG Rechtshandlungen wirksam gegenüber einem Mitberechtigten vornehmen.

45

2. Mitberechtigung

Der Regelungsbereich des § 18 GmbHG erstreckt sich auf die **Bruchteilsgemeinschaft** (§§ 741 ff. BGB) und die **Gesamthandsgemeinschaften** der ehelichen Gütergemeinschaft (§§ 1415 ff.) und der Erbengemeinschaft (§§ 2032 ff. BGB).[132] Nicht erfasst werden die juristischen Personen des privaten und öffentlichen Rechts und die mit Rechtssubjektivität ausgestatteten Personenhandelsgesellschaften OHG und KG (§§ 124, 161 Abs. 2 HGB) sowie die Partnerschaftsgesellschaft.[133] Aus deren Rechtssubjektivität folgt ja gerade, dass diese Gesellschaften in ihrem Außenauftritt (insbesondere beim Vermögenserwerb und der Vermögensverwaltung) als Einheit und nicht als Mehrheit auftreten. Die Fähig-

46

---

129 BR-Drucks. 354/07, S. 102.
130 BGH Urt. v. 17.12.2013 – II ZR 21/12, NZG 2014, 184.
131 Baumbach/*Hueck/Fastrich*, § 18 Rn. 1; Rowedder/Schmidt-Leithoff/*Pentz*, § 18 Rn. 1.
132 BGH, Urt. v. 14.12.1967 – II ZR 30/67, BGHZ 49, 183 = BB 1968, 181 = NJW 1968, 743; Rowedder/Schmidt-Leithoff/*Pentz*, § 18 Rn. 3; *Raue* GmbHR 2015, 121.
133 Lutter/Hommelhoff/*Bayer*, § 18 Rn. 2; Baumbach/*Hueck/Fastrich*, § 18 Rn. 2.

Kap. 2 Die Mitgliedschaft in der GmbH

keit zu einheitlicher Willensbildung scheint demgegenüber nicht das ausschlaggebende Kriterium zu sein – das wäre auch bei der Bruchteils- und der Erbengemeinschaft vorhanden. Entsprechendes muss für die **Gesellschaft bürgerlichen Rechts** (§§ 705 ff.) gelten,[134] soweit sie mit Gesamthandsvermögen ausgestattet ist und daher als rechtsfähig anerkannt ist.[135] § 18 GmbHG hat die **gleichstufige** Beteiligung mehrerer Personen an einem Geschäftsanteil zum Gegenstand und ist darum auf **Unterbeteiligung, Pfandrecht** und **Nießbrauch** nicht anwendbar.[136]

3. Gemeinschaftliche Rechtsausübung

47 § 18 gilt sowohl für die Wahrnehmung von **Verwaltungsrechten** wie das Stimmrecht, die Stellung von Anträgen, Auskunfts- und Einsichtsrechte (§ 51a GmbHG), die Erhebung von Auflösungs-, Anfechtungs- und Nichtigkeitsklage als auch für die Geltendmachung **vermögensrechtlicher Ansprüche**.[137] Können sich die Mitberechtigten nicht einigen, kann das Recht grundsätzlich nicht ausgeübt werden.[138] § 18 GmbHG betrifft nur das Außenverhältnis der Gesellschaft zu den Mitberechtigten. Die Willensbildung der Mitberechtigten und ihre Vertretung im Außenverhältnis zur GmbH richtet sich hingegen nach den für die Rechtsgemeinschaft maßgeblichen Regelungen.[139] Jedenfalls in Not- oder Eilfällen kann die Mehrheit nicht von der Minderheit lahmgelegt und ein Mehrheitsbeschluss im Verhältnis zur GmbH ausgeführt werden.[140] Innerhalb einer Erbengemeinschaft kann über Angelegenheiten der ordnungsgemäßen Verwaltung[141] des Nachlassvermögens im Unterschied zu Verfügungen über Nachlassgegenstände gemäß §§ 2038 Abs. 1, 745 Abs. 1 BGB mehrheitlich beschlossen werden. Die Mehrheit ist berechtigt, einen ordnungsgemäß gefassten **Mehr-**

---

134 Rowedder/Schmidt-Leithoff/*Pentz*, § 18 Rn. 4; Roth/*Altmeppen*, § 18 Rn. 6; Ulmer/*M. Winter*/*Löbbe*, § 18 Rn. 12; *Reichert/Weller*, GmbH-Geschäftsanteil, 2006, § 18 Rn. 24 ff.; a. A. *Goette*, § 5 Rn. 61; Michalski/Heidinger/Leible/Schmidt/*Ebbing*, § 18 Rn. 18; Scholz/*Seibt*, § 18 Rn. 3a: Gilt nur für Außen-GbR, Innen-GbR unterfällt § 18.
135 BGH, Urt. v. 29.1.2001 – II ZR 331/00, BGHZ 146, 341 = BB 2001, 423 = NJW 2001, 1056.
136 Michalski/Heidinger/Leible/Schmidt/*Ebbing*, § 18 Rn. 7.
137 Baumbach/*Hueck*/*Fastrich*, § 18 Rn. 4; Lutter/Hommelhoff/*Bayer*, § 18 Rn. 3.
138 Rowedder/Schmidt-Leithoff/*Pentz*, § 18 Rn. 6; Hachenburg/*Zutt*, § 18 Rn. 20; *Reichert/Weller*, GmbH-Geschäftsanteil, 2006, § 18 Rn. 55.
139 BGH, Urt. v. 14.12.1967 – II ZR 30/67, BGHZ 49, 183 = BB 1968, 181 = NJW 1968, 743; OLG Nürnberg GmbHR 2014, 1147; Michalski/Heidinger/Leible/Schmidt/*Ebbing*, § 18 Rn. 42; Scholz/*Seibt*, § 18 Rn. 24.
140 BGH, Urt. v. 14.12.1967 – II ZR 30/67, BGHZ 49, 183 = BB 1968, 181 = NJW 1968, 743.
141 Zur Auslegung der „ordnungsgemäßen Verwaltung" in Bezug auf Rechtswahrnehmung eines Geschäftsanteils s. *Raue*, GmbHR 2015, 121; *K. Schmidt*, NZG 2015, 1049; *Schürnbrand*, NZG 2016, 241.

heitsbeschluss mit Wirkung für und gegen die Erbengemeinschaft **auszuführen**.[142] § 18 GmbHG soll nur verhindern, dass die Anteilsrechte von den einzelnen Mitberechtigten unterschiedlich ausgeübt werden. Dazu kommt es aber nicht, wenn ein Teilhaber oder die **Mehrheit** der Teilhaber nach dem für sie einschlägigen **Organisationsrecht** das Gesellschafterrecht mit Wirkung für alle ausübt. Sogar ein einzelner Miterbe kann darum eine gesellschaftsrechtliche Anfechtungsklage erheben, wenn es sich um eine notwendige Erhaltungsmaßnahme handelt (§ 2038 Abs. 1 Satz 2 BGB).[143] Auch innerhalb einer **Bruchteilsgemeinschaft** erfolgt die Willensbildung mit Stimmenmehrheit (§ 745 Abs. 1 BGB). Bei einer **ehelichen Gütergemeinschaft** nimmt der im Ehevertrag als Verwalter eingesetzte Ehegatte die Gesellschafterrechte wahr (§ 1421 Abs. 1 Satz 1 BGB); fehlt es an dessen Benennung, so müssen sich die Ehegatten einigen.

4. Haftung der Mitberechtigten

Mitberechtigte haften nach der zwingenden Regelung des § 18 Abs. 2 GmbHG für die auf den Geschäftsanteil zu bewirkenden Zahlungen als **Gesamtschuldner** (§§ 421 ff. BGB). Die gesamtschuldnerische Haftung greift ungeachtet der Rechtsform der Mitberechtigung ein und erfasst auch die Teilhaber einer Bruchteilsgemeinschaft ohne die Möglichkeit einer Haftungsbeschränkung.[144] Allerdings schließt § 18 Abs. 2 GmbHG die Beschränkung der Erbenhaftung nicht aus.[145] Die Vorschrift erfasst rückständige Einlagen, Ansprüche aus Differenzhaftung, Verlustdeckungshaftung wie auch auf Nachschüsse (§§ 26 ff. GmbHG), Nebenleistungspflichten (§ 3 GmbHG), die Ausfallhaftung der §§ 24, 31 Abs. 3 GmbHG sowie die Gewährleistung wegen Fehler der Einlage.[146] Ungeachtet der Anwendbarkeit des § 18 Abs. 2 GmbHG haften Gesellschafter einer Gesellschaft bürgerlichen Rechts und einer OHG sowie der Komplementär einer KG unbeschränkt für die Einlageschuld.[147]

48

---

142 BGH, Urt. v. 29.3.1971 – III ZR 255/68, BGHZ 56, 47 = BB 1971, 586 = NJW 1971, 1265; OLG Nürnberg GmbHR 2014, 1147; Scholz/*Seibt*, § 18 Rn. 8.
143 BGH, Urt. v. 12.6.1989 – II ZR 246/88, BGHZ 108, 21 = BB 1989, 1496 = NJW 1989, 2694; Baumbach/*Hueck*/*Fastrich*, § 18 Rn. 4; Rowedder/Schmidt-Leithoff/ *Pentz*, § 18 Rn. 8; Lutter/Hommelhoff/*Bayer*, § 18 Rn. 3; Roth/*Altmeppen*, § 18 Rn. 14; a. A. Scholz/*Seibt*, § 18 Rn. 20; Hachenburg/*Zutt*, § 18 Rn. 20 f.; Michalski/ Heidinger/Leible/Schmidt/*Ebbing*, § 18 Rn. 45.
144 Baumbach/*Hueck*/*Fastrich*, § 18 Rn. 8; Rowedder/Schmidt-Leithoff/*Pentz*, § 18 Rn. 19.
145 Roth/*Altmeppen*, § 18 Rn. 17; Lutter/Hommelhoff/*Bayer*, § 18 Rn. 5.
146 Hachenburg/*Zutt*, § 18 Rn. 25; Ulmer/*M. Winter*/*Löbbe*, § 18 Rn. 27; *Reichert*/*Weller*, GmbH-Geschäftsanteil, 2006, § 18 Rn. 97 f.; Michalski/Heidinger/Leible/Schmidt/ *Ebbing*, § 18 Rn. 62.
147 BGH, Beschl. v. 3.11.1980 – II ZB 1/79, BGHZ 78, 311 = BB 1981, 1450 = NJW 1981, 682.

5. Rechtshandlungen der GmbH gegenüber Mitberechtigten

49 Der Gesellschaft ist es nach § 18 Abs. 3 GmbHG gestattet, Rechtshandlungen gegenüber einem Mitberechtigten mit Wirkung gegenüber den anderen Mitberechtigten vorzunehmen. Rechtshandlungen sind einseitige **Willenserklärungen** und **geschäftsähnliche Handlungen** wie Einladung zur Gesellschafterversammlung, Mahnung, Kündigung, Anforderung von Zahlungen auf die Stammeinlage, Kaduzierung, Mitteilung der Einziehung des Geschäftsanteils oder Ausübung eines gesellschaftsvertraglichen Vorkaufsrechts.[148] Trotz Notwendigkeit einheitlicher Stimmausübung sind alle Teilhaber zu einer **Gesellschafterversammlung** zu laden.[149] Ist ein Gesellschafter noch an einem anderen Geschäftsanteil mitberechtigt, so genügt seine Ladung zur Ladung der Mitberechtigten nur dann, wenn er sowohl als Gesellschafter als auch als Mitberechtigter geladen wird.[150]

VIII. Nachweis der Gesellschafterstellung

1. Gesellschafterliste

a) Überblick

50 Im Rahmen der Modernisierung des Rechts der GmbH durch das MoMiG 2008 hat der Gesetzgeber die Funktion der Gesellschafterliste, die zuvor nur ein Schattendasein führte, aufgewertet, sie mit zwingenden Rechtswirkungen für das Verhältnis von Gesellschafter zur Gesellschaft ausgestattet (§ 16 Abs. 1 GmbHG) und mit Gutglaubensschutz (§ 16 Abs. 3 GmbHG) versehen. Über 100 Jahre nach Inkrafttreten des GmbHG war damit erstmals ein zaghafter Anknüpfungspunkt für einen Gutglaubenserwerb und daraus folgender Nachweis- und vor allem Nachforschungserleichterung geschaffen worden.

51 In einer weiteren Novelle zu § 40 GmbHG von 2017[151] mit darauf aufbauender Gesellschafterlistenverordnung vom 20.6.2018[152] hat der Gesetzgeber die Liste um den weiteren, im MoMiG nur zaghaft angesprochenen öffentlich-rechtlichen Aspekt der Geldwäschebekämpfung bis hin zur Terrorismusbekämpfung[153] erweitert. Die mittlerweile diskutierten zivilrechtlichen Defizite (dazu Rn. 88 ff.)

---

148 Michalski/Heidinger/Leible/Schmidt/*Ebbing*, § 18 Rn. 75; Rowedder/Schmidt-Leithoff/*Pentz*, § 18 Rn. 28.
149 Michalski/Heidinger/Leible/Schmidt/*Ebbing*, § 18 Rn. 47.
150 BGH, Urt. v. 14.12.1967 – II ZR 30/67, BGHZ 49, 183 = BB 1968, 181 = NJW 1968, 743; Scholz/*Seibt*, § 18 Rn. 34.
151 Änderung durch die Neufassung des GwG v. 23.6.2017, BGBl. I, 1822.
152 BGBl. I, 870.
153 Begründung MoMiG BT-Drucks. 16/6140, S. 37; *Schaub*, GmbHR 2017, 727.

wurden dabei keiner Prüfung unterzogen. In der Zusammenschau verkoppeln beide Regelungen die Gesellschafterliste mit dem Transparenzregister, gießen daneben aber praxisgewonnenen notariellen Standard in förmliches Recht.

b) *Exkurs: Das Transparenzregister*

Das Transparenzregister wurde eingeführt mit §§ 18–26 GwG 2017 in dessen Generalnovelle vom 23.6.2017[154] zur Umsetzung der 4. Geldwäscherichtlinie der EU[155] in deutsches Recht. Das Transparenzregister soll bei Vereinigungen und Treuhandgestaltungen sowie Trusts die letztbegünstigte natürliche Person als den wirtschaftlich Berechtigten offenlegen. Diesen definiert § 3 Abs. 1 GwG allgemein als die letztkontrollierende Person bzw. den letztverantwortlichen Veranlasser einer Transaktion. Aufschlussreicher sind die Vermutungen des § 3 Abs. 2 GwG: Bei juristischen Personen ist wirtschaftlich Berechtigter derjenige, der mehr als 25 % der Kapitalanteile hält, gleich hohe vergleichbare Stimmrechte kontrolliert oder eine ähnliche Kontrolle ausübt. Eine spiegelbildliche Widerlegung der Quotenvermutung durch Minderstimmrechte sieht das Gesetz nicht vor. Hat eine juristische Person keinen wirtschaftlichen Berechtigten aufgrund prominenter Gesellschafterstellung, gilt das vertretungsberechtigte Organ, bei der GmbH also: die Geschäftsführer, als wirtschaftlich berechtigt gem. § 3 Abs. 2 Satz 5 GwG! Jede privatrechtliche Körperschaft hat somit zwangsläufig einen wirtschaftlich Berechtigten, entweder kraft Gesellschafterstellung oder subsidiär kraft Organfunktion. Damit mutiert das Transparenzregister auch zu einem umfassenden bundesweiten Körperschaftsregister. 52

Aufgrund der Ermächtigungen in §§ 18–26 GwG sind verschiedene Ausführungsverordnungen ergangen, die insbesondere die Zusammenarbeit der verknüpften Register sicherstellen sollen.[156] Derzeit ist der Bundesanzeiger Verlag mit der Führung des Transparenzregisters beliehen (§ 25 GwG i.V.m. TBelV).[157] Die Überwachung und Durchsetzung/Sanktionierung der Offenlegungspflichten obliegt dem Bundesverwaltungsamt. Dieses hat auch Anwendungsempfehlung veröffentlicht.[158] Einsichtsberechtigt in das Transparenzregister sind Behörden, die Verpflichteten selbst bezüglich ihrer eigenen Einträge zur Kontrolle derselben sowie jedermann unter Darlegung eines berechtigten Interesses. Dieses wird 53

---

154 BGBl. I, S. 1822.
155 Richtlinie (EU) 2015/849 vom 20.5.2015 zur Verhinderung der Nutzung des Finanzsystems zum Zwecke der Geldwäsche [...], ABl. L 141/73 v. 5.6.2015.
156 Dazu nachfolgende Fn. Nicht zuletzt die Gebühren sind zu regeln: Besondere Gebührenverordnung des Bundesministeriums der Finanzen zum Transparenzregister (Transparenzregistergebührenverordnung – TrGebV) 19.12.2017, BGBl. I S. 3982.
157 Verordnung über die Übertragung der Führung des Transparenzregisters (Transparenzregisterbeleihungsverordnung – TBelV), vom 27.6.2017, BGBl. I S. 1938.
158 https://www.transparenzregister.de/treg/de/Rechtshinweise-BVA.pdf.

Kap. 2 Die Mitgliedschaft in der GmbH

in einer eigenen VO näher definiert.[159] Die Einsichtnahme erfolgt aber nicht in Echtzeit, sondern nach individueller Prüfung des Einsichtsantrags durch das Transparenzregister. Das gilt selbst für behördliche Ersuchen durch die Strafverfolgungsbehörden, auch wenn bei diesen eine tatsächliche Vermutung für die Einsichtsberechtigung spricht. Die Einsichtnahme wird protokolliert und ist kostenpflichtig.

54 Meldepflichtig sind gemäß § 20 Abs. 1 GwG die juristischen Personen, handelnd durch ihre Organe. Die Gesellschafter können die Angaben dem Transparenzregister mitteilen (§ 20 Abs. 4 GwG), sind aber nicht unmittelbar verpflichtet. Sie haben vielmehr die Tatsachen, aus denen sich ihre wirtschaftliche Berechtigung ergibt, der juristischen Person mitzuteilen (§ 20 Abs. 3 GwG). Der Umweg über die juristische Person stellt sicher, dass die Organe von ihrer subsidiären Stellung als wirtschaftlich Berechtigte oder vom Wegfall dieser Stellung erfahren. Eine Mitteilung an das Transparenzregister entfällt aber („gilt als erfüllt", § 20 Abs. 2 GwG), wenn sich die Angabe bereits aus dem Handelsregister oder dem Unternehmensregister ergibt[160] (wobei gemäß § 8b Abs. 2 HGB das Unternehmensregister bereits seinerseits das Handelsregister spiegelt). Dann wird die Information aus dem Handelsregister/Unternehmensregister als Verknüpfung in das Transparenzregister übernommen (§ 22 Abs. 2 GwG).[161] Soweit sich die wirtschaftliche Berechtigung eines Gesellschafters also schon wegen größerer als 25%iger Beteiligung aus der Gesellschafterliste ergibt, entfällt regelmäßig eine Angabe an das Transparenzregister durch die GmbH und den Geschäftsführer.

55 Bezogen auf dieselbe natürliche Person gibt es auch nur eine wirtschaftliche Berechtigung, selbst wenn sich diese aus mehreren Einflussalternativen ergibt. Es bedarf deswegen keiner Meldung, dass etwa der über 25% beteiligte Gesellschafter seine wirtschaftliche Berechtigung durch Stimmbindungsverträge oder Mehrstimmrechte zu seinen Gunsten verstärkt hat. Einer Mitteilung durch die GmbH bedarf es nur dann, wenn sich die wirtschaftliche Berechtigung eines Gesellschafters vollständig außerhalb des Handelsregisters ergibt, etwa wenn ein geringbeteiligter Gesellschafter erstmals durch Stimmbindungsverträge zu sei-

---

159 Verordnung über die Einsichtnahme in das Transparenzregister (Transparenzregistereinsichtnahmeverordnung – TrEinV) vom 19.12.2017, BGBl. I, S. 3984.
160 Die anderen Registermöglichkeiten des § 20 Abs. 2 GwG scheiden für die GmbH aus.
161 Dazu Verordnung über die Übermittlung von Indexdaten der Landesjustizverwaltungen an das Transparenzregister (Indexdatenübermittlungsverordnung – IDÜV) vom 12.7.2017, BGBl. I S. 2372, sowie Verordnung zur Datenübermittlung durch Mitteilungsverpflichtete und durch den Betreiber des Unternehmensregisters an das Transparenzregister (Transparenzregisterdatenübermittlungsverordnung – TrDüV) vom 30.7.2017, BGBl. I S. 2090.

nen Gunsten eine größere als 25%ige Beherrschung erreicht oder wenn Treuhandvereinbarungen bestehen.

Die Anzeige hat elektronisch zu erfolgen. Die Person ist mit Namen, Geburtsdatum und Wohnort sowie unter Darlegung des wirtschaftlichen Interesses mitzuteilen (§ 19 Abs. 1 GwG). Eine notarielle Mitteilungspflicht an das Transparenzregister besteht nie, auch nicht als Bote für den Meldepflichtigen. § 378 FamFG gilt nicht analog. Die Daten werden vom Transparenzregister aber nur zur Verfügung gestellt, nicht bearbeitet oder ausgewertet. Bei mehrstufigen Abhängigkeitsverhältnissen wird auf der unteren Stufe nicht automatisch die beherrschende Spitze registriert. Die Nachverfolgung der Beherrschung muss der Einsichtnehmer selbst vornehmen. 56

c) Formalien der Gesellschafterliste

Die Formalien der Gesellschafterliste ergeben sich nun aus § 40 GmbHG i.V.m. der GesellschafterlistenVO. § 40 Abs. 5 GmbHG würde auch eine Verordnung zur Übermittlungspflicht von Strukturdaten ermöglichen.[162] Eine solche VO ist aber bisher nicht erlassen. Anwendungsstichtag des neuen Rechts ist der Zeitpunkt der Einreichung der Gesellschafterliste (§ 8 EGGmbHG).[163] Die Vorgaben der GesellschafterlistenVO sind auf alle neu eingereichten Listen ab 1.7.2018 anwendbar, egal wann die GmbH gegründet oder wann zuletzt eine Liste eingereicht wurde. Alte Listen müssen nicht allein wegen der Gesetzesänderung überarbeitet werden. Die Vorgaben gelten für alle Gesellschafterlisten, die nach der Eintragung einer GmbH eine Änderung in der Beteiligung oder in der Person eines Gesellschafters verlautbaren. Sie gelten ferner gemäß § 8 GmbHG für die Liste der Gründungsgesellschafter einer „normalen" GmbH. Nicht betroffen ist die Listenfiktion des Musterprotokolls gemäß § 2 Abs. 1a Satz 4 GmbHG: Dieses kann ohne registergerichtliche Beanstandung weiterverwendet werden, auch wenn das Musterprotokoll den Formalien der GesellschafterlistenVO nicht entspricht.[164] Ebenfalls unberührt von § 40 GmbHG bleibt Übernehmerliste gemäß § 57 Abs. 3 Nr. 2 GmbHG, nicht aber die (vollständige) neue Gesellschafterliste nach Eintragung der Kapitalerhöhung in das Handelsregister. 57

Die Gesellschafterliste ist nach Gesellschaftern (im Grundbuchjargon: Personalfolium) oder nach Geschäftsanteilen („Realfolium") zu führen. Nummern sind allein in arabischen Ziffern (eine alphanummerische Ordnung [„1/a/II"] ist fortan untersagt) unter Beachtung der Nummernkontinuität zu vergeben: Danach dürfen vorhandene Anteile nicht willkürlich neu nummeriert werden und dürfen außerhalb von Bereinigungslisten Nummern nicht doppelt vergeben werden. 58

---

162 Kritisch dazu *Schaub*, GmbHR 2017, 731.
163 *Cziupka*, GmbHR 2018, R 180; *Lieder/Cziupka*, GmbHR 2018, 231, 235.
164 *Wachter*, GmbHR 2017, 1177, 1185.

Kap. 2 Die Mitgliedschaft in der GmbH

Abschnittsnummern (d.h. dezimal gegliederte Zahlen wie „Anteile 1.1 – 1.50") sind nicht nach Abtretungen zulässig, sondern allein nach Teilung (sinnvoll, weil die Herkunft demonstriert wird)[165] und Neuschaffung im Zuge einer Kapitalerhöhung (wenig sinnvoll, weil unübersichtlich: Die Anteile sind neu geschaffen; es gibt keine „Ursprungsnummer", aus der sie hervorgegangen sind). In anderen Fällen ist jeweils die nächstfreie Zahl zu benutzen, die ursprüngliche Nummer darf auch nicht teils weiterbenutzt werden: So wäre bei Teilung eines (von bisher insgesamt 7) Anteils von 500 € in „Anteil 1 (neu) zu 250 € und Anteil 8 zu 250 €" unzulässig; richtig entweder: Anteil 8 zu 250,- €, Anteil 9 zu 250,- €, Anteil 1 entfällt; oder: Anteile 1.1, 1.2 zu je 250,- €.

59 Das GmbHG enthält weiterhin keine Vorgaben zur Umstellung von Altlisten.[166] Die Nummerierung kann damit vom Geschäftsführer vorgenommen werden, sofern nicht eine beschlussweise Nummerierung seitens der Gesellschafter erfolgt. Hieran wären Geschäftsführer und Notar gebunden. Zudem sollte anlässlich ihrer Umstellung die Altliste auch inhaltlich kontrolliert werden, insbesondere auf die richtige Wiedergabe der Stückelung. Dass zwischenzeitlich ausgeschiedene Gesellschafter noch in der Gesellschafterliste fortgeführt werden, ist selten und dürfte auch der Geschäftsführung unmittelbar auffallen. Häufig wurde aber (parallel zur Einheitlichkeit beim Zuerwerb von Kommanditanteilen) die Selbstständigkeit von Geschäftsanteilen nach Zuerwerb missachtet und eine Zusammenlegung ohne förmlichen Zusammenlegungsbeschluss notiert.

60 Natürliche Personen sind mit Familiennamen, Vornamen, Geburtsdatum und Wohnort anzugeben (§ 40 Abs. 1 Satz 1 GmbHG), die exakte Adresse ist verzichtbar. Bei der juristischen Person sind Firma, Sitz und Registergericht sowie Registernummer anzugeben. Das können auch ausländische Registrierungen sein. Fehlen (bei ausländischen Gesellschaften) solche, muss auf andere Identifizierungen (Steuernummer oder Ähnliches) ausgewichen werden.[167] Die Geschäftsadresse wird nicht verlangt. Bei der GbR ist deren Bezeichnung (sofern vorhanden) nebst aller ihrer Gesellschafter anzugeben. Damit ist auch ein Gesellschafterwechsel in der GbR durch eine neue Liste offenzulegen.[168] Für die Berechnung der Beteiligungsquote kommt es aber nur auf die GbR als solche an; die Beteiligung innerhalb der GbR wird in der Gesellschafterliste nicht offengelegt.[169] Unberührt bleibt die gegebenenfalls bestehende Pflicht, die Strukturen der GbR im Transparenzregister offenzulegen. Andere Berechtigtenmehrheiten nennt § 40 Abs. 1 GmbHG nicht. Man wird aus dem Normzweck ergänzen müssen, dass die Berechtigung und (wegen § 16 Abs. 1 GmbHG) die Ausübung der

---

165 *Cziupka*, GmbHR 2018, R 180.
166 Ausführlich *Mayer*, MittBayNot 2014, 35.
167 *Wachter*, GmbHR 2017, 1177, 1182.
168 *Schaub*, GmbHR 2017, 727, 729; *Wachter*, GmbHR 2017, 1177, 1185.
169 *Schaub*, GmbHR 2017, 727, 729.

VIII. Nachweis der Gesellschafterstellung   Kap. 2

Mitgliedschaftsrechte erkennbar sein muss. Bei Bruchteilsgemeinschaften sind somit alle Berechtigten unter Angabe der Quoten aufzuführen, bei Gütergemeinschaft (oder einem ähnlichen Güterstand ausländischen Rechts) beide Ehegatten unter Angabe des Gemeinschaftsverhältnisses,[170] bei Erbengemeinschaft alle Erben, wegen § 2033 BGB m.E. unter Verzicht auf die Quoten.[171]

Die Gesellschafterliste ist um eine Veränderungsspalte zu ergänzen, welche den ändernden Vorgang näher beschreibt. Das hatte nach anfänglichem Zögern die Registerpraxis als sinnvolle Ergänzung grundsätzlich anerkannt.[172] § 2 Abs. 3 GesellschafterlistenVO nennt zwar einige zulässige Eintragungen, öffnet diese Spalte zusätzlich in Abs. 4 für weitere, nicht näher spezifizierte Einträge. Ungeachtet der offenen Formulierung des § 2 Abs. 4 GesellschafterlistenVO dürften freiwillige Zusatzinformationen entsprechend der bisherigen Regel des BGH unzulässig bleiben, weil es sich nicht um Veränderungen in der Person oder des Beteiligungsumfangs handelt (dazu Rn. 90).[173]   **61**

Änderungsvermerke fallen gem. § 3 GesellschafterlistenVO mit Neuvergabe einer Nummer weg, auch wenn sie für die Zukunft noch Informationen enthalten könnten. Wird etwa nach einem Erbfall ein Geschäftsanteil zum Zweck der Erbauseinandersetzung geteilt, fällt der Hinweis auf den Erbgang in der Liste mit Offenlegung der Teilung weg – jedenfalls dann, wenn die Erbengemeinschaft zuvor als solche ausgewiesen war. E contrario sind alle anderen Änderungsvermerke fortzuführen, etwa der Hinweis auf eine frühere Abtretung des Anteils 1 auch, wenn die neue Liste nur eine Änderung bei Anteil 2 betrifft (kein Wegfall der bisherigen Nummer). Um die Liste übersichtlich zu halten, sollten darüber hinaus auch frühere Veränderungen zum selben Anteil wegfallen können, also z.B. bei Zweitabtretung des Anteils 1 die Hinweise auf die Erstabtretung eben dieses Anteils.[174] Mehrere sachlich und zeitlich zusammenhängende Änderungen können in einer neuen Gesellschafterliste zusammengefasst werden.[175] Das betrifft insbesondere die Teilung eines Geschäftsanteils zum Zweck der sofort nachfolgenden teilweisen Abtretung. Der Zusammenhang ergibt sich deutlicher aus einer Liste mit entsprechender Aussage in der Veränderungsspalte als aus zwei Listen.   **62**

§ 4 GesellschafterlistenVO i.V.m. § 40 Abs. 1 GmbHG setzt mit dem Verlangen nach Offenlegung der Beteiligungsquote wesentliche Vorgaben der Europäischen Union zu Geldwäschebekämpfung um, auch wenn dort nur die Angabe   **63**

---

170 *Wachter*, GmbHR 2017, 1177, 1183.
171 Anders *Wachter*, GmbHR 2017, 1177, 1191: Rechnerische Beteiligung jedes Miterben sei anzugeben.
172 BGH GmbHR 2011, 474.
173 *Cziupka*, GmbHR 2018, R 180.
174 Vgl. auch *Cziupka*, GmbHR 2018, R 180.
175 *Paetz*, GmbHR 2014, 1289 gegen OLG Köln GmbHR 2014, 28.

der wirtschaftlichen Berechtigung, nicht der prozentualen Beteiligung verlangt wird.[176] Die Gesellschafterliste ist um die prozentuale Beteiligung eines jeden Anteils und die prozentuale Gesamtbeteiligung eines jeden Gesellschafters zu ergänzen. Damit sollen insbesondere Beteiligungen von über 25% oder über 50% leicht erkennbar sein. Deswegen darf auch eine Abrundung, die das auch nur geringfügige Überschreiten dieser Quoten verschleiert, nicht vorgenommen werden. Da nur Prozentangaben zulässig sind, aber keine Brüche mit anderen Nennern, führt das schon beim Stammkapital von 25.000 € zu unübersichtlichen Dezimalbrüchen, deren Auflistung nun zum Glück durch zugelassene Rundungen und die Grobangabe bei Kleinstbeteiligungen erleichtert wird (§ 4 Abs. 1 GesellschafterlistenVO). Gleichwohl: Ob diese Detailfreude zur Offenlegung „klarer Beteiligungsstrukturen" erforderlich war? Die Beteiligungsstruktur ist allein für Strafverfolgungs- und Sicherheitsbehörden interessant, und bei denen sollte letztlich eine hinreichende Expertise zum Verständnis der Gesellschafterliste erwartet werden können. Die Vermeidung einer Pflichtenverdopplung ist ein anerkennenswertes Motiv des Gesetzgebers. Es wird aber die primär zivilrechtlich orientierte Gesellschafterliste nun mit den Prozentangaben zum Beteiligungsumfang überfrachtet, die für den Privatrechtsverkehr irrelevant sind und teilweise falsch sein können.[177]

d) Pflichten der Geschäftsführer

64 Bei jeder Änderung im Gesellschafterbestand haben die Geschäftsführer unverzüglich eine neue, von ihnen unterschriebene Gesellschafterliste **zum Handelsregister einzureichen** (§ 40 Abs. 1 Satz 1 GmbHG). § 40 Abs. 3 GmbHG statuiert eine persönliche Haftung für Schäden aus (erg.: schuldhafter[178]) Pflichtverletzung wegen nicht rechtzeitiger oder unrichtiger Listeneinreichung. Die Verpflichtung ist auf die Geschäftsführer als Organ der GmbH bezogen. Die Einreichung erfolgt – unter Außerachtlassung der Mitvertretungsmöglichkeit von Prokuristen – durch Geschäftsführer in vertretungsberechtigter Zahl.[179] Da die Änderung und Einreichung der Liste auf Mitteilung und Nachweis erfolgt (§ 40 Abs. 1 Satz 4 GmbHG), obliegt den Geschäftsführern die Prüfung, ob der Rechtsübergang tatsächlich eingetreten ist. Der Geschäftsführer muss aber nicht von sich aus Umstände einer Änderung ermitteln. Hinsichtlich des Nachweises kann an die frühere Rechtsprechung zu § 16 GmbHG a. F. angeknüpft werden (unter Berücksichtigung der Tatsache, dass der Nachweis allein dem Rechtsnachfolger die Gesellschafterstellung noch nicht verschafft). Der Nachweis verlangt also Dokumente, die dem Geschäftsführer die Überzeugung von derÄnde-

---

176 *Wachter*, GmbHR 2017, 1177, 1178.
177 Kritisch auch *Wachter*, GmbH 2017, 1177, 1188.
178 Roth/*Altmeppen*, § 40 Rn. 47.
179 *Eickelberg/Ries*, NZG 2015, 1103.

VIII. Nachweis der Gesellschafterstellung   Kap. 2

rung verschaffen. Bei Zweifeln hat der Geschäftsführer Gelegenheit zur Stellungnahme zu geben.[180] Angesichts der Alternativzuständigkeit des Notars (§ 40 Abs. 2 Satz 1 GmbHG) liegt die Einreichungspflicht vor allem in Fällen einer Gesamtrechtsnachfolge sowie der Zusammenlegung und Teilung von Geschäftsanteilen beim Geschäftsführer, ebenso in Kaduzierungsverfahren. Zum überzeugenden Nachweis der Erbfolge verlangt das OLG Naumburg in jedem Fall einen Erbschein,[181] um auch die Möglichkeit weiterer Erbverträge oder Erbausschlagungen auszuschließen. Richtigerweise genügt aber analog § 35 GBO[182] ein notarielles Testament/Erbvertrag mit Eröffnungsniederschrift.[183] Außerdem hält der BGH den Geschäftsführer auch für berechtigt, eine seiner Überzeugung nach unrichtige Gesellschafterliste des Notars zu korrigieren,[184] so bei dinglich wirkenden Rückfallklauseln oder einer Missachtung satzungsmäßiger Vinkulierungsklauseln.[185] Die Überwachung der erstmaligen Wirksamkeit einer notariell beurkundeten Abtretung (Genehmigung einer vollmachtslosen Vertretung; Zahlung als aufschiebende Bedingung der Abtretung) fällt aber noch in den Aufgabenbereich des Urkundsnotars.[186] Der Gesetzgeber hat die Notarzuständigkeit zur Listeneinreichung nach § 40 Abs. 2 GmbHG aus Zweckmäßigkeitsgründen (einfacheres Verfahren) angeordnet, nicht wegen eines besonderen Informationsvorsprungs des Notars. Damit dürften auch viele Fälle der Fiktionsanordnung des § 16 Abs. 1 GmbHG gegenüber besserem Wissen der Gesellschaft zu lösen sein: Der Geschäftsführer ist dann zur sofortigen Korrektur verpflichtet. Will der Geschäftsführer eine Änderung der Liste vornehmen, weil er meint, eine Eintragung sei zu Unrecht erfolgt, so hat er den Betroffenen Gelegenheit zur Stellungnahme zu geben.[187]

Beim Tod des Alleingesellschafter-Geschäftsführers ist zur Behebung der Legitimationslücke (kein Geschäftsführer, der die Liste korrigieren könnte; kein listenlegitimierter Gesellschafter, der einen Geschäftsführer bestellen könnte) analog § 16 Abs. 1 Satz 2 GmbHG zu verfahren:[188] Die formell (durch Erbschein oder notarielles Testament analog § 35 GBO) legitimierten Erben berufen einen neuen Geschäftsführer, der die korrigierte Liste unterzeichnet. Beides wird zeit-   65

---

180 BGH MittBayNot 2014, 174.
181 OLG Naumburg MittBayNot 2017, 287, 291.
182 Vgl. BGH NJW 2013, 3716 zur entsprechenden Normanwendung im Geschäftsverkehr mit Banken.
183 Was dem Verfahren des OLG Naumburg MittBayNot 2017, 287 (dazu *Römermann*, GmbHR 2017, 1121, 1125) eine neue Wendung gegeben hätte, weil dann eine Pflicht zur Listenkorrektur durch Erbfolge bestand.
184 BGH MittBayNot 2014, 174.
185 So in BGH MittBayNot 2014, 174.
186 Jetzt h. M.; anders noch OLG Hamm DNotZ 2014, 539.
187 BR-Drucks. 354/07, S. 101 f.
188 *Eickelberg/Ries*, NZG 2015, 1103, 1104; *Lange*, GmbHR 2012, 986.

gleich angemeldet bzw. eingereicht. Eine Notzuständigkeit der Gesellschafter bei Führungslosigkeit besteht nicht.[189]

e) Pflichten des Notars

66 § 40 Abs. 2 GmbHG bezieht den Notar rein aus Vereinfachungsgründen[190] verstärkt in die Aktualisierung der Gesellschafterliste ein. Sofern der Notar an einer Änderung der Beteiligungsverhältnisse, vor allem im Rahmen der Beurkundung von Verkauf und Abtretung eines Geschäftsanteils, mitwirkt, so hat er für die **Einreichung einer neuen Gesellschafterliste** Sorge zu tragen. Trotz notarieller Mitwirkung ist es aber bei der Geschäftsführerzuständigkeit für die Gründerliste verblieben (§ 8 Abs. 1 Nr. 3 GmbHG), ebenso für die Übernehmerliste (§ 57 Abs. 3 Nr. 2 GmbHG – ihrerseits mit Nummerierung), während die „Komplett"-Liste nach Kapitalerhöhung vom Notar zu fertigen ist. Der Gesetzgeber geht davon aus, dass die Änderung der Gesellschafterliste im Zuge der Abtretungsbeurkundung miterledigt werden kann. Die notarielle Mitwirkung muss nur stattgefunden haben, nicht aber für die Wirksamkeit zwingend erforderlich gewesen sein (z.B. bei freiwillig notariell beurkundeten Anteilsteilungen oder Anteilskaduzierungen). Die Abtretung durch Stufenbeurkundung ist gesetzlich nicht geregelt. Die Einreichungspflicht müsste beim Urkundsnotar der Annahmeerklärung liegen (erst dann Wirksamkeit), jedoch können die Beteiligten durch Vollzugsanweisung die Pflicht auf den Angebotsnotar verlagern.[191] Die Formulierung „anstelle der Geschäftsführer" in § 40 Abs. 2 Satz 1 GmbHG verdeutlicht, dass bei Mitwirkung eines Notars an einem Vorgang, der zu einer Veränderung der Gesellschafter führt, die Erstellung und Einreichung der Liste allein ihm und nicht auch oder daneben dem Geschäftsführer obliegt.[192] Hat der Notar **Zweifel**, ob die von ihm beurkundete Änderung – etwa wegen Bedenken gegen die Geschäftsfähigkeit eines Beteiligten – wirksam ist, so darf er die neue Liste erst einreichen, wenn seine Zweifel beseitigt sind.[193] Die Verpflichtung ist vom Notar hingegen unverzüglich zu erfüllen, wenn infolge der Vereinbarung einer auflösenden Bedingung oder einer Rückübertragungsklausel nachträglich Unwirksamkeitsgründe eintreten können. Hier ist die Änderung jedenfalls zunächst wirksam geworden. Der Notar ist nicht gehalten, die dauerhafte Wirksamkeit des Vertrages zu überwachen und bei Eintritt eines Unwirksamkeitsgrundes eine geänderte Gesellschafterliste einzureichen. Vielmehr geht in diesen Fällen die

---

189 *Herrler*, GmbHR 2013, 617, 623.
190 BGH MittBayNot 2014, 174. Die größere Richtigkeitsgewähr der notarbescheinigten Liste (mit Umkehr des Regel-/Ausnahmeverhältnisses) betont hingegen *Herrler*, GmbHR 2013, 617, 620.
191 *Mayer*, MittBayNot 2014, 115.
192 BR-Drucks. 354/07, S. 101 f.
193 BR-Drucks. 354/07, S. 101.

VIII. Nachweis der Gesellschafterstellung Kap. 2

Pflicht zur Einreichung einer neuen Gesellschafterliste auf den Geschäftsführer über.[194] Wird die Änderung etwa wegen einer erforderlichen Genehmigung, der Vereinbarung einer aufschiebenden Bedingung oder einer Frist nicht sofort wirksam, so wird man eine Überwachungspflicht des Notars anzunehmen haben, damit dieser nach Verwirklichung der Änderung die neue Gesellschafterliste einreichen kann.[195] Schon der Gesetzeswortlaut des § 40 Abs. 2 Satz 1 GmbHG verlangt vom Notar eine Kontrolle auf anfängliche Unwirksamkeit hin. Dadurch wird die Einreichungskompetenz noch nicht auf den Geschäftsführer verlagert.[196]

Technisch erfolgt die Einreichung als elektronische Bilddatei mit einem elektronischen Zeugnis gemäß § 39a BeurkG (§ 12 Abs. 2 Satz 2 HGB). Eine **Abschrift** der an das Handelsregister eingereichten Liste ist von dem Notar **an die Gesellschaft** zu übermitteln. Die Benachrichtigung kann unter der im Handelsregister eingetragenen inländischen Geschäftsanschrift erfolgen, an eine empfangsberechtigte Person (§ 10 Abs. 2 Satz 2 GmbHG) und im Fall der Führungslosigkeit an einen Gesellschafter bzw. ein Aufsichtsratsmitglied gerichtet werden. Dadurch wird zum einen der Erwerber gemäß § 16 Abs. 1 GmbHG in den Stand gesetzt, seine Gesellschafterrechte gegenüber der Gesellschaft auszuüben, und zum anderen dem Geschäftsführer die notwendige Information erteilt, damit er künftig seiner Verpflichtung (§ 40 Abs. 1 Satz 1 GmbHG), zutreffende Gesellschafterlisten zu erstellen, genügen kann.[197]   67

Nicht abschließend diskutiert ist die Einreichungspflicht des Notars bei mittelbaren Veränderungen (u. a. neue Listen zu Tochter-GmbH bei Verschmelzung und/oder Umfirmierung der Mutter-GmbH).[198] Soweit dem Urkundsnotar die Beteiligung offengelegt wird, ist richtigerweise er einreichungsberechtigt. Er muss aber nicht von sich aus Beteiligungen der Mutter-GmbH an Tochtergesellschaften ermitteln.[199]   68

Die Einreichung einer neuen Liste kann gegen den Notar nicht über den Registerzwang des FamFG durchgesetzt werden, nur durch aufsichtliche Anweisung nach BNotO und BeurkG.[200] Auch gilt § 40 Abs. 3 GmbHG für den Notar nicht; es verbleibt bei § 19 BNotO. Ungeachtet der Berichtigungsbefugnis des Geschäftsführers ist der Notar kraft Annexkompetenz berechtigt, Schreibfehlerberichtigungen anzubringen. Dazu genügt eine Korrekturliste mit angepasster No-   69

---

194 BR-Drucks. 354/07, S. 101.
195 OLG Rostock MittBayNot 2018, 59; *Hamann*, NZG 2007, 492.
196 Falsch daher OLG Hamm DNotZ 2014, 539.
197 BR-Drucks. 354/07, S. 101.
198 *Eickelberg/Ries*, NZG 2015, 1103, 1105.
199 *Mayer*, MittBayNot 2014, 116.
200 Richtig *Heinemann*, DNotZ 2014, 387 gegen OLG Köln, ebenda.

tarbescheinigung.²⁰¹ Der Notar muss aber deutlich zum Ausdruck bringen, welche Liste nun die „richtige" ist und worin die Korrektur besteht. In Zweifelsfällen kann die Liste sowohl vom Notar wie zusätzlich vom Geschäftsführer gemeinsam eingereicht werden.²⁰² Gegen die Nichtaufnahme der Gesellschafterliste steht neben der Gesellschaft auch dem Notar ein Beschwerderecht zu.²⁰³

70 Einreichungsbefugt kann auch ein ausländischer Notar sein.²⁰⁴ Zwar kann diesem gegenüber keine Einreichungspflicht durchgesetzt werden, weil er weder der Hoheit des deutschen Gesetzgebers nach der deutschen notariellen Dienstaufsicht unterworfen ist. Die Einreichungsberechtigung korrespondiert aber nicht dergestalt mit einer Einreichungspflicht, dass nur der Verpflichtete auch berechtigt wäre. Bei freiwilliger Übernahme der Listenerstellung durch den ausländischen Urkundsnotar einer Anteilsabtretung kann das Registergericht die Liste nur dann zurückweisen, wenn sie evident unzutreffend ist, weil die Auslandsbeurkundung der deutschen notariellen Form ersichtlich nicht gleichwertig ist (Rn. 13) und eine Abtretung damit augenscheinlich formnichtig wäre. Gegenüber dieser Argumentation ist richtig eingewandt worden, dass die Frage der Beurkundungsgleichwertigkeit einer Rechtsfrage näherstellt als einer Tatfrage, sodass der BGH (wie auch in künftigen Fällen die Registergerichte) sie auch im Zusammenhang mit der Listeneinreichung besser abschließend beantwortet hätte, anstatt sich auf vage Wahrscheinlichkeits- oder Evidenzaussagen zurückzuziehen.²⁰⁵

71 Falls der Notar einreichungspflichtig ist, muss die Liste mit der Bescheinigung versehen sein, dass die geänderten Eintragungen den Veränderungen entsprechen, an denen er mitgewirkt hat.²⁰⁶ Der Übereinstimmungsvermerk muss an die „zuletzt aufgenommene" Gesellschafterliste anknüpfen, bezogen auf den Zeitpunkt der Einreichung der neuen Liste. Durch anderweitige überholende Vorgänge kann es sein, dass der Übereinstimmungsvermerk an Listen anknüpft, die zum Zeitpunkt der Beurkundung womöglich noch nicht existent waren.²⁰⁷ Unabhängig davon lässt die Praxis es zu, die notarbescheinigte Gesellschafterliste „auf Vorrat" zu erstellen und dem Handelsregister für eine künftige Aufnahme

---

201 *Lieder/Cziupka*, GmbHR 2018, 231, 140 gegen OLG Nürnberg GmbHR 2018, 256.
202 *Mayer*, MittBayNot 2014, 117.
203 BGH NJW 2011, 1809; BGH NZG 2011, 1268; OLG Jena NZG 2010, 591; Baumbach/Hueck/*Noack*, § 40 GmbHG Rn. 67.
204 BGHZ 199, 270 = DNotZ 2014, 457 = NJW 2014, 2026. Zuvor ebenso OLG Düsseldorf GmbHR 2011, 417; ablehnend hingegen OLG München GmbHR 2013, 269. Für ausschließliche Zuständigkeit des ausl. Notars *Herrler*, GmbHR 2013, 617, 629.
205 *Mayer*, MittBayNot 2014, 117.
206 *Bohrer*, DStR 2007, 995, 998.
207 OLG München DNotZ 2012, 473.

zur Verfügung zu stellen.²⁰⁸ Konkret betrifft dies die Einreichung der finalen Gesellschafterliste sogleich mit Anmeldung einer Kapitalmaßnahme.

f) Pflichten des Registergerichts

Das Registergericht nimmt die neue Gesellschafterliste lediglich entgegen und stellt sie in den (elektronisch geführten) Registerordner ein.²⁰⁹ Eine eigene Prüfung steht ihm nur hinsichtlich der formalen Übereinstimmung der neu eingereichten Gesellschafterliste mit den gesetzlichen Vorgaben zu,²¹⁰ bei Verstößen kann es die Aufnahme in den Registerordner zurückweisen. Formale Richtigkeit heißt positiv: Nummerierung und sonstige Angaben zu den Gesellschaftern müssen gem. § 40 GmbHG n. F. und GesellschafterlistenVO vorhanden sein, bei notariellen Listen auch der Übereinstimmungsvermerk. Auch muss die wiedergegebene Anteilsstückelung überhaupt zulässig sein, v.a. bei noch fortbestehender DM-GmbH. Zu den formalen Anforderungen gehören auch die verlangten Prozentangaben, obwohl es materiell um die Erfüllung öffentlich-rechtlicher Vorgaben geht.²¹¹ In die andere Richtung darf das Registergericht aber auch Listen ablehnen, die über die gesetzlichen Vorgaben hinaus mit Zusatzinformationen versehen sind oder die von einem Unbefugten, auch evident unzuständigen Notar eingereicht wurden.²¹² Aus dem Grundsatz der Registerklarheit folgt, dass ergänzende Informationen, die lediglich der Einreicher für sinnvoll hält, nicht beigefügt werden dürfen.²¹³ Das Registergericht kann auch die formelle Einreichungskompetenz überwachen und eine neue Geschäftsführerliste nach einer Anteilsabtretung zurückweisen.²¹⁴ Ein weitergehendes inhaltliches Prüfungsrecht besteht hingegen nicht.²¹⁵ Das würde mit den beschränkten oder gar nicht vorhandenen Nachweismitteln kollidieren, weil die zugrundeliegenden Vorgänge, selbst wenn schriftlich dokumentiert, nicht eingereicht werden müssen. Außerdem besteht ein erhebliches Interesse an zügiger Einstellung der neuen Liste, um die Legitimationen gegenüber der Gesellschaft (§ 16 Abs. 1 GmbHG) herbeizuführen. Deswegen kann das Registergericht in Streitfällen die Listenaufnahme nicht bis zur Klärung anderer anhängiger Rechtsstreite aussetzen.²¹⁶ Erlangt das Registergericht glaubhaft Kenntnis davon, dass die Geschäftsführer der Verpflichtung, die Gesellschafterliste zu aktualisieren, nicht nachgekommen

72

---

208 OLG Jena DNotZ 2011, 65; *Eickelberg/Ries*, NZG 2015, 1103, 1104.
209 BGH NJW 2014, 2026; KG GmbHR 2016, 1157.
210 *Ulrich*, GmbHR 2014, R 341; BGH GmbHR 2015, 526; OLG Rostock MittBayNot 2018, 59.
211 Krit. deswegen *Lieder/Cziupka*, GmbHR 2018, 231, 233.
212 BGH MittBayNot 2012, 149.
213 BGH MittBayNot 2011, 149.
214 OLG Rostock MittBayNot 2018, 59.
215 Anders OLG Frankfurt GmbHR 2011, 198.
216 OLG Hamburg GmbHR 2014, 1321; *Herrler*, GmbHR 2013, 617, 622.

sind, so kann es sie nach § 388 FamFG dazu anhalten, eine neue Liste einzureichen. Der Gesetzgeber hatte bei Aufrechterhaltung dieser Zwangsmittel vorrangig Fälle nicht angemeldeter Geschäftsanteilsabtretungen vor Augen.[217] Jedenfalls bei im Inland beurkundeten Abtretungen ist das wegen der Listenaktualisierung durch den Notar kein praxisrelevanter Fall. In der Praxis gehen Verlangen nach Listenkorrektur seitens des Registergerichts vorrangig auf die Aktualisierung der Adresse, wenn dem Gericht aus anderen Anmeldungen (oder Beglaubigungsvermerken) ein Umzug bekannt wird.

73 Die Gesellschafterliste wird zwar **im Handelsregister aufgenommen**; Handelsregister ist hier aber nicht das Registerblatt (= Handelsregister i. S. d. § 15 HGB), sondern der zugeordnete Registerordner. Maßgeblicher Zeitpunkt ist derjenige der Aufnahme der Gesellschafterliste in das Handelsregister (d. h. faktisch der Einstellung in den elektronischen Registerordner zum Abruf), nicht die Einreichung oder der Versand der neuen Liste durch Notar oder Geschäftsführer. Nach einer Ergänzung der registergerichtlichen EDV kann das ganz bedeutsame Aufnahmedatum jedenfalls bei neueren Listen auch eingesehen werden.[218] Die Gesellschafterliste ist im Handelsregister aufgenommen, wenn sie in den für das entsprechende Registerblatt bestimmten Registerordner (§ 9 Abs. 1 HRV) bzw. den sog. Sonderband der Papierregister (§ 8 Abs. 2 HRV) aufgenommen ist.[219]

74 Auch wenn sich die Listenführung eng an die Verlautbarung im Grundbuch anlehnt, besteht ein maßgeblicher Unterschied: Das Grundbuch ist als fortlaufend geführtes Blatt konzipiert, auf dem bis zur letzten Umschreibung alle Vorgänge ersichtlich sind. Die Gesellschafterliste ist aber kein fortlaufend ergänztes Dokument, sondern wird immer neu komplett erstellt. Das führt etwa zu Problemen bei der Zuordnung von Widersprüchen (vgl. Rn. 96).

2. Ausübung der Gesellschafterrechte

a) Voraussetzung: Eintragung in Gesellschafterliste

75 In engem Kontext mit § 15 GmbHG steht § 16 GmbHG, der dem Schutz der Gesellschaft im Falle eines Gesellschafterwechsels dient. Die – zwingende – Vorschrift verschafft der Gesellschaft Gewissheit, wer als Inhaber ihrer Geschäftsanteile anzusehen ist. Dabei ist nach neuem Recht für die Legitimation des Gesellschafters gegenüber der Gesellschaft nicht mehr, wie es nach § 16 Abs. 1 GmbHG a. F. der Fall war, die Anmeldung des Erwerbs des Geschäftsanteils bei der Gesellschaft maßgebend.[220] Vielmehr kommt es nun auf die Eintragung in

---

217 BR-Drucks. 354/07, S. 100.
218 Zu alledem *Mayer*, MittBayNot 2014, 26.
219 BR-Drucks. 354/07, S. 84 f.
220 Dazu noch BGH NJW 2009, 229.

VIII. Nachweis der Gesellschafterstellung   Kap. 2

die **Gesellschafterliste** an, die in das Handelsregister aufgenommen ist. Die Frage der ordnungsgemäßen Anmeldung des Erwerbers bzw. des ordnungsgemäßen Nachweises des Erwerbsakts ist für die Ausübung der Gesellschafterrechte irrelevant. Allein das objektive Kriterium der Aufnahme der neuen Gesellschafterliste zählt. Nachweisfragen sind nun in das Vorfeld verlagert, nämlich dahin, ob der Geschäftsführer aufgrund der ihm vorgelegten Unterlagen eine neue Liste einreichen muss. Die Vorgaben dazu beschreibt § 40 GmbHG mit den Tatbestandsmerkmalen „auf Mitteilung und Nachweis". Das ändert aber nichts daran, dass die letzteingereichte Liste für die Dauer dieses Streits maßgeblich bleibt. Der insofern einschlägige § 16 Abs. 1 Satz 1 GmbHG betrifft zudem, anders als die Vorgängernorm,[221] nicht nur die rechtsgeschäftliche Übertragung, sondern auch gesetzliche Anteilsübergänge wie etwa den Erbfall.[222] Sie greift insbesondere auch dann, wenn sowohl die beteiligten Gesellschafter wie auch die GmbH selbst sichere Kenntnis von der Unrichtigkeit der Gesellschafterliste haben. Mit dieser Fiktion[223] entkoppelt § 16 Abs. 1 GmbHG die Legitimation des Gesellschafters von der materiellen Inhaberschaft. Die Fiktion gilt auch, wenn der Anteilserwerb wegen Verstoßes gegen gesetzliche Verbotsnormen unwirksam ist.[224]

Eine ausdrückliche Übergangsregelung zur zeitlichen ggf. auch inhaltlichen/ formellen Überleitung von Vor-MoMiG-Gesellschafterliste auf den neuen Rechtszustand gibt es hinsichtlich der Wirkungen des § 16 Abs. 1 GmbHG – im Gegensatz zu § 3 Abs. 3 EGGmbHG – nicht. Das OLG Dresden[225] hat daraus geschlossen, dass es bis zur Einreichung einer neuen Liste – nach Inkrafttreten des MoMiG – keine Fiktion des § 16 Abs. 1 GmbHG gebe und es bei der alten Rechtslage (Gesellschafter ist der gegenüber der GmbH Angemeldete) verbleibe. Überzeugen können dessen Argumente nicht. Der fortdauernde Schutz des angemeldeten, aber nicht listenausgewiesenen Gesellschafters kann durch Zufall entfallen, wenn etwa wegen ganz anderer Vorgänge neue Listen eingereicht werden. Und es entfiele die angestrebte Rechtssicherheit für die GmbH selbst und deren Organe.[226]

Andererseits gilt: Eintragung und Aufnahme der Liste in das Handelsregister sind – wie nach früherem Recht die Anmeldung bei der Gesellschaft[227] – keine Wirksamkeitsvoraussetzung für den Erwerb eines Geschäftsanteils und heilen auch keinen unwirksamen Erwerb. Vielmehr bestimmt sich im Verhältnis zwi-

---

221 Lutter/Hommelhoff/*Bayer*, § 16 Rn. 3.
222 OLG Naumburg MittBayNot 2017, 287; dazu *Römermann*, GmbHR 2017, 1121, 1124. Auch BR-Drucks. 354/07, S. 86.
223 Michalski/Heidinger/Leible/Schmidt/*Ebbing*, § 16 Rn. 16; anders Baumbach/Hueck/ *Fastrich*, § 16 Rn. 11: unwiderlegliche Vermutung.
224 BGH GmbHR 2015, 532 (§ 1 GWB i.V.m. § 134 BGB).
225 OLG Dresden GmbHR 2017, 306.
226 Ausführlich dazu *Heidinger*, GmbHR 2017, 273 ff.
227 Lutter/Hommelhoff/*Bayer*, § 16 Rn. 1; Baumbach/*Hueck*/*Fastrich*, § 16 Rn. 1.

Kap. 2 Die Mitgliedschaft in der GmbH

schen dem Erwerber und seinem Rechtsvorgänger sowie gegenüber Gläubigern und Dritten allein nach materiellem Recht (etwa § 15 GmbHG) und damit auch nach den einschlägigen Anfechtungs- und Nichtigkeitsgründen, wer Inhaber eines Geschäftsanteils ist. Die Übertragung des Geschäftsanteils durch einen Berechtigten ist unabhängig von einer Eintragung in die Gesellschafterliste wirksam. Allerdings ist der Neugesellschafter ohne Eintragung in die Gesellschafterliste außerstande, seine Mitgliedschaftsrechte in der GmbH auszuüben.[228] Von der Eintragung ist also, wie nach früherem Recht von der Anmeldung,[229] nicht der Übergang, sondern die **Ausübung der Mitgliedschaftsrechte** abhängig.

b) Erfasste Rechtsausübungen

78 Zur Ausübung der Mitgliedschaftsrechte gehört das Stimmrecht (einschließlich des vorgelagerten Anspruchs auf form- und fristgerechte Ladung und Ergänzung der Tagesordnung), Anspruch auf Einsicht und Auskunft (§ 51a GmbHG) und das Gewinnbezugsrecht als auch die Pflichten wie die Zahlungspflicht insbes. für rückständige Einlagen.[230] Die Haftung des Scheingesellschafters für eine rückständige Einlage endet indes endgültig mit der Aufnahme einer korrigierten Liste in das Handelsregister. Er bleibt nicht als Vormann des wahren Gesellschafters verhaftet. Nach Ansicht des OLG Bremen fällt unter § 16 Abs. 1 GmbH auch die Aktivlegitimation zur Beschlussanfechtung.[231] § 16 Abs. 1 GmbHG bestimmt den Gesellschafter auch, soweit die Gesellschaftereigenschaft für Zwecke der Einziehung maßgeblich ist. Andererseits gilt gegenüber der GmbH auch derjenige noch als Gesellschafter, dessen Anteil zwar eingezogen wurde, solange die auf die Einziehung folgende Gesellschafterliste noch nicht in das Handelsregister aufgenommen ist:[232] Die Legitimation des (an sich ausgeschlossenen) Gesellschafters entfällt auch durch eine rechtskräftige Bestätigung des Einziehungsbeschlusses nicht rückwirkend. Nicht unter § 16 Abs. 1 GmbHG fällt die subsidiäre Insolvenzantragspflicht der Gesellschafter gemäß § 15 Abs. 3 InsO.[233]

79 § 16 Abs. 1 Satz 2 GmbHG gibt dem Erwerber die Befugnis, unmittelbar nach Wirksamwerden des Erwerbs, aber noch vor Aufnahme der Liste in das Handelsregister, in Bezug auf das Gesellschaftsverhältnis **Rechtshandlungen** vorzunehmen, etwa an einem satzungsändernden Beschluss oder der Bestellung eines Geschäftsführers mitzuwirken. Die Norm will die zeitliche Diskrepanz zwischen objektivem dinglichem Rechtsübergang und Handlungsberechtigung gegenüber

---

228 BR-Drucks. 354/07, S. 85.
229 BGH, Urt. v. 25.1.1960 – II ZR 207/57, BB 1960, 264 = NJW 1960, 628.
230 *Heidinger*, GmbHR 2017, 273.
231 OLG Bremen GmbHR 2012, 687. Ebenso OLG Naumburg MittBayNot 2017, 287.
232 BGH, Urt. v. 20.11.2018, II ZR 12/17.
233 *Herrler*, GmbHR 2013, 617, 618.

der Gesellschaft beheben. Derartige zunächst schwebend unwirksame Rechtshandlungen werden wirksam, wenn die Liste unverzüglich nach Vornahme der Rechtshandlung in das Handelsregister aufgenommen wird. Die unverzügliche Übermittlung kann elektronisch erfolgen. Kommt es gleichwohl nicht dazu, ist die unter Mitwirkung des neuen Gesellschafters vorgenommene Rechtshandlung endgültig unwirksam.[234] Sollte diese Rückwirkungsfiktion nicht genügen oder in den Auswirkungen zu unsicher erscheinen (erfolgt die Einreichung „unverzüglich", also ohne schuldhaftes Zögern? Wird die Liste überhaupt eingereicht?), empfiehlt sich die Aufnahme von Vollmachten oder die Mitwirkung des Veräußerers an den nachfolgenden Willenserklärungen des Erwerbers,[235] insbesondere bei Satzungsänderung und Auswechslung der Geschäftsführung einer Vorrats-GmbH.

c) Einstweiliger Rechtsschutz

Die Eintragung eines Widerspruchs nach § 16 Abs. 3 Satz 3 GmbHG beseitigt nur die Gefahr des Rechtsverlusts durch gutgläubigen Dritterwerb. Auf die Fiktion der Gesellschafterstellung durch Eintragung in der Liste gem. § 16 Abs. 1 GmbHG hat der Widerspruch keinen Einfluss.[236] Die Legitimation des neuen Gesellschafters gilt ferner unabhängig von Überlegungen eines veranlassten Rechtsscheins oder des Ablaufs der 3-Jahres-Frist. Sie gilt ab sofort. Diese Fiktion ist auch zwingend für die Gesellschaft und die beteiligten Gesellschafter (Scheingesellschafter wie Gesellschafterprätendent) und rechtsgeschäftlich unüberwindbar außer durch bestätigende Rechtsgeschäfte in die eine oder die andere Richtung. Allenfalls wird diskutiert, der GmbH den Schutz des § 16 Abs. 1 GmbHG zu versagen, wenn die Geschäftsführer mutwillig die Listenkorrektur verweigern.[237] Daraus können sich für den Gesellschafterprätendenten Rechtsschutzdefizite ergeben, wenn während eines (auch außerprozessualen) Rechtsstreits bis zur Klärung der wahren Inhaberschaft in Gesellschafterversammlungen gravierende Strukturänderungen beschlossen werden oder Anteilseinziehungen erfolgen.[238] *Römermann* spricht insoweit plastisch vom „Kampf um die Oberhoheit über die Gesellschafterliste".[239] Ob die persönliche Haftung des Geschäftsführers gem. § 40 Abs. 3 GmbHG ein hinreichendes Korrelat bildet, ist offen. Aus dem bisherigen Fallmaterial heraus ist zu festzustellen, dass ein Verlangen des Geschäftsführers nach noch überzeugenderen Nachweisdokumenten

80

---

234 BR-Drucks. 354/07, S. 85.
235 *Mayer*, MittBayNot 2014, 31.
236 BR-Drucks. 354/07, S. 89.
237 OLG Naumburg MittBayNot 2017, 287, was aber übersieht, dass der zugrunde liegende Sachverhalt gerade diese Annahme nahegelegt hätte!
238 Dazu *Dittert*, NZG 2015, 221, 223.
239 *Römermann*, GmbHR 2016, 1321, 1322. Ablehnend OLG München GmbHR 2015, 1214; KG GmbHR 2016, 416.

Kap. 2 Die Mitgliedschaft in der GmbH

nicht justitiabel ist und den Gesellschafterprätendenten in Zeitnot bringt. Das erklärt die Überlegungen zum einstweiligen gerichtlichen Rechtsschutz.

81 Der BGH hat die Möglichkeit **einstweiligen Rechtsschutzes** zwar ausdrücklich offengelassen.[240] Bei der Prüfungsbefugnis des Registergerichts neigt er jedoch zu deutlicher Zurückhaltung (d. h. weniger an inhaltlicher Kontrolle), um die zügige Aufnahme neuer Listen sicherzustellen (Rn. 72). Das spricht eher gegen eine Überlagerung der Listeneinstellung durch einstweilige Verfügungen.[241]

82 Da § 16 Abs. 1 GmbHG auch für die GmbH zwingend ist, dürften Maßnahmen einstweiligen Rechtsschutzes ihr gegenüber ausscheiden (zu denken wäre insoweit an die zusätzliche Ladung des Gesellschafterprätendenten und seine Teilnahme an Versammlungen; Verlegung der Versammlung bis nach Klärung; Hinterlegung einer Gewinnbeteiligung). Ungeklärt ist sowieso, ob ein einstweiliges Verfügungsverfahren gegen die GmbH als solche[242] oder gegen den Geschäftsführer persönlich[243] zu richten wäre. Auch die Bestellung eines Pflegers wegen Unbekanntsein des Berechtigten scheidet aus. Sonst bleibt nur ein Verfügungsanspruch des Prätendenten gegen den listenausgewiesenen Scheingesellschafter aus einem zwischen ihnen bestehenden Rechtsverhältnis, gegebenenfalls auch aus ungerechtfertigter Bereicherung, auf Ausübung des Stimmrechts in einer besonderen Art und Weise oder auf vorläufige Hinterlegung einer Gewinnausschüttung.

83 Ob mit solchen Vorgaben die Wirkungen des § 16 Abs. 1 GmbHG rechtspolitisch sinnvoll austariert sind, erscheint zwar fraglich. Insgesamt bedarf es wahrscheinlich umfangreicher Aufarbeitung der Probleme und einer Lösung de lege ferenda. Während bei Abtretungsvorgängen mit der Möglichkeit des Widerspruchs eine adäquate Patt-Situation zwischen den Prätendenten geschaffen wird, scheidet das im Verhältnis zur Gesellschaft häufig aus. Bei anstehenden Beschlüssen kann der umstrittene Anteil kaum stimmrechtslos gestellt werden; auch die Bestellung eines gemeinsamen Vertreters – analog einer Berechtigtenmehrheit – dürfte ausscheiden, weil dieser widerstreitenden Interessen verpflichtet wäre. Jede Zuweisung der Stimmrechtsausübung im Wege einstweiliger Verfügung erscheint immer als Vorwegnahme der Hauptsache. Es geht bei der Eilbedürftigkeit auch nicht um den Listeneintrag an sich, sondern um die Ausübung eines Mitgliedschaftsrechts, die womöglich nicht korrigiert werden kann.[244] Der einstweilige Rechtsschutz müsste treffenderweise weniger bei der Liste ansetzen als vielmehr bei der Rechtsausübung, die für die Gesellschafter konkret aussteht.

---

240 BGH, Urt. v. 20.11.2018, II ZR 12/17.
241 Für eine einstweilige Verfügung auf Untersagung einer Listeneinreichung plädieren *Lieder/Becker*, GmbHR 2019, 505.
242 Dafür OLG München GmbHR 2015, 1214.
243 So KG GmbHR 2016, 416.
244 Zu optimistisch Roth/*Altmeppen*, § 40 Rn. 30: Womöglich keine Vorwegnahme der Hauptsache.

3. Gutgläubiger Erwerb von Geschäftsanteilen

a) Grundsatz und Reichweite

Abweichend vom früheren Rechtszustand ermöglicht § 16 Abs. 3 GmbHG in vorsichtiger Anlehnung an § 892 BGB nunmehr den gutgläubigen Erwerb von Geschäftsanteilen. § 16 Abs. 3 GmbHG ist aber mit schwächeren Wirkungen ausgestattet, weil diesem Gutglaubensschutz keine gerichtliche Prüfung zugrunde liegt. § 15 HGB greift daneben nicht. Ein gutgläubiger Erwerb findet aber von vornherein nur in dem Umfang statt, in dem die Gesellschafterliste relevante Informationen als Rechtsscheingrundlage enthalten kann. Ausgeklammert aus dem Gutglaubensschutz sind damit jedenfalls das Vorhandensein offener Einlage- oder Nachschusspflichten oder die Gefahr von Ausfallhaftungen (§ 24 GmbHG):[245] Über die Einzahlungspflichten trifft die Gesellschafterliste keine Aussage. Die Liste hilft auch nicht bei den (praktisch sehr häufigen) Vinkulierungsklauseln, jedenfalls nicht beim Ersterwerb: Die Liste schafft nur eine Vertrauensgrundlage für die Vollrechtsinhaberschaft des Gesellschafters, nicht über Vorhandensein oder Nichtvorhandensein veräußerungshindernder Satzungsbestimmungen. Hierüber kann sich der Erwerber durch Einsicht in die im Handelsregister eingestellte Satzung informieren. Ist aber der (Schein-)Ersterwerber trotz Missachtung einer Vinkulierungsklausel in eine neue Liste aufgenommen, könnte sich daran eine Rechtsscheingrundlage für eine weitere Veräußerung anschließen. Allerdings wäre bei der Zweitveräußerung wieder die Vinkulierungsklausel zu beachten, sodass im Rahmen der Genehmigung (hoffentlich) die Unrichtigkeit der letzteingereichten Liste auffällt.

84

Durch die Aufnahme in die Gesellschafterliste wird der eingetragene Gesellschafter nicht nur im Verhältnis zur Gesellschaft legitimiert, sondern auch gegenüber Dritten ein **Vertrauenstatbestand** geschaffen. Die Feststellungen der Liste stellen – je nach der Person des Einreichenden – ein entweder dem Sachverstand der Geschäftsführer oder des Notars zugewiesenes gutachtliches Zeugnis dar.[246] Wer einen Geschäftsanteil oder etwa ein Pfandrecht daran erwirbt, soll darauf vertrauen dürfen, dass die in der Gesellschafterliste verzeichnete Person wirklich Gesellschafter ist. Da nach jeder Änderung im Gesellschafterkreis eine aktuelle Liste zum Handelsregister einzureichen ist, trägt sein jederzeit online abrufbarer Inhalt zur **Sicherung des Rechtsverkehrs** bei.[247] Ein voller Gleichlauf der zum Handelsregister eingereichten Gesellschafterliste mit dem guten Glauben an die Richtigkeit des Grundbuchs ist freilich nicht möglich, weil die Gesellschafterliste privat geführt wird und das Handelsregister nicht prüfende, sondern nur verwahrende, eine allgemeine Kenntnisnahme ermöglichende Stelle

85

---

245 *Paefgen/Wallisch*, NZG 2016, 801, 807.
246 *Bohrer*, DStR 2007, 995, 1000.
247 BR-Drucks. 354/07, S. 87.

Kap. 2 Die Mitgliedschaft in der GmbH

ist.[248] Die Neuregelung sieht darum nur im Grundsatz vor, dass der gute Glaube an die Verfügungsberechtigung auf der Basis der Eintragung in die zum Handelsregister aufgenommene Liste geschützt ist (§ 16 Abs. 3 Satz 1 GmbHG).[249]

b) Rechtsgeschäftlicher Erwerb

86 § 16 Abs. 3 GmbHG vermittelt nur bei einem **rechtsgeschäftlichen Erwerb** Gutglaubensschutz, sodass ein gutgläubiger Erwerb bei Zuweisung eines Geschäftsanteils durch Gesellschafterbeschluss ausscheidet.[250] Einen Gutglaubensschutz gibt es ebenfalls nicht bei umwandlungsrechtlichen Vorgängen,[251] ebenso wenig bei Maßnahmen der Zwangsvollstreckung. Gutglaubensschutz kommt hingegen bei einer rechtsgeschäftlichen Verpfändung in Betracht.[252] Ist der Erwerber sowohl gutgläubig als auch ein Widerspruch nicht eingetragen, kommt es nicht darauf an, ob der Erwerber überhaupt in die Liste Einblick genommen hat.[253]

c) Tatsächlich existierender Geschäftsanteil

87 Umstritten ist, inwiefern die Liste bei falsch wiedergegebener Anteilsstückelung Rechtsscheingrundlage sein kann.[254] Sie ist gewiss keine Rechtsscheingrundlage bei rechtlich unmöglicher Stückelung, etwa bei Missachtung der besonderen Vorschriften für DM-GmbH. Veräußert der Gesellschafter alle ihm zustehenden Anteile, die nur falsch wiedergegeben sind, ist jedenfalls (wie bisher auch) durch Vertragsauslegung zu korrigieren: Es sind dann alle Anteile abgetreten. Bei Teilabtretungen (die Liste verzeichnet 500 Anteile à 1,– €, von denen die ersten 250 veräußert seien; in Wahrheit hält der Veräußerer 1 Anteil à 500,– €, sodass objektiv ein Teilungsbeschluss eingeschoben werden müsste) sollte man a maiore einen gutgläubigen Erwerb zulassen: Der Erwerber kann bei Inhaberschaft des Veräußerers mit falsch offengelegter Stückelung nicht schlechter stehen, als bei ganz fehlender Inhaberschaft des Veräußerers. Große Teile der Literatur sehen das aber anders.[255] Für die Möglichkeit gutgläubigen Erwerbs bei (lediglich) falsch wiedergegebener Stückelung spricht auch die Zulässigkeit bloß konkludenter Teilungsbeschlüsse.[256] Wenn Teilungen nicht ausdrücklich offengelegt

---

248 BR-Drucks. 354/07, S. 87.
249 BR-Drucks. 354/07, S. 88; *Bohrer*, DStR 2007, 995, 998.
250 *Vossius*, DB 2007, 2299 f.
251 *Paefgen/Wallisch*, NZG 2016, 801, 805.
252 *Vossius*, DB 2007, 2299, 2301.
253 *Bohrer*, DStR 2007, 995, 999.
254 *Löbbe*, GmbHR 2016, 141.
255 *Böttcher*/Blasche, NZG 2007, 565, 567; BR-Drucks. 354/07, S. 88. Wie hier *Löbbe*, GmbHR 2016, 141, 143; *Paefgen/Wallisch*, NZG 2016, 801, 806.
256 BGH NZG 2014, 184.

werden müssen, hat der Erwerbsinteressent keine – auch nur theoretische – Möglichkeit, die verlautbarte Stückelung zu verifizieren.

d) Bedingte Abtretung

Die vertragsgestaltende Praxis war zunächst davon ausgegangen, dass der Gutglaubensschutz auch auf in der Schwebe befindliche Vollrechtsverfügungen bezogen werden müsse. Diskutiert wurde diese Konstellation insbesondere für den sehr eingängigen Praxisfall, dass eine auf die Kaufpreiszahlung bedingte Anteilszession überholt wird durch eine unbedingte und damit sofort wirksame Verfügung zugunsten eines Dritten. Da die Geschäftsanteilsabtretung bedingt erklärt werden kann und auch Nachweisprobleme der Kaufpreiszahlung nicht entgegenstehen, ist die auf Zahlung bedingte Abtretung zur Sicherung des Veräußerers ein einfaches und somit naheliegendes Sicherungsmittel.[257] Allgemein war die Vertragspraxis davon ausgegangen, dass der unbedingte Dritterwerber gutgläubig, weil in Unkenntnis von der in der Schwebe befindlichen Erstverfügung, erwerben kann. Deswegen wurden verschiedene Modelle diskutiert und auch mit Billigung der Obergerichte umgesetzt, um die Gutgläubigkeit des Dritten sicher zu zerstören.[258] Diesen Überlegungen hat der BGH jedoch eine vollständige Absage erteilt, indem er für das Verhältnis des gutgläubigen Dritterwerbers zum bedingten Ersterwerber strikt § 161 BGB anwendet und damit sowieso zu einer Wirksamkeit der Verfügung zugunsten des Ersterwerbers kommt.[259] Dann ist natürlich eine Zerstörung der Gutglaubensbasis beim Dritten, um eben diesen Ersterwerb zu sichern, unnötig. Damit hat, selbst ungeachtet der Tatsache, dass solche Kollisionen praktisch kaum vorkommen,[260] der BGH eine Möglichkeit zu adäquater Rechtsfortbildung des GmbHG versäumt. Richtig ist zwar die Ausgangsfeststellung des BGH, dass die Gesellschafterliste keinen vollständigen Gutglaubensschutz im Umfang etwa parallel zum Grundbuch gestattet. Diese Unvollständigkeit ändert aber nichts daran, dass man sich im Hinblick auf die durch Gutglaubensschutz abgesicherten Verfügungen von den nicht flankierten Verfügungen nähere Gedanken machen muss. Und die gesetzliche Grenze verläuft hier nicht zwischen unbedingten Vollrechtsverfügungen und anderen, sondern zwischen Vollrechtsverfügungen einerseits und beschränkten dinglichen Rechten andererseits. Insbesondere wird auch die Beweisgrundlage der Gesellschafterliste eingeschränkt, weil schon rein praktisch aufschiebend bedingte Verfügungen (am Anteil aller überhaupt vorkommenden Verfügungen) derart häufig sind, dass ihre Herausnahme die Wirkungen des § 16 Abs. 3 GmbHG ver-

88

---

257 Muster bei *Heckschen/Heidinger*, S. 945, 949.
258 Zum Meinungsstand *Herrler*, BB 2009, 2272; *Wicke*, NotBZ 2009, 1, 15; *Heckschen/Heidinger*, § 13 Rn. 141e.
259 BGH NZG 2011, 1268.
260 *Mayer*, MittBayNot 2014, 124.

Kap. 2   Die Mitgliedschaft in der GmbH

eitelt. Ein Erwerber kann also nach BGH sicher sein, dass der in der Liste ausgewiesene Gesellschafter nicht anderweitig unbedingt verfügt hat. Er hat aber, wie vor MoMiG-Zeiten, nur das Wort des Veräußerers, dass nicht etwa bedingte Verfügungen im Hintergrund getroffen sind.

e) Dingliche Belastungen

89   Die Gesellschafterliste legt keine dinglichen Belastungen des Anteils offen (Nießbrauch, Verpfändung, auch Pfändung im Wege der Zwangsvollstreckung). Diese Belastungen sind nicht eintragungsfähig. Auch eine freiwillige Ergänzung der Gesellschafterliste um entsprechende erläuternde Aussagen würde – auf der Grundlage der bisherigen Aussagen des BGH – die Handelsregisterpraxis beanstanden und die Aufnahme der Liste verweigern.[261] Einen gutgläubig **lastenfreien Erwerb** ermöglicht § 16 Abs. 3 GmbHG nach seinem Wortlaut nicht,[262] sodass ein Geschäftsanteil als Sicherungsmittel allenfalls nach eingehender Prüfung der Inhaberschaft akzeptiert werden wird.[263] Allerdings ermöglicht die gesetzgeberische Entscheidung, das Vorhandensein von Belastungen aus § 16 Abs. 3 GmbHG auszuklammern, weiterhin die in der Kreditpraxis offenbar gewünschte stille Verpfändung von Anteilen.[264]

f) Verfügungsbeschränkungen

90   Der BGH hat ferner die – freiwillige – Aufnahme von Hinweisen über Verfügungsbeschränkungen abgelehnt, exemplarisch am Beispiel der Testamentsvollstreckung.[265] Die kategorische Beschränkung des Listeninhalts auf die Vollinhaberschaft liegt zwar auf einer Linie mit seinen Aussagen zu bedingten Abtretungen, jedoch sieht der BGH die Eintragungsfähigkeit von Testamentsvollstreckung und Nießbrauch aus Gründen der Information des Rechtsverkehrs beim Kommanditanteil genau anders.[266] Damit dürften auch die Verfügungsbeschränkungen aus angeordneter Insolvenzeröffnung oder die Vorerbenbeschränkung nicht offenlegungsfähig sein. Die Argumente des BGH überzeugen hingegen nicht vollständig, eine andere Entscheidung wäre praxisfreundlicher gewesen und hätte Möglichkeiten zu einer auch zivilrechtlichen Fortentwicklung der Gesellschafterliste eröffnet, wie etwa das bisherige „Best practice"-Modell der Ver-

---

261   *Löbbe*, GmbHR 2016, 141, 144.
262   *Böttcher*/Blasche, NZG 2007, 565 f.; kritisch *Harbarth*, ZIP 2008, 57, 63 f.
263   *Vossius*, DB 2007, 2299, 2303.
264   *Löbbe*, GmbHR 2016, 141, 149.
265   BGH GmbHR 2015, 526; ebenso zuvor OLG München GmbHR 2012, 39, 41 oder OLG Köln, Beschl. v. 21.7.2014, 2 Wx 191/14. Dazu *Löbbe*, GmbHR 2016, 141, 146 und bereits *Herrler*, GmbHR 2013, 617. S. ferner *Kalbfleisch/Glock*, GmbHR 2015, 847.
266   BGH FGPrax 2012, 121.

VIII. Nachweis der Gesellschafterstellung Kap. 2

änderungsspalte nun Gesetz geworden ist. Unverständlichkeit und Unübersichtlichkeit der Liste, so die Befürchtung des BGH,²⁶⁷ können kein Argument sein, weil der Erwerber sich in jedem Fall mit der Frage solcher Verfügungsbeschränkungen befassen muss.²⁶⁸ Dabei wäre es für ihn wesentlich günstiger, so früh wie möglich und so einfach wie möglich (nämlich durch allgemein zugängliche Information!) auf etwaige Verfügungsbeschränkungen hingewiesen zu werden. Es sollte ja auch nie darum gehen, etwa den Testamentsvollstrecker durch die Gesellschafterliste zu legitimieren – dazu wären nach wie vor die überkommenen Dokumente erforderlich wie Testamentsvollstreckerzeugnis oder notarielles Testament mit Amtsannahmebestätigung durch das Nachlassgericht.²⁶⁹ Es ging aber darum, listengeführte Erben durch einfache Offenlegung zu delegitimieren. Unübersichtlich wird die Liste allenfalls durch für den Zivilrechtsverkehr überflüssige Informationen (§ 4 GesellschafterlistenVO). Im Übrigen zeigt das Beispiel der auf demselben Grundbuchblatt (in der Veränderungsspalte) fortgeschriebenen Grundstücke, was an Veränderung dokumentiert werden kann, ohne die Unübersichtlichkeit zu gefährden.

g) Reichweite des Gutglaubensschutzes

Das Vertrauen in die Richtigkeit der Gesellschafterliste ist nach § 16 Abs. 3 Satz 2 GmbHG nicht geschützt, falls die Unrichtigkeit dem wahren Rechtsinhaber **nicht zurechenbar** und die Liste hinsichtlich des Geschäftsanteils **weniger als drei Jahre** unrichtig ist. Es müssen also beide Ausschlussgründe – fehlende Zurechenbarkeit der Unrichtigkeit und weniger als drei Jahre währende Unrichtigkeit der Liste – zusammentreten, um bei einer unrichtigen Gesellschafterliste einen gutgläubigen Erwerb zu verhindern.

91

aa) Zurechenbarkeit

Zuzurechnen ist dem wahren Rechtsinhaber die Unrichtigkeit der Liste, wenn er sich etwa nach dem im Erbgang erfolgten Erwerb seines Geschäftsanteils nicht um eine Änderung der Gesellschafterliste durch den Geschäftsführer **gekümmert** hat. Ist dem wahren Erben die Eintragung eines Scheinerben bekannt, muss er auf eine Korrektur der Gesellschafterliste hinwirken. Weiß der wahre Erbe nichts von dem Erbfall oder ist ihm seine Erbeinsetzung unbekannt, so kann ihm die von dem Scheinerben veranlasste Einreichung der Liste nicht zuge-

92

---

267 BGH GmbHR 2015, 526 unter Abschnitt 9 der Gründe.
268 *Herrler*, GmbHR 2013, 617, 620.
269 Hier übrigens HAT die Rechtspraxis korrigierend nachgebessert. Gesetzlich ist die Amtsannahmebestätigung nicht als Dokument vorgesehen. Sie ist aber die zutreffende Lösung im anderenfalls drohenden Normkonflikt zwischen § 2202 Abs. 2 BGB und § 35 GBO!

Volmer

Kap. 2 Die Mitgliedschaft in der GmbH

rechnet werden.[270] Ebenso wenig ist dem Berechtigten die Unrichtigkeit zuzurechnen, wenn der Notar seine Verpflichtung zur Einreichung einer aktualisierten Gesellschafterliste versäumt hat (§ 40 Abs. 2 GmbHG) oder der Geschäftsführer ohne Wissen des Berechtigten eine unrichtige, ihn nicht mehr als Gesellschafter ausweisende Liste einreicht.[271] Den Gesellschafter trifft nach dem Erwerb eines Geschäftsanteils die Obliegenheit, die Richtigkeit der neuen Liste zu **kontrollieren**.[272] In Fällen der Zurechenbarkeit kann ohne Wartefrist ein gutgläubiger Erwerb stattfinden.[273] Die **Beweislast** für die fehlende Zurechenbarkeit liegt beim Gesellschafter.[274]

bb) Drei-Jahres-Frist

93 Ist die Unrichtigkeit der Liste dem Gesellschafter nicht zuzurechnen, so ist erst dann Raum für einen gutgläubigen Erwerb, wenn die zum Handelsregister aufgenommene Liste hinsichtlich des Geschäftsanteils **drei Jahre** lang **unrichtig** ist.[275] Dabei kommt es darauf an, dass der oder die im Laufe von drei Jahren als Inhaber des Geschäftsanteils Eingetragenen durchgehend nicht die wahren Berechtigten waren. Es ist also für einen Gutglaubenserwerb unschädlich, wenn mehrere Listen den Geschäftsanteil verschiedenen Personen zuweisen, sofern nur alle Benannten keine wahren Berechtigten waren.[276] Die Dreijahresfrist **beginnt** mit Aufnahme derjenigen Liste in das Handelsregister,[277] die erstmals einen Nichtberechtigten als Inhaber des Geschäftsanteils ausweist. Wird nachfolgend hinsichtlich des betroffenen Geschäftsanteils eine zutreffende Liste eingereicht, läuft die Dreijahresfrist erneut an, sobald abermals eine falsche Liste in das Handelsregister aufgenommen wird.[278] Dem wahren Berechtigten, der jederzeit online in die Liste Einblick nehmen kann, ist es zumutbar, binnen drei Jahren eine Korrektur oder einen Widerspruch zur Gesellschafterliste zu veranlassen.

h) Eintragung eines Widerspruchs

94 Ebenso wie bei mindestens grob fahrlässiger Unkenntnis der fehlenden Berechtigung[279] scheitert ein gutgläubiger Erwerb bei Zuordnung eines Widerspruchs

---

270 *Vossius*, DB 2007, 2299, 2302.
271 BR-Drucks. 354/07, S. 88.
272 *Bohrer*, DStR 2007, 995, 999.
273 BR-Drucks. 354/07, S. 88; *Noack*, DB 2007, 1395, 1398; *Freitag*, WM 2007, 1681, 1684; *Harbarth*, ZIP 2008, 57, 60.
274 *Noack*, DB 2007, 1395, 1398.
275 Für kürzere Frist *Grunewald*, Der Konzern 2007, 13, 14.
276 BR-Drucks. 354/07, S. 88.
277 *Bohrer*, DStR 2007, 995, 1001 f.
278 BR-Drucks. 354/07, S. 88.
279 Demgegenüber rechtspolitisch skeptisch *Harbarth*, ZIP 2008, 57, 60.

gegen die aus der Liste hervorgehende Berechtigung (§ 16 Abs. 3 Satz 3 GmbHG).[280] Die **Zuordnung eines Widerspruchs** setzt voraus, dass entweder der Betroffene dies bewilligt oder die Maßnahme mit Hilfe einer einstweiligen Verfügung erwirkt wird (§ 16 Abs. 3 Satz 4 GmbHG).[281] Der Erlass einer einstweiligen Verfügung erfordert nur, dass der Anspruch auf Einreichung einer korrigierten Liste glaubhaft gemacht wird, während die Glaubhaftmachung einer Gefährdung des Rechts nicht verlangt werden kann (§ 16 Abs. 3 Satz 5 GmbHG). Glaubhaft gemacht ist der Verfügungsanspruch, wenn die Gesellschafterstellung des Prätendenten und damit sein Korrekturanspruch bezüglich der Liste überwiegend wahrscheinlich erscheint. Die einstweilige Verfügung bzw. das Hauptsacheverfahren über die Eintragung eines Widerspruchs ist zwischen dem vermeintlich „wahren" Berechtigten und demjenigen, gegen dessen in der Gesellschafterliste ausgewiesene Inhaberschaft sich der Widerspruch wendet, auszutragen.[282] Viel zu eng hält das OLG Nürnberg[283] die Dringlichkeit für nicht gegeben, wenn die Dreijahresfrist noch weitgehend offen ist. Dann bestehe kein Verfügungsgrund. Es ist aber keine sinnvolle zeitliche Grenze zu ziehen, ab der dann kurz vor Ablauf der 3-Jahres-Frist die Dringlichkeit bestehen kann. Im Übrigen kann der Gesellschafterprätendent den Widerspruch auch deswegen zeitnah zur Entdeckung der aus seiner Sicht falschen Liste begehren, um nicht der Zweifelsfrage einer Mitveranlassung ausgesetzt zu sein. Hat das Verfahren Erfolg, dürfte regelmäßig davon auszugehen sein, dass die Geschäftsführer auf der Grundlage des Urteils eine berichtigte Gesellschafterliste einreichen. Wird diese verweigert, so ist eine darauf gerichtete Klage gegen die Gesellschaft zu erheben.[284] Die Erhebung eines Widerspruchs beseitigt nicht die **Befugnis** des wahren Berechtigten, über seinen Geschäftsanteil zu **verfügen**.[285] Eine Uneinigkeit über die Inhaberschaft ist endgültig zwischen den Beteiligten, die sie für sich in Anspruch nehmen, vor den Zivilgerichten zu klären. Ebenfalls gerichtlich auszutragen ist ein Streit darüber, ob der Geschäftsführer zur Korrektur der Liste oder zur Rücknahme eines Widerspruchs verpflichtet ist.[286] Unklar ist, ob Mitgesellschafter und Geschäftsführer aktivlegitimiert sind, die Zuordnung eines Widerspruchs zu begehren.

Ein Widerspruch ist zwar der Gesellschafterliste als solcher zugeordnet. Er richtet sich aber gegen die Eintragung eines konkreten Gesellschafters. Trotz zuge-

95

---

280 Dazu allgemein *Bernauer/Bernauer*, GmbHR 2016, 621.
281 Dazu *Bernauer/Bernauer*, GmbHR 2016, 621.
282 *Bernauer/Bernauer*, GmbHR 2016, 621, 623.
283 Beschl. v. 19.8.2014, 12 W 1568/14. NZG 2014, 1347; dazu ablehnend *Dittert*, NZG 2015, 221, sowie *Bernauer/Bernauer*, GmbHR 2016, 621, 624.
284 Handelsrechtsausschuss des DAV Rn. 40.
285 BR-Drucks. 354/07, S. 89.
286 BR-Drucks. 354/07, S. 89.

ordneten Widerspruchs kann damit zu Geschäftsanteilen nicht betroffener Gesellschafter weiterhin ein gutgläubiger Erwerb stattfinden.[287]

96 Fälle eingetragener Widersprüche sind trotz erster vereinzelter Entscheidungen selten. Deswegen wird die meines Erachtens ganz bedeutsame Frage der Übertragung von Widersprüchen auf neue Gesellschafterlisten erst langsam diskutiert.[288] Die Gesellschafterliste ist, anders als das Grundbuchblatt, kein fortlaufendes Dokument, welches jeweils fortgeschrieben würde und bei dem sich die nicht gelöschten Rechte automatisch am Bestand fortsetzen würden. Beim Grundbuch folgt dies, zum Vergleich, e contrario § 46 Abs. 2 GBO: Solange ein Grundstück innerhalb desselben Blattes wegen Aktualisierung des Bestandes unter einer neuen laufenden Nummer fortgeschrieben wird, hat dies nicht die Löschung des Rechts zur Folge, selbst wenn bei dem Pfandobjektvermerk die lfd. Nr. des Grundstücks nicht aktualisiert wird. Wenn nun bei einer GmbH mit gelisteten Gesellschaftern A, B, C ein Widerspruch gegen die Inhaberschaft des C vermerkt wird (durch Zuordnung eines Widerspruchs gegenüber dieser Gesellschafterliste im elektronischen Registerordner dieser Gesellschaft), ist offen, wie damit umgegangen werden muss, wenn nun bei A oder B eine vom Widerspruch überhaupt nicht betroffene Änderung stattfindet, sei es durch rechtsgeschäftliche Verfügung, sei es auch nur durch eine Korrektur sonstiger Angaben, etwa ein Wohnsitzwechsel des Gesellschafters. Eingereicht wird eine neue Gesellschafterliste, die als zuletzt eingereichte wiederum (wenn auch ggf. erst nach drei Jahren) Rechtsscheingrundlage sein kann. Muss die neue Liste aus sich heraus einen Hinweis auf den nicht erledigten Widerspruch gegen die frühere Liste bzgl. C enthalten oder muss der Widersprechende auch gegen die neue Liste Widerspruch erheben (mit der Folge, dass er den Widerspruch regelmäßig aktualisieren muss?) oder gilt der Widerspruch bis auf Weiteres listenübergreifend fort mit der Folge, dass nicht nur die letzte Liste, sondern der gesamte Listenbaum einer Gesellschaft auf früher vorhandene Widersprüche und deren nachfolgende Erledigung hin durchsucht werden muss? Wie wäre dann der Widerspruch wieder zu beseitigen? Ob das Handelsregister den Widerspruch fortführen kann,[289] scheint fraglich. Zugleich wäre das die eleganteste Lösung. Aber das Gericht soll ja gerade keine inhaltliche Kontrolle übernehmen (oben Rn. 72)! Sonst bleibt die durchgängige Kontrolle aller zuvor eingereichten Listen auf etwaige fortbestehende Widersprüche.[290] Handhabbar als „Best practice"-Modell wäre ein Hinweis auf den nicht erledigten Widerspruch in der Nachfolgeliste, selbst wenn dies über die Vorgaben des GmbHG hinausgeht. Jedenfalls sollte man einen solchen Zusatz auf die Nichterledigung des Widerspruchs trotz

---

287 *Bernauer/Bernauer*, GmbHR 2016, 621, 622.
288 *Bernauer/Bernauer*, GmbHR 2016, 621, 625.
289 Vorschlag von *Bernauer/Bernauer*, GmbHR 2016, 621, 625.
290 *Bernauer/Bernauer*, GmbHR 2016, 621, 626.

VIII. Nachweis der Gesellschafterstellung Kap. 2

der Beschränkung vermerkfähiger Hinweise gestatten. Ungeregelt ist die Löschung eines Widerspruchs, wenn sich die bisherige Liste als richtig erweist. Die bloße Neueinreichung wäre wohl unzulässig und würde den zugrundeliegenden Vorgang nicht hinreichend offenlegen. Damit bleibt nur die teleologische Fortentwicklung des Rechtszustandes dahingehend, dass dem aufgenommenen Widerspruch seinerseits eine Löschung zugeordnet wird.[291] Das müsste die Technik aber auch zulassen.

i) Fazit zur Neuordnung der Gesellschafterliste

Auch wenn die aufgeworfenen Probleme in der fachwissenschaftlichen Diskussion zu überwiegen scheinen, ist aber der Schritt des Gesetzgebers in MoMiG der einzig mögliche gewesen. Eine theoretische Alternative hätte natürlich darin bestehen können, das GmbHG auf eine aktienähnliche Verbriefung der Geschäftsanteile hin zu überarbeiten mit sich daran anknüpfendem Gutglaubensschutz nach §§ 932 ff. BGB. Das hätte aber die Mehrzahl der vorhandenen GmbHs sowie ihrer Gesellschafter und Geschäftsführer überfordert. In die andere Richtung hätte eine Möglichkeit darin bestehen können, den Grundsatz des fehlenden Vertrauensschutzes auf nicht verbriefte Rechte zu beschränken. Das hätte aber völlig ungelöste Probleme aufgeworfen, über die angesichts des ehernen Bestands des Nicht-Gutglaubensschutzes in diesem Bereich im allgemeinen Zivilrecht auch nicht ansatzweise diskutiert wurde. Deswegen war es naheliegend und auch richtig, an denjenigen potenziellen Rechtsscheinträger anzuknüpfen, der sich, wenngleich in untergeordneter Funktion, bisher mit der Gesellschafterliste schon immer im GmbHG befunden hatte. 97

Kritikwürdig ist vielmehr die Weigerung zu einer vorsichtigen und schrittweise tastenden Fortentwicklung der Gesellschafterliste hin zu einem praxistauglichen Rechtsinstitut. So wundert es nicht, dass Stellungnahmen aus der Due-diligence-Praxis sich angesichts des unveränderten Prüfungsaufwands skeptisch zu einem Nutzen der Gesellschafterliste äußern.[292] In den Motiven zum BGB ist an vielen Stellen ein Vertrauen auf Rechtspraxis und Rechtswissenschaft zur Fortbildung und Vervollständigung der vom Gesetzgeber nur in Grundzügen konturierten Rechtsinstitute angesprochen. Dieser Gedanke, zwar durch eine überdetailfreudige europäische Gesetzgebung stark zurückgedrängt, gilt als Auftrag auch heute noch. 98

---

291 *Bernauer/Bernauer*, GmbHR 2016, 621, 626.
292 *Löbbe*, GmbHR 2016, 141; *Paefgen/Wallisch*, NZG 2016, 801, 802.

Kap. 2 Die Mitgliedschaft in der GmbH

4. Fehlerhafte Listenerstellung

99 Fraglich ist die Anwendung des § 16 Abs. 1, 3 GmbHG bei fehlerhaften Listen und Listenerstellung durch unbefugte Personen. Sicher sollte sein, dass die im Register eingestellte Gesellschafterliste abgekoppelt ist von der materiellen Wirksamkeit des zugrundeliegenden Vorgangs (Abtretung, Umwandlung, Kaduzierung oder Ähnliches). Anderenfalls wäre § 16 GmbHG in seinem Fiktions- und Rechtsscheinwirkungen konterkariert und würde auch die besondere Zurechnungsregelung in § 16 Abs. 3 Satz 2 GmbHG ausgehöhlt. Damit ist die Wirksamkeit auch abgekoppelt vom ordnungsgemäßen Nachweis des Vorgangs gegenüber dem Geschäftsführer. Wird nach einem Erbfall eine neue Liste eingereicht, so ist es für ihre Funktion als Rechtsscheinträger ohne Bedeutung, ob dem Geschäftsführer ein wirksamer Erbnachweis vorgelegt wurde.[293] Die Wirksamkeit sollte auch unabhängig sein von der formellen Richtigkeit der Liste nach den Vorgaben der GesellschafterlistenVO, zumal deren Vorgaben hauptsächlich öffentlich-rechtlichen Zwecken dienen. Bloße Ungenauigkeiten beim Geburtsdatum eines Gesellschafters, nicht notierte Adressenänderungen oder Fehler der HReg-Nummer von juristischen Personen dürften bei eindeutiger Zuordenbarkeit unschädlich sein.[294]

100 Fehlerhaft kann eine Liste ferner durch Einreichung seitens einer unzuständigen Person sein. Im Einzelnen sind dabei 2 Fälle zu unterscheiden: Die Verletzung der Kompetenzabgrenzung zwischen Notar und Geschäftsführer einerseits sowie Einreichung durch einen Nicht-Geschäftsführer bis hin zur bewussten Fälschung andererseits. Eine Aufklärung durch das Registergericht ist allenfalls dann zu erwarten, wenn die Kompetenzverletzung in einen augenscheinlichen Formfehler übergeht, vor allem weil eine Geschäftsführerzuständigkeit angesichts gesetzlicher Formpflichten in keinem Fall denkbar erscheint.[295] Aber selbst an eine (wirksame) Auslandsbeurkundung kann sich eine Einreichung durch einen Geschäftsführer anschließen. Das spricht für eine Unbeachtlichkeit solcher Kompetenzverletzungen.[296]

101 Schwieriger zu beurteilen ist die Einreichung durch eine insgesamt unzuständige Person, das heißt durch einen Nicht-Geschäftsführer. Sicher ist: Der Gesetzgeber hat auf ein Beglaubigungserfordernis zur Geschäftsführerliste bewusst verzichtet. Daraus folgert die eine Auffassung eine Beschränkung des Verkehrsschutzes, indem sie solchen Schein-Listen die Legitimationswirkung aberkennt.[297] Die Gegenauffassung bemisst auch der Liste eines Unzuständigen, sofern sie nur

---

293 *Bohrer*, DStR 2007, 995, 998 f.
294 *Vossius*, DB 2007, 2299 f.
295 Vgl. OLG Rostock MittBayNot 2018, 59.
296 *Herrler*, GmbHR 2013, 617, 624.
297 *Herrler*, GmbHR 2013, 617, 624.

in das Handelsregister aufgenommen wurde, die vollen Wirkungen bei,[298] jedenfalls nach Ablauf von drei Jahren.[299] Noch anders soll zwischen § 16 Abs. 1 GmbHG und dessen Abs. 3 unterschieden werden. Richtigerweise muss die Einreichung der Gesellschafterliste in einer der GmbH zurechenbaren Weise geschehen.[300] Dafür spricht unter anderem, dass anderenfalls im Verhältnis zur Gesellschaft selbst, im Anwendungsbereich von § 16 Abs. 1 GmbHG, keine Reaktionsfristen bestünden, also auch der redliche übertölpelte Gesellschafter keine Abhilfe schaffen könnte. Dass die Vertrauensgrundlage objektiv „echt" sein und nicht bloß „echt aussehen" muss, ist unserer Rechtsordnung auch sonst als Einschränkung des Gutglaubensschutzes bekannt.[301]

IX. Gewinnausschüttung

1. Gewinnanspruch

Der Anspruch des Gesellschafters auf Auszahlung des Gewinns (§ 29 Abs. 1 GmbHG) entsteht erst mit der Feststellung des Jahresabschlusses durch die Gesellschafterversammlung und mit der Beschlussfassung über die Verwendung des ausgewiesenen Gewinns. Als künftiger Anspruch kann er im Voraus abgetreten werden.[302]

102

2. Konkludenter Beschluss – Vorabausschüttung

Dass ein Jahresabschluss festgestellt, aber noch kein Gewinnverwendungsbeschluss gefasst worden ist, hindert die Gesellschafter nicht, eine Ausschüttung zu beschließen. Ist der Jahresabschluss noch nicht einmal festgestellt, können die Gesellschafter eine Vorabausschüttung beschließen. Entsprechende Beschlüsse können auch konkludent gefasst werden. Eines nochmaligen förmlichen Gewinnverwendungsbeschlusses bedarf es nicht.[303] Eine Vorabausschüttung steht freilich unter dem Vorbehalt der Rückforderung gemäß § 812 Abs. 1 Satz 2 BGB für den Fall eines der Ausschüttung nicht entsprechenden Jahresgewinns.[304]

103

---

298 *Löbbe*, GmbHR 2016, 141, 147.
299 *Vossius*, DB 2007, 2299, 2301.
300 Roth/*Altmeppen*, § 16 Rn. 13.
301 Zur Echtheit der Vollmachtsurkunde bei Anwendung des § 172 BGB etwa Palandt/*Ellenberger*, § 172 Rn. 2.
302 BGH, Urt. v. 30.6.2004 – VII ZR 349/03, BB 2004, 1759, unter Hinweis auf BGHZ 139, 299, 302.
303 BGH, Urt. v. 16.9.2002 – II ZR 1/00, BB 2002, 2347 = NJW 2002, 3774.
304 BGH, Urt. v. 22.9.2003 – II ZR 229/02, BB 2003, 2423 = NJW 2003, 3629.

Kap. 2 Die Mitgliedschaft in der GmbH

3. Fehlender Gesellschafterbeschluss

104 Beschließen die Gesellschafter, einen Gewinn zu thesaurieren, so ist er in die Gewinnrücklagen einzustellen und/oder als Gewinn vorzutragen. Bei einem Jahresüberschuss von 22.694,06 € können 13.256 € als satzungsmäßige Rücklage und 9.438,06 € als Gewinnvortrag ausgewiesen werden. Kehrt die Gesellschaft sodann aus dem Jahresüberschuss an drei Gesellschafter je 7.217 €, insgesamt also 21.651 €, aus, so entbehrt die Zahlung mangels eines späteren Gesellschafterbeschlusses über die Auflösung der Posten eines Rechtsgrundes. Folglich sind die Zahlungen von den Gesellschaftern nach § 812 Abs. 1 Satz 1 BGB zu erstatten.[305] Im Übrigen werden §§ 30 bis 32 GmbHG bei Nichtigkeit des Ausschüttungsbeschlusses nicht durch § 812 BGB verdrängt.[306]

4. Einpersonengesellschaft

105 Eines Gesellschafterbeschlusses entbehrende verdeckte Gewinnausschüttungen sind in einer Einpersonengesellschaft zulässig, sofern das **Stammkapital** unangetastet bleibt. Der alleinige Gesellschafter – ebenso die einverständlich handelnden Gesellschafter einer mehrgliedrigen GmbH – schuldet der Gesellschaft grundsätzlich weder wegen Treupflichtverletzung noch unter dem Gesichtspunkt der unerlaubten Handlung Schadensersatz, wenn er der Gesellschaft Vermögen entzieht, das zur Deckung des Stammkapitals nicht benötigt wird; unter dieser Voraussetzung haftet auch der Geschäftsführer, der eine Weisung der Gesellschafter befolgt oder selbst alleiniger Gesellschafter ist, nicht nach § 43 Abs. 2 GmbHG.[307]

---

305 BGH, Urt. v. 27.11.2000 – II ZR 83/00, BB 2001, 165 = NJW 2001, 830.
306 BGH, Urt. v. 22.9.2003 – II ZR 229/02, BB 2003, 2423 = NJW 2003, 3629.
307 BGH, Urt. v. 10.5.1993 – II ZR 74/92, BGHZ 122, 333, 336 = BB 1993, 1314.

Kapitel 3
Verlust der Mitgliedschaft

Übersicht

I. Einziehung 2
  1. Differenzierung zwischen Einziehung und Ausschließung 2
  2. Begriff der Einziehung 3
  3. Satzungsgrundlage 4
     a) Freiwillige Einziehung..... 5
     b) Zwangseinziehung 6
     c) Satzungsänderung 8
  4. Zustimmung des Betroffenen bei freiwilliger Einziehung.... 9
  5. Erhaltung des Stammkapitals. 10
     a) Volleinzahlung der Einlage 10
     b) Leistung der Abfindung aus ungebundenem Vermögen. 11
  6. Durchführung der Einziehung 12
     a) Gesellschafterbeschluss... 13
     b) Rechtliches Gehör 14
     c) Mitteilung der Einziehung. 15
  7. Rechtsfolgen der Einziehung – Abfindung 16
     a) Vernichtung des Geschäftsanteils................. 17
     b) Divergenz von Nennbetrag aller Geschäftsanteile und Betrag des Stammkapitals. 18
     c) Keine zwingende Anpassung der Nennbeträge der verbliebenen Geschäftsanteile................. 19
     d) Abfindung des ausgeschiedenen Gesellschafters 20
     e) Wirksamwerden der Einziehung............. 24
  8. Rechtmäßigkeitsprüfung 25
II. Ausschließung eines Gesellschafters aus wichtigem Grund . 26
  1. Verhältnis von Ausschließung und Einziehung............ 26
  2. Ausschließung als Ergebnis der Rechtsfortbildung....... 27
     a) Praktisches Bedürfnis 27
     b) Dogmatische Grundlagen . 28
     c) Zusammenfassung der Rechtsprechungsgrundsätze 29
  3. Beispiele möglicher Ausschließungsgründe 30
     a) Gründe in der Person des Gesellschafters....... 31
     b) Gründe im Verhalten des Gesellschafters....... 32
     c) Wettbewerbsverstöße 33
     d) Tief greifendes Zerwürfnis 34
     e) Verhalten der anderen Gesellschafter: „milderes Licht"................. 35
     f) Kapitalistisch strukturierte GmbH 36
     g) Zeitablauf.............. 37
  4. Satzungsregeln zur Bestimmung von Ausschließungsgründen.. 38
     a) Erschwerung der Ausschließung 39
     b) Erleichterungen (freie Hinauskündigungsklausel). 40
     c) Satzungsänderung 45
  5. Durchführung der Ausschließung................ 46
     a) Fehlende statutarische Regelungen 46
     b) Statutarische Regelung ... 53
  6. Abfindung 54
     a) Verkehrswert 54
     b) Unwirksame Abfindungsbeschränkungen......... 55
     c) Nachträgliche (schleichende) Unwirksamkeit einer Abfindungsbeschränkung . 56
     d) Beweislast 57
III. Austritt eines Gesellschafters... 58
  1. Austritt bei wichtigem Grund. 58
  2. Austritt mit Einverständnis der Gesellschaft 59

Kap. 3 Verlust der Mitgliedschaft

1 Der Verlust der Mitgliedschaft wird vom GmbH-Recht höchst stiefmütterlich behandelt. Die **Ausschließung** und der **Austritt** eines Gesellschafters sind im Gesetz überhaupt nicht geregelt, sondern erst im Wege der Rechtsfortbildung zugelassen worden. § 34 GmbHG befasst sich lediglich mit der **Einziehung** eines Geschäftsanteils, die wie der Gesellschafterausschluss zum Verlust der Mitgliedschaft führt.

I. Einziehung

1. Differenzierung zwischen Einziehung und Ausschließung

2 Ausschließung und Einziehung sind rechtstechnisch verschiedenartige Begriffe: Die Ausschließung betrifft den Gesellschafter persönlich und bezieht sich im Allgemeinen nicht auf bestimmte Anteile; sie ist bei Vorliegen wichtiger Gründe auch **ohne ausdrückliche Regelung** im Gesellschaftsvertrag zulässig und führt nicht notwendig zum Untergang des Geschäftsanteils, sondern kann auch in der Weise durchgeführt werden, dass der Anteil an einen Dritten veräußert oder von der Gesellschaft selbst übernommen wird, worüber es im Einzelfall besonderer Bestimmungen bedarf. Die Einziehung richtet sich demgegenüber unmittelbar gegen den einzelnen **Geschäftsanteil** und vernichtet ihn; sie setzt entweder den Ausschluss des Gesellschafters aus wichtigem Grund oder sonst eine Satzungsbestimmung gemäß § 34 GmbHG voraus und ist nur in den Grenzen der Vorschriften zum Schutz des Stammkapitals zulässig. Freilich liegt in einer kraft Satzung vorgesehenen Einziehung aus wichtigem Grund regelmäßig auch die Ausschließung des Anteilsberechtigten. Die Einziehung ist in diesem Fall zugleich das Mittel der Ausschließung. Häufiges Mittel, einen Gesellschafter aufgrund der Satzung auszuschließen, ist also die Einziehung seines Anteils nach § 34 GmbHG.

2. Begriff der Einziehung

3 § 34 GmbHG regelt die Voraussetzungen einer Einziehung (früher **Amortisation** genannt) von Gesellschaftsanteilen, durch die ein Gesellschaftsanteil nebst der aus ihm fließenden Rechte vernichtet wird, ohne dass damit eine Herabsetzung des Stammkapitals einhergeht.[1] Das Gesetz unterscheidet zwischen der **freiwilligen Einziehung** mit Zustimmung des betroffenen Gesellschafters und der an bestimmte satzungsmäßige Gründe geknüpften **Zwangseinziehung**.[2] Den Schwerpunkt der Einziehung bildet die gegen den Willen des Anteilsinhabers

---

[1] Rowedder/Schmidt-Leithoff/*Görner*, § 34 Rn. 3; Ulmer/*Ulmer/Habersack*, § 34 Rn. 1 f.; Scholz/*Westermann*, § 34 Rn. 1; MünchKommGmbHG/*Strohn*, § 34 Rn. 2.
[2] Baumbach/Hueck/*Fastrich*, § 34 Rn. 1; Lutter/Hommelhoff/*Kleindiek*, § 34 Rn. 1; Gehrlein/Born/Simon/*Sandhaus*, § 34 Rn. 2; Ulmer/*Ulmer/Habersack*, § 34 Rn. 1.

von der Gesellschaft angeordnete Zwangseinziehung seines Geschäftsanteils. Da die Regelung des § 34 GmbHG sonach in erster Linie die Funktion hat, ungeeignete Gesellschafter auszuschließen, weisen Einziehung und Ausschließung nahe liegende Zusammenhänge auf. Die Einziehung konkurriert mit der Ausschließung wie auch mit einer durch die Satzung zu begründenden Pflicht zur Übertragung des Gesellschaftsanteils an die Gesellschaft oder einen Dritten. Die gesetzliche Konzeption des § 34 GmbHG will den Schutz der Gesellschafter und der Gläubiger sicherstellen: Soweit § 34 Abs. 1 GmbHG eine **Satzungsgrundlage** fordert, sollen die verbleibenden Gesellschafter davor geschützt werden, dass sich ihre Gesellschafterstellung nebst Rechten und Pflichten infolge einer Einziehung verändert. Dagegen berücksichtigt § 34 Abs. 2 GmbHG die Interessen des betroffenen Gesellschafters, der seine Beteiligung auf der Grundlage einer Zwangseinziehung nur verlieren kann, sofern diese Satzungsregelung schon **vor Erwerb des Gesellschaftsanteils** in Kraft war. Schließlich hat § 34 Abs. 3 i.V. mit § 30 GmbHG die Interessen der Gläubiger im Auge, weil die Abfindung nicht aus **gebundenem Vermögen** geleistet werden darf.[3]

3. Satzungsgrundlage

Die Einziehung von Gesellschaftsanteilen (§ 34 GmbHG) als Mittel zur Ausschließung eines Gesellschafters bedarf einer **gesellschaftsvertraglichen Grundlage**. 4

a) Freiwillige Einziehung

Die freiwillige Einziehung mit Zustimmung des austrittswilligen Gesellschafters kann stattfinden, wenn eine dahingehende Satzungsbestimmung vorhanden ist (§ 34 Abs. 1 und 2 GmbHG). Das Erfordernis einer Satzungsklausel dient nicht dem Schutz des ausscheidenden Gesellschafters, der durch Verweigerung seiner Zustimmung sein Verbleiben in der Gesellschaft erzwingen kann. Vielmehr sollen die Interessen der anderen Gesellschafter gewahrt werden, die sich wegen des Ausscheidens auf veränderte Stimm- und Beteiligungsverhältnisse einrichten müssen. Es genügt die bloße Satzungsklausel, dass die **Einziehung der Geschäftsanteile zulässig** ist, wobei die Zulässigkeit einer Zwangseinziehung regelmäßig auch diejenige einer freiwilligen Einziehung umfasst.[4] 5

---

3 Ulmer/*Ulmer/Habersack*, § 34 Rn. 1; Scholz/*Westermann*, § 34 Rn. 1; Gehrlein/Born/Simon/*Sandhaus*, § 34 Rn. 6.
4 Bork/Schäfer/*Thiessen*, § 34 Rn. 3; Michalski/Heidinger/Leible/Schmidt/*Sosnitza*, § 34 Rn. 9; a.A. Baumbach/Hueck/*Fastrich*, § 34 Rn. 4; Ulmer/*Ulmer/Habersack*, § 34 Rn. 15; differenzierend MünchKommGmbHG/*Strohn*, § 34 Rn. 11: nur im Falle beispielhafter Nennung der Eingriffsgründe in der Satzung.

Kap. 3 Verlust der Mitgliedschaft

b) Zwangseinziehung

aa) Konkretisierung der Gründe durch Satzung

6 Eine Einziehung ohne die Zustimmung des Gesellschafters – Zwangseinziehung – ist gemäß § 34 Abs. 2 GmbHG an strengere Kautelen gebunden. Sie bedarf ebenfalls einer satzungsmäßigen Ermächtigung. Die Tatbestandsmerkmale, die eine Zwangseinziehung gestatten, sind einer näheren inhaltlichen Konkretisierung zuzuführen.[5] Als Einziehungsgründe sind etwa die Pfändung in den Geschäftsanteil oder die Gesellschafterinsolvenz anerkannt.[6] Als weitere Gründe kommen die Anteilsvererbung an familienfremde Personen in einer Familiengesellschaft oder an andere als im Gesellschaftsvertrag vorgesehene Personen, der Verlust bestimmter Eigenschaften wie einer beruflichen Zulassung oder der deutschen Staatsbürgerschaft, Niederlegung der Geschäftsführung oder Mitarbeit, Krankheit, Alter, Verstoß gegen ein Wettbewerbsverbot, schikanöse Wahrnehmung von Gesellschafterrechten, die Erhebung der Auflösungsklage oder die Kündigung der Gesellschaft in Betracht.[7] Es genügt, wenn die Satzung die Einziehung unter der Voraussetzung eines **wichtigen Grundes** gestattet.[8] Bei dieser Sachlage kann ein Gesellschaftsanteil aus einem in der Person seines Inhabers liegenden, seine Ausschließung rechtfertigenden wichtigen Grund eingezogen werden. Problematisch ist die **erschöpfende Aufzählung** von Einziehungsgründen, wenn in der Person des Gesellschafters ein anderer wichtiger Grund erfüllt ist. In dieser Konstellation scheidet mangels Erfüllung der in der Satzung festgelegten Gründe eine Einziehung aus.[9] Der Gesellschaft bleibt dann nur die Ausschließungsklage. Deshalb sollte in die Satzung neben bestimmten Gründen stets der Auffangtatbestand des wichtigen Grundes aufgenommen werden. Zusätzlich muss nach dem ausdrücklichen Wortlaut des § 34 Abs. 2 GmbHG die Satzungsvorschrift über die Einziehungsvoraussetzungen schon **vor dem Beitritt** des Gesellschafters geschaffen worden sein.[10] Gestaltungen in der **Gründersatzung** über die Zwangseinziehung sind auch gegenüber den

---

5 Rowedder/Schmidt-Leithoff/*Görner*, § 34 Rn. 29; Ulmer/*Ulmer/Habersack*, § 34 Rn. 32; Roth/*Altmeppen*, § 34 Rn. 41.
6 BGH, Beschl. v. 12.6.1975 – II ZB 12/73, BGHZ 65, 22 = BB 1975, 1177 = NJW 1975, 1835.
7 Michalski/Heidinger/Leible/Schmidt/*Sosnitza*, § 34 Rn. 36; Rowedder/Schmidt-Leithoff/*Görner*, § 34 Rn. 30; Lutter/Hommelhoff/*Kleindiek*, § 34 Rn. 31; Bork/Schäfer/*Thiessen*, § 34 Rn. 13; ausführlich MünchKommGmbHG/*Strohn*, § 34 Rn. 50 ff.
8 BGH, Urt. v. 20.9.1999 – II ZR 345/97, BB 1999, 2262 = NJW 1999, 3779; BGH, Urt. v. 19.9.1977 – II ZR 11/76, BB 1977, 1569 = NJW 1977, 2316.
9 BGH, Urt. v. 20.9.1999 – II ZR 345/97, BB 1999, 2262 = NJW 1999, 3779; Roth/*Altmeppen*, § 34 Rn. 42; *Goette*, § 5 Rn. 77.
10 MünchKommGmbHG/*Strohn*, § 34 Rn. 41; Scholz/*Westermann*, § 34 Rn. 21; Michalski/Heidinger/Leible/Schmidt/*Sosnitza*, § 34 Rn. 31.

Gründungsgesellschaftern wirksam.[11] Eine Bestimmung im Gesellschaftsvertrag, wonach im Falle eines Streits über die Wirksamkeit der Kündigung des (Dienst- oder Arbeits-)Vertragsverhältnisses zwischen dem Gesellschafter und der Gesellschaft die wirksame Beendigung fingiert wird und eine Einziehung des Geschäftsanteils durch Gesellschaftsbeschluss deshalb gerechtfertigt ist, ist unwirksam; die Möglichkeit willkürlicher Einziehung begründet die Sittenwidrigkeit der Klausel.[12]

bb) Einzelfallprüfung

Eine aus Anlass eines wichtigen Grundes in der Person des Gesellschafters angeordnete Einziehung oder Ausschließung erfordert eine umfassende Prüfung aller Umstände des Einzelfalls und eine **Gesamtabwägung** der beteiligten Interessen sowie des Verhaltens der übrigen Gesellschafter.[13] Diese Maßnahmen scheiden danach vor allem dann aus, wenn in der Person des den Ausschluss oder die Einziehung betreibenden Gesellschafters Umstände vorliegen, die seine Ausschließung oder die Auflösung der Gesellschaft rechtfertigen oder auch nur zu einer anderen Beurteilung derjenigen Gründe führen können, die der von der Ausschließung bedrohte Gesellschafter gesetzt hat. Verfehlungen eines Gesellschafters, der den Ausschluss mit betreibt, können das Fehlverhalten des auszuschließenden Gesellschafters in einem derart milden Licht erscheinen lassen, dass es als Ausschließungsgrund ausscheidet. Die gegen einen anderen Gesellschafter oder das Organmitglied einer Gesellschafterin gerichtete **Strafanzeige** ist nicht in jedem Fall als ein Verhalten anzusehen, das das Verbleiben des Anzeigeerstatters in der Gesellschaft unmöglich macht. Jedenfalls dann, wenn eine solche Anzeige nicht leichtfertig oder gar wider besseres Wissen erhoben wird, sondern der sich an die Strafverfolgungsbehörden wendende Gesellschafter nach gewissenhafter Prüfung der Auffassung sein kann, es lägen strafbare Verhaltensweisen vor, ist es ihm nicht verwehrt, sich an die Ermittlungsbehörden zu wenden. Das gilt erst recht dann, wenn seine Versuche, die Frage innergesellschaftlich zu klären, am Widerstand der anderen Seite gescheitert sind. Dabei ist ferner zu berücksichtigen, dass das die Gesellschaft belastende Zerwürfnis nicht nur

7

---

11 BGH, Urt. v. 19.9.1977 – II ZR 11/76, BB 1977, 1569 = NJW 1977, 2316.
12 OLG München, Urt. v. 5.10.2016 – 7 U 3036/15, DStR 2017, 113 Tz. 23, indes mit dem Hinweis in Tz. 29, dass ein Gesellschafter, dessen Anteil durch Gesellschaftsbeschluss eingezogen wurde, sich im Falle faktischer Beendigung der Zusammenarbeit nach Treu und Glauben dann nicht mehr auf eine ungeklärte Beendigung des Vertragsverhältnisses berufen kann, wenn nach den Umständen des Falles nicht mehr zu erwarten ist, dass der Gesellschafter die tatsächliche Mitarbeit wieder aufnimmt.
13 BGH, Urt. v. 24.9.2013 – II ZR 216/11, NZG 2013, 1344 Tz. 15; BGH, Urt. v. 13.2.1995 – II ZR 225/93, BB 1995, 688 = NJW 1995, 1358; BGH, Urt. v. 23.2.1981 – II ZR 229/79, BGHZ 80, 346 = NJW 1981, 2302; ebenso Bork/Schäfer/*Thiessen*, § 34 Rn. 16 ff.; MünchKommGmbHG/*Strohn*, § 34 Rn. 47 f.

Kap. 3 Verlust der Mitgliedschaft

vom auszuschließenden Gesellschafter, sondern von den die Zwangseinziehung betreibenden Gesellschaftern gesetzt wurde.[14]

c) Satzungsänderung

8 Soll die Möglichkeit einer **Zwangseinziehung** nachträglich in die Satzung aufgenommen werden, so bedarf der betreffende satzungsändernde Beschluss der Zustimmung aller Gesellschafter (§ 53 Abs. 3 GmbHG). Der BGH hat dies zunächst für die nachträgliche Schaffung einer Satzungsklausel über die Modalitäten der Ausschließung aus wichtigem Grund ausgesprochen.[15] Nur konsequent ist es, dass er auch für die Aufnahme einer Zwangseinziehung in die Satzung die Zustimmung aller Gesellschafter fordert.[16] Im Schrifttum wird dasselbe auch für die Ermöglichung einer **freiwilligen Einziehung** durch Satzungsänderung verlangt.[17] Dies erscheint wegen der durch eine freiwillige Einziehung bedingten Änderungen im Kräfteverhältnis der Gesellschafter durchaus folgerichtig.

4. Zustimmung des Betroffenen bei freiwilliger Einziehung

9 Die Zustimmung des Berechtigten ist eine empfangsbedürftige, gegenüber der Gesellschaft, den Geschäftsführern oder der Gesellschafterversammlung abzugebende Willenserklärung.[18] Die Erklärung, die vor, bei oder nach dem Gesellschafterbeschluss abgegeben werden kann,[19] ist an keine Form gebunden.[20] Das Einverständnis kann von dem Gesellschafter durch Zustimmung zum Einzie-

---

14 BGH, Urt. v. 24.9.2013 – II ZR 216/11, NZG 2013, 1344 Tz. 17; BGH, Urt. v. 24.2.2003 – II ZR 243/02, NJW-RR 2003, 897.
15 BGH, Urt. v. 1.4.1953 – II ZR 235/52, BGHZ 9, 157 = BB 1953, 332 = NJW 1953, 780.
16 BGH, Urt. v. 19.9.1977 – II ZR 11/76, BB 1977, 1569 = NJW 1977, 2316; BGH, Urt. v. 1.4.1953 – II ZR 235/52, BGHZ 9, 157 = BB 1953, 332 = NJW 1953, 780; offen BGH, Urt. v. 16.12.1991 – II ZR 58/91, BGHZ 116, 359 = BB 1992, 448 = NJW 1992, 892; für Einstimmigkeitserfordernis ebenfalls Michalski/Heidinger/Leible/Schmidt/*Sosnitza*, § 34 Rn. 32; Baumbach/Hueck/*Fastrich*, § 34 Rn. 8; Bork/Schäfer/*Thiessen*, § 34 Rn. 6; MünchKommGmbHG/*Strohn*, § 34 Rn. 15; offenbar a. A. Gehrlein/Born/Simon/*Sandhaus*, § 34 Rn. 13: Dreiviertelmehrheit.
17 Lutter/Hommelhoff/*Kleindiek*, § 34 Rn. 19; Michalski/Heidinger/Leible/Schmidt/*Sosnitza*, § 34 Rn. 11; Rowedder/Schmidt-Leithoff/*Görner*, § 34 Rn. 10; a. A. Roth/*Altmeppen*, § 34 Rn. 8; Bork/Schäfer/*Thiessen*, § 34 Rn. 5; MünchKommGmbHG/ *Strohn*, § 34 Rn. 15; Baumbach/Hueck/*Fastrich*, § 34 Rn. 5: Dreiviertelmehrheit.
18 MünchKommGmbHG/*Strohn*, § 34 Rn. 37; Ulmer/*Ulmer/Habersack*, § 34 Rn. 21; Gehrlein/Born/Simon/*Sandhaus*, § 34 Rn. 16; LutterHommelhoff/*Kleindiek*, § 34 Rn. 23.
19 Lutter/Hommelhoff/*Kleindiek*, § 34 Rn. 23; Rowedder/Schmidt-Leithoff/*Görner*, § 34 Rn. 19.
20 Scholz/*Westermann*, § 34 Rn. 12; Bork/Schäfer/*Thiessen*, § 34 Rn. 8; MünchKommGmbHG/*Strohn*, § 34 Rn. 38.

hungsbeschluss bekundet werden.²¹ Jedoch genügt nicht bereits die Mitwirkung an der **Einfügung einer Einziehungsklausel** in die Satzung, weil dadurch noch keine konkrete Einzelmaßnahme gegenüber einem bestimmten Gesellschafter getroffen wird.²² Ferner ist analog §§ 407, 409 BGB die Zustimmung aller an dem Geschäftsanteil **dinglich Berechtigter** erforderlich.²³

5. Erhaltung des Stammkapitals

a) Volleinzahlung der Einlage

Eine Einziehung kann nur vorgenommen werden, wenn die Einlage voll einge- **10** zahlt ist oder sich jemand findet, der die Volleinzahlung anstelle des Auszuschließenden vornimmt. Denn andernfalls würde die Stammeinlageverpflichtung mit der Vernichtung des Geschäftsanteils erlöschen, und eine **Streichung der Einlageschuld** verbietet § 19 Abs. 2 Satz 1 GmbHG.²⁴ Die Notwendigkeit der Volleinzahlung ist auch zu beachten, wenn die Satzung eine unentgeltliche Einziehung vorsieht.²⁵

b) Leistung der Abfindung aus ungebundenem Vermögen

Der Einziehungsbeschluss nach § 34 GmbHG steht unter der Voraussetzung, dass **11** das Stammkapital erhalten bleibt. Darum kann der Beschluss nicht ausgeführt werden, wenn das zur Deckung des Stammkapitals erforderliche Vermögen bei der Beschlussfassung fehlt oder bis zu dem Zeitpunkt, in dem zu erfüllen ist, verloren geht. Dahinter steht der Schutzgedanke des § 34 Abs. 3 GmbHG: Im Gläubigerinteresse soll sichergestellt werden, dass die Gesellschafter die Kapitalerhaltungspflicht nicht durch die Aufgabe der Mitgliedschaft umgehen; um den Schutz des Abfindungsanspruchs der Gesellschafter geht es hingegen nicht.²⁶ Vor

---

21 MünchKommGmbHG/*Strohn*, § 34 Rn. 38; Gehrlein/Born/Simon/*Sandhaus*, § 34 Rn. 16; *Lutter*/Hommelhoff/*Kleindiek*, § 34 Rn. 23.
22 Scholz/*Westermann*, § 34 Rn. 12; Michalski/Heidinger/Leible/Schmidt/*Sosnitza*, § 34 Rn. 14; MünchKommGmbHG/*Strohn*, § 34 Rn. 38.
23 *Lutter*/Hommelhoff/*Kleindiek*, § 34 Rn. 23; Baumbach/Hueck/*Fastrich*, § 34 Rn. 6; Ulmer/*Ulmer/Habersack*, § 34 Rn. 23; Bork/Schäfer/*Thiessen*, § 34 Rn. 9.
24 BGH, Urt. v. 2.12.2014 – II ZR 322/13, BGHZ 203, 303 = BB 2015, 782 = NZG 2015, 429 Tz. 31; BGH, Urt. v. 1.4.1953 – II ZR 235/52, BGHZ 9, 157 = BB 1953, 332 = NJW 1953, 780; so auch Bork/Schäfer/*Thiessen*, § 34 Rn. 22; Michalski/Heidinger/ Leible/Schmidt/*Sosnitza*, § 34 Rn. 16; Gehrlein/Born/Simon/*Sandhaus*, § 34 Rn. 30; MünchKommGmbHG/*Strohn*, § 34 Rn. 30; Rowedder/Schmidt-Leithoff/*Görner*, § 34 Rn. 20; *Lutter*/Hommelhoff/*Kleindiek*, § 34 Rn. 22.
25 Rowedder/Schmidt-Leithoff/*Görner*, § 34 Rn. 20; MünchKommGmbHG/*Strohn*, § 34 Rn. 30.
26 BGH, Urt. v. 24.1.2012 – II ZR 109/11, BGHZ 192, 236 = BB 2012, 664 = NZG 2012, 259 Tz. 13.

Kap. 3   Verlust der Mitgliedschaft

diesem Hintergrund kann der Einziehungsbeschluss, so der BGH in einer frühen Entscheidung, keinen Bestand haben, wenn die Gesellschafter das zur Deckung des **Stammkapitals** erforderliche Vermögen angreifen wollen (§ 30 GmbHG), ohne zugleich eine Kapitalherabsetzung vorzunehmen; dann verbleibt der „eingezogene" Geschäftsanteil dem Anteilsberechtigten.[27] Wegen Verstoßes gegen § 34 Abs. 3 GmbHG ist der Beschluss über die Einziehung eines Geschäftsanteils also analog § 241 Nr. 3 AktG **nichtig**, wenn bereits **im Zeitpunkt der Beschlussfassung** feststeht, dass die Abfindung des Gesellschafters ganz oder teilweise nicht aus freiem, die Stammkapitalziffer nicht beeinträchtigenden, sondern nur aus gebundenem Vermögen der Gesellschaft gezahlt werden kann, und der Beschluss nicht klarstellt, dass die Zahlung nur bei Vorhandensein ungebundenen Vermögens erfolgen darf.[28] Nichtig ist der Einziehungsbeschluss auch dann, wenn die GmbH über stille Reserven verfügt, deren Auflösung ihr die Bezahlung der Abfindung ermöglichen würde.[29] Die Zahlung aus gebundenem Vermögen kann nur durch eine **Kapitalherabsetzung** vermieden werden. Diese muss freilich erst vollständig durchgeführt, insbesondere das Sperrjahr nach § 58 Abs. 1 Nr. 3 GmbHG beachtet, und dann eingetragen werden, bevor die Gesellschaft zur Einziehung schreiten darf.[30] Der Gesichtspunkt einer Verletzung des § 30 GmbHG spielt freilich keine Rolle, wenn **Mitgesellschafter** den Anteil erwerben und ihrerseits die Abfindung zu zahlen haben; denn sie haften für die ausstehende Einlage (§ 16 Abs. 2 GmbHG).[31]

6. Durchführung der Einziehung

12   Das **mehraktige** Verfahren der Einziehung vollzieht sich durch den Einziehungsbeschluss und die Einziehungserklärung.

a) Gesellschafterbeschluss

13   Über die Einziehung eines Geschäftsanteils hat grundsätzlich die Gesellschafterversammlung zu beschließen (§ 46 Nr. 4 GmbHG). Der Einziehungsbe-

---

27   BGH, Urt. v. 1.4.1953 – II ZR 235/52, BGHZ 9, 157 = BB 1953, 332 = NJW 1953, 780.
28   BGH, Urt. v. 24.1.2012 – II ZR 109/11, BGHZ 192, 236 = BB 2012, 664 = NZG 2012, 259 Tz. 7; BGH, Urt. v. 5.4.2011 – II ZR 263/08, NJW 2011, 2294 Tz. 13; BGH, Beschl. v. 8.12.2008 – II ZR 263/07, NJW-RR 2009, 464 Tz. 7; BGH, Urt. v. 17.9.2001 – II ZR 245/99, DStR 2001, 1898; BGH, Urt. v. 19.6.2000 – II ZR 73/99, BGHZ 144, 365 = BB 2000, 1590 = NJW 2000, 2819; vgl. auch BGH, Urt. v. 10.5.2016 – II ZR 342/14, BGHZ 210, 186 = BB 2016, 1426 = NJW-RR 2016, 801 Tz. 13; ablehnend Michalski/Heidinger/Leible/Schmidt/*Sosnitza*, § 34 Rn. 79.
29   BGH, Urt. v. 26.6.2018 – II ZR 65/16, BB 2018, 1999 = NJW-RR 2018, 1054 Tz. 14 ff.
30   Michalski/Heidinger/Leible/Schmidt/*Sosnitza*, § 34 Rn. 18; Bork/Schäfer/*Thiessen*, § 34 Rn. 21.
31   BGH, Urt. v. 20.6.1983 – II ZR 237/82, BB 1983, 1628 = NJW 1983, 2880; so auch Bork/Schäfer/*Thiessen*, § 34 Rn. 46; MünchKommGmbHG/*Strohn*, § 34 Rn. 99.

I. Einziehung **Kap. 3**

schluss muss sich auf einen bestimmten Geschäftsanteil beziehen und bei einer Zwangseinziehung auch den Grund angeben.[32] Die Satzung kann die Entscheidungskompetenz gemäß § 45 Abs. 2 GmbHG einem anderen Gesellschaftsorgan, etwa einem Gesellschafterausschuss, einem Aufsichtsrat oder Beirat übertragen.[33] Entgegen der h. L.[34] bestehen gegen eine Zuweisung an den Geschäftsführer allerdings durchgreifende Bedenken.[35] Für die Beschlussfassung genügt gemäß § 47 Abs. 1 GmbHG die **Mehrheit der** abgegebenen **Stimmen**, wenn nicht eine abweichende Satzungsregelung vorliegt.[36] Handelt es sich um eine **freiwillige Einziehung**, so kann der betroffene Gesellschafter bei der Beschlussfassung sein Stimmrecht wahrnehmen.[37] Bei einer **Zwangseinziehung** wegen eines wichtigen Grundes in der Person des Anteilsinhabers ist hingegen das Stimmverbot des § 47 Abs. 4 GmbHG zu beachten. Diese Bestimmung schließt das Stimmrecht etwa dann aus, wenn die Beschlussfassung die Einleitung eines Rechtsstreits gegen den Gesellschafter betrifft. Dabei wird kein Unterschied gemacht, ob der Betroffene der GmbH als Dritter oder als Gesellschafter gegenübertritt. Jedenfalls greift ein Stimmverbot ein, weil ein Gesellschafter nicht Richter in eigener Sache sein darf.[38] Deshalb kann auch der Geschäftsanteil eines Mehrheitsgesellschafters eingezogen werden.

---

32 Michalski/Heidinger/Leible/Schmidt/*Sosnitza*, § 34 Rn. 104; MünchKommGmbHG/*Strohn*, § 34 Rn. 18.
33 Scholz/*Westermann*, § 34 Rn. 42; Baumbach/Hueck/*Fastrich*, § 34 Rn. 14; Ulmer/*Ulmer/Habersack*, § 34 Rn. 115; Gehrlein/Born/Simon/*Sandhaus*, § 34 Rn. 36; einschränkend MünchKommGmbHG/*Strohn*, § 34 Rn. 24: Übertragung nur auf Organ, in dem Gesellschafter maßgeblichen Einfluss haben.
34 Scholz/*Westermann*, § 34 Rn. 42; Baumbach/Hueck/*Fastrich*, § 34 Rn. 14; Lutter/Hommelhoff/*Kleindiek*, § 34 Rn. 20; Bork/Schäfer/*Thiessen*, § 34 Rn. 29; Ulmer/*Ulmer/Habersack*, § 34 Rn. 115.
35 Rowedder/Schmidt-Leithoff/*Görner*, § 34 Rn. 14.
36 Baumbach/Hueck/*Fastrich*, § 34 Rn. 14; Scholz/*Westermann*, § 34 Rn. 42; MünchKommGmbHG/*Strohn*, § 34 Rn. 18; Ulmer/*Ulmer/Habersack*, § 34 Rn. 49.
37 Rowedder/Schmidt-Leithoff/*Görner*, § 34 Rn. 12; MünchKommGmbHG/*Strohn*, § 34 Rn. 19; Baumbach/Hueck/*Fastrich*, § 34 Rn. 14; a. A. Michalski/Heidinger/Leible/Schmidt/*Sosnitza*, § 34 Rn. 108.
38 BGH, Urt. v. 2.12.2014 – II ZR 322/13, BGHZ 203, 303 = BB 2015, 782 = NZG 2015, 429 Tz. 16; BGH, Urt. v. 21.6.2010 – II ZR 230/08, NZG 2010, 1022 Tz. 13; BGH, Urt. v. 20.12.1976 – II ZR 115/75, BB 1977, 563; BGH, Urt. v. 1.4.1953 – II ZR 235/52, BGHZ 9, 157 = BB 1953, 332 = NJW 1953, 780; ebenso Gehrlein/Born/Simon/*Sandhaus*, § 34 Rn. 33; MünchKommGmbHG/*Strohn*, § 34 Rn. 20; Bork/Schäfer/*Thiessen*, § 34 Rn. 30; Michalski/Heidinger/Leible/Schmidt/*Sosnitza*, § 34 Rn. 109; a. A. für den Fall, dass die Behauptung des wichtigen Grundes in der Person des Mehrheitsgesellschafters streitig ist, Roth/*Altmeppen*, § 34 Rn. 72.

Kap. 3 Verlust der Mitgliedschaft

b) Rechtliches Gehör

14 Einem Gesellschafter ist im Gegensatz zum Verfahren bei seiner Abberufung als Geschäftsführer und der Kündigung seines Anstellungsvertrages rechtliches Gehör einzuräumen, wenn er aus der GmbH ausgeschlossen werden soll. Eine Verpflichtung zur Anhörung des Gesellschafters vor seiner Ausschließung lässt sich aus der **gesellschafterlichen Treuepflicht** in Verbindung mit dem Rechtsgrundsatz herleiten, dass vor der Ausschließung mit ihren einschneidenden Folgen für den Betroffenen alle anderen möglichen und zumutbaren Wege zur Behebung der Schwierigkeiten beschritten werden müssen, die Ausschießung also nur ultima ratio darstellt. In der Rechtsprechung wird vor der Zwangseinziehung eines Geschäftsanteils grundsätzlich auch eine Abmahnung für erforderlich gehalten.[39] Auch im Schrifttum ist anerkannt, dass dem Gesellschafter über sein Mitspracherecht in der Gesellschafterversammlung hinaus jedenfalls Gelegenheit gegeben werden muss, zu den Vorwürfen, auf denen seine Ausschließung fußt, Stellung zu nehmen. Wird die Anhörung versäumt, kann der Gesellschafter gegen den Beschluss mit der Anfechtungsklage vorgehen.[40]

c) Mitteilung der Einziehung

15 Der Einziehungsbeschluss bedarf nicht der notariellen Beurkundung,[41] entfaltet aber erst Rechtswirkung, wenn er dem Anteilsinhaber durch eine Einziehungserklärung mitgeteilt wird. Dieser Gestaltungsakt zielt auf die Vernichtung des Gesellschaftsanteils. Die Einziehungserklärung ist eine formlose, empfangsbedürftige Willenserklärung.[42] Die Mitteilung obliegt der **Gesellschafterversammlung**, die hierzu den **Geschäftsführer** oder einen Dritten einschalten kann.[43] Ist der betroffene Gesellschafter bei der Beschlussfassung anwesend, so verbindet sich mit der Bekanntgabe des Einziehungsbeschlusses zugleich die für die Anteilsvernichtung konstitutive Mitteilung der Gesellschaft gegenüber dem An-

---

39 OLG Stuttgart, Urt. v. 27.6.2018 – 14 U 33/17, BeckRS 2018, 21664 Tz. 155 (auch zur Entbehrlichkeit einer Abmahnung).
40 BGH, Beschl. v. 7.7.1997 – II ZR 221/96, BeckRS 9998, 41048; BGH, Urt. v. 4.7.1960 – II ZR 168/58, BB 1960, 797 = NJW 1960, 1861; gleichsinnig Baumbach/Hueck/*Fastrich*, § 34 Rn. 15; Michalski/Heidinger/Leible/Schmidt/*Sosnitza*, § 34 Rn. 112; Gehrlein/Born/Simon/*Sandhaus*, § 34 Rn. 33.
41 OLG Karlsruhe, Urt. v. 16.10.2003 – 12 U 63/03, GmbHR 2003, 1482; ebenso MünchKommGmbHG/*Strohn*, § 34 Rn. 18.
42 Gehrlein/Born/Simon/*Sandhaus*, § 34 Rn. 37; MünchKommGmbHG/*Strohn*, § 34 Rn. 33; Bork/Schäfer/*Thiessen*, § 34 Rn. 43.
43 Michalski/Heidinger/Leible/Schmidt/*Sosnitza*, § 34 Rn. 118; Gehrlein/Born/Simon/*Sandhaus*, § 34 Rn. 38; Scholz/*Westermann*, § 34 Rn. 46; Ulmer/*Ulmer/Habersack*, § 34 Rn. 55; MünchKommGmbHG/*Strohn*, § 34 Rn. 34 f.

I. Einziehung **Kap. 3**

teilseigner.⁴⁴ Fehlt es an einem gültigen Beschluss, so löst die Einziehungserklärung des Geschäftsführers keine Rechtsfolgen aus.⁴⁵

7. Rechtsfolgen der Einziehung – Abfindung

Die Einziehung bewirkt als Rechtsfolge nicht nur den Verlust des Geschäftsanteils für den bisherigen Inhaber, sondern weitergehend sogar die Vernichtung des Geschäftsanteils als solchen. Als Ausgleich erhält der ausscheidende Gesellschafter eine Abfindung, mit deren Zahlung sich die Einziehung im Rechtssinn vollendet. Vorbehaltlich einer abweichenden Regelung ist die Abfindung sofort mit der Einziehung fällig (§ 271 Abs. 1 BGB).⁴⁶ **16**

a) Vernichtung des Geschäftsanteils

Die Einziehung, die grundsätzlich bereits mit der Bekanntgabe des Beschlusses an den betroffenen Gesellschafter **wirksam** wird,⁴⁷ vernichtet den Geschäftsanteil des betroffenen Gesellschafters, sodass weder die Teilung des Anteils noch dessen Abtretung mehr möglich ist,⁴⁸ und lässt sämtliche mit dem Geschäftsanteil verbundenen Mitgliedschaftsrechte und -pflichten untergehen.⁴⁹ Vor der Einziehung begründete **Ansprüche** des Gesellschafters gegen die GmbH, etwa auf Ausschüttung des festgestellten Gewinns, bleiben erhalten.⁵⁰ Fehlt es an einem Gewinnverwendungsbeschluss, partizipiert der Gesellschafter nicht an dem während seiner Zugehörigkeit erwirtschafteten, aber (noch) nicht ausgeschütteten Gewinn.⁵¹ Für die im Zeitpunkt der Einziehung bereits entstandenen **Pflichten** zur Nebenleistungen oder Nachschüsse oder die schon bestehende Ver- **17**

---

44 OLG Dresden, Urt. v. 28.10.2015 – 13 U 788/15, BeckRS 2016, 1079 Tz. 22; ebenso Goette, § 5 Rn. 83; Baumbach/Hueck/*Fastrich*, § 34 Rn. 16; Rowedder/Schmidt-Leithoff/*Görner*, § 34 Rn. 16; Bork/Schäfer/*Thiessen*, § 34 Rn. 43; zurückhaltend MünchKommGmbHG/*Strohn*, § 34 Rn. 36: gesonderte Einziehungserklärung bei entsprechender Willensbekundung der Gesellschafterversammlung.
45 Ulmer/*Ulmer/Habersack*, § 34 Rn. 54; Rowedder/Schmidt-Leithoff/*Görner*, § 34 Rn. 15; Gehrlein/Born/Simon/*Sandhaus*, § 34 Rn. 38; Bork/Schäfer/*Thiessen*, § 34 Rn. 43.
46 BGH, Urt. v. 24.1.2012 – II ZR 109/11, BGHZ 192, 236 = BB 2012, 664 = NZG 2012, 259 Tz. 16.
47 Dazu näher zu Rn. 24.
48 OLG Dresden, Urt. v. 28.10.2015 – 13 U 788/15, BeckRS 2016, 1079 Tz. 19.
49 BGH, Urt. v. 24.1.2012 – II ZR 109/11, BGHZ 192, 236 = BB 2012, 664 = NZG 2012, 259 Tz. 6; BGH, Urt. v. 14.9.1998 – II ZR 172/97, BGHZ 139, 299 = BB 1998, 2279 = NJW 1998, 3646; ebenso Bork/Schäfer/*Thiessen*, § 34 Rn. 48; Gehrlein/Born/Simon/ *Sandhaus*, § 34 Rn. 44; nunmehr auch Baumbach/Hueck/*Fastrich*, § 34 Rn. 19.
50 Bork/Schäfer/*Thiessen*, § 34 Rn. 49; MünchKommGmbHG/*Strohn*, § 34 Rn. 60.
51 BGH, Urt. v. 14.9.1998 – II ZR 172/97, BGHZ 139, 299 = BB 1998, 2279 = NJW 1998, 3646; Michalski/Heidinger/Leible/Schmidt/*Sosnitza*, § 34 Rn. 129; MünchKommGmbHG/*Strohn*, § 34 Rn. 60.

Kap. 3 Verlust der Mitgliedschaft

pflichtung aus § 24 GmbHG hat der Gesellschafter weiter einzustehen.[52] Rechte Dritter gehen mit dem betroffenen Geschäftsanteil unter.[53] Die **Legitimationswirkung** des § 16 Abs. 1 Satz 1 GmbHG, nach der im Verhältnis zur Gesellschaft im Fall einer Veränderung in den Personen der Gesellschafter oder des Umfangs ihrer Beteiligungen als Inhaber eines Geschäftsanteils gilt, wer als solcher in der im Handelsregister aufgenommenen Gesellschafterliste eingetragen ist, dies mit der Folge, dass dem Betreffenden sämtliche Mitgliedschaftsrechte gegenüber der GmbH zustehen, ohne dass es auf seine wahre Berechtigung ankommt, greift auch bei eingezogenen Geschäftsanteilen, und zwar unabhängig vom Zeitpunkt des Wirksamwerdens der Einziehung.[54]

b) Divergenz von Nennbetrag aller Geschäftsanteile und Betrag des Stammkapitals

18   Die Vernichtung des Geschäftsanteils bedingt, dass der Nominalbetrag aller Gesellschaftsanteile hinter den Betrag des Stammkapitals zurückfällt. Allerdings bleibt die **Stammkapitalziffer** und damit die Höhe des den Gläubigern vorbehaltenen Haftungsfonds unverändert.[55] Die Diskrepanz zwischen dem Stammkapital und der Summe der fortbestehenden Geschäftsanteile zieht eine Vermehrung der Mitgliedschaftsrechte und -pflichten nach sich. Die mit Hilfe der Summe der verbliebenen Geschäftsanteile zu ermittelnde Beteiligungsquote der Gesellschafter erhöht sich. Sind etwa drei Gesellschafter am Stammkapital in Höhe von 150.000 € mit je 50.000 € beteiligt, so vermehrt sich nach Einziehung eines Geschäftsanteils die Beteiligungsquote der verbliebenen Gesellschafter von je 1/3 auf je 1/2. Dies schlägt sich beispielsweise auf das Gewinnrecht (§ 29 Abs. 3 GmbHG), das Stimmrecht (§ 47 Abs. 2 GmbHG) und den Anteil am Liquidationserlös (§ 72 Satz 1 GmbHG) nieder. Andererseits steigen die dem Geschäftsanteil entspringenden Gesellschafterpflichten, beispielsweise die subsidiäre Ausfallhaftung der §§ 24, 31 Abs. 3 GmbHG.[56]

---

52 Scholz/*Westermann*, § 34 Rn. 65; Baumbach/Hueck/*Fastrich*, § 34 Rn. 19; Michalski/Heidinger/Leible/Schmidt/*Sosnitza*, § 34 Rn. 128; Gehrlein/Born/Simon/*Sandhaus*, § 34 Rn. 44; MünchKommGmbHG/*Strohn*, § 34 Rn. 61; Bork/Schäfer/*Thiessen*, § 34 Rn. 49.
53 Bork/Schäfer/*Thiessen*, § 34 Rn. 50; Gehrlein/Born/Simon/*Sandhaus*, § 34 Rn. 45; MünchKommGmbHG/*Strohn*, § 34 Rn. 70; Baumbach/Hueck/*Fastrich*, § 34 Rn. 19.
54 BGH, Urt. v. 20.11.2018 – II ZR 12/17, BB 2019, 779 = NJW 2019, 993 Tz. 25 ff.; OLG Düsseldorf, Urt. v. 24.6.2016 – I-16 U 74/15, NZG 2017, 264 Tz. 31 (zum Verlust der Gesellschafterstellung infolge Kündigung).
55 Baumbach/Hueck/*Fastrich*, § 34 Rn. 20; Scholz/*Westermann*, § 34 Rn. 62; Michalski/Heidinger/Leible/Schmidt/*Sosnitza*, § 34 Rn. 123; Ulmer/*Ulmer/Habersack*, § 34 Rn. 65; Gehrlein/Born/Simon/*Sandhaus*, § 34 Rn. 46; MünchKommGmbHG/*Strohn*, § 34 Rn. 64; *Lutter*/Hommelhoff/*Kleindiek*, § 34 Rn. 4 f.
56 Baumbach/Hueck/*Fastrich*, § 34 Rn. 21; Scholz/*Westermann*, § 34 Rn. 67; Gehrlein/Born/Simon/*Sandhaus*, § 34 Rn. 50; MünchKommGmbHG/*Strohn*, § 34 Rn. 64.

I. Einziehung **Kap. 3**

c) Keine zwingende Anpassung der Nennbeträge der verbliebenen Geschäftsanteile

Da das Stammkapital in Geschäftsanteile zerlegt ist, gebietet § 5 Abs. 3 Satz 2 GmbHG, dass die **Summe der Nennbeträge** aller Geschäftsanteile mit dem **Stammkapital** übereinstimmt. Dies gilt nicht nur im Gründungsstadium, sondern während der gesamten Dauer der Gesellschaft. Dass nach der Einziehung eines Geschäftsanteils (§ 34 GmbHG) das Stammkapital unverändert bleibt, während die Summe der Nennbeträge der Geschäftsanteile infolge des Wegfalls des eingezogenen Geschäftsanteils gemindert ist, begegnet, wie der BGH ausgesprochen hat, keinen Bedenken; der betreffende Einziehungsbeschluss ist weder nichtig noch anfechtbar.[57] Dem Interesse der Gläubiger an Transparenz der Beteiligungsverhältnisse genügt es, dass die noch vorhandenen Gesellschafter mit den unverändert gebliebenen Nennbeträgen ihrer Geschäftsanteile in der Gesellschafterliste eingetragen sind.[58] Ob in dieser Liste auch die Einziehung zu vermerken ist und ob das Registergericht anlässlich eines späteren Eintragungsantrags darauf bestehen kann, dass die Divergenz zwischen der Summe der Nennbeträge der Geschäftsanteile und dem Stammkapital beseitigt wird, hat der BGH offengelassen.[59] Jedenfalls ist der Praxis angesichts des in § 5 Abs. 3 Satz 2 GmbHG vorgesehenen Konvergenzgebots zu raten, ein dauerhaftes Auseinanderfallen des Stammkapitals und der Summe der Nennbeträge der Geschäftsanteile zu verhindern.[60] Dies können die Gesellschafter dadurch erreichen, dass sie die Einziehung mit einer Kapitalherabsetzung verbinden, einen neuen Geschäftsanteil bilden (sog. Revalorisierung) oder die Summe der Nennbeträge der Geschäftsanteile durch eine nominelle Aufstockung dem Stammkapital anpassen.[61] Letzteres ist durch einfachen Gesellschafterbeschluss mit einfacher Mehrheit möglich und muss in der Gesellschafterliste nachvollzogen werden.[62] Eine

19

---

57 BGH, Urt. v. 2.12.2014 – II ZR 322/13, BGHZ 203, 303 = BB 2015, 782 = NZG 2015, 429 Tz. 22 ff.; zustimmend Roth/*Altmeppen*, § 34 Rn. 91 ff.; MünchKommGmbHG/*Strohn*, § 34 Rn. 65a; Baumbach/Hueck/*Fastrich*, § 34 Rn. 17a; wie der BGH auch Gehrlein/Born/Simon/*Sandhaus*, § 34 Rn. 46 f.; offen Rowedder/Schmidt-Leithoff/*Görner*, § 34 Rn. 26 (in der Voraufl. für Nichtigkeit des Einziehungsbeschlusses); wohl weiterhin für dessen Anfechtbarkeit Michalski/Heidinger/Leible/Schmidt/*Sosnitza*, § 34 Rn. 126.
58 BGH, Urt. v. 2.12.2014 – II ZR 322/13, BGHZ 203, 303 = BB 2015, 782 = NZG 2015, 429 Tz. 26; ebenso MünchKommGmbHG/*Strohn*, § 34 Rn. 66; Scholz/*Westermann*, § 34 Rn. 47.
59 BGH, Urt. v. 2.12.2014 – II ZR 322/13, BGHZ 203, 303 = BB 2015, 782 = NZG 2015, 429 Tz. 26; für Vermerk der Einziehung in der Gesellschafterliste Baumbach/Hueck/*Fastrich*, § 40 Rn. 14; Bork/Schäfer/*Wachter*, § 40 Rn. 75.
60 Bork/Schäfer/*Thiessen*, § 34 Rn. 55.
61 So unter Heranziehung der Regierungsbegründung zum MoMiG (BT-Drucks. 16/6140, S. 31) statt vieler Michalski/Heidinger/Leible/Schmidt/*Sosnitza*, § 34 Rn. 124 f.; Rowedder/Schmidt-Leithoff/*Görner*, § 34 Rn. 27 f.

Kap. 3 Verlust der Mitgliedschaft

Kapitalerhöhung aus Gesellschaftsmitteln ist nach § 57h Abs. 1 Satz 1 GmbHG durch Bildung neuer Geschäftsanteile oder durch Aufstockung des Nennbetrags der bestehenden Geschäftsanteile umzusetzen. Umgekehrt sind bei einer Kapitalherabsetzung die Nennbeträge der Geschäftsanteile dem verringerten Kapital anzugleichen.

d) Abfindung des ausgeschiedenen Gesellschafters

20 Sofern die Satzung keine abweichende Regelung enthält, besteht grundsätzlich ein Anspruch auf **vollwertige Abfindung** auf der Grundlage des **Verkehrswerts** des Unternehmens. Dabei ist an Stelle des Substanzwerts regelmäßig der Ertragswert des Betriebs zugrunde zu legen.[63] Satzungsmäßige Abfindungsbeschränkungen unterliegen einer **Inhaltskontrolle** nach Maßgabe der im Personengesellschaftsrecht entwickelten Zulässigkeitsschranken. In dieser Problematik haben sich einzelne Fallgruppen herausgebildet.

aa) Sittenwidrigkeit

21 Bei der Auslegung von Satzungsbestimmungen über die Abfindung eines infolge Einziehung seines Geschäftsanteils ausscheidenden Gesellschafters ist zu berücksichtigen, dass die an der Gesellschaft beteiligten Personen im Zweifel eine auf Dauer wirksame und die Gesellschafter gleichbehandelnde Berechnung der Abfindung gewollt haben.[64] Indes sind gesellschaftsvertragliche Beschränkungen des Abfindungsrechts eines GmbH-Gesellschafters aufgrund der **Satzungsautonomie** innerhalb des Wertungsmodells des § 138 Abs. 1 BGB grundsätzlich zulässig. Ihr Zweck besteht darin, den Fortbestand der Gesellschaft durch Einschränkung des Kapitalabflusses zu gewährleisten und/oder die Berechnung der Höhe des Abfindungsanspruches zu vereinfachen. Derartige Beschränkungen können jedoch auch unter Berücksichtigung solcher Zwecke nicht schrankenlos vorgenommen werden. Sie unterliegen den Grenzen des § 138 BGB. Diese greifen jedoch nur in dem Fall ein, dass die getroffene Regelung bereits bei ihrer **Entstehung** grob unbillig ist.[65]

---

62 Gehrlein/Born/Simon/*Sandhaus*, § 34 Rn. 49.
63 BGH, Urt. v. 16.12.1991 – II ZR 58/91, BGHZ 116, 359 = BB 1992, 448 = NJW 1992, 892; gleichsinnig Roth/*Altmeppen*, § 34 Rn. 55; MünchKommGmbHG/*Strohn*, § 34 Rn. 209; Gehrlein/Born/Simon/*Sandhaus*, § 34 Rn. 61; Baumbach/Hueck/*Fastrich*, § 34 Rn. 23.
64 BGH, Urt. v. 27.9.2011 – II ZR 279/09, NZG 2011, 1420 Tz. 14.
65 BGH, Urt. v. 20.9.1993 – II ZR 104/92, BGHZ 123, 281 = BB 1993, 2265 = NJW 1993, 3193; BGH, Urt. v. 16.12.1991 – II ZR 58/91, BGHZ 116, 359 = BB 1992, 448 = NJW 1992, 892; ebenso Roth/*Altmeppen*, § 34 Rn. 58; Baumbach/Hueck/*Fastrich*, § 34 Rn. 28; Bork/Schäfer/*Thiessen*, § 34 Rn. 86; Gehrlein/Born/Simon/*Sandhaus*, § 34 Rn. 66; MünchKommGmbHG/*Strohn*, § 34 Rn. 227.

bb) Nachträgliches Missverhältnis

Ohne Auswirkungen auf die Wirksamkeit einer statutarischen Abfindungsrege- 22
lung bleibt ein nachträgliches, durch die wirtschaftliche Entwicklung entstehendes Missverhältnis zwischen dem Abfindungsbetrag und dem Verkehrswert. Indes ist, wie im Zusammenhang mit der Ausschließung eines Gesellschafters, der Inhalt der Abfindungsregelung durch ergänzende Vertragsauslegung nach den Grundsätzen von Treu und Glauben unter angemessener Abwägung der Interessen der Gesellschaft und des ausscheidenden Gesellschafters und unter Berücksichtigung aller Umstände des konkreten Falles entsprechend den geänderten Verhältnissen neu zu ermitteln.[66] Dabei ist nicht nur das Missverhältnis zwischen Abfindungsbetrag und tatsächlichem Anteilswert, sondern auch die Dauer der Mitgliedschaft des Gesellschafters und dessen Anteil am Erfolg des Unternehmens und der Anlass seines Ausscheidens von Bedeutung.[67] Aber auch das Austrittsrecht unzumutbar beschneidende Abfindungsregelungen sind als unzulässig zu erachten. Dem Gesellschafter einer GmbH wird das Recht zuerkannt, bei Vorliegen eines wichtigen Grundes aus der Gesellschaft auszutreten. Dieses Recht gehört als **Grundprinzip des Verbandsrechts** zu den zwingenden, unverzichtbaren Mitgliedschaftsrechten. Entsteht durch die im Gesellschaftsvertrag enthaltene Abfindungsbeschränkung ein grobes Missverhältnis zu dem nach dem wirtschaftlichen Wert zu bemessenden Anspruch, so wird darin ein Umstand gesehen, durch den das Recht des austrittswilligen Gesellschafters, sich zum Austritt zu entschließen, in unvertretbarer Weise eingeengt wird. In dieser Fallgruppe ist abweichend zu § 138 Abs. 1 BGB nicht auf das Missverhältnis bei Aufnahme der Abfindungsklausel in die Satzung abzustellen, sondern auf dasjenige bei Vorliegen der Austrittsvoraussetzungen.[68]

cc) Benachteiligung der Gläubiger

Einseitige Abfindungsbeschränkungen zulasten der auf den Geschäftsanteil 23
zugreifenden Gläubiger des Gesellschafters begegnen ebenfalls Bedenken. Solche Klauseln sind nach § 138 Abs. 1 BGB und analog § 241 Nr. 3 AktG nichtig, wenn die Abfindungsbeschränkung nur gegen Gläubiger gerichtet ist und darum eine **Gläubigerbenachteiligung** hervorruft. Grundsätzlich nicht zu beanstanden

---

66 Zur Ausschließung eines Gesellschafters BGH, Urt. v. 20.9.1993 – II ZR 104/92, BGHZ 123, 281 = BB 1993, 2265 = NJW 1993, 3193; BGH, Urt. v. 24.5.1993 – II ZR 36/92, NJW 1993, 2101; näher dazu in Rn. 56.
67 Zur Ausschließung eines Gesellschafters BGH, Urt. v. 27.9.2011 – II ZR 279/09, NZG 2011, 1420 Tz. 13; BGH, Urt. v. 19.6.2000 – II ZR 73/99, BGHZ 144, 365 = BB 2000, 1590 = NJW 2000, 2819; BGH, Urt. v. 20.9.1993 – II ZR 104/92, BGHZ 123, 281 = BB 1993, 2265 = NJW 1993, 3193; BGH, Urt. v. 24.5.1993 – II ZR 36/92, NJW 1993, 2101.
68 Ulmer/*Ulmer/Habersack*, § 34 Rn. 96.

Kap. 3 Verlust der Mitgliedschaft

ist hingegen, die Abfindung bei einer Anteilseinziehung aus einem wichtigen, in der Person des Gesellschafters liegenden Grund und einer Zwangseinziehung im Vollstreckungs- und Insolvenzfall in gleicher Art auszugestalten.[69]

e) Wirksamwerden der Einziehung

24 Die Zwangseinziehung des Geschäftsanteils wird, wenn der Einziehungsbeschluss weder nichtig ist noch für nichtig erklärt wird (§ 241 Nr. 5 AktG), bereits mit der **Bekanntgabe** des Beschlusses an den betroffenen Gesellschafter und nicht erst mit der **Zahlung der Abfindung** wirksam.[70] Dies gilt immer dann, wenn die Satzung nicht ausdrücklich das Gegenteil bestimmt[71] oder die Gesellschafter Gegenteiliges beschließen.[72] Die Rechtsprechung zum Austritt[73] ist mithin auf die Einziehung nicht zu übertragen.[74] Indes verdient der Abfindungsanspruch des ausgeschiedenen Gesellschafters Schutz, falls die GmbH die Abfindung nicht aus freiem Vermögen aufbringen kann und demzufolge nach § 34 Abs. 3 i.V. mit § 30 Abs. 1 GmbHG ein Zahlungsverbot besteht. Denn dann besteht die Gefahr, dass die verbleibenden Gesellschafter sich mit der Fortsetzung der Gesellschaft den wirtschaftlichen Wert des Anteils des ausgeschiedenen Gesellschafters aneignen und ihn aufgrund der gläubigerschützenden Kapitalerhaltungspflicht mit seinem Abfindungsanspruch leer ausgehen lassen.[75] Vor diesem Hintergrund haften die Gesellschafter, die den (nicht schon analog § 241 Nr. 3 AktG nichtigen)[76] Einziehungsbeschluss gefasst haben, dem ausgeschiedenen

---

69 BGH, Urt. v. 19.6.2000 – II ZR 73/99, BGHZ 144, 365 = BB 2000, 1590 = NJW 2000, 2819; BGH, Urt. v. 12.6.1975 – II ZR 12/73, BGHZ 65, 22 = BB 1975, 1177 = NJW 1975, 1835; BGH, Urt. v. 7.4.1960 – II ZR 69/58, BGHZ 32, 151 = BB 1960, 497 = NJW 1960, 1053; im selben Sinne MünchKommGmbHG/*Strohn*, § 34 Rn. 234 f.; Michalski/Heidinger/Leible/Schmidt/*Sosnitza*, § 34 Rn. 62; Bork/Schäfer/*Thiessen*, § 34 Rn. 91.
70 BGH, Urt. v. 24.1.2012 – II ZR 109/11, BGHZ 192, 236 = BB 2012, 664 = NZG 2012, 259 Tz. 8 ff.; gleichsinnig MünchKommGmbHG/*Strohn*, § 34 Rn. 76 ff.; Roth/*Altmeppen*, § 34 Rn. 19 ff.
71 Bork/Schäfer/*Thiessen*, § 34 Rn. 35.
72 Vgl. BGH, Urt. v. 10.5.2016 – II ZR 342/14, BGHZ 210, 186 = BB 2016, 1426 = NJW-RR 2016, 801 Tz. 14 ff., unter Hinweis darauf, dass hierin lediglich eine punktuelle Satzungsdurchbrechung hinsichtlich nicht zwingender Satzungsbestandteile zu sehen sei, die nicht zur Nichtigkeit, sondern allenfalls zur Anfechtbarkeit des betreffenden Beschlusses führe.
73 BGH, Urt. v. 30.11.2009 – II ZR 209/08, NJW 2010, 1206 Tz. 17; BGH, Urt. v. 30.6.2003 – II ZR 326/01, BB 2003, 1749 = NJW-RR 2003, 1265; dazu unten zu Rn. 58.
74 A. A. wohl Rowedder/Schmidt-Leithoff/*Görner*, § 34 Rn. 65.
75 BGH, Urt. v. 24.1.2012 – II ZR 109/11, BGHZ 192, 236 = BB 2012, 664 = NZG 2012, 259 Tz. 14.
76 Zur Nichtigkeit des Einziehungsbeschlusses wegen Verstoßes gegen § 34 Abs. 3 GmbHG, wenn bereits im Zeitpunkt der Beschlussfassung feststeht, dass die Abfin-

Gesellschafter in einem solchen Fall anteilig, wenn sie nicht anderweitig (etwa durch die Auflösung stiller Reserven oder Herabsetzung des Stammkapitals) dafür sorgen, dass die Abfindung aus dem ungebundenen Vermögen der Gesellschaft geleistet werden kann, oder sie die Gesellschaft nicht auflösen.[77] Diese subsidiäre persönliche Haftung der verbliebenen Gesellschafter entsteht indes weder bereits mit Fassung des Einziehungsbeschlusses noch in dem – späteren – Zeitpunkt, zu dem das Verbot nach §§ 34 Abs. 3, 30 Abs. 1 GmbHG der Zahlung der fälligen Abfindung entgegensteht, sondern erst in dem Zeitpunkt, ab dem die Fortsetzung der Gesellschaft unter Verzicht auf Maßnahmen zur Befriedigung des Abfindungsanspruchs des ausgeschiedenen Gesellschafters als treuwidrig anzusehen ist.[78] Ist ein solches treuwidriges Verhalten gegeben, so haften die Gesellschafter auch dann, wenn die Einziehung mit Zustimmung des betroffenen Gesellschafters und nicht gegen dessen Willen erfolgt.[79] Die Haftung entsteht hingegen nicht allein dadurch, dass die Gesellschaft zum Zeitpunkt der Fälligkeit der Abfindung an deren Zahlung nicht gemäß §§ 34 Abs. 3, 30 Abs. 1 GmbHG gehindert ist, aber die Zahlung unter Berufung auf dieses (nach ihrer Ansicht eben doch gegebene) Hindernis oder aus anderen Gründen verweigert.[80] Sie entsteht grundsätzlich auch dann nicht zwingend, wenn bei Fälligkeit der Zahlung oder danach über das Vermögen der GmbH das Insolvenzverfahren eröffnet wird oder die Gesellschaft jedenfalls insolvenzreif ist und der Eröffnungsantrag nicht mit treuwidriger Verzögerung gestellt wird.[81] Eine individuelle schuldrechtliche Vereinbarung der Gesellschafter hinsichtlich der subsidiären Haftung bei Ausfall der Gesellschaft, die im Zusammenhang mit der Einziehung getroffen wird, ist zulässig.[82]

8. Rechtmäßigkeitsprüfung

Dem Gesellschafter, gegen den sich eine Zwangseinziehung richtet, ist für die Wahrnehmung seiner Rechte gegen diesen Beschluss die weitere Rechtsinhaber-

---

dung des Gesellschafters ganz oder teilweise nur aus gebundenem Vermögen der Gesellschaft gezahlt werden kann, oben zu Rn. 11.
77 BGH, Urt. v. 24.1.2012 – II ZR 109/11, BGHZ 192, 236 = BB 2012, 664 = NZG 2012, 259 Tz. 21 ff.; demgegenüber kritisch Bork/Schäfer/*Thiessen*, § 34 Rn. 38.
78 BGH, Urt. v. 10.5.2016 – II ZR 342/14, BGHZ 210, 186 = BB 2016, 1426 = NJW-RR 2016, 801 Tz. 22 f.
79 BGH, Urt. v. 10.5.2016 – II ZR 342/14, BGHZ 210, 186 = BB 2016, 1426 = NJW-RR 2016, 801 Tz. 24; a. A. LG Aachen, Urt. v. 26.5.2015 – 41 O 41/14, ZIP 2015, 1439.
80 BGH, Urt. v. 10.5.2016 – II ZR 342/14, BGHZ 210, 186 = BB 2016, 1426 = NJW-RR 2016, 801 Tz. 25.
81 BGH, Urt. v. 10.5.2016 – II ZR 342/14, BGHZ 210, 186 = BB 2016, 1426 = NJW-RR 2016, 801 Tz. 26.
82 BGH, Urt. v. 10.5.2016 – II ZR 342/14, BGHZ 210, 186 = BB 2016, 1426 = NJW-RR 2016, 801 Tz. 32.

schaft zuzubilligen, damit er von seiner verfassungsrechtlich gebotenen Rechtsschutzmöglichkeit Gebrauch machen kann.[83] Er kann die Zwangseinziehung also trotz deren sofortiger Wirksamkeit im Wege der **Anfechtungsklage** gegen den betreffenden Beschluss gerichtlich überprüfen lassen. Mit der Klage kann sich der Gesellschafter insbesondere darauf berufen, dass der Einziehungsbeschluss inhaltlich nicht von der entsprechenden Satzungsklausel gedeckt ist oder der in der Satzungsklausel genannte Grund tatsächlich nicht vorliegt.[84] Indes kann er generell gegen Mängel bei der Beschlussfassung mit der Anfechtungsklage vorgehen.[85] Von der Nichtigkeit des Einziehungsbeschlusses ist (nur) dann auszugehen, wenn die gesetzlichen Voraussetzungen für die Einziehung nicht erfüllt sind, also eine entsprechende Satzungsbestimmung gar nicht (wirksam) existiert, oder wenn ein nicht voll eingezahlter Geschäftsanteil unter Verstoß gegen § 19 Abs. 2 Satz 1 GmbHG eingezogen werden soll,[86] außerdem bei Verstoß gegen § 34 Abs. 3 GmbHG.[87]

II. Ausschließung eines Gesellschafters aus wichtigem Grund

1. Verhältnis von Ausschließung und Einziehung

26 Die Beendigung der Gesellschafterstellung in der GmbH kann im Wege einer **Ausschließung** wie auch einer **Einziehung** des Geschäftsanteils erfolgen. Die gesetzlich nicht eigens geregelte Ausschließung kann bei Vorliegen eines **wichtigen Grundes** in der Person des Gesellschafters auch ohne besondere satzungsmäßige Bestimmung durch ein gerichtliches Gestaltungsurteil erwirkt werden. Im Gegensatz dazu wird die Einziehung bereits durch einen rechtsgestaltenden Beschluss der Gesellschafterversammlung nebst Zahlung des Abfindungsentgelts vollzogen. Die Einziehung eines Gesellschaftsanteils und die Ausschließung eines Gesellschafters sind zwar rechtstechnisch unterschiedliche, allerdings in ihren Rechtsfolgen verwandte Rechtsinstitute. Soweit die Anordnung wegen eines in der Person des Gesellschafters liegenden wichtigen Grundes ergeht, gelten übereinstimmende Wertungsmaßstäbe.

---

83 BGH, Beschl. v. 29.1.2019 – II ZR 234/18, BeckRS 2019, 2668; BGH, Urt. v. 24.1.2012 – II ZR 109/11, BGHZ 192, 236 = BB 2012, 664 = NZG 2012, 259 Tz. 24; BGH, Urt. v. 19.9.1977 – II ZR 11/76, NJW 1977, 2316.
84 Ulmer/*Ulmer/Habersack*, § 34 Rn. 47; MünchKommGmbHG/*Strohn*, § 34 Rn. 83.
85 Rowedder/Schmidt-Leithoff/*Görner*, § 34 Rn. 73; Scholz/*Westermann*, § 34 Rn. 42.
86 BGH, Urt. v. 20.9.1999 – II ZR 345/97, BB 1999, 2262 = NJW 1999, 3779; gleichsinnig MünchKommGmbHG/*Strohn*, § 34 Rn. 84; Roth/*Altmeppen*, § 34 Rn. 75; Baumbach/Hueck/*Fastrich*, § 34 Rn. 15.
87 Dazu oben zu Rn. 11.

II. Ausschließung eines Gesellschafters aus wichtigem Grund   Kap. 3

2. Ausschließung als Ergebnis der Rechtsfortbildung

a) Praktisches Bedürfnis

Im Unterschied etwa zu § 140 HGB ist die Ausschließung eines Gesellschafters aus wichtigem Grund im GmbH-Recht nicht geregelt. Gleichwohl besteht, wie der BGH in einer frühen Entscheidung überzeugend ausgeführt hat, für die Zulassung der Ausschließung bei **Fehlen einer satzungsrechtlichen Ermächtigung** ein dringendes Bedürfnis. Hat ein Gesellschafter die satzungsmäßigen Eigenschaften verloren, hat er seine Mitgliedschaft erschlichen oder ist er völlig untragbar geworden, so muss es eine Möglichkeit geben, den Störenfried aus der Gesellschaft auszuschließen und das Unternehmen, die Firma, den Betrieb mit allen darin steckenden Werten und die vorhandenen Arbeitsplätze zu erhalten. Den Gesellschaftern kann nicht angesonnen werden, entweder Auflösungsklage (§ 61 GmbHG) zu erheben und damit möglicherweise das eigene Lebenswerk zu zerstören oder das abträgliche und dem Gesellschaftsverhältnis hohnsprechende Verhalten des anderen hinzunehmen. Die – mögliche – Einführung einer **statutarischen Ausschlussmöglichkeit** wird regelmäßig scheitern, weil diese Änderung des Gesellschaftsvertrages der Zustimmung aller (§ 53 Abs. 3 GmbHG) und damit auch des auszuschließenden Gesellschafters bedarf.[88]

27

b) Dogmatische Grundlagen

Die rechtliche Begründung für die Ausschließbarkeit eines GmbH-Gesellschafters aus wichtigem Grund ist dem sowohl das bürgerliche als auch das Handelsrecht beherrschenden Grundsatz zu entnehmen, dass ein in die Lebensbetätigung der Beteiligten stark eingreifendes Rechtsverhältnis vorzeitig gelöst werden kann, wenn ein wichtiger Grund besteht. Neben dem Grundsatz der Kündbarkeit von **Dauerschuldverhältnissen** lässt sich die Ausschließung eines Gesellschafters aus der Treuepflicht ableiten. Den Gesellschaftern einer GmbH obliegt eine echte, nicht bloß den Grundsatz von Treu und Glauben (§ 242 BGB) beinhaltende **Treuepflicht**, weil die Beziehungen des Gesellschafters zur GmbH und seinen Mitgesellschaftern nicht rein kapitalistisch, sondern auch persönlicher Art sind.[89]

28

c) Zusammenfassung der Rechtsprechungsgrundsätze

Die Rechtsprechung des BGH kann in wenigen Sätzen zusammengefasst werden: Trotz einer fehlenden satzungsrechtlichen Ermächtigung kann ein Gesellschafter bei Vorliegen eines **wichtigen**, in seiner Person liegenden **Grundes** mittels einer Klage aus einer GmbH ausgeschlossen werden. Die **Ausschließungsklage** ist von der GmbH auf der Grundlage eines Gesellschafterbeschlusses zu

29

---

88 BGH, Urt. v. 1.4.1953 – II ZR 235/52, BGHZ 9, 157 = BB 1953, 332 = NJW 1953, 780.
89 BGH, Urt. v. 1.4.1953 – II ZR 235/52, BGHZ 9, 157 = BB 1953, 332 = NJW 1953, 780.

Kap. 3 Verlust der Mitgliedschaft

erheben, bei dessen Fassung der betroffene Gesellschafter kein Stimmrecht hat. Die Ausschließung wird durch **rechtsgestaltendes Urteil** vollzogen. Der Geschäftsanteil bleibt erhalten. Der Gesellschafter hat Anspruch auf Abfindung nach dem vollen Wert seines Geschäftsanteils, der nach dem Zeitpunkt der Klageerhebung zu berechnen ist. Das **Abfindungsentgelt** ist im Urteil festzusetzen. Mit der Zahlung, die nicht aus gebundenem Vermögen erfolgen darf (§ 30 GmbHG), verliert der Gesellschafter seine Gesellschafterstellung.[90] Ob diese Rechtsprechung vor dem Hintergrund Bestand haben wird, dass der von einer Zwangseinziehung Betroffene seine Gesellschafterstellung bereits mit Bekanntgabe des wirksamen Einziehungsbeschlusses und nicht erst mit der Zahlung der Abfindung verliert,[91] erscheint fraglich.[92]

3. Beispiele möglicher Ausschließungsgründe

30 Ob für die Ausschließung eines Gesellschafters oder die Zwangseinziehung seines Geschäftsanteils ein wichtiger Grund vorliegt, beurteilt sich nach einem einheitlichen Bewertungsmaßstab. Deswegen kann das einschlägige Fallmaterial wechselseitig nutzbar gemacht werden. Die Ausschließung setzt, weil sie keinen Strafcharakter hat, kein Verschulden des Gesellschafters voraus;[93] im Rahmen der Gesamtabwägung kann es aber erschwerend bewertet werden.[94]

a) Gründe in der Person des Gesellschafters

31 Als Gründe in der Person des Gesellschafters kommen in Frage: ungeordnete, die Kreditwürdigkeit beeinträchtigende Vermögensverhältnisse,[95] durch Insolvenz oder Pfändung des Geschäftsanteils manifestierter **Vermögensverfall**,[96] Verlust einer kraft Satzung oder Gesellschaftszweck vorausgesetzten **beruflichen Qualifikation**,[97] Krankheit oder Entmündigung,[98] Unfähigkeit zur oder

---

90 BGH, Urt. v. 20.9.1999 – II ZR 345/97, BB 1999, 2262 = NJW 1999, 3779; BGH, Urt. v. 25.1.1960 – II ZR 22/59, BGHZ 32, 17 = BB 1960, 304 = NJW 1960, 866; BGH, Urt. v. 17.2.1955 – II ZR 316/53, BGHZ 16, 317 = BB 1955, 270 = NJW 1955, 667.
91 So BGH, Urt. v. 24.1.2012 – II ZR 109/11, BGHZ 192, 236 = BB 2012, 664 = NZG 2012, 259 Tz. 8 ff.; dazu oben zu Rn. 24.
92 Dazu unten zu Rn. 50.
93 BGH, Urt. v. 1.4.1953 – II ZR 235/52, BGHZ 9, 157 = BB 1953, 332 = NJW 1953, 780; MünchKommGmbHG/*Strohn*, § 34 Rn. 123.
94 Michalski/Heidinger/Leible/Schmidt/*Sosnitza*, Anh. § 34 Rn. 12.
95 Scholz/*Seibt*, Anh. § 34 Rn. 30; MünchKommGmbHG/*Strohn*, § 34 Rn. 127.
96 BGH, Urt. v. 7.4.1960 – II ZR 69/58, BGHZ 32, 151 = BB 1960, 497 = NJW 1960, 1053.
97 OLG Frankfurt, Urt. v. 11.12.1947 – I U 114/47, NJW 1947/48, 429; Michalski/Heidinger/Leible/Schmidt/*Sosnitza*, Anh. § 34 Rn. 10.
98 BGH, Urt. v. 7.4.1960 – II ZR 69/58, BGHZ 32, 151 = BB 1960, 497 = NJW 1960, 1053.

II. Ausschließung eines Gesellschafters aus wichtigem Grund   Kap. 3

Niederlegung der Mitarbeit.[99] Ein schwer wiegendes unsittliches Verhalten im Umgang gegenüber Mitarbeitern und Kunden kann einen wichtigen Grund nahe legen.[100]

b) Gründe im Verhalten des Gesellschafters

Finanzielle Unregelmäßigkeiten eines Gesellschafters, der Angelegenheiten der GmbH wahrnimmt, sind als Ausschließungsgrund geeignet. Dies ist etwa anzunehmen, wenn der Gesellschafter erhebliche Gesellschaftsmittel an sich bringt, um sie für eigene Zwecke, etwa einen Hausbau zu verwenden.[101] Entsprechendes gilt, auch wenn das kriminelle Element der Veruntreuung fehlt, für übermäßige Entnahmen.[102] Die Anlegung einer Schwarzgeldreserve und ein zugunsten der GmbH verübter Versicherungsbetrug[103] kann ebenso wie die wahrheitswidrige Mitteilung, einen Debetsaldo ausgeglichen zu haben,[104] die sehende Eingehung hoch risikoreicher, unverantwortlicher Geschäfte[105] und der Entzug liquider Mittel der GmbH verbunden mit der Überleitung auf ein eigenes Unternehmen des Gesellschafters[106] als Ausschließungsgrund in Betracht kommen. Die eigenmächtige Abberufung eines Geschäftsführers kann einen Gesellschafter untragbar erscheinen lassen.[107] Ebenso verhält es sich, wenn ein Gesellschafter in Abwesenheit des Geschäftsführers/Mitgesellschafters den Geschäftsbetrieb eigenmächtig faktisch stilllegt, indem er den Geschäftsführer in einer allein anberaumten Gesellschafterversammlung absetzt, alle Verträge mit Lieferanten und Kunden kündigt und die Post an seine eigene Adresse leitet.[108] Nicht anders ist es zu bewerten, wenn der Gesellschafter die Betriebseinrichtung und Ansprüche der GmbH an sein eigenes Unternehmen verkauft bzw. abtritt.[109] Die eines triftigen Grundes entbehrende **Strafanzeige** wegen Jagdvergehens kann ebenso wie der haltlose Vorwurf, sich im Krieg bereichert zu haben, einen Ausschließungs-

32

---

99   BGH, Urt. v. 20.6.1983 – II ZR 237/82, BB 1983, 1628 = NJW 1983, 2880.
100 BGH, Urt. v. 17.2.1955 – II ZR 316/53, BGHZ 16, 317 = BB 1955, 270 = NJW 1955, 667.
101 BGH, Urt. v. 25.1.1960 – II ZR 22/59, BGHZ 32, 17 = BB 1960, 304 = NJW 1960, 866.
102 BGH, Urt. v. 25.1.1960 – II ZR 22/59, BGHZ 32, 17 = BB 1960, 304 = NJW 1960, 866.
103 BGH, Urt. v. 20.2.1995 – II ZR 46/94, NJW-RR 1995, 667.
104 BGH, Urt. v. 9.3.1987 – II ZR 215/86, GmbHR 1987, 302.
105 BGH, Urt. v. 17.2.1955 – II ZR 316/53, BGHZ 16, 317 = BB 1955, 270 = NJW 1955, 667.
106 BGH, Urt. v. 20.9.1999 – II ZR 345/97, BB 1997, 2262 = NJW 1999, 3779.
107 OLG Hamm, Urt. v. 7.10.1992 – 8 U 75/92, GmbHR 1993, 743.
108 OLG Frankfurt, Urt. v. 26.6.1979 – 5 U 219/78, GmbHR 1980, 56.
109 BGH, Urt. v. 28.6.1993 – II ZR 119/92, NJW-RR 1993, 1123.

grund bilden.[110] Jedenfalls dann, wenn eine solche Anzeige nicht leichtfertig oder gar wider besseres Wissen erhoben wird, sondern der sich an die Strafverfolgungsbehörden wendende Gesellschafter nach gewissenhafter Prüfung der Auffassung sein kann, es lägen strafbare Verhaltensweisen vor, ist es ihm nicht verwehrt, sich an die Ermittlungsbehörden zu wenden. Das gilt erst recht dann, wenn seine Versuche, die Frage innergesellschaftlich zu klären, am Widerstand der anderen Seite gescheitert sind.[111] Die Einleitung von **Rechtsstreitigkeiten** gegen die GmbH oder Mitgesellschafter stellt einen Ausschließungsgrund dar, wenn es sich um ein schikanöses Vorgehen handelt und der Gesellschafter wahllos Klagen einleitet. Anders ist es zu bewerten, falls er ernsthaft eigene Belange verfolgt.[112] Hingegen kann die ständige, willkürliche Geltendmachung vom **Auskunfts- und Einsichtsrecht** (§ 51a GmbHG) wie auch das ständige, willkürliche Verlangen, eine Gesellschafterversammlung einzuberufen, die Schwelle eines Ausschließungsgrundes überschreiten.[113]

c) Wettbewerbsverstöße

33 Der Verstoß gegen ein in der Satzung verankertes Wettbewerbsverbot kann einen Ausschließungsgrund darstellen.[114] Dies ist etwa anzunehmen, wenn der Gesellschafter die Inhaberin eines Konkurrenzunternehmens heiratet oder sein Sohn ein Konkurrenzunternehmen gründet. Ebenso hat es der BGH beanstandet, falls ein Gesellschafter/Geschäftsführer für den Betrieb der GmbH benötigte Grundstücke zum eigenen oder Vorteil Dritter erwirbt.[115] Die Ausnutzung von Erwerbschancen der GmbH für eigene Zwecke des Gesellschafters kann seine Ausschließung rechtfertigen.[116] Die Einräumung einer **Unterbeteiligung** ist grundsätzlich nicht zu beanstanden. Anders kann es zu bewerten sein, wenn einem Konkurrenten durch die Unterbeteiligung eine einem Treuhandverhältnis angeglichene unternehmerische Mitwirkung gewährt wird.[117] Wird der Gesellschafter als Lieferant der GmbH tätig, können Störungen in diesem Vertragsverhältnis (Drittbeziehung) die Ausschließung nicht rechtfertigen, sofern das Gesellschaftsverhältnis davon unberührt bleibt. Anders kann bei einem schwer wiegenden Vertragsbruch zu entscheiden sein.[118]

---

110 BGH, Urt. v. 9.12.1968 – II ZR 42/67, BGHZ 51, 204 = BB 1968, 329 = NJW 1969, 793.
111 BGH, Urt. v. 24. 2 2003 – II ZR 243/02, NZG 2003, 530.
112 BGH, Urt. v. 10.6.1991 – II ZR 234/89, NJW-RR 1991, 1249.
113 Rowedder/Schmidt-Leithoff/*Görner*, § 34 Rn. 83.
114 MünchKommGmbHG/*Strohn*, § 34 Rn. 128.
115 BGH, Urt. v. 12.6.1989 – II ZR 334/87, BB 1989, 1637.
116 BGH, Urt. v. 13.2.1995 – II ZR 223/93, BB 1995, 688 = NJW 1995, 688.
117 OLG Frankfurt, Urt. v. 7.9.1991 – 11 U 21/91, DB 1992, 2489.
118 OLG Hamm, Urt. v. 8.7.1992 – 8 U 268/91 GmbHR 1993, 660, 662.

d) Tief greifendes Zerwürfnis

Die schuldhafte Herbeiführung eines tief greifenden unheilbaren Zerwürfnisses stellt einen möglichen Ausschließungsgrund dar. Die Ausschließung ist grundsätzlich gerechtfertigt, wenn den auszuschließenden Gesellschafter ein überwiegendes Verschulden an dem Zerwürfnis trifft. Ein überwiegendes Verschulden des Ausschließungsbeklagten rechtfertigt die Ausschließung nur dann nicht, wenn dem anderen Gesellschafter selbst Pflichtwidrigkeiten zur Last fallen, die, wenn auch weniger schwer wiegend als die des Ausschließungsbeklagten, so erheblich sind, dass sie auch seine Ausschließung gerechtfertigt haben würden. Der Ausschluss eines Gesellschafters setzt also voraus, dass das Zerwürfnis von ihm überwiegend verursacht wurde und in der Person des oder der anderen Gesellschafter nicht ebenfalls ein Ausschließungsgrund vorliegt.[119] Eine Ausschließung aus einer Zweipersonengesellschaft kann nicht erfolgen, wenn in der Person des verbleibenden Gesellschafters ebenfalls ein Ausschließungsgrund vorliegt.[120]

34

e) Verhalten der anderen Gesellschafter: „milderes Licht"

Die Ausschließung eines Gesellschafters ist nicht anzuerkennen, wenn in der Person des (oder eines) anderen Gesellschafters Umstände liegen, die die Ausschließung nicht rechtfertigen oder auch nur zu einer anderen Beurteilung der Gründe führen können, die der von dem Ausschluss betroffene Gesellschafter gesetzt hat. Verfehlungen eines Gesellschafters, der den Ausschluss mit betreibt, können das Fehlverhalten des auszuschließenden Gesellschafters in einem derart milden Licht erscheinen lassen, dass es als Ausschließungsgrund ausscheidet.[121] Danach kann selbst der Verbrauch von Gesellschaftsmitteln für eigene Zwecke den Ausschluss nicht rechtfertigen, sofern der andere Gesellschafter den auszuschließenden Gesellschafter **wider besseres Wissen** beim Finanzamt angeschwärzt und als nicht kreditwürdig bezeichnet hat.[122] Der Grundsatz der Gleichbehandlung der Gesellschafter bzw. das Verbot willkürlicher Benachteiligung einzelner durch die Mehrheit steht dem Ausschluss eines Gesellschafters entgegen, wenn der Ausschließungsgrund bei mehreren Gesellschaftern erfüllt ist,

35

---

119 BGH, Urt. v. 25.1.1960 – II ZR 22/59, BGHZ 32, 17 = BB 1960, 304 = NJW 1960, 866.
120 BGH, Urt. v. 23.2.1981 – II ZR 229/79, BGHZ 80, 346 = BB 1981, 1729 = NJW 1981, 2302; OLG Brandenburg, Urt. v. 28.1.2015 – 7 U 170, 13, BeckRS 2016, 3850 Tz. 19.
121 BGH, Urt. v. 13.2.1995 – II ZR 223/93, BB 1995, 688 = NJW 1995, 688; OLG Brandenburg, Urt. v. 28.1.2015 – 7 U 170, 13, BeckRS 2016, 3850 Tz. 19; ebenso MünchKommGmbHG/*Strohn*, § 34 Rn. 124.
122 BGH, Urt. v. 25.1.1960 – II ZR 22/59, BGHZ 32, 17 = BB 1960, 304 = NJW 1960, 866.

Kap. 3 Verlust der Mitgliedschaft

aber nur gegen einen Gesellschafter vorgegangen wird, ohne dass sich diese Differenzierung sachlich rechtfertigen ließe.[123]

f) Kapitalistisch strukturierte GmbH

36 Im Schrifttum wurde unter dem Eindruck eines vornehmlich in personalistisch strukturierten Gesellschaften auftretenden Bedürfnisses für die Ausschließung eines Gesellschafters früher die Auffassung vertreten, für eine Ausschließung sei in kapitalistisch strukturierten Gesellschaften kein Raum.[124] Zwischenzeitlich wird die Möglichkeit einer Ausschließung indes auch für die kapitalistisch strukturierte GmbH anerkannt.[125] Gleichwohl gewinnt die Struktur der GmbH bei der **Abwägung**, ob ein wichtiger Grund vorliegt, Bedeutung. Mit Blick auf persönliche Eigenschaften und Störungen des Vertrauensverhältnisses wird ein Ausschluss eher bei einer personalistisch strukturierten GmbH in Betracht kommen. Dagegen ist bei einer kapitalistisch strukturierten GmbH ein Verhalten als Ausschließungsgrund zu billigen, das, wie die Verletzung der Einlagepflicht oder anderer zentraler Mitgliedschaftspflichten, den Gesellschaftszweck gefährdet oder vereitelt und damit die **Funktionsfähigkeit** der GmbH beeinträchtigt.[126]

g) Zeitablauf

37 Schließlich ist in die Bewertung einzubeziehen, welche Zeitspanne seit Verwirklichung des Ausschließungsgrundes abgelaufen ist. Mit zunehmender zeitlicher Dauer verliert ein Ausschlussgrund bei reibungsloser Zusammenarbeit der Gesellschafter an Relevanz.[127] Nach Ablauf von zwei Jahren steht jedenfalls der Geltendmachung eines Ausschlussgrundes der Einwand der Verwirkung entgegen.[128]

4. Satzungsregeln zur Bestimmung von Ausschließungsgründen

38 Die Satzung kann die Ausschließungsgründe näher konkretisieren. Daneben besteht die Möglichkeit, mit Hilfe der Satzung das Ausschließungsverfahren auszugestalten.[129] Die Präzisierung der Ausschließungsgründe darf aber nicht dazu

---

123 OLG Naumburg, Urt. v. 21.11.2013 – 1 U 105/13, GmbHR 2014, 714.
124 Vgl. die Nachweise bei Ulmer/*Ulmer/Habersack*, Anh. § 34 Rn. 14, Fn. 46; Scholz/ *Seibt*, Anh. § 34 Rn. 26, Fn. 142.
125 Scholz/*Seibt*, Anh. § 34 Rn. 26; Baumbach/Hueck/*Fastrich*, Anh. § 34 Rn. 2; Ulmer/ *Ulmer/Habersack*, Anh. § 34 Rn. 14; Roth/*Altmeppen*, § 60 Rn. 82.
126 Ulmer/*Ulmer/Habersack*, Anh. § 34 Rn. 14.
127 MünchKommGmbHG/*Strohn*, § 34 Rn. 123.
128 BGH, Urt. v. 20.2.1995 – II ZR 46/94, NJW-RR 1995, 667.
129 BGH, Urt. v. 1.4.1953 – II ZR 235/52, BGHZ 9, 157 = BB 1953, 332 = NJW 1953, 780; MünchKommGmbHG/*Strohn*, § 34 Rn. 137.

a) Erschwerung der Ausschließung

Die Satzung kann bestimmte Fälle ausdrücklich als Ausschließungsgrund festlegen. Als Beispiel kommen die Einstellung der Mitarbeit,[131] der Eintritt eines Fremden in eine Familiengesellschaft[132] und die Insolvenz des Gesellschafters bzw. die Pfändung in seinen Geschäftsanteil[133] in Betracht. Dies bedeutet aber nicht, dass eine Ausschließung in anderen Fällen untersagt wäre. Dies beruht schon auf der **Unverzichtbarkeit** des Ausschließungsrechts aus wichtigem Grund und seiner zwingenden Geltung. Der Benennung bestimmter Gründe kann allenfalls entnommen werden, dass die Ausschließung außerhalb der geregelten Gründe an **vergleichbar strenge Maßstäbe** gebunden ist.[134]

39

führen, dass die Ausschließung als unabdingbares Rechtsprinzip in anderen Fällen abgeschnitten wird.[130]

b) Erleichterungen (freie Hinauskündigungsklausel)

aa) Grundsatz der Unwirksamkeit

Der Ausschluss darf nicht dazu missbraucht werden, sich eines missliebigen Gesellschafters zu entledigen. Darum muss der durch die Satzung gestattete Ausschluss auf **sachlichen, vernünftigen Gründen** beruhen.[135] Eine nicht an sachliche Erwägungen gekoppelte freie Hinauskündigungsklausel verstößt nach der Rechtsprechung des BGH gegen § 138 Abs. 1 BGB. Sie begründet die Gefahr, dass die von der jederzeitigen Ausschließungsmöglichkeit bedrohten Gesellschafter von ihren Rechten keinen Gebrauch machen und die ihnen obliegenden Pflichten nicht ordnungsgemäß erfüllen, sondern sich den Wünschen des oder der durch das Ausschließungsrecht begünstigten Gesellschafter beugen; damit wird einer nicht zu billigenden **Willkürherrschaft** der Mehrheit oder der mit dem Ausschließungsrecht ausgestatteten Gesellschafter Vorschub geleistet. Auch in der GmbH ist ein satzungsmäßiges Ausschließungs- und Einziehungsrecht nur

40

---

130 BGH, Urt. v. 16.12.1991 – II ZR 58/91, BGHZ 116, 359 = BB 1992, 448 = NJW 1992, 892; gleichsinnig Ulmer/*Ulmer/Habersack*, Anh. § 34 Rn. 19; Baumbach/Hueck/*Fastrich*, Anh. § 34 Rn. 16; Roth/*Altmeppen*, § 60 Rn. 69; Michalski/Heidinger/Leible/Schmidt/*Sosnitza*, Anh. § 34 Rn. 41.
131 BGH, Urt. v. 20.6.1983 – II ZR 237/82, BB 1983, 1628 = NJW 1983, 2880.
132 BGH, Urt. v. 20.12.1976 – II ZR 115/75, BB 1977, 563.
133 BGH, Urt. v. 7.4.1960 – II ZR 69/58, BGHZ 32, 151 = BB 1960, 497 = NJW 1960, 1053.
134 Ulmer/*Ulmer/Habersack*, Anh. § 34 Rn. 19; Michalski/Heidinger/Leible/Schmidt/*Sosnitza*, Anh. § 34 Rn. 41; MünchKommGmbHG/*Strohn*, § 34 Rn. 138; Scholz/*Seibt*, Anh. § 34 Rn. 55.
135 Scholz/*Seibt*, Anh. § 34 Rn. 56; Rowedder/Schmidt-Leithoff/*Görner*, § 34 Rn. 94 und 31.

Kap. 3 Verlust der Mitgliedschaft

wirksam, wenn es wegen besonderer Umstände sachlich gerechtfertigt ist.[136] Eine freie Hinauskündigungsklausel ist auch bei **voller Abfindung** ungültig.

bb) Gültigkeit wegen besonderer Umstände

(1) Treuhandähnliches Verhältnis

41 Eine an keinen sachlichen Grund geknüpfte freie Hinauskündigungsklausel ist ausnahmsweise wirksam, wenn sie wegen **besonderer Umstände** sachlich gerechtfertigt ist.[137] Solche besonderen Gründe hat der BGH in einem Fall angenommen, in dem die Geschäftsführerin/Gesellschafterin ihren Geschäftsanteil mit Fremdmitteln erworben und dem Geldgeber, ihrem Lebensgefährten, ein unbefristetes Angebot auf Abtretung des Geschäftsanteils gemacht hatte, das dieser nach Zerbrechen der Lebensgemeinschaft annahm. Nach Ansicht des BGH hatte sich der Lebensgefährte mit seinem in dem Unternehmen investierten Geld ganz in die Hände seiner Lebensgefährtin begeben. Grundlage hierfür waren die engen persönlichen Beziehungen und das darauf gegründete Vertrauen in eine die Belange des Geldgebers wahrende Geschäftsführung. Fielen diese Voraussetzungen weg, hatte der Lebensgefährte ein berechtigtes Interesse, die Machtstellung der Lebensgefährtin in der GmbH zu beenden. Die Wirksamkeit des Ausschließungsbeschlusses wird durch die Festsetzung einer zu niedrigen **Abfindung** oder eines zu niedrigen Abfindungsentgelts nicht in Frage gestellt.[138]

(2) Erbrechtliche Gestaltung

42 Ferner hat der BGH die freie Ausschließung eines Erben binnen kurzer Frist nach seinem Eintritt in die Gesellschaft gebilligt. Dieses Ausschließungsrecht knüpft an ein festes Tatbestandsmerkmal an. Gegen eine solche Vertragsgestaltung bestehen nicht die gegenüber einer Kündigungsregel nach freiem Ermessen anzumeldenden Bedenken. Der entscheidende Grund hierfür liegt darin, dass sich die ausschlussberechtigten Gesellschafter angesichts des zeitlich beschränkten Ausschließungsrechts zügig darüber Klarheit verschaffen müssen, ob man sich mit dem neuen Gesellschafter abfinden will oder nicht. Dann ist es ausgeschlossen, dass es zu einer willkürlichen und missbräuchlichen Handha-

---

136 BGH, Urt. v. 9.7.1990 – II ZR 194/89, BGHZ 112, 103 = BB 1990, 1578 = NJW 1990, 2622; jüngst wieder LG Stuttgart, Urt. v. 10.10.2018 – 40 O 26/18 KfH, BeckRS 2018, 30123 Tz. 37; ebenso Ulmer/*Ulmer/Habersack*, § 34 Rn. 42; Michalski/Heidinger/Leible/Schmidt/*Sosnitza*, Anh. § 34 Rn. 41 i.V. mit § 34 Rn. 41; Baumbach/Hueck/*Fastrich*, § 34 Rn. 9 und Anh. § 34 Rn. 3.
137 Baumbach/Hueck/*Fastrich*, § 34 Rn. 10; Michalski/Heidinger/Leible/Schmidt/*Sosnitza*, Anh. § 34 Rn. 41 i.V. mit § 34 Rn. 41; Ulmer/*Ulmer/Habersack*, § 34 Rn. 42; MünchKommGmbHG/*Strohn*, § 34 Rn. 141.
138 BGH, Urt. v. 9.7.1990 – II ZR 194/89, BGHZ 112, 103 = BB 1990, 1578 = NJW 1990, 2622.

bung des Kündigungsrechts und damit zu einer nicht hinzunehmenden Gefährdung der für ein gedeihliches Zusammenwirken erforderlichen freien Willensbildung aller Gesellschafter kommen kann. Eine andere Beurteilung ergibt sich hingegen, wenn die Kündigungsklausel ein zeitlich unbefristetes Ausschließungsrecht gegenüber dem Erben gewährt.[139] Vererbt der Inhaber sein einzelkaufmännisches Unternehmen in der Weise an seine beiden Kinder, dass er ihnen dessen Einbringung in eine von ihnen zu gründende GmbH und den Abschluss eines Gesellschaftsvertrages auferlegt, der dem einen Kind auch im Falle einer an keine Gründe geknüpften Eigenkündigung das Recht zur Übernahme des Geschäftsbetriebs einräumt, so ist das damit verbundene freie Hinauskündigungsrecht sachlich gerechtfertigt, weil es auf der Testierfreiheit des Erblassers beruht, der durch diese Gestaltung dem anderen Kind eine bereits mit dem Kündigungsrecht belastete Beteiligung vermacht hat.[140]

(3) Prüfung gedeihlicher Zusammenarbeit

Die Möglichkeit des Altgesellschafters, den von ihm in die Gesellschaft aufgenommenen Neugesellschafter mangels fachlicher Eignung wieder auszuschließen, hat der BGH mittlerweile aufgegriffen. Das grundsätzlich nicht anzuerkennende Recht, einen Mitgesellschafter ohne sachlichen Grund aus der Gesellschaft auszuschließen, kann ausnahmsweise als nicht sittenwidrig angesehen werden, wenn ein neuer Gesellschafter in eine seit langer Zeit bestehende Verbindung von Freiberuflern (hier: Gemeinschaftspraxis von Laborärzten) aufgenommen wird und das Ausschließungsrecht allein dazu dient, den **Altgesellschaftern** binnen einer angemessenen Frist die Prüfung zu ermöglichen, ob zu dem neuen Partner das notwendige **Vertrauen** hergestellt werden kann und ob die Gesellschafter auf Dauer in der für die gemeinsame **Berufsausübung** erforderlichen Weise harmonieren können. Eine Prüfungsfrist von zehn Jahren überschreitet den anzuerkennenden Rahmen bei Weitem.[141] Eine überlange Dauer der – unter dem Aspekt der Prüfung einer gedeihlichen Zusammenarbeit – eine Hinauskündigung gestattenden Vertragsklausel führt nicht zum Wegfall der Regelung. Vielmehr ist das Hinauskündigungsrecht bei einer ärztlichen Gemeinschaftspraxis im Wege einer geltungserhaltenden Reduktion auf die angemessene Dauer von **drei Jahren** zu begrenzen.[142]

43

---

139 BGH, Urt. v. 19.9.1988 – II ZR 329/87, BGHZ 105, 213 = NJW 1989, 834.
140 BGH, Urt. v. 19.3.2007 – II ZR 300/05, NJW-RR 2007, 913 Tz. 10 ff.
141 BGH, Urt. v. 8.3.2004 – II ZR 165/02, BB 2004, 1017 = NJW 2004, 2013.
142 BGH, Urt. v. 7.5.2007 – II ZR 281/05, BB 2007, 1578 = NJW-RR 2007, 1256 Tz. 24 ff.

Kap. 3 Verlust der Mitgliedschaft

(4) Beendigung der für die Beteiligung maßgeblichen Zusammenarbeit

44 Einzelne, jeweils in einem bestimmten europäischen Land tätige Paketdienstleister gründeten eine GmbH mit Sitz in Deutschland, um durch die damit geschaffene Kooperation europaweit einen einheitlichen Paketdienst anbieten zu können. Zwischen der GmbH und ihren Gesellschaftern bestanden in deren Eigenschaft als nationale Paketdienstleister ordentlich kündbare Kooperationsverträge. In der Satzung war die Befugnis vorgesehen, den Geschäftsanteil eines Gesellschafters bei Beendigung des Kooperationsvertrages zwangsweise einzuziehen. Der BGH hat den auf eine **Kündigung des Kooperationsvertrages** gestützten Ausschluss eines Gesellschafters auch unter dem Blickwinkel eines freien Hinauskündigungsrechts gebilligt. Das Gesellschaftsverhältnis habe sein entscheidendes Gepräge durch den Kooperationsvertrag erfahren. Die Mitgliedschaftsrechte in der GmbH könne nur ein mit ihr durch den Kooperationsvertrag verbundener Gesellschafter sinnvoll wahrnehmen. Darum durfte der Fortbestand des Gesellschaftsverhältnisses vom Bestand des Kooperationsvertrages abhängig gemacht werden.[143] Ebenso begegnet es keinen Bedenken, sofern eine Klausel die Kündigung eines Gesellschafters für den Fall der Beendigung seines Amtes als Geschäftsführer (**„Managermodell"**)[144] oder für den Fall seines Ausscheidens als Angestellter gestattet (**„Mitarbeitermodell"**).[145]

c) Satzungsänderung

45 Nach dem Prinzip der Vertragsfreiheit kann zwar die Möglichkeit der Ausschließung eines Gesellschafters satzungsmäßig vorgesehen werden. Ist der Gesellschaftsvertrag aber ohne eine solche Regelung zustande gekommen, so kann sie nur noch unter den Voraussetzungen und in den Formen der Änderung des Gesellschaftsvertrages nachgeholt werden (§§ 53, 54 GmbHG) und bedarf zudem der Zustimmung **aller Gesellschafter** (§ 53 Abs. 3 GmbHG), weil durch sie die Pflichten der Gesellschafter vermehrt werden.[146] Kann das Einverständnis aller Gesellschafter nicht eingeholt werden, verbleibt es jedenfalls bei der Möglich-

---

143 BGH, Urt. v. 14.3.2005 – II ZR 153/03, BB 2005, 957 = NZG 2005, 479.
144 BGH, Urt. v. 19.9.2005 – II ZR 173/04, BGHZ 164, 98 = BB 2005, 2430 = NJW 2005, 3641.
145 BGH, Urt. v. 19.9.2005 – II ZR 342/03, BGHZ 164, 107 = BB 2005, 2427 = NJW 2005, 3644; OLG München, Urt. v. 5.10.2016 – 7 U 3036/15, DStR 2017, 113 Tz. 20; den beiden Entscheidungen des BGH zustimmend Scholz/*Seibt*, Anh. § 34 Rn. 56; wohl auch Gehrlein/Born/Simon/*Sandhaus*, § 34 Rn. 22; Ulmer/*Ulmer/Habersack*, § 34 Rn. 42; MünchKommGmbHG/*Strohn*, § 34 Rn. 141.
146 BGH, Urt. v. 19.9.1977 – II ZR 11/76, BB 1977, 1569 = NJW 1977, 2316; BGH, Urt. v. 1.4.1953 – II ZR 235/52, BGHZ 9, 157 = BB 1953, 332 = NJW 1953, 780; Baumbach/Hueck/*Fastrich*, Anh. § 34 Rn. 16; MünchKommGmbHG/*Strohn*, § 34 Rn. 139.

keit der Ausschließung aus wichtigem Grund, da diese auch ohne Satzungsregelung besteht.

5. Durchführung der Ausschließung

a) Fehlende statutarische Regelungen

Die Ausschließung erfolgt auf der Grundlage eines Gesellschafterbeschlusses, der die GmbH zur Erhebung der Ausschließungsklage gegen den betroffenen Gesellschafter ermächtigt. Verwirklicht wird die Ausschließung durch das gerichtliche Ausschließungsurteil.

46

aa) Gesellschafterbeschluss

(1) Zustandekommen

Der BGH hat für die im Gesetz nicht unmittelbar geregelte Ausschließung eines Gesellschafters ein zweistufiges Verfahren entwickelt, das zunächst einen von einer breiten Mehrheit der abgegebenen Stimmen getragenen Gesellschafterbeschluss voraussetzt. Inhaltlich muss sich der keiner Form bedürftige Gesellschafterbeschluss auf einen bestimmten Gesellschafter beziehen und zum Ausdruck bringen, dass gegen ihn Ausschließungsklage zu erheben ist.[147] Erforderlich ist demnach eine Mehrheit von **drei Vierteln**, wie sie § 60 Abs. 1 Nr. 2 GmbHG für die Auflösung der Gesellschaft vorschreibt, wenn der Gesellschaftsvertrag nichts Gegenteiliges bestimmt. Kein Argument gegen das qualifizierte Mehrheitserfordernis lässt sich daraus gewinnen, dass für den Gesellschafterbeschluss über eine Zwangseinziehung (§§ 34, 46 Nr. 4, 47 Abs. 1 GmbHG) bei Fehlen einer gegenteiligen Satzungsbestimmung regelmäßig die einfache Mehrheit der abgegebenen Stimmen genügt. Denn die Zulässigkeit der Zwangseinziehung hängt davon ab, dass sich die Gesellschafter einer entsprechenden statutarischen Regelung unterworfen haben, woran es bei der statutarisch nicht vorgesehenen Ausschließung eines Gesellschafters gerade fehlt.[148] Der betroffene Gesellschafter hat bei dem Beschluss kein **Stimmrecht**, weil niemand Richter in

47

---

147 Michalski/Heidinger/Leible/Schmidt/*Sosnitza*, Anh. § 34 Rn. 23; MünchKomm GmbHG/*Strohn*, § 34 Rn. 145.
148 BGH, Urt. v. 13.1.2003 – II ZR 227/00, BGHZ 153, 285 = BB 2003, 490 = NZG 2003, 286; BGH, Urt. v. 1.4.1953 – II ZR 237/52, BGHZ 9, 153 = BB 1953, 332 = NJW 1953, 780; zustimmend Michalski/Heidinger/Leible/Schmidt/*Sosnitza*, Anh. § 34 Rn. 25; MünchKommGmbHG/*Strohn*, § 34 Rn. 150; Ulmer/*Ulmer/Habersack*, Anh. § 34 Rn. 26; Baumbach/Hueck/*Fastrich*, Anh. § 34 Rn. 9; Gehrlein/Born/Simon/*Sandhaus*, § 34 Rn. 82; Bork/Schäfer/*Thiessen*, § 34 Rn. 64; *Lutter*/Hommelhoff/*Kleindiek*, § 34 Rn. 60; a. A. Scholz/*Seibt*, Anh. § 34 Rn. 39; *K. Schmidt*, § 35, IV. 2. C: einfache Mehrheit; offen Roth/*Altmeppen*, § 60 Rn. 90.

Kap. 3   Verlust der Mitgliedschaft

eigener Sache sein darf.[149] Bei der Abstimmung über die Erhebung der Ausschließungsklage genügt ein **Näheverhältnis** zwischen dem auszuschließenden – selbst nicht stimmberechtigten – Gesellschafter und den für seinen Verbleib stimmenden Gesellschaftern, den Ausschluss des Stimmrechts auf die letztgenannten Gesellschafter auszudehnen. Dies gilt jedenfalls dann, wenn dem auszuschließenden Gesellschafter die Rechtsmacht fehlt, auf das Abstimmungsverhalten der auf seiner Seite stehenden Gesellschafter Einfluss zu nehmen.[150] Die den Ausschluss betreibenden Gesellschafter müssen nicht über eine Mindestkapitalbeteiligung verfügen. Deshalb kann auch ein Mehrheitsgesellschafter, dem die Mehrheitsbeteiligung keinen Freibrief für gesellschaftswidriges Verhalten einräumt, ausgeschlossen werden.[151] Fehlt es an dem erforderlichen Beschluss, ist eine Ausschließungsklage als unbegründet abzuweisen.[152] Handelt es sich um eine **Zweipersonengesellschaft**, ist eine Beschlussfassung entbehrlich.[153]

(2) Anfechtbarkeit

48   Einer Anfechtungsklage gegen einen Gesellschafterbeschluss fehlt nicht deshalb das **Rechtsschutzinteresse**, weil in dem angefochtenen Gesellschafterbeschluss nur über die Erhebung der Ausschließungsklage gegen einen Gesellschafter entschieden worden und über seine Ausschließung aus wichtigem Grund erst in dem gerichtlichen Ausschließungsverfahren durch rechtsgestaltendes Urteil unter umfassender Würdigung aller Umstände zu entscheiden ist. Ein Gesellschafterbeschluss ist notwendige materielle Voraussetzung für die Erhebung der Ausschließungsklage. Seine Anfechtbarkeit wegen eines **formellen Mangels** kann nur durch Anfechtungsklage geltend gemacht werden. Lediglich das Fehlen eines wichtigen Grundes für die Ausschließung kann im Anfechtungsprozess nicht geltend gemacht werden, weil darüber allein im Rechtsstreit über die Ausschließungsklage zu entscheiden ist, während umgekehrt formelle Mängel des für sie erforderlichen Gesellschafterbeschlusses, die dessen Anfechtbarkeit ent-

---

149 BGH, Urt. v. 1.4.1953 – II ZR 235/52, BGHZ 9, 157 = BB 1953, 332 = NJW 1953, 780; MünchKommGmbHG/*Strohn*, § 34 Rn. 152.
150 BGH, Urt. v. 13.1.2003 – II ZR 227/00, BGHZ 153, 285 = BB 2003, 490 = NZG 2003, 286.
151 BGH, Urt. v. 1.4.1953 – II ZR 235/52, BGHZ 9, 157 = BB 1953, 332 = NJW 1953, 780.
152 BGH, Urt. v. 13.1.2003 – II ZR 227/00, BGHZ 153, 285 = BB 2003, 490 = NZG 2003, 286; Ulmer/*Ulmer/Habersack*, Anh. § 34 Rn. 22; Baumbach/Hueck/*Fastrich*, Anh. § 34 Rn. 9; MünchKommGmbHG/*Strohn*, § 34 Rn. 160.
153 BGH, Urt. v. 20.9.1999 – II ZR 345/97, BB 1999, 2262 = NJW 1999, 3779; so auch Ulmer/*Ulmer/Habersack*, Anh. § 34 Rn. 28; Baumbach/Hueck/*Fastrich*, Anh. § 34 Rn. 9; *Lutter*/Hommelhoff/*Kleindiek*, § 34 Rn. 62; Bork/Schäfer/*Thiessen*, § 34 Rn. 65; Gehrlein/Born/Simon/*Sandhaus*, § 34 Rn. 82; MünchKommGmbHG/*Strohn*, § 34 Rn. 147.

sprechend § 243 Abs. 1 AktG begründen, hier keine Rolle spielen, wenn der Beschluss nicht erfolgreich angefochten und damit der Ausschließungsklage die Grundlage entzogen wird.[154] Ist das Beschlussergebnis über die Erhebung der Ausschließungsklage von dem Versammlungsleiter im Sinne der Annahme festgestellt worden, so kommt eine allgemeine Feststellungsklage nach § 256 ZPO neben oder anstelle einer Anfechtungsklage mit dem Ziel der Feststellung, dass der Antrag abgelehnt worden sei, nicht in Betracht. Auch eine Verbindung der Anfechtungsklage mit einer sog. „positiven Beschlussfeststellungsklage" scheidet aus, weil sich diese nur gegen die Ablehnung eines Beschlussantrags durch Gesellschafterbeschluss richten kann, während hier umgekehrt ein positiver Gesellschafterbeschluss angefochten wird. Ist dieser auf die Anfechtungsklage für nichtig zu erklären, so steht damit zugleich fest, dass der in der Gesellschafterversammlung gestellte Antrag keinen Erfolg hatte.[155] Fasst die Gesellschafterversammlung einen Beschluss über die Ausschließung eines Gesellschafters, obwohl der Gesellschaftsvertrag nicht vorsieht, dass eine solche Ausschließung aufgrund eines Gesellschafterbeschlusses erfolgt,[156] so ist der gefasste Beschluss bereits wegen des Fehlens der erforderlichen statutarischen Grundlage unwirksam.[157]

bb) Ausschließungsklage

An den Gesellschafterbeschluss schließt sich als zweite Stufe die Ausschließungsklage an. Im Interesse der Rechtssicherheit ist die Ausschließung eines Gesellschafters im Klageweg durchzusetzen. Die Ausschließung eines Gesellschafters aus der OHG erfordert eine Klage (§ 140 HGB). Das **Ausschließungsurteil** hat **rechtsgestaltende Wirkung**. Der Sinn der Regelung ist es, für den Ausschluss als eine besonders einschneidende Maßnahme von vornherein klare Verhältnisse zu schaffen. Wird die Ausschließung durch Urteil vorgenommen, so wird der sich beim Ausschließungsbeschluss ergebende Zustand der Unsicherheit und Ungewissheit vermieden. Diese Überlegung lässt die rechtsgestaltende Klage auch für die Ausschließung aus der GmbH als das geeignete Mittel erscheinen. Die Klage ist dagegen nicht, wie im Falle des § 140 HGB, von den übrigen Mitgliedern, sondern von der GmbH gegen den auszuschließenden Gesellschafter zu erheben. Dies beruht darauf, dass die GmbH juristische Person ist und es bei der Ausschließung vornehmlich darum geht, die Rechtsbeziehungen des Betroffenen zur GmbH und nicht so sehr der Gesellschafter untereinander zu

49

---

154 BGH, Urt. v. 13.1.2003 – II ZR 227/00, BGHZ 153, 285 = BB 2003, 490 = NZG 2003, 286; BGH, Urt. v. 13.1.2003 – II ZR 173/02, BB 2003, 493 = NJW-RR 2003, 470.
155 BGH, Urt. v. 13.1.2003 – II ZR 173/02, BB 2003, 493 = NJW-RR 2003, 470.
156 Zu dieser Gestaltungsmöglichkeit unten zu Rn. 53.
157 OLG Stuttgart, Beschl. v. 10.2.2014 – 14 U 40/13, BeckRS 2015, 1840 Tz. 14.

Kap. 3 Verlust der Mitgliedschaft

lösen. Die Situation ist dieselbe wie beim Ausschluss säumiger Gesellschafter (§ 21 GmbHG) und bei der Durchführung der Einziehung (§ 34 GmbHG), bei denen ebenfalls die GmbH als **Klägerin** auftritt.[158] Im Rechtsstreit wird die GmbH von ihrem Geschäftsführer vertreten.[159] Ob der Rechtsstreit auch bei Ausschluss eines Gesellschafters in einer **Zweipersonengesellschaft** von der GmbH zu führen ist, hat der BGH bisher offengelassen.[160] Richtigerweise kann hier die Klage von der GmbH, aber auch dem **Gesellschafter** erhoben werden. Da die Ausschließungsklage regelmäßig mit einer Ausschließungswiderklage beantwortet wird, können beide Gesellschafter ihre Ausschlussbegehren in einem Rechtsstreit austragen.[161]

cc) Ausschließungsurteil

50 Die Ausschließung erfolgt durch rechtsgestaltendes Urteil, wobei der Urteilsausspruch an die aufschiebende **Bedingung** geknüpft ist, dass der betroffene Gesellschafter von der GmbH oder durch sie binnen einer für den Einzelfall angemessenen Frist den im Urteil zu bestimmenden Gegenwert für seinen Geschäftsanteil erhält. Im Urteil ist die für den Geschäftsanteil des Auszuschließenden zu zahlende **Vergütung** einschließlich einer Zahlungsfrist festzusetzen. Bei der Wertbemessung ist auf den Zeitpunkt der Klageerhebung abzustellen. Der Zahlungsbetrag ist **nicht vollstreckbar**. Dass die rechtsgestaltende Wirkung des Urteils nicht mit der Rechtskraft, sondern bei Ausfall der Bedingung gar nicht und bei Eintritt der Bedingung erst hiermit eintreten soll, ist zwar ungewöhnlich. Eine solche Regelung ist aber auch nicht ausgeschlossen. Der Erlass eines bedingten Ausschließungsurteils schafft für die Zeit nach Eintritt der Rechtskraft Klarheit für das Vorliegen eines wichtigen Grundes. Hiermit ist eine feste Grundlage für die Durchführung des Ausschlusses, insbesondere für Verhandlungen mit Dritten vorhanden.[162] Ob diese sog. Bedingungslösung vor dem Hintergrund Bestand haben wird, dass der von einer Zwangseinziehung Betroffene

---

158 BGH, Urt. v. 1.4.1953 – II ZR 235/52, BGHZ 9, 157 = BB 1953, 332 = NJW 1953, 780; gleichsinnig Roth/*Altmeppen*, § 60 Rn. 88; *Lutter*/Hommelhoff/*Kleindiek*, § 34 Rn. 63.
159 *Lutter*/Hommelhoff/*Kleindiek*, § 34 Rn. 63; Roth/*Altmeppen*, § 60 Rn. 88; Gehrlein/Born/Simon/*Sandhaus*, § 34 Rn. 83.
160 BGH, Urt. v. 1.4.1953 – II ZR 235/52, BGHZ 9, 157 = BB 1953, 332 = NJW 1953, 780.
161 *Lutter*/Hommelhoff/*Kleindiek*, § 34 Rn. 63; Michalski/Heidinger/Leible/Schmidt/Sosnitza, Anh. § 34 Rn. 28; Gehrlein/Born/Simon/*Sandhaus*, § 34 Rn. 83; MünchKommGmbH/*Strohn*, § 34 Rn. 163.
162 BGH, Urt. v. 1.4.1953 – II ZR 235/52, BGHZ 9, 157 = BB 1953, 332 = NJW 1953, 780; a. A. Ulmer/*Ulmer/Habersack*, Anh. § 34 Rn. 37; offen BGH, Urt. v. 30.6.2003 – II ZR 326/01, BB 2003, 1749 = NJW-RR 2003, 1265; BGH, Urt. v. 14.9.1998 – II ZR 172/97, BGHZ 139, 299 = BB 1998, 2279 = NJW 1998, 3646.

II. Ausschließung eines Gesellschafters aus wichtigem Grund   Kap. 3

seine Gesellschafterstellung bereits mit Bekanntgabe des wirksamen Einziehungsbeschlusses und nicht erst mit der Zahlung der Abfindung verliert,[163] erscheint fraglich. Dagegen spricht die vergleichbare Interessenlage, dafür aber die Tatsache, dass der Gesellschafter der Satzungsbestimmung, die eine Einziehung aus wichtigem Grund ermöglicht, zugestimmt hat (§ 34 Abs. 2 GmbHG) und infolgedessen weniger schutzbedürftig erscheint als ein Gesellschafter, der ohne eine solche Bestimmung ausgeschlossen wird.[164]

dd) Zahlung der Abfindung aus ungebundenem Vermögen

Bei dem durch Zahlung des vollen Entgelts bedingten Ausschlussurteil fällt der Geschäftsanteil des Betroffenen mit der Zahlung an die Gesellschaft. Wie die Gesellschaft den Geschäftsanteil verwertet, geht den verurteilten Gesellschafter nur insoweit etwas an, als durch die Zahlung § 19 Abs. 2 GmbHG verletzt oder der Auszuschließende einem Rückforderungsanspruch aus § 31 Abs. 1 GmbHG ausgesetzt wird. Dann erfüllt die Zahlung nicht die im Urteil gestellte Bedingung. Das kann durch Feststellungsklage geklärt werden. In diesem Fall ist eine zweite Klage unvermeidlich. Aber davon kann der fragliche Gesellschafter nicht freigestellt werden, weil Zahlungen der Gesellschaft an ihre Gesellschafter immer unter der gesetzlichen Bedingung stehen, dass damit §§ 19 Abs. 2, 30 Abs. 1 GmbHG nicht verletzt werden.[165]   51

ee) Rechtsstellung des Gesellschafters bis zur Zahlung der Abfindung

Bis zur Zahlung des Abfindungsentgelts ist der Gesellschafter nicht an einer wirksamen Verfügung über seinen Geschäftsanteil gehindert.[166] Er bleibt solange Gesellschafter, darf indes Maßnahmen, die der Durchführung seines Ausschlusses dienen, nicht vereiteln.[167] Der weitergehenden Schlussfolgerung, dass die **nicht vermögensrechtlichen Rechte und Pflichten** und folglich auch das Stimmrecht suspendiert sind,[168] kann jedoch nicht gefolgt werden. Ein Ruhen des Stimmrechts kann nur durch die Satzung angeordnet werden. Allerdings   52

---

163 So BGH, Urt. v. 24.1.2012 – II ZR 109/11, BGHZ 192, 236 = BB 2012, 664 = NZG 2012, 259 Tz. 8 ff.; dazu oben zu Rn. 24.
164 *Henze/Born*, GmbH-Recht, 2013, Rn. 849 f.; für unbedingtes Ausschließungsurteil, aber anteilige Haftung der anderen Gesellschafter für die Abfindung, falls der Ausgeschlossene diese nicht rechtzeitig erhält, *Lutter*/Hommelhoff/*Kleindiek*, § 60 Rn. 65a; MünchKommGmbHG/*Strohn*, § 34 Rn. 173 f.; a.A. Bork/Schäfer/*Thiessen*, § 34 Rn. 63.
165 BGH, Urt. v. 1.4.1953 – II ZR 235/52, BGHZ 9, 157 = BB 1953, 332 = NJW 1953, 780; so auch Michalski/Heidinger/Leible/Schmidt/*Sosnitza*, Anh. § 34 Rn. 20.
166 BGH, Urt. v. 1.4.1953 – II ZR 235/52, BGHZ 9, 157 = BB 1953, 332 = NJW 1953, 780; ebenso Michalski/Heidinger/Leible/Schmidt/*Sosnitza*, Anh. § 34 Rn. 38.
167 BGH, Urt. v. 1.4.1953 – II ZR 235/52, BGHZ 9, 157 = BB 1953, 332 = NJW 1953, 780.

Kap. 3 Verlust der Mitgliedschaft

missbraucht der Gesellschafter sein Stimmrecht, wenn er ohne triftigen Grund einer von den anderen Gesellschaftern vorgeschlagenen Maßnahme widerspricht, die seine Vermögensinteressen weder unmittelbar noch mittelbar beeinträchtigen kann.[169] Der Gesellschafter hat Anspruch auf **Gewinnbeteiligung**.[170] In alledem ist die Rechtsprechung zum Austritt[171] auf den Ausschluss zu übertragen.[172]

b) Statutarische Regelung

53 Die Satzung kann nicht nur bestimmte Ausschlussgründe schaffen, sondern auch das Ausschließungsverfahren regeln. Es kann insbesondere vorgesehen werden, dass anstelle der Gestaltungsklage der Ausschluss bereits durch einen **rechtsgestaltenden Gesellschafterbeschluss** vollzogen wird.[173] In diesem Fall ist eine Ausschließungsklage mangels Rechtsschutzinteresses unzulässig, es sei denn, es bestehen Zweifel an der Wirksamkeit der Klausel.[174] Die Wirksamkeit von Ausschließung und Einziehung erfolgen unter der aufschiebenden Bedingung der Zahlung des Abfindungsentgelts. Die Satzung kann eine hiervon abweichende Regelung sowohl für den Ausschluss und Austritt eines Gesellschafters wie auch die Einziehung des Geschäftsanteils treffen. Weitergehend kann die Satzung anordnen, dass der Ausschluss bereits im **Zeitpunkt der Beschlussfassung** und nicht erst mit Zahlung des Abfindungsentgelts wirksam wird. Der Zeitpunkt der Ausschließung braucht nicht von der Abfindungszahlung abhängig gemacht zu werden.[175] Dies wird etwa durch eine Klausel zum Ausdruck gebracht, nach der der Gesellschafter mit seiner Kündigung austritt und binnen eines Jahres nach der Kündigung auszuzahlen ist. Sieht die Satzung zusätzlich vor, dass der Geschäftsanteil des ausgeschiedenen Gesellschafters den anderen Gesellschaftern im Verhältnis ihrer Geschäftsanteile „anwächst", so wird damit

---

168 Scholz/*Seibt*, Anh. § 34 Rn. 51; Michalski/Heidinger/Leible/Schmidt/*Sosnitza*, Anh. § 34 Rn. 38.
169 BGH, Urt. v. 26.10.1983 – II ZR 87/83, BGHZ 88, 320 = BB 1984, 88 = NJW 1984, 489; vgl. auch OLG Celle, Urt. v. 22.1.2004 – 9 U 93/13, GmbHR 2014, 370.
170 Scholz/*Seibt*, Anh. § 34 Rn. 51; Baumbach/Hueck/*Fastrich*, Anh. § 34 Rn. 15.
171 BGH, Urt. v. 30.11.2009 – II ZR 209/08, NJW 2010, 1206 Tz. 17; BGH, Urt. v. 30.6.2003 – II ZR 326/01, BB 2003, 1749 = NJW-RR 2003, 1265; dazu unten zu Rn. 58.
172 Rowedder/Schmidt-Leithoff/*Görner*, § 34 Rn. 98.
173 BGH, Urt. v. 19.9.1977 – II ZR 11/76, BB 1977, 1569 = NJW 1977, 2316; BGH, Urt. v. 25.1.1960 – II ZR 22/59, BGHZ 32, 17 = BB 1960, 304 = NJW 1960, 866; Michalski/Heidinger/Leible/Schmidt/*Sosnitza*, Anh. § 34 Rn. 42; Baumbach/Hueck/*Fastrich*, Anh. § 34 Rn. 16; MünchKommGmbHG/*Strohn*, § 34 Rn. 167.
174 Baumbach/Hueck/*Fastrich*, Anh. § 34 Rn. 16; Gehrlein/Born/Simon/*Sandhaus*, § 34 Rn. 91; Michalski/Heidinger/Leible/Schmidt/*Sosnitza*, Anh. § 34 Rn. 42.
175 BGH, Urt. v. 20.6.1983 – II ZR 237/82, BB 1983, 1628 = NJW 1983, 2880; *Goette*, § 6 Rn. 52 ff.; Scholz/*Seibt*, Anh. § 34 Rn. 58.

II. Ausschließung eines Gesellschafters aus wichtigem Grund   Kap. 3

zum Ausdruck gebracht, dass er den anderen Gesellschaftern dinglich anfallen soll. Dies ist im Wege einer durch den Austritt eines Gesellschafters aufschiebend bedingten Teilung und Abtretung des Geschäftsanteils (§ 15 Abs. 3 GmbHG) ohne Weiteres möglich. Damit wird klargestellt, dass der Gesellschafter mit sofortiger Wirkung, d.h. schon vor Zahlung der Abfindung aus der Gesellschaft ausscheiden soll.[176] Eine solche Klausel stellt sicher, dass die Wirksamkeit der Ausschließung nicht hinausgeschoben wird, wenn sich die Abfindungszahlung etwa deshalb verzögert, weil Streit über deren Höhe besteht oder die Abfindung satzungsgemäß zu einem späteren Zeitpunkt oder in Raten zu zahlen ist.[177] Der Gesellschafter wird indes keineswegs rechtlos gestellt. Vielmehr kann er gegen den Ausschließungsbeschluss mit der Anfechtungs- bzw. der Nichtigkeitsklage vorgehen.[178] Der Beschluss ist wegen Verstoßes gegen § 30 Abs. 1 GmbHG nichtig, wenn bei der Beschlussfassung feststeht, dass die Abfindung nicht aus freiem Vermögen gezahlt werden kann.[179] Indes können die Gesellschafter, wenn in der GmbH dauerhaft eine Unterbilanz besteht, ohne dass die Gesellschaft aber überschuldet wäre, aus gesellschafterlicher Treuepflicht gehalten sein, Maßnahmen zur Auflösung stiller Reserven zu ergreifen, wenn nur so der Abfindungsanspruch des ausgeschiedenen Gesellschafters ohne Verstoß gegen § 30 GmbHG erfüllt werden kann.[180] Schuldet nicht die Gesellschaft, sondern einer der Mitgesellschafter oder ein Dritter die Abfindung, weil der Geschäftsanteil auf ihn übertragen wird, so kann § 30 Abs. 1 GmbHG in der Regel nicht verletzt sein.[181] Ob dies lediglich dann gilt, wenn ein solcher Erwerb nicht nur nach der Satzung möglich,[182] sondern im Ausschließungsbeschluss auch festgelegt ist, erscheint fraglich.[183]

---

176 BGH, Beschl. v. 8.12.2008 – II ZR 263/07, NJW-RR 2009, 464 Tz. 5; BGH, Urt. v. 30.6.2003 – II ZR 326/01, BB 2003, 1749 = NJW-RR 2003, 1265.
177 BGH, Urt. v. 5.4.2011 – II ZR 263/08, NJW 2011, 2294 Tz. 21.
178 *Goette*, § 6 Rn. 39; Michalski/Heidinger/Leible/Schmidt/*Sosnitza*, Anh. § 34 Rn. 42; MünchKommGmbHG/*Strohn*, § 34 Rn. 168; zu den Voraussetzungen der Zulässigkeit einer einstweiligen Verfügung mit dem Ziel, einen ausgeschlossenen Gesellschafter bis zur Rechtskraft der Entscheidung über eine Anfechtungsklage gegen den Ausschließungsbeschluss wie einen Gesellschafter zu behandeln, OLG Jena, Urt. v. 24.8.2016 – 2 U 168/16, NJW-RR 2017, 233 Tz. 23.
179 BGH, Urt. v. 5.4.2011 – II ZR 263/08, NJW 2011, 2294 Tz. 19 und 21.
180 BGH, Urt. v. 26.6.2018 – II ZR 65/16, BB 2018, 1999 = NJW-RR 2018, 1054 Tz. 17 (zur Einziehung nach § 34 GmbHG); BGH, Urt. v. 13.2.2006 – II ZR 62/04, BB 2006, 792 = NJW-RR 2006, 760 Tz. 37 (zur stillen Gesellschaft).
181 BGH, Urt. v. 5.4.2011 – II ZR 263/08, NJW 2011, 2294 Tz. 20.
182 Eine solche Satzungsklausel anerkennend BGH, Urt. v. 5.4.2011 – II ZR 263/08, NJW 2011, 2294 Tz. 20; BGH, Urt. v. 20.6.1983 – II ZR 237/82, BB 1983, 1628 = NJW 1983, 2880; Ulmer/*Ulmer/Habersack*, Anh. § 34 Rn. 39.
183 Insofern offen BGH, Urt. v. 5.4.2011 – II ZR 263/08, NJW 2011, 2294 Tz. 20.

Kap. 3 Verlust der Mitgliedschaft

6. Abfindung

a) Verkehrswert

54 Nach der Rechtsprechung ist die Abfindung eines ausscheidenden Gesellschafters, die vorbehaltlich einer abweichenden Regelung sofort mit dem ausschlussbedingten Ausscheiden fällig ist (§ 271 Abs. 1 BGB),[184] nach dem **vollen wirtschaftlichen Wert** seines Anteils zu bemessen. Im Zweifel ist der Anteilswert auf der Grundlage des wirklichen Wertes des lebenden Unternehmens einschließlich der stillen Reserven und des Goodwill zu errechnen. Dieser ergibt sich im Allgemeinen aus dem Preis, der bei einer Veräußerung des Unternehmens als Einheit zu erzielen wäre. Da es keinen Markt für GmbH-Beteiligungen gibt, ist regelmäßig mit Hilfe eines Sachverständigengutachtens eine Unternehmensbewertung vorzunehmen. Dabei wird heute überwiegend anstelle der Substanzwertmethode von der **Ertragswertmethode** ausgegangen.[185] Ist im Gesellschaftsvertrag festgelegt, dass zum Gesellschaftsvermögen gehörende Grundstücke in der Abfindungsbilanz auf der Basis des Verkehrswerts zu bewerten sind, und hat die GmbH ihre Immobilien wenige Monate nach dem relevanten Bewertungsstichtag veräußert, so ist als Verkehrswert grundsätzlich der tatsächlich erzielte Verkaufspreis abzüglich der bei der Veräußerung notwendig anfallenden Kosten und Steuerlasten anzusetzen; denn anders als bei einer – notwendig mit Unsicherheiten verbundenen – (sachverständigen) Schätzung, die sich nur an allgemeinen Erfahrungswerten orientiert, wird durch die Veräußerung der in dem Vermögensgegenstand steckende Marktwert realisiert und damit der wirkliche Verkehrswert unmittelbar festgestellt.[186] Sieht der Gesellschaftsvertrag vor, dass sich die Abfindung eines ausscheidenden Gesellschafters nach einer Auseinandersetzungsbilanz berechnet, ist diese bei Ausscheiden des Gesellschafters von der GmbH aufzustellen.[187] Knüpft ein über einen GmbH-Geschäftsanteil geschlossener Unterbeteiligungsvertrag die Abfindung an die im Gesellschaftsvertrag getroffenen Regelungen, so ist nach Maßgabe des Gesellschaftsvertrages ein eventueller Abschichtungsminderwert auch im Rahmen der Abfindung des Unterbeteiligten zu berücksichtigen.[188]

---

184 MünchKommGmbHG/*Strohn*, § 34 Rn. 218; Bork/Schäfer/*Thiessen*, § 34 Rn. 94; für den Fall der Einziehung BGH, Urt. v. 24.1.2012 – II ZR 109/11, BGHZ 192, 236 = BB 2012, 664 = NZG 2012, 259 Tz. 16.
185 BGH, Urt. v. 16.12.1991 – II ZR 58/91, BGHZ 116, 359 = BB 1992, 448 = NJW 1992, 892; Michalski/Heidinger/Leible/Schmidt/*Sosnitza*, § 34 Rn. 48; Ulmer/*Ulmer/Habersack*, § 34 Rn. 77; Scholz/*Westermann*, § 34 Rn. 25; MünchKommGmbHG/*Strohn*, § 34 Rn. 209.
186 KG, Urt. v. 26.2.2015 – 2 U 60/09, DStR 2015, 2027 Tz. 31 ff. (in Anlehnung an die Rechtsprechung des BGH zum Pflichtteilsrecht).
187 LG Koblenz, Urt. v. 18.2.2014 – 1 HKO 109/13, GmbHR 2014, 652.
188 BGH, Urt. v. 4.11.2002 – II ZR 287/01, DStR 2003, 563.

II. Ausschließung eines Gesellschafters aus wichtigem Grund   Kap. 3

b) Unwirksame Abfindungsbeschränkungen

Die Satzung einer GmbH enthält nicht selten Bestimmungen über die Abfindung 55
eines infolge Ausschlusses ausscheidenden Gesellschafters. Bei der Auslegung
solcher Bestimmungen ist zu berücksichtigen, dass die an der Gesellschaft beteiligten Personen im Zweifel eine auf Dauer wirksame und die Gesellschafter
gleichbehandelnde Berechnung der Abfindung gewollt haben.[189] Abfindungsbeschränkungen finden sich in Gestalt von **Buchwertklauseln**, von Nennwertklauseln oder darin, dass die Abfindung nach dem **Vermögensteuerwert**, dem
gemeinen Wert oder dem Jahresabschluss bemessen werden soll, außerdem in
Gestalt von Teilzahlungsregelungen.[190] Die Zulässigkeit solcher Abfindungsbeschränkungen ist im Grundsatz anzuerkennen, weil bei Abschluss des Gesellschaftsvertrags der Abfindungsanspruch des Gesellschafters tatsächlich lediglich den Buchwerten entspricht.[191] Eine statutarische Abfindungsbeschränkung
ist analog § 241 Nr. 4 AktG nichtig, wenn sie schon bei ihrer **Einführung** gegen
die guten Sitten verstößt.[192] Unwirksam ist eine Klausel, die die Abfindung auf
den **halben Buchwert** beschränkt oder eine Auszahlung in **fünfzehn gleichen
Jahresraten** vorsieht.[193] Ein völliger Abfindungsausschluss ist grundsätzlich sittenwidrig und daher unwirksam.[194] Er kann ausnahmsweise bei Gesellschaften
mit ideeller Zwecksetzung[195] oder einer Gesellschafternachfolge (Abfindungsklauseln auf den Todesfall)[196] zu billigen sein. Hingegen ist eine Satzungsklausel, nach der im Fall einer (groben) Verletzung der Interessen der Gesellschaft
oder der Pflichten des Gesellschafters keine Abfindung zu leisten ist, als Abfindungsausschluss sittenwidrig und daher analog § 241 Nr. 4 AktG nichtig und
auch nicht grundsätzlich als Vertragsstrafeversprechen zulässig.[197] Ungültig sind

---

189 BGH, Urt. v. 27.9.2011 – II ZR 279/09, NZG 2011, 1420 Tz. 14.
190 Gehrlein/Born/Simon/*Sandhaus*, § 34 Rn. 70 ff.; MünchKommGmbHG/*Strohn*, § 34 Rn. 244 ff.
191 MünchKommGmbHG/*Strohn*, § 34 Rn. 221; Scholz/*Westermann*, § 34 Rn. 29 und 31.
192 Michalski/Heidinger/Leible/Schmidt/*Sosnitza*, § 34 Rn. 59; MünchKommGmbHG/*Strohn*, § 34 Rn. 227.
193 BGH, Urt. v. 9.1.1989 – II ZR 83/88, NJW 1989, 2685.
194 BGH, Urt. v. 29.4.2014 – II ZR 216/13, BGHZ 201, 65 = BB 2014, 2323 = NZG 2014, 820 Tz. 12; BGH, Urt. v. 2.6.1997 – II ZR 81/96, BGHZ 135, 387 = BB 1997, 2391 = NJW 1997, 2592.
195 BGH, Urt. v. 29.4.2014 – II ZR 216/13, BGHZ 201, 65 = BB 2014, 2323 = NZG 2014, 820 Tz. 13; BGH, Urt. v. 2.6.1997 – II ZR 81/96, BGHZ 135, 387 = BB 1997, 2391 = NJW 1997, 2592.
196 BGH, Urt. v. 29.4.2014 – II ZR 216/13, BGHZ 201, 65 = BB 2014, 2323 = NZG 2014, 820 Tz. 13; BGH, Urt. v. 20.12.1976 – II ZR 115/75, WM 1977, 192; außerdem BGH, Urt. v. 22.11.1956 – II ZR 222/55, BGHZ 22, 186 = NJW 1957, 180 (zur oHG).
197 BGH, Urt. v. 29.4.2014 – II ZR 216/13, BGHZ 201, 65 = BB 2014, 2323 = NZG 2014, 820 Tz. 16 ff.; zustimmend MünchKommGmbHG/*Strohn*, § 34 Rn. 222;

Kap. 3 Verlust der Mitgliedschaft

Abfindungsbeschränkungen, die nicht zulasten des Gesellschafters, sondern nur seiner auf den Geschäftsanteil zugreifenden Gläubiger wirken.[198] Ist eine Abfindungsklausel von Anfang an unwirksam, so muss der Gesellschafter nach dem vollen wirtschaftlichen Wert seines Geschäftsanteils (**Verkehrswert**) abgefunden werden.[199] Freilich ist zu berücksichtigen, dass eine von Anfang an unwirksame Abfindungsklausel nach Ablauf von drei Jahren seit Eintragung in das Handelsregister wegen der **Heilungswirkung** analog § 242 Abs. 2 AktG – im Verhältnis der Gesellschafter und nicht zum Nachteil außenstehender zu einer Anfechtung nicht berechtigter Dritter – als gültig zu behandeln ist.[200] Ausnahmsweise kann die Vereinbarung einer Abfindung nach der Ertragswertmethode unwirksam sein, wenn ein Unternehmen mit erheblichem, lediglich als Freizeitgelände vermietetem Immobilienbesitz nur einen geringen Ertragswert hat, den der Substanzwert bei weitem übersteigt.[201]

c) Nachträgliche (schleichende) Unwirksamkeit einer Abfindungsbeschränkung

56 Die Regelung in einer GmbH-Satzung, welche für die Fälle der Kündigung eines Gesellschafters und der Pfändung seines Geschäftsanteils eine Abfindung nach Buchwerten vorsieht, ist mangels gegenteiliger Anhaltspunkte auch auf den (statutarisch nicht geregelten) Fall einer Ausschließung aus wichtigem Grund durch Gestaltungsurteil anzuwenden. Ferner ist zu prüfen, ob im Lauf der Zeit ein grobes Missverhältnis zwischen Buch- und Verkehrswert entstanden ist und deshalb dem ausscheidenden Gesellschafter ein unverändertes Festhalten an der – **grundsätzlich zulässigen** – **Buchwertklausel** nach den Maßstäben von Treu und Glauben nicht mehr zugemutet werden kann. Dabei ist nicht allein auf die Differenz zwischen Buch- und Verkehrswert, sondern auf alle Umstände des Einzelfalles abzustellen, etwa auf den Anteil des ausscheidenden Gründungsgesellschafters am Aufbau des Unternehmens, aber auch auf den von ihm zu ver-

---

Baumbach/Hueck/*Fastrich*, § 34 Rn. 34a; a. A. Bork/Schäfer/*Thiessen*, § 34 Rn. 82; Michalski/Heidinger/Leible/Schmidt/*Sosnitza*, § 34 Rn. 70.
198 BGH, Urt. v. 19.6.2000 – II ZR 73/99, BGHZ 144, 365 = BB 2000, 1590 = NJW 2000, 2819; BGH, Beschl. v. 12.6.1975 – II ZB 12/73, BGHZ 65, 22 = BB 1975, 1177 = NJW 1975, 1835; MünchKommGmbHG/*Strohn*, § 34 Rn. 234.
199 BGH, Urt. v. 27.9.2011 – II ZR 279/09, NZG 2011, 1420 Tz. 12; BGH, Urt. v. 16.12.1991 – II ZR 58/91, BGHZ 116, 359 = BB 1992, 448 = NJW 1992, 892; MünchKommGmbHG/*Strohn*, § 34 Rn. 238; *Lutter*/Hommelhoff/*Kleindiek*, § 34 Rn. 86.
200 BGH, Urt. v. 27.9.2011 – II ZR 279/09, NZG 2011, 1420 Tz. 12; BGH, Urt. v. 19.6.2000 – II ZR 73/99, BGHZ 144, 365 = BB 2000, 1590 = NJW 2000, 2819; BGH, Urt. v. 16.12.1991 – II ZR 58/91, BGHZ 116, 359 = BB 1992, 448 = NJW 1992, 892; ebenso Baumbach/Hueck/*Fastrich*, § 34 Rn. 31; *Lutter*/Hommelhoff/*Kleindiek*, § 34 Rn. 86; Roth/*Altmeppen*, § 34 Rn. 65; MünchKommGmbHG/*Strohn*, § 34 Rn. 239.
201 BGH, Urt. v. 13.3.2006 – II ZR 295/04, BB 2006, 1019 = NJW-RR 2006, 1270.

tretenden Anlass seines Ausschlusses.[202] Ein im Laufe der Zeit eintretendes, außergewöhnlich weitgehendes Auseinanderfallen von vereinbartem Abfindungs- und tatsächlichem Anteilswert kann dazu führen, dass dem Gesellschafter die vertragliche Abfindungsbeschränkung nicht mehr zumutbar ist. Ein nachträgliches Missverhältnis dürfte anzunehmen sein, wenn die Abfindungsbeschränkung mehr als **ein Drittel des Verkehrswerts** ausmacht. Eine ursprünglich wirksame, nicht nach § 138 BGB zu beanstandende Abfindungsklausel wird nicht dadurch nichtig, dass sich – insbesondere bei wirtschaftlich erfolgreichen Unternehmen – Abfindungsanspruch und tatsächlicher Anteilswert immer mehr voneinander entfernen. Die vertragliche Regelung bleibt vielmehr als solche wirksam. Die Frage ist nur, welchen Inhalt sie unter Berücksichtigung der Grundsätze von Treu und Glauben hat und ob sie im Blick auf die geänderten Verhältnisse zu ergänzen ist. Der Inhalt der Abfindungsregelung ist durch **ergänzende Vertragsauslegung** nach den Grundsätzen von Treu und Glauben unter angemessener Abwägung der Interessen der Gesellschaft und des ausscheidenden Gesellschafters und unter Berücksichtigung aller Umstände des konkreten Falles entsprechend den geänderten Verhältnissen neu zu ermitteln.[203] Der BGH hat seine frühere Auffassung, wonach ein erhebliches Missverhältnis zwischen einer Buchwertklausel und dem wirklichen Anteilswert eine Abfindungsbeschränkung unwirksam macht, aufgegeben. Dies bedeutet im Ergebnis keine Änderung, weil auch nach der früheren Konzeption die Lücke im Vertragsgefüge durch ergänzende Vertragsauslegung zu füllen war. In deren Rahmen ist nicht nur das Missverhältnis zwischen Abfindungsbetrag und tatsächlichem Anteilswert, sondern auch die Dauer der Mitgliedschaft des Gesellschafters und dessen Anteil am Erfolg des Unternehmens und der Anlass seines Ausscheidens von Bedeutung.[204] Im Zweifel sollte ein **mittlerer Betrag** zwischen Verkehrswert und Buchwert zugesprochen werden.

d) Beweislast

Beweispflichtig für Grund und Höhe eines Anspruchs unter Einschluss eines Abfindungsanspruchs und der dafür maßgeblichen Parameter ist nach allgemeinen Grundsätzen der Anspruchsteller, also der eine Abfindung begehrende **Gesellschafter**. Allerdings ist die Gesellschaft in einem Rechtsstreit für ihre inne-

---

202 BGH, Urt. v. 17.12.2001 – II ZR 348/99, BB 2002, 216 = NZG 2002, 176.
203 BGH, Urt. v. 20.9.1993 – II ZR 104/92, BGHZ 123, 281 = BB 1993, 2265 = NJW 1993, 3193; BGH, Urt. v. 24.5.1993 – II ZR 36/92, NJW 1993, 2101.
204 BGH, Urt. v. 27.9.2011 – II ZR 279/09, NZG 2011, 1420 Tz. 13; BGH, Urt. v. 19.6.2000 – II ZR 73/99, BGHZ 144, 365 = BB 2000, 1590 = NJW 2000, 2819; BGH, Urt. v. 20.9.1993 – II ZR 104/92, BGHZ 123, 281 = BB 1993, 2265 = NJW 1993, 3193; BGH, Urt. v. 24.5.1993 – II ZR 36/92, NJW 1993, 2101.

ren Verhältnisse darlegungspflichtig, soweit der geltend gemachte Anspruch hiervon abhängt und der Anspruchsteller darin keinen Einblick (mehr) hat.[205]

III. Austritt eines Gesellschafters

1. Austritt bei wichtigem Grund

58 Dem Gesellschafter wird das Recht zugebilligt, bei Vorliegen eines **wichtigen Grundes** aus der Gesellschaft auszutreten. Dieses Recht gehört als Grundprinzip des Verbandsrechts zu den zwingenden unverzichtbaren Mitgliedschaftsrechten und besteht unabhängig davon, ob es im Gesellschaftsvertrag vorgesehen ist; es kann dort auch nicht wirksam ausgeschlossen werden.[206] Es kann geltend gemacht werden, wenn Umstände vorliegen, die durch weniger einschneidende Maßnahmen als den Austritt nicht bereinigt werden können und die zugleich dem austrittswilligen Gesellschafter den Verbleib in der Gesellschaft unzumutbar machen.[207] Der Sache nach handelt es sich bei dem Austritt um eine **Kündigung**.[208] Der Austritt vollzieht sich in zwei Akten, nämlich der formlosen Erklärung des Gesellschafters und der Durchführung des Austritts.[209] Letztere geschieht dadurch, dass die GmbH Zug um Zug gegen Zahlung der Abfindung nach ihrer Wahl den Anteil einzieht oder von einem oder mehreren Mitgesellschaftern übernehmen lässt.[210] Die Abfindung darf nur aus ungebundenem Vermögen gezahlt werden, der Austritt nur nach Volleinzahlung des Geschäftsanteils verlangt werden.[211] Indes können die verbleibenden Gesellschafter aus gesellschafterlicher Treuepflicht gehalten sein, Maßnahmen zur Auflösung stiller Reserven zu ergreifen, wenn nur so der Abfindungsanspruch des austrittswilligen und austrittsberechtigten Gesellschafters ohne Verstoß gegen § 30 GmbHG

---

205 BGH, Urt. v. 17.12.2001 – II ZR 348/99, BB 2002, 216 = NZG 2002, 176; gleichsinnig Bork/Schäfer/*Thiessen*, § 34 Rn. 97; MünchKommGmbHG/*Strohn*, § 34 Rn. 225.
206 BGH, Urt. v. 18.2.2014 – II ZR 174/11, NZG 2014, 541 Tz. 12; BGH, Urt. v. 16.12.1991 – II ZR 58/91, BGHZ 116, 359 = BB 1992, 448 = NJW 1992, 892.
207 BGH, Urt. v. 18.2.2014 – II ZR 174/11, NZG 2014, 541 Tz. 12; BGH, Urt. v. 16.12.1991 – II ZR 58/91, BGHZ 116, 359 = BB 1992, 448 = NJW 1992, 892; ebenso Lutter/Hommelhoff/*Kleindiek*, § 34 Rn. 70; Roth/*Altmeppen*, § 60 Rn. 105; Ulmer/Ulmer/Habersack, Anh. § 34 Rn. 46; Gehrlein/Born/Simon/*Sandhaus*, § 34 Rn. 94; MünchKommGmbHG/*Strohn*, § 34 Rn. 181.
208 *Goette*, § 6 Rn. 56.
209 Gehrlein/Born/Simon/*Sandhaus*, § 34 Rn. 98; MünchKommGmbHG/*Strohn*, § 34 Rn. 196; Bork/Schäfer/*Thiessen*, § 34 Rn. 74.
210 BGH, Urt. v. 30.6.2003 – II ZR 326/01, BB 2003, 1749 = NJW-RR 2003, 1265; BGH, Urt. v. 26.3.1983 – II ZR 87/83, BGHZ 88, 320 = NJW 1984, 489.
211 BGH, Urt. v. 23.10.2006 – II ZR 162/05, BGHZ 169, 270 = BB 2006, 2773 = NJW 2007, 589 Tz. 13.

III. Austritt eines Gesellschafters Kap. 3

erfüllt werden kann.[212] Eine Satzungsregelung, nach der, wer den Austritt erklärt, seine Gesellschafterstellung mit sofortiger Wirkung verliert, ist möglich.[213] Anderenfalls behält der Gesellschafter, der seinen Austritt erklärt hat, bis zu dessen Umsetzung seine Gesellschafterstellung.[214] In diesem Fall darf er seine Mitgliedschaftsrechte indes nur noch insoweit ausüben, als sein wirtschaftliches Interesse an der Durchsetzung seines Abfindungsanspruchs betroffen ist.[215]

2. Austritt mit Einverständnis der Gesellschaft

Der Gesellschafter einer GmbH kann auch **unabhängig** vom Vorliegen eines wichtigen Grundes aus der Gesellschaft austreten, wenn die Gesellschaft den Austritt **annimmt**.[216] Rechtsfolge der Annahme eines solchen Austritts ist, dass dem Gesellschafter eine Abfindung zu zahlen und sein Geschäftsanteil durch Einziehung oder Abtretung zu verwerten ist.[217]

59

---

212 BGH, Urt. v. 26.6.2018 – II ZR 65/16, BB 2018, 1999 = NJW-RR 2018, 1054 Tz. 17 (zur Einziehung nach § 34 GmbHG); BGH, Urt. v. 13.2.2006 – II ZR 62/04, BB 2006, 792 = NJW-RR 2006, 760 Tz. 37 (zur stillen Gesellschaft).
213 BGH, Urt. v. 30.6.2003 – II ZR 326/01, BB 2003, 1749 = NJW-RR 2003, 1265; so auch MünchKommGmbHG/*Strohn*, § 34 Rn. 203; Gehrlein/Born/Simon/*Sandhaus*, § 34 Rn. 101.
214 BGH, Urt. v. 30.11.2009 – II ZR 208/08, NJW 2010, 1206 Tz. 17; BGH, Urt. v. 26.3.1983 – II ZR 87/83, BGHZ 88, 320 = NJW 1984, 489; MünchKommGmbHG/*Strohn*, § 34 Rn. 198.
215 BGH, Urt. v. 30.11.2009 – II ZR 208/08, NJW 2010, 1206 Tz. 17; BGH, Urt. v. 26.3.1983 – II ZR 87/83, BGHZ 88, 320 = NJW 1984, 489.
216 BGH, Urt. v. 18.2.2014 – II ZR 174/11, NZG 2014, 541 Tz. 14; BGH, Urt. v. 30.11.2009 – II ZR 208/08, NJW 2010, 1206 Tz. 10.
217 BGH, Urt. v. 18.2.2014 – II ZR 174/11, NZG 2014, 541 Tz. 16.

Kapitel 4
Die Gesellschafterversammlung

Übersicht

I. Kompetenzen der Gesellschafterversammlung 2
  1. Zwingende Zuständigkeiten ... 2
  2. Statutarische Regelungen 3
  3. Zuständigkeitskatalog des § 46 GmbHG 4
    a) Feststellung des Jahresabschlusses 5
    b) Einforderung von Einlagen . 6
    c) Rückzahlung von Nachschüssen 7
    d) Teilung, Zusammenlegung und Einziehung von Geschäftsanteilen 8
    e) Bestellung, Abberufung und Entlastung von Geschäftsführern 9
    f) Prüfung und Überwachung der Geschäftsführung 16
    g) Bestellung von Prokuristen 17
    h) Erhebung von Ersatzansprüchen 18

II. Einberufung der Gesellschafterversammlung 24
  1. Einberufungskompetenz..... 24
    a) Geschäftsführer 25
    b) Gesellschafter 27
  2. Form, Inhalt und Frist der Einberufung 32
    a) Form und Adressat....... 32
    b) Inhalt 33
    c) Einberufungsfrist 34
  3. Heilung von Einberufungsmängeln 36
    a) Universalversammlung ... 37
    b) Rügeverzicht 38

III. Beschlussfassung 39
  1. Ablauf der Versammlung 39
    a) Äußerer Gang.......... 39
    b) Versammlungsleiter 40
    c) Protokollierung gefasster Beschlüsse 41
    d) Beschlussfassung in der Einpersonengesellschaft .. 42
    e) Wirksamwerden eines Gesellschafterbeschlusses . 43
  2. Mehrheitserfordernisse...... 44
    a) Gesetz 44
    b) Satzung 45
  3. Teilnahmerecht 46
    a) Gesellschafter 46
    b) Treuhand 47
    c) Gesetzlicher Vertreter, Amtswalter............ 48
    d) Mitberechtigung......... 49
  4. Stimmrecht.............. 50
    a) Abspaltungsverbot....... 51
    b) Treuhand 52
    c) Eigene Geschäftsanteile der GmbH 53
    d) Amtswalter............ 54
    e) Einheitliche Stimmabgabe 55
    f) Rechtsnatur und Freiheit der Stimmabgabe........ 56
    g) Stimmbindungsverträge... 57
    h) Ausschluss von der Abstimmung 58
  5. Beschlussfassung außerhalb einer Gesellschafterversammlung 66
  6. Kombinierte Beschlussfassung 67

IV. Rechtliche Kontrolle von Gesellschafterbeschlüssen 68
  1. Anwendbarkeit von Anfechtungs- und Nichtigkeitsklage . 68
    a) Klage gegen protokollierten Beschluss 69
    b) Klage gegen nicht protokollierten Beschluss...... 70

Kap. 4 Die Gesellschafterversammlung

	Rn.		Rn.
2. Schwebende Unwirksamkeit eines Beschlusses	71	b) Anfechtungsfrist	82
3. Nichtigkeit von Beschlüssen	72	c) Zuständiges Gericht	83
a) Nichtigkeitsgründe	72	d) Urteil	84
b) Geltendmachung der Nichtigkeit	78	e) Kein Erfordernis der Kausalität des Verfahrensfehlers für Beschluss	85
c) Heilung	79	f) Vorrang von Nebenabreden	86
4. Anfechtbarkeit von Beschlüssen	80	g) Bestätigung	87
a) Klagebefugnis, Beklagter	81		

1 Das GmbH-Recht sieht nur zwei Organe der GmbH vor: Den oder die **Geschäftsführer** (§§ 6, 35 ff. GmbHG), die nach außen für die GmbH auftreten, und die **Gesellschafterversammlung** (§§ 45 ff. GmbHG), in der sich die Willensbildung der Gesellschaft verwirklicht. Von wenigen den Geschäftsführern als solchen im öffentlichen Interesse zugewiesenen Kompetenzen abgesehen (§§ 30, 33, 64 GmbHG) sind in der GmbH die Gesellschafter das **zentrale Entscheidungsorgan**. Sie fassen in der Gesellschafterversammlung die für die Geschicke der Gesellschaft wesentlichen Entscheidungen, sie setzen sie durch Weisungen an die Geschäftsführer (§ 37 GmbHG) um und nehmen ein umfassendes Recht zur Prüfung und Überwachung der Geschäftsführung wahr (§ 46 Nr. 6 GmbHG). Der Aufsichtsrat (§ 52 GmbHG) ist nach der Konzeption des GmbH-Rechts ein fakultatives Organ, das bei Gründung der Gesellschaft oder später errichtet werden kann; seine nachträglich beschlossene Errichtung muss auch bei Vorliegen einer Öffnungsklausel im Gesellschaftsvertrag notariell beurkundet und in das Handelsregister eingetragen werden (§§ 53 Abs. 2, 54 Abs. 3 GmbHG).[1] Zwingend ist die Bildung eines Aufsichtsrats lediglich im Fall der Mitbestimmungspflicht der GmbH (§ 3 Abs. 1 Montan-MitbestG bzw. § 6 Abs. 1 MitbestG bzw. § 1 Abs. 1 Nr. 3 DrittelbG). Bei den in § 45 Abs. 1 GmbHG genannten Rechten ist zwischen den Befugnissen, die den Gesellschaftern einzeln zustehen, und denjenigen Zuständigkeiten zu unterscheiden, die den Gesellschaftern in ihrer Gesamtheit zukommen. Die Gesellschafter nehmen ihre gemeinsamen Zuständigkeiten durch **Beschluss** der Gesellschafterversammlung (§ 48 Abs. 1 GmbHG) oder im schriftlichen Umlaufverfahren wahr (§ 48 Abs. 2 GmbHG). Die Gesellschafterversammlung ist folglich das oberste Willensbildungsorgan der GmbH.[2]

---

[1] KG, Urt. v. 9.11.2017 – 23 U 67/15, NZG 2018, 660 Tz. 72 f. (nicht rkr.); KG, Urt. v. 23.7.2015 – 23 U 18/15, NZG 2016, 787 Tz. 15 ff.

[2] MünchKommGmbHG/*Liebscher*, § 45 Rn. 81; Baumbach/Hueck/*Zöllner/Noack*, § 45 Rn. 4; Ulmer/*Hüffer/Schürnbrand*, § 45 Rn. 7; Roth/*Altmeppen*, § 45 Rn. 2; a.A. Scholz/*K. Schmidt*, § 45 Rn. 5; Michalski/Heidinger/Leible/Schmidt/*Römermann*, § 45 Rn. 12; Gehrlein/Born/Simon/*Teichmann*, § 45 Rn. 3, die – ohne praktischen Unterschied – der Gesamtheit der Gesellschafter die Organstellung einräumen.

I. Kompetenzen der Gesellschafterversammlung   Kap. 4

Die **Befugnisse** der Gesellschafterversammlung ergeben sich vorrangig aus dem zwingenden Recht, in zweiter Linie aus dem Inhalt der Satzung sowie schließlich dem dispositiven Gesetzesrecht.[3]

I. Kompetenzen der Gesellschafterversammlung

1. Zwingende Zuständigkeiten

Zwingend ist die Zuständigkeit der Gesellschafterversammlung nur in wenigen Fällen, nämlich insbesondere für **Satzungsänderungen** (§ 53 GmbHG), die Einforderung von Nachschüssen (§ 26 GmbHG), die Wahl der Abschlussprüfer (§ 318 Abs. 1 HGB), die Ernennung von nicht der Geschäftsführung angehörenden Liquidatoren (§ 66 Abs. 1 GmbHG) und deren Abberufung (§ 66 Abs. 3 GmbHG) sowie für die Verweigerung von Informationen an Gesellschafter (§ 51a GmbHG). Daneben besteht eine unentziehbare Zuständigkeit der Gesellschafterversammlung auch für **Grundlagenbeschlüsse**, namentlich für solche über die Auflösung (§ 60 Abs. 1 Nr. 2 GmbHG), die formwechselnde Umwandlung (§ 193 Abs. 1 UmwG), die Verschmelzung (§ 13 Abs. 1 UmwG) oder die Spaltung (§§ 125, 13 Abs. 1 UmwG) der Gesellschaft.

2

2. Statutarische Regelungen

Die **Satzung** – nicht etwa eine bloße Geschäftsordnung[4] – kann die Zuständigkeiten der Gesellschafterversammlung einschränken oder erweitern. Eine Ausdehnung der Befugnisse findet sich vor allem im Bereich der **Geschäftsführung**. Aufgrund der Weisungsunterworfenheit der Geschäftsführer können die Gesellschafter in jedem Einzelfall Einfluss auf die Geschäftsführung nehmen (§ 37 Abs. 1 GmbHG). Vorbeugend kann die Satzung einen umfassenden **Zustimmungsvorbehalt** zugunsten der Gesellschafterversammlung vorsehen.[5] Freilich können die Gesellschafter den Geschäftsführer nicht zum leitenden Angestellten oder zum bloßen Vollzugsorgan („Vertretungsmarionette") degradieren.[6] Die Ausführung der Maßnahmen der Gesellschafterversammlung erfolgt durch den Geschäftsführer als Vertretungsorgan der GmbH.[7] Durch eine Kompetenzzuweisung an andere Organe kann die Zuständigkeit der Gesellschafterversammlung eingeengt werden. Eine unüberwindbare Schranke finden Satzungsregeln, durch die die Stellung der Gesellschafterversammlung als oberstes Gesellschaftsorgan

3

---

3 Bork/Schäfer/*Masuch*, § 45 Rn. 3; MünchKommGmbHG/*Liebscher*, § 45 Rn. 4.
4 Lutter/Hommelhoff/*Bayer*, § 45 Rn. 5; Scholz/*K. Schmidt*, § 45 Rn. 8.
5 Michalski/Heidinger/Leible/Schmidt/*Römermann*, § 45 Rn. 37; Roth/*Altmeppen*, § 46 Rn. 68.
6 Bork/Schäfer/*Masuch*, § 45 Rn. 8; MünchKommGmbHG/*Liebscher*, § 45 Rn. 88.
7 Lutter/Hommelhoff/*Bayer*, § 45 Rn. 6; Rowedder/Schmidt-Leithoff/*Ganzer*, § 45 Rn. 11.

Kap. 4 Die Gesellschafterversammlung

in ihrem Kern auf Dauer in Frage gestellt bzw. **bis zur Bedeutungslosigkeit ausgehöhlt** wird.[8] So können einzelne Zuständigkeiten kraft Satzung auf andere Organe wie den oder die Geschäftsführer, einen **Gesellschafterausschuss, Beirat** oder **Aufsichtsrat** (§ 52 GmbHG) verlagert werden.[9] Erweist sich das andere Organ freilich als handlungsunfähig, so fällt die Kompetenz an die Gesellschafterversammlung zurück (sog. Rückfallkompetenz).[10] Außerdem ist stets die Überordnung der Gesellschafterversammlung zu beachten, die durch einen satzungsändernden Beschluss alle Angelegenheiten von einem Beirat wieder an sich ziehen kann.[11] Die Gesellschafterversammlung kann nicht auf die einem Aufsichtsrat oder einem anderen Organ untergeordnete Rolle verwiesen werden. Denn überall dort, wo das Gesetz der Gesellschafterversammlung als dem obersten Unternehmensorgan die Entscheidungsmacht vorbehält, ist sie eigenständig und nicht von den Entschließungen eines anderen Organs abhängig.[12] **Satzungsauslegende** Beschlüsse fallen grundsätzlich in die Kompetenz der Gesellschafterversammlung. Ebenso wie über die Zustimmung zu einer bestimmten Maßnahme der Gesellschaft müssen die Gesellschafter über die Vorfrage der Zustimmungsbedürftigkeit durch Beschluss entscheiden können. Auf die Mehrheitserfordernisse für die Zustimmung als solche kommt es dabei nicht an. Die gerichtliche Nachprüfung eines solchen Beschlusses im Wege der dafür statthaften Klagen bleibt davon unberührt.[13]

3. Zuständigkeitskatalog des § 46 GmbHG

4   Wegen des Grundsatzes der **Allzuständigkeit** der Gesellschafterversammlung ist der Katalog des § 46 GmbHG nicht erschöpfend. Der Gesellschafterversammlung können durch die Satzung weitere Zuständigkeiten zugewiesen werden. Andererseits sind grundsätzlich sämtliche Zuständigkeiten des § 46 GmbHG dispositiv; die Satzung kann sie auf ein anderes Organ verlagern.[14] Dies

---

8 MünchKommGmbHG/*Liebscher*, § 45 Rn. 86; Lutter/Hommelhoff/*Bayer*, § 45 Rn. 11; Scholz/*K. Schmidt*, § 45 Rn. 10; Rowedder/Schmidt-Leithoff/*Ganzer*, § 45 Rn. 12.
9 Lutter/Hommelhoff/*Bayer*, § 45 Rn. 8; Roth/*Altmeppen*, § 45 Rn. 3; Bork/Schäfer/*Masuch*, § 45 Rn. 5; Gehrlein/Born/Simon/*Teichmann*, § 45 Rn. 5.
10 BGH, Urt. v. 24.2.1954 – II ZR 88/53, BGHZ 12, 337 = BB 1954, 320 = NJW 1954, 799; ebenso Scholz/*K. Schmidt*, § 45 Rn. 11; Michalski/Heidinger/Leible/Schmidt/*Römermann*, § 45 Rn. 44; Gehrlein/Born/Simon/*Teichmann*, § 45 Rn. 6; Rowedder/Schmidt-Leithoff/*Ganzer*, § 45 Rn. 19.
11 Michalski/Heidinger/Leible/Schmidt/*Römermann*, § 45 Rn. 57; Scholz/*K. Schmidt*, § 46 Rn. 5; Bork/Schäfer/*Masuch*, § 45 Rn. 7; Rowedder/Schmidt-Leithoff/*Ganzer*, § 45 Rn. 18.
12 BGH, Urt. v. 14.11.1983 – II ZR 33/83, BGHZ 89, 48 = BB 1984, 9 = NJW 1984, 733.
13 BGH, Urt. v. 25.11.2002 – II ZR 69/01, BB 2003, 171 = NZG 2003, 127.
14 Scholz/*K. Schmidt*, § 46 Rn. 3; Michalski/Heidinger/Leible/Schmidt/*Römermann*, § 46 Rn. 8; Lutter/Hommelhoff/*Bayer*, § 46 Rn. 1; Roth/*Altmeppen*, § 45 Rn. 3.

I. Kompetenzen der Gesellschafterversammlung   **Kap. 4**

gilt freilich insofern nicht, als Kompetenzen, die sich auf den/die Geschäftsführer beziehen (§ 46 Nr. 5, 6 und 8 GmbHG), nicht auf diese(n) übertragen werden können, da niemand Richter in eigener Sache sein kann.[15] Außerdem kann der Gesellschafterversammlung nicht das Recht genommen werden, einen Geschäftsführer aus wichtigem Grund abzuberufen.[16]

a) Feststellung des Jahresabschlusses

Der Jahresabschluss, dessen Feststellung nach § 46 Nr. 1 GmbHG den Gesellschaftern obliegt, setzt sich nach §§ 242, 264 Abs. 1 HGB aus Jahresbilanz, Gewinn- und Verlustrechnung nebst Anhang zusammen. Der danach nicht zum Jahresabschluss gehörende **Lagebericht** ist der Beschlussfassung der Gesellschafterversammlung entzogen.[17] Mit der Feststellung beschränkt sich die Zuständigkeit der Gesellschafterversammlung auf die Genehmigung des Jahresabschlusses. Als vorbereitende Tätigkeit obliegt den Geschäftsführern die **Aufstellung** des Jahresabschlusses; dessen Entwurf ist den Gesellschaftern binnen angemessener Frist vor der Beschlussfassung vorzulegen (§ 42a Abs. 1 GmbHG). Der Gesellschafter-Geschäftsführer ist von der **Abstimmung** über die Feststellung des von ihm aufgestellten Jahresabschlusses nicht ausgeschlossen.[18] Soweit die Gesellschafter vom Bilanzentwurf des Geschäftsführers abweichen, sind sie an die Vorschriften des Bilanzrechts gebunden.[19] Vom Beschluss über den Jahresabschluss, der festlegt, welcher Betrag zur Verteilung an die Gesellschafter offen steht, ist der Beschluss über die Ergebnisverwendung zu trennen. So ist die Feststellung des Jahresabschlusses Voraussetzung für den **Ergebnisverwendungsbeschluss**.[20] Indes können beide Beschlüsse zusammenfallen.[21] Der Gewinnanspruch eines Gesellschafters setzt also den Beschluss der Gesellschafterversammlung über die Feststellung des Jahresabschlusses und die Verwendung des Gewinns voraus.[22]

5

---

15 BGH, Urt. v. 25.2.1965 – II ZR 287/63, BGHZ 43, 261 = NJW 1965, 1378; so auch MünchKommGmbHG/*Liebscher*, § 45 Rn. 86; Gehrlein/Born/Simon/*Teichmann*, § 45 Rn. 7.
16 Scholz/*K. Schmidt*, § 46 Rn. 3; Gehrlein/Born/Simon/*Teichmann*, § 46 Rn. 33; wohl auch Baumbach/Hueck/*Zöllner/Noack*, § 46 Rn. 94.
17 MünchKommGmbHG/*Liebscher*, § 46 Rn. 16a; Scholz/*K. Schmidt*, § 46 Rn. 7; Michalski/Heidinger/Leible/Schmidt/*Römermann*, § 46 Rn. 18; Baumbach/Hueck/*Zöllner/Noack*, § 46 Rn. 9; Ulmer/*Hüffer/Schürnbrand*, § 46 Rn. 7; Rowedder/Schmidt-Leithoff/*Ganzer*, § 46 Rn. 3.
18 Lutter/Hommelhoff/*Bayer*, § 46 Rn. 4; Gehrlein/Born/Simon/*Teichmann*, § 46 Rn. 8.
19 MünchKommGmbHG/*Liebscher*, § 46 Rn. 30; Scholz/*K. Schmidt*, § 46 Rn. 14.
20 Scholz/*K. Schmidt*, § 46 Rn. 10; Michalski/Heidinger/Leible/Schmidt/*Römermann*, § 46 Rn. 28; Bork/Schäfer/*Witt*, § 42a Rn. 12.
21 Bork/Schäfer/*Witt*, § 42a Rn. 12.
22 BGH, Urt. v. 30.6.2004 – VIII ZR 349/03, BB 2004, 1759 = NJW-RR 2004, 1343; BGH, Urt. v. 14.9.1998 – II ZR 172/97, BGHZ 139, 299 = BB 1998, 2279 = NJW

Kap. 4 Die Gesellschafterversammlung

b) Einforderung von Einlagen

6 Die bis zur Eintragung (§ 7 Abs. 2 GmbHG) noch nicht eingezahlten Einlagen – entsprechendes gilt für ein Aufgeld (Agio)[23] – werden durch einen Einforderungsbeschluss der Gesellschafterversammlung (§ 46 Nr. 2 GmbHG) geltend gemacht. Fehlt es an einem satzungsmäßig festgelegten Zahlungstermin,[24] so wird die Resteinlage durch ein zweistufiges Verfahren fällig gestellt: Einmal bedarf es eines **Gesellschafterbeschlusses** (§ 46 Nr. 2 GmbHG) über die Einforderung der Einlage, bei dessen Fassung alle – auch betroffene – Gesellschafter (ohne Beschränkung durch § 47 Abs. 4 Satz 2 Alt. 1 GmbHG) stimmberechtigt sind.[25] Als weitere Voraussetzung hat die vom Geschäftsführer zu bewirkende **Anforderung** der Zahlung an den Gesellschafter, mit deren Zugang die Einlage fällig wird, hinzuzutreten;[26] bei Anwesenheit des betroffenen Gesellschafters in der Gesellschafterversammlung genügt die Beschlussfassung.[27] Eine nicht durch einen Gesellschafterbeschluss gedeckte Anforderung seitens des Geschäftsführers ist unwirksam.[28] Der Einforderungsbeschluss kann von **sämtlichen** Gesellschaftern (auch konkludent) getroffen werden und bedarf in diesem Fall keiner Umsetzung durch eine Anforderung des Geschäftsführers.[29] Im Falle der Insolvenz kann der Verwalter ohne das Erfordernis eines Beschlusses die Einlagen einfordern.[30] Dies gilt auch für ein Aufgeld.[31]

c) Rückzahlung von Nachschüssen

7 Die Zuständigkeit für die Einforderung von Nachschüssen liegt zwingend bei der Gesellschafterversammlung (§ 26 Abs. 1 GmbHG).[32] § 46 Nr. 3 GmbHG be-

---

1998, 3646; ebenso Gehrlein/Born/Simon/*Winter/Marx*, § 42a Rn. 58; a. A. Lutter/*Hommelhoff*, § 29 Rn. 4.
23 BGH, Urt. v. 15.10.2007 – II ZR 216/06, NZG 2007, 73 Tz. 17.
24 Vgl. BGH, Urt. v. 9.1.2006 – II ZR 72/05, BGHZ 165, 352 = BB 2006, 624 = NJW 2006, 906 Tz. 7 (Satzungsklausel: Zahlung „vor Anmeldung der Gesellschaft zum Handelsregister"); siehe auch Kap. 2 zu Rn. 4.
25 BGH, Urt. v. 9.7.1990 – II ZR 9/90, BB 1990, 1923 = NJW 1991, 172.
26 Ulmer/*Casper*, § 19 Rn. 13; *Goette*, § 2 Rn. 12; Scholz/*Veil*, § 19 Rn. 13; MünchKommGmbHG/*Liebscher*, § 46 Rn. 63.
27 OLG Dresden, Urt. v. 14.12.1998 – 2 U 2679/98, NZG 1999, 448; gleichsinnig Gehrlein/Born/Simon/*Teichmann*, § 46 Rn. 19.
28 BGH, Urt. v. 29.6.1961 – II ZR 39/60, BB 1961, 953.
29 BGH, Urt. v. 16.9.2002 – II ZR 1/00, BGHZ 152, 37 = BB 2002, 2347 = NJW 2002, 3774.
30 BGH, Urt. v. 10.5.1982 – II ZR 89/81, BGHZ 84, 47 f. = BB 1982, 1325 = NJW 1982, 2822; so auch Gehrlein/Born/Simon/*Teichmann*, § 46 Rn. 20.
31 BGH, Urt. v. 15.10.2007 – II ZR 216/06, NZG 2008, 73 Tz. 18.
32 Michalski/Heidinger/Leible/Schmidt/*Römermann*, § 46 Rn. 151; Scholz/*K. Schmidt*, § 46 Rn. 61; MünchKommGmbHG/*Liebscher*, § 46 Rn. 77.

I. Kompetenzen der Gesellschafterversammlung   Kap. 4

trifft hingegen die nach Maßgabe des § 30 Abs. 2 GmbHG zulässige **Rückzahlung** von Nachschüssen. Im Blick auf die Entscheidung über die Rückzahlung kann die Satzung eine von § 46 Nr. 3 GmbHG abweichende Zuständigkeit festlegen.[33]

d) Teilung, Zusammenlegung und Einziehung von Geschäftsanteilen

Teilung und Zusammenlegung von Geschäftsanteilen hängen, seitdem nach Aufhebung des § 17 GmbHG auch für die Teilung keinerlei Beschränkung mehr besteht, nur von der **Beschlussfassung** der Gesellschafter ab.[34] Bei der Anteilsteilung, die selbstverständlich die Mindeststückelung nach § 5 Abs. 2 GmbHG zu beachten hat,[35] und ebenso bei der Zusammenlegung sind auch die betroffenen Gesellschafter stimmberechtigt; ihrer Zustimmung bedarf es hingegen nicht.[36] Nach Zusammenlegung oder Teilung haben die Geschäftsführer eine aktualisierte **Gesellschafterliste** zum Handelsregister einzureichen (§ 40 Abs. 1 Satz 1 GmbHG); vor diesem Hintergrund empfiehlt sich eine schriftliche Beschlussfassung.[37] Die Einziehung von Geschäftsanteilen ist in § 34 GmbHG geregelt. Handelt es sich um eine Zwangseinziehung, so ist der betroffene Gesellschafter mit seinem Stimmrecht ausgeschlossen. Zwischen der Beschlussfassung und der **Einziehungserklärung** der Gesellschaft gegenüber dem betroffenen Gesellschafter ist zu unterscheiden.[38]

8

e) Bestellung, Abberufung und Entlastung von Geschäftsführern

§ 46 Nr. 5 GmbHG weist der Gesellschafterversammlung die umfassende Kompetenz zur Bestellung, Abberufung und Entlastung der Geschäftsführer zu.

9

aa) Bestellung, Abberufung

In der dem Mitbestimmungsgesetz oder der Montanmitbestimmung unterfallenden GmbH ist § 46 Nr. 5 GmbHG unanwendbar. Bestellung und Abberufung eines Geschäftsführers fallen dort nach § 31 MitbestG bzw. § 12 Montan-MitbestG, jeweils i.V. mit § 84 AktG, in die Zuständigkeit des obligatorischen Auf-

10

---

33 Scholz/*K. Schmidt*, § 46 Rn. 61; Lutter/Hommelhoff/*Bayer*, § 46 Rn. 16; Bork/Schäfer/*Masuch*, § 46 Rn. 12; MünchKommGmbHG/*Liebscher*, § 46 Rn. 80.
34 BGH, Urt. v. 17.12.2013 – II ZR 21/12, NZG 2014, 184 Tz. 25.
35 Michalski/Heidinger/Leible/Schmidt/*Römermann*, § 46 Rn. 167; Bork/Schäfer/*Masuch*, § 46 Rn. 14; MünchKommGmbHG/*Liebscher*, § 46 Rn. 84a; Gehrlein/Born/Simon/*Teichmann*, § 46 Rn. 24.
36 MünchKommGmbHG/*Liebscher*, § 46 Rn. 90; Michalski/Heidinger/Leible/Schmidt/ *Römermann*, § 46 Rn. 180a; a. A. Bork/Schäfer/*Masuch*, § 46 Rn. 13.
37 Gehrlein/Born/Simon/*Teichmann*, § 46 Rn. 26.
38 Scholz/*K. Schmidt*, § 46 Rn. 67; Michalski/Heidinger/Leible/Schmidt/*Römermann*, § 46 Rn. 187 f.

Kap. 4 Die Gesellschafterversammlung

sichtsrats. Abgesehen von diesem Sonderfall obliegt der Gesellschafterversammlung die Bestellung und Abberufung des Geschäftsführers. Es ist zwischen **Bestellung** und **Anstellung** zu unterscheiden (sog. Trennungstheorie): Bestellung und Abberufung betreffen die Begründung und Beendigung des **Organverhältnisses**. Im Blick auf die Anstellung, den Dienstvertrag, stehen sich Einstellung (Begründung) und Kündigung (Entlassung) gegenüber.[39] Die Beschlussfassung über die Bestellung des Geschäftsführers als Organ der GmbH hat in Verbindung mit der Erklärung an ihn als notwendigem Ausführungsakt und der Annahmeerklärung des zu Bestellenden rechtsgeschäftliche Wirkung.[40] Daneben liegt über den Wortlaut des § 46 Nr. 5 GmbHG hinaus auch die Zuständigkeit für den Abschluss eines **Geschäftsführeranstellungsvertrages** bei der Gesellschafterversammlung, nicht beim amtierenden Geschäftsführer (Annexkompetenz).[41] Die Gesellschafterversammlung ist zudem für Änderungen des Anstellungsvertrages eines Geschäftsführers, die nicht mit der Begründung oder Beendigung der Organstellung zusammenhängen, sowie für die Aufhebung oder Kündigung dieses Vertrages zuständig, soweit nach Gesetz oder Satzung keine anderweitige Zuständigkeit bestimmt ist.[42] In ihre Zuständigkeit fallen außerdem andere Rechtsgeschäfte, die in unmittelbarem Zusammenhang mit der Organstellung des Geschäftsführers stehen; denn für solche Rechtsgeschäfte besteht in gleicher Weise die Notwendigkeit der Vorbeugung von Interessenkonflikten und des Schutzes der Gesellschaft vor befangener Vertretung.[43] Die **Abberufung** aus der Organstellung vollzieht sich ebenfalls durch den Gesellschafterbeschluss, verbunden mit der Mitteilung an den Geschäftsführer; ferner bedarf es einer eigenständigen Kündigung des Anstellungsvertrages.[44]

---

39 Michalski/Heidinger/Leible/Schmidt/*Römermann*, § 46 Rn. 195.
40 BGH, Urt. v. 22.9.1969 – II ZR 144/68, BGHZ 52, 316 = NJW 1970, 33; gleichsinnig MünchKommGmbHG/*Liebscher*, § 46 Rn. 108; Rowedder/Schmidt-Leithoff/*Ganzer*, § 46 Rn. 32; Gehrlein/Born/Simon/*Teichmann*, § 46 Rn. 29; Michalski/Heidinger/ Leible/Schmidt/*Römermann*, § 46 Rn. 196.
41 BGH, Urt. v. 3.7.2018 – II ZR 452/17, NZG 2018, 1073 Tz. 10; BGH, Urt. v. 3.7.2000 – II ZR 282/98, BB 2000, 1751 = NJW 2000, 2983; ebenso Bork/Schäfer/*Masuch*, § 46 Rn. 20; MünchKommGmbHG/*Liebscher*, § 46 Rn. 124; Gehrlein/Born/Simon/*Teichmann*, § 46 Rn. 31; Scholz/*K. Schmidt*, § 46 Rn. 70.
42 BGH, Urt. v. 3.7.2018 – II ZR 452/17, NZG 2018, 1073 Tz. 10; BGH, Urt. v. 25.2.1991 – II ZR 76/90, BB 1991, 714 = NJW 1991, 1681; Lutter/Hommelhoff/*Bayer*, § 46 Rn. 23; Bork/Schäfer/*Masuch*, § 46 Rn. 20.
43 OLG Naumburg, Urt. v. 23.1.2014 – 2 U 57/13, GmbHR 2014, 985.
44 Michalski/Heidinger/Leible/Schmidt/*Römermann*, § 46 Rn. 230 und 253; MünchKommGmbHG/*Liebscher*, § 46 Rn. 116, 120 und 126; Gehrlein/Born/Simon/*Teichmann*, § 46 Rn. 30 f.

bb) Entlastung, Generalbereinigung

(1) Zuständigkeit

Dem Geschäftsführer kann nach § 46 Nr. 5 GmbHG durch Gesellschafterbeschluss Entlastung für seine bisherige Geschäftsführertätigkeit erteilt und darüber hinaus kann – im Sinne einer so genannten „Generalbereinigung" aus Anlass seines Ausscheidens – ihm gegenüber auf jegliche Haftung verzichtet werden. Die Zuständigkeit der Gesellschafterversammlung für eine Generalbereinigung ergibt sich daraus, dass über die Entlastung eines Geschäftsführers gemäß § 46 Nr. 5 GmbHG allein die Gesellschafterversammlung zu befinden hat und dasselbe erst recht für die Entscheidung über eine Generalbereinigung gelten muss. Da den Gesellschaftern außerdem nach § 46 Nr. 8 GmbHG die Entscheidungskompetenz für die Geltendmachung von Ersatzansprüchen gegen Geschäftsführer zugewiesen ist, muss den Gesellschaftern auch die Entscheidung für das Gegenteil, nämlich einen Erlassvertrag (§ 397 BGB) oder Vergleich (§ 779 BGB) mit dem Geschäftsführer und erst recht eine Generalbereinigung vorbehalten sein.[45]

11

(2) Reichweite

Generalbereinigung und **Entlastung** unterscheiden sich im Wesentlichen nur darin, dass bei Letzterer auf die den Gesellschaftern zur Zeit der Beschlussfassung **bekannten** oder aus den ihnen zugänglich gemachten Unterlagen erkennbaren Ersatzansprüche gegen die Geschäftsführer verzichtet wird, während eine **Generalbereinigung** einen Verzicht auf **sämtliche denkbaren Ersatzansprüche** bis zur Grenze des rechtlich Zulässigen (§ 43 Abs. 3, § 9b Abs. 1, § 57 Abs. 4, § 64 Abs. 2 GmbHG) darstellt.[46] Im Unterschied zur Generalbereinigung können bei einer bloßen Entlastung nicht erkennbare, nachträglich bekannt gewordene Verfehlungen einen Schadensersatzanspruch begründen. Dies ist etwa dann anzunehmen, wenn der Geschäftsführer den Gesellschaftern einen der GmbH nachteiligen Vertrag verschwiegen hat.[47] Entlastung und Generalbereinigung erfassen nicht nur Ersatzansprüche im Wortsinn, sondern Ansprüche auf jeder Rechtsgrundlage, sofern die ihre Tatbestandsmerkmale erfüllenden Handlungen sachlich dem **Vorgang der Gründung oder Geschäftsführung** zuzurechnen sind. Damit erstreckt sich die Entlastung etwa auch auf Bereicherungsansprüche

12

---

45 BGH, Urt. v. 8.12.1997 – II ZR 236/96, BB 1998, 444 = NJW 1998, 1315; ausführlich MünchKommGmbHG/*Liebscher*, § 46 Rn. 167 ff.
46 BGH, Urt. v. 21.3.2005 – II ZR 54/03, NZG 2005, 562; BGH, Urt. v. 8.12.1997 – II ZR 236/96, BB 1998, 444 = NJW 1998, 1315; so auch Scholz/*K. Schmidt*, § 46 Rn. 103 ff.; Lutter/Hommelhoff/*Bayer*, § 46 Rn. 26 ff.; MünchKommGmbHG/*Liebscher*, § 46 Rn. 168.
47 BGH, Urt. v. 14.9.1998 – II ZR 175/97, BB 1998, 2384 = NJW 1999, 781.

Kap. 4 Die Gesellschafterversammlung

(§§ 812 ff. BGB) und Ansprüche aus Geschäftsführung ohne Auftrag (§§ 677 ff. BGB).[48] Entlastung bzw. Generalbereinigung berühren indessen nicht Ansprüche der GmbH aus Drittgeschäften mit dem Geschäftsführer, deren Verfolgung auch keinen Gesellschafterbeschluss nach § 46 Nr. 8 GmbHG voraussetzt.[49] Sofern ein Sachverhalt sowohl organschaftliche Ersatzansprüche gegen den Geschäftsführer als auch Schadensersatzansprüche gegen ihn wegen der Verletzung seiner Treuepflicht als Gesellschafter begründet, decken Entlastungs- bzw. Generalbereinigungsbeschluss beide Haftungsgrundlagen ab.[50]

(3) Kein Verzicht im Bereich der Kapitalerhaltung

13 Wie sich aus § 46 Nr. 6 und 8 GmbHG ergibt, ist es, solange nicht der Anwendungsbereich des § 43 Abs. 3 GmbHG betroffen ist, Sache der Gesellschafter, darüber zu befinden, ob ein Geschäftsführer wegen etwaiger Pflichtwidrigkeiten zur Rechenschaft gezogen oder ob auf Ansprüche gegen ihn durch Entlastungs- oder Generalbereinigungsbeschluss verzichtet werden soll. Dass durch den Anspruchsverzicht das Vermögen der Gesellschaft und damit ihr Haftungsfonds im Verhältnis zu ihren Gläubigern geschmälert wird, nimmt das Gesetz hin, soweit nicht der Verzicht auf eine gemäß § 30 GmbHG **verbotene Auszahlung** an einen Gesellschafter-Geschäftsführer hinausläuft oder gemäß § 43 Abs. 3 GmbHG unverzichtbare Ersatzansprüche zum Gegenstand hat. Sind diese Grenzen zur Zeit des Verzichts gewahrt, so bleibt es bei dessen Wirksamkeit auch dann, wenn der Schadensersatzbetrag später zur Gläubigerbefriedigung benötigt würde.[51]

(4) Kein Anspruch auf Entlastung

14 Der Geschäftsführer einer GmbH hat gegen diese keinen Anspruch auf Entlastung. Die Gesellschafter billigen, wenn sie die Geschäftsführer entlasten, deren Amtsführung für die Dauer der zurückliegenden Entlastungsperiode und sprechen ihnen gleichzeitig für die künftige Geschäftsführung ihr Vertrauen aus. Die Entlastung hat ferner zur Folge, dass die GmbH mit Ersatzansprüchen und Kündigungsgründen ausgeschlossen ist, die für die Gesellschafterversammlung bei sorgfältiger Prüfung aller Vorlagen und Berichte erkennbar sind oder von denen alle Gesellschafter privat Kenntnis haben.[52] Die **Aufgabe dieser Rechte** kann der Geschäftsführer angesichts des weiten Ermessensspielraums der Gesellschafter bei der Entlastung von der GmbH ebenso wenig fordern wie den eigent-

---

48 BGH, Urt. v. 21.4.1986 – II ZR 165/85, BGHZ 97, 382 = NJW 1986, 2250.
49 BGH, Urt. v. 18.9.2000 – II ZR 15/99, BB 2000, 2436 = NJW 2001, 223.
50 BGH, Urt. v. 14.9.1998 – II ZR 175/97, BB 1998, 2384 = NJW 1999, 781; *Goette*, § 7 Rn. 11.
51 BGH, Urt. v. 7.4.2003 – II ZR 193/02, BB 2003, 1141 = NJW-RR 2003, 895.
52 BGH, Urt. v. 13.3.2012 – II ZR 50/09, NJW-RR 2012, 728 Tz. 31; BGH, Urt. v. 21.4.1986 – II ZR 165/85, BGHZ 97, 382 = NJW 1986, 2250.

lichen Beschlussgegenstand, die Billigung der bisherigen und das Vertrauen in die künftige Geschäftsführung.[53]

(5) Anfechtbarkeit bzw. Nichtigkeit des Beschlusses

Ein Entlastungsbeschluss ist selbst dann nicht nichtig, sondern nur **anfechtbar**, wenn sein Gegenstand ein eindeutiges und schwer wiegendes Fehlverhalten des Geschäftsführers gegenüber der GmbH ist.[54] Gleiches gilt, wenn keine andere Entscheidung als die Versagung denkbar und die Entlastung missbräuchlich ist.[55] **Nichtig** ist er erst, wenn er seinem inneren Gehalt nach in einer sittenwidrigen Schädigung nicht anfechtungsberechtigter Personen besteht. Ein solcher dem Beschluss innewohnender Schädigungszweck ist nicht gegeben, wenn ein gegen die GmbH gerichteter Schadensersatzanspruch eines Dritten, der mit dem Schadensersatzanspruch der GmbH gegen ihren Geschäftsführer korrespondiert, im Zeitpunkt des Entlastungsbeschlusses hätte durchgesetzt werden können.[56] Ist der Beschluss zur Feststellung des Jahresabschlusses (§ 46 Nr. 1 GmbHG) nichtig, so hat dies nicht zwingend die Nichtigkeit des Entlastungsbeschlusses zur Folge; denn zwischen beiden Beschlüssen besteht weder ein rechtlicher noch ein wirtschaftlicher Zusammenhang, und sie sind kein einheitliches Rechtsgeschäft i. S. von § 139 BGB, sofern sich nicht ein Einheitlichkeitswille der Gesellschafter feststellen lässt.[57]

15

f) Prüfung und Überwachung der Geschäftsführung

Maßregeln zur Prüfung und Überwachung der Geschäftsführung (§ 46 Nr. 6 GmbHG) kann nur die **Gesellschaftergesamtheit**, nicht ein einzelner Gesellschafter, dessen Individualrecht aus § 51a GmbHG unberührt bleibt,[58] tref-

16

---

53 BGH, Urt. v. 20.5.1985 – II ZR 165/84, BGHZ 94, 324 = BB 1985, 1869 = NJW 1986, 129; ebenso Scholz/*K. Schmidt*, § 46 Rn. 101; Lutter/Hommelhoff/*Bayer*, § 46 Rn. 28; Michalski/Heidinger/Leible/Schmidt/*Römermann*, § 46 Rn. 307; MünchKomm-GmbHG/*Liebscher*, § 46 Rn. 161; a. A. Baumbach/Hueck/*Zöllner/Noack*, § 46 Rn. 46; Ulmer/*Hüffer/Schürnbrand*, § 46 Rn. 80 f.: Leistungsklage; Gehrlein/Born/Simon/*Teichmann*, § 46 Rn. 37; Roth/*Altmeppen*, § 46 Rn. 64: negative Feststellungsklage.
54 BGH, Urt. v. 7.4.2003 – II ZR 193/02, BB 2003, 1141 = NJW-RR 2003, 895; BGH, Urt. v. 25.11.2002 – II ZR 133/01, BGHZ 153, 47 = BB 2003, 806 = NJW 2003, 1032.
55 BGH, Beschl. v. 4.5.2009 – II ZR 169/07, NJW-RR 2010, 49 Tz. 20.
56 BGH, Urt. v. 7.4.2003 – II ZR 193/02, BB 2003, 1141 = NJW-RR 2003, 895.
57 BGH, Urt. v. 21.7.2008 – II ZR 39/07, NZG 2008, 783 Tz. 24.
58 Zu den Auskunfts- und Einsichtsansprüchen des einzelnen Gesellschafters nach § 51a GmbHG, die gemäß § 51b GmbHG ausschließlich im Verfahren der Freiwilligen Gerichtsbarkeit geltend gemacht werden können (dazu OLG München, Urt. v. 9.11.2017 – 23 U 239/17, BeckRS 2017, 130751 Tz. 66), eingehend BGH, Beschl. v. 6.3.1997 – II ZB 4/96, BGHZ 135, 48 = BB 1997, 1223 = NJW 1997, 1985; LG Essen, Beschl. v. 4.7.2014 – 45 O 49/13, GmbHR 2014, 991; diese Ansprüche sind nicht pfändbar

Kap. 4 Die Gesellschafterversammlung

fen.[59] Die Gesellschafter können durch Mehrheitsbeschluss einen Bericht der Geschäftsführung anfordern, Auskunft oder die Vorlage der Bücher verlangen, die Einnahme eines Augenscheins (im Betrieb) oder die Anhörung Dritter (Betriebsangehöriger) anordnen.[60] Die Gesellschafter können auch vergleichbar § 142 AktG einen Sonderprüfer mit einer Kontrolle der Geschäftsführer betrauen.[61] Schließlich können die Gesellschafter auch **Zustimmungsvorbehalte** nach Art des § 111 Abs. 4 Satz 2 AktG statuieren.[62] Ist in diesem Sinne im Gesellschaftsvertrag festgelegt, dass die Geschäftsführer für den Abschluss bestimmter Rechtsgeschäfte die Zustimmung aller Gesellschafter einzuholen haben, so steht jedem Gesellschafter ein individuelles Sonderrecht auf Zustimmung zu, und einer entsprechenden Beschlussfassung, der ein Gesellschafter nicht zugestimmt hat, fehlt ein Wirksamkeitserfordernis mit der Folge, dass der Beschluss unwirksam ist.[63] Geht es um die Verpflichtung der Gesellschaft zur Übertragung ihres ganzen Gesellschaftsvermögens, so ist ein besonders bedeutsames Geschäft gegeben, für das zwar § 179a AktG mangels analoger Anwendbarkeit auf die GmbH nicht gilt, zu dessen Vornahme die Geschäftsführer aber einen zustimmenden Beschluss der Gesellschafter herbeiführen müssen, selbst wenn der Gesellschaftsvertrag einen entsprechenden Zustimmungsvorbehalt nicht enthält.[64] Das Weisungsrecht der Gesellschafterversammlung gegenüber der Geschäftsführung ist ebenfalls Ausfluss der allgemeinen Kontrollzuständigkeit der Gesellschafter; es besteht indes nur innerhalb der gesetzlichen Grenzen (z.B. § 43 Abs. 3 Satz 3 GmbHG). Der Geschäftsführer hat die ihm vorgegebenen Grundlagenentscheidungen der Gesellschafter zu befolgen. So darf er die langjährig praktizierte Geschäftspolitik, nahezu ausschließlich mit einem Unternehmen zusammenzuarbeiten, nicht ändern, ohne die Zustimmung der Gesellschafterversammlung einzuholen.[65] Sehen die Geschäftsführer davon ab, fällige Ansprüche gegen einen Vertragspartner geltend zu machen und setzen sie dessen Beliefe-

---

(BGH, Beschl. v. 29.4.2013 – VII ZB 14/12, BB 2013, 1490 = NZG 2013, 665 Tz. 11 ff.); zum Auskunftsrecht ausgeschiedener Gesellschafter OLG Naumburg, Urt. v. 12.12.2013 – 9 U 58/13 (Hs), NZG 2014, 868.

59 Scholz/*K. Schmidt*, § 46 Rn. 111; Roth/*Altmeppen*, § 46 Rn. 67; Michalski/Heidinger/Leible/Schmidt/*Römermann*, § 46 Rn. 327; Gehrlein/Born/Simon/*Teichmann*, § 46 Rn. 42.
60 MünchKommGmbHG/*Liebscher*, § 46 Rn. 190; Lutter/Hommelhoff/*Bayer*, § 46 Rn. 30; Scholz/*K. Schmidt*, § 46 Rn. 116; Baumbach/Hueck/Zöllner/*Noack*, § 46 Rn. 50.
61 Baumbach/Hueck/Zöllner/*Noack*, § 46 Rn. 50; Rowedder/Schmidt-Leithoff/*Ganzer*, § 46 Rn. 51; Bork/Schäfer/*Masuch*, § 46 Rn. 24.
62 Roth/*Altmeppen*, § 46 Rn. 68; Lutter/Hommelhoff/*Bayer*, § 46 Rn. 30; Gehrlein/Born/Simon/*Teichmann*, § 46 Rn. 40.
63 OLG Hamm, Urt. v. 21.12.2015 – 8 U 67/15, BeckRS 2016, 3149 Tz. 22.
64 BGH, Urt. v. 8.1.2019 – II ZR 364/18, BB 2019, 1100 = NJW 2019, 1512 Tz. 14 ff. und 36 ff.
65 BGH, Urt. v. 25.2.1991 – II ZR 76/90, BB 1991, 714 = NJW 1991, 1681.

rung sogar fort, scheidet eine Haftung wegen pflichtwidriger Geschäftsführung aus, wenn die Geschäftsführer die Gesellschafter laufend über die angespannte Liquiditätslage des Vertragspartners unterrichtet haben und deshalb vom stillschweigenden Einverständnis der Gesellschafter mit dieser Vorgehensweise ausgehen dürfen. Hier wäre es vielmehr Sache der Gesellschafter, durch eine Weisung eine Änderung der Geschäftspolitik herbeizuführen.[66] In der mitbestimmten GmbH tritt die Überwachungsaufgabe des obligatorischen Aufsichtsrats (§ 25 Abs. 1 Satz 1 Nr. 2 MitbestG bzw. § 1 Abs. 1 Nr. 3 DrittelbG, jeweils i.V. mit § 111 AktG) neben die Zuständigkeit der Gesellschafterversammlung.[67]

g) Bestellung von Prokuristen

§ 46 Nr. 7 GmbHG, der die Bestellung von Prokuristen und Handlungsbevollmächtigten der Bestimmung der Gesellschafter vorbehält, betrifft nur das gesellschaftliche **Innenverhältnis**; für die Erteilung der Prokura und Handlungsvollmacht nach außen sind nur die **Geschäftsführer** zuständig.[68] Die Erteilung der Prokura durch die Geschäftsführer ist mithin auch dann gültig, wenn es an einem wirksamen Gesellschafterbeschluss fehlt.[69] § 46 Nr. 7 GmbHG gilt nicht für den Abschluss des **Anstellungsvertrages** mit einem Prokuristen oder Handlungsbevollmächtigten und den **Widerruf** der Prokura oder der Handlungsvollmacht.[70] Allerdings können die Gesellschafter den Geschäftsführern inhaltliche und formale Vorgaben machen.[71]

17

h) Erhebung von Ersatzansprüchen

Die Erhebung von Ersatzansprüchen gegen Gesellschafter oder Geschäftsführer (aus der Gründung oder Geschäftsführung) setzt gemäß § 46 Nr. 8 GmbHG einen Gesellschafterbeschluss voraus. Die Regelung, die für Ansprüche gegen Aufsichtsrats- oder Beiratsmitglieder,[72] nicht aber bezogen auf alle Ansprüche

18

---

66 BGH, Urt. v. 15.11.1999 – II ZR 122/98, BB 2000, 59 = NJW 2000, 576.
67 Gehrlein/Born/Simon/*Teichmann*, § 46 Rn. 43; Rowedder/Schmidt-Leithoff/*Ganzer*, § 46 Rn. 54.
68 BGH, Beschl. v. 14.2.1974 – II ZB 6/73, BGHZ 62, 66 = NJW 1974, 1194; ebenso Lutter/Hommelhoff/*Bayer*, § 46 Rn. 32; Roth/*Altmeppen*, § 46 Rn. 73; MünchKommGmbHG/*Liebscher*, § 46 Rn. 216.
69 Michalski/Heidinger/Leible/Schmidt/*Römermann*, § 46 Rn. 365 und 368; Bork/Schäfer/*Masuch*, § 46 Rn. 26; Scholz/*K. Schmidt*, § 46 Rn. 127; MünchKommGmbHG/*Liebscher*, § 46 Rn. 215.
70 Lutter/Hommelhoff/*Bayer*, § 46 Rn. 33; Bork/Schäfer/*Masuch*, § 46 Rn. 25; MünchKommGmbHG/*Liebscher*, § 46 Rn. 217 und 219.
71 Gehrlein/Born/Simon/*Teichmann*, § 46 Rn. 45; Baumbach/Hueck/*Zöllner/Noack*, § 46 Rn. 53 f.; Michalski/Heidinger/Leible/Schmidt/*Römermann*, § 46 Rn. 385.
72 Bork/Schäfer/*Masuch*, § 46 Rn. 32; Baumbach/Hueck/*Zöllner/Noack*, § 46 Rn. 59; MünchKommGmbHG/*Liebscher*, § 46 Rn. 243; Gehrlein/Born/Simon/*Teichmann*, § 46 Rn. 49.

Kap. 4   Die Gesellschafterversammlung

der Gesellschaft gegen einen Gesellschafter, der nicht Geschäftsführer ist, entsprechend gilt,[73] statuiert eine materielle Anspruchsvoraussetzung und hat darum **Außenwirkung**.[74] Der Gesellschafterbeschluss, Ersatzansprüche gegen einen Geschäftsführer geltend zu machen, kann formlos durch entsprechende Absprache der Gesellschafter gefasst werden.[75]

aa) Normzweck

19   Grundsätzlich bedarf es gemäß § 46 Nr. 8 GmbHG stets eines Beschlusses der Gesellschafterversammlung, wenn die Gesellschaft Ansprüche – auch **deliktischer Art** – gegen ihren Geschäftsführer geltend machen will. § 46 Nr. 8 GmbHG macht die Verfolgung derartiger Ansprüche und die Bestellung eines besonderen Vertreters für diesen Zweck deshalb von einem Beschluss der Gesellschafterversammlung abhängig, weil dem obersten Gesellschaftsorgan vorbehalten und nicht dem Einfluss der Geschäftsführer überlassen werden soll, ob ein Geschäftsführer wegen Pflichtverletzung belangt und die damit verbundene **Offenlegung interner Gesellschaftsverhältnisse** trotz der für Ansehen und Kredit der Gesellschaft möglicherweise abträglichen Wirkung in Kauf genommen werden soll. Da diese Gesichtspunkte auch zutreffen, wenn sich der Geschäftsführer nicht mehr im Amt befindet, ist § 46 Nr. 8 GmbHG auf die Geltendmachung von Ersatzansprüchen gegen einen ausgeschiedenen Geschäftsführer gleichfalls anwendbar.[76] Im Übrigen ist § 46 Nr. 8 GmbHG Kehrseite der Entlastungskompetenz des § 46 Nr. 5 GmbHG und darauf angelegt, den persönlichen Beziehungen der Gesellschafter im Interesse einer vertrauensvollen Zusammenarbeit Rechnung zu tragen.[77]

bb) Beschlusserfordernis als materielle Klagevoraussetzung

20   Zum Schutz der Gesellschaft im Geschäftsverkehr kann über ein Vorgehen gegen den Geschäftsführer nur die Gesellschafterversammlung entscheiden. Nach dem Sinn der in § 46 Nr. 8 GmbHG getroffenen Bestimmung hängt die Erhebung von Ersatzansprüchen gegen Geschäftsführer nicht nur im Innenverhältnis, sondern

---

73   OLG München, Urt. v. 9.11.2017 – 23 U 239/17, BeckRS 2017, 130751 Tz. 29.
74   Gehrlein/Born/Simon/*Teichmann*, § 46 Rn. 48; Scholz/*K. Schmidt*, § 46 Rn. 142.
75   BGH, Urt. v. 21.6.1999 – II ZR 47/98, BB 1999, 1569 = NJW 1999, 2817 (insoweit in BGHZ 142, 92 nicht abgedruckt).
76   BGH, Urt. v. 14.7.2004 – VIII ZR 224/02, BB 2004, 2033 = NJW-RR 2004, 1408; BGH, Urt. v. 4.11.2002 – II ZR 224/00, BGHZ 152, 280 = BB 2003, 273 = NJW 2003, 358; BGH, Urt. v. 20.11.1958 – II ZR 17/57, BGHZ 28, 355 = BB 1958, 1272 = NJW 1959, 194; so auch Scholz/*K. Schmidt*, § 46 Rn. 146; Lutter/Hommelhoff/*Bayer*, § 46 Rn. 35; MünchKommGmbHG/*Liebscher*, § 46 Rn. 243.
77   Michalski/Heidinger/Leible/Schmidt/*Römermann*, § 46 Rn. 391; Scholz/*K. Schmidt*, § 46 Rn. 141.

I. Kompetenzen der Gesellschafterversammlung **Kap. 4**

auch nach außen von einem sie zulassenden Gesellschafterbeschluss ab.[78] Der Gesellschafterbeschluss ist mithin als **materielle Klagevoraussetzung** anzusehen, deren Fehlen zur Abweisung der Klage als unbegründet führt.[79] Der Gesellschafterbeschluss muss das vorgeworfene Verhalten und den dem Ersatzanspruch zugrunde liegenden **Lebenssachverhalt**, ohne ihn in allen Einzelheiten auszubreiten, hinreichend präzisieren. Fehlt es an der gebotenen Konkretisierung, ist die Klage ebenfalls als unbegründet abzuweisen.[80] Das Beschlusserfordernis geht nicht nur zulasten der Gesellschaft, sondern nach § 404 BGB auch eines Zessionars.[81] Umgekehrt besteht kein Beschlusserfordernis, wenn die Gesellschaft Forderungen ihrer Tochergesellschaften aus abgetretenem Recht verfolgt.[82] Das Merkmal des Ersatzanspruchs ist wie bei § 46 Nr. 5 GmbHG in einem weiteren Sinne zu verstehen. Es erfasst nicht nur Ansprüche aus §§ 43, 64 GmbHG sowie aus Verletzung des Geschäftsführervertrages, sondern auch **alle anderen aus der Geschäftsführung hergeleiteten Ansprüche** auf vertraglicher oder außervertraglicher Grundlage wie etwa auch Bereicherungsansprüche (§ 812 BGB), Ansprüche aus Geschäftsführung ohne Auftrag (§§ 677 ff. BGB) und deliktische Ansprüche (§§ 823 ff. BGB).[83] Entbehrlich ist ein Gesellschafterbeschluss, falls ein Drittverhältnis zu einem Gesellschafter oder Geschäftsführer im Streit ist.[84]

---

78 BGH, Urt. v. 20.11.1958 – II ZR 17/57, BGHZ 28, 355 = BB 1958, 1272 = NJW 1959, 194; BGH, Urt. v. 13.2.1975 – II ZR 92/73, BB 1975, 578 = NJW 1975, 977; gleichsinnig Lutter/Hommelhoff/*Bayer*, § 46 Rn. 40; Baumbach/Hueck/*Zöllner/Noack*, § 46 Rn. 61; Scholz/*K. Schmidt*, § 46 Rn. 142.
79 BGH, Beschl. v. 26.11.2007 – II ZR 161/06, NJW-RR 2008, 484 Tz. 7; BGH, Urt. v. 14.7.2004 – VIII 224/02, BB 2004, 2033 = NJW-RR 2004, 1408; BGH, Urt. v. 21.4.1986 – II ZR 165/85, BGHZ 97, 382 = NJW 1986, 2250; BGH, Urt. v. 13.2.1975 – II ZR 92/73, BB 1975, 578 = NJW 1975, 977; BGH, Urt. v. 13.6.1960 – II ZR 73/58, BB 1960, 755 = NJW 1960, 1667; so auch Roth/*Altmeppen*, § 46 Rn. 87; Lutter/Hommelhoff/*Bayer*, § 46 Rn. 40; Rowedder/Schmidt-Leithoff/*Ganzer*, § 46 Rn. 72; Scholz/*K. Schmidt*, § 46 Rn. 159; Bork/Schäfer/*Masuch*, § 46 Rn. 28; MünchKommGmbHG/*Liebscher*, § 46 Rn. 255 f.; Gehrlein/Born/Simon/*Teichmann*, § 46 Rn. 48; a. A. Michalski/Heidinger/Leible/Schmidt/*Römermann*, § 46 Rn. 458: unzulässig.
80 OLG Düsseldorf, Urt. v. 18.8.1994 – 6 U 185/93, GmbHR 1995, 232; LG Karlsruhe, Urt. v. 19.1.2001 – O 123/00 KfH I, NZG 2001, 169; Baumbach/Hueck/*Zöllner/Noack*, § 46 Rn. 62.
81 BGH, Urt. v. 14.7.2004 – VIII ZR 224/02, BB 2004, 2033 = NJW-RR 2004, 1408; BGH, Urt. v. 21.5.1964 – VII ZR 21/63, GmbHR 1965, 4; ebenso Scholz/*K. Schmidt*, § 46 Rn. 145 und 152; Michalski/Heidinger/Leible/Schmidt/*Römermann*, § 46 Rn. 410; MünchKommGmbHG/*Liebscher*, § 46 Rn. 241; wohl auch Roth/*Altmeppen*, § 46 Rn. 89.
82 OLG Brandenburg, Urt. v. 16.1.2019 – 7 U 104/16, BeckRS 2019, 483 Tz. 50.
83 BGH, Urt. v. 14.7.2004 – VIII 224/02, BB 2004, 2033 = NJW-RR 2004, 1408; BGH, Urt. v. 21.4.1986 – II ZR 165/85, BGHZ 97, 382 = NJW 1986, 2250; BGH, Urt. v. 13.2.1975 – II ZR 92/73, BB 1975, 578 = NJW 1975, 977.
84 BGH, Urt. v. 18.9.2000 – II ZR 15/99, BB 2000, 2436 = NJW 2001, 223; gleichsinnig Bork/Schäfer/*Masuch*, § 46 Rn. 31.

Kap. 4 Die Gesellschafterversammlung

cc) Nachholung des Beschlusses

21 Als Begründungselement der Klage kann der Gesellschafterbeschluss während des Rechtsstreits vorgetragen werden. Für den Gesellschafterbeschluss nach § 46 Nr. 8 GmbHG reicht es aus, wenn er im Laufe des Rechtsstreits gefasst und dem Gericht vorgelegt wird.[85] Die **verjährungsunterbrechende Wirkung** der Erhebung einer Schadensersatzklage gegen den früheren Geschäftsführer einer GmbH tritt auch dann ein, wenn der für die Begründetheit des Klagebegehrens erforderliche Beschluss der Gesellschafterversammlung noch nicht gefasst, aber nachgeholt wird.[86] Auf Mängel des Gesellschafterbeschlusses kann sich der in Anspruch genommene Geschäftsführer nur berufen, wenn der Beschluss nichtig oder wirksam angefochten ist. Ein förmlich festgestellter, an Mängeln leidender, aber nicht nichtiger Beschluss nach § 46 Nr. 8 GmbHG ist nicht nur vorläufig, sondern wird endgültig verbindlich, wenn er nicht entsprechend den im GmbH-Recht analog anzuwendenden aktienrechtlichen Vorschriften angefochten wird.[87]

dd) Entbehrlichkeit eines Gesellschafterbeschlusses

22 Im **Insolvenzverfahren** verdienen die Interessen der Gesellschaftsgläubiger an einer Vermehrung der Masse den Vorrang, während ein Schutzbedürfnis der in der Regel abzuwickelnden Gesellschaft nicht mehr gegeben ist. Für eine Entschließung der Gesellschafter besteht daher keine Notwendigkeit mehr, und ein **Insolvenzverwalter kann** – ebenso wie ein Pfandgläubiger – wegen des vorrangigen Gläubigerschutzes ohne die Notwendigkeit einer Beschlussfassung Ersatzansprüche gegen Geschäftsführer verfolgen.[88] Entsprechendes gilt im Fall der **Liquidation** einer GmbH, die ihren Geschäftsbetrieb endgültig eingestellt hat, wenn die Liquidation deshalb insolvenzfrei verläuft, weil eine die Kosten deckende Masse nicht vorhanden ist (masselose Liquidation); wie im Falle der Insolvenz ist den Interessen der Gläubiger der Gesellschaft Vorrang einzuräumen.[89] In einer **Einpersonengesellschaft** ist kein förmlicher Gesellschafterbe-

---

85 BGH, Beschl. v. 26.11.2007 – II ZR 161/06, NJW-RR 2008, 484 Tz. 7; BGH, Urt. v. 14.7.2004 – VIII 224/02, BB 2004, 2033 = NJW-RR 2004, 1408; BGH, Urt. v. 3.5.1999 – II ZR 119/98, BB 1999, 1345 = NJW 1999, 2115; BGH, Urt. v. 26.1.1998 – II ZR 279/96, NJW 1998, 1646; so auch Rowedder/Schmidt-Leithoff/*Ganzer*, § 46 Rn. 72.
86 BGH, Urt. v. 3.5.1999 – II ZR 119/98, BB 1999, 1345 = NJW 1999, 2115.
87 BGH, Urt. v. 3.5.1999 – II ZR 119/98, BB 1999, 1345 = NJW 1999, 2115.
88 BGH, Urt. v. 14.7.2004 – VIII ZR 224/02, BB 2004, 2033 = NJW-RR 2004, 1408; BGH, Urt. v. 13.6.1960 – II ZR 73/58, NJW 1960, 1667; ebenso Baumbach/Hueck/ Zöllner/Noack, § 46 Rn. 60; Scholz/*K. Schmidt*, § 46 Rn. 152; *Goette*, § 7 Rn. 19; Gehrlein/Born/Simon/*Teichmann*, § 46 Rn. 52.
89 BGH, Urt. v. 14.7.2004 – VIII ZR 224/02, BB 2004, 2033 = NJW-RR 2004, 1408; gleichsinnig Gehrlein/Born/Simon/*Teichmann*, § 45 Rn. 52.

schluss erforderlich, vielmehr genügt es, wenn der Wille des Alleingesellschafters hinreichend klar zutage tritt.[90] Auch in einer **Zweipersonengesellschaft** erscheint ein Gesellschafterbeschluss, weil der in Anspruch zu nehmende Gesellschafter nicht stimmberechtigt ist, entbehrlich, wenn der andere Gesellschafter als Vertretungsorgan den Rechtsstreit einleitet. Die Beschlussfassung bedeutet hier eine überflüssige Formalität.[91] Fehlt dem verbleibenden Gesellschafter, weil er nicht Geschäftsführer ist, die Vertretungsbefugnis, dürfte seine Zustimmungserklärung genügen, um nach außen zu verdeutlichen, dass die vom Fremdgeschäftsführer erhobene Klage vom Einverständnis des einzigen noch stimmberechtigten Gesellschafters getragen ist.[92] Ferner kann ein Gesellschafter nach der Rechtsprechung des BGH berechtigt sein, einen Mitgesellschafter auf Leistung an die GmbH in Anspruch zu nehmen, wenn dieser seine zwischen den Gesellschaftern bestehende **Treuepflicht** verletzt und durch eine damit verbundene Schädigung des Vermögens der Gesellschaft mittelbar auch dasjenige des klagenden Gesellschafters verletzt hat. In diesem Fall macht der Gesellschafter mit der Gesellschafterklage nicht Ansprüche der Gesellschaft im Wege der nur ausnahmsweise zulässigen **Prozessstandschaft**, sondern eigene Ansprüche wegen Verletzung der ihm gegenüber bestehenden Treuepflicht des Mitgesellschafters geltend, die darauf zielen, den ihm selbst und der Gesellschaft entstandenen Schaden durch Ersatzleistung in das Gesellschaftsvermögen auszugleichen. Dies gilt bei einer wegen Vermögenslosigkeit im Handelsregister gelöschten GmbH i.L. auch nach Bestellung eines Nachtragsliquidators,[93] aber auch dann, wenn die Gesellschaft durch Eröffnung des Insolvenzverfahrens aufgelöst wird.[94] Gegenüber der **Gesellschafterklage** besteht allerdings ein grundsätzlicher Vorrang der inneren Zuständigkeitsordnung der Gesellschaft, insbesondere der Entscheidungskompetenz der Gesellschafterversammlung für die Geltendmachung von Ersatzansprüchen gegen Gesellschafter nach § 46 Nr. 8 GmbHG. Eine Ausnahme von diesem Vorrang besteht, wenn eine Klage der Gesellschaft undurchführbar, durch den Schädiger selbst vereitelt worden oder infolge der Machtverhältnisse in der Gesellschaft so erschwert ist, dass es für den betroffenen Gesellschafter ein unzumutbarer Umweg wäre, müsste er die Gesellschaft erst zu einer Haftungsklage zwingen.[95] Ein Beschluss nach § 46 Nr. 8 GmbHG

---

90 OLG München, Urt. v. 8.2.2018 – 23 U 2913/17, BeckRS 2018, 1152 Tz. 13.
91 BGH, Urt. v. 29.11.2004 – II ZR 14/03, BB 2005, 456 = NZG 2005, 216; BGH, Urt. v. 4.2.1991 – II ZR 246/89, BB 1991, 937 = NJW 1991, 1884; OLG Düsseldorf, Urt. v. 10.3 2016 – I-6 U 89/15, BeckRS 2016, 9117 Tz. 26.
92 Goette, § 7 Rn. 18; vgl. auch BGH, Urt. v. 20.9.1999 – II ZR 345/97, BB 1999, 2262 = NJW 1999, 3779.
93 BGH, Urt. v. 29.11.2004 – II ZR 14/03, BB 2005, 456 = NZG 2005, 216.
94 BGH, Urt. v. 14.5.2013 – II ZR 176/10, BB 2013, 2124 = NJW 2013, 2586 Tz. 16 und 18.
95 BGH, Urt. v. 29.11.2004 – II ZR 14/03, BB 2005, 456 = NZG 2005, 216; BGH, Urt. v. 5.6.1975 – II ZR 23/74, BGHZ 65, 15 = BB 1975, 1450 = NJW 1976, 191.

Kap. 4 Die Gesellschafterversammlung

ist nicht erforderlich, wenn eine **GmbH & Co. KG** eigene Schadensersatzansprüche gegen den Geschäftsführer der Komplementär-GmbH geltend machen will, und zwar auch nicht in letzterer; dies gilt auch dann, wenn die Komplementär-GmbH einen Anspruch aus abgetretenem Recht der GmbH & Co. KG geltend macht.[96]

ee) Bestellung eines Prozessvertreters

23 Zum Zweck der Vermeidung einer Interessenkollision sieht § 46 Nr. 8 GmbHG die Kompetenz der Gesellschafter vor, einen besonderen Prozessvertreter zu bestimmen, und zwar für **Aktivprozesse** und **Passivprozesse** der Gesellschaft gegen einen – amtierenden oder ausgeschiedenen – **Geschäftsführer**,[97] ferner für Verfahren gegen einen **Gesellschafter**, falls der Geschäftsführer wegen derselben Pflichtverletzung die GmbH nicht vertreten kann.[98] Wird darüber abgestimmt, ob ein Ersatzanspruch geltend gemacht werden soll, der der Gesellschaft gegen einen Geschäftsführer oder Gesellschafter zusteht, so ist nicht nur der unmittelbar betroffene, sondern grundsätzlich auch der Gesellschafter von der Abstimmung ausgeschlossen, der mit ihm gemeinsam die Pflichtverletzung begangen hat. Die gleichen Grundsätze gelten, wenn es um die **Bestellung des Organs** geht, das die Gesellschaft im Prozess gegen Geschäftsführer und Gesellschafter vertreten soll.[99] Ein Gesellschafter, gegen den dieselben Vorwürfe wie gegen den Geschäftsführer erhoben werden, ist naturgemäß als Prozessvertreter ungeeignet. Die Gesellschafterversammlung ist befugt, zur Vertretung der Gesellschaft in einem von einem Gesellschafter gegen sie geführten Rechtsstreit (**Passivprozess**) einen besonderen Vertreter zu bestellen, wenn in dem Prozess eine Pflichtverletzung eine Rolle spielt, die der Gesellschafter gemeinsam mit den Geschäftsführern begangen haben soll. Die von dem Vorwurf betroffenen Gesell-

---

96 BGH, Urt. v. 10.2.1992 – II ZR 23/91, BB 1992, 726 = NJW-RR 1992, 800; OLG Karlsruhe, Urt. v. 31.7.2013 – 7 U 184/12, NZG 2013, 1178 Tz. 16 f.
97 BGH, Urt. v. 22.3.2016 – II ZR 253/15, ZIP 2016, 2413 Tz. 9; BGH, Urt. v. 6.3.2012 – II ZR 76/11, NJW 2012, 1656 Tz. 12; BGH, Beschl. v. 26.11.2007 – II ZR 161/06, NJW-RR 2008, 484; BGH, Urt. v. 16.12.1991 – II ZR 31/91, BGHZ 116, 353 = BB 1992, 224 = NJW 1992, 977; zustimmend Bork/Schäfer/*Masuch*, § 46 Rn. 33; MünchKommGmbHG/*Liebscher*, § 46 Rn. 270; Michalski/Heidinger/Leible/Schmidt/*Römermann*, § 46 Rn. 485; Ulmer/*Hüffer/Schürnbrand*, § 46 Rn. 121; Roth/*Altmeppen*, § 46 Rn. 84; mit Blick auf den ausgeschiedenen Geschäftsführer einschränkend Baumbach/Hueck/*Zöllner/Noack*, § 46 Rn. 67; Scholz/*K. Schmidt*, § 46 Rn. 167.
98 BGH, Urt. v. 16.12.1991 – II ZR 31/91, BGHZ 116, 353 = BB 1992, 224 = NJW 1992, 977; BGH, Urt. v. 20.1.1986 – II ZR 73/85, BGHZ 97, 28 = BB 1986, 619 = NJW 1986, 2051; für uneingeschränkte analoge Anwendung von § 46 Nr. 8 2. Alt. GmbHG in Verfahren gegen einen Gesellschafter OLG München, Urt. v. 23.2.2017 – 23 U 4888/15, BeckRS 2017, 102600 Tz. 37; ebenso Lutter/Hommelhoff/*Bayer*, § 46 Rn. 43.
99 BGH, Urt. v. 20.1.1986 – II ZR 73/85, BGHZ 97, 28 = BB 1986, 619 = NJW 1986, 2051; OLG München, Urt. v. 23.2.2017 – 23 U 4888/15, BeckRS 2017, 102600 Tz. 39.

I. Kompetenzen der Gesellschafterversammlung   Kap. 4

schafter haben beim Beschluss über die Bestellung eines Vertreters kein Stimmrecht.[100] Es unterliegt dem Ermessen der Gesellschafterversammlung, wen – einen anderen Geschäftsführer, einen Gesellschafter oder einen gesellschaftsfremden Dritten – sie mit der Wahrnehmung der Prozessführung betraut.[101] Die Gesellschaft ist aber, sofern sie durch einen noch verbliebenen, in die Vorwürfe nicht involvierten Geschäftsführer vertreten werden kann, nicht zur Bestellung eines besonderen Vertreters verpflichtet. Kann die Gesellschaft im Prozess gegen einen von mehreren Geschäftsführern durch die anderen Geschäftsführer satzungsgemäß vertreten werden, dann bleibt es bei der Vertretungszuständigkeit, sofern die Gesellschafterversammlung von ihrer Befugnis, einen besonderen Prozessvertreter zu bestellen, keinen Gebrauch macht.[102] Hat die GmbH einen Aufsichtsrat, so vertritt sie dieser im Prozess gegenüber ihrem – amtierenden oder ehemaligen – Geschäftsführer (§ 52 Abs. 1 GmbHG i.V. mit § 112 AktG), es sei denn die Satzung regelt oder die Gesellschafterversammlung beschließt etwas anderes. Zwingend ist die Zuständigkeit des Aufsichtsrats lediglich dann, wenn dieser nach dem Mitbestimmungsgesetz gebildet werden muss (§ 25 Abs. 1 Satz 1 Nr. 2 MitbestG i.V. mit § 112 AktG).[103] Ist die Kompetenz, einen Vertreter der Gesellschaft in Prozessen zu bestimmen, die sie gegen einen Geschäftsführer führt, in der Satzung auf den Beirat übertragen worden, so kann der Beiratsvorsitzende als Vertreter bestimmt werden.[104]

---

100 BGH, Urt. v. 16.12.1991 – II ZR 31/91, BGHZ 116, 353 = BB 1992, 224 = NJW 1992, 977.
101 Lutter/Hommelhoff/*Bayer*, § 46 Rn. 45; Bork/Schäfer/*Masuch*, § 46 Rn. 37; MünchKommGmbHG/*Liebscher*, § 46 Rn. 275; Gehrlein/Born/Simon/*Teichmann*, § 46 Rn. 57.
102 BGH, Urt. v. 22.3.2016 – II ZR 253/15, ZIP 2016, 2413 Tz. 10; BGH, Beschl. v. 2.2.2016 – II ZB 2/15, NJW-RR 2016, 671 Tz. 13; BGH, Urt. v. 6.3.2012 – II ZR 76/11, NJW 2012. 1656 Tz. 12; BGH, Urt. v. 4.11.2002 – II ZR 224/00, BGHZ 152, 280 = BB 2003, 273 = NJW 2003, 358; BGH, Urt. v. 24.2.1992 – II ZR 79/91, BB 1992, 802 = NJW-RR 1992, 993; ebenso Rowedder/Schmidt-Leithoff/*Ganzer*, § 46 Rn. 48; Münch KommGmbHG/*Liebscher*, § 46 Rn. 288; Michalski/Heidinger/Leible/Schmidt/*Römermann*, § 46 Rn. 522; nunmehr auch Bork/Schäfer/*Masuch*, § 46 Rn. 35 f.; a. A. Lutter/Hommelhoff/*Bayer*, § 46 Rn. 42; Baumbach/Hueck/*Zöllner/Noack*, § 46 Rn. 68: Pflicht der Geschäftsführer zur unverzüglichen Herbeiführung eines Gesellschafterbeschlusses.
103 BGH, Beschl. v. 26.11.2007 – II ZR 161/06, NJW-RR 2008, 484 Tz. 8; BGH, Beschl. v. 23.4.2007 – II ZR 149/06, DStR 2007, 1358 Tz. 7; BGH, Urt. v. 14.11.1983 – II ZR 33/83, BGHZ 89, 48 = NJW 1984, 733.
104 BGH, Beschl. v. 2.2.2016 – II ZB 2/15, NJW-RR 2016, 671 Tz. 13.

Kap. 4 Die Gesellschafterversammlung

II. Einberufung der Gesellschafterversammlung

1. Einberufungskompetenz

24 Die Beachtung der Einberufungszuständigkeit ist von hoher Bedeutung. Beschlüsse, die in einer Gesellschafterversammlung gefasst wurden, die von einem Unbefugten einberufen wurde, sind nicht lediglich anfechtbar, sondern analog § 241 Nr. 1 AktG **nichtig**.[105]

a) Geschäftsführer

aa) Ordnungsgemäße Bestellung

25 Die Gesellschafterversammlung wird nach § 49 Abs. 1 GmbHG grundsätzlich von den Geschäftsführern einberufen. Verfügt die Gesellschaft über **mehrere Geschäftsführer**, so ist jeder einzelne von ihnen, selbst wenn im Außenverhältnis Gesamtvertretung angeordnet ist, zur Einberufung der Gesellschafterversammlung berechtigt.[106] Der nicht wirksam bestellte **faktische Geschäftsführer** hat das Einberufungsrecht, sofern er das Amt tatsächlich ausübt.[107] Die Eintragung in das Handelsregister allein, d. h. ohne dass die Geschäfte übernommen würden, dürfte indes nicht genügen; nach seiner Abberufung oder der Niederlegung seines Amtes ist der Geschäftsführer selbst bei Fortdauer seiner Eintragung in das Handelsregister mangels Analogiefähigkeit des § 121 Abs. 2 Satz 2 AktG nicht mehr zur Einberufung der Gesellschafterversammlung berechtigt.[108] Ne-

---

105 BGH, Urt. v. 13.5.2014 – II ZR 250/12, BGHZ 201, 216 = BB 2014, 2061 = NZG 2014, 945 Tz. 12; BGH, Urt. v. 7.2.1983 – II ZR 14/82, BGHZ 87, 1 = BB 1983, 995 = NJW 1983, 1677; BayObLG, Beschl. v. 2.7.1999 – 3Z BR 298/98, BB 1999, 1839 = NJW-RR 2000, 181; so auch Lutter/Hommelhoff/*Bayer*, § 49 Rn. 10; Gehrlein/Born/ Simon/*Teichmann*, § 49 Rn. 9; MünchKommGmbHG/*Liebscher*, § 49 Rn. 32.
106 BGH, Urt. v. 8.11.2016 – II ZR 304/15, BGHZ 212, 342 = BB 2017, 207 = NJW 2017, 1471 Tz. 15; BGH, Beschl. v. 24.3.2016 – IX ZB 32/15, NZG 2016, 552 Tz. 29; BayObLG, Beschl. v. 2.7.1999 – 3Z BR 298/98, BB 1999, 1839 = NJW-RR 2000, 181; gleichsinnig Scholz/*Seibt*, § 49 Rn. 4; Lutter/Hommelhoff/*Bayer*, § 49 Rn. 4; Roth/ *Altmeppen*, § 49 Rn. 3; Baumbach/Hueck/*Zöllner/Noack*, § 49 Rn. 3; Gehrlein/Born/ Simon/*Teichmann*, § 49 Rn. 4.
107 Lutter/Hommelhoff/*Bayer*, § 49 Rn. 2; Scholz/*Seibt*, § 49 Rn. 5; MünchKommGmbHG/*Liebscher*, § 49 Rn. 13; Rowedder/Schmidt-Leithoff/*Ganzer*, § 49 Rn. 3; offen BGH, Urt. v. 8.11.2016 – II ZR 304/15, BGHZ 212, 342 = BB 2017, 207 = NJW 2017, 1471 Tz. 31.
108 BGH, Urt. v. 8.11.2016 – II ZR 304/15, BGHZ 212, 342 = BB 2017, 207 = NJW 2017, 1471 Tz. 25 ff.; so auch Michalski/Heidinger/Leible/Schmidt/*Römermann*, § 49 Rn. 26; Baumbach/Hueck/*Zöllner/Noack*, § 49 Rn. 3; Gehrlein/Born/Simon/ *Teichmann*, § 49 Rn. 4; Ulmer/*Hüffer/Schürnbrand*, § 49 Rn. 7; wohl auch Scholz/ *Seibt*, § 49 Rn. 5; a. A. Rowedder/Schmidt-Leithoff/*Ganzer*, § 49 Rn. 3; Lutter/Hommelhoff/*Bayer*, § 49 Rn. 2: Eintragung genügt; ebenso wohl MünchKommGmbHG/ *Liebscher*, § 49 Rn. 15 f.

ben einem Notgeschäftsführer ist auch der bisherige Geschäftsführer, sofern wieder handlungsfähig, zur Einberufung befugt.[109] Im **Liquidationsstadium** treten die Liquidatoren an die Stelle der Geschäftsführer.[110] Dem **Insolvenzverwalter** kann ein Einberufungsrecht nicht zugebilligt werden, weil er kein Gesellschaftsorgan darstellt.[111]

bb) Sachliche Voraussetzungen

Die **sachlichen Voraussetzungen** für die Einberufung ergeben sich aus dem **Gesetz** oder der Satzung. So muss wegen der Notwendigkeit eines Gesellschafterbeschlusses (§ 53 GmbHG) zur Verwirklichung einer Satzungsänderung die Gesellschafterversammlung einberufen werden. Außerdem ist die Gesellschafterversammlung nach § 49 Abs. 2 GmbHG einzuberufen, wenn dies im Interesse der Gesellschaft erforderlich erscheint. Diese Voraussetzung ist erfüllt, wenn es sich entweder um eine **außergewöhnliche Maßnahme** handelt, die in die Zuständigkeit der Gesellschafterversammlung fällt (Umstrukturierung des Betriebs, Erwerb einer Beteiligung, Änderung der Geschäftspolitik, Umstellung eines Geschäftszweigs), oder **besondere Entwicklungen** bzw. Risiken einen Meinungsaustausch der Gesellschafter gebieten.[112] Ferner ordnet das Gesetz die Einberufung an (§ 49 Abs. 3 GmbHG), wenn ausweislich einer Bilanz die **Hälfte des Stammkapitals** verloren ist. 26

b) Gesellschafter

Geschäftsführer und Gesellschafter können gegenteiliger Auffassung sein, ob das Interesse der Gesellschaft die Einberufung einer Gesellschafterversammlung erfordert (§ 49 Abs. 2 GmbHG). Mitunter wird der Geschäftsführer in Übereinstimmung mit der Gesellschaftermehrheit die Erörterung bestimmter Sachverhalte für entbehrlich erachten. Gelegentlich versucht der Geschäftsführer auch den Zusammentritt der Gesellschafterversammlung hinauszuzögern, um seiner Abberufung und der fristlosen Kündigung seines Anstellungsvertra- 27

---

109 OLG München, Urt. v. 3.11.1993 – 7 U 2905/93, GmbHR 1994, 406; ebenso Baumbach/Hueck/*Zöllner/Noack*, § 49 Rn. 3; Michalski/Heidinger/Leible/Schmidt/*Römermann*, § 49 Rn. 32 f.; MünchKommGmbHG/*Liebscher*, § 49 Rn. 17.
110 Roth/*Altmeppen*, § 49 Rn. 7; Lutter/Hommelhoff/*Bayer*, § 49 Rn. 3; Bork/Schäfer/*Masuch*, § 49 Rn. 3.
111 Scholz/*Seibt*, § 49 Rn. 6; Rowedder/Schmidt-Leithoff/*Ganzer*, § 49 Rn. 3; Ulmer/*Hüffer/Schürnbrand*, § 49 Rn. 4; Michalski/Heidinger/Leible/Schmidt/*Römermann*, § 49 Rn. 31; MünchKommGmbHG/*Liebscher*, § 49 Rn. 31; wohl auch Gehrlein/Born/Simon/*Teichmann*, § 49 Rn. 7; a. A. Lutter/Hommelhoff/*Bayer*, § 49 Rn. 3; Baumbach/Hueck/*Zöllner/Noack*, § 49 Rn. 3.
112 BGH, Urt. v. 5.12.1983 – II ZR 56/82, NJW 1984, 1461; vergleichbar Gehrlein/Born/Simon/*Teichmann*, § 49 Rn. 12; Roth/*Altmeppen*, § 49 Rn. 14; Bork/Schäfer/*Masuch*, § 49 Rn. 9; MünchKommGmbHG/*Liebscher*, § 49 Rn. 48.

Kap. 4 Die Gesellschafterversammlung

ges zu entgehen.¹¹³ Zur Verwirklichung eines **Minderheitenschutzes** räumt § 50 GmbHG Gesellschaftern, deren Beteiligung sich auf mindestens 10% des Stammkapitals beläuft, das **Initiativrecht** ein, mit Hilfe eines zweistufigen Verfahrens die Einberufung einer Gesellschafterversammlung zu erzwingen.

aa) Einberufungsverlangen

28 Ein Einberufungsverlangen kann nicht von jedem einzelnen Gesellschafter, sondern nur von einer Minderheit erhoben werden, die mit mindestens 10% am Stammkapital der Gesellschaft beteiligt ist (§ 50 Abs. 1 GmbHG). Besitzt ein **einzelner Gesellschafter** einen entsprechenden Anteil, kann er allein die Initiative ergreifen.¹¹⁴ Maßstab für die Berechnung der Minderheitsquote bildet das in der Satzung ausgewiesene **Stammkapital** (§ 3 Abs. 1 Nr. 3 GmbHG). Außer Betracht bleiben, weil es auf das Verhältnis zwischen den Gesellschaftern ankommt, eigene Geschäftsanteile der GmbH (§ 33 GmbHG), eingezogene und damit vernichtete sowie die kaduzierten und nach § 27 GmbHG aufgegebenen Geschäftsanteile, solange sie nicht von Mitgesellschaftern oder Dritten erworben wurden.¹¹⁵ Das Einberufungsverlangen kann mündlich oder, was sich zu Beweiszwecken empfiehlt,¹¹⁶ schriftlich oder per E-Mail mit Zugangsbestätigung an einen oder die Geschäftsführer gerichtet werden. Der Antrag bedarf in **dreierlei Richtung** einer Begründung: Der oder die Antragsteller müssen als Voraussetzung ihrer **Legitimation** deutlich machen (nicht aber nachweisen), dass der Antrag von Gesellschaftern mit insgesamt mindestens 10% Anteil am Stammkapital getragen wird.¹¹⁷ Daneben ist der Zweck der Einberufung und damit der **Gegenstand der Beschlussfassung** zu bezeichnen. Schließlich ist eine Begründung für die Notwendigkeit der Einberufung der Gesellschafterversammlung zum jetzigen Zeitpunkt und damit für die **Dringlichkeit der Beschlussfassung** zu geben.¹¹⁸

---

113 Vgl. etwa BGH, Urt. v. 15.6.1998 – II ZR 318/96, BGHZ 139, 89 = BB 1998, 1808 = NJW 1998, 3274.
114 Scholz/*Seibt*, § 50 Rn. 7; Bork/Schäfer/*Masuch*, § 50 Rn. 3; Lutter/Hommelhoff/*Bayer*, § 50 Rn. 4; MünchKommGmbHG/*Liebscher*, § 50 Rn. 7.
115 Lutter/Hommelhoff/*Bayer*, § 50 Rn. 5; Roth/*Altmeppen*, § 50 Rn. 3; Baumbach/Hueck/*Zöllner*/*Noack*, § 50 Rn. 24; Ulmer/*Hüffer*/*Schürnbrand*, § 50 Rn. 8; Rowedder/Schmidt-Leithoff/*Ganzer*, § 50 Rn. 5; a.A. Scholz/*Seibt*, § 50 Rn. 9; Michalski/Heidinger/Leible/Schmidt/*Römermann*, § 50 Rn. 37.
116 Michalski/Heidinger/Leible/Schmidt/*Römermann*, § 50 Rn. 38; Gehrlein/Born/Simon/*Teichmann*, § 50 Rn. 8; Scholz/*Seibt*, § 50 Rn. 13; MünchKommGmbHG/*Liebscher*, § 50 Rn. 23.
117 Roth/*Altmeppen*, § 50 Rn. 8; MünchKommGmbHG/*Liebscher*, § 50 Rn. 20; Gehrlein/Born/Simon/*Teichmann*, § 50 Rn. 7; Lutter/Hommelhoff/*Bayer*, § 50 Rn. 7; Bork/Schäfer/*Masuch*, § 50 Rn. 4.
118 OLG Brandenburg, Urt. v. 19.12.2018 – 7 U 152/18, BeckRS 2018, 35278 Tz. 13; OLG Brandenburg, Urt. v. 30.5.2018 – 7 W 42/18, BeckRS 2018, 39446 Tz. 4; ebenso

bb) Pflichten der Geschäftsführer

Genügt das Einberufungsverlangen den dargestellten Anforderungen, sind die 29
Geschäftsführer verpflichtet, unverzüglich eine Gesellschafterversammlung anzuberaumen. Die Geschäftsführer sind nur zu einer **formellen Prüfung** berechtigt, ob das Quorum von 10 % erfüllt ist und ein eindeutiges, begründetes Verlangen vorliegt.[119] Ein **materielles Prüfungsrecht**, ob die von den Gesellschaftern mitgeteilten Zwecke und Gründe billigenswert sind, steht ihnen hingegen nicht zu;[120] eine Ausnahme gilt lediglich in Fällen eines evidenten **Rechtsmissbrauchs**, wenn die Versammlung unzuständig ist, ein offensichtlich treuwidriges oder unsinniges Verlangen geltend gemacht wird oder ein bereits beschlossener Punkt wieder aufgerollt werden soll.[121]

cc) Selbsthilferecht

Verweigert der Geschäftsführer die Einberufung oder kommt er dem Verlangen 30
binnen angemessener Frist nicht nach, so sind die Gesellschafter nach § 50 Abs. 3 GmbHG befugt, selbst die Gesellschafterversammlung einzuberufen. Form und Inhalt der Einberufung haben zum einen den Erfordernissen des § 51 GmbHG zu genügen.[122] Als Bestandteil der Einladung ist zur Unterrichtung unbeteiligter Gesellschafter auch die Einladungsbefugnis der Minderheitsgesellschafter darzulegen: Es sind die einladenden Gesellschafter nebst dem Umfang ihrer Beteiligung zu bezeichnen, das an die Geschäftsführung gerichtete Einberufungsverlangen sowie die Reaktion der Geschäftsführung mitzuteilen.[123] Schließlich bedarf es genauer Erklärung, welche Gesellschafter an der Einberufung mitwirken, aber keiner handschriftlichen Unterzeichnung.[124] Nicht restlos geklärt ist, welche Frist die Gesellschafter vor Ausübung ihres Einberufungsrechts abwarten müssen. Der BGH hat eine Frist von **sieben Wochen** als in je-

---

Rowedder/Schmidt-Leithoff/*Ganzer*, § 50 Rn. 10; Lutter/Hommelhoff/*Bayer*, § 50 Rn. 7; MünchKommGmbHG/*Liebscher*, § 50 Rn. 22; Gehrlein/Born/Simon/*Teichmann*, § 50 Rn. 7; Scholz/*Seibt*, § 50 Rn. 14; a. A. Bork/Schäfer/*Masuch*, § 50 Rn. 4.

119 Michalski/Heidinger/Leible/Schmidt/*Römermann*, § 50 Rn. 58; MünchKomm GmbHG/*Liebscher*, § 50 Rn. 28; wohl auch Roth/*Altmeppen*, § 50 Rn. 14.
120 Rowedder/Schmidt-Leithoff/*Ganzer*, § 50 Rn. 12.
121 Gehrlein/Born/Simon/*Teichmann*, § 50 Rn. 9; Rowedder/Schmidt-Leithoff/*Ganzer*, § 50 Rn. 5; Roth/Altmeppen, § 50 Rn. 14; Lutter/Hommelhoff/*Bayer*, § 50 Rn. 8.
122 Rowedder/Schmidt-Leithoff/*Ganzer*, § 50 Rn. 21; Michalski/Heidinger/Leible/Schmidt/*Römermann*, § 50 Rn. 151; MünchKommGmbHG/*Liebscher*, § 50 Rn. 59; Gehrlein/Born/Simon/*Teichmann*, § 50 Rn. 14; Bork/Schäfer/*Masuch*, § 50 Rn. 8.
123 Scholz/*Seibt*, § 50 Rn. 26; Michalski/Heidinger/Leible/Schmidt/*Römermann*, § 50 Rn. 149; *Roth*/Altmeppen, § 50 Rn. 60; MünchKommGmbHG/*Liebscher*, § 50 Rn. 60.
124 Lutter/Hommelhoff/*Bayer*, § 50 Rn. 13; Baumbach/Hueck/Zöllner/*Noack*, § 50 Rn. 19.

Kap. 4 Die Gesellschafterversammlung

dem Fall ausreichend bezeichnet,[125] aber zwecks außerordentlicher Kündigung eines Geschäftsführers im Blick auf § 626 Abs. 2 BGB eine Frist von drei Wochen genügen lassen.[126] Als Richtschnur dürfte eine Frist von **einem Monat** abzuwarten sein.[127] Fehler bei der im Wege der Selbsthilfe anberaumten Gesellschafterversammlung führen zur Nichtigkeit der dort gefassten Beschlüsse.[128] **Nichtigkeit** tritt also ein, wenn die Gesellschafterversammlung von einem Gesellschafter einberufen wird, der hierzu nicht nach § 50 Abs. 1 und 3 GmbHG befugt war. Dies gilt auch, wenn der Gesellschafter zwar mit 10% beteiligt ist und zuvor den Geschäftsführer um die Einberufung ersucht, dann aber nicht gewartet hat, bis dieser der Aufforderung nachkommen und die Versammlung einberufen konnte.[129] Das Selbsthilferecht nach § 50 Abs. 3 GmbHG verdrängt nicht das Einberufungsrecht des Geschäftsführers, der vor Ausübung des Selbsthilferechts eine Gesellschafterversammlung ansetzen darf.[130] Haben die Gesellschafter ihr Selbsthilferecht jedoch wahrgenommen, so bleibt die von ihnen einberufene Versammlung wirksam einberufen, auch wenn der Geschäftsführer zwischenzeitlich von seinem Einberufungsrecht Gebrauch macht.[131] Erst mit Erledigung der betreffenden Tagesordnung ist das Selbsthilferecht verbraucht.[132]

dd) Ergänzung der Tagesordnung

31 Minderheitsgesellschafter können unter Beachtung der Voraussetzungen eines Selbsthilferechts nach § 50 Abs. 2 GmbHG auch eine Ergänzung der Tagesordnung einer vom Geschäftsführer anberaumten Gesellschafterversammlung verlangen. Ergänzungsanträge sind so rechtzeitig zu stellen, dass die Drei-Tages-

---

125 BGH, Urt. v. 15.6.1998 – II ZR 318/96, BGHZ 139, 89 = BB 1998, 1808 = NJW 1998, 3274; BGH, Urt. v. 28.1.1985 – II ZR 79/84, BB 1985, 567.
126 BGH, Urt. v. 15.6.1998 – II ZR 318/96, BGHZ 139, 89 = BB 1998, 1808 = NJW 1998, 3274.
127 Lutter/Hommelhoff/*Bayer*, § 50 Rn. 11; Gehrlein/Born/Simon/*Teichmann*, § 50 Rn. 9; wohl auch Bork/Schäfer/*Masuch*, § 50 Rn. 9; großzügiger Roewedder/Schmidt-Leithoff/*Ganzer*, § 50 Rn. 14: ein bis zwei Wochen; Baumbach/Hueck/*Zöllner/Noack*, § 50 Rn. 16: zwei Wochen.
128 BGH, Urt. v. 16.12.1953 – II ZR 167/52, BGHZ 11, 231; OLG Stuttgart, Urt. v. 14.1.2013 – 14 W 17/12, ZIP 2013, 1177; so auch Gehrlein/Born/Simon/*Teichmann*, § 50 Rn. 16.
129 BGH, Urt. v. 7.2.1983 – II ZR 14/82, BGHZ 87, 1 = BB 1983, 995 = NJW 1983, 1677; außerdem MünchKommGmbHG/*Liebscher*, § 50 Rn. 63.
130 MünchKommGmbHG/*Liebscher*, § 50 Rn. 62; a. A. Scholz/*Seibt*, § 50 Rn. 3 und 29.
131 BGH, Urt. v. 28.1.1985 – II ZR 79/84, BB 1985, 567; ebenso Scholz/*Seibt*, § 50 Rn. 29; Roth/*Altmeppen*, § 50 Rn. 62; Gehrlein/Born/Simon/*Teichmann*, § 50 Rn. 15; Lutter/Hommelhoff/*Bayer*, § 50 Rn. 15.
132 OLG Hamburg, Urt. v. 22.1.2016 – 11 U 287/14, BeckRS 2016, 13976 Tz. 31.

II. Einberufung der Gesellschafterversammlung Kap. 4

Frist des § 51 Abs. 4 GmbHG gewahrt werden kann.[133] Die Ankündigung des Beschlussgegenstandes ist erst möglich, wenn der Geschäftsführer dem Ergänzungsverlangen nicht entspricht, und muss die Tatsachen mitteilen, auf die sich die Ausübung des Selbsthilferechts stützt.[134] Erweitert der Geschäftsführer die **Tagesordnung** antragsgemäß, so wird vereinzelt eine Befugnis der Gesellschaftermehrheit befürwortet, in der Gesellschafterversammlung diesen Tagungsordnungspunkt wieder abzusetzen und nicht darüber zu beschließen.[135] Dem kann indes nicht zugestimmt werden, weil andernfalls das Minderheitenrecht durch **Nichtbefassung** unterlaufen würde. Vielmehr ist die Mehrheit lediglich berechtigt, über den zur Abstimmung gestellten Gegenstand ablehnend zu votieren.[136]

2. Form, Inhalt und Frist der Einberufung

a) Form und Adressat

Die Ladung zur Gesellschafterversammlung hat nach § 51 Abs. 1 Satz 1 GmbHG durch **eingeschriebenen Brief** zu erfolgen. Die Ladung muss unterzeichnet sein[137] und die Person des **Einberufenden** sowie die Identität der Gesellschaft erkennen lassen.[138] Die Einladung ist an sämtliche – auch nach § 47 Abs. 4 GmbHG von der Abstimmung ausgeschlossene[139] – Gesellschafter, und zwar unter der letzten bekannten Anschrift, aufzugeben.[140] Maßgeblich ist die

32

---

133 Rowedder/Schmidt-Leithoff/*Ganzer*, § 50 Rn. 17; Lutter/Hommelhoff/*Bayer*, § 50 Rn. 10; Gehrlein/Born/Simon/*Teichmann*, § 50 Rn. 11; MünchKommGmbHG/*Liebscher*, § 50 Rn. 44.
134 BGH, Beschl. v. 4.5.2009 – II ZR 169/07, NJW-RR 2010, 49 Tz. 8.
135 Michalski/Heidinger/Leible/Schmidt/*Römermann*, § 50 Rn. 94.
136 *Goette*, § 7 Rn. 39; Rowedder/Schmidt-Leithoff/*Ganzer*, § 50 Rn. 18; Scholz/*Seibt*, § 50 Rn. 4; Baumbach/Hueck/*Zöllner/Noack*, § 50 Rn. 26 f.; in diese Richtung auch BGH, Urt. 7.6.1993 – II ZR 81/92, BGHZ 123, 15 = BB 1993, 1474 = NJW 1993, 2246.
137 BGH, Urt. v. 13.2.2006 – II ZR 200/04, BB 2006, 851 = NJW-RR 2006, 831 Tz. 11; ebenso Baumbach/Hueck/*Zöllner/Noack*, § 51 Rn. 11; Gehrlein/Born/Simon/*Teichmann*, § 51 Rn. 10; a.A. Roth/*Altmeppen*, § 51 Rn. 20; Scholz/*Seibt*, § 51 Rn. 11; MünchKommGmbHG/*Liebscher*, § 51 Rn. 20; Ulmer/*Hüffer/Schürnbrand*, § 51 Rn. 4; Rowedder/Schmidt-Leithoff/*Ganzer*, § 51 Rn. 8; wohl auch Lutter/Hommelhoff/*Bayer*, § 51 Rn. 11; Michalski/Heidinger/Leible/Schmidt/*Römermann*, § 51 Rn. 38.
138 Michalski/Heidinger/Leible/ Schmidt/*Römermann*, § 51 Rn. 38; Rowedder/Schmidt-Leithoff/*Ganzer*, § 51 Rn. 12; Scholz/*Seibt*, § 51 Rn. 15.
139 BGH, Urt. v. 12.7.1971 – II ZR 127/69, BB 1971, 1025 = NJW 1971, 2225; so auch MünchKommGmbHG/*Liebscher*, § 51 Rn. 7; Rowedder/Schmidt-Leithoff/*Ganzer*, § 51 Rn. 3.
140 BGH, Urt. v. 20.9.2004 – II ZR 334/02, BB 2004, 2597 = NZG 2005, 69; gleichsinnig Gehrlein/Born/Simon/*Teichmann*, § 51 Rn. 8; vgl. auch OLG Celle, Urt. v. 24.9.2013 – 9 U 69/13, GmbHR 2014, 369.

Kap. 4 Die Gesellschafterversammlung

Eintragung in der Gesellschafterliste, wie sie im Handelsregister zuletzt aufgenommen wurde (§ 40 Abs. 1 GmbHG), da sich an sie die unwiderlegliche Vermutung der Gesellschaftereigenschaft knüpft (§ 16 Abs. 1 Satz 1 GmbHG).[141] Eine juristische Person ist unter der Bezeichnung des Vertretungsorgans zu laden. Anstelle des Gesellschafters richtet sich die Einladung ggf. an dessen gesetzliche Vertreter, einen Testamentsvollstrecker oder Insolvenzverwalter.[142] Bei gewillkürter Vollmacht ist die Einladung an den Vertreter zu richten, sofern er auch über eine Ladungsvollmacht verfügt.[143] Falls die mitgeteilte Adresse unrichtig geworden ist, braucht die Gesellschaft weder die neue Adresse ausfindig zu machen noch für die Bestellung eines Abwesenheitspflegers Sorge zu tragen.[144]

b) Inhalt

33 In der Einladung sind Zeit (Datum, Uhrzeit) und Ort der Gesellschafterversammlung mitzuteilen. Dabei dürfen der ausgewählte Versammlungsort und das Versammlungslokal für einen Gesellschafter nicht unzumutbar sein. Eine solche unzumutbare Auswahl kann vorliegen, wenn bei zerstrittenen Gesellschaftern in die Privatwohnung eines von ihnen (oder in die Kanzleiräume von dessen Rechtsanwalt) eingeladen wird.[145] Ferner soll gemäß § 51 Abs. 2 GmbHG der Zweck der Versammlung, die **Tagesordnung**, mitgeteilt werden. Die in der Einladung nicht oder nicht vollständig mitgeteilte Tagesordnung ist gemäß § 51 Abs. 4 GmbHG spätestens drei Tage vor der Versammlung bekannt zu geben. Die Ankündigung des **Beschlussgegenstandes** muss, ohne dass ein konkreter Beschlussantrag mitgeteilt oder eine Begründung gegeben werden müsste, doch so deutlich sein, dass sich die Gesellschafter auf die Erörterung und Beschlussfassung vorbereiten können und vor einer Überrumpelung geschützt werden.[146]

---

141 MünchKommGmbHG/*Liebscher*, § 51 Rn. 7; Gehrlein/Born/Simon/*Teichmann*, § 51 Rn. 4; Lutter/Hommelhoff/*Bayer*, § 51 Rn. 5.
142 Gehrlein/Born/Simon/*Teichmann*, § 51 Rn. 7; Michalski/Heidinger/Leible/Schmidt/*Römermann*, § 51 Rn. 25 f.; Bork/Schäfer/*Masuch*, § 51 Rn. 8; für den Fall gesetzlicher Vertretung a. A. MünchKommGmbHG/*Liebscher*, § 51 Rn. 17; Roth/*Altmeppen*, § 51 Rn. 17: Ladung des Vertretenen selbst, vertreten durch den gesetzlichen Vertreter, aber Sendung an die Anschrift des Vertreters.
143 Roth/*Altmeppen*, § 51 Rn. 16; Michalski/Heidinger/Leible/Schmidt/*Römermann*, § 51 Rn. 27.
144 Baumbach/Hueck/*Zöllner/Noack*, § 51 Rn. 4a; Michalski/Heidinger/Leible/Schmidt/*Römermann*, § 51 Rn. 34.
145 BGH, Beschl. v. 24.3.2016 – IX ZB 32/15, NZG 2016, 552 Tz. 25; gleichsinnig Michalski/Heidinger/Leible/Schmidt/*Römermann*, § 48 Rn. 24.
146 Gehrlein/Born/Simon/*Teichmann*, § 51 Rn. 15; MünchKommGmbHG/*Liebscher*, § 51 Rn. 39 f.; vgl. auch OLG München, Urt. v. 9.1.2019 – 7 U 1509/18, BeckRS 2019, 37 Tz. 32; OLG Koblenz, Urt. v. 1.2.2018 – 6 U 442/17, BeckRS 2018, 10975 Tz. 23.

Es liegt nahe, dass die Ankündigung „Zustimmung zu der Anteilsübertragung" auch die Abstimmung über die Vorfrage der Zustimmungsbedürftigkeit deckt.[147] Soll ein Geschäftsführer abberufen werden, so ist der Tagungsordnungspunkt **„Geschäftsführerangelegenheiten"** zu unbestimmt. Diese Ankündigung genügt nicht dem Zweck der Vorschrift, den an der Beschlussfassung Beteiligten eine sachgerechte Vorbereitung und Teilnahme an der Aussprache zu ermöglichen und sie vor Überraschung oder Überrumpelung zu schützen. Vielmehr bedarf es der Mitteilung, dass ein **bestimmter** Geschäftsführer abberufen werden soll, während die Angabe der Gründe nicht erforderlich ist.[148] Handelt es sich um einen Gesellschafter-Geschäftsführer, kann wegen der Stimmbefugnisse die zusätzliche Angabe, ob eine ordentliche oder außerordentliche Abberufung beabsichtigt ist, geboten sein.[149]

c) Einberufungsfrist

aa) Berechnung der Frist

Die Frist für die Einberufung der Gesellschafterversammlung beträgt gemäß § 51 Abs. 1 Satz 2 GmbHG mindestens eine Woche. Die Berechnung der Wochenfrist ist nicht ganz unumstritten. Einvernehmen herrscht, dass es auf den individuellen Zugang bei dem Gesellschafter nicht ankommt, weil sich der Gesetzeswortlaut mit dem „Bewirken" der Einladung begnügt und keinen Zugang fordert.[150] Vielmehr kommt es auf den Zeitpunkt des regelmäßig zu erwartenden Zugangs an.[151] Im Interesse der Rechtssicherheit wird im Schrifttum auf den Tag der **Aufgabe** zur Post abgestellt, dem gestaffelt eine bestimmte Zahl von Tagen hinzuzurechnen ist.[152] In Übereinstimmung mit dieser neueren Lehre geht der BGH davon aus, dass sich die Ladungsfrist aus der üblicherweise zu erwartenden **Zustellungsfrist** für Einschreiben einerseits und der wöchentlichen **Dispositionsfrist** andererseits zusammensetzt. Die Wochenfrist des § 51 Abs. 1 Satz 2 GmbHG ist für sich genommen schon äußerst knapp bemessen. Würde man die

34

---

147 BGH, Urt. v. 25.11.2002 – II ZR 69/01, BB 2003, 171 = NJW-RR 2003, 826.
148 BGH, Urt. v. 29.5.2000 – II ZR 47/99, NJW-RR 2000, 1278; BGH, Urt. v. 30.11.1961 – II ZR 136/60, BB 1962, 110 = NJW 1962, 393; ebenso Scholz/*Seibt*, § 51 Rn. 22; Gehrlein/Born/Simon/*Teichmann*, § 51 Rn. 15; Michalski/Heidinger/Leible/Schmidt/*Römermann*, § 51 Rn. 78; MünchKommGmbHG/*Liebscher*, § 51 Rn. 42.
149 Goette, § 7 Rn. 30.
150 BGH, Urt. v. 30.3.1987 – II ZR 180/86, BGHZ 100, 264 = BB 1987, 1551 = NJW 1987, 2580; so auch Rowedder/Schmidt-Leithoff/*Ganzer*, § 51 Rn. 10; Gehrlein/Born/Simon/*Teichmann*, § 51 Rn. 12; MünchKommGmbHG/*Liebscher*, § 51 Rn. 25; Lutter/Hommelhoff/*Bayer*, § 51 Rn. 14; Michalski/Heidinger/Leible/Schmidt/*Römermann*, § 51 Rn. 42.
151 OLG Hamm, Urt. v. 28.10.2015 – 8 U 73/15, BeckRS 2016, 3150 Tz. 33.
152 Scholz/*Seibt*, § 51 Rn. 14; Ulmer/*Hüffer/Schürnbrand*, § 51 Rn. 16; Gehrlein/Born/Simon/*Teichmann*, § 51 Rn. 12; MünchKommGmbHG/*Liebscher*, § 51 Rn. 26.

Kap. 4 Die Gesellschafterversammlung

Wochenfrist ab Aufgabe zur Post berechnen, so würde ein erheblicher Teil von ihr schon im postalischen Verkehr konsumiert. Damit wäre dem Dispositionsschutz des Gesellschafters nicht genügt. Geht man bei der Bestimmung der Frist des § 51 Abs. 1 Satz 2 GmbHG von dem Tag aus, an dem ein eingeschriebener Brief bei normaler postalischer Beförderung den Gesellschafter erreicht, so verliert der Einwand mangelnder Rechtssicherheit und Rechtsklarheit wesentlich an Gewicht, weil sich dieser Tag von den Beteiligten regelmäßig anhand des Absendetages und der üblichen Beförderungsdauer unschwer feststellen lässt. Außerdem ist das Einberufungsorgan im Allgemeinen schon von vornherein in der Lage, eine genaue Fristberechnung durch Summierung der normalen Zustellungsfrist und der Dispositionsfrist des § 51 Abs. 1 Satz 2 GmbHG vorzunehmen.[153] Die Frist ist nach §§ 187, 188 BGB zu berechnen: Wird das Schreiben am Montag zur Post gegeben und ist mit einem Zugang am Mittwoch zu rechnen, so endet die Wochenfrist am folgenden Mittwoch um 24 Uhr. Folglich kann die Gesellschafterversammlung frühestens auf den dann folgenden Donnerstag anberaumt werden. Fristende ist also am Tag vor der Gesellschafterversammlung.[154] Fällt der Fristablauf auf einen Samstag, Sonntag oder gesetzlichen Feiertag, so tritt analog § 193 BGB an dessen Stelle der nächste Werktag.[155] Diese Grundsätze gelten auch bei der Berechnung der Frist des § 51 Abs. 4 GmbHG.[156] Die Einberufungsfrist kann nicht durch die **Satzung** verkürzt werden.[157]

bb) Verlegung, Eventualeinberufung

35 Die Frist des § 51 Abs. 1 Satz 2 GmbHG ist auch bei einer **Verlegung der Gesellschafterversammlung**, aber nicht bei einer durch eine Mittagspause bedingten Vertagung auf den Nachmittag zu beachten.[158] Der Schutzzweck der Ladungsfrist liegt nicht allein in der Gewährleistung einer ausreichenden inhaltli-

---

153 BGH, Urt. v. 30.3.1987 – II ZR 180/86, BGHZ 100, 264 = BB 1987, 1551 = NJW 1987, 2580; zustimmend Lutter/Hommelhoff/*Bayer*, § 51 Rn. 14; Baumbach/Hueck/*Zöllner/Noack*, § 51 Rn. 19; Roth/*Altmeppen*, § 51 Rn. 25; Michalski/Heidinger/Leible/Schmidt/*Römermann*, § 51 Rn. 44; Rowedder/Schmidt-Leithoff/*Ganzer*, § 51 Rn. 10.
154 Michalski/Heidinger/Leible/Schmidt/*Römermann*, § 51 Rn. 45 f.
155 Lutter/Hommelhoff/*Bayer*, § 51 Rn. 13; Bork/Schäfer/*Masuch*, § 51 Rn. 6; Gehrlein/Born/Simon/*Teichmann*, § 51 Rn. 13; a. A. Baumbach/Hueck/Zöllner/Noack, § 51 Rn. 20; Rowedder/Schmidt-Leithoff/*Ganzer*, § 51 Rn. 11; MünchKommGmbHG/*Liebscher*, § 51 Rn. 28; Ulmer/*Hüffer/Schürnbrand*, § 51 Rn. 15.
156 Vgl. OLG Jena, Beschl. v. 15.6.2018 – 2 U 16/18, NZG 2018, 992 Tz. 25 f.; ebenso Lutter/Hommelhoff/*Bayer*, § 51 Rn. 19.
157 Baumbach/Hueck/*Zöllner/Noack*, § 51 Rn. 39; Gehrlein/Born/Simon/*Teichmann*, § 51 Rn. 29; mit Ausnahme von Eilfällen ebenso MünchKommGmbHG/*Liebscher*, § 51 Rn. 67; Ulmer/*Hüffer/Schürnbrand*, § 51 Rn. 36.
158 Scholz/*Seibt*, § 51 Rn. 17; Michalski/Heidinger/Leible/Schmidt/*Römermann*, § 51 Rn. 15.

chen Vorbereitungszeit. Ihr Ziel besteht außerdem darin, den Gesellschafter in die Lage zu versetzen, dass er sich den Zeitpunkt der Versammlung von anderen Verpflichtungen freihalten und eine erforderliche Anreise zum Ort der Versammlung rechtzeitig bewirken kann. Diesem Dispositionsschutz muss bei der Verlegung eines ordnungsgemäß einberufenen Ersttermins Rechnung getragen werden, weil sich der Gesellschafter auf den geänderten Termin von neuem einzustellen hat.[159] Satzungen sehen mitunter vor, dass die Gesellschafterversammlung nur bei Anwesenheit einer Mindestzahl von Gesellschaftern beschlussfähig ist und dass im Falle der Beschlussunfähigkeit eine neue Versammlung anzusetzen ist, die dann ohne Rücksicht auf die Zahl der Anwesenden beschlussfähig ist. Zur Vereinfachung wurde in solchen Fällen mit der Ersteinladung (Beispiel: auf den 20.12.) zugleich eine **Eventualeinberufung** für einen Folgetermin (Beispiel: auf den 23.12.) vorgenommen. Dieser Praxis ist der BGH jedoch entgegengetreten. Eine Eventualeinberufung ist **vor Durchführung der Erstversammlung** nicht zulässig. Den Gesellschaftern muss die Einberufungsfrist für die Folgeversammlung zur Durchführung klärender Aussprachen verbleiben.[160]

3. Heilung von Einberufungsmängeln

Einberufungsmängel, deren Rechtsfolge die Nichtigkeit oder jedenfalls die Anfechtbarkeit in der betreffenden Versammlung gefasster Gesellschafterbeschlüsse sein kann,[161] können durch eine **Universalversammlung** (§ 51 Abs. 3 GmbHG) oder durch einen **Rügeverzicht** des betroffenen Gesellschafters geheilt werden.[162]

36

a) Universalversammlung

Die Gesellschafter einer GmbH können auch im Rahmen eines (auch zufälligen) Zusammentreffens ohne förmliche Einberufung der Gesellschafterversammlung Beschlüsse fassen, wenn alle Gesellschafter daran widerspruchslos mitwirken.[163] Die Bestimmung des § 51 Abs. 3 GmbHG setzt neben der **Anwesenheit** sämtlicher teilnahmeberechtigter Gesellschafter deren **Einvernehmen mit der Abhal-**

37

---

159 BGH, Urt. v. 30.3.1987 – II ZR 180/86, BGHZ 100, 264 = BB 1987, 1551 = NJW 1987, 2580.
160 BGH, Urt. v. 8.12.1997 – II ZR 216/96, BB 1998, 445 = NJW 1998, 1317.
161 Näher dazu Rn. 73.
162 BGH, Urt. v. 11.2.2008 – II ZR 187/06, NJW-RR 2008, 706 Tz. 18; BGH, Urt. v. 7.2.1983 – II ZR 14/82, BGHZ 87, 1 = BB 1983, 995 = NJW 1983, 1677.
163 BGH, Urt. v. 11.2.2008 – II ZR 187/06, NJW-RR 2008, 706 Tz. 18; BGH, Urt. v. 21.6.1999 – II ZR 47/98, BB 1999, 1569 = NJW 1999, 2817 (insoweit in BGHZ 142, 92 nicht abgedruckt); BGH, Urt., v. 8.12.1997 – II ZR 216/96, NJW 1998, 1317; BGH, Urt. v. 30.3.1987 – II ZR 180/86, BGHZ 100, 264 = BB 1987, 1551 = NJW 1987, 2580.

Kap. 4 Die Gesellschafterversammlung

tung der Versammlung zum Zwecke der Beschlussfassung voraus.[164] Nicht „anwesend" im Sinne des § 51 Abs. 3 GmbHG ist sonach derjenige Gesellschafter, der zwar erschienen ist, aber der Durchführung der Versammlung oder Beschlussfassung, sei es ausdrücklich oder konkludent, widerspricht.[165] Würde allein die Anwesenheit der Gesellschafter die Heilung des Einberufungsfehlers bewirken, so hätte dies zur Folge, dass der Gesellschafter, der die Beschlussfassung wegen eines Verfahrensverstoßes gerade verhindern will oder noch unentschlossen ist, gezwungen wäre, der Versammlung fernzubleiben, weil er sonst Gefahr liefe, sein Recht auf ein Vorgehen gegen die anstehenden Beschlüsse zu verlieren. Der Gesellschaft muss daran gelegen sein, dass der Gesellschafter die Versammlung aufsucht, um durch seinen Widerspruch den erschienenen Gesellschaftern Gelegenheit zu geben, angreifbare Beschlussfassungen zu unterlassen oder eine Einigung herbeizuführen.[166] Die Mitwirkung an der Erörterung und der Abstimmung kann, muss aber keineswegs bedeuten, dass ein Gesellschafter den eingangs erklärten Widerspruch gegen eine Gesellschafterversammlung nachträglich aufgegeben hat; ob dies der Fall ist, hängt von den Umständen des Einzelfalls, namentlich davon ab, wie sich der Betreffende nach Bekanntgabe der Tagesordnungspunkte, während des Verlaufs der Versammlung und bei den Abstimmungen verhalten hat.[167]

b) Rügeverzicht

38 Von der Heilung durch Beschlussfassung in einer Universalversammlung ist der heilende **Rügeverzicht** zu unterscheiden.[168] Der Rügeverzicht kann im Voraus, während der Versammlung oder noch nach der Beschlussfassung gegenüber der Gesellschaft bekundet werden.[169] Liegt ein Ankündigungsmangel vor, so kommt

---

164 BGH, Beschl. v. 4.5.2009 – II ZR 169/07, NJW-RR 2010, 49 Tz. 9; BGH, Urt. v. 27.4.2009 – II ZR 167/07, NJW 2009, 2300 Tz. 19; BGH, Beschl. v. 19.1.2009 – II ZR 98/08, NZG 2009, 385 Tz. 2; BGH, Urt. v. 30.3.1987 – II ZR 180/86, BGHZ 100, 264 = BB 1987, 1551 = NJW 1987, 2580.
165 OLG Koblenz, Urt. v. 1.2.2018 – 6 U 442/17, BeckRS 2018, 10975 Tz. 28.
166 BGH, Urt. v. 30.3.1987 – II ZR 180/86, BGHZ 100, 264 = BB 1987, 1551 = NJW 1987, 2580; so auch Scholz/*Seibt*, § 51 Rn. 36; *Lutter/Hommelhoff/Bayer*, § 51 Rn. 33; Gehrlein/Born/Simon/*Teichmann*, § 51 Rn. 25; Rowedder/Schmidt-Leithoff/ *Ganzer*, § 51 Rn. 23; kritisch Baumbach/Hueck/*Zöllner/Noack*, § 51 Rn. 31; MünchKommGmbHG/*Liebscher*, § 51 Rn. 56.
167 BGH, Urt. v. 8.12.1997 – II ZR 216/96, BB 1998, 445 = NJW 1998, 1317; ebenso Michalski/Heidinger/Leible/Schmidt/*Römermann*, § 51 Rn. 97 f.; Gehrlein/Born/Simon/*Teichmann*, § 51 Rn. 27; vgl. auch MünchKommGmbHG/*Liebscher*, § 51 Rn. 57.
168 Lutter/Hommelhoff/*Bayer*, § 51 Rn. 34; Gehrlein/Born/Simon/*Teichmann*, § 51 Rn. 23.
169 Gehrlein/Born/Simon/*Teichmann*, § 51 Rn. 23; Scholz/*Seibt*, § 51 Rn. 29; MünchKommGmbHG/*Liebscher*, § 51 Rn. 60.

eine Heilung nach § 51 Abs. 3 GmbHG in Betracht, wenn der Gesellschafter dies nicht vor oder bei der Abstimmung rügt. Wird der Mangel erst nach der Abstimmung gerügt, so genügt dies nicht, um die Heilungswirkung gemäß § 51 Abs. 3 GmbHG auszuschließen.[170]

III. Beschlussfassung

1. Ablauf der Versammlung

a) Äußerer Gang

Die Gesellschafterversammlung ist an dem in der Einladung bezeichneten Ort abzuhalten. Sind einzelne Gesellschafter zum Zeitpunkt des mitgeteilten Versammlungsbeginns abwesend, besteht grundsätzlich keine **Wartepflicht**. Zumindest wäre eine etwaige Wartepflicht – wie bei Säumnis vor Gericht – nicht länger als 15 Minuten zu veranschlagen.[171]

39

b) Versammlungsleiter

Der Ablauf der Gesellschafterversammlung ist gesetzlich nicht geregelt. Die Satzung oder die Geschäftsordnung kann aber nähere Bestimmungen vorsehen. Im Rahmen der Gesellschafterversammlung ist die **Tagesordnung** abzuhandeln. Ein **Versammlungsleiter** kann in der Satzung oder der Geschäftsordnung oder auch ad hoc durch einen Gesellschafterbeschluss bestellt werden.[172] Der Versammlungsleiter öffnet und schließt die Gesellschafterversammlung, leitet Beratung und Abstimmung, nimmt Anträge entgegen und erteilt den Gesellschaftern das Wort.[173] Er kann aus **sachlichen Gründen** die sich aus der Einladung ergebende Tagesordnung umstellen. Unzulässig ist eine Änderung der Tagesordnung, mit deren Hilfe eine willkürliche, die Entscheidung präjudizierende Reihenfolge herbeigeführt werden soll. Wechselseitige Einziehungsbegehren müssen einheitlich erörtert werden; indes muss, damit der unterlegenen Partei eine Beschlussfeststellungsklage ermöglicht wird, über beide Begehren abgestimmt werden.[174] Die Absetzung von Tagesordnungspunkten oder eine Vertagung kann

40

---

170 BGH, Urt. v. 25.11.2002 – II ZR 69/01, BB 2003, 171 = NZG 2003, 127; BGH, Urt. 8.12.1997 – II ZR 216/96, BB 1998, 445 = NJW 1998, 1317; BGH, Urt. v. 7.2.1983 – II ZR 14/82, BGHZ 87, 1, 4 = BB 1983, 995 = NJW 1983, 1677.
171 Vgl. BGH, Urt. v. 19.11.1998 – IX ZR 152/98, NJW 1999, 724.
172 BGH, Beschl. v. 4.5.2009 – II ZR 166/07, NJW-RR 2010, 46 Tz. 7, und II ZR 169/07, NJW-RR 2010, 49 Tz. 15; so auch Rowedder/Schmidt-Leithoff/*Ganzer*, § 48 Rn. 13; MünchKommGmbHG/*Liebscher*, § 48 Rn. 106 ff.
173 Gehrlein/Born/Simon/*Teichmann*, § 48 Rn. 18; MünchKommGmbHG/*Liebscher*, § 48 Rn. 112; Bork/Schäfer/*Masuch*, § 48 Rn. 8.
174 OLG München, Urt. v. 8.10.1993 – 23 U 3365/93, GmbHR 1994, 251; ebenso Scholz/ *Seibt*, § 48 Rn. 48.

Kap. 4 Die Gesellschafterversammlung

allein die Gesellschafterversammlung beschließen; dem Versammlungsleiter steht sie nicht zu,[175] ebenso wenig wie der Abbruch der Versammlung.[176] Der Versammlungsleiter übt die Ordnungsgewalt aus, kann das Wort entziehen, eine Verkürzung der Redezeit anordnen und bei schweren Störungen einen Saalverweis aussprechen.[177] Ist ihm, wie es regelmäßig geschieht, die Feststellung des Ergebnisses von Abstimmungen übertragen, so hat er auch zu entscheiden, ob einzelne Stimmen wegen eines Stimmverbots nicht zu berücksichtigen sind.[178] Dies gilt, weil der Versammlungsleiter bei der Beschlussfeststellung kein Ermessen hat, auch für den Fall, dass er durch den fraglichen Beschluss unmittelbar selbst betroffen ist.[179]

c) Protokollierung gefasster Beschlüsse

41   Bei normalen Gesellschafterbeschlüssen ist im Unterschied zu einer Satzungsänderung (§ 53 Abs. 2 GmbHG) eine Protokollierung entbehrlich. Die Satzung kann und sollte eine schriftliche Fixierung vorsehen. Ist in einer Gesellschafterversammlung das Zustandekommen eines bestimmten Beschlusses – gleich ob Annahme oder Ablehnung – vom Versammlungsleiter **festgestellt** worden, so ist der Beschluss mit dem festgestellten Inhalt vorläufig verbindlich.[180] Der Versammlungsleiter kann also das Beschlussergebnis mit vorläufiger Bestandskraft festlegen; der ad hoc bestellte Versammlungsleiter hat die Befugnis zur Beschlussfeststellung hingegen nur dann, wenn sie ihm ausdrücklich oder jedenfalls stillschweigend von den Gesellschaftern erteilt worden ist.[181]

d) Beschlussfassung in der Einpersonengesellschaft

42   In der Einpersonengesellschaft ist über die Beschlussfassung nach § 48 Abs. 3 GmbHG eine Niederschrift zu errichten, die von dem Gesellschafter zu unterzeichnen ist. Der Beschluss des Alleingesellschafters einer GmbH, dem Geschäftsführer fristlos zu kündigen, bedarf zu seiner Wirksamkeit nicht der Proto-

---

175 BGH, Urt. v. 21.6.2010 – II ZR 230/08, NJW 2010, 3027 Tz. 16; gleichsinnig Baumbach/Hueck/*Zöllner/Noack*, § 48 Rn. 18; Gehrlein/Born/Simon/*Teichmann*, § 48 Rn. 18; Scholz/*Seibt*, § 48 Rn. 36; MünchKommGmbHG/*Liebscher*, § 48 Rn. 112; Rowedder/Schmidt-Leithoff/*Ganzer*, § 48 Rn. 15.
176 OLG Hamburg, Urt. v. 22.1.2016 – 11 U 287/14, BeckRS 2016, 13976 Tz. 28.
177 MünchKommGmbHG/*Liebscher*, § 48 Rn. 122 ff.; Gehrlein/Born/Simon/*Teichmann*, § 48 Rn. 20; Baumbach/Hueck/*Zöllner/Noack*, § 48 Rn. 18; Michalski/Heidinger/Leible/Schmidt/*Römermann*, § 48 Rn. 160.
178 BGH, Urt. v. 21.6.2010 – II ZR 230/08, NJW 2010, 3027 Tz. 16; ebenso MünchKommGmbHG/*Liebscher*, § 48 Rn. 116.
179 OLG München, Urt. v. 12.1.2017 – 23 U 1994/16, BeckRS 2017, 102055 Tz. 32.
180 BGH, Urt. v. 21.3.1988 – II ZR 308/87, BGHZ 104, 66, BB 1988, 993 = NJW 1988, 1844.
181 KG, Beschl. v. 12.10.2015 – 22 W 74/15, NZG 2016, 384 Tz. 9.

kollierung nach § 48 Abs. 3 GmbHG, wenn die Kündigung schriftlich von ihm ausgesprochen worden ist und damit der Sinn der Vorschrift, Sicherheit über den Inhalt eines von der Einpersonengesellschaft gefassten Beschlusses zu schaffen und nachträglich Manipulationen zulasten Dritter auszuschließen, mit der gleichen Gewissheit erreicht ist, als wäre eine Niederschrift nach § 48 Abs. 3 GmbHG gefertigt worden.[182] Ferner genügt eine schriftliche Weisung des Alleingesellschafters an den Liquidator, Schadensersatzansprüche gegen den Geschäftsführer geltend zu machen.[183] Ebenso wenig bedarf es für die Inanspruchnahme eines früheren Geschäftsführers eines förmlichen Beschlusses mit Niederschrift, wenn der Alleingesellschafter zugleich Geschäftsführer ist.[184] Im Übrigen bildet das Formerfordernis keine **Wirksamkeitsvoraussetzung** für einen Gesellschafterbeschluss.[185] Ein Dritter kann die formlose Beschlussfassung gelten lassen.[186] Der Gesellschafter kann sich aber gegenüber Dritten, die einen Beschluss in Abrede stellen, grundsätzlich nur im Falle der beachteten Protokollierung auf den Beschluss berufen.[187]

e) Wirksamwerden eines Gesellschafterbeschlusses

Ein Gesellschafterbeschluss, der die Grundlage für ein Rechtsgeschäft oder eine rechtsgeschäftsähnliche Handlung des Vertretungsorgans der GmbH bildet, wird mit seinem Zustandekommen regelmäßig zugleich mit **Außenwirkung** umgesetzt, sofern sowohl der Geschäftsführer der GmbH als auch der außenstehende Dritte als potenzieller Empfänger der Erklärung oder Handlung bei der Beschlussfassung zugegen sind. Dabei kann ein Gesellschafter, zu dessen Gunsten ein Schuldanerkenntnis der GmbH beschlossen wird, zugleich in der Doppelfunktion als **Anspruchsteller** und **beschließender Gesellschafter** mitwirken. Folglich kann das Schuldanerkenntnis als Außengeschäft zwischen der GmbH, vertreten durch den Geschäftsführer, und dem Mitgesellschafter als Gläubiger begründet werden. Eine nachträgliche Aufhebung des Gesellschafterbeschlusses berührt nicht die Wirksamkeit des Anerkenntnisses.[188]

43

---

182 BGH, Urt. v. 27.3.1995 – II ZR 140/93, BB 1995, 1102 = NJW 1995, 1750.
183 BGH, Urt. v. 9.12.1996 – II ZR 240/95, BB 1997, 277 = NJW 1997, 741.
184 BGH, Urt. v. 26.10.2009 – II ZR 222/08, NJW 2010, 64 Tz. 7.
185 BGH, Urt. v. 27.3.1995 – II ZR 140/93, BB 1995, 1102 = NJW 1995, 1750; so auch Gehrlein/Born/Simon/*Teichmann*, § 48 Rn. 32.
186 Scholz/*Seibt*, § 48 Rn. 73; Gehrlein/Born/Simon/*Teichmann*, § 48 Rn. 32; MünchKommGmbHG/*Liebscher*, § 48 Rn. 193.
187 Rowedder/Schmidt-Leithoff/*Ganzer*, § 48 Rn. 31; Gehrlein/Born/Simon/*Teichmann*, § 48 Rn. 32; MünchKommGmbHG/*Liebscher*, § 48 Rn. 193 f.; Bork/Schäfer/*Masuch*, § 48 Rn. 20.
188 BGH, Urt. v. 5.5.2003 – II ZR 50/01, BB 2003, 1579 = NJW-RR 2003, 1196.

Kap. 4 Die Gesellschafterversammlung

2. Mehrheitserfordernisse

a) Gesetz

44 Gesellschafterbeschlüsse bedürfen nach § 47 Abs. 1 GmbHG der **einfachen Mehrheit** der abgegebenen Stimmen, soweit Gesetz (insbesondere § 53 Abs. 2 GmbHG) und Satzung nichts anderes vorsehen. Die Mehrheit bestimmt sich nicht nach Köpfen, sondern nach dem Nominalwert der Geschäftsanteile. Da nach neuem Recht Geschäftsanteile mit einem Wert von weniger als 50 bis zu nur einem Euro denkbar sind (§ 5 Abs. 2 GmbHG), knüpft die **Stimmgewichtung an den einzelnen Euro** an (§ 47 Abs. 2 GmbHG). Diese Lösung erleichtert die Festlegung der Stimmverhältnisse im Vergleich zur früheren Rechtslage erheblich.[189] Die Zahl der abgegebenen Stimmen errechnet sich aus der Summe des bei der Beschlussfassung vertretenen Kapitals. Ein Beschluss kommt zustande, wenn die Zahl der Ja-Stimmen die der Nein-Stimmen übersteigt; bei Stimmengleichheit gilt ein Antrag als abgelehnt.[190] **Enthaltungen** bleiben, da nach § 47 Abs. 1 GmbHG die Mehrheit der „abgegebenen" Stimmen entscheidet, außer Ansatz. Es kommt also nur auf das Verhältnis der Stimmen an, die für oder gegen den gestellten Antrag Stellung nehmen. Niemand, der sich der Stimme enthält, wird nach der Verkehrsanschauung auf den Gedanken kommen, sein Verhalten werde sich auf die Beschlussfassung anders auswirken, als wenn er der Versammlung ferngeblieben wäre oder sich vor der Abstimmung entfernt hätte. Würde man die Stimmenthaltungen bei der Mehrheitsberechnung dennoch mitzählen, so würden sich die Enthaltungen so auswirken, als ob die Mitglieder mit Nein gestimmt hätten. Damit würde aber der objektive Erklärungswert dieses Abstimmungsverhaltens verfälscht.[191] Unberücksichtigt bleiben ungültige Stimmen sowie die Stimmen eines Gesellschafters, dessen Stimmrecht ruht oder der nach § 47 Abs. 4 GmbHG von der Abstimmung ausgeschlossen ist.[192]

b) Satzung

45 Die Satzung kann die Voraussetzungen, unter denen ein Gesellschafterbeschluss zustande kommt, abweichend regeln (§ 45 Abs. 2 GmbHG). Das Stimmgewicht kann vom Kapitalanteil gelöst und eine Abstimmung nach **Köpfen** eingeführt

---

189 Bork/Schäfer/*Casper*, § 47 Rn. 31.
190 Gehrlein/Born/Simon/*Teichmann*, § 47 Rn. 11; Scholz/*K. Schmidt*, § 47 Rn. 3; Bork/Schäfer/*Casper*, § 47 Rn. 11; Rowedder/Schmidt-Leithoff/*Ganzer*, § 47 Rn. 18; MünchKommGmbHG/*Drescher*, § 47 Rn. 46.
191 BGH, Urt. v. 19.7.2011 – II ZR 209/09, WM 2011, 1851 Tz. 11; BGH, Urt. v. 25.1.1982 – II ZR 164/81, BGHZ 83, 35 = NJW 1982, 1585.
192 Baumbach/Hueck/*Zöllner/Noack*, § 47 Rn. 23; MünchKommGmbHG/*Drescher*, § 47 Rn. 46.

werden.¹⁹³ Andererseits können Mehrstimmrechtsanteile oder auch Anteile ohne oder mit beschränktem Stimmrecht geschaffen und kann das Stimmgewicht von der Zahlung der Einlage abhängig gemacht werden.¹⁹⁴ Ebenso können andere Mehrheitserfordernisse bis hin zur Einstimmigkeit festgeschrieben werden.¹⁹⁵ Indes kann das Mehrheitserfordernis nicht dahingehend ad absurdum geführt werden, dass ein Beschluss auch dann zustande kommt, wenn die Zahl der Nein-Stimmen die Zahl der Ja-Stimmen übersteigt.¹⁹⁶ Nachträgliche Satzungsänderungen, die das Abstimmungsverfahren zum Gegenstand haben, bedürfen regelmäßig der Zustimmung aller Gesellschafter.¹⁹⁷

3. Teilnahmerecht

a) Gesellschafter

Der Abstimmung über einen Beschlussgegenstand gehen seine Erörterung und 46
Beratung voraus. Das Recht jedes Gesellschafters auf Abhaltung einer Versammlung und Teilnahme an ihr (§ 48 GmbHG) ist vom Stimmrecht zu unterscheiden. Es besteht unabhängig davon, ob der Gesellschafter über die in der Versammlung zu erörternden Angelegenheiten mit abstimmen darf. Der Gesellschafter muss, auch soweit er von der Stimmabgabe ausgeschlossen ist, kraft seiner **Mitgliedsstellung** die Gelegenheit haben, seine Auffassung über den zur Beschlussfassung anstehenden Punkt den Mitgesellschaftern vorzutragen und Einwände geltend zu machen. Schon mit Rücksicht auf ein etwaiges Anfechtungsrecht muss er auch verlangen und darüber wachen können, dass alle nach Gesetz oder Satzung zur Beschlussfassung notwendigen Förmlichkeiten eingehalten werden.¹⁹⁸ Das Teilnahmerecht steht den gemäß § 16 Abs. 1 GmbHG berechtigten Gesellschaftern zu. Damit ist die Eintragung in der im Handelsregister aufgenommenen Gesellschafterliste maßgeblich. Bleibt sie im Falle der Übertragung eines Geschäftsanteils aus, so ist nur der Veräußerer und nicht der Erwerber zur Teilnahme an der

---

193 MünchKommGmbHG/*Drescher*, § 47 Rn. 124.
194 MünchKommGmbHG/*Drescher*, § 47 Rn. 124; Rowedder/Schmidt-Leithoff/*Ganzer*, § 47 Rn. 34; Lutter/Hommelhoff/*Bayer*, § 47 Rn. 5.
195 BGH, Urt. v. 25.9.1989 – II ZR 304/88, BB 1989, 2132 = NJW-RR 1990, 99; ebenso Scholz/*K. Schmidt*, § 47 Rn. 9; MünchKommGmbHG/*Drescher*, § 47 Rn. 50; Gehrlein/Born/Simon/*Teichmann*, § 47 Rn. 17
196 Scholz/*K. Schmidt*, § 47 Rn. 10; MünchKommGmbHG/*Drescher*, § 47 Rn. 51; Michalski/Heidinger/Leible/Schmidt/*Römermann*, § 47 Rn. 569; Ulmer/*Hüffer/Schürnbrand*, § 47 Rn. 24; Baumbach/Hueck/Zöllner/*Noack*, § 47 Rn. 23.
197 Scholz/*K. Schmidt*, § 47 Rn. 8 und 11; Michalski/Heidinger/Leible/Schmidt/*Römermann*, § 47 Rn. 562; a.A. Michalski/Heidinger/Leible/Schmidt/*Römermann*, § 47 Rn. 569.
198 BGH, Urt. v. 13.2.2006 – II ZR 200/04, BB 2006, 851 = NJW-RR 2006, 831 Tz. 13; BGH, Urt. v. 12.7.1971 – II ZR 127/69, BB 1971, 1025 = NJW 1971, 2225; gleichsinnig Gehrlein/Born/Simon/*Teichmann*, § 48 Rn. 10; Scholz/*Seibt*, § 48 Rn. 13.

Kap. 4 Die Gesellschafterversammlung

Gesellschafterversammlung berechtigt.[199] Wird gegen den Gesellschafter ein Ausschluss- oder Einziehungsverfahren geführt (§§ 21, 27, 34 GmbHG, Ausschluss aus wichtigem Grund), hat er seinen Geschäftsanteil gekündigt oder verkauft, so bleibt sein Teilnahmerecht erhalten, bis er – etwa nach Zahlung einer Abfindung – seine Mitgliedschaft tatsächlich verloren hat.[200] Eine **juristische Person** hat als Gesellschafterin einer GmbH auch im Falle der Gesamtvertretung nicht das Recht, mehr als ein Mitglied ihres Vorstandes oder ihrer Geschäftsführung in eine Gesellschafterversammlung zu entsenden.[201] Die Teilnahme eines Beistands oder **Beraters** kann dem Gesellschafter durch Gesellschafterbeschluss gestattet werden. Eine Verpflichtung zur Zulassung kann aufgrund gesellschaftlicher Treuepflicht gegeben sein, falls der Gesellschafter unter Berücksichtigung seiner persönlichen Verhältnisse und der Bedeutung des Beschlussgegenstandes dringend beratungsbedürftig ist.[202] In diesem Fall kann die Einberufung der Versammlung auf einen Zeitpunkt, zu dem der Berater verhindert ist, das Teilnahmerecht des Gesellschafters verletzen, weil letzterem die Beratung unzumutbar verwehrt wird.[203] Ist ein Gesellschafter an der Teilnahme gehindert und kann er durch Dritte nicht sachgemäß vertreten werden, so sind – jedenfalls bei geringer Gesellschafterzahl – die anderen Gesellschafter aufgrund ihrer Treupflicht gehalten, die Gesellschafterversammlung zu verschieben.[204] Die **Satzung** kann das Teilnahmerecht der Gesellschafter ebenso wie das Stimmrecht regeln, soweit dadurch nicht in den unverzichtbaren Kernbereich der Mitgliedschaft eingegriffen wird. Das Teilnahmerecht der Gesellschafter kann in der Weise geregelt werden, dass jeder Gesellschafter nur einen Vertreter in die Gesellschafterversammlung entsenden darf.[205] Der **Kern der Mitgliedschaft** ist nicht berührt, wenn der Gesellschafter den Vertreter eigenverantwortlich bestimmen und ihm Weisungen bei der Ausübung des Stimmrechts erteilen kann. Anders verhält es sich, wenn die Satzung zwingend die Vertretung durch eine Person anordnet, die dem Einfluss des Gesellschafters entzogen ist, wenn also dem Gesellschafter eine von sei-

---

199 BGH, Urt. v. 9.7.1990 – II ZR 194/89, BGHZ 112, 103 = BB 1990, 1578 = NJW 1990, 2622 (zu § 16 Abs. 1 GmbHG a. F.); Ulmer/*Hüffer/Schürnbrand*, § 48 Rn. 13; Michalski/Heidinger/Leible/Schmidt/*Römermann*, § 48 Rn. 37; Scholz/*Seibt*, § 48 Rn. 14.
200 BGH, Urt. v. 17.10.1983 – II ZR 80/83, WM 1983, 1354; Ulmer/*Hüffer/Schürnbrand*, § 48 Rn. 13; Michalski/Heidinger/Leible/Schmidt/*Römermann*, § 48 Rn. 37.
201 Baumbach/Hueck/*Zöllner/Noack*, § 48 Rn. 10; Scholz/*Seibt*, § 48 Rn. 23; a.A. Michalski/Heidinger/Leible/Schmidt/*Römermann*, § 48 Rn. 46; Ulmer/*Hüffer/Schürnbrand*, § 48 Rn. 15.
202 BGH, Urt. v. 27.4.2009 – II ZR 167/07, NJW 2009, 2300 Tz. 17; OLG Dresden, Urt. v. 25.8.2016 – 8 U 347/16, NJW-RR 2016, 1374 Tz. 16; ebenso Lutter/Hommelhoff/*Bayer*, § 48 Rn. 8; Bork/Schäfer/*Masuch*, § 48 Rn. 5; Gehrlein/Born/Simon/*Teichmann*, § 48 Rn. 12; MünchKommGmbHG/*Liebscher*, § 48 Rn. 39.
203 BGH, Urt. v. 27.4 2009 – II ZR 167/07, NJW 2009, 2300 Tz. 17.
204 OLG München, Urt. v. 31.7.2014 – 23 U 3842/13, BeckRS 2015, 18 Tz. 25 f.
205 BGH, Urt. v. 17.10.1988 – II ZR 18/88, BB 1989, 449 = NJW-RR 1989, 347.

III. Beschlussfassung **Kap. 4**

nem eigenen Willen getragene Wahrnehmung der Gesellschafterrechte nicht mehr zugestanden wird, wie es regelmäßig der Fall sein wird, wenn ihm ein Vertreter aufgezwungen wird, auf dessen Auswahl und Abstimmungsverhalten er keinen Einfluss hat.[206] Der wirksam vertretene Gesellschafter hat kein eigenes zusätzliches Teilnahmerecht; er kann indes durch Widerruf der Vollmacht seine Teilnahme erzwingen.[207] Nichtgesellschafter wie (Fremd-)**Geschäftsführer** oder **Beiratsmitglieder** haben kein Anwesenheitsrecht, können aber durch Gesellschafterbeschluss zugelassen werden; auf Verlangen der Gesellschafter sind sie zur Teilnahme sogar verpflichtet.[208] Auch wenn die Gesellschaft eigene Anteile hält, verfügt der Geschäftsführer nicht über ein Teilnahmerecht, weil die Rechte aus diesen Anteilen ruhen.[209] **Aufsichtsratsmitglieder** haben nur in der mitbestimmten GmbH gemäß §§ 25 Abs. 1 Satz 1 Nr. 2 MitbestG, 1 Abs. 1 Nr. 3 DrittelbG, 3 Abs. 2 MontanMitbestG, jeweils i.V. mit § 118 Abs. 3 AktG, ein Teilnahmerecht, ansonsten nicht.[210]

b) Treuhand

Im Rahmen eines Treuhandverhältnisses ist nur der **Treuhänder**, nicht der Treugeber zur Teilnahme berechtigt.[211] Durch die Einräumung eines **Pfandrechts** an seinem Geschäftsanteil verliert der Gesellschafter nicht sein Teilnahmerecht; er kann dem Pfandgläubiger die Teilnahme freilich durch eine Vollmacht ermöglichen.[212] Auch durch die Bestellung eines **Nießbrauchs** an dem Geschäftsanteil bleibt das Teilnahmerecht des Gesellschafters unberührt.[213] Der **Vorerbe** und nicht der Nacherbe ist zu Teilnahme befugt.[214]

47

---

206 BGH, Urt. v. 17.10.1988 – II ZR 18/88, BB 1989, 449 = NJW-RR 1989, 347; so auch Michalski/Heidinger/Leible/Schmidt/*Römermann*, § 48 Rn. 77; Gehrlein/Born/Simon/*Teichmann*, § 48 Rn. 14; MünchKommGmbHG/*Liebscher*, § 48 Rn. 33.
207 Scholz/*Seibt*, § 48 Rn. 24; Bork/Schäfer/*Masuch*, § 48 Rn. 4; Gehrlein/Born/Simon/ *Teichmann*, § 48 Rn. 11; MünchKommGmbHG/*Liebscher*, § 48 Rn. 34.
208 Baumbach/Hueck/Zöllner/*Noack*, § 48 Rn. 11; Roth/*Altmeppen*, § 48 Rn. 47 ff. und 52; Gehrlein/Born/Simon/*Teichmann*, § 48 Rn. 12.
209 BGH, Urt. v. 30.1.1995 – II ZR 45/94, BB 1995, 690 = NJW 1995, 1027; ebenso Gehrlein/Born/Simon/*Teichmann*, § 48 Rn. 12; MünchKommGmbHG/*Liebscher*, § 48 Rn. 47.
210 Lutter/Hommelhoff/*Bayer*, § 48 Rn. 6; Michalski/Heidinger/Leible/Schmidt/*Römermann*, § 48 Rn. 65 f.; Bork/Schäfer/*Masuch*, § 48 Rn. 6; MünchKommGmbHG/*Liebscher*, § 48 Rn. 50 f.
211 Ulmer/*Hüffer/Schürnbrand*, § 48 Rn. 17; Scholz/*Seibt*, § 48 Rn. 14; MünchKommGmbHG/*Liebscher*, § 48 Rn. 42.
212 Michalski/Heidinger/Leible/Schmidt/*Römermann*, § 48 Rn. 57.
213 Michalski/Heidinger/Leible/Schmidt/*Römermann*, § 48 Rn. 58; Scholz/*Seibt*, § 48 Rn. 14; MünchKommGmbHG/*Liebscher*, § 48 Rn. 43; großzügiger *Goette*, § 7 Rn. 48, der dem Nießbraucher Zutritt bei Beschlüssen über das Gewinnrecht und die Mitgliedschaft als solche einräumt.
214 Scholz/*Seibt*, § 48 Rn. 14.

Kap. 4 Die Gesellschafterversammlung

c) Gesetzlicher Vertreter, Amtswalter

48 Im Rahmen ihres Aufgabenkreises nehmen **gesetzliche Vertreter** eines Gesellschafters – (beide) Eltern, Vormund, Betreuer – das Teilnahmerecht des Gesellschafters wahr.[215] Erfasst eine Testamentsvollstreckung den Geschäftsanteil, so ist (allein) der Testamentsvollstrecker teilnahmebefugt.[216] Im Fall der Insolvenz übt der Insolvenzverwalter das Teilnahmerecht des Gesellschafters aus.[217] Dem **Gesellschafter** steht neben den Vertretern, die schließlich seine Belange verfolgen, ein eigenes Teilnahmerecht nicht zu.[218]

d) Mitberechtigung

49 Mehrere Mitberechtigte haben gemäß § 18 Abs. 1 GmbHG jeweils ein Teilnahme- und Äußerungsrecht.[219] Allerdings kann (und sollte) die **Satzung** für mehrere an einem Geschäftsanteil Berechtigte oder für mehrere zu einer Gruppe gehörende Gesellschafter die Wahrnehmung der Gesellschafterrechte durch einen gemeinsamen Vertreter anordnen.[220]

4. Stimmrecht

50 Weil das Gesetz für ihre Beschlussfähigkeit keinerlei Mindestbeteiligung (Quorum) vorsieht, ist die Gesellschafterversammlung, falls die Satzung nichts anderes vorschreibt, beschlussfähig, wenn auch nur einer der geladenen Gesellschafter erschienen ist.[221]

---

215 Baumbach/Hueck/*Zöllner/Noack*, § 48 Rn. 9; Scholz/*Seibt*, § 48 Rn. 23; Michalski/Heidinger/Leible/Schmidt/*Römermann*, § 48 Rn. 44.
216 BGH, Urt. v. 13.5.2014 – II ZR 250/12, BGHZ 201, 216 = BB 2014, 2061 = NZG 2014, 945 Tz. 14; so auch Michalski/Heidinger/Leible/Schmidt/*Römermann*, § 48 Rn. 54; Bork/Schäfer/*Masuch*, § 48 Rn. 4; Gehrlein/Born/Simon/*Teichmann*, § 48 Rn. 11..
217 Bork/Schäfer/*Masuch*, § 48 Rn. 4; Scholz/*Seibt*, § 48 Rn. 23; MünchKommGmbHG/*Liebscher*, § 48 Rn. 27.
218 Ulmer/*Hüffer/Schürnbrand*, § 48 Rn. 15; Michalski/Heidinger/Leible/Schmidt/*Römermann*, § 48 Rn. 52; Scholz/*Seibt*, § 48 Rn. 23; für den Betreuungsfall (§§ 1896 ff. BGB) a. A. Baumbach/Hueck/*Zöllner/Noack*, § 48 Rn. 9.
219 Michalski/Heidinger/Leible/Schmidt/*Römermann*, § 48 Rn. 42; Ulmer/*Hüffer/Schürnbrand*, § 48 Rn. 14.
220 Scholz/*Seibt*, § 48 Rn. 15; MünchKommGmbHG/*Liebscher*, § 48 Rn. 36.
221 Lutter/Hommelhoff/*Bayer*, § 48 Rn. 20; Rowedder/Schmidt-Leithoff/*Ganzer*, § 47 Rn. 8; Gehrlein/Born/Simon/*Teichmann*, § 48 Rn. 21; Baumbach/Hueck/*Zöllner/Noack*, § 48 Rn. 3.

a) Abspaltungsverbot

Zur Stimmabgabe ist berechtigt, wer nach § 16 GmbHG als Gesellschafter gilt. Die **Verwaltungsrechte** des Gesellschafters können nicht von der Mitgliedschaft abgespalten werden und ein vom Mitgliedschaftsrecht unabhängiges Schicksal haben. Der BGH hat vielfach ausgesprochen, dass bei OHG und KG das **Stimmrecht** des Gesellschafters nicht losgelöst vom Gesellschaftsanteil übertragen werden kann.[222] Für die Verwaltungsrechte des Gesellschafters einer GmbH kann nichts anderes gelten. Das folgt bei einer juristischen Person aus der Einheitlichkeit der Willensbildung.[223] Eine **Vollmacht**, die der Abtretung des Stimmrechts gleichkommt, ist ebenfalls unzulässig. Dies ist bei Erteilung einer unwiderruflichen Stimmrechtsvollmacht unter gleichzeitigem Stimmrechtsverzicht des Gesellschafters anzunehmen.[224] Unbedenklich ist eine widerrufliche Stimmrechtsvollmacht.[225] Bei der nicht sofort wirksamen Veräußerung sämtlicher Geschäftsanteile kann in der zwischen Veräußerer und Erwerber getroffenen Vereinbarung eines Geschäftsführerwechsels eine Bevollmächtigung des Erwerbers liegen, den Geschäftsführer im Rahmen einer Beschlussfassung namens des Veräußerers abzuberufen.[226] Die Vollmacht bedarf zu ihrer Gültigkeit gemäß § 47 Abs. 3 GmbHG der **Textform**; dieser Nachweis ist indes dann entbehrlich, wenn sie sämtlichen Gesellschaftern bekannt ist und niemand Widerspruch erhebt oder wenn sie in einer Gesellschafterversammlung in Anwesenheit aller Beteiligten mündlich erteilt wird.[227] Wird gegen den Gesellschafter ein Ausschluss- oder Einziehungsverfahren geführt (§§ 21, 27, 34 GmbHG, Ausschluss aus wichtigem Grund), hat er seinen Geschäftsanteil gekündigt oder verkauft, so bleibt sein Stimmrecht erhalten, bis er – etwa nach Zahlung einer Abfindung – seine Mitgliedschaft tatsächlich verloren hat.[228] Ob eine sog. Legiti-

51

---

222 Vgl. nur BGH, Urt. v. 15.12.1969 – II ZR 69/67, NJW 1970, 468; BGH, Urt. v. 25.2.1965 – II ZR 287/63, BGHZ 43, 261 = NJW 1965, 1378.
223 BGH, Urt. v. 25.2.1965 – II ZR 287/63, BGHZ 43, 261 = BB 1965, 516 = NJW 1965, 1378; so auch Lutter/Hommelhoff/*Bayer*, § 14 Rn. 22; Scholz/*K. Schmidt*, § 47 Rn. 20; Michalski/Heidinger/Leible/Schmidt/*Römermann*, § 47 Rn. 49; Baumbach/Hueck/Zöllner/*Noack*, § 47 Rn. 40; MünchKommGmbHG/*Drescher*, § 47 Rn. 75; Rowedder/Schmidt-Leithoff/*Ganzer*, § 47 Rn. 25.
224 BGH, Urt. v. 17.11.1986 – II ZR 96/86, BB 1987, 436 = NJW 1987, 780 (zur AG); BGH, Urt. v. 10.11.1951 – II ZR 111/50, BGHZ 3, 354 = BB 1952, 10 = NJW 1952, 178 (zur oHG); wie hier Gehrlein/Born/Simon/*Teichmann*, § 47 Rn. 28.
225 Baumbach/Hueck/Zöllner/*Noack*, § 47 Rn. 50; Michalski/Heidinger/Leible/Schmidt/*Römermann*, § 47 Rn. 432; MünchKommGmbHG/*Drescher*, § 47 Rn. 93.
226 BGH, Beschl. v. 11.2.2008 – II ZR 291/06, NJW-RR 2008, 1066 Tz. 4.
227 BGH, Urt. v. 14.12.1967 – II ZR 30/67, BGHZ 49, 183 = BB 1968, 181 = NJW 1968, 743; so auch Roth/*Altmeppen*, § 47 Rn. 106.
228 BGH, Urt. v. 26.10.1983 – II ZR 87/83, BGHZ 88, 320 = BB 1984, 88 = NJW 1984, 489; so auch Michalski/Heidinger/Leible/Schmidt/*Römermann*, § 47 Rn. 59 ff.; Gehrlein/Born/Simon/*Teichmann*, § 47 Rn. 20.

Kap. 4 Die Gesellschafterversammlung

mationszession zulässig ist, also die Ermächtigung eines anderen, das Stimmrecht im eigenen Namen auszuüben,[229] ist höchstrichterlich bis heute nicht geklärt.[230] Sie lässt sich jedenfalls in eine Vollmacht zur Stimmrechtsausübung umdeuten.[231]

b) Treuhand

52 Das Stimmrecht ist an die Mitgliedschaft gekoppelt. Darum ist im Falle eines Treuhandverhältnisses der **Treuhänder** und nicht der Treugeber zur Stimmabgabe befugt.[232] Bei der Bestellung eines **Pfandrechts** oder **Nießbrauchs** an dem Geschäftsanteil verbleibt das Stimmrecht dem Gesellschafter.[233]

c) Eigene Geschäftsanteile der GmbH

53 Die Mitgliedschaftsrechte für einen eigenen Anteil der GmbH ruhen entsprechend § 71b AktG. Bei der Beschlussfassung hat die Gesellschaft deswegen kein Stimmrecht.[234] Ebenso gilt für Geschäftsanteile, die von abhängigen Gesellschaften gehalten werden, ein Stimmverbot, auch bei einer wechselseitigen Beteiligung.[235] Nicht anders verhält es sich, falls ein **Treuhänder** den Geschäftsanteil für die GmbH hält.[236]

d) Amtswalter

54 Ist für einen Geschäftsanteil Dauertestamentsvollstreckung angeordnet, so kann der Testamentsvollstrecker grundsätzlich die mit der Beteiligung verbundenen

---

229 Dazu Scholz/*K. Schmidt*, § 47 Rn. 21; Michalski/Heidinger/Leible/Schmidt/*Römermann*, § 47 Rn. 51 ff.; Ulmer/*Hüffer/Schürnbrand*, § 47 Rn. 57; Roth/*Altmeppen*, § 47 Rn. 78; Bork/Schäfer/*Casper*, § 47 Rn. 18; Gehrlein/Born/Simon/*Teichmann*, § 47 Rn. 19.
230 Offen BGH, Beschl. v. 11.2.2008 – II ZR 291/06, NJW-RR 2008, 1066 Tz. 4.
231 BGH, Beschl. v. 11.2.2008 – II ZR 291/06, NJW-RR 2008, 1066 Tz. 4.
232 Baumbach/Hueck/*Zöllner/Noack*, § 47 Rn. 35; MünchKommGmbHG/*Drescher*, § 47 Rn. 77; Bork/Schäfer/*Casper*, § 47 Rn. 19.
233 Scholz/*K. Schmidt*, § 47 Rn. 18; Baumbach/Hueck/*Zöllner/Noack*, § 47 Rn. 35; MünchKommGmbHG/*Drescher*, § 47 Rn. 77; großzügiger bei Nießbrauch *Goette*, § 7 Rn. 51; Ulmer/*Hüffer/Schürnbrand*, § 47 Rn. 53.
234 BGH, Urt. v. 27.4.2009 – II ZR 167/07, NJW 2009, 2300 Tz. 33; BGH, Urt. v. 30.1.1995 – II ZR 45/94, BB 1995, 690 = NJW 1995, 1027; Scholz/*K. Schmidt*, § 47 Rn. 24; Baumbach/Hueck/*Zöllner/Noack*, § 47 Rn. 57.
235 BGH, Urt. v. 27.4.2009 – II ZR 167/07, NJW 2009, 2300 Tz. 33; Michalski/Heidinger/Leible/Schmidt/*Römermann*, § 47 Rn. 68; für wechselseitige Beteiligung a. A. MünchKommGmbHG/*Drescher*, § 47 Rn. 81.
236 Scholz/*K. Schmidt*, § 47 Rn. 24; Michalski/Heidinger/Leible/Schmidt/*Römermann*, § 47 Rn. 69; MünchKommGmbHG/*Drescher*, § 47 Rn. 80.

Mitgliedschaftsrechte ausüben.[237] Einschränkungen können sich daraus ergeben, dass der Testamentsvollstrecker nicht berechtigt ist, den Erben persönlich zu verpflichten. Folglich nimmt der **Testamentsvollstrecker** in der Gesellschafterversammlung für den Erben das Stimmrecht wahr.[238] Der Testamentsvollstrecker ist nach § 47 Abs. 4 GmbHG vom Stimmrecht ausgeschlossen, soweit die Beschlussfassung seine Entlastung als Mitglied eines Gesellschafterbeirats zum Gegenstand hat.[239] Gesetzliche Vertreter (Eltern, Vormund) sind ebenso wie Betreuer zur Ausübung des Stimmrechts berechtigt, und in der Insolvenz ist anstelle des Schuldners der **Insolvenzverwalter** stimmberechtigt.[240]

e) Einheitliche Stimmabgabe

Ein Gesellschafter, dessen Geschäftsanteil mehrere Stimmen vereinigt (vgl. § 47 Abs. 2 GmbHG), kann nur einheitlich abstimmen.[241] Ebenso sind **Mitberechtigte** (§ 18 Abs. 1 GmbHG), etwa im Rahmen einer Bruchteils- oder einer Erbengemeinschaft, zur einheitlichen Stimmabgabe gezwungen.[242] Ohne Weiteres kann indes einer oder ein Teil der Mitberechtigten das Stimmrecht mit Wirkung für alle ausüben, und die gemeinschaftliche Rechtsausübung kann insbesondere dadurch erfolgen, dass die Mitberechtigten einen gemeinsamen Vertreter bestellen.[243] Ob von ihnen darüber mehrheitlich entschieden werden kann (und ganz allgemein, wann von einer gemeinschaftlichen Ausübung eines Rechts auszuge-

55

---

237 BGH, Urt. v. 13 5.2014 – II ZR 250/12, BGHZ 201, 216 = BB 2014, 2061 = NZG 2014, 945 Tz. 14.
238 BGH, Urt. v. 12.6.1989 – II ZR 246/88, BGHZ 108, 21 = BB 1989, 1496 = NJW 1989, 2694; BGH, Urt. v. 9 12.1968 – II ZR 57/67, BGHZ 51, 209 = NJW 1969, 841; zum Kommanditanteil BGH, Beschl. v. 14.2.2012 – II ZB 15/11, NJW-RR 2012, 730 Tz. 18; BGH, Beschl. v. 3.7.1989 – II ZB 1/89, BGHZ 108, 187 = NJW 1989, 3152.
239 BGH, Urt. v. 12.6.1989 – II ZR 246/88, BGHZ 108, 21 = BB 1989, 1496 = NJW 1989, 2694.
240 BGH, Urt. v. 24.10.2017 – II ZR 16/16, NJW-RR 2018, 39 Tz. 15; BGH, Urt. v. 31.5.2011 – II ZR 109/10, BGHZ 190, 45 = BB 2011, 2066 = NJW-RR 2011, 1117 Tz. 7 (zum Insolvenzverwalter); außerdem Bork/Schäfer/*Casper*, § 47 Rn. 20; Gehrlein/Born/Simon/*Teichmann*, § 47 Rn. 19; Scholz/K. Schmidt, § 47 Rn. 16; Baumbach/Hueck/Zöllner/Noack, § 47 Rn. 42 f.; MünchKommGmbHG/*Drescher*, § 47 Rn. 88 ff.
241 BGH, Urt. v. 21.3.1988 – II ZR 308/87, BGHZ 104, 66 = BB 1988, 993 = NJW 1988, 1844; ebenso Scholz/K. Schmidt, § 47 Rn. 69; Baumbach/Hueck/Zöllner/Noack, § 47 Rn. 20; a. A. Roth/*Altmeppen*, § 47 Rn. 40; Michalski/Heidinger/Leible/Schmidt/*Römermann*, § 47 Rn. 463; MünchKommGmbHG/*Drescher*, § 47 Rn. 40 f.; Ulmer/*Hüffer/Schürnbrand*, § 47 Rn. 64.
242 Scholz/K. Schmidt, § 47 Rn. 70; MünchKommGmbHG/*Drescher*, § 47 Rn. 86.
243 OLG Stuttgart, Beschl. v. 9.9.2014 – 14 U 9/14, ZEV 2015, 288 Tz. 5 (zur Miterbengemeinschaft).

Kap. 4 Die Gesellschafterversammlung

hen ist), richtet sich nach dem Recht der jeweiligen Mitberechtigung.[244] Hält ein Gesellschafter, etwa infolge Zuerwerbs, mehrere Geschäftsanteile (§ 15 Abs. 2 GmbHG), ist grundsätzlich gleichfalls eine einheitliche Stimmabgabe geboten; ausnahmsweise kann in diesem Fall ein schutzwürdiges Interesse eine gespaltene Stimmabgabe rechtfertigen, wenn der Gesellschafter auf eine Stimmbindung oder die Interessen von Treugeber, Pfandgläubiger oder Nießbraucher Rücksicht nimmt.[245] Wird eine Person als Vertreter mehrerer Gesellschafter oder ein Gesellschafter zugleich als Vertreter eines anderen Gesellschafters tätig, so ist eine gespaltene Stimmabgabe zulässig.[246] Die unzulässige gespaltene Stimmabgabe ist als **Enthaltung** zu werten.[247]

f) Rechtsnatur und Freiheit der Stimmabgabe

56   Die Stimmabgabe ist eine **Willenserklärung** des Gesellschafters, die darauf gerichtet ist, einen bestimmten Beschluss als innerverbandliche Entscheidung herbeizuführen.[248] In der Ausübung des Stimmrechts ist der Gesellschafter frei, sofern sie ihm nicht nach § 47 Abs. 4 GmbHG untersagt ist[249] und er die durch die **Treupflicht** gezogenen Grenzen einhält. So muss er aufgrund der Treupflicht einer Maßnahme zustimmen, wenn diese zur Erhaltung wesentlicher Werte, die die Gesellschafter geschaffen haben, oder zur Vermeidung erheblicher Verluste, die die Gesellschaft bzw. die Gesellschafter erleiden könnten, objektiv unabweisbar erforderlich ist und den Gesellschaftern unter Berücksichtigung ihrer eigenen schutzwürdigen Belange zumutbar ist, also wenn der Gesellschaftszweck und das Interesse der Gesellschaft gerade diese Maßnahme zwingend gebieten und der Gesellschafter seine Zustimmung ohne vertretbaren Grund verweigert.[250] Dies gilt auch und insbesondere für die Zustimmung zur Abberufung

---

244 OLG Karlsruhe, Beschl. v. 16.12.2013 – 7 W 76/13, ZEV 2014, 208 mit vielen Nachw.
245 Baumbach/Hueck/*Zöllner/Noack*, § 47 Rn. 20; gegen jede Beschränkung Michalski/Heidinger/Leible/Schmidt/*Römermann*, § 47 Rn. 466; Roth/*Altmeppen*, § 47 Rn. 40; Scholz/*K. Schmidt*, § 47 Rn. 72; MünchKommGmbHG/*Drescher*, § 47 Rn. 40.
246 Michalski/Heidinger/Leible/Schmidt/*Römermann*, § 47 Rn. 467.
247 KG, Urt. v. 22.12.2011 – 23 U 39/10, ZIP 2014, 1023; gleichsinnig Scholz/*K. Schmidt*, § 47 Rn. 71; differenzierend Rowedder/Schmidt-Leithoff/*Ganzer*, § 47 Rn. 16: Wertung als Enthaltung nur, wenn sich nicht sämtliche Stimmen der Stimmgruppe zuordnen lassen, welcher der Gesellschafter selbst die höchste Stimmzahl zugeordnet hat.
248 BGH, Urt. v. 14.7.1954 – II ZR 342/53, BGHZ 14, 264 = BB 1954, 668 = NJW 1954, 1563; so auch Baumbach/Hueck/*Zöllner/Noack*, § 47 Rn. 7; Michalski/Heidinger/Leible/Schmidt/*Römermann*, § 47 Rn. 374; MünchKommGmbHG/*Drescher*, § 47 Rn. 31.
249 Dazu sogleich zu Rn. 58 ff.
250 BGH, Urt. v. 12.4.2016 – II ZR 275/14, BB 2016, 1548 = NJW 2016, 2739 Tz. 13; ebenso Gehrlein/Born/Simon/*Teichmann*, § 47 Rn. 22 mit Bsp. aus der Rspr. (zumeist

eines Geschäftsführers, in dessen Person wichtige Gründe vorliegen, die sein Verbleiben in der Organstellung für die Gesellschaft unzumutbar machen.[251] Soweit der Gesellschafter nicht zur Zustimmung verpflichtet ist, kann er sie zu einer vorgeschlagenen Maßnahme verweigern, selbst wenn seine Beweggründe dafür sachwidrig und unverständlich erscheinen.[252] Empfänger der in der Stimmabgabe liegenden Erklärung ist die von dem Versammlungsleiter vertretene Gesellschaft. Auf die Stimmabgabe sind die bürgerlich-rechtlichen Vorschriften über **Zugang** (§ 130 BGB), **Nichtigkeit** (§§ 105, 116, 117, 118 BGB) und **Anfechtbarkeit** (§§ 119, 123, 142 BGB) anwendbar.[253] Ab Zugang kann die Stimmabgabe, wie sich aus § 130 Abs. 1 Satz 2 BGB ergibt, nicht mehr widerrufen werden.[254] Die Unwirksamkeit einer etwa nachträglich wegen Irrtums angefochtenen Stimmabgabe ist bedeutungslos, wenn der Beschluss auch ohne Berücksichtigung der Stimme eine ausreichende Mehrheit gefunden hat.[255] Ist die Stimmabgabe als Beitrittserklärung Bestandteil des **Gründungsvorgangs**, so ist sie einer Anfechtung entzogen.[256]

g) Stimmbindungsverträge

Die Stimmbindung ist die rechtsgeschäftliche Beschränkung künftigen Abstimmungsverhaltens: Ein Gesellschafter verpflichtet sich, sein Stimmrecht nicht frei, sondern in einem durch den Inhalt der Abrede oder auf andere Weise konkretisierten Sinn auszuüben.[257] Die Ad-hoc-Stimmbindung bezieht sich auf einen bestimmten Zweck, während eine Dauerstimmbindung die Binnenstruktur der Gesellschaft verändert.[258] **Stimmbindungsverträge zwischen Gesellschaftern** in Form von Konsortialverträgen, Stimmrechtskonsortien oder Stimmenpools werden unter Hinweis auf die Vertragsfreiheit und den Umkehrschluss zu

57

---

zum Personengesellschaftsrecht); vgl. auch OLG München, Urt. v. 14.8.2014 – 23 U 4744/13, NZG 2015, 66; OLG Stuttgart, Beschl. v. 10.2.2014 – 14 U 40/13, BeckRS 2015, 1840 Tz. 29.
251 BGH, Urt. v. 19.11.1990 – II ZR 88/89, NJW 1991, 846; OLG Hamm, Urt. v. 25.7.2016 – 8 U 160/15, BeckRS 2016, 13167 Tz. 26.
252 OLG München, Urt. v. 23.6.2016 – 23 U 4531/15, NZG 2016, 1149 Tz. 16.
253 Ulmer/*Hüffer/Schürnbrand*, § 47 Rn. 44; Scholz/*K. Schmidt*, § 45 Rn. 22; MünchKommGmbHG/*Drescher*, § 47 Rn. 32; Bork/Schäfer/*Casper*, § 47 Rn. 16.
254 Michalski/Heidinger/Leible/Schmidt/*Römermann*, § 47 Rn. 378; Bork/Schäfer/*Casper*, § 47 Rn. 16.
255 Bork/Schäfer/*Casper*, § 47 Rn. 16; Scholz/*K. Schmidt*, § 45 Rn. 22; MünchKommGmbHG/*Drescher*, § 47 Rn. 32 und 37.
256 BGH, Urt. v. 14.7.1954 – II ZR 342/53, BGHZ 14, 264 = BB 1954, 668 = NJW 1954, 1563.
257 Michalski/Heidinger/Leible/Schmidt/*Römermann*, § 47 Rn. 475; Baumbach/Hueck/Zöllner/*Noack*, § 47 Rn. 113; MünchKommGmbHG/*Drescher*, § 47 Rn. 231; Bork/Schäfer/*Casper*, § 47 Rn. 24.
258 Scholz/*K. Schmidt*, § 47 Rn. 39.

Kap. 4 Die Gesellschafterversammlung

§ 136 Abs. 2 AktG als wirksam eingestuft, solche mit gesellschaftsfremden Dritten ebenfalls grundsätzlich zugelassen.[259] Letztere finden freilich ihre Grenze, sofern Satzungsänderungen und andere wichtige **Strukturmaßnahmen** wie Umwandlung, Konzernierung und Auflösung betroffen sind.[260] Stimmbindungsvereinbarungen können nach § 894 ZPO vollstreckt werden.[261] Zweifelhaft erscheint im Blick auf § 136 Abs. 2 AktG, ob eine Stimmbindung gegenüber dem Geschäftsführer oder anderen Gesellschaftsorganen möglich ist.[262]

h) Ausschluss von der Abstimmung

aa) Normzweck des § 47 Abs. 4 GmbHG

58 Der in § 47 Abs. 4 GmbHG geregelte Stimmrechtsausschluss dient dem Zweck, möglichen Beeinträchtigungen des Gesellschaftsinteresses vorzubeugen, indem der Gesellschafter, der einem tatbestandsmäßigen Interessenkonflikt ausgesetzt ist, von der Ausübung des Stimmrechts ausgeschlossen wird.[263] Der Anwendungsbereich der Vorschrift erfasst nicht die Teilnahme an der Versammlung oder das Recht, deren Einberufung zu verlangen bzw. im Wege des Selbsthilferechts vorzunehmen, sondern beschränkt sich auf die Abgabe der Stimme.[264] § 47 Abs. 4 GmbHG regelt **vier Fälle des Stimmrechtsausschlusses**: Die Entlastung (§ 46 Nr. 5 GmbHG), die Befreiung von einer Verbindlichkeit (§ 46 Nr. 8 GmbHG), die Vornahme eines Rechtsgeschäfts und die Einleitung oder Erledigung eines Rechtsstreits (§ 46 Nr. 8 GmbHG). Man kann die Fälle auf zwei Grundtatbestände zurückführen, einmal das **Verbot des Richtens in eigener**

---

259 BGH, Urt. v. 24.11.2008 – II ZR 116/08, BGHZ 179, 13 = BB 2009, 455 = NJW 2009, 669 Tz. 12; BGH, Urt. v. 20.1.1983 – II ZR 243/81, BB 1983, 996 = NJW 1983, 1910; BGH, Urt. v. 29.5.1967 – II ZR 105/66, BGHZ 48, 163 = BB 1967, 975 = NJW 1967, 1963; ebenso Scholz/*K. Schmidt*, § 47 Rn. 40 und 42; Baumbach/Hueck/*Zöllner/Noack*, § 47 Rn. 113; Gehrlein/Born/Simon/*Teichmann*, § 47 Rn. 26; MünchKommGmbHG/*Drescher*, § 47 Rn. 239 und 241; Rowedder/Schmidt-Leithoff/*Ganzer*, § 47 Rn. 37; für Stimmbindungsverträge mit Dritten a. A. Ulmer/*Hüffer/Schürnbrand*, § 47 Rn. 80.
260 Scholz/*K. Schmidt*, § 47 Rn. 42; unter Hinweis auf die Treupflicht der abstimmenden Gesellschafter a. A. Gehrlein/Born/Simon/*Teichmann*, § 47 Rn. 26.
261 BGH, Urt. v. 29.5.1967 – II ZR 105/66, BGHZ 48, 163 = BB 1967, 975 = NJW 1967, 1963.
262 Verneinend Baumbach/Hueck/*Zöllner/Noack*, § 47 Rn. 115; Bork/Schäfer/*Casper*, § 47 Rn. 26; bejahend MünchKommGmbHG/*Drescher*, § 47 Rn. 240; Scholz/*K. Schmidt*, § 47 Rn. 41; Gehrlein/Born/Simon/*Teichmann*, § 47 Rn. 26.
263 Rowedder/Schmidt-Leithoff/*Ganzer*, § 47 Rn. 62; MünchKommGmbHG/*Drescher*, § 47 Rn. 128 f.
264 BGH, Urt. v. 13.5.2014 – II ZR 250/12, BGHZ 201, 216 = BB 2014, 2061 = NZG 2014, 945 Tz. 24; ebenso Gehrlein/Born/Simon/*Teichmann*, § 47 Rn. 51; Lutter/Hommelhoff/*Bayer*, § 47 Rn. 52; Bork/Schäfer/*Casper*, § 47 Rn. 42; Baumbach/Hueck/*Zöllner/Noack*, § 47 Rn. 104.

III. Beschlussfassung   Kap. 4

Sache, soweit in Gestalt seiner Entlastung und der Führung eines Rechtsstreits gegen ihn gesellschaftsrechtlich bedeutsame Maßnahmen betroffen sind, und zum anderen das **Verbot des Insichgeschäfts** (§ 181 BGB), soweit es um Rechtsgeschäfte, an denen er selbst beteiligt ist, namentlich um die Befreiung von einer Verbindlichkeit und die Vornahme eines Rechtsgeschäfts geht.[265] Da der Gesetzgeber von der Einführung einer Generalklausel abgesehen hat, kann der Bestimmung kein allgemeines Prinzip entnommen werden, dass ein Stimmrechtsausschluss in allen Fällen eines Interessenkonflikts eingreift.[266] Die Regelung des § 47 Abs. 4 GmbHG ist auch zu beachten, falls es sich um Abstimmungen in einem Beirat oder Aufsichtsrat handelt.[267] Sie gilt hingegen, weil die Vorschrift nur den Schutz des Gesellschaftsvermögens gegenüber einzelnen Gesellschaftern zugunsten der Gesamtheit der Gesellschafter, nicht aber zugunsten der Gesellschaftsgläubiger bezweckt, infolge teleologischer Reduktion grundsätzlich **nicht in der Ein-Personen-GmbH** und auch dann **nicht, wenn alle stimmberechtigten Gesellschafter aus demselben Grund** von einem Stimmrechtsausschluss betroffen wären.[268]

bb) Subjektiver Geltungsbereich

Das Stimmverbot untersagt dem betroffenen Gesellschafter nach dem Wortlaut des § 47 Abs. 4 GmbHG die Stimmausübung für seinen eigenen Geschäftsanteil sowie als Vertreter eines anderen. Der Gesellschafter kann das in seiner Person liegende Stimmverbot nicht durch Einschaltung eines **Vertreters** umgehen,[269] und vom Stimmverbot eines Hauptvertreters ist auch derjenige betroffen, dem

59

---

265 Vgl. BGH, Urt. v. 21.6.2010 – II ZR 230/08, NJW 2010, 3027 Tz. 13 und 16; BGH, Beschl. v. 4.5.2009 – II ZR 166/07, NJW-RR 2010, 46 Tz. 11; BGH, Urt. v. 27.4.2009 – II ZR 167/07, NJW 2009, 2300 Tz. 29; BGH, Urt. v. 20.1.1986 – II ZR 73/85, BGHZ 97, 28 = BB 1986, 619 = NJW 1986, 2051.
266 BGH, Urt. v. 20.1.1986 – II ZR 73/85, BGHZ 97, 28 = BB 1986, 619 = NJW 1986, 2051; Baumbach/Hueck/Zöllner/Noack, § 47 Rn. 76; Rowedder/Schmidt-Leithoff/Ganzer, § 47 Rn. 62; Gehrlein/Born/Simon/Teichmann, § 47 Rn. 33; MünchKommGmbHG/Drescher, § 47 Rn. 132.
267 BGH, Urt. v. 12.6.1989 – II ZR 246/88, BGHZ 108, 21 = BB 1989, 1496 = NJW 1989, 2694.
268 BGH, Beschl. v. 12.7.2011 – II ZR 58/10, NZG 2011, 950; BGH, Urt. v. 15.6.1992 – II ZR 229/91, BB 1992, 1515 = NJW 1992, 2229; BGH, Beschl. v. 24.10.1988 – II ZB 7/88, BGHZ 105, 324 = NJW 1989, 295; so auch Bork/Schäfer/Casper, § 47 Rn. 43 und 46; Gehrlein/Born/Simon/Teichmann, § 47 Rn. 34; MünchKommGmbHG/Drescher, § 47 Rn. 187 f.
269 BGH, Urt. v. 27.4.2009 – II ZR 167/07, NJW 2009, 2300 Tz. 34; zustimmend Michalski/Heidinger/Leible/Schmidt/Römermann, § 47 Rn. 105; Rowedder/Schmidt-Leithoff/Ganzer, § 47 Rn. 63; Gehrlein/Born/Simon/Teichmann, § 47 Rn. 39; Baumbach/Hueck/Zöllner/Noack, § 47 Rn. 95; vgl. auch den Sachverhalt bei BGH, Urt. v. 13.11.1995 – II ZR 288/94, NJW 1996, 259.

Kap. 4 Die Gesellschafterversammlung

der Hauptvertreter Vollmacht erteilt hat.[270] Auch der selbst befangene rechtsgeschäftliche oder gesetzliche Vertreter ist an der Abstimmung gehindert (§ 47 Abs. 4 Satz 1 HS 2 GmbHG), und nichts anderes gilt für den befangenen Amtswalter.[271] So kann sich der Testamentsvollstrecker des Erben nicht in seiner Eigenschaft als Beiratsmitglied selbst Entlastung erteilen.[272] Bei einem **Stimmbindungsvertrag** führt eine Befangenheit des Stimmrechtsgläubigers zu einem Stimmrechtsausschluss.[273] Der **Treuhänder** ist im Falle der Befangenheit des Treugebers vom Stimmrecht ausgeschlossen.[274] Dem Gesellschafter steht kein Stimmrecht zu, wenn der Vertrag mit einem Unternehmen genehmigt werden soll, das mit dem Gesellschafter wirtschaftlich identisch ist oder das er beherrscht.[275] Der Grundsatz, dass ein GmbH-Gesellschafter, der zugleich Alleingesellschafter eines anderen Unternehmens ist, über ein Rechtsgeschäft zwischen den beiden Unternehmen in der Gesellschafterversammlung nicht abstimmen kann, gilt entsprechend für das Stimmrecht von drei Mitgliedern der GmbH, die alle Anteile an dem anderen Unternehmen innehaben.[276] Hingegen ist eine Erstreckung des Stimmverbots auf Organmitglieder des Vertragspartners[277] abzulehnen; dies gilt namentlich für den Fremdgeschäftsführer der (anderen) GmbH, aber auch für deren Prokuristen.[278] § 47 Abs. 4 GmbHG ist indes dann entsprechend anzuwenden, wenn der Gesellschafter der GmbH zugleich zu 50% Gesellschafter der Vertragspartnerin und auch deren alleiniger Geschäftsführer ist.[279] Im **Konzern** ist der Konzernspitze in der Tochtergesellschaft die Stimmabgabe verwehrt, sofern über ein Geschäft zwischen der Konzernspitze oder einem anderen abhängigen Unternehmen und der Tochtergesellschaft zu

---

270 BGH, Urt. v. 27.4.2009 – II ZR 167/07, NJW 2009, 2300 Tz. 34.
271 BGH, Urt. v. 13.5.2014 – II ZR 250/12, BGHZ 201, 216 = BB 2014, 2061 = NZG 2014, 945 Tz. 23 (zum Testamentsvollstrecker).
272 BGH, Urt. v. 12.6.1989 – II ZR 246/88, BGHZ 108, 21 = BB 1989, 1496 = NJW 1989, 2694; Scholz/*K. Schmidt*, § 47 Rn. 155.
273 Scholz/*K. Schmidt*, § 47 Rn. 171; Rowedder/Schmidt-Leithoff/*Ganzer*, § 47 Rn. 76; vgl. auch BGH, Urt. v. 29.5.1967 – II ZR 105/66, BGHZ 48, 163 = BB 1967, 975 = NJW 1967, 1963.
274 BGH, Urt. v. 29.3.1971 – III ZR 255/68, BGHZ 56, 47 = BB 1971, 586 = NJW 1971, 1256; gleichsinnig Scholz/*K. Schmidt*, § 47 Rn. 158; Baumbach/Hueck/*Zöllner/Noack*, § 47 Rn. 95; MünchKommGmbHG/*Drescher*, § 47 Rn. 193.
275 BGH, Urt. v. 29.3.1971 – III ZR 255/68, BGHZ 56, 47 = BB 1971, 586 = NJW 1971, 1256.
276 BGH, Urt. v. 10.2.1977 – II ZR 81/76, BGHZ 68, 107 = BB 1977, 463 = NJW 1977, 850.
277 In unterschiedlichem Umfang bejaht von Bork/Schäfer/*Casper*, § 47 Rn. 48; Baumbach/Hueck/*Zöllner/Noack*, § 47 Rn. 100; MünchKommGmbHG/*Drescher*, § 47 Rn. 200; Gehrlein/Born/Simon/*Teichmann*, § 47 Rn. 38.
278 BGH, Urt. v. 7.2.2010 – II ZR 230/09, NZG 2012, 625 Tz. 33.
279 KG, Urt. v. 8.5.2014 – 12 U 22/13, NZG 2015, 198.

beschließen ist.²⁸⁰ Sind einzelne von mehreren Mitberechtigten befangen, kommt ein Stimmrechtsausschluss für alle zum Tragen, wenn der oder die Betroffenen das Abstimmungsverhalten maßgeblich beeinflussen können. Dies ist bei einer überwiegenden Beteiligung der betroffenen Mitberechtigten an dem Geschäftsanteil anzunehmen.²⁸¹ Ist der Gesellschafter-Gesellschafter befangen, so trifft den Gesellschafter ein Stimmverbot, wenn der Befangene bei ihm maßgeblichen Einfluss ausübt und dessen Abstimmungsverhalten in der GmbH maßgeblich beeinflussen kann; dies ist regelmäßig dann nicht der Fall, wenn der Befangene lediglich eine Beschlussfassung des Gesellschafters verhindern kann.²⁸² **Persönliche Näheverhältnisse** oder verwandtschaftliche Beziehungen zwischen Gesellschaftern genügen alleine nicht, um dem Ausschluss des Stimmrechts eines von ihnen auf die anderen auszudehnen.²⁸³ Trifft den Veräußerer eines GmbH-Anteils ein Stimmverbot, gilt dieses nur dann für den Erwerber, wenn die Abtretung seiner Umgehung dient.²⁸⁴

cc) Objektiver Geltungsbereich

Das Stimmverbot beschränkt sich auf die vier in § 47 Abs. 4 GmbHG geregelten Alternativen. **60**

---

280 BGH, Urt. v. 29.3.1973 – II ZR 139/70, NJW 1973, 1039; so auch Ulmer/*Hüffer/ Schürnbrand*, § 47 Rn. 137 und 170; Michalski/Heidinger/Leible/Schmidt/*Römermann*, § 47 Rn. 151; MünchKommGmbHG/*Drescher*, § 47 Rn. 201.
281 BGH, Urt. v. 16.12.1991 – II ZR 31/91, BGHZ 116, 353 = NJW 1992, 977.
282 BGH, Urt. 7.2.2012 – II ZR 230/09, NZG 2012, 625 Tz. 17; BGH, Beschl. v. 4.5.2009 – II ZR 168/07, NJW-RR 2010, 48 Tz. 5; BGH, Urt. v. 16.12.1991 – II ZR 31/91, BGHZ 116, 353 = NJW 1992, 977; gleichsinnig MünchKommGmbHG/*Drescher*, § 47 Rn. 197.
283 BGH, Urt. 7.2.2012 – II ZR 230/09, NZG 2012, 625 Tz. 34; BGH, Urt. v. 13.1.2003 – II ZR 227/00, BGHZ 153, 285 = BB 2003, 490 = NJW 2003, 2314; BGH, Urt. v. 16.2.1981 – II ZR 168/79, BGHZ 80, 69 = NJW 1981, 1512; ebenso Scholz/ K. *Schmidt*, § 47 Rn. 154; Rowedder/Schmidt-Leithoff/*Ganzer*, § 47 Rn. 73; Gehrlein/Born/Simon/*Teichmann*, § 47 Rn. 36; MünchKommGmbHG/*Drescher*, § 47 Rn. 203; Bork/Schäfer/*Casper*, § 47 Rn. 49; zu den Voraussetzungen einer Erstreckung des hinsichtlich eines Gesellschafters bestehenden Stimmrechtsausschlusses auf einen weiteren Gesellschafter wegen einer engen organisatorischen, personellen oder sonstigen sachlichen Verbindung oder Verflechtung oder wegen der Beteiligung des anderen Gesellschafters an den Pflichtverletzungen, auf die die den Gegenstand der Beschlussfassung bildende Ausschließung des vom Stimmrecht ausgeschlossenen Gesellschafters gestützt ist, OLG Stuttgart, Beschl. v. 10.2.2014 – 14 U 40/13, BeckRS 2015, 1840 Tz. 18 ff. und 24.
284 BGH, Urt, v. 21.7.2008 – II ZR 39/07, NZG 2008, 783 Tz. 9; BGH, Urt. v. 29.1.1976 – II ZR 19/75, NJW 1976, 713.

Kap. 4 Die Gesellschafterversammlung

(1) Entlastung eines Gesellschafters

61 Unter einer Entlastung ist jede Beschlussfassung zu verstehen, mit der die Tätigkeit eines Gesellschaftsorgans – des Geschäftsführers oder Liquidators, der Mitglieder eines Aufsichtsrats oder Beirats – inhaltlich gebilligt wird.[285] Alle diese Personen sind als Gesellschafter von der Mitwirkung beim Entlastungsbeschluss ausgeschlossen.[286] Ist Beschlussgegenstand eine Verfehlung einer dieser Personen, sei es, dass es um ihre Entlastung, ihre Abberufung oder die Bestellung eines besonderen Vertreters für die GmbH geht, sei es, dass von der Gesellschaft ein Ersatzanspruch geltend gemacht wird, so ist nicht nur der **unmittelbar betroffene**, sondern grundsätzlich auch derjenige Gesellschafter von der Abstimmung ausgeschlossen, der mit ihm gemeinsam die Verfehlung (die auch in einem pflichtwidrigen Unterlassen bestehen kann) begangen hat.[287] Anders liegen die Dinge, wenn einer vorsätzlichen Verfehlung eines Gesellschafter-Geschäftsführers allenfalls ein Aufsichtsversäumnis des anderen Gesellschafters, also eine ganz andersartige Pflichtverletzung gegenübersteht.[288] Das Stimmverbot erfasst beim Vorwurf gemeinsam begangener Pflichtverletzungen die Abstimmung über das Verhalten **aller daran Beteiligten**, weil dieses Verhalten in einem solchen Fall nur einheitlich beurteilt werden kann. Wenn die Tätigkeit der Geschäftsführung, des Aufsichtsrats oder eines Beirats im Wege einer **Gesamtentlastung** insgesamt gebilligt oder missbilligt werden soll, sind, falls es nicht um eine bestimmte Einzelmaßnahme eines Organmitglieds geht, **alle Gesellschafter** von dem Stimmverbot betroffen, die dem Organ angehören.[289]

(2) Befreiung von einer Verbindlichkeit

62 Mit dem Merkmal der Verbindlichkeit wird jede Schuld des Gesellschafters, sei sie vertraglicher oder gesetzlicher Natur, erfasst. Bedeutungslos ist, ob die Verbindlichkeit mit dem **Gesellschaftsverhältnis** in einem Zusammenhang

---

285 Baumbach/Hueck/*Zöllner/Noack*, § 47 Rn. 77; Michalski/Heidinger/Leible/Schmidt/ *Römermann*; § 46 Rn. 259; Bork/Schäfer/*Casper*, § 47 Rn. 50.
286 Rowedder/Schmidt-Leithoff/*Ganzer*, § 47 Rn. 81 ff.; MünchKommGmbHG/*Drescher*, § 47 Rn. 140.
287 BGH, Urt. v. 7.2.2012 – II ZR 230/09, NZG 2012, 625 Tz. 19; BGH, Beschl. v. 4.5.2009 – II ZR 166/07, NJW-RR 2010, 46 Tz. 11, und II ZR 169/07, NJW-RR 2010, 49 Tz. 11; BGH, Urt. v. 27.4.2009 – II ZR 167/07, NJW 2009, 2300 Tz. 30; BGH, Urt. v. 7.4.2003 – II ZR 193/02, BB 2003, 1141 = NJW-RR 2003, 895; BGH, Urt. v. 20.1.1986 – II ZR 73/85, BGHZ 97, 28 = BB 1986, 619 = NJW 1986, 2051.
288 BGH, Beschl. v. 4.5.2009 – II ZR 166/07, NJW-RR 2010, 46 Tz. 11; BGH, Urt. v. 7.4.2003 – II ZR 193/02, BB 2003, 1141 = NJW-RR 2003, 895; so auch MünchKommGmbHG/*Drescher*, § 47 Rn. 143.
289 BGH, Urt. v. 12.6.1989 – II ZR 246/88, BGHZ 108, 21 = BB 1989, 1496 = NJW 1989, 2694; zustimmend MünchKommGmbHG/*Drescher*, § 47 Rn. 141.

III. Beschlussfassung **Kap. 4**

steht.[290] Ohne Belang ist auch, auf welche Weise die Befreiung erfolgt, ob durch Erlassvertrag, negatives Schuldanerkenntnis, Verzicht, Aufrechnung oder Stundung.[291] Das Stimmverbot gilt auch für einen Gesellschafter, der für die Verbindlichkeit eines anderen Gesellschafters gegenüber der GmbH eine Bürgschaft übernommen hat.[292]

(3) Vornahme eines Rechtsgeschäfts

Der Stimmrechtsausschluss ist auch zu beachten, wenn ein Gesellschafterbeschluss die Vornahme eines Rechtsgeschäfts mit dem Gesellschafter zum Gegenstand hat. Mit ihm soll vermieden werden, dass die Willensbildung der Gesellschaft durch den überwiegenden Einfluss der individuellen, verbandsfremden Sonderinteressen des Gesellschafters beeinträchtigt wird.[293] Unter Rechtsgeschäften sind nicht nur **Verträge**, sondern auch **einseitige Rechtsgeschäfte** wie Kündigung oder Anfechtung, aber auch rechtsgeschäftsähnliche Handlungen zu verstehen.[294] Auch an der Abstimmung über die Erfüllung oder Nichterfüllung eines Vertrages kann der betroffene Gesellschafter nicht mitwirken.[295] Das Stimmverbot trifft den Gesellschafter nicht bei innergesellschaftlichen, typischerweise zur Mitgliedschaft gehörenden Rechtsgeschäften, den sog. **körperschaftlichen Sozialakten**.[296] Der Gesellschafter ist also stimmberechtigt, wenn über seine Berufung zum Geschäftsführer einschließlich der dazugehörenden Regelungen der Bezüge und Anstellungsbedingungen,[297] die Erteilung von Pro-

63

---

290 Bork/Schäfer/*Casper*, § 47 Rn. 52; Gehrlein/Born/Simon/*Teichmann*, § 47 Rn. 43; Michalski/Heidinger/Leible/Schmidt/*Römermann*, § 47 Rn. 197; Lutter/Hommelhoff/*Bayer*, § 47 Rn. 46; MünchKommGmbHG/*Drescher*, § 47 Rn. 150.
291 Baumbach/Hueck/Zöllner/*Noack*, § 47 Rn. 79; Gehrlein/Born/Simon/*Teichmann*, § 47 Rn. 43; ebenso, aber mit Blick auf den Fall der Aufrechnung differenzierend Rowedder/Schmidt-Leithoff/*Ganzer*, § 47 Rn. 85.
292 Lutter/Hommelhoff/*Bayer*, § 47 Rn. 46; Bork/Schäfer/*Casper*, § 47 Rn. 52; Scholz/*K. Schmidt*, § 47 Rn. 124; MünchKommGmbHG/*Drescher*, § 47 Rn. 151.
293 BGH, Urt. v. 31.5.2011 – II ZR 109/10, BGHZ 190, 45 = BB 2011, 2066 = NJW-RR 2011, 1117 Tz. 16.
294 BGH, Urt. v. 31.5.2011 – II ZR 109/10, BGHZ 190, 45 = BB 2011, 2066 = NJW-RR 2011, 1117 Tz. 14; BGH, Urt. v. 9.7.1990 – II ZR 9/90, NJW 1991, 172; gleichsinnig Bork/Schäfer/*Casper*, § 47 Rn. 54; Michalski/Heidinger/Leible/Schmidt/*Römermann*; § 47 Rn. 214; Gehrlein/Born/Simon/*Teichmann*, § 47 Rn. 44; Rowedder/Schmidt-Leithoff/*Ganzer*, § 47 Rn. 86; Scholz/*K. Schmidt*, § 47 Rn. 109.
295 Baumbach/Hueck/Zöllner/*Noack*, § 47 Rn. 81; Bork/Schäfer/*Casper*, § 47 Rn. 54; MünchKommGmbHG/*Drescher*, § 47 Rn. 153; Rowedder/Schmidt-Leithoff/*Ganzer*, § 47 Rn. 86.
296 BGH, Urt. v. 31.5.2011 – II ZR 109/10, BGHZ 190, 45 = BB 2011, 2066 = NJW-RR 2011, 1117 Tz. 15 f.
297 BGH, Urt. v. 31.5.2011 – II ZR 109/10, BGHZ 190, 45 = BB 2011, 2066 = NJW-RR 2011, 1117 Tz. 15; BGH, Urt. v. 11.12.2006 – II ZR 166/05, BB 2007, 285 = NJW 2007, 917 Tz. 19.

Kap. 4 Die Gesellschafterversammlung

kura an ihn,[298] die Einforderung seiner restlichen Stammeinlage,[299] die Genehmigung der Veräußerung seines Geschäftsanteils,[300] die Nachfolge im Falle seines Ausscheidens,[301] die freiwillige Einziehung seines Geschäftsanteils[302] oder über Weisungen an ihn als den Geschäftsführer[303] beschlossen wird. Auch ist der herrschende Gesellschafter stimmberechtigt, wenn über die ordentliche Kündigung eines Unternehmensvertrages Beschluss gefasst wird.[304] Indes greift auch bei Sozialakten ein Stimmrechtsausschluss zulasten eines Gesellschafters, wenn es um die Missbilligung seines Verhaltens geht und vor diesem Hintergrund gegen ihn aus **wichtigem Grund** eine Maßnahme getroffen werden soll, sei es seine Abberufung als Geschäftsführer,[305] die außerordentliche Kündigung seines Geschäftsführer-Anstellungsvertrages,[306] der Widerruf seiner Prokura, wenn die Gesellschafterversammlung mit ihr befasst wird,[307] die Einziehung[308] oder Kaduzierung seines Geschäftsanteils[309] oder sein Ausschluss aus der Gesellschaft.[310] Hingegen besteht kein Stimmverbot eines Gesellschafters mit Blick auf seine Abwahl als Versammlungsleiter in der Gesellschafterversammlung.[311]

---

298 OLG München, Urt. v. 12.1.2017 – 23 U 1994/16, BeckRS 2017, 102055 Tz. 80; ebenso Gehrlein/Born/Simon/*Teichmann*, § 46 Rn. 46; a. A. Baumbach/Hueck/*Zöllner*/*Noack*, § 46 Rn. 52.
299 BGH, Urt. v. 31.5.2011 – II ZR 109/10, BGHZ 190, 45 = BB 2011, 2066 = NJW-RR 2011, 1117 Tz. 15; BGH, Urt. v. 9.7.1990 – II ZR 9/90, NJW 1991, 172.
300 BGH, Urt. v. 31.5.2011 – II ZR 109/10, BGHZ 190, 45 = BB 2011, 2066 = NJW-RR 2011, 1117 Tz. 15; BGH, Urt. v. 25.11.2002 – II ZR 69/01, BB 2003, 171 = NJW-RR 2001, 826.
301 BGH, Urt. v. 31.5.2011 – II ZR 109/10, BGHZ 190, 45 = BB 2011, 2066 = NJW-RR 2011, 1117 Tz. 15; BGH, Urt. v. 24.1.1974 – II ZR 65/72, GmbHR 1974, 107.
302 BGH, Urt. v. 31.5.2011 – II ZR 109/10, BGHZ 190, 45 = BB 2011, 2066 = NJW-RR 2011, 1117 Tz. 15; BGH, Urt. v. 20.12.1976 – II ZR 115/75, DB 1977, 342.
303 LSG Baden-Württemberg, Urt. v. 23.11.2016 – L 5 R 50/16, ZIP 2017, 922.
304 BGH, Urt. v. 31.5.2011 – II ZR 109/10, BGHZ 190, 45 = BB 2011, 2066 = NJW-RR 2011, 1117 Tz. 17.
305 BGH, Urt. v. 20.12.1982 – II ZR 110/82, BGHZ 86, 177 = NJW 1983, 938.
306 BGH, Urt. v. 21.6.2010 – II ZR 230/08, NJW 2010, 3027 Tz. 13; BGH, Urt. v. 27.10.1986 – II ZR 74/85, NJW 1987, 1889.
307 BGH, Urt. v. 27.4.2009 – II ZR 167/07, NJW 2009, 2300 Tz. 29; OLG München, Urt. v. 12.1.2017 – 23 U 1994/16, BeckRS 2017, 102055 Tz. 80.
308 BGH, Urt. v. 21.6.2010 – II ZR 230/08, NJW 2010, 3027 Tz. 13.
309 Lutter/Hommelhoff/*Bayer*, § 47 Rn. 45; Rowedder/Schmidt-Leithoff/*Ganzer*, § 47 Rn. 93; MünchKommGmbHG/*Drescher*, § 47 Rn. 169.
310 BGH, Urt. v. 1.4.1953 – II ZR 235/52, BGHZ 9, 157 = BB 1953, 332 = NJW 1953, 780; Rowedder/Schmidt-Leithoff/*Ganzer*, § 47 Rn. 93; Lutter/Hommelhoff/*Bayer*, § 47 Rn. 45.
311 BGH, Urt. v. 21.6.2010 – II ZR 230/08, NJW 2010, 3027 Tz. 16; OLG Jena, Urt. v. 25.4.2012 – 2 U 520/11, GmbHR 2013, 149.

(4) Einleitung oder Erledigung eines Rechtsstreits

Der Begriff des Rechtsstreits ist in einem weiten Sinn zu begreifen. Es kommt weder auf die **Klageart** noch auf die **Verfahrensart** an. Erfasst werden schiedsrichterliche Verfahren, Mahnverfahren, Maßnahmen des vorläufigen Rechtsschutzes und der Zwangsvollstreckung.[312] Das Stimmverbot erstreckt sich auch auf Beschlüsse, die lediglich vorbereitende Maßnahmen zum Gegenstand haben, in denen die Entscheidung über die Beschreitung des Gerichtswegs also offen bleibt.[313] So bejaht der BGH ein Stimmverbot bereits mit Blick auf die Beschlussfassung über die Einholung eines Gutachtens zur Prüfung, ob Schadensersatzansprüche gegen den betroffenen Gesellschafter bestehen.[314] Zudem unterliegen bei der Abstimmung über die Einsetzung eines Sonderprüfers entsprechend § 47 Abs. 4 GmbHG diejenigen Gesellschafter einem Stimmverbot, die von der Sonderprüfung betroffen sind und gegen die aufgrund des Sonderprüfungsberichts Schadensersatzansprüche in Betracht kommen.[315]

dd) Unabdingbarkeit

Die Regelung des § 47 Abs. 4 GmbHG kann, soweit die Erhebung von Ersatzansprüchen und die Entlastung in Rede stehen, nicht durch die Satzung in der Weise abbedungen werden, dass der betroffene Gesellschafter zur Mitwirkung an der Abstimmung berechtigt ist. Dabei geht es vornehmlich um Gestaltungen, in denen ein Gesellschafter zugleich als Geschäftsführer tätig ist und sich möglicherweise schadensersatzpflichtig gemacht hat. Der BGH hat ausgesprochen, dass die Satzung die Anwendbarkeit des § 47 Abs. 4 GmbHG insoweit nicht ausschließen kann, als es um die **Geltendmachung von Ersatzansprüchen** gegen einen Geschäftsführer wegen eines Verhaltens **außerhalb** der Geschäftsführung geht.[316] Für **Ansprüche aus pflichtwidriger Geschäftsführung** kann nichts anderes gelten. Ein Gesellschafter kann bei der Entscheidung darüber, ob gegen ihn Schadensersatzansprüche erhoben werden sollen, die Interessen der Gesellschaft nicht objektiv wahrnehmen. Eine Satzungsregelung, mit der sich die Gesellschafter insoweit in die Hand dessen begeben, der die Gesellschaft mögli-

---

312 Roth/*Altmeppen*, § 47 Rn. 182; Michalski/Heidinger/Leible/Schmidt/*Römermann*; § 47 Rn. 293; Bork/Schäfer/*Casper*, § 47 Rn. 53; Gehrlein/Born/Simon/*Teichmann*, § 47 Rn. 45; MünchKommGmbHG/*Drescher*, § 47 Rn. 182 f.
313 Gehrlein/Born/Simon/*Teichmann*, § 47 Rn. 45; Lutter/Hommelhoff/*Bayer*, § 47 Rn. 47; Bork/Schäfer/*Casper*, § 47 Rn. 53; a. A. MünchKommGmbHG/*Drescher*, § 47 Rn. 183.
314 BGH, Urt. v. 7.2.2012 – II ZR 230/09, NZG 2012, 625 Tz. 16 (zum Personengesellschaftsrecht).
315 LG Essen, Beschl. v. 31.7.2014 – 45 O 9/14, GmbHR 2014, 990.
316 BGH, Urt. v. 28.1.1980 – II ZR 84/79, BGHZ 76, 154 = BB 1980, 750 = NJW 1980, 1527.

cherweise geschädigt hat, verstößt gegen § 138 BGB. Ebenso müssen **Entlastungsbeschlüsse** beurteilt werden. Soweit durch sie dem zu Entlastenden lediglich das Vertrauen ausgesprochen wird, würde zwar dem Stimmrecht des Betroffenen nichts entgegenstehen. Eine andere Beurteilung ist jedoch wegen der weitergehenden Wirkung der Entlastung geboten, die darin besteht, dass erkennbare Schadensersatzansprüche nicht mehr geltend gemacht werden können.[317] Auch bei der Beschlussfassung über die **Einleitung eines Rechtsstreits** kann die Satzung dem betroffenen Gesellschafter kein Stimmrecht einräumen.[318] Auch bei der **Befreiung von einer Verbindlichkeit** ist das Stimmrechtsverbot satzungsfest, weil es sich um die Kehrseite der Erhebung eines Anspruchs handelt.[319] Eine Befreiung vom **Verbot des Insichgeschäftes** nach § 181 BGB ist nur dem vertretenen Gesellschafter möglich, nicht aber der GmbH selbst in ihrer Satzung.[320]

5. Beschlussfassung außerhalb einer Gesellschafterversammlung

66 Gesellschafterbeschlüsse können nicht nur innerhalb (§ 48 Abs. 1 GmbHG),[321] sondern nach § 48 Abs. 2 GmbHG auch außerhalb einer Gesellschafterversammlung getroffen werden. Die Vorschrift sieht hierfür zwei Wege vor: Einmal ist eine Gesellschafterversammlung entbehrlich, wenn die Gesellschafter einem Beschlussvorschlag **einstimmig** in Textform (§ 126b BGB) zustimmen. Zum anderen kann im **Einverständnis sämtlicher Gesellschafter** eine schriftliche

---

317 BGH, Urt. v. 12.6.1989 – II ZR 246/88, BGHZ 108, 21 = BB 1989, 1496 = NJW 1989, 2694; ebenso Scholz/*K. Schmidt*, § 47 Rn. 173; Baumbach/Hueck/*Zöllner/Noack*, § 47 Rn. 106; Michalski/Heidinger/Leible/Schmidt/*Römermann*, § 47 Rn. 342; MünchKommGmbHG/*Drescher*, § 47 Rn. 211.
318 BGH, Urt. v. 28.1.1980 – II ZR 84/79, BGHZ 76, 154 = BB 1980, 750 = NJW 1980, 1527; so auch *Goette*, § 7 Rn. 62; Michalski/Heidinger/Leible/Schmidt/*Römermann*, § 47 Rn. 342; Gehrlein/Born/Simon/*Teichmann*, § 47 Rn. 50; MünchKommGmbHG/*Drescher*, § 47 Rn. 214; a.A. Scholz/*K. Schmidt*, § 47 Rn. 173; Bork/Schäfer/*Casper*, § 47 Rn. 45; differenzierend Ulmer/*Hüffer/Schürnbrand*, § 49 Rn. 201 f.
319 BGH, Urt. v. 12.6.1989 – II ZR 246/88, BGHZ 108, 21 = BB 1989, 1496 = NJW 1989, 2694; gleichsinnig MünchKommGmbHG/*Drescher*, § 47 Rn. 212; Baumbach/Hueck/*Zöllner/Noack*, § 47 Rn. 106; Bork/Schäfer/*Casper*, § 47 Rn. 45; Michalski/Heidinger/Leible/Schmidt/*Römermann*, § 47 Rn. 342; Gehrlein/Born/Simon/*Teichmann*, § 47 Rn. 50.
320 Michalski/Heidinger/Leible/Schmidt/*Römermann*, § 47 Rn. 343; MünchKommGmbHG/*Drescher*, § 47 Rn. 226.
321 Ein wirksamer Beschluss der Gesellschafter kann in einer Versammlung auch konkludent gefasst werden, etwa dadurch, dass sich die Gesellschafter in einer Universalversammlung über die fragliche Maßnahme unzweifelhaft einig sind und dies nach außen – etwa durch sofortige Umsetzung der Maßnahme – zum Ausdruck bringen (OLG Karlsruhe, Urt. v. 25.10.2016 – 8 U 122/15, BeckRS 2016, 111429 Tz. 80 [insofern nicht abgedruckt in NZG 2017, 226]).

III. Beschlussfassung **Kap. 4**

Beschlussfassung erfolgen; ist das Einverständnis (einstimmig) erteilt, so kann eine schriftliche **Mehrheitsentscheidung** getroffen werden; dabei genügt bereits die Beachtung der Textform.[322] In Abweichung von § 48 Abs. 2 Alt. 1 GmbHG kann der Gesellschaftsvertrag eine schriftliche (Mehrheits-)Abstimmung auch ohne Zustimmung sämtlicher Gesellschafter gestatten.[323] Bei einer einstimmigen Beschlussfassung nach § 48 Abs. 2 Alt. 1 GmbHG wie auch bei einer Beschlussfassung nach § 48 Abs. 2 Alt. 2 GmbHG bedarf es eines Beschlussantrags, der im zweiten Fall neben dem Beschlussgegenstand auch das Einverständnis mit dem schriftlichen Verfahren beinhaltet.[324] Ein Geschäftsführer, der zu schriftlicher Abstimmung auffordert, muss feststellen und den Gesellschaftern mitteilen, dass die satzungsmäßigen Voraussetzungen für diese Abstimmungsart gegeben sind.[325] Bei einer schriftlichen Abstimmung gilt der Beschluss in der Regel erst als gefasst, wenn er vom Geschäftsführer festgestellt und allen Gesellschaftern mitgeteilt wurde.[326]

6. Kombinierte Beschlussfassung

Bei einer kombinierten Beschlussfassung geben nicht alle Gesellschafter ihre 67 Stimmen innerhalb der Gesellschafterversammlung ab. Einzelnen Gesellschaftern wird vielmehr gestattet, ihr Stimmrecht – mündlich oder schriftlich – außerhalb der Gesellschafterversammlung – vor oder nach deren Durchführung – wahrzunehmen. Eine derartige Beschlussfassung wurde in einem vom BGH entschiedenen Fall praktiziert, weil die anwesenden Gesellschafter noch vor Beginn der Abstimmung übereinkamen, einem nicht erschienenen Gesellschafter durch ein nachträglich auszuübendes Stimmrecht die Mitwirkung an der Beschlussfassung zu ermöglichen. Infolge der Zulassung eines außerhalb der Gesellschafterversammlung wahrzunehmenden Stimmrechts handelt es sich ohne Rücksicht darauf, dass die anwesenden Gesellschafter auch ohne den abwesenden Gesellschafter beschlussfähig waren und zu einer einstimmigen – durch die spätere Stimmabgabe des abwesenden Gesellschafters im Ergebnis nicht mehr beein-

---

322 Lutter/Hommelhoff/*Bayer*, § 48 Rn. 26; MünchKommGmbHG/*Drescher*, § 48 Rn. 165; Roth/*Altmeppen*, § 48 Rn. 165; Baumbach/Hueck/*Zöllner/Noack*, § 48 Rn. 37; noch großzügiger Bork/Schäfer/*Masuch*, § 48 Rn. 15: gar kein Formerfordernis.
323 Roth/*Altmeppen*, § 48 Rn. 178; Scholz/*Seibt*, § 48 Rn. 64; Baumbach/Hueck/*Zöllner/Noack*, § 48 Rn. 44.
324 Michalski/Heidinger/Leible/Schmidt/*Römermann*, § 48 Rn. 223 und 263.
325 BGH, Urt. v. 20.11.1958 – II ZR 17/57, BGHZ 28, 355 = BB 1958, 1272 = NJW 1959, 194.
326 BGH, Urt. v. 16.1.2006 – II ZR 135/04, BB 2006, 1126 = NJW 2006, 2044 Tz. 8; BGH, Urt. v. 1.12.1954 – II ZR 285/53, BGHZ 15, 324 = BB 1955, 5 = NJW 1955, 220; a. A. Baumbach/Hueck/*Zöllner/Noack*, § 48 Rn. 32 und 38; Ulmer/*Hüffer/Schürnbrand*, § 48 Rn. 53; Gehrlein/Born/Simon/*Teichmann*, § 48 Rn. 24.

flussbaren – Entscheidung gelangten, um eine kombinierte Beschlussfassung. Eine kombinierte – vom Ablauf des § 48 Abs. 1 und 2 GmbHG abweichende – Abstimmung ist nur auf der Grundlage einer entsprechenden **Satzungsregel** wirksam. Fehlt es an einer derartigen Bestimmung, führt selbst eine im Einvernehmen sämtlicher Gesellschafter, das freilich einen Rügeverzicht beinhalten kann,[327] durchgeführte kombinierte Abstimmung zur **Nichtigkeit** der getroffenen Beschlüsse.[328] Ist eine kombinierte Beschlussfassung zulässig, muss das Beschlussergebnis nach dem Abstimmungsvorgang von dem Geschäftsführer festgestellt und den Gesellschaftern mitgeteilt werden.

IV. Rechtliche Kontrolle von Gesellschafterbeschlüssen

1. Anwendbarkeit von Anfechtungs- und Nichtigkeitsklage

68 Die Frage, welche Rechtsfolgen die Mangelhaftigkeit eines Gesellschafterbeschlusses hat, ist im GmbH-Recht nicht geregelt. Die Lücke wird dadurch ausgefüllt, dass die im Aktienrecht enthaltenen Bestimmungen über die Nichtigkeit und Anfechtbarkeit von Beschlüssen der Hauptversammlung und auch die Vorschriften über die Abgrenzung zwischen Nichtigkeit und Anfechtbarkeit auf die GmbH angesichts der weitgehenden Ähnlichkeit der Sach- und Rechtslage sinngemäß angewendet werden, soweit nicht die Besonderheiten der GmbH eine Abweichung erfordern.[329] Nur bestimmte besonders schwer wiegende Mängel führen zur **Nichtigkeit** eines Beschlusses, die von jedermann geltend gemacht werden kann. Ansonsten können Mängel lediglich mit der fristgebundenen, eine besondere Legitimation voraussetzenden **Anfechtungsklage** beseitigt werden.[330]

---

327 BGH, Urt. v. 7.2.1983 – II ZR 14/82, BGHZ 87, 1 = BB 1983, 995 = NJW 1983, 1677.
328 BGH, Urt. v. 16.1.2006 – II ZR 135/04, BB 2006, 1126 = NJW 2006, 2044 Tz. 10; ebenso Lutter/Hommelhoff/*Bayer*, § 48 Rn. 31; Gehrlein/Born/Simon/*Teichmann*, § 48 Rn. 28; Baumbach/Hueck/Zöllner/*Noack*, § 48 Rn. 42; Ulmer/*Hüffer/Schürnbrand*, § 48 Rn. 60.
329 BGH, Beschl. v. 24.3.2016 – IX ZB 32/15, NZG 2016, 552 Tz. 20; BGH, Urt. v. 11.2.2008 – II ZR 187/06, NJW-RR 2008, 706 Tz. 22; BGH, Urt. v. 13.2.2006 – II ZR 200/04, BB 2006, 851 = NJW-RR 2006, 831 Tz. 9; BGH, Urt. v. 25.11.2002 – II ZR 69/01, BB 2003, 171 = NJW-RR 2003, 826; BGH, Urt. v. 21.3.1988 – II ZR 308/87, BGHZ 104, 66 = NJW 1988, 1844; BGH, Urt. v. 14.12.1961 – II ZR 97/59, BGHZ 36, 207 = BB 1962, 196 = NJW 1962, 538; BGH, Urt. v. 16.12.1953 – II ZR 167/52, BGHZ 11, 231 = BB 1954, 39 = NJW 1954, 385; gleichsinnig Lutter/Hommelhoff/*Bayer*, Anh. § 47 Rn. 3; Scholz/*K. Schmidt*, § 45 Rn. 35 f.; MünchKommGmbHG/*Wertenbruch*, Anh. § 47 Rn. 1; Michalski/Heidinger/Leible/Schmidt/*Römermann*, Anh. § 47 Rn. 1; Roth/*Altmeppen*, § 47 Rn. 1; Rowedder/Schmidt-Leithoff/*Ganzer*, Anh. § 47 Rn. 11; kritisch Baumbach/Hueck/Zöllner/*Noack*, Anh. § 47 Rn. 3; Ulmer/*Raiser*, Anh. § 47 Rn. 4.
330 Scholz/*K. Schmidt*, § 45 Rn. 38 f.; kritisch Bork/Schäfer/*Casper*, § 47 Rn. 63.

IV. Rechtliche Kontrolle von Gesellschafterbeschlüssen **Kap. 4**

a) Klage gegen protokollierten Beschluss

Das festgestellte Beschlussergebnis schafft einen Vertrauenstatbestand, der nur im Wege der **Anfechtungsklage** beseitigt werden kann.[331] Auch die formal einwandfreie Ablehnung eines Beschlussantrags mit Mehrheit oder infolge Stimmengleichheit bildet einen Beschluss, der aus sachlichen Gründen nichtig oder anfechtbar sein kann. Nur so ist für den antragstellenden Gesellschafter ein ausreichender Rechtsschutz gewährleistet.[332] Darüber hinaus muss aber auch ein positiver Beschluss – also die Annahme eines Antrags – ungeachtet möglicher formeller oder materieller Mängel, wenn ein bestimmtes Beschlussergebnis vom Versammlungsleiter förmlich festgestellt worden ist, mit diesem Ergebnis als vorläufig verbindlich gelten, so dass er nur noch durch Anfechtungsklage beseitigt werden kann. Formelle oder materielle Mängel eines Gesellschafterbeschlusses, die seine Anfechtbarkeit begründen, können nur durch Erhebung der Anfechtungsklage geltend gemacht werden.[333] Ein förmlich festgestellter, an Mängeln leidender, aber nicht nichtiger Gesellschafterbeschluss ist nicht nur vorläufig, sondern wird endgültig verbindlich, wenn er nicht entsprechend den aktienrechtlichen Vorschriften angefochten wird.[334] Eine Protokollierung kann statt durch einen Versammlungsleiter auch durch die Gesellschafter selbst erfolgen.[335] Der Gesellschafter kann die Anfechtungsklage mit einer (positiven) **Beschlussfeststellungsklage** kombinieren: Hat der Versammlungsleiter zu Unrecht festgestellt, ein Antrag sei wegen Fehlens der erforderlichen Stimmenmehrheit abgelehnt, so kann die hiergegen gerichtete Anfechtungsklage mit dem Antrag auf Feststellung eines zustimmenden Beschlusses verbunden werden.[336] War etwa ein Mitgesellschafter an der Abstimmung gemäß § 47 Abs. 4 GmbHG gehindert, so kann die gegen den ablehnenden Beschluss gerichtete Anfechtungsklage mit dem Feststellungsantrag gekoppelt werden, der Antrag sei angenommen worden. Mit Hilfe der Feststellungsklage kann verbindlich geklärt werden, was tatsächlich beschlossen worden ist. Dies ist aber nur möglich, wenn der Beschluss, dessen Feststellung begehrt wird, gesetzes- und satzungskonform

69

---

331 BGH, Urt. v. 11.2.2008 – II ZR 187/06, NJW-RR 2008, 706 Tz. 22; BGH, Urt. v. 1.3.1999 – II ZR 205/98, BB 1999, 867 = NJW 1999, 2268; BGH, Urt. v. 13.11.1995 – II ZR 288/94, NJW 1996, 259.
332 BGH, Urt. v. 20.1.1986 – II ZR 73/85, BGHZ 97, 28 = BB 1986, 619 = NJW 1986, 2051; BGH, Urt. v. 26.10.1983 – II ZR 87/83, BGHZ 88, 320 = BB 1984, 88 = NJW 1984, 489.
333 BGH, Urt. v. 21.3.1988 – II ZR 308/87, BGHZ 104, 66 = BB 1988, 993 = NJW 1988, 1844; so auch Lutter/Hommelhoff/*Bayer*, Anh. § 47 Rn. 38; Gehrlein/Born/Simon/*Teichmann*, Anh. § 47 Rn. 39.
334 BGH, Urt. v. 3.5.1999 – II ZR 119/98, BB 1999, 1345 = NJW 1999, 2115.
335 BGH, Urt. v. 11.2.2008 – II ZR 187/06, NJW-RR 2008, 706 Tz. 24.
336 Vgl. BGH, Urt. v. 31.5.2011 – II ZR 109/10, BGHZ 190, 45 = BB 2011, 2066 = NJW-RR 2011, 1117 Tz. 9; BGH, Urt. v. 20.1.1986 – II ZR 73/85, BGHZ 97, 28 = BB 1986, 619 = NJW 1986, 2051.

ist.[337] In der Konsequenz bedeutet dies, dass etwaige Mängel des Beschlusses, dessen Feststellung im Wege der positiven Feststellungsklage begehrt wird, vom Gericht (nur) zu berücksichtigen sind, wenn sie zur Nichtigkeit des begehrten Beschlusses führen würden; eine Berücksichtigung bloßer Anfechtungsgründe von Amts wegen, ohne dass diese von einem Anfechtungsbefugten geltend gemacht werden, scheidet hingegen aus.[338] Andererseits muss gewährleistet sein, dass der widersprechende Gesellschafter in dem Rechtsstreit seine Belange wahrnehmen kann. Dazu genügt es, wenn er von der Klageerhebung in Kenntnis gesetzt wird und auf diese Weise Gelegenheit erhält, als streitgenössischer **Nebenintervenient** auf Seiten der verklagten Gesellschaft im Anfechtungsprozess nach § 69 ZPO beizutreten[339] und Mängel des Beschlusses, dessen Feststellung der Kläger begehrt, einredeweise geltend zu machen.[340]

b) Klage gegen nicht protokollierten Beschluss

70 Hat der Versammlungsleiter das **rechtliche Beschlussergebnis**, ob die gestellten Anträge angenommen oder abgelehnt sind, nicht festgestellt, weil die Gesellschafter sich über die Stimmberechtigung nicht einigen konnten, so kann auf **Feststellung** geklagt werden (§ 256 ZPO), dass der **beantragte Beschluss gefasst** oder nicht gefasst wurde. Denn ein derart umstrittener Beschluss schafft nicht in gleicher Weise einen Vertrauenstatbestand wie ein festgestelltes Beschlussergebnis, und so besteht keine Notwendigkeit, diese Rechtsschutzmöglichkeit den gleichen zeitlichen Begrenzungen zu unterwerfen wie eine Anfechtungsklage. Indes wird der interessierte Gesellschafter, um sich nicht dem Verwirkungseinwand oder dem Vorwurf widersprüchlichen Verhaltens auszusetzen, auch die Feststellungsklage zeitnah erheben müssen.[341] Die Feststellung entfaltet, so sie ausgesprochen wird, nur zwischen den Streitparteien verbindliche Wir-

---

337 BGH, Urt. v. 31.5.2011 – II ZR 109/10, BGHZ 190, 45 = BB 2011, 2066 = NJW-RR 2011, 1117 Tz. 9.
338 OLG Köln, Urt. v. 14.6.2018 – 18 U 36/17, BeckRS 2018, 17085 Tz. 45.
339 Diese Möglichkeit bejahend BGH, Urt. v. 31.3.2008 – II ZB 4/07, NJW 2008, 1889 Tz. 8; BGH, Beschl. v. 23.4.2007 – II ZB 29/05, BGHZ 172, 136 = BB 2007, 1916 = NJW-RR 2007, 1634 Tz. 9; BGH, Urt. v. 30.4.2001 – II ZR 328/00, BB 2001, 1269 = NJW 2001, 2638; BGH, Urt. v. 12.7.1993 – II ZR 62/92, BB 1993, 1681 = NJW 1993, 1253.
340 BGH, Urt. v. 12.12.2005 – II ZR 253/03, NJW-RR 2006, 472; BGH, Urt. v. 20.1.1986 – II ZR 73/85, BGHZ 97, 28 = BB 1986, 619 = NJW 1986, 2051; BGH, Urt. v. 26.10.1983 – II ZR 87/83, BGHZ 88, 320 = BB 1984, 88 = NJW 1984, 489; BGH, Urt. v. 13.3.1980 – II ZR 54/78, BGHZ 76, 191 = NJW 1980, 1465.
341 BGH, Beschl. v. 4.5.2009 –II ZR 169/07, NJW-RR 2010 49 Tz. 6; BGH, Urt. v. 11.2.2008 – II ZR 187/06, NJW-RR 2008, 706 Tz. 22; BGH, Urt. v. 1.3.1999 – II ZR 205/98, BB 1999, 867 = NJW 1999, 2268; BGH, Urt. v. 13.11.1995 – II ZR 288/94, NJW 1996, 259; BGH, Urt. v. 28.1.1980 – II ZR 84/79, BGHZ 76, 154 = BB 1980, 750 = NJW 1980, 1527; ebenso Gehrlein/Born/Simon/*Teichmann*, Anh. § 47 Rn. 83.

IV. Rechtliche Kontrolle von Gesellschafterbeschlüssen **Kap. 4**

kung, wirkt aber nicht rechtgestaltend.[342] Sie kann nicht getroffen werden, wenn die Gesellschafter nicht abgestimmt und keinen Beschluss gefasst haben.[343] Jedenfalls umfasst die Feststellungsklage auch die Geltendmachung von Anfechtungsgründen; es muss nicht – wie in der Kombination von Anfechtungs- und positiver Beschlussfeststellungsklage – mit einer zusätzlichen negativen Feststellungsklage der von den anderen Gesellschaftern behauptete, angeblich wirksam gefasste Beschluss beseitigt werden.[344] Mangels Feststellung eines förmlichen Beschlussergebnisses ist gleichfalls im Wege der Feststellungsklage zu klären, ob ein Geschäftsführer durch einen Gesellschafterbeschluss abberufen wurde.[345]

2. Schwebende Unwirksamkeit eines Beschlusses

Eine besondere Art der Mangelhaftigkeit bildet die schwebende Unwirksamkeit **71** von Beschlüssen. Dabei handelt es sich um Beschlüsse, die als solche mangelfrei sind, bei denen aber der Eintritt des bezweckten rechtlichen Erfolgs von der Erfüllung weiterer Rechtsbedingungen abhängt.[346] Schwebend unwirksam sind danach Beschlüsse, die der Zustimmung eines oder mehrerer Gesellschafter bedürfen,[347] gegen ein Verbot mit Erlaubnisvorbehalt verstoßen oder erst mit Eintragung in das Handelsregister wirksam werden.[348] Die Zustimmung des betroffenen Gesellschafters ist erforderlich, wenn in seine unentziehbaren Gesellschafterrechte eingegriffen werden soll,[349] eine Vermehrung der nach der Satzung zu erbringenden Leistungen (§ 53 Abs. 3 GmbHG)[350] oder eine Verminderung der Abfindung bei einer Zwangseinziehung beabsichtigt[351] ist. Die in diesen Fällen notwendige Zustimmung des betroffenen Gesellschafters ist weder Ausfluss des Stimmrechts noch Bestandteil des Gesellschafterbeschlusses, son-

---

342 BGH, Urt. v. 13.10.2008 – II ZR 112/07, NJW 2009, 230 Tz. 11; Ulmer/*Raiser*, Anh. § 47 Rn. 284; a. A. Baumbach/Hueck/*Zöllner/Noack*, Anh. § 47 Rn. 182; Gehrlein/Born/Simon/*Teichmann*, Anh. § 47 Rn. 84.
343 BGH, Beschl. v. 4.5.2009 – II ZR 169/07, NJW-RR 2010, 49 Tz. 6.
344 BGH, Beschl. v. 4.5.2009 – II ZR 169/07, NJW-RR 2010, 49 Tz. 19.
345 BGH, Urt. v. 1.3.1999 – II ZR 205/98, BB 1999, 867 = NJW 1999, 2268.
346 Rowedder/Schmidt-Leithoff/*Ganzer*, Anh. § 47 Rn. 2; Gehrlein/Born/Simon/*Teichmann*, Anh. § 47 Rn. 6; Roth/*Altmeppen*, § 47 Rn. 63 f. und Anh. § 47 Rn. 15.
347 BGH, Urt. v. 10.10.2005 – II ZR 90/03, BB 2005, 2770 = NJW 2006, 374 Tz. 36.
348 Michalski/Heidinger/Leible/Schmidt/*Römermann*, Anh. § 47 Rn. 26; Gehrlein/Born/Simon/*Teichmann*, Anh. § 47 Rn. 6.
349 BGH, Urt. v. 13.7.1967 – II ZR 238/64, BGHZ 48, 141 = BB 1967, 1016 = NJW 1967, 2159.
350 BGH, Urt. v. 16.12.1991 – II ZR 58/91, BGHZ 116, 359 = BB 1992, 448 = NJW 1992, 892.
351 BGH, Urt. v. 5.3.2007 – II ZR 282/05, BB 2007, 902, 1019 = NJW-RR 2007, 757; BGH, Urt. v. 16.12.1991 – II ZR 58/91, BGHZ 116, 359 = BB 1992, 448 = NJW 1992, 892.

Kap. 4 Die Gesellschafterversammlung

dern ein neben dem Gesellschafterbeschluss bestehendes besonderes Wirksamkeitserfordernis.[352] Die schwebende Unwirksamkeit eines Gesellschafterbeschlusses kann der Gesellschafter im Wege der allgemeinen unbefristeten Feststellungsklage (§ 256 ZPO) geltend machen.[353]

3. Nichtigkeit von Beschlüssen

a) Nichtigkeitsgründe

72 Ein Rechtsverstoß macht den Gesellschafterbeschluss nach herkömmlicher Formulierung „im Zweifel" nur anfechtbar.[354] In dieser Formulierung wird deutlich, dass Nichtigkeit allein in den abschließend geregelten Fällen des § 241 AktG gegeben ist.[355]

aa) Einberufungs- und Ladungsmängel

73 Schwerwiegende Einberufungsmängel führen analog § 241 Nr. 1 AktG zur Nichtigkeit eines Gesellschafterbeschlusses. So ist ein Gesellschafterbeschluss nichtig, wenn nicht sämtliche – einschließlich der nach § 47 Abs. 4 GmbHG von der Abstimmung ausgeschlossenen[356] – Gesellschafter zu der Versammlung geladen wurden.[357] Wer als **Gesellschafter** einzuladen ist, bestimmt sich nach § 16 Abs. 1 GmbHG, d. h. maßgeblich ist die Eintragung in der Gesellschafterliste, wie sie im Handelsregister zuletzt aufgenommen wurde (§ 40 Abs. 1 GmbHG), da sich an sie die unwiderlegliche Vermutung der Gesellschaftereigenschaft knüpft.[358] Fehlt es im Falle der Anteilsveräußerung an der erforderlichen Genehmigung, so hat die Eintragung in der Gesellschafterliste nicht die in § 16 Abs. 1 GmbHG geregelte Wirkung. Lädt der Geschäftsführer, der über diese Rechtsfolge im Bilde ist, den Erwerber zu der Gesellschafterversammlung, so sind die

---

352 BGH, Urt. v. 14.5.1956 – II ZR 229/54, BGHZ 20, 363, 368 = BB 1956, 574 = NJW 1956, 1198.
353 BGH, Urt. v. 5.3.2007 – II ZR 282/05, BB 2007, 902, 1019 = NJW-RR 2007, 757; BGH, Urt. v. 10.11.1954 – II ZR 299/53, BGHZ 15, 177, 181 = BB 1954, 1080 = NJW 1954, 1842.
354 Vgl. nur Ulmer/*Raiser*, Anh. § 47 Rn. 33.
355 Scholz/*K. Schmidt*, § 45 Rn. 62; Michalski/Heidinger/Leible/Schmidt/*Römermann*, Anh. § 47 Rn. 61 ff.; Lutter/Hommelhoff/*Bayer*, Anh. § 47 Rn. 9; Bork/Schäfer/*Casper*, § 47 Rn. 69.
356 BGH, Urt. v. 12.7.1971 – II ZR 127/69, BB 1971, 1025 = NJW 1971, 2225; so auch Rowedder/Schmidt-Leithoff/*Ganzer*, § 51 Rn. 3.
357 BGH, Urt. v. 20.9.2004 – II ZR 334/02, BB 2004, 2597 = NZG 2005, 69; BGH, Urt. v. 14.12.1961 – II ZR 97/59, BGHZ 36, 207 = BB 1962, 196 = NJW 1962, 538; ebenso Rowedder/Schmidt-Leithoff/*Ganzer*, § 51 Rn. 18; Gehrlein/Born/Simon/*Teichmann*, § 51 Rn. 21.
358 Vgl. die Nachw. oben in Fn. 141.

dort gefassten Beschlüsse nichtig.[359] Gleiches gilt, wenn es bereits an einer Einberufung fehlt oder Ort und Zeit der Versammlung nicht mitgeteilt, gleichwohl von einem Teil der Gesellschafter Beschlüsse gefasst werden.[360] Die von einem **Unzuständigen** oder **Geschäftsunfähigen** ausgesprochene Einberufung führt ebenfalls zur Nichtigkeit gefasster Beschlüsse,[361] und nichts anderes gilt für eine Beschlussfassung, die wegen nicht ordnungsgemäßer Ankündigung von Zweck oder Beschlussgegenständen der Versammlung gegen § 51 Abs. 2 oder Abs. 4 GmbHG verstößt.[362] Dagegen ziehen **Formverstöße** wie die Ladung durch einfaches Schreiben (das zugegangen ist) statt durch Einschreiben,[363] die Nichtbeachtung der Frist des § 51 Abs. 1 Satz 2 GmbHG[364] (erst recht bei bloßer Vertagung), die Nichtbeachtung einer Wartefrist bei Abwesenheit einzelner Gesellschafter vor Versammlungsbeginn, die Wahl eines unzulässigen Versammlungsortes[365] und eine fehlende oder unvollständige Tagesordnung[366] nur die Anfechtbarkeit der Beschlüsse analog § 243 AktG nach sich. Mehrere schwerwiegende Form- und Fristverstöße – eine um 20.30 Uhr per E-Mail für den kommenden Vormittag übermittelte Einladung – stehen einer Nichteinladung gleich und führen zur Nichtigkeit.[367] Trotz formell ordnungsgemäßer Ladung liegt ein zur Nichtigkeit der gefassten Beschlüsse führender Einladungsmangel auch dann vor, wenn aufgrund konkreter Umstände davon auszugehen ist, dass die Ladung den betroffenen Gesellschafter nicht erreichen wird, eine Möglichkeit besteht, den Gesellschafter per E-Mail zu erreichen und über die anstehende Gesellschafterversammlung in Kenntnis zu setzen, und diese Kommunikationsmög-

---

359 BGH, Urt. v. 24.6.1996 – II ZR 56/95, NJW-RR 1996, 1377.
360 Rowedder/Schmidt-Leithoff/*Ganzer*, § 51 Rn. 18; MünchKommGmbHG/*Wertenbruch*, Anh. § 47 Rn. 28; Scholz/*Seibt*, § 51 Rn. 26.
361 BGH, Urt. v. 20.2.1984 – II ZR 116/83, WM 1984, 473; BGH, Urt. v. 7.2.1983 – II ZR 14/82, BGHZ 87, 1 = BB 1983, 995 = NJW 1983, 1677; ebenso Gehrlein/Born/Simon/*Teichmann*, Anh. § 47 Rn. 10; Scholz/*K. Schmidt*, § 45 Rn. 64; Scholz/*Seibt*, § 51 Rn. 26.
362 BGH, Urt. v. 29.5.2000 – II ZR 47/99, NJW-RR 2000, 1278; OLG München, Urt. v. 9.1.2019 – 7 U 1509/18, BeckRS 2019, 37 Tz. 35; a.A. OLG Düsseldorf, Urt. v. 25.2.2000 – 16 U 59/99, NZG 2000, 1180: Beschlüsse anfechtbar.
363 Lutter/Hommelhoff/*Bayer*, Anh. § 47 Rn. 13; Baumbach/Hueck/*Zöllner/Noack*, § 51 Rn. 28; Ulmer/*Hüffer/Schürnbrand*, § 51 Rn. 27.
364 BGH, Urt. v. 30.3.1987 – II ZR 180/86, BGHZ 100, 264 = BB 1987, 1551 = NJW 1987, 2580; so auch Rowedder/Schmidt-Leithoff/*Ganzer*, § 51 Rn. 19; Lutter/Hommelhoff/*Bayer*, Anh. § 47 Rn. 13a; außerdem Scholz/*Seibt*, § 51 Rn. 26, der allerdings mit Recht Nichtigkeit annimmt, wenn eine Teilnahme wegen offensichtlich verspäteter Aufgabe zur Post nicht erwartet werden kann.
365 BGH, Beschl. v. 24.3.2016 – IX ZB 32/15, NZG 2016, 552 Tz. 26; BGH, Urt. v. 28.1.1985 – II ZR 79/84, WM 1985, 567.
366 Ulmer/*Hüffer/Schürnbrand*, § 51 Rn. 28; Michalski/Heidinger/Leible/Schmidt/*Römermann*, § 51 Rn. 113.
367 BGH, Urt. v. 13.2.2006 – II ZR 200/04, BB 2006, 851 = NJW-RR 2006, 831 Tz. 9 ff.

lichkeit in anderem Zusammenhang bereits mehrfach genutzt wurde.[368] Hingegen führt, wenn Gesellschafter durch eine Ladung per E-Mail rechtzeitig über Ort und Zeit der Gesellschafterversammlung sowie über die Tagesordnung in Kenntnis gesetzt worden ist, der nicht mehr fristgerechte Zugang einer schriftlichen Ladung mittels Einschreiben nicht zur Nichtigkeit der in dieser Versammlung gefassten Beschlüsse.[369]

bb) Beurkundungsmängel

74 Ein Verstoß gegen das Erfordernis notarieller Beurkundung, wie es bei **satzungsändernden Beschlüssen** (§ 53 Abs. 2 GmbHG), Umwandlungsbeschlüssen (§§ 13 Abs. 3, 125, 176, 193 Abs. 3 UmwG) sowie Beschlüssen über den Abschluss von Unternehmensverträgen besteht, macht den Gesellschafterbeschluss nichtig (§ 241 Nr. 2 AktG analog).[370] Unschädlich ist die Beurkundung durch einen unzuständigen Notar.[371] Die Zulässigkeit einer Anfechtungs- und Nichtigkeitsklage gegen einen **satzungsauslegenden Beschluss** ist anerkannt, wenn der Gesellschafterbeschluss in Wahrheit keine Auslegung, sondern eine Änderung der Satzung enthält. Entsprechendes gilt, wenn dem satzungsauslegenden Beschluss regelnder Charakter zukommt, weil über die Zulässigkeit von Maßnahmen entschieden werden soll. Betrifft ein satzungsauslegender Beschluss einen konkreten Vorgang wie die Zustimmungsbedürftigkeit einer Anteilsveräußerung, so würde er im Falle seiner Satzungswidrigkeit einen von der Satzung abweichenden Rechtszustand schaffen und wäre daher nichtig. Selbst wenn er nur eine „punktuelle Satzungsdurchbrechung" enthielte, deren Wirkung sich in der entsprechenden Maßnahme erschöpfte, wäre der Gesellschafterbeschluss nach § 243 Abs. 1 AktG anfechtbar, wenn nicht alle Gesellschafter zugestimmt haben. Ein satzungsauslegender Beschluss, der die Zustimmungsbedürftigkeit einer Anteilsveräußerung verneint, ist mit dem festgestellten Inhalt zunächst für alle Beteiligten vorläufig verbindlich. Ein überstimmter Gesellschafter kann die Satzungswidrigkeit des Beschlusses überhaupt nur im Wege der Anfechtungsklage, nicht aber inzidenter in einem anderen Rechtsstreit über die Wirksamkeit der Anteilsveräußerung geltend machen.[372] Die Nichtbeachtung eines in der **Satzung** vorgeschriebenen Beurkundungserfordernisses zeitigt mangels Sanktionierung durch

---

368 OLG Düsseldorf, Urt. v. 19.4.2018 – I-6 W 2/18, NJW-RR 2018, 936 Tz. 19 ff.
369 OLG Stuttgart, Urt. v. 27.6.2018 – 14 U 33/17, BeckRS 2018, 21664 Tz. 91.
370 Michalski/Heidinger/Leible/Schmidt/*Römermann*, Anh. § 47 Rn. 108 ff.; Gehrlein/Born/Simon/*Teichmann*, Anh. § 47 Rn. 12; Lutter/Hommelhoff/*Bayer*, Anh. § 47 Rn. 15.
371 Baumbach/Hueck/Zöllner/*Noack*, Anh. § 47 Rn. 49; Michalski/Heidinger/Leible/Schmidt/*Römermann*, Anh. § 47 Rn. 113.
372 BGH, Urt. v. 25.11.2002 – II ZR 69/01, BB 2003, 171 = NZG 2003, 127; vgl. auch BGH, Urt. v. 29.4.2014 – II ZR 216/13, BGHZ 201, 65 = BB 2014, 2323 = NZG 2014, 820 Tz. 8.

IV. Rechtliche Kontrolle von Gesellschafterbeschlüssen **Kap. 4**

§§ 241 Nr. 2, 130 AktG lediglich Anfechtbarkeit.[373] Und auch die **unrichtige Feststellung des Abstimmungsergebnisses**, insbesondere wegen Mitzählens der Stimmen in Wahrheit nicht stimmberechtigter Personen, stellt keinen Nichtigkeits-, sondern lediglich einen Anfechtungsgrund dar und ist auch nur dann gegeben, wenn der Fehler für das festgestellte Beschlussergebnis ursächlich ist.[374]

cc) Unvereinbarkeit mit dem Wesen der GmbH

Der Nichtigkeitsgrund der Unvereinbarkeit mit dem Wesen der GmbH und des Gläubigerschutzes (§ 241 Nr. 3 AktG) hat in der Praxis nur geringe Bedeutung. Unvereinbarkeit mit dem Wesen der GmbH ist die Überbürdung der unbeschränkten persönlichen Haftung der Gesellschafter, die Beseitigung unentziehbarer Individual- und Minderheitsrechte wie das Teilnahme- und Anfechtungsrecht sowie die Verletzung zwingender Zuständigkeitsregeln.[375] Nichtig ist ein Gesellschafterbeschluss bei einem Verstoß gegen die Grundsätze der **Kapitalaufbringung** und der **Kapitalerhaltung** sowie der **Gesellschafterhaftung**.[376] Wird eine Kapitalerhöhung beschlossen, ohne dass ein geprüfter und mit uneingeschränktem Bestätigungsvermerk versehener Abschluss vorliegt, so ist der betreffende Beschluss analog § 241 Nr. 3 AktG nichtig, da es sich insoweit um gläubigerschützende Vorschriften handelt.[377]

75

dd) Sittenwidrigkeit

Die Sittenwidrigkeit eines Beschlusses bildet einen Nichtigkeitsgrund. Sie muss im Blick auf den Beschlussinhalt gegeben sein; unbeachtlich sind sittenwidrige Motive oder eine sittenwidrige Verfahrensweise.[378] Der Inhalt eines Beschlusses verstößt, so die gängige Formulierung, „für sich allein genommen" gegen die guten Sitten, wenn er eine **Schädigung** dritter, nicht selbst anfechtungsberechtigter Personen bezweckt.[379]

76

---

373 Michalski/Heidinger/Leible/Schmidt/*Römermann*, Anh. § 47 Rn. 111; Gehrlein/Born/Simon/*Teichmann*, Anh. § 47 Rn. 12; Baumbach/Hueck/*Zöllner/Noack*, Anh. § 47 Rn. 49; MünchKommGmbHG/*Wertenbruch*, Anh. § 47 Rn. 59.
374 BGH, Urt. v. 20.11.2018 – II ZR 12/17, BB 2019, 779 = NJW 2019, 993 Tz. 48; BGH, Urt. v. 12.12.2005 – II ZR 253/03, NJW-RR 2006, 472; BGH, Urt. v. 21.3.1988 – IIZR308/87, BGHZ 104, 66 = BB 1988, 993 = NJW 1988, 1844.
375 Gehrlein/Born/Simon/*Teichmann*, Anh. § 47 Rn. 14; Bork/Schäfer/*Casper*, § 47 Rn. 70; ausführlich Roth/*Altmeppen*, Anh. § 47 Rn. 67 ff.; MünchKommGmbHG/ *Wertenbruch*, Anh. § 47 Rn. 69 ff.
376 Scholz/*K. Schmidt*, § 45 Rn. 74; Bork/Schäfer/*Casper*, § 47 Rn. 70; Gehrlein/Born/ Simon/*Teichmann*, Anh. § 47 Rn. 15.
377 OLG Jena, Beschl. v. 28.1.2016 – 2 W 547/15, DStR 2016, 927 Tz. 10.
378 BGH, Urt. v. 1.6.1987 – II ZR 128/86, BGHZ 101, 113 = BB 1987, 2181 = NJW 1987, 2514; ebenso Bork/Schäfer/*Casper*, § 47 Rn. 70; Gehrlein/Born/Simon/*Teichmann*, Anh. § 47 Rn. 17.

Kap. 4 Die Gesellschafterversammlung

ee) Nichtigerklärung, Löschung

77 Die Nichtigerklärung im Anfechtungsprozess bewirkt nach § 241 Nr. 5 AktG die Nichtigkeit des Beschlusses. Die Löschung im Amtswege (§ 241 Nr. 6 AktG) hat Ex-tunc-Nichtigkeit zur Folge. Sie ist analog § 242 Abs. 2 Satz 3 AktG auch nach Ablauf der Drei-Jahres-Frist möglich.[380]

b) Geltendmachung der Nichtigkeit

78 Der nichtige Beschluss ist rechtswidrig und ipso iure **ohne jede Rechtswirksamkeit**. Selbst der Gesellschafter, der dem Beschluss zugestimmt hat, kann sich auf Nichtigkeit berufen.[381] Die Nichtigkeit kann von jedermann innerhalb und außerhalb eines Prozesses, auch einredeweise, gerügt werden. Die Nichtigkeit kann von außerhalb der Gesellschaft stehenden Dritten durch eine **Nichtigkeitsfeststellungsklage** verfolgt werden. Diese nicht fristgebundene, aber dem Verwirkungseinwand unterliegende Klage ist eine Feststellungsklage (§ 256 ZPO) und setzt ein Feststellungsinteresse voraus, wie es etwa im Blick auf Gewinnverwendungsbeschlüsse bei einem stillen Gesellschafter vorliegen kann.[382] Gesellschaftern ist die allgemeine Feststellungsklage wegen des Vorrangs der Nichtigkeitsklage verschlossen.[383] Ein Gesellschafter kann nur die gleichfalls unbefristete **aktienrechtliche Nichtigkeitsklage** (§ 249 AktG) erheben. Diese Klage ist auf eine für jedermann verbindliche Nichtigerklärung des Beschlusses gerichtet.[384] Eines individuelles Rechtsschutzbedürfnisses des klagenden Gesellschafters bedarf es nicht.[385] Vielmehr folgt ein Rechtsschutzbedürfnis für die Nichtigkeitsklage bereits daraus, dass ihre Erhebung der Herbeiführung eines Gesetz und Satzung entsprechenden Rechtszustands dient. Etwas anderes kann gelten, wenn sich der angefochtene Beschluss auf das Verhalten der Organe nicht auswirken kann.[386] Nichtigkeits- und Anfechtungsklage verfolgen mit der richterlichen Klärung der Nichtigkeit von Gesellschafterbeschlüssen mit Wirkung für und gegen jedermann dasselbe materielle Ziel. Wird primär Anfechtungskla-

---

379 Vgl. Baumbach/Hueck/*Zöllner/Noack*, Anh. § 47 Rn. 55; MünchKommGmbHG/*Wertenbruch*, Anh. § 47 Rn. 89.
380 Roth/*Altmeppen*, Anh. § 47 Rn. 106 und 146; Scholz/*K. Schmidt*, § 45 Rn. 83; außerdem MünchKommGmbHG/*Wertenbruch*, Anh. § 47 Rn. 106 und 146, der indes zugleich auf das potenzielle Bestandsschutzinteresse der GmbH hinweist.
381 BGH, Urt. v. 16.12.1953 – II ZR 167/52, BGHZ 11, 231 = BB 1954, 39 = NJW 1954, 385; Michalski/Heidinger/Leible/Schmidt/*Römermann*, Anh. § 47 Rn. 234; Gehrlein/Born/Simon/*Teichmann*, Anh. § 47 Rn. 34; Scholz/*K. Schmidt*, § 45 Rn. 81.
382 Scholz/*K. Schmidt*, § 45 Rn. 82; Baumbach/Hueck/*Zöllner/Noack*, Anh. § 47 Rn. 71.
383 BGH, Urt. v. 23.2.1978 – II ZR 37/77, BGHZ 70, 384 = NJW 1978, 1325.
384 BGH, Urt. v. 13.10.2008 – II ZR 112/07, NJW 2009, 230 Tz. 8; BGH, Urt. v. 17.2.1997 – II ZR 41/96, BGHZ 134, 364 = BB 1997, 988 = NJW 1997, 1510.
385 OLG Hamm, Urt. v. 28.10.2015 – 8 U 73/15, BeckRS 2016, 3150 Tz. 26.
386 BGH, Urt. v. 20.9.2004 – II ZR 334/02, BB 2004, 2597 = NZG 2005, 69.

IV. Rechtliche Kontrolle von Gesellschafterbeschlüssen   Kap. 4

ge und nur hilfsweise Nichtigkeitsklage erhoben, so kann ohne Entscheidung über die Anfechtungsklage die Nichtigkeit festgestellt werden. Beide Klagen stehen nämlich nicht in einem Eventualverhältnis. Ihr Unterschied ist darin zu erkennen, dass die Nichtigkeitsklage auf die Feststellung einer bereits gegebenen Nichtigkeit und die Anfechtungsklage auf die Vernichtung des vorerst wirksamen Gesellschafterbeschlusses gerichtet ist.[387] Da der Nichtigkeitsgrund die Unwirksamkeit des Beschlusses auslöst, ist es unerheblich, ob der Beschluss auch ohne den Mangel zustande gekommen wäre.[388] Die Vorschrift des § 242 Abs. 2 AktG ist im GmbH-Recht entsprechend anzuwenden. Die Nichtigkeit eintragungspflichtiger Beschlüsse der Gesellschafterversammlung einer GmbH kann analog § 242 Abs. 2 Satz 1 AktG nicht mehr geltend gemacht werden, wenn seit der Eintragung ins Handelsregister drei Jahre verstrichen sind. Die Regelung findet auch auf nichtige Bestimmungen der Ursprungssatzung sowohl im Aktien- als auch im GmbH-Recht Anwendung. Auch im GmbH-Recht ist die Sicherheit des Rechtsverkehrs von ausschlaggebender Bedeutung.[389]

c) Heilung

Eintragungsfreie Beschlüsse sind stets unheilbar nichtig.[390] Demgegenüber werden Nichtigkeitsmängel **eintragungspflichtiger** Beschlüsse analog § 242 AktG durch Eintragung in das Handelsregister geheilt. Leidet der Gesellschafterbeschluss an einem **Beurkundungsmangel**, so tritt die Heilung analog § 242 Abs. 1 AktG bereits im **Zeitpunkt der Eintragung** ein.[391] Handelt es sich hingegen um **Ladungsmängel** oder **inhaltliche Verstöße** gegen ein Gesetz, so vollzieht sich die Heilung analog § 242 Abs. 2 AktG erst nach Ablauf von drei Jahren ab Eintragung.[392] Die Heilung verwirklicht sich nach Fristende mit Rückwirkung auf den Zeitpunkt der Beschlussfassung.[393] Sie wird verhindert, wenn vor Fristablauf eine Nichtigkeits- oder Anfechtungsklage erhoben wird (§ 242 Abs. 2 Satz 2 AktG).[394] Eine Heilung durch nachträgliche Zustimmung aller Ge-

79

---

387 BGH, Urt. v. 20.9.2004 – II ZR 288/02, BB 2004, 2482 = NZG 2004, 1109; BGH, Urt. v. 1.3.1999 – II ZR 305/97, NJW 1999, 1638; BGH, Urt. v. 17.2.1997 – II ZR 41/96, BGHZ 134, 364 = BB 1997, 988 = NJW 1997, 1510.
388 BGH, Urt. v. 13.2.2006 – II ZR 200/04, BB 2006, 851 = NJW-RR 2006, 831 Tz. 15.
389 BGH, Urt. v. 19.6.2000 – II ZR 73/99, BGHZ 144, 365 = BB 2000, 1590 = NJW 2000, 2819; BGH, Urt. v. 23.3.1981 – II ZR 27/80, BGHZ 80, 212 = BB 1981, 992 = NJW 1981, 2125.
390 Lutter/Hommelhoff/*Bayer*, Anh. § 47 Rn. 27; Gehrlein/Born/Simon/*Teichmann*, Anh. § 47 Rn. 33.
391 BGH, Urt. v. 6.11. 995 – II ZR 181/94, BB 1996, 129 = NJW 1996, 257.
392 BGH, Urt. v. 23.3.1981 – II ZR 27/80, BGHZ 80, 212, 216 f. = BB 1981, 992 = NJW 1981, 2125; OLG Jena, Beschl. v. 28.1.2016 – 2 W 547/15, DStR 2016, 927 Tz. 11.
393 Roth/*Altmeppen*, Anh. § 47 Rn. 142; Bork/Schäfer/*Casper*, § 47 Rn. 73.
394 MünchKommGmbHG/*Wertenbruch*, Anh. § 47 Rn. 146; Lutter/Hommelhoff/*Bayer*, Anh. § 47 Rn. 26.

Kap. 4   Die Gesellschafterversammlung

sellschafter oder durch eine Bestätigung (§ 244 AktG) ist bei nichtigen Beschlüssen, anders als bei anfechtbaren, nicht möglich.[395]

4. Anfechtbarkeit von Beschlüssen

80 Ein nicht an einem Nichtigkeitsgrund leidender Gesellschafterbeschluss ist zunächst rechtswirksam. Die Nichtigkeit kann nur auf Anfechtungsklage durch ein **kassatorisches Anfechtungsurteil** erreicht werden.[396] Alle Verstöße gegen Gesetz und Satzung, die keinen Nichtigkeitsgrund darstellen, sind als Anfechtungsgrund geeignet.[397] Greift kein Nichtigkeitsgrund ein, so bleiben sonstige Rechtsverstöße folgenlos, wenn die allein anfechtungsberechtigten Gesellschafter von ihrem Klagerecht keinen Gebrauch machen.[398] Ein rechtswidriger Bezugsrechtsausschluss wie auch eine Missachtung der **Treuepflicht** sind mit der Anfechtungsklage geltend zu machen.[399]

a) Klagebefugnis, Beklagter

81 Ein besonderes Rechtsschutzinteresse ist nicht Voraussetzung einer Anfechtungsklage. Denn diese Klage dient der Kontrolle der Rechtmäßigkeit der Beschlüsse der Gesellschaft, ist ein aus der Mitgliedschaft selbst folgendes Recht und bedarf keiner besonderen Rechtfertigung durch eine persönliche Betroffenheit des anfechtungsbefugten Klägers.[400] Die Anfechtungsbefugnis ergibt sich

---

395 BGH, Urt. v. 20.9.2004 – II ZR 288/02, BB 2004, 2482 = NZG 2004, 1109; Baumbach/Hueck/*Zöllner/Noack*, Anh. § 47 Rn. 77; Michalski/Heidinger/Leible/Schmidt/*Römermann*, Anh. § 47 Rn. 239.

396 Lutter/Hommelhoff/*Bayer*, Anh. § 47 Rn. 38; Gehrlein/Born/Simon/*Teichmann*, Anh. § 47 Rn. 39.

397 Gehrlein/Born/Simon/*Teichmann*, Anh. § 47 Rn. 41 f.; weder nichtig noch aufechtbar sind indes Beschlüsse, die in einer von einem Unberechtigten geleiteten Versammlung gefasst worden sind, solange es zu keinem für die Beschlussfassung ursächlichen oder relevanten Durchführungsfehler bei der Versammlungsleitung gekommen ist (BGH, Urt. v. 20.11.2018 – II ZR 12/17, BB 2019, 779 = NJW 2019, 993 Tz. 58 ff.), und eine Anfechtung wegen Teilnahme einer nicht teilnahmeberechtigten Person an der Gesellschafterversammlung ist nur dann ausnahmsweise berechtigt, wenn die Anwesenheit dieser Person die Partizipationsinteressen von Gesellschaftern beeinträchtigt (OLG Stuttgart, Urt. v. 27.6.2018 – 14 U 33/17, GmbHR 2019, 67 Tz. 101).

398 BGH, Urt. v. 26.2.1996 – II ZR 77/95, BGHZ 132, 84, 93 f. = NJW 1996, 1756; BGH, Urt. v. 18.4.2005 – II ZR 151/03, BB 2005, 1241 = NZG 2005, 551.

399 BGH, Urt. v. 18.4.2005 – II ZR 151/03, BB 2005, 1241 = NZG 2005, 551.

400 BGH, Urt. v. 20.11.2018 – II ZR 12/17, BB 2019, 779 = NJW 2019, 993 Tz. 21; BGH, Urt. v. 27.4.2009 – II ZR 167/07, NJW 2009, 2300 Tz. 13; BGH, Urt. v. 25.11.2002 – II ZR 69/01, BB 2003, 171 = NJW-RR 2003, 826; BGH, Urt. v. 14.10.1991 – II ZR 249/90, NJW 1992, 569; BGH, Urt. v. 22.5.1989 – II ZR 206/88, BGHZ 107, 296 = NJW 1989, 2689; BGH, Urt. v. 19.12.1977 – II ZR 136/76, BGHZ 70, 117 = NJW 1978, 540; BGH, Urt. v. 25.2.1965 – II ZR 287/63, BGHZ 43, 261 = NJW 1965, 1378.

IV. Rechtliche Kontrolle von Gesellschafterbeschlüssen   Kap. 4

im Grundsatz analog § 245 AktG, dessen Nr. 1 bis 3 indes nicht entsprechend gelten. Die Erhebung der Klage setzt vielmehr weder die Teilnahme an der Versammlung noch gar die Erhebung eines Widerspruchs gegen den Beschluss in der Versammlung voraus.[401] Anfechtungsbefugt ist ohne Weiteres jeder Gesellschafter, sei es auch, dass er einen stimmrechtslosen Anteil hält.[402] Im Falle der Treuhand ist der **Treuhänder** anfechtungsbefugt, nicht der Treugeber.[403] Die Anfechtungsberechtigung kann als eine förmliche Voraussetzung der Vernichtung von Gesellschafterbeschlüssen nicht nach wirtschaftlichen, sondern allein, anknüpfend an § 16 Abs. 1 GmbHG, nach den rechtlichen Verhältnissen beurteilt werden.[404] So ist, falls eine Gesellschaft bürgerlichen Rechts – sog. Außen-GbR – Gesellschafterin der GmbH ist, nur sie, nicht aber einer ihrer Gesellschafter anfechtungsbefugt.[405] Mitberechtigte können nur gemeinsam Klage erheben;[406] dies gilt nicht für Miterben.[407] Auch nach Veräußerung des Geschäftsanteils kann nur der Veräußerer die Anfechtungsklage gegen einen Gesellschafterbeschluss erheben, solange der Erwerber nicht in der in das Handelsregister aufgenommenen Gesellschafterliste eingetragen ist (§ 16 Abs. 1 GmbHG).[408] Hingegen hat ein GmbH-Gesellschafter, der seinen Geschäftsanteil vertragsgemäß auf seinen Mitgesellschafter übertragen muss, weil er ihm obliegende gesellschaftliche Pflichten nicht erfüllt hat, und der dafür nur ein symbolisches Entgelt vom Mitgesellschafter und keine Abfindung aus der Gesellschaft beanspruchen kann, kein Rechtsschutzinteresse für die Durchführung von Beschlussanfechtungsverfahren betreffend danach datierende Beschlüsse der Gesellschafterversammlung.[409] Dem Gesellschafter, gegen den sich eine Zwangseinziehung richtet, ist für die Wahrnehmung seiner Rechte gegen diesen Be-

---

401 Michalski/Heidinger/Leible/Schmidt/*Römermann*, Anh. § 47 Rn. 393; Gehrlein/Born/Simon/*Teichmann*, Anh. § 47 Rn. 57; Baumbach/Hueck/*Zöllner/Noack*, Anh. § 47 Rn. 136.
402 Bork/Schäfer/*Casper*, § 47 Rn. 79.
403 BGH, Urt. v. 13.10.2008 – II ZR 112/07, NJW 2009, 230 Tz. 11; BGH, Urt. v. 25.4.1966 – II ZR 80/65, NJW 1966, 1458; so auch Bork/Schäfer/*Casper*, § 47 Rn. 79; Gehrlein/Born/Simon/*Teichmann*, Anh. § 47 Rn. 58.
404 BGH, Urt. v. 13.10.2008 – II ZR 112/07, NJW 2009, 230 Tz. 11; BGH, Urt. v. 15.4.1957 – II ZR 34/56, BGHZ 24, 119 = BB 1957, 489; Scholz/*K. Schmidt*, § 45 Rn. 128.
405 BGH, Urt. v. 26.6.2018 – II ZR 205/16, NJW 2018, 3014 Tz. 20 (im Weiteren auch zu den Voraussetzungen und den Grenzen einer Anfechtungsbefugnis des einzelnen GbR-Gesellschafters als Maßnahme der Notgeschäftsführung analog § 744 Abs. 2 BGB).
406 OLG Nürnberg, Urt. v. 16.7.2014 – 12 U 2267/12, ZIP 2014, 2081; Rowedder/Schmidt-Leithoff/*Ganzer*, Anh. § 47 Rn. 44; MünchKommGmbHG/*Wertenbruch*, Anh. § 47 Rn. 249.
407 BGH, Urt. v. 12.6.1989 – II ZR 246/88, BGHZ 108, 21 = BB 1989, 1496 = NJW 1989, 2694; ebenso Gehrlein/Born/Simon/*Teichmann*, Anh. § 47 Rn. 58.
408 BGH, Urt. v. 21.10.1968 – II ZR 181/66, BB 1968, 1452 = NJW 1969, 133 (zu § 16 Abs. 1 GmbHG a. F.); so auch Gehrlein/Born/Simon/*Teichmann*, Anh. § 47 Rn. 57.
409 OLG Celle, Urt. v. 22.1.2014 – 9 U 93/13, ZIP 2014, 1529.

Kap. 4 Die Gesellschafterversammlung

schluss die weitere Rechtsinhaberschaft zuzubilligen, damit er von seiner verfassungsrechtlich gebotenen Rechtsschutzmöglichkeit Gebrauch machen kann.[410] Die Anfechtbarkeit scheidet aus, soweit der anfechtende Gesellschafter ausschließlich die Verletzung fremder Partizipationsinteressen rügt.[411] Fehlt die Anfechtungsbefugnis, so ist die gleichwohl erhobene Anfechtungsklage als **unbegründet** abzuweisen.[412] Gibt ein GmbH-Gesellschafter, der einen Gesellschafterbeschluss mit der Nichtigkeits- und/oder der Anfechtungsklage angegriffen hat, seine Gesellschafterstellung **während der Dauer des Rechtsstreits** auf oder verliert er sie, so findet, da sowohl das Anfechtungsrecht als auch das Recht, ohne persönliches Interesse die Nichtigkeit eines Gesellschafterbeschlusses feststellen zu lassen, Ausfluss des Mitgliedschaftsrechts ist, auf die Abtretung des Geschäftsanteils des Nichtigkeits- und Anfechtungsklägers die Vorschrift des § 265 Abs. 2 ZPO Anwendung. Dies bedeutet, dass die Abtretung des Geschäftsanteils auf den Prozess keinen Einfluss hat, der Kläger den Rechtsstreit vielmehr fortsetzen kann, sofern er daran noch ein rechtliches Interesse hat.[413] Geschäftsführer haben kein generelles Anfechtungsrecht (keine Analogie zu § 245 Nr. 4 AktG), sondern nur ein solches analog § 245 Nr. 5 AktG.[414] Die Anfechtungsklage ist gegen die **GmbH**, vertreten durch deren Geschäftsführer, zu richten.[415]

---

410 BGH, Beschl. v. 29.1.2019 – II ZR 234/18, BeckRS 2019, 2668; BGH, Urt. v. 24.1.2012 – II ZR 109/11, BGHZ 192, 236 = BB 2012, 664 = NZG 2012, 259 Tz. 24; BGH, Urt. v. 19.9.1977 – II ZR 11/76, NJW 1977, 2316.
411 OLG Stuttgart, Urt. v. 27.6.2018 – 14 U 33/17, BeckRS 2018, 21664 Tz. 96.
412 BGH, Beschl. v. 11.6.2007 – II ZR 152/06, BB 2007, 2537 = NJW-RR 2008, 289 Tz. 6; auch BGH, Urt. v. 15.2.1992 – II ZR 173/91, NJW-RR 1992, 1388 (zur AG); im selben Sinne Lutter/Hommelhoff/*Bayer*, Anh. § 47 Rn. 75; Bork/Schäfer/*Casper*, § 47 Rn. 80; MünchKommGmbHG/*Wertenbruch*, Anh. § 47 Rn. 241; a.A. Scholz/ *K. Schmidt*, § 45 Rn. 147; Michalski/Heidinger/Leible/Schmidt/*Römermann*, Anh. § 47 Rn. 483: Anfechtungsklage unzulässig.
413 BGH, Urt. v. 12.7.1993 – II ZR 65/92, BB 1993, 1681 = NJW-RR 1993, 1253; BGH, Urt. v. 25.2.1965 – II ZR 287/63, BGHZ 43, 261 = BB 1965, 516 = NJW 1965, 1378; ebenso Baumbach/Hueck/*Zöllner/Noack*, Anh. § 47 Rn. 137; Lutter/Hommelhoff/ *Bayer*, Anh. § 47 Rn. 72; Gehrlein/Born/Simon/*Teichmann*, Anh. § 47 Rn. 58; Scholz/*K. Schmidt*, § 45 Rn. 133.
414 BGH, Urt. v. 28.1.1980 – II ZR 84/79, BGHZ 76, 154 = NJW 1980, 1527; OLG Köln, Urt. v. 14.6.2018 – 18 U 36/17, BeckRS 2018, 17085 Tz. 50; so auch Bork/Schäfer/ *Casper*, § 47 Rn. 80; Lutter/Hommelhoff/*Bayer*, Anh. § 47 Rn. 73; Baumbach/ Hueck/*Zöllner/Noack*, Anh. § 47 Rn. 141; auch ein Anfechtungsrecht analog § 245 Nr. 5 AktG ablehnend MünchKommGmbHG/*Wertenbruch*, Anh. § 47 Rn. 260; Gehrlein/Born/Simon/*Teichmann*, Anh. § 47 Rn. 62.
415 BGH, Urt. v. 10.11.1980 – II ZR 51/80, BB 1981, 199 = NJW 1981, 1041; Baumbach/ Hueck/*Zöllner/Noack*, Anh. § 47 Rn. 163 und 165; Rowedder/Schmidt-Leithoff/*Ganzer*, Anh. § 47 Rn. 49; Scholz/*K. Schmidt*, § 45 Rn. 148; MünchKommGmbHG/*Wertenbruch*, Anh. § 47 Rn. 283.

IV. Rechtliche Kontrolle von Gesellschafterbeschlüssen   **Kap. 4**

b) Anfechtungsfrist

Der BGH wendet in ständiger Rechtsprechung auf fehlerhafte Beschlüsse der **82** Gesellschafterversammlung einer GmbH die aktienrechtlichen Vorschriften mit der Folge entsprechend an, dass von dem Versammlungsleiter festgestellte Beschlüsse, soweit sie zwar fehlerhaft, aber nicht nichtig sind, vorläufig verbindlich und binnen einer am **Leitbild** des § 246 Abs. 1 AktG orientierten Frist von **einem Monat** angefochten werden müssen, wenn sie nicht endgültig wirksam werden sollen. Liegen keine besonderen Umstände vor, die den Gesellschafter an einer früheren Klageerhebung hindern, und ist eine einverständliche Regelung nicht zu erwarten, so muss der Gesellschafter Mängel, die für ihn bereits bei der Beschlussfassung erkennbar sind, innerhalb eines Monats durch Erhebung der Anfechtungsklage geltend machen.[416] Wenn schwierige tatsächliche oder rechtliche Fragen zu klären sind, kommt eine Verlängerung der Frist in Betracht.[417] Gleichwohl ist der Gesellschafter gut beraten, wenn er stets die Monatsfrist wahrt.[418] Andererseits kann die Berufung der verklagten GmbH auf die Überschreitung der Monatsfrist im Einzelfall rechtsmissbräuchlich sein.[419] Ausreichend ist eine innerhalb der Monatsfrist eingereichte Klage, die demnächst zugestellt wird (§ 167 ZPO).[420] Die Gründe, auf die die Anfechtung gestützt wird, müssen in ihrem wesentlichen Kern innerhalb der Frist des § 246 Abs. 1 AktG in den Rechtsstreit eingeführt werden. Geschieht dies erst nach Ablauf der Anfechtungsfrist, so kommt dies einer verspäteten Klage gleich. Die verspätet vorgebrachten Gründe sind dann unbeachtlich.[421] Die Frist beginnt grundsätzlich mit dem **Zeitpunkt der Beschlussfassung** zu laufen; freilich kann der Gesellschaftsvertrag den Fristbeginn auf den Zeitpunkt des Zugangs des Protokolls

---

[416] BGH, Beschl. v. 13.7.2009 – II ZR 272/08, NZG 2009, 1110; BGH, Urt. v. 18.4.2005 – II ZR 151/03, BB 2005, 1241 = NZG 2005, 551; BGH, Urt. v. 14.3.2005 – II ZR 153/03, BB 2005, 957 = NZG 2005, 479; BGH, Urt. v. 3.5.1999 – II ZR 119/98, BB 1999, 1345 = NJW 1999, 2115; BGH, Urt. v. 12.1.1998 – II ZR 82/93, BB 1998, 635 = NJW 1998, 1559; noch unklar BGH, Urt. v. 14.5.1990 – II ZR 126/89, BGHZ 111, 224 = BB 1990, 1293 = NJW 1990, 2625.
[417] BGH, Urt. v. 14.5.1990 – II ZR 126/89, BGHZ 111, 224 = BB 1990, 1293 = NJW 1990, 2625; ebenso Scholz/*K. Schmidt*, § 45 Rn. 143; Lutter/Hommelhoff/*Bayer*, Anh. § 47 Rn. 63; Baumbach/Hueck/*Zöllner/Noack*, Anh. § 47 Rn. 145; Gehrlein/Born/Simon/*Teichmann*, Anh. § 47 Rn. 65; a.A. Michalski/Heidinger/Leible/Schmidt/*Römermann*, Anh. § 47 Rn. 465 ff., der – durchaus plausibel – aus Gründen der Rechtssicherheit stets auf die Monatsfrist abstellt.
[418] *Goette*, § 7 Rn. 98.
[419] Vgl. BGH, Beschl. v. 13.7.2009 – II ZR 272/08, NZG 2009, 1110.
[420] *Goette*, § 7 Rn. 84.
[421] BGH, Urt. v. 18.4.2005 – II ZR 151/03, BB 2005, 1241 = NZG 2005, 551; BGH, Urt. v. 14.3.2005 – II ZR 153/03, BB 2005, 957 = NZG 2005, 479; BGH, Urt. v. 9.11.1992 – II ZR 230/91, BGHZ 120, 141 = NJW 1992, 400.

Kap. 4 Die Gesellschafterversammlung

hinausschieben.[422] Bei in Abwesenheit des betreffenden Gesellschafters gefassten Beschlüssen, die ihm nicht zeitnah mitgeteilt werden, beginnt die Anfechtungsfrist – jedenfalls dann, wenn der Gesellschafter Kenntnis von der Versammlung und ihrer Tagesordnung hatte – spätestens nach Ablauf einer Erkundigungsfrist von etwa zwei Wochen.[423]

c) Zuständiges Gericht

83 Für die Erhebung von Anfechtungsklagen besteht analog § 246 Abs. 3 Satz 1 AktG eine ausschließliche Zuständigkeit des Landgerichts, in dessen Bezirk die Gesellschaft ihren **Sitz** hat. Innerhalb des Landgerichts ist gemäß § 95 Abs. 2 Nr. 1 GVG (ausschließlich) die Kammer für Handelssachen zuständig.[424] Anfechtungsklagen können mittlerweile allerdings auch vor privaten **Schiedsgerichten** geführt werden. Denn Beschlussmängelstreitigkeiten innerhalb der GmbH sind, nachdem der BGH seine gegenteilige Ansicht[425] aufgegeben hat, nunmehr als grundsätzlich schiedsfähig anerkannt, und zwar auch ohne ausdrückliche gesetzliche Anordnung der (Rechtskraft-)Wirkungen der §§ 248 Abs. 1 Satz 1, 249 Abs. 1 Satz 1 AktG allein kraft einer dies analog im Gesellschaftsvertrag festschreibenden Schiedsvereinbarung oder einer außerhalb der Satzung unter Mitwirkung aller Gesellschafter und der Gesellschaft getroffenen Individualabrede. Die Schiedsfähigkeit besteht allerdings nur, sofern und soweit das schiedsgerichtliche Verfahren in einer dem Rechtsschutz durch staatliche Gerichte gleichwertigen Weise – d. h. unter Einschaltung eines aus dem Rechtsstaatsprinzip folgenden Mindeststandards und damit an Rechtsschutzgewährung für alle ihr unterworfenen Gesellschafter – ausgestaltet ist.[426] Eine Schiedsklausel zu Beschlussmängelstreitigkeiten muss also – am Maßstab des § 138 BGB gemessen – bestimmte **Mindestanforderungen** erfüllen, u. a. grundsätzlich mit Zustimmung sämtlicher Gesellschafter in der Satzung verankert sein und grundsätzlich jedem Gesellschafter die Mitwirkung an Auswahl und Bestellung der Schiedsrichter ermöglichen.[427]

---

422 BGH, Urt. v. 15.6.1998 – II ZR 40/97, NJW 1998, 3344.
423 OLG Hamm, Urt. v. 21.12.2015 – 8 U 67/15, BeckRS 2016, 100563 Tz. 48.
424 KG, Beschl. v. 20.7.2017 – 2 AR 24/17, NJW-RR 2017, 1189 Tz. 7 f. (zur Genossenschaft); ebenso Baumbach/Hueck/*Zöllner/Noack*, Anh. § 47 Rn. 168; Michalski/Heidinger/Leible/Schmidt/*Römermann*, Anh. § 47 Rn. 509.
425 BGH, Urt. v. 29.3.1996 – II ZR 124/95, BGHZ 132, 278 = BB 1996, 1074 = NJW 1996, 1753.
426 BGH, Urt. v. 6.4.2009 – II ZR 255/08, BGHZ 180, 221 = BB 2009, 1260 = NJW 2009, 1964 Tz. 10.
427 Mit allen Einzelheiten BGH, Urt. v. 6.4.2009 – II ZR 255/08, BGHZ 180, 221 = BB 2009, 1260 = NJW 2009, 1964 Tz. 20; außerdem Lutter/Hommelhoff/*Bayer*, Anh. § 47 Rn. 97 ff.; Bork/Schäfer/*Casper*, § 47 Rn. 83; Gehrlein/Born/Simon/*Teichmann*, Anh. § 47 Rn. 90 ff.; Scholz/*K. Schmidt*, § 45 Rn. 150.

d) Urteil

Haben mehrere Gesellschafter sowohl Nichtigkeits- als auch Anfechtungsklage gegen einen Gesellschafterbeschluss erhoben, ist ein **Teilurteil**, das sich auf die Nichtigkeitsklage bzw. die Anfechtungsklage oder einen Teil der Klage beschränkt, unzulässig. Der Tatrichter hat den angegriffenen Beschluss anhand des gesamten von der Klägerseite vorgetragenen Sachverhalts auf seine Nichtigkeit hin zu überprüfen, unabhängig davon, ob die Klägerseite die Gründe unter dem Gesichtspunkt der Nichtigkeit oder Anfechtbarkeit vorgetragen hat. Eine Teilung des **Streitgegenstandes** danach, ob der Sachvortrag die Voraussetzungen der Nichtigkeit oder der Anfechtbarkeit erfüllt, scheidet daher aus.[428]

84

e) Kein Erfordernis der Kausalität des Verfahrensfehlers für Beschluss

Nach der Rechtsprechung des BGH, kommt es – entgegen früherer Auffassung – für die Anfechtbarkeit nicht darauf an, ob der Entzug des Rederechts oder die Vorenthaltung der begehrten Informationen für das Abstimmungsergebnis ursächlich geworden ist. Die Anfechtung scheitert also nicht an der fehlenden **Kausalität** für das Beschlussergebnis. Vielmehr scheidet eine Anfechtbarkeit nur dann aus, wenn die Gesellschaft darlegen und beweisen kann, dass dieser Verfahrensfehler bei wertender Betrachtung schlechthin nicht relevant geworden sein kann. Das ist jedenfalls dann zu verneinen, wenn dem Gesellschafter ohne Grund das Wort entzogen worden ist. **Relevanz** ist ferner anzunehmen, wenn Fragen nicht beantwortet werden, die in einem nicht nur ganz unbedeutenden Zusammenhang mit dem Beschlussgegenstand stehen, und die Informationen damit zu dessen sachgemäßer Beurteilung erforderlich sind. Relevanz ist auch bei Bekanntmachungsmängeln regelmäßig gegeben.[429] Der Verstoß rechtfertigt die Anfechtbarkeit des Beschlusses ungeachtet dessen, ob der tatsächliche Inhalt einer verweigerten und später eventuell erteilten Auskunft einen objektiv urteilenden Gesellschafter von der Zustimmung zu der Beschlussvorlage abgehalten hätte.[430]

85

f) Vorrang von Nebenabreden

Verstößt ein Gesellschafterbeschluss gegen von den Gesellschaftern getroffene **Nebenabreden**, so ist er, auch wenn ihm davon abgesehen kein rechtlicher Mangel anhaftet, anfechtbar. Der Mehrheitsbeschluss einer Gesellschafterversamm-

86

---

[428] BGH, Urt. v. 1.3.1999 – II ZR 305/97, NJW 1999, 1638.
[429] BGH, Urt. v. 20.9.2004 – II ZR 334/02, BB 2004, 2597 = NZG 2005, 69; BGH, Urt. v. 20.9.2004 – II ZR 288/02, BB 2004, 2482 = NZG 2004, 1109; BGH, Urt. v. 25.11.2002 – II ZR 49/01, BGHZ 153, 32 = BB 2003, 462 = NJW 2003, 970; BGH, Urt. v. 12.11.2001 – II ZR 225/99, BGHZ 149, 158 = BB 2002, 165 = NJW 2002, 1128; ebenso Lutter/Hommelhoff/*Bayer*, Anh. § 47 Rn. 50ff.
[430] BGH, Urt. v. 18.10.2004 – II ZR 250/02, BB 2005, 65 = NZG 2005, 77.

Kap. 4 Die Gesellschafterversammlung

lung, sich an einem anderen Unternehmen zu beteiligen, kann – obwohl von der Satzung gedeckt – anfechtbar sein, wenn sich alle Gesellschafter schuldrechtlich untereinander verpflichtet haben, eine solche Geschäftstätigkeit der GmbH zu unterlassen.[431] Ebenso kann der Beschluss der Gesellschafterversammlung, einen Geschäftsführer abzuberufen, trotz Vereinbarkeit mit der Satzung anfechtbar sein, wenn sich alle Gesellschafter einig waren, eine Abberufung solle nur mit Zustimmung des betroffenen Gesellschafters erfolgen können.[432]

g) Bestätigung

87 Mit Hilfe eines Bestätigungsbeschlusses kann analog § 244 AktG die (vornehmlich auf Verfahrensfehlern beruhende) Anfechtbarkeit eines Beschlusses beseitigt werden, indem der ursprüngliche Mangel behoben wird. Die – ihrerseits rechtsfehlerfreie – Bestätigung wirkt nicht zurück, sondern lässt den Anfechtungsgrund **ex nunc für die Zukunft** entfallen.[433] Da der Bestätigungsbeschluss, durch den die Anerkennung des früheren Beschlusses als gültig und verbindlich verlautbart wird, keine Neuvornahme darstellt, wird der frühere Beschluss auf der Grundlage der **seinerzeitigen Beschlussvoraussetzungen** unter Vermeidung des früheren Rechtsfehlers geheilt; darum bedarf es keiner Prüfung, ob die Maßnahme auch noch im Zeitpunkt der Bestätigung zulässig ist.[434] Ein Bestätigungsbeschluss kann bei rechtlichen Zweifeln unter der Bedingung gefasst werden, dass der frühere Beschluss anfechtbar ist.[435] Die Bestätigung hat materiellrechtliche Wirkung, so dass die gegen den ursprünglichen Beschluss gerichtete Anfechtungsklage nicht lediglich wegen des Verlusts des Rechtsschutzinteresses als unzulässig, sondern als unbegründet zu erachten ist.[436] Ein wirksamer Bestätigungsbeschluss beseitigt nicht nur die Anfechtbarkeit des Erstbeschlusses, sondern entzieht auch einer mit der Anfechtungsklage verbundenen Beschlussfeststellungsklage die Grundlage.[437]

---

431 BGH, Urt. v. 20.1.1983 – II ZR 243/81, BB 1983, 996 = NJW 1983, 1910.
432 BGH, Urt. v. 27.10.1986 – II ZR 240/85, BB 1987, 218 = NJW 1987, 1890.
433 Baumbach/Hueck/Zöllner/*Noack*, Anh. § 47 Rn. 131; MünchKommGmbHG/*Wertenbruch*, Anh. § 47 Rn. 214; Michalski/Heidinger/Leible/Schmidt/*Römermann*, Anh. § 47 Rn. 375; Roth/*Altmeppen*, Anh. § 47 Rn. 214; Gehrlein/Born/Simon/*Teichmann*, Anh. § 47 Rn. 56; Scholz/*K. Schmidt*, § 45 Rn. 121.
434 BGH, Urt. v. 15.12.2003 – II ZR 194/01, BGHZ 157, 206 = BB 2004, 346 = NJW 2004, 1165 (zur AG); so auch Scholz/*K. Schmidt*, § 45 Rn. 121; MünchKommGmbHG/*Wertenbruch*, Anh. § 47 Rn. 215; kritisch Baumbach/Hueck/Zöllner/*Noack*, Anh. § 47 Rn. 134.
435 BGH, Urt. v. 12.12.2005 – II ZR 253/03, NJW-RR 2006, 472.
436 BGH, Urt. v. 15.12.2003 – II ZR 194/01, BGHZ 157, 206 = BB 2004, 346 = NJW 2004, 1165 (zur AG); Michalski/Heidinger/Leible/Schmidt/*Römermann*, Anh. § 47 Rn. 374; MünchKommGmbHG/*Wertenbruch*, Anh. § 47 Rn. 215; Baumbach/Hueck/Zöllner/*Noack*, Anh. § 47 Rn. 134.
437 BGH, Urt. v. 12.12.2005 – II ZR 253/03, NJW-RR 2006, 472.

Kapitel 5
Der Geschäftsführer

Übersicht

	Rn.
I. Geschäftsführer als Vertretungs- und Geschäftsführungsorgan	1
1. Funktion des Geschäftsführers	1
2. Vertretung	2
a) Umfang der Vertretungsmacht	3
b) Immanente Grenzen der Vertretungsmacht	4
c) Innengeschäfte	5
d) Verbot des Insichgeschäfts	6
e) Gesamtvertretung	9
f) Prozessvertretung	10
g) Rechtsscheinhaftung des Geschäftsführers	11
h) Zugang und Zustellung	12
3. Geschäftsführung	16
a) Begriff	16
b) Gesetzliche Aufgaben der Geschäftsführer	17
c) Gesamtgeschäftsführung	18
d) Grenzen der Geschäftsführung	20
II. Organverhältnis	23
1. Unterscheidung zwischen Organ- und Anstellungsverhältnis	23
2. Berufung in das Organverhältnis	24
a) Person des Geschäftsführers	24
b) Bestellungsorgan	28
c) Bestellungsakt	31
3. Beendigung der Organstellung	32
a) Allgemeine Beendigungsgründe	32
b) Ordentliche Abberufung	33
c) Abberufung aus wichtigem Grund	38
d) Kein Weiterbeschäftigungsanspruch des abberufenen Geschäftsführers	40

	Rn.
e) Amtsniederlegung	41
f) Aufhebungsvertrag	44
III. Anstellungsverhältnis	45
1. Begründung des Anstellungsverhältnisses	45
a) Zuständiges Organ	45
b) Umsetzung der Anstellung	46
c) Rechtsnatur des Anstellungsverhältnisses: Dienstvertrag	47
d) Form	48
e) Fehlerhafter Anstellungsvertrag	49
2. Rechte des Geschäftsführers	50
a) Vergütung	50
b) Nebenansprüche	55
c) Ruhegehalt	56
3. Pflichten des Geschäftsführers	64
a) Ausübung der Organstellung in Übereinstimmung mit dem Gesetz	64
b) Geschäftliche Risiken	65
c) Allgemeine Pflichten	66
d) Wettbewerbsverbot	67
4. Beendigung des Anstellungsverhältnisses	73
a) Allgemeine Beendigungsgründe	73
b) Ordentliche Kündigung	75
c) Außerordentliche Kündigung	78
d) Aufhebungsvertrag	88
IV. Haftung des Geschäftsführers	89
1. Ansprüche der GmbH gegen den Geschäftsführer	89
a) Verstoß gegen Auszahlungsverbot des § 30 GmbHG	89
b) Schadensersatzansprüche wegen Pflichtverletzung (§ 43 GmbHG)	90

Kap. 5 Der Geschäftsführer

	Rn.		Rn.
c) Kreditgewährung aus gebundenem Vermögen	101	e) Insbesondere: Haftung wegen Nichtabführens von Sozialversicherungsbeiträgen	124
d) Masseschmälerung	102		
e) Insolvenzverursachung	109		
f) Gründerhaftung	115	3. Ansprüche der Veräußerer und Erwerber eines Geschäftsanteils	125
2. Ansprüche der Gläubiger der GmbH	116		
a) Verschulden bei Vertragsschluss	117	V. Haftung von Prokuristen und Handlungsbevollmächtigten	126
b) Garantieversprechen	118	1. Verletzung des Anstellungsvertrages	127
c) Insolvenzverschleppung	119		
d) Deliktische Haftung	123	2. Deliktische Haftung	128

I. Geschäftsführer als Vertretungs- und Geschäftsführungsorgan

1. Funktion des Geschäftsführers

1 Die GmbH hat zwei notwendige Organe, die Gesellschafter in ihrer Gesamtheit (Gesellschafterversammlung) sowie den oder die Geschäftsführer. § 6 Abs. 1 GmbHG schreibt als Grundnorm den Geschäftsführer als Handlungsorgan der Gesellschaft vor. Der Geschäftsführer leitet das Unternehmen nach den Richtlinien der Gesellschafter (§ 37 GmbHG) und vertritt die Gesellschaft im Rechts- und Geschäftsverkehr (§ 35 GmbHG). Deswegen kann man den Geschäftsführer als **Leitungs- und Vertretungsorgan** der GmbH bezeichnen. Die Vertretung stellt die Kernkompetenz des Geschäftsführers dar und kann ihm nicht durch die Gesellschafterversammlung entzogen oder auf ein anderes Organ übertragen werden. Die GmbH bedarf bereits vor ihrer Eintragung eines Geschäftsführers, um die Mindesteinlagen entgegenzunehmen (§ 7 Abs. 2 GmbHG) und die Anmeldung der Gesellschaft in das Handelsregister (§§ 7 Abs. 1, 8 GmbHG) zu bewirken. Die Bezeichnung des Leitungsorgans als Geschäftsführer ist für die Eintragung in das Handelsregister zwingend; durch Gesellschaftsvertrag oder Gesellschafterbeschluss kann der Titel des (General-)Direktors oder des CEO, aber wegen der Gefahr einer Verwechslung mit der Rechtsform der AG nicht der des Vorstands verliehen werden.[1] Die Funktion als „Sprecher der Geschäftsführung" kann einem von mehreren Geschäftsführern verliehen, als solche aber nicht in

---

1 Scholz/*U. Schneider*/*S. Schneider*, § 6 Rn. 6; Baumbach/Hueck/*Zöllner*/*Noack*, § 35 Rn. 2; Gehrlein/Born/Simon/*Buck-Heeb*, § 6 Rn. 4; großzügiger Lutter/Hommelhoff/ *Kleindiek*, § 6 Rn. 4.

I. Geschäftsführer als Vertretungs- und Geschäftsführungsorgan   Kap. 5

das Handelsregister eingetragen werden.[2] Der Geschäftsführer selbst ist, auch wenn er im Handelsregister unter dieser Berufsbezeichnung eingetragen ist, kein **Kaufmann** im Sinne des HGB, kann aber als ehrenamtlicher Handels-, Arbeits- und Sozialrichter tätig werden (§ 109 Abs. 1 Nr. 3 GVG, § 22 Abs. 2 Nr. 1 ArbGG, § 16 Abs. 4 Nr. 2 SGG).

2. Vertretung

Die Gesellschaft wird gemäß § 35 Abs. 1 Satz 1 GmbHG durch die Geschäftsführer gerichtlich und außergerichtlich vertreten. Dabei handelt es sich um eine **organschaftliche Vertretungsmacht**, die nicht auf Rechtsgeschäft, sondern auf der Stellung des Geschäftsführers als Organ der GmbH beruht.[3] Art und Umfang der Vertretungsbefugnis der Geschäftsführer sind zum Handelsregister anzumelden und dort einzutragen (§§ 8 Abs. 4 Nr. 2, 10 Abs. 1 Satz 2 GmbHG).[4]   2

a) Umfang der Vertretungsmacht

Die Vertretungsmacht des Geschäftsführers ist unbeschränkt und kann – jedenfalls im Außenverhältnis (§ 37 Abs. 2 GmbHG) – nicht beschränkt werden.[5] Als Bestandteil der Organstellung kann die Vertretungsmacht nicht durch die Satzung beschränkt oder entzogen werden. Die Vertretungsmacht kann auch nicht für bestimmte Bereiche auf Gesellschafter oder den Aufsichtsrat übertragen werden.[6] Die Befugnis des Geschäftsführers einer GmbH zur organschaftlichen Willensbildung und -erklärung und die damit verbundene Verantwortung sind unübertragbar. Darum sind weder der Geschäftsführer noch die Gesellschafter berechtigt, einen Nichtgeschäftsführer mit einer umfassenden **organschaftlichen Generalvollmacht** auszustatten. Geschäftsführungs- und Vertretungsbefugnis können nicht insgesamt einer Person anvertraut werden, ohne dass diese zum Geschäftsführer bestellt würde.[7] Im Zweifel ist eine solche Generalvollmacht in   3

---

2 OLG München, Beschl. v. 5.3.2012 – 31 Wx 47/12, NJW-RR 2012, 614.
3 Bork/Schäfer/*Jacoby*, § 35 Rn. 20; Michalski/Heidinger/Leible/Schmidt/*Lenz*, § 35 Rn. 8; MünchKommGmbHG/*Stephan*/*Tieves*, § 35 Rn. 92; Rowedder/Schmidt-Leithoff/*Baukelmann*, § 35 Rn. 8.
4 Die konkrete Vertretungsregelung eines Geschäftsführers ist dann nicht eintragungsfähig, wenn sie abweichend von der abstrakten Vertretungsbefugnis mittels Gesellschafterbeschlusses beschränkt wurde (OLG München, Beschl. v. 25.7.2017 – 31 Wx 194/17, BeckRS 2017, 118271 Tz. 8).
5 Lutter/Hommelhoff/*Kleindiek*, § 35 Rn. 3; Gehrlein/Born/Simon/*Buck-Heeb*, § 35 Rn. 2; Michalski/Heidinger/Leible/Schmidt/*Lenz*, § 35 Rn. 35.
6 MünchKommGmbHG/*Stephan*/*Tieves*, § 35 Rn. 92; Scholz/*U. Schneider*/*S. Schneider*, § 35 Rn. 14.
7 BGH, Urt. v. 18.10.1976 – II ZR 9/75, BB 1976, 1577 = NJW 1977, 199; Scholz/*U. Schneider*/*S. Schneider*, § 35 Rn. 15; Rowedder/Schmidt-Leithoff/*Baukelmann*, § 35 Rn. 9; Michalski/Heidinger/Leible/Schmidt/*Lenz*, § 35 Rn. 9.

Kap. 5 Der Geschäftsführer

eine rechtsgeschäftliche Vollmacht umzudeuten, die sämtliche nicht den Organen vorbehaltene Rechtsgeschäfte umfasst.[8] Die Vertretungsmacht des Geschäftsführers erstreckt sich auf alle denkbaren Unternehmensgeschäfte und ist nicht auf den gegenständlichen Bereich des Unternehmens oder die konkrete Zweckbindung der GmbH beschränkt.[9] Die Vertretungsmacht deckt danach auch den Erwerb von Beteiligungen und die Gründung von Tochtergesellschaften.[10]

b) Immanente Grenzen der Vertretungsmacht

4 Die Vertretungsmacht des Geschäftsführers ist im Außenverhältnis grundsätzlich unbeschränkbar (§ 37 Abs. 2 GmbHG). Interne Beschränkungen können Dritten grundsätzlich nicht entgegengehalten werden. Aus Gründen des Verkehrsschutzes hat der Gesetzgeber bei Handelsgesellschaften den Umfang der organschaftlichen Vertretungsbefugnis zwingend festgelegt. Um einen Verkehrsschutz geht es aber dann nicht, wenn der Geschäftsführer bei Abschluss des Vertrages den an sich nur intern wirkenden Zustimmungsvorbehalt anderer Gesellschaftsorgane[11] zum Gegenstand der mit dem Dritten getroffenen Regelung macht. Derartige Abreden im Außenverhältnis sind unbedenklich zulässig, weil der dritte Vertragspartner die interne Beschränkung des handelnden Vertreters kennt und sie in Form einer **Wirksamkeitsbedingung** (aufschiebende Bedingung i. S. des § 158 Abs. 1 BGB) zum Vertragsinhalt wird. In diesem Fall findet § 37 Abs. 2 GmbHG keine Anwendung. Der Vertrag erlangt dann nur bei Zustimmung des anderen Organs Gültigkeit.[12] Außerdem gelten die allgemeinen Grundsätze über den **Missbrauch der Vertretungsmacht**. Im Falle der **Kollusion**, wenn also Geschäftsführer und Vertragsgegner bewusst zum Nachteil der GmbH zusammenwirken, ist ein Missbrauch unstreitig gegeben.[13] Diese Regeln greifen aber auch dann ein, wenn der Vertragspartner der Gesellschaft weiß oder es sich ihm aufdrängen muss, dass der Geschäftsführer die Grenzen überschreitet, die seiner Vertretungsbefugnis im Innenverhältnis zu der Gesellschaft gezogen sind. In dieser Fallgruppe der Erkennbarkeit der Vertretungsüberschreitung, falls etwa der Vertragspartner weiß, dass der Geschäftsführer den im Innenverhältnis erforderlichen Gesellschafterbeschluss nicht herbeigeführt hat, ist es

---

8 BGH, Urt. v. 18.7.2002 – III ZR 124/01, BB 2002, 1824 = NJW-RR 2002, 1325; ebenso Roth/*Altmeppen*, § 35 Rn. 15; Rowedder/Schmidt-Leithoff/*Baukelmann*, § 35 Rn. 9.
9 Roth/*Altmeppen*, § 35 Rn. 17.
10 Michalski/Heidinger/Leible/Schmidt/*Lenz*, § 35 Rn. 39; Baumbach/Hueck/*Zöllner/Noack*, § 35 Rn. 87; Roth/*Altmeppen*, § 35 Rn. 22.
11 Dazu Kap. 4 zu Rn. 16.
12 BGH, Urt. v. 23.6.1997 – II ZR 353/95, BB 1997, 1808 = NJW 1997, 2678; ebenso Roth/*Altmeppen*, § 37 Rn. 37; Rowedder/Schmidt-Leithoff/*Baukelmann*, § 37 Rn. 46.
13 Gehrlein/Born/Simon/*Buck-Heeb*, § 35 Rn. 37; Scholz/*U. Schneider/S. Schneider*, § 35 Rn. 188; Rowedder/Schmidt-Leithoff/*Baukelmann*, § 37 Rn. 54.

I. Geschäftsführer als Vertretungs- und Geschäftsführungsorgan **Kap. 5**

ohne Bedeutung, ob der Geschäftsführer zum Nachteil der GmbH handelt.[14] Eine solche erkennbare Grenzüberschreitung kommt vor allem in Betracht, wenn die **Vertragskonditionen** beim Abschluss gegenseitiger Verträge für die Gesellschaft grob nachteilig sind oder wenn die Bestimmung der Vergütung weitgehend dem Vertragspartner der Gesellschaft überlassen ist und eine effektive Kontrolle der Höhe der Vergütung der Gesellschaft nicht möglich ist.[15] Ist der Geschäftsgegner ein **Gesellschafter**, so ist von einer Kenntnis des Missbrauchs auszugehen, wenn sich die Überschreitung der Vertretungsmacht aus dem Gesellschaftsvertrag ergibt.[16]

c) Innengeschäfte

Die Vertretungsmacht des Geschäftsführers erstreckt sich auch auf die sog. **Innengeschäfte**, also Geschäfte mit Organen der GmbH oder zwischen der GmbH und Gesellschaftern.[17] Dies betrifft die Zustimmung zur Anteilsveräußerung (§ 15 Abs. 5 GmbHG), den Erwerb und die Veräußerung eigener Geschäftsanteile (§ 33 GmbHG), die Einziehung von Geschäftsanteilen (§ 34 GmbHG) sowie die im Kaduzierungsverfahren (§§ 21 ff. GmbHG) abzugebenden Erklärungen. Hier kann allerdings die Wirksamkeit der Vertretung an den Grundsätzen über den Missbrauch der Vertretungsmacht scheitern. Gegenüber Mitgeschäftsführern besteht keine Vertretungsmacht, sofern deren **Dienstverhältnis** berührt ist. Hier greift vielmehr nach § 46 Nr. 5 GmbHG die ausschließliche Zuständigkeit der Gesellschafterversammlung ein. Darum ist ein Geschäftsführer gehindert, mit einem Mitgeschäftsführer einen Aufhebungsvertrag zu schließen oder ihm eine Generalbereinigung zu erteilen.[18] Anders verhält es sich, wenn ein normales Verkehrsgeschäft mit einem anderen Geschäftsführer vereinbart wird.[19]

5

---

14 BGH, Urt. v. 8.1.2019 – II ZR 364/18, BB 2019, 1100 = NJW 2019, 1512 Tz 40; BGH, Urt. v. 18.10.2017 – I ZR 6/16, NJW-RR 2018, 222 Tz. 22; BGH, Beschl. v. 19.6.2006 – II ZR 337/05 i.V. mit Hinweisbeschluss v. 10.4.2006, DStR 2006, 1515 Tz. 2; gleichsinnig Gehrlein/Born/Simon/*Buck-Heeb*, § 35 Rn. 37 f.
15 BGH, Urt. v. 13.11.1995 – II ZR 113/94, BB 1996, 128 = NJW 1996, 589; auch Lutter/Hommelhoff/*Kleindiek*, § 35 Rn. 23 f.; Scholz/*U. Schneider/S. Schneider*, § 35 Rn. 27 und 195.
16 BGH, Urt. v. 20.9.1962 – II ZR 209/61, BGHZ 38, 26 = BB 1962, 1259 = NJW 1962, 2344 (zur oHG); so auchLutter/Hommelhoff/*Kleindiek*, § 35 Rn. 25; Gehrlein/Born/Simon/*Buck-Heeb*, § 35 Rn. 38.
17 Michalski/Heidinger/Leible/Schmidt/*Lenz*, § 35 Rn. 37; Roth/*Altmeppen*, § 35 Rn. 19; a. A. Baumbach/Hueck/*Zöllner/Noack*, § 35 Rn. 92; offen Lutter/Hommelhoff/*Kleindiek*, § 35 Rn. 19.
18 BGH, Urt. v. 8.12.1997 – II ZR 236/96, BB 1998, 444 = NJW 1998, 1315.
19 Scholz/*U. Schneider/S. Schneider*, § 35 Rn. 33 f.; MünchKommGmbHG/*Stephan/Tieves*, § 35 Rn. 99.

Kap. 5 Der Geschäftsführer

d) Verbot des Insichgeschäfts

aa) Grundsatz

6   Die in § 181 BGB niedergelegten Verbote des **Selbstkontrahierens** – Vertrag zwischen dem Geschäftsführer und der von ihm vertretenen GmbH – und der **Mehrvertretung** – Vertrag zwischen der GmbH und einem Dritten, beide vertreten von dem Geschäftsführer – gelten auch für die Vertretungsorgane einer GmbH. Der Geschäftsführer kann die Regelung des § 181 BGB nicht umgehen, indem er für die GmbH einen **Unterbevollmächtigten** bestellt.[20] Demgegenüber wird der Vertrag zwischen dem Geschäftsführer einer GmbH und der durch einen **Prokuristen** vertretenen GmbH von § 181 BGB nicht erfasst, weil ein Prokurist nicht als Untervertreter des Geschäftsführers anzusehen ist, sondern seine Aufgabe in eigener Verantwortung verrichtet.[21] Ferner kann einer von zwei gesamtvertretungsberechtigten Geschäftsführern, der mit der Gesellschaft einen Vertrag abschließen will, den anderen Geschäftsführer wirksam zur Alleinvertretung ermächtigen, weil die organschaftliche Gesamtvertretungsmacht durch eine Ermächtigung zur Alleinvertretungsmacht erstarkt.[22] Das entgegen § 181 BGB geschlossene Geschäft ist **schwebend unwirksam**; von einem vertretungsberechtigten Mitgeschäftsführer oder durch einen Beschluss der Gesellschafterversammlung kann es genehmigt werden.[23] Ist der Geschäftsführer einer Komplementär-GmbH nur im Verhältnis zu dieser vom Verbot des § 181 BGB befreit und hat er mit der KG einen Anstellungsvertrag abgeschlossen, so ist eine Vertragsänderung, die er für die KG mit sich selbst vereinbart, bis zur Genehmigung seitens der Gesellschafterversammlung der GmbH schwebend unwirksam.[24]

---

20 BGH, Urt. v. 6.3.1975 – II ZR 80/73, BGHZ 64, 72 = BB 1975, 535 = NJW 1975, 1117; ebenso MünchKommGmbHG/*Stephan*/*Tieves*, § 35 Rn. 205; Roth/*Altmeppen*, § 35 Rn. 97; Baumbach/Hueck/*Zöllner*/*Noack*, § 35 Rn. 136; Scholz/*U. Schneider*/ *S. Schneider*, § 35 Rn. 135; Ulmer/*Paefgen*, § 35 Rn. 67; a.A. Hachenburg/*Mertens*, § 35 Rn. 68.
21 BGH, Urt. v. 13.6.1984 – VIII ZR 125/83, BGHZ 91, 334 = BB 1984, 1316 = NJW 1984, 2085; gleichsinnig Scholz/*U. Schneider*/*S. Schneider*, § 35 Rn. 136 f.; Gehrlein/ Born/Simon/*Buck-Heeb*, § 35 Rn. 23; Roth/*Altmeppen*, § 35 Rn. 97; a.A. Rowedder/ Schmidt-Leithoff/*Baukelmann*, § 35 Rn. 34; MünchKommGmbHG/*Stephan*/*Tieves*, § 35 Rn. 206.
22 BGH, Urt. v. 8.10.1991 – XI ZR 64/90, NJW 1992, 618; BGH, Urt. v. 6.3.1975 – II ZR 80/73, BGHZ 64, 72 = BB 1975, 535 = NJW 1975, 1117 (zur KG); ebenso Roth/*Altmeppen*, § 35 Rn. 96; Scholz/*U. Schneider*/*S. Schneider*, § 35 Rn. 139; Ulmer/*Paefgen*, § 35 Rn. 66; a.A. Bork/Schäfer/*Jacoby*, § 35 Rn. 28; Baumbach/Hueck/*Zöllner*/ *Noack*, § 35 Rn. 135; MünchKommGmbHG/*Stephan*/*Tieves*, § 35 Rn. 204; Lutter/ Hommelhoff/*Kleindiek*, § 35 Rn. 51; Hachenburg/*Mertens*, § 35 Rn. 68.
23 BGH, Urt. v. 29.11.1993 – II ZR 107/92, BB 1994, 164 = NJW-RR 1994, 291; so auch Gehrlein/Born/Simon/*Buck-Heeb*, § 35 Rn. 24; Bork/Schäfer/*Jacoby*, § 35 Rn. 37.
24 BGH, Urt. v. 15.4.2014 – II ZR 44/13, NJW 2014, 780 Tz. 14.

bb) Zulässigkeit eines Insichgeschäfts

Der Geschäftsführer kann ein Geschäft mit der GmbH nur schließen, falls dies die Erfüllung einer bereits bestehenden Verbindlichkeit bezweckt, der Vertrag für die GmbH rechtlich nur vorteilhaft ist oder der Geschäftsführer von dem Verbot befreit ist.[25] Ein **Erfüllungsgeschäft** ist in der Gehaltsauszahlung des Geschäftsführers an sich selbst zu erblicken.[26] Rechtlich vorteilhaft ist der Erlass einer Forderung.[27] Die Vornahme von Insichgeschäften kann dem Geschäftsführer generell durch die **Satzung** gestattet werden.[28] Eine solche Gestattung muss zum Handelsregister angemeldet werden und stellt eine eintragungspflichtige Tatsache dar.[29] Sie kann im Einzelfall – ohne das Erfordernis einer satzungsmäßigen Ermächtigung – auch durch das Bestellungsorgan erfolgen.[30] Dabei muss ein entsprechender Gesellschafterbeschluss erkennen lassen, ob von den Beschränkungen beider Verbote des Insichgeschäfts, lediglich vom Verbot des Selbstkontrahierens oder nur vom Verbot der Mehrfachvertretung Befreiung erteilt wird; ein Beschluss, in dem – ohne weiteren Hinweis – nur eine Befreiung von „der Beschränkung" des § 181 BGB angeführt wird, ist insoweit unzureichend und kann nicht Grundlage einer Handelsregistereintragung sein.[31] Nimmt ein einzelvertretungsberechtigter Geschäftsführer ein Insichgeschäft vor, das zur Erfüllung einer Verbindlichkeit der GmbH erfolgt, mit dem er jedoch gegen im Innenverhältnis zur GmbH bestehende Beschränkungen verstößt, so setzt die unter dem Gesichtspunkt des Missbrauchs der Vertretungsmacht anzunehmende Unwirksamkeit voraus, dass das Insichgeschäft für die vertretene GmbH nachteilig ist.[32]

7

cc) Einpersonengesellschaft

Nach früherer Rechtsprechung war § 181 BGB auf Rechtsgeschäfte des geschäftsführenden Alleingesellschafters einer GmbH nicht anwendbar.[33] Dieses

8

---

25 BGH, Urt. v. 27.9.1972 – IV ZR 225/69, BGHZ 59, 236 = NJW 1972, 2262; ebenso Roth/*Altmeppen*, § 35 Rn. 79; Lutter/Hommelhoff/*Kleindiek*, § 35 Rn. 51.
26 Michalski/Heidinger/Leible/Schmidt/*Lenz*, § 35 Rn. 91; Baumbach/Hueck/*Zöllner/Noack*, § 35 Rn. 130; Scholz/*U. Schneider/S. Schneider*, § 35 Rn. 141; Gehrlein/Born/Simon/*Buck-Heeb*, § 35 Rn. 25.
27 BGH, Urt. v. 27.9.1972 – IV ZR 225/69, BGHZ 59, 236 = NJW 1972, 2262.
28 BGH, Urt. v. 18.11.1999 – IX ZR 402/97, BB 2000, 167 = NJW 2000, 664.
29 BGH, Beschl. v. 28.2.1983 – II ZB 8/82, BGHZ 87, 59 = BB 1983, 857 = NJW 1983, 1676.
30 BGH, Urt. v. 6.10.1960 – II ZR 215/58, BGHZ 33, 189 = NJW 1960, 2285; ebenso Baumbach/Hueck/*Zöllner/Noack*, § 35 Rn. 132; Ulmer/*Paefgen*, § 35 Rn. 76; Hachenburg/*Mertens*, § 35 Rn. 59; MünchKommGmbHG/*Stephan/Tieves*, § 35 Rn. 184; wohl auch Rowedder/Schmidt-Leithoff/*Baukelmann*, § 35 Rn. 35.
31 OLG Nürnberg, Beschl. v. 12.2.2015 – 12 W 129/15, NJW-RR 2015, 1073 Tz. 12.
32 BGH, Urt. v. 18.10.2017 – I ZR 6/16, NJW-RR 2018, 222 Tz. 25.
33 BGH, Urt. v. 19.4.1971 – II ZR 98/68, BGHZ 56, 97 = BB 1971, 630 = NJW 1971, 1355.

Kap. 5 Der Geschäftsführer

Verständnis ist durch die Neufassung des § 35 Abs. 3 Satz 1 und 2 GmbHG, der § 181 BGB auch auf Verträge zwischen Alleingesellschafter und GmbH erstreckt, überholt. Über seinen Wortlaut hinaus verbietet § 35 Abs. 3 GmbHG auch Insichgeschäfte zwischen GmbH und Alleingesellschafter, sofern neben diesem noch ein weiterer (Fremd-)Geschäftsführer bestellt ist.[34] Dem alleinigen Gesellschafter und Geschäftsführer einer GmbH kann die Vornahme von Insichgeschäften durch eine entsprechende Befreiung in der **Satzung** und deren **Eintragung im Handelsregister** gestattet werden. Ausreichend ist aber auch, dass die Satzung eine entsprechende Befreiungsmöglichkeit vorsieht, der Alleingesellschafter sich vor dem Notar zum von den Beschränkungen des § 181 BGB befreiten Geschäftsführer bestellt und diese Tatsachen in das Handelsregister eingetragen werden; einer Satzungsregelung derart, dass der konkret benannte oder der jeweilige Alleingesellschafter-Geschäftsführer dispensiert sein soll, bedarf es nicht. Hingegen reicht ein bloßer (ad hoc gefasster) Gesellschafterbeschluss nicht aus.[35] Die dem Geschäftsführer einer mehrgliedrigen GmbH durch die Satzung erteilte und in das Handelsregister eingetragene Befreiung vom Verbot des Insichgeschäfts erlischt nicht dadurch, dass der Geschäftsführer Alleingesellschafter der GmbH wird.[36] Nach Ansicht des BGH spricht angesichts der üblichen notariellen Gestaltung von Satzungen eine **tatsächliche Vermutung** für eine Befreiung des Alleingesellschafters und Geschäftsführers vom Verbot des Selbstkontrahierens, und daher bedarf es nur im Falle eines Bestreitens durch die Gegenseite einer näheren tatsächlichen Darlegung.[37] Nach § 35 Abs. 3 Satz 2 GmbHG besteht für Insichgeschäfte des Alleingesellschafters und Geschäftsführers eine **Protokollierungspflicht**. Die Dokumentation kann in schriftlicher Form oder durch einen elektronischen Datenträger erfolgen. Inhaltlich muss der – wegen der Möglichkeit elektronischer Datenspeicherung keine Unterzeichnung erfordernde – Vermerk das Rechtsgeschäft nachvollziehbar konkretisie-

---

34 Scholz/*U. Schneider*/*S. Schneider*, § 35 Rn. 153; Lutter/Hommelhoff/*Kleindiek*, § 35 Rn. 56; a. A. Ulmer/*Paefgen*, § 35 Rn. 70; Rowedder/Schmidt-Leithoff/*Baukelmann*, § 35 Rn. 28.
35 BGH, Beschl. v. 3.4.2000 – II ZR 379/99, DStR 2000, 136; BGH, Urt. v. 18.11.1999 – IX ZR 402/97, BB 2000, 167 = NJW 2000, 664; BGH, Urt. v. 8.4.1991 – II ZR 3/91, BGHZ 114, 67 = BB 1991, 925 = NJW 1991, 1731; BGH, Beschl. v. 28.2.1983 – II ZB 8/82, BGHZ 87, 59 = BB 1983, 857 = NJW 1983, 1676; BFH, Urt. v. 23.10.1996 – I R 71/95, BB 1996, 2664 = NJW 1997, 1031; gleichsinnig Scholz/*U. Schneider*/*S. Schneider*, § 35 Rn. 166; Gehrlein/Born/Simon/*Buck-Heeb*, § 35 Rn. 32; Ulmer/*Paefgen*, § 35 Rn. 78; Baumbach/Hueck/*Zöllner*/*Noack*, § 35 Rn. 140; a. A. Roth/*Altmeppen*, § 35 Rn. 90 f.: bloßer Gesellschafterbeschluss ausreichend.
36 BGH, Urt. v. 8.4.1991 – II ZR 3/91, BGHZ 114, 67 = BB 1991, 925 = NJW 1991, 1731.
37 BGH, Urt. v. 8.3.2004 – II ZR 316/01, BB 2004, 1359 = NJW-RR 2004, 1035; dagegen Bork/Schäfer/*Jacoby*, § 35 Rn. 39; MünchKommGmbHG/*Stephan*/*Tieves*, § 35 Rn. 187.

I. Geschäftsführer als Vertretungs- und Geschäftsführungsorgan Kap. 5

ren.³⁸ Der Verstoß gegen die Dokumentationspflicht berührt nicht die **Wirksamkeit** des Rechtsgeschäfts; die fehlende Dokumentation kann aber **Schadensersatzansprüche** der Gläubiger wie auch der GmbH gegen den Alleingesellschafter begründen.³⁹

e) Gesamtvertretung

Mehrere Geschäftsführer sind gemäß § 35 Abs. 2 Satz 1 GmbHG als Aktivvertreter der GmbH nur zur **Gesamtvertretung** berechtigt. Die tatsächliche Verhinderung eines Geschäftsführers verleiht dem anderen Geschäftsführer keine Einzelvertretungsbefugnis. Die Gesellschaft wird also, wenn die Satzung keine Vorsorge trifft, handlungsunfähig.⁴⁰ Sieht die Satzung Gesamtvertretung, aber auch die Möglichkeit der Bestellung nur eines Geschäftsführers vor, so erlangt, wenn einer von zwei gesamtvertretungsberechtigten Geschäftsführern stirbt oder aus Rechtsgründen infolge Amtsunfähigkeit, Amtsniederlegung oder Abberufung ausscheidet, der verbleibende Geschäftsführer **Einzelvertretungsbefugnis**.⁴¹ Tritt dann ein zweiter Geschäftsführer hinzu, so wandelt sich die Einzelvertretungsmacht wiederum in eine Gesamtvertretung.⁴² Durch die **Satzung** kann einzelnen oder allen Geschäftsführern Einzelvertretungsbefugnis verliehen werden; so kann dem Geschäftsführer A die Alleinvertretung gestattet, den Geschäftsführern B und C hingegen ein Zusammenwirken vorgeschrieben werden.⁴³ Die in der Satzung verwendeten Begriffe „Alleinvertretungsbefugnis" und „Einzelver-

9

---

38 Lutter/Hommelhoff/*Kleindiek*, § 35 Rn. 57; Rowedder/Schmidt-Leithoff/*Baukelmann*, § 35 Rn. 32; MünchKommGmbHG/*Stephan/Tieves*, § 35 Rn. 209; Bork/Schäfer/*Jacoby*, § 35 Rn. 40; a.A. Scholz/*U. Schneider/S. Schneider*, § 35 Rn. 185; Baumbach/Hueck/Zöllner/*Noack*, § 35 Rn. 144: bei schriftlicher Niederlegung Unterschrift, bei elektronischer Erfassung die Kennzeichnung der verantwortlichen Person.
39 Bork/Schäfer/*Jacoby*, § 35 Rn. 40; Roth/*Altmeppen*, § 35 Rn. 109; Scholz/*U. Schneider/S. Schneider*, § 35 Rn. 186; Baumbach/Hueck/Zöllner/*Noack*, § 35 Rn. 144; Rowedder/Schmidt-Leithoff/*Baukelmann*, § 35 Rn. 33; Gehrlein/Born/Simon/*Buck-Heeb*, § 35 Rn. 35; wohl auch MünchKommGmbHG/*Stephan/Tieves*, § 35 Rn. 211.
40 BGH, Urt. v. 12.12.1960 – II ZR 255/59, BGHZ 34, 27 = BB 1961, 65 = NJW 1961, 506; so auch Lutter/Hommelhoff/*Kleindiek*, § 35 Rn. 26 und 38; MünchKommGmbHG/*Stephan/Tieves*, § 35 Rn. 138; Scholz/*U. Schneider/S. Schneider*, § 35 Rn. 117; Baumbach/Hueck/Zöllner/*Noack*, § 35 Rn. 103.
41 BGH, Beschl. v. 4.5. und 26.2.2007 – II ZR 330/05, BB 2007, 1411 = NJW-RR 2007, 1260 Tz. 5; BGH, Beschl. v. 9.5.1960 – II ZB 3/60, BB 1960, 880; ebenso Ulmer/*Paefgen*, § 35 Rn. 102; Goette, § 8 Rn. 63; Baumbach/Hueck/Zöllner/*Noack*, § 35 Rn. 103; Rowedder/Schmidt-Leithoff/*Baukelmann*, § 35 Rn. 60; Roth/*Altmeppen*, § 35 Rn. 43; Michalski/Heidinger/Leible/Schmidt/*Lenz*, § 35 Rn. 50; Bork/Schäfer/*Jacoby*, § 35 Rn. 31; MünchKommGmbHG/*Stephan/Tieves*, § 35 Rn. 140.
42 Baumbach/Hueck/Zöllner/*Noack*, § 35 Rn. 103; MünchKommGmbHG/*Stephan/Tieves*, § 35 Rn. 140; Lutter/Hommelhoff/*Kleindiek*, § 35 Rn. 26.
43 Scholz/*U. Schneider/S. Schneider*, § 35 Rn. 107; Rowedder/Schmidt-Leithoff/*Baukelmann*, § 35 Rn. 50.

Kap. 5 Der Geschäftsführer

tretungsbefugnis" bringen inhaltsgleich die Befugnis eines von mehreren Geschäftsführern zum Ausdruck, die Gesellschaft allein zu vertreten.[44] Als unechte oder gemischte Gesamtvertretung bezeichnet man Satzungsregeln, nach denen ein Geschäftsführer nur gemeinsam mit einem **Prokuristen** zur Vertretung befugt ist. Diese Vertretungsform ist nur zulässig, wenn einer der anderen Geschäftsführer zur Einzelvertretung befugt oder jedenfalls in einer Konstellation die Möglichkeit echter Gesamtvertretung besteht; denn es muss eine gesetzliche Vertretung ohne Mitwirkung eines Prokuristen möglich sein.[45] Sind zwei Geschäftsführer gesamtvertretungsbefugt, so können sie die Zuständigkeiten untereinander mit Einzelvertretungsbefugnis für die im jeweiligen Ressort anfallenden Geschäfte aufteilen, wenn sie zugleich die einzigen Gesellschafter der GmbH sind.[46] Zur **Passivvertretung** genügt die Abgabe der Willenserklärung gegenüber einem der gesamtvertretungsbefugten Geschäftsführer (§ 35 Abs. 2 Satz 2 GmbHG).

f) Prozessvertretung

10 Die Vertretung der GmbH bei Prozessen (§ 35 Abs. 1 Satz 1 GmbHG) durch den Geschäftsführer erfährt eine Durchbrechung bei Verfahren gegen frühere oder amtierende **(Mit-)Geschäftsführer**. Hier bestimmt vielmehr die Gesellschafterversammlung einen besonderen Vertreter (§ 46 Nr. 8 GmbHG).[47] Gemäß § 112 Satz 1 AktG wird eine Aktiengesellschaft gegenüber aktiven wie auch ehemaligen Vorstandsmitgliedern gerichtlich und außergerichtlich durch den Aufsichtsrat vertreten, und bei einer GmbH, die über einen **(fakultativen) Aufsichtsrat** verfügt, vertritt dieser die Gesellschaft in einem Rechtsstreit mit einem **(ehemaligen) Geschäftsführer**, etwa über den Widerruf einer Versorgungszusage, soweit der Gesellschaftsvertrag keine andere Regelung enthält (§ 52 Abs. 1 GmbHG i.V. mit § 112 Satz 1 AktG).[48] Diese Vertretungsregel gilt auch bei einem Rechtsstreit mit einer Gesellschaft, deren alleiniger Gesellschafter ein

---

44 BGH, Beschl. v. 19.3.2007 – II ZB 19/06, BB 2007, 1410 = NJW 2007, 3287 Tz. 10.
45 OLG München, Beschl. v. 25.7.2017 – 31 Wx 194/17, BeckRS 2017, 118271 Tz. 9; Scholz/*U. Schneider/S. Schneider*, § 35 Rn. 113; Lutter/Hommelhoff/*Kleindiek*, § 35 Rn. 39; Michalski/Heidinger/Leible/Schmidt/*Lenz*, § 35 Rn. 61; Gehrlein/Born/Simon/*Buck-Heeb*, § 35 Rn. 54; MünchKommGmbHG/*Stephan/Tieves*, § 35 Rn. 126.
46 OLG München, Urt. v. 19.9.2013 – 23 U 1003/13, NZG 2013, 1225.
47 BGH, Beschl. v. 2.2.2016 – II ZB 2/15, NZG 2016, 429 Tz. 13; gleichsinnig *Goette*, § 8 Rn. 61; Michalski/Heidinger/Leible/Schmidt/*Lenz*, § 35 Rn. 42; Baumbach/Hueck/Zöllner/*Noack*, § 35 Rn. 100; Lutter/Hommelhoff/*Kleindiek*, § 35 Rn. 17; näher dazu in Kapitel 4 zu Rn. 23.
48 BGH, Urt. v. 28.2.2005 – II ZR 220/03, BB 2005, 1071 = NZG 2005, 560; BGH, Urt. v. 24.11.2003 – II ZR 127/01, BB 2004, 126 = NJW-RR 2004, 330; OLG Brandenburg, Urt. v. 9.1.2019 – 7 U 81/17, BeckRS 2019, 125 Tz. 33 f.

I. Geschäftsführer als Vertretungs- und Geschäftsführungsorgan Kap. 5

Geschäftsführer ist,[49] und sie gilt auch dann, wenn die Witwe eines ehemaligen Geschäftsführers Versorgungsansprüche erhebt.[50] Wird die Klage fälschlich gegen die durch den Geschäftsführer vertretene GmbH erhoben, so kann der Vertretungsmangel geheilt werden, indem der Aufsichtsrat die Prozessführung übernimmt und die frühere Prozessführung genehmigt. Die Genehmigung kann auch konkludent erfolgen. Eine Pflicht, die Prozessführung zu genehmigen, besteht nicht.[51] Die Zustellung der Klage an den nicht vertretungsberechtigten Vorstand ist gemäß § 170 Abs. 2 ZPO wirksam. Trotz fehlender Vertretungsmacht ist der Vorstand berechtigt, den Streit über die gesetzliche Vertretungsmacht zur Erwirkung einer Abweisung der Klage als unzulässig auszutragen.[52] Diese Vertretungsregelung gilt auch bei Umwandlung einer GmbH in eine Aktiengesellschaft. In einer vom BGH entschiedenen Sache war die Klage des ehemaligen Geschäftsführers gegen die GmbH, vertreten durch ihren damaligen Aufsichtsrat, erhoben worden. Nach Verschmelzung der GmbH auf eine Aktiengesellschaft bezeichnete der Kläger die Beklagte in seiner Berufungsschrift als „X-GmbH, vertreten durch den Geschäftsführer, nunmehr Y-AG, vertreten durch den Vorstand". Da die X-GmbH in dem anhängigen Rechtsstreit durch einen Prozessbevollmächtigten vertreten war, trat die Y-AG als Rechtsnachfolgerin der X-GmbH gemäß § 246 Abs. 1 ZPO ohne Unterbrechung des Verfahrens (§§ 239, 241 ZPO) kraft Gesetzes in den Rechtsstreit ein und wurde durch den bisherigen Prozessbevollmächtigten der X-GmbH aufgrund des Fortbestandes der von ihr erteilten Prozessvollmacht entsprechend § 86 ZPO „nach Vorschrift der Gesetze vertreten". Trotz der Gesamtrechtsnachfolge kann das Verfahren unter der bisherigen Bezeichnung fortgesetzt werden. Die Falschbezeichnung in der Berufungsschrift ist, soweit der Aufsichtsrat nicht als Vertretungsorgan aufgeführt ist, unschädlich und kann nach § 319 ZPO berichtigt werden; sie gibt der Klage keine neue Richtung gegen die bereits kraft Gesetzes in den Rechtsstreit eingetretene Beklagte. Die zulässige Klage des Geschäftsführers einer GmbH gegen diese wird also nach deren Verschmelzung auf eine AG nicht dadurch unzulässig, dass der Kläger in seiner Berufungsschrift das Organ der AG falsch bezeichnet. Auch die Zulässigkeit der Berufung bleibt davon unberührt.[53]

---

49 BGH, Urt. v. 15.1.2019 – II ZR 392/17, BB 2019, 910 = NJW 2019, 1677 Tz. 17 ff. (zur AG).
50 BGH, Urt. v. 16.10.2006 – II ZR 7/05, NJW-RR 2007, 98 Tz. 6 (zur AG).
51 BGH, Urt. v. 28.2.2005 – II ZR 220/03, BB 2005, 1071 = NZG 2005, 560; BGH, Urt. v. 21.6.1999 – II ZR 27/98, BB 1999, 2100 = NJW 1999, 3263.
52 BGH, Urt. v. 28.2.2005 – II ZR 220/03, BB 2005, 1071 = NZG 2005, 560.
53 BGH, Urt. v. 1.12.2003 – II ZR 161/02, BB 2004, 64 = NJW 2004, 1528; zu § 86 ZPO, nach dem die einem Rechtsanwalt von einer prozessfähigen GmbH erteilte Vollmacht vom Verlust der Prozessfähigkeit der Gesellschaft (infolge Fehlens eines gesetzlichen Vertreters) unberührt bleibt, und zwar unabhängig davon, ob diese Veränderung vor oder nach dem Eintritt der Rechtshängigkeit stattgefunden hat, BGH, Beschl. v. 6.2.2109 – VII ZB 78/17, NZG 2019, 511 Tz. 23 m. w. N.

Kap. 5 Der Geschäftsführer

g) Rechtsscheinhaftung des Geschäftsführers

11 Wird ein Vertrag für die Gesellschaft ohne GmbH-Zusatz geschlossen, so wird die Gesellschaft nach den Grundsätzen des unternehmensbezogenen Vertreterhandelns gleichwohl verpflichtet. Die in einem solchen Fall (zusätzlich) eingreifende Rechtsscheinhaftung wegen Fortlassens des Rechtsformzusatzes beruht auf dem Umstand, dass durch diese Art der Zeichnung das berechtigte Vertrauen des Geschäftsgegners auf die Haftung mindestens einer natürlichen Person hervorgerufen wurde. Freilich trifft die Rechtsscheinhaftung **ausschließlich** die Person, die für die Gesellschaft aufgetreten ist. Handelt es sich dabei lediglich um einen Mitarbeiter, ist eine Rechtsscheinhaftung gegen den Geschäftsführer persönlich nicht begründet. Der im Hintergrund bleibende mittelbare Veranlasser unterliegt also keiner Haftung.[54]

h) Zugang und Zustellung

aa) Obligatorische inländische Geschäftsanschrift

12 § 35 Abs. 2 Satz 3 GmbHG begründet die **unwiderlegliche Vermutung**, dass gegenüber den Vertretern der Gesellschaft unter der im Handelsregister eingetragenen inländischen Geschäftsanschrift (vgl. §§ 8 Abs. 4 Nr. 1, 10 Abs. 1 Satz 1 GmbHG) Willenserklärungen abgegeben oder Schriftstücke zugestellt werden können. Voraussetzung für diese Zugangs- und Zustellungserleichterung ist lediglich, dass sich unter der Geschäftsanschrift tatsächlich ein Geschäftslokal befindet oder zumindest der zurechenbare Anschein eines Geschäftslokals gesetzt wird, jedenfalls eine Empfangsvorkehrung vorhanden ist.[55] Beim **Zugang von Willenserklärungen** beschränkt sich die Vermutung auf die Möglichkeit der Kenntnisnahme durch einen gesetzlichen Vertreter der Gesellschaft.[56] Der Absender muss also beweisen, dass die Willenserklärung unter der angegebenen Anschrift in den Machtbereich der Gesellschaft gelangt ist.[57] Gelingt dies, etwa weil ein Brief in den der Gesellschaft zuzuordnenden Briefkasten eingelegt worden ist, so wird der Zugang vermutet. Was die **Zustellung von Schriftstücken** angeht, erstreckt sich die Vermutung des § 35 Abs. 2 Satz 3 GmbHG nicht auf diejenigen Voraussetzungen der Zustellung, die nicht die Richtigkeit der An-

---

54 BGH, Urt. v. 5.2.2007 – II ZR 84/05, BB 2007, 955 = NJW 2007, 1529 Tz. 14.
55 Bork/Schäfer/*Jacoby*, § 35 Rn. 34; Lutter/Hommelhoff/*Kleindiek*, § 35 Rn. 47; a. A. Scholz/*U. Schneider/S. Schneider*, § 35 Rn. 63.
56 Roth/*Altmeppen*, § 35 Rn. 66; Bork/Schäfer/*Jacoby*, § 35 Rn. 33; Gehrlein/Born/Simon/*Buck-Heeb*, § 35 Rn. 74; Scholz/*U. Schneider/S. Schneider*, § 35 Rn. 63; MünchKommGmbHG/*Stephan/Tieves*, § 35 Rn. 171.
57 Baumbach/Hueck/*Zöllner/Noack*, § 35 Rn. 104a; Roth/*Altmeppen*, § 35 Rn. 67; Gehrlein/Born/Simon/*Buck-Heeb*, § 35 Rn. 74.

schrift betreffen.[58] Wird ein Vertreter der Gesellschaft unter der eingetragenen Adresse nicht angetroffen, so kann gemäß § 15a HGB bzw. § 178 Abs. 1 Nr. 2 ZPO in den Geschäftsräumen der Gesellschaft eine Ersatzzustellung an eine dort – tatsächlich – beschäftigte Person erfolgen. Die erforderliche persönliche Begegnung zwischen Zusteller und beschäftigter Person wird von § 35 Abs. 2 Satz 3 Alt. 2 GmbHG nicht ersetzt.[59] Wird in den – etwa verschlossenen – Geschäftsräumen weder ein Vertreter noch eine Person angetroffen, an die eine Ersatzzustellung erfolgen könnte, so kann gemäß § 180 ZPO eine Ersatzzustellung durch Einlegung in den Briefkasten bewirkt werden, wenn sich dieser eindeutig der Gesellschaft zuordnen lässt.[60] Ist dies unmöglich, etwa weil die Geschäftsräume aufgegeben worden sind, so können der Gesellschaft weder Willenserklärungen zugehen noch Schriftstücke zugestellt werden.[61]

bb) Freiwillige Benennung einer empfangsberechtigten Person

Neben der zwingenden Eintragung einer inländischen Geschäftsanschrift eröffnet § 10 Abs. 2 Satz 2 HS 1 GmbHG die **fakultative Möglichkeit**, (nur)[62] eine Person mit inländischer Anschrift in das Handelsregister einzutragen, die Dritten und namentlich Gläubigern gegenüber in jedem Fall **empfangsberechtigt** ist. An sie können Willenserklärungen gegenüber der Gesellschaft abgegeben und Zustellungen an diese bewirkt werden (§ 35 Abs. 2 Satz 4 GmbHG), wobei die Möglichkeit der Kenntnisnahme wie im Zusammenhang mit der inländischen Geschäftsanschrift unwiderleglich vermutet wird.[63] Mangels eines Subsidiaritätsverhältnisses kann an die empfangsberechtigte Person wirksam zugestellt werden, ohne dass zuvor eine Zustellung unter der inländischen Geschäftsadresse gescheitert zu sein bräuchte.[64] Da es sich nur um eine eintragungsfähige, nicht um eine eintragungspflichtige Tatsache handelt und demzufolge § 15 HGB nicht anzuwenden ist, sieht § 10 Abs. 2 Satz 2 HS 2 GmbHG in Anlehnung an § 15 HGB vor, dass die Empfangsberechtigung einem unkundigen Dritten gegenüber als fortbestehend gilt, bis sie im Handelsregister gelöscht und die Löschung be-

13

---

58 Roth/*Altmeppen*, § 35 Rn. 67; Baumbach/Hueck/*Zöllner/Noack*, § 35 Rn. 104a; Gehrlein/Born/Simon/*Buck-Heeb*, § 35 Rn. 75.
59 Gehrlein/Born/Simon/*Buck-Heeb*, § 35 Rn. 75.
60 Baumbach/Hueck/*Zöllner/Noack*, § 35 Rn. 104; Gehrlein/Born/Simon/*Buck-Heeb*, § 35 Rn. 76.
61 Lutter/Hommelhoff/*Kleindiek*, § 35 Rn. 47; Roth/*Altmeppen*, § 35 Rn. 67; MünchKommGmbHG/*Stephan/Tieves*, § 35 Rn. 171; a. A. Scholz/*U. Schneider/S. Schneider*, § 35 Rn. 63.
62 Michalski/Heidinger/Leible/Schmidt/*Tebben*, § 10 Rn. 13; Gehrlein/Born/Simon/*Link*, § 10 Rn. 24.
63 MünchKommGmbHG/*Stephan/Tieves*, § 35 Rn. 173; Roth/*Altmeppen*, § 35 Rn. 68.
64 Baumbach/Hueck/*Fastrich*, § 10 Rn. 5; Roth/*Altmeppen*, § 35 Rn. 68; Bork/Schäfer/*Jacoby*, § 35 Rn. 35.

Kap. 5 Der Geschäftsführer

kannt gemacht ist. Hierdurch will man die Gesellschafter dazu anhalten, die Angaben zur Person stets aktuell zu halten, weil anderenfalls eine Zustellung an eine nicht mehr empfangsberechtigte Person droht.[65]

cc) Öffentliche Zustellung

14 Die Eintragung einer empfangsberechtigten Person schützt die GmbH gegen eine öffentliche Zustellung, die so lange verwehrt ist, als an diese Person zustellt werden kann.[66] Denn die öffentliche Zustellung ist nach § 185 Nr. 2 ZPO (wie auch nach § 10 Abs. 1 Nr. 2 VwZG) an die **Voraussetzung** geknüpft, dass eine Zustellung an die GmbH weder unter der eingetragenen inländischen Geschäftsadresse noch unter der im Handelsregister eingetragenen Anschrift einer empfangsberechtigten Person möglich ist. Falls keine weitere inländische Adresse bekannt ist, kann ohne die Notwendigkeit weiterer Recherchen und ohne Rücksicht auf eine ausländische Anschrift die öffentliche Zustellung betrieben werden.[67] Die Regelungen über die öffentliche Zustellung sind mit Hilfe von § 15a HGB auch für den **Zugang von Willenserklärungen** nutzbar. Falls der Zugang weder an einen Vertreter der Gesellschaft unter der im Handelsregister eingetragenen Geschäftsanschrift noch an eine empfangsberechtigte Person oder unter einer anderen Anschrift zu bewirken ist, so kann er durch öffentliche Zustellung der Willenserklärung gesichert werden.

dd) Empfangszuständigkeit der Gesellschafter bei Führungslosigkeit der GmbH

15 Bei einer juristischen Person müssen Zustellungen an den gesetzlichen oder rechtsgeschäftlichen Vertreter bewirkt werden (§§ 170 Abs. 1, 171 Satz 1 ZPO). Daher scheitert die Verfolgung von Ansprüchen gegen eine GmbH im Fall der Führungslosigkeit, wenn also kein wirksam bestellter Geschäftsführer (mehr) vorhanden ist, an der Unmöglichkeit einer ordnungsgemäßen Zustellung. Für diese potenzielle **Missbrauchslage**, der mangels einer vertretungsberechtigten Person nicht durch eine öffentliche Zustellung (§ 185 ZPO bzw. § 10 VwZG) begegnet werden kann, schafft § 35 Abs. 1 Satz 2 GmbHG Abhilfe, indem für den Fall, dass die Gesellschaft keinen Geschäftsführer hat, eine Empfangszuständigkeit der Gesellschafter begründet wird. Dadurch werden bei Führungslosigkeit der Gesellschaft also die **Gesellschafter** (keinesfalls aber die Mitglieder eines

---

65 Lutter/Hommelhoff/*Bayer*, § 10 Rn. 9; MünchKommGmbHG/*Herrler*, § 10 Rn. 29.
66 Michalski/Heidinger/Leible/Schmidt/*Tebben*, § 10 Rn. 14; MünchKommGmbHG/*Herrler*, § 10 Rn. 25; Scholz/*Veil*, § 10 Rn. 16; Baumbach/Hueck/*Fastrich*, § 10 Rn. 4.
67 Musielak/Voit/*Wittschier*, ZPO, 16. Aufl. 2019, § 185 Rn. 4c; Zöller/*Schultzky*, ZPO, 32. Aufl. 2018, § 185 Rn. 6.

I. Geschäftsführer als Vertretungs- und Geschäftsführungsorgan Kap. 5

ggf. bestehenden Aufsichtsrats)[68] zu Zustellungsvertretern und – im Unterschied zu der nur als Zustellungsadressat geeigneten Person nach § 10 Abs. 2 Satz 2 GmbHG[69] – auch zu allgemeinen Empfangs-, d. h. **Passivvertretern** bestimmt.[70] Sowohl beim Zugang von Willenserklärungen als auch bei der Zustellung genügt es nach § 35 Abs. 2 Satz 2 GmbHG, wenn sie gegenüber einem einzelnen Gesellschafter bewirkt werden. Die Wirksamkeit der Maßnahme hängt weder davon ab, dass dem Veranlasser von Zugang oder Zustellung, noch davon, dass dem Gesellschafter als Adressat die tatsächlich gegebene Führungslosigkeit der Gesellschaft bekannt ist.[71] Mit § 35 Abs. 1 Satz 2 GmbHG hat der Gesetzgeber indes nur den Zustellungsmangel heilen, nicht aber die Grundsätze der Prozessfähigkeit ändern wollen: So kann die GmbH einen Prozess nur führen, wenn ihre Vertreter auch zur Aktiv- und nicht nur zur Passivvertretung befugt sind; der Mangel der Prozessfähigkeit kann indes ohne Weiteres durch Bestellung eines Notgeschäftsführers oder eines Prozesspflegers geheilt werden.[72]

3. Geschäftsführung

a) Begriff

Der Begriff der Geschäftsführung wird im Gesetz nicht näher umschrieben. Die Geschäftsführung umfasst sämtliche Maßnahmen, die erforderlich sind, um den Unternehmensgegenstand mit den zur Verfügung stehenden personellen, sachlichen und finanziellen Ressourcen nach den Grundsätzen ordnungsgemäßer Geschäftsleitung zu verwirklichen.[73] In die Zuständigkeit der Geschäftsführer gehören die **originären Führungsfunktionen** auf den Gebieten der Unternehmensplanung, -koordinierung und -kontrolle sowie die Besetzung der Führungsstellen im Unternehmen.[74]

16

---

68 Gehrlein/Born/Simon/*Buck-Heeb*, § 35 Rn. 73.
69 Roth/*Altmeppen*, § 35 Rn. 68; a. A. Scholz/*U. Schneider/S. Schneider*, § 35 Rn. 68: auch empfangsberechtigte Person Passivvertreter.
70 Lutter/Hommelhoff/*Kleindiek*, § 35 Rn. 43; MünchKommGmbHG/*Stephan/Tieves*, § 35 Rn. 242; Bork/Schäfer/*Jacoby*, § 35 Rn. 47; Baumbach/Hueck/*Zöllner/Noack*, § 35 Rn. 105a.
71 Baumbach/Hueck/*Zöllner/Noack*, § 35 Rn. 105e; Roth/*Altmeppen*, § 35 Rn. 66; Bork/Schäfer/*Jacoby*, § 35 Rn. 46; MünchKommGmbHG/*Stephan/Tieves*, § 35 Rn. 242; Lutter/Hommelhoff/*Kleindiek*, § 35 Rn. 43.
72 BGH, Urt. v. 25.10.2010 – II ZR 115/09, NJW-RR 2011, 1280 Tz. 13 f.; gleichsinnig Lutter/Hommelhoff/*Kleindiek*, § 35 Rn. 43; Baumbach/Hueck/*Zöllner/Noack*, § 35 Rn. 105h; Scholz/*U. Schneider/S. Schneider*, § 35 Rn. 78; MünchKommGmbHG/*Stephan/Tieves*, § 35 Rn. 246f.
73 Lutter/Hommelhoff/*Kleindiek*, § 37 Rn. 3.
74 MünchKommGmbHG/*Stephan/Tieves*, § 37 Rn. 12; Gehrlein/Born/Simon/*Buck-Heeb*, § 37 Rn. 2; Lutter/Hommelhoff/*Kleindiek*, § 37 Rn. 4.

Kap. 5 Der Geschäftsführer

b) Gesetzliche Aufgaben der Geschäftsführer

17 Die Geschäftsführung hat im Fall der **Insolvenz** das Vermögen der GmbHG zu sichern[75] und der **Insolvenzantragspflicht** des § 15a Abs. 1 InsO (früher § 64 Abs. 1 GmbHG) zu genügen. Kapitalaufbringung und Kapitalerhaltung sind vom Geschäftsführer zu überwachen (§§ 30, 43 Abs. 3 GmbHG), er hat Ansprüche aus Differenz- und Unterbilanzhaftung zu verfolgen. Ferner hat der Geschäftsführer für eine ordnungsgemäße Buchhaltung zu sorgen (§ 41 GmbHG) und den Jahresabschluss aufzustellen (§ 264 HGB). Ihm obliegt es, die Gesellschafterversammlung einzuberufen (§ 49 GmbHG).

c) Gesamtgeschäftsführung

aa) Geschäftsordnung

18 Hat die Gesellschaft mehrere Geschäftsführer, so ordnet das Gesetz für das Außenverhältnis Gesamtvertretung an (§ 35 Abs. 2 Satz 1 GmbHG). Für die Abstimmung der Geschäftsführer im Innenverhältnis fehlt es an einer ausdrücklichen Regelung. Gleichwohl wird man in Anlehnung an § 35 Abs. 2 Satz 1 GmbHG eine Verpflichtung zum Zusammenwirken der Geschäftsführer annehmen können.[76] Die damit gegebene **Gesamtgeschäftsführung** bedeutet, dass kein Geschäftsführer ohne die Mitwirkung des anderen handeln darf. Wird über eine Maßnahme beschlossen, kann sie entgegen §§ 28, 32 BGB nur im Falle der **Einstimmigkeit** (analog § 77 Abs. 1 Satz 1 AktG) durchgeführt werden.[77] Stimmenthaltungen gelten dabei als Neinstimmen.[78] Die **Satzung** kann davon abweichend für die Ausübung der Geschäftsführung eine **(organexterne) Geschäftsordnung** treffen, Einzelgeschäftsführung oder **Ressortbildung** vorsehen, Mehrheitsentscheidungen oder – bei Stimmengleichheit – einen Stichentscheid des Vorsitzenden oder Sprechers der Geschäftsleitung gestatten.[79] Soll eine Geschäftsordnung nachträglich durch Gesellschafterbeschluss geschaffen

---

75 Vgl. BGH, Urt. v. 8.1.2001 – II ZR 88/99, BGHZ 146, 264 = BB 2001, 430 = NJW 2001, 1280.
76 Lutter/Hommelhoff/*Kleindiek*, § 37 Rn. 28; Roth/*Altmeppen*, § 37 Rn. 33; Ulmer/*Paefgen*, § 35 Rn. 170.
77 Scholz/*U. Schneider/S. Schneider*, § 37 Rn. 25; Rowedder/Schmidt-Leithoff/*Baukelmann*, § 37 Rn. 17; Baumbach/Hueck/*Zöllner/Noack*, § 37 Rn. 29; Gehrlein/Born/Simon/*Buck-Heeb*, § 37 Rn. 24; MünchKommGmbHG/*Stephan/Tieves*, § 37 Rn. 79; Bork/Schäfer/*Jacoby*, § 37 Rn. 4.
78 Scholz/*U. Schneider/S. Schneider*, § 37 Rn. 26; MünchKommGmbHG/*Stephan/Tieves*, § 37 Rn. 79.
79 Baumbach/Hueck/*Zöllner/Noack*, § 37 Rn. 29 und 33; Lutter/Hommelhoff/*Kleindiek*, § 37 Rn. 33 f.; Michalski/Heidinger/Leible/Schmidt/*Lenz*, § 37 Rn. 32; MünchKommGmbHG/*Stephan/Tieves*, § 37 Rn. 86 ff.; Gehrlein/Born/Simon/*Buck-Heeb*, § 37 Rn. 26.

werden, so bedarf es wegen der damit verbundenen Satzungsänderung einer Drei-Viertel-Mehrheit (§ 53 Abs. 2 GmbHG).[80] Die Geschäftsführer können sich, wenn es an einer in der Satzung enthaltenen Geschäftsordnung fehlt, auch ohne satzungsmäßige Ermächtigung selbst eine **(organinterne) Geschäftsordnung** geben.[81] Hierzu bedarf es der Zustimmung aller Geschäftsführer.[82]

bb) Gesamtverantwortung

Eine Geschäftsverteilung oder **Ressortaufteilung** auf der Ebene der Geschäftsführung ist möglich, setzt nach der Rechtsprechung des BGH allerdings eine klare und eindeutige Abgrenzung der Geschäftsführungsaufgaben aufgrund einer von allen Mitgliedern des Organs mitgetragenen Aufgabenzuweisung voraus, die die vollständige Wahrnehmung der Geschäftsführungsaufgaben durch hierfür fachlich und persönlich geeignete Personen sicherstellt und ungeachtet der Ressortzuständigkeit eines einzelnen Geschäftsführers die Zuständigkeit des Gesamtorgans insbesondere für nicht delegierbare Angelegenheiten der Geschäftsführung wahrt.[83] Eine solche Ressortbildung, die weder zwingend einer schriftlichen Dokumentation noch einer ausdrücklichen Vereinbarung bedarf,[84] aber auch die Gestattung von Einzelgeschäftsführung, auf die aus einer Einzelvertretungsbefugnis geschlossen werden kann,[85] entheben die an einem Vorgang unbeteiligten Geschäftsführer nicht ihrer gesetzlichen **Gesamtverantwortung**.[86] So entbindet eine mit seinem Mitgeschäftsführer vereinbarte interne Geschäftsaufteilung den Geschäftsführer einer GmbH nicht von seiner eigenen Verantwortung für die Erfüllung der aus § 15a Abs. 1 InsO folgenden Pflicht zur rechtzeitigen Stellung des Insolvenzantrags oder der Pflicht zur Massesicherung (§ 64 GmbHG) und dem-

19

---

80 Scholz/*U. Schneider*/*S. Schneider*, § 37 Rn. 71; a. A. Roth/*Altmeppen*, § 37 Rn. 33; Lutter/Hommelhoff/*Kleindiek*, § 37 Rn. 36; MünchKommGmbHG/*Stephan*/*Tieves*, § 37 Rn. 98: einfache Mehrheit genügt.
81 Lutter/Hommelhoff/*Kleindiek*, § 37 Rn. 29; Scholz/*U. Schneider*/*S. Schneider*, § 37 Rn. 75.
82 Gehrlein/Born/Simon/*Buck-Heeb*, § 37 Rn. 25; MünchKommGmbHG/*Stephan*/*Tieves*, § 37 Rn. 101; Baumbach/Hueck/*Zöllner*/*Noack*, § 37 Rn. 29; Scholz/*U. Schneider*/*S. Schneider*, § 37 Rn. 75.
83 BGH, Urt. v. 6.11.2018 – II ZR 11/17, BB 2019, 590 = NJW 2019, 1067 Tz. 17 ff.
84 BGH, Urt. v. 6.11.2018 – II ZR 11/17, BB 2019, 590 = NJW 2019, 1067 Tz. 22 ff. und 26; zum Erfordernis schriftlicher Fixierung a. A. Lutter/Hommelhoff/*Kleindiek*, § 37 Rn. 37; eine solche jedenfalls empfehlend Gehrlein/Born/Simon/*Buck-Heeb*, § 37 Rn. 28; Bork/Schäfer/*Jacoby*, § 37 Rn. 6.
85 BGH, Urt. v. 12.10.1992 – II ZR 208/91, BGHZ 119, 379 = BB 1992, 2547 = NJW 1993, 191 (zum Verein); ebenso Michalski/Heidinger/Leible/Schmidt/*Lenz*, § 37 Rn. 38; Bork/Schäfer/*Jacoby*, § 37 Rn. 4.
86 BGH, Urt. v. 15.10.1996 – VI ZR 319/95, BGHZ 133, 370 = BB 1996, 2531 = NJW 1997, 130.

Kap. 5 Der Geschäftsführer

entsprechend auch nicht von dem ihm obliegenden Nachweis, dass er diese Pflichten mit der den Umständen nach gebotenen Sorgfalt erfüllt hat. Dabei ist, weil es um die Wahrnehmung grundsätzlich nicht auf einen anderen übertragbarer Aufgaben, sondern um die eigene Einstandspflicht des Geschäftsführers für die Gesetzmäßigkeit der Unternehmensleitung geht, jedenfalls ein strenger Maßstab an die Erfüllung der in einem solchen Fall besonders weitgehenden **Kontroll- und Überwachungspflichten** gegenüber einem Mitgeschäftsführer anzulegen.[87] Wegen der ihn nach § 15a Abs. 1 InsO treffenden Pflicht darf einem Geschäftsführer nicht der Einblick in die Buchhaltung verwehrt werden.[88] Fallen Buch- und Kassenführung in die Zuständigkeit verschiedener Geschäftsführer und ist streitig, ob ein Fehlbestand darauf beruht, dass der für die Kassenführung zuständige Geschäftsführer Auszahlungen nicht belegt, oder darauf, dass der andere Geschäftsführer ordnungsgemäß belegte Auszahlungen nicht verbucht hat, so können die Geschäftsbücher gegen den die Kasse verwaltenden Geschäftsführer auch dann als Beweismittel herangezogen werden, wenn er für die Buchführung **mitverantwortlich** gewesen ist. Denn selbst wenn Letztere einem Geschäftsführer als eigenes Arbeitsgebiet zugewiesen worden ist, haben die übrigen insoweit wenigstens eine Überwachungspflicht, die sie zwingt einzugreifen, wenn sich Anhaltspunkte dafür ergeben, dass der zuständige Geschäftsführer in seinem Arbeitsbereich die Geschäfte nicht ordnungsgemäß führt.[89] Selbst der nur als **Strohmann** eingesetzte Geschäftsführer hat durch geeignete Kontrollmaßnahmen dafür Sorge zu tragen, dass Auszahlungen an Gesellschafter aus dem Stammkapital unterbleiben.[90] Gesetzeswidrige Weisungen darf ein Geschäftsführer nicht ausführen; als letztes Mittel bleibt ihm die Amtsniederlegung.[91]

d) Grenzen der Geschäftsführung

aa) Weisungen

20 Die Geschäftsführer sind bei Wahrnehmung ihrer Aufgaben den Weisungen der Gesellschafter unterworfen (§ 37 Abs. 2 GmbHG). Der Geschäftsführer hat die ihm vorgegebenen **Grundlagenentscheidungen** der Gesellschafter ernst zu nehmen und zu befolgen. Maßnahmen und Entscheidungen, die den Rahmen des bisherigen Geschäftsbetriebs sprengen, gehören nicht zur Zuständigkeit des Geschäftsführers, sondern müssen von der Gesellschafterversammlung getrof-

---

87 BGH, Urt. v. 6.11.2018 – II ZR 11/17, BB 2019, 590 = NJW 2019, 1067 Tz. 15; BGH, Urt. v. 1.3.1993 – II ZR 61/92, BB 1994, 1163 = NJW 1994, 2149.
88 BGH, Urt. v. 26.6.1995 – II ZR 109/94, BB 1995, 1844 = NJW 1995, 2850.
89 BGH, Urt. v. 8.7.1985 – II ZR 198/84, BB 1985, 1753 = NJW 1986, 54.
90 BGH, Urt. v. 24.11.2003 – II ZR 171/01, BGHZ 157, 72 = BB 2004, 293 = NJW 2004, 1111.
91 BGH, Urt. v. 13.4.1994 – II ZR 16/93, BGHZ 125, 366 = BB 1994, 1095 = NJW 1994, 1801.

fen werden. Der Geschäftsführer darf die langjährig betriebene Geschäftspolitik, ausschließlich mit einem bestimmten anderen Unternehmen zusammenzuarbeiten, nicht ändern, ohne die Zustimmung der Gesellschafterversammlung einzuholen.[92] Das Weisungsrecht findet allerdings seine Grenze, falls der Geschäftsführer gezwungen werden soll, die ihm im öffentlichen Interesse obliegenden Verpflichtungen zu missachten, eine Regelung, die in § 43 Abs. 3 GmbHG für die Befolgung der Kapitalerhaltungsvorschriften besonders hervorgehoben wird.[93] Darüber hinaus entfalten sitten- und gesetzeswidrige Weisungen keine Bindung.[94]

bb) Gesetz und Satzung

Der Gesellschafterversammlung sind durch § 46 GmbHG bestimmte Aufgaben zwingend zugewiesen. Abschlussfeststellung und Ergebnisverwendung (§ 46 Nr. 1 GmbHG), Bestellung und Abberufung der Geschäftsführer einschließlich aller auf ihre Anstellung bezogener Rechtsgeschäfte (§ 46 Nr. 5 GmbHG) und die Bestellung von Prokuristen obliegen der Gesellschafterversammlung. Die Grundsätze der **Unternehmenspolitik** liegen – wie sich zusammenfassend aus § 42a Abs. 2, § 29 Abs. 2, § 46 Nr. 5, 6, 7 sowie § 49 Abs. 2 GmbHG erschließt – in der Hand der Gesellschafter.[95] Ferner ist der Geschäftsführer an die Satzung gebunden, etwa an die Umschreibung des **Unternehmensgegenstandes** (§ 3 Abs. 1 Nr. 2 GmbHG).[96]

21

cc) Außergewöhnliche Geschäfte

Wie sich aus der Einberufungspflicht nach § 49 Abs. 2 GmbHG ergibt, hat nicht der Geschäftsführer, sondern die Gesellschafterversammlung über außergewöhnliche Geschäfte zu entscheiden.[97] Außergewöhnlich sind Geschäfte, die au-

22

---

92 BGH, Urt. v. 25.2.1991 – II ZR 76/90, BB 1991, 714 = NJW 1991, 1681.
93 BGH, Urt. v. 5.5.2008 – II ZR 38/07, NJW 2008, 2504 Tz. 13; BGH, Urt. v. 13.4.1994 – II ZR 16/93, BGHZ 125, 366, 372 = BB 1994, 1095 = NJW 1994, 1801; ebenso Scholz/*U. Schneider/S. Schneider*, § 37 Rn. 59 und 61; Michalski/Heidinger/Leible/Schmidt/*Lenz*, § 37 Rn. 19; Gehrlein/Born/Simon/*Buck-Heeb*, § 37 Rn. 14.
94 Roth/*Altmeppen*, § 37 Rn. 18; Bork/Schäfer/*Jacoby*, § 37 Rn. 18.
95 BGH, Urt. v. 24.2.1992 – II ZR 79/91, BB 1992, 802 = NJW-RR 1992, 993; BGH, Urt. v. 25.2.1991 – II ZR 76/90, BB 1991, 714 = NJW 1991, 1681; gleichsinnig Scholz/*U. Schneider/S. Schneider*, § 37 Rn. 10; MünchKommGmbHG/*Stephan/Tieves*, § 37 Rn. 62 ff.; Gehrlein/Born/Simon/*Buck-Heeb*, § 37 Rn. 7; Lutter/Hommelhoff/*Kleindiek*, § 37 Rn. 8.
96 Rowedder/Schmidt-Leithoff/*Baukelmann*, § 37 Rn. 7.
97 BGH, Urt. v. 5.12.1983 – II ZR 56/82, NJW 1984, 1461; so auch Lutter/Hommelhoff/*Kleindiek*, § 37 Rn. 10; Scholz/*U. Schneider/S. Schneider*, § 37 Rn. 15; Rowedder/Schmidt-Leithoff/*Baukelmann*, § 37 Rn. 10; Roth/*Altmeppen*, § 37 Rn. 22; a.A. Baumbach/Hueck/Zöllner/*Noack*, § 37 Rn. 7.

Kap. 5 Der Geschäftsführer

ßerhalb des satzungsmäßigen **Unternehmensgegenstandes** (§ 3 Abs. 1 Nr. 2 GmbHG) anzusiedeln sind, der von den Gesellschaftern vorgegebenen **Unternehmenspolitik** widersprechen oder nach **Bedeutung** und den eingegangenen Risiken Ausnahmecharakter haben.[98] Zu den außergewöhnlichen Geschäften im Sinne der letzten Fallgruppe kann der beträchtliche Mittel erfordernde Kauf eines anderen Unternehmens gehören.[99] Ebenso verhält es sich, wenn bedeutende Unternehmensteile verkauft werden oder wenn eine erhebliche Investition in Produktionsanlagen eines anderen Unternehmens vorgenommen werden soll, um die künftige Belieferung der GmbH sicherzustellen.[100] Wenn bei einer Ausgliederung eines Unternehmens oder der Umstrukturierung einer Tochter- in eine Enkelgesellschaft wegen des damit verbundenen **Mediatisierungseffekts** eine ungeschriebene Mitwirkungsbefugnis der Hauptversammlung einer AG in Betracht kommt,[101] so handelt es sich in Fällen dieser Art für den Bereich des GmbH-Rechts angesichts der Weisungsgebundenheit der Geschäftsführer erst recht um außergewöhnliche, der Geschäftsführung entzogene Geschäfte. Zu den außergewöhnlichen Geschäften kann zudem eine Geschäftsführungsmaßnahme zählen, an deren Billigung durch die GmbH-Gesellschafter der Geschäftsführer zweifeln muss.[102]

II. Organverhältnis

1. Unterscheidung zwischen Organ- und Anstellungsverhältnis

23 Bei den Rechtsbeziehungen zwischen Geschäftsführer und GmbH ist zwischen dem körperschaftlichen Organverhältnis und dem schuldrechtlichen Anstellungsverhältnis (Amtswalterverhältnis) zu differenzieren.[103] Die Organstellung vermittelt dem Geschäftsführer die Leitungs- und Vertretungsmacht. Demgegenüber betrifft das Anstellungsverhältnis die persönlichen Rechte und Pflichten zwischen Geschäftsführer und Gesellschaft.[104] Der Anstellungsvertrag ist ein auf die **Geschäftsbesorgung** durch Ausübung des Geschäftsführeramtes gerichteter freier **Dienstvertrag** (§§ 611, 675 BGB), der nachrangig zum gesellschaftsrechtlichen Organverhältnis diejenigen Rechtsbeziehungen zwischen

---

98 Scholz/*U. Schneider/S. Schneider*, § 37 Rn. 17 bis 19.
99 BGH, Urt. v. 29.3.1973 – II ZR 139/70, BB 1973, 772 = NJW 1973, 1039.
100 BGH, Urt. v. 5.12.1983 – II ZR 56/82, NJW 1983, 1461.
101 BGH, Urt. v. 26.4.2004 – II ZR 155/02, BB 2004, 1182 = NJW 2004, 1860; BGH, Urt. v. 25.2.1982 – II ZR 174/80, BGHZ 83, 122 = BB 1982, 827 = NJW 1982, 1703.
102 OLG Stuttgart, Urt. v. 14.1.2013 – 14 W 17/12, ZIP 2013, 1177.
103 Lutter/Hommelhoff/*Kleindiek*, § 6 Rn. 1; Bork/Schäfer/*Jacoby*, § 38 Rn. 8; MünchKommGmbHG/*Jaeger/Steinbrück*, § 35 Rn. 248.
104 Rowedder/Schmidt-Leithoff/*C. Schmidt-Leithoff*, § 6 Rn. 34; Michalski/Heidinger/Leible/Schmidt/*Tebben*, § 6 Rn. 105 f.; Bork/*Schäfer*, § 6 Rn. 15; MünchKommGmbHG/*Goette*, § 6 Rn. 78; Gehrlein/Born/Simon/*Buck-Heeb*, Anh. § 6 Rn. 1.

dem Geschäftsführer und der Gesellschaft regelt, die nicht bereits durch die organschaftliche Stellung des Geschäftsführers vorgegeben sind.[105] Rein faktisch sind beide Rechtsverhältnisse miteinander verbunden. Niemand wird die Bestellung zum Geschäftsführer ohne den Abschluss eines Anstellungsvertrages annehmen. Ebenso wird die GmbH nur mit demjenigen einen Geschäftsführerdienstvertrag schließen, der zur Amtsübernahme bereit ist.[106] Wird ein Gesellschafter zum Geschäftsführer bestellt, kann von einer Vergütung und folglich auch vom Abschluss eines Anstellungsvertrages abgesehen werden. Möglich ist eine **gültige Bestellung** trotz **Unwirksamkeit des Dienstverhältnisses**. Denn beide Rechtsverhältnisse können unabhängig voneinander begründet und beendet werden (§ 38 Abs. 1 GmbHG).[107] Nach Abberufung aus der Organstellung kann das Dienstverhältnis des früheren Geschäftsführers als Arbeitsvertrag oder als freier Dienstvertrag fortdauern.[108] Es besteht, wenn es sich bei dem als Geschäftsführer Abberufenen um einen Gesellschafter handelt, der über mehr als 50% der Stimmrechte oder als Minderheitsgesellschafter über eine Sperrminorität verfügt, immer als freier Dienstvertrag fort; denn ein Gesellschafter kann zwar in einem Arbeitsverhältnis zur GmbH stehen, nicht aber dann, wenn er als Kapitaleigner einen so großen Einfluss auf die Führung der Gesellschaft hat, dass er über seine Gesellschafterstellung letztlich auch die Leitungsmacht hat.[109] Das als freies Dienstverhältnis begründete Anstellungsverhältnis des Vorstandsmitglieds einer Sparkasse – Entsprechendes gilt für den Geschäftsführer einer GmbH – wandelt sich ohne Weiteres mit dem Verlust der Organstellung infolge einer Sparkassenfusion in ein **Arbeitsverhältnis** um. Bleibt ein derartiges Anstellungsverhältnis mit seinem bisherigen Inhalt als **freies Dienstverhältnis** bei Weiterbeschäftigung des ehemaligen Organmitglieds als stellvertretendes Vorstandsmitglied bestehen, so sind hierauf im Falle fristloser Kündigung weder § 13 Abs. 1 Satz 2 i.V. mit §§ 4 Satz 1 und 7 KSchG über die Einhaltung einer Klagefrist noch die Vorschriften über das Erfordernis der Mitwirkung eines Personalrats anwendbar.[110]

---

105 BGH, Urt. v. 10.5.2010 – II ZR 70/09, BB 2010, 2571 = NJW 2010, 2343 Tz. 7.
106 Michalski/Heidinger/Leible/Schmidt/*Tebben*, § 6 Rn. 106.
107 BGH, Urt. v. 11.10.2010 – II ZR 266/08, BB 2011, 334 = NJW 2011, 920 Tz. 7; BGH, Urt. v. 10.5.2010 – II ZR 70/09, BB 2010, 2571 = NJW 2010, 2343 Tz. 9; BGH, Urt. v. 26.6.1995 – II ZR 109/94, BB 1995, 1844 = NJW 1995, 2850.
108 Vgl. BAG, Urt. v. 31.7.2014 – 2 AZR 422/13, BAGE 149, 18 = NJW 2015, 508 Tz. 27.
109 BAG, Beschl. v. 17.9.2014 – 10 AZB 43/14, BAGE 149, 110 = NJW 2015, 572 Tz. 22; BAG, Urt. v. 6.5.1998 – 5 AZR 612/97, NJW 1998, 3796.
110 BGH, Urt. v. 10.1.2000 – II ZR 251/98, NJW 2000, 1864.

Kap. 5 Der Geschäftsführer

2. Berufung in das Organverhältnis

a) Person des Geschäftsführers

aa) Geschäftsfähigkeit

24 Geschäftsführer kann **nur eine natürliche, unbeschränkt geschäftsfähige Person** werden (§ 6 Abs. 2 Satz 1 GmbHG). Juristische Personen, Personengesellschaften und beschränkt Geschäftsfähige sind damit vom Amt des Geschäftsführers ausgeschlossen. Einem beschränkt Geschäftsfähigen steht eine Person gleich, die als Betreuter bei Besorgung ihrer eigenen Vermögensangelegenheiten einem Einwilligungsvorbehalt nach § 1903 BGB unterliegt. Eine entgegen diesen Hinderungsgründen vorgenommene Bestellung ist unwirksam. Ebenso verliert ein Geschäftsführer mit Eintritt der **Geschäftsunfähigkeit** seine Organstellung. Die Geschäftsunfähigkeit des Geschäftsführers beendet nicht nur seine Organstellung, sie führt gemäß § 105 BGB auch zur Nichtigkeit der von ihm abgegebenen Willenserklärungen. Dritte können sich auf die Eintragung in das Handelsregister (§ 15 HGB) nicht berufen, weil die Geschäftsfähigkeit keine eintragungspflichtige Tatsache darstellt. Das Erlöschen der Geschäftsfähigkeit ist keine Tatsache, die in das Handelsregister einzutragen ist.[111]

bb) Bestellungshindernisse

25 Das **Verbot der Berufs- oder Gewerbeausübung** bedeutet ebenso einen gesetzlichen Ausschluss vom Amt des Geschäftsführers wie – für die Dauer von fünf Jahren – die **Verurteilung** wegen einer vorsätzlich begangenen Straftat (§ 6 Abs. 2 Nr. 2 und Nr. 3 GmbHG).[112] Dabei kommen neben den Insolvenzstraftaten der §§ 283 bis 283d StGB auch die Insolvenzverschleppung – sei es auch in Form der nicht rechtzeitigen Stellung eines Insolvenzantrags (§ 15a Abs. 4 Alt. 3 InsO)[113] –, falsche Angaben nach § 82 GmbHG oder § 399 AktG, unrichtige Darstellung nach § 400 AktG, § 331 HGB, § 313 UmwG oder § 17 PublG sowie – im Falle der Verurteilung zu einer Freiheitsstrafe von mindestens einem Jahr[114] – auch Straftaten nach den §§ 263 bis 264a sowie den §§ 265b bis 266a

---

111 BGH, Urt. v. 1.7.1991 – II ZR 292/90, BGHZ 115, 78 = BB 1991, 1584 = NJW 1991, 2566; ebenso Scholz/*U. Schneider/S. Schneider*, § 6 Rn. 12.

112 Die Ausschlussfrist des § 6 Abs. 2 Satz 2 Nr. 3 GmbHG a. E. gilt nicht für den Tatbestand des § 6 Abs. 2 Nr. 2 GmbHG (KG, Beschl. v. 19.10.2011 – 25 W 35/11, NZG 2012, 430).

113 OLG Celle, Beschl. v. 29.8.2013 – 3 W 109/13, GmbHR 2013, 1140; so auch MünchKommGmbHG/*Goette*, § 6 Rn. 33.

114 Dabei liegt eine Verurteilung zu einer Freiheitsstrafe von mehr als einem Jahr vor, wenn die Summe der für die jeweiligen Katalogtaten verhängten Einzelstrafen ein Jahr überschreitet (LG Leipzig, Beschl. v. 12.10.2016 – 15 Os 148/16, GmbHR 2017, 406).

StGB in Betracht. Ein Strafbefehl nach § 407 StPO steht einer Verurteilung i. S. des § 6 Abs. 2 Nr. 3 GmbHG gleich.[115] Als Verurteilung i. S. des § 6 Abs. 2 Satz 2 Nr. 3a GmbHG ist zudem nicht nur die Verhängung einer Geld- oder Freiheitsstrafe wegen vorsätzlicher Insolvenzverschleppung anzusehen; vielmehr genügt, dass der Geschäftsführer wegen einer solchen Tat unter Vorbehalt der Verhängung einer Geldstrafe verwarnt wurde (§ 59 Abs. 1 StGB).[116] Nicht unproblematisch erscheint mit Rücksicht auf die unterschiedlichen rechtsstaatlichen Standards die uneingeschränkte Anerkennung **ausländischer** strafgerichtlicher Verurteilungen als Bestellungshindernis (§ 6 Abs. 2 Satz 3 GmbHG). Jedenfalls führen nur vorsätzlich begangene Straftaten im In- oder Ausland zur Inhabilität des Geschäftsführers, nicht schon Sachverhalte, die im Ausland nur als Ordnungswidrigkeit qualifiziert werden.[117] In der Anmeldung haben die Geschäftsführer gemäß § 8 Abs. 3 Satz 1 GmbHG zu versichern, dass ihrer Bestellung keine Ausschlussgründe nach § 6 Abs. 2 Satz 2 Nr. 2 und 3 sowie Satz 3 GmbHG entgegenstehen. Dabei muss sich die Versicherung des Geschäftsführers seit dem 12.4.2017 auch auf die im Zuge des 51. Strafrechtsänderungsgesetzes[118] neu geschaffenen Tatbestände des § 265c StGB (Sportwettbetrug) und des § 265d StGB (Manipulation von berufssportlichen Wettbewerben) beziehen, während es einer besonderen Erwähnung des § 265e StGB (Regelbeispiele für besonders schwere Fälle der genannten Grundtatbestände) nicht bedarf.[119] Die Versicherung braucht, was die Verurteilung wegen der in § 6 Abs. 2 Satz 2 Nr. 3 GmbHG aufgeführten Straftaten betrifft, keine Angaben zu Vorfällen außerhalb der Fünfjahresfrist zu enthalten; versichert der Geschäftsführer aber, niemals wegen einer der aufgeführten Straftaten verurteilt worden zu sein, so ist die Anmeldung auch dann falsch und steht einer Eintragung der Anmeldung entgegen, wenn die Verurteilung wegen einer solchen Straftat mehr als fünf Jahre zurückliegt und bereits aus dem Bundeszentralregister getilgt worden ist.[120] Die erforderliche Versicherung ist von jedem Geschäftsführer einzeln für sich abzugeben; eine gemeinsam von zwei Geschäftsführern in Wir-Form verfasste und unterschriebene Versicherung genügt den Anforderungen nicht.[121] Die Versicherung der Geschäftsführer muss sich auch darauf beziehen, dass sie nach § 53 Abs. 2 BZRG über ihre unbeschränkte Auskunftspflicht gegenüber dem Gericht belehrt

---

115 KG, Beschl. v. 17.7.2018 – 22 W 34/18, NJW-RR 2019, 424 Tz. 14.
116 OLG Naumburg, Beschl. v. 30.1.2017 – 5 Wx 2/17, BeckRS 2017, 106930 Tz. 6.
117 OLG München, Beschl. v. 18.6.2014 – 31 Wx 250/14, NJW-RR 2014, 1381 Tz. 3 ff.
118 Vom 11.4.2017, BGBl. I S. 815.
119 OLG Oldenburg, Beschl. v. 8.1.2018 – 12 W 126/17, NJW-RR 2018, 484 Tz. 6 ff.; für die Anmeldung einer Änderung in der Person des Geschäftsführers nach § 39 GmbHG zum Handelsregister mit Blick auf die §§ 265c und 265d StGB a. A. OLG Hamm, Beschl. v. 27.9.2018 – 27 W 93/18, NJW-RR 2019, 155 Tz. 12 ff.
120 OLG Oldenburg, Beschl. v. 3.4.2018 – 12 W 39/18 (HR), NZG 2019, 64 Tz. 2 ff.
121 OLG München, Beschl. v. 17.5.2018 – 31 Wx 166/18, GmbHR 2018, 807; OLG Frankfurt, Beschl. v. 4.2.2016 – 20 W 28/16, NJW-RR 2016, 1437 Tz. 16 ff.

Kap. 5 Der Geschäftsführer

worden sind. Zu dieser **Belehrung** war nach früherem Recht neben dem Registergericht auch der Notar befugt. Ergänzend sieht nunmehr § 8 Abs. 3 Satz 2 GmbHG vor, dass die Belehrung durch die hierzu befugten Stellen schriftlich erfolgen kann. Hält sich der Geschäftsführer im Ausland auf, kann die Belehrung auch durch einen ausländischen Notar, den Vertreter eines vergleichbaren rechtsberatenden Berufs, insbesondere also einen Rechtsanwalt, oder einen deutschen Konsularbeamten vorgenommen werden.[122]

cc) Folgen eines Bestellungshindernisses

(1) Nichtigkeit der Bestellung

26 Die Bestellung eines Geschäftsführers entgegen einem der genannten Bestellungshindernisse ist nichtig, der nachträgliche Eintritt eines solchen Hindernisses führt zum **sofortigen Amtsverlust**.[123] Falls der Geschäftsführer sein Amt gleichwohl weiter wahrnimmt, ist er als faktischer Geschäftsführer anzusehen. Der Rechtsverkehr wird zudem nach § 15 Abs. 1 und 3 HGB und den Grundsätzen der Rechtsscheinhaftung geschützt.[124] Hingegen ist die Bestellung, falls berufsrechtliche Voraussetzungen (§§ 59c ff. BRAO, § 28 WPO, § 50 StBerG) fehlen, gleichwohl wirksam. Die Rechtsfolgen sind vielmehr den jeweiligen Spezialgesetzen zu entnehmen.[125] Ansonsten ist eine berufliche **Mindestqualifikation** grundsätzlich nicht vorgeschrieben.[126]

(2) Schadensersatzhaftung der Gesellschafter wegen Bestellung eines Amtsunfähigen

27 § 6 Abs. 5 GmbHG unterwirft die Gesellschafter einer **Innenhaftung gegenüber der GmbH**, sofern sie vorsätzlich oder grob fahrlässig einer amtsunfähi-

---

[122] Lutter/Hommelhoff/*Bayer*, § 8 Rn. 18; Scholz/*Veil*, § 8 Rn. 31; Baumbach/Hueck/*Fastrich*, § 8 Rn. 16; Rowedder/Schmidt-Leithoff/*C. Schmidt-Leithoff*, § 8 Rn. 32; Gehrlein/Born/Simon/*Link*, § 8 Rn. 41; Bork/Schäfer/*Wachter*, § 8 Rn. 72.

[123] BGH, Urt. v. 1.7.1991 – II ZR 292/90, BGHZ 115, 78 = NJW 1991, 2566; OLG Naumburg, Beschl. v. 30.1.2017 – 5 Wx 2/17, BeckRS 2017, 106930 Tz. 5; KG, Beschl. v. 19.10.2011 – 25 W 35/11, NZG 2012, 430; ebenso Baumbach/Hueck/*Fastrich*, § 6 Rn. 17; Gehrlein/Born/Simon/*Buck-Heeb*, § 6 Rn. 12; MünchKomm-GmbHG/*Goette*, § 6 Rn. 45; zur dem Amtsverlust folgenden Möglichkeit der Löschung von Amts wegen KG, Beschl. v. 17.7.2018 – 22 W 34/18, NJW-RR 2019, 424 Tz. 11.

[124] Roth/*Altmeppen*, § 6 Rn. 26; Gehrlein/Born/Simon/*Buck-Heeb*, § 6 Rn. 13; Rowedder/Schmidt-Leithoff/*C. Schmidt-Leithoff*, § 6 Rn. 29; Michalski/Heidinger/Leible/Schmidt/*Tebben*, § 6 Rn. 91; MünchKommGmbHG/*Goette*, § 6 Rn. 48.

[125] Scholz/*U. Schneider*/*S. Schneider*, § 6 Rn. 21; Michalski/Heidinger/Leible/Schmidt/*Tebben*, § 6 Rn. 35.

[126] Roth/*Altmeppen*, § 6 Rn. 25.

gen Person die Führung der Geschäfte überlassen. Die Tatbestandsfassung verdeutlicht, dass eine unter Verstoß gegen § 6 Abs. 2 GmbHG vorgenommene Bestellung nichtig ist und es keiner förmlichen Abberufung des amtsunfähigen, rein faktischen Geschäftsführers bedarf.[127] Darum greift die Haftung gerade dann, wenn die Gesellschafter von der Entfernung eines amtsunfähigen Geschäftsführers absehen oder einer solchen Person die faktische Geschäftsführung überlassen.[128] Verfügt die GmbH über einen **Aufsichtsrat**, so ist bei Bestellung amtsunfähiger Personen zulasten der Gesellschafter (über § 52 Abs. 1 GmbHG) der Haftungstatbestand der §§ 93, 116 AktG einschlägig.[129] Ansprüche der Gesellschaft nach § 6 Abs. 5 GmbHG verjähren analog §§ 9b Abs. 1, 43 Abs. 4 GmbHG in fünf Jahren.[130] Gesellschafter, die durch die Bestellung eines amtsunfähigen Geschäftsführers sehenden Auges eine Schädigung der Gläubiger hinnehmen, können einer Außenhaftung aus § 826 BGB unterliegen.[131]

b) Bestellungsorgan

aa) Gesellschaftsvertrag

Der Geschäftsführer kann bereits durch die Satzung (§ 6 Abs. 3 GmbHG) bestellt werden. Wird ein **Gesellschafter** kraft Satzung zum Geschäftsführer berufen, kann es sich um ein nur aus **wichtigem Grund** entziehbares **Sonderrecht** handeln (§ 38 Abs. 2 GmbHG).[132] Allein der Umstand, dass ein Gesellschafter im Gesellschaftsvertrag zum ersten Geschäftsführer der GmbH bestellt worden ist, vermag noch kein unentziehbares Mitgliedschaftsrecht zu begründen. Diese Tatsache kann in Verbindung mit einer **besonderen satzungsmäßigen** Gestaltung auf ein solches Recht schließen lassen. Ein mitgliedschaftliches Geschäftsführungsrecht kann gegeben sein, wenn dem Gesellschafter die Stellung des Geschäftsführers in der Satzung auf Lebenszeit oder die Dauer seiner Mitgliedschaft verliehen wird. Gleiches dürfte gelten, wenn unter den Gesellschaftern strikte Parität vereinbart, aber nur für einen Gesellschafter ausdrücklich das Sonderrecht der Geschäftsführung erwähnt wird. Im Zweifel ist das Bestehen eines

28

---

127 Bork/*Schäfer*, § 6 Rn. 6, 9 und 20; Michalski/Heidinger/Leible/Schmidt/*Tebben*, § 6 Rn. 88.
128 Lutter/Hommelhoff/*Kleindiek*, § 6 Rn. 47; Roth/*Altmeppen*, § 6 Rn. 30; Rowedder/Schmidt-Leithoff/*C. Schmidt-Leithoff*, § 6 Rn. 30; Gehrlein/Born/Simon/*Buck-Heeb*, § 6 Rn. 15; MünchKommGmbHG/*Goette*, § 6 Rn. 51.
129 Scholz/*U. Schneider/S. Schneider*, § 6 Rn. 44; Gehrlein/Born/Simon/*Buck-Heeb*, § 6 Rn. 20; Baumbach/Hueck/*Fastrich*, § 6 Rn. 18.
130 Lutter/Hommelhoff/*Kleindiek*, § 6 Rn. 62; Gehrlein/Born/Simon/*Buck-Heeb*, § 6 Rn. 19; Roth/*Altmeppen*, § 6 Rn. 38; Baumbach/Hueck/*Fastrich*, § 6 Rn. 24; Scholz/*U. Schneider/S. Schneider*, § 6 Rn. 61.
131 Vgl. BGH, Urt. v. 14.11.2005 – II ZR 178/03, BB 2006, 961 = NJW 2006, 1344.
132 BGH, Urt. v. 4.11.1968 – II ZR 63/67, BB 1968, 1399 = NJW 1969, 131; Einzelheiten bei Roth/*Altmeppen*, § 6 Rn. 68 ff.

Kap. 5 Der Geschäftsführer

Sonderrechts zu verneinen.[133] Ist die Bestellung zum Geschäftsführer durch die Satzung erfolgt, wäre auf der Grundlage des § 53 Abs. 3 GmbHG davon auszugehen, dass die Abberufung, die eines wichtigen Grundes entbehrt, als Änderung des Gesellschaftervertrages der Zustimmung aller Gesellschafter bedarf.[134] Dies ist indes nur anzunehmen, wenn die Berufung als **Sonderrecht** einen echten Satzungsbestandteil bildet. Regelmäßig ist aber die Bestellung als **unechter Satzungsbestandteil** zu begreifen, weil sie nur bei Gelegenheit des Abschlusses des Gesellschaftsvertrages erfolgt ist.[135] Nicht jede Änderung der im **Gesellschaftsvertrag** enthaltenen Bestimmung ist eine Satzungsänderung. In den Gesellschaftsvertrag werden auch Vereinbarungen aufgenommen, die nicht das Rechtsverhältnis der Gesellschafter zu der Gesellschaft betreffen und gar nicht in der Satzung enthalten zu sein brauchen, um wirksam zu sein. Deshalb gehören Bestellung und Gehalt eines Geschäftsführers, auch wenn sie in den Gesellschaftsvertrag aufgenommen sind, nur tatsächlich, aber nicht rechtlich zur Satzung. Deshalb bedarf eine Änderung insoweit nicht der Einhaltung der für eine Satzungsänderung geltenden Vorschriften.[136] Der Gesellschafter-Geschäftsführer kann vielmehr mit einfacher Mehrheit abberufen werden.[137] Besteht ein Sonderrecht, darf es nicht durch eine von der Gesellschafterversammlung gegen die Stimme des begünstigten Gesellschafters erlassene Geschäftsordnung, die die Rechte des Geschäftsführers beschneidet, ausgehöhlt werden.[138]

bb) Gesellschafterversammlung

29 Den Gesellschaftern obliegt es, die GmbH mit handlungsfähigen Organen auszustatten. Neben dem Gesellschaftsvertrag kann deshalb die Gesellschafterversammlung (§ 46 Nr. 5 GmbHG) den Geschäftsführer bestellen. Die Bestellung kann unbefristet oder befristet erfolgen, aber auch an eine (aufschiebende oder auflösende) Bedingung geknüpft werden.[139] Der Beschluss bedarf, sofern die Satzung nichts anderes vorschreibt, der **einfachen Mehrheit** (§ 47 Abs. 1 GmbHG).[140] Der betroffene Gesellschafter ist berechtigt (und keinesfalls durch

---

133 BGH, Urt. v. 16.2.1981 – II ZR 89/79, BB 1981, 926; so auch Scholz/*U. Schneider/ S. Schneider*, § 6 Rn. 80 ff.; Michalski/Heidinger/Leible/Schmidt/*Tebben*, § 6 Rn. 51; Baumbach/Hueck/*Fastrich*, § 6 Rn. 27.
134 Michalski/Heidinger/Leible/Schmidt/*Tebben*, § 6 Rn. 52.
135 Gehrlein/Born/Simon/*Buck-Heeb*, § 6 Rn. 35; Scholz/*U. Schneider/S. Schneider*, § 6 Rn. 78.
136 BGH, Urt. v. 29.9.1955 – II ZR 225/54, BGHZ 18, 205 = BB 1955, 975 = NJW 1955, 1716; gleichsinnig Gehrlein/Born/Simon/*Buck-Heeb*, § 6 Rn. 35.
137 Scholz/*U. Schneider/S. Schneider*, § 6 Rn. 78.
138 MünchKommGmbHG/*Goette*, § 6 Rn. 72.
139 BGH, Urt. v. 24.10.2005 – II ZR 55/04, BB 2006, 14 = NJW-RR 2006, 182.
140 Baumbach/Hueck/*Fastrich*, § 6 Rn. 28; Rowedder/Schmidt-Leithoff/*C. Schmidt-Leithoff*, § 6 Rn. 38.

§ 181 BGB gehindert), bei der Abstimmung über seine Bestellung zum Geschäftsführer mitzuwirken.[141] Der Alleingesellschafter ist, solange er § 48 Abs. 3 GmbHG beachtet, nicht nach §§ 181 BGB, 35 Abs. 3 GmbHG gehindert, sich zum Geschäftsführer zu berufen.[142] Allerdings findet § 181 BGB Anwendung, wenn sich der Vertreter des Gesellschafters mit den von ihm abgegebenen Stimmen zum Gesellschafter wählt.[143] In **mitbestimmten Gesellschaften** obliegen Bestellung und Abberufung von Geschäftsführern dem Aufsichtsrat (§ 31 MitbestG bzw. § 12 Montan-MitbestG, jeweils i.V. mit § 84 AktG).[144] Besteht lediglich ein fakultativer oder ein gemäß § 1 Abs. 1 Nr. 3 DrittelbG gebildeter Aufsichtsrat, so bleibt die Bestellungskompetenz der Gesellschafterversammlung unangetastet.[145]

cc) Delegation des Bestellungsrechts

Die Satzung kann die Bestellungs- und Abberufungskompetenz einem anderen Organ, insbesondere einem fakultativen **Aufsichtsrat** oder **Beirat** übertragen. Dabei ist, falls die Besetzung in der Hand der Gesellschafter liegt, bedeutungslos, wie sich dieses Organ zusammensetzt, ob ihm etwa (auch) Gesellschafter oder nur außenstehende Dritte angehören.[146] Jedoch dürfte es unzulässig sein, die Befugnis für Bestellung und Abberufung der Geschäftsführer einem **gesellschaftsfremden Dritten**, sei es die Muttergesellschaft von Gesellschaftern, ein Kreditgeber oder stiller Gesellschafter, zuzuweisen. In einer solchen Gestaltung begibt sich die Gesellschaft in nicht zu billigender Weise ihrer Leitungskompetenz. Der Hinweis auf die Möglichkeit einer Änderung des Gesellschaftsvertrages oder die Abberufung aus wichtigem Grund durch die Gesellschafterversammlung überzeugt letztlich nicht, weil diese Maßnahmen ein flexibles Vorgehen hindern.[147] Wird ein Aufsichtsrat oder Beirat funktionsunfähig, so fallen die ihm übertragenen Befugnisse auch hinsichtlich der Bestellung des Geschäftsfüh-

---

141 OLG Nürnberg, Beschl. v. 12.4.2018 – 12 W 669/18, DNotZ 2019, 314 Tz. 27; so auch Michalski/Heidinger/Leible/Schmidt/*Tebben*, § 6 Rn. 46.
142 Lutter/Hommelhoff/*Kleindiek*, § 6 Rn. 38; Baumbach/Hueck/*Fastrich*, § 6 Rn. 28; Bork/*Schäfer*, § 6 Rn. 16.
143 BayObLG Beschl. v. 17.11.2000 – 3 Z BR 271/00, NJW-RR 2001, 469; ebenso Rowedder/Schmidt-Leithoff/*C. Schmidt-Leithoff*, § 6 Rn. 38; Michalski/Heidinger/Leible/Schmidt/*Tebben*, § 6 Rn. 46.
144 BGH, Urt. v. 14.11.1983 – II ZR 33/83, BGHZ 89, 48 = BB 1984, 9 = NJW 1984, 733.
145 Baumbach/Hueck/*Fastrich*, § 6 Rn. 29; Gehrlein/Born/Simon/*Buck-Heeb*, § 6 Rn. 31.
146 MünchKommGmbHG/*Goette*, § 6 Rn. 60; Baumbach/Hueck/*Fastrich*, § 6 Rn. 30; Rowedder/Schmidt-Leithoff/*C. Schmidt-Leithoff*, § 6 Rn. 39; Michalski/Heidinger/Leible/Schmidt/*Tebben*, § 6 Rn. 61; Scholz/*U. Schneider/S. Schneider*, § 6 Rn. 88.
147 Bork/*Schäfer*, § 6 Rn. 16; Scholz/*U. Schneider/S. Schneider*, § 6 Rn. 87; Scholz/*K. Schmidt*, § 46 Rn. 72; Ulmer/*Ulmer/Löbbe*, § 3 Rn. 45 ff.; Baumbach/Hueck/*Zöllner/Noack*, § 46 Rn. 34a; a. A. Baumbach/Hueck/*Fastrich*, § 6 Rn. 31; Roth/*Altmep-*

rers auf die Gesellschafterversammlung zurück.[148] Das Recht, einen Geschäftsführer aus **wichtigem Grund** abzuberufen, kann die Gesellschafterversammlung auch im Falle der Delegation stets wahrnehmen.[149]

c) Bestellungsakt

31 Der Geschäftsführer wird durch den als Bestellung bezeichneten **körperschaftlichen Organisationsakt** in sein Amt eingesetzt. Die Bestellung kann infolge der damit begründeten Pflichtenstellung kein einseitiges Rechtsgeschäft sein. Fasst die Gesellschafterversammlung einen Mehrheitsbeschluss, so ist damit die Bestellung noch nicht vollzogen. Vielmehr ist sie gegenüber dem Geschäftsführer rechtsgeschäftlich zu erklären und von ihm – zumindest konkludent – anzunehmen (sog. Bereiterklärung); die §§ 146 ff. BGB sind insoweit anwendbar.[150] Der Gesellschafter bringt sein Einverständnis mit der Bestellung durch die Unterzeichnung des Gesellschaftervertrages oder die Mitwirkung an der Beschlussfassung der Gesellschafterversammlung zum Ausdruck. Ein Fremdgeschäftsführer kann die Annahme seiner Bestellung durch die Anmeldung der GmbH zum Handelsregister oder durch die Aufnahme der Tätigkeit verlautbaren.[151] Der Gesellschafter, der von der Versammlung zur Mitteilung des Beschlussergebnisses an den Gewählten bestimmt wurde, ist zur Entgegennahme der Annahme ermächtigt.[152] Mit der Annahme der Bestellung wird die Organstellung begründet; der nachfolgenden Eintragung in das Handelsregister (§ 39 GmbHG), bei der das Registergericht lediglich darauf zu achten hat, dass sie den gesetzlichen Erfordernissen und der tatsächlichen Rechtslage entspricht,[153] kommt bloß **deklaratorische Bedeutung** zu.[154] Man spricht von einem **faktischen Geschäftsführer** bei einer Person, die mit Wissen und Wollen der Gesellschafter das Amt des Ge-

---

pen, § 6 Rn. 61; Gehrlein/Born/Simon/*Buck-Heeb*, § 6 Rn. 31; wohl auch MünchKommGmbHG/*Goette*, § 6 Rn. 61.
148 BGH, Urt. v. 16.7.2007 – II ZR 109/06, BB 2007, 1914 = NZG 2007, 751 Tz. 8; BGH, Urt. v. 24.2.1954 – II ZR 88/53, BGHZ 12, 337 = BB 1954, 320 = NJW 1954, 799; Baumbach/Hueck/*Zöllner/Noack*, § 46 Rn. 34a; Scholz/*K. Schmidt*, § 46 Rn. 72.
149 Rowedder/Schmidt-Leithoff/*C. Schmidt-Leithoff*, § 6 Rn. 39; Baumbach/Hueck/*Fastrich*, § 6 Rn. 31.
150 Baumbach/Hueck/*Fastrich*, § 6 Rn. 25; Scholz/*U. Schneider/S. Schneider*, § 6 Rn. 91; Michalski/Heidinger/Leible/Schmidt/*Tebben*, § 6 Rn. 41; Gehrlein/Born/Simon/*Buck-Heeb*, § 6 Rn. 33.
151 Gehrlein/Born/Simon/*Buck-Heeb*, § 6 Rn. 33; Lutter/Hommelhoff/*Kleindiek*, § 6 Rn. 43; MünchKommGmbHG/*Goette*, § 6 Rn. 58.
152 Michalski/Heidinger/Leible/Schmidt/*Tebben*, § 6 Rn. 43.
153 BGH, Beschl. v. 21.6.2011 – II ZB 15/10, NJW-RR 2011, 1184 Tz. 10; vgl. auch KG, Beschl. v. 3.6.2016 – 22 W 20/16, NZG 2016, 836.
154 BGH, Urt. v. 6.11.1995 – II ZR 181/94, BB 1996, 129 = NJW 1996, 257; ebenso Michalski/Heidinger/Leible/Schmidt/*Tebben*, § 6 Rn. 43; Roth/*Altmeppen*, § 6 Rn. 47; Bork/Schäfer/*Jacoby*, § 39 Rn. 1; Gehrlein/Born/Simon/*Buck-Heeb*, § 6 Rn. 33.

schäftsführers nach außen erkennbar wahrnimmt, deren Bestellung aber an (unerkannten) rechtlichen Mängeln leidet.[155] Eine einheitliche Rechtsfigur des faktischen Geschäftsführers hat sich allerdings nicht herausgebildet. Vielmehr ist im Einzelfall zu entscheiden, ob das Handeln des Geschäftsführers die GmbH nach außen (wirksame Vertretung bei Verpflichtungsgeschäften) und innen (Einberufung einer Gesellschafterversammlung) bindet und der faktische den rechtlichen Pflichten eines ordentlichen Geschäftsführers unterliegt.[156]

3. Beendigung der Organstellung

a) Allgemeine Beendigungsgründe

Die Organstellung kann dem Geschäftsführer **befristet** oder **unbefristet** übertragen werden. Mit Ablauf der vereinbarten zeitlichen Dauer endet das Organverhältnis, ohne dass es einer besonderen Erklärung des Bestellungsorgans bedürfte.[157] Ebenso erlischt das Organverhältnis mit Eintritt der **Amtsunfähigkeit** (§ 6 Abs. 2 GmbHG).[158] Mangels Vererblichkeit endet die Organstellung – auch bei Ausgestaltung als Sonderrecht – mit dem **Tod** des Geschäftsführers.[159] Im Fall der Auflösung wandelt sich die Stellung des Geschäftsführers in die eines Liquidators (§ 66 GmbHG). Die Eröffnung des Insolvenzverfahrens führt nicht zum Erlöschen des Amts des Geschäftsführers; doch bleibt dieser nur mit erheblich eingeschränkten Befugnissen im Amt.[160] Die **Beendigung des Anstellungsverhältnisses** bedeutet nicht zwangsläufig auch den Widerruf der Organstellung.[161] Freilich ist es eine Auslegungsfrage, ob die Kündigung des Dienstvertrages nicht zugleich als Widerruf der Bestellung zu verstehen ist.[162] Umgekehrt kann die Beendigung des Dienstvertrages an den Widerruf der Organstellung gekoppelt werden, sodass mit der Beendigung der Organstellung das Dienstver-

32

---

155 Bork/Schäfer/*Jacoby*, § 35 Rn. 19; Roth/*Altmeppen*, § 43 Rn. 101; vgl. auch Rowedder/Schmidt-Leithoff/*Schaal*, § 82 Rn. 13.
156 Michalski/Heidinger/Leible/Schmidt/*Tebben*, § 6 Rn. 96.
157 Michalski/Heidinger/Leible/Schmidt/*Terlau*, § 38 Rn. 80; Scholz/*U. Schneider/S. Schneider*, § 38 Rn. 4; Gehrlein/Born/Simon/*Buck-Heeb*, § 38 Rn. 66.
158 Rowedder/Schmidt-Leithoff/*Baukelmann*, § 38 Rn. 39; Bork/Schäfer/*Jacoby*, § 38 Rn. 2.
159 Hachenburg/*Stein*, § 38 Rn. 42; Ulmer/*Paefgen*, § 38 Rn. 288; Baumbach/Hueck/Zöllner/*Noack*, § 38 Rn. 83; Gehrlein/Born/Simon/*Buck-Heeb*, § 38 Rn. 67; Bork/Schäfer/*Jacoby*, § 38 Rn. 2; a. A. Scholz/*U. Schneider/S. Schneider*, § 38 Rn. 4.
160 KG, Beschl. v. 26.4.2012 – 25 W 103/11, GmbHR 2012, 1007; Hachenburg/*Stein*, § 38 Rn. 132; Ulmer/*Paefgen*, § 38 Rn. 265; Lutter/Hommelhoff/*Kleindiek*, § 38 Rn. 40.
161 Michalski/Heidinger/Leible/Schmidt/*Terlau*, § 38 Rn. 87; Bork/Schäfer/*Jacoby*, § 38 Rn. 1.
162 Baumbach/Hueck/Zöllner/*Noack*, § 38 Rn. 96; MünchKommGmbHG/*Stephan/Tieves*, § 38 Rn. 23; Gehrlein/Born/Simon/*Buck-Heeb*, § 38 Rn. 64.

Kap. 5 Der Geschäftsführer

hältnis erlischt. In diesem Fall ist jedoch die Frist des § 622 Abs. 5 BGB zu beachten.[163]

b) Ordentliche Abberufung

aa) Grundsatz der freien Abberufbarkeit

33 Gemäß § 38 Abs. 1 und 2 GmbHG kann der Geschäftsführer, wenn die Satzung keine gegenteilige Bestimmung enthält, jederzeit abberufen werden.[164] Die freie, nicht an **sachliche Gründe** gekoppelte[165] Abberufbarkeit erklärt sich aus der unbeschränkten Vertretungsmacht der Geschäftsführer (§ 35 GmbHG), die im Außenverhältnis gegenüber bindenden Weisungen der Gesellschafterversammlung Vorrang genießt (§ 37 Abs. 2 GmbHG). Die freie Abberufbarkeit unterstreicht die **Weisungsgebundenheit** der Geschäftsführer.[166] Die Geschäftsführer hängen bei Wahrnehmung ihrer Leitungstätigkeit also vom vollen Vertrauen der Gesellschafter ab.[167] Die Abberufung setzt nicht voraus, dass noch ein vertretungsberechtigtes Organ verbleibt. Es kann also der einzige oder einer von zwei gesamtvertretungsberechtigten Geschäftsführern abberufen werden.[168] Im eigenen Interesse sollten die Gesellschafter aber alsbald einen Nachfolger bestellen. Erforderlichenfalls, d. h. bei Vorliegen eines dringenden Falles, kommt die Bestellung eines Notgeschäftsführers in Betracht. Sie richtet sich, weil eine § 85 AktG entsprechende Vorschrift im GmbH-Recht fehlt, nach § 29 BGB.[169]

bb) Verfahren

34 Ein Geschäftsführer, dessen vertragliche Ansprüche aus dem Anstellungsverhältnis nach § 38 Abs. 1 GmbHG unberührt bleiben, hat kein Recht auf den Fortbestand seiner Organstellung. Bei der Abberufung aus seinem Amt geht es nicht um eine Gerichtsentscheidung in einem internen Verfahren, sondern um eine einseitige Willensentschließung, die auch ohne Vorliegen eines wichtigen Grun-

---

163 BGH, Urt. v. 9.7.1990 – II ZR 194/89, BGHZ 12, 103 = BB 1990, 1578 = NJW 1990, 2622; BGH, Urt. v. 29.5.1989 – II ZR 220/88, BB 1989, 1557 = NJW 1989, 2683 (zur AG).
164 BGH, Beschl. v. 24.3.2016 – IX ZB 32/15, NZG 2016, 552 Tz. 19; BGH, Urt. v. 11.2.2008 – II ZR 187/06, NJW-RR 2008, 706 Tz. 34.
165 Scholz/*U. Schneider/S. Schneider*, § 38 Rn. 16; MünchKommGmbHG/*Stephan/Tieves*, § 38 Rn. 7; Michalski/Heidinger/Leible/Schmidt/*Terlau*, § 38 Rn. 4; Gehrlein/Born/Simon/*Buck-Heeb*, § 38 Rn. 2.
166 Bork/Schäfer/*Jacoby*, § 38 Rn. 19; Scholz/*U. Schneider/S. Schneider*, § 38 Rn. 12.
167 Lutter/Hommelhoff/*Kleindiek*, § 38 Rn. 2; Baumbach/Hueck/*Zöllner/Noack*, § 38 Rn. 3.
168 Baumbach/Hueck/*Zöllner/Noack*, § 38 Rn. 3; MünchKommGmbHG/*Stephan/Tieves*, § 38 Rn. 9; Goette, § 8 Rn. 30; Scholz/*U. Schneider/S. Schneider*, § 38 Rn. 15a.
169 OLG Düsseldorf, Beschl. v. 8.6.2016 – I-3 Wx 302/15, NJW-RR 2016, 1183 Tz. 22.

II. Organverhältnis   **Kap. 5**

des nach dem Ermessen der Gesellschafter vorgenommen werden kann. Hierfür sind nicht die für das vereinsgerichtliche oder das Ausschlussverfahren maßgebenden Regeln einzuhalten, und daher ist der Betroffene auch **nicht** vor der Entscheidung **anzuhören**.[170] Die Abberufung bedarf auch keiner **Begründung**.[171]

cc) Durchführung

Die Entscheidung über die Abberufung hat nach § 46 Nr. 5 GmbHG die **Gesell-**   35
schafterversammlung zu treffen. Die Satzung kann die Befugnis einem anderen Organ, z. B. einem Beirat oder Aufsichtsrat, zuweisen.[172] Im Zweifel ist das für die Bestellung zuständige Organ auch zur Abberufung berechtigt.[173] Vorbehaltlich einer satzungsmäßigen Regelung genügt die einfache Mehrheit der Stimmen.[174] Da die Abberufung keiner wichtigen Gründe bedarf, kann der Gesellschafter-Geschäftsführer an der Abstimmung teilnehmen.[175] Erst die **Ausführung des Beschlusses** bewirkt den Verlust der Organstellung. Die Gesellschafter können einen von ihnen oder einen (anderen) Geschäftsführer bevollmächtigen, den Widerruf der Bestellung dem Geschäftsführer mitzuteilen.[176] Die Mitteilung muss, um dem Geschäftsführer eine Zuständigkeitskontrolle zu ermöglichen, zum Ausdruck bringen, welches Organ den Widerruf beschlossen hat.[177] Die keiner bestimmten Form bedürftige Erklärung wird mit Zugang wirksam. Eine bloß zufällige Kenntniserlangung genügt nicht.[178] Der Mitteilung der

---

170 BGH, Urt. v. 4.7.1960 – II ZR 168/58, BB 1960, 797 = NJW 1960, 1861; gleichsinnig Lutter/Hommelhoff/*Kleindiek*, § 38 Rn. 2; Baumbach/Hueck/*Zöllner/Noack*, § 38 Rn. 3a.
171 Roth/*Altmeppen*, § 38 Rn. 4; *Goette*, § 8 Rn. 29; Bork/Schäfer/*Jacoby*, § 38 Rn. 19.
172 Lutter/Hommelhoff/*Kleindiek*, § 38 Rn. 3; Rowedder/Schmidt-Leithoff/*Baukelmann*, § 38 Rn. 6; Gehrlein/Born/Simon/*Buck-Heeb*, § 38 Rn. 5; MünchKommGmbHG/*Stephan/Tieves*, § 38 Rn. 26.
173 Hachenburg/*Stein*, § 38 Rn. 84; Ulmer/*Paefgen*, § 38 Rn. 148; Roth/*Altmeppen*, § 38 Rn. 12; Baumbach/Hueck/*Zöllner/Noack*, § 38 Rn. 24; MünchKommGmbHG/*Stephan/Tieves*, § 38 Rn. 27.
174 BGH, Urt. v. 20.12.1982 – II ZR 110/82, BGHZ 86, 177 = NJW 1983, 938; ebenso Gehrlein/Born/Simon/*Buck-Heeb*, § 38 Rn. 11; Lutter/Hommelhoff/*Kleindiek*, § 38 Rn. 6; Roth/*Altmeppen*, § 38 Rn. 18.
175 BGH, Urt. v. 24.2.1992 – II ZR 79/91, BB 1992, 802 = NJW-RR 1992, 993; BGH, Urt. v. 21.4.1969 – II ZR 200/67, BB 1969, 773 = NJW 1969, 1483; so auch Michalski/Heidinger/Leible/Schmidt/*Terlau*, § 38 Rn. 21; Lutter/Hommelhoff/*Kleindiek*, § 38 Rn. 6; Gehrlein/Born/Simon/*Buck-Heeb*, § 38 Rn. 8.
176 BGH, Urt. v. 1.2.1968 – II ZR 212/65, DB 1968, 847; ebenso Scholz/*U. Schneider/S. Schneider*, § 38 Rn. 30; Roth/*Altmeppen*, § 38 Rn. 22.
177 Baumbach/Hueck/*Zöllner/Noack*, § 38 Rn. 43; *Goette*, § 8 Rn. 23; Ulmer/*Paefgen*, § 38 Rn. 155; a. A. Lutter/Hommelhoff/*Kleindiek*, § 38 Rn. 6.
178 MünchKommGmbHG/*Stephan/Tieves*, § 38 Rn. 41; Scholz/*U. Schneider/S. Schneider*, § 38 Rn. 30; Hachenburg/*Stein*, § 38 Rn. 79; Ulmer/*Paefgen*, § 38 Rn. 155;

Kap. 5 Der Geschäftsführer

Abberufungserklärung bedarf es nicht an einen **Gesellschafter-Geschäftsführer**, der bei der Beschlussfassung **persönlich zugegen** ist. Die Abberufung wird ihm gegenüber in diesem Fall mit der Feststellung des Abstimmungsergebnisses durch den Versammlungsleiter wirksam.[179] Die nach § 39 GmbHG gebotene Eintragung der Abberufung in das Handelsregister hat lediglich **deklaratorische Bedeutung**.[180] Zur Eintragung anzumelden ist auch eine Beendigung des Geschäftsführeramts durch Abberufung eines nicht voreingetragenen Geschäftsführers.[181] Bis zur Eintragung der Abberufung werden gutgläubige Dritte durch § 15 HGB geschützt.

dd) Rechtsschutz

36 Die Abberufung ist unwirksam, wenn es an einem wirksamen **Abberufungsbeschluss** fehlt oder die **Abberufungserklärung** ungültig ist.[182] Der Gesellschafter-Geschäftsführer kann im Gegensatz zu einem Fremdgeschäftsführer gegen den Gesellschafterbeschluss über seine Abberufung mit der Anfechtungsklage vorgehen.[183] Mit Rechtskraft des stattgebenden Urteils wird der Beschluss unwirksam, und der Gesellschafter erlangt sein Amt als Geschäftsführer zurück.[184] Demgegenüber kann ein Fremdgeschäftsführer grundsätzlich nur allgemeine Feststellungsklage (§ 256 ZPO) erheben;[185] diese hat nur Erfolg, wenn der Beschluss **nichtig, d.h. nicht nur anfechtbar** ist.[186] Die Unwirksamkeit des Abberufungsbeschlusses führt zur Nichtigkeit der Abberufungserklärung.[187]

Baumbach/Hueck/*Zöllner/Noack*, § 38 Rn. 43; Gehrlein/Born/Simon/*Buck-Heeb*, § 38 Rn. 12.
179 Michalski/Heidinger/Leible/Schmidt/*Terlau*, § 38 Rn. 24; Roth/*Altmeppen*, § 38 Rn. 22; Bork/Schäfer/*Jacoby*, § 38 Rn. 18; Rowedder/Schmidt-Leithoff/*Baukelmann*, § 38 Rn. 21; wird über die Wirksamkeit des Gesellschafterbeschlusses über die Abberufung des Geschäftsführers gestritten, so ist eine einstweilige Regelung der Organbefugnisse durch das Gericht zulässig (OLG Naumburg, Urt. v. 21.11.2013 – 1 U 105/13, GmbHR 2014, 714).
180 BGH, Urt. v. 6.11.1995 – II ZR 181/94, BB 1996, 129 = NJW 1996, 257; so auch Bork/Schäfer/*Jacoby*, § 39 Rn. 1; zu den vom Registergericht zu beachtenden Anforderungen soeben zu Rn. 31 mit Fn. 153.
181 OLG Köln, Beschl. v. 3.6.2015 – 2 Wx 117/15, BeckRS 2015, 14621 Tz. 9 ff.
182 Scholz/*U. Schneider/S. Schneider*, § 38 Rn. 57.
183 Bork/Schäfer/*Jacoby*, § 38 Rn. 53.
184 Scholz/*U. Schneider/S. Schneider*, § 38 Rn. 58a.
185 BGH, Urt. v. 11.2.2008 – II ZR 187/06, NJW-RR 2008, 706 Tz. 34; ebenso Scholz/*U. Schneider/S. Schneider*, § 38 Rn. 58b; Gehrlein/Born/Simon/*Buck-Heeb*, § 38 Rn. 57.
186 BGH, Urt. v. 11.2.2008 – II ZR 187/06, NJW-RR 2008, 706 Tz. 34.
187 Scholz/*U. Schneider/S. Schneider*, § 38 Rn. 59.

ee) Kein Schadensersatzanspruch des Geschäftsführers wegen Widerrufs der Bestellung

Reagiert der Geschäftsführer auf den Widerruf der Bestellung mit der außerordentlichen Kündigung seines Anstellungsvertrages, so steht ihm kein Schadensersatzanspruch gegen die Gesellschaft zu. Ein solcher Anspruch setzt nach § 628 Abs. 2 BGB nämlich voraus, dass die Kündigung durch ein vertragswidriges Verhalten des anderen Vertragsteils veranlasst wurde. Der **Widerruf der Organstellung des Geschäftsführers** durch die Gesellschafterversammlung der GmbH stellt indes **kein vertragswidriges Verhalten** im Sinne von § 628 Abs. 2 BGB dar. Denn aus der rechtlichen Trennung von Organ- und Anstellungsverhältnis folgt grundsätzlich, dass beide Rechtsverhältnisse rechtlich selbstständig nebeneinander stehen und demgemäß auch rechtlich unabhängig voneinander nach den jeweiligen dafür geltenden Vorschriften beendet werden können. Die Bestellung zum Geschäftsführer ist jederzeit widerruflich (§ 38 Abs. 1 GmbHG), während das Recht zur Kündigung des Anstellungsverhältnisses nach § 626 Abs. 1 BGB nur im Falle der Unzumutbarkeit seiner Fortsetzung gegeben ist. Durch die jederzeitige Kündigungsmöglichkeit „unbeschadet der Entschädigungsansprüche aus bestehenden Verträgen" (§ 38 Abs. 1 GmbHG) trägt das Gesetz den Belangen des Geschäftsführers Rechnung, indem es ihm die Vergütungsansprüche im Rahmen der vertraglichen Bindung belässt. Kündigt der Geschäftsführer den Anstellungsvertrag aufgrund des Widerrufs seiner Organstellung aus wichtigem Grund, so begibt er sich seiner vertraglichen Ansprüche. Das Gesetz gewährt ihm lediglich einen Schadensersatzanspruch, wenn die Kündigung auf einem vertragswidrigen Verhalten der GmbH beruht (§ 628 Abs. 2 BGB). Da die Gesellschaft nur von einem ihr gesetzlich eingeräumten Recht Gebrauch macht, das einen Weiterbeschäftigungsanspruch als Geschäftsführer entfallen lässt, kann ihr Verhalten nicht als vertragswidrig angesehen werden.[188] Ob diese Grundsätze auf den Fall einer weitgehenden Beschränkung des Aufgabenbereichs des Geschäftsführers übertragen werden können, hat der BGH offengelassen.[189]

37

c) Abberufung aus wichtigem Grund

aa) Satzungsfeste Befugnis der Gesellschafter

Der Grundsatz der freien Abberufbarkeit ist nicht zwingend, sondern dispositiver Natur. Der Gesellschaftsvertrag kann die Abberufung einerseits an qualifi-

38

---

188 BGH, Urt. v. 6.3.2012 – II ZR 76/11, NJW 2012, 1656 Tz. 15; BGH, Urt. v. 28.10.2002 – II ZR 146/02, BB 2002, 2629 = NJW 2003, 351; Rowedder/Schmidt-Leithoff/*Baukelmann*, § 38 Rn. 57.
189 BGH, Urt. v. 6.3.2012 – II ZR 76/11, NJW 2012, 1656 Tz. 17.

zierte Voraussetzungen, etwa **sachliche Gründe**, koppeln.[190] Andererseits kann die Befugnis der Gesellschaft, die Bestellung eines Geschäftsführers **aus wichtigem Grund** jederzeit zu widerrufen, durch den Gesellschaftsvertrag nicht ausgeschlossen werden. Die Vorschrift ist zwingend.[191] Als Grundregel ordnet § 38 Abs. 2 GmbHG also an, dass das Recht, einen Geschäftsführer aus wichtigem Grund jederzeit und mit sofortiger Wirkung abzuberufen, der Gesellschafterversammlung nicht entzogen werden kann.[192] Wird einem Gesellschafter kraft **Sonderrechts** ein unentziehbarer Anspruch auf die Geschäftsführung eingeräumt, ist § 38 Abs. 1 GmbHG unanwendbar. Der Gesellschafter kann dann ohne seine Zustimmung nur bei Vorliegen eines wichtigen Grundes seiner Stellung als Geschäftsführer enthoben werden.[193]

bb) Wichtiger Grund

39   Als wichtige Gründe nennt das Gesetz beispielhaft grobe Pflichtverletzung und die Unfähigkeit zur ordnungsgemäßen Geschäftsführung (§ 38 Abs. 2 GmbHG). Stets hat eine **Gesamtwürdigung** der Umstände des Einzelfalls zu erfolgen, ob das Verbleiben des Geschäftsführers in seiner Organstellung für die Gesellschaft unter Berücksichtigung seiner Verdienste, des Umfangs seiner Kapitalbeteiligung, der Restdauer seiner Bestellung einerseits sowie der Schadenshöhe und der Dauer der Fehlleistungen andererseits unzumutbar ist.[194] Im Unterschied zur fristlosen Kündigung des Anstellungsvertrages braucht der wichtige Grund nicht in der **Person des Geschäftsführers** zu liegen.[195] Davon abgesehen können die zur fristlosen Kündigung des Anstellungsverhältnisses entwickelten Grundsätze herangezogen werden.[196] Die Abberufung aus wichtigem Grund setzt kein Verschulden des Geschäftsführers voraus; ausreichend ist eine objektive Verantwortlichkeit für einen eingetretenen Missstand. In einer **Zweipersonen-GmbH** sind strenge Anforderungen an die Abberufung aus wichtigem Grund zu stellen, weil sonst die Tätigkeit des Geschäftsführers, der regelmäßig zugleich Gesellschafter ist, bei Eintritt eines Vertrauensverlusts beliebig beendet werden könnte. Daher

---

190   MünchKommGmbHG/*Stephan/Tieves*, § 38 Rn. 73; Gehrlein/Born/Simon/*Buck-Heeb*, § 38 Rn. 19; Lutter/Hommelhoff/*Kleindiek*, § 38 Rn. 7.
191   BGH, Urt. v. 21.4.1969 – II ZR 200/67, BB 1969, 773 = NJW 1969, 1483.
192   Roth/*Altmeppen*, § 38 Rn. 28.
193   BGH, Urt. v. 16.2.1981 – II ZR 89/79, BB 1981, 926; ebenso Scholz/*U. Schneider/S. Schneider*, § 38 Rn. 41; Baumbach/Hueck/*Zöllner/Noack*, § 38 Rn. 8; Gehrlein/Born/Simon/*Buck-Heeb*, § 38 Rn. 19.
194   Scholz/*U. Schneider/S. Schneider*, § 38 Rn. 43; Rowedder/Schmidt-Leithoff/*Baukelmann*, § 38 Rn. 10; ausführlich zum wichtigen Grund mit vielen Beispielen Baumbach/Hueck/*Zöllner/Noack*, § 38 Rn. 12 ff.
195   Gehrlein/Born/Simon/*Buck-Heeb*, § 38 Rn. 23; Rowedder/Schmidt-Leithoff/*Baukelmann*, § 38 Rn. 10; Roth/*Altmeppen*, § 38 Rn. 35.
196   *Goette*, § 8 Rn. 36.

II. Organverhältnis Kap. 5

müssen Verfehlungen eingreifen, die den Geschäftsführer untragbar und deshalb der Gesellschaft eine Fortsetzung seiner Tätigkeit unzumutbar machen.[197] Kommt es in einem solchen Fall zu einem **unheilbaren Zerwürfnis** der Geschäftsführer, zu dem beide Teile objektiv beigetragen haben, so können beide oder einer von ihnen, ohne dass sich der abberufene Geschäftsführer auf Gleichbehandlung berufen könnte, aus dem Amt entfernt werden;[198] dies gilt unabhängig davon, ob der Verursachungsbeitrag des Abzuberufenden denjenigen des Mitgeschäftsführers überwiegt.[199] Aber auch bei **Mehrpersonen-GmbH** gilt: Ein wichtiger Grund zur Abberufung jedes von mehreren Geschäftsführern liegt vor, wenn diese untereinander so zerstritten sind, dass eine Zusammenarbeit zwischen ihnen nicht mehr möglich ist,[200] soweit der jeweils Abzuberufende durch sein Verhalten zu dem Zerwürfnis beigetragen hat; dabei kommt es nicht entscheidend auf ein etwaiges Verschulden der beteiligten Geschäftsführer (und dessen Ausmaß), sondern vielmehr darauf an, ob unter den gegebenen Umständen eine gedeihliche Zusammenarbeit noch zu erwarten ist, und es kann durchaus derjenige Geschäftsführer abberufen werden, auf dessen Mitwirkung weniger Wert gelegt wird.[201] Bezieht sich die Auseinandersetzung lediglich auf die Geschäftspolitik, scheidet eine Abberufung aus wichtigem Grund aus, weil diese Kontroverse von der übergeordneten Gesellschafterversammlung zu entscheiden ist. Solange die Frage der Unternehmenspolitik nicht geklärt ist, kann jeder Geschäftsführer nach seinen eigenen Vorstellungen handeln.[202] Nicht von ausschlaggebender Bedeutung ist, ob der GmbH durch ein objektiv pflichtwidriges Verhalten des Geschäftsführers ein Schaden entstanden ist; allerdings kann die Gefahr, dass die Gesellschaft Schaden nehmen wird, die sofortige Abberufung rechtfertigen.[203] Die sofortige Abberufung rechtfertigende **Pflichtwidrigkeiten** können in strafbaren Handlungen, Veruntreuung von Barmitteln zu eigenen Zwecken, der An-

---

197 BGH, Urt. v. 14.10.1968 – II ZR 84/67, GmbHR 1969, 37; so auch Lutter/Hommelhoff/*Kleindiek*, § 38 Rn. 31; Scholz/*U. Schneider/S. Schneider*, § 38 Rn. 53.
198 BGH, Beschl. v. 12.1.2009 – II ZR 27/08, NJW-RR 2009, 618 Tz. 15; BGH, Urt. v. 24.2.1992 – II ZR 79/91, BB 1992, 802 = NJW-RR 1992, 993; so auch Scholz/ *U. Schneider/S. Schneider*, § 38 Rn. 44; Michalski/Heidinger/Leible/Schmidt/*Terlau*, § 38 Rn. 39; Lutter/Hommelhoff/*Kleindiek*, § 38 Rn. 20.
199 BGH, Beschl. v. 12.1.2009 – II ZR 27/08, NJW-RR 2009, 618 Tz. 15.
200 Hingegen kann allein die Zerrüttung des Vertrauensverhältnisses zwischen einem Mitgesellschafter und dem Geschäftsführer einen wichtigen Grund für dessen Abberufung nicht begründen; hinzukommen muss in einem solchen Fall zumindest eine nicht unerhebliche Pflichtverletzung des Geschäftsführers, die zur Zerrüttung des Vertrauensverhältnisses beigetragen hat (OLG Hamm, Urt. v. 25.7.2016 – 8 U 160/ 15, BeckRS 2016, 13167 Tz. 53).
201 OLG Stuttgart, Beschl. v. 9.9.2014 – 14 U 9/14, ZEV 2015, 288 Tz. 21 mit vielen Nachw.
202 BGH, Urt. v. 24.2.1992 – II ZR 79/91, BB 1992, 802 = NJW-RR 1992, 993.
203 Scholz/*U. Schneider/S. Schneider*, § 38 Rn. 45; Michalski/Heidinger/Leible/ Schmidt/*Terlau*, § 38 Rn. 40; Bork/Schäfer/*Jacoby*, § 38 Rn. 26.

Kap. 5 Der Geschäftsführer

nahme von Schmiergeldern, langjährigen Bilanzmanipulationen nebst Steuerhinterziehung, rufschädigendem Verhalten, Missachtung von Weisungen und Auskunftsbegehren, Missbrauch der Vertretungsmacht, Wettbewerbsverstößen,[204] Überleitung von Geschäftschancen der GmbH auf die eigene Geschäftssphäre, Beeinflussung der Machtverhältnisse in der Gesellschaft zu eigenem Nutzen, Duldung pflichtwidrigen Handelns von Mitgeschäftsführern oder Mitarbeitern, Tätlichkeiten gegen Mitarbeiter oder Mitgeschäftsführer erblickt werden.[205] Die Weigerung, den Jahresabschluss zu unterzeichnen, bildet keinen wichtigen Grund zur Abberufung.[206] Wird der aus wichtigem Grund abberufene Geschäftsführer alsbald abermals bestellt, kann ein Stimmrechtsmissbrauch der Mehrheit gegeben sein.[207] Im Rechtsstreit können weitere, zum Zeitpunkt der Abberufung bereits bestehende wichtige Gründe **nachgeschoben** werden, wenn die Gesellschafter einen entsprechenden Beschluss gefasst haben.[208] Die Abberufung aus wichtigem Grund ist an keine Frist geknüpft;[209] § 626 Abs. 2 BGB findet keine Anwendung.[210] Eine **Verwirkung** des Abberufungsrechts kommt in Betracht, wenn die Gesellschafter aus einem ihnen bekannten Verhalten über einen längeren Zeitraum keine Konsequenzen ziehen oder den Geschäftsführer gar in Kenntnis von Abberufungsgründen bestellen oder in seinem Amt bestätigen.[211]

d) Kein Weiterbeschäftigungsanspruch des abberufenen Geschäftsführers

40 Ein schuldrechtlicher Anspruch des abberufenen Geschäftsführers, dessen Anstellungsverhältnis fortbesteht, auf Weiterbeschäftigung als Geschäftsführer besteht angesichts der Trennung zwischen Organ- und Anstellungsverhältnis

---

204 BGH, Urt. v. 24.2.1992 – II ZR 79/91, BB 1992, 802 = NJW-RR 1992, 993; mit weiteren Beispielen; zu Umfang und Grenzen der Haftung des Geschäftsführers für Wettbewerbsverstöße der GmbH BGH, Urt. v. 18.6.2014 – I ZR 242/12, BB 2014, 2126 = NZG 2014, 991 Tz. 14ff.
205 Vgl. Michalski/Heidinger/Leible/Schmidt/*Terlau*, § 38 Rn. 44; Roth/*Altmeppen*, § 38 Rn. 38; Lutter/Hommelhoff/*Kleindiek*, § 38 Rn. 21; MünchKommGmbHG/*Stephan/Tieves*, § 38 Rn. 96; Rowedder/Schmidt-Leithoff/*Baukelmann*, § 38 Rn. 11, jeweils m.w.N.
206 BGH, Urt. v. 8.1.1985 – II ZR 79/84, GmbHR 1985, 256; Lutter/Hommelhoff/*Kleindiek*, § 38 Rn. 21; Michalski/Heidinger/Leible/Schmidt/*Terlau*, § 38 Rn. 45.
207 BGH, Urt. v. 24.2.1992 – II ZR 79/91, BB 1992, 802 = NJW-RR 1992, 993; Scholz/*U. Schneider/S. Schneider*, § 38 Rn. 56.
208 BGH, Urt. v. 29.3.1973 – II ZR 20/71, BGHZ 60, 333 = NJW 1972, 1122 (zur Genossenschaft); wie hier auch Michalski/Heidinger/Leible/Schmidt/*Terlau*, § 38 Rn. 56; Gehrlein/Born/Simon/*Buck-Heeb*, § 38 Rn. 38.
209 Scholz/*U. Schneider/S. Schneider*, § 38 Rn. 54; Ulmer/*Paefgen*, § 38 Rn. 69; Hachenburg/*Stein*, § 38 Rn. 63.
210 OLG München, Urt. v. 31.7.2014 – 23 U 3842/13, BeckRS 2015, 18 Tz. 34.
211 Roth/*Altmeppen*, § 38 Rn. 43; Ulmer/*Paefgen*, § 38 Rn. 69; MünchKommGmbHG/*Stephan/Tieves*, § 38 Rn. 106; Gehrlein/Born/Simon/*Buck-Heeb*, § 38 Rn. 36.

nicht,²¹² und auch ein Anspruch auf Weiterbeschäftigung in einer der früheren Tätigkeit vergleichbarer Funktion kann aus dem Anstellungsvertrag nicht hergeleitet werden, weil dieser regelmäßig nur die Beschäftigung als Geschäftsführer zum Inhalt hat; etwas anderes gilt dann, wenn sich dem Anstellungsvertrag eine entsprechende Vereinbarung entnehmen lässt.²¹³

e) Amtsniederlegung

aa) Entbehrlichkeit einer Begründung

Die aus **wichtigem Grund** erklärte Amtsniederlegung eines Geschäftsführers ist auch dann als **sofort wirksam** zu behandeln, wenn über die objektive Berechtigung der Gründe Streit besteht. Für diese Bewertung ist der Gesichtspunkt der Rechtssicherheit ausschlaggebend. Es wäre für die Beteiligten und den allgemeinen Rechtsverkehr unzumutbar, wenn unter Umständen über mehrere Jahre Ungewissheit darüber besteht, ob die Niederlegungserklärung wirksam war und durch wen die Gesellschaft in dieser Zeit vertreten wird. Vor diesem Hintergrund ist die Amtsniederlegung eines Geschäftsführers auch dann **sofort wirksam**, wenn sie **nicht** auf einen **angeblich wichtigen Grund** gestützt wird. Sie muss folglich mit keiner **Begründung** versehen werden. Dem Geschäftsführer kann die Weiterführung der Organstellung gegen seinen Willen im Konflikt mit seinen organschaftlichen Pflichten, den Weisungen der Gesellschafter und den ihn treffenden öffentlich-rechtlichen Pflichten nämlich nicht zugemutet werden.²¹⁴ Zur Vermeidung einer Schadensersatzhaftung kann der mit rechtswidrigen Weisungen der Gesellschafter konfrontierte Geschäftsführer zu einer Amtsniederlegung gezwungen sein.²¹⁵ Die **Satzung** kann Fristen und Formen für die Amtsniederlegung statuieren, das Recht zur Niederlegung aus wichtigem Grund aber nicht ausschließen.²¹⁶

41

---

212 BGH, Urt. v. 11.10.2010 – II ZR 266/08, BB 2011, 334 = NJW 2011, 920 Tz. 7; BGH, Urt. v. 28.10.2002 – II ZR 146/02, BB 2002, 2629 = NJW 2003, 351.
213 BGH, Urt. v. 11.10.2010 – II ZR 266/08, BB 2011, 334 = NJW 2011, 920 Tz. 9.
214 BGH, Beschl. v. 21.6.2011 – II ZB 15/10, NJW-RR 2011, 1184 Tz. 8; BGH, Urt. v. 8.2.1993 – II ZR 58/92, BGHZ 121, 257 = BB 1993, 675 = NJW 1993, 1198; ebenso Ulmer/*Paefgen*, § 38 Rn. 282; Michalski/Heidinger/Leible/Schmidt/*Terlau*, § 38 Rn. 82; Scholz/*U. Schneider/S. Schneider*, § 38 Rn. 87; MünchKommGmbHG/*Stephan/Tieves*, § 38 Rn. 54; Lutter/Hommelhoff/*Kleindiek*, § 38 Rn. 41; Rowedder/Schmidt-Leithoff/*Baukelmann*, § 38 Rn. 34 f.; *Hachenburg/Stein*, § 38 Rn. 135; Bork/Schäfer/*Jacoby*, § 38 Rn. 4.
215 BGH, Urt. v. 13.4.1994 – II ZR 16/93, BGHZ 125, 366 = BB 1994, 1095 = NJW 1994, 1801.
216 Hachenburg/*Stein*, § 38 Rn. 136; Ulmer/*Paefgen*, § 38 Rn. 270 f.; MünchKommGmbHG/*Stephan/Tieves*, § 38 Rn. 56 und 62; Gehrlein/Born/Simon/*Buck-Heeb*, § 38 Rn. 69; Michalski/Heidinger/Leible/Schmidt/*Terlau*, § 38 Rn. 83.

Kap. 5 Der Geschäftsführer

bb) Kundgabe, Adressat der Erklärung

42 Die Amtsniederlegung braucht nicht **schriftlich** erklärt zu werden.[217] Sie hat gegenüber dem zuständigen Bestellungsorgan zu erfolgen[218] und ist auch dann wirksam, wenn sie aufschiebend bedingt durch die Eintragung im Handelsregister erklärt wird.[219] Außerdem hängt die Wirksamkeit der Niederlegung des Geschäftsführeramtes, für deren Entgegennahme ebenso wie für den Akt der Bestellung zum Geschäftsführer, den Widerruf der Bestellung sowie Abschluss, Aufhebung und Kündigung des Anstellungsvertrages und deren Entgegennahme regelmäßig die **Gesamtheit der Gesellschafter** zuständig ist, nicht davon ab, dass sie gegenüber allen Gesellschaftern ausgesprochen wird. Es ist nämlich ein allgemein anerkannter Rechtsgrundsatz (vgl. nur § 35 Abs. 2 Satz 2 GmbHG sowie § 125 Abs. 2 Satz 3 und Abs. 3 Satz 2 HGB), dass im Rahmen der **Gesamtvertretung** eine Willenserklärung wirksam gegenüber einem der Gesamtvertreter abgegeben werden kann. Der Grundsatz findet auch auf die Rechtsverhältnisse Anwendung, in denen die GmbH nach § 46 Nr. 5 GmbHG gemeinsam durch ihre Gesellschafter vertreten wird. Es ist daher ausreichend, wenn die Niederlegung gegenüber **einem Gesellschafter** erklärt wird, und dies unabhängig davon, ob sie den übrigen Gesellschaftern nachrichtlich übersandt wird oder nicht.[220] Hat der Geschäftsführer einer GmbH mit der Gesellschafterversammlung abgesprochen, dass er seinen Wunsch, aus dem Amt zu scheiden, zurückstelle, bis die Nachfolgefrage geklärt sei, ist seine Mitteilung an die Gesellschafterversammlung, er lege sein Amt zum Monatsende nieder, „nachdem Sie die personellen Voraussetzungen für einen Wechsel in der Geschäftsführung geschaffen haben", auch dann eine wirksame Amtsniederlegung, wenn die Gesellschafterversammlung zugleich gebeten wird, die „gesellschaftsrechtlich erforderlichen Schritte zu veranlassen". Demgemäß kommt ein Schadensersatzanspruch wegen Nichtabführung im Folgemonat fällig gewordener Sozialversicherungsbeiträge (§§ 823 Abs. 2 BGB i.V. mit §§ 266a Abs. 1, 14 Abs. 1 Nr. 1 StGB) nicht in Betracht.[221]

---

217 BGH, Urt. v. 8.2.1993 – II ZR 58/92, BGHZ 121, 257 = BB 1993, 675 = NJW 1993, 1198; Scholz/*U. Schneider*/*S. Schneider*, § 38 Rn. 91.
218 KG, Beschl. v. 5.1.2012 – 25 W 44/11, GmbHR 2012, 517; so auch Gehrlein/Born/Simon/*Buck-Heeb*, § 38 Rn. 70.
219 BGH, Beschl. v. 21.6.2011 – II ZB 15/10, NJW-RR 2011, 1184 Tz. 8.
220 BGH, Beschl. v. 21.6.2011 – II ZB 15/10, NJW-RR 2011, 1184 Tz. 8; BGH, Urt. v. 17.9.2001 – II ZR 378/99, BGHZ 149, 28 = BB 2001, 2547 = NZG 2002, 43; so auch MünchKommGmbHG/*Stephan*/*Tieves*, § 38 Rn. 62; Gehrlein/Born/Simon/*Buck-Heeb*, § 38 Rn. 70; Lutter/Hommelhoff/*Kleindiek*, § 38 Rn. 47; Michalski/Heidinger/Leible/Schmidt/*Terlau*, § 38 Rn. 85; Ulmer/*Paefgen*, § 38 Rn. 276; a.A. Scholz/*U. Schneider*/*S. Schneider*, § 38 Rn. 91.
221 BGH, Urt. v. 17.2.2003 – II ZR 340/01, BB 2003, 706 = NJW-RR 2003, 756.

cc) Weitere Rechtsfolgen

Mit der Niederlegung seines Amtes verhält sich der Geschäftsführer im Einzelfall rechtsmissbräuchlich, sodass die Niederlegung ausnahmsweise nicht wirksam ist; dies gilt namentlich für die Amtsniederlegung des alleinigen Geschäftsführers und Gesellschafters einer GmbH (zumal nach vorheriger Eröffnung des Insolvenzverfahrens über das Vermögen der Gesellschaft), wenn er davon absieht, einen neuen Geschäftsführer für die Gesellschaft zu bestellen.[222] Der so handelnde Geschäftsführer kann der Gesellschaft ersatzpflichtig sein. Der **Schadensersatzanspruch** beruht auf dem Anstellungsverhältnis und nicht auf § 43 GmbHG, weil diese Bestimmung nur zur ordnungsgemäßen Unternehmensleitung, aber nicht einem Verbleiben im Amt verpflichtet.[223] Einer unberechtigten Amtsniederlegung kann die Gesellschaft mit der außerordentlichen Kündigung des Dienstvertrages begegnen.[224] Dagegen ist es eine Auslegungsfrage, ob in der Amtsniederlegung durch den Geschäftsführer zugleich eine Kündigung seines Anstellungsvertrages zu erblicken ist.[225] Einem Geschäftsführer, der eine Fortsetzung seiner Organtätigkeit nicht mehr verantworten kann, mag durchaus daran gelegen sein, seine Ansprüche aus dem Anstellungsverhältnis nicht zu verlieren. Wird einem Geschäftsführer Einsicht in die Buchführung der Gesellschaft systematisch vorenthalten, ist er schon im Blick auf seine Pflichten aus § 15a Abs. 1 InsO und aus § 64 GmbHG zur sofortigen Amtsniederlegung berechtigt.[226] Entsprechendes gilt, wenn dem Geschäftsführer seitens der Gesellschafter rechtswidrige Weisungen erteilt werden.[227]

43

f) Aufhebungsvertrag

Die Organstellung eines Geschäftsführers kann anstelle einer einseitigen Erklärung auch einvernehmlich durch einen Aufhebungsvertrag beendet werden.[228] Eine einverständliche Beendigung ist auch zulässig, sofern die Satzung die Abberufung nur bei einem **wichtigen Grund** zulässt, ein solcher Grund tatsächlich

44

---

222 OLG Bamberg, Beschl. v. 17.7.2017 – 5 W 51/17, BeckRS 2017, 119854 Tz. 10; OLG Düsseldorf, Beschl. v. 10.6.2015 – I-25 Wx 18/15, BeckRS 2015, 15205 Tz. 15 ff.; OLG Frankfurt, Beschl. v. 11.11.2014 – 20 W 317/11, BeckRS 2015, 4011 Tz. 14; aber auch OLG Dresden, Beschl. v. 18.12.2014 – 5 W 1326/14, NZG 2015, 391 Tz. 11 ff. (unter Betreuung stehender Alleingesellschafter).
223 BGH, Urt. v. 8.2.1993 – II ZR 58/92, BGHZ 121, 257 = BB 1993, 675 = NJW 1993, 1198; gleichsinnig Scholz/*U. Schneider/S. Schneider*, § 38 Rn. 89; Bork/Schäfer/*Jacoby*, § 38 Rn. 4; a. A. MünchKommGmbHG/*Stephan/Tieves*, § 38 Rn. 57.
224 Rowedder/Schmidt-Leithoff/*Baukelmann*, § 38 Rn. 35.
225 Michalski/Heidinger/Leible/Schmidt/*Terlau*, § 38 Rn. 86.
226 BGH, Urt. v. 26.6.1995 – II ZR 109/94, BB 1995, 1844 = NJW 1995, 2850.
227 BGH, Urt. v. 13.4.1994 – II ZR 16/93, BGHZ 125, 366 = BB 1994, 1095 = NJW 1994, 1801.
228 Rowedder/Schmidt-Leithoff/*Baukelmann*, § 38 Rn. 38.

aber nicht gegeben ist.²²⁹ Bei Abschluss der Aufhebungsvereinbarung wird die Gesellschaft nicht durch den Mitgeschäftsführer, sondern durch das **Bestellungs- und Abberufungsorgan** vertreten.²³⁰

III. Anstellungsverhältnis

1. Begründung des Anstellungsverhältnisses

a) Zuständiges Organ

45 Partner des Anstellungsverhältnisses sind der Geschäftsführer und die Gesellschaft. Als Annex der Berufung in das Organverhältnis liegt die Befugnis zum **Abschluss** des Anstellungsvertrages bei der **Gesellschafterversammlung** (§ 46 Nr. 5 GmbHG).²³¹ Indes ist die Gesellschafterversammlung auch für **Änderungen** des Dienstvertrages eines Geschäftsführers, die nicht mit der Begründung oder Beendigung der Organstellung zusammenhängen, sowie für dessen **Beendigung** durch Aufhebung oder Kündigung zuständig, soweit nach Gesetz oder Satzung keine anderweitige Zuständigkeit bestimmt ist. Diese Rechtsgeschäfte fallen nicht in den Aufgabenbereich eines Mitgeschäftsführers (oder des neuen Geschäftsführers), bis sich das ursprüngliche Geschäftsführerdienstverhältnis nach der Abberufung in ein gewöhnliches Anstellungsverhältnis umgewandelt hat.²³² Denn zwischen Änderung bzw. Beendigung des Anstellungsvertrages und Begründung, Änderung oder Beendigung der Organstellung besteht ein ähnlich enger Sachzusammenhang, wie er zwischen Bestellung und Anstellung gegeben ist. Eine Erhöhung der Bezüge des Geschäftsführers, seines Ruhegehalts bzw. der Hinterbliebenenbezüge oder die Verlängerung einer Kündigungsfrist können die Gesellschafter bestimmen, wie sie von einem an sich beabsichtigten Widerruf der Bestellung des Geschäftsführers absehen können. Weil zudem die Gefahr besteht, dass sich die Geschäftsführer unter Missbrauch ihrer Rechtsstellung gegenseitig Vorteile oder verbesserte Rechtsstellungen verschaffen, und weil auf diese Weise der Entscheidungsspielraum der Gesellschafter in erheblicher Weise eingeschränkt werden kann, erscheint es geboten, in entsprechender Anwendung

---

229 Scholz/*U. Schneider*/*S. Schneider*, § 38 Rn. 7.
230 *Goette*, § 8 Rn. 44; Scholz/*U. Schneider*/*S. Schneider*, § 38 Rn. 7; MünchKommGmbHG/*Stephan*/*Tieves*, § 38 Rn. 71; Rowedder/Schmidt-Leithoff/*Baukelmann*, § 38 Rn. 38.
231 BGH, Urt. v. 3.7.2018 – II ZR 452/17, NZG 2018, 1073 Tz. 10; BGH, Urt. v. 3.7.2000 – II ZR 282/98, BB 2000, 1751 = NJW 2000, 2983; so auch Bork/Schäfer/*Masuch*, § 46 Rn. 20; Gehrlein/Born/Simon/*Teichmann*, § 46 Rn. 31; Scholz/*K. Schmidt*, § 46 Rn. 70; MünchKommGmbHG/*Jaeger*/*Steinbrück*, § 35 Rn. 254; MünchKommGmbHG/*Liebscher*, § 46 Rn. 124, jeweils m. w. N.
232 BGH, Urt. v. 3.7.2018 – II ZR 452/17, NZG 2018, 1073 Tz. 11; BGH, Urt. v. 27.3.1995 – II ZR 140/93, BB 1995, 1102 = NJW 1995, 1750.

III. Anstellungsverhältnis **Kap. 5**

des § 46 Nr. 5 GmbHG die Zuständigkeit für Änderungen oder die Beendigung des Anstellungsvertrages der Gesellschafterversammlung zuzuweisen.[233] In deren Zuständigkeit fallen außerdem andere Rechtsgeschäfte, die in unmittelbarem Zusammenhang mit der Organstellung des Geschäftsführers stehen; denn für solche Rechtsgeschäfte besteht in gleicher Weise die Notwendigkeit der Vorbeugung von Interessenkonflikten und des Schutzes der Gesellschaft vor befangener Vertretung.[234] Nicht anders als bei der Bestellung und der nicht an einen wichtigen Grund geknüpften Abberufung ist der betroffene Gesellschafter-Geschäftsführer bei Abstimmungen über sein Anstellungsverhältnis **stimmberechtigt**.[235] Ebenso wie bei der Abberufung gebietet es die gesellschaftliche Treuepflicht allen Gesellschaftern, keinen Geschäftsführer zu berufen, in dessen Person wichtige Gründe vorliegen, die seine Tätigkeit in der Organstellung für die Gesellschaft unzumutbar machen. Stimmabgaben, die gegen dieses Verbot verstoßen, können treuwidrig sein und deshalb als rechtsmissbräuchlich und nichtig eingestuft werden, sodass sie bei der Feststellung des Beschlussergebnisses nicht mitzuzählen sind.[236] Die Kompetenz für Abschluss, Beendigung und Änderung der Anstellungsverträge mit Geschäftsführern und die dazu notwendigen Entscheidungen kann die Satzung dem Aufsichtsrat übertragen.[237] In der **Gesellschaft**, die der **Mitbestimmung** nach dem Mitbestimmungsgesetz oder der Montanmitbestimmung unterfällt, hat der Aufsichtsrat diese Kompetenz von Gesetzes wegen (§ 31 MitbestG bzw. § 12 Montan-MitbestG, jeweils i.V. mit § 84 AktG).[238] Da die Vertretung durch den Aufsichtsrat als Kollegialorgan erfolgt, kann der Vorsitzende allein einen Anstellungs- oder Aufhebungsvertrag mit dem Ge-

---

233 BGH, Beschl. v. 26.11.2007 – II ZR 161/06, NJW-RR 2008, 484 Tz. 3; BGH, Urt. v. 3.7.2000 – II ZR 282/98, BB 2000, 1751 = NJW 2000, 2983; BGH, Urt. v. 25.3.1991 – II ZR 169/90, BB 1991, 927 = NJW 1991, 1680; gleichsinnig Lutter/Hommelhoff/*Kleindiek*, Anh. zu § 6 Rn. 8; MünchKommGmbHG/*Liebscher*, § 46 Rn. 125; Michalski/Heidinger/Leible/Schmidt/*Tebben*, § 6 Rn. 151; Baumbach/Hueck/*Zöllner/Noack*, § 35 Rn. 169; Scholz/*U. Schneider/Hohenstatt*, § 35 Rn. 311; Rowedder/Schmidt-Leithoff/*Baukelmann*, § 35 Rn. 54.
234 OLG Naumburg, Urt. v. 23.1.2014 – 2 U 57/13, GmbHR 2014, 985.
235 Baumbach/Hueck/*Zöllner/Noack*, § 47 Rn. 86; Ulmer/*Hüffer/Schürnbrand*, § 47 Rn. 184.
236 BGH, Urt. v. 12.7.1993 – II ZR 65/92, NJW-RR 1993, 1253.
237 BGH, Urt. v. 21.6.1999 – II ZR 27/98, BB 1999, 2100 = NJW 1999, 3263; BGH, Urt. v. 17.2.1997 – II ZR 278/95, BB 1997, 1913 = NJW 1997, 2055; so auch Lutter/Hommelhoff/*Kleindiek*, Anh. zu § 6 Rn. 6 und 8; Hachenburg/*Stein*, § 38 Rn. 84; Ulmer/*Paefgen*, § 38 Rn. 146.
238 BGH, Urt. v. 14.11.1983 – II ZR 33/83, BGHZ 89, 48 = BB 1984, 9 = NJW 1984, 733; ebenso Rowedder/Schmidt-Leithoff/*Baukelmann*, § 35 Rn. 18; Hachenburg/*Mertens*, § 35 Rn. 181; Ulmer/*Paefgen*, § 38 Rn. 153; Scholz/*U. Schneider/Hohenstatt*, § 35 Rn. 317; Gehrlein/Born/Simon/*Buck-Heeb*, Anh. § 6 Rn. 19.

Kap. 5 Der Geschäftsführer

schäftsführer nicht schließen. In Betracht kommt freilich eine nachträgliche Genehmigung des Aufsichtsrats.[239]

b) Umsetzung der Anstellung

46 Die Durchführung der von der Mehrheit beschlossenen Anstellung geschieht durch den Abschluss des Anstellungsvertrages mit dem Geschäftsführer. Dabei kann die GmbH durch die den Beschluss fassende Mehrheit vertreten werden. Die Gesellschaft wird also nur durch die Gesellschafter vertreten, die für ein entsprechendes rechtsgeschäftliches Handeln gestimmt haben. Zum Vertragsschluss kann seitens der GmbH auch der Vorsitzende der Gesellschafterversammlung oder ein anderer Gesellschafter bevollmächtigt werden. Schließlich besteht auch die Möglichkeit, einem anderen Geschäftsführer den Abschluss des Anstellungsvertrages zu übertragen.[240] Der Gesellschafter, der sein Stimmrecht zugleich als Vertreter weiterer Gesellschafter wahrnimmt, ist nach § 181 BGB daran gehindert, für seine eigene Bestellung zu stimmen und auf dieser Grundlage einen Anstellungsvertrag mit sich zu schließen.[241] Der Gesellschafter einer **Einpersonengesellschaft** kann mit sich selbst einen Anstellungsvertrag nur vereinbaren (§ 35 Abs. 3 GmbHG), wenn er durch die Satzung von der Regelung des § 181 BGB befreit und dies im Handelsregister eingetragen ist. Eine Befreiung durch von ihm allein zu fassenden Beschluss der Gesellschafterversammlung scheidet aus.[242] Im Rahmen einer nachträglichen Satzungsänderung kann die Befreiung wirksam durch die Formulierung erfolgen, dass der Geschäftsführer „von den Beschränkungen des § 181 BGB befreit wird".[243] Der Anstellungsvertrag mit dem Alleingesellschafter ist nach § 35 Abs. 3 Satz 2 GmbHG zu protokollieren. Die Verletzung dieser Vorschrift führt nicht zur Ungültigkeit des Vertrages.[244] Die Dokumentation des Vertrages erfüllt zugleich die Anforderungen einer Protokollierung nach § 48 Abs. 3 GmbHG.[245]

---

239 BGH, Urt. v. 17.3.2008 – II ZR 239/06, NJW-RR 2008, 1488 Tz. 11 f.
240 Michalski/Heidinger/Leible/Schmidt/*Tebben*, § 6 Rn. 142.
241 BGH, Urt. v. 24.9.1990 – II ZR 167/89, BGHZ 112, 339 = BB 1991, 85 = NJW 1991, 691.
242 Scholz/*U. Schneider/S. Schneider*, § 35 Rn. 166; Michalski/Heidinger/Leible/Schmidt/*Tebben*, § 6 Rn. 143; Lutter/Hommelhoff/*Kleindiek*, Anh. zu § 6 Rn. 7; a. A. Baumbach/Hueck/*Zöllner/Noack*, § 35 Rn. 167; Gehrlein/Born/Simon/*Buck-Heeb*, Anh. § 6 Rn. 22: § 35 Abs. 3 GmbHG unanwendbar.
243 BGH, Urt. v. 18.11.1999 – IX ZR 402/97, NJW 2000, 664.
244 Rowedder/Schmidt-Leithoff/*Baukelmann*, § 35 Rn. 33; Scholz/*U. Schneider/S. Schneider*, § 35 Rn. 186; Lutter/Hommelhoff/*Kleindiek*, § 35 Rn. 57.
245 Michalski/Heidinger/Leible/Schmidt/*Tebben*, § 6 Rn. 150.

III. Anstellungsverhältnis   Kap. 5

c) Rechtsnatur des Anstellungsverhältnisses: Dienstvertrag

Der Anstellungsvertrag von Organen juristischer Personen und damit auch der 47
von Geschäftsführern einer GmbH fällt bei Entgeltlichkeit unter den (Geschäftsbesorgungs-)**Dienstvertrag** (§§ 611, 675 BGB) der selbstständig Tätigen;[246] im
Fall der Unentgeltlichkeit handelt es sich um einen Auftrag (§ 662 BGB).[247] Der
organschaftliche Vertreter einer GmbH ist arbeitsrechtlich nicht Arbeitnehmer;[248] er übt vielmehr die Funktion des Prinzipals der in der Gesellschaft beschäftigten Angestellten und Arbeiter aus.[249] Auch der Fremdgeschäftsführer
nimmt Arbeitgeberfunktionen wahr und ist deshalb keine arbeitnehmer-, sondern eine **arbeitgeberähnliche Person**.[250] So ist er, wie auch der als Gesellschafter nur geringfügig beteiligte Geschäftsführer, zwar im sozialversicherungsrechtlichen Sinne abhängig beschäftigt,[251] aber nicht als Arbeitnehmer zu

---

246 BGH, Urt. v. 10.5.2010 – II ZR 70/09, BB 2010, 2571 = NJW 2010, 2343 Tz. 7;
BGH, Urt. v. 7.12.1961 – II ZR 117/60, BGHZ 32, 142 = BB 1962, 196 = NJW 1962,
340; BGH, Urt. v. 11.7.1953 – II ZR 126/52, BGHZ 10, 187 = BB 1953, 706 = NJW
1953, 1465; zu extremen Ausnahmefällen, in denen die Weisungsgebundenheit des
Geschäftsführers so stark ist, dass sie auf dessen Status als Arbeitnehmer schließen
lässt, BAG, Beschl. v. 21.1.2019 – 9 AZB 23/18, NZA 2019, 490 Tz. 24; BAG, Urt. v.
24.11.2005 – 2 AZR 614/04, NJW 2006, 1899 Tz. 18; BAG, Urt. v. 26.5.1999 –
5 AZR 664/98, NZA 1999, 987.
247 Gehrlein/Born/Simon/*Buck-Heeb*, Anh. § 6 Rn. 10; Roth/*Altmeppen*, § 6 Rn. 74; Rowedder/Schmidt-Leithoff/*Baukelmann*, § 35 Rn. 78.
248 Indes wird der tradierte Arbeitnehmerbegriff möglicherweise eine Ausweitung infolge der Rechtsprechung des Europäischen Gerichtshofs erfahren, der bei Geschäftsführern einer GmbH die Gebundenheit an Weisungen der Gesellschafterversammlung
genügen lässt (EuGH, Urt. v. 11.11.2010 – C-232/09, Slg. I 2010, 11435 = NJW
2011, 2343 Tz. 39 ff.; EuGH, Urt. 9.7.2015 – C-229/14, BB 2015, 2554 = NJW 2015,
2481 Tz. 31 ff.); diese Rechtsprechung könnte über das durch EU-Richtlinien harmonisierte Arbeitsrecht hinaus die Auslegung von Rechtsnormen beeinflussen.
249 BGH, Urt. v. 10.5.2010 – II ZR 70/09, BB 2010, 2571 = NJW 2010, 2343 Tz. 7;
BGH, Urt. v. 9.11.1967 – II ZR 64/67, BGHZ 49, 30 = BB 1967, 1394 = NJW 1968,
396; ebenso Lutter/Hommelhoff/*Kleindiek*, Anh. zu § 6 Rn. 3; Rowedder/Schmidt-Leithoff/*Baukelmann*, § 35 Rn. 78.
250 BAG, Beschl. v. 21.1.2019 – 9 AZB 23/18, NZA 2019, 490 Tz. 39.
251 Wobei indes bereits das Innehaben einer „echten" Sperrminorität eine selbstständige
Tätigkeit begründet; im Einzelnen BSG, Urt. v. 14.3.2018 – B 12 KR 13/17 R, NJW
2018, 2662 Tz. 20 ff.; BSG, Urt. v. 11.11.2015 – B 12 KR 10/14 R, DStR 2016, 1275
Tz. 16 ff.; vgl. auch LSG Rheinland-Pfalz, Urt. v. 6.2.2019 – L 4 R 465/16, GmbHR
2019, 480; LSG Nordrhein-Westfalen, Urt. v. 17.10.2018 – L 8 R 1031/17, BeckRS
2018, 39283 Tz. 45 ff.; LSG Berlin-Brandenburg, Urt. v. 16.11.2017 – L 9 KR 369/
16, NZG 2018, 387 Tz. 32; LSG Baden-Württemberg, Urt. v. 23.11.2016 – L 5 R 50/
16, ZIP 2017, 922; eine insofern ausreichende Sperrminorität und Gestaltungsmacht
liegt auch vor, wenn im Gesellschaftsvertrag festgelegt ist, dass Änderungen des Geschäftsführeranstellungsvertrags der Zustimmung des Minderheitsgesellschafters bedürfen, und dieser Vertrag wiederum die weisungsfreie Ausübung der Geschäftsfüh-

Kap. 5 Der Geschäftsführer

behandeln.[252] Für Streitigkeiten aus dem Dienstverhältnis sind folglich nicht die Arbeitsgerichte (vgl. § 5 Abs. 1 Satz 3 ArbGG), sondern die **Zivilgerichte** zuständig.[253] Unanwendbar auf den Geschäftsführer sind das Arbeitszeitgesetz (vgl. § 2 Abs. 2 ArbZG),[254] das Arbeitnehmererfindungsgesetz,[255] das Bundesurlaubsgesetz,[256] die Regelungen über den Übergang von Arbeitsverhältnissen beim Betriebsübergang (§ 613a BGB),[257] der allgemeine Kündigungsschutz nach dem **Kündigungsschutzgesetz** (vgl. § 14 Abs. 1 Nr. 1 KSchG),[258] der Kündigungsschutz Schwerbehinderter,[259] das Bundeselterngeld- und -elternzeitgesetz, die Regelungen der §§ 74 ff. HGB über das Wettbewerbsverbot,[260] das Be-

---

rertätigkeit vorsieht (SG Reutlingen, Beschl. v. 28.6.2016 – S 8 R 1775/14, NJG 2016, 1104); jedenfalls sozialversicherungspflichtig ist ein bei der Gesellschaft mit Arbeitsvertrag nicht als Geschäftsführer beschäftigter Gesellschafter (LSG Berlin-Brandenburg, Urt. v. 7.1.2016 – L 9 KR 84/13, BeckRS 2016, 66204 Tz. 20 ff.).

252 Baumbach/Hueck/*Zöllner/Noack*, § 35 Rn. 174; Michalski/Heidinger/Leible/Schmidt/*Tebben*, § 6 Rn. 124.
253 BGH, Beschl. v. 8.1.2007 – II ZR 267/05, NJW-RR 2007, 1632 Tz. 2; Baumbach/Hueck/*Zöllner/Noack*, § 35 Rn. 179; zum Wegfall der Fiktion des § 5 Abs. 1 Satz 3 ArbGG nach Beendigung der Organstellung vgl. aber BAG, Beschl. v. 8.9.2015 – 9 AZB 21/15, NJW 2015, 3469 Tz. 17 ff.; BAG, Beschl. v. 3.12.2014 – 10 AZB 98/15, NJW 2015, 718 Tz. 20 ff.; BAG, Beschl. v. 22.10.2014 – 10 AZB 46/14, NJW 2015, 570 Tz. 25 ff.; BAG, Beschl. v. 15.11.2013 – 10 AZB 28/13, GmbHR 2014, 137 Tz. 17 f.; BAG, Beschl. v. 4.2.2013 – 10 AZB 78/12, NZG 2013, 351 Tz. 10 f.; BAG, Beschl. v. 26.10.2012 – 10 AZB 60/12, GmbHR 2013, 83 Tz. 17 f.
254 Roth/*Altmeppen*, § 6 Rn. 77; Gehrlein/Born/Simon/*Buck-Heeb*, Anh. § 6 Rn. 27.
255 BGH, Urt. v. 24.10.1989 – X ZR 58/88, GmbHR 1990, 160; Scholz/*U. Schneider/Hohenstatt*, § 35 Rn. 281 und 379.
256 Scholz/*U. Schneider/Hohenstatt*, § 35 Rn. 380; Ulmer/*Paefgen*, § 35 Rn. 472; Hachenburg/*Stein*, § 35 Rn. 308.
257 BAG, Urt. v. 13.2.2003 – 8 AZR 654/01, NJW 2003, 2473; ebenso Baumbach/Hueck/*Zöllner/Noack*, § 35 Rn. 178a; Michalski/Heidinger/Leible/Schmidt/*Tebben*, § 35 Rn. 122.
258 BAG, Urt. v. 21.9.2017 – 2 AZR 865/16, NZG 2018, 550 Tz. 12 ff.; BAG, Urt. v. 25.10.2007 – 6 AZR 1054/06, NJW 2008, 1018 Tz. 22; BGH, Urt. v. 10.5.2010 – II ZR 70/09, BB 2010, 2571 = NJW 2010, 2343 Tz. 7; BGH, Beschl. v. 8.1.2007 – II ZR 267/05, NJW-RR 2007, 1632; BGH, Urt. v. 10.1.2000 – II ZR 251/98, NJW 2000, 1864; BGH, Urt. v. 16.12.1953 – II ZR 41/53, BGHZ 12, 1 = BB 1954, 180 = NJW 1954, 505; so auch Scholz/*U. Schneider/Hohenstatt*, § 35 Rn. 279 und 451; hingegen sind Fremdgeschäftsführer mit Blick auf Massenentlassungen i.R. des § 17 KSchG seit EuGH, Urt. 9.7.2015 – C-229/14, BB 2015, 2554 = NJW 2015, 2481, mitzuzählen.
259 BGH, Urt. v. 9.2.1978 – II ZR 189/76, NJW 1978, 1435; vgl. aber auch BGH, Urt. v. 16.10.2006 – II ZR 101/05, BB 2006, 2717 = NJW-RR 2007, 141 Tz. 14.
260 BGH, Beschl. v. 7.7.2008 – II ZR 81/07, NZG 2008, 753 Tz. 3; BGH, Urt. v. 17.2.1992 – II ZR 140/91, BB 1992, 723 = NJW 1992, 1892; BGH, Urt. v. 26.3.1984 – II ZR 229/83, BGHZ 91, 1 = BB 1984, 1381 = NJW 1984, 2366; so auch Baumbach/Hueck/*Zöllner/Noack*, § 35 Rn. 197; Lutter/Hommelhoff/*Kleindiek*, Anh. zu

III. Anstellungsverhältnis **Kap. 5**

triebsrentengesetz (vgl. § 17 Abs. 1 Satz 1 BetrAVG),[261] die Grundsätze der beschränkten Haftung von Arbeitnehmern[262] und der im Arbeitsrecht entwickelte **Gleichbehandlungsgrundsatz**.[263] Zudem ist der Geschäftsführer kein Arbeitnehmer i. S. des § 104 BetrVG, sodass der Betriebsrat danach nicht seine „Entfernung" (oder diejenige des Geschäftsführers der Komplementär-GmbH der Arbeitgeberin) verlangen kann.[264] Hingegen gilt für Fremdgeschäftsführerinnen in weitem Umfang das Mutterschutzgesetz (§ 1 Abs. 2 Nr. 7 MuSchG).[265] Außerdem genießt der Geschäftsführer nach § 6 Abs. 3 AGG jedenfalls insoweit Diskriminierungsschutz, als es um den Zugang zur Erwerbstätigkeit sowie den beruflichen Aufstieg geht; unter das Merkmal des Zugangs zur Erwerbstätigkeit fällt dabei auch die Bestellung zum Geschäftsführer, mag es sich auch um die Wiederbestellung nach Ablauf einer befristeten Bestellung handeln.[266] Dass der Fremdgeschäftsführer einer GmbH darüber hinaus (unionsrechtskonform)[267] dem Arbeitnehmerbegriff des § 6 Abs. 1 Nr. 1 AGG jedenfalls insoweit unterfällt, dass er bei einer Kündigung seines Geschäftsführerdienstvertrages über § 2 Abs. 1 Nr. 2 AGG Diskriminierungsschutz genießt, hat der BGH jüngst bejaht.[268] Vor einer fristlosen Kündigung ist eine **Abmahnung** des Geschäftsführers entbehrlich.[269] Unter Umständen sind aber soziale **Schutzvorschriften**, die der Gesetzgeber für Arbeitnehmer vorgesehen hat, auf Organmitglieder juris-

---

§ 6 Rn. 25; z. T. für Analogie zu §§ 74 ff. HGB Scholz/*U. Schneider*, § 43 Rn. 182; wohl auch MünchKommGmbHG/*Jaeger/Steinbrück*, § 35 Rn. 368 ff.
261 BGH, Beschl. v. 15.10.2007 – II ZR 236/06, BB 2008, 620 = NZG 2008, 148 Tz. 3; BGH, Urt. v. 28.4.1980 – II ZR 254/78, BGHZ 77, 94 = NJW 1980, 2254.
262 BGH, Urt. v. 27.2.1975 – II ZR 112/72, WM 1975, 467 (zum Vorgängerinstitut der Haftungsbegrenzung bei gefahrgeneigter Arbeit); aktuell gilt die Haftungsbeschränkung (seit BAG, Beschl. v. 27.9.1994 – GS 1/89 (A), BAGE 78, 56 = NZA 1994, 1083) für alle Arbeiten, die durch den Betrieb veranlasst sind und aufgrund eines Arbeitsverhältnisses geleistet werden, auch wenn diese Arbeiten nicht gefahrgeneigt sind.
263 BGH, Urt. v. 14.5.1990 – II ZR 122/89, BB 1990, 1436 = NJW-RR 1990, 1313; BGH, Urt. v. 17.2.1969 – II ZR 19/68, WM 1969, 686.
264 LAG Hamm, Beschl. v. 2.8.2016 – 7 TaBV 11/16, BeckRS 2016, 72060 Tz. 25 ff.
265 Zum früheren Recht (und vor EuGH, Urt. v. 11.11.2010 – C-232/09, Slg. I 2010, 11435 = NJW 2011, 2343) noch a. A. BAG, Urt. v. 26.5.1999 – 5 AZR 664/98, BB 1999, 1276.
266 BGH, Urt. v. 23.4.2012 – II ZR 163/10, BGHZ 193, 110 = BB 2012, 1928 = NJW 2012, 2346 Tz. 18 ff.
267 Vgl. dazu die Ausführungen in Fn. 248.
268 BGH, Urt. v. 26.3.2019 – II ZR 244/17, NZG 2019, 705 Tz. 22 f. noch offen; BGH, Urt. v. 23.4.2012 – II ZR 163/10, BGHZ 193, 110 = BB 2012, 1928 = NJW 2012, 2346 Tz. 17; im Schrifttum umfassenden Diskriminierungsschutz bejahend Lutter/Hommelhoff/*Kleindiek*, § 6 Rn. 34; verneinend Baumbach/Hueck/*Zöllner/Noack*, § 35 Rn. 178b und 215.
269 BGH, Beschl. v. 2.7.2007 – II ZR 71/06, NJW-RR 2007, 1520; BGH, Urt. v. 14.2.2000 – II ZR 218/98, BB 2000, 844 = NJW 2000, 1638.

Kap. 5 Der Geschäftsführer

tischer Personen, insbesondere Geschäftsführer einer GmbH, anzuwenden.[270] Trotz fehlender Arbeitnehmereigenschaft hat der Geschäftsführer nach § 630 BGB Anspruch auf Erteilung eines **Dienstzeugnisses**.[271] Der Geschäftsführer hat einen Anspruch auf **Urlaubsabgeltung**, wenn die Gewährung von Freizeit wegen Beendigung des Arbeitsverhältnisses nicht mehr möglich ist oder der Umfang der geleisteten Arbeit und die Verantwortung für das Unternehmen die Gewährung von Freizeit im Urlaubsjahr ausgeschlossen haben.[272] Ebenso gebieten die Interessen des Geschäftsführers und der Gesellschaft, § 622 Abs. 1 BGB auf die Kündigung seines Anstellungsvertrages entsprechend anzuwenden und dies unabhängig vom Umfang seiner Beteiligung an der Gesellschaft.[273] Im Übrigen steht es der GmbH und ihrem Geschäftsführer offen, in Ausübung ihrer privatautonomen Gestaltungsfreiheit die entsprechende Geltung arbeitsrechtlicher Normen zu vereinbaren und auf diese Weise deren Regelungsgehalt zum Vertragsinhalt zu machen, wobei solche dienstvertraglichen Abreden wegen der Nachrangigkeit des Anstellungsverhältnisses gegenüber der Organstellung allerdings nicht in die gesetzliche oder statutarische Ausgestaltung des Organverhältnisses eingreifen dürfen.[274] Diese Grenze sieht der BGH im Falle einer Vereinbarung über die entsprechende Geltung der materiellen Vorschriften des Kündigungsschutzgesetzes nicht als überschritten an.[275]

d) Form

48 Es empfiehlt sich, den Anstellungsvertrag schriftlich abzufassen. Ein gesetzlicher Formzwang ist aber nicht gegeben. Der Vertragsschluss ist vielmehr **formfrei**; der Vertrag kann sogar **konkludent** zustande kommen.[276] Das Nachweisgesetz ist auf den Geschäftsführer, der kein Arbeitnehmer ist, unanwendbar.[277] Im

---

270 BGH, Urt. v. 26.3.1984 – II ZR 229/83, BGHZ 91, 1 = BB 1984, 1381 = NJW 1984, 2366.
271 BGH, Urt. v. 9.11.1967 – II ZR 64/67, BGHZ 49, 30 = BB 1967, 1394 = NJW 1968, 396; zustimmend Gehrlein/Born/Simon/*Buck-Heeb*, Anh. § 6 Rn. 10.
272 BGH, Urt. v. 3.12.1962 – II ZR 201/61, BB 1963, 55 = NJW 1963, 535.
273 BGH, Urt. v. 26.3.1984 – II ZR 120/83, BGHZ 91, 217 = BB 1984, 1892 = NJW 1984, 2528; BGH, Urt. v. 29.1.1981 – II ZR 192/80, BGHZ 79, 291 = NJW 1981, 1270.
274 BGH, Urt. v. 10.5.2010 – II ZR 70/09, BB 2010, 2571 = NJW 2010, 2343 Tz. 8.
275 BGH, Urt. v. 10.5.2010 – II ZR 70/09, BB 2010, 2571 = NJW 2010, 2343 Tz. 8 ff.; zum BetrAVG vgl. BGH, Beschl. v. 15.10.2007 – II ZR 236/06, BB 2008, 620 = NZG 2008, 148 Tz. 3.
276 BGH, Urt. v. 20.12.1993 – II ZR 217/92, BB 1994, 304 = NJW-RR 1994, 357; so auch Lutter/Hommelhoff/*Kleindiek*, Anh. zu § 6 Rn. 6; Scholz/*U. Schneider/Hohenstatt*, § 35 Rn. 321; Gehrlein/Born/Simon/*Buck-Heeb*, Anh. § 6 Rn. 10; Roth/*Altmeppen*, § 6 Rn. 78.
277 *Goette*, § 8 Rn. 90; Baumbach/Hueck/*Zöllner/Noack*, § 35 Rn. 168; Scholz/ *U. Schneider/Hohenstatt*, § 35 Rn. 321.

III. Anstellungsverhältnis Kap. 5

Abschluss eines schriftlichen Geschäftsführer-Dienstvertrages liegt regelmäßig die konkludente und das Formerfordernis des § 623 BGB wahrende Aufhebung des bis dahin bestehenden Arbeitsvertrages, wenn (und nur wenn) die jeweiligen Vertragsparteien dieselben sind.[278] Was die Aufhebung des Anstellungsvertrages angeht, begründet § 623 BGB kein Formerfordernis, weil die Vorschrift nur für Arbeitsverhältnisse gilt.

e) Fehlerhafter Anstellungsvertrag

Wegen möglicher Fehler des Anstellungsvertrages ist zu unterscheiden, ob der Geschäftsführer seine Tätigkeit bereits aufgenommen hat oder ob dies noch bevorsteht. **Vor Antritt der Dienstgeschäfte** kann sich jeder Vertragsteil auf den Unwirksamkeitsgrund berufen und mögliche Gestaltungsrechte – namentlich Anfechtung – ausüben.[279] Anders verhält es sich, nachdem der Geschäftsführer seine Tätigkeit begonnen hat. Hat der Geschäftsführer seine **Tätigkeit** auf der Grundlage des geltungslosen Anstellungsvertrages **aufgenommen** und geschah dies mit Wissen des für den Vertragsabschluss zuständigen Gesellschaftsorgans oder auch nur eines Organmitglieds, ist die Vereinbarung für die Dauer der Geschäftsführertätigkeit so zu behandeln, als wäre sie mit allen gegenseitigen Rechten und Pflichten wirksam. Denn eine Rückabwicklung nach Bereicherungsrecht wäre nicht nur schwierig, sondern würde auch und vor allem den Geschäftsführer, der seinem Amt entsprechend gearbeitet hat, schwer beeinträchtigen. Ihm stehen deshalb für die Dauer seiner Beschäftigung Bezüge in der vereinbarten und nicht bloß in angemessener Höhe zu.[280] **Versorgungszusagen** sind wirksam, Versorgungsbezüge entsprechend der tatsächlichen Beschäftigungsdauer geschuldet. Diese Grundsätze gelten auch, wenn es sich bei dem Anstellungsvertrag um ein verbotenes **Insichgeschäft** des Alleingesellschafters handelt. Der Vertrag kann aber für die **Zukunft** auch ohne Vorliegen eines wichtigen Grundes durch einseitige Erklärung aufgelöst werden.[281] Eine Bindung an

49

---

278 BAG, Urt. v. 24.10.2013 – 2 AZR 1078/12, NZA 2014, 540 Tz. 24 f.; BAG, Urt. v. 15.3.2011 – 10 AZB 32/10, NJW 2011, 2684 Tz. 12.
279 Scholz/*U. Schneider/Hohenstatt*, § 35 Rn. 346; Michalski/Heidinger/Leible/Schmidt/ *Tebben*, § 6 Rn. 204.
280 BGH, Urt. v. 16.1.1995 – II ZR 290/93, BB 1995, 536 = NJW 1995, 1158; BGH, Urt. v. 21.1.1991 – II ZR 144/90, BGHZ 113, 237 = NJW 1991, 1727; BGH, Urt. v. 6.4.1964 – II ZR 75/62, BGHZ 41, 282 = BB 1964, 618 = NJW 1964, 1367; ebenso Baumbach/Hueck/*Zöllner/Noack*, § 35 Rn. 170; MünchKommGmbHG/*Jaeger/Steinbrück*, § 35 Rn. 277; Scholz/*U. Schneider/Hohenstatt*, § 35 Rn. 347; Gehrlein/Born/ Simon/*Buck-Heeb*, Anh. § 6 Rn. 23; Michalski/Heidinger/Leible/Schmidt/*Tebben*, § 6 Rn. 205.
281 BGH, Urt. v. 3.7.2000 – II ZR 282/98, BB 2000, 1751 = NJW 2000, 2983; gleichsinnig Lutter/Hommelhoff/*Kleindiek*, Anh. zu § 6 Rn. 74; Gehrlein/Born/Simon/*Buck-Heeb*, Anh. § 6 Rn. 23; Michalski/Heidinger/Leible/Schmidt/*Tebben*, § 6 Rn. 206; MünchKommGmbHG/*Jaeger/Steinbrück*, § 35 Rn. 277.

einen mangelhaften Vertrag kommt auch für die Zukunft in Betracht, wenn sich der Geschäftsführer mit seiner ganzen beruflichen Existenz auf den Bestand des Vertrages eingerichtet hat und daher andere Möglichkeiten der Sorge für seine wirtschaftliche Zukunft unwiederbringlich verloren sind.[282]

2. Rechte des Geschäftsführers

a) Vergütung

aa) Vertragliche Abrede

50 Der Geschäftsführer wird in aller Regel nicht unentgeltlich tätig (§ 612 Abs. 1 BGB). Die Höhe seiner Bezüge ist, weil der Bestellungsakt keinen Anspruch auf Vergütung begründet, im Anstellungsvertrag festzulegen.[283] Fehlt es an einer ausdrücklichen Vereinbarung oder ist die getroffene Vergütungsregelung nichtig, so wird gemäß § 612 Abs. 2 BGB im Zweifel die **„übliche Vergütung"** geschuldet.[284] Im Blick auf die Höhe der Vergütung besteht uneingeschränkte **Vertragsfreiheit**. Die in § 87 AktG (wie auch die in § 86 Abs. 2 AktG a. F.) niedergelegten Grundsätze über das Gehalt von Vorstandsmitgliedern einer AG sind auf das GmbH-Recht nicht übertragbar.[285] Die Grenze der Angemessenheit bildet § 138 BGB.[286] Als Bemessungsfaktoren kommen auf der einen Seite die Größe und Leistungsfähigkeit des Unternehmens und auf der anderen Seite die Qualifikation des Geschäftsführers, Ausbildung, Erfahrungen und Fähigkeiten, in Betracht.[287] In der Praxis sind, wenn der Geschäftsführer zugleich Gesellschafter ist, eher überhöhte Vergütungen festzustellen.[288] Die Angemessenheit der Vergütung eines Gesellschafter-Geschäftsführers lässt sich vielfach erst durch den Vergleich mit der Vergütung eines Fremdgeschäftsführers, die tendenziell gerin-

---

282 BGH, Urt. v. 23.10.1975 – II ZR 90/73, BGHZ 65, 190 = BB 1975, 1502 = NJW 1976, 145.
283 Michalski/Heidinger/Leible/Schmidt/*Lenz*, § 35 Rn. 150.
284 Rowedder/Schmidt-Leithoff/*Baukelmann*, § 35 Rn. 86; Hachenburg/*Stein*, § 35 Rn. 191 und 196; Ulmer/*Paefgen*, § 35 Rn. 364; Roth/*Altmeppen*, § 6 Rn. 100; MünchKommGmbHG/*Jaeger*/*Steinbrück*, § 35 Rn. 302; Gehrlein/Born/Simon/ *Buck-Heeb*, Anh. § 6 Rn. 62.
285 Ulmer/*Paefgen*, § 35 Rn. 351; Scholz/*U. Schneider*/*Hohenstatt*, § 35 Rn. 351; Hachenburg/*Stein*, § 35 Rn. 180a; MünchKommGmbHG/*Jaeger*/*Steinbrück*, § 35 Rn. 304 f.
286 Scholz/*U. Schneider*/*Hohenstatt*, § 35 Rn. 350; MünchKommGmbHG/*Jaeger*/*Steinbrück*, § 35 Rn. 302.
287 BGH, Urt. v. 15.6.1992 – II ZR 88/91, BB 1992, 1583 = NJW 1992, 2894; BGH, Urt. v. 14.5.1990 – II ZR 126/89, BGHZ 111, 224 = BB 1990, 1293 = NJW 1990, 2625.
288 Baumbach/Hueck/*Zöllner*/*Noack*, § 35 Rn. 183.

ger ist, ermitteln.[289] Eine überhöhte Vergütung zugunsten des Gesellschafter-Geschäftsführers kann eine verdeckte Gewinnausschüttung darstellen, die das Gleichbehandlungsgebot verletzt.[290] Es ist unzulässig, einem Gesellschafter einen durch keine entsprechende Gegenleistung gedeckten Vermögensvorteil zuzuwenden, wenn den anderen Gesellschaftern nicht ein ebensolcher Vorteil eingeräumt wird. Die Bezüge eines Gesellschafter-Geschäftsführers dürfen in keinem Missverhältnis zu der vergüteten Leistung und damit zu dem Entgelt stehen, das ein Fremdgeschäftsführer für die gleiche Tätigkeit erhalten hätte. Freilich können solche Leistungen, für die es keine taxmäßige Vergütung gibt, recht unterschiedlich bewertet werden. Den Gesellschaftern, die selbst am besten beurteilen können, was es ihnen und ihrem Unternehmen wert ist, einen bestimmten Geschäftsführer zu gewinnen, bleibt dabei ein **Ermessensspielraum**, innerhalb dessen ein bestimmter Vergütungsbetrag nicht deswegen als unangemessen bezeichnet werden kann, weil eine andere Bemessung sich ebenso gut oder besser vertreten ließe.[291] Laufende Dienstbezüge eines Geschäftsführers genießen den **Pfändungsschutz** der §§ 850 ff. ZPO.[292] Die Wirksamkeit des Anstellungsvertrages wird durch die Eröffnung des Insolvenzverfahrens über das Vermögen der GmbH nicht berührt; der Insolvenzverwalter kann freilich die Kündigung des Anstellungsvertrags erklären (§§ 108, 113 InsO).[293] Gehaltsansprüche des Geschäftsführers unterlagen nicht der kurzen Verjährungsfrist des § 196 Abs. 1 Nr. 8 BGB a. F., sondern verjährten nach § 197 BGB a. F. in vier Jahren.[294] Nach dem seit 2002 maßgeblichen Recht beträgt die Verjährungsfrist gemäß §§ 195, 199 Abs. 1 BGB drei Jahre ab dem Schluss des Jahres, in dem der Anspruch entstanden ist und der Anspruchsteller hiervon Kenntnis erlangt hat. Bei Klagen auf Zahlung von Gehalt und Versorgungsbezügen wie auch auf den Fortbestand des Anstellungsverhältnisses bestimmt sich der **Streitwert** gemäß § 9 ZPO nach dem dreieinhalbfachen Jahresbetrag der Vergütung.[295] Gehalts- und Tantiemeansprüche eines Geschäftsführers können grundsätzlich wirksam an einen gesellschaftsfremden Dritten abgetreten werden. Wenn es sich dabei um ein Festgehalt handelt, ist mit der **Abtretung** nicht die dem Geschäftsführer typischerweise

---

289 BGH, Urt. v. 14.5.1990 – II ZR 126/89, BGHZ 111, 224 = BB 1990, 1293 = NJW 1990, 2625; ebenso Michalski/Heidinger/Leible/Schmidt/*Lenz*, § 35 Rn. 150; Scholz/ *U. Schneider/Hohenstatt*, § 35 Rn. 353.
290 Baumbach/Hueck/Zöllner/Noack, § 35 Rn. 183; Lutter/Hommelhoff/*Kleindiek*, Anh. zu § 6 Rn. 31a; aus steuerlicher Sicht auch Scholz/*U. Schneider/Hohenstatt*, § 35 Rn. 354 f.; MünchKommGmbHG/*Jaeger/Steinbrück*, § 35 Rn. 308 ff.
291 BGH, Urt. v. 14.5.1990 – II ZR 126/89, BGHZ 111, 224 = BB 1990, 1293 = NJW 1990, 2625.
292 BGH, Urt. v. 8.12.1977 – II ZR 219/75, BB 1978, 275 = NJW 1978, 756.
293 BGH, Urt. v. 20.6.2005 – II ZR 18/03, BB 2005, 1698 = NJW 2005, 3069.
294 BGH, Urt. v. 14.5.1964 – II ZR 191/91, NJW 1964, 1620; BGH, Urt. v. 7.12.1961 – II ZR 117/60, BGHZ 36, 142 = BB 1962, 196 = NJW 1962, 340.
295 *Goette*, § 8 Rn. 104.

Kap. 5 Der Geschäftsführer

durch § 85 GmbHG verbotene Offenbarung von Betriebsgeheimnissen verbunden. Auch erfolgsbezogene Vergütungsansprüche sind abtretbar, sofern sie an den im – nach Maßgabe des § 325 HGB publizitätspflichtigen – Jahresabschluss ausgewiesenen Gewinn anknüpfen. Die Abtretung ist allerdings nichtig (§ 134 BGB), wenn sie ausnahmsweise die Offenbarung von Betriebsgeheimnissen bedingt.[296] Hat der Gläubiger einer GmbH deren Anspruch auf Darlehensrückzahlung gegen einen abberufenen Geschäftsführer gepfändet und sich zur Einziehung überweisen lassen, kann dieser gemäß § 406 BGB mit einem ihm gegen die Gesellschaft zustehenden Gehaltsanspruch auch gegen den Pfändungspfandgläubiger aufrechnen. Die Aufrechnung ist aber nach § 390 BGB ausgeschlossen, wenn der Forderung eine Einrede, zu denen auch das Leistungsverweigerungsrecht des § 615 Satz 2 BGB (Anrechnungspflicht) gehört, entgegensteht.[297]

bb) Tantieme

51 Neben der Festvergütung kann dem Geschäftsführer als variable Vergütung eine Tantieme gewährt werden. Anspruch auf eine Tantieme besteht nur nach Maßgabe einer konkreten Vereinbarung, weil eine Tantieme nicht zur üblichen Vergütung i. S. des § 612 Abs. 2 BGB gehört.[298] Unabhängig vom Geschäftserfolg kann eine **Mindesttantieme** zugesagt werden.[299] Ist die Höhe einer fixen Tantieme angemessen, kann sie ohne Verstoß gegen § 30 GmbHG an den Gesellschafter-Geschäftsführer bezahlt werden.[300] Die Zusatzvergütung kann daneben als **Gewinntantieme** oder **Umsatztantieme** ausgestaltet werden. Wegen der Gefahr, dass Umsätze zulasten des Gewinns gesteigert werden, kann bei der Beschlussfassung möglicherweise ein **Stimmrechtsmissbrauch** vorliegen.[301] Die Gewinntantieme berechnet sich nach dem vollen, in der **Handelsbilanz**, nicht dem in der Steuerbilanz ausgewiesenen Jahresgewinn. Die Tantieme selbst und Rücklagen sind nicht abzuziehen, während ein Gewinnvortrag aus dem Vorjahr, die Körperschaftsteuer und die Geschäftsführergehälter gewinnmindernd be-

---

296 BGH, Urt. v. 8.11.1999 – II ZR 7/98, BB 2000, 8 = NJW 2000, 1329; BGH, Urt. v. 20.5.1996 – II ZR 190/95, BB 1996, 1627; so auch Michalski/Heidinger/Leible/Schmidt/*Tebben*, § 6 Rn. 177; MünchKommGmbHG/*Jaeger*/*Steinbrück*, § 35 Rn. 331.
297 BGH, Urt. v. 9.10.2000 – II ZR 75/99, BB 2000, 2434 = NJW 2001, 287.
298 Michalski/Heidinger/Leible/Schmidt/*Tebben*, § 6 Rn. 167; Lutter/Hommelhoff/*Kleindiek*, Anh. zu § 6 Rn. 32.
299 BGH, Urt. v. 21.11.1974 – II ZR 134/73, WM 1975, 94; ebenso Scholz/*U. Schneider/Hohenstatt*, § 35 Rn. 363; Rowedder/Schmidt-Leithoff/*Baukelmann*, § 35 Rn. 88; MünchKommGmbHG/*Jaeger*/*Steinbrück*, § 35 Rn. 318.
300 BGH, Urt. v. 15.6.1992 – II ZR 88/91, BB 1992, 1583 = NJW 1992, 2894; zustimmend Lutter/Hommelhoff/*Kleindiek*, Anh. zu § 6 Rn. 32; Michalski/Heidinger/Leible/Schmidt/*Tebben*, § 6 Rn. 171.
301 BGH, Urt. v. 4.10.1976 – II ZR 204/74, WM 1976, 1226.

rücksichtigt werden müssen.³⁰² Wird eine Tantieme zugesagt, deren Höhe aber nicht festgelegt (sog. **Ermessenstantieme**), so kommt ein Rückgriff auf § 315 BGB in Betracht.³⁰³

cc) Anpassung der Vergütung an wirtschaftliche Gegebenheiten, Unterbilanz

Verschlechtern sich die wirtschaftlichen Verhältnisse der Gesellschaft in wesentlichem Maße, so kann ein Organmitglied aufgrund der von ihm als solchem geschuldeten **Treuepflicht** gehalten sein, einer Herabsetzung seiner Bezüge zuzustimmen, wie es in § 87 Abs. 2 AktG für Vorstandsmitglieder einer AG ausdrücklich vorgesehen ist. Für Geschäftsführer einer GmbH gilt unabhängig davon, ob und in welchem Umfang sie an der Gesellschaft beteiligt sind, im Grundsatz nichts anderes.³⁰⁴ Wird dem Gesellschafter-Geschäftsführer ein angemessener vertraglicher Vergütungsanspruch eingeräumt, so handelt es sich insgesamt um ein **Drittgeschäft**, dessen Erfüllung nicht mit § 30 GmbHG unvereinbar ist, mag durch die Auszahlung auch das Stammkapital angegriffen werden. Dies gilt auch für eine gewinnunabhängige Tantieme.³⁰⁵ Umgekehrt kann die Vergütung des Geschäftsführers – ggf. rückwirkend – zu erhöhen und seine Handlungsweise zu genehmigen sein, wenn er einen Anspruch auf die erhöhten Bezüge hat.³⁰⁶ Aber auch wenn kein solcher Anspruch besteht, gilt unter dem Gesichtspunkt der Gleichbehandlung nichts anderes, wenn anderen Geschäftsführern höhere Bezüge gewährt werden.³⁰⁷ Der Fremdgeschäftsführer kann eine Erhöhung seiner Vergütung beanspruchen, falls er keine Möglichkeit zu einer alsbaldigen Lösung des Anstellungsverhältnisses hat oder ihm dies etwa aus Altersgründen nicht zumutbar ist.³⁰⁸ Der Anspruch ist erforderlichenfalls im Wege einer Klage auf der Grundlage des § 315 Abs. 3 BGB durchzusetzen.³⁰⁹ In

52

---

302 Scholz/U. Schneider/Hohenstatt, § 35 Rn. 359; Rowedder/Schmidt-Leithoff/*Baukelmann*, § 35 Rn. 89.
303 MünchKommGmbHG/*Jaeger/Steinbrück*, § 35 Rn. 317; Scholz/U. Schneider/Hohenstatt, § 35 Rn. 361; Gehrlein/Born/Simon/*Buck-Heeb*, Anh. § 6 Rn. 63.
304 BGH, Urt. v. 15.6.1992 – II ZR 88/91, BB 1992, 1583 = NJW 1992, 2894; gleichsinnig Lutter/Hommelhoff/*Kleindiek*, Anh. zu § 6 Rn. 34a; Scholz/U. Schneider/Hohenstatt, § 35 Rn. 371; Gehrlein/Born/Simon/*Buck-Heeb*, Anh. § 6 Rn. 72; Michalski/Heidinger/Leible/Schmidt/*Lenz*, § 35 Rn. 151.
305 BGH, Urt. v. 15.6.1992 – II ZR 88/91, BB 1992, 1583 = NJW 1992, 2894.
306 BGH, Urt. v. 21.7.2008 – II ZR 39/07, NZG 2008, 783 Tz. 10; BGH, Urt. v. 11.12.2006 – II ZR 166/05, BB 2007, 285 = NJW 2007, 719 Tz. 11.
307 BGH, Urt. v. 21.7.2008 – II ZR 39/07, NZG 2008, 783 Tz. 10; MünchKommGmbHG/*Jaeger/Steinbrück*, § 35 Rn. 323; Roth/*Altmeppen*, § 6 Rn. 103.
308 Baumbach/Hueck/*Zöllner/Noack*, § 35 Rn. 187; Michalski/Heidinger/Leible/Schmidt/*Tebben*, § 6 Rn. 164; Lutter/Hommelhoff/*Kleindiek*, Anh. zu § 6 Rn. 34; Gehrlein/Born/Simon/*Buck-Heeb*, Anh. § 6 Rn. 74.
309 Michalski/Heidinger/Leible/Schmidt/*Tebben*, § 6 Rn. 164.

Kap. 5 Der Geschäftsführer

einer vom BGH entschiedenen Sache war vereinbart, dass die Gründungsgesellschafter, die kraft Sonderrechts ihre Bestellung zum Geschäftsführer der Gesellschaft verlangen konnten, auch bei gleichzeitiger Tätigkeit als Geschäftsführer einer Tochtergesellschaft nur eine **einheitliche Vergütung** erhalten sollten und dass eine Änderung ihrer Geschäftsführer-Anstcllungsverträge nur einstimmig möglich war; der BGH erkannte, dass ein Geschäftsführer, der von einer Tochtergesellschaft eine höhere als die ursprünglich vereinbarte Vergütung entgegengenommen hatte, von den übrigen Gründungsgesellschafter-Geschäftsführern bis zur Neuregelung durch einstimmigen Beschluss in der Muttergesellschaft auf Unterlassung der Entgegennahme in Anspruch genommen werden konnte.[310]

dd) Dienstwagen

53 Häufig wird dem Geschäftsführer im Rahmen des Anstellungsvertrages ein auch privat nutzbarer Dienstwagen zur Verfügung gestellt. Der Geschäftswagen ist dem Geschäftsführer – auch bei vorheriger Abberufung aus dem Amt – während der gesamten Dauer des Anstellungsverhältnisses zu belassen. Das Fahrzeug kann während der Restdauer des Dienstverhältnisses auch zur Wahrnehmung einer erlaubten anderweitigen beruflichen Tätigkeit genutzt werden. Wird dem Geschäftsführer das Fahrzeug von der GmbH vorzeitig entzogen, kann er **Nutzungsersatz** beanspruchen.[311]

ee) Leistungsstörungen

54 Anstellungsverträge von GmbH-Geschäftsführern unterliegen, da das Entgeltfortzahlungsgesetz keine Anwendung findet, grundsätzlich den für gegenseitige Verträge geltenden Vorschriften der §§ 323 ff. BGB. Dieser Grundsatz gilt aber nicht uneingeschränkt. So kommt § 326 Abs. 1 BGB nicht zum Zuge.[312] Vielmehr ist § 616 BGB anzuwenden, wenn der Geschäftsführer wegen Krankheit oder aus einem anderen Grund an der Dienstleistung verhindert ist. Daher bleibt, falls sich die Verhinderung auf eine verhältnismäßig kurze Zeit beschränkt und weder von dem Geschäftsführer noch der Gesellschaft zu vertreten ist, der Gehaltsanspruch bestehen.[313] Zu vertreten hat der Geschäftsführer vorsätzliches

---

310 BGH, Urt. v. 22.3.2004 – II ZR 50/02, BB 2004, 906 = NJW-RR 2004, 899.
311 BGH, Urt. v. 25.2.1991 – II ZR 76/90, BB 1991, 714 = NJW 1991, 1681.
312 BGH, Urt. v. 11.7.1953 – II ZR 126/52, BGHZ 10, 187 = BB 1953, 706 = NJW 1953, 1465 (zu § 323 Abs. 1 BGB a. F.); ebenso Lutter/Hommelhoff/*Kleindiek*, Anh. zu § 6 Rn. 41.
313 BSG, Urt. v. 14.12.1995 – 2 RU 21/94, BGSE 77, 169 = NZS 1996, 343; MünchKommGmbHG/*Jaeger/Steinbrück*, § 35 Rn. 326; Baumbach/Hueck/*Zöllner/Noack*, § 35 Rn. 177; Ulmer/*Paefgen*, § 35 Rn. 387; Gehrlein/Born/Simon/*Buck-Heeb*, Anh. § 6 Rn. 70.

III. Anstellungsverhältnis   Kap. 5

oder grob fahrlässiges Verhalten; Letzteres kann in einer unverantwortlichen, sinnlosen **Selbstgefährdung** zu erkennen sein.[314] Bei einer dauerhaften Verhinderung kann ein Anspruch auf Zahlung einer Teilvergütung gegeben sein.[315] Eine krankheitsbedingte Arbeitsunfähigkeit kann der Geschäftsführer mit Hilfe einer ärztlichen Arbeitsunfähigkeitsbescheinigung, die lediglich die Tatsache der Arbeitsunfähigkeit, nicht aber Art und Ursache der Krankheit ausweist,[316] als dem gesetzlich vorgesehenen und wichtigsten Beweismittel belegen.[317] Das **Betriebsrisiko** schlägt – etwa bei einem Arbeitskampf – zulasten der Gesellschaft aus. Dies gilt auch für einen Gesellschafter-Geschäftsführer. Eine Kürzung der Bezüge kommt nach § 326 BGB ausnahmsweise in Betracht, sofern der Geschäftsführer auf die Dauer des Streiks Einfluss nehmen kann. Entsprechendes gilt, wenn der Geschäftsführer eine Betriebsstörung zu verantworten hat.[318] Der Vergütungsanspruch besteht in voller Höhe, wenn die Betriebsstörung von der Gesellschaft zu vertreten ist (§ 326 Abs. 2 BGB) oder sich die Gesellschaft in **Annahmeverzug befindet** (§ 615 Satz 1 BGB). Im Falle einer unberechtigten Kündigung genügt ein wörtliches Angebot (§ 295 BGB) des Geschäftsführers, das bereits im Widerspruch gegen die Maßnahme – oder bei Bestellung eines neuen Geschäftsführers – in der Klage auf Fortzahlung der Bezüge zum Ausdruck kommen kann.[319]

b) Nebenansprüche

Der Geschäftsführer kann gemäß §§ 669 f., 675 BGB **Auslagenersatz** beanspruchen, wenn er im Rahmen der Unternehmensleitung im Interesse der Gesellschaft – etwa für Fahrten und Übernachtungen oder zur Wartung des Geschäftswagens – Kosten verauslagt hat.[320] Der Geschäftsführer kann keine Erstattung von **Geldstrafen**, Bußgeldern und Verfahrenskosten beanspruchen, auch soweit seine berufliche Tätigkeit sanktioniert wurde. Eine Freistellungsvereinbarung ist unwirksam (§ 134 BGB i. V. mit § 257 StGB), es sei denn, sie betrifft die fahr-   55

---

314 Michalski/Heidinger/Leible/Schmidt/*Tebben*, § 6 Rn. 173.
315 BGH, Urt. v. 7.12.1987 – II ZR 206/87, BB 1988, 290 = NJW-RR 1988, 420; BGH, Urt. v. 11.7.1953 – II ZR 126/52, BGHZ 10, 187 = BB 1953, 706 = NJW 1953; vergleichbar Michalski/Heidinger/Leible/Schmidt/*Tebben*, § 6 Rn. 173; Lutter/Hommelhoff/*Kleindiek*, Anh. zu § 6 Rn. 41.
316 BAG, Urt. v. 19.3.1986 – 5 AZR 86/85, NJW 1986, 2902 f.
317 BAG, Urt. v. 26.2.2003 – 5 AZR 112/02, BB 2003, 1622; BGH, Urt. v. 16.10.2001 – VI ZR 408/00, BGHZ 149, 63, 67 = NJW 2002, 128.
318 Lutter/Hommelhoff/*Kleindiek*, Anh. zu § 6 Rn. 42; Michalski/Heidinger/Leible/Schmidt/*Tebben*, § 6 Rn. 174.
319 Michalski/Heidinger/Leible/Schmidt/*Tebben*, § 6 Rn. 173.
320 Scholz/*U. Schneider*/*Hohenstatt*, § 35 Rn. 375; Gehrlein/Born/Simon/*Buck-Heeb*, Anh. § 6 Rn. 85.

Kap. 5 Der Geschäftsführer

lässige Begehung von Ordnungswidrigkeiten.[321] Erfolgt Zahlung auf eine unwirksame Freistellungsvereinbarung, so steht der GmbH ein Bereicherungsanspruch gegen den Geschäftsführer zu. Der Geschäftsführer hat, obwohl er sich nicht auf das Bundesurlaubsgesetz stützen kann, aufgrund der Fürsorgepflicht der Gesellschaft Anspruch auf angemessenen **Urlaub** unter Fortzahlung der vereinbarten Vergütung.[322] Bei der Urlaubsplanung hat er auf die Belange der Gesellschaft Rücksicht zu nehmen.[323] Der Geschäftsführer hat einen Anspruch auf Urlaubsabgeltung nicht nur dann, wenn die Gewährung der Freizeit wegen Beendigung des Dienstverhältnisses nicht mehr möglich ist, sondern auch dann, wenn der Umfang der geleisteten Arbeit und die Verantwortung für das Unternehmen die Gewährung von Freizeit im Urlaubsjahr ausgeschlossen haben. Der bereits entstandene Abgeltungsanspruch kann dem Geschäftsführer durch eine fristlose Kündigung nicht entzogen werden.[324] Dem Geschäftsführer, auch dem Gesellschafter-Geschäftsführer, ist gemäß § 630 BGB ein qualifiziertes **Dienstzeugnis** zu erteilen. Diese Aufgabe obliegt dem Bestellungsorgan.[325]

c) Ruhegehalt

aa) Begründung des Anspruchs

56 Es steht der Gesellschaft grundsätzlich frei, ob und in welchem Umfang sie Versorgungsleistungen zugunsten des Geschäftsführers und seiner Hinterbliebenen gewährt. Ausnahmsweise kann sich ein Versorgungsanspruch aus **Branchenüblichkeit** oder **Unternehmensüblichkeit** – betriebliche Übung – ergeben, namentlich dann, wenn anderen Geschäftsführern Versorgungszusagen gewährt worden sind.[326] Davon abgesehen setzt ein Anspruch auf ein Ruhegehalt eine – formfrei zulässige[327] – **vertragliche Vereinbarung** zwischen dem Geschäftsführer und

---

321 Michalski/Heidinger/Leible/Schmidt/*Tebben*, § 6 Rn. 197; Scholz/*U. Schneider/Hohenstatt*, § 35 Rn. 378; strenger (stets Unwirksamkeit nach § 138 BGB) Lutter/Hommelhoff/*Kleindiek*, Anh. zu § 6 Rn. 30.
322 Scholz/*U. Schneider/Hohenstatt*, § 35 Rn. 380; MünchKommGmbHG/*Jaeger/Steinbrück*, § 35 Rn. 327; Gehrlein/Born/Simon/*Buck-Heeb*, Anh. § 6 Rn. 89.
323 Michalski/Heidinger/Leible/Schmidt/*Tebben*, § 6 Rn. 198.
324 BGH, Urt. v. 3.12.1962 – II ZR 201/61, BB 1963, 55 = NJW 1963, 535.
325 BGH, Urt. v. 9.11.1967 – II ZR 64/67, BGHZ 49, 30 = BB 1967, 1394 = NJW 1968, 396; ebenso Michalski/Heidinger/Leible/Schmidt/*Tebben*, § 6 Rn. 201; Lutter/Hommelhoff/*Kleindiek*, Anh. zu § 6 Rn. 29.
326 Baumbach/Hueck/*Zöllner/Noack*, § 35 Rn. 194; Lutter/Hommelhoff/*Kleindiek*, Anh. zu § 6 Rn. 36; MünchKommGmbHG/*Jaeger/Steinbrück*, § 35 Rn. 338.
327 BGH, Urt. v. 20.12.1993 – II ZR 217/92, BB 1994, 304 = NJW-RR 1994, 357; Michalski/Heidinger/Leible/Schmidt/*Tebben*, § 6 Rn. 179; Baumbach/Hueck/*Zöllner/Noack*, § 35 Rn. 194.

der GmbH voraus;[328] diese wird dabei von dem für den Anstellungsvertrag des Geschäftsführers zuständigen Organ, also regelmäßig von der Gesellschafterversammlung, vertreten.[329] Bei einer solchen Vereinbarung sollte der Versorgungsanspruch – etwa als Prozentsatz des Durchschnittseinkommens der letzten drei Jahre – näher konkretisiert werden.[330] Mitunter wird die Versorgung an die Höhe der **Beamtenpension** einer bestimmten Besoldungsgruppe (etwa A 16) gekoppelt. Dann ist das Beamtengehalt einschließlich Zulagen und Zuschlägen zu berücksichtigen.[331] Bei der Bezugnahme auf beamtenrechtliche Vorschriften handelt es sich um eine Vollverweisung, sodass ein Anspruch auf Altersruhegeld erst mit dem Erreichen der Regelaltersgrenze entsteht. Freilich kann die – mündlich ergänzte – Zusage einen Anspruch bereits mit Ausscheiden aus dem Amt vorsehen.[332] Sieht der Dienstvertrag eines Geschäftsführers die Zahlung einer Versorgung unter Bezugnahme auf die Regelungen für einen Beamten auf Zeit vor, so können dem Geschäftsführer, wenn er bereits mit 44 Jahren, also vor Erreichen des 65. Lebensjahres, aus den Diensten der Gesellschaft ausscheidet, weder für den Zeitraum bis zum 65. Lebensjahr noch für den danach liegenden Zeitraum Versorgungsleistungen zugebilligt werden, weil es sich bei der Vertragsklausel um eine Vollverweisung handelt und ein Beamter auf Zeit nur dann Versorgungsbezüge erhält, wenn er im Zeitpunkt des Ruhestandseintritts bei seinem Dienstherrn beschäftigt ist.[333] Indes beschränkt sich die Verweisung auf die Beamtengesetze stets auf die Voraussetzungen des Ruhegehaltsanspruchs, und zwar den Eintritt des Versorgungsfalls und die Höhe der Bezüge. Regelungen, wonach ein Beamter etwa im Falle einer strafgerichtlichen Verurteilung seine Versorgungsbezüge verliert, werden von der Verweisung nicht erfasst, weil der Anstellungsvertrag eines Geschäftsführers nur infolge einer fristlosen Kündigung wegfällt.

bb) Entgeltcharakter der Versorgung

Ein betriebliches Ruhegehalt hat Entgeltcharakter. Dabei ist die **Entgeltlichkeit** nicht so zu verstehen, dass eine Versorgungsrente unmittelbar auf die Arbeits-

---

328 Rowedder/Schmidt-Leithoff/*Baukelmann*, § 35 Rn. 93; MünchKommGmbHG/*Jaeger*/*Steinbrück*, § 35 Rn. 339; Scholz/*U. Schneider*/*Hohenstatt*, § 35 Rn. 382; Ulmer/*Paefgen*, § 35 Rn. 421; Michalski/Heidinger/Leible/Schmidt/*Tebben*, § 6 Rn. 179; vgl. auch BGH, Beschl. v. 15.10.2007 – II ZR 236/06, BB 2008, 620 = NZG 2008, 148 Tz. 3.
329 Ulmer/*Paefgen*, § 35 Rn. 422; MünchKommGmbHG/*Jaeger*/*Steinbrück*, § 35 Rn. 339; Scholz/*U. Schneider*/*Hohenstatt*, § 35 Rn. 383.
330 Michalski/Heidinger/Leible/Schmidt/*Tebben*, § 6 Rn. 181.
331 BGH, Urt. v. 8.10.1979 – II ZR 177/78, NJW 1980, 1741; BGH, Urt. v. 2.6.1976 – VIII ZR 25/75, NJW 1976, 2342; Ulmer/*Paefgen*, § 35 Rn. 445.
332 BGH, Urt. v. 19.1.2004 – II ZR 303/01, NJW-RR 2004, 630; BGH, Urt. v. 3.12.2001 – II ZR 372/99, DStR 2002, 1228.
333 BGH, Urt. v. 6.2.2006 – II ZR 136/04, NJW-RR 2006, 865.

leistung zu beziehen und wie ein vorbehaltener Teil des Arbeitsentgelts zu betrachten wäre. Das Ruhegehalt ist vielmehr eine besondere Vergütung dafür, dass der Dienstverpflichtete seine Arbeitskraft für lange Zeit in den Dienst des Unternehmens stellt. Dieses beständige Ausharren im Betrieb der Gesellschaft bedeutet für diese einen wirtschaftlichen Wert, weil ein häufiger Wechsel der Beschäftigten auf Kosten gleich bleibender Arbeitsqualität, des Betriebsklimas und damit letztlich auch der Rentabilität zu gehen pflegt. Als **Gegenleistung** hierfür bietet die Gesellschaft dem Versorgungsberechtigten die Sicherheit, im Alter, bei Invalidität oder im Todesfall sich und seine Hinterbliebenen versorgt zu wissen. Zwischen der Versorgung und dem mit ihr abgegoltenen Verzicht auf einen möglichen Wechsel des Betriebs, also der gezeigten und weiterhin erwarteten Betriebstreue, besteht daher ein **Austauschverhältnis**.[334]

cc) Keine Anpassung der Versorgungsansprüche vor Eintritt des Pensionsfalls

58 Mit Blick auf die Berechnung einer Betriebsrente hat der BGH für die Zeit vor Inkrafttreten des Betriebsrentengesetzes (BetrAVG) angenommen, als Ausgangspunkt für eine Erhöhung der Bezüge könnten auch die Preisverhältnisse im Zeitpunkt einer **vor dem Eintritt** des Pensionsfalles getroffenen Versorgungsabrede in Betracht kommen. Danach wäre also nicht erst die seit der Pensionierung eingetretene Teuerung zu berücksichtigen. Dabei hat der BGH indes ausdrücklich darauf hingewiesen, auf der Grundlage des früheren Rechtszustandes zu entscheiden.[335] Demgegenüber hat das BAG unter der Geltung von § 16 BetrAVG (der dem Arbeitgeber im Rahmen der betrieblichen Altersversorgung seiner Arbeitnehmer eine regelmäßige Anpassungsprüfung auferlegt) entschieden, dass nur die laufenden Leistungen, aber nicht die Versorgungsanwartschaften angepasst werden können.[336] Dem hat sich der BGH später angeschlossen.[337] Bereits der Wortlaut des § 16 Abs. 1 BetrAVG spricht von einer Anpassung der „laufenden" Leistungen der betrieblichen Altersversorgung; dies setzt voraus, dass die Leistungen eingesetzt haben. Folglich soll nur der Wertverlust ausgeglichen werden, der den Pensionär **im Ruhestand** trifft. Der Schutzzweck der Vorschrift geht dahin, den früheren Betriebsangehörigen zu helfen, die nach Ausscheiden aus dem Arbeitsleben nichts mehr einzusetzen haben, um die verdiente Versorgung vor dem Kaufkraftverfall zu bewahren. Daher kann auf der Grundlage des § 16 BetrAVG eine Anpassung der Anwartschaft nicht verlangt werden. Diese

---

334 BGH, Urt. v. 19.12.1983 – II ZR 71/83, BB 1984, 366 = NJW 1984, 1529; Lutter/Hommelhoff/*Kleindiek*, Anh. zu § 6 Rn. 36; Ulmer/*Paefgen*, § 35 Rn. 420.
335 BGH, Urt. v. 23.5.1977 – II ZR 44/76, DB 1977, 1367.
336 BAG, Urt. v. 15.9.1977 – 3 AZR 654/76, BAGE 29, 294 = BB 1977, 1550 = NJW 1977, 2370.
337 BGH, Beschl. v. 14.11.2005 – II ZR 222/04, BB 2005, 2654.

Wertung ist, zumal vor dem Hintergrund des gesetzgeberischen Willens, die Altersversorgung nach dem Zeitpunkt des Ausscheidens des Berechtigten zu bestimmen und dabei nachträgliche Änderungen der Bemessungsgrundlage außer Ansatz zu lassen, auch im Schrifttum unbestritten.[338] So gewährt also § 16 BetrAVG, wenn sich die wirtschaftlichen Verhältnisse im Zeitraum zwischen dem Ausscheiden des Geschäftsführers und dem Beginn der Ruhegeldzahlung ändern, keinen Anspruch auf Erhöhung der Versorgungsanwartschaft. Angesichts der Vorschrift kann lediglich eine Erhöhung der auf der Grundlage der Versorgungsanwartschaft geschuldeten laufenden Rentenbezüge beansprucht werden.[339] Dies steht der Vereinbarung einer Wertsicherungsklausel zwischen dem Geschäftsführer und der GmbH selbstverständlich nicht entgegen, die auch die Dynamisierung der Anwartschaften beinhaltet.[340]

dd) Unverfallbarkeit einer Versorgungszusage

(1) Geschützter Personenkreis

Das Betriebsrentengesetz (BetrAVG) ist nach § 17 Abs. 1 Satz 2 BetrAVG auf den **arbeitnehmerähnlichen Geschäftsführer** – gleich, ob dessen Vergütungsanspruch auf einem Anstellungsvertrag oder auf der Satzung beruht[341] – und d. h. auf den Schutz der ihm gewährten Versorgungszusagen anzuwenden. Die Vorschrift erfasst nur Personen, die „für" ein Unternehmen tätig sind, und damit den Fremdgeschäftsführer ebenso wie den als Geschäftsführer amtierenden Minderheitsgesellschafter, nicht aber den zum Geschäftsführer berufenen Allein- oder Mehrheitsgesellschafter. Denn ein Gesellschafter-Geschäftsführer hat, wenn in ihm Leitungsmacht und maßgeblicher Einfluss (zumindest 50%ige Beteiligung oder Stimmbindungsvertrag zu seinen Gunsten) zusammenkommen, die Eigenschaft eines (Mit-)Unternehmers, und die Versorgungsansprüche von Unternehmern genießen nicht den Schutz des Betriebsrentengesetzes.[342] Indes ist das Ge-

---

338 Blomeyer/*Rolfs*/Otto, BetrAVG, 7. Aufl. 2018, § 16 Rn. 43; *Höfer*/de Groot/Küpper/Reich, Betriebsrentenrecht (BetrAVG), Bd. I: Arbeitsrecht, 22. EL 2018, § 16 BetrAVG Rn. 24 ff., jeweils m. w. N.
339 Zu den Voraussetzungen einer Anpassungsprüfungspflicht bei Bestehen eines Beherrschungsvertrages mit der GmbH als beherrschter Gesellschaft BAG, Urt. v. 10.3.2015 – 3 AZR 739/13, BAGE 151, 94 = NJW 2015, 838 Tz. 22 ff.
340 Blomeyer/*Rolfs*/Otto, BetrAVG, 7. Aufl. 2018, § 16 Rn. 43.
341 BGH, Urt. v. 25.7.2005 – II ZR 237/03, NJW-RR 2005, 1621 (zur Produktionsgenossenschaft des Handwerks).
342 BGH, Beschl. v. 15.10.2007 – II ZR 236/06, NZG 2008, 148 Tz. 3; BGH, Urt. v. 9.6.1980 – II ZR 255/78, BGHZ 77, 234 = BB 1980, 1215 = NJW 1980, 2257; BGH, Urt. v. 28.4.1980 – II ZR 254/78, BGHZ 77, 94 = NJW 1980, 2254; vgl. auch BAG, Urt. v. 15.4.2014 – 3 AZR 114/12, BAGE 148, 42 = NZG 2014, 869 Tz. 26; außerdem BGH, Urt. v. 1.2.1999 – II ZR 276/97, NJW 1999, 1263 (zum Kommanditisten einer KG); BGH, Urt. v. 14.7.1980 – II ZR 224/79, DB 1980, 1993 (zur AG); so auch Mi-

setz auch bei mehreren Gesellschafter-Geschäftsführern unanwendbar, die jeweils nur eine Minderheitsbeteiligung von 10% oder mehr an der GmbH halten, gemeinsam aber über die Mehrheit verfügen und eine gleichgerichtet abstimmende Einheit bilden.[343]

(2) Voraussetzungen der Unverfallbarkeit

60 Ziel des Betriebsrentengesetzes ist es, dem Arbeitnehmer bzw. dem arbeitnehmerähnlichen Geschäftsführer, der vor Eintritt des Versorgungsfalls ausscheidet, seine Ansprüche auf Altersversorgung unter bestimmten Voraussetzungen zu sichern. So behält der Betroffene gemäß § 1b Abs. 1 Satz 1 BetrAVG seine Versorgungsanwartschaft, wenn das Dienstverhältnis nach Vollendung des 21. Lebensjahres endet und die Zusage zu diesem Zeitpunkt mindestens drei Jahre bestanden hat. Dies gilt freilich nur für Zusagen, die nach dem Jahr 2017 erteilt worden sind. Bis 2017 lag das maßgebliche Mindestalter nämlich noch bei 25, bis 2008 bei 30 Jahren; zudem musste die Versorgungszusage bis 2017 am Ende des Dienstverhältnisses mindestens fünf Jahre bestanden haben, und bis Ende 2000 sah § 1b BetrAVG Unverfallbarkeit unter den erschwerten Voraussetzungen vor, dass das Anstellungsverhältnis vor Eintritt des Versorgungsfalles endete, der Arbeitnehmer zu diesem Zeitpunkt mindestens das 35. Lebensjahr vollendet und entweder die Versorgungszusage für ihn zehn Jahre bestanden hatte oder der Beginn der Betriebszugehörigkeit mindestens zwölf Jahre zurücklag und die Versorgungszusage mindestens drei Jahre bestanden hatte.[344] Indes ist eine nach dem alten Recht unverfallbar gewordene Zusage jedenfalls auch unter dem neuen Rechtszustand zu beachten (vgl. § 30f Abs. 1 bis 3 BetrAVG). Die GmbH kann dem Geschäftsführer, bevor die gesetzlichen Voraussetzungen erfüllt sind, eine **unverfallbare Versorgungszusage** erteilen (vgl. § 17 Abs. 1 Satz 3 BetrAVG). Eine solche aus freien Stücken, oftmals mit dem Ziel, eine bestimmte Person für die Gesellschaft als Leitungsorgan zu gewinnen, gewährte Besserstel-

---

chalski/Heidinger/Leible/Schmidt/*Tebben*, § 6 Rn. 184 f.; Scholz/*U. Schneider*/*Hohenstatt*, § 35 Rn. 384 f.; MünchKommGmbHG/*Jaeger*/*Steinbrück*, § 35 Rn. 340 f.; Ulmer/*Paefgen*, § 35 Rn. 271 ff.; Lutter/Hommelhoff/*Kleindiek*, Anh. zu § 6 Rn. 37; kritisch gegenüber dem Einbezug einer lediglich 50%igen Beteiligung Blomeyer/*Rolfs*/Otto, BetrAVG, 7. Aufl. 2018, § 17 Rn. 89.

343 BGH, Urt. v. 2.6.1997 – II ZR 181/96, BB 1997, 1653 = NJW 1997, 2882; BGH, Urt. v. 2.4.1990 – II ZR 156/89, NJW-RR 1990, 800; BGH, Urt. v. 9.6.1980 – II ZR 255/78, BGHZ 77, 234 = BB 1980, 1215 = NJW 1980, 2257; ebenso Lutter/Hommelhoff/*Kleindiek*, Anh. zu § 6 Rn. 37; ablehnend Scholz/*U. Schneider*/*Hohenstatt*, § 35 Rn. 386; Michalski/Heidinger/Leible/Schmidt/*Tebben*, § 6 Rn. 186; auch Roth/*Altmeppen*, § 6 Rn. 108, der die 10%-Grenze für sich genommen als unschlüssig ansieht.

344 Zu diesen Veränderungen, die vor allem aus gleichstellungspolitischen Motiven erfolgten, Blomeyer/*Rolfs*/Otto, BetrAVG, 7. Aufl. 2018, § 1b Rn. 71 ff.

lung eines Versorgungsberechtigten, der die gesetzlichen Voraussetzungen für einen unverfallbaren Versorgungsanspruch nicht erfüllt, ist ohne Weiteres zulässig.[345] Scheidet der Geschäftsführer nach Eintritt der **Unverfallbarkeit**, aber vor Eintritt des Versorgungsfalles aus, sind seine Versorgungsanwartschaften grundsätzlich unentziehbar; er erlangt damit eine unverfallbare, von seinem Ausscheiden und dessen Grund – auch bei außerordentlicher Kündigung – unabhängige Versorgungsanwartschaft.[346]

ee) Widerruf einer unverfallbaren Versorgungszusage

Der Widerruf einer Versorgungszusage ist kein **fristgebunden** auszuübendes (infolge von Zeitablauf aber möglicherweise verwirktes) **Gestaltungsrecht**, sondern findet seine Grundlage in dem Einwand rechtsmissbräuchlichen Verhaltens, den der Verpflichtete dem Begehren des Berechtigten mit Rücksicht auf dessen schwerwiegendes Fehlverhalten entgegensetzen kann.[347] Versorgungszusagen sind nur dann dem Einwand des **Rechtsmissbrauchs** ausgesetzt, wenn der Pensionsberechtigte seine Pflichten in grober Weise verletzt und seinem Dienstherrn einen so schweren, nicht oder kaum wieder gutzumachenden Schaden zugefügt hat, dass sich die in der Vergangenheit erwiesene Betriebstreue nachträglich als wertlos oder zumindest erheblich entwertet darstellt. Nur unter diesen extremen Voraussetzungen, wenn sich also das pflichtwidrige Verhalten des Dienstberechtigten als eine besonders grobe Verletzung der Treuepflicht des Leitungsorgans darstellt, kann die Gesellschaft den Rechtsmissbrauchseinwand erheben. Dazu reicht es nicht aus, dass ein **wichtiger Grund** für die sofortige Beendigung des Anstellungsverhältnisses besteht oder dass das Leitungsorgan gegen strafrechtliche Vorschriften verstoßen hat. Vielmehr ist die Voraussetzung erst gegeben, wenn der Versorgungsberechtigte den Versprechenden in eine seine Existenz bedrohende Lage gebracht hat.[348] Diese Voraussetzungen können etwa gegeben sein, wenn ein Bankvorstand uneinbringliche Kredite in einer Grö-

61

---

345 BGH, Urt. v. 16.3.2009 – II ZR 68/08, NZA 2009, 613; BGH, Urt. v. 17.12.2001 – II ZR 222/99, NZA 2002, 511; vgl. auch BGH, Beschl. v. 15.10.2007 – II ZR 236/06, NZG 2008, 148 Tz. 3.
346 Michalski/Heidinger/Leible/Schmidt /*Tebben*, § 6 Rn. 191; Rowedder/Schmidt-Leithoff/*Baukelmann*, § 35 Rn. 95.
347 BGH, Urt. v. 13.12.1999 – II ZR 152/98, BB 2000, 2528 = NJW 2000, 1197; Michalski/Heidinger/Leible/Schmidt/*Tebben*, § 6 Rn. 188.
348 BGH, Urt. v. 18.6.2007 – II ZR 89/06, NJW-RR 2007, 1563 Tz. 18; BGH, Urt. v. 11.3.2002 – II ZR 5/00, NZG 2002, 635; BGH, Urt. v. 17.12.2001 – II ZR 222/99, NZA 2002, 511; BGH, Urt. v. 13.12.1999 – II ZR 152/98, BB 2000, 2528 = NJW 2000, 1197; BAG, Urt. v. 8.5.1990 – 3 AZR 152/88, NZA 1990, 807; ebenso Münch-KommGmbHG/*Jaeger*/*Steinbrück*, § 35 Rn. 357; Lutter/Hommelhoff/*Kleindiek*, Anh. zu § 6 Rn. 38; Michalski/Heidinger/Leible/Schmidt /*Tebben*, § 6 Rn. 188; Scholz/*U. Schneider*/*Hohenstatt*, § 35 Rn. 403; Roth/*Altmeppen*, § 6 Rn. 105; Ulmer/ *Paefgen*, § 35 Rn. 451.

ßenordnung von 13,55 Mio. € (26,5 Mio. DM) zu verantworten hat.[349] Der Widerruf kann auf einen **Teil der Versorgungszusage** beschränkt werden. Dabei kommt es darauf an, wie lange der Versorgungsberechtigte dem Unternehmen einwandfreie Dienste geleistet hat und ob mit Rücksicht auf deren Qualität seine jahrelang aufrechterhaltene Bindung an den Betrieb trotz seiner später festgestellten Verfehlungen und deren Folgen für das Unternehmen noch einen Wert verkörpert, der die gänzliche Versagung der versprochenen Pensionsbezüge als unangemessen erscheinen lässt.[350] Ausnahmsweise kommt ein (Teil-)Widerruf der Versorgungszusage unabhängig vom Verhalten des Geschäftsführers, aber kraft der diesem obliegenden Treupflichten, also nach § 242 BGB, in Betracht, wenn sich die Gesellschaft in einer **bestandsgefährdenden Notlage** befindet und der Verzicht auf das Ruhegehalt zu ihrer wirtschaftlichen Gesundung beitragen kann. Ist der Grund der Kürzung nach einer Sanierung entfallen, lebt der Anspruch in ursprünglicher Höhe auf.[351]

ff) Widerruf einer verfallbaren Versorgungszusage

62 Was den Gesellschafter-Geschäftsführer angeht, der an der GmbH unternehmerisch beteiligt ist und nicht dem Schutz des Betriebsrentengesetzes unterfällt, ist eine Ruhegehaltszusage nach der Rechtsprechung des BAG **nach 20 Jahren Betriebszugehörigkeit unverfallbar**.[352] Bis dahin ist ein Widerruf der mit einem Vorbehalt ausgestatteten Versorgungszusage ohne Weiteres möglich.[353] Entsprechendes gilt für einen Fremdgeschäftsführer, der noch nicht die Voraussetzungen des § 1b BetrAVG erfüllt. Die Gewährung eines nicht dem Betriebsrentengesetz unterstehenden **Übergangsgeldes** kann vertragsgemäß widerrufen werden, wenn der Geschäftsführer durch Aufnahme einer neuen Tätigkeit in Konkurrenz zu der GmbH tritt.[354]

gg) Gesetzliche Insolvenzsicherung für Versorgungsansprüche

63 Unterfällt der Geschäftsführer, weil arbeitnehmerähnlich, dem Schutz des Betriebsrentengesetzes, so gilt dies auch mit Blick auf den Insolvenzschutz für Be-

---

349 BGH, Urt. v. 13.12.1999 – II ZR 152/98, BB 2000, 2528 = NJW 2000, 1197.
350 BGH, Urt. v. 19.12.1983 – II ZR 71/83, BB 1984, 366 = NJW 1984, 1529; gleichsinnig Lutter/Hommelhoff/*Kleindiek*, Anh. zu § 6 Rn. 38.
351 BAG, Urt. v. 18.5.1977 – 3 AZR 371/76, NJW 1977, 1982; so auch Lutter/Hommelhoff/*Kleindiek*, Anh. zu § 6 Rn. 39; Roth/*Altmeppen*, § 6 Rn. 110; Michalski/Heidinger/Leible/Schmidt/*Tebben*, § 6 Rn. 189; Ulmer/*Paefgen*, § 35 Rn. 461.
352 BAG, Urt. v. 20.2.1975 – 3 AZR 514/73, BAGE 27, 59 = BB 1975, 881; BAG, Urt. v. 10.3.1972 – 3 AZR 278/71, BAGE 24, 177 = BB 1972, 1005; gleichsinnig Michalski/Heidinger/Leible/Schmidt/*Tebben*, § 6 Rn. 187.
353 Michalski/Heidinger/Leible/Schmidt/*Tebben*, § 6 Rn. 187.
354 BGH, Urt. v. 3.7.2000 – II ZR 381/98, BB 2000, 2316 = NJW-RR 2000, 1277.

triebsrenten nach § 7 BetrAVG, den der Gesetzgeber als gesetzliche **Vermögensschadensversicherung** ausgestaltet hat. Dabei ist das gesetzliche Versicherungsverhältnis als **Dreiecksverhältnis** dadurch gekennzeichnet, dass die der Insolvenzsicherung unterworfenen Arbeitgeber als Versicherungsnehmer und zugleich als allein Beitragspflichtige (§ 10 BetrAVG) im eigenen Namen das Risiko des Ausfalls oder der Minderung von Versorgungsansprüchen und -anwartschaften in den Sicherungsfällen des § 7 Abs. 1 BetrAVG versichern; hingegen steht den Versorgungsempfängern und -anwärtern als Versicherten die alleinige Berechtigung zum Bezug von Leistungen aus der Versicherung im Versicherungsfall zu. Die Rechtsposition des Versicherten ist bereits vor Eintritt des Sicherungsfalls unentziehbar. Auf der Grundlage dieser gesicherten Rechtsposition besteht schon dann, wenn eine Versorgung oder Versorgungsanwartschaft die gesetzlichen Insolvenzschutzvoraussetzungen erfüllt, zwischen dem Versorgungsempfänger oder -anwärter und dem **Pensions-Sicherungs-Verein** als Träger der Insolvenzversicherung (§ 14 Abs. 1 und 2 BetrAVG) ein feststellungsfähiges (bedingtes) **Rechtsverhältnis** im Sinne von § 256 Abs. 1 ZPO.[355] Der Träger der Insolvenzversicherung hat dem aus der unmittelbaren Versorgungszusage als früherer Geschäftsführer berechtigten Hauptversorgungsempfänger oder seinen Hinterbliebenen nach § 7 Abs. 1 Satz 1 BetrAVG die Versicherungsleistungen in gleicher Höhe zu erbringen, die der verpflichtete Arbeitgeber aufgrund seiner Versorgungszusage zu erbringen gehabt hätte, wenn das Insolvenzverfahren nicht eröffnet worden wäre. Der **Versicherungsanspruch** knüpft also ohne Einschränkung an den **Versorgungsanspruch** an, wie er sich aus der Versorgungsvereinbarung ergibt.[356] Bemessungsgrundlage für den Umfang des Versicherungsanspruchs der Hinterbliebenen ist unabhängig davon, ob der Hauptversorgungsberechtigte vor oder nach dem Sicherungsfall verstorben ist, der zu ihren Gunsten von dem Arbeitgeber zugesagte Hinterbliebenenanspruch. Erst der so nach § 7 Abs. 1 BetrAVG ermittelte, für den Pensions-Sicherungs-Verein verbindliche und von ihm grundsätzlich in dieser Höhe zu erbringende Hinterbliebenenanspruch (und nicht der Primäranspruch) wird – in einem zweiten Schritt – nach § 7 Abs. 3 BetrAVG auf das **Dreifache der** im Zeitpunkt der ersten Fälligkeit maßgeblichen **Bezugsgröße** (§ 18 SGB IV) begrenzt.[357] In einem vom BGH entschiedenen Fall hieß dies: Bemisst sich die Betriebsrente des Hauptversorgungsberechtigten auf 20.830,82 DM, wäre sie im Insolvenzfall auf die – im Zeitpunkt des Streitfalls maßgebliche – Bezugsgröße von 13.340 DM beschränkt. Beträgt die Witwenrente 10.108,70 DM, so liegt sie

---

355 BGH, Urt. v. 25.10.2004 – II ZR 413/02, BB 2005, 1283 = NJW-RR 2005, 637.
356 BGH, Urt. v. 11.10.2004 – II ZR 369/02, BB 2004, 2639; BGH, Urt. v. 21.3.1983 – II ZR 174/82, NJW 1984, 980.
357 BGH, Beschl. v. 20.10.2008 – II ZR 240/07, NJW-RR 2009. 507; BGH, Urt. v. 11.10.2004 – II ZR 369/02, BB 2004, 2639; BGH, Urt. v. 11.10.2004 – II ZR 403/02, NZA 2005, 113; Blomeyer/*Rolfs*/Otto, BetrAVG, 7. Aufl. 2018, § 7 Rn. 268.

Kap. 5 Der Geschäftsführer

unter der Bezugsgröße und kann nicht gekürzt, namentlich nicht ausgehend von der für den verstorbenen Hauptversorgungsberechtigten geltenden Bezugsgröße von 13.340 DM auf 8.064 DM reduziert werden.[358]

3. Pflichten des Geschäftsführers

a) Ausübung der Organstellung in Übereinstimmung mit dem Gesetz

64 Durch den Anstellungsvertrag verpflichtet sich der Geschäftsführer, die Organstellung zu übernehmen und die damit verbundenen Aufgaben höchstpersönlich wahrzunehmen. Der Geschäftsführer ist danach zur ordnungsgemäßen Erfüllung der ihm in der Organstellung durch Gesetz, Satzung oder eine Geschäftsordnung auferlegten Aufgaben verpflichtet.[359] Dem Geschäftsführer obliegt in allen Bereichen der Aktivitäten der GmbH eine Rechtmäßigkeitskontrolle, und er hat die **Beachtung der allgemeinen rechtlichen Vorschriften**, des Steuer-, Arbeits-, Sozial-, Umwelt- und Produkthaftungsrechts sicherzustellen.[360] Der Geschäftsführer hat für eine ordnungsgemäße Buchführung (§ 41 GmbHG),[361] die Erfüllung steuerlicher Erklärungspflichten,[362] die Abführung der **Sozialversicherungsbeiträge**,[363] die rechtzeitige Erstellung des Jahresabschlusses[364] sowie die Kapitalaufbringung[365] und Kapitalerhaltung[366] einschließlich der Massesicherung[367] Sorge zu tragen, daneben Ansprüche aus **Differenz-** und **Unterbilanzhaftung** gegen die Gesellschafter zu verfolgen.[368] Baugelder sind ordnungsge-

---

358 BGH, Urt. v. 11.10.2004 – II ZR 369/02, BB 2004, 2639.
359 Rowedder/Schmidt-Leithoff/*Baukelmann*, § 35 Rn. 106; MünchKommGmbHG/*Fleischer*, § 43 Rn. 21; Michalski/Heidinger/Leible/Schmidt/*Tebben*, § 6 Rn. 152 f.; Bork/Schäfer/*Klöhn*, § 43 Rn. 16.
360 Lutter/Hommelhoff/*Kleindiek*, § 43 Rn. 12; Michalski/Heidinger/Leible/Schmidt/ *Ziemons*, § 43 Rn. 161; *Goette*, § 8 Rn. 129; MünchKommGmbHG/*Fleischer*, § 43 Rn. 30 ff.
361 BGH, Urt. v. 26.6.1995 – II ZR 109/94, BB 1995, 1844 = NJW 1995, 2850.
362 BGH, Urt. v. 8.10.1984 – II ZR 175/83, GmbHR 1985, 143.
363 BGH, Urt. v. 18.4.2005 – II ZR 151/03 = BB 2005, 1241 = NZG 2005, 551; BGH, Urt. v. 21.1.1997 – VI ZR 338/95, BGHZ 134, 304 = BB 1997, 591 = NJW 1997, 1237; BGH, Urt. v. 15.10.1996 – VI ZR 319/95, BGHZ 133, 370 = BB 1996, 2531 = NJW 1997, 130.
364 BGH, Urt. v. 7.11.1977 – II ZR 43/76, BB 1978, 575 = NJW 1978, 425.
365 BGH, Urt. v. 12.10.1998 – II ZR 164/97, NJW 1999, 143.
366 BGH, Urt. v. 30.3.1998 – II ZR 146/96, BGHZ 138, 211 = BB 1989, 969 = NJW 1998, 2667.
367 BGH, Urt. v. 18.12.1995 – II ZR 277/94, BGHZ 131, 325 = BB 1996, 499 = NJW 1996, 850.
368 *Goette*, § 8 Rn. 130.

mäß zu verwenden,[369] ungesicherte Gewinne dürfen nicht im Vorgriff an die Gesellschafter ausgekehrt werden.[370]

b) Geschäftliche Risiken

Der Geschäftsführer ist nicht gezwungen, jedes Geschäft zu verhindern, das mit einem Risiko verbunden ist. Mit Risiken behaftete Geschäfte sind im kaufmännischen Leben nicht außergewöhnlich.[371] Dem Geschäftsführer muss bei der Leitung des Unternehmens ein weiter **Ermessensspielraum** zugebilligt werden, ohne den eine unternehmerische Tätigkeit schlechthin nicht denkbar ist. Dazu gehört neben dem bewussten Eingehen geschäftlicher Risiken grundsätzlich auch die Gefahr von Fehlbeurteilungen und Fehleinschätzungen, der jeder Unternehmensleiter, mag er auch noch so verantwortungsbewusst handeln, ausgesetzt ist. Hat der Geschäftsleiter bei der Führung des Unternehmens keine „glückliche Hand", kann ihn die Gesellschafterversammlung abberufen, daraus aber keine **Schadensersatzpflicht** hergeleitet werden. Die Sorge vor persönlicher Haftung kann einen Geschäftsleiter zu einem übertrieben defensiven Verhalten veranlassen, das zum Schaden der Gesellschafter und Gläubiger dazu führt, dass neue risikobehaftete Chancen nicht wahrgenommen werden, mit der Folge, dass das Unternehmen im schlimmsten Fall den Anschluss an die wirtschaftliche Entwicklung verpasst.[372] Pflichtwidrig handelt jedoch ein Geschäftsführer, der einer Bank in Kenntnis ihrer angespannten Liquidationslage einen Wechsel über 1 Mio. DM überlässt.[373] Geht der Geschäftsführer für die GmbH Verpflichtungen ein, die sie von vornherein nicht erfüllen kann, so hat er der GmbH den daraus entstehenden Schaden zu ersetzen. Dies ist anzunehmen, wenn die GmbH ihr treuhänderisch überlassene Gelder wegen des Zugriffs ihrer Bank nicht auf einem Konto anlegen kann.[374]

65

c) Allgemeine Pflichten

Der Geschäftsführer hat für einen geordneten Betriebsablauf und die Überwachung der Vorgänge zu sorgen. Ihm vorgelegte Unterlagen hat er auf grobe **Kal-**

66

---

369 BGH, Urt. v. 13.4.1994 – II ZR 16/93, BGHZ 125, 366, 372 = BB 1994, 1095 = NJW 1994, 1801.
370 BGH, Urt. v. 7.11.1977 – II ZR 43/76, BB 1978, 575 = NJW 1978, 425.
371 BGH, Urt. v. 4.7.1977 – II ZR 150/75, BGHZ 69, 207 = NJW 1977, 2311.
372 BGH, Urt. v. 21.3.2005 – II ZR 54/03, NZG 2005, 562; BGH, Urt. v. 21.4.1997 – II ZR 175/95, BGHZ 135, 244 = BB 1997, 1169 = NJW 1997, 1926; BGH, Beschl. v. 24.2.1997 – II ZB 11/96, BGHZ 138, 392 = BB 1997, 1220 = NJW 1997, 1923; Michalski/Heidinger/Leible/Schmidt/*Ziemons*, § 43 Rn. 119 f.; Scholz/*U. Schneider*, § 43 Rn. 93.
373 BGH, Urt. v. 21.12.1979 – II ZR 244/78, NJW 1980, 1629.
374 BGH, Urt. v. 12.10.1987 – II ZR 251/86, NJW 1988, 1321.

Kap. 5 Der Geschäftsführer

kulationsfehler zu prüfen.[375] Der Geschäftsführer hat nach § 51a GmbHG Informationswünschen der Gesellschafter nachzukommen.[376] Die Gesellschafterversammlung hat er umfassend zu informieren. Der Geschäftsführer ist der GmbH und ihren Gesellschaftern zu **Loyalität** verpflichtet. Wird er (im Falle der Befreiung von der Beschränkung des § 181 BGB) zugleich im Namen der Gesellschaft und in eigenem Namen rechtsgeschäftlich oder tatsächlich tätig, so hat er besonders darauf zu achten, dass die Maßnahme aus Sicht der Gesellschaft fair und angemessen ist.[377] Abfällige oder gar ehrverletzende Äußerungen über den Alleingesellschafter verletzten das Loyalitätsgebot und rechtfertigen die fristlose Kündigung des Geschäftsführers.[378]

d) Wettbewerbsverbot

aa) Während der Amtszeit

(1) Beginn und Ende

67 Geschäftsführer unterliegen wegen ihrer Verpflichtung zu loyalem Verhalten auch ohne besondere Vereinbarung während der Dauer ihrer Tätigkeit für die GmbH einem Wettbewerbsverbot.[379] Das Wettbewerbsverbot gilt auch schon in der Vor-GmbH und in der Vorgründungsgesellschaft. Das Wettbewerbsverbot endet mit Ausscheiden des Geschäftsführers aus seinem Dienstverhältnis.[380] Der Geschäftsführer darf die Zeit bis zum Ablauf seines Vertrages nicht dazu nutzen, ein Konkurrenzunternehmen aufzubauen.[381] Dem Geschäftsführer ist es auch verwehrt, eine Geschäftschance, die er während seiner Amtszeit zugunsten der GmbH hätte wahrnehmen können, nach seinem Ausscheiden auf sich überzuleiten. Der Geschäftsführer ist rechtlich nicht gehindert, sein Dienstverhältnis zu kündigen und sich einen anderen beruflichen Wirkungskreis zu suchen. Er darf diesen Wechsel nur nicht unter Mitnahme einer Geschäftschance vollziehen, die für die GmbH zu nutzen er als Geschäftsführer verpflichtet ist. Dabei ist es uner-

---

375 BGH, Urt. v. 28.10.1971 – II ZR 49/70, NJW 1972, 154.
376 Zu den Informationsrechten des einzelnen Gesellschafters nach § 51a GmbHG eingehend BGH, Beschl. v. 6.3.1997 – II ZB 4/96, BGHZ 135, 48 = BB 1997, 1223 = NJW 1997, 1985.
377 OLG Frankfurt, Urt. v. 2.6.2017 – 25 U 107/13, BeckRS 2017, 124842 Tz. 46.
378 BGH, Urt. v. 14.2.2000 – II ZR 218/98, BB 2000, 844 = NJW 2000, 1638.
379 Scholz/*U. Schneider*, § 43 Rn. 153; Bork/Schäfer/*Klöhn*, § 43 Rn. 47; MünchKommGmbHG/*Jaeger*/*Steinbrück*, § 35 Rn. 360; eine rein kapitalistische Minderheitsbeteiligung an einer Konkurrenzgesellschaft ohne Einfluss auf deren Geschäftsführung und ohne Tätigkeit im Unternehmen ist regelmäßig unbedenklich (OLG Stuttgart, Urt. v. 15.3.2017 – 14 U 3/14, BeckRS 2017, 105546 Tz. 102).
380 Lutter/Hommelhoff/*Kleindiek*, Anh. zu § 6 Rn. 21; MünchKommGmbHG/*Jaeger*/*Steinbrück*, § 35 Rn. 362; Bork/Schäfer/*Klöhn*, § 43 Rn. 48.
381 *Goette*, § 8 Rn. 143.

III. Anstellungsverhältnis   Kap. 5

heblich, ob diese Geschäftschance dienstlich oder privat an den Geschäftsführer herangetragen worden ist. Die Pflicht des Geschäftsführers, in allen die Gesellschaft berührenden Angelegenheiten allein deren und nicht den eigenen Nutzen im Auge zu haben, schließt eine unterschiedliche Behandlung einzelner Geschäftschancen aus.[382] Der Gesellschafter-Geschäftsführer einer **Einpersonengesellschaft** ist keinem Wettbewerbsverbot unterworfen.[383] Ebenso besteht kein Wettbewerbsverbot, wenn den Gesellschaftern bei Eintritt eines Geschäftsführers dessen **Konkurrenztätigkeit bekannt** ist.[384] Geht die GmbH als Subunternehmerin zugunsten des Hauptauftragnehmers ein vertragliches Wettbewerbsverbot ein, so erstreckt sich die Verpflichtung gemäß § 242 BGB auch auf den Geschäftsführer.[385]

(2) Reichweite des Wettbewerbsverbots

Zur Bestimmung der Reichweite des Wettbewerbsverbots ist auf den in der Satzung festgelegten **Unternehmensgegenstand** abzustellen.[386] Dabei sind auch Bereiche zu berücksichtigen, in denen die Gesellschaft noch nicht tätig ist, aber jederzeit tätig werden kann. Das Wettbewerbsverbot erstreckt sich darüber hinaus auf den abweichend von der Satzung tatsächlich ausgeübten Unternehmensgegenstand, und selbst **singuläre Geschäftschancen** der Gesellschaft sind geschützt.[387] Der Geschäftsführer hat in allen Angelegenheiten, die das Interesse der Gesellschaft berühren, allein deren und nicht den **eigenen Vorteil** zu suchen. Das gilt auch, wenn er privat Kenntnis von einer Geschäftschance erlangt, deren Ausnutzung ihm wirtschaftlich erlauben würde, sich selbstständig zu machen.[388] Der Geschäftsführer einer GmbH darf bei der Wahrnehmung der ihm übertragenen Aufgaben nur das Wohl des Unternehmens im Auge behalten. Er darf hingegen nicht seine eigenen wirtschaftlichen Vorteile verfolgen. Besteht die Aussicht, für eine mit der Erstellung von Wohnraum befasste gemeinnützige Gesellschaft von ihr benötigte **Grundstücke** zu erwerben, hat der Geschäftsführer alles zu unterlassen, was einen solchen Erwerb verhindert. Er handelt dann sittenwid-

68

---

382 BGH, Urt. v. 23.9.1985 – II ZR 246/84, BB 1986, 90 = NJW 1986, 585; auch Lutter/Hommelhoff/*Kleindiek*, Anh. zu § 6 Rn. 21.
383 BGH, Urt. v. 10.5.1993 – II ZR 74/92, BGHZ 122, 333 = BB 1993, 1314 = NJW 1993, 1922; BGH, Urt. v. 28.9.1992 – II ZR 299/91, BGHZ 119, 257 = BB 1992, 2384 = NJW 1993, 193; so auch Rowedder/Schmidt-Leithoff/*Pentz*, § 13 Rn. 88.
384 BGH, Urt. v. 9.3.1987 – II ZR 215/86, GmbHR 1987, 302.
385 BGH, Urt. v. 30.11.2004 – X ZR 109/02, NZG 2005, 274.
386 BGH, Urt. v.5.12.1983 – II ZR 242/82, BGHZ 89, 162 = NJW 1984, 1351; Scholz/*U. Schneider*, § 43 Rn. 163.
387 Scholz/*U. Schneider*, § 43 Rn. 163; MünchKommGmbHG/*Jaeger/Steinbrück*, § 35 Rn. 361; Lutter/Hommelhoff/*Kleindiek*, Anh. zu § 6 Rn. 22; Bork/Schäfer/*Klöhn*, § 43 Rn. 49.
388 BGH, Urt. v. 23.9.1985 – II ZR 246/84, BB 1986, 90 = NJW 1986, 585.

rig, wenn er die Möglichkeit eines Erwerbs zu einem günstigen Preis nicht nutzt, sondern den Erwerb einem anderen Unternehmen, an dessen Gewinn er beteiligt ist, in der Absicht überlässt, den Ankauf von diesem Unternehmen für die von ihm geführte Gesellschaft zu einem unverhältnismäßigen höheren Preis vorzunehmen.[389] Die bloße Anlage von eigenem Vermögen in Werte (Grundstücke), mit denen auch die Gesellschaft handelt, stellt noch kein **verbotenes Geschäftemachen** dar. Anders verhält es sich, wenn der Erwerb in der Absicht erfolgt, durch alsbaldigen Weiterverkauf Gewinn zu erzielen.[390] Besteht der Geschäftsgegenstand einer GmbH darin, von Besuchern eines Zoos Erinnerungsfotos zu fertigen und diese an sie zu verkaufen, darf der Geschäftsführer nicht durch eine Vereinbarung mit dem Träger der Anlage der GmbH den Zugang verwehren, um die Tätigkeit im eigenen Interesse wahrzunehmen.[391]

(3) Rechtsfolgen

69 Verstößen gegen das Wettbewerbsverbot kann die Gesellschaft zum einen mit **Unterlassungsansprüchen** begegnen. Außerdem kann die Gesellschaft von dem Geschäftsführer **Schadensersatz** beanspruchen.[392] Jedoch ist die GmbH dem Geschäftsführer, sofern nicht grob treuwidriges Verhalten gegeben ist, zu weiterer Gehaltszahlung verpflichtet.[393]

bb) Nach der Amtszeit

(1) Ausdrückliche Vertragsabrede

70 Nach Beendigung seiner Amtszeit unterliegt der Geschäftsführer grundsätzlich keinem Wettbewerbsverbot, weil das Risiko einer Interessenkollision entfallen ist. Deswegen muss ein über die Amtszeit hinausreichendes Wettbewerbsverbot **ausdrücklich** vereinbart werden.[394] Für den ausscheidenden Geschäftsführer gilt dabei nichts anderes als für den Gesellschafter, der aus der GmbH ausscheidet; denn die Treupflicht des Geschäftsführers gegenüber der Gesellschaft lässt insofern keinen anderen Maßstab zu als die mitgliedschaftliche Treuepflicht des

---

389 BGH, Urt. v. 12.6.1989 – II ZR 334/87, BB 1989, 1637 = NJW-RR 1989, 1255; vgl. auch BGH, Urt. v. 8.5.1989 – II ZR 229/88, BB 1989, 1430 = NJW 1989, 2687.
390 BGH, Urt. v. 17.2.1997 – II ZR 278/95, BB 1997, 1913 = NJW 1997, 2055.
391 BGH, Urt. v. 19.1.2006 – IX ZR 232/01, BB 2006, 966 = NJW-RR 2006, 923.
392 Scholz/*U. Schneider*, § 43 Rn. 166 f.; Bork/Schäfer/*Klöhn*, § 43 Rn. 50; MünchKommGmbHG/*Jaeger/Steinbrück*, § 35 Rn. 363 f.
393 BGH, Urt. v. 19.10.1987 – II ZR 97/87, BB 1988, 88 = NJW-RR 1988, 352.
394 BGH, Beschl. v. 7.7.2008 – II ZR 81/07, NZG 2008, 753 Tz. 4; BGH, Urt. v. 28.4.2008 – II ZR 11/07, NJW-RR 2008, 1421 Tz. 5 f.; ebenso Roth/*Altmeppen*, § 6 Rn. 91; MünchKommGmbHG/*Jaeger/Steinbrück*, § 35 Rn. 367; Scholz/*U. Schneider*, § 43 Rn. 174; Lutter/Hommelhoff/*Kleindiek*, Anh. zu § 6 Rn. 25; Gehrlein/Born/Simon/*Buck-Heeb*, Anh. § 6 Rn. 42.

Gesellschafters. So finden nachvertragliche Wettbewerbsverbote, die keiner Form bedürfen,[395] ihre Rechtfertigung allein darin, die GmbH nach Ausscheiden des Geschäftsführers vor einer illoyalen Verwertung der Erfolge der gemeinsamen Arbeit und vor einem Missbrauch der Ausübung der Berufsfreiheit zu schützen. Dagegen darf ein solches Wettbewerbsverbot rechtlich nicht dazu eingesetzt werden, den Geschäftsführer als potenziellen Wettbewerber auszuschalten. Soweit sich dieser in hinreichender räumlicher Entfernung niederlässt und seinen Beruf ausübt, ist das berechtigte Anliegen der Gesellschaft, vor illoyalem Wettbewerb geschützt zu sein, ebenso wenig berührt, wie wenn der ehemalige Geschäftsführer auf einem nicht von der GmbH gewählten anderen Berufsfeld tätig wird. Entsprechendes gilt, wenn sich – der BGH legt hier (für den ausgeschiedenen Gesellschafter, aber heranzuziehen auch für den ehemaligen Geschäftsführer) einen Zeitraum von **nicht mehr als zwei Jahren** zugrunde – die während der Tätigkeit als Geschäftsführer geknüpften Verbindungen typischerweise so gelockert haben, dass der ausgeschiedene Geschäftsführer wie jeder andere Wettbewerber behandelt werden kann. Die mit einem nachvertraglichen Wettbewerbsverbot verbundenen Beschränkungen der Berufsausübungsfreiheit verstoßen also dann nicht gegen § 138 BGB, wenn sie **räumlich, zeitlich** und **gegenständlich** das notwendige Maß nicht überschreiten. Verstößt eine Wettbewerbsklausel allein gegen die **zwingende zeitliche Grenze von zwei Jahren**, ohne dass weitere Gründe vorliegen, derentwegen die Beschränkungen der Berufsausübungsfreiheit als sittenwidrig zu qualifizieren sind, lässt der BGH eine **geltungserhaltende Reduktion** auf das zeitlich tolerable Maß zu.[396] Der Gegenstand eines Wettbewerbsverbots ist zu weit gefasst, wenn dem bisher **freiberuflich** als Arzt tätigen Geschäftsführer auf Dauer auch die Übernahme einer ärztlichen Tätigkeit im staatlichen Bereich – etwa als Amtsarzt – untersagt wird. Hier scheidet eine geltungserhaltende Reduktion aus, weil **nicht nur** die zeitliche Grenze des Wettbewerbsverbots überschritten wird.[397]

---

395 Roth/*Altmeppen*, § 6 Rn. 92.
396 BGH, Urt. v. 20.1.2015 – II ZR 369/13, NJW 2015, 1012 Tz. 8 ff.; BGH, Urt. v. 30.11.2009 – II ZR 208/08, NJW 2010, 1206 Tz. 13 (für ausgeschiedenen GmbH-Gesellschafter); BGH, Urt. v. 29.9.2003 – II ZR 59/02, BB 2003, 2643 = NJW 2004, 66; BGH, Urt. v. 8.5.2000 – II ZR 308/98, BB 2000, 1420 = NJW 2000, 2584 (für ausgeschiedenen Gesellschafter einer Personengesellschaft); für den ehemaligen GmbH-Geschäftsführer OLG München, Beschl. v. 2.8.2018 – 7 U 2107/18, NZA-RR 2019, 82 Tz. 14; gleichsinnig Roth/*Altmeppen*, § 6 Rn. 98; Lutter/Hommelhoff/*Kleindiek*, Anh. zu § 6 Rn. 25; MünchKommGmbHG/*Jaeger/Steinbrück*, § 35 Rn. 374 f.
397 BGH, Urt. v. 14.7.1997 – II ZR 238/96, NJW 1997, 3089 (für ausgeschiedenen Gesellschafter einer Personengesellschaft); a. A. Lutter/Hommelhoff/*Kleindiek*, Anh. zu § 6 Rn. 25; vgl. auch OLG Hamm, Urt. v. 8.8.2016 – 8 U 23/16, BeckRS 2017, 20914 Tz. 25.

Kap. 5 Der Geschäftsführer

(2) Entschädigung

71 Die Wirksamkeit eines Wettbewerbsverbots hängt nicht von der Zahlung einer **Karenzentschädigung** an den Geschäftsführer ab. Weil von einer GmbH mit ihren Geschäftsführern vereinbarte Wettbewerbsverbote nicht den für Handlungsgehilfen geltenden Beschränkungen der §§ 74 ff. HGB unterliegen,[398] verbietet es sich, auf Vereinbarungen über nachvertragliche Wettbewerbsverbote zwischen einer GmbH und ihrem Geschäftsführer allgemein die Vorschrift des § 74 Abs. 2 HGB anzuwenden, wonach jede Beeinträchtigung der wirtschaftlichen Bewegungsfreiheit als unzulässig anzusehen ist, sofern ihr keine Verpflichtung zur **Zahlung einer Entschädigung** gegenübersteht.[399] Allerdings können Geschäftsführer und GmbH die Anwendung der §§ 74 ff. HGB vertraglich vereinbaren,[400] und ebenso steht es ihnen frei, als Gegenleistung für das Wettbewerbsverbot eine ausdrückliche Entschädigung, in welcher Höhe auch immer, zu vereinbaren.[401] Wird für die Dauer eines Wettbewerbsverbots von fünf Jahren, das der Geschäftsführer von Anfang an missachtet, eine Vergütung von 130.000 € vereinbart, so kann die Gesellschaft, weil das Wettbewerbsverbot von fünf Jahren auf die zulässige Dauer von zwei Jahren zu reduzieren ist, Rückzahlung von drei Fünftel der Entschädigung, also 78.000 €, beanspruchen.[402] Angesichts der Unanwendbarkeit der §§ 74 ff. HGB muss sich der Geschäftsführer abweichend von § 74c HGB auf die vereinbarte Entschädigung einen anderweitigen Verdienst nicht anrechnen lassen.[403]

(3) Freistellung des Geschäftsführers von nachvertraglichem Wettbewerbsverbot

72 Bei einem Wettbewerbsverbot steht das Interesse der Gesellschaft im Vordergrund, sich davor zu bewahren, dass der Geschäftsführer die in dem Unternehmen erlangten Kenntnisse und Verbindungen zu ihrem Schaden ausnutzt. Soweit es zum Schutz eines derartigen berechtigten Interesses der Gesellschaft des Geschäftsführers zeitlich, örtlich und gegenständlich nicht unbillig erschwert wird, also ein Verstoß gegen § 138 BGB nicht vorliegt, kann ein nachvertragliches Wettbewerbsverbot mit einem Geschäftsführer auch ohne Karenzentschädigung

---

398 S. die Nachw. in Fn. 260.
399 BGH, Urt. v. 28.4.2008 – II ZR 11/07, NJW-RR 2008, 1421 Tz. 6; BGH, Urt. v. 4.3.2002 – II ZR 77/00, BB 2002, 800 = NJW 2002, 1875; BGH, Urt. v. 26.3.1984 – II ZR 229/83, BGHZ 91, 1 = BB 1984, 1381 = NJW 1984, 2366; ebenso Lutter/Hommelhoff/*Kleindiek*, Anh. zu § 6 Rn. 25.
400 BGH, Urt. v. 25.6.1990 – II ZR 119/89, BB 1990, 1653 = NJW-RR 1990, 1312.
401 BGH, Urt. v. 28.4.2008 – II ZR 11/07, NJW-RR 2008, 1421 Tz. 6; BGH, Urt. v. 17.2.1992 – II ZR 140/91, BB 1992, 723 = NJW 1992, 1892.
402 BGH, Urt. v. 29.9.2003 – II ZR 59/02, BB 2003, 2643 = NJW 2004, 66.
403 BGH, Urt. v. 28.4.2008 – II ZR 11/07, NJW-RR 2008, 1421 Tz. 6.

III. Anstellungsverhältnis   Kap. 5

vereinbart werden, weil ihm gegenüber die gesetzliche Regelung für Handlungsgehilfen (§ 74 Abs. 2 HGB) nicht gilt. Daraus lässt sich aber nicht schließen, dass auch bei einer **vereinbarten Karenzentschädigung** und der Auslegung dieser Vereinbarung allein das Interesse der Gesellschaft zu berücksichtigen wäre. Das im Anstellungsvertrag eines Geschäftsführers vereinbarte nachvertragliche Wettbewerbsverbot gegen Karenzentschädigung wird nicht allein dadurch verkürzt oder hinfällig, dass er mit der ordentlichen Kündigung des Anstellungsvertrages von seinen Dienstpflichten freigestellt wird. Die vereinbarte Karenzentschädigungspflicht entfällt mit dem Verzicht der Gesellschaft auf das Wettbewerbsverbot jedenfalls dann nicht, wenn der Verzicht nach ordentlicher Kündigung des Anstellungsvertrages erst zu einem **Zeitpunkt** erklärt wird, in dem der Geschäftsführer sich auf die mit dem Wettbewerbsverbot verbundenen Einschränkungen seiner neuen beruflichen Tätigkeit eingerichtet hat. Hat die Gesellschaft dem Geschäftsführer mit Wirkung zum 31.12. des Folgejahres gekündigt und bis dahin von seiner Tätigkeit freigestellt, so ist ein im Dezember des Folgejahres erklärter Verzicht auf das Wettbewerbsverbot unwirksam, weil der Geschäftsführer zwischenzeitlich am Aufbau einer neuen beruflichen Tätigkeit auf demselben Geschäftsfeld gehindert war.[404] Dagegen wird die GmbH von der Zahlung der Karenzentschädigung analog § 75a HGB frei, wenn sie die Freistellung **ein Jahr** vor Ablauf des Dienstverhältnisses erklärt und damit dem Geschäftsführer die Aufnahme einer neuen Tätigkeit nach Vertragsende ermöglicht wird.[405]

4. Beendigung des Anstellungsverhältnisses

a) Allgemeine Beendigungsgründe

aa) Tod, Insolvenz, Zeitablauf

Der Anstellungsvertrag endet mit dem **Tod** des Geschäftsführers oder der Löschung der GmbH.[406] Dagegen wird das Anstellungsverhältnis durch die **Insolvenz** der GmbH nicht berührt, kann aber nach § 113 InsO gekündigt werden. Auch die Auflösung der GmbH oder die Umwandlung in eine andere Rechtsform beendet das Anstellungsverhältnis nicht.[407] Der Vertrag endet mit Zeitablauf, wenn er für eine **bestimmte Frist** geschlossen worden ist (§ 620 Abs. 1 BGB). Die Befristung kann, weil der Geschäftsführer kein Arbeitnehmer ist und die Beschränkungen des § 14 TzBfG demzufolge nicht gelten, nach Ablauf ohne

73

---

404 BGH, Urt. v. 4.3.2002 – II ZR 77/00, BB 2002, 800 = NJW 2002, 1875; so auch Lutter/Hommelhoff/*Kleindiek*, Anh. zu § 6 Rn. 25a.
405 BGH, Urt. v. 17.2.1992 – II ZR 140/91, BB 1992, 723 = NJW 1992, 1892.
406 Gehrlein/Born/Simon/*Buck-Heeb*, Anh. § 6 Rn. 94; Roth/*Altmeppen*, § 6 Rn. 127.
407 Michalski/Heidinger/Leible/Schmidt/*Tebben*, § 6 Rn. 243; Gehrlein/Born/Simon/*Buck-Heeb*, Anh. § 6 Rn. 94.

Kap. 5 Der Geschäftsführer

Weiteres wiederholt werden.[408] In der Praxis wird mitunter vereinbart, dass der befristete Vertrag bei Nichtausübung einer Kündigung über die vereinbarte Dauer hinaus fortgilt.[409]

bb) Koppelung von Anstellungsverhältnis mit Organverhältnis

74 Weil Organverhältnis und Anstellungsverhältnis des Geschäftsführers unterschiedliche Rechtsverhältnisse sind, können sie ein unterschiedliches Rechtsschicksal haben. Mithin ist denkbar, dass das Anstellungsverhältnis trotz Beendigung des Organverhältnisses fortdauert. Allerdings kann der Anstellungsvertrag durch eine **auflösende Bedingung** an den Fortbestand der Organstellung geknüpft oder vereinbart werden, dass mit dem Entzug der Organstellung das Anstellungsverhältnis als gekündigt gilt.[410] Der Widerruf der Organstellung gilt im letztgenannten Fall als Kündigung zum nächstmöglichen Zeitpunkt. Ist das Dienstverhältnis für eine bestimmte Dauer geschlossen worden, so ist eine ordentliche Kündigung, wenn nichts Gegenteiliges vereinbart wurde, mit Blick auf § 620 Abs. 1 BGB ausgeschlossen. Dann kommt nur eine außerordentliche Kündigung aus wichtigem Grund in Betracht.[411] Durch eine Koppelungsklausel können die zwingenden Kündigungsfristen (§ 622 Abs. 5 BGB) nicht umgangen werden.[412] Eine solche Klausel ist unwirksam und kann, wenn es sich um eine von der Gesellschaft gestellte Allgemeine Geschäftsbedingung handelt, nicht (geltungserhaltend) einschränkend dahin ausgelegt werden, dass die Beendigung des Anstellungsvertrags nicht sofort nach Bekanntgabe des Widerrufs der Bestellung, sondern erst nach Ablauf der gesetzlichen Mindestkündigungsfrist eintritt (vgl. § 306 Abs. 1 BGB).[413] Die auflösende Bedingung der Beendigung der Organstellung tritt jedenfalls nur ein, wenn der Widerruf der Bestellung rechtmäßig erfolgt ist.[414]

---

408 Baumbach/Hueck/*Zöllner/Noack*, § 35 Rn. 215.
409 *Goette*, § 8 Rn. 151; Roth/*Altmeppen*, § 6 Rn. 128.
410 Zur Auslegung einer solchen Koppelungsklausel OLG Saarbrücken, Urt. v. 8.5.2013 – 1 U 154/12–43, NZG 2013, 784.
411 BGH, Urt. v. 21.6.1999 – II ZR 27/98, BB 1999, 2100 = NJW 1999, 3263; BGH, Urt. v. 29.5.1989 – II ZR 220/88, BB 1989, 1557 = NJW 1989, 2683 (zur AG).
412 BGH, Urt. v. 21.6.1999 – II ZR 27/98, BB 1999, 2100 = NJW 1999, 3263; BGH, Urt. v. 9.7.1990 – II ZR 194/89, BGHZ 112, 103 = BB 1990, 1578 = NJW 1990, 2622; BGH, Urt. v. 26.3.1984 – II ZR 120/83, BGHZ 91, 217 = BB 1984, 1892 = NJW 1984, 2528; im selben Sinne Michalski/Heidinger/Leible/Schmidt/*Tebben*, § 6 Rn. 244; Lutter/Hommelhoff/*Kleindiek*, Anh. zu § 6 Rn. 44.
413 OLG Karlsruhe, Urt. v. 25.10.2016 – 8 U 122/15, NZG 2017, 226 Tz. 88 ff.
414 BGH, Urt. v. 29.5.1989 – II ZR 220/88, BB 1989, 1557 = NJW 1989, 2683 (zur AG); so auch Roth/*Altmeppen*, § 6 Rn. 127.

b) Ordentliche Kündigung

aa) Kündigungskompetenz

Das für den Abschluss des Anstellungsvertrages zuständige **Gesellschaftsorgan** ist auch für dessen Kündigung zuständig. Dies gilt unabhängig davon, ob die Kündigung mit einer Abberufung verbunden wird oder nicht.[415] Die Zuständigkeit für eine Kündigung des Anstellungsvertrages liegt, sofern es sich nicht um eine mitbestimmte Gesellschaft handelt oder die Satzung die Befugnis an einen Beirat oder Aufsichtsrat delegiert, bei der **Gesellschafterversammlung** (§ 46 Nr. 5 GmbHG).[416] Handelt es sich um den Geschäftsführer einer GmbH & Co. KG, beschließt über die Kündigung allein die Gesellschafterversammlung der Komplementär-GmbH unter Ausschluss der weiteren Gesellschafter der KG.[417] Die Kündigung wird durch eine – (mangels Anwendbarkeit des § 623 BGB auf den Geschäftsführer als Organmitglied) formfrei gültige[418] – **Kündigungserklärung** umgesetzt. Einer eigenständigen Erklärung bedarf es nicht, wenn der Geschäftsführer bei der Beschlussfassung anwesend war.[419] Die Befugnis zur Abgabe der Kündigungserklärung liegt bei den Gesellschaftern. Sie können aber einen von ihnen (vorzugsweise den Leiter der Gesellschafterversammlung), einen anderen Geschäftsführer oder einen Dritten (z. B. den Rechtsanwalt der Gesellschaft) zur Abgabe der Kündigungserklärung gegenüber dem Geschäftsführer bevollmächtigen.[420] Fehlt es an dem erforderlichen Gesellschafterbeschluss, ist die Kündigung unwirksam; eine rückwirkende Genehmigung durch die Gesellschafter scheidet aus.[421] Wird nach der Abberufung eines Geschäfts-

---

415 Scholz/*U. Schneider/Hohenstatt*, § 35 Rn. 427; MünchKommGmbHG/*Jaeger/Steinbrück*, § 35 Rn. 415; Michalski/Heidinger/Leible/Schmidt/*Tebben*, § 6 Rn. 212.
416 BGH, Urt. v. 3.7.2018 – II ZR 452/17, NZG 2018, 1073 Tz. 10; BGH, Urt. v. 16.7.2007 – II ZR 109/06, BB 2007, 1914 = NZG 2007, 751 Tz. 9; BGH, Urt. v. 27.3.1995 – II ZR 140/93, BB 1995, 1102 = NJW 1995, 1750; Rowedder/Schmidt-Leithoff/*Baukelmann*, § 38 Rn. 43; Scholz/*U. Schneider/Hohenstatt*, § 35 Rn. 427.
417 BGH, Beschl. v. 8.1.2007 – II ZR 267/05, NJW-RR 2007, 1632 Tz. 7.
418 Lutter/Hommelhoff/*Kleindiek*, Anh. zu § 6 Rn. 52; Baumbach/Hueck/*Zöllner/Noack*, § 35 Rn. 217; Gehrlein/Born/Simon/*Buck-Heeb*, Anh. § 6 Rn. 100; Roth/*Altmeppen*, § 6 Rn. 142; MünchKommGmbHG/*Jaeger/Steinbrück*, § 35 Rn. 414.
419 *Goette*, § 8 Rn. 155; Baumbach/Hueck/*Zöllner/Noack*, § 35 Rn. 216; vgl. BGH, Urt. v. 16.9.2002 – II ZR 1/00, BGHZ 152, 37 = BB 2002, 2347 = NJW 2002, 3774.
420 BGH, Urt. v. 9.4.2013 – II ZR 273/11, NJW 2013, 2475 Tz. 13; BGH, Urt. v. 16.7.2007 – II ZR 109/06, BB 2007, 1914 = NZG 2007, 751 Tz. 11; ebenso Michalski/Heidinger/Leible/Schmidt/*Tebben*, § 6 Rn. 213; Scholz/*U. Schneider/Hohenstatt*, § 35 Rn. 427.
421 OLG München, Urt. v. 24.3.2016 – 23 U 1884/15, BeckRS 2016, 6453 Tz. 55; OLG München, Urt. v. 31.7.2014 – 23 U 3842/13, BeckRS 2015, 18 Tz. 36; ebenso Baumbach/Hueck/*Zöllner/Noack*, § 35 Rn. 216; MünchKommGmbHG/*Jaeger/Steinbrück*, § 35 Rn. 415; Gehrlein/Born/Simon/*Buck-Heeb*, Anh. § 6 Rn. 97; Scholz/*U. Schneider/Hohenstatt*, § 35 Rn. 428.

Kap. 5 Der Geschäftsführer

führers das Anstellungsverhältnis als normaler Arbeitsvertrag fortgesetzt, ist für dessen Beendigung allein der neue Geschäftsführer zuständig.[422] **Kündigt der Geschäftsführer**, so kann er seine Erklärung gemäß § 35 Abs. 2 Satz 2 GmbHG an einen Mitgeschäftsführer richten.[423]

bb) Kündigungsfrist

76 Da der Geschäftsführer kein Arbeitnehmer ist, wären eigentlich die Fristen des § 621 BGB maßgeblich. Wegen der wirtschaftlichen Abhängigkeit des Geschäftsführers wenden Rechtsprechung und Schrifttum hingegen **§ 622 Abs. 1 BGB** an, soweit er nicht herrschender, also Mehrheitsgesellschafter ist.[424] Gemäß § 622 Abs. 1 BGB kann mit einer Frist von vier Wochen zum 15. oder zum Ende eines Kalendermonats gekündigt werden. Die Kündigungsfrist verlängert sich nach § 622 Abs. 2 BGB entsprechend der Beschäftigungsdauer.

cc) Entbehrlichkeit eines Kündigungsgrundes

77 Die ordentliche Kündigung des Anstellungsverhältnisses des Geschäftsführers einer GmbH bedarf mit Rücksicht auf seine Vertrauensstellung als organschaftlicher Vertreter der Gesellschaft mit Unternehmerfunktion keines sie rechtfertigenden Grundes.[425] Sie ist, sofern ihre formellen Voraussetzungen erfüllt sind, auch dann wirksam, wenn sie sich auf keinen anderen Grund als den Willen des kündigungsberechtigten Organs stützen kann. Infolgedessen verbietet es sich, die Wirksamkeit einer von der Gesellschaft ordnungsgemäß erklärten ordentlichen Kündigung mit Rücksicht auf die ihr zugrunde liegenden **Motive der Gesellschafter** zu verneinen. Dies gilt auch dann, wenn die der Kündigung zugrunde liegenden Erwägungen im Einzelfall bekannt oder von der Gesellschaft selbst mitgeteilt sein sollten. Die Gesellschaft verhält sich damit grundsätzlich ordnungsgemäß, wenn sie die sofortige Abberufung aus der Organstellung mit der ordentlichen Kündigung des Anstellungsvertrages zu dem vertraglich oder gesetzlich vorgesehenen Beendigungszeitpunkt verbindet. Diese Kündigung trägt ihre **Rechtfertigung in**

---

422 BGH, Urt. v. 3.7.2018 – II ZR 452/17, NZG 2018, 1073 Tz. 11; BGH, Urt. v. 27.3.1995 – II ZR 140/93, BB 1995, 1102 = NJW 1995, 1750; BGH, Urt. v. 13.2.1984 – II ZR 2/83, WM 1984, 532.
423 BGH, Urt. v. 19.1.1961 – II ZR 217/58, BB 1961, 227 = NJW 1961, 507; so auch Michalski/Heidinger/Leible/Schmidt/*Tebben*, § 6 Rn. 214.
424 BGH, Urt. v. 9.3.1987 – II ZR 132/86, BB 1987, 848 = NJW 1987, 2073; BGH, Urt. v. 26.3.1984 – II ZR 120/83, BGHZ 91, 217 = BB 1984, 1892 = NJW 1984, 2528; zustimmend Michalski/Heidinger/Leible/Schmidt/*Tebben*, § 6 Rn. 218 f.; Rowedder/Schmidt-Leithoff/*Baukelmann*, § 38 Rn. 42; Ulmer/*Paefgen*, § 38 Rn. 81; a. A. Scholz/*U. Schneider*/*Hohenstatt*, § 35 Rn. 447 f.
425 MünchKommGmbHG/*Jaeger*/*Steinbrück*, § 35 Rn. 403; Gehrlein/Born/Simon/Buck-Heeb, Anh. § 6 Rn. 104.

sich selbst; sie ist von dem Geschäftsführer hinzunehmen, auf welchen Erwägungen sie beruhen mag. Dies gilt auch dann, wenn sich die Kündigung als Reaktion auf die Weigerung des Geschäftsführers, eine wahrheitswidrige Erklärung abzugeben, darstellt.[426] Eine **unwirksame außerordentliche Kündigung** kann in eine ordentliche Kündigung umgedeutet werden, wenn der Wille der Gesellschafterversammlung zum Ausdruck gebracht wird, sich in jedem Fall von dem Geschäftsführer zu trennen.[427] Eine solche Umdeutung ist bei der Beendigung des Beschäftigungsverhältnisses eines Fremdgeschäftsführers ohne weiteres möglich. Schwieriger gestaltet es sich freilich bei einem **Gesellschafter-Geschäftsführer.** Er ist bei der Beschlussfassung über seine fristlose Kündigung nicht stimmberechtigt, bei einer fristgemäßen Kündigung hingegen nicht am Stimmrecht gehindert.[428] Die Umdeutung in eine fristgemäße Kündigung ist mit dem Stimmrecht des Gesellschafter-Geschäftsführers nicht vereinbar.[429]

c) *Außerordentliche Kündigung*

Neben der ordentlichen steht die außerordentliche Kündigung (§ 626 BGB). Sie ist an einen **wichtigen Grund** und an die **Kündigungserklärungsfrist** von zwei Wochen gekoppelt.

78

aa) Wichtiger Grund

Nach dem Wortlaut des § 626 Abs. 1 BGB ist eine außerordentliche Kündigung nur zulässig, wenn erstens ein wichtiger Grund vorliegt und zweitens dem Kündigenden unter Berücksichtigung aller Umstände und Abwägung der Interessen beider Vertragsteile die Fortsetzung des Dienstverhältnisses bis zu seinem ordentlichen Ablauf nicht zugemutet werden kann. Das Vorliegen eines wichtigen Grundes hat darzulegen und zu beweisen, wer sich darauf beruft.[430]

79

---

426 BGH, Urt. v. 3.11.2003 – II ZR 158/01, NJW-RR 2004, 540.
427 BGH, Beschl. v. 22.2.2011 – II ZA 5/10, BeckRS 2011, 07512; BGH, Urt. v. 8.9.1997 – II ZR 165/96, BB 1997, 2294 = NJW 1198, 76; BGH, Urt. v. 28.1.1985 – II ZR 79/84, BB 1985, 567; so auch Gehrlein/Born/Simon/*Buck-Heeb*, Anh. § 6 Rn. 101; Scholz/*U. Schneider/Hohenstatt*, § 35 Rn. 504; MünchKommGmbHG/*Jaeger/Steinbrück*, § 35 Rn. 408.
428 BGH, Urt. v. 4.4.2017 – II ZR 77/16, BB 2017, 1297 = NJW-RR 2017, 808 Tz. 10 ff. (allerdings offen zu den Voraussetzungen eines Stimmverbots des Gesellschafter-Geschäftsführers bei der Abstimmung über die Abberufung oder Kündigung seines Anstellungsvertrags aus wichtigem Grund).
429 MünchKommGmbHG/*Jaeger/Steinbrück*, § 35 Rn. 408.
430 BGH, Urt. v. 4.4.2017 – II ZR 77/16, BB 2017, 1297 = NJW-RR 2017, 808 Tz. 14.

Kap. 5 Der Geschäftsführer

(1) Kündigung durch Geschäftsführer

80   Ein wichtiger Grund für den Geschäftsführer ist gegeben, wenn ihm **rechtswidrige Weisungen** (§ 37 Abs. 1 GmbHG) erteilt werden oder er an der Erfüllung seiner gesetzlichen Pflichten wie etwa der Buchführung gehindert wird.[431] Der vom Anstellungsvertrag nicht gedeckte Entzug der Geschäftsführungsbefugnis in einem Kernbereich rechtfertigt ebenfalls eine außerordentliche Kündigung.[432] Entsprechendes gilt bei schwerwiegenden unberechtigten Vorwürfen durch Gesellschafter oder Mitgeschäftsführer.[433] Regelmäßig ist der Geschäftsführer auch im Falle des Widerrufs seiner Bestellung, jedenfalls wenn diese unzulässig ist, zur außerordentlichen Kündigung des Anstellungsvertrages berechtigt.[434] Ein Schadensersatzanspruch gegen die Gesellschaft steht ihm dann indes nicht zu, weil der – sei es auch: vorzeitige – Widerruf der Organstellung des Geschäftsführers durch die Gesellschafterversammlung der GmbH kein vertragswidriges Verhalten im Sinne von § 628 Abs. 2 BGB darstellt.[435]

(2) Kündigung durch GmbH

81   Die Wirksamkeit einer außerordentlichen Kündigung durch die GmbH setzt, wenn zumindest der Wille zu einer fristlosen Kündigung hinreichend – etwa durch die Auflösung des Dienstverhältnisses nach zwei Tagen – zum Ausdruck kommt, nicht die Angabe eines wichtigen Grundes in dem Kündigungsschreiben voraus.[436] Die Bewertung, ob ein wichtiger Grund vorliegt, erfordert eine **umfassende Gesamtabwägung**. Ein wichtiger Grund liegt nur vor, wenn dem Dienstherrn bei Abwägung aller Umstände die Weiterbeschäftigung des Dienstverpflichteten in seiner bisherigen oder einer entsprechenden Stellung bis zum Ablauf der ordentlichen Kündigungsfrist nicht zumutbar ist.[437] Zwar wird immer

---

431 BGH, Urt. v. 26.6.1995 – II ZR 109/94, BB 1995, 1884 = NJW 1995, 2850; ebenso Michalski/Heidinger/Leible/Schmidt/*Tebben*, § 6 Rn. 236; Roth/*Altmeppen*, § 6 Rn. 158.
432 Roth/*Altmeppen*, § 6 Rn. 158; Baumbach/Hueck/Zöllner/*Noack*, § 35 Rn. 219; MünchKommGmbHG/*Jaeger/Steinbrück*, § 35 Rn. 421; vgl. auch BGH, Urt. v. 6.3.2012 – II ZR 76/11, NJW 2012, 1656 Tz. 14.
433 BGH, Urt. v. 9.3.1992 – II ZR 102/91, BB 1992, 801 = NJW-RR 1992, 992; so auch Baumbach/Hueck/Zöllner/*Noack*, § 35 Rn. 219.
434 Rowedder/Schmidt-Leithoff/*Baukelmann*, § 38 Rn. 51; Lutter/Hommelhoff/*Kleindiek*, Anh. zu § 6 Rn. 58; Baumbach/Hueck/Zöllner/*Noack*, § 35 Rn. 219; Gehrlein/Born/Simon/*Buck-Heeb*, Anh. § 6 Rn. 115; vgl. außerdem BGH, Urt. v. 28.10.2002 – II ZR 146/02, BB 2002, 2629 = NJW 2003, 351.
435 Näher dazu oben zu Rn. 37.
436 BGH, Urt. v. 20.6.2005 – II ZR 18/03, BB 2005, 1698 = NJW 2005, 3069.
437 BGH, Urt. v. 9.11.1992 – II ZR 234/91, BB 1992, 2453 = NJW 1993, 463; ebenso Michalski/Heidinger/Leible/Schmidt/*Tebben*, § 6 Rn. 225; Baumbach/Hueck/Zöllner/*Noack*, § 35 Rn. 218; Roth/*Altmeppen*, § 6 Rn. 144.

III. Anstellungsverhältnis   Kap. 5

wieder darauf hingewiesen, dass Gründe, die eine sofortige Abberufung aus dem Organverhältnis (§ 38 Abs. 2 GmbHG) rechtfertigen, nicht ohne Weiteres auch eine fristlose Kündigung des Anstellungsverhältnisses tragen.[438] Gleichwohl sind hier vielfach Überschneidungen festzustellen.[439] Der wichtige Kündigungsgrund kann in den Verhältnissen der Gesellschaft wurzeln, regelmäßig wurzelt er indes in der Person und dem Verhalten des Geschäftsführers.[440] **Verschulden** des Geschäftsführers ist nicht Voraussetzung.[441] In aller Regel bilden aber, wie die nachfolgenden Beispiele belegen, (vermeintlich) **vorwerfbare Pflichtwidrigkeiten** den Anlass einer fristlosen Kündigung: Verweigerung der Amtsführung;[442] Unfähigkeit zur Amtsführung;[443] ständige Missachtung von Weisungen oder Beschlüssen der Gesellschafterversammlung;[444] Kompetenzüberschreitungen;[445] Verletzung des Kollegialprinzips;[446] eigenmächtige Änderung der Geschäftspolitik;[447] Ablehnung der Übernahme einer zusätzlichen Tätigkeit durch zeitlich nicht ausgelasteten Geschäftsführer;[448] fehlende Zusammenarbeit mit Aufsichtsrat;[449] unberechtigte Amtsniederlegung;[450] eigenmächtiger Urlaubsantritt;[451] Missachtung eines Einberufungsverlangens der Gesellschafterminderheit;[452] Verrat von Geschäftsgeheimnissen;[453] Beleidigung von Gesellschaftern und Mitgeschäftsführern;[454] Handgreiflichkeiten und Bedrohungen gegen Ge-

---

438 Scholz/*U. Schneider/Hohenstatt*, § 35 Rn. 465; Michalski/Heidinger/Leible/Schmidt/*Tebben*, § 6 Rn. 228.
439 *Goette*, § 8 Rn. 152.
440 Lutter/Hommelhoff/*Kleindiek*, Anh. zu § 6 Rn. 59; Gehrlein/Born/Simon/*Buck-Heeb*, Anh. § 6 Rn. 110.
441 BGH, Urt. v. 21.4.1975 – II ZR 2/73, WM 1975, 761; so auch Roth/*Altmeppen*, § 6 Rn. 144; Michalski/Heidinger/Leible/Schmidt/*Tebben*, § 6 Rn. 228.
442 Lutter/Hommelhoff/*Kleindiek*, Anh. zu § 6 Rn. 59.
443 BGH, Urt. v. 29.1.1976 – II ZR 3/74, WM 1976, 380.
444 BGH, Urt. v. 3.2.1995 – II ZR 225/93, BB 1995, 688 = NJW 1995, 1358.
445 BGH, Urt. v. 9.4.2013 – II ZR 273/11, NJW 2013, 2425 Tz. 22; BGH, Urt. v. 13.7.1998 – II ZR 131/97, NJW-RR 1998, 1409; vgl. auch OLG München, Urt. v. 22.6.2017 – 23 U 3293/16, BeckRS 2017, 114314 Tz. 27.
446 BGH, Urt. v. 13.7.1998 – II ZR 131/97, NJW-RR 1998, 1409.
447 BGH, Urt. v. 25.2.1991 – II ZR 76/90, BB 1991, 714 = NJW 1991, 1681.
448 OLG Nürnberg, Urt. v. 9.6.1999 – 12 U 4408/98, BB 2000, 2170 = NZG 2000, 154; ebenso Roth/*Altmeppen*, § 6 Rn. 146.
449 BGH, Urt. v. 13.7.1998 – II ZR 131/97, NJW-RR 1998, 1409.
450 BGH, Urt. 14.7.1980 – II ZR 161/79, BGHZ 78, 82 = BB 1980, 1397 = NJW 1980, 2415.
451 BGH, Urt. v. 21.6.1999 – II ZR 27/98, BB 1999, 2100 = NJW 1999, 3263.
452 BGH, Urt. v. 15.6.1998 – II ZR 318/96, BGHZ 139, 89 = BB 1998, 1808 = NJW 1998, 3274.
453 BGH, Urt. v. 13.7.1998 – II ZR 131/97, NJW-RR 1998, 1409.
454 BGH, Urt. v. 14.2.2000 – II ZR 218/98, BB 2000, 844 = NJW 2000, 1638; BGH, Urt. v. 15.6.1998 – II ZR 318/96, BGHZ 139, 89 = BB 1998, 1808 = NJW 1998, 3274.

Kap. 5 Der Geschäftsführer

sellschafter;[455] Vertrauensbruch;[456] unheilbares Zerwürfnis unter den Geschäftsführern;[457] Überleitung von Erwerbschancen der GmbH zugunsten eigener wirtschaftlicher Betätigung;[458] Verletzung des Wettbewerbsverbots durch verdeckte Aufnahme einer Konkurrenztätigkeit;[459] Vergabe entgeltlicher Leistungen für die GmbH an eigenes Unternehmen;[460] Vermischung von Gesellschaftsgeldern und eigenen Mitteln verbunden mit der erschwerenden Weigerung, an der Aufklärung des Sachverhalts mitzuwirken;[461] Missachtung der Insolvenzantragspflicht (§ 15a Abs. 1 InsO),[462] aber nicht Insolvenzantragstellung bei bestehender Insolvenz;[463] eigenmächtige Entnahme einer Bonuszahlung;[464] Überführung von Gesellschaftsmitteln auf Privatkonto zur Sicherung künftiger Ansprüche;[465] unerlaubte Verwendung von Baumaterial und Arbeitskräften der GmbH für eigene Zwecke.[466] Veräußert der Geschäftsführer ohne die satzungsgemäß notwendige Zustimmung der Gesellschafterversammlung Gesellschaftsvermögen, ist eine fristlose Kündigung nicht gerechtfertigt, wenn die Gesellschafter in der Vergangenheit ihr Einverständnis mit der Maßnahme bekundet hatten, die Sache eilbedürftig war und ein angemessener Preis erzielt wurde.[467] Der **Verdacht** erheblicher Pflichtverletzungen kann eine außerordentliche Kündigung rechtfertigen, wenn er auf objektiv nachweisbaren Tatsachen beruht, die Gesellschaft alle Aufklärungsmöglichkeiten erschöpft und dem Geschäftsführer Gelegenheit zur Stellungnahme gegeben hat.[468]

---

455 Baumbach/Hueck/*Zöllner/Noack*, § 35 Rn. 220; MünchKommGmbHG/*Jaeger/Steinbrück*, § 35 Rn. 418.
456 BGH, Urt. v. 3.2.1995 – II ZR 225/93, BB 1995, 688 = NJW 1995, 1358.
457 BGH, Beschl. v. 12.1.2009 – II ZR 27/08, NJW-RR 2009, 618 Tz. 15; BGH, Urt. v. 23.10.1995 – II ZR 130/94, NJW-RR 1996, 156; OLG Stuttgart, Beschl. v. 9.9.2014 – 14 U 9/14, ZEV 2015, 288 Tz. 21.
458 BGH, Urt. v. 3.2.1995 – II ZR 225/93, BB 1995, 688 = NJW 1995, 1358.
459 BGH, Urt. v. 17.2.1997 – II ZR 278/95, BB 1997, 1913 = NJW 1997, 2055.
460 Baumbach/Hueck/*Zöllner/Noack*, § 35 Rn. 220.
461 BGH, Urt. v. 20.9.1993 – II ZR 244/92, DStR 1993, 1752; Scholz/*U. Schneider/Hohenstatt*, § 35 Rn. 469.
462 BGH, Beschl. v. 15.10.2007 – II ZR 236/06, BB 2008, 620 = NZG 2008, 148; BGH, Urt. v. 20.6.2005 – II ZR 18/03, BB 2005, 1698 = NJW 2005, 3069.
463 BGH, Urt. v. 12.2.2007 – II ZR 308/05, NJW-RR 2007, 690.
464 BGH, Urt. v. 9.11.1992 – II ZR 234/91, BB 1992, 2453 = NJW 1993, 463.
465 Baumbach/Hueck/*Zöllner/Noack*, § 35 Rn. 220.
466 BGH, Urt. v. 2.6.1997 – II ZR 101/96, DStR 1997, 1338.
467 BGH, Beschl. v. 10.12.2007 – II ZR 289/06, BB 2008, 974 = NJW-RR 2008, 774 Tz. 2.
468 Roth/*Altmeppen*, § 6 Rn. 147; Gehrlein/Born/Simon/*Buck-Heeb*, Anh. § 6 Rn. 113, jeweils m. w. N.

bb) Abmahnung

Der fristlosen Kündigung eines Geschäftsführers muss keine Abmahnung, die im Arbeitsrecht wegen der sozialen Schutzwürdigkeit abhängig Beschäftigter entwickelt worden ist, vorausgehen. Der Geschäftsführer einer GmbH ist nicht **Arbeitnehmer** der Gesellschaft, sondern hat eine organschaftliche Aufgabe wahrzunehmen. Zu seinen **Leitungsaufgaben** gehört es, dass er für die Ordnungsmäßigkeit und Rechtmäßigkeit des Verhaltens der Gesellschaft und der für sie handelnden Personen nach außen die Verantwortung trägt und im Innenverhältnis die Arbeitgeberfunktion erfüllt. Dementsprechend bedarf er erst recht keiner Hinweise der Gesellschafterversammlung oder des Aufsichtsrates, dass er sich an die Gesetze, an die Satzung und an die in seinem Dienstvertrag niedergelegten Pflichten zu halten hat. Vielmehr hat er sich ohne Abmahnung und von sich aus im Rahmen seines Pflichtenkreises dem Standard eines ordentlichen Geschäftsmanns entsprechend zu verhalten.[469]

82

cc) Frist des § 626 Abs. 2 BGB

(1) Fristbeginn

Die Frist für die außerordentliche Kündigung eines Dienstvertrages beträgt nach § 626 Abs. 2 BGB zwei Wochen ab Kenntniserlangung der für die Kündigung maßgeblichen Tatsachen durch den Kündigungsberechtigten (Kündigungserklärungsfrist). Die Zwei-Wochen-Frist ist auf das Anstellungsverhältnis eines Geschäftsführers strikt anzuwenden[470] und sowohl bei einer Kündigung durch die GmbH als auch bei einer solchen seitens des Geschäftsführers zu beachten; sie gilt gesondert für jeden einzelnen Kündigungsgrund.[471] Bei einer **Dauerpflichtverletzung** wie der Missachtung der Insolvenzantragspflicht beginnt die Frist erst mit dem Abschluss der Fehlleistung zu laufen.[472] Die Frist beginnt erst im Zeitpunkt sicherer und umfassender Kenntnis von den für die Kündigung maßgebenden Tatsachen.[473] Für den Fristbeginn ist bei der GmbH grundsätzlich die

83

---

469 BGH, Urt. v. 2.7.2007 – II ZR 71/06, NJW-RR 2007, 1520; BGH, Urt. v. 10.9.2001 – II ZR 14/00, BB 2001, 2239 = NJW-RR 2002, 173; BGH, Urt. v. 14.2.2000 – II ZR 218/98, BB 2000, 844 = NJW 2000, 1638; ebenso Lutter/Hommelhoff/*Kleindiek*, Anh. zu § 6 Rn. 61a; Baumbach/Hueck/*Zöllner/Noack*, § 35 Rn. 221.
470 BGH, Urt. v. 17.3.1980 – II ZR 178/79, BB 1980, 1177 = NJW 1980, 2411; so auch Lutter/Hommelhoff/*Kleindiek*, Anh. zu § 6 Rn. 62; Scholz/*U. Schneider/Hohenstatt*, § 35 Rn. 494; Baumbach/Hueck/*Zöllner/Noack*, § 35 Rn. 224; kritisch Roth/*Altmeppen*, § 6 Rn. 152.
471 MünchKommGmbHG/*Jaeger/Steinbrück*, § 35 Rn. 429 und 436; Michalski/Heidinger/Leible/Schmidt/*Tebben*, § 6 Rn. 237.
472 BGH, Urt. v. 20.6.2005 – II ZR 18/03, BB 2005, 1698 = NJW 2005, 3069; BGH, Urt. v. 13.7.1998 – II ZR 131/97, NJW-RR 1998, 1409.
473 BGH, Urt. v. 26.2.1996 – II ZR 114/95, NJW 1996, 1403.

Kap. 5 Der Geschäftsführer

Kenntnis der **Mitglieder der Gesellschafterversammlung** in ihrer Eigenschaft als Mitwirkende an der kollektiven Willensbildung maßgeblich. Daher löst nicht schon deren außerhalb der Gesellschafterversammlung, sondern erst die nach dem **Zusammentritt** erlangte Kenntnis der für die Kündigung maßgeblichen Tatsachen den Lauf der Ausschlussfrist aus. Es kommt also nicht auf die frühere oder spätere Kenntnis der einzelnen Gesellschafter, sondern auf den Kenntnisstand der Gesellschafterversammlung als Organ der GmbH an. Die Zweiwochenfrist des § 626 Abs. 2 BGB beginnt zu laufen, sobald die Kündigungsgründe der Gesellschafterversammlung mitgeteilt werden. Ausschlaggebend ist also das **Kollektivwissen** des Organs.[474] Nichts anderes gilt für ein anderes zur Entscheidung über die fristlose Kündigung berufenes und bereites **Gremium** der Gesellschaft. Liegt die Zuständigkeit für eine Kündigung beim **Aufsichtsrat**, so ist nicht die Kenntnis des Vorsitzenden, sondern diejenige des Plenums ausschlaggebend.[475] In der **Einpersonengesellschaft** beginnt die Frist im Zeitpunkt der Kenntniserlangung durch den Gesellschafter.[476] Die **Beweislast** dafür, dass die Verfehlung erst binnen der Frist des § 626 Abs. 2 BGB bekannt wurde, trifft den Kündigenden, regelmäßig also die GmbH.[477]

(2) Sonderfall: Unangemessen hinausgeschobene
Gesellschafterversammlung

84 Freilich kann für den Fristbeginn nicht in allen Fällen bis zum Zusammentritt der Gesellschafterversammlung abgewartet werden. Es wäre für den betroffenen Geschäftsführer unzumutbar, bis zu einer nur zwei- oder dreimal jährlich stattfindenden ordentlichen Versammlung im Ungewissen zu bleiben. Vielmehr darf die Einberufung der Gesellschafterversammlung nicht unangemessen hinausgeschoben werden. Wird die Einberufung der Gesellschafterversammlung der GmbH von ihren einberufungsberechtigten Mitgliedern nach Kenntniserlangung von dem Kündigungssachverhalt unangemessen verzögert, so muss sich die Ge-

---

474 BGH, Urt. v. 9.4.2013 – II ZR 273/11, NJW 2013, 2425 Tz. 12; BGH, Urt. v. 10.9.2001 – II ZR 14/00, BB 2001, 2239 = NJW-RR 2002, 173; BGH, Urt. v. 15.6.1998 – II ZR 318/96, BGHZ 139, 89 = BB 1998, 1808 = NJW 1998, 3274; ebenso Scholz/*U. Schneider*/*Hohenstatt*, § 35 Rn. 496; Hachenburg/*Stein*, § 38 Rn. 75; MünchKommGmbHG/*Jaeger*/*Steinbrück*, § 35 Rn. 432; Ulmer/*Paefgen*, § 38 Rn. 109; Lutter/Hommelhoff/*Kleindiek*, Anh. zu § 6 Rn. 64; Roth/*Altmeppen*, § 6 Rn. 152; Gehrlein/Born/Simon/*Buck-Heeb*, Anh. § 6 Rn. 120; Baumbach/Hueck/ Zöllner/*Noack*, § 35 Rn. 225; Michalski/Heidinger/Leible/Schmidt/*Tebben*, § 6 Rn. 238.
475 BGH, Urt. v. 10.9.2001 – II ZR 14/00, BB 2001, 2239 = NJW-RR 2002, 173; so auch Michalski/Heidinger/Leible/Schmidt/*Tebben*, § 6 Rn. 238; Lutter/Hommelhoff/ *Kleindiek*, Anh. zu § 6 Rn. 66.
476 Baumbach/Hueck/Zöllner/*Noack*, § 35 Rn. 228.
477 BGH, Urt. v. 2.7.1984 – II ZR 16/84, GmbHR 1985, 112.

III. Anstellungsverhältnis **Kap. 5**

sellschaft so behandeln lassen, als wäre die Gesellschafterversammlung mit der **billigerweise zumutbaren Beschleunigung** einberufen worden. Verweigert der Geschäftsführer – aus nahe liegenden Gründen – die ihm obliegende (§ 49 Abs. 1 GmbHG) Einberufung, so haben die Gesellschafter von ihrem Einberufungsrecht (§ 50 Abs. 1 GmbHG) Gebrauch zu machen. Die durch die Weigerung des Geschäftsführers bedingte Verzögerung der Einberufung bleibt außer Betracht. Gesellschafter, die wegen einer zu geringen Mindestbeteiligung (§ 50 Abs. 1 GmbHG) über kein Einberufungsrecht verfügen, haben auf einberufungsberechtigte Gesellschafter einzuwirken. Die Frist des § 626 Abs. 2 BGB beginnt in diesen Fällen mit dem Zeitpunkt zu laufen, zu dem die Gesellschafterversammlung bei angemessener Beschleunigung hätte zusammentreten können.[478] Als Faustregel wird hier eine höchstens zweiwöchige Frist zwischen Kenntniserlangung durch den Vorsitzenden der Gesellschafterversammlung und der Einberufung der Sitzung zur Beschlussfassung genannt.[479]

(3) Nachschieben von Gründen

Im Rechtsstreit können weitere Kündigungsgründe nachgeschoben werden, soweit sie bei Ausspruch der Kündigung objektiv vorlagen und dem kündigenden Gesellschaftsorgan nicht länger als zwei Wochen zuvor bekannt geworden waren. Ein sachlicher Zusammenhang zwischen dem ursprünglichen und dem nachgeschobenen Kündigungsgrund ist nicht erforderlich. Der später bekannt gewordene Kündigungsgrund muss dem Geschäftsführer nicht binnen der Frist des § 626 Abs. 2 BGB eröffnet werden. Beim Nachschieben von Kündigungsgründen ist die **Kündigungserklärungsfrist** nicht berührt; die Nachschiebebefugnis muss also nicht binnen zwei Wochen nach Kenntniserlangung von dem wichtigen Grund ausgeübt werden.[480] Ist bereits eine fristlose Kündigung ausgesprochen, muss der Gekündigte damit rechnen, dass bei Ausspruch der Kündigung bereits bekannte, zu diesem Zeitpunkt aber noch nicht verfristete oder auch bis dahin noch nicht entdeckte Kündigungsgründe nachgeschoben werden. Über ein Nachschieben des Grundes hat das für die Kündigung zuständige Gesell-

85

---

478 BGH, Urt. v. 9.4.2013 – II ZR 273/11, NJW 2013, 2425 Tz. 14; BGH, Urt. v. 15.6.1998 – II ZR 318/96, BGHZ 139, 89 = BB 1998, 1808 = NJW 1998, 3274; gleichsinnig Gehrlein/Born/Simon/*Buck-Heeb*, Anh. § 6 Rn. 120; Lutter/Hommelhoff/*Kleindiek*, Anh. zu § 6 Rn. 64; Scholz/*U. Schneider/Hohenstatt*, § 35 Rn. 497; MünchKommGmbHG/*Jaeger/Steinbrück*, § 35 Rn. 433.
479 MünchKommGmbHG/*Jaeger/Steinbrück*, § 43 Rn. 433, in Anknüpfung an OLG München, Urt. v. 25.3.2009 – 7 U 4835/08, NZG 2009, 665, und OLG München, Urt. v. 14.7.2005 – 6 U 5444/04, ZIP 2005, 1781; grundsätzlich zustimmend Scholz/*U. Schneider/Hohenstatt*, § 35 Rn. 497.
480 BGH, Urt. v. 20.6.2005 – II ZR 18/03, BB 2005, 1698 = NJW 2005, 3069.

schaftsorgan zu befinden.[481] Nach Insolvenzeröffnung geht die Nachschiebebefugnis auf den Insolvenzverwalter über.[482] Frühere, wegen Ablaufs der Zweiwochenfrist isoliert nicht mehr als Kündigungsgrund tragfähige Verfehlungen können bei der Gesamtabwägung unterstützend für die Kündigung herangezogen werden, wenn sie mit dem letzten, nicht verfristeten Fall in einem **inneren Zusammenhang** stehen.[483] Hat sich ein weiterer Kündigungsgrund erst **nach** Ausspruch der ursprünglichen Kündigung verwirklicht, so kommt ein Nachschieben nicht in Betracht. Vielmehr hat das zuständige Organ darüber abermals zu befinden und kann dann eine eigenständige neue fristlose Kündigung erklären.[484]

dd) Vergütungsanspruch bei unwirksamer fristloser Kündigung: Annahmeverzug

86 Erweist sich die außerordentliche Kündigung als unwirksam, besteht das Anstellungsverhältnis des Geschäftsführers einschließlich seines Gehaltsanspruchs fort. Es kann dahin stehen, ob der Geschäftsführer, dessen Anstellungsvertrag mangels einer wirksamen außerordentlichen Kündigung noch fortbesteht, der Gesellschaft die Leistung seiner Dienste zumindest wörtlich anbieten und damit die Voraussetzungen des **Annahmeverzugs** (§§ 295, 615 Satz 1 BGB) herbeiführen muss, um die vereinbarte Vergütung weiterhin verlangen zu können. Ein solches Angebot ist jedenfalls dann nicht erforderlich, wenn die verpflichtete Gesellschaft erkennen lässt, dass sie unter keinen Umständen bereit ist, den Geschäftsführer weiter zu beschäftigen. Einen solchen Willen bringt die GmbH in aller Regel durch die Bestellung eines neuen Geschäftsführers zum Ausdruck. Außerdem werden die Dienste durch das Verlangen auf Zahlung des vereinbarten Entgelts konkludent angeboten.[485] Auf den Lohnanspruch sind gemäß § 615 Satz 2 BGB die in Ausübung einer anderweitigen beruflichen Tätigkeit erzielten Einkünfte anzurechnen. Ein Verzicht auf die Anrechnung eines anderweitig erzielten Verdienstes kommt nur dann in Betracht, wenn der Arbeitgeber durch sein gesamtes Verhalten zu erkennen gibt, dass ihn das Verhalten des Arbeitnehmers bis zum Ablauf des Vertrags in keiner Weise mehr interessiert. Davon kann aber nur dann ausgegangen werden, wenn die Parteien über Zeitpunkt und Anlass der Vertragsbeendigung im Einvernehmen auseinander gehen.[486]

---

481 BGH, Urt. v. 1.12.2003 – II ZR 161/02, BB 2004, 64 = NJW 2004, 1528; ebenso Lutter/Hommelhoff/*Kleindiek*, Anh. zu § 6 Rn. 63; Gehrlein/Born/Simon/*Buck-Heeb*, Anh. § 6 Rn. 122.
482 BGH, Urt. v. 20.6.2005 – II ZR 18/03, BB 2005, 1698 = NJW 2005, 3069.
483 BGH, Urt. v. 10.9.2001 – II ZR 14/00, BB 2001, 2239 = NJW-RR 2002, 173.
484 *Goette*, § 8 Rn. 185; MünchKommGmbHG/*Jaeger/Steinbrück*, § 35 Rn. 442; Roth/*Altmeppen*, § 6 Rn. 154.
485 BGH, Urt. v. 9.10.2000 – II ZR 75/99, BB 2000, 2434 = NJW 2001, 287.
486 BGH, Urt. v. 9.10.2000 – II ZR 75/99, BB 2000, 2434 = NJW 2001, 287.

ee) Unwirksamkeit eines vertraglichen Abfindungsanspruchs nach fristloser Kündigung

Die Vereinbarung einer Abfindung an den Geschäftsführer für den Fall seiner fristlosen Kündigung ist wegen Verstoßes gegen § 134 BGB nichtig. Sie gewährt nach ihrem Regelungsinhalt eine Abfindung bei einer Kündigung aus wichtigem Grund. Damit führt sie eine **unzumutbare Erschwerung der Vertragsbeendigung** herbei, die als Einschränkung des außerordentlichen Kündigungsrechts im Sinne des § 626 Abs. 1 BGB unzulässig ist.[487] Eine solche Abfindungsregelung kann auch nicht im Wege einer geltungserhaltenden Reduktion für den Fall als wirksam angesehen werden, dass der Geschäftsführer kündigt.[488] 87

d) Aufhebungsvertrag

Das Anstellungsverhältnis kann auch durch einen zwischen der Gesellschaft und dem Geschäftsführer zu vereinbarenden **Aufhebungsvertrag** beendet werden. Die Vertretungszuständigkeit richtet sich dabei auf Seiten der GmbH nach den für eine Kündigung maßgeblichen Grundsätzen.[489] Der Aufhebungsvertrag kann nicht wegen Drohung (§ 123 BGB) angefochten werden, wenn die Gesellschaft die Alternative einer fristlosen Kündigung in den Raum gestellt hat.[490] 88

IV. Haftung des Geschäftsführers

1. Ansprüche der GmbH gegen den Geschäftsführer

a) Verstoß gegen Auszahlungsverbot des § 30 GmbHG

Eine Schadensersatzverpflichtung für gemäß § 30 GmbHG verbotene Auszahlungen sieht § 43 Abs. 3 GmbHG – neben der sofortigen Rückzahlungspflicht des Leistungsempfängers und der subsidiären Haftung der übrigen Gesellschafter gemäß § 31 Abs. 1 und 3 GmbHG – nur für Geschäftsführer mit der Maßgabe vor, dass diese selbst im Fall eines **Handelns auf Weisung** der Gesellschafterversammlung (oder des Alleingesellschafters) noch insoweit haften, als der Ersatz 89

---

487 BGH, Urt. v. 17.3.2008 – II ZR 239/06, NJW-RR 2008, 1488 Tz. 16 ff.; BGH, Urt. v. 3.7.2000 – II ZR 282/98, BB 2000, 1751 = NJW 2000, 2983.
488 BGH, Urt. v. 17.3.2008 – II ZR 239/06, NJW-RR 2008, 1488 Tz. 19.
489 BGH, Urt. v. 3.7.2018 – II ZR 452/17, NZG 2018, 1073 Tz. 10; ebenso Rowedder/Schmidt-Leithoff/*Baukelmann*, § 38 Rn. 58; zur Wirksamkeit des Aufhebungsvertrages, wenn dessen Partner den Abfindungsanspruch des bisherigen Geschäftsführers bewusst offenlassen und sich eine spätere Einigung vorbehalten, OLG Düsseldorf, Urt. v. 25.4.2019 – 6 U 82/18, BeckRS 2019, 8857 Tz. 26.
490 BAG, Urt. v. 30.1.1986 – 2 AZR 196/85, NZA 1987, 91; ebenso Michalski/Heidinger/Leible/Schmidt/*Tebben*, § 6 Rn. 248.

Kap. 5 Der Geschäftsführer

zur **Gläubigerbefriedigung** erforderlich ist.[491] Werden Leistungen aus gebundenem Vermögen (§ 30 GmbHG) an Gesellschafter erbracht, ohne dass sie durch einen vollwertigen Gegenleistungs- oder Rückgewähranspruch gedeckt wären, so trifft also den Geschäftsführer eine Schadensersatzpflicht. Der Geschäftsführer der Komplementär-GmbH haftet nach § 43 Abs. 3 GmbHG für nach § 30 Abs. 1 GmbHG verbotene Auszahlungen aus dem Vermögen der Kommanditgesellschaft (**GmbH & Co. KG**) an einen Gesellschafter der Komplementär-GmbH (oder ggf. einen Kommanditisten) gegenüber der Kommanditgesellschaft; denn der Schutzbereich des zwischen der Komplementär-GmbH und ihrem Geschäftsführer bestehende Organverhältnisses erstreckt sich auf die Kommanditgesellschaft.[492] Ist er zugleich Gesellschafter, so haftet der Geschäftsführer nach § 31 Abs. 1 und nach § 43 Abs. 3 Satz 1 GmbHG; die letztgenannte Haftung besteht indes – wenn alle Gesellschafter zugleich Geschäftsführer sind – nur dann, wenn der Ersatz zur Befriedigung der Gesellschaftsgläubiger erforderlich ist, ist doch der Gesellschafter-Geschäftsführer in diesem Fall so zu behandeln, als habe er in Befolgung eines Beschlusses der Gesellschafterversammlung gehandelt.[493] Ein Verschulden i. S. des § 43 Abs. 1 GmbHG ist zu vermuten.[494] Bei Dauerschuldverhältnissen obliegt dem Geschäftsführer eine Beobachtungspflicht, ob die Rückforderung der Leistung wegen verschlechterter Vermögensverhältnisse des Gesellschafters im Interesse der Gesellschaft angezeigt ist; lässt er im Falle einer solchen Negativentwicklung die Forderung stehen, obwohl er sie hätte einfordern können, so kann ihm ein Sorgfaltspflichtverstoß zur Last fallen.[495] Jedenfalls kann sich ein Geschäftsführer nicht darauf berufen, er sei außerstande gewesen, sich gegen einen Mitgeschäftsführer durchzusetzen, weil eine Weisung der Gesellschafter, die Mittel auszukehren, rechtswidrig gewesen wäre und keine Bindungswirkung entfaltet hätte.[496] Daraus ist zu entnehmen, dass das keinen be-

---

491 BGH, Urt. v. 26.10.2009 – II ZR 222/08, NJW 2010, 64 Tz. 10; BGH, Urt. v. 28.4.2008 – II ZR 264/06, BGHZ 174, 204 = BB 2008, 1697 = NJW 2008, 2437 Tz. 39; BGH, Urt. v. 25.2.2002 – II ZR 196/00, BB 2002, 1012 = NJW 2002, 1803; zur Haftung bei Handeln des Alleingesellschafter-Geschäftsführers OLG Brandenburg, Urt. v. 27.1.2015 – 6 U 76/13, BeckRS 2015, 2328 Tz. 30 und 32; LG München II, Urt. v. 26.1.2017 – 3 O 3420/15, NZG 2017, 505 (nicht rkr.).
492 BGH, Urt. v. 9.2.2014 – II ZR 360/13, NZG 2015, 225 Tz. 12; zu den Voraussetzungen einer (entsprechenden) Anwendung der §§ 30, 31 GmbHG auf Zuwendungen aus dem Vermögen einer GmbH & Co. KG an einen Gesellschafter der Komplementär-GmbH oder einen Kommanditisten vgl. Kap. 7 zu Rn. 29.
493 BGH, Urt. v. 23.4.2012 – II ZR 252/10, BGHZ 193, 96 = BB 2012, 1628 = NZG 2012, 667 Tz. 27.
494 BGH, Urt. v. 29.9.2008 – II ZR 234/07, NJW 2009, 68 Tz. 17; BGH, Urt. v. 4.11.2002 – II ZR 224/00, BB 2003, 273 = NJW 2003, 358.
495 Baumbach/Hueck/*Zöllner/Noack*, § 43 Rn. 49a; Lutter/Hommelhoff/*Kleindiek*, § 43 Rn. 59; Gehrlein/Born/Simon/*Buck-Heeb*, § 43 Rn. 86; MünchKommGmbHG/*Fleischer*, § 43 Rn. 287.
496 BGH, Urt. v. 24.11.2003 – II ZR 171/01, BB 2004, 293 = NJW 2004, 1111.

stimmten Adressaten ausweisende, jedenfalls der Disposition der Gesellschafter nicht unterliegende Auszahlungsverbot des § 30 GmbHG sich nur gegen Geschäftsführer richtet. Sie haben dieses Verbot ebenso wie das Zahlungsverbot des § 64 GmbHG als **öffentliche Pflicht** aufgrund ihres durch die Bestellung als Gesellschaftsorgan begründeten Rechtsverhältnisses zur Gesellschaft oder aufgrund faktischer Ausübung einer entsprechenden Funktion (ohne Bestellungsakt) selbst dann zu beachten, wenn es an einem (wirksamen) Anstellungsvertrag fehlt. Dabei haben die Geschäftsführer aufgrund ihrer Überwachungspflicht dafür zu sorgen, dass solche Auszahlungen auch nicht von Mitgeschäftsführern oder anderen zur Vertretung der Gesellschaft ermächtigten Personen – unter Einschluss der Prokuristen (§§ 48 ff. HGB) und Handlungsbevollmächtigten (§ 54 HGB) – vorgenommen werden.[497] Der Schaden der GmbH liegt bereits im Liquiditätsabfluss, ohne Rücksicht auf die mit der verbotenen Auszahlung entstehenden Erstattungsansprüche gegen den Zahlungsempfänger nach § 31 Abs. 1 GmbHG.[498] Geschäftsführer, die schuldhaft verbotene Auszahlungen veranlasst haben, haften nicht nur gemäß § 43 Abs. 3 GmbHG der Gesellschaft, sondern auch gemäß § 31 Abs. 6 GmbHG den wegen Ausfallhaftung belangten Gesellschaftern.

b) Schadensersatzansprüche wegen Pflichtverletzung (§ 43 GmbHG)

Nach § 43 Abs. 1 GmbHG haben die Geschäftsführer in den Angelegenheiten der Gesellschaft die Sorgfalt eines ordentlichen Geschäftsmannes anzuwenden. Sie sind demnach verpflichtet, in allen Angelegenheiten, die das Interesse der Gesellschaft berühren, den Vorteil der Gesellschaft zu wahren und Schaden von ihr abzuwenden; hierzu gehört auch die Sorge für das rechtmäßige Verhalten der Gesellschaft nach außen.[499] Im Falle einer Pflichtverletzung droht den Geschäftsführern eine Haftung nach § 43 Abs. 2 GmbHG.

90

aa) Organstellung

Die Haftung aus § 43 Abs. 2 GmbHG knüpft an die Organstellung des Geschäftsführers an. Die Haftung beginnt, ohne dass es auf die bloß deklaratorische Eintragung in das Handelsregister ankommt, mit der **tatsächlichen Übernahme** des Amtes.[500] Der Haftung unterliegt auch der fehlerhaft bestellte, aber das Amt

91

---

497 BGH, Urt. v. 25.6.2001 – II ZR 38/99, BB 2001, 1753 = NJW 2001, 3123.
498 BGH, Urt. v. 29.9.2008 – II ZR 234/07, NJW 2009, 68 Tz. 17; BGH, Urt. v. 24.11.2003 – II ZR 171/01, BGHZ 157, 72 = BB 2004, 293 = NJW 2004, 1111.
499 BGH, Urt. v. 28.4.2008 – II ZR 264/06, BGHZ 174, 204 = BB 2008, 1697 = NJW 2008, 2437 Tz. 38; BGH, Urt. v. 23.9.1985 – II ZR 246/84, BB 1986, 90 = NJW 1986, 585; vgl. auch BGH, Urt. v. 10.7.2012 – VI ZR 341/10, BGHZ 194, 26 = NJW 2012, 3439 Tz. 22.
500 BGH, Urt. v. 20.3.1986 – II ZR 114/85, NJW-RR 1986, 1293.

Kap. 5 Der Geschäftsführer

tatsächlich ausübende Geschäftsführer.[501] Für die Haftung einer Person, die sich wie ein **faktischer Geschäftsführer** verhält, nach § 43 Abs. 2 GmbHG genügt es nicht, dass sie auf die satzungsmäßigen Geschäftsführer intern einwirkt. Erforderlich ist vielmehr ein eigenes, nach außen hervortretendes, üblicherweise der Geschäftsführung zurechenbares Handeln.[502] Der faktische Geschäftsführer muss, ohne die gesetzliche Geschäftsführung völlig zu verdrängen, die Geschicke der Gesellschaft im **Außenverhältnis** maßgeblich in die Hand genommen haben. Ein Handeln im Außenverhältnis kann in der Abwicklung der Bankgeschäfte und der Vereinbarung von Zahlungsbedingungen mit dem Hauptlieferanten liegen,[503] aber nicht allein in der Innehabung der Verfügungsgewalt über das Geschäftskonto der GmbH.[504] Interne Einwirkungen und Weisungen, die im Rahmen einer Konzernleitung den zu reinen Befehlsempfängern degradierten Geschäftsführern erteilt werden, reichen nicht aus. Als ausreichend ist es hingegen anzusehen, wenn der im Handelsregister eingetragene Geschäftsführer tatsächlich keiner Geschäftsführertätigkeit nachkommt, sich aus den Buchführungsunterlagen keine wie auch immer geartete geschäftliche Tätigkeit des eingetragenen Geschäftsführers ergibt, stets nur der faktische Geschäftsführer in Erscheinung tritt und der nominelle Geschäftsführer die Geschäftsführung dem faktischen Geschäftsführer überlässt und sich nicht weiter darum kümmert.[505] Faktischer Geschäftsführer kann jedenfalls nur eine natürliche Person sein.[506] Schließlich währt die Haftung fort bis zur Beendigung des Amtes. Wer ohne Bestellung und Anstellungsvertrag, aber mit Wissen der Gesellschafter tätig wird, ist für die Dauer der Beschäftigung so zu behandeln, als wäre der Vertrag wirksam zustande gekommen.[507] Einem Anspruch wegen schuldhafter Verletzung des Geschäftsführervertrages kommt gegenüber der gesetzlichen Haftung aus § 43 GmbHG keine eigenständige Bedeutung zu. Vielmehr nimmt § 43 GmbHG als weitere gesetzliche Anspruchsgrundlage sowie **Spezialregelung** die vertrag-

---

501 BGH, Urt. v. 20.2.1995 – II ZR 143/93, BGHZ 129, 30 = NJW 1995, 1290; so auch Hachenburg/*Mertens*, § 43 Rn. 7; Ulmer/*Paefgen*, § 43 Rn. 19; Baumbach/Hueck/ Zöllner/*Noack*, § 43 Rn. 2; Bork/Schäfer/*Klöhn*, § 43 Rn. 10 ff.; Münch-KommGmbHG/*Fleischer*, § 43 Rn. 219.
502 BGH, Urt. v. 25.2.2002 – II ZR 196/00, BGHZ 150, 61 = BB 2002, 1012 = NJW 2002, 1803; OLG München, Urt. v. 23.1.2019 – 7 U 2822/17, BeckRS 2019, 552 Tz. 35.
503 BGH, Urt. v. 11.7.2005 – II ZR 235/03, BB 2005, 1869 = NJW-RR 2006, 472.
504 BGH, Beschl. v. 11.2.2008 – II ZR 291/06, NJW-RR 2008, 1066 Tz. 5.
505 OLG München, Urt. v. 23.1.2019 – 7 U 2822/17, BeckRS 2019, 552 Tz. 31 f.
506 BGH, Urt. v. 27.6.2005 – II ZR 113/03, BB 2005, 1867 = NZG 2005, 755; BGH, Urt. v. 25.2.2002 – II ZR 196/00, BGHZ 150, 61 = BB 2002, 1012 = NJW 2002, 1803.
507 BGH, Urt. v. 17.4.1967 – II ZR 157/64, BGHZ 47, 341 = BB 1967, 647 = NJW 1967, 1711; gleichsinnig Lutter/Hommelhoff/*Kleindiek*, § 43 Rn. 2; Michalski/Heidinger/ Leible/Schmidt/*Ziemons* § 43 Rn. 18.

IV. Haftung des Geschäftsführers **Kap. 5**

liche Haftungsgrundlage in sich auf.[508] Auch soweit eine angemaßte Eigengeschäftsführung in Betracht kommt, bestimmen sich die Rechtsfolgen nach § 43 GmbHG und nicht nach § 687 Abs. 2 BGB.[509] Falls der Geschäftsführer **Schmiergelder** annimmt, sind sie folglich nach § 43 GmbHG an die Gesellschaft weiterzuleiten.[510] **Deliktsrechtliche Ansprüche** bestehen selbstständig neben Ansprüchen aus § 43 GmbHG.[511] Soweit in der Verletzung der Organpflichten zugleich ein Verstoß gegen die Treuepflicht des Gesellschafter-Geschäftsführers zu erkennen ist, hat der BGH anstelle von § 43 Abs. 4 GmbHG die frühere Verjährungsfrist des § 195 BGB a. F. angewendet.[512] Nunmehr beträgt für diese Ansprüche die Regelverjährungsfrist des § 195 BGB drei Jahre.[513] Für deliktische Ansprüche richtet sich die **örtliche Zuständigkeit** nach § 32 ZPO. Ansprüche aus § 43 Abs. 2 GmbHG können gemäß § 29 ZPO am Sitz der Gesellschaft verfolgt werden.[514]

bb) Sorgfaltspflichtverletzung

Der Geschäftsführer hat nach § 43 Abs. 2 GmbHG objektiv und subjektiv den Anforderungen eines **ordentlichen Geschäftsmanns** zu genügen. Der Handlungsspielraum des Geschäftsführers umfasst auch die Eingehung geschäftlicher Risiken, wird aber überschritten, wenn das hohe Risiko eines Schadens unabweisbar ist.[515] Dieser Maßstab ist verletzt, wenn der Geschäftsführer einem unbekannten Dritten Waren in erheblichem Wert ohne Sicherheit veräußert.[516] Ebenso verhält es sich, wenn Verkäufe nicht verbucht werden oder gar der Geschäftsführer eigene Zahlungspflichten von der GmbH begleichen lässt.[517] Ein Geschäftsführer, der im Widerspruch zu den Vermögensinteressen der GmbH auf der Grundlage eines mit sich selbst geschlossenen Vertrages Vergütungsleistungen auf Kosten der Gesellschaft in Anspruch nimmt, ohne hierfür äquivalente Gegenleistungen zu erbringen, verletzt die sich aus seiner Organstellung erge-

92

---

508 BGH, Urt. v. 9.12.1996 – II ZR 240/95, BB 1997, 277 = NJW 1997, 741; ebenso Baumbach/Hueck/*Zöllner/Noack*, § 43 Rn. 4; Ulmer/*Paefgen*, § 43 Rn. 6; Roth/*Altmeppen*, § 43 Rn. 2; a. A. Scholz/*U. Schneider*, § 43 Rn. 18: Anspruchskonkurrenz.
509 BGH, Urt. v. 12.6.1989 – II ZR 334/87, BB 1989, 1637 = NJW-RR 1989, 1255.
510 BGH, Urt. v. 2.4.2001 – II ZR 217/99, BB 2001, 1219 = NJW 2001, 2476; *Goette*, § 8 Rn. 194.
511 BGH, Urt. v. 12.6.1989 – II ZR 334/87, BB 1989, 1637 = NJW-RR 1989, 1255; so auch Gehrlein/Born/Simon/*Buck-Heeb*, § 43 Rn. 5.
512 BGH, Urt. v. 14.9.1998 – II ZR 175/97, BB 1998, 2384 = NJW 1999, 781.
513 Lutter/Hommelhoff/*Kleindiek*, § 43 Rn. 68; Roth/*Altmeppen*, § 43 Rn. 146.
514 BGH, Urt. v. 10.2.1992 – II ZR 23/91, BB 1992, 726 = NJW-RR 1992, 800; ebenso MünchKommGmbHG/*Fleischer*, § 43 Rn. 334; Roth/*Altmeppen*, § 43 Rn. 2; Scholz/ *U. Schneider*, § 43 Rn. 293.
515 BGH, Urt. v. 21.3.2005 – II ZR 54/03, NZG 2005, 562.
516 BGH, Urt. v. 16.2.1981 – II ZR 49/80, GmbHR 1981, 191.
517 BGH, Urt. v. 21.4.1994 – II ZR 65/93, NJW 1994, 2027.

benden Unterlassungspflichten.[518] Pflichtwidrig ist die Hingabe eines Gefälligkeitsschecks an ein zahlungsunfähiges Unternehmen.[519] Im Rahmen der Privatisierung einer Wohnungsbaugesellschaft ist es pflichtwidrig, besonders wertvolle Wohnungen zu einem viel zu niedrigen Preis zu veräußern, ohne dafür Sorge zu tragen, dass die Erwerberin auch die wertlosen Immobilien übernimmt und damit insgesamt einen gleichmäßigen durchschnittlichen Kaufpreis entrichtet.[520] Der Leiter einer Bank hat für die Stellung üblicher Sicherheiten und die Beachtung der Beleihungsobergrenzen Sorge zu tragen.[521] Er darf den mit der Entscheidung über eine Kreditvergabe für die Errichtung einer Wohnanlage befassten Aufsichtsrat nicht dahin informieren, dass die Wohnungen bereits verkauft sind, wenn tatsächlich lediglich unverbindliche Reservierungen vorliegen. Der Aufsichtsrat ist über den dem beabsichtigten Verkauf der Wohnungen zu erwartenden Erlös zutreffend ins Bild zu setzen. Der Geschäftsführer darf dem Aufsichtsrat nicht wahrheitswidrig mitteilen, die weiteren Vorstandsmitglieder seien mit der Kreditvergabe einverstanden. Schließlich verletzt der Geschäftsführer einer Bank seine Sorgfaltspflichten, wenn er in den Verantwortungsbereich eines Mitgeschäftsführers eindringt und auf diese Weise eine Kreditauszahlung veranlasst.[522] Der Geschäftsführer ist verantwortlich für Warenvorratsfehlbestände, Kassenfehlbeträge oder infolge nicht ordnungsgemäßer Buchführung ungeklärten Verbleib von Gesellschaftsmitteln.[523] Pflichtwidrig ist nicht nur der „Griff in die Kasse", sondern auch eine Anweisung, durch die sich der Geschäftsführer eine ihm nach dem Anstellungsvertrag nicht zustehende Vergütung auszahlen lässt. Der Anspruch der GmbH erstreckt sich auch auf die zu Unrecht abgeführte Lohnsteuer.[524] Geht der Geschäftsführer für die GmbH Verpflichtungen ein, von denen er von vornherein weiß, dass die GmbH sie nicht wird erfüllen können, so hat er der GmbH den daraus entstehenden Schaden zu ersetzen, falls er bei Beobachtung der nach § 43 Abs. 1 GmbHG gebotenen Sorgfalt den Schaden hätte erkennen können.[525] Deshalb darf er den Treuhandauftrag auf Weiterleitung eines Guthabens nicht übernehmen, wenn er weiß, dass das Kreditinstitut der GmbH auf die Mittel zugreifen wird.[526] Schadensersatzpflichtig macht sich der Geschäftsführer, der ein finanziell ungeeignetes Un-

---

518 OLG Naumburg, Urt. v. 23.1.2014 – 2 U 57/13, GmbHR 2014, 985.
519 BGH, Urt. v. 21.12.1979 – II ZR 244/78, NJW 1980, 1629.
520 BGH, Urt. v. 10.9.2001 – II ZR 14/00, BB 2001, 2239 = NJW-RR 2002, 173.
521 BGH, Urt. v. 21.3.2005 – II ZR 54/03, NZG 2005, 562.
522 BGH, Beschl. v. 8.1.2007 – II ZR 304/04, NJW-RR 2007, 541 Tz. 14 ff. (zur Genossenschaft).
523 BGH, Urt. v. 9.12.1991 – II ZR 43/91, BB 1992, 592 = NJW 1992, 1166 m. w. N.
524 BGH, Beschl. v. 26.11.2007 – II ZR 161/06, BB 2008, 241 = NJW-RR 2008, 485.
525 BGH, Urt. v. 28.4.2008 – II ZR 264/06, BGHZ 174, 204 = BB 2008, 1697 = NJW 2008, 2437 Tz. 38.
526 BGH, Urt. v. 12.10.1987 – II ZR 251/86, NJW 1988, 1321.

IV. Haftung des Geschäftsführers **Kap. 5**

ternehmen mit Gesellschaftsmitteln ausstattet.[527] Ebenso verhält es sich, wenn der Geschäftsführer einen Rechtsreferendar als Unternehmensberater einsetzt, der nicht über die erforderliche berufliche Qualifikation auf kaufmännischem Gebiet, dem Marketing und der Vertriebsgestaltung verfügt.[528] Für Wettbewerbsverstöße der von ihm vertretenen Gesellschaft haftet der Geschäftsführer nur dann persönlich, wenn er daran beteiligt war oder die Verstöße hätte verhindern müssen; er haftet indes persönlich aufgrund einer eigenen wettbewerblichen Verkehrspflicht, wenn er ein auf Rechtsverletzungen angelegtes Geschäftsmodell selbst ins Werk gesetzt hat.[529] Eine **Ressortaufteilung** entbebt die Geschäftsführer nicht ihrer Pflicht, die anderen Geschäftsführer bei deren Tätigkeit einer wechselseitigen Kontrolle zu unterziehen.[530] Darum darf ein Geschäftsführer Kreditgewährungen aus gebundenem Vermögen durch einen Kollegen an Gesellschafter nicht tatenlos hinnehmen.[531] Pflichtwidrig handelt auch, wer für ihn erkennbare pflichtwidrige Gehaltsauszahlungen eines Mitgeschäftsführers an sich selbst nicht verhindert oder unterbindet.[532] Ebenso darf der Geschäftsführer einem Mitgeschäftsführer das Finanzwesen nicht über Jahre unkontrolliert überlassen.[533] Umgekehrt kann der Geschäftsführer, wenn ihm die erforderlichen Informationen systematisch vorenthalten werden, sein Amt aus wichtigem Grund niederlegen.[534] Der Geschäftsführer einer GmbH hat den Sitz der Gesellschaft, der sich in seiner Privatwohnung befindet, durch geeignete Hinweise am Hausbriefkasten zu verlautbaren.[535] Geschäftschancen der GmbH darf der Geschäftsführer nicht zu eigenen Gunsten ausnutzen;[536] er darf nicht im eigenen Interesse zum Nachteil der GmbH „Geschäfte machen".[537] Der Geschäftsführer hat dafür Sorge zu tragen, dass – etwa im Bereich der Abführung von Sozialversicherungsbeiträgen[538] – den **öffentlich-rechtlichen Vorschriften** Genüge getan

---

527 BGH, Urt. v. 10.11.1986 – II ZR 140/85, BB 1987, 355 = NJW 1987, 1077.
528 BGH, Urt. v. 9.12.1996 – II ZR 240/95, BB 1997, 277 = NJW 1997, 741.
529 BGH, Urt. v. 18.6.2014 – I ZR 242/12, BB 2014, 2126 = NZG 2014, 991 Tz. 14 ff.
530 Zu Zulässigkeit und Grenzen einer Geschäftsverteilung oder Ressortaufteilung auf der Ebene der Geschäftsführung oben zu Rn. 19.
531 BGH, Urt. v. 24.11.2003 – II ZR 171/01, BGHZ 157, 72 = BB 2004, 239 = NJW 2004, 1111; BGH, Urt. v. 13.4.1994 – II ZR 16/93, BGHZ 125, 366 = BB 1994, 1095 = NJW 1994, 1801; zu alledem Scholz/*U. Schneider*, § 43 Rn. 37 und 39; Michalski/Heidinger/Leible/Schmidt/*Ziemons*, § 43 Rn. 339 ff.
532 OLG München, Urt. v. 22.10.2015 – 23 U 4681/14, BeckRS 2015, 18376 Tz. 83.
533 BGH, Urt. v. 1.3.1993 – II ZR 61/92, BB 1994, 1163 = NJW 1994, 2149.
534 BGH, Urt. v. 26.6.1995 – II ZR 109/94, BB 1995, 1844 = NJW 1995, 2850.
535 BGH, Beschl. v. 4.10.1990 – VI ZB 7/90, NJW 1991, 109.
536 BGH, Urt. v. 17.2.1997 – II ZR 278/95, BB 1997, 1913 = NJW 1997, 2055.
537 BGH, Urt. v. 2.4.2001 – II ZR 217/99, BB 2001, 1219 = NJW 2001, 2476.
538 BGH, Urt. v. 18.4.2005 – II ZR 61/03, BB 2005, 1905 = NJW 2005, 2546; BGH, Urt. v. 21.1.1997 – VI ZR 338/95, BGHZ 134, 304 = BB 1997, 591 = NJW 1997, 1237; BGH, Urt. v. 15.10.1996 – VI ZR 319/95, BGHZ 133, 370 = BB 1996, 2531 = NJW 1997, 130; außerdem Roth/*Altmeppen*, § 43 Rn. 68.

Kap. 5   Der Geschäftsführer

wird. Haben Gesellschafter einen von der Bank der GmbH gewährten Kredit durch Bürgschaften gesichert, so ist der Geschäftsführer auch im Fall einer Beeinträchtigung des Stammkapitals zur Rückzahlung verpflichtet, weil es sich bei der Bank um einen außen stehenden Dritten handelt. Wegen der von ihnen gewährten kapitalersetzenden Bürgschaften sind in diesem Fall aber die Gesellschafter verpflichtet, die Gesellschaft von der Verbindlichkeit freizustellen. Falls der Geschäftsführer diesen Freistellungsanspruch nicht verfolgt, haftet er der Gesellschaft aus § 43 GmbHG.[539]

cc) Weisungen

93   Der Wille einer GmbH wird im Verhältnis zu ihrem Geschäftsführer grundsätzlich durch denjenigen ihrer Gesellschafter repräsentiert. Ein Handeln oder Unterlassen des Geschäftsführers auf Gesellschafterweisung oder im – auch stillschweigenden – **Einverständnis** mit sämtlichen Gesellschaftern bzw. den Mitgesellschaftern stellt daher grundsätzlich keine (haftungsbegründende) Pflichtverletzung im Sinne von § 43 Abs. 2 GmbHG dar. Selbst eine Auszahlung von Gesellschaftsvermögen an die Gesellschafter bildet bei Einverständnis sämtlicher Gesellschafter keine Pflichtverletzung gegenüber der Gesellschaft, soweit die **Dispositionsbefugnis der Gesellschafter** gegenüber der GmbH reicht, also die Grenzen der §§ 30, 33, 43 Abs. 3 GmbHG, 15a Abs. 1 InsO oder des unabdingbaren Schutzes der GmbH vor **existenzvernichtenden Eingriffen** nicht berührt werden und soweit auch keine Zahlung unter Verstoß gegen § 64 GmbHG gegeben ist.[540] Für den alleinigen Geschäftsführer und Gesellschafter schließlich gilt, dass er grundsätzlich nicht nach § 43 Abs. 2 GmbHG haftet, wenn er der Gesellschaft Vermögen entzieht, das zur Deckung des Stammkapitals nicht benötigt wird.[541]

dd) Schaden

94   Der Ersatzanspruch gegen den Geschäftsführer setzt, da § 43 Abs. 2 GmbHG nicht das Fehlverhalten, d.h. weder die Sorgfaltspflichtverletzung noch den Kompetenzverstoß des Geschäftsführers an sich sanktioniert, stets einen Scha-

---

539 BGH, Urt. v. 9.12.1991 – II ZR 43/91, BB 1992, 592 = NJW 1992, 1166.
540 BGH, Urt. v. 26.10.2009 – II ZR 222/08, NJW 2010, 64 Tz. 10f.; BGH, Urt. v. 28.4.2008 – II ZR 264/06, BGHZ 174, 204 = BB 2008, 1697 = NJW 2008, 2437 Tz. 39; BGH, Urt. v. 7.4.2003 – II ZR 193/02, BB 2003, 1141 = NJW-RR 2003, 895.
541 BGH, Urt. v. 21.6.1999 – II ZR 47/98, NJW 1999, 2817; BGH, Urt. v. 10.5.1993 – II ZR 74/92, BGHZ 122, 333 = BB 1993, 1314 = NJW 1993, 1922; BGH, Urt. v. 28.9.1992 – II ZR 299/91, BGHZ 119, 257 = BB 1992, 2384 = NJW 1993, 193; vgl. auch BGH, Urt. v. 17.10.2017 – KZR 24/15, NJW-RR 2018, 703 Tz. 25.

den der Gesellschaft voraus.⁵⁴² Auszugehen ist gemäß § 249 BGB von der **Differenzhypothese**. In der zweckwidrigen Verwendung von Baugeldern ist nicht ohne weiteres ein Schaden der Gesellschaft zu erblicken. Wird Baugeld nicht zur Bezahlung der beteiligten Bauhandwerker, sondern für baufremde Ausgaben, also andere Gesellschaftszwecke eingesetzt, so entsteht dadurch zwar möglicherweise den Bauunternehmern, nicht aber ohne weiteres der Gesellschaft ein **Schaden**. An einem solchen fehlt es insbesondere dann, wenn mit dem Geld andere Gesellschaftsschulden beglichen oder gleichwertige Vermögensgegenstände für die Gesellschaft angeschafft werden.⁵⁴³ Die nicht auf das negative Interesse beschränkte Schadensersatzpflicht umfasst auch **entgangenen Gewinn**.⁵⁴⁴ Kein Gesellschaftsorgan kann der Gesellschaft gegenüber einwenden, seine Ersatzpflicht sei gemindert, weil ein anderes Organ für den Schaden mitverantwortlich sei. Aus § 43 Abs. 2 GmbHG folgt, dass sich ein Geschäftsführer nicht auf das **Mitverschulden** eines Mitgeschäftsführers berufen kann. Ebenso wenig kann der Geschäftsführer das Mitverschulden eines Aufsichtsratsmitglieds oder der aufsichtspflichtigen Gesellschafter einwenden.⁵⁴⁵ Eine Haftungsminderung des für das Fehlverhalten eines Mitgeschäftsführers in Anspruch genommenen Geschäftsführers kommt freilich in Betracht, wenn die Gesellschafterversammlung einen erkennbar ungeeigneten Mitgeschäftsführer bestellt hat.⁵⁴⁶ Auf eine **Haftungsbeschränkung** kann sich der Geschäftsführer mangels Arbeitnehmerqualifizierung nicht stützen.⁵⁴⁷ Die Geltendmachung von Ersatzansprüchen der Gesellschaft kann vertraglich auf eine bestimmte **Ausschlussfrist** beschränkt werden.⁵⁴⁸

ee) Darlegungs- und Beweislast

Nach den gesetzlichen Vorschriften der §§ 93 Abs. 2 Satz 2, 116 AktG und der §§ 34 Abs. 2, 41 GenG trifft die betreffenden Organmitglieder im Streitfall die (Darlegungs- und) Beweislast dafür, dass sie „die Sorgfalt eines ordentlichen und gewissenhaften Geschäftsleiters angewandt haben". Für den Geschäftsfüh- 95

---

542 BGH, Urt. v. 18.6.2013 – II ZR 86/11, BGHZ 197, 304 = BB 2013, 2257 = NJW 2013, 3636 Tz. 44; BGH, Urt. v. 13.3.2012 – II ZR 50/09, NJW-RR 2012, 728 Tz. 27; so auch Lutter/Hommelhoff/*Kleindiek*, § 43 Rn. 45; MünchKommGmbHG/*Fleischer*, § 43 Rn. 261; Gehrlein/Born/Simon/*Buck-Heeb*, § 43 Rn. 66; Bork/Schäfer/*Klöhn*, § 43 Rn. 67.
543 BGH, Urt. v. 21.3.1991 – II ZR 260/92, NJW-RR 1994, 806.
544 MünchKommGmbHG/*Fleischer*, § 43 Rn. 263; Baumbach/Hueck/*Zöllner/Noack*, § 43 Rn. 15.
545 BGH, Urt. v. 14.3.1983 – II ZR 103/82, BB 1983, 1173 = NJW 1983, 1856.
546 Baumbach/Hueck/*Zöllner/Noack*, § 43 Rn. 45; Roth/*Altmeppen*, § 43 Rn. 116; a. A. Gehrlein/Born/Simon/*Buck-Heeb*, § 43 Rn. 68.
547 BGH, Urt. v. 27.2.1975 – II ZR 112/72, WM 1975, 467.
548 BGH, Urt. v. 21.3.2005 – II ZR 54/03, NZG 2005, 562.

rer einer GmbH kann unter dem Gesichtspunkt der **Sachnähe** jedenfalls dann, wenn er nach eigenem Gutdünken und nicht auf konkrete Weisung der Gesellschafter (§ 46 Nr. 6 GmbHG) gehandelt hat, nichts anderes gelten, mag auch das GmbH-Gesetz für ihn (in § 43 GmbHG) keine ausdrückliche entsprechende Regelung enthalten.[549] Deswegen wird von einem Geschäftsführer in Fällen des **ungeklärten Kassen- oder Warenfehlbestands** der Nachweis verlangt, dass er die gebotene Sorgfalt zur Verhinderung des Fehlbestandes angewandt hat oder unverschuldet dazu nicht imstande war. Eine GmbH trifft im Rechtsstreit um Schadensersatzansprüche gegen ihren Geschäftsführer die Darlegungs- und Beweislast nur dafür, dass und inwieweit ihr durch ein Verhalten des Geschäftsführers in dessen **Pflichtenkreis**, das als pflichtwidrig überhaupt in Betracht kommt, sich also insofern als **möglicherweise pflichtwidrig** darstellt, ein Schaden erwachsen ist. Im Blick auf das Beweismaß für den Schaden gelten nicht die strengen Voraussetzungen des § 286 ZPO, sondern diejenigen des § 287 ZPO, der sich mit dem Vortrag und dem Nachweis von Tatsachen begnügt, die eine Schadensschätzung ermöglichen. Hingegen hat der Geschäftsführer darzulegen und zu beweisen, dass er seinen Sorgfaltspflichten gemäß § 43 Abs. 1 GmbHG nachgekommen ist oder ihn kein Verschulden trifft, oder dass der Schaden auch bei pflichtgemäßem Alternativverhalten eingetreten wäre.[550] Wird dem Geschäftsführer eine Fehlkalkulation bei der Preisbemessung vorgeworfen, muss er sich entlasten.[551] Sofern der Geschäftsführer seine Kontrollpflichten verletzt hat, ist er für die Behauptung beweispflichtig, dass der Schaden auch bei Beachtung der Kontrollpflicht unvermeidbar gewesen wäre.[552] Beruft sich der Geschäftsführer auf ein haftungsausschließendes Einverständnis der Mitgesellschafter, ist er für diesen Vortrag beweisbelastet.[553] Wie jeder Schuldner muss der Geschäftsführer für einen Rechtsirrtum einstehen, wenn er schuldhaft gehandelt hat. An das Vorliegen eines **unverschuldeten Rechtsirrtums** werden strenge Maßstäbe ange-

---

549 BGH, Urt. v. 22.6.2009 – II ZR 143/08, NJW 2009, 2598 Tz. 5; BGH, Beschl. v. 18.2.2008 – II ZR 62/07, NJW-RR 2008, 905 Tz. 5; ebenso MünchKommGmbHG/*Fleischer*, § 43 Rn. 270; zu den Sorgfaltsanforderungen an das Handeln des Geschäftsführers einer GmbH für die Zeit vor Geltung des § 93 Abs. 2 Satz 2 AktG BGH, Beschl. v. 14.7.2008 – II ZR 202/07, NJW 2008, 3361 Tz. 11.
550 Beschl. v. 8.1.2007 – II ZR 304/04, NJW-RR 2007, 541 Tz. 28; BGH, Urt. v. 4.11.2002 – II ZR 224/00, BGHZ 152, 280 = BB 2003, 273 = NJW 2003, 358.
551 BGH, Beschl. v. 18.2.2008 – II ZR 62/07, NJW-RR 2008, 905 Tz. 5.
552 BGH, Urt. v. 24.11.2003 – II ZR 171/01, BGHZ 157, 72 = BB 2004, 293 = NJW 2004, 1111; BGH, Urt. v. 1.3.1993 – II ZR 61/92, BB 1994, 1163 = NJW 1994, 2149; ebenso Baumbach/Hueck/*Zöllner/Noack*, § 43 Rn. 43; vgl. auch OLG München, Urt. v. 8.7.2015 – 7 U 3130/14, BeckRS 2015, 16492 Tz 49, wo es auch heißt, den Geschäftsführer könne eine Kausalitätsvermutung treffen, wenn die Art des Schadens einen deutlichen Hinweis darauf ergebe, dass der Schaden seine Wurzeln in einem Handeln oder Unterlassen des betreffenden Geschäftsführers habe.
553 BGH, Urt. v. 28.4.2008 – II ZR 264/06, BGHZ 174, 204 = BB 2008, 1697 = NJW 2008, 2437 Tz. 39.

legt: So muss der Geschäftsführer die Rechtslage sorgfältig prüfen, soweit erforderlich Rechtsrat einholen und die höchstrichterliche Rechtsprechung sorgfältig beachten; dabei trifft grundsätzlich ihn das Risiko, die Rechtslage zu verkennen.[554] Auch wenn sich der Geschäftsführer, dem es an der erforderlichen Sachkunde fehlt, von einer unabhängigen, fachlich qualifizierten Person beraten lässt, muss er, um nicht in die Haftung zu geraten, das Prüfergebnis bzw. die Auskunft des Beraters einer Plausibilitätskontrolle unterziehen.[555] Das Verschulden des Beraters braucht er sich nicht nach § 278 BGB zurechnen zu lassen.[556]

ff) Schutzwirkung des Geschäftsführervertrages zugunsten der GmbH & Co. KG

Ein Anspruch einer GmbH & Co. KG gegen den Geschäftsführer der Komplementär-GmbH kann sich aus dem insoweit bestehenden Dienstverhältnis ergeben, wenn die alleinige oder wesentliche Aufgabe der GmbH darin bestand, die Geschäfte der Kommanditgesellschaft zu führen. In diesem Fall erstreckt sich der **Schutzbereich** des zwischen der Komplementär-GmbH und ihrem Geschäftsführer zustande gekommenen Dienstverhältnisses im Hinblick auf seine Haftung aus § 43 Abs. 2 GmbHG auf die Kommanditgesellschaft.[557] Ein Kommanditist einer GmbH & Co. KG kann deren Ansprüche gegen den Geschäftsführer der Komplementär-GmbH allerdings nicht geltend machen; das kann nur die GmbH selbst.[558] Eine zwischen dem Geschäftsführer und der Komplementär-GmbH getroffene **Haftungsfreistellung** wirkt nicht im Verhältnis zur GmbH & Co. KG.

96

gg) Entlastung

Dem Geschäftsführer kann durch Beschluss der Gesellschafterversammlung Entlastung für seine bisherige Geschäftsführertätigkeit erteilt und darüber hinaus – im Sinne einer sog. „Generalbereinigung" aus Anlass seines Ausscheidens – auf jegliche Haftung verzichtet werden.[559] Wie sich aus § 46 Nr. 6 und 8 GmbHG ergibt, ist es, solange nicht der Anwendungsbereich des § 43 Abs. 3

97

---

554 BGH, Urt. v. 20.9.2011 – II ZR 234/09, BB 2011, 2960 = NJW-RR 2011, 1670 Tz. 16.
555 BGH, Urt. v. 27.3.2012 – II ZR 171/10, NZG 2012 Tz. 16 f.; BGH, Urt. v. 20.9.2011 – II ZR 234/09, BB 2011, 2960 = NJW-RR 2011, 1670 Tz. 18.
556 BGH, Urt. v. 20.9.2011 – II ZR 234/09, BB 2011, 2960 = NJW-RR 2011, 1670 Tz. 17 (zur AG).
557 BGH, Urt. v. 18.6.2013 – II ZR 86/11, BGHZ 197, 304 = BB 2013, 2257 = NJW 2013, 3636 Tz. 15 ff.; BGH, Urt. v. 25.2.2002 – II ZR 236/00, BB 2002, 1164 = NJW-RR 2002, 965.
558 BGH, Urt. v. 19.12.2017 – II ZR 255/16, BB 2018, 271 = NJW-RR 2018, 288 Tz. 12.
559 Zu beiden Instituten sowie zur Anfechtbarkeit des Entlastungsbeschlusses vgl. Kap. 4 zu Rn. 11 ff.

Kap. 5 Der Geschäftsführer

GmbHG betroffen ist, Sache der Gesellschafter, darüber zu befinden, ob ein Geschäftsführer wegen etwaiger Pflichtwidrigkeiten zur Rechenschaft gezogen oder ob auf Ansprüche gegen ihn durch Entlastungs- oder Generalbereinigungsbeschluss verzichtet werden soll. Dass durch den Anspruchsverzicht das Vermögen der Gesellschaft und damit ihr Haftungsfonds im Verhältnis zu ihren Gläubigern geschmälert wird, nimmt das Gesetz hin, soweit nicht der Verzicht auf eine gemäß § 30 GmbHG verbotene Auszahlung an einen Gesellschafter-Geschäftsführer hinausläuft oder gemäß § 43 Abs. 3 GmbHG unverzichtbare Ersatzansprüche zum Gegenstand hat.[560] Ein Verzicht auf Schadensersatzansprüche, die keinen der in § 43 Abs. 3 Satz 1 GmbHG genannten Fälle betrifft, ist zulässig.[561] Sind diese Grenzen zur Zeit des Verzichts gewahrt, so bleibt es bei dessen Wirksamkeit auch dann, wenn der Schadensersatzbetrag später zur Gläubigerbefriedigung benötigt würde.

hh) Verjährung

98 Schadensersatzansprüche der Gesellschaft gegen den Geschäftsführer nach § 43 Abs. 2 bzw. 3 GmbHG verjähren in fünf Jahren (§ 43 Abs. 4 GmbHG). Die Verjährungsfrist beginnt, weil die (auch) subjektive Anknüpfung des Verjährungsbeginns nach § 199 Abs. 1 BGB nur für die regelmäßige, nicht aber für die spezialgesetzliche Verjährungsfrist gilt, mit der Entstehung des Anspruchs (§ 200 Satz 1 BGB), also mit Eintritt des Schadens dem Grunde nach, ohne dass der Schaden in dieser Phase schon bezifferbar sein müsste; auf die Kenntnis der Gesellschafter oder der Gesellschaft von den anspruchsbegründenden Tatsachen kommt es hingegen nicht an, mag der Geschäftsführer diese auch verheimlichen.[562] Dass der Ersatzanspruch nach § 43 Abs. 2 GmbHG der Verjährungsfrist des Abs. 4 der Vorschrift unterliegt, ist unabhängig davon, ob das schadensursächliche Verhalten zugleich den Tatbestand einer – der regelmäßigen Verjährungsfrist unterliegenden – unerlaubten Handlung erfüllt oder nicht; denn zwischen einem Anspruch aus § 43 Abs. 2 GmbHG und einem solchen aus unerlaubter Handlung besteht keine Gesetzeskonkurrenz, sodass die Verjährung nach der jeweils einschlägigen Vorschrift selbständig zu beurteilen ist.[563] Bei einer mehraktigen schädigenden Handlung, die auf einem einheitlichen Tatplan beruht, beginnt die Verjährung des der auf § 43 Abs. 2 GmbHG gestützten Ersatzanspruchs mit dem letzten Akt.[564] Geht es um mehrere Zahlungen aus dem

---

560 Bork/Schäfer/*Klöhn*, § 43 Rn. 77.
561 BGH, Beschl. v. 18.2.2008 – II ZR 62/07, NJW-RR 2008, 905 Tz. 11.
562 BGH, Urt. v. 9.2.2009 – II ZR 292/07, BGHZ 179, 344 = BB 2009, 1037 = NJW 2009, 2127 Tz. 12; BGH, Urt. v. 29.9.2008 – II ZR 234/07, NJW 2009, 68 Tz. 16; OLG Brandenburg, Urt. v. 7.2.2018 – 7 U 132/16, BeckRS 2018, 3731 Tz. 46.
563 OLG Brandenburg, Urt. v. 16.1.2019 – 7 U 104/16, BeckRS 2019, 483 Tz. 63.
564 BGH, Beschl. v. 14.7.2008 – II ZR 202/07, NJW 2008, 3361 Tz. 12; BGH, Urt. v. 21.2.2005 – II ZR 112/03, DStR 2005, 659.

Gesellschaftsvermögen, die jeweils nur im Falle des Verstoßes gegen § 30 GmbHG unzulässig sind, so beginnt die Verjährungsfrist mit der jeweiligen und nicht erst mit der letzten Zahlung.[565]

ii) Haftungsverzicht vor Anspruchsentstehung

(1) Grundsätzliche Zulässigkeit

Es ist, solange nicht der Anwendungsbereich des § 43 Abs. 3 GmbHG erfasst ist, Sache der Gesellschafter, nach § 46 Nr. 8 GmbHG darüber zu befinden, ob und gegebenenfalls in welchem Umfang sie Ansprüche der Gesellschaft gegen einen pflichtwidrig handelnden Gesellschafter verfolgen wollen. Wie auf die Durchsetzung eines entstandenen Anspruchs – sei es förmlich durch Vertrag, durch Entlastungs- oder Generalbereinigungsbeschluss – verzichtet werden kann, so kann auch schon im Vorfeld das Entstehen eines Ersatzanspruchs gegen den Organvertreter näher geregelt, insbesondere begrenzt und ausgeschlossen werden (Grenze: § 276 Abs. 3 BGB), indem zum Beispiel ein anderer Verschuldensmaßstab vereinbart oder dem Geschäftsführer eine verbindliche Gesellschafterweisung erteilt wird. Die Abkürzung der Verjährungsfrist ist nur eine andere Form der Beschränkungs- und Verzichtsmöglichkeiten.[566] Erfasst ein Haftungsverzicht lediglich die Haftung des Geschäftsführers gegenüber der GmbH wegen einer Verletzung von Geschäftsführerpflichten, so bezieht sich die Freistellung nur auf die Rechtsstellung des Geschäftsführers innerhalb der GmbH. Forderungen der GmbH gegen den Geschäftsführer aus Drittgeschäften werden durch den Haftungsverzicht nicht berührt. Hatte die GmbH dem Geschäftsführer einen Auftrag über Architektenleistungen erteilt, so steht der Haftungsverzicht der Rückforderung zu viel gezahlten Architektenhonorars nicht entgegen. Dieser Anspruch unterliegt ferner nicht dem Erfordernis eines Gesellschafterbeschlusses nach § 46 Nr. 8 GmbHG, weil es sich nicht um einen durch die Tätigkeit als Geschäftsführer bedingten Rückgriff handelt. Sonstige Ansprüche, die der Gesellschaft aus einem Rechtsverhältnis mit einem Geschäftsführer oder Gesellschafter als außen stehendem Dritten zustehen, unterfallen nicht dem Gesellschafterentscheid. Schließlich gilt für den Anspruch, weil es sich nicht um einen Ersatzanspruch im Sinne des § 43 Abs. 2 GmbHG handelt, auch nicht die Verjährungsfrist des § 43 Abs. 4 GmbHG.[567]

99

(2) Grenzen

Nach § 43 Abs. 3 Satz 3 GmbHG sind Erlass, Verzicht und die dem im Ergebnis gleich kommende Verkürzung der Verjährungsfrist unzulässig, soweit der

100

---

565 BGH, Urt. v. 29.9.2008 – II ZR 234/07, NJW 2009, 68 Tz. 20.
566 BGH, Urt. v. 16.9.2002 – II ZR 107/01, BB 2002, 2407 = NJW 2002, 3777.
567 BGH, Urt. v. 18.9.2000 – II ZR 15/99, BB 2000, 2436 = NJW 2001, 223.

Kap. 5 Der Geschäftsführer

Pflichtverstoß des Geschäftsführers darin besteht, dass er eine Verletzung der Kapitalschutzvorschriften (§§ 30, 33 GmbHG) nicht unterbunden hat und seine Ersatzleistung benötigt wird, um Gesellschaftsgläubiger befriedigen zu können. Diese Einschränkung, für deren Feststellung wie bei § 31 Abs. 2 GmbHG nicht auf den Vermögensstatus zum Zeitpunkt der verbotenen Auszahlung, sondern auf denjenigen zur Zeit der tatrichterlichen Verhandlung abzustellen ist,[568] greift nicht ein, wenn die Pflichtverletzung des Geschäftsführers in keinem Zusammenhang mit den Kapitalschutzvorschriften steht, seine Schadensersatzleistung aber zur Befriedigung der Gesellschafter benötigt wird. Entgegen früherer Rechtsprechung erachtet der BGH einen Verzicht, falls ein Verstoß gegen die Kapitalerhaltungsvorschriften nicht vorliegt, auch dann als wirksam, wenn die Ersatzleistung für die Gläubigerbefriedigung gebraucht wird.[569]

c) Kreditgewährung aus gebundenem Vermögen

101 Nach § 43a GmbHG ist jede Kreditvergabe aus gebundenem Gesellschaftsvermögen an Geschäftsführer und ihnen gleich gestellte Personen uneingeschränkt verboten. Dabei ist für die Verletzung der Kapitalerhaltungsregeln, d. h. für das Bestehen oder Entstehen einer Unterbilanz bei der Gesellschaft allein der Zeitpunkt der Kreditvergabe maßgeblich.[570] Das Verbot nach § 43a GmbHG, das mit Blick auf Fremdgeschäftsführer wie auf Gesellschafter-Geschäftsführer Anwendung findet,[571] gilt unabhängig von der **Vollwertigkeit** des Rückzahlungsanspruchs. Es erstreckt sich damit ohne Weiteres auf Kredite, die einem kreditwürdigen solventen Geschäftsführer gewährt werden oder die anderweit ausreichend besichert werden.[572] Verstößt der Geschäftsführer gegen dieses Verbot, so haftet er der Gesellschaft gemäß bzw. analog § 43 Abs. 2 und 3 GmbHG.[573]

---

568 Vgl. Nachw. in Kap. 7 zu Rn. 42 Fn. 190; a. A. BGH, Urt. v. 23.4.2012 – II ZR 252/10, BGHZ 193, 96 = BB 2012, 1628 = NZG 2012, 667 Tz. 27.
569 BGH, Urt. v. 16.9.2002 – II ZR 107/01, BB 2002, 2497 = NJW 2002, 3777.
570 BGH, Urt. v. 23.4.2012 – II ZR 252/10, BGHZ 193, 96 = BB 2012, 1628 = NZG 2012, 667 Tz. 39 ff.; ebenso Bork/Schäfer/*Klöhn*, § 43a Rn. 5; Lutter/Hommelhoff/*Kleindiek*, § 43a Rn. 10; Baumbach/Hueck/Zöllner/Noack, § 43a Rn. 2; Scholz/*U. Schneider*, § 43a Rn. 42; Michalski/Heidinger/Leible/Schmidt/*Lieder*, § 43a Rn. 36.
571 BGH, Urt. v. 23.4.2012 – II ZR 252/10, BGHZ 193, 96 = BB 2012, 1628 = NZG 2012, 667 Tz. 35.
572 BGH, Urt. v. 23.4.2012 – II ZR 252/10, BGHZ 193, 96 = BB 2012, 1628 = NZG 2012, 667 Tz. 35; BGH, Urt. v. 24.11.2003 – II ZR 171/01, BGHZ 157, 72 = BB 2004, 293 = NJW 2004, 1111.
573 Roth/*Altmeppen*, § 43a Rn. 14; Bork/Schäfer/*Klöhn*, § 43a Rn. 1; Gehrlein/Born/Simon/*Buck-Heeb*, § 43a Rn. 16; Michalski/Heidinger/Leible/Schmidt/*Lieder*, § 43a Rn. 49; MünchKommGmbHG/*Löwisch*, § 43a Rn. 80.

IV. Haftung des Geschäftsführers **Kap. 5**

d) Masseschmälerung

Der Geschäftsführer hat der GmbH gemäß § 64 Satz 1 (früher § 64 Abs. 2 **102**
Satz 1) GmbHG solche Zahlungen zu ersetzen, die er nach Eintritt der Zahlungsunfähigkeit der Gesellschaft (§ 17 InsO) oder nach Feststellung ihrer Überschuldung (§ 19 InsO), also nach Eintritt der Insolvenzreife der Gesellschaft, geleistet hat. Trifft diese Ersatzpflicht mehrere Geschäftsführer, so haften sie als Gesamtschuldner.[574] Der Anspruch der GmbH aus § 64 Satz 1 GmbHG, der nicht nur die Vornahme einer solchen Zahlung, sondern – über den Wortlaut hinaus – im Regelfall zusätzlich die Eröffnung des Insolvenzverfahrens voraussetzt,[575] ist grundsätzlich vom **Insolvenzverwalter** geltend zu machen. Im Falle einer **masselosen Insolvenz** ist er der Pfändung durch die Gesellschaftsgläubiger zugänglich.[576] Es handelt sich nicht um einen gesetzlichen Haftpflichtanspruch, der unter den gängigen D&O-Versicherungsschutz für Schadensersatz fällt,[577] sodass für Geschäftsführer das Bestehen auf einen ausdrücklichen Zusatz empfehlenswert ist, dass dieses Risiko abgedeckt ist.

aa) Schutzzweck der Norm

§ 64 Satz 1 GmbHG ist **keine Schadensersatznorm**, sondern enthält einen **Er-** **103**
satzanspruch eigener Art. Er ist seiner Natur nach darauf gerichtet, das Gesellschaftsvermögen und d. h. die verteilungsfähige Vermögensmasse der insolvenzreifen Gesellschaft wieder aufzufüllen, damit es im Insolvenzverfahren zur ranggerechten und gleichmäßigen Befriedigung aller Gesellschaftsgläubiger kommen kann.[578] Der Anspruch ist auf Erstattung verbotswidriger Zahlungen und nicht etwa – wie bei der Insolvenzverschleppungshaftung[579] – auf Ersatz eines Quotenschadens gerichtet. Richtig verstanden liegt der „Schaden" im Abfluss von Mitteln der Gesellschaft.[580] Obwohl der Ersatzanspruch nach § 64 Satz 1 GmbHG allein der Gesellschaft zusteht, handelt es sich bei ihm der Sache nach

---

574 BGH, Urt. v. 6.11.2018 – II ZR 11/17, BB 2019, 590 = NJW 2019, 1067 Tz. 40; ebenso Baumbach/Hueck/*Haas*, § 64 Rn. 43; MünchKommGmbHG/*H.-F. Müller*, § 64 Rn. 167.
575 OLG Karlsruhe, Urt. v. 12.9.2017 – 8 U 97/16, BeckRS 2017, 150726 Tz. 103.
576 BGH, Urt. v. 11.9.2000 – II ZR 370/99, BB 2000, 2274 = NJW 2001, 304.
577 OLG Düsseldorf, Urt. v. 20.7.2018 – I-4 U 93/16, BB 2018, 2321 = NZG 2018, 1310 Tz. 72 ff. (nicht rkr.); OLG Celle, Beschl. v. 1.4.2016 – 8 W 20/16, BeckRS 2016, 125428 Tz. 38.
578 BGH, Urt. v. 25.1.2010 – II ZR 258/08, NJW-RR 2010, 607 Tz. 10; BGH, Urt. v. 31.3.2003 – II ZR 150/02, BB 2003, 1143 = NJW 2003, 2316; BGH, Urt. v. 8.1.2001 – II ZR 88/99, BGHZ 146, 264 = BB 2001, 430 = NJW 2001, 1280.
579 Dazu sogleich zu Rn. 119 ff.
580 BGH, Urt. v. 20.9.2010 – II ZR 78/09, BGHZ 187, 60 = BB 2010, 2657 = NJW 2011, 221 Tz. 14 (zur AG); BGH, Urt. v. 26.3.2007 – II ZR 310/05, BB 2007, 1241 = NJW-RR 2007, 984 Tz. 7.

um eine Haftung gegenüber der Gläubigergesamtheit, die bei verspäteter Insolvenzanmeldung durch eine Verminderung der Insolvenzmasse infolge zwischenzeitlicher Befriedigung einzelner Gläubiger benachteiligt ist, wogegen die Gesellschaft selbst keinen Schaden erleidet, soweit lediglich ihre Schulden bezahlt werden. Zur Begründung des Anspruchs hat die Gesellschaft lediglich darzulegen, dass ein **zwischen Insolvenzreife und Insolvenzantrag gezahlter Betrag** in der Insolvenzmasse fehlt.[581] Eine Person, die zwar rechtlich nicht dem geschäftsführenden Organ einer Kapitalgesellschaft angehört, tatsächlich aber wie ein Organmitglied auftritt und handelt (**faktischer Geschäftsführer**), trifft die Pflicht, den Insolvenzantrag nach § 15a Abs. 1 InsO zu stellen und nach § 64 Satz 1 GmbHG von Zahlungen aus dem Insolvenzvermögen Abstand zu nehmen. Zur Annahme einer faktischen Geschäftsführung ist es nicht erforderlich, dass der Handelnde die gesetzliche Geschäftsführung völlig verdrängt. Entscheidend ist vielmehr, dass der Betreffende die Geschicke der Gesellschaft maßgeblich in die Hand genommen hat.[582] Der Ersatzpflicht nach § 64 Satz 1 GmbHG unterliegt nur der rechtliche oder faktische Geschäftsführer, während eine haftungsbegründende Teilnahme Dritter ausscheidet.[583] Ist jemand zum Geschäftsführer bestellt worden, so haftet er auch dann nach § 64 Satz 1 GmbHG, wenn er nach den Vorstellungen der Gesellschafter nur „kommissarischer" Geschäftsführer sein soll.[584]

bb) Insolvenzreife der Gesellschaft

104 Die Gesellschaft ist dann insolvenzreif, wenn sie zahlungsunfähig oder überschuldet ist. Was den Begriff der Überschuldung angeht, ist die **materielle (rechnerische) Überschuldung** i.S. des § 19 Abs. 2 Satz 1 InsO gemeint, wobei – mittlerweile wieder unbefristet – der sog. zweistufige Überschuldungsbegriff maßgeblich ist.[585] Zahlungsunfähigkeit ist nach § 17 Abs. 2 Satz 1 InsO gegeben, wenn die GmbH nicht in der Lage ist, ihre fälligen Zahlungspflichten zu erfüllen. Dabei kommt einer möglichen **Zahlungseinstellung** besondere Bedeutung zu, begründet sie doch eine widerlegliche Vermutung für die Zahlungsunfähigkeit (vgl. § 17 Abs. 2 Satz 2 InsO).[586] Insofern genügt ein nach außen hervortretendes

---

581 BGH, Urt. v. 18.3.1974 – II ZR 2/72, BB 1974, 855 = NJW 1974, 1088.
582 BGH, Urt. v. 25.2.2002 – II ZR 196/00, BB 2002, 1012 = NJW 2002, 1803.
583 BGH, Beschl. v. 11.2.2008 – II ZR 291/06, NJW-RR 2008, 1066 Tz. 6; zur eingeschränkten Ersatzpflicht der Mitglieder eines fakultativen Aufsichtsrats, die mit Blick auf das Zahlungsverbot des § 64 Satz 1 GmbHG ihre Überwachungspflicht verletzen, BGH, Urt. v. 20.9.2010 – II ZR 78/09, BGHZ 187, 60 = BB 2010, 2657 = NJW 2011, 221 Tz. 21 ff.
584 OLG München, Urt. v. 5.10.2016 – 7 U 1996/16, GmbHR 2017, 147.
585 Näher dazu in Kap. 7 zu Rn. 27.
586 BGH, Urt. v. 15.3.2012 – IX ZR 239/09, NJW-RR 2012, 823 Tz. 11; BGH, Urt. v. 24.1.2012 – II ZR 119/10, NZG 2012, 464 Tz. 23.

IV. Haftung des Geschäftsführers **Kap. 5**

Verhalten, in dem sich typischerweise eine Zahlungsfähigkeit ausdrückt.[587] Die tatsächliche Nichtzahlung eines erheblichen Teils der fälligen Verbindlichkeiten reicht für eine Zahlungseinstellung aus, mögen die noch geleisteten Zahlungen auch beträchtlich sein, solange sie im Verhältnis zu den fälligen Gesamtschulden nicht den wesentlichen Teil ausmachen.[588] Sogar die Nichtzahlung einer einzigen Verbindlichkeit kann eine Zahlungseinstellung begründen, wenn die Verbindlichkeit von insgesamt nicht unbeträchtlicher Höhe ist. Haben im fraglichen Zeitraum fällige Verbindlichkeiten bestanden, die bis zur Eröffnung des Insolvenzverfahrens nicht beglichen worden sind, so ist regelmäßig von Zahlungseinstellung auszugehen.[589] Jedenfalls indizielle Bedeutung für eine Zahlungseinstellung können etwa dauerhafte erhebliche Zahlungsrückstände,[590] laufend steigende Steuerschulden,[591] die schleppende Zahlung von Löhnen und Gehältern,[592] aber auch der Abschluss einer Ratenzahlungsvereinbarung sein.[593] Hingegen kann eine Zahlungseinstellung dann nicht angenommen werden, wenn die GmbH Zahlungen mit der Begründung verweigert hat, die betreffenden Forderungen seien unbegründet.[594] Gelingt es der Gesellschaft über mehrere Monate nicht, ihre fälligen Verbindlichkeiten spätestens innerhalb von drei Wochen auszugleichen, und sind die rückständigen Beträge nicht unerheblich, so liegt keine bloß vorübergehende Zahlungsstockung mehr vor.[595] Für das Vorliegen von **Zahlungsunfähigkeit** nach § 17 Abs. 2 Satz 1 InsO ist maßgeblich, ob die Gesellschaft in dem Drei-Wochen-Zeitraum die zum Ausgleich der Verbindlichkeiten nötigen

---

587 BGH, Urt. v. 18.7.2013 – IX ZR 143/12, NZG 2014, 151 Tz. 9; BGH, Beschl. v. 26.2.2013 – II ZR 54/12, GmbHR 2013, 482 Tz. 6; BGH, Urt. v. 24.1.2012 – II ZR 119/10, NZG 2012, 464 Tz. 13; BGH, Urt. v. 30.6.2011 – IX ZR 134/10, NJW-RR 2011, 1413 Tz. 12.
588 BGH, Beschl. v. 26.2.2013 – II ZR 54/12, GmbHR 2013, 482 Tz. 6; BGH, Urt. v. 15.3.2012 – IX ZR 239/09, NJW-RR 2012, 823 Tz. 9; BGH, Urt. v. 24.1.2012 – II ZR 119/10, NZG 2012, 464 Tz. 13; BGH, Urt. v. 21.6.2007 – IX ZR 231/04, NJW-RR 2007, 1419 Tz. 29; BGH, Urt. v. 25.1.2001 – IX ZR 6/00, NJW 2001, 1650.
589 BGH, Beschl. v. 26.2.2013 – II ZR 54/12, GmbHR 2013, 482 Tz. 6; BGH, Urt. v. 19.6.2012 – II ZR 243/11, NJW 2012, 1122 Tz. 24; BGH, Urt. v. 30.6.2011 – IX ZR 134/10, NJW-RR 2011, 1413 Tz. 12; BGH, Urt. v. 12.10.2006 – IX ZR 228/03, ZIP 2006, 2222 Tz. 28.
590 BGH, Urt. v. 18.7.2013 – IX ZR 143/12, NZG 2014, 151 Tz. 12 f.; OLG München, Urt. v. 6.11.2013 – 7 U 571/13, GmbHR 2014, 139.
591 BGH, Urt. v. 9.1.2003 – IX ZR 175/02, BB 2003, 546 = NJW-RR 2003, 697.
592 BGH, Urt. v. 14.2.2008 – IX ZR 38/04, NJW-RR 2008, 870 Tz. 20.
593 BGH, Urt. v. 19.6.2012 – II ZR 243/11, NJW 2012, 1122 Tz. 24.
594 BGH, Urt. v. 24.1.2012 – II ZR 119/10, NZG 2012, 464 Tz. 25; BGH, Urt. v. 11.2.2010 – IX ZR 104/07, WM 2010, 711 Tz. 42; OLG Jena, Urt. v. 25.5.2016 – 2 U 714/15, BeckRS 2016, 126703 Tz. 49.
595 BGH, Urt. v. 30.6.2011 – IX ZR 134/10, NJW-RR 2011, 1413 Tz. 12; BGH, Urt. v. 24.5.2005 – IX ZR 123/04, BGHZ 163, 134 = NJW 2005, 3062.

Kap. 5 Der Geschäftsführer

Mittel beschaffen und die Liquiditätslücke auf unter 10% zurückführen kann.[596] Zur Feststellung einer Zahlungsunfähigkeit bedarf es – anders als für die Zahlungseinstellung – grundsätzlich der Aufstellung einer Liquiditätsbilanz.[597] Dabei sind die zum maßgeblichen Zeitpunkt verfügbaren und innerhalb von drei Wochen flüssig zu machenden Mittel in Beziehung zu setzen zu den am selben Stichtag fälligen und – ernsthaft – eingeforderten, also auch nicht nur tatsächlich gestundeten[598] Verbindlichkeiten;[599] indes sind auch die innerhalb der folgenden drei Wochen fällig werdenden Passiva (sog. Passiva II) einzubeziehen.[600] Zu den aktuell verfügbaren liquiden Mitteln und den kurzfristig verwertbaren Vermögensgegenständen gehören vornehmlich das Bankguthaben, der Kassenbestand, ein evtl. vorhandener Pkw sowie monatlich zu erwartende Zahlungen.[601] Eine eigene Forderung der GmbH kann nur Berücksichtigung finden, wenn sie durchsetzbar ist, also einen realisierbaren Vermögenswert darstellt.[602] Ist sie bestritten, muss sie also gerichtlich durchgesetzt werden, so darf eine solche Forderung nach dem Gebot einer vorsichtigen Bewertung nicht aktiviert werden.[603]

cc) Verbotene Zahlungen

105 Der Begriff der Zahlungen in § 64 Satz 1 GmbHG, die nach Eintritt der Insolvenzreife der Gesellschaft verboten sind,[604] ist entsprechend dem Zweck

---

596 BGH, Urt. v. 17.12.2017 – II ZR 88/16, BGHZ 217, 130 = BB 2018, 460 = NJW 2018, 1089 Tz. 32; BGH, Urt. v. 21.6.2007 – IX ZR 231/04, NJW-RR 2007, 1419 Tz. 37.
597 BGH, Urt. v. 17.12.2017 – II ZR 88/16, BGHZ 217, 130 = BB 2018, 460 = NJW 2018, 1089 Tz. 10; BGH, Beschl. v. 26.2.2013 – II ZR 54/12, GmbHR 2013, 482 Tz. 6; BGH, Urt. v. 30.6.2011 – IX ZR 134/10, NJW-RR 2011, 1413 Tz. 10; BGH, Beschl. v. 19.7.2007 – IX ZB 36/07, BGHZ 173, 286 = ZIP 2007, 1666 Tz. 30.
598 BGH, Beschl. v. 14.7.2011 – IX ZB 57/11, ZIP 2011, 680 Tz. 9; BGH, Urt. v. 14.5.2009 – IX ZR 63/08, BGHZ 181, 132 = NJW 2009, 2600 Tz. 22 (mit dem Hinweis in Tz. 26, dass die kalendermäßige Fälligkeit einer Forderung ein weiteres Zahlungsverlangen entbehrlich machen kann).
599 BGH, Urt. v. 12.10.2006 – IX ZR 228/03, ZIP 2006, 2222 Tz. 28; BGH, Urt. v. 24.5.2005 – IX ZR 123/04, BGHZ 163, 134 = NJW 2005, 3062.
600 BGH, Urt. v. 17.12.2017 – II ZR 88/16, BGHZ 217, 130 = BB 2018, 460 = NJW 2018, 1089 Tz. 41 ff.; noch offen BGH, Beschl. v. 11.10.2010 – II ZR 130/09, BeckRS 2010, 25759; BGH, Urt. v. 2.2.2015 – IX ZR 180/12, NJW 2015, 1756 Tz. 18; wie hier auch Lutter/Hommelhoff/*Kleindiek*, Anh. zu § 64 Rn. 13; *Bork*/Schäfer, § 64 Rn. 9; MünchKommGmbHG/*H.-F. Müller*, § 64 Rn. 15; für Einstellung der Passiva II in den Finanzplan Roth/*Altmeppen*, Vor § 64 Rn. 24.
601 BGH, Beschl. v. 19.7.2007 – IX ZB 36/07, BGHZ 173, 286 = ZIP 2007, 1666 Tz. 30.
602 BGH, Urt. v. 18.10.2010 – II ZR 151/09, NZG 2010, 1393 Tz. 16.
603 OLG Hamburg, Urt. v. 16.3.2018 – 5 U 191/16, BeckRS 2018, 5763 Tz. 45; OLG Hamburg, Urt. v. 13.10.2017 – 11 U 53/17, DStR 2017, 2621 Tz. 52 f.
604 BGH, Urt. v. 16.3.2009 – II ZR 280/07, BB 2009, 1207 = NJW 2009, 2454 Tz. 12, zugleich mit dem Hinweis, dass der Geschäftsführer auch dann, wenn er wegen laufen-

der Vorschrift weit auszulegen. Der von dem Geschäftsführer einer insolvenzreifen GmbH veranlasste Einzug eines Kundenschecks auf ein debitorisches Bankkonto der GmbH ist grundsätzlich als eine zur Ersatzpflicht des Geschäftsführers nach § 64 Satz 1 GmbHG führende Zahlung an die Bank zu qualifizieren, weil der Zahlungseingang nicht der Masse zugutekommt, sondern das Aktivvermögen zum Vorteil der Bank und zu Lasten der Gläubigergesamtheit verringert wird.[605] Nichts anderes gilt für sonstige von dem Geschäftsführer zugelassene oder veranlasste Zahlungen (Überweisungen; Forderungseinzug) von Gesellschaftsschuldnern auf ein debitorisches Bankkonto, es sei denn, die betreffende Forderung war vor Eintritt der Insolvenzreife an die Bank zur Sicherheit abgetreten, entstanden und werthaltig geworden oder infolge der Verminderung des Debetsaldos sind weitere sicherungsabgetretene Forderungen frei geworden oder die als Gegenleistung an den Schuldner gelieferte Ware stand im Sicherungseigentum der Bank.[606] Um seine Haftung jedenfalls zu vermeiden, hat der Geschäftsführer im Insolvenzstadium bei einem anderen Bankinstitut ein Konto zu eröffnen und die Gesellschaftsschuldner durch Angabe der neuen Kontoverbindung zu veranlassen, etwaige Zahlungen dorthin zu erbringen.[607] Zahlungen, mit denen Arbeitsleistungen abgegolten werden, sind masseschmälernd i.S. des § 64 Satz 1 GmbHG.[608] Eine Masseschmälerung kann nicht schon verneint werden, wenn die Gesellschaft vor der Zahlung von dritter Seite gleich hohe Zahlungen zur Weiterleitung an den Empfänger erhalten hat. Und an der Haftung des Geschäftsführers für Zahlungen auf das debitorische Konto ändert auch die erfolgreiche Anfechtung der von einem solchen Konto geleisteten Zahlungen an Gläubiger der GmbH durch den Insolvenzverwalter nichts.[609] Masseneutralität wäre allenfalls gegeben, wenn die GmbH die erhaltenen Gelder auf Treuhandkonten mit der Möglichkeit einer Aussonderung (§ 47 InsO) durch den Treugeber angelegt hätte.[610] Jedenfalls entfällt aber die Ersatzpflicht des Geschäftsfüh-

---

der Sanierungsbemühungen noch keinen Antrag auf Eröffnung des Insolvenzverfahrens gestellt hat, doch das Gesellschaftsvermögen für den Fall zu sichern hat, dass die Sanierungsbemühungen fehlschlagen und das Vermögen im Rahmen eines Insolvenzverfahrens zu verteilen ist.
605 BGH, Urt. v. 11.9.2000 – II ZR 370/99, BB 2000, 2274 = NJW 2001, 304; BGH, Urt. v. 29.11.1999 – II ZR 273/98, BGHZ 143, 184 = BB 2000, 267 = NJW 2000, 668; vgl. auch OLG Jena, Urt. v. 25.5.2016 – 2 U 714/15, BeckRS 2016, 126703 Tz. 36.
606 BGH, Urt. v. 26.1.2016 – II ZR 394/13, NZG 2016, 658 Tz. 39 ff.; BGH, Urt. v. 8.12.2015 – II ZR 68/14, NJW 2016, 1092 Tz. 10 ff.; BGH, Urt. v. 23.6.2015 – II ZR 366/13, BGHZ 206, 52 = BB 2015, 2128 = NJW 2015, 2806 Tz. 11 ff.
607 BGH, Urt. v. 26.3.2007 – II ZR 310/05, BB 2007, 1241 = NJW-RR 2007, 984 Tz. 12; OLG Brandenburg, Urt. v. 12.1.2016 – 6 U 123/13, BeckRS 2016, 3550 Tz. 39; OLG München, Urt. v. 6.11.2013 – 7 U 571/13, GmbHR 2014, 139.
608 OLG München, Urt. v. 22.6.2017 – 23 U 3769/16, NZG 2017, 1437 Tz. 43; a.A. OLG Düsseldorf, Urt. v. 1.10.2015 – I-6 U 169/14, NZI 2016, 642.
609 BGH, Urt. v. 3.6.2014 – II ZR 100/13, NZG 2014, 1069 Tz. 14 ff.
610 BGH, Urt. v. 5.5.2008 – II ZR 38/07, NJW 2008, 2504 Tz. 10 f.

Kap. 5 Der Geschäftsführer

rers für Zahlungen nach Insolvenzreife, soweit die durch die Zahlung verursachte Schmälerung der Masse in einem unmittelbaren Zusammenhang mit ihr ausgeglichen wird und die nach Liquidationswerten zu bemessende Gegenleistung für die Verwertung durch die Gläubiger geeignet ist.[611] Hingegen verletzt der Geschäftsführer einer GmbH seine Pflicht, das Gesellschaftsvermögen zur ranggerechten und gleichmäßigen Befriedigung aller künftigen Insolvenzgläubiger zusammenzuhalten, wenn er bei Insolvenzreife der Gesellschaft Mittel von einem Dritten zu dem Zweck erhält, eine bestimmte Schuld zu tilgen, und dementsprechend kurze Zeit später die Zahlung an den **Gesellschaftsgläubiger** bewirkt. Allenfalls dann, wenn mit den vom Geschäftsführer bewirkten Zahlungen ein Gegenwert in das Gesellschaftsvermögen gelangt und dort verblieben ist, kann erwogen werden, eine Masseverkürzung und damit einen Erstattungsanspruch gegen das Organmitglied zu verneinen, weil dann der Sache nach lediglich ein **Aktiventausch** vorliegt.[612] Davon kann nicht ausgegangen werden, wenn die Zahlung von Steuerschulden zu einer die Masse verkürzenden, vorrangigen Befriedigung des Steuergläubigers führt, der kein im Gesellschaftsvermögen verbliebener Gegenwert gegenübersteht.[613] Im Falle der Insolvenzreife verstößt die von dem Geschäftsführer veranlasste Auszahlung seiner Bezüge an sich gegen § 64 Satz 1 GmbHG.[614] Zahlungen von einem debitorischen Konto an einzelne Gesellschaftsgläubiger wirken allein zum Nachteil der betroffenen Bank, wenn sie über keine Gesellschaftssicherheiten verfügt. Der Vorgang führt aber nicht zu einer Schmälerung der verteilungsfähigen Vermögensmasse zum Nachteil der Gläubigergesamtheit. Vielmehr handelt es sich um einen keine Haftung des Geschäftsführers auslösenden bloßen Gläubigertausch, weil an die Stelle der mit Kreditmitteln erfüllten Gläubigerverbindlichkeiten eine entsprechend höhere Darlehensforderung der Bank tritt.[615] Die durch die Zahlung bedingte Erhöhung der Zinsschuld gegenüber der Bank bleibt außer Betracht, weil die Erhöhung des

---

611 BGH, Urt. v. 4.7.2017 – II ZR 319/15, BB 2017, 2130 = NZG 2017, 1034 Tz. 10 f., 18 und 20.
612 BGH, Urt. v. 18.10.2010 – II ZR 151/09, NZG 2010, 1393 Tz. 21; BGH, Urt. v. 31.3.2003 – II ZR 150/02, BB 2003, 1143 = NJW 2003, 2316; zu §§ 130a, 177a HGB ebenso BGH, Urt. v. 18.11.2014 – II ZR 231/13, BGHZ 203, 218 = NJW-RR 2015, 418 Tz. 9.
613 BGH, Urt. v. 31.3.2003 – II ZR 150/02, BB 2003, 1143 = NJW 2003, 2316.
614 BGH, Urt. v. 25.2.2002 – II ZR 196/00, BB 2002, 1012 = NJW 2002, 1803.
615 BGH, Urt. v. 4.7.2017 – II ZR 319/15, BB 2017, 2130 = NZG 2017, 1034 Tz. 13; BGH, Urt. v. 26.1.2016 – II ZR 394/13, NZG 2016, 658 Tz. 38; BGH, Urt. v. 8.12.2015 – II ZR 68/14, NJW 2016, 1092 Tz. 26; BGH, Urt. v. 23.6.2015 – II ZR 366/13, BGHZ 206, 52 = NJW 2015, 2806 = BB 2015, 2128 Tz. 32; BGH, Urt. v. 25.1.2011 – II ZR 196/09, BB 2011, 781 = NZG 2011, 303 Tz. 26; BGH, Urt. v. 16.3.2009 – II ZR 32/08, NJW 2009, 1598 Tz. 12; BGH, Urt. v. 26.3.2007 – II ZR 310/05, BB 2007, 1241 = NJW-RR 2007, 984 Tz. 8.

IV. Haftung des Geschäftsführers Kap. 5

Debets keine Zahlung darstellt.[616] Unbedenklich ist die Ausstellung von Schecks, die nur dazu dient, Geld von dem Bankkonto in die Barkasse zu transferieren.[617] Wird an einen absonderungsberechtigten, durch eine Gesellschaftssicherheit besicherten Gläubiger gezahlt, so liegt keine Masseverkürzung, sondern lediglich ein Aktientausch vor, soweit infolge der Zahlung die Gesellschaftssicherheit frei wird und der Verwertung zu Gunsten aller Gläubiger zur Verfügung steht.[618] Nur dass der Geschäftsführer nach Insolvenzreife der Gesellschaft Zahlungen veranlasst hat, muss der Insolvenzverwalter **darlegen und beweisen**.[619] Für die Ursächlichkeit einer Zwangsvollstreckungsmaßnahme für die Kontoabbuchung ist der Geschäftsführer darlegungs- und beweispflichtig, ebenso für den Ausnahmefall einer im Interesse der Masseerhaltung notwendigen Aufwendung.[620] Hat der Insolvenzverwalter die Überschuldung der GmbH dargelegt, so genügt der nach § 64 Satz 1 GmbHG in Anspruch genommene Geschäftsführer seiner **sekundären Darlegungslast** nicht, wenn er lediglich von der Handelsbilanz abweichende Werte behauptet; er hat vielmehr substantiiert zu etwaigen stillen Reserven oder in der Bilanz nicht abgebildeten Werten vorzutragen.[621]

dd) Verschulden

Die Haftung des Geschäftsführers nach § 64 Satz 1 GmbHG setzt Verschulden voraus, wobei einfache Fahrlässigkeit genügt.[622] Der Geschäftsführer ist darlegungs- und beweispflichtig für das Vorliegen einer Ausnahme bzw. für die Entkräftung der gegen ihn sprechenden gesetzlichen Vermutung schuldhaften Verhaltens.[623] Als Nachweis dafür, dass die Leistung mit der Sorgfalt eines ordentlichen Kaufmanns vereinbar war (§ 64 Satz 2 GmbHG), kann er etwa vortragen, dass eine Zahlungsunfähigkeit oder Überschuldung **nicht erkennbar** oder – nach Maßgabe des (mittlerweile wieder unbefristet maßgeblichen) zweistufigen

106

---

616 BGH, Urt. v. 25.1.2010 – II ZR 258/08, NJW-RR 2010, 607 Tz. 10; BGH, Urt. v. 26.3.2007 – II ZR 310/05, BB 2007, 1241 = NJW-RR 2007, 984 Tz. 8.
617 BGH, Beschl. v. 5.11.2007 – II ZR 262/06, BB 2008, 189 = NJW-RR 2008, 495 Tz. 5.
618 BGH, Urt. v. 26.1.2016 – II ZR 394/13, NZG 2016, 658 Tz. 47; BGH, Urt. v. 23.6.2015 – II ZR 366/13, BGHZ 206, 52 = NJW 2015, 2806 = BB 2015, 2128 Tz. 26.
619 BGH, Urt. v. 8.6.2009 – II ZR 147/08, NJW 2009, 2599 Tz. 8; BGH, Urt. v. 16.3.2009 – II ZR 32/08, NJW 2009, 1598 Tz. 14.
620 BGH, Urt. v. 16.3.2009 – II ZR 32/08, NJW 2009, 1598 Tz. 14; BGH, Beschl. v. 5.2.2007 – II ZR 51/06, BB 2007, 1747 = NJW-RR 2007, 1490 Tz. 4.
621 BGH, Urt. v. 19.11.2013 – II ZR 229/11, NZG 2014, 100 Tz. 18; OLG Hamburg, Urt. v. 16.3.2018 – 5 U 191/16, BeckRS 2018, 5763 Tz. 40.
622 BGH, Urt. v. 19.6.2012 – II ZR 243/11, NJW-RR 2012, 1122 Tz. 9; BGH, Urt. v. 27.3.2012 – II ZR 171/10, NZG 2012, 672 Tz. 13.
623 BGH, Urt. v. 8.6.2009 – II ZR 147/08, NJW 2009, 2599 Tz. 13; BGH, Urt. v. 5.5.2008 – II ZR 38/07, NJW 2008, 2504 Tz. 8; BGH, Urt. v. 14.5.2007 – II ZR 48/06, BB 2007, 1801 = NJW 2007, 2118 Tz. 15.

Überschuldungsbegriffs – eine positive Fortbestehensprognose zu stellen gewesen sei.[624] Für die Beurteilung, ob der Geschäftsführer schuldhaft gehandelt hat, kommt es auf seine individuellen Fähigkeiten nicht an, sodass mangelnde Sachkenntnis ihn nicht entschuldigt.[625] Zudem obliegt die Erfüllung der sich aus § 64 GmbHG ergebenden Pflichten allen Geschäftsführern persönlich und kann nicht im Wege der Geschäftsverteilung, wie sie innerhalb der Geschäftsführung möglich und ggf. sogar notwendig ist,[626] auf einen einzelnen Geschäftsführer übertragen werden. Der einzelne Geschäftsführer muss sich daher über die wirtschaftliche Lage der Gesellschaft stets vergewissern und hat dabei für eine **Organisation** zu sorgen, die ihm die diesbezügliche Übersicht jederzeit ermöglicht.[627] Erkennt er, dass die GmbH zu einem bestimmten Stichtag nicht in der Lage ist, ihre fälligen und eingeforderten Verbindlichkeiten vollständig zu bedienen, so hat er die Zahlungsfähigkeit der Gesellschaft anhand einer Liquiditätsbilanz zu überprüfen.[628] An der Erkennbarkeit der Insolvenzreife kann es fehlen, wenn der für die Überwachung des laufenden Geschäftsverkehrs zuständige Geschäftsführer seiner Informationspflicht gegenüber dem in Anspruch genommen Mitgeschäftsführer nicht nachkommt, weil dieser die für die Beurteilung der Insolvenzreife erforderlichen Informationen schon nicht erhält; dies setzt indes voraus, dass dem in Anspruch genommenen Geschäftsführer die Insolvenzreife auch bei ordnungsgemäßer Überwachung des anderen Geschäftsführers nicht aufgefallen wäre.[629] Verschulden scheidet aus, wenn der Geschäftsführer den **Rat eines** unabhängigen, **fachlich qualifizierten Berufsträgers** einholt, der nach Einblick in die Geschäftsbücher und sonstigen Unterlagen der Gesellschaft eine Insolvenzreife nicht festzustellen vermag.[630] Indes muss er auf eine unverzügliche Vorlage des Prüfergebnisses des Beraters hinwirken und dieses zudem einer Plausibilitätskontrolle unterziehen.[631] Zieht der Geschäftsführer Kundenschecks auf ein debitorisches Konto ein, hat er den Nachweis für die fehlende

---

624 BGH, Urt. v. 11.9.2000 – II ZR 370/99, BB 2000, 2274 = NJW 2001, 304; BGH, Urt. v. 29.11.1999 – II ZR 273/98, BGHZ 143, 184 = BB 2000, 267 = NJW 2000, 668; vgl. auch OLG München, Urt. v. 6.11.2013 – 7 U 571/13, GmbHR 2014, 139.
625 BGH, Urt. v. 6.11.2018 – II ZR 11/17, BB 2019, 590 = NJW 2019, 1067 Tz. 12; BGH, Urt. v. 19.6.2012 – II ZR 243/11, NJW-RR 2012, 1122 Tz. 9.
626 Zu Zulässigkeit und Grenzen einer Geschäftsverteilung oder Ressortaufteilung auf der Ebene der Geschäftsführung oben zu Rn. 19.
627 BGH, Urt. v. 6.11.2018 – II ZR 11/17, BB 2019, 590 = NJW 2019, 1067 Tz. 14; BGH, Urt. v. 19.6.2012 – II ZR 243/11, NJW-RR 2012, 1122 Tz. 13; BGH, Urt. v. 20.2.1995 – II ZR 9/94, NJW-RR 1995, 669.
628 BGH, Urt. v. 27.3.2012 – II ZR 171/10, NZG 2012, 672 Tz. 15.
629 BGH, Urt. v. 6.11.2018 – II ZR 11/17, BB 2019, 590 = NJW 2019, 1067 Tz. 31 f.
630 BGH, Urt. v. 19.6.2012 – II ZR 243/11, NJW-RR 2012, 1122 Tz. 11; BGH, Urt. v. 14.5.2007 – II ZR 48/06, BB 2007, 1801 = NJW 2007, 2118 Tz. 16 f.
631 BGH, Urt. v. 18.11.2014 – II ZR 286/13, BeckRS 2014, 22479; BGH, Urt. v. 27.3.2012 – II ZR 171/10, NZG 2012 Tz. 16 und 19; BGH, Urt. v. 20.9.2011 – II ZR 234/09, BB 2011, 2960 = NJW-RR 2011, 1670 Tz. 18.

IV. Haftung des Geschäftsführers Kap. 5

Erkennbarkeit einer Zahlungsunfähigkeit oder Überschuldung zu führen.[632] Ein Verschulden ist zu verneinen, soweit Leistungen eine Masseverkürzung nicht zur Folge haben oder soweit durch sie im Einzelfall größere Nachteile abgewendet werden.[633] Dies kommt bei Zahlungen auf die Wasser-, Strom- und Heizkosten in Betracht, weil andernfalls der Betrieb ohne Sanierungschance sofort eingestellt werden müsste.[634] Der **Verschuldensmaßstab** bestimmt sich nicht allein nach den allgemeinen Verhaltenspflichten eines Geschäftsführers, der bei seiner Amtsführung Recht und Gesetz zu wahren hat; er ist vielmehr an dem besonderen Zweck des § 64 Satz 1 GmbHG auszurichten, die verteilungsfähige Vermögensmasse einer insolvenzreifen GmbH im Interesse der Gesamtheit ihrer Gläubiger zu erhalten und eine zu ihrem Nachteil gehende, bevorzugte Befriedigung einzelner Gläubiger zu verhindern.[635] Das Bestreben des Geschäftsführers, sich durch die Leistung einer persönlichen deliktischen Haftung, etwa aus dem Gesichtspunkt des § 823 Abs. 2 BGB i.V. mit §§ 266a Abs. 1, 14 Abs. 1 Satz 1 StGB, zu entziehen, ist – entgegen früherer Rechtsprechung – ein im Rahmen des § 64 Satz 1 GmbHG beachtlicher Umstand. Dem Geschäftsführer kann nicht angesonnen werden, die Massesicherungspflicht nach § 64 Satz 1 GmbHG zu erfüllen und fällige Leistungen an die Sozialkassen oder die Finanzbehörden nicht zu erbringen, wenn er sich dadurch strafrechtlicher Verfolgung oder persönlicher Haftung aussetzt. Vielmehr handelt er, wenn er Letzteres tut, etwa Lohn- oder Umsatzsteuer abführt, mit der Sorgfalt eines ordentlichen und gewissenhaften Geschäftsleiters, sodass er gegenüber der Gesellschaft nicht erstattungspflichtig ist.[636] Dies gilt auch für den Fall, dass er rückständige Steuern oder rückständige Arbeitnehmeranteile zur Sozialversicherung zahlt.[637] Hingegen fehlt es hinsichtlich der Arbeitgeberanteile zur Sozialversicherung an einer **Pflichtenkollision**, sodass der Anwendungsbereich des § 64 Satz 1 GmbHG insofern nicht einzuschränken ist.[638] Auch die Zahlung der Umsatzsteuer (als Preisbestandteil) ist eine Zahlung i.S. des § 64 Satz 1 GmbHG, und die bloße Aussicht auf eine mögliche Erstattung durch das Finanzamt stellt dabei keine

---

632 BGH, Urt. v. 11.9.2000 – II ZR 370/99, BB 2000, 2274 = NJW 2001, 304.
633 BGH, Urt. v. 8.1.2001 – II ZR 88/99, BGHZ 146, 264 = BB 2001, 430 = NJW 2001, 1280; OLG München, Urt. v. 18.1.2018 – 23 U 2702/17, GmbHR 2018, 570 Tz. 36.
634 BGH, Beschl. v. 5.11.2007 – II ZR 262/06, BB 2008, 189 = NJW-RR 2008, 495 Tz. 6.
635 BGH, Urt. v. 11.9.2000 – II ZR 370/99, BB 2000, 2274 = NJW 2001, 304; BGH, Urt. v. 29.11.1999 – II ZR 273/98, BGHZ 143, 184 = BB 2000, 267 = NJW 2000, 668.
636 BGH, Urt. v. 29.9.2008 – II ZR 162/07, NJW 2009, 295 Tz. 10; BGH, Urt. v. 2.6.2008 – II ZR 27/07, NJW-RR 2008, 1253 Tz. 6; BGH, Urt. v. 14.5.2007 – II ZR 48/06, BB 2007, 1801 = NJW 2007, 2118 Tz. 12.
637 BGH, Urt. v. 25.1.2011 – II ZR 196/09, BB 2011, 781 = NZG 2011, 303 Tz. 13 und 18.
638 BGH, Urt. v. 25.1.2011 – II ZR 196/09, BB 2011, 781 = NZG 2011, 303 Tz. 13 und 19; BGH, Urt. v. 8.6.2009 – II ZR 147/08, NJW 2009, 2599 Tz. 6 f.

Kap. 5 Der Geschäftsführer

privilegierte Gegenleistung nach Satz 2 der Vorschrift dar.[639] Ein Verschulden scheidet dann aus, wenn der Geschäftsführer kraft eines Treueverhältnisses gehalten ist (vgl. § 266 StGB), von Konzerngesellschaften erhaltene Zahlungen vereinbarungsgemäß an deren Gläubiger abzuführen.[640]

ee) Verjährung

107 Der auf Wiederauffüllung der Masse gerichtete Ersatzanspruch der Gesellschaft nach § 64 Satz 1 GmbHG, für den der Gerichtsstand des Erfüllungsorts (§ 29 Abs. 1 ZPO) am Sitz der Gesellschaft begründet ist,[641] verjährt in fünf Jahren (§ 64 Satz 4 i.V. mit § 43 Abs. 4 GmbHG).[642] Bei wiederholten verbotswidrigen Zahlungen setzt jede Handlung eine neue Verjährungsfrist in Lauf.[643]

ff) Pflicht des Geschäftsführers zur vollständigen Erstattung

108 Dem Gesetzeszweck widerspräche es, könnte der Geschäftsführer, der dem Verbot des § 64 Satz 1 GmbHG zuwider Masse verkürzende Leistungen erbracht hat, auf andere Möglichkeiten der Rückführung der ausgezahlten Beträge verweisen oder den Ersatzanspruch im Voraus um den zu diesem Zeitpunkt regelmäßig nicht feststellbaren Betrag kürzen, den der durch die verbotene Zahlung begünstigte Gläubiger erhalten hätte, oder sich gar mit einer bloßen Sicherstellung bis zum Abschluss des Insolvenzverfahrens begnügen. Vielmehr kann der Zweck der Vorschrift nur dadurch erreicht werden, dass der Geschäftsführer den **ausgezahlten Betrag ungekürzt erstattet**. Damit es nicht zu einer Bereicherung der Masse kommt, ist ihm in dem Urteil freilich vorzubehalten, nach Erstattung an die Masse seine Rechte gegen den Insolvenzverwalter zu verfolgen; dabei deckt sich der ihm zustehende Anspruch nach Rang und Höhe mit dem Betrag, den der begünstigte Gesellschaftsgläubiger im Insolvenzverfahren erhalten hätte. Etwa bestehende Erstattungsansprüche der Masse gegen Dritte sind Zug um Zug an den Geschäftsführer abzutreten.[644] Zudem ist die Geschäftsführerhaftung nach § 64 Satz 1 GmbHG nicht subsidiär gegenüber der Möglichkeit der Insolvenzanfechtung:

---

639 OLG Hamburg, Urt. v. 13.10.2017 – 11 U 53/17, DStR 2017, 2621 Tz. 62.
640 BGH, Urt. v. 5.5.2008 – II ZR 38/07, NJW 2008, 2504 Tz. 14.
641 OLG München, Beschl. v. 16.7.2018 – 34 AR 11/18, NJW-RR 2019, 292 Tz. 11; OLG München, Beschl. v. 18.5.2017 – 34 AR 80/17, BB 2017, 1299 = NZG 2017, 749 Tz. 6; zweifelnd OLG Naumburg, Beschl. v. 25.4.2017 – 1 AR 2/17 (Zust), NZG 2018, 270 Tz. 8 f.; OLG Stuttgart, Beschl. v. 16.11.2015 – 14 AR 2/15, BeckRS 2016, 19637 Tz. 9.
642 Näheres zur Verjährung nach § 43 Abs. 4 GmbHG oben zu Rn. 98.
643 BGH, Urt. v. 16.3.2009 – II ZR 32/08, NJW 2009, 1598 Tz. 20.
644 BGH, Urt. v. 25.1.2011 – II ZR 196/09, BB 2011, 781 = NZG 2011, 303 Tz. 30; BGH, Urt. v. 5.11.2007 – II ZR 262/06, NJW-RR 2008, 495 Tz. 9; BGH, Urt. v. 11.7.2005 – II ZR 235/03, BB 2005, 1869 = NZG 2005, 816; BGH, Urt. v. 8.1.2001 – II ZR 88/99, BGHZ 146, 264 = BB 2001, 430 = NJW 2001, 1280.

IV. Haftung des Geschäftsführers Kap. 5

Der Geschäftsführer ist nicht berechtigt, die Erfüllung seiner Verpflichtung gegenüber der Insolvenzmasse mit der Begründung zu verweigern, der Insolvenzverwalter habe es unterlassen, aussichtsreiche Anfechtungsrechte (§§ 129 ff. InsO) gegen bestimmte Zahlungsempfänger geltend zu machen; dies gilt selbst dann, wenn der Geschäftsführer zu den Beteiligten i. S. des § 60 InsO zählt und damit eine Verantwortlichkeit des Insolvenzverwalters auch ihm gegenüber zu bejahen wäre.[645] Ebenso wenig kann der Geschäftsführer einer insolventen GmbH von dem Insolvenzverwalter Schadensersatz verlangen, weil dieser eine Haftpflichtversicherung der GmbH beendet hat, die gegen den Geschäftsführer gerichtete Ansprüche aus § 64 GmbHG abgedeckt hätte.[646] Der Insolvenzverwalter ist außerdem berechtigt, Ersatzansprüche der Gesellschaft wegen verbotener Zahlungen im Rahmen eines Vergleichs an einen Dritten abzutreten.[647]

e) Insolvenzverursachung

Nach Maßgabe des § 64 Satz 3 GmbHG haftet der Geschäftsführer auch für Zahlungen an Gesellschafter, soweit diese **zur Zahlungsunfähigkeit** der Gesellschaft[648] **führen mussten** (sog. Insolvenzverursachungshaftung), es sei denn, dass dies aus Sicht eines sorgfältigen Geschäftsführers nicht erkennbar war. Der bereits im Vorfeld der Insolvenz anwendbare[649] § 64 Satz 3 GmbHG richtet sich gegen den Abzug von Vermögenswerten, welche die Gesellschaft bei objektiver Betrachtung zur Erfüllung ihrer Verbindlichkeiten benötigt.[650] Als **situative Ausschüttungssperre** soll die Bestimmung Lücken in dem allein an der Bilanz orientierten Gläubigerschutzsystem schließen.[651] Damit überschneidet sich die im Zuge des MoMiG[652] eingeführte Neuregelung mit der von der Rechtsprechung entwickelten Existenzvernichtungshaftung, die aus § 826 BGB hergeleitet und als reiner Innenregress der Gesellschaft gegen die Gesellschafter als die Empfänger der betreffenden Zahlung ausgestaltet ist,[653] indes mit dem Unter-

109

---

645 BGH, Urt. v. 18.12.1995 – II ZR 299/94, BGHZ 131, 325 = NJW 1996, 850 (noch zur Konkursordnung).
646 BGH, Beschl. v. 14.4.2016 – IX ZR 161/15, BGHZ 131, 325 = NZG 2016, 838 Tz. 15.
647 BGH, Urt. v. 14.6.2018 – IX ZR 232/17, BB 2018, 1932 = NJW 2018, 2494 Tz. 12 ff. und 19 ff.
648 Zum Begriff der Zahlungsunfähigkeit oben zu Rn. 104.
649 Gehrlein/Born/Simon/*Sandhaus*, § 64 Rn. 46; Lutter/Hommelhoff/*Kleindiek*, § 64 Rn. 49; MünchKommGmbHG/*H.-F. Müller*, § 64 Rn. 177.
650 Rowedder/Schmitt-Leithoff/*M. Schmitt-Leithoff/P. Schneider*, § 64 Rn. 55.
651 *Bork*/Schäfer, § 64 Rn. 47; Ulmer/*Casper*, § 64 Rn. 136; MünchKommGmbHG/ *H.-F. Müller*, § 64 Rn. 178.
652 Vom 23.10.2008, BGBl. I S. 2026.
653 BGH, Urt. v. 16.7.2007 – II ZR 3/04, BGHZ 173, 246 = BB 2007, 1970 = NJW 2007, 2689 Tz. 23 ff.

Kap. 5   Der Geschäftsführer

schied, dass Adressat der Haftung nach § 64 Satz 3 GmbHG der (auch faktische)[654] **Geschäftsführer als Veranlasser der Zahlung** ist.[655] Den einzelnen Gesellschafter erfasst § 64 Satz 3 GmbHG selbst dann nicht, wenn er als faktischer Geschäftsführer einer führungslosen Gesellschaft agiert.[656] Die Vorschrift, der vom Gesetzgeber ein stark insolvenzrechtlicher Bezug zugewiesen wird und die auch in Insolvenzverfahren über das Vermögen ausländischer Gesellschaften anwendbar sein soll, die den Schwerpunkt ihrer wirtschaftlichen Tätigkeit im Inland haben,[657] weist gewisse Parallelen zum „solvency test" auf bzw. knüpft mittelbar an diese aus dem anglo-amerikanischen Rechtskreis bekannte Figur an.[658] Weil § 64 Satz 3 GmbHG nicht an einen Schaden anknüpft, sondern allein an die Zahlung,[659] kommt der Vorschrift neben § 43 Abs. 3 GmbHG ein **eigenständiger Regelungsbereich** zu.

aa) Verbotene Zahlung

110   Der Begriff Zahlung ist (wie im Rahmen des § 64 Satz 1 GmbHG)[660] nicht auf Geldleistungen beschränkt, sondern erfasst darüber hinaus grundsätzlich alle Vermögensabflüsse, also jegliche **Leistungen zulasten des Gesellschaftsvermögens**; allerdings ist entscheidend, dass die Leistung der Gesellschaft Liquidität (d h. liquide oder leicht liquidierbare Mittel) entzieht, die zur späteren Befriedigung der Gläubigergesamtheit fehlt.[661] Vor diesem Hintergrund sind etwaige Gegenleistungen des Leistungsempfängers, soweit sie liquiditätswirksam sind, zu berücksichtigen.[662] So wird vom Tatbestand des § 64 Satz 3 GmbHG die Übernahme einer Sicherung durch die GmbH für eine Verbindlichkeit des Gesellschafters (nur) dann erfasst, wenn bei der Bestellung die Inanspruchnahme wahr-

---

654   Lutter/Hommelhoff/*Kleindiek*, § 64 Rn. 50.
655   BGH, Beschl. v. 31.7.2009 – 2 StR 95/09, BGHSt 54, 52 = NJW 2009, 3666 Tz. 29; gleichsinnig *Bork*/Schäfer, § 64 Rn. 48; Lutter/Hommelhoff/*Kleindiek*, § 64 Rn. 47 und 50.
656   Gehrlein/Born/Simon/*Sandhaus*, § 64 Rn. 52 und 9; Lutter/Hommelhoff/*Kleindiek*, § 64 Rn. 50.
657   Ulmer/*Casper*, § 64 Rn. 136; vgl. auch Nachw. bei Roth/*Altmeppen*, § 64 Rn. 72; a. A. Scholz/*K. Schmidt*, § 64 Rn. 80: keine Anwendung auf Auslandsgesellschaften.
658   MünchKommGmbHG/*H.-F. Müller*, § 64 Rn. 178; Ulmer/*Casper*, § 64 Rn. 137; *Bork*/Schäfer, § 64 Rn. 48.
659   *Bork*/Schäfer, § 64 Rn. 61; Gehrlein/Born/Simon/*Sandhaus*, § 64 Rn. 75; Lutter/Hommelhoff/*Kleindiek*, § 64 Rn. 47.
660   Dazu oben zu Rn. 105.
661   Rowedder/Schmitt-Leithoff/*M. Schmitt-Leithoff/P. Schneider*, § 64 Rn. 63; Gehrlein/Born/Simon/*Sandhaus*, § 64 Rn. 53; Baumbach/Hueck/*Haas*, § 64 Rn. 127; *Bork*/Schäfer, § 64 Rn. 49 f.
662   Lutter/Hommelhoff/*Kleindiek*, § 64 Rn. 51; MünchKommGmbHG/*H.-F. Müller*, § 64 Rn. 183; Rowedder/Schmitt-Leithoff/*M. Schmitt-Leithoff/P. Schneider*, § 64 Rn. 64.

scheinlich und kein liquider Rückgriffsanspruch in gleicher Höhe gegeben ist.[663] Die Begründung einer Verbindlichkeit der GmbH gegenüber dem Gesellschafter wirkt – im Unterschied zu ihrer Erfüllung – nicht haftungsbegründend.[664] Obwohl § 64 Satz 3 GmbHG anders als Satz 1 der Vorschrift, der nach Eintritt der Insolvenzreife jede Leistung mit einem Rückforderungsanspruch sanktioniert, nur Leistungen (unmittelbar oder mittelbar) an den Gesellschafter erfasst, unterliegen dem Rückforderungsanspruch in Anlehnung an die Rechtsprechung zu § 30 GmbHG auch Leistungen an Dritte, die einem Gesellschafter gleich stehen, weil sie mit ihm wirtschaftlich oder rechtlich eng verbunden sind.[665] Die Haftung des Geschäftsführers wird durch § 64 Satz 3 GmbHG in den Zeitraum **vor Eintritt der Insolvenz** verlagert, weil im Stadium der Zahlungsfähigkeit geleistete Zahlungen, die erst die Zahlungsunfähigkeit auslösen, die Haftung des Geschäftsführers begründen.[666] Im Fall der Verursachung (nur) der Überschuldung, die der Zahlungsunfähigkeit nicht selten vorangeht, findet die Vorschrift hingegen keine Anwendung; umgekehrt greift sie unabhängig davon ein, ob die Zahlung im Stadium der Überschuldung erfolgt.[667]

bb) Kausalität der Zahlung für die Zahlungsunfähigkeit der Gesellschaft

Die Ersatzpflicht setzt voraus, dass die Zahlung an den Gesellschafter zur Zahlungsunfähigkeit der Gesellschaft führen musste. Angesichts dieses Kausalitätserfordernisses bleiben Zahlungen außer Betracht, die im Stadium der Zahlungsunfähigkeit erfolgen,[668] und nichts anderes gilt für Fälle, in denen Letztere aus anderen Gründen eintritt und eben nicht äquivalent kausal durch die in Frage

111

---

663 Baumbach/Hueck/*Haas*, § 64 Rn. 128; Lutter/Hommelhoff/*Kleindiek*, § 64 Rn. 51; *Bork*/Schäfer, § 64 Rn. 50; Rowedder/Schmitt-Leithoff/*M. Schmitt-Leithoff/P. Schneider*, § 64 Rn. 65; enger Gehrlein/Born/Simon/*Sandhaus*, § 64 Rn. 54: ausreichend ist, dass die Bestellung dazu führt, dass sich die Gesellschaft nicht mehr durch eigene Verwertung des Gegenstandes kurzfristig Zahlungsmittel verschaffen kann.
664 BGH, Urt. v. 30.3.1998 – II ZR 146/96, BGHZ 138, 211 = BB 1998, 969 = NJW 1998, 2667; ebenso *Bork*/Schäfer, § 64 Rn. 50; Lutter/Hommelhoff/*Kleindiek*, § 64 Rn. 51; MünchKommGmbHG/*H.-F. Müller*, § 64 Rn. 182; Scholz/*K. Schmidt*, § 64 Rn. 88.
665 Baumbach/Hueck/*Haas*, § 64 Rn. 132; Lutter/Hommelhoff/*Kleindiek*, § 64 Rn. 53; Rowedder/Schmitt-Leithoff/*M. Schmitt-Leithoff/P. Schneider*, § 64 Rn. 61.
666 Baumbach/Hueck/*Haas*, § 64 Rn. 7 und 133; MünchKommGmbHG/*H.-F. Müller*, § 64 Rn. 177.
667 MünchKommGmbHG/*H.-F. Müller*, § 64 Rn. 189; Gehrlein/Born/Simon/*Sandhaus*, § 64 Rn. 64; Lutter/Hommelhoff/*Kleindiek*, § 64 Rn. 54; Scholz/*K. Schmidt*, § 64 Rn. 96; a. A. Ulmer/*Casper*, § 64 Rn. 147: Erfassung aller Zahlungen von § 64 Satz 3 GmbHG, die zur Auslösung der Insolvenz führen.
668 BGH, Urt. v. 9.10.2012 – II ZR 298/11, BGHZ 195, 43 = BB 2013, 17 = NZG 2013, 1379 Tz. 7.

Kap. 5 Der Geschäftsführer

stehenden Zahlung bedingt ist.[669] Andererseits muss die Zahlung nicht ohne Hinzutreten weiterer Kausalbeiträge zur Zahlungsunfähigkeit der Gesellschaft führen, braucht also nicht monokausal für den Eintritt der Zahlungsunfähigkeit zu sein.[670] Die Zahlungsunfähigkeit muss auch nicht im Moment der Leistung an den Gesellschafter eintreten. Im Sinne einer **adäquaten Kausalität** ist aber erforderlich, dass sich im Augenblick der Leistung nach der Prognose eines objektiven Betrachters – und zwar mit überwiegender Wahrscheinlichkeit („führen mussten")[671] – abzeichnet, dass die Gesellschaft bei normalem Verlauf der Dinge ihre Verbindlichkeiten nicht mehr wird erfüllen können.[672] Außergewöhnliche Ereignisse, welche die Zahlungsfähigkeit hätten sichern können, mit denen im Zahlungszeitpunkt aber nicht gerechnet werden konnte, bleiben damit außer Betracht. Haftungsvoraussetzung ist aber jedenfalls der tatsächliche Eintritt der Zahlungsunfähigkeit,[673] sodass ein unerwarteter Vermögenszuwachs die Haftung ausschließt.

cc) Darlegungs- und Beweislast

112 Die Darlegung und der Nachweis des Kausalzusammenhangs zwischen der Zahlung des Geschäftsführers an den Gesellschafter und der Zahlungsunfähigkeit der Gesellschaft obliegt nach allgemeinen Grundsätzen der **Gesellschaft** oder an ihrer Stelle dem Insolvenzverwalter.[674] Fehlt es an einer kontinuierlichen Finanzplanung und ihrer Dokumentation seitens des Geschäftsführers, sodass der Insolvenzverwalter den gebotenen Nachweis nicht erbringen kann, so ist in Anwendung der Grundsätze über die sekundäre Darlegungslast und der Beweiserleichterungen bei vom Gegner zu vertretender Beweisvereitelung[675] vom Geschäftsführer, der ein entsprechendes Datenmaterial vorhalten müsste, die Darlegung zu verlangen, durch die Zahlung(en) an Gesellschafter die Zahlungs-

---

669 Gehrlein/Born/Simon/*Sandhaus*, § 64 Rn. 66; MünchKommGmbHG/*H.-F. Müller*, § 64 Rn. 192.
670 Rowedder/Schmitt-Leithoff/*M. Schmitt-Leithoff/P. Schneider*, § 64 Rn. 67; Gehrlein/Born/Simon/*Sandhaus*, § 64 Rn. 67; Lutter/Hommelhoff/*Kleindiek*, § 64 Rn. 63; vgl. auch Baumbach/Hueck/*Haas*, § 64 Rn. 135.
671 Strenger MünchKommGmbHG/*H.-F. Müller*, § 64 Rn. 193: an Sicherheit grenzende Wahrscheinlichkeit.
672 Scholz/*K. Schmidt*, § 64 Rn. 99; Bork/Schäfer, § 64 Rn. 54 f.; Baumbach/Hueck/*Haas*, § 64 Rn. 136; Gehrlein/Born/Simon/*Sandhaus*, § 64 Rn. 68 f.; Lutter/Hommelhoff/*Kleindiek*, § 64 Rn. 63 f.
673 Gehrlein/Born/Simon/*Sandhaus*, § 64 Rn. 63; Lutter/Hommelhoff/*Kleindiek*, § 64 Rn. 54.
674 Bork/Schäfer, § 64 Rn. 57; Rowedder/Schmitt-Leithoff/*M. Schmitt-Leithoff/P. Schneider*, § 64 Rn. 69; MünchKommGmbHG/*H.-F. Müller*, § 64 Rn. 195.
675 Zu Letzteren BGH, Urt. v. 12.3.2007 – II ZR 315/05, BB 2007, 1243 = NJW 2007, 3130 Tz. 14.

IV. Haftung des Geschäftsführers **Kap. 5**

unfähigkeit nicht verursacht zu haben.[676] Praktisch sinnvoll erscheint es, den Kausalzusammenhang widerleglich zu vermuten, wenn die betreffende Zahlung innerhalb von sechs Monaten vor Insolvenzantrag geleistet wurde.[677] Der Geschäftsführer kann sich jedenfalls nicht darauf berufen, Zahlungsunfähigkeit wäre auch ohne sein Handeln eingetreten.[678] Er kann aber geltend machen, die Zahlungsunfähigkeit sei durch die betreffende Zahlung nicht herbeigeführt worden, weil unter Berücksichtigung fälliger, d.h. ernsthaft eingeforderter Gesellschafterforderungen bereits eine Deckungslücke von 10% oder mehr bestanden habe; denn dann ist die Gesellschaft bereits zahlungsunfähig.[679]

dd) Entlastung

Der Geschäftsführer muss, um nach § 64 Satz 3 GmbHG zu haften, die Zahlungsunfähigkeit **zumindest fahrlässig** herbeigeführt haben.[680] Indes räumt ihm § 64 Satz 3 HS 2 GmbHG eine **Entlastungsmöglichkeit** ein, falls er die Geeignetheit der Zahlung, die Zahlungsunfähigkeit auszulösen, unter Anwendung der Sorgfalt eines ordentlichen Kaufmannes **nicht erkennen konnte**. Hier geht es also um Fälle, in denen für den Geschäftsführer die künftige Zahlungsunfähigkeit aufgrund besonderer Umstände im Zeitpunkt der Leistung nicht vorauszusehen war. Den Beweis der entlastenden Umstände hat nach der Normfassung („es sei denn") der Geschäftsführer zu erbringen. Er muss demgemäß, um die im eigenen Interesse liegende Solvenzprognose abgeben zu können, die bereits erwähnte kontinuierliche **Finanzplanung**, also eine **Fortbestehensprognose** einschließlich eines Liquiditätsplans vornehmen und dokumentieren und darin die gesamte Finanzlage der Gesellschaft bis zur Fälligkeit aller bestehenden Verbindlichkeiten des laufenden und des darauf folgenden Geschäftsjahres in den Blick nehmen. Versäumt der Geschäftsführer diese Vorkehrungen, so wird ihm der Entlastungsbeweis schwerlich gelingen. Indes kann er sich auch damit entlasten, dass die betreffende Zahlung notwendig war, um die Gesellschaft vor dem Zusammenbruch zu retten; denn das Zahlungsverbot darf einer aussichtsreichen Sanierungsmöglichkeit nicht im Wege stehen.[681] Andererseits kann die Pflicht aus § 64 Satz 3 GmbHG den Geschäftsführer in einen Konflikt mit für ihn grundsätzlich bindenden Beschlüssen der Gesellschafterversammlung brin-

113

---

676 Lutter/Hommelhoff/*Kleindiek*, § 64 Rn. 65; *Bork*/Schäfer, § 64 Rn. 57.
677 Baumbach/Hueck/*Haas*, § 64 Rn. 141; für Abstellen auf Zeitraum von einem Jahr Ulmer/*Casper*, § 64 Rn. 149; gegen bzw. ohne jede Vermutungsregel Gehrlein/Born/Simon/*Sandhaus*, § 64 Rn. 69; MünchKommGmbHG/*H.-F. Müller*, § 64 Rn. 195.
678 Ulmer/*Casper*, § 64 Rn. 151; *Bork*/Schäfer, § 64 Rn. 57.
679 BGH, Urt. v. 9.10.2012 – II ZR 298/11, BGHZ 195, 43 = BB 2013, 17 = NZG 2013, 1379 Tz. 11.
680 Baumbach/Hueck/*Haas*, § 64 Rn. 137; *Bork*/Schäfer, § 64 Rn. 58.
681 *Bork*/Schäfer, § 64 Rn. 60.

Kap. 5 Der Geschäftsführer

gen. Infolge der Verweisung des § 64 Satz 4 GmbHG auf § 43 Abs. 3 Satz 3 GmbHG ist dem Geschäftsführer der Einwand, auf **Weisung** der Gesellschafter gehandelt zu haben, aber abgeschnitten.[682] Befürchtet er, dass eine Zahlung an einen Gesellschafter gegen § 64 Satz 3 GmbHG verstößt, so muss der Geschäftsführer, wenn er sich nicht auf das aus der Bestimmung zu entnehmende Leistungsverweigerungsrecht beruft, zur Vermeidung der ihm angesonnenen Zahlung notfalls sein Amt niederlegen.[683]

ee) Inhalt der Ersatzpflicht und Leistungsverweigerungsrecht

114 Der **Haftungsumfang** wird, weil es sich nicht um eine Schadensersatzhaftung handelt, durch die Höhe des unter Verstoß gegen § 64 Satz 3 GmbHG geleisteten Zahlungsbetrages bestimmt.[684] Der Anspruch **verjährt** in fünf Jahren ab der Entstehung (§ 64 Satz 3 i.V. mit § 43 Abs. 4 GmbHG). Mit dem Vorliegen der Voraussetzungen des § 64 Satz 3 GmbHG und der folglich drohenden Haftung des Geschäftsführers geht ein **Leistungsverweigerungsrecht der Gesellschaft** gegenüber durchsetzbaren Forderungen von Gesellschaftern einher; denn das Ziel der Vorschrift, den Abfluss von Gesellschaftsvermögen bei sich abzeichnender Zahlungsunfähigkeit zu verhindern, lässt sich nur erreichen, wenn die Gesellschaft den Abfluss verweigern kann und der Geschäftsführer ihn nicht unter Inkaufnahme seiner eigenen Haftung bewirken muss.[685]

f) Gründerhaftung

115 Geschäftsführer, aber auch Gesellschafter und Hintermänner (Treugeber) sind einer Gründerhaftung unterworfen, wenn bei Errichtung einer GmbH oder einer Kapitalerhöhung gegenüber dem Registergericht **falsche Angaben** gemacht werden. Im Anwendungsbereich der insofern einschlägigen §§ 9a, 57 Abs. 4 GmbHG verdrängt diese Haftung die Geschäftsführerhaftung nach § 43 Abs. 1 und 2 GmbHG.[686] Für unrichtig mitgeteilte Sacheinlagen ist Geldersatz zu leisten.[687]

---

682 Rowedder/Schmitt-Leithoff/*M. Schmitt-Leithoff/P. Schneider*, § 64 Rn. 70 und 12; Gehrlein/Born/Simon/*Sandhaus*, § 64 Rn. 72; Lutter/Hommelhoff/*Kleindiek*, § 64 Rn. 69; Scholz/*K. Schmidt*, § 64 Rn. 83 und 104.
683 MünchKommGmbHG/*H.-F. Müller*, § 64 Rn. 197.
684 Gehrlein/Born/Simon/*Sandhaus*, § 64 Rn. 75.
685 BGH, Urt. v. 9.10.2012 – II ZR 298/11, BGHZ 195, 43 = BB 2013, 17 = NZG 2013, 1379 Tz. 18; ebenso MünchKommGmbHG/*H.-F. Müller*, § 64 Rn. 197; Scholz/ *K. Schmidt*, § 64 Rn. 106; a. A. Baumbach/Hueck/*Haas*, § 64 Rn. 143; *Bork*/Schäfer, § 64 Rn. 65; Gehrlein/Born/Simon/*Sandhaus*, § 64 Rn. 77.
686 OLG Brandenburg, Urt. v. 28.12.2017 – 6 U 87/15, BeckRS 2018, 140653 Tz. 46.
687 Baumbach/Hueck/*Fastrich*, § 9a Rn. 14; Michalski/Heidinger/Leible/Schmidt/*Tebben*, § 9a Rn. 28; Rowedder/Schmitt-Leithoff/*C. Schmidt-Leithoff*, § 9a Rn. 18.

IV. Haftung des Geschäftsführers   Kap. 5

Anspruchsberechtigt ist die **eingetragene** GmbH.[688] Erfasst werden alle Angaben, die in den im Zuge des Gründungs- oder Kapitalerhöhungsverfahrens gegenüber dem Registergericht abzugebenden Erklärungen gemacht werden.[689] Falsch sind sowohl unrichtige als auch **unvollständige** Angaben,[690] und es ist für die Haftung des Geschäftsführers unerheblich, ob die Angaben gesetzlich vorgeschrieben oder freiwillig erfolgt sind.[691] Der Anspruch richtet sich inhaltlich auf die **Differenz** zwischen den tatsächlich geleisteten und den fehlerhaft angegebenen Beträgen, d. h. die Gesellschaft ist so zu stellen, wie sie bei ordnungsgemäßem Verhalten der Gründer stünde.[692] Zwischen den Ersatzansprüchen aus § 9a GmbHG und Einlageansprüchen besteht eine **unechte Gesamtschuld**. Im internen Ausgleich trifft die Verpflichtung allein den **Einlageschuldner**. Soweit der nach § 9a GmbHG verpflichtete Geschäftsführer zahlt, geht der Einlageanspruch analog § 426 Abs. 2 BGB auf ihn über.[693]

2. Ansprüche der Gläubiger der GmbH

Mit der Organstellung des Geschäftsführers geht die Pflicht zur ordnungsgemäßen Führung der Geschäfte der GmbH (§ 43 Abs. 1 GmbHG) einher. Diese Pflicht, zu der auch die Verpflichtung gehört, dafür zu sorgen, dass sich die Gesellschaft rechtmäßig verhält und ihren gesetzlichen Verpflichtungen nachkommt, fließt aus dem durch seine Bestellung begründeten Rechtsverhältnis des Geschäftsführers zu der GmbH und besteht daher grundsätzlich nur der Gesellschaft gegenüber und nicht im Verhältnis zu außenstehenden Dritten. Diesen gegenüber besteht keine Garantenpflicht des Geschäftsführers dahingehend, eine Schädigung ihres Vermögens zu verhindern, und können damit auch keine Schadensersatzansprüche aus § 43 Abs. 2 GmbHG entstehen. Zudem ist § 43 Abs. 1 GmbHG kein Schutzgesetz i. S. des § 823 Abs. 2 BGB. Einer Außenhaftung un-

116

---

688 MünchKommGmbHG/*Herrler*, § 9a Rn. 9; Scholz/*Veil*, § 9a Rn. 4; Baumbach/Hueck/*Fastrich*, § 9a Rn. 19; Ulmer/*Ulmer/Habersack*, § 9a Rn. 9; Bork/Schäfer/*Wachter*, § 9a Rn. 18.
689 Gehrlein/Born/Simon/*Nießen*, § 9a Rn. 8; Baumbach/Hueck/*Fastrich*, § 9a Rn. 7 ff.; MünchKommGmbHG/*Herrler*, § 9a Rn. 38.
690 Roth/*Altmeppen*, § 9a Rn. 8; Scholz/*Veil*, § 9a Rn. 20; Michalski/Heidinger/Leible/Schmidt/*Tebben*, § 9a Rn. 11; Bork/Schäfer/*Wachter*, § 9a Rn. 7.
691 OLG Brandenburg, Urt. v. 28.12.2017 – 6 U 87/15, BeckRS 2018, 140653 Tz. 50; so auch Gehrlein/Born/Simon/*Nießen*, § 9a Rn. 10.
692 Michalski/Heidinger/Leible/Schmidt/*Tebben*, § 9a Rn. 26; Baumbach/Hueck/*Fastrich*, § 9a Rn. 13; Rowedder/Schmidt-Leithoff/*C. Schmidt-Leithoff*, § 9a Rn. 18; Bork/Schäfer/*Wachter*, § 9a Rn. 23; *Lutter*/Hommelhoff/*Bayer*, § 9a Rn. 7; Ulmer/*Ulmer/Habersack*, § 9a Rn. 41.
693 *Lutter*/Hommelhoff/*Bayer*, § 9a Rn. 7; Ulmer/*Ulmer/Habersack*, § 9a Rn. 55; MünchKommGmbHG/*Herrler*, § 9a Rn. 35.

Kap. 5 Der Geschäftsführer

terliegt der Geschäftsführer folglich nur in begrenztem Umfang aufgrund besonderer Anspruchsgrundlagen.[694]

a) Verschulden bei Vertragsschluss

117 Den Geschäftsführer trifft gegenüber einem Geschäftspartner eine Aufklärungspflicht, falls die GmbH zahlungsunfähig oder überschuldet ist. Der im Verstoßfall bestehende Schadensersatzanspruch (§§ 280 Abs. 1, 311 Abs. 2 BGB) richtet sich aber grundsätzlich gegen die **Gesellschaft**.[695] Eine persönliche Haftung wegen **wirtschaftlichen Eigeninteresses** scheidet sowohl mit Blick auf den Gesellschafter-Geschäftsführer wie auch für den Fremdgeschäftsführer regelmäßig aus.[696] So wird eine Eigenhaftung des Geschäftsführers namentlich nicht schon durch dessen allgemeines Interesse am Erfolg des Unternehmens begründet.[697] Die besondere Fallgruppe einer Eigenhaftung wegen der **Inanspruchnahme besonderen Vertrauens** (§ 311 Abs. 3 Satz 2 BGB) kann gegenüber einem Geschäftsführer hingegen eingreifen. Dazu muss er aber in seiner Person besonderes Vertrauen für die Erfüllung der Verbindlichkeit übernehmen, und diese Voraussetzung kann allenfalls bei einer Erklärung im **Vorfeld einer Garantiezusage** angenommen werden.[698] Geschäftsführer haften aufgrund einer Garantenstellung Anlegern unmittelbar für die Richtigkeit von **Prospektangaben**, selbst wenn sie den Anlegern persönlich nicht bekannt sind. Diese Haftung greift ebenso (erst recht) ein, wenn Geschäftsführer im persönlichen Gespräch mit Anlegern fehlerhafte Angaben über das Investitionsobjekt machen.[699]

b) Garantieversprechen

118 Das selbstständige Garantieversprechen ist als Vertrag eigener Art im Sinne des § 311 Abs. 1 BGB dadurch gekennzeichnet, dass sich der Garant verpflichtet, für den Eintritt eines bestimmten Erfolges einzustehen und die Gefahr eines künftigen Schadens zu übernehmen. Die dem Warenlieferanten im Rahmen laufender Geschäftsverbindung vom Gesellschafter/Geschäftsführer einer GmbH

---

694 BGH, Urt. v. 10.7.2012 – VI ZR 341/10, BGHZ 194, 26 = NJW 2012, 3439 Tz. 22 ff.
695 Lutter/Hommelhoff/*Kleindiek*, § 43 Rn. 73.
696 BGH, Urt. v. 13.6.2002 – VII ZR 30/01, NJW-RR 2002, 1309; BGH, Urt. v. 6.6.1994 – II ZR 292/91, BGHZ 126, 181 = BB 1994, 1657 = NJW 1994, 2020; gleichsinnig Gehrlein/Born/Simon/*Buck-Heeb*, § 43 Rn. 124; Scholz/*U. Schneider*, § 43 Rn. 320; vgl. auch OLG Stuttgart, Urt. v. 23.2.2016 – 1 U 97/15, BeckRS 2016, 18016 Tz. 23.
697 BAG, Urt. v. 20.3.2014 – 8 AZR 45/13, NJW 2014, 2669 Tz. 22.
698 BGH, Urt. v. 6.6.1994 – II ZR 292/91, BGHZ 126, 181 = BB 1994, 1657 = NJW 1994, 2220; BGH, Urt. v. 1.7.1991 – II ZR 180/90, NJW-RR 1991, 1312; so auch Scholz/*U. Schneider*, § 43 Rn. 316; MünchKommGmbHG/*Fleischer*, § 43 Rn. 344; vgl. auch OLG Stuttgart, Urt. v. 23.2.2016 – 1 U 97/15, BeckRS 2016, 18016 Tz. 26.
699 BGH, Urt. v. 2.6.2008 – II ZR 210/06, BGHZ 177, 25 = BB 2008, 1978 = NZG 2008, 661 Tz. 13.

gegebene Versicherung, er werde bei Verschlechterung der wirtschaftlichen Lage der GmbH Kapital nachschießen, sodass der Lieferant auf jeden Fall „sein Geld bekomme", kann ein **selbstständiges Garantieversprechen** darstellen. Da das selbstständige Garantieversprechen die Übernahme der Verpflichtung zur Schadloshaltung für den Fall des Nichteintritts des garantierten Erfolgs umfasst, bestimmt sich deren Umfang nach den Grundsätzen des Schadensersatzrechts (§§ 249 ff. BGB); der Garantieschuldner hat somit im Falle der Gewährleistung den Gläubiger so zu stellen, als ob der garantierte Erfolg eingetreten oder der Schaden nicht entstanden wäre.[700]

c) Insolvenzverschleppung

Die Gesellschaftsgläubiger können aus § 64 GmbHG eigene Ansprüche gegen den Geschäftsführer nicht herleiten. Wie weitgehend anerkannt ist, stellt hingegen § 15a Abs. 1 InsO (ehemals § 64 Abs. 1 GmbHG), der die Insolvenzantragspflicht des Geschäftsführers festschreibt, ein Schutzgesetz im Sinne von § 823 Abs. 2 BGB dar.[701] Deswegen haben die außen stehenden Gesellschaftsgläubiger, nicht die GmbH selbst und deren Gesellschafter, einen deliktischen Anspruch gegen den Geschäftsführer, der seiner gesetzlichen Verpflichtung zur rechtzeitigen Insolvenzantragstellung nicht genügt.[702] Laufende und erfolgversprechende Sanierungsbemühungen ändern nichts daran, dass der Vorstand einer insolventen GmbH spätestens drei Wochen nach Eintritt der Insolvenzreife die Eröffnung des Insolvenzverfahrens beantragen muss.[703] Wenn ein Geschäftsführer schuldhaft verspätet Insolvenzantrag stellt, haftet er den **Gläubigern** der von ihm geführten GmbH nach § 823 Abs. 2 BGB i.V. mit § 15a Abs. 1 InsO wegen Insolvenzverschleppung auf Ersatz des ihnen durch die Pflichtverletzung entstandenen Schadens. Zwischen der Insolvenzverschleppung und dem eingetretenen Schaden muss ein **unmittelbarer Zusammenhang** gegeben sein. Dieser fehlt, wenn sich die GmbH nach der vormals entstandenen Insolvenzantragspflicht wirtschaftlich wieder erholt hat und, ohne dass dem Geschäftsführer ein Verstoß gegen § 15a Abs. 1 InsO anzulasten ist, später in Insolvenz geraten

119

---

700 BGH, Urt. v. 18.6.2001 – II ZR 248/99, BB 2001, 1806 = NJW-RR 2001, 1611.
701 BGH, Urt. v. 14.5.2012 – II ZR 130/10, NJW 2012, 3510 Tz. 9; BGH, Urt. v. 6.6.1994 – II ZR 292/91, BGHZ 126, 181 = BB 1994, 1657 = NJW 1994, 2220; BAG, Urt. v. 20.3.2014 – 8 AZR 45/13, NJW 2014, 2669 Tz. 32.
702 BGH, Urt. v. 15.3.2011 – II ZR 204/09, NJW 2011, 2427 Tz. 14; BGH, Urt. v. 3.2.1987 – VI ZR 268/85, BGHZ 100, 19 = BB 1987, 994, 1006 = NJW 1987, 2433; BGH, Urt. v. 16.12.1958 – VI ZR 245/57, BGHZ 29, 100 = BB 1959, 208 = NJW 1959, 623; ebenso Baumbach/Hueck/*Haas*, § 64 Rn. 147 f.; Michalski/Heidinger/Leible/Schmidt/*Nerlich*, § 64 Rn. 9; Lutter/Hommelhoff/*Kleindiek*, Anh. zu § 64 Rn. 80; *Bork*/Schäfer, § 64 Rn. 72; MünchKommGmbHG/*H.-F. Müller*, § 64 Rn. 202 f.; Gehrlein/Born/Simon, Vor § 64 Rn. 191.
703 BGH, Urt. v. 12.2.2007 – II ZR 308/05, NJW-RR 2007, 690 Tz. 18.

Kap. 5   Der Geschäftsführer

ist.[704] Die Forderungen müssen bereits **vor Insolvenzeröffnung** entstanden sein; daher gehören der **Pensions-Sicherungs-Verein**, auf den nach § 9 Abs. 2 BetrAVG Ansprüche der Versorgungsberechtigten übergehen, und die **Bundesagentur für Arbeit**, die durch die Zahlung von Insolvenzgeld an die Arbeitnehmer einen Regressanspruch gegen die GmbH (§ 169 SGB III) erwirbt, nicht zum geschützten Personenkreis.[705] Hier kommen indes Ansprüche aus § 826 BGB in Betracht.[706] Was den Umfang des zu ersetzenden Schadens betrifft, ist zwischen den **Altgläubigern** und den **Neugläubigern** zu unterscheiden.[707]

aa) Altgläubiger: Quotenschaden

120   Altgläubiger sind solche Gläubiger, die bei Eintritt der Insolvenzreife ihre Gläubigerstellung bereits erlangt hatten. Der Anspruch der Altgläubiger ist auf den **Quotenschaden** beschränkt, mithin den Betrag, um den sich die Insolvenzmasse und damit die dem einzelnen Gläubiger verbleibende Quote durch die Insolvenzverschleppung verringert hat; dabei ist auf den fiktiven Zeitpunkt ordnungsgemäßer Insolvenzantragstellung abzustellen.[708] Der Quotenschaden kann nur zutreffend ermittelt werden, wenn in die Vergleichsrechnung alle sonstigen der GmbH gegen den Geschäftsführer, sei es auch in seiner Eigenschaft als Gesellschafter, zustehenden Forderungen eingestellt werden. Ansprüche wegen Verletzung des Kapitalerhaltungsgebots, aus Eigenkapitalersatz oder wegen schuldhaft fehlerhafter Geschäftsführung sind bei **Ermittlung des Quotenschadens**, auch wenn sie noch nicht realisiert worden sind, mit ihrem rechnerischen Wert mindernd anzusetzen. Die fiktive Quote ist aus dem Verhältnis der den Altgläubigern bei Insolvenzreife zur Verfügung stehenden Masse zu ihren damaligen

---

704   BGH, Urt. v. 5.2.2007 – II ZR 234/05, BGHZ 171, 46 = BB 2007, 791 = NJW-RR 2007, 759 Tz. 10; BGH, Urt. v. 25.7.2005 – II ZR 390/03, BGHZ 164, 50 = BB 2005, 2144 = NJW 2005, 3137.
705   BGH, Urt. v. 19.2.1990 – II ZR 268/88, BGHZ 110, 342 = BB 1990, 802 = NJW 1990, 1725; BGH, Urt. v. 26.6.1989 – II ZR 289/88, BGHZ 108, 134 = BB 1989, 2278 = NJW 1989, 3277; so auch Rowedder/Schmitt-Leithoff/*M. Schmitt-Leithoff/ P. Schneider*, § 64 Rn. 80; MünchKommGmbHG/*H.-F. Müller*, § 64 Rn. 202; Lutter/Hommelhoff/*Kleindiek*, Anh. zu § 64 Rn. 81; *Gehrlein*/Born/Simon, Vor § 64 Rn. 245.
706   Dazu nachfolgend zu Rn. 123.
707   BGH, Urt. v. 5.2.2007 – II ZR 234/05, BGHZ 171, 46 = BB 2007, 791 = NJW-RR 2007, 759 Tz. 13.
708   BGH, Urt. v. 5.2.2007 – II ZR 234/05, BGHZ 171, 46 = BB 2007, 791 = NJW-RR 2007, 759 Tz. 13; BGH, Urt. v. 30.3.1998 – II ZR 146/96, BGHZ 138, 211 = BB 1998, 969 = NJW 1998, 2667; BGH, Urt. v. 13.4.1994 – II ZR 292/91, BGHZ 126, 181 = BB 1994, 1657 = NJW 1994, 2220; gleichsinnig Rowedder/Schmitt-Leithoff/ *M. Schmitt-Leithoff/P. Schneider*, § 64 Rn. 81; Lutter/Hommelhoff/*Kleindiek*, Anh. zu § 64 Rn. 92; *Gehrlein*/Born/Simon, Vor § 64 Rn. 248; *Bork*/Schäfer, § 64 Rn. 72; MünchKommGmbHG/*H.-F. Müller*, § 64 Rn. 206.

IV. Haftung des Geschäftsführers Kap. 5

Forderungen zu ermitteln. Die Quote ist mit den tatsächlichen Insolvenzforderungen der – in der Insolvenz noch vorhandenen Altgläubiger – zu multiplizieren; von dem Ergebnis ist der auf die Altgläubiger entfallende Masseanteil abzuziehen, der sich aus dem Verhältnis ihrer Forderungen zur Summe der Insolvenzforderungen ergibt.[709]

bb) Neugläubiger: Vertrauensschaden

Neugläubiger sind solche Gläubiger, die ihre Forderung gegen die GmbH nach Eintritt der Insolvenzantragspflicht erworben haben. Zu den Neugläubigern gehört auch eine Bank, wenn der Kreditvertrag zwar schon vor Entstehen der Insolvenzantragspflicht geschlossen, eine Krediterweiterung aber erst danach vereinbart wurde. Hingegen erleidet ein Vermieter, welcher der GmbH vor Insolvenzreife Räume überlassen hat, keinen Neugläubigerschaden (sondern ist Altgläubiger), weil er sich bei Insolvenzreife nicht von dem Mietvertrag hätte lösen können.[710] Bei **Dauerschuldverhältnissen** bildet also der Zeitpunkt der Insolvenzantragspflicht die Zäsur für die Bewertung, inwieweit der Anspruchsinhaber als Alt- oder Neugläubiger anzusehen ist.[711] Die Neugläubiger haben einen Anspruch auf Ausgleich des Vertrauensschadens, d. h. des **vollen** – nicht auf eine fiktive Quote begrenzten – **Schadens**, der ihnen dadurch entsteht, dass sie in Rechtsbeziehungen zu einer überschuldeten oder zahlungsunfähigen GmbH getreten sind. Diese Bewertung trägt dem Umstand Rechnung, dass Neugläubiger bei rechtzeitiger Antragstellung gar nicht mehr in vertragliche Rechtsbeziehungen zu der insolvenzreifen GmbH getreten und damit nicht geschädigt worden wären.[712] War die Gesellschaft zu einem früheren Zeitpunkt überschuldet, hat sie sich aber im Zeitpunkt des Vertragsschlusses erholt, scheidet ein Schadensersatzanspruch aus, weil der Gläubiger nicht in Rechtsbeziehungen zu einer überschuldeten oder zah-

121

---

709 BGH, Urt. v. 30.3.1998 – II ZR 146/96, BGHZ 138, 211 = BB 1998, 969 = NJW 1998, 2667; zustimmend Michalski/Heidinger/Leible/Schmidt/*Nerlich*, Anh. zu § 64 Rn. 55; wegen des komplizierten Berechnungsweges kritisch Roth/*Altmeppen*, Vor § 64 Rn. 126 f.; wohl auch Rowedder/Schmitt-Leithoff/*M. Schmitt-Leithoff/P. Schneider*, § 64 Rn. 81.
710 BGH, Urt. v. 22.10.2013 – II ZR 394/12, NJW 2014, 698 Tz. 8.
711 BGH, Urt. v. 5.2.2007 – II ZR 234/05, BGHZ 171, 46 = BB 2007, 791 = NJW-RR 2007, 759 Tz. 13.
712 BGH, Urt. v. 21.10.2014 – II ZR 113/13, NZG 2015, 227 Tz. 13; BGH, Urt. v. 22.10.2013 – II ZR 394/12, NJW 2014, 698 Tz. 7; BGH, Urt. v. 14.5.2012 – II ZR 130/10, NJW 2012, 3510 Tz. 13 ff.; BGH, Urt. v. 15.3.2011 – II ZR 204/09, NJW 2011, 2427 Tz. 9 und 20; BGH, Urt. v. 25.7.2005 – II ZR 390/03, BGHZ 164, 50 = BB 2005, 2144 = NJW 2005, 3137; BGH, Urt. v. 6.6.1994 – II ZR 292/91, BGHZ 126, 181 = BB 1994, 1657 = NJW 1994, 2220; so auch MünchKommGmbHG/*H.-F. Müller*, § 64 Rn. 207; Rowedder/Schmitt-Leithoff/*M. Schmitt-Leithoff/P. Schneider*, § 64 Rn. 84; Lutter/Hommelhoff/*Kleindiek*, Anh. zu § 64 Rn. 93; Baumbach/Hueck/*Haas*, § 64 Rn. 182 f.

lungsunfähigen Gesellschaft getreten ist. Überschuldung bzw. Zahlungsunfähigkeit müssen also im Zeitpunkt der Gläubigerschädigung gegeben sein.[713] Der Ersatzanspruch erfasst lediglich das **negative**, nicht auch das positive **Interesse** des Geschäftspartners, also nur denjenigen Schaden, der dem Gläubiger dadurch entsteht, dass er in Rechtsbeziehungen zu der insolvenzreifen GmbH tritt, ihr also z. B. durch eine Vorleistung, Kredit gewährt, ohne einen werthaltigen Gegenanspruch zu erlangen.[714] Danach kann der Gläubiger jedenfalls die Anschaffungs- oder Herstellungskosten einschließlich der Vertriebskosten, bei Werken die Selbstkosten beanspruchen. Wegen der Begrenzung auf das negative Interesse hat die vereinbarte Vergütung und damit der **Gewinnaufschlag** außer Betracht zu bleiben; zu ersetzen ist indes der Gewinn, den der Gläubiger ohne den Vertragsschluss anderweitig hätte erzielen können.[715] So kann eine Bank im Falle der Darlehensvergabe die Darlehenssumme nebst ihrer Refinanzierungskosten, aber nicht die der GmbH berechneten höheren Zinsen als Schaden beanspruchen.[716] Eine Bank, bei der die GmbH einen Kontokorrentkredit unterhält, ist Neugläubigerin, soweit sich das von der Gesellschaft in Anspruch genommene Kreditvolumen im Stadium der Insolvenzverschleppung erhöht.[717] Zu ersetzen sind jedenfalls auch solche Kosten, die dem Gläubiger wegen der Verfolgung seiner Zahlungsansprüche gegen die insolvenzreife Gesellschaft entstanden sind;[718] Anderes gilt vor dem Hintergrund des Schutzzwecks der Insolvenzverschleppungshaftung für den Schaden, der einem Arbeitnehmer in Gestalt der Uneinbringlichkeit eines Anspruchs auf Entgeltfortzahlung für die Zeit krankheitsbedingter Arbeitsunfähigkeit (§ 3 EFZG) entsteht.[719] Der Schadensersatzanspruch des Gläubigers ist nicht um die auf ihn entfallende Insolvenzquote zu kürzen; der Gläubiger ist viel-

---

[713] BGH, Urt. v. 5.2.2007 – II ZR 234/05, BGHZ 171, 46 = BB 2007, 791 = NJW-RR 2007, 759 Tz. 10; ebenso *Gehrlein*/Born/Simon, Vor § 64 Rn. 249.
[714] BGH, Urt. v. 15.3.2011 – II ZR 204/09, NJW 2011, 2427 Tz. 40; BGH, Urt. v. 27.4.2009 – II ZR 253/07, NZG 2009, 750 Tz. 15; zu den Grenzen der Haftung des Geschäftsführers mit Blick auf den Schutzzweck der Insolvenzantragspflicht BGH, Urt. v. 21.10.2014 – II ZR 113/13, NZG 2015, 227 Tz. 20 ff.
[715] BGH, Urt. v. 14.5.2012 – II ZR 130/10, NJW 2012, 3510 Tz. 15; BGH, Urt. v. 24.1.2012 – II ZR 119/10, NZG 2012, 464 Tz. 27; BGH, Urt. v. 15.3.2011 – II ZR 204/09, NJW 2011, 2427 Tz. 40; BGH, Urt. v. 27.4.2009 – II ZR 253/07, NZG 2007, 750 Tz. 15 f.; ebenso Rowedder/Schmitt-Leithoff/*M. Schmitt-Leithoff*/*P. Schneider*, § 64 Rn. 86; Bork/*Schäfer*, § 64 Rn. 72; MünchKommGmbHG/*H.-F. Müller*, § 64 Rn. 209; *Gehrlein*/Born/Simon, Vor § 64 Rn. 249; Baumbach/Hueck/*Haas*, § 64 Rn. 183.
[716] BGH, Urt. v. 5.2.2007 – II ZR 234/05, BGHZ 171, 46 = BB 2007, 791 = NJW-RR 2007, 759 Tz. 21.
[717] BGH, Urt. v. 5.2.2007 – II ZR 234/05, BGHZ 171, 46 = BB 2007, 791 = NJW-RR 2007, 759 Tz. 13.
[718] BGH, Urt. v. 14.5.2012 – II ZR 130/10, NJW 2012, 3510 Tz. 26; BGH, Urt. v. 27.4.2009 – II ZR 253/07, NZG 2007, 750 Tz. 19.
[719] BGH, Beschl. v. 20.10.2008 – II ZR 211/07, NZG 2009, 280 Tz. 3.

mehr verpflichtet, die Insolvenzforderung entsprechend § 255 BGB Zug um Zug gegen die Erfüllung des Schadensersatzanspruchs an den Geschäftsführer abzutreten.[720] Der Anspruch ist nicht im Wege der **Vorteilsausgleichung** um solche Zahlungsbeträge zu kürzen, welche die GmbH nach Eintritt der Insolvenzreife auf Altforderungen des Gläubigers erbracht hat, weil dies aufgrund wertender Betrachtung zu einer unbilligen Entlastung des Geschäftsführers führen würde.[721] Der Anspruch eines leichtfertigen Gläubigers kann durch ein **Mitverschulden** (§ 254 BGB) reduziert werden.[722] Der BGH hat die Frage offengelassen, ob der auf Ersatz des negativen Interesses gerichtete Anspruch über **Kontrahierungsschäden** hinaus auch auf gesetzliche Schuldverhältnisse zu erstrecken ist. Denn im Streitfall wurden von der klagenden Krankenkasse Beitragsausfälle geltend gemacht, die als positives Interesse nicht erstattungsfähig sind.[723] Soweit **gesetzliche Ansprüche** – etwa aus ungerechtfertigter Bereicherung oder Delikt – im Raum stehen, scheidet ein Schadensersatzanspruch gegen den Geschäftsführer aus, weil diese Ansprüche nicht in den Schutzbereich des § 15a Abs. 1 InsO fallen.[724]

cc) Geltendmachung des Anspruchs, Darlegungs- und Beweislast, Verjährung

Der Quotenschaden der **Altgläubiger** wird als einheitlicher Gesamtgläubigerschaden gemäß § 92 InsO allein vom Insolvenzverwalter gegenüber dem Geschäftsführer verfolgt.[725] Der (individuelle) Vertrauensschaden der **Neugläubiger** darf hingegen nicht vom Insolvenzverwalter, sondern nur von den Neugläubigern selbst geltend gemacht werden.[726] Die objektiven Voraussetzungen der Insolvenzantragspflicht und die Höhe des geltend gemachten Schadens hat der

---

720 BGH, Urt. v. 27.4.2009 – II ZR 253/07, NZG 2009, 750 Tz. 21; BGH, Urt. v. 5.2.2007 – II ZR 234/05, BGHZ 171, 46 = BB 2007, 791 = NJW-RR 2007, 759 Tz. 20.
721 BGH, Urt. v. 12.3.2007 – II ZR 315/05, BB 2007, 1243 = NJW 2007, 3130. Tz. 19 ff.
722 Lutter/Hommelhoff/*Kleindiek*, Anh. zu § 64 Rn. 95.
723 BGH, Urt. v. 7.7.2003 – II ZR 241/02, BB 2003, 2144 = NZG 2003, 923.
724 BGH, Urt. v. 25.7.2005 – II ZR 390/03, BGHZ 164, 50 = BB 2005, 2144 = NJW 2005, 3137; Michalski/Heidinger/Leible/Schmidt/*Nerlich*, Anh. zu § 64 Rn. 61; Rowedder/Schmitt-Leithoff/*M. Schmitt-Leithoff/P. Schneider*, § 64 Rn. 85; MünchKommGmbHG/*H.-F. Müller*, § 64 Rn. 212; a. A. Lutter/Hommelhoff/*Kleindiek*, Anh. zu § 64 Rn. 96.
725 BGH, Urt. v. 5.2.2007 – II ZR 234/05, BGHZ 171, 46 = BB 2007, 791 = NJW-RR 2007, 759 Tz. 12; BGH, Urt. v. 6.6.1994 – II ZR 292/91, BGHZ 126, 181 = BB 1994, 1657 = NJW 1994, 2020; Michalski/Heidinger/Leible/Schmidt/*Nerlich*, Anh. zu § 64 Rn. 63; MünchKommGmbHG/*H.-F. Müller*, § 64 Rn. 214.
726 BGH, Urt. v. 18.12.2007 – VI ZR 231/06, BGHZ 175, 58 = BB 2008, 517 = NZI 2008, 242 Tz. 10; BGH, Urt. v. 30.3.1998 – II ZR 146/96, BGHZ 138, 211 = BB 1989, 969 = NJW 1998, 2667.

Kap. 5 Der Geschäftsführer

Gläubiger zu **beweisen**.[727] Ihm kommen Beweiserleichterungen zugute, wenn der Geschäftsführer die Pflicht zur Führung und Aufbewahrung von Büchern und Belegen (§ 41 GmbHG bzw. §§ 257 HGB, 74 Abs. 2 GmbHG) missachtet hat.[728] Der Beweis des ersten Anscheins spricht dafür, dass ein Dauerschuldverhältnis bei Eintritt der Insolvenzantragspflicht gekündigt worden wäre.[729] Das Verschulden des Geschäftsführers wird hingegen widerleglich vermutet.[730] Steht demnach die Überschuldung fest, hat der Geschäftsführer zu beweisen, dass dies für ihn – auch im Blick auf den zweistufigen Überschuldungsbegriff – nicht erkennbar war oder konkrete Umstände **Sanierungsversuche** und die Fortführung des Unternehmens bis Ablauf der Dreiwochenfrist des § 15a Abs. 1 InsO rechtfertigten.[731] Verschulden scheidet aus, wenn der Geschäftsführer den Rat eines unabhängigen, fachlich qualifizierten Berufsträgers einholt, der nach Einblick in die Geschäftsbücher und sonstigen Unterlagen der Gesellschaft eine Insolvenzreife nicht festzustellen vermag.[732] Indes muss er auf eine unverzügliche Vorlage des Prüfergebnisses des Beraters hinwirken und dieses zudem einer Plausibilitätskontrolle unterziehen.[733] Die Dreiwochenfrist des § 15a Abs. 1 InsO darf nur ausgeschöpft werden, wenn begründete Aussichten auf eine Sanierung bestehen; andernfalls ist der Antrag sofort zu stellen.[734] Der Anspruch aus § 823 Abs. 2 BGB i.V. mit § 15a Abs. 1 InsO, auch derjenige des Neugläubigers, **verjährt nicht** analog §§ 64 Satz 4, 43 Abs. 4 GmbHG in fünf Jahren, sondern unterfällt der regelmäßigen Verjährung nach §§ 195, 199 BGB.[735]

---

727 *Gehrlein*/Born/Simon, Vor § 64 Rn. 251; Michalski/Heidinger/Leible/Schmidt/*Nerlich*, Anh. zu § 64 Rn. 64.
728 BGH, Urt. v. 12.3.2007 – II ZR 315/05, BB 2007, 1243 = NJW 2007, 3130 Tz. 14.
729 BGH, Urt. v. 5.2.2007 – II ZR 234/05, BGHZ 171, 46 = BB 2007, 791 = NJW-RR 2007, 759 Tz. 14.
730 BGH, Urt. v. 24.1.2012 – II ZR 119/10, NZG 2012, 464 Tz. 25; BGH, Urt. v. 6.6.1994 – II ZR 292/91, BGHZ 126, 181 = BB 1994, 1657 = NJW 1994, 2020.
731 BGH, Urt. v. 14.5.2012 – II ZR 130/10, NJW 2012, 3510 Tz. 11; BGH, Urt. v. 15.3.2011 – II ZR 204/09, NJW 2011, 2427 Tz. 38; BGH, Urt. v. 6.6.1994 – II ZR 292/91, BGHZ 126, 181 = BB 1994, 1657 = NJW 1994, 2220; so auch Rowedder/Schmitt-Leithoff/*M. Schmitt-Leithoff/P. Schneider*, § 64 Rn. 88.
732 BGH, Urt. v. 19.6.2012 – II ZR 243/11, NJW-RR 2012, 1122 Tz. 11; BGH, Urt. v. 14.5.2007 – II ZR 48/06, BB 2007, 1801 = NJW 2007, 2118 Tz. 16 f.
733 BGH, Urt. v. 27.3.2012 – II ZR 171/10, NZG 2012 Tz. 16 und 19; BGH, Urt. v. 20.9.2011 – II ZR 234/09, BB 2011, 2960 = NJW-RR 2011, 1670 Tz. 18.
734 BGH, Urt. v. 24.1.2012 – II ZR 119/10, NZG 2012, 464 Tz. 11; BGH, Beschl. v. 17.7.2008 – IX ZB 225/07, WM 2008, 1752 Tz. 10.
735 BGH, Urt. v. 15.3.2011 – II ZR 204/09, NJW 2011, 2427 Tz. 14; BGH, Urt. v. 9.2.2009 – II ZR 292/07, BGHZ 179, 344 = BB 2009, 1037 = NJW 2009, 2127 Tz. 33 (jeweils zu § 852 BGB a. F.); gleichsinnig Rowedder/Schmitt-Leithoff/*M. Schmitt-Leithoff/P. Schneider*, § 64 Rn. 90; *Bork*/Schäfer, § 64 Rn. 75; MünchKommGmbHG/*H.-F. Müller*, § 64 Rn. 219; a. A. Scholz/*K. Schmidt*, § 64 Rn. 209; Lutter/Hommelhoff/*Kleindiek*, Anh. zu § 64 Rn. 106.

IV. Haftung des Geschäftsführers **Kap. 5**

d) Deliktische Haftung

Selbstverständlich unterliegt der Geschäftsführer einer deliktischen Haftung, **123** falls er einen der **Tatbestände der §§ 823 ff. BGB** selbst verwirklicht.[736] So haftet der Geschäftsführer nach § 823 BGB, sofern er persönlich den Verkauf der im (Sicherungs-)Eigentum eines Dritten stehenden Gegenstände veranlasst.[737] Der Geschäftsführer, der durch eine Insolvenzverschleppung einen nicht vom Schutzbereich des § 15a Abs. 1 InsO abgedeckten Vermögensschaden verursacht, kann grundsätzlich aus § 826 BGB zum Schadensersatz verpflichtet sein.[738] Dies gilt etwa gegenüber der Arbeitsverwaltung, wenn der unterlassene Insolvenzantrag das Unvermögen der Gesellschaft zur Entlohnung ihrer Arbeitnehmer und die Verpflichtung der Bundesagentur für Arbeit zur Zahlung des Insolvenzgeldes als gesetzlicher Lohnersatzleistung unmittelbar auslöst. Der Geschäftsführer kann sich mit dem Einwand verteidigen, dass die Arbeitsverwaltung das Insolvenzgeld auch bei rechtzeitiger Antragstellung hätte zahlen müssen. Da dieser Vortrag nicht als Geltendmachung einer Reserveursache oder eines rechtmäßigen Alternativverhaltens, sondern als qualifiziertes Bestreiten zu werten ist, obliegt der Bundesagentur für Arbeit der volle Beweis für den Schadenseintritt.[739] Persönlich schadensersatzpflichtig gemäß § 823 Abs. 2 BGB i.V. mit § 1 BauFordSiG ist der Geschäftsführer, wenn und soweit die GmbH eine einem ausführenden Bauunternehmer zustehende Werklohnforderung vor ihrer masselosen Insolvenz nicht mehr erfüllt und der Geschäftsführer die zweckgerechte Verwendung des Baugelds, das die GmbH in die offene Forderung übersteigender Höhe erhalten hat, nicht darlegen und beweisen kann.[740] Problematisch ist eine deliktische Haftung des Geschäftsführers wegen Verkehrspflichtverletzungen. Der VI. Zivilsenat des BGH hat dem Geschäftsführer, der an der Vertragsgestaltung und -abwicklung persönlich nicht mitgewirkt hat, eine Garantenstellung dafür auferlegt, dass der Eigentumsvorbehalt für gelieferte Materialien nicht durch deren anschließende Verarbeitung und die Vereinbarung eines Abtretungsverbots ins Leere geht.[741] Vom II. Zivilsenat sind gegen die

---

736 BGH, Urt. v. 10.7.2012 – VI ZR 341/10, BGHZ 194, 26 = NJW 2012, 3439 Tz. 24; zur deliktischen Haftung einer Person als faktischer Geschäftsführer einer GmbH OLG Hamm, Urt. v. 28.2.2014 – I-9 U 152/13, GmbHR 2014, 821.
737 BGH, Urt. v. 12.3.1996 – VI ZR 90/95, BB 1996, 1027 = NJW 1996, 1535; OLG Saarbrücken, Urt. v. 30.1.2014 – 4 U 49/13, GmbHR 2014, 481.
738 BGH, Urt. v. 13.10.2009 – VI ZR 288/08, NJW-RR 2010, 351 Tz. 7; BGH, Urt. v. 18.12.2007 – VI ZR 231/06, BGHZ 175, 58 = BB 2008, 517 = NZI 2008, 242 Tz. 14.
739 BGH, Urt. v. 18.12.2007 – VI ZR 231/06, BGHZ 175, 58 = BB 2008, 517 = NZI 2008, 242 Tz. 25.
740 BGH, Urt. v. 17.5.2018 – VII ZR 92/16, NJW 2018, 2115 Tz. 10; BGH, Urt. v. 20.12.2012 – VII ZR 187/11, NJW-RR 2013, 340 Tz. 39; OLG Celle, Urt. v. 27.6.2018 – 9 U 61/17, NJW-RR 2018, 982 Tz. 7.
741 BGH, Urt. v. 5.12.1989 – VI ZR 335/88, BGHZ 109, 297 = BB 1990, 162 = NJW 1990, 976.

Kap. 5 Der Geschäftsführer

Entscheidung gewisse Bedenken geäußert worden, könnte doch der Grundsatz aus den Angeln gehoben werden, nach dem Organisationspflichten nur im Verhältnis zur GmbH bestünden.[742] Mittlerweile hat freilich auch der VI. Zivilsenat ausgesprochen, aus der Stellung als Geschäftsführer ergebe sich **keine Garantenpflicht** gegenüber außenstehenden Dritten.[743]

e) Insbesondere: Haftung wegen Nichtabführens von Sozialversicherungsbeiträgen

124 Der Geschäftsführer macht sich strafbar und haftet deliktsrechtlich (§ 823 Abs. 2 BGB i.V. mit § 266a Abs. 1, § 14 Abs. 1 Nr. 1 StGB), wenn Arbeitnehmeranteile – Arbeitgeberanteile unterliegen nicht der strafrechtlichen Sanktion – zur Sozialversicherung nicht abgeführt werden.[744] Das Merkmal des Vorenthaltens ist selbst dann erfüllt, wenn im betreffenden Zeitraum auch **kein Lohn** an die Arbeitnehmer gezahlt wurde, solange noch **finanzielle Mittel** zur Verfügung standen, die für die Beitragszahlung ausgereicht hätten.[745] Dabei obliegt der Sozialkasse die Darlegungs- und Beweislast, dass der Geschäftsführer zur Abführung der Beiträge dank vorhandener Mittel in der Lage war, seiner Abführungspflicht jedoch vorsätzlich zuwider gehandelt hat.[746] Der Geschäftsführer genügt der ihn insoweit treffenden **sekundären Darlegungslast**,[747] wenn er auf einen bei der Hausbank überzogenen Kreditrahmen, eine fehlende Unterstützung der Gesellschafter und weitere Verbindlichkeiten verweist. Eine besondere Dokumentationspflicht des Geschäftsführers besteht im Blick auf die sekundäre Dar-

---

742 BGH, Urt. v. 13.4.1994 – II ZR 16/93, BGHZ 125, 366 = BB 1994, 1095 = NJW 1994, 1801.
743 BGH, Urt. v. 10.7.2012 – VI ZR 341/10, BGHZ 194, 26 = NJW 2012, 3439 Tz. 21 ff.; ebenso KG, Urt. v. 13.11.2012 – 5 U 30/12, NZG 2013, 586; zustimmend Baumbach/Hueck/*Zöllner/Noack*, § 43 Rn. 77; a. A. Scholz/*U. Schneider*, § 43 Rn. 327.
744 BGH, Beschl. v. 14.7.2008 – II ZR 238/07, NJW 2008, 3557 Tz. 6.; BGH, Urt. v. 15.10.1996 – VI ZR 319/95, BGHZ 133, 370 = BB 1996, 2531 = NJW 1997, 130; vgl. auch OLG Celle, Urt. v. 10.5.2017 – 9 U 3/17, BeckRS 2017, 110011 Tz. 2. – Zur Nicht-Haftung des Geschäftsführers nach § 64 Satz 1 GmbHG, wenn er seiner Abführungspflicht nachkommt, vgl. oben zu Rn. 106.
745 BGH, Urt. v. 11.12.2001 – VI ZR 123/00, BB 2002, 322 = NJW 2002, 1122; BGH, Urt. v. 16.5.2000 – VI ZR 90/99, BGHZ 144, 311 = BB 2000, 1800 = NJW 2000, 2993; Roth/*Altmeppen*, § 43 Rn. 71.
746 BGH, Urt. v. 3.5.2016 – II ZR 311/14, NJW 2017, 886 Tz. 15; BGH, Urt. v. 18.12.2012 – II ZR 220/10, NJW 2013, 1304 Tz. 14; BGH, Urt. v. 25.9.2006 – II ZR 108/05, NJW 2006, 3573 Tz. 8; BGH, Urt. v. 11.12.2001 – VI ZR 123/00, BB 2002, 322 = NJW 2002, 1122; BGH, Urt. v. 15.10.1996 – VI ZR 319/95, BGHZ 133, 370 = BB 1996, 2531 = NJW 1997, 130.
747 Zu deren Rechtfertigung BGH, Urt. v. 3.5.2016 – II ZR 331/14, NJW 2017, 886 Tz. 19 m. w. N.

legungslast nicht.⁷⁴⁸ Zahlungsunfähigkeit entlastet den Geschäftsführer freilich nicht, wenn er sie selbst herbeigeführt oder unter Zurückstellung anderer Zahlungspflichten **keine Rücklagen** gebildet hat.⁷⁴⁹ Notfalls ist durch Kürzung der Nettolöhne sicherzustellen, dass am Fälligkeitstag die Arbeitnehmeranteile fristgerecht an die zuständige Einzugsstelle entrichtet werden können.⁷⁵⁰ Der öffentlich-rechtlichen Pflicht zur Abführung der Sozialversicherungsbeiträge können sich die Geschäftsführer einer mehrgliedrigen GmbH weder durch **Zuständigkeitsregel** noch durch **Delegation** auf andere Personen entledigen. Sie können auf diesem Wege indes ihre deliktische Verantwortlichkeit beschränken. In jedem Fall verbleiben ihnen aber **Überwachungspflichten**, die sie zum Eingreifen verpflichten können. Eine solche Überwachungspflicht kommt vor allem in **finanziellen Krisensituationen** zum Tragen, in denen die laufende Erfüllung von Verbindlichkeiten nicht mehr gewährleistet erscheint.⁷⁵¹ Hätte der Insolvenzverwalter die keinen Vorrang gegenüber anderen Verbindlichkeiten genießenden Zahlungen nach der Insolvenzordnung anfechten können, entfällt mangels Kausalität ein Schaden.⁷⁵² Gibt der Geschäftsführer gegenüber der Sozialkasse wegen rückständiger Sozialabgaben ein **konstitutives Schuldanerkenntnis** ab, so haften er und die Gesellschaft für die Zahlung der Sozialabgaben als Gesamtschuldner (§§ 421, 426 BGB). Im Innenverhältnis zwischen der Gesellschaft und dem Geschäftsführer ist allein die Gesellschaft als Arbeitgeberin zahlungspflichtig. Darum kann die Gesellschaft nach Zahlung der rückständigen Beiträge keinen Regress gegen den Geschäftsführer nehmen, der im umgekehrten Falle seiner Zahlung zu einem Rückgriff gegen die Gesellschaft berechtigt wäre.⁷⁵³

3. Ansprüche der Veräußerer und Erwerber eines Geschäftsanteils

Die Geschäftsführer haben unverzüglich nach jeder Veränderung in den Personen der Gesellschafter oder des Umfangs ihrer Beteiligung eine aktualisierte Gesellschafterliste zum Handelsregister einzureichen (§ 40 Abs. 1 Satz 1 GmbHG). Da die Änderung und Einreichung der Liste nach § 40 Abs. 1 Satz 4 GmbHG auf Mitteilung und Nachweis erfolgt, obliegt es den Geschäftsführern zu prüfen, ob die Rechtsänderung tatsächlich eingetreten ist. Im Falle der Verletzung dieser

125

---

748 BGH, Urt. v. 18.4.2005 – II ZR 61/03, BB 2005, 1905 = NJW 2005, 2546.
749 BGH, Urt. v. 11.12.2001 – VI ZR 123/00, BB 2002, 322 = NJW 2002, 1122.
750 BGH, Urt. v. 25.9.2006 – II ZR 108/05, NJW 2006, 3573 Tz. 10; BGH, Urt. v. 14.11.2000 – VI ZR 149/99, NJW 2001, 967; BGH, Urt. v. 15.10.1996 – VI ZR 319/95, BGHZ 133, 370 = BB 1996, 2531 = NJW 1997, 130.
751 BGH, Urt. v. 21.1.1997 – VI ZR 338/95, BGHZ 134, 304 = BB 1997, 591 = NJW 1997, 1237; BGH, Urt. v. 15.10.1996 – VI ZR 319/95, BGHZ 133, 370 = BB 1996, 2531 = NJW 1997, 130; OLG Düsseldorf, Urt. v. 16.9.2014 – I-21 U 38/14, NZI 2015, 517 Tz. 8 ff.
752 BGH, Urt. v. 18.4.2005 – II ZR 61/03, BB 2005, 1905 = NJW 2005, 2546.
753 BGH, Urt. v. 9.7.2007 – II ZR 30/06, BB 2007, 1804 = NJW-RR 2007, 1407 Tz. 12.

Kap. 5 Der Geschäftsführer

Pflicht schulden die Geschäftsführer gemäß § 40 Abs. 3 GmbHG den von der Änderung der Beteiligung Betroffenen – sowohl dem Veräußerer als auch Erwerber eines Geschäftsanteils[754] – Schadensersatz. Die Schadensersatzpflicht setzt Verschulden voraus; dieses wird analog § 93 Abs. 2 Satz 2 AktG vermutet, der Geschäftsführer kann sich aber entlasten.[755] So haftet er nicht, wenn er nachweist, dass er schuldlos die materielle Unwirksamkeit der ihm mitgeteilten Veränderung im Gesellschafterkreis nicht erkannt hat. Auch darf der Geschäftsführer darauf vertrauen, dass ein in der Liste eingetragener Gesellschafter zur Veräußerung seines Geschäftsanteils legitimiert ist. Verschulden dürfte etwa anzunehmen sein, wenn der Geschäftsführer ohne Vorlage eines Erbscheins eine den Scheinerben ausweisende Gesellschafterliste einreicht.[756]

V. Haftung von Prokuristen und Handlungsbevollmächtigten

126 Das Auszahlungsverbot des § 30 GmbHG richtet sich nur gegen Geschäftsführer, nicht gegen Prokuristen oder sonstige verfügungsbefugte Angestellte einer GmbH. Entsprechende Aufgaben und die ihnen vorgelagerte Pflicht, das Eingreifen des Verbots ggf. zu erkennen, hat ein Prokurist regelmäßig nicht, sofern er nicht die Geschäfte der GmbH tatsächlich wie ein (Mit-)Geschäftsführer führt.[757]

1. Verletzung des Anstellungsvertrages

127 Eine Aushöhlung des Kapitalerhaltungsschutzes ist nicht deswegen zu besorgen, weil ein Gesellschafter zum Zwecke verbotener Auszahlungen unter Umgehung des Geschäftsführers, dem die Haftung des § 43 Abs. 2 und 3 GmbHG droht, einen entsprechender Haftung nicht unterliegenden, willfährigen Prokuristen einschalten oder dessen Einstellung veranlassen könnte. Wenn dieser weiß oder sich ihm nach den Umständen aufdrängt, dass er für unlautere Machenschaften unter Umgehung des Geschäftsführers zu erheblichem Nachteil der Gesellschaft eingeschaltet werden soll, muss er dies aufgrund seiner anstellungsvertraglichen Treupflicht zur Wahrung der Interessen seiner Arbeitgeberin entweder ablehnen oder dem Geschäftsführer als Arbeitgebervertreter mitteilen und von ihm Wei-

---

754 Lutter/Hommelhoff/*Bayer*, § 40 Rn. 80; Bork/Schäfer/*Wachter*, § 40 Rn. 144; Baumbach/Hueck/*Noack*, § 40 Rn. 47; MünchKommGmbHG/*Heidinger*, § 40 Rn. 197; Scholz/*Seibt*, § 40 Rn. 97; Michalski/Heidinger/Leible/Schmidt/*Terlau*, § 40 Rn. 44.
755 Roth/*Altmeppen*, § 40 Rn. 27; Lutter/Hommelhoff/*Bayer*, § 40 Rn. 80; Baumbach/Hueck/*Noack*, § 40 Rn. 43; für Verschuldenserfordernis auch Scholz/*Seibt*, § 40 Rn. 96; Gehrlein/Born/Simon/*Winter*, § 40 Rn. 46; Michalski/Heidinger/Leible/Schmidt/*Terlau*, § 40 Rn. 44; MünchKommGmbHG/*Heidinger*, § 40 Rn. 197.
756 Scholz/*Seibt*, § 40 Rn. 96; MünchKommGmbHG/*Heidinger*, § 40 Rn. 198.
757 BGH, Urt. v. 25.6.2001 – II ZR 38/99, BB 2001, 1753 = NJW 2001, 3123.

sungen einholen. Handelt er diesen Pflichten zuwider, haftet er wegen Verletzung seines Anstellungsvertrages. Erklärt sich dagegen der Geschäftsführer mit der (ihm) verbotenen Auszahlung einverstanden, so haftet dafür dieser, aber – vorbehaltlich einer etwaigen deliktischen Haftung – der Prokurist nicht.[758]

2. Deliktische Haftung

§ 30 GmbHG ist kein Schutzgesetz zugunsten der Gesellschaft und ihrer Gläubiger im Sinne von § 823 Abs. 2 BGB, durch dessen vorsätzliche oder fahrlässige Verletzung sich jeder zu Zahlungen aus dem Gesellschaftsvermögen Ermächtigte haftbar machen könnte. Ebenso wie Gesellschafter, die ihre Gesellschaft vorsätzlich in einer gegen die guten Sitten verstoßenden Weise schädigen, gemäß § 826 BGB haften können, haften allerdings auch Prokuristen und ähnliche Bevollmächtigte unter den Voraussetzungen dieser Vorschrift, die unabhängig davon sind, ob das betreffende Verhalten auch bei bloßer Fahrlässigkeit pflichtwidrig wäre. Weiter kann auch ein Prokurist einer GmbH ebenso wie ein Geschäftsführer nach § 823 Abs. 2 BGB i.V. mit § 266 StGB haftbar sein, wenn er unter vorsätzlichem Missbrauch seiner Vertretungsbefugnis (§§ 49, 50 HGB) bewusst an Vermögensverschiebungen zulasten der GmbH mitwirkt, welche deren wirtschaftliche Existenz gefährden, ihre Insolvenz herbeiführen, wesentlich beschleunigen oder vertiefen.[759]

128

---

758 BGH, Urt. v. 25.6.2001 – II ZR 38/99, BB 2001, 1753 = NJW 2001, 3123.
759 BGH, Urt. v. 25.6.2001 – II ZR 38/99, BB 2001, 1753 = NJW 2001, 3123.

Kapitel 6
Sicherung der Kapitalaufbringung

Übersicht

	Rn.
I. Kapitalaufbringung als Korrelat der Haftungsbefreiung	1
II. Unversehrtheitsgrundsatz	3
1. Verwirklichung durch Differenzhaftung	3
2. Mehrzahlung über Mindesteinlage hinaus	4
III. Zahlung der Bareinlage	5
1. Fälligkeit der Bareinlage	5
2. Gleichmäßige Behandlung der Gesellschafter	6
3. Erfüllung der Bareinlageschuld	7
a) Zuordnung einer Zahlung	7
b) Vorauszahlung	8
c) Zahlung auf eigenes, auch als Geschäftskonto der GmbH genutztes Konto des Gesellschafters	9
d) Zahlung auf im Debet geführtes Konto	10
e) Schuldrechtliche Verwendungsabsprachen	11
f) Leistung von Bargeld	12
g) Hin- und Herzahlung; Cash Pool	13
h) Zahlung aus Mitteln der Gesellschaft	26
i) Zahlung an Gesellschaftsgläubiger	27
j) Beweislast	30
4. Verjährung	31
5. Befreiungsverbot	32
a) Erlass	33
b) Novation	34
c) Stundung	35
d) Vergleich	36
e) Schiedsfähigkeit von Einlagestreitigkeiten	37

	Rn.
f) Aber: Befreiung durch erfüllungsersetzende Leistung möglich	38
6. Aufrechnungsverbot	39
a) Aufrechnung durch Gesellschafter	40
b) Aufrechnung durch GmbH	41
IV. Erbringung der Sacheinlage	44
1. Begriff	44
2. Gegenstand einer Sacheinlage	45
3. Gutgläubiger Erwerb der GmbH von einem Gesellschafter	46
4. Verdeckte Sacheinlage	47
a) Hintergrund: Die verdeckte Sacheinlage vor ihrer Kodifizierung	47
b) Die Neuregelung: Anrechnungslösung	51
V. Kapitalerhöhung	60
1. Verwirklichung der Kapitalerhöhung	60
2. Fälligkeit	62
3. Zeitpunkt der Zahlung	63
4. Vorausleistungen	64
a) Geldeinlage	64
b) Sanierungsfälle	65
c) Sacheinlage	66
5. Zahlung auf im Debet geführtes Konto	67
6. Ausschüttungs-Rückhol-Verfahren	68
a) Tatsächliche Gestaltung	68
b) Rechtliche Behandlung als Sacheinlage	69
c) Offenlegung des Verfahrens	70
7. Genehmigtes Kapital	71

Kap. 6 Sicherung der Kapitalaufbringung

	Rn.		Rn.
VI. Kaduzierung	72	c) Zuständigkeit	76
1. Anwendungsbereich	72	d) Verlustigerklärung	77
2. Verfahrensgang	73	3. Wirkungen	78
a) Säumnis des Gesellschafters und erste Zahlungsaufforderung	74	a) Verlust der Mitgliedschaft	78
		b) Stufenregress	79
b) Erneute Zahlungsaufforderung	75		

I. Kapitalaufbringung als Korrelat der Haftungsbefreiung

1 Die GmbH ist eine Kapitalgesellschaft, die als Haftungsfonds über ein Stammkapital von mindestens 25.000 € verfügt (§ 5 Abs. 1 GmbHG), welches in der Sonderform der UG (haftungsbeschränkt) gem. § 5a GmbHG auf bis zu 1,00 € reduziert werden kann. Das Haftungsprivileg der Gesellschafter, die für die Verbindlichkeiten der GmbH nicht persönlich einzustehen haben (§ 13 Abs. 2 GmbHG), lässt sich nur vor dem Hintergrund einer umfassenden Kapitalsicherung rechtfertigen. Die Befreiung von der mitunternehmerischen Haftung erfordert als Äquivalent, dass die Gesellschafter das Kapital in nachprüfbarer Weise aufbringen und der GmbH nicht wieder entziehen.[1] Nicht von ungefähr hat der BGH immer wieder betont, dass im Interesse des redlichen Rechtsverkehrs die **Aufbringung und Erhaltung des Stammkapitals** als der Haftungs- und Kreditgrundlage der GmbH gesichert sein muss.[2] Der Grundsatz der realen Kapitalaufbringung hat in zahlreichen Normen (namentlich §§ 4, 5, 7 Abs. 2 und 3, §§ 9, 9a, 9b, 9c, 30, 31, 56, 56a, 57 Abs. 1, 2 und 4, §§ 57a, 57d ff., 58 f. GmbHG, §§ 39, 44a, 135 InsO) Niederschlag gefunden. Die effektive Kapitalaufbringung wird durch **formelle und materielle Sicherungsnormen** gewährleistet. Während die formellen Regeln das Prüfungsrecht des Registergerichts ausgestalten, begründen die materiellen – der Disposition der Gesellschafter entzogenen – Vorschriften Ansprüche der GmbH auf Leistung des Stammkapitals.

2 Allerdings steht der Kapitalaufbringungsgrundsatz als Korrelat der Haftungsbeschränkung unter Rechtfertigungsdruck, dem sich der Gesetzgeber zumal nach der sehr weitgehenden Gewährung der europarechtlichen Niederlassungsfreiheit durch den EuGH[3] kaum durch bloßen Hinweis auf überkommene Rechtstradi-

---

1 *K. Schmidt*, § 37, I.
2 BGH, Urt. v. 2.12.1968 – II ZR 144/67, BGHZ 51, 157 = BB 1969, 599 = NJW 1969, 840; BGH, Urt. v. 30.6.1958 – II ZR 213/56, BGHZ 28, 77 = BB 1958, 719 = NJW 1958, 1351; BGH, Urt. v. 13.10.1954 – II ZR 182/53, BGHZ 15, 52 = BB 1954, 977 = NJW 1954, 1842.
3 Urteile des EuGH „Centros": NJW 1999, 2027; „Überseering": NJW 2002, 3614; „Inspire Art": DNotZ 2004, 55; „Cartesio": NJW 2009, 569.

tion und nationale Gestaltungshoheit entziehen konnte. Das schlägt sich nieder im rechtspolitischen Angebot der UG (haftungsbeschränkt) für Gründer einer haftungsbeschränkenden juristischen Person. Die Grundsätze von Kapitalaufbringung und Kapitalerhaltung, die formell für die UG (haftungsbeschränkt) uneingeschränkt gelten, flankieren bei dieser Gesellschaft ein fundiertes Vertrauen aber nur auf das satzungsgemäß ausgewiesene Stammkapital, nicht auf eine absolute Mindestsumme. Flankiert wird der Kapitalschutz bei der UG (haftungsbeschränkt) durch das Gebot der Rücklagenbildung aus Jahresüberschüssen (dazu Kap. 1 Rn. 82).

II. Unversehrtheitsgrundsatz

1. Verwirklichung durch Differenzhaftung

Dem Unversehrtheitsgrundsatz als Kerngedanken des Kapitalgesellschaftsrechts liegt die Erwägung zugrunde, dass die juristische Person nur mit einem garantierten Mindestkapital ins Leben treten darf. Ob das Mindestkapital dem wirtschaftlich-organisatorischen unerlässlichen Betriebs- und Haftungskapital entspricht, ist dabei aber ohne Bedeutung. Ein individuell betriebsbezogenes (d. h. in der abstrakt-generellen Vorgabe eines Gesetzes dann aber auch: variables) Mindestkapital ist für eine externe Gründungsprüfung untauglich. Und auch für die nachgelagerte Haftung hat die Rechtsprechung – wohl zu Recht – nie eine Konkretisierung im Rahmen einer Haftung wegen materieller Unterkapitalisierung versucht. Der Rechtsverkehr soll sich aber jedenfalls darauf verlassen können, dass die GmbH wenigstens im Augenblick ihrer Eintragung, in dem sie „als solche" entsteht (§ 11 Abs. 1 GmbHG), über diesen öffentlich verlautbarten Haftungsfonds tatsächlich verfügt.[4] Beeinträchtigungen kann das Stammkapital insbesondere durch eine Geschäftsaufnahme vor Eintragung der GmbH erleiden. Bis zum Jahr 1981 versuchte die Rechtsprechung, den Unversehrtheitsgrundsatz durch das sog. **Vorbelastungsverbot** zu verwirklichen, indem die Vertretungsmacht der Geschäftsführer der Vor-GmbH, deren Aktiva und Passiva die eingetragene GmbH übernimmt, auf gründungsnotwendige Geschäfte beschränkt wurde. Das Vorbelastungsverbot wurde im Jahre 1981 aufgegeben und durch eine **Differenzhaftung** ersetzt: Danach haften die Gesellschafter im Verhältnis ihrer Geschäftsanteile der GmbH gegenüber auf Ausgleich, soweit sich durch Verbindlichkeiten der Vor-GmbH im Zeitpunkt der Entstehung der GmbH bei Eintragung in das Handelsregister eine Differenz zwischen dem Stammkapital und dem Wert des Gesellschaftsvermögens ergibt. Diese in der Beziehung des Gesellschafters zu der GmbH ausgestaltete (Innen-)Haftung ist nicht auf die Höhe des Stammkapitals beschränkt, sondern umfasst jede darüber hinausgehende Überschuldung.[5]

---

4 BGH, Urt. v. 9.3.1981 – II ZR 54/80, BGHZ 80, 129 = BB 1981, 689 = NJW 1981, 1373.
5 BGH, Urt. v. 9.3.1981 – II ZR 54/80, BGHZ 80, 129 = BB 1981, 689 = NJW 1981, 1373.

2. Mehrzahlung über Mindesteinlage hinaus

4 Leistet ein Gesellschafter von seiner in bar übernommenen Stammeinlage in das Vermögen der Vor-GmbH mehr, als er im **Gründungsstadium** mindestens aufzubringen hat (vgl. § 7 Abs. 2 GmbHG), so hat er seine Einlageverpflichtung hinsichtlich des Mehrbetrages auch dann erfüllt, wenn dieser im Zeitpunkt der Eintragung der GmbH in das Handelsregister bereits verbraucht ist. Da alle Aktiva und Passiva von der Vor-GmbH auf die GmbH als juristische Person übergehen, wirken sich Gesellschafterleistungen, die in das Vermögen der Vor-GmbH erfolgt sind, auch im Vermögen der GmbH erhöhend aus; sei es auch nur, dass eine etwa bestehende **Unterbilanz** oder **Überschuldung** niedriger ausfällt, als sie ohne die Leistung ausgefallen wäre. Müsste der Gesellschafter, der freiwillig vorgeleistet hat, diese Leistung der eingetragenen GmbH nochmals erbringen, so würde er insoweit einen Teil der Unterbilanz, der infolge seiner Vorleistung schon niedriger ausgefallen ist und für deren Rest alle Gesellschafter anteilig aufzukommen hätten, allein ausgleichen, also seinen Mitgesellschaftern in diesem Umfange die anteilige Haftung abnehmen und damit mehr zahlen als sie. Diese Ungleichbehandlung wird vermieden, wenn der Verbrauch des Vermögens ebenso wie dessen Belastung mit Verbindlichkeiten durch eine im Zeitpunkt der Eintragung einsetzende Unterbilanzhaftung ausgeglichen wird. Der Gesellschafter hat also seine Einlagepflicht erfüllt und unterliegt lediglich einer anteiligen Unterbilanzhaftung.[6]

III. Zahlung der Bareinlage

1. Fälligkeit der Bareinlage

5 Eine **Sacheinlage** muss bereits vor Anmeldung der Gesellschaft zum Handelsregister zur freien Verfügung des Geschäftsführers erbracht werden (§ 7 Abs. 3 GmbHG). Bei einer **Bareinlage** begnügt sich das Gesetz dagegen (§ 7 Abs. 2 Satz 1 GmbHG) mit der Einzahlung eines Viertels der übernommenen Einlage (sog. „Mindesteinlage"), vor Anmeldung, während die **Resteinlage** noch nach Eintragung der GmbH geleistet werden kann. Die Summe aller Mindesteinlagen zuzüglich etwaiger Sacheinlagen hat sich vor Anmeldung auf 12.500 € zu belaufen (§ 7 Abs. 2 Satz 2 GmbHG), was in der weit überwiegenden Mehrzahl der Gründungen damit die Untergrenze bildet (deswegen „hälftige Einzahlung"). Die Regelungen über den Zeitpunkt der Leistung von Sacheinlage und Bareinlage gelten auch bei einer **Kapitalerhöhung** (§ 56a GmbHG). Die sofortige **Fälligkeit** der Mindesteinlagen wird regelmäßig durch die Satzung oder den Kapitalerhöhungsbeschluss begründet. Bei zeitlich gestreckter Übernahmeer-

---

[6] BGH, Urt. v. 24.10.1988 – II ZR 176/88, BGHZ 105, 300 = BB 1989, 169 = NJW 1989, 710.

klärung zählt dieser Zeitpunkt. Auch für die Resteinlage kann der Fälligkeitszeitpunkt in der Satzung mit Hilfe einer datumsmäßigen Fixierung bestimmt werden.[7] Ausreichend ist ferner die Formulierung, dass die Einlage „sofort"[8] oder „vor Anmeldung zum Handelsregister"[9] zu erbringen ist. Fehlt es an einem satzungsmäßig festgelegten Zahlungstermin, so wird die Resteinlage durch ein zweistufiges Verfahren fällig gestellt: Einmal bedarf es eines **Gesellschafterbeschlusses** (§ 46 Nr. 2 GmbHG) über die Einforderung der Einlage, bei dessen Fassung alle – auch betroffene – Gesellschafter (ohne Beschränkung durch § 47 Abs. 4 Satz 2 Alt. 1 GmbHG) stimmberechtigt sind.[10] Als weitere Voraussetzung hat die vom Geschäftsführer zu bewirkende **Anforderung** der Zahlung an den Gesellschafter, mit deren Zugang die Einlage fällig wird, hinzuzutreten.[11] Eine nicht durch einen Gesellschafterbeschluss gedeckte Anforderung durch den Geschäftsführer ist unwirksam.[12] Der Einforderungsbeschluss kann von **sämtlichen** Gesellschaftern (auch konkludent) getroffen werden und bedarf in diesem Fall keiner Umsetzung durch eine Anforderung des Geschäftsführers.[13] Die Gesellschafter können die Einforderung von Bareinlagen einem anderen Organ – in erster Linie dem Geschäftsführer oder Aufsichtsrat – übertragen. Dies muss aus einer eindeutigen Satzungsbestimmung hervorgehen. Die Formulierung „die Restbareinlage wird nach Anforderung durch den Geschäftsführer fällig" entbehrt für eine vollständige Übertragung des Einforderungsrechts auf die Geschäftsführer (also ohne vorherigen Gesellschafterbeschluss) der notwendigen Klarheit.[14] Verzichtbar ist ein Einforderungsbeschluss der Gesellschafter bei **Insolvenz**[15] oder **Liquidation** der Gesellschaft sowie im Falle der **Zwangsvollstreckung** gegen die GmbH.[16]

2. Gleichmäßige Behandlung der Gesellschafter

Bei der Einforderung der Bareinlagen (§ 19 Abs. 1 GmbHG) ist der **Gleichbehandlungsgrundsatz** zu beachten. Das Gleichbehandlungsgebot besagt, dass der Einzahlungstermin auf einen einheitlichen Zeitpunkt festgelegt wird und die

---

7 Lutter/Hommelhoff/*Bayer*, § 19 Rn. 8; Scholz/*Veil*, § 19 Rn. 13.
8 Lutter/Hommelhoff/*Bayer*, § 19 Rn. 8.
9 BGH, Urt. v. 9.1.2006 – II ZR 72/05, BGHZ 165, 352 = BB 2006, 624 = NJW 2006, 906.
10 BGH, Urt. v. 9.7.1990 – II ZR 9/90, BB 1990, 1923 = NJW 1991, 172.
11 Ulmer/*Ulmer*, § 19 Rn. 7; *Goette*, § 2 Rn. 12; Scholz/*Veil*, § 19 Rn. 14.
12 BGH, Urt. v. 29.6.1961 – II ZR 39/60, BB 1961, 953.
13 BGH, Urt. v. 16.9.2002 – II ZR 1/00, BGHZ 152, 37 = BB 2002, 2347 = NJW 2002, 3774.
14 BGH DStR 1996, 111.
15 BGH, Urt. v. 10.5.1982 – II ZR 89/81, BGHZ 84, 47 = BB 1982, 1325 = NJW 1982, 2882.
16 Ulmer/*Ulmer*, § 19 Rn. 29 f.; Baumbach/Hueck/*Fastrich*, § 19 Rn. 7.

Kap. 6 Sicherung der Kapitalaufbringung

Gesellschafter einen gleichmäßigen prozentualen Anteil entsprechend der Höhe ihrer Stammeinlagen zu erbringen haben.[17] Leistungsunwilligkeit oder Leistungsunfähigkeit eines einzelnen Gesellschafters berührt nicht die Leistungspflicht der übrigen Gesellschafter.[18] Der Gleichheitsgrundsatz gilt auch für die **Mindesteinlagen** nach § 7 Abs. 2 GmbHG und im Rahmen einer **Kapitalerhöhung**.[19] Beruht eine Ungleichbehandlung auf einem Gesellschafterbeschluss (§ 46 Nr. 2 GmbHG), so kann der betroffene Gesellschafter den Mangel mittels einer Anfechtungsklage beanstanden. Sieht er von einer Klage ab, so wird seine Leistungspflicht nicht berührt.[20] Beachtet der Gesellschafterbeschluss das Gleichbehandlungsgebot, erfolgt aber die Einforderung nur gegenüber einzelnen Gesellschaftern, so können sie sich auf ein **Leistungsverweigerungsrecht** berufen.[21] Zur Verwirklichung der Gleichbehandlung steht dem Gesellschafter ein Recht auf **Auskunft** über alle Einforderungen zu; bis zur Erteilung der Auskunft darf er die Zahlung, ohne in Verzug zu geraten, zurückhalten.[22]

3. Erfüllung der Bareinlageschuld

a) Zuordnung einer Zahlung

7   Eine Leistung auf die Einlageschuld setzt eine für den Geschäftsführer erkennbare Zuordnung voraus. Daran fehlt es bei einer **Überweisung**, wenn unklar bleibt, ob es sich um eine Leistung des Gesellschafters oder eines Dritten handelt und ob mit ihr die Einlageschuld oder eine andere Verbindlichkeit gegenüber der Gesellschaft erfüllt werden sollte.[23] Eine Zahlung, bei der dem Leistenden nach Vereinbarung oder Übung der Beteiligten vorbehalten bleibt zu bestimmen, auf welche von mehreren Verbindlichkeiten die Leistung angerechnet werden soll, kommt als Erfüllung einer in Geld bestehenden Einlagepflicht nur in Betracht, wenn er oder der für ihn Leistende eine entsprechende **Zweckbestimmung** trifft, und unter der Voraussetzung, dass der Einlagebetrag in diesem Zeitpunkt noch **unverbraucht** zur Verfügung der Gesellschaft steht. Der Geldbetrag muss für die Gesellschaft noch voll als **Kapital** in dem Augenblick verfügbar sein, in dem der Wille zur Leistung verbindlich erklärt worden ist. Die Gefahr, dass ein in die Gesellschaftskasse geflossener Geldbetrag nicht mehr als Einlage verwendet werden kann, weil er ausgegeben ist, trägt mithin der Einlageschuldner, der es versäumt oder bewusst unterlassen hat, eine Tilgungsbestimmung schon bei der

---

17 Rowedder/Schmidt-Leithoff/*Pentz*, § 19 Rn. 12.
18 Scholz/*Veil*, § 19 Rn. 22.
19 Scholz/*Veil*, § 19 Rn. 17.
20 Rowedder/Schmidt-Leithoff/*Pentz*, § 19 Rn. 19; Baumbach/Hueck/*Fastrich*, § 19 Rn. 8.
21 *Lutter*/Hommelhoff/*Bayer*, § 19 Rn. 7.
22 Ulmer/*Ulmer*, § 19 Rn. 34; Michalski/Heidinger/Leible/Schmidt/*Ebbing*, § 19 Rn. 23.
23 BGH, Urt. v. 29.1.2001 – II ZR 183/00, BB 2001, 694 (LS) = NJW 2001, 1647.

Leistung zu treffen.[24] Dies bedeutet, dass eine Tilgungsbestimmung nach Eintritt der Insolvenz ausscheidet. Der Gesellschafter muss vielmehr nun (abermals) die Einlage erbringen; seinen Rückforderungsanspruch wegen der nicht befreienden Einlageleistung kann er als Insolvenzforderung verfolgen. Erst recht kann der Gesellschafter eine tatsächlich getroffene Zweckbestimmung seiner Zahlung nicht nachträglich auf die Einlage umleiten.[25] Trotz fehlender ausdrücklicher **Tilgungsbestimmung** wird die Einlageschuld durch Überweisung des exakten Einlagebetrages (im Streitfall: 1.530.000 €) erfüllt. Zur Erfüllungswirkung genügt es, wenn im Falle mehrerer durch die Zahlung nicht vollständig gedeckter Verbindlichkeiten für den Empfänger ersichtlich ist, dass eine bestimmte Forderung nach dem Willen des Leistenden getilgt werden soll. Das ist jedenfalls dann anzunehmen, wenn gerade der Betrag der Schuldsumme gezahlt wird, die Überweisung die offene Einlage also genau abdeckt.[26] Die **Beweislast** für die Erfüllung der Einlage trägt i.Ü. der Gesellschafter (§ 362 BGB).[27]

b) Vorauszahlung

Die Einlageschuld kann **ausnahmsweise** durch eine **vor Abschluss** des notariellen Vertrages an die Vorgründungsgesellschaft geleistete Voreinzahlung beglichen werden. Tilgungswirkung kann eine solche Zahlung aber nur haben, wenn der Zahlungsbetrag als Einlage geleistet wurde und soweit er **unversehrt** auf die Vorgesellschaft überging. Da die Vorgesellschaft mit der Vorgründungsgesellschaft nicht identisch ist, muss eine gesonderte Übertragung (regelmäßig Zession) erfolgen. Außerdem ist dieser Vorgang der Vor-Einzahlung bei Gründungen offenzulegen.[28] Einfacher erscheint in jedem Fall eine Rücküberweisung an den Gesellschafter (rechtlich gestützt auf Zweckverfehlungskondition) mit nachfolgend ordnungsgemäßer Neueinzahlung oder die Weiterüberweisung auf ein noch neues Konto der Vor-GmbH.[29] War allerdings unter Verwendung des voreingezahlten Geldbetrages bereits ein Geschäftsbetrieb eröffnet und mit seinen Aktiva und Passiva auf die Vorgesellschaft übertragen worden, so scheidet eine Begleichung der Bareinlageverpflichtung aus.[30]

8

---

24 BGH, Urt. v. 2.12.1968 – II ZR 144/67, BGHZ 51, 157 = BB 1969, 599 = NJW 1969, 840.
25 *Goette*, § 2 Rn. 30.
26 BGH, Urt. v. 17.9.2001 – II ZR 275/99, BB 2001, 2282 = NJW 2001, 3781.
27 BGH, Beschl. v. 9.7.2007 – II ZR 222/06, BB 2007, 2029.
28 OLG Frankfurt NZG 2005, 556.
29 Heckschen/*Heidinger*/*Berkefeld*, Kap. 11 Rn. 13.
30 BGH, Urt. v. 22.3.2004 – II ZR 7/02, BGH-Report 2004, 1088; BGH, Urt. v. 22.6.1992 – II ZR 30/91, BB 1992, 1806 = NJW 1992, 2698; Baumbach/Hueck/*Fastrich*, § 7 Rn. 6; Scholz/*Veil*, § 7 Rn. 27.

Kap. 6 Sicherung der Kapitalaufbringung

c) Zahlung auf eigenes, auch als Geschäftskonto der GmbH genutztes Konto des Gesellschafters

9   Der Gesellschafter erfüllt seine Einlageschuld nicht durch eine Überweisung mit dem Verwendungszweck „Einzahlung Stammkapital" auf ein Konto, dessen Inhaber er selbst ist.[31] Dies gilt unabhängig davon, dass das Konto auch als Geschäftskonto der GmbH fungierte und deren Geschäftsführer darüber verfügen konnte. Als Kontoinhaber war der Gesellschafter weiter **verfügungsbefugt** und daher in der Lage, den eingezahlten Betrag ohne Mitwirkung des Geschäftsführers wieder abzuziehen. Das Kontoguthaben stand sonach noch nicht endgültig zur freien Verfügung der Geschäftsführung, wie es für die Erfüllung der Einlageschuld erforderlich wäre. Eine Tilgung der Einlage kann ausnahmsweise angenommen werden, wenn und soweit der Geschäftsführer das Guthaben tatsächlich zur Begleichung (originärer) Gesellschaftsverbindlichkeiten eingesetzt hat.[32] Die bloße **Umschreibung** eines von dem Gesellschafter und der GmbH genutzten Kontos auf die GmbH führt, auch wenn das Guthaben die Einlage übersteigt, nicht zur Tilgung der Einlageschuld, weil das Guthaben (auch) auf Zuflüssen aus der Geschäftstätigkeit der Vorgesellschaft beruhen kann.[33]

d) Zahlung auf im Debet geführtes Konto

10 Die Überweisung der Einlage auf ein Konto der GmbH ist wirksam, wenn das Geld im Zeitpunkt der Anmeldung auf dem Konto unversehrt vorhanden ist. Schwieriger zu beurteilen ist hingegen eine Überweisung auf ein debitorisches Konto der GmbH, wenngleich sich diese Frage vorrangig bei Kapitalerhöhungen stellt. Die **freie Verfügung der Geschäftsführer** (§ 8 Abs. 2 GmbHG) über Einlagemittel ist dann nicht ausgeschlossen, wenn mit dem Einlagebetrag ein Debetsaldo zurückgeführt wird, der die Linie eines der Gesellschaft eingeräumten Rahmenkredits nicht überschreitet. Denn in diesem Fall steht der Gesellschaft weiterhin Liquidität in Höhe des gezahlten Einlagebetrags zur Verfügung. Die Leistung einer Bareinlage, durch die der Debetsaldo eines Bankkontos zurückgeführt wird, kann auch dann zur freien Verfügung erfolgt sein, wenn das Kreditinstitut der Gesellschaft auf einem anderen Konto einen Kredit zur Verfügung stellt, der den Einlagebetrag erreicht oder übersteigt.[34] Die Einzahlung auf ein debitorisches Konto verstößt nur dann gegen das Gebot der freien Verfügung der Geschäftsführer, wenn die Bank die eingezahlten Mittel sofort ohne Einwirkungsmöglichkeit des Geschäftsführers mit dem Schuldsaldo verrechnet und die

---

31 Rowedder/Schmidt-Leithoff/*C. Schmidt-Leithoff*, § 7 Rn. 24; Scholz/*Veil*, § 7 Rn. 31.
32 BGH, Urt. v. 29.1.2001 – II ZR 183/00, BB 2001, 694 (LS) = NJW 2001, 1647.
33 BGH, Urt. v. 29.1.2001 – II ZR 183/00, BB 2001, 694 (LS) = NJW 2001, 1647.
34 BGH, Urt. v. 18.3.2002 – II ZR 363/00, BGHZ 150, 197 = BB 2002, 957 = NJW 2002, 1716; Baumbach/Hueck/*Fastrich*, § 7 Rn. 8; Ulmer/*Ulmer*, § 7 Rn. 34; Rowedder/Schmidt-Leithoff/*C. Schmidt-Leithoff*, § 7 Rn. 24.

III. Zahlung der Bareinlage   Kap. 6

Gesellschaft wegen rechtzeitiger Kündigung oder Rückführung des Kreditrahmens auf den neuen Saldo keine Möglichkeit besitzt, über Mittel in entsprechender Höhe frei zu verfügen.[35] An einer Tilgung der Stammeinlage fehlt es also, wenn die Bank den Kredit **kündigt**, keine weiteren Verfügungen gestattet oder das Gesellschaftskonto **gepfändet** wird.[36] Droht dies, muss zur Durchführung der Kapitalerhöhung ein separates Sonderkonto eröffnet werden. In anderen Situationen ist die Abwicklung der Kapitalerhöhung über ein Sonderkonto nicht erforderlich. Wirksam ist etwa eine Zahlung, wenn die Bank die Kreditlinie stillschweigend verlängert oder erhöht.[37] Entsprechendes soll gelten, wenn die Bank von einer Kreditkündigung absieht und die Gesellschaft lediglich auffordert, eine voll ausgeschöpfte Kreditlinie zurückzuführen.[38] Erfüllungswirkung tritt schließlich ein, wenn der Gesellschafter auf **Anweisung** des Geschäftsführers, der damit sein Verfügungsrecht ausübt, auf ein gekündigtes Konto zahlt.[39]

e) Schuldrechtliche Verwendungsabsprachen

Schuldrechtliche Verwendungsabsprachen, durch welche die Geschäftsführung der Gesellschaft verpflichtet wird, mit den einzuzahlenden Einlagemitteln in bestimmter Weise zu verfahren, sind aus Sicht der Kapitalaufbringung unschädlich, wenn sie allein der Umsetzung von **Investitionsentscheidungen** der Gesellschafter oder sonstiger ihrer Weisung unterliegender geschäftspolitischer Zwecke dienen. Dies gilt auch dann, wenn die Bindung der Gesellschaft nicht gegenüber einem Dritten, sondern dem Einleger selbst besteht. Die zuvor abgesprochene Verwendung der auf eine Kapitalerhöhung zu erbringenden Bareinlage zur Tilgung einer Gesellschaftsschuld gegenüber einem Dritten ist jedenfalls so lange nicht geeignet, die tatsächlich zu Händen des Geschäftsführers geleistete Barzahlung zu einer Sacheinlage zu machen, wie dieser nicht zugleich derart gebunden ist, dass ihn der Einleger an jeder anderen, wenn auch absprachewidrigen Verwendung der Mittel hindern kann.[40]

11

---

35 BGH, Urt. v. 3.12.1990 – II ZR 215/89, BB 1991, 866 = NJW 1991, 1294; BGH, Urt. v. 24.9.1990 – II ZR 203/89, BB 1990, 2282 = NJW 1991, 226; Baumbach/Hueck/*Fastrich*, § 7 Rn. 8; Rowedder/Schmidt-Leithoff/*C. Schmidt-Leithoff*, § 7 Rn. 24.
36 Scholz/*Veil*, § 7 Rn. 40.
37 BGH, Urt. v. 3.12.1990 – II ZR 215/89, BB 1991, 866 = NJW 1991, 1294; BGH, Urt. v. 8.11.2004 – II ZR 362/02, BB 2005, 123; a. A. *Lutter*/Hommelhoff/*Bayer*, § 7 Rn. 18: Erfüllungswirkung im Belieben der Bank.
38 *Goette*, § 2 Rn. 18.
39 *Lutter*/Hommelhoff/*Bayer*, § 7 Rn. 18.
40 BGH, Urt. v. 24.9.1990 – II ZR 203/89, BB 1990, 2282 = NJW 1991, 226; BGH, Urt. v. 12.2.2007 – II ZR 272/05, BB 2007, 625 = NZI 2007, 303.

Kap. 6 Sicherung der Kapitalaufbringung

f) Leistung von Bargeld

12 Problematisch ist die Kapitalaufbringung durch Leistung von Bargeld (anstelle bargeldlosen Zahlungsverkehrs) an den Geschäftsführer. Die Leistung barer Zahlungsmittel hat zwar grundsätzlich Erfüllungswirkung gcm. § 362 Abs. 1 BGB. Sie erfüllt aber den Einzahlungsanspruch nur bei endgültig freier Verfügungsbefugnis des Geschäftsführers. Das setzt, vor allem beim Einmanngesellschafter-Geschäftsführer, eine klare und dauerhafte Separierung vom Eigenvermögen voraus. Außerdem dürfen keine Zweifel an der Verwendung für Zwecke der GmbH (und nicht für Eigenzwecke des Geschäftsführers) aufkommen. Die äußeren Umstände sprechen in nachfolgenden Prozessen auf Leistung der Stammeinlage häufig gegen die Übereignung zur freien Verfügung.[41]

g) Hin- und Herzahlung; Cash Pool

aa) Hintergrund

13 Insbesondere in Konzernverhältnissen ist ein zentrales Cash-Management anzutreffen, bei dem abrechnungstäglich Guthabenbestände von konzernverbundenen Gesellschaften auf einem Zentralkonto gesammelt werden, um von diesem etwaige Soll-Konten anderer Töchter auszugleichen. Dabei handelt es sich um Darlehensgewährungen im Konzernverband, sei es von einer Tochter-GmbH mit Haben-Konten an den Cash-Manager, sei es vom Cash-Manager an Tochter-GmbH mit Sollstandskonten.[42] Zum Problem wird der Cash-Pool, sobald auch Kapitalaufbringungszahlungen (aus Bareinlagen oder Barkapitalerhöhungen) der Konzernmutter eingestellt werden.[43]

14 Nach bisheriger Rechtsprechung ist in den Konstellationen einer Hin- und Herzahlung, wenn also der Einlagebetrag von einem Haben-Konto im engen zeitlichen Zusammenhang als Darlehen oder aufgrund einer Treuhandabrede an den Gesellschafter zurückfließt, die Einlagepflicht nicht erfüllt, weil es an einer Zahlung zur endgültig freien Verfügung des Geschäftsführers (§ 8 Abs. 2 GmbHG) fehlt.[44] In einem solchen Fall, der, wie der BGH plastisch formuliert, „einem geworfenen Ball gleicht, der an einem Gummiband hängt und wieder zurück-

---

41 Vgl. OLG München MittBayNot 2017, 286.
42 BGH MittBayNot 2010, 58, 63.
43 BGH MittBayNot 2010, 58; BGH NJW 2006, 1736.
44 BGH, Urt. v. 9.1.2006 – II ZR 72/05, BGHZ 165, 352 = BB 2006, 624 = NJW 2006, 906; BGH, Urt. v. 21.11.2005 – II ZR 141/04, BGHZ 165, 113 = BB 2006, 62f.; BGH, Urt. v. 12.6.2006 – II ZR 334/04, BB 2006, 1878; BGH, Urt. v. 10.12.2007 – II ZR 180/06, BB 2008, 181 Rn. 6 = NJW-RR 2008, 480 (Hin- und Herzahlen in der GmbH & Co. KG); BGH, Urt. v. 22.3.2004 – II ZR 7/02, ZIP 2004, 1046 f.; Michalski/Heidinger/Leible/Schmidt/*Ebbing* § 19 Rn. 180; *Lutter*/Hommelhoff/*Bayer*, § 7 Rn. 17.

schnellt",⁴⁵ besteht die Einlageschuld des Gesellschafters fort. Der zeitliche Zusammenhang ist danach auch gegeben, wenn die Einlage durch zwei Raten in einem Abstand von einem bzw. zweieinhalb Monaten nach Einzahlung zurückgewährt wird.⁴⁶ Da es in diesen Fällen schon an einer ordnungsgemäßen Kapitalaufbringung in der Gründungsphase der GmbH fehlt, kann die spätere Rücküberweisung einen Erstattungsanspruch nach § 31 GmbHG nicht auslösen. Die Anwendbarkeit der §§ 30, 31 GmbHG setzt also einen ordnungsgemäß abgeschlossenen Kapitalaufbringungsvorgang voraus.⁴⁷

Fließt die Bareinlage der Konzernmutter hingegen auf ein innerhalb des Cash-Pools im Soll stehendes Konto, handelt es sich um eine verdeckte Sacheinlage. Anstelle der formellen Zahlung wird wirtschaftlich eine Befreiung vom Darlehensrückzahlungsanspruch gewährt.⁴⁸   **15**

Mit dem Verbot der Hin- und Herzahlung ging nach früherem Recht die Unvereinbarkeit zentralisierter Konzernfinanzierungsinstrumente (**Cash Pool**) einher, deren Zulässigkeit an den allgemeinen rechtlichen Grundsätzen gemessen wurde;⁴⁹ die Einlage wurde also als nicht erbracht angesehen, wenn sie auf ein Konto der Tochtergesellschaft geleistet, der Betrag aber entsprechend einer zwischen den Gesellschaften und der Bank getroffenen Abrede auf ein Zentralkonto der Muttergesellschaft rückgebucht wurde.⁵⁰ Ebenfalls unzulässig war es, wenn die Zahlung der Bareinlage nach einer kurzfristigen Anlage auf einem Sonderkonto in das **Cash-Pool-System** eingespeist wurde und damit zu einer Verringerung der Verbindlichkeiten der GmbH gegenüber ihrer Konzernmutter führte. Dieser Zahlungsvorgang wurde als verdeckte Sacheinlage qualifiziert, weil die GmbH anstelle der Bareinlage gegenüber ihrer Konzernmutter die Befreiung von einer Darlehensverbindlichkeit erlangte.⁵¹ Anderes hätte wohl gegolten, wenn der jederzeitige Zugriff der Tochtergesellschaft auf den zurücküberwiesenen Betrag sichergestellt gewesen wäre.⁵² Keine Hin- und Herzahlung lag hingegen vor,   **16**

---

45 BGH, Urt. v. 10.11.1958 – II ZR 3/57; BGHZ 28, 314 = BB 1959, 56 = NJW 1959, 382.
46 BGH, Beschl. v. 15.10.2007 – II ZR 263/06, BB 2008, 1478 Tz. 4.
47 BGH, Urt. v. 2.12.2002 – II ZR 101/02, BGHZ 153, 107 = BB 2003, 270 = NJW 2003, 825; BGH, Urt. v. 17.9.2001 – II ZR 275/99, NJW 2001, 3781; BGH, Urt. v. 27.11.2000 – II ZR 83/00, BGHZ 146, 105 = NJW 2001, 830; BGH, Urt. v. 4.3.1996 – II ZR 89/95, BGHZ 132, 133 = BB 1996, 711 = NJW 1996, 1286.
48 BGH MittBayNot 2010, 58.
49 BGH, Urt. v. 16.1.2006 – II ZR 76/04, BGHZ 166, 8 = BB 2006, 847 = NJW 2006, 1736.
50 *Goette*, § 2 Rn. 22.
51 BGH, Urt. v. 16.1.2006 – II ZR 76/04, BGHZ 166, 8 = BB 2006, 847 = NJW 2006, 1736.
52 Rowedder/Schmidt-Leithoff/*Schnorbus*, § 56a Rn. 8.

Kap. 6 Sicherung der Kapitalaufbringung

wenn an den Inferenten aus der freien Kapitalrücklage eine Zahlung erfolgte.[53] Die verdeckte Sacheinlage bei Einzahlung in ein Soll-Konto war ebenfalls nach den allgemeinen Grundsätzen zu beurteilen (und damit in der Regel ohne Erfüllungswirkung). Eine Privilegierung des Cash-Pools innerhalb des Konzerns lehnte der BGH ab.

17 Zwar wurde im Falle einer Hin- und Herzahlung der Verstoß **geheilt**, trat also Erfüllungswirkung ein, wenn es später tatsächlich zur Rückzahlung des Darlehens an die Gesellschaft kam und der geschuldete Einlagebetrag damit im Ergebnis faktisch entrichtet wurde.[54] Notwendig war aber, dass sich die spätere Zahlung eindeutig der Einlageverbindlichkeit zuordnen ließ.[55] Angesichts der Vielzahl wechselseitiger Buchungen war das kaum zu erwarten.[56] Dies führte nach Ansicht des Gesetzgebers in der Praxis zu Unsicherheiten.

bb) Bilanzielle Betrachtungsweise

18 Diese Unsicherheiten hat der Gesetzgeber mit der Neuregelung des § 19 Abs. 5 GmbHG für die Zukunft beseitigt: Wird dem Gesellschafter aufgrund einer bei der Gründung (bei Kapitalerhöhung i.V. m. § 56a GmbHG) getroffenen Absprache die Geldeinlage als Neudarlehen zurückgezahlt, ist die Einlageschuld – anders als nach bisheriger Rechtsprechung – trotz der Hin- und Herzahlung bereits mit der Hinzahlung **erfüllt**, wenn der **Zahlungsanspruch** gegen den Gesellschafter **vollwertig** ist, jederzeit kündbar und offengelegt.[57] Vollwertigkeit ist gegeben, wenn das Vermögen des Gesellschafters zur Deckung sämtlicher Verbindlichkeiten ausreicht;[58] anders verhält es sich, wenn die Einbringung der Forderung von vornherein zweifelhaft ist.[59] Im Streitfall ist die Vollwertigkeit von dem Gesellschafter nach Maßgabe des allgemeinen Grundsatzes, dass er den Nachweis der Erfüllung (§ 362 BGB) der Einlageverpflichtung zu führen hat,[60] zu **beweisen**.[61] Der Geschäftsführer sollte zur Vermeidung einer späteren – aus der vermeintlich eigenmächtigen Darlehenshingabe an den Gesellschafter hergeleiteten – Haftung darauf drängen, dass die Absprache der Gesellschafter in

---

53 BGH, Beschl. v. 15.10.2007 – II ZR 249/06, NJW-RR 2008, 423.
54 BGH, Urt. v. 12.6.2006 – II ZR 334/04, BB 2006, 1878; Urt. v. 9.1.2006 – II ZR 72/05, BGHZ 165, 352 = BB 2006, 624 = NJW 2006, 906; Urt. v. 21.11.2005 – II ZR 140/04, BGHZ 165, 113 = BB 2006, 62 = NJW 2006, 509.
55 BGH, Beschl. v. 15.10.2007 – II ZR 263/06, BB 2008, 1478 Tz. 6. BGH MittBayNot 2010, 58 (abgelehnt).
56 Vgl. BGH MittBayNot 2010, 58.
57 *Kallmeyer*, DB 2007, 2755; *K. Schmidt*, GmbHR 2008, 449, 452.
58 BGH, Urt. v. 2.12.2002 – II ZR 101/02, BGHZ 153, 107, 113 = BB 2003, 270 = NJW 2003, 825; *Büchel*, GmbHR 2007, 1065, 1067.
59 *Kallmeyer*, DB 2007, 2755.
60 BGH, Beschl. v. 9.7.2007 – II ZR 222/06, BB 2007, 2029 Tz. 2.
61 *A. Schmidt*, ZInsO 2007, 975 f.; unklar *Büchel*, GmbHR 2007, 1065, 1067.

III. Zahlung der Bareinlage **Kap. 6**

den Gesellschaftsvertrag aufgenommen wird.[62] Die Einlage darf er nicht als Darlehen an einen Gesellschafter auszahlen, dessen Kreditwürdigkeit zweifelhaft ist.[63]

Ob die Abrede **vor** – wie es dem Wortlaut des § 19 Abs. 5 GmbHG entspricht – **oder nach Leistung der Einlage** getroffen wurde, scheint gleichgültig; denn die Zulässigkeit einer nach Leistung der Einlage getroffenen Abrede hängt gemäß § 30 Abs. 1 Satz 2 GmbHG ebenfalls von der Vollwertigkeit des Rückzahlungsanspruchs ab.[64] Allerdings muss die vorabgesprochene Darlehensgewährung in der Anmeldung offengelegt werden.[65] Eine Formulierung kann sein:[66] **19**

> „Der Geschäftsführer und der Gesellschafter ... haben vereinbart, dass die GmbH dem Gesellschafter in Höhe von ... € ein Darlehen zu ... % Zinsen p.a. ab dem ... gewähren wird, das am ... zur Auszahlung an den Gesellschafter gelangen soll. Die abgeschlossene Vereinbarung ist dieser Anmeldung beigefügt. Der Geschäftsführer versichert, dass der Rückzahlungsanspruch gegen den Gesellschafter vollwertig und jederzeit fällig ist bzw. durch fristlose Kündigung durch die Gesellschaft jederzeit fällig werden kann."

Während § 19 Abs. 5 GmbHG bei der Kapitalaufbringung die Rückzahlung an den Gesellschafter unter der Voraussetzung eines vollwertigen Gegenanspruchs gestattet, löst § 30 GmbHG diese Frage bei der Kapitalerhaltung in gleicher Weise durch die Anknüpfung an die Vollwertigkeit.[67]

Beide Vorschriften schaffen den rechtlichen Rahmen, um entgegen der bisherigen Rechtsprechung die Einlage im Rahmen eines darlehensartig ausgestalteten Cash-Pools an den Inferenten rückzuübertragen.[68] So wird die Einlageverbindlichkeit erfüllt, wenn die Stammeinlage alsbald nach Zahlung in einen Cash-Pool eingespeist wird. Allerdings begnügen sich § 19 Abs. 5 und § 30 Abs. 1 Satz 2 GmbHG nicht mit der Einspeisung, sondern fordern einen **bilanziellen Ausgleich** für die Rückzahlung an den Gesellschafter, der in einer Darlehensforderung gegen den Gesellschafter zu erblicken ist. Darum wird der Gesellschafter wirtschaftlich betrachtet seiner Einlageverpflichtung nicht deshalb durch die Zahlung in einen Cash-Pool enthoben, weil an die Stelle der Einlageverbindlichkeit eine Darlehensforderung tritt.[69] Mit dieser Modifizierung ist in den Berei- **20**

---

62 *Kallmeyer*, DB 2007, 2755 f.
63 *K. Schmidt*, GmbHR 2008, 449, 452.
64 *Bormann*, GmbHR 2007, 897, 902; a.A. *Büchel*, GmbHR 2007, 1065, 1067; *Kallmeyer*, DB 2007, 2755 f.
65 BGH MittBayNot 2010, 58.
66 *Wälzholz*, MittBayNot 2008, 425, 431.
67 *Drygala*, NZG 2007, 561, 564.
68 *A. Schmidt*, ZInsO 2007, 975 f.; *Maier-Reimer/Wenzel*, ZIP 2008, 1449.
69 *Drygala/Kremer*, ZIP 2007, 1289, 1292 f.

Kap. 6 Sicherung der Kapitalaufbringung

chen der Kapitalaufbringung und der Kapitalerhaltung nunmehr die sog. **bilanzielle Betrachtungsweise** maßgeblich. Demnach ist eine Verwendungsabrede, die wirtschaftlich eine Rückgewähr der Einlageleistung an den Gesellschafter bedeutet, unter dem Blickwinkel der Kapitalaufbringung und der Kapitalerhaltung unschädlich, wenn die Leistung an den Gesellschafter durch einen vollwertigen Rückzahlungs- oder Gegenleistungsanspruch aufgewogen wird. In diesem Fall kann eine ordnungsgemäße Kapitalaufbringung auch nicht durch Rückgriff auf § 19 Abs. 2 Satz 1 GmbHG in Zweifel gestellt werden.[70]

21 Die Einzahlung auf ein im Soll geführtes Konto innerhalb des Cash-Pools ist hingegen nach § 19 Abs. 4 GmbHG (i.V. m. § 56 Abs. 2 GmbHG bei Kapitalerhöhungen) zu beurteilen. Diesen Dualismus hat der Reformgesetzgeber nicht beseitigt.[71] Im Einzelfall kann das dazu führen, dass dieselbe Kapitalerhöhungseinzahlung teils (im Umfang des Soll-Ausgleichs) nach § 19 Abs. 4 GmbHG, teils nach § 19 Abs. 5 GmbHG zu beurteilen sein kann.[72]

cc) Beurteilungszeitpunkt

22 Maßgeblich für die Bewertung der Vollwertigkeit des Gegenleistungsanspruchs ist der **Zeitpunkt der tatsächlichen Rückzahlung** an den Gesellschafter.[73] Ist der Anspruch in jenem Zeitpunkt vollwertig, ist die Einlageschuld erfüllt, sodass eine Ausfallhaftung der Mitgesellschafter (§ 22 GmbHG) ausscheidet, wenn der betroffene Gesellschafter nachträglich illiquide wird.[74] Die allein auf den Zeitpunkt der Rückgewähr abzielende Betrachtung führt, weil es faktisch genügt, wenn der Gesellschaft das Kapital für eine juristische Sekunde zur Verfügung gestellt wird, zu einer weitgehenden **Entwertung der Kapitalaufbringung**.[75] Zwar verlangt § 19 Abs. 5 GmbHG zusätzlich, dass der Rückzahlungsanspruch jederzeit fällig ist bzw. durch fristlose Kündigung seitens der Gesellschaft jederzeit fällig gestellt werden kann; hierzu heißt es zur Begründung, eine Prognose der Vollwertigkeit sei bei einem erst nach längerer Zeit kündbaren Darlehen sehr unsicher.[76] Die Regelung besagt indes nur, dass der **Rückzahlungsanspruch** jederzeit **realisierbar** sein muss, schweigt aber dazu, ob die Vollwertigkeit während der gesamten Dauer der Darlehenshingabe vorliegen muss. Die jederzeitige Kündbarkeit schafft lediglich die Vorkehrung, bei Zweifeln an der fortbestehenden Vollwertigkeit den Darlehensbetrag mittels fristloser Kündigung einzutreiben. Teils wird zwar eine Vollwertigkeit für die gesamte Dauer der Darlehenshin-

---

70 BR-Drucks. 354/07, S. 78 f.
71 BGH MittBayNot 2010, 58.
72 BGH MittBayNot 2010, 58.
73 *Bormann*, GmbHR 2007, 897, 902.
74 *Bormann*, GmbHR 2007, 897, 902; *Kallmeyer*, DB 2007, 2755.
75 *Heckschen*, DStR 2007, 1442, 1447; a. A. *Joost*, ZIP 2007, 2242, 2244.
76 BT-Drucks. 16/9737, S. 97 f.

III. Zahlung der Bareinlage **Kap. 6**

gabe verlangt.[77] Richtigerweise sollte aber eine Prognose im Zeitpunkt der Darlehensgewährung genügen.[78] Das Kriterium der jederzeitigen Kündbarkeit ist systematisch bezogen auf die Möglichkeit (Gefahr) eines Fehlschlagens dieser Prognose. Außerdem hätten die Beteiligten sonst keine Planungssicherheit. So hat nun auch der BGH entschieden.[79]

Da trotz der Hin- und Herzahlung die Einlageforderung erfüllt ist, dürfte das Aufrechnungsverbot des § 19 Abs. 2 GmbHG nicht für die an die Stelle der Einlageforderung tretende Darlehensforderung gelten.[80] Ein Verzicht auf das Darlehen vereitelt die Realisierung der Rückzahlung und dürfte gesetzessystematisch wegen Verstoßes gegen § 19 Abs. 5 GmbHG ausgeschlossen sein.[81] Eine Hin- und Herzahlung, welche die Vorgaben des § 19 Abs. 5 GmbHG missachtet, ist in vollem Umfang unwirksam, nicht nur beschränkt auf fehlende Teilbeträge.[82] Eine Differenzhaftung erschiene lediglich im Zusammenhang mit einer verdeckten Sacheinlage (hierzu nachfolgend Rn. 44 ff.) sinnvoll, und die fehlende Vollwertigkeit des Rückzahlungsanspruchs gegen den Gesellschafter ergreift die gesamte Einlageforderung. Hier geht es nicht wie bei § 19 Abs. 4 GmbHG um die Sanktion eines Differenzausgleichs bei nicht vollwertiger Leistung, sondern um die präventive Vermeidung einer nicht vollwertigen Leistung.[83]

23

Die Neuregelung gilt auch für **in der Vergangenheit** liegende Sachverhalte, über die noch keine rechtskräftige gerichtliche Entscheidung ergangen ist (§ 3 Abs. 4 EGGmbHG).[84] Ist es zu einer Darlehensgewährung gekommen, die mangels Vollwertigkeit des Rückzahlungsanspruchs nicht den Anforderungen des § 19 Abs. 5 GmbHG entspricht, so tritt im Falle der tatsächlichen Rückzahlung entsprechend bisheriger Rechtsprechung eine Heilung des Verstoßes ein.[85] Allerdings verlangt der BGH auch für Altfälle die volle Einhaltung des Tatbestands von § 19 Abs. 5 GmbHG, damit auch die Offenlegung bei Anmeldung.[86] Die Heilung von Altfällen dürfte damit stark eingeschränkt sein, denn dieses Erfordernis hat ja niemand prognostizierend vorweggenommen.

24

---

77 In diese Richtung *Seibert/Decker*, ZIP 2008, 1208, 1211.
78 *Lutter*/Hommelhoff/*Bayer*, § 19 Rn. 95.
79 BGH MittBayNot 2010, 58.
80 *Bormann*, GmbHR 2007, 897, 902; *Kallmeyer*, DB 2007, 2755.
81 Anders aber *Bormann*, GmbHR 2007, 897, 902 f.
82 Entgegen z. B. der Forderung von *Wünschen*, GmbHR 2007, 736, 739.
83 BT-Drucks. 16/6140, Anlage 3, S. 7 f.
84 BR-Drucks. 354/07, S. 111; *Bormann*, GmbHR 2007, 897, 902.
85 BR-Drucks. 354/07, S. 78; vgl. Nachw. in Fn. 48.
86 BGH MittBayNot 2010, 58.

Kap. 6 Sicherung der Kapitalaufbringung

dd) Sacheinlagefähigkeit von Forderungen

25 Da ein Darlehensanspruch des Gesellschafters wegen der fehlenden Aussonderung der Mittel aus seinem Vermögen selbst nicht einlagefähig ist, bildet das Hin- und Herzahlen nach bisheriger Betrachtungsweise **keine verdeckte Sacheinlage**. Ein Gegenstand, der als offene Sacheinlage ungeeignet ist, kann danach erst recht nicht im Rahmen einer verdeckten Sacheinlage Verwendung finden.[87] Die mit § 19 Abs. 5 GmbHG einhergehende rechtliche Umgestaltung, die de facto den Austausch der Einlageforderung gegen eine Darlehensforderung gestattet,[88] lässt es folgerichtig erscheinen, die Sacheinlagefähigkeit von Forderungen der Gesellschaft gegen den Gesellschafter entgegen bisherigem Verständnis, wonach die Einlageforderung nicht durch eine schwächere schuldrechtliche (Darlehens-)Forderung ersetzt werden darf,[89] anzuerkennen.[90] Vor dem Hintergrund der gesetzgeberischen Intention wäre es nur konsequent, die Fallgruppe des Hin- und Herzahlens zu streichen und eine Darlehensforderung gegen den Gesellschafter als sacheinlagefähig zuzulassen. Dadurch würde nicht zuletzt gesichert, dass die Vollwertigkeit des Gegenanspruchs gegen den Gesellschafter extern vom Registergericht zu prüfen wäre.[91]

h) Zahlung aus Mitteln der Gesellschaft

26 Die Stammeinlage kann von einem Dritten (§ 267 BGB) oder durch den Gesellschafter mit Hilfe von Mitteln eines Dritten erbracht werden. Zahlungen aus dem Vermögen der GmbH, die dem Gesellschafter als **Darlehen** oder in sonstiger Weise überlassen werden, waren nach früherer Rechtslage zur Tilgung der Einlageschuld nicht geeignet.[92] Wurde bei Einzahlung eines zuvor vom Konto der GmbH abgehobenen Betrages die Einlage letztlich aus Mitteln der GmbH erbracht, so stand diese Transaktion einem verbotenen Erlass der Einlageschuld (§ 19 Abs. 2 GmbHG) gleich, weil der Gesellschafter von seiner Einlageschuld befreit wird, ohne selbst etwas aufgewendet zu haben.[93] Die Erfüllung der Einlageschuld aus Mitteln der GmbH entsprach als **Her- und Hinzahlung** dem ebenfalls sich selbst neutralisierenden Vorgang der Hin- und Herzahlung.[94] Nach der Neuregelung des § 19 Abs. 5 GmbHG müssen solche Fälle nunmehr aber gleich-

---

87 *Drygala*, NZG 2007, 561, 563.
88 Zutreffend die Kritik von *Priester*, ZIP 2008, 55.
89 *Gesell*, BB 2007, 2241, 2244.
90 *Bormann*, GmbHR 2007, 897, 903; in diese Richtung auch *Joost*, ZIP 2007, 2242, 2245.
91 *Drygala*, NZG 2007, 561, 564.
92 BGH, Urt. v. 12.6.2006 – II ZR 334/04, BB 2006, 1878.
93 BGH, Urt. v. 22.3.2004 – II ZR 7/02, BGH-Report 2004, 1088; Ulmer/*Ulmer*, § 7 Rn. 45.
94 BGH, Urt. v. 12.6.2006 – II ZR 334/04, BB 2006, 1878.

III. Zahlung der Bareinlage   Kap. 6

falls der für Fälle des Hin- und Herzahlens maßgeblichen bilanziellen Betrachtung unterfallen.

i) Zahlung an Gesellschaftsgläubiger

Bei der Frage, ob der Gesellschafter in Abstimmung mit der Geschäftsführung seine Einlageschuld durch Erfüllung einer gegen die GmbH gerichteten Forderung tilgen kann, ist zwischen der **Mindesteinlage** und der **Resteinlage** zu differenzieren.   27

aa) Mindesteinlage

Wie sich aus § 362 Abs. 2 BGB ergibt, kann auf eine Forderung mit Zustimmung des Gläubigers auch an einen Dritten mit befreiender Wirkung geleistet werden. Diese Regel wird im GmbH-Recht aber insoweit verdrängt, als nach §§ 7 Abs. 2, 8 Abs. 2 GmbHG der vor der Anmeldung der GmbH zu leistende **Mindestbetrag** zur freien Verfügung der Geschäftsführer eingezahlt werden muss.[95] Es kann also nicht als Erfüllung der Einlageforderung angesehen werden, wenn die Tilgung einer gegen die GmbH gerichteten **Drittgläubigerforderung** im Einverständnis der Geschäftsführer unmittelbar durch den Einlageschuldner mit Mitteln vorgenommen wird, die er vor der Anmeldung der Eintragung der Gesellschaft bzw. der Kapitalerhöhung an die Gesellschaft zu zahlen hat.[96]   28

bb) Resteinlage

Die Leistung des Einlagebetrages, die den gesetzlichen Mindestbetrag des § 7 Abs. 2 GmbHG überschreitet, kann wirksam durch Tilgung einer Drittgläubigerforderung erbracht werden, weil er von der Versicherung der Geschäftsleitung nach § 8 GmbHG nicht erfasst ist. Voraussetzung dafür ist, dass die Geschäftsführer ihr Einverständnis erklärt haben und die Gläubigerforderung **vollwertig, fällig** und **liquide** ist.[97] Vollwertigkeit setzt voraus, dass das Vermögen der GmbH im Zeitpunkt der Verrechnung zur Deckung ihrer sämtlichen Verbindlichkeiten ausreicht.[98] Fällig (§ 271 BGB) ist eine bestehende, nicht künftige   29

---

95 BGH, Urt. v. 25.11.1985 – II ZR 48/85, BB 1986, 214 = NJW 1986, 989.
96 BGH, Urt. v. 13.7.1992 – II ZR 263/91, BGHZ 119, 177 = BB 1992, 2067 = NJW 1992, 3300; Michalski/Heidinger/Leible/Schmidt/*Tebben*, § 7 Rn. 33; Baumbach/Hueck/*Fastrich*, § 19 Rn. 11; Scholz/*Veil*, § 7 Rn. 33; Ulmer/*Ulmer*, § 7 Rn. 42; a. A. Rowedder/Schmidt-Leithoff/*C. Schmidt-Leithoff*, § 7 Rn. 25.
97 BGH, Urt. v. 13.7.1992 – II ZR 263/91, BGHZ 119, 177 = BB 1992, 2067 = NJW 1992, 3300; BGH, Urt. v. 25.11.1985 – II ZR 48/85, BB 1986, 214 = NJW 1986, 989; Baumbach/Hueck/*Fastrich*, § 19 Rn. 11; Ulmer/*Ulmer*, § 19 Rn. 71.
98 BGH, Urt. v. 2.12.2002 – II ZR 101/02, BGHZ 153, 107 = BB 2003, 270 = NJW 2003, 825; Scholz/*Veil*, § 19 Rn. 76 f.; Ulmer/*Ulmer*, § 19 Rn. 73.

Volmer

Kap. 6   Sicherung der Kapitalaufbringung

Forderung, deren Leistung verlangt werden kann.[99] Als liquide bezeichnet man eine nicht mit Einwendungen oder Einreden behaftete Forderung, deren Bestand nach Prüfung durch den Geschäftsführer außer Zweifel steht.[100]

j) Beweislast

30   Die Beweislast für die Erfüllung der Einlageschuld liegt beim Gesellschafter (bzw. Inferenten bei Kapitalerhöhung). Eine Beweiserleichterung ergibt sich nicht aus einem längeren Zeitabstand und auch nicht daraus, dass der nun in Anspruch genommene Gesellschafter den Geschäftsanteil erst nachträglich erworben hatte.[101] Indes ist der Tatrichter nicht gehindert, aus Indizien auf die Einzahlung zurückzuschließen.[102] Immerhin sollte der Notar aus diesen Nachweisproblemen die Folgerung ziehen, die regelmäßig vorgelegten Einzahlungsbelege zur Gründung (Kapitalerhöhung) bei der Urschrift der Urkunde und damit dauernd aufzubewahren.

4. Verjährung

31   Der Anspruch aus § 19 Abs. 1 GmbHG verjährt nicht analog § 31 Abs. 5 Satz 1 GmbHG. Der mangels einer Leistung zur freien Verfügung des Geschäftsführers nicht erfüllte Anspruch der Gesellschaft auf ordnungsgemäße Kapitalaufbringung (§ 19 Abs. 1 GmbHG) ist von dem durch § 31 GmbHG sanktionierten, auch nach ordnungsgemäßer Einlageleistung geltenden Kapitalerhaltungsgebot des § 30 GmbHG zu unterscheiden und unterlag bis zum 31.12.2001 der 30-jährigen Verjährungsfrist des § 195 BGB a. F.[103] Seit dem 1.1.2002 betrug die Regelverjährungsfrist nur noch drei Jahre. Dies bedeutete einen Wertungswiderspruch, weil die Verjährung bei der Differenzhaftung (§ 9 Abs. 2 GmbHG), der Gründerhaftung (§ 9b Abs. 2 GmbHG) und der Unterbilanzhaftung bis dahin fünf Jahre beträgt. Eine Angleichung ist vom Gesetzgeber zwischenzeitlich verwirklicht. Die Verjährungsfrist beläuft sich **einheitlich** auf **zehn Jahre** (§ 19 Abs. 6 GmbHG). Belief sich die Regelverjährung für vor dem 1.1.2001 verwirklichte Altfälle auf 30 Jahre, so ist auf die ab dem 15.12.2004 laufende zehnjährige Verjährungsfrist nur der ab dem 1.1.2002 bis zum 15.12.2004 und nicht ein weiterer, bereits vor dem 1.1.2002 verstrichener Verjährungszeitraum anzurechnen.[104]

---

99   Ulmer/*Ulmer*, § 19 Rn. 73.
100 Ulmer/*Ulmer*, § 19 Rn. 74; Baumbach/Hueck/*Fastrich*, § 19 Rn. 22.
101 BGH GmbHR 2014, 319.
102 BGH NJW 2007, 3067.
103 BGH, Urt. v. 2.12.2002 – II ZR 101/02, BGHZ 153, 107 = BB 2003, 270 = NJW 2003, 825.
104 BGH, Urt. v. 11.2.2008 – II ZR 171/06, BB 2008, 1085 = NZG 2008, 311 Tz. 16 ff.; BGH NJW-RR 2008, 1254.

III. Zahlung der Bareinlage Kap. 6

5. Befreiungsverbot

Der Gesellschafter kann gemäß § 19 Abs. 2 Satz 1, Abs. 3 GmbHG von der Verpflichtung zur Leistung der Einlage nicht befreit werden bzw. kann eine solche Befreiung nur als Kapitalherabsetzung erreicht werden. Die erst ab Eintragung in das Handelsregister anwendbare[105] Regelung gilt für **Bar- wie auch für Sacheinlagen**.[106] Der Begriff der Befreiung ist in einem weiten Sinn zu verstehen und erfasst jede rechtsgeschäftliche Aufgabe des Einlageanspruchs.[107] Im Falle eines Verstoßes bleibt die Einlagepflicht unverändert bestehen.[108]

32

a) Erlass

Verboten ist sowohl ein Erlass (§ 397 Abs. 1 BGB) als auch ein negatives Schuldanerkenntnis (§ 397 Abs. 2 BGB). Dem stehen sonstige Vereinbarungen gleich, die – wie ein pactum de non petendo, die Annahme einer fehlerhaften Sacheinlage oder der Verzicht auf eine Garantie als Bestandteil des Sacheinlageversprechens – wirtschaftlich zu dem **Ergebnis** einer befreienden Schuldübernahme führen.[109]

33

b) Novation

Ebenso ist eine Novation untersagt, nämlich die Umwandlung der Einlageschuld in eine Forderung anderer Art wie etwa ein Darlehen. Dabei ist es ohne Bedeutung, ob für die neue Forderung weniger strenge oder gar strengere Zahlungsmodalitäten vereinbart werden. Vielmehr ist der Erlass in dem Umstand zu erkennen, dass die neue schuldrechtliche Forderung nicht den **Kapitalaufbringungs- und Erhaltungsvorschriften** unterliegt und der Gesellschaft daher kein gleichwertiges Äquivalent bietet. Nachteile können sich für die GmbH allein schon aus dem Verlust der exakten dogmatischen Einordnung des Einlageanspruchs ergeben, etwa Streitigkeiten über die Fortgeltung des Aufrechnungsverbots oder die Pfändungsbeschränkungen für Gläubiger der GmbH.[110]

34

---

105 Rowedder/Schmidt-Leithoff/*Pentz*, § 19 Rn. 43.
106 Baumbach/Hueck/*Fastrich*, § 19 Rn. 13.
107 Rowedder/Schmidt-Leithoff/*Pentz*, § 19 Rn. 43; Roth/*Altmeppen*, § 19 Rn. 28.
108 Roth/*Altmeppen*, § 19 Rn. 32; Michalski/Heidinger/Leible/Schmidt/*Ebbing*, § 19 Rn. 58.
109 *Lutter*/Hommelhoff/*Bayer*, § 19 Rn. 14.
110 Dazu BGH NJW 1992, 2229, wenngleich wenig überzeugend: *Volmer*, GmbHR 1998, 579.

Kap. 6 Sicherung der Kapitalaufbringung

c) Stundung

35 Stundung bedeutet das rechtsgeschäftliche Hinausschieben eines Anspruchs bei fortbestehender Erfüllbarkeit.[111] Eine Stundungsvereinbarung, durch die die Geschäftsführung einem einzelnen Gesellschafter ein Zahlungsziel einräumt, ist als Befreiung auf Zeit unzulässig. Schließlich kann eine großzügige Stundung dem Erlass der Einlage gleichkommen.[112] Hingegen liegt keine Stundung vor, wenn die Gesellschafter keinen Einforderungsbeschluss (§ 46 Nr. 2 GmbHG) fassen oder die Geschäftsführer trotz Einforderungsbeschluss von der Anforderung der Einlagen absehen.[113] Nicht anders dürfte es zu bewerten sein, wenn die Geschäftsführer trotz satzungsmäßiger Fälligkeit nicht zur Anforderung schreiten.[114]

d) Vergleich

36 Ein Vergleich über die Einlageforderung ist grundsätzlich verboten, weil jede Schmälerung dieser Verbindlichkeit als bloße **Teilbefriedigung** der Einlageschuld zu bewerten ist.[115] Ausnahmsweise kommt ein Vergleich in Betracht, wenn in rechtlicher oder tatsächlicher Hinsicht ernsthafter Streit über die Erfüllung der Einlage herrscht, weil etwa zweifelhaft ist, ob die Resteinlage bezahlt wurde oder die geschuldete Sacheinlage fehlerfrei war. Keinesfalls darf der Vergleich nur vorgeschoben werden. Einen **echten** Vergleich über eine Einlageforderung erachtet auch der BGH als zulässig.[116] Der Vergleich bedarf der Zustimmung der Gesellschafterversammlung.[117]

e) Schiedsfähigkeit von Einlagestreitigkeiten

37 Nach **neuem Schiedsverfahrensrecht** sind Streitigkeiten über die Wirksamkeit der Aufbringung des Stammkapitals einer GmbH schiedsfähig. Gemäß § 1030 ZPO kann jeder vermögensrechtliche Anspruch Gegenstand einer Schiedsvereinbarung sein. Aber auch unter der Geltung des § 1025 ZPO a. F. geschlossene Schiedsvereinbarungen können die Erfüllung der Einlageschuld zum Inhalt haben. Die Schiedsfähigkeit fehlt nach § 1025 Abs. 1 ZPO a. F. im Wesentlichen

---

111 Scholz/*Veil*, § 19 Rn. 60; Ulmer/*Ulmer*, § 19 Rn. 57.
112 Baumbach/Hueck/*Fastrich*, § 19 Rn. 18.
113 Ulmer/*Ulmer*, § 19 Rn. 60; Michalski/Heidinger/Leible/Schmidt/*Ebbing*, § 19 Rn. 67; Rowedder/Schmidt-Leithoff/*Pentz*, § 19 Rn. 59.
114 Baumbach/Hueck/*Fastrich*, § 19 Rn. 18; a. A. *Lutter*/Hommelhoff/*Bayer*, § 19 Rn. 15.
115 *Lutter*/Hommelhoff/*Bayer*, § 19 Rn. 16; Rowedder/Schmidt-Leithoff/*Pentz*, § 19 Rn. 60; Scholz/*Veil*, § 19 Rn. 64.
116 BGH, Urt. v. 19.7.2004 – II ZR 65/03, BB 2004, 1870.
117 Baumbach/Hueck/*Fastrich*, § 19 Rn. 19; Rowedder/Schmidt-Leithoff/*Pentz*, § 19 Rn. 63; jetzt auch *Lutter*/Hommelhoff/*Bayer*, § 19 Rn. 16.

nur dann, wenn sich der Staat im Interesse besonders schutzwürdiger, der Verfügungsmacht privater Personen entzogener Rechtsgüter ein Rechtsprechungsmonopol in dem Sinn vorbehalten hat, dass allein der staatliche Richter in der Lage sein soll, durch seine Entscheidung den angestrebten Rechtszustand herbeizuführen. Das ist im Hinblick auf die Einforderung von Stammeinlagen trotz der gläubigerschützenden Funktion der Kapitalaufbringungsvorschriften nicht der Fall. Zwar können nach § 19 Abs. 2 GmbHG die Gesellschafter von der Verpflichtung zur Leistung der Einlagen nicht befreit werden. Das rechtfertigt jedoch nicht die Annahme, der Gesetzgeber habe durch § 19 Abs. 2 GmbHG ein Interesse des Staates an einem **Entscheidungsmonopol** seiner Gerichte im Rechtsstreit über die Aufbringung von Stammeinlagen im Sinne fehlender Schiedsfähigkeit zum Ausdruck bringen wollen. Damit steht in Einklang, dass ein „echter" Vergleich über eine umstrittene Einlageforderung grundsätzlich als zulässig zu erachten ist.[118]

f) Aber: Befreiung durch erfüllungsersetzende Leistung möglich

Entgegen früherer Rechtslage kann nunmehr aber die Leistung an Erfüllungs statt (§ 364 Abs. 1 BGB) schuldbefreiende Wirkung haben. In der Mehrzahl der Fälle geht es dabei um die Kategorie der verdeckten Sacheinlage, d. h. die nicht offengelegte Abrede, die Geldeinlagepflicht durch Sachwerte zu ersetzen. Dazu ordnet § 15 Abs. 4 Satz 2 GmbHG ausdrücklich – und insoweit als speziellere, damit dem Befreiungsverbot vorrangige Regelung – eine Wirksamkeit sowohl der leistungsersetzenden Abrede wie des Erfüllungsgeschäfts an, und zwar auch ohne Offenlegung dieser Abrede. Das Befreiungsverbot gilt lediglich eingeschränkt als Zuzahlungspflicht für Wertdifferenzen. Im Umfang der werthaltigen Leistung hat diese aber Bestand. Das Befreiungsverbot hat damit Wirkung allenfalls für leistungsersetzende Abreden außerhalb § 19 Abs. 4 GmbHG. Das könnte z. B. bei der umgekehrten Ersetzung einer Sach- durch eine Geldeinlage bestehen. Wegen der Verpflichtung, vor Anmeldung die Sacheinlage vorzunehmen, ist das aber als stille Abrede kaum vorstellbar (natürlich ist das Fehlschlagen der Sacheinlage z. B. wegen Zerstörung der Sache denkbar; regelmäßig würden dann jedoch die Gründungsverträge geändert, um einer Beanstandung durch das Registergericht [fehlender Nachweis der Einlageerbringung] zuvorzukommen).

38

6. Aufrechnungsverbot

§ 19 Abs. 2 Satz 2 GmbHG untersagt dem Gesellschafter die Aufrechnung gegen eine Einlageforderung der GmbH. Nach dem Wortlaut des Gesetzes richtet sich das Aufrechnungsverbot nur gegen den Gesellschafter. Im Interesse der rea-

39

---

118 BGH, Urt. v. 19.7.2004 – II ZR 65/03, BB 2004, 1870.

Kap. 6 Sicherung der Kapitalaufbringung

len Kapitalaufbringung ist aber auch der GmbH die Aufrechnung weitgehend verwehrt.[119]

a) Aufrechnung durch Gesellschafter

40 Eine einseitige Aufrechnung ist dem Gesellschafter strikt **verboten**. Die einzige Ausnahme findet sich in § 19 Abs. 2 Satz 2 GmbHG (früher § 19 Abs. 5) und betrifft die Sachübernahme. Diese stellt eine Sonderform der Sacheinlage dar, bei der eine Bareinlage vereinbart ist, die Gesellschaft aber einen Gegenstand von dem Gesellschafter erwerben soll, dessen Preis auf die Bareinlage angerechnet wird.[120] Bei einer ordnungsgemäß vereinbarten und damit – im Gegensatz zu einer verdeckten Sacheinlage – offen gelegten Sachübernahme kann die Abrede getroffen werden, dass die Gesellschaft einen Vermögensgegenstand übernimmt und die Vergütung auf die Einlage angerechnet wird.[121] Denn die Sachübernahme ist begrifflich darauf gerichtet, dass die Gesellschaft von dem Gesellschafter einen Sachwert gegen Vergütung übernimmt und die Vergütung auf die als Bareinlage vereinbarte Stammeinlage angerechnet wird.[122] Abgesehen von dieser Ausnahme gilt das Aufrechnungsverbot, und zwar unabhängig davon, ob die Gegenforderung **gesellschaftsrechtlicher** oder **schuldrechtlicher Art**[123] ist und ob sie erst nach Errichtung der GmbH entstanden ist.[124] Ebenso scheidet ein Aufrechnungsvertrag zwischen Gesellschafter und GmbH aus.[125] Das Vertrauen eines Gläubigers, der mit Rücksicht auf die ausstehende Einlageforderung der Gesellschaft Kredit gegeben und dabei vielleicht auch das gesetzliche Aufrechnungsverbot in Betracht gezogen hat, würde enttäuscht, wenn sich die Einlageforderung infolge einer Aufrechnung mit Gegenansprüchen gegen die Gesellschaft in Luft auflösen würde.[126] Unzulässig ist die Aufrechnung mit einer rückständigen Gewinndividende,[127] einem Schadensersatzanspruch aus dem Gesellschaftsverhältnis,[128] einer an den Gesellschafter abgetretenen Drittforderung,[129]

---

119 Rowedder/Schmidt-Leithoff/*Pentz*, § 19 Rn. 67; *Goette*, § 2 Rn. 28.
120 *Büchel*, GmbHR 2007, 1065, 1068.
121 BR-Drucks. 354/07, S. 90.
122 Baumbach/Hueck/*Fastrich*, § 5 Rn. 16.
123 Scholz/*Veil*, § 19 Rn. 86.
124 Rowedder/Schmidt-Leithoff/*Pentz*, § 19 Rn. 70.
125 BGH, Urt. v. 13.10.1954 – II ZR 182/53, BGHZ 15, 52 = BB 1954, 977 = NJW 1954, 1842.
126 BGH, Urt. v. 18.11.1969 – II ZR 83/68, BGHZ 53, 71 = BB 1970, 188 = NJW 1970, 469.
127 RG, Urt. v. 12.1.1901 – Rep. I 322/00, RGZ 47, 180, 185; Scholz/*Veil*, § 19 Rn. 86; Michalski/Heidinger/Leible/Schmidt/*Ebbing*, § 19 Rn. 81.
128 RG, Urt. v. 27.9.1918 – Rep. II 55/18, RGZ 93, 326, 330; Baumbach/Hueck/*Fastrich*, § 19 Rn. 21.
129 BGH, Urt. v. 18.11.1969 – II ZR 83/68, BGHZ 53, 71 = BB 1970, 188 = NJW 1970, 469.

III. Zahlung der Bareinlage **Kap. 6**

einem Bereicherungsanspruch[130] oder einer Gehaltsforderung des Gesellschafters.[131] Auch mit einem Hinweis auf Treu und Glauben (§ 242 BGB) kann dem Aufrechnungsverbot nicht begegnet werden.[132] Der Einlageschuldner kann nicht wegen eines eigenen Anspruchs in die gegen ihn selbst gerichtete Einlageforderung der GmbH vollstrecken.[133] Eine unzulässige Aufrechnung lässt die Einlageschuld nicht untergehen.[134] Nach Pfändung der Einlageforderung darf der Gesellschafter mit einem ihm unmittelbar gegen den Pfändungsgläubiger zustehenden Anspruch aufrechnen.[135]

b) Aufrechnung durch GmbH

Soweit eine Aufrechnung durch den Gesellschafter unstatthaft ist, kann sich die 41
GmbH mit ihm darüber nicht vertraglich einigen.[136] Bei den vor Anmeldung zu entrichtenden **Mindesteinlagen** scheidet jede Aufrechnung aus.[137] Dies gilt auch für die Fälle der **verdeckten Sacheinlage**.[138] Über den Wortlaut des § 19 Abs. 2 Satz 2 GmbHG hinaus ist das Aufrechnungsverbot auch von der GmbH zu beachten. Denn dieses Verbot ist Ausdruck des das GmbH-Recht beherrschenden Grundsatzes der realen Kapitalaufbringung. Vor diesem Hintergrund kann zur Sicherung einer effektiven Kapitalaufbringung eine Aufrechnung durch die GmbH nur unter **strengen Voraussetzungen** gebilligt werden. Gegenüber der früheren Rechtsprechung kann aber die Umgestaltung der verdeckten Sacheinlage durch § 19 Abs. 4 GmbHG n. F. nicht ohne Einfluss auf die Aufrechnungsmöglichkeiten durch die GmbH bleiben. Das ex ante statuierte Verbot der verdeckten Sacheinlage wird für den Zeitraum nach Leistungserbringung ersetzt durch eine bloße Sicherung dem Werte nach. Deswegen sprechen nun gute Gründe dafür, Verrechnungen nach Leistungserbringung (aus der Rspr: mit

---

130 BGH, Urt. v. 16.3.1998 – II ZR 303/96, BB 1998, 967 = NJW 1998, 1951; Baumbach/Hueck/*Fastrich*, § 19 Rn. 21.
131 BGH, Urt. v. 21.9.1978 – II ZR 214/77, BB 1978, 1635 = NJW 1979, 216; Rowedder/Schmidt-Leithoff/*Pentz*, § 19 Rn. 70.
132 BGH, Urt. v. 29.3.1962 – II ZR 50/61, BGHZ 37, 75 = NJW 1962, 1009; Scholz/*Veil*, § 19 Rn. 86.
133 Roth/*Altmeppen*, § 19 Rn. 19, 39.
134 BGH, Urt. v. 16.3.1998 – II ZR 303/96, BB 1998, 967 = NJW 1998, 1951; Baumbach/Hueck/*Fastrich*, § 19 Rn. 21; Roth/*Altmeppen*, § 19 Rn. 38.
135 BGH, Urt. v. 18.11.1969 – II ZR 83/68, BGHZ 53, 71 = BB 1970, 188 = NJW 1970, 469.
136 BGH, Urt. v. 13.10.1954 – II ZR 182/53, BGHZ 15, 52 = BB 1954, 977 = NJW 1954, 1842.
137 Ulmer/*Ulmer*, § 7 Rn. 41; Scholz/*Veil*, § 7 Rn. 33; Baumbach/Hueck/*Fastrich*, § 19 Rn. 22; a. A. Michalski/Heidinger/Leible/Schmidt/*Ebbing*, § 19 Rn. 87.
138 BGH, Urt. v. 4.3.1996 – II ZR 89/95, BGHZ 132, 133 = BB 1996, 711 = NJW 1996, 1286; Lutter/Hommelhoff/*Bayer*, § 19 Rn. 22; Rowedder/Schmidt-Leithoff/*Pentz*, § 19 Rn. 126; *Goette*, § 2 Rn. 28.

Kap. 6 Sicherung der Kapitalaufbringung

Kaufpreisanspruch nach Sachlieferung[139] oder mit Darlehensforderungen[140]) im Umfang der Werthaltigkeit anzuerkennen. Unter teleologischen Wertungsgesichtspunkten sollte es keine Rolle spielen, ob die Gesellschafter unmittelbar eine (wirksame) leistungsersetzende Abrede nach § 364 Abs. 1 BGB treffen oder einen zunächst einen separaten schuldrechtlichen Anspruch begründen und dann verrechnen. Dabei kommt es nicht darauf an, ob die Gegenforderung des Gesellschafters gegen die GmbH bereits bestand (und damit eine Sacheinlage prinzipiell möglich gewesen wäre) oder erst später begründet wurde: § 19 Abs. 4 GmbHG gewährt in beiden Fällen die Wertanrechnung. Deswegen ist entgegen früherer Rspr.[141] nun auch eine Aufrechnung gegen stehengelassenen Gewinn etc. des Gesellschafters zulässig.

42 Jedenfalls bestehen die Schranken des § 19 Abs. 2 Satz 2 GmbHG: Danach ist eine im Einvernehmen mit der Gesellschaft durchgeführte Verrechnung der Einlageschuld gegen Forderungen des Gesellschafters durch die GmbH nur zulässig, wenn die Gesellschafterforderungen fällig, liquide und vollwertig sind.[142] **Vollwertigkeit** setzt voraus, dass das Vermögen der GmbH im Zeitpunkt der Verrechnung zur Deckung ihrer sämtlichen Verbindlichkeiten ausreiche,[143] was im Falle der Überschuldung selbstverständlich ausscheidet.[144] **Fällig** (§ 271 BGB) ist eine bestehende, nicht künftige Forderung, deren Leistung verlangt werden kann.[145] Als **liquide** bezeichnet man eine nicht mit Einwendungen oder Einreden behaftete Forderung, deren Bestand nach Prüfung durch den Geschäftsführer außer Zweifel steht.[146] Fehlen die Voraussetzungen der Fälligkeit und/oder liquider Nachweisbarkeit, ist die Aufrechnung insgesamt unwirksam. Bei teils (!) fehlender Vollwertigkeit wird entsprechend § 19 Abs. 5 GmbHG im Gegensatz zur früheren Rechtslage die Aufrechnung vermehrt für teilwirksam gehalten, nämlich im Umfang der wertmäßigen Deckung.[147]

43 Allerdings dürfen diese Erfordernisse nicht zu einer Schädigung der GmbH führen. Ihr ist die Aufrechnung ausnahmsweise gestattet, wenn die Einlageforde-

---

139 BGH NJW 1996, 1473; NJW 2002, 3774.
140 BGH NJW 1990, 982; 1994, 1477.
141 BGH NJW 2001, 3774.
142 BGH, Urt. v. 2.12.2002 – II ZR 101/02, BGHZ 153, 107 = BB 2003, 270 = NJW 2003, 825; BGH, Urt. v. 16.9.2002 – II ZR 1/00, BB 2002, 2347 = NJW 2002, 3774; Ulmer/*Ulmer*, § 19 Rn. 70; Baumbach/Hueck/*Fastrich*, § 19 Rn. 22.
143 BGH, Urt. v. 2.12.2002 – II ZR 101/02, BGHZ 153, 107 = BB 2003, 270 = NJW 2003, 825.
144 BGH, Urt. v. 26.3.1984 – II ZR 14/84, BGHZ 90, 370 = BB 1984, 1067 = NJW 1984, 1891.
145 Ulmer/*Ulmer*, § 19 Rn. 73.
146 Ulmer/*Ulmer*, § 19 Rn. 74; Baumbach/Hueck/*Fastrich*, § 19 Rn. 22.
147 Roth/*Altmeppen*, § 19 Rn. 48; Rowedder/Schmidt-Leithoff/*Pentz*, § 19 Rn. 81; Baumbach/Hueck/*Fastrich*, § 19 Rn. 39.

rung gefährdet oder gar uneinbringlich ist.[148] Ist die Einlageforderung einverständlich mit einer Gegenforderung des Gesellschafters verrechnet worden, so muss dieser, wenn er sich auf die Erfüllung seiner Einlageschuld beruft, im Streitfall beweisen, dass sein eigener Anspruch im maßgebenden Zeitpunkt vollwertig war.[149]

IV. Erbringung der Sacheinlage

1. Begriff

Unter einer Sacheinlage (§ 5 Abs. 4 GmbHG) ist jede Einlage auf das Stammkapital zu verstehen, die bestimmungsgemäß nicht in Geld zu erbringen ist.[150] Auch die **Sachübernahme**, bei der der Gesellschafter eine Bareinlage schuldet, die durch Verrechnung des Kaufpreises für einen seitens der GmbH von dem Gesellschafter erworbenen Gegenstand getilgt werden soll, bildet eine Sacheinlage.[151] Da eine Sacheinlage mit einem **bestimmten Geldbetrag** auf das Stammkapital anzurechnen ist, versucht das Gesetz, die naheliegende **Gefahr einer Überbewertung**, wenn nicht gar der Einleger den Wertgutachter täuscht,[152] durch ein enges Regelungsgeflecht nach Möglichkeit zu bannen. Zur Sicherung der effektiven Kapitalaufbringung ist die Vereinbarung einer Sacheinlage offenzulegen (§§ 5 Abs. 4 Satz 1, 8 Abs. 1 Nr. 4 und 5 GmbHG); die Gesellschafter haben einen Sachgründungsbericht zu erstellen (§ 5 Abs. 4 Satz 2); die Sacheinlage ist schon vor Anmeldung der GmbH vollständig zu leisten (§ 7 Abs. 3 GmbHG); das Registergericht hat mangels einer Gründungsprüfung die Werthaltigkeit der Einlage zu kontrollieren (§ 9c GmbHG); der Gesellschafter unterliegt im Falle der Überbewertung einer Differenzhaftung (§ 9 GmbHG), der Geschäftsführer einer Gründerhaftung (§ 9a GmbHG). Die Gesellschaft trägt dabei die Beweislast für die fehlende Werthaltigkeit der Sacheinlage.[153] Eine Überbewertung der Sacheinlage führt also nicht zur Unwirksamkeit der Sacheinlageverbindlichkeit, sondern begründet die genannten Rückgriffsansprüche gegen Gesellschafter und Geschäftsführer.[154] Das Fehlen eines Sachkapitalerhöhungsberichts löst nach erfolgter Eintragung keine materiellrechtlichen Folgen hinsichtlich der Sacheinlagevereinbarung aus und führt insbesondere nicht zu deren Unwirksamkeit.[155]

44

---

148 BGH, Urt. v. 13.10.1954 – II ZR 182/53, BGHZ 15, 52 = BB 1954, 977 = NJW 1954, 1842; Michalski/Heidinger/Leible/Schmidt/*Ebbing*, § 19 Rn. 93.
149 BGH, Urt. v. 15.6.1992 – II ZR 229/91, BB 1992, 1515 = NJW 1992, 2229.
150 Rowedder/Schmidt-Leithoff/*C. Schmidt-Leithoff*, § 5 Rn. 18; Scholz/*Veil*, § 5 Rn. 34.
151 Michalski/Heidinger/Leible/Schmidt/*Leitzen*, § 5 Rn. 53; Baumbach/Hueck/*Fastrich*, § 5 Rn. 16.
152 BGH, Urt. v. 12.10.1998 – II ZR 164/97, NJW 1999, 143.
153 *Lutter*/Hommelhoff/*Bayer*, § 9 Rn. 10.
154 BGH, Urt. v. 14.6.2004 – II ZR 121/02, BB 2004, 1925.
155 BGH, Urt. v. 14.6.2004 – II ZR 121/02, BB 2004, 1925.

Kap. 6 Sicherung der Kapitalaufbringung

Wird unter Verstoß gegen § 5 Abs. 4 GmbHG der Gegenstand der Sacheinlage und der Betrag der Einlage, auf die sich die Sacheinlage bezieht, nicht im Gesellschaftsvertrag bezeichnet, so hat der Gesellschafter seine Stammeinlage durch Geldzahlung zu begleichen.[156]

2. Gegenstand einer Sacheinlage

45 Nach § 27 Abs. 2 AktG können Sacheinlagen nur Vermögensgegenstände sein, deren wirtschaftlicher Wert feststellbar ist; da es sich um eine Kodifizierung der im deutschen Kapitalgesellschaftsrecht allgemein anerkannten Grundsätze der Sacheinlage handelt, ist diese Inhaltsbestimmung auf das GmbH-Recht übertragbar.[157] Zur Sacheinlage eignet sich jeder übertragbare Anspruch, der einen **bilanzfähigen Vermögenswert** darstellt.[158] Einlagefähig ist das Eigentum an beweglichen und unbeweglichen Sachen[159] wie Werkzeug und Material,[160] die Gebrauchsüberlassung eines Grundstücks zur Bebauung,[161] ein Handelsgeschäft,[162] der selbstständige Betriebsteil eines Unternehmens einschließlich Betriebseinrichtung, Waren, Vorräten und Know-how,[163] (Darlehens-)Forderungen,[164] ein Urheberrecht (z.B. Operette),[165] eine Patentlizenz;[166] eine stille Beteiligung.[167] Forderungen des Gesellschafters gegen die GmbH oder Dritte können – wohlgemerkt unter Beachtung der bestehenden Publizitäts- und Prüfungsvorschriften – als Einlage verwendet werden.[168] Bei der **Einbringung eines Unternehmens**

---

156 BGH, Urt. v. 21.9.1978 – II ZR 214/77, BB 1978, 1635 = NJW 1979, 216.
157 BGH, Urt. v. 14.6.2004 – II ZR 121/02, BB 2004, 1925.
158 BGH, Urt. v. 16.2.1959 – II ZR 170/57, BGHZ 29, 300 = BB 1959, 352 = NJW 1959, 934.
159 Scholz/*Veil*, § 5 Rn. 40.
160 BGH, Urt. v. 21.9.1978 – II ZR 214/77, BB 1978, 1635 = NJW 1979, 216.
161 BGH, Urt. v. 2.5.1966 – II ZR 219/63, BGHZ 45, 338 = BB 1966, 597 = NJW 1966, 1311.
162 BGH, Urt. v. 2.5.1966 – II ZR 219/63, BGHZ 45, 338 = BB 1966, 597 = NJW 1966, 1311.
163 BGH, Urt. v. 18.9.2000 – II ZR 365/98, BGHZ 145, 150 = BB 2000, 2323 = NJW 2001, 67.
164 BGH, Urt. v. 18.9.2000 – II ZR 365/98, BGHZ 145, 150 = BB 2000, 2323 = NJW 2001, 67; BGH, Urt. v. 18.2.1991 – II ZR 104/90, BGHZ 113, 335 = BB 1991, 993 = NJW 1991, 1754; BGH, Urt. v. 7.11.1994 – II ZR 248/93, BB 1995, 115 = NJW 1995, 460.
165 BGH, Urt. v. 16.2.1959 – II ZR 170/57, BGHZ 29, 300 = BB 1959, 352 = NJW 1959, 934.
166 BGH, Urt. v. 10.11.1958 – II ZR 3/57, BGHZ 28, 314 = BB 1959, 26 = NJW 1959, 383.
167 BGH NJW 2015, 3786.
168 BGH, Urt. v. 15.1.1990 – II ZR 164/88, BGHZ 110, 47 = BB 1990, 382 = NJW 1990, 862.

werden alle ihm wirtschaftlich zurechenbaren Vermögenswerte erfasst, die nicht im Gesellschaftsvertrag von der Übertragung besonders ausgenommen sind. Können die Rechte aus einem Pachtvertrag mangels Zustimmung des Verpächters nicht eingebracht werden, hat der Gesellschafter die GmbH wirtschaftlich so zu stellen, wie wenn eine Vertragsübernahme erfolgt wäre.[169] Wegen eines Verstoßes gegen den Grundsatz der realen Kapitalaufbringung ist ein gegen den Gesellschafter selbst gerichteter schuldrechtlicher Anspruch etwa aus Wechsel oder Scheck nicht einlagefähig, weil die Einlageforderung nicht durch eine andere Verpflichtung ersetzt werden darf.[170] Ansprüche auf Dienstleistungen sind analog § 27 Abs. 2 HS 2 AktG nicht einlagefähig, auch wenn sie sich nicht gegen den Gesellschafter, sondern gegen einen Dritten richten.[171] Nicht einlagefähig sind eigene Anteile der GmbH, weil es an einer Kapitalzufuhr fehlen würde. Ob Anteile an abhängigen Unternehmen einlagefähig sind, ist str.[172] **Obligatorische Nutzungsrechte** haben jedenfalls dann einen im Sinn der Einlagefähigkeit feststellbaren wirtschaftlichen Wert, wenn ihre Nutzungsdauer in Form fester Laufzeit oder als konkrete Mindestdauer feststeht; der Zeitwert eines solchen Nutzungsrechts errechnet sich aus dem für die Dauer kapitalisierten Nutzungswert. Ein an die Dauer der Mitgliedschaft des Gesellschafters gekoppeltes Nutzungsrecht ist als wirtschaftlicher Wert – wenngleich unter erheblichen Risikoabschlägen – sacheinlagefähig.[173] Zahlt eine GmbH ihrem Gesellschafter als Vermieter einen nicht dem Marktwert entsprechenden Mietzins, so ist der Mehrwert einlagefähig. Den Gesellschaftern ist es unbenommen, nach freiem kaufmännischem Ermessen zu ihren Gunsten über solche Vermögensteile der GmbH zu verfügen, die nicht den Bindungen des § 30 Abs. 1 GmbHG unterliegen.[174]

3. Gutgläubiger Erwerb der GmbH von einem Gesellschafter

Übereignet der eine Sacheinlage schuldende Gesellschafter an einen Dritten sicherungsübereignete Gegenstände der GmbH, so ist ein **gutgläubiger Erwerb** der GmbH grundsätzlich möglich. Ist der Erwerb wirksam vollzogen, so hat der Gesellschafter seine Einlagepflicht erfüllt.[175] Dies gilt nicht, wenn der Betreffende alleiniger Gesellschafter der GmbH ist (kein Verkehrsgeschäft).

46

---

169 BGH, Urt. v. 19.1.2006 – IX ZR 232/01, BB 2006, 966 = NJW-RR 2006, 923.
170 Ulmer/*Ulmer*, § 5 Rn. 54; Baumbach/Hueck/*Fastrich*, § 5 Rn. 24; Roth/*Altmeppen*, § 5 Rn. 29.
171 BGH NJW 2009, 2375 = BB 2009, 973.
172 Zustimmend *Klein* GmbHR 2016, 461, m. w. N.
173 BGH, Urt. v. 14.6.2004 – II ZR 121/02, BB 2004, 1925.
174 BGH, Urt. v. 14.6.2004 – II ZR 121/02, BB 2004, 1925.
175 BGH, Urt. v. 21.10.2002 – II ZR 118/02, BB 2003, 14 = NJW-RR 2003, 170.

Kap. 6   Sicherung der Kapitalaufbringung

4. Verdeckte Sacheinlage

a) Hintergrund: Die verdeckte Sacheinlage vor ihrer Kodifizierung

aa) Begriff

47 Die verdeckte Sacheinlage war bis zur Überarbeitung des GmbHG durch das MoMiG nicht kodifiziert. Empirischer Ausgangspunkt ist zunächst die Feststellung, dass im Rahmen der vielfältigen Geschäftsbeziehungen zwischen Gesellschaftern und Gesellschaft in zahlreichen Fällen die als Bareinlage deklarierte (und in der Regel auch durch Überweisung zunächst getätigte) Zahlung in einem engen sachlichen und zeitlichen Zusammenhang wieder an den Gesellschafter zurückfloss. Bei der Gründung ging es vorrangig um nachfolgende Kaufverträge, bei der Barkapitalerhöhung um die Verrechnung von Einlagen mit stehengelassenen Gewinnen oder gewährten Gesellschafterdarlehen (oder deren unmittelbar nachfolgender Begleichung). Von einer verdeckten (weil nicht durch Sachgründung offengelegten) Sacheinlage sprach man also, wenn die Gesellschaft bei wirtschaftlicher Betrachtung von dem Einleger aufgrund einer im Zusammenhang mit der Übernahme der Einlage getroffenen Absprache einen **Sachwert** erhalten sollte und ihr wegen der für den Sachwert zu leistenden Vergütung die Bareinlage nicht auf Dauer zufloss.[176] Übernimmt der Gesellschafter also etwa eine Bareinlage von 2 Mio. € und veräußert er wenige Monate später ein Grundstück für 1 Mio. € an die GmbH, so liegt eine verdeckte Sacheinlage vor, wenn der Gesellschafter den ihm von der GmbH gezahlten Kaufpreis von 1 Mio. € zur Tilgung seiner Einlageschuld verwendet.[177] Ebenso verhält es sich, wenn der Gesellschafter seine Betriebseinrichtung oder eine Lizenz an die von ihm gegründete GmbH veräußert und der Kaufpreis mit Hilfe der Bareinlage getilgt wird.[178] In diesen Konstellationen wird zwar formell eine Bareinlage geleistet; tatsächlich dient aber der Einlagebetrag nur der Vergütung einer Sachleistung und fließt der Gesellschaft nicht als Barleistung zu. Ebenso handelt es sich um eine verdeckte Sacheinlage, wenn der Gesellschafter seine Einlageschuld mit einer gegen die GmbH gerichteten **Forderung verrechnet**. In diesem Fall soll Fremd- in Eigenkapital umgewandelt werden.[179] **Sogar gewöhnliche Umsatzgeschäfte im Rahmen des laufenden Geschäftsverkehrs**, können nicht aus dem Bereich der verdeckten Sacheinlage ausgeklammert werden.[180] Verdeckte Sacheinlage ist ferner die Verrechnung einer Einlage auf die Kapitalerhöhung, die als (geleistete) Vorausleistung auf eine künftige Kapitalerhöhung er-

---

176 *Gesell*, BB 2007, 2241 f.; BGH DNotZ 2016, 549.
177 BGH, Urt. v. 7.7.2003 – II ZR 235/01, BGHZ 155, 329 = NJW 2003, 3127.
178 BGH, Urt. v. 11.2.2008 – II ZR 171/06, BB 2008, 1085 = NZG 2008, 311 Tz. 11 ff. = DNotZ 2008, 547; BGH NJW 2010, 1948.
179 *K. Schmidt*, § 29, II.1.c.
180 BGH, Urt. v. 11.2.2008 – II ZR 171/06, BB 2008, 1085 = NZG 2008, 311 Tz. 13 f.

bracht und gewollt war (gescheitert wegen verzögerter Beschlussfassung).[181] Im Rahmen eines **zentralen Cash-Pool-Systems** liegt ebenfalls eine unzulässige verdeckte Sacheinlage vor, wenn die auf ein Sonderkonto gezahlte Einlage nach Eintragung der GmbH auf das Zentralkonto umgebucht und auf diesem Wege die Darlehensverbindlichkeit der GmbH gegenüber der Konzernmutter reduziert wird. Durch den Zahlungsvorgang ist der GmbH nicht die Einlage, sondern die Befreiung von einer Verbindlichkeit gewährt worden. Die schuldrechtliche Möglichkeit der GmbH, ein der Einlage entsprechendes Darlehen mittels Belastung des Zentralkontos in Anspruch nehmen zu können, steht der freien Verfügungsmacht über eine tatsächlich bewirkte Zahlung nicht gleich.[182]

bb) Rechtsfolgen

Die st. Rspr. hielt die verdeckte Sacheinlage wegen einer unzulässigen Umgehung der §§ 5 Abs. 4, 9c GmbHG und des § 19 Abs. 5 GmbHG a. F. für verboten.[183] Die Einlageleistung des Gesellschafters hatte keine Erfüllungswirkung; vielmehr bestand seine Einlageverpflichtung in voller Höhe fort.[184] Insbesondere bestand die Bareinlagepflicht des Gesellschafters in vollem Umfang fort, sodass dieser bei Insolvenz der Gesellschaft die Bareinlage nochmals, wirtschaftlich gesehen also ein zweites Mal, leisten musste.[185] Der Anspruch des Gesellschafters gegen die GmbH auf Rückgewähr der empfangenen Leistung erschöpfte sich bei Geldzahlungen ohne Erfüllungswirkung, sowie dann, wenn der Gegenstand weiterveräußert oder abgenutzt wurde, vielfach in einer wertlosen Insolvenzforderung.[186] Dass diese Rechtsanwendung insbesondere aus Teilen der Wissenschaft als existenziell bedrohlich für die Gesellschafter kritisiert wurde, hat aber die Praxis der Rechtsprechung nie zu einer grundlegenden Überprüfung veranlasst. Angesichts dieser „drakonisch" oder auch „katastrophal" zu nennenden Rechtsfolgen[187] erstaunt es nicht, dass im Laufe der Zeit alle Facetten der verdeckten Sacheinlage ausgeurteilt waren, nämlich Reihenfolge von Einlage

48

---

181 BGH DNotZ 2016, 549.
182 BGH, Urt. v. 16.1.2006 – II ZR 76/04, BGHZ 166, 8 = BB 2006, 847 = NJW 2006, 1736.
183 BGH, Urt. v. 18.2.1991 – II ZR 104/90, BGHZ 113, 335 = BB 1991, 993 = NJW 1991, 1754; BGH, Urt. v. 4.3.1996 – II ZR 89/95, BGHZ 132, 133 = BB 1996, 711 = NJW 1996, 1286; BGH, Urt. v. 18.9.2000 – II ZR 365/98, BGHZ 145, 150 = BB 2000, 2315 = NJW 2001, 67; BGH, Urt. v. 7.7.2003 – II ZR 235/01, BGHZ 155, 329 = NJW 2003, 3127; Lutter/Hommelhoff/*Bayer*, § 5 Rn. 41; *K. Schmidt*, § 29, II.1.c; Ulmer/*Ulmer*, § 5 Rn. 164 ff.; Roth/*Altmeppen*, § 19 Rn. 81; Baumbach/Hueck/*Fastrich*, § 19 Rn. 37.
184 Lutter/Hommelhoff/*Bayer*, § 5 Rn. 48.
185 *Wirsch*, GmbHR 2007, 736 f.
186 BR-Drucks. 354/07, S. 90.
187 Vgl. *Veil* ZIP 2007, 1241, Fn. 6.

und Erstattung[188] oder das Erfordernis einer Umgehungsabsicht.[189] Womöglich kann zusätzlich zum Fortbestand des Einlageanspruchs auch ein Anspruch der GmbH aus §§ 30, 31 GmbHG bestehen, wenn nämlich die Kaufpreiszahlung (= Rückzahlung an den Gesellschafter/Inferenten) die Einlageleistung übersteigt und aus geschütztem Vermögen (§ 30 GmbHG) erbracht wird. In diesen Anspruchsteil hat der Reformgesetzgeber des MoMiG nicht eingegriffen.[190]

cc) Heilung der verdeckten Sacheinlage

49 Erst durch Entscheidungen von 1996 hat der BGH der Beratungspraxis mit einer Heilung einer verdeckten Sacheinlage die Möglichkeit eröffnet, für die Zukunft die Erfüllungshaftung zu beseitigen, jedenfalls solange das Objekt der Einlageleistung noch als solches unverändert vorhanden ist.[191] Waren sich die Gesellschafter über die geplante Einlage einig, haben dafür aber – gleich aus welchen Gründen – gemeinsam den rechtlich falschen Weg gewählt, so sei das gegen § 19 Abs. 5 a. F. und § 5 Abs. 4 Satz 1 GmbHG verstoßende Umgehungsgeschäft einer – wirksamen – Heilung zugänglich. Dabei musste der Zustand hergestellt werden, der bei ordnungsgemäßem Verhalten bestanden hätte. Die mit der verdeckten Sacheinlage verbundene objektive **Gesetzesumgehung** lag nicht in der Einzahlung eines Barbetrages auf die Bareinlagepflicht, sondern resultierte aus dem Verkehrsgeschäft, welches dazu führte, dass die Gesellschaft letztlich einen Sachwert erhält, der jedoch nicht als Einlage offen gelegt und nicht auf seine Vollwertigkeit geprüft worden ist. Bei diesem Verkehrsgeschäft, welches das Gesetz verletzt, muss dementsprechend auch die Heilung ansetzen, indem nunmehr offengelegt wurde, dass Gegenstand der Einbringungspflicht nicht die bisher verlautbarte Bareinlage, sondern ein Sachwert (oder ein an seine Stelle getretener Anspruch) sein soll, und damit die **Nachholung der Prüfung** auf dessen Werthaltigkeit ermöglicht wurde. Erforderlich war dazu ein satzungsändernder Heilungsbeschluss, wonach klargestellt wurde, dass der Gesellschafter seine Einlage oder einen Teil davon durch einen Sachwert erbringt. In dem Heilungsbeschluss musste ferner die wahre Einlageleistung offengelegt werden; zudem waren analog zur Sachgründung Gründungsbericht, testierte Bilanz und Anmeldeversicherung der Geschäftsführer zum Nachweis der (im Zeitpunkt der Heilung) immer noch gegebenen Werthaltigkeit erforderlich. Die Heilung musste zum Registergericht angemeldet werden. Aus gesellschaftlicher Treuepflicht

---

188 Irrelevant, BGH NJW 1996, 1286; NJW 1991, 1754.
189 Irrelevant; jedenfalls besteht bei engem sachlichen und zeitlichen Zusammenhang aber eine tatsächliche Vermutung für eine Umgehungsabsicht: BGH NJW 1996, 1286.
190 BGH NJW 2010, 1948.
191 BGH NJW 1996, 1286. Sodann BGH NJW 2003, 3127.

IV. Erbringung der Sacheinlage **Kap. 6**

konnte sich ein Anspruch gegen die Mitgesellschafter auf Mitwirkung an der Heilung einer verdeckten Sacheinlage ergeben.[192]

Die Vertragspraxis hat an dieser Möglichkeit, die Fälle zwischenzeitlich eingetretenen Objekt- oder Wertverlusts einmal ganz außer Betracht gelassen, keine Freude gehabt. Während nämlich im Anschluss an erste Entscheidungen des BGH der schuldrechtliche Erstattungsanspruch des Gesellschafters gegen die GmbH als heilende Einlage definiert wurde, zog der BGH in einer nachfolgenden Entscheidung eine Analogie zu § 27 Abs. 3 AktG mit dem Ergebnis, dass in Wahrheit alle dinglichen Erfüllungshandlungen unwirksam waren.[193] Das stellte alle zwischenzeitlich erfolgten und in Handelsregistern auch vollzogenen Heilungen in Frage und führte zu dem überraschenden Ergebnis, dass dem Gesellschafter womöglich in einer Insolvenz der GmbH ein Aussonderungsrecht aufgrund Eigentums zustand. Stattdessen mussten nun also alle Erfüllungshandlungen erneut durchgeführt werden.

50

b) Die Neuregelung: Anrechnungslösung

aa) Begriff der verdeckten Sacheinlage

Nun hat der Gesetzgeber die **Rechtsfolgen** einer verdeckten Sacheinlage mit § 19 Abs. 4 GmbHG n. F. im Sinne einer vielfach befürworteten Gerechtigkeitserwägung[194] durch eine Anrechnungslösung **abgemildert**. Nach der Legaldefinition der Bestimmung erfordert die verdeckte Sacheinlage zwei Tatbestandsmerkmale: die **wirtschaftliche Entsprechung** der Bar- und Sacheinlage und die **vorherige Abrede**. Fehlt es an einem der Merkmale, so liegt eine verdeckte Sacheinlage nicht vor.[195] Das führt aber dazu, dass die Leistungen ohnehin vereinbarungsgemäß erbracht sind und Erfüllungswirkung haben. § 19 Abs. 4 GmbHG verzichtet auf die Normierung einer festen Frist für den zeitlichen Zusammenhang zwischen der Übernahme der Geldeinlage und dem Verkehrsgeschäft, den die Rechtsprechung als Indiz für eine Abrede über den wirtschaftlichen Erfolg einer Sacheinlage wertet; denn eine solche Bestimmung könnte ohne Weiteres umgangen werden.[196] Damit verbleibt es bei der bisherigen Praxis, die den Zusammenhang bei einer Frist von bis zu **sechs Monaten** annimmt.[197] Auch darüber hinaus baut die tatbestandliche Umschreibung der Voraussetzungen einer verdeckten Sacheinlage bewusst auf der in der Rechtspre-

51

---

192 BGH NJW 2003, 3127.
193 BGH NJW 2003, 3127.
194 *K. Schmidt*, GmbHR 2007, 1072 f.
195 BR-Drucks. 354/07, S. 92; *Veil*, ZIP 2007, 1241 f.
196 BR-Drucks. 354/07, S. 92.
197 BGH NJW 2010, 1948: Ein Zeitraum von 2 Jahren unterbricht jedenfalls den zeitlichen Zusammenhang.

Volmer

Kap. 6 Sicherung der Kapitalaufbringung

chung üblichen Definition auf, sodass insoweit Kontinuität gewahrt bleibt; was für viele Einzelfälle vom BGH herausgearbeitet worden ist, wirkt damit weiter fort.[198] Ziel des Reformgesetzes war es ja auch, den vorgefundenen Tatbestand der verdeckten Sacheinlage insgesamt auf der Rechtsfolgenseite neu zu ordnen. Zusätzliche Eingriffe in den Tatbestand hätten allenfalls dazu geführt, dass Reformgesetz und Rechtsprechung nicht deckungsgleich sind und im Umfang der fehlenden Deckungsgleichheit die Rechtsprechungsgrundsätze womöglich anwendbar geblieben wären!

bb) Wertanrechnung, keine Differenzhaftung

52 § 19 Abs. 4 GmbHG dämmt die zivilrechtlichen Folgen einer verdeckten Sacheinlage durch eine **Anrechnungslösung** ein. Wollte er bei Leistung einer verdeckten Sacheinlage zunächst von der Erfüllung der Einlageverpflichtung ausgehen und lediglich eine Differenzhaftung zwischen dem Einlagebetrag und dem wahren Wert der Sacheinlage anordnen,[199] hat der Gesetzgeber die verdeckte Sacheinlage schlussendlich doch stärker sanktioniert: Nach § 19 Abs. 4 Satz 1 GmbHG befreit eine verdeckte Sacheinlage den Gesellschafter nicht von seiner Einlageverpflichtung. Allerdings wird der bisher von der Rechtsprechung befürworteten Analogie zu § 27 Abs. 3 Satz 1 AktG bei der verdeckten Sacheinlage im GmbH-Recht eine Absage erteilt. **Verträge** über die Sacheinlage und die Rechtshandlungen zu ihrer **Ausführung** sind nach § 19 Abs. 4 Satz 2 GmbHG **nicht unwirksam**. Soweit der Wert der verdeckten Sacheinlage – als solche kommt auch eine Leistung an Erfüllungs statt in Betracht[200] – zum Zeitpunkt der Anmeldung der Gesellschaft oder dem Zeitpunkt der späteren effektiven Überlassung dem Betrag der übernommenen Bareinlage entspricht, wird der Wert des Vermögensgegenstandes nach § 19 Abs. 4 Satz 3 GmbHG auf die Einlageschuld angerechnet. Die **Anrechnung** geschieht ipso iure, also **automatisch**, bedarf mithin nicht der Abgabe einer Willenserklärung durch den Gesellschafter oder die GmbH.[201] Fehlt es an der vollen Werthaltigkeit, liegt eine Teilerfüllung vor, sodass die Differenz in bar[202] auszugleichen ist.[203] Allerdings erfolgt die Anrechnung erst gem. § 19 Abs. 4 GmbHG mit der Eintragung. Darum darf der Geschäftsführer bei der Anmeldung nicht versichern, die Einlage sei bereits durch Anrechnung erloschen und erfüllt. Macht der Geschäftsführer unrichtige Angaben (was nach § 82 GmbHG strafbar ist) und wird die Gesellschaft auf deren

---

198 BGH DNotZ 2016, 549.
199 BR-Drucks. 354/07, S. 91 f.
200 *Veil*, ZIP 2007, 1241, 1246; *Gesell*, BB 2007, 2241, 2245.
201 BT-Drucks. 16/9737, S. 97; *Seibert/Decker*, ZIP 2008, 1208, 1210.
202 *Veil*, ZIP 2007, 1241, 1243.
203 BR-Drucks. 354/07, S. 91; *K. Schmidt*, GmbHR 2008, 449, 451; *Bormann*, GmbHR 2007, 897, 900; *Wirsch*, GmbHR 2007, 736, 739.

IV. Erbringung der Sacheinlage **Kap. 6**

Grundlage eingetragen, so dürfte eine zuvor erbrachte verdeckte Sacheinlage ebenfalls auf den Wert der Bareinlage anzurechnen sein. Allerdings wäre es eine interessante rechtstatsächliche Untersuchung, in welchem Umfang diese Strafbarkeit tatsächlich von den Strafverfolgungsbehörden aufgegriffen wird, insbesondere wenn wegen vollständiger Werthaltigkeit ein Schaden bei der GmbH gar nicht eingetreten ist.

Mit Hilfe des § 19 Abs. 4 GmbHG soll sichergestellt werden, dass der Gesellschafter die Einlage wertmäßig nur einmal leisten muss. Die Neuregelung ist selbst dann anwendbar, wenn die für die Erfüllung einer Sacheinlage maßgeblichen Vorschriften vorsätzlich umgangen werden.[204] Die Einlageverpflichtung setzt sich bei fehlender Vollwertigkeit aus dem Vermögensgegenstand und der Differenzleistung des Gesellschafters zusammen.[205] Auch der **Insolvenzverwalter** kann im Unterschied zur Vergangenheit nunmehr eine „Unterdeckung" geltend machen.[206] Wird bei einer Kapitalerhöhung der Bareinlageanspruch mit einer Forderung des Gesellschafters verrechnet, so handelt es sich um eine verdeckte Sacheinlage. Falls die Forderung des Gesellschafters infolge der schlechten Vermögenslage der GmbH nicht voll werthaltig ist, dann ist sie nur in Höhe ihres Werts auf die Einlage anzurechnen.[207] Erklärt der Gesellschafter einseitig gegen die Einlageverpflichtung die Aufrechnung mit einer ihm gegen die GmbH zustehenden Forderung, so bleibt die Bareinlagepflicht, weil eben keine verdeckte Sacheinlage vorliegt, wegen des Aufrechnungsverbots aus § 19 Abs. 2 Satz 2 GmbHG bestehen.[208] Der Anspruch auf die nicht durch Anrechnung getilgte Einlage **verjährt binnen zehn Jahren** ab Einbringung des Gegenstandes (§ 19 Abs. 6 Satz 1 GmbHG).[209] Ist der Anspruch uneinbringlich, haften die Mitgesellschafter für den Ausfall (§§ 21 ff. GmbHG).[210]

53

Ohne Bedeutung dürfte es sein, ob die verdeckte Sacheinlage auf einer mit den übrigen Gesellschaftern geschlossenen Übereinkunft beruht.[211] Trifft der Geschäftsführer eigenmächtig mit dem Gesellschafter eine dahingehende Abrede, unterliegt er gemäß § 43 Abs. 2 GmbHG der Schadensersatzhaftung, soweit die Sacheinlage nicht dem Wert der Bareinlage entspricht.[212] Der Schadensersatzanspruch gegen den Geschäftsführer beschränkt sich auf die Wertdifferenz zwischen der Bareinlage und dem Sachwert zuzüglich etwaiger Kosten der Rechts-

54

---

204 BR-Drucks. 354/07, S. 91; *Veil*, ZIP 2007, 1241, 1244.
205 BR-Drucks. 354/07, S. 91; *Seibert/Decker*, ZIP 2008, 1208, 1210.
206 Handelsrechtsausschuss des DAV Rn. 50 und 53.
207 *Veil*, ZIP 2007, 1241, 1245. Auch BGH DNotZ 2016, 549.
208 Großzügiger *Veil*, ZIP 2007, 1241, 1246.
209 BT-Drucks. 16/9737, S. 98.
210 *Veil*, ZIP 2007, 1241, 1243.
211 *Veil*, ZIP 2007, 1241, 1244; *Heckschen*, DStR 2007, 1442, 1449; ebenso *Priester*, ZIP 2008, 55 f., der aber aus dieser Erwägung die Neuregelung ablehnt.
212 *Veil*, ZIP 2007, 1241, 1244; *K. Schmidt*, GmbHR 2008, 449, 452.

Kap. 6 Sicherung der Kapitalaufbringung

verfolgung.[213] Weiter kommt eine Haftung des Gesellschafters nach § 9a GmbHG für einen Schaden in Betracht, der der Gesellschaft infolge der verdeckten Sacheinlage entstanden ist.[214]

cc) Beweislast

55 Da die Sacheinlage im Gründungsstadium keiner Werthaltigkeitsprüfung unterzogen werden konnte, trägt der **Gesellschafter** die Beweislast für die Vollwertigkeit seiner Leistung (§ 19 Abs. 4 Satz 5 GmbHG).[215] Dies ist nur folgerichtig, weil der Einleger bei einer offenen Sacheinlage im Registerverfahren ebenfalls beweisbelastet ist.[216] Den Beweis kann er führen, indem er zum Nachweis des Werts der Sacheinlage gegen die Gesellschaft zeitnah eine Feststellungsklage erhebt. Freilich dürfte ein Feststellungsinteresse fehlen, wenn die Gesellschaft, was bei einer Abrede naheliegt, die Werteinschätzung des Gesellschafters teilt. Immerhin bleibt dem Gesellschafter die Möglichkeit, gemeinsam mit der GmbH ein **Gutachten** eines neutralen, etwa von der IHK benannten **Sachverständigen** einzuholen[217] oder sonst Nachweise bereitzuhalten, die ggf. zu einem späteren Zeitpunkt das Gericht von der Werthaltigkeit überzeugen. Problematisch scheint die Beweisbarkeit vorrangig in den Fällen der Forderungsverrechnung, bei der es auf die Vollwertigkeit der Gegenforderung und damit auf die Solvenz der Gesellschaft ankommt.[218] Nach den Hinweisen vom BGH im Urteil vom 19.1.2016[219] beispielsweise hatte das OLG nach der Zurückverweisung die Solvenz der GmbH für den Zeitraum April 2008 aufzuklären! Dabei dürfen stille Reserven berücksichtigt werden; die Vermögenswerte können mit Verkehrs- oder Liquidationswerten ausgewiesen sein.[220] Eine Unterbilanz schadet für sich gesehen nicht. Kann der Nachweis nicht geführt werden, so hat der Gesellschafter die Differenz auszugleichen. Der Verjährungsbeginn wird nach § 19 Abs. 4 Satz 4 GmbHG bei einer Leistung nach der Anmeldung auf den Zeitpunkt der effektiven Einbringung hinausgeschoben.[221]

---

213 Handelsrechtsausschuss des DAV Rn. 51.
214 BR-Drucks. 354/07, S. 92.
215 BT-Drucks. 16/9737, S. 17 und 97; BR-Drucks. 354/07, S. 92; *Seibert/Decker*, ZIP 2008, 1208, 1210; *Noack*, DB 2007, 1395, 1397; *Bormann*, GmbHR 2007, 897, 899; *A. Schmidt*, ZInsO 2007, 975 f.
216 *Kallmeyer*, DB 2007, 2755, 2757.
217 *Heckschen*, BB 2007, 1442, 1449.
218 Vgl. auch *Ulrich*, GmbHR 2014, R 277.
219 BGH DNotZ 2016, 549.
220 BGH DNotZ 2016, 549; BGHZ 125, 141, 146; BGH ZIP 2012, 1857.
221 BR-Drucks. 354/07, S. 92.

IV. Erbringung der Sacheinlage **Kap. 6**

dd) Praktische Folgen

Es ist aufgrund der auch Vorsatzfälle erfassenden Neuregelung anzunehmen, 56
dass die reguläre Sachgründung weithin durch die mit deutlichen Erleichterungen verbundene verdeckte Sacheinlage verdrängt werden wird.[222] Denn auf eine Festsetzung im Gesellschaftsvertrag oder Kapitalerhöhungsbeschluss kann verzichtet werden. Ein Sachgründungsbericht ist entbehrlich, und eine Werthaltigkeitsprüfung durch das Registergericht findet nicht statt. Auch braucht die Sacheinlage nicht schon vor der Anmeldung voll geleistet zu werden.[223] Risiken ergeben sich für den Gesellschafter allein aus einer ihn treffenden künftigen Beweisnot (gegen die er sich aber wappnen kann) sowie für den Geschäftsführer aus der Strafbarkeit nach § 82 GmbHG (weswegen immerhin der Notar zu einer solchen Vorgehensweise nicht bewusst beitragen darf, § 14 Abs. 2 BNotO). Die Eröffnung einer so weitreichenden Umgehung der Sachgründungskautelen durch den Gesetzgeber mag man durchaus kritisch sehen. Der radikale Schnitt darf aber nicht verwundern, wenn die Rechtsprechung selbst jahrzehntelang das Argument der Doppelzahlung des Gesellschafters für die Praxis nicht angemessen beantwortet, sie dann durch die Heilung eher Verwirrung stiftet als Lösungen bereitet und zu alledem über die EU konkurrierende Formen von Körperschaften auftreten, bei denen die Gesellschafter alle diese existenzbedrohenden Probleme sogleich vermeiden.

ee) Rückwirkung

§ 19 Abs. 4 GmbHG heilt auch **in der Vergangenheit** getätigte verdeckte Sach- 57
einlagen, soweit sie nicht durch rechtskräftiges Urteil entschieden wurden (§ 3 Abs. 4 EGGmbHG).[224] Darin liegt kein verfassungsrechtlich verbotener Eingriff in wohlerworbene Eigentumsrechte.[225] Vor diesem Hintergrund wird die Frage aufgeworfen, ob der nach früherer Rechtsprechung als Sanktion der verdeckten Sacheinlage unwirksame Eigentumserwerb im Nachhinein als gültig anzuerkennen ist.[226] Dies ist in der Tat zu bejahen, weil eine Rückwirkung nur sinnvoll erscheint, wenn die neue gesetzliche Konzeption ohne jede Einschränkung Anwendung findet.

ff) Fortbestehende Möglichkeit zur Heilung der verdeckten Sacheinlage

Die Heilung der verdeckten Sacheinlage, wie sie von der Rechtsprechung bisher 58
unter den dargelegten engen Voraussetzungen erwogen worden ist, ist **praktisch**

---
222 *K. Schmidt*, GmbHR 2008, 449, 451; *Ulrich*, GmbHR 2014, R 277.
223 *Kallmeyer*, DB 2007, 2755 f.
224 BGH DNotZ 2016, 549.
225 BGH NJW 2010, 1948 mit ausführlicher Begründung.
226 *Bormann*, GmbHR 2007, 897, 901.

Volmer

bedeutungslos geworden,[227] darüber hinaus aber auch dogmatisch ausgeschlossen. Ein denkbarer Sinn könnte noch darin gefunden werden, zeitnah zur Einbringung (und nicht in einem späteren Rechtsstreit mit einem Insolvenzverwalter) den Wert der Sacheinlage festzustellen, um sodann eine Differenzhaftung der Gesellschafter wie auch eine Schadensersatzhaftung der Geschäftsführer gem. § 43 Abs. 2 GmbHG auszuschließen.[228] Jedoch besteht ein rechtskonstruktives Problem darin, dass infolge der Wirksamkeit aller Rechtsgeschäfte gar kein Vermögensgegenstand vorhanden ist, der kapitalerhöhend in den Verfügungsbereich der GmbH eingebracht werden könnte: Weder das Eigentum noch etwaige schuldrechtliche Ansprüche des Inferenten gegen die GmbH (wenn rechtlich fragwürdige Transaktionen wie die vorherige Aufhebung der Einbringung außer Betracht gelassen werden) stehen als Zufluss zur Verfügung. Die Heilung wäre in Wahrheit nur eine Umwidmung bereits eingebrachter Gegenstände. Das sollte zum Schutz des Rechtsverkehrs, der aus der Registereintragung eine volle Kapitalzufuhr erwartet, nicht zugelassen werden.[229]

gg) Dienstleistung als verdeckte Sacheinlage

59 In der „Quivive"-Entscheidung zog der BGH aus der Sacheinlageunfähigkeit von Dienstleistungen den Schluss, dass auf Dienstleistungen dann auch nicht die Grundsätze einer verdeckten Sacheinlage (§ 19 Abs. 4 GmbHG) Anwendung finden könnten.[230] Die Einlageunfähigkeit ergibt sich aus den Durchsetzungsschwierigkeiten (§§ 887, 888 Abs. 3 ZPO) bei Dienstleistungen. Die hieraus zu ziehenden Folgerungen sind für den dienstleistenden Gesellschafter aber positiv: Da eine Umqualifizierung ausscheidet, hat die bare Einlage immer Erfüllungswirkung (insoweit hat der BGH die Vorinstanzen ausdrücklich bestätigt), sofern nicht die Geldeinlage zur Bezahlung eben dieser späteren Dienstleistung als internes Sondervermögen der GmbH behandelt wurde. Denkbar erschien dem BGH lediglich eine Inanspruchnahme des dienstleistenden Gesellschafters wegen gestundeter Vergütungen über die Grundsätze des Eigenkapitalersatzes.

V. Kapitalerhöhung

1. Verwirklichung der Kapitalerhöhung

60 Eine Kapitalerhöhung vollzieht sich im Wege von Kapitalerhöhungsbeschluss (§ 53 GmbHG), Übernahme des erhöhten Kapitals (§ 55 GmbHG), Leistung der

---

227 Handelsrechtsausschuss des DAV Rn. 46.
228 *Veil*, ZIP 2007, 1241, 1245.
229 *Heidinger/Knaier*, GmbHR 2015, 1.
230 BGH NJW 2009, 2375. Bestätigt auch mit Ergebnis der Erfüllungswirkung der Zahlung in BGH NJW 2010, 1747 (für AG).

Einlage (§ 57 Abs. 2 GmbHG) sowie Anmeldung und Eintragung der Kapitalerhöhung (§§ 57, 57a GmbHG). Der Charakter einer Sachkapitalerhöhung muss sich nicht unmittelbar aus dem Erhöhungsbeschluss, sondern kann sich auch aus der mit ihm in einer Urkunde zusammengefassten Übernahmeerklärung ergeben. Der Gegenstand der Sacheinlage kann anstelle seiner Festsetzung im Kapitalerhöhungsbeschluss (§ 56 Abs. 1 GmbHG) auch durch eine gleichzeitig beschlossene Satzungsänderung festgesetzt werden.[231] Das Bezugsrecht an einer Kapitalerhöhung richtet sich nach der Beteiligung des Gesellschafters am **ursprünglichen Kapital**; dies gilt auch im Fall der Erhöhung im Anschluss an eine vereinfachte Kapitalherabsetzung (§ 58a Abs. 4 GmbHG). Der Gesellschafter kann nicht in Abkehr von den bisherigen Beteiligungsverhältnissen eine Kleinstbeteiligung von 0,2 % des Stammkapitals beanspruchen.[232] Mit der Annahme der Übernahmeerklärung des Gesellschafters durch die GmbH kommt ein **Übernahmevertrag** zustande. Ein solcher Vertrag verpflichtet in erster Linie den durch Gesellschafterbeschluss nach § 55 GmbHG zugelassenen Übernehmer zur Erbringung der vorgesehenen Einlage. Es handelt sich nicht um einen Austauschvertrag wie bei der Veräußerung eines Geschäftsanteils, sondern um einen Vertrag mit körperschaftlichem Charakter, weil das von dem Übernehmer erstrebte Mitgliedschaftsrecht nicht von der Gesellschaft „geliefert" wird, sondern auf der Grundlage des satzungsändernden Kapitalerhöhungsbeschlusses und des Übernahmevertrages kraft Gesetzes mit der Eintragung in das Handelsregister entsteht. Bis dahin steht nicht nur der Erwerb der Mitgliedschaft, sondern der Übernahmevertrag unter dem Vorbehalt des Wirksamwerdens der Kapitalerhöhung durch die Eintragung. Ein Erfüllungsanspruch des Übernehmers auf Durchführung der Kapitalerhöhung und auf den Erwerb der Mitgliedschaft besteht nicht, weil die für sie erforderliche Satzungsänderung erst mit der Eintragung wirksam wird (§ 54 Abs. 3 GmbHG) und bis dahin der Autonomie der bisherigen Gesellschafter unterliegt.[233] Der Inferent hat auch ohne durchgeführte (d. h. im Handelsregister eingetragene) Kapitalerhöhung keinen Anspruch darauf, wie ein Gesellschafter behandelt zu werden.[234] Der Erhöhungsbeschluss kann vor Eintragung von den Gesellschaftern auch dahin geändert werden, dass der Mehrwert einer bereits geleisteten Sacheinlage auf eine zweite Sachkapitalerhöhung anzurechnen ist.[235] Nach der Eintragung kann der Gesellschafter seine Erklärung nicht mehr unter Berufung auf Willensmängel (§§ 119, 123 BGB) beseitigen. Ebenso kann er sich der Zahlungspflicht nicht durch eine Kündigung

---

231 BGH, Beschl. v. 5.11.2007 – II ZR 268/06, NJW-RR 2008, 486.
232 BGH, Urt. v. 18.4.2005 – II ZR 151/03, BB 2005, 1241.
233 BGH, Urt. v. 11.1.1999 – II ZR 170/98, BGHZ 140, 258 = NJW 1999, 1252; BGH, Beschl. v. 5.11.2007 – II ZR 268/06, NJW-RR 2008, 486.
234 BGH NJW 2015, 3786.
235 BGH, Beschl. v. 5.11.2007 – II ZR 268/06, NJW-RR 2008, 486.

Kap. 6 Sicherung der Kapitalaufbringung

des Gesellschaftsverhältnisses oder Austritt aus wichtigem Grund entziehen.[236] Die zwischenzeitliche Eröffnung des Insolvenzverfahrens über das Vermögen der GmbH steht der Eintragung und damit dem Wirksamwerden einer vorher beschlossenen und ordnungsgemäß angemeldeten Kapitalerhöhung nicht entgegen. Die Gesellschafter sind nicht gehindert, die Geschäftsführer bis zur Eröffnung des Insolvenzverfahrens anzuweisen, die Anmeldung zurückzunehmen. Auch danach bleibt ihnen bis zur Eintragung die Möglichkeit, den Kapitalerhöhungsbeschluss aufzuheben.[237]

61 Jedenfalls bei entsprechender Verpflichtung im notariellen Protokoll – für die Kautelarpraxis damit eine sehr bedenkenswerte Anregung – sind Mitgesellschafter und Geschäftsführer zur zügigen Durchführung der Kapitalerhöhung verpflichtet. Sie können den Erhöhungsbeschluss vor Vollzug im Handelsregister wieder aufheben, müssen das aber aus Gründen der Rechtsklarheit auch tun. Kaltes Ausbooten des Inferenten durch mehrmonatiges Nichtstun (im Sachverhalt: Erhöhungsbeschluss vom 28.11.2008; Kündigung des Inferenten am 7.4.2010) geht nicht und eröffnet dem Inferenten ein Kündigungsrecht aus § 313 Abs. 3 Satz 1 BGB.[238] Nichtsdestotrotz ist die Rechtsstellung des Inferenten wegen fehlender zwingender Erfüllungsansprüche auf Durchführung der Kapitalerhöhung schwach gegenüber den Entscheidungsbefugnissen der bisherigen Gesellschafter. Aufschiebend oder auflösend bedingte Sachwertübertragungen scheitern am Gebot der Vorleistung bzw. der Endgültigkeit der Einbringung.[239] Aus Sicht des Kautelarjuristen bleibt immerhin die (faktische) Option, alle Unterlagen vorab zusammenzustellen, um in einem Notartermin alle Erklärungen zu beurkunden bzw. zu beglaubigen, sodass der Zeitraum bis zur Registervorlage auf null reduziert wird.

2. Fälligkeit

62 Der nach §§ 7 Abs. 2, 56a GmbHG vor Anmeldung der Kapitalerhöhung zum Handelsregister einzuzahlende Mindestbetrag von einem Viertel der Stammeinlage kann durch den **Kapitalerhöhungsbeschluss** sofort fällig gestellt werden. Das Viertel des Erhöhungsbetrages muss auch dann eingezahlt werden, wenn im Zeitpunkt des Erhöhungsbeschlusses (durch Aufstockung) die bereits vorhandene Einzahlung die Viertelbelegung wertmäßig decken würde.[240] Es geht beim Einzahlungserfordernis nicht nur um wertmäßige Deckung, sondern auch um

---

236 BGH, Urt. v. 15.10.2007 – II ZR 216/06, ZIP 2008, 2416 Tz. 22 f.
237 BGH, Urt. v. 7.11.1994 – II ZR 248/93, BB 1995, 111 = NJW 1995, 460; Rowedder/Schmidt-Leithoff/*Schnorbus*, § 55 Rn. 27; a. A. *Lutter/Hommelhoff*, § 55 Rn. 35.
238 BGH NJW 2015, 3786; anders noch *Ulrich*, GmbHR 2015, R5: Kündigung analog § 723 BGB mit Bereicherungsanspruch.
239 *Ulrich*, GmbHR 2015, R5.
240 BGH MittBayNot 2013, 493 = NJW 2013, 2428.

die nach außen gerichtete Zusage weiterer Einzahlung und um eine Solvenzkontrolle des Inferenten. Die Fälligkeit der Resteinlagen hängt grundsätzlich von einem Einforderungsbeschluss (§ 46 Nr. 2 GmbHG) ab. Ein solcher Beschluss kann konkludent getroffen werden und eine zusätzliche Anforderung der Zahlung durch die Geschäftsführung der GmbH entbehrlich machen.[241]

3. Zeitpunkt der Zahlung

Bei einer Kapitalerhöhung ist die Einlage schon dann zur freien Verfügung der Geschäftsführung erbracht worden, wenn sie in ihren uneingeschränkten Verfügungsbereich gelangt ist. Eine zeitliche Grenze für die Mindesteinlage wie für die – freiwillig vorzeitig erbrachte – Resteinlage wird lediglich durch das Erfordernis eines **Kapitalerhöhungsbeschlusses** gesetzt.[242] Wird die Zahlung danach bis zur Eintragung der Kapitalerhöhung in das Handelsregister zu irgendeinem Zeitpunkt ordnungsgemäß ohne späteren Rückfluss an den Einleger erbracht, hat der Einleger seine Leistungspflicht erfüllt, sodass er von der Einlageverpflichtung frei wird.[243] Die Versicherung des Geschäftsführers hat dahin zu lauten, dass der Betrag der Einzahlung zur freien Verfügung der Geschäftsführung für die Zwecke der Gesellschaft eingezahlt und auch in der Folge nicht an den Einleger zurückgezahlt worden ist. Damit hat der BGH seine frühere Auffassung, wonach über den Einlagebetrag aus einer Kapitalerhöhung vor dem Zeitpunkt des **Eintragungsantrags** nur unter dem **Vorbehalt wertgleicher Deckung** verfügt werden darf, aufgegeben.[244]

63

4. Vorausleistungen

a) Geldeinlage

Wird eine Zahlung vor der Beschlussfassung über die Kapitalerhöhung bewirkt, handelt es sich um eine Zahlung auf künftige Einlageschuld. Voreinzahlungen auf künftige Kapitalerhöhungen sind grundsätzlich **unwirksam**. Die notarielle Belehrungspflicht bei Beurkundung einer Kapitalerhöhung umfasst auch die Vergewisserung über etwaige Vorauszahlung sowie Hinweise auf deren Unwirksamkeit bzw. die engen Grenzen der Wirksamkeit.[245] Eine Voreinzahlung kann

64

---

241 BGH, Urt. v. 16.9.2002 – II ZR 1/00, BB 2002, 2347 = NJW 2002, 3774; Ulmer/*Ulmer*, § 56a Rn. 22.
242 Michalski/Heidinger/Leible/Schmidt/*Hermanns*, § 56a Rn. 21.
243 BGH, Urt. v. 8.11.2004 – II ZR 362/02, BB 2005, 123; BGH, Urt. v. 18.3.2002 – II ZR 363/00, BGHZ 150, 197 = BB 2002, 957 = NJW 2002, 1716; Baumbach/Hueck/*Zöllner*, § 56a Rn. 8.
244 BGH, Urt. v. 18.3.2002 – II ZR 363/00, BGHZ 150, 197 = BB 2002, 957 = NJW 2002, 1716; vgl. zum früheren Rechtszustand *Goette*, § 2 Rn. 9 ff.
245 BGH MittBayNot 2009, 394.

Kap. 6 Sicherung der Kapitalaufbringung

eine künftige Einlageschuld nur tilgen, wenn sich der Betrag im Zeitpunkt des Entstehens der Einlageverpflichtung noch im Vermögen der Gesellschaft befindet.[246] Im Kapitalaufbringungssystem der GmbH bildet der Kapitalerhöhungsbeschluss die maßgebliche Zäsur, nach der sich nicht nur bestimmt, in welcher Weise der zur Übernahme des neuen Gesellschaftsanteils zugelassene Gesellschafter seine Einlage zu erfüllen hat, sondern von der ab der Geschäftsführer ihm aufgrund dieses Beschlusses eingegangenen Einlageleistungen für Zwecke der Gesellschaft verwenden darf, ohne dass der Gesellschafter Gefahr läuft, von seiner Einlageverpflichtung nicht frei zu werden. Bei vor Fassung des Kapitalerhöhungsbeschlusses erbrachten Leistungen ist Einlagegegenstand die entsprechende **Rückzahlungsforderung**, die nur auf dem Wege einer offenzulegenden und der registerrechtlichen Prüfung zu unterwerfenden Sacheinlage eingebracht werden kann. Hiervon ist nur dann eine Ausnahme zu machen, wenn sich der vorher eingezahlte Betrag als solcher im Zeitpunkt der Beschlussfassung über die Kapitalerhöhung **zweifelsfrei** noch im Gesellschaftsvermögen befindet. Voreinzahlungen haben schuldtilgende Wirkung also nur dann, wenn der eingezahlte Betrag im Zeitpunkt der Fassung des Erhöhungsbeschlusses noch als solcher im Vermögen der GmbH vorhanden ist. Diese Voraussetzung ist erfüllt, wenn der geschuldete Betrag sich entweder in der **Kasse** der Gesellschaft befindet oder wenn der Gesellschafter auf ein **Konto** der Gesellschaft einzahlt und dieses anschließend und fortdauernd bis zur Fassung des Kapitalerhöhungsbeschlusses ein Guthaben in entsprechender Höhe aufweist.[247] Dagegen reicht es (im Gegensatz zur Einzahlung nach Kapitalerhöhungsbeschluss) nicht aus, dass der Überweisungsbetrag mit Schulden der Gesellschaft verrechnet wird; das gilt selbst dann, wenn das Kreditinstitut eine erneute Verfügung über das Kreditkonto in entsprechender Höhe gestattet.[248]

b) Sanierungsfälle

65 Im Blick auf den mit der Einhaltung der gesetzlichen Abfolge von Kapitalerhöhungsbeschluss (§ 53 GmbHG), Übernahme des erhöhten Kapitals (§ 55 GmbHG), Leistung der Einlage (§ 57 Abs. 2 GmbHG) sowie Anmeldung und Eintragung der Kapitalerhöhung (§§ 57, 57a GmbHG) verbundenen Zeitverlust kann die Sanierung bereits in der Krise befindlicher Kapitalgesellschaften im Wege regulärer Kapitalerhöhung scheitern. Lange war in der Rechtsprechung ungeklärt, ob in Sanierungsfällen Voreinzahlungen auf künftige Bareinlage-

---

246 BGH, Urt. v. 18.9.2000 – II ZR 365/98, BGHZ 145, 150 = BB 2000, 2323 = NJW 2001, 67; BGH, Urt. v. 2.12.1968 – II ZR 144/67, BGHZ 51, 157 = BB 1969, 599 = NJW 1969, 840; BGH, Urt. v. 7.11.1966 – II ZR 136/64, BB 1966, 1362 = NJW 1967, 44; BGH DNotZ 2016, 549.
247 BGH DNotZ 2016, 549; BGHZ 158, 283; BGH ZIP 2008, 1928.
248 BGH, Urt. v. 15.3.2004 – II ZR 210/01, BB 2004, 957.

pflichten aus Kapitalerhöhung mit schuldbefreiender Wirkung zulässig sind.[249] Nunmehr hat der BGH die engen Voraussetzung für eine Tilgung im Wege der Voreinzahlung festgelegt: Eine Voreinzahlung kann danach nur in **akuten Sanierungsfällen** gebilligt werden, in denen eine Überschuldung oder Zahlungsunfähigkeit der Gesellschaft bei Beachtung der regulären Kapitalaufbringungsregeln nicht abgewendet werden kann. Weiter ist zu fordern, dass der Gesellschafter mit **Sanierungswillen** handelt, die Gesellschaft aus der Sicht eines Dritten objektiv **sanierungsfähig** und die Zahlung **geeignet** ist, die Gesellschaft durchgreifend zu sanieren. Die Vorleistung ist, ohne dass es einer Voreinzahlungsvereinbarung zwischen Gesellschafter und GmbH bedarf, zur Vermeidung von Umgehungen eindeutig mit dem **Zweck der Kapitalerhöhung** zu verbinden. Zwischen der Voreinzahlung und der Beschlussfassung über die Kapitalerhöhung, in deren Rahmen der Gesellschafter seine förmliche Übernahmeerklärung abgibt, muss ein **enger zeitlicher Zusammenhang** bestehen; allenfalls ist die gesetzliche Mindestladungsfrist von einer Woche (§ 51 Abs. 1 Satz 2 GmbHG) zu wahren. Schließlich ist die Voreinzahlung im Interesse des Verkehrsschutzes sowohl im Kapitalerhöhungsbeschluss als auch in der Anmeldung gegenüber dem Handelsregister **offenzulegen**. In dem vom BGH entschiedenen Streitfall erwies sich die Voreinzahlung als unwirksam, weil zwischen der Zahlung und der Beschlussfassung über die Kapitalerhöhung Zeiträume von acht bzw. dreizehn Tagen lagen und daher die gesetzliche Mindestladungsfrist überschritten war.[250] Aus vertragsgestaltender Sicht sind diese Überlegungen des BGH aber keine Vorgabe, auf die sich Vorausleistungen sicher stützen ließen.[251] Dazu trägt zunächst der allgemeine Eindruck bei, dass satzungsändernde Gesellschafterversammlungen in der GmbH ganz überwiegend auch ohne Ladungsfrist von einer Woche (§ 51 Abs. 1 Satz 2 GmbHG) als ad hoc-Vollversammlung abgehalten werden. Natürlich kann dogmatisch einem Gesellschafter, der sich auf eine Einhaltung der Frist beruft, nichts entgegengesetzt werden. Gleichwohl sollte jedenfalls bei ortsnah greifbaren Gesellschaftern lieber eine mit Ladungsverzicht abgehaltene Vollversammlung abgehalten werden. Und selbst bei strikter Beachtung der Ladungsfrist ist – jedenfalls bei Geltung der gesetzlichen Frist – bei der GmbH immer eine Gesellschafterversammlung innerhalb der Insolvenzantragspflicht möglich. Anders als bei der AG kann sich der Geschäftsführer einer GmbH im Innenverhältnis die Entscheidung über Insolvenzantrag oder Sanierungsversuch von den Gesellschaftern rechtzeitig absegnen lassen.

---

249 Baumbach/Hueck/*Zöllner*, § 56a Rn. 9; *Lutter/Hommelhoff*, § 56 Rn. 21; Scholz/ *Priester*, § 56a Rn. 16 ff.
250 BGH, Urt. v. 26.6.2006 – II ZR 43/05, BGHZ 168, 201 = BB 2006, 2707 = NJW 2007, 515.
251 Skeptisch auch Heckschen/*Heidinger/Berkefeld*, Kap. 11 Rn. 29.

Kap. 6 Sicherung der Kapitalaufbringung

c) Sacheinlage

66 Handelt es sich um eine Sacheinlage, kann eine Vorleistung wie eine Voreinzahlung von vornherein nur als Einlageleistung anerkannt werden, wenn ihr Gegenstand zumindest im Zeitpunkt des Kapitalerhöhungsbeschlusses im Gesellschaftsvermögen noch **gegenständlich** vorhanden ist.[252] Ist das jedoch nicht der Fall, steht dem Gesellschafter unter Umständen ein Anspruch auf Wert- oder Schadensersatz oder ein sonstiger vertraglicher Erstattungsanspruch zu, den er in das Gesellschaftsvermögen einbringen und der nach § 5 Abs. 4 GmbHG in den Kapitalerhöhungsbeschluss aufgenommen werden müsste. Eine **Firma** kann als Sacheinlage zusammen mit einem Betriebsteil eines Unternehmens eingebracht werden, wenn dieser für sich allein als Unternehmen geführt wird und somit selbstständig am Wirtschaftsleben teilnehmen kann.[253]

5. Zahlung auf im Debet geführtes Konto

67 Die freie Verfügung der Geschäftsführung über Einlagemittel ist dann nicht ausgeschlossen, wenn mit dem Einlagebetrag ein Debetsaldo zurückgeführt wird, der die Linie eines der Gesellschaft eingeräumten **Rahmenkredits** nicht überschreitet. Denn in diesem Fall steht der Gesellschaft weiterhin Liquidität in Höhe des gezahlten Einlagebetrags zur Verfügung. Die Leistung einer Bareinlage aus einer Kapitalerhöhung, durch die der Debetsaldo eines Bankkontos zurückgeführt wird, kann auch dann zur freien Verfügung erfolgt sein, wenn das Kreditinstitut der Gesellschaft mit Rücksicht auf die Kapitalerhöhung auf einem anderen Konto einen Kredit zur Verfügung stellt, der den Einlagebetrag erreicht oder übersteigt.[254]

6. Ausschüttungs-Rückhol-Verfahren

a) Tatsächliche Gestaltung

68 Die auch als **Schütt-aus-hol-zurück-Verfahren** bezeichnete Vorgehensweise beruhte auf dem bis zum Jahre 2001 (d.h. bis zum Veranlagungszeitraum 2000) herrschenden Steuergefälle zwischen einbehaltenen und ausgezahlten Gewinnen. Da ausgeschüttete Gewinne einem erheblich niedrigeren Steuersatz unterlagen als stehengelassene Gewinne, bestand bei den Gesellschaftern ein Anreiz,

---

252 BGH, Urt. v. 14.6.2004 – II ZR 121/02, BB 2004, 1925; BGH, Urt. v. 18.9.2000 – II ZR 365/98, BGHZ 145, 150 = BB 2000, 2323 = NJW 2001, 67; Rowedder/Schmidt-Leithoff/*Schnorbus*, § 56a Rn. 21; *Lutter/Hommelhoff*, § 56 Rn. 19.
253 BGH, Urt. v. 18.9.2000 – II ZR 365/98, BGHZ 145, 150 = BB 2000, 2323 = NJW 2001, 67.
254 BGH, Urt. v. 18.3.2002 – II ZR 363/00, BGHZ 150, 197 = BB 2002, 957 = NJW 2002, 1716.

V. Kapitalerhöhung Kap. 6

die Gewinne in Kapital der GmbH umzuwandeln. Infolge der Umstellung des Körperschaftsteuersystems – das nunmehr einen ausschüttungsunabhängigen (vgl. § 8 Abs. 3 Satz 1 KStG) Steuersatz von derzeit 15% vorsieht (§ 23 Abs. 1 KStG) – hat das Ausschüttungs-Rückhol-Verfahren an steuerlicher Attraktivität verloren. Für dieses Verfahren hatten sich im Wesentlichen zwei Varianten herausgebildet: Einmal wird gemeinsam mit dem Gewinnverwendungsbeschluss eine Kapitalerhöhung beschlossen, die die Gesellschafter durch Rückzahlung des an sie tatsächlich ausgezahlten Gewinns oder Verrechnung mit ihrem Gewinnanspruch erbringen. Als Alternative ergeht ein Gewinnverwendungsbeschluss, in dessen Anschluss der Gewinn als Darlehen oder stille Einlage bei der Gesellschaft verbleibt und auf einen später gefassten Kapitalerhöhungsbeschluss verrechnet wird.

b) Rechtliche Behandlung als Sacheinlage

Der BGH hat entschieden, dass eine Kapitalerhöhung in beiden Fällen des „Schütt-aus-hol-zurück-Verfahrens" nur unter Beachtung der Vorschriften über die **Sacheinlage** möglich ist. Die Forderungen müssen im Kapitalerhöhungsbeschluss förmlich festgesetzt werden (§ 56 Abs. 2, § 5 Abs. 4 GmbHG), damit das Registergericht die Angemessenheit ihrer Bewertung überprüfen kann (§§ 57a, 9c GmbHG) und damit – wie es das frühere Recht verlangte – mit der Eintragung der Kapitalerhöhung die Festsetzung bekannt gemacht oder auf sie Bezug genommen werden kann (§ 57b GmbHG a. F.). Werden diese Vorschriften nicht beachtet, wird der Vorgang als verdeckte Sacheinlage behandelt, was zugleich bedeutet, dass die Bareinlagepflicht des Gesellschafters fortbesteht.[255]

69

c) Offenlegung des Verfahrens

Von der Beachtung der Sacheinlagevorschriften kann ausnahmsweise abgesehen werden, wenn die Kapitalerhöhung im Wege des Schütt-aus-hol-zurück-Verfahrens offengelegt wird. Dies kann etwa durch die **Formulierung im Kapitalerhöhungsbeschluss** verlautbart werden, wonach die Leistung durch entsprechende Umbuchung im Wege des Ausschüttungs-Rückholverfahrens erfolgt. Im Falle dieser Klarstellung sind die Voraussetzungen der Eintragung an der für die Kapitalerhöhung aus Gesellschaftsmitteln geltenden Regelung (§ 57c GmbHG) auszurichten. Eine Kapitalerhöhung aus Gesellschaftsmitteln kann unmittelbar im Anschluss an die Rücklagenbildung beschlossen werden. Entscheidend ist, dass das Registergericht – ebenso wie beim Sacheinlageverfahren – in die Lage versetzt wird, eine präventive Kontrolle entsprechend § 57i Abs. 1 GmbHG in

70

---

255 BGH, Urt. v. 13.2.1991 – II ZR 104/90, BGHZ 113, 335 = BB 1991, 993 = NJW 1991, 1754; BGH, Urt. v. 26.5.1997 – II ZR 69/96, BGHZ 135, 381 = NJW 1997, 2516.

Kap. 6 Sicherung der Kapitalaufbringung

Verbindung mit §§ 57a, 9c GmbHG durchzuführen. Da sich Rücklagenbildung bzw. Bilanzgewinn aus einer testierten Bilanz ergeben, die nicht älter als acht Monate sein sollte (§ 57i Abs. 2 GmbHG), kann das Gericht bei ihrer Vorlage nachprüfen, ob die Forderung des Gesellschafters auf Gewinnausschüttung werthaltig ist. In Anlehnung an § 57i Abs. 4 GmbHG ist bei der Anmeldung anzugeben, dass es sich um eine Kapitalerhöhung im Wege des Schütt-aus-hol-zurück-Verfahrens handelt.[256]

7. Genehmigtes Kapital

71 Mit dem neuen § 55a GmbHG hat der Gesetzgeber die für die AG bereits vorgesehene Möglichkeit einer Kapitalerhöhung in Form des genehmigten Kapitals (§§ 202 ff. AktG) nun auch für die GmbH geschaffen.[257] Wie im Aktienrecht kann die entsprechende Ermächtigung bei Gründung oder durch spätere Änderung des Gesellschaftsvertrages für maximal fünf Jahre erteilt werden und darf der Nennbetrag des genehmigten Kapitals die Hälfte des aktuell vorhandenen Stammkapitals nicht übersteigen (§ 55a Abs. 1 und 2 GmbHG). Gegen Sacheinlagen dürfen Geschäftsanteile nur ausgegeben werden, wenn die Ermächtigung dies vorsieht (§ 55a Abs. 3 GmbHG). Der Gewinn an Flexibilität und Schnelligkeit, der für die Beschaffung neuen Kapitals (etwa zum Erwerb von Beteiligungen) mit alledem einhergeht, darf bei der GmbH freilich nicht überschätzt werden. Denn bei der GmbH ist die Einberufung einer Gesellschafterversammlung regelmäßig weniger aufwendig als die Einberufung einer Hauptversammlung bei der AG. Ein Kostenvorteil kann sich für die GmbH indes daraus ergeben, dass die Ausübung des genehmigten Kapitals keine weitere notariell beurkundete Änderung des Gesellschaftsvertrages, sondern nur die Anmeldung zum Handelsregister erfordert.[258] Soll das genehmigte Kapital wirtschaftlich funktionieren, führt sie jedenfalls bei der Gestaltung von Sacheinlagen typischerweise zu einer sehr weitgehenden Einflussnahmemöglichkeit der Geschäftsführer auf dem Kreis der Gesellschafter. Angesichts der weitverbreiteten Vinkulierungsklauseln (die Gesellschafter wollen den Kreis der Mitgesellschafter beeinflussen können) ist diese Folge aber sehr eingehend als Gegenargument gegen ein genehmigtes Kapital die Abwägung einzustellen.

---

256 BGH, Urt. v. 26.5.1997 – II ZR 69/96, BGHZ 135, 381 = NJW 1997, 2516; vgl. auch *Lutter/Hommelhoff*, § 56 Rn. 17.
257 Muster: Heckschen/*Heidinger/Blath*, Kap. 10 Rn. 132ff.
258 BT-Drucks. 16/9737, S. 99.

VI. Kaduzierung
1. Anwendungsbereich

Die Kaduzierung steht in engem Kontext mit dem Grundsatz der realen Kapitalaufbringung und versetzt die Gesellschaft in die Lage, einen Gesellschafter zwangsweise auszuschließen, der die eingeforderten Zahlungen auf seine Stammeinlage nicht rechtzeitig erbringt.[259] Die verschlungene Materie der §§ 21 bis 25 GmbHG behandelt den **entschädigungslosen Ausschluss** (Kaduzierung) von Gesellschaftern, die mit ihrer **Bareinlageverpflichtung** säumig sind. Da Anmeldung und Eintragung der Gesellschaft lediglich voraussetzen, dass auf jede Bareinlage ein Viertel geleistet und insgesamt die Hälfte des Stammkapitals, also mindestens 12.500 €, eingezahlt ist (§ 7 Abs. 2 GmbHG), bedarf es flankierender Regelungen, um die Kapitalaufbringung nach Eintragung zu sichern. Die Kaduzierung erstreckt sich nicht auf **Sacheinlagen**, die ohnehin gemäß § 7 Abs. 3 GmbHG vor Anmeldung und Eintragung zu erbringen sind. Jedoch erfasst der Regelungskomplex eine Sacheinlage, die sich wegen einer Überbewertung (§ 9 GmbHG) oder einer Leistungsstörung in eine Bareinlage verwandelt.[260] Handelt es sich um eine gemischte Einlage, ist § 21 GmbHG auf den Bareinlageteil anwendbar, wobei durch eine spätere Kaduzierung der gesamte Geschäftsanteil untergeht. Ebenso sind die Vorschriften auf eingeforderte Beträge aus Differenz- und Vorbelastungshaftung anwendbar.[261] Die der Sicherung der Einlageleistung dienende Kaduzierung ist gegenüber der Einziehung eines Geschäftsanteils (§ 34 GmbHG) abzugrenzen, die auf die Entfernung eines unliebsamen Gesellschafters abzielt und nicht Belange des Kapitalschutzes verfolgt.[262]

72

2. Verfahrensgang

Das Kaduzierungsverfahren ist wegen seiner einschneidenden Wirkungen engmaschig ausgestaltet. Die Kaduzierung ist nur unter **strikter Beachtung** des gesetzlich festgelegten Verfahrensgangs wirksam.[263] Werden die Formalien nicht exakt eingehalten, so ist der Ausschluss unwirksam.[264] Andererseits sieht das

73

---

259 Scholz/*Emmerich*, § 21 Rn. 1.
260 Michalski/Heidinger/Leible/Schmidt/*Ebbing*, § 21 Rn. 17; Scholz/*Emmerich*, § 21 Rn. 5a; Roth/*Altmeppen*, § 21 Rn. 5.
261 BGH, Urt. v. 9.3.1981 – II ZR 54/80, BGHZ 80, 129, 143 = BB 1981, 689 = NJW 1981, 1373; Lutter/Hommelhoff/*Bayer*, § 21 Rn. 3; Baumbach/Hueck/*Fastrich* § 21 Rn. 3.
262 Michalski/Heidinger/Leible/Schmidt/*Ebbing*, § 21 Rn. 9; *Goette*, § 2 Rn. 62; Roth/*Altmeppen*, § 21 Rn. 2.
263 Scholz/*Emmerich*, § 21 Rn. 8.
264 Lutter/Hommelhoff/*Bayer*, § 21 Rn. 18; Scholz/*Emmerich*, § 21 Rn. 32.

Kap. 6 Sicherung der Kapitalaufbringung

GmbHG im gesamten Kaduzierungsverfahren keine zwingende fachjuristische Beratung vor; eine Pflicht zur notariellen Beurkundung folgt – frühestens – aus § 15 GmbHG bei einem Verkauf des Anteils nach Kaduzierung. Die Verpflichtung zur Aktualisierung der Gesellschafterliste liegt also in der Regel beim Geschäftsführer. Insoweit gilt § 16 GmbHG dann aber auch bei einer fehlerhaften Handhabung des Verfahrens: Der scheinkaduzierte Gesellschafter ist vorerst (bis zu einer Rückkorrektur der Gesellschafterliste) seiner Rechte gegenüber der GmbH verlustig. Bei dreijähriger Untätigkeit kann sich ein gutgläubiger Erwerb an den als eigenen Anteil der GmbH gelisteten scheinkaduzierten Anteil knüpfen. Allerdings hat der scheinkaduzierte Gesellschafter die Unrichtigkeit nicht zurechenbar veranlasst. Ein sofortiger gutgläubiger Erwerb scheidet demnach aus.

a) Säumnis des Gesellschafters und erste Zahlungsaufforderung

74 Die Kaduzierung kann nach dem Wortlaut des § 21 Abs. 1 GmbHG im Fall „verzögerter Einzahlung" der Einlage in Angriff genommen werden. Säumnis ist gegeben, ohne dass es des Eintritts von Verzug (§ 286 BGB) bedürfte, sofern trotz **Fälligkeit** die gesellschaftsrechtliche Zahlungspflicht nicht erfüllt wird.[265] Die Fälligkeit der Einlage wird grundsätzlich durch einen **Einforderungsbeschluss** der Gesellschafter (§ 46 Nr. 2 GmbHG) in Verbindung mit der – formlos gültigen[266] – **Anforderung** des Betrages durch die Geschäftsführer begründet.[267] Die Anforderung durch den Geschäftsführer wird als erste Zahlungsaufforderung bezeichnet, der die in § 21 Abs. 1 GmbHG geregelte „erneute Aufforderung" folgt. Die erste Zahlungsaufforderung ist indes entbehrlich, sofern die Fälligkeit der Einlage auf andere Weise verwirklicht worden ist. Die Einlage kann bereits durch einen im Gesellschaftsvertrag bestimmten Zahlungstermin fällig gestellt werden.[268] Fälligkeitsbegründend ist ebenfalls ohne gesonderte Anforderung ein von den – vollzählig anwesenden – Gesellschaftern gefasster Einforderungsbeschluss.[269]

---

265 Roth/*Altmeppen*, § 21 Rn. 6; Michalski/Heidinger/Leible/Schmidt/*Ebbing*, § 21 Rn. 30.
266 Michalski/Heidinger/Leible/Schmidt/*Ebbing*, § 21 Rn. 34.
267 *Lutter*/Hommelhoff/*Bayer*, § 21 Rn. 7; Michalski/Heidinger/Leible/Schmidt/*Ebbing*, § 21 Rn. 33.
268 BGH, Urt. v. 29.6.1961 – II ZR 39/60, BB 1961, 953; Rowedder/Schmidt-Leithoff/*Pentz*, § 21 Rn. 10; Scholz/*Emmerich*, § 21 Rn. 7c.
269 BGH, Urt. v. 16.9.2002 – II ZR 1/00, BGHZ 152, 37 = BB 2002, 2347 = NJW 2002, 3774; *Lutter*/Hommelhoff/*Bayer*, § 21 Rn. 7; Michalski/Heidinger/Leible/Schmidt/*Ebbing*, § 21 Rn. 39; Ulmer/*Welf*/*Müller*, § 21 Rn. 26; a. A. Baumbach/Hueck/*Fastrich*, § 21 Rn. 4.

VI. Kaduzierung   Kap. 6

b) Erneute Zahlungsaufforderung

Mit der erneuten Leistungsaufforderung (§ 21 Abs. 1 GmbHG) muss der Gesell- 75
schafter eindeutig zur Leistung seiner Einlage angehalten werden. Dabei ist der
Betrag der rückständigen Einlage genau zu bezeichnen. Ist der angeforderte Betrag irrtümlich zu niedrig, so ist dies unschädlich; der Gesellschafter vermeidet
die Kaduzierung schon durch Zahlung dieses Betrages.[270] Eine **Zuvielforderung**
wird, weil der Gesellschafter beim Geschäftsführer Rückfrage halten könnte,
ebenfalls verbreitet als unschädlich erachtet.[271] Ferner ist dem Gesellschafter
eine **Nachfrist** von mindestens einem Monat ab Zugang der Nachforderung zu
setzen (§ 21 Abs. 1 Satz 3 GmbHG). Die Frist kann allgemein („innerhalb eines
Monats ab Zugang dieses Schreibens") oder präzise („bis zum 12. 7.") bestimmt
werden. Unzureichend ist Aufforderung zu „prompter", „unverzüglicher" oder
„schnellstmöglicher" Leistung.[272] Vier Wochen entsprechen nicht der Mindestfrist von einem Monat. Die Nichtbeachtung der Mindestfrist bedingt die Unwirksamkeit der Leistungsaufforderung.[273] Schließlich muss die **Androhung
des Ausschlusses** unter Verlust des Geschäftsanteils bei fruchtlosem Ablauf der
Nachfrist eindeutig bekundet werden. Hinweise auf „Wahrung aller Rechte"
oder „bei der Gefahr der gesetzlichen Nachteile" sind unzureichend.[274] Mindest-
form für die Übermittlung von Leistungsaufforderung und Ausschlussandrohung bildet gemäß § 21 Abs. 1 Satz 2 GmbHG der **eingeschriebene Brief**. Ein
Einwurf-Einschreiben genügt dazu.[275] Eine förmliche Briefübergabe ist weder
im Wortlaut des § 21 GmbH vorausgesetzt noch aus Zweckerwägungen erforderlich. Für den Zugang spricht aus den Nachweisunterlagen der Deutschen Post
AG ein erster Anschein. Der Geschäftsführer kann sich selbstverständlich stren-
gerer Formen wie der Zustellung bedienen.[276]

c) Zuständigkeit

Zahlungsaufforderung und Ausschlussandrohung liegen in der Hand und im 76
pflichtgemäßen Ermessen des **Geschäftsführers**; er ist berechtigt, aber nicht

---

270 Rowedder/Schmidt-Leithoff/*Pentz*, § 21 Rn. 15; Scholz/*Emmerich*, § 21 Rn. 16.
271 *Lutter*/Hommelhoff/*Bayer*, § 21 Rn. 9; Ulmer/*Welf/Müller*, § 21 Rn. 31; Michalski/
    Heidinger/Leible/Schmidt/*Ebbing*, § 21 Rn. 69; einschränkend Scholz/*Emmerich*,
    § 21 Rn. 16; Roth/*Altmeppen*, § 21 Rn. 11; zum Meinungsstreit siehe: Rowedder/
    Schmidt-Leithoff/*Pentz*, § 21 Rn. 15.
272 Rowedder/Schmidt-Leithoff/*Pentz*, § 21 Rn. 21.
273 Baumbach/Hueck/*Fastrich*, § 21 Rn. 5.
274 *Lutter*/Hommelhoff/*Bayer*, § 21 Rn. 11.
275 BGH NJW 2017, 68; BGH NJW 2017, 68.
276 Roth/*Altmeppen*, § 21 Rn. 14.

Kap. 6 Sicherung der Kapitalaufbringung

verpflichtet, das Kaduzierungsverfahren in Gang zu setzen.[277] Allerdings müssen säumige Gesellschafter grundsätzlich gleichbehandelt werden.[278] Eine Ermächtigung des Geschäftsführers durch die Gesellschafter ist entbehrlich; freilich ist der Geschäftsführer auch im Außenverhältnis an einen **Gesellschafterbeschluss** gebunden.[279] Im Falle der Insolvenz ist die Kaduzierung vom **Insolvenzverwalter** durchzuführen.[280]

d) Verlustigerklärung

77 Die Kompetenz, den säumigen Gesellschafter nach fruchtlosem Fristablauf seines Geschäftsanteils und geleisteter Teilzahlungen verlustig zu erklären, ist ebenfalls dem **Geschäftsführer** zugewiesen (§ 21 Abs. 2 GmbHG). Auch hier ist die Form des eingeschriebenen Briefs zu beachten. Die Ausschlusserklärung kann bereits vor Fristablauf ausgesprochen werden, darf dem Gesellschafter aber erst nach Fristablauf zugehen.[281] Bis zum Zugang des Schreibens kann der Gesellschafter den Ausschluss durch Zahlung des eingeforderten Betrages abwenden.[282] Der Geschäftsführer ist, soweit keine Weisung der Gesellschafterversammlung vorliegt,[283] nicht verpflichtet, den Gesellschafter auszuschließen, sondern kann auf anderem Wege die Beitreibung suchen.[284]

3. Wirkungen

a) Verlust der Mitgliedschaft

78 Mit Zugang der Ausschlusserklärung verliert der Gesellschafter sämtliche **Mitgliedschaftsrechte** einschließlich bereits erbrachter Teilzahlungen, (bei gemischten Einlagen) Sacheinlagen und Nachschüssen. Verwaltungs- und Vermögensrechte erlöschen; dem Gesellschafter ist die Teilnahme und Abstimmung in Gesellschafterversammlungen verschlossen. Die Kaduzierung wirkt ex nunc; deshalb behält der Gesellschafter einen durch Verwendungsbeschluss bereits entstandenen Gewinnanspruch.[285] Die **Primärpflicht** des Gesellschafters zur

---

277 Lutter/Hommelhoff/*Bayer*, § 21 Rn. 6; Michalski/Heidinger/Leible/Schmidt/*Ebbing*, § 21 Rn. 56.
278 Michalski/Heidinger/Leible/Schmidt/*Ebbing*, § 21 Rn. 58; Baumbach/Hueck/*Fastrich*, § 21 Rn. 7.
279 Baumbach/Hueck/*Fastrich*, § 21 Rn. 6; Ulmer/*Welf/Müller*, § 21 Rn. 22.
280 Roth/*Altmeppen*, § 21 Rn. 10.
281 Roth/*Altmeppen*, § 21 Rn. 16; Scholz/*Emmerich*, § 21 Rn. 22b.
282 Scholz/*Emmerich*, § 21 Rn. 20a; Ulmer/*Welf/Müller*, § 21 Rn. 51.
283 Michalski/Heidinger/Leible/Schmidt/*Ebbing*, § 21 Rn. 91.
284 Scholz/*Emmerich*, § 21 Rn. 21; *Goette*, § 2 Rn. 67.
285 Baumbach/Hueck/*Fastrich*, § 21 Rn. 11; Michalski/Heidinger/Leible/Schmidt/*Ebbing*, § 21 Rn. 104.

VI. Kaduzierung   **Kap. 6**

Einlageleistung geht unter; ihn trifft nur noch die Ausfallhaftung des § 21 Abs. 3 GmbHG.[286] Zur Zeit des Ausschlusses bereits begründete **Nebenpflichten** des Gesellschafters aus §§ 3 Abs. 2, 24 GmbHG bleiben unangetastet.[287] Nach Zugang der Ausschlusserklärung kann die Kaduzierung (selbst einverständlich) nicht mehr rückgängig gemacht werden.[288] Der kaduzierte Geschäftsanteil geht nicht unter, sondern wird treuhänderisch gebundenes Sondervermögen der GmbH.[289] Bis zum Übergang auf einen neuen Gesellschafter ruhen Stimmrecht und andere Mitgliedschaftsrechte, während der Anteil zugunsten eines späteren Erwerbers am Gewinn partizipiert.[290] **Pfändungen** von Gläubigern des früheren Gesellschafters[291] wie auch von Gläubigern der GmbH[292] in den Geschäftsanteil sind wirkungslos.

b) Stufenregress

Das Gesetz sieht zur Einbringung der Einlage einen Stufenregress vor: Ist von den Rechtsvorgängern des Gesellschafters keine Zahlung des rückständigen Betrages zu erlangen (§ 22 GmbHG) und scheitert auf der zweiten Stufe eine Verwertung des Geschäftsanteils durch öffentliche Versteigerung (§ 23 GmbHG), so kommt die Ausfallhaftung des ausgeschlossenen Gesellschafters zum Tragen (§ 21 Abs. 3 GmbHG), bevor auf einer vierten Stufe die Mitgesellschafter herangezogen werden (§ 24 GmbHG). 79

Der Regress ist aber nicht Wirksamkeitsvoraussetzung für die Kaduzierung. Der Geschäftsführer bzw. die weiteren Gesellschafter müssen deswegen gegenüber dem auszuschließenden säumigen Gesellschafter nicht zusätzlich darlegen, wie sie die offene Einlageverpflichtung durchzusetzen gedenken. 80

aa) Staffelregress

Zunächst sieht § 22 GmbHG einen Staffelregress gegen Rechtsvorgänger (Vormänner) des ausgeschiedenen Gesellschafters vor. Der unmittelbare Rechtsvorgänger haftet sofort als **primärer**, erster Regressschuldner auf die Einlageschuld 81

---

286 Roth/*Altmeppen*, § 21 Rn. 17; Scholz/*Emmerich*, § 21 Rn. 26.
287 Roth/*Altmeppen*, § 21 Rn. 18; Ulmer/*Welf/Müller*, § 21 Rn. 58; Scholz/*Emmerich*, § 21 Rn. 27.
288 Scholz/*Emmerich*, § 21 Rn. 31; Ulmer/*Welf/Müller*, § 21 Rn. 54.
289 Baumbach/Hueck/*Fastrich*, § 21 Rn. 12; Michalski/Heidinger/Leible/Schmidt/*Ebbing*, § 21 Rn. 116; Scholz/*Emmerich*, § 21 Rn. 29; gegen Treuhänderschaft: Roth/*Altmeppen*, § 21 Rn. 19.
290 Baumbach/Hueck/*Fastrich*, § 21 Rn. 12; Scholz/*Emmerich*, § 21 Rn. 30; a. A. Rowedder/Schmidt-Leithoff/*Pentz*, § 21 Rn. 46.
291 Ulmer/*Welf/Müller*, § 21 Rn. 59; Scholz/*Emmerich*, § 21 Rn. 28.
292 Michalski/Heidinger/Leible/Schmidt/*Ebbing*, § 21 Rn. 128.

Kap. 6 Sicherung der Kapitalaufbringung

(§ 22 Abs. 1 GmbHG).[293] Die früheren Rechtsvorgänger haften nicht gleichrangig, sondern in umgekehrter Folge ihres Erwerbs bis hin zum Gründer.[294] Die **subsidiäre** Haftung der früheren Rechtsvorgänger ist an das Erfordernis gekoppelt, dass ihre Nachmänner, also die Zwischenglieder bis zum direkten Vormann des ausgeschlossenen Gesellschafters, zahlungsunfähig sind. Dabei wird der Gesellschaft der Nachweis der Zahlungsunfähigkeit durch eine von drei Komponenten abhängende **Vermutung** erleichtert (§ 22 Abs. 2 HS 2 GmbHG): Die Gesellschaft hat erstens den unmittelbaren Nachmann des von ihr in Anspruch Genommenen zur Zahlung aufzufordern und zweitens den in Anspruch Genommenen darüber zu unterrichten; wenn dann drittens von dem Vormann binnen eines Monats nach Zugang von Zahlungsaufforderung und Benachrichtigung die Regressschuld nicht voll beglichen wird, greift die Vermutungsregel durch.[295] Die Haftung bemisst sich auf den fälligen, rückständigen Teil der Bareinlage, mag die Fälligkeit auch erst nach der Kaduzierung eingetreten sein;[296] noch nicht fällige Teile bleiben außer Betracht. Der zahlende Rechtsvorgänger erwirbt **kraft Gesetzes** (§ 22 Abs. 4 GmbHG) ohne Rücksicht auf die Willensrichtung der Beteiligten und etwaige Satzungsbeschränkungen den Geschäftsanteil des ausgeschlossenen Gesellschafters.[297]

bb) Verwertung des Geschäftsanteils

82 Nach Kaduzierung und erfolgloser Inanspruchnahme der Rechtsvorgänger eröffnet § 23 GmbHG die Möglichkeit, die rückständige Einlage durch Verkauf des Geschäftsanteils zu realisieren. Der **Zwangsverkauf** setzt eine rechtmäßige Kaduzierung und die Erschöpfung des Staffelregresses nach § 22 GmbHG voraus.[298] Die Vermutung des § 22 Abs. 2 HS 2 GmbHG gilt auch im Rahmen des § 23 GmbHG und versetzt die Gesellschaft in die Lage, bei Fehlschlagen des Verkaufs im Wege der Ausfallhaftung (§ 21 Abs. 3 GmbHG) den ausgeschlossenen Gesellschafter heranzuziehen.[299] Mit dem Verkauf bzw. Zuschlag erlischt die Regressschuld aus § 22 GmbHG, während der Erwerber den Geschäftsanteil ex nunc mit allen Rechten und Pflichten übernimmt.[300]

---

293 Michalski/Heidinger/Leible/Schmidt/*Ebbing*, § 22 Rn. 27; Rowedder/Schmidt-Leithoff/*Pentz*, § 22 Rn. 5 f.
294 Michalski/Heidinger/Leible/Schmidt/*Ebbing*, § 22 Rn. 29; Rowedder/Schmidt-Leithoff/*Pentz*, § 22 Rn. 12.
295 Roth/*Altmeppen*, § 22 Rn. 13; Scholz/*Emmerich*, § 22 Rn. 9a.
296 Roth/*Altmeppen*, § 22 Rn. 7.
297 *Lutter*/Hommelhoff/*Bayer*, § 22 Rn. 14.
298 Baumbach/Hueck/*Fastrich*, § 23 Rn. 2; Roth/*Altmeppen*, § 23 Rn. 2.
299 Michalski/Heidinger/Leible/Schmidt/*Ebbing*, § 23 Rn. 7.
300 *Lutter*/Hommelhoff/*Bayer*, § 23 Rn. 7 f.

cc) Ausfallhaftung des ausgeschlossenen Gesellschafters

Der ausgeschlossene Gesellschafter schuldet zwar keine Einlage mehr, unterliegt aber der unbefristeten Ausfallhaftung des § 21 Abs. 3 GmbHG. Die Ausfallhaftung setzt eine gültige Kaduzierung voraus;[301] wegen ihres subsidiären Charakters setzt sie erst ein, wenn sowohl der Rückgriff gegen die Rechtsvorgänger (§ 22 GmbHG) als auch die Verwertung des Geschäftsanteils (§ 23 GmbHG) gescheitert sind. Nachrangig gegenüber der Ausfallhaftung des ausgeschlossenen Gesellschafters ist hingegen die Haftung seiner Mitgesellschafter (§ 24 GmbHG).[302] Wegen der erfolglosen Inanspruchnahme der Rechtsvorgänger wirkt die Vermutung des § 22 Abs. 2 HS 2 GmbHG zugunsten der Gesellschaft.[303] Von einem von vornherein aussichtslosen Verkauf darf die Gesellschaft aus Kostengründen absehen.[304] Die Haftung umfasst über den rückständigen Betrag hinaus auch später eingeforderte Einlageteile, sofern insoweit ebenfalls ein Kaduzierungsverfahren eingeleitet wurde,[305] und die im Kaduzierungsverfahren angefallenen Kosten,[306] mindert sich andererseits natürlich um die bei Vormännern und einer Verwertung erzielten Beträge.[307]

83

dd) Ausfallhaftung der Mitgesellschafter

Die Ausfallhaftung der Gesellschafter (§ 24 GmbHG) soll als abschließende Regelung die Aufbringung des Stammkapitals sichern. Die subsidiäre Haftung der Gesellschafter hängt von der **ordnungsgemäßen Durchführung** der in §§ 21 bis 23 GmbHG geregelten vier Verfahrensschritte ab: Erforderlich sind erstens eine wirksame Kaduzierung (§ 21 GmbHG) und zweitens die fruchtlose Inanspruchnahme der Rechtsvorgänger nach § 22 GmbHG, wobei der Gesellschaft die Vermutung des § 22 Abs. 2 HS 2 GmbHG zugutekommt. Dritte Voraussetzung ist, dass die Verwertung nicht zu voller Deckung geführt oder sich als von vornherein aussichtslos erwiesen hat. Schließlich muss hinzukommen, dass der Fehlbetrag auch bei dem Ausgeschlossenen (§ 21 Abs. 3 GmbHG) nicht erlangt werden kann.[308] Für die Auslösung der Haftung nach § 24 GmbHG genügt es, wenn die **Gesellschaftereigenschaft** bei Eintritt der Fälligkeit der Stammeinlage besteht.[309] Der Anspruch auf Zahlung des Fehlbetrages entsteht in diesem

84

---
301 Ulmer/*Welf/Müller*, § 21 Rn. 69.
302 Rowedder/Schmidt-Leithoff/*Pentz*, § 21 Rn. 50.
303 Michalski/Heidinger/Leible/Schmidt/*Ebbing*, § 22 Rn. 36.
304 Roth/*Altmeppen*, § 21 Rn. 23.
305 Scholz/*Emmerich*, § 21 Rn. 35; Ulmer/*Welf/Müller*, § 21 Rn. 9.
306 Roth/*Altmeppen*, § 21 Rn. 25; Rowedder/Schmidt-Leithoff/*Pentz*, § 21 Rn. 50.
307 *Lutter*/Hommelhoff/*Bayer*, § 21 Rn. 17.
308 *Lutter*/Hommelhoff/*Bayer*, § 24 Rn. 2.
309 NJW 2015, 2731. Zustimmend *Bayer/Scholz*, NZG 2015, 1089 sowie *dieselben*, GmbHR 2016, 89.

Kap. 6 Sicherung der Kapitalaufbringung

Zeitpunkt aufschiebend bedingt durch den Eintritt der Voraussetzungen nach §§ 21 bis 23 GmbHG. Die Haftung eines nach diesem Zeitpunkt ausgeschiedenen Gesellschafters dauert fort.[310] Nach a. A. soll nur derjenige Mitgesellschafter nach § 24 GmbHG in Anspruch genommen werden können, der bei Abschluss des Kaduzierungsverfahrens nach Gesellschafter sei.[311] Jedenfalls kann ein vormaliger Gesellschafter, der bereits vor Anfordern der (Rest-)Einlage seinerseits den (von ihm voll eingezahlten) Geschäftsanteil abgetreten hat, allenfalls bei rechtsmissbräuchlicher Gestaltung in Anspruch genommen werden.[312] Die Ausfallhaftung erstreckt sich ihrem Umfang nach auf das Bareinlageversprechen, auf den Geldanteil einer gemischten Einlage, auf eine durch Umwandlung eines Sacheinlageversprechens begründete Zahlungspflicht sowie schließlich auf Ansprüche aus Differenzhaftung (§ 9 GmbHG) und Unterbilanzhaftung.[313] Die Gesellschafter haften nicht als Gesamtschuldner, sondern der einzelne Gesellschafter lediglich **pro rata**, also im Verhältnis des Nennbetrags seines Geschäftsanteils zu den Nennbeträgen der übrigen haftenden Gesellschafter (§ 24 Satz 1 GmbHG). Fehlbeträge, die von einzelnen Gesellschaftern nicht zu erlangen sind, werden nach dem Verhältnis der Höhe ihrer Geschäftsanteile auf die übrigen Gesellschafter verteilt (§ 24 Satz 2 GmbHG). Die Darlegungs- und **Beweislast** für die Ausfallhaftung trägt die GmbH.[314] Wurde im Prozess gegen einen früheren Gesellschafter festgestellt, dass er seine Einlage nicht bezahlt hat, so entfaltet die Entscheidung für den Regress gegen den Rechtsnachfolger (§ 24 GmbHG) keine Rechtskraft.[315]

---

310 BGH, Urt. v. 13.5.1996 – II ZR 257/94, BGHZ 132, 390 = BB 1996, 1573 = NJW 1996, 2306.
311 Umfassende Darstellung des Meinungsstandes bei *Bayer/Scholz*, NZG 2015, 1089.
312 BGH NJW 2015, 2731.
313 Ulmer/*Welf/Müller*, § 24 Rn. 16; Scholz/*Emmerich*, § 24 Rn. 3a.
314 BGH, Urt. v. 13.5.1996 – II ZR 257/94, BGHZ 132, 390 = BB 1996, 1573 = NJW 1996, 2306.
315 BGH, Urt. v. 8.11.2004 – II ZR 362/02, BB 2005, 123 = NJW-RR 2005, 338.

Kapitel 7
Sicherung der Kapitalerhaltung

Übersicht

	Rn.		Rn.
I. Prinzip des Kapitalschutzes	1	a) Treuhand, stiller Gesellschafter	34
1. Notwendigkeit der Kapitalerhaltung	1	b) Verbundene Unternehmen	35
2. Ausgestaltung des Kapitalschutzes	2	c) Leistungen an Familienangehörige	36
a) Regelung der §§ 30, 31 GmbHG	2	IV. Der Erstattungsanspruch	37
b) Ausstrahlungswirkung	4	1. Umfang des Anspruchs	37
3. Unterschiede zwischen GmbH- und Aktienrecht	6	2. Inhalt des Anspruchs	38
		3. Fälligkeit des Anspruchs	39
II. Reichweite des Vermögensschutzes	7	4. Nachträgliche Auffüllung des Stammkapitals	40
1. Stammkapital als Ausgangsgröße	7	a) Kein nachträglicher Wegfall des Erstattungsanspruchs	40
2. Auszahlungsverbot	8		
a) Adressat des Verbots	8	b) Behandlung von Rückstellungen	41
b) Begriff der Auszahlung	9		
c) Minderung des Gesellschaftsvermögens	10	5. Anspruch gegen gutgläubigen Gesellschafter	42
3. Unterbilanz und Überschuldung	20	6. Aufrechnung, Erlass, Stundung	43
4. Unterbilanz	21	7. Ausfallhaftung	44
a) Feststellung der Unterbilanz	21	8. Verjährung	45
b) Haftungsgrenze	22	9. Darlegungs- und Beweislast	46
5. Überschuldung	23	10. Erstattungsanspruch bei Verstoß gegen § 43a GmbHG	47
a) Begriff der Überschuldung	23	V. Ansprüche gegen Gesellschafter wegen existenzvernichtenden Eingriffs	48
b) Feststellung der rechnerischen Überschuldung	24	1. Haftungsvoraussetzungen	49
c) Haftungsgrenze	28	2. Rechtsfolgen	50
6. Anwendbarkeit auf die GmbH & Co. KG	29	3. Haftung im qualifizierten faktischen Konzern	51
III. Auszahlungsempfänger	30	VI. Durchgriffshaftung	52
1. Gesellschafter	31	1. Vermögensvermischung	53
a) Direkte Leistung an Gesellschafter	31	2. Sphärenvermischung	54
b) Leistung an Gesellschafter über Dritten	32	3. Unterkapitalisierung	55
		4. Einpersonengesellschaft	56
2. Dritte	33	5. Umgekehrter Durchgriff	57

Kap. 7 Sicherung der Kapitalerhaltung

	Rn.		Rn.
VII. Weitere Haftung von Gesellschaftern	58	a) Bestehendes Gesellschaftsverhältnis	59
1. Mithaftung des Gesellschafters neben der GmbH	58	b) Beendetes Gesellschaftsverhältnis	60
2. Haftung der Gesellschafter untereinander	59		

I. Prinzip des Kapitalschutzes

1. Notwendigkeit der Kapitalerhaltung

1 Der Grundsatz der Kapitalaufbringung (§ 5 Abs. 4, § 7 Abs. 2 und 3, § 8 Abs. 2, §§ 9, 9a, 9b, 19 GmbHG) ist mit dem Grundsatz der Kapitalerhaltung (§§ 30, 31, 32, 33, 43a GmbHG) eng verwoben. Beide Prinzipien verwirklichen den Kapitalschutz im Recht der GmbH und werden daher als **Kernstück** des GmbH-Rechts bezeichnet,[1] zumal sie nicht zuletzt die innere Rechtfertigung für die Haftungsfreistellung der Gesellschafter (§ 13 Abs. 2 GmbHG) bilden.[2] Der Grundsatz der Kapitalaufbringung bedarf der Ergänzung durch das Gebot der Kapitalerhaltung, um einen Rückfluss des Gesellschaftskapitals an die Gesellschafter zu verhindern.[3] Das Gebot der Kapitalerhaltung kommt indes erst zum Tragen, nachdem der Kapitalaufbringungsvorgang ordnungsgemäß abgeschlossen wurde, d. h. den Schutz der offenen Einlageforderungen als Teil des Vermögens der GmbH leisten nur die Vorschriften zur Kapitalaufbringung.[4] Die Gesellschafter sind nicht verpflichtet, das unternehmerisch genutzte Gesellschaftsvermögen bei Verlusten aufzufüllen. Die Gefahr, dass die Gesellschaft mit dem Gesellschaftsvermögen auch das Stammkapital verwirtschaftet, kann niemals ausgeschlossen werden.[5] Den Gesellschaftern ist es aber wegen der auf der Grundlage ihres Einlageversprechens im Handelsregister verlautbarten Mindestkapitalausstattung verwehrt, Stammkapital in ihr Privatvermögen zu überführen. Die Gesellschaft hat eine gewisse Eigenkapitaldecke vorzuhalten, die in Krisenzeiten zum Auffangen von Verlusten und damit der Insolvenzprophylaxe dienen soll[6] und die nicht durch Ausschüttungen an Gesellschafter angetastet werden darf.

---

1 BGH, Urt. v. 30.6.1958 – II ZR 213/56, BGHZ 28, 77 = BB 1958, 719 = NJW 1958, 1351; ähnlich Ulmer/*Habersack*, § 30 Rn. 1.
2 Michalski/Heidinger/Leible/Schmidt/*Heidinger*, § 30 Rn. 1; Ulmer/*Habersack*, § 30 Rn. 2; Bork/Schäfer/*Thiessen*, § 30 Rn. 1.
3 *Goette*, § 3 Rn. 1; Gehrlein/Born/Simon/*Kuntz*, § 31 Rn. 1.
4 BGH, Urt. v. 10.12.2007 – II ZR 180/06, BGHZ 174, 370 = BB 2008, 181 = NJW-RR 2008, 480 Tz. 10; letztlich ebenso MünchKommGmbHG/*Ekkenga*, § 30 Rn. 14.
5 Roth/*Altmeppen*, § 30 Rn. 7; Bork/Schäfer/*Thiessen*, § 30 Rn. 11; Gehrlein/Born/Simon/*Kuntz*, § 30 Rn. 2.
6 Scholz/*Verse*, § 30 Rn. 2.

2. Ausgestaltung des Kapitalschutzes

a) Regelung der §§ 30, 31 GmbHG

aa) Rückgewähranspruch

Das GmbH-Recht verwirklicht den Grundsatz der Kapitalerhaltung nicht durch einen gegenständlichen Eigentumsschutz, sondern durch eine wertmäßige Bindung des Kapitals in Höhe der Stammkapitalziffer.[7] Folgerichtig findet § 30 GmbHG sowohl auf Geld- als auch auf Sachleistungen, mithin auf Zuwendungen jedweder Art an einen Gesellschafter Anwendung.[8] Allerdings statuiert das GmbH-Recht keinen vollkommenen Schutz des Gläubigers gegen einen Verbrauch des Stammkapitals, der mit der Verselbstständigung der GmbH gegenüber ihren Mitgliedern (§ 13 Abs. 1 GmbHG) und der damit verbundenen Haftungsbeschränkung (§ 13 Abs. 2 GmbHG) unvereinbar wäre. Die Gesellschafter sind nach ordnungsgemäßer Kapitalaufbringung grundsätzlich nicht gezwungen, Verluste aus der Geschäftstätigkeit der Gesellschaft durch Zahlungen auf das Stammkapital auszugleichen.[9] Vielmehr sind durch § 30 GmbHG lediglich Zahlungen, worunter auch Vermögensvorteile wie Forderungsverzicht oder Aufgabe einer Forderung durch Verrechnung[10] und die Stundung einer Kaufpreisforderung[11] fallen, aus dem Stammkapital an die **Gesellschafter** verboten. Damit einher geht eine durch die Ausfallhaftung der Mitgesellschafter verstärkte **Rückzahlungspflicht** des Gesellschafters (§ 31 GmbHG). Dabei handelt es sich um einen selbstständigen Anspruch aus dem Gesellschaftsverhältnis, aber keinen Bereicherungsanspruch.[12] Das Regelungsgeflecht der §§ 30, 31 GmbHG hat zwingenden Charakter und ist der Disposition der Gesellschafter entzogen.[13] Tatsächlich ist sogar eine strenge Auslegung geboten, die auch jede Umgehung erfasst.[14] Geschäftsführer, nicht Prokuristen,[15] die schuldhaft verbotene Auszah-

---

7 BGH, Urt. v. 24.11.2003 – II ZR 171/01, BGHZ 175, 72 = BB 2004, 293 = NJW 2004, 1111; vergleichbar *K. Schmidt*, § 37, III. 1. b; Gehrlein/Born/Simon/*Kuntz*, § 30 Rn. 14; MünchKommGmbHG/*Ekkenga*, § 30 Rn. 11; Lutter/*Hommelhoff*, § 30 Rn. 3.
8 BGH, Urt. v. 21.9.1981 – II ZR 104/80, BGHZ 81, 311 = BB 1981, 2062 = NJW 1982, 382; ebenso Roth/*Altmeppen*, § 30 Rn. 3.
9 Michalski/Heidinger/Leible/Schmidt/*Heidinger*, § 30 Rn. 1.
10 BGH, Urt. v. 31.1.2000 – II ZR 189/99, BB 2000, 581 = NJW 2000, 1571.
11 BGH, Urt. v. 21.9.1981 – II ZR 104/80, BGHZ 81, 311 = BB 1981, 2062 = NJW 1982, 382.
12 BGH, Urt. v. 14.12.1959 – II ZR 187/57, BGHZ 31, 258 = BB 1960, 18 = NJW 1960, 285.
13 BGH, Urt. v. 25.6.2001 – II ZR 38/99, BGHZ 148, 167 = BB 2001, 1753 = NJW 2001, 3123; ebenso Bork/Schäfer/*Thiessen*, § 30 Rn. 1.
14 Rowedder/Schmidt-Leithoff/*Pentz*, § 30 Rn. 1; Lutter/*Hommelhoff*, § 30 Rn. 1; vgl. auch Bork/Schäfer/*Thiessen*, § 30 Rn. 95.
15 BGH, Urt. v. 25.6.2001 – II ZR 38/99, BGHZ 148, 167 = BB 2001, 1753 = NJW 2001, 3123.

Kap. 7 Sicherung der Kapitalerhaltung

lungen veranlasst haben, haften gemäß § 43 Abs. 3 GmbHG der Gesellschaft und gemäß § 31 Abs. 6 GmbHG den wegen Ausfallhaftung belangten Gesellschaftern. Entgegen der früheren Rechtsprechung des BGH unterliegt ein Gesellschafter, der eine verbotene Leistung an einen anderen Gesellschafter veranlasst oder gefördert hat, lediglich der Ausfallhaftung und keiner weitergehenden Schadensersatzpflicht.[16]

bb) Abschließender Charakter der Regelung

3 Wegen des durch §§ 30, 31 GmbHG gewährten umfassenden Schutzes stellen die Vorschriften keine **Schutzgesetze** im Sinne des § 823 Abs. 2 BGB dar.[17] Die Absicht, die Kapitalerhaltungsvorschriften zu umgehen, führt nicht schon für sich genommen und ohne den Nachweis einer Zahlung aus gebundenem Vermögen nach § 134 BGB, § 30 GmbHG zur **Nichtigkeit des** zwischen GmbH und Gesellschafter vereinbarten **Verpflichtungs- und Verfügungsgeschäfts** und damit zu einem Bereicherungsanspruch der GmbH gegen den Gesellschafter. Vielmehr bestimmen sich die Rechtsfolgen eines Verstoßes gegen das Kapitalerhaltungsverbot **ausschließlich nach § 31 GmbHG**. Deswegen kann auf das Bestehen und die Höhe einer Unterbilanz bzw. Überschuldung nicht verzichtet werden. Die sachgerechte Rechtsfolge eines Verstoßes gegen § 30 GmbHG besteht darin, dass ein entsprechendes Verpflichtungsgeschäft nicht erfüllt werden darf, soweit in dem maßgeblichen Zeitpunkt der Leistung das zur Deckung des Stammkapitals erforderliche Vermögen angegriffen wird, und dass eine gleichwohl erbrachte Zahlung wie auch das zugrunde liegende Verpflichtungsgeschäft wirksam ist[18] und lediglich den Erstattungsanspruch nach § 31 GmbHG auslöst. Hingegen ist es für §§ 30, 31 GmbHG ohne Bedeutung, ob die Beteiligten Kenntnis von der durch die Zahlung eintretenden oder vertieften Unterbilanz bzw. Überschuldung haben oder ob sie gar diesen Zustand bewusst haben herbeiführen wollen; denn der im Interesse der Gesellschaftsgläubiger angeordnete Kapitalerhaltungsschutz knüpft an objektiven Kriterien an und besteht unabhängig davon, welche Vorstellungen Geschäftsführer und Gesellschafter mit ihren Handlungen verbinden.[19]

---

16 BGH, 21.6.1999 – II ZR 47/98, BGHZ 142, 92 = BB 1999, 1569 = NJW 1999, 2817.
17 BGH, Urt. v. 25.6.2001 – II ZR 38/99, BGHZ 148, 167 = BB 2001, 1753 = NJW 2001, 3123; BGH, Urt. v. 19.2.1990 – II ZR 268/88, BGHZ 110, 342 = BB 1990, 802 = NJW 1990, 1725; ebenso Michalski/Heidinger/Leible/Schmidt/*Heidinger*, § 30 Rn. 7; Baumbach/Hueck/*Fastrich*, § 30 Rn. 1; Gehrlein/Born/Simon/*Kuntz*, § 30 Rn. 102.
18 BGH, Urt. v. 18.6.2007 – II ZR 86/06, BGHZ 173, 1 = BB 2007, 2025 = NJW-RR 2008, 51 Tz. 30; BGH, Urt. v. 25.6.2001 – II ZR 38/99, BGHZ 148, 167 = BB 2001, 1753 = NJW 2001, 3123; BGH, Urt. v. 23.6.1997 – II ZR 220/95, BGHZ 136, 125 = BB 1997, 1807 = NJW 1997, 2599; so auch MünchKommGmbHG/*Ekkenga*, § 30 Rn. 276 f.; Gehrlein/Born/Simon/*Kuntz*, § 30 Rn. 101.
19 Michalski/Heidinger/Leible/Schmidt/*Heidinger*, § 30 Rn. 72; Rowedder/Schmidt-Leithoff/*Pentz*, § 30 Rn. 46.

I. Prinzip des Kapitalschutzes **Kap. 7**

Dank der Wirksamkeit des Vertrages lassen sich auch die Fälle befriedigend lösen, in denen die Auszahlung nur zum Teil das zur Erhaltung des Stammkapitals erforderliche Vermögen der Gesellschaft angreift.[20]

b) Ausstrahlungswirkung

aa) Andere Normen

Der Erwerb eigener Geschäftsanteile durch die GmbH ist nach § 33 Abs. 2 **4** GmbHG zum einen an die Voraussetzung geknüpft, dass die Einlage vollständig geleistet ist; zum anderen müsste die Gesellschaft im Zeitpunkt des Erwerbs eine Rücklage in Höhe der Aufwendungen bilden können, ohne das Stammkapital oder eine nach der Satzung zu bildende Rücklage zu mindern, die nicht zur Zahlung an die Gesellschafter verwandt werden darf. Auch § 33 Abs. 2 GmbHG dient der Erhaltung des Stammkapitals; die Vorschrift ist als Ergänzung der Kapitalerhaltungsregeln in §§ 30 ff. GmbHG zu verstehen. Bei der Prüfung der Voraussetzungen des § 33 Abs. 2 GmbHG ist auf den **Zeitpunkt** abzustellen, in dem die Gegenleistung von der GmbH erbracht wird. Ob daneben kumulativ auf den Abschluss des schuldrechtlichen Geschäfts oder der Übertragung der Geschäftsanteile abzustellen ist, hat der BGH offengelassen.[21] Auch bei der Einziehung eines Geschäftsanteils (§ 34 Abs. 3 i.V. mit § 30 GmbHG) und der Ausschließung eines Gesellschafters darf die Abfindung nur aus dem über den Betrag des Stammkapitals hinaus vorhandenen Vermögen geleistet werden.[22] So ist ein Einziehungsbeschluss nichtig, wenn bereits bei seiner Fassung feststeht, dass die Gesellschaft die sofort fällige Abfindung nicht aus ihrem ungebundenen Vermögen aufbringen kann.[23] Und auch im Falle des Austritts eines Gesellschafters darf die Abfindung nur aus ungebundenem Vermögen gezahlt werden, anderenfalls der Austrittswillige bis zur Umsetzung des Austritts seine Gesellschafterstellung behält.[24]

---

20 BGH, Urt. v. 23.6.1997 – II ZR 220/95, BGHZ 136, 125 = BB 1997, 1807 = NJW 1997, 2599.
21 BGH, Urt. v. 29.6.1998 – II ZR 353/97, BGHZ 139, 132 = BB 1998, 1966 = NJW 1998, 3121.
22 BGH, Beschl. v. 17.7.2006 – II ZR 313/05, BeckRS 2006, 09371; BGH, Urt. v. 1.4.1953 – II ZR 235/52, BGHZ 9, 157 = BB 1953, 332 = NJW 1953, 780; ebenso Michalski/Heidinger/Leible/Schmidt/*Sosnitza*, § 34 Rn. 17; Rowedder/Schmidt-Leithoff/ *Görner*, § 34 Rn. 24; MünchKommGmbHG/*Ekkenga*, § 30 Rn. 207.
23 BGH, Urt. v. 24.1.2012 – II ZR 109/11, BGHZ 192, 236 = BB 2012, 664 = NZG 2012, 259 Tz. 7; BGH, Urt. v. 5.4.2011 – II ZR 263/08, NJW 2011, 2294 Tz. 13, 19 und 21; BGH, Beschl. v. 8.12.2008 – II ZR 263/07, NJW-RR 2009, 464 Tz. 7; BGH, Urt. v. 17.9.2001 – II ZR 245/99, DStR 2001, 1898; BGH, Urt. v. 19.6.2000 – II ZR 73/99, BGHZ 144, 365 = BB 2000, 1590 = NJW 2000, 2819.
24 Dazu Kap. 3 zu Rn. 58.

Kap. 7 Sicherung der Kapitalerhaltung

bb) Eigenkapitalersatzregeln

5 Die von der Rechtsprechung zum früheren Recht entwickelten Eigenkapitalersatzregeln finden ihren rechtlichen Ausgangspunkt in §§ 30, 31 GmbHG. Sie besagen: Gewährt der Gesellschafter einer GmbH, die kreditunwürdig oder gar insolvenzreif ist, anstelle einer weiteren Kapitaleinlage **Darlehensmittel**, so sind diese Beträge wie **haftendes Kapital** zu behandeln. Die Gelder dürfen an den Gesellschafter nur zurücktransferiert werden, wenn bei der Gesellschaft auch nach Rückzahlung ein Kapital in Höhe der Stammkapitalziffer vorhanden ist. Fehlt diese Deckung, so darf das Darlehen nicht an den Gesellschafter zurückgezahlt werden. Wird das Darlehen gleichwohl beglichen, kann die Gesellschaft Erstattung dieser Leistung in das Gesellschaftsvermögen beanspruchen.[25]

3. Unterschiede zwischen GmbH- und Aktienrecht

6 Der Kapitalschutz ist im Aktien- und GmbH-Recht unterschiedlich ausgestaltet: Bei der AG beschränken sich Ausschüttungen an die Gesellschafter auf den im **Jahresabschluss ausgewiesenen Bilanzgewinn** (§§ 57 Abs. 3, 58 AktG). Damit wird das gesamte Vermögen der AG einschließlich der Rücklagen thesauriert. Demgegenüber darf in der GmbH nur das zur Erhaltung des Stammkapitals erforderliche Vermögen nicht ausgeschüttet werden, wodurch sich die Praxis der **verdeckten Gewinnausschüttung** erklärt. Freilich ist die Rückzahlungspflicht des § 31 GmbHG unter dem Aspekt der Ausfallhaftung schärfer als in § 62 AktG ausgeformt. Nach ganz überwiegender Meinung entsprechen diese Abweichungen der unterschiedlichen wirtschaftlichen und personellen Struktur beider Gesellschaftsformen.[26]

II. Reichweite des Vermögensschutzes

1. Stammkapital als Ausgangsgröße

7 Dem Auszahlungsverbot des § 30 GmbHG unterliegt der als Stammkapital bezeichnete **Haftungsfonds** der GmbH. Die Bestimmung bindet nach ihrem Wortlaut und Zweck nur den Teil des Gesellschaftsvermögens, der rechnerisch dem in der **Satzung ausgewiesenen Stammkapital** entspricht. Die Gesellschaft und ihre Gläubiger sollen gegen eine Aushöhlung des satzungsmäßig bestimmten, im Handelsregister eingetragenen Nennkapitals durch Entnahmen der Gesell-

---

25 BGH, Urt. v. 14.12.1959 – II ZR 187/57, BGHZ 31, 258 = BB 1960, 18 = NJW 1960, 285.
26 Rowedder/Schmidt-Leithoff/*Pentz*, § 30 Rn. 7; Baumbach/Hueck/*Fastrich*, § 30 Rn. 6; a. A. Michalski/Heidinger/Leible/Schmidt/*Heidinger*, § 30 Rn. 4 m. w. N.; distanziert auch Scholz/*Verse*, § 30 Rn. 9.

II. Reichweite des Vermögensschutzes Kap. 7

schafter geschützt werden. Dagegen ist die Erhaltung von Gesellschaftsvermögen, das **über den Stammkapitalbetrag** hinaus erwirtschaftet wurde oder sonst wie vorhanden ist, gesetzlich nicht gesichert. Die Gesellschafter können über solche Vermögensteile grundsätzlich nach freiem kaufmännischem Ermessen verfügen, insbesondere sie auch als Gewinn ausschütten. So lässt sich über § 30 GmbHG nicht verhindern, dass Rücklagen, mögen sie angesichts eines zu niedrigen Stammkapitals einen noch so dringenden zusätzlichen Kapitalbedarf decken, an die Gesellschafter verteilt werden. Ein Gläubiger kann daher allgemein nicht darauf vertrauen, dass Kapitalbeträge, die Gesellschafter über das noch unverbrauchte Stammkapital hinaus einschießen und die zur Aufrechterhaltung eines normalen Geschäftsbetriebs notwendig sind, der Gesellschaft zu diesem Zweck auch belassen werden. Das Gesetz verlangt und gewährleistet aus guten Gründen nicht eine am Bedarf ausgerichtete, dem jeweiligen Geschäftsumfang wechselnd angepasste Kapitalausstattung, sondern lediglich einen durch Satzung und Handelsregister betragsmäßig genau festgelegten Vermögensfonds.[27] Ausgangsgröße für die Beurteilung, ob ein Verstoß gegen § 30 GmbHG vorliegt, bildet also die **Stammkapitalziffer** unabhängig davon, ob der Betrag tatsächlich (voll) eingezahlt oder lediglich als Forderung aktiviert ist.[28] Eine Kapitalerhöhung oder Kapitalherabsetzung ist erst ab dem Zeitpunkt ihrer Eintragung zu berücksichtigen.[29] Das Gesellschaftsvermögen ist nach Bilanzgrundsätzen rechnerisch mit dem Stammkapital zu vergleichen. Danach hat eine Zahlung zu unterbleiben, sobald das **Aktivvermögen** die Verbindlichkeiten einschließlich Rückstellungen für ungewisse Verbindlichkeiten und das Stammkapital nicht mehr deckt (sog. Unterdeckung).[30] Beträgt etwa das auf der Passivseite der Bilanz auszuweisende Stammkapital (§ 42 Abs. 1 GmbHG, §§ 266 Abs. 3 A I, 272 Abs. 1 Satz 1 HGB) 110.000 € und belaufen sich die Verbindlichkeiten auf 20.000 €, so können bei auf der Aktivseite der Bilanz verbuchten Vermögenswerten von 170.000 € Vermögenswerte von bis zu 40.000 € an die Gesellschafter ausgekehrt werden. Betragen die Aktiva dagegen lediglich 130.000 €, verbietet § 30 GmbHG jede Auszahlung. Dies gilt erst recht, wenn die Aktiva den Betrag von 130.000 € unterschreiten und daher sogar eine Überschuldung gegeben ist.

---

27 BGH, Urt. v. 24.3.1980 – II ZR 213/77, BGHZ 76, 326 = BB 1980, 797 = NJW 1980, 1524.
28 Scholz/*Verse*, § 30 Rn. 55; Baumbach/Hueck/*Fastrich*, § 30 Rn. 14; Ulmer/*Habersack*, § 30 Rn. 25 und 27; Bork/Schäfer/*Thiessen*, § 30 Rn. 18; MünchKommGmbHG/*Ekkenga*, § 30 Rn. 59.
29 Michalski/Heidinger/Leible/Schmidt/*Heidinger*, § 30 Rn. 22; Bork/Schäfer/*Thiessen*, § 30 Rn. 7; MünchKommGmbHG/*Ekkenga*, § 30 Rn. 59.
30 Roth/*Altmeppen*, § 30 Rn. 10; Baumbach/Hueck/*Fastrich*, § 30 Rn. 15.

Kap. 7 Sicherung der Kapitalerhaltung

2. Auszahlungsverbot

a) Adressat des Verbots

8 Das Auszahlungsverbot des § 30 GmbHG richtet sich gegen **Geschäftsführer**, nicht gegen Prokuristen oder sonstige verfügungsbefugte Angestellte einer GmbH. Entsprechende Aufgaben und die ihnen vorgelagerte Pflicht, das Eingreifen des Verbots ggf. zu erkennen, hat ein Prokurist regelmäßig nicht, sofern er nicht die Geschäfte der GmbH tatsächlich wie ein (Mit-)Geschäftsführer führt.[31] Das Verbot richtet sich aber auch an die **Gesellschafter**.[32]

b) Begriff der Auszahlung

9 Unter einer Auszahlung im Sinne des § 30 GmbHG ist über den zu eng gefassten Wortlaut hinaus nicht nur die Auskehrung von Barmitteln, sondern jede Leistung zu verstehen, die wirtschaftlich das **Gesellschaftsvermögen verringert**. So liegt eine Leistung etwa auch dann vor, wenn die GmbH den Gesellschafter durch Tilgung einer Darlehensverbindlichkeit von der Inanspruchnahme aus einer diesbezüglich erklärten Bürgschaft befreit.[33] Es kommt nur darauf an, ob der Gesellschafter etwas aus dem zur Deckung des Stammkapitals erforderlichen Gesellschaftsvermögen erhalten hat,[34] im Bürgschaftsfall darauf, ob der Gesellschafter im Falle seiner Inanspruchnahme gegen die Gesellschaft hätte Rückgriff nehmen können. Ohne Bedeutung ist, ob die Auszahlung offen oder verdeckt im Rahmen eines Austauschgeschäfts über eine erhöhte Gegenleistung abgewickelt wird. Die Auszahlung muss von der Gesellschaft **veranlasst** sein; daher greift § 30 GmbHG nicht ein, wenn der Gesellschafter, der nicht zugleich Geschäftsführer ist, Gesellschaftsvermögen unterschlägt oder die GmbH bestiehlt.[35] Hingegen kann, wenn der Gesellschafter-Geschäftsführer einer GmbH Beträge aus dem

---

31 BGH, Urt. v. 25.6.2001 – II ZR 38/99, BB 2001, 1753 = NJW 2001, 3123; a. A. Münch-KommGmbHG/*Ekkenga*, § 30 Rn. 144; Baumbach/Hueck/*Fastrich*, § 30 Rn. 64: auch Prokurist Normadressat i. S. des § 30 Abs. 1 Satz 1 GmbHG.
32 BGH, Urt. v. 8.12.1986 – II ZR 55/86, BB 1987, 293 = NJW 1987, 779; ebenso Münch-KommGmbHG/*Ekkenga*, § 30 Rn. 145.
33 BGH, Urt. v. 20.7.2009 – II ZR 36/08, NJW 2009, 2883 Tz. 15; BGH, Urt. v. 26.1.2009 – II ZR 260/07, BB 2009, 918 = NJW 2009, 1277 Tz. 10; BGH, Urt. v. 14.3.2005 – II ZR 129/03, BB 2005, 908 = NZG 2005, 396.
34 BGH, Urt. v. 10.5.1993 – II ZR 74/92, BGHZ 122, 333 = BB 1993, 1314 = NJW 1993, 1922; BGH, Urt. v. 1.12.1986 – II ZR 306/85, BB 1987, 433 = NJW 1987, 1194; gleichsinnig Rowedder/Schmidt-Leithoff/*Pentz*, § 30 Rn. 30; Michalski/Heidinger/ Leible/Schmidt/*Heidinger*, § 30 Rn. 59; Baumbach/Hueck/*Fastrich*, § 30 Rn. 33.
35 OLG Hamm, Urt. v. 13.3.2017 – I-8 U 79/16, NZG 2017, 741 Tz. 29; ebenso Ulmer/ *Habersack*, § 30 Rn. 56; Rowedder/Schmidt-Leithoff/*Pentz*, § 30 Rn. 30; Münch-KommGmbHG/*Ekkenga*, § 30 Rn. 142; Michalski/Heidinger/Leible/Schmidt/*Heidinger*, § 30 Rn. 63; vgl. auch Bork/Schäfer/*Thiessen*, § 30 Rn. 48.

Gesellschaftsvermögen entnimmt, darin eine verbotswidrige Auszahlung i. S. des § 30 Abs. 1 GmbHG liegen, auch wenn sein Handeln als Untreue zu bewerten ist.[36] Nicht unter das Verbot fallen solche Zahlungen, die auf **gesetzlichen Ansprüchen** beruhen, gleich, ob aus Delikt, Vertragsverletzung, ungerechtfertigter Bereicherung oder Geschäftsführung ohne Auftrag.[37] Wurde ein Gewinnverwendungsbeschluss vor Eintritt der Unterbilanz gefasst, so erwirbt der Gesellschafter zwar ein Gläubigerrecht gegen die Gesellschaft. Dessen Durchsetzbarkeit scheitert aber im Stadium der Unterbilanz am vorrangig zu beachtenden Gläubigerschutz.[38] Da § 30 GmbHG Geschäfte zwischen dem Gesellschafter und der GmbH nicht schlechthin verbietet, beschränkt sich das Verbot auf Auszahlungen, die im Gesellschaftsverhältnis wurzeln.[39] Verstieße eine Auszahlung gegen § 30 GmbHG, ist die entsprechende Klage des Gesellschafters gegen die GmbH als **derzeit unbegründet** abzuweisen.[40]

c) *Minderung des Gesellschaftsvermögens*

Für das Auszahlungsverbot ausschlaggebend ist allein die bei der GmbH eingetretene Vermögensminderung; hingegen ist es bedeutungslos, ob beim Gesellschafter eine Vermögensmehrung eingetreten ist.[41] Ausdruck der Rückkehr des Gesetzgebers zu einer rein **bilanziellen Betrachtungsweise** ist die Tatsache, dass im Rahmen des neu eingefügten § 30 Abs. 1 Satz 2 GmbHG solche Vermögensabflüsse aus dem Stammkapital gestattet sind, die durch einen **vollwertigen** Gegenleistungs- oder Rückerstattungsanspruch gegen den Gesellschafter aufgewogen werden, mögen sie auch im Stadium der Unterbilanz oder gar der Überschuldung erfolgen.[42]

10

---

36 OLG Hamm, Urt. v. 13.3.2017 – I-8 U 79/16, NZG 2017, 741 Tz. 29.
37 Rowedder/Schmidt-Leithoff/*Pentz*, § 30 Rn. 32; Bork/Schäfer/*Thiessen*, § 30 Rn. 38; vgl. auch MünchKommGmbHG/*Ekkenga*, § 30 Rn. 264.
38 Bork/Schäfer/*Witt*, § 29 Rn. 31; Ulmer/*W. Müller*, § 29 Rn. 125a; Baumbach/Hueck/*Fastrich*, § 29 Rn. 56; a. A. Michalski/Heidinger/Leible/Schmidt/*Heidinger*, § 30 Rn. 65; Scholz/*Verse*, § 29 Rn. 92.
39 BGH, Urt. v. 24.3.1954 – II ZR 23/53, BGHZ 13, 49 = BB 1954, 360 = NJW 1954, 1157; ebenso Rowedder/Schmidt-Leithoff/*Pentz*, § 30 Rn. 5; Baumbach/Hueck/*Fastrich*, § 30 Rn. 29; Gehrlein/Born/Simon/*Kuntz*, § 30 Rn. 69; Scholz/*Verse*, § 30 Rn. 30.
40 BGH, Urt. v. 13.2.2006 – II ZR 62/04, BB 2006, 792 = NJW-RR 2006, 760 Tz. 33.
41 Hachenburg/*Goerdeler/W. Müller*, § 30 Rn. 62; Ulmer/*Habersack*, § 30 Rn. 57; Michalski/Heidinger/Leible/Schmidt/*Heidinger*, § 30 Rn. 60.
42 Lutter/*Hommelhoff*, § 30 Rn. 25; vgl. auch Michalski/Heidinger/Leible/Schmidt/*Heidinger*, § 30 Rn. 99.

Kap. 7 Sicherung der Kapitalerhaltung

aa) Darlehensvergabe

(1) Zulässigkeit bei vollwertigem Rückgewähranspruch

11 Nach der sog. November-Entscheidung des BGH waren Kreditgewährungen an Gesellschafter, die nicht aus Rücklagen oder Gewinnvorträgen, sondern zulasten des gebundenen Vermögens der Gesellschaft bestritten werden, auch dann grundsätzlich als verbotene Auszahlung von Gesellschaftsvermögen im Sinne von § 30 GmbHG zu bewerten, wenn der Rückforderungsanspruch gegen den Gesellschafter vollwertig sein sollte.[43] Insofern hat der im Zuge des MoMiG[44] neu eingefügte § 30 Abs. 1 Satz 2 GmbHG eine entscheidende Änderung gebracht: Wird dem Gesellschafter aus dem Stammkapital ein Darlehen gewährt und ist der Rückzahlungsanspruch gegen den Gesellschafter vollwertig, so findet, weil an die Stelle der liquiden Mittel der Rückzahlungsanspruch gegen den Gesellschafter tritt, lediglich ein bilanziell **unschädlicher Aktiventausch** statt. Ein solcher Aktiventausch ist sowohl bilanziell als auch – im Blick auf Geschäftsführer, die sich freilich über die Bonität des Gesellschafters vergewissern müssen[45] – haftungsrechtlich neutral.[46] Bei der Bewertung, ob das Stammkapital angetastet wird, darf also der **Rückzahlungsanspruch gegen den Gesellschafter** nicht ausgeblendet werden, es sei denn der Leistungsempfänger ist zugleich Vertreter der Gesellschaft, also insbesondere Geschäftsführer oder Prokurist; denn diesen Personen darf nach § 43a GmbHG – unabhängig von ihrer Kreditwürdigkeit – überhaupt kein Kredit aus dem zur Erhaltung des Stammkapitals erforderlichen Gesellschaftsvermögen gewährt werden.[47] Von dieser Ausnahme abgesehen sind Darlehenszahlungen der GmbH an einen Gesellschafter bei **Vollwertigkeit** des Rückzahlungsanspruchs, also dann zulässig, wenn letzterer in der Bilanz mit seinem Buchwert in Höhe des Nominalwerts angesetzt werden kann.[48] Maßgeblich ist insofern der Zeitpunkt der Leistung der Gesellschaft.[49]

---

43 BGH, Urt. v. 24.11.2003 – II ZR 171/01, BGHZ 157, 72 = BB 2004, 293 = NJW 2004, 1111.
44 Vom 23.10.2008, BGBl. I S. 2026.
45 Baumbach/Hueck/*Fastrich*, § 30 Rn. 56; Michalski/Heidinger/Leible/Schmidt/*Ziemons*, § 43 Rn. 496.
46 Lutter/*Hommelhoff*, § 30 Rn. 25; Rowedder/Schmidt-Leithoff/*Pentz*, § 30 Rn. 73; Bork/Schäfer/*Thiessen*, § 30 Rn. 50; trotz Bedenken gegenüber der bilanziellen Betrachtungsweise auch Roth/*Altmeppen*, § 30 Rn. 111.
47 BGH, Urt. v. 23.4.2012 – II ZR 252/10, BGHZ 193, 96 = BB 2012, 1628 = NZG 2012, 667 Tz. 35; BGH, Urt. v. 24.11.2003 – II ZR 171/01, BGHZ 157, 72 = BB 2004, 293 = NJW 2004, 1111; ebenso Bork/Schäfer/*Thiessen*, § 30 Rn. 90 ff.; vgl. auch MünchKommGmbHG/*Ekkenga*, § 30 Rn. 19.
48 Gehrlein/Born/Simon/*Kuntz*, § 30 Rn. 57; MünchKommGmbHG/*Ekkenga*, § 30 Rn. 242; Baumbach/Hueck/*Fastrich*, § 30 Rn. 42.
49 Rowedder/Schmidt-Leithoff/*Pentz*, § 30 Rn. 71; MünchKommGmbHG/*Ekkenga*, § 30 Rn. 241.

Vor diesem Hintergrund hat der BGH seine November-Rechtsprechung mittlerweile aufgegeben, und zwar, weil § 30 Abs. 1 Satz 2 GmbHG keine konstitutive Neuregelung, sondern eine klarstellende Rückkehr zur bilanziellen Betrachtungsweise darstellt, auch für Altfälle.[50] Die Zulässigkeit von Darlehenszahlungen an einen Gesellschafter bei Vollwertigkeit des Rückzahlungsanspruchs gilt auch – in der Praxis besonders bedeutsam – für Zahlungen in einen **Cash-Pool**. Bei dieser im Grundsatz für ökonomisch sinnvoll und auch dem Interesse von Tochtergesellschaften förderlich zu erachtenden Form des Liquiditätsmanagements im Konzern[51] müssen indes sämtliche Risiken beachtet werden, die mit der jeweiligen Ausgestaltung des Cash-Pool-Systems verbunden sind, namentlich das sog. Klumpenrisiko, d.h. das Risiko, das auf der Konzentration aller freien Mittel bei nur einem Schuldner und der daraus folgenden mangelnden Diversifikation beruht;[52] die Vollwertigkeit der Gegenleistungen innerhalb des Rahmenvertrages für ein Cash-Pool-System erfordert ggf. ein Informations- oder Frühwarnsystem zwischen Mutter- und Tochtergesellschaft.[53] Voraussetzung für die Vollwertigkeit des Rückzahlungsanspruchs ist auch die angemessene, d.h. **marktübliche Verzinsung** des Darlehens;[54] anderenfalls ist bilanziell eine Abzinsung vorzunehmen, sodass die Vollwertigkeit nicht gewährleistet und nach § 31 GmbHG das gesamte Darlehen zurückzuerstatten wäre.[55] Für die Vollwertigkeit des Rückzahlungsanspruchs kann die Stellung einer banküblichen Sicherheit durch den Gesellschafter sprechen; doch ist Vollwertigkeit auch ohne eine solche Sicherheit gegeben, wenn der Gesellschafter leistungsfähig ist.[56] Allerdings muss

---

50 BGH, Urt. v. 23.4.2012 – II ZR 252/10, BGHZ 193, 96 = BB 2012, 1628 = NZG 2012, 667 Tz. 25; außerdem BGH, Urt. v. 1.12.2008 – II ZR 102/07, BGHZ 179, 71 = BB 2009, 118 = NJW 2009, 850 Tz. 11 f. (zur AG).
51 Scholz/*Verse*, § 30 Rn. 78 unter Verweis auf den entsprechenden Willen des Gesetzgebers.
52 Roth/*Altmeppen*, § 30 Rn. 113; Scholz/*Verse*, § 30 Rn. 86.
53 BGH, Urt. v. 1.12.2008 – II ZR 102/07, BGHZ 179, 71 = BB 2009, 118 = NJW 2009, 850 Tz. 14 (zu § 311 AktG); Baumbach/Hueck/*Fastrich*, § 30 Rn. 56; ausführlich Lutter/*Hommelhoff*, § 30 Rn. 40 ff.; Scholz/*Verse*, § 30 Rn. 89 f.
54 Gehrlein/Born/Simon/*Kuntz*, § 30 Rn. 61; Bork/Schäfer/*Thiessen*, § 30 Rn. 68; für Unbeachtlichkeit der Verzinsung bei Darlehenslaufzeit von bis zu sechs Monaten MünchKommGmbHG/*Ekkenga*, § 30 Rn. 246 und 252; auf den Einzelfall abstellend Roth/*Altmeppen*, § 30 Rn. 120; gänzlich gegen angemessene Verzinsung als Voraussetzung der Vollwertigkeit Baumbach/Hueck/*Fastrich*, § 30 Rn. 56; Ulmer/*Habersack*, § 30 Rn. 106; Rowedder/Schmidt-Leithoff/*Pentz*, § 30 Rn. 73; BGH, Urt. v. 1.12.2008 – II ZR 102/07, BGHZ 179, 71 = BB 2009, 118 = NJW 2009, 850 Tz. 17 (zu § 311 AktG).
55 Bork/Schäfer/*Thiessen*, § 30 Rn. 68; wohl auch Rowedder/Schmidt-Leithoff/*Pentz*, § 30 Rn. 37; a.A. Roth/*Altmeppen*, § 30 Rn. 120; Scholz/*Verse*, § 30 Rn. 94; Baumbach/Hueck/*Fastrich*, § 30 Rn. 56: Auszahlung und damit Rückerstattungspflicht lediglich in Höhe der Differenz zum marktüblichen Zins.
56 Gehrlein/Born/Simon/*Kuntz*, § 30 Rn. 60; Roth/*Altmeppen*, § 30 Rn. 115; Baumbach/Hueck/*Fastrich*, § 30 Rn. 42; Rowedder/Schmidt-Leithoff/*Pentz*, § 30 Rn. 73; Münch-

Kap. 7 Sicherung der Kapitalerhaltung

sich die fehlende Besicherung am Markt in einem höheren Zins niederschlagen, damit die zu beurteilende Forderung vollwertig ist.[57] Ebenso wie die Darlehensgewährung ist die **Bestellung einer Sicherheit durch die GmbH** für eine Verbindlichkeit des Gesellschafters nach bilanziellen Grundsätzen zu beurteilen, also danach, ob mit einer Inanspruchnahme der Gesellschaft zu rechnen ist. Maßgeblich ist mithin die **Werthaltigkeit** des gegen den Gesellschafter bestehenden Freistellungs- bzw. **Regressanspruchs**.[58] Folgerichtig ist auch für diese Bewertung auf den Zeitpunkt der Bestellung der Sicherheit abzustellen.[59]

(2) Spätere negative Entwicklungen

12 Spätere, bei Auszahlung des Darlehens noch nicht absehbare **negative Entwicklungen** der Rückzahlungsforderung gegen den Gesellschafter und bilanzielle Abwertungen führen nicht nachträglich zu einer verbotenen Auszahlung.[60] Dies hat auch zu gelten, wenn die Gesellschaft für einen vom Gesellschafter aufgenommenen Kredit eine Sicherheit gestellt hat.[61] In der Bewertung des Gesetzgebers, es könne ein Sorgfaltspflichtverstoß des Geschäftsführers vorliegen, wenn dieser die Forderung oder die Sicherheit in einem solchen Fall stehen lasse und nicht zurückfordere bzw. abziehe, liegt indes eine Lösung von der bilanziellen Betrachtungsweise, die nicht auf einen bestimmten Stichtag, sondern auf die gesamte Dauer der Leistungsgewährung bezogen ist; sie darf daher nicht so verstanden werden, als könne das **Nicht-Geltendmachen** des Rückzahlungsanspruchs nach Ende der Darlehenslaufzeit oder nach Eintritt eines Kündigungsrechts keine ver-

---

KommGmbHG/*Ekkenga*, § 30 Rn. 245; vorsichtiger Lutter/*Hommelhoff*, § 30 Rn. 29: Maßgeblichkeit des Einzelfalls unter der Berücksichtigung der Verkehrsüblichkeit der betreffenden Besicherung.

57 Michalski/Heidinger/Leible/Schmidt/*Heidinger*, § 30 Rn. 205, unter Hinweis auf BGH, Urt. v. 1.12.2008 – II ZR 102/07, BGHZ 179, 71 = BB 2009, 118 = NJW 2009, 850 Tz. 10 (zu § 311 AktG).

58 BGH, Urt. v. 21.3.2017 – II ZR 93/16, BGHZ 214, 258 = BB 2017, 1362 = NJW-RR 2017, 1069 Tz. 13; ebenso Roth/*Altmeppen*, § 30 Rn. 124; Lutter/*Hommelhoff*, § 30 Rn. 34.

59 BGH, Urt. v. 21.3.2017 – II ZR 93/16, BGHZ 214, 258 = BB 2017, 1362 = NJW-RR 2017, 1069 Tz. 14 ff., 17 ff. und 24 ff.; ebenso zu § 57 Abs. 1 AktG BGH, Urt. v. 10.1.2017 – II ZR 94/15, BGHZ 213, 224 = BB 2017, 588 = NZG 2017, 344 Tz. 15 ff.; zustimmend Scholz/*Verse*, § 30 Rn. 103; gleichsinnig Lutter/*Hommelhoff*, § 30 Rn. 35; Baumbach/Hueck/*Fastrich*, § 30 Rn. 61; nur für dingliche Sicherheiten auch MünchKommGmbHG/*Ekkenga*, § 30 Rn. 253.

60 BGH, Urt. v. 1.12.2008 – II ZR 102/07, BGHZ 179, 71 = BB 2009, 118 = NJW 2009, 850 Tz. 13 (zur AG); Scholz/*Verse*, § 30 Rn. 88; Lutter/*Hommelhoff*, § 30 Rn. 26; MünchKommGmbHG/*Ekkenga*, § 30 Rn. 243.

61 BGH, Urt. v. 21.3.2017 – II ZR 93/16, BGHZ 214, 258 = BB 2017, 1362 = NJW-RR 2017, 1069 Tz. 15, 21 und 26; zustimmend Scholz/*Verse*, § 30 Rn. 103; ebenso Baumbach/Hueck/*Fastrich*, § 30 Rn. 63.

botene Auszahlung begründen.[62] Und erst recht kann in der Verlängerung des Darlehens eine bilanziell eigenständig zu bewertende Auszahlung liegen, sodass gerade bei ständig verlängerten Darlehen mit kurzer Laufzeit die Vollwertigkeit des Rückzahlungsanspruchs bei jeder Verlängerung gegeben sein muss.[63]

bb) Austauschverträge

(1) Marktkonformität bei bestehender Unterbilanz

Schließt die Gesellschaft mit dem Gesellschafter im Stadium der **Unterbilanz** einen Austauschvertrag, so ist die bilanzielle Betrachtungsweise insofern ausnahmsweise unanwendbar, als die Gegenleistung des Gesellschafters zur Vermeidung einer verdeckten Gewinnausschüttung nicht nur den bilanziellen, sondern auch den **Marktwert des** an ihn **ausgereichten Gegenstandes** abdecken muss; stille Reserven sind dann also zu kompensieren.[64] Weil der synallagmatische Gegenleistungsanspruch die bilanzielle Neutralität des Vorgangs auslöst, ist der gesetzliche Rückzahlungsanspruch, der sich aus einer Verletzung des § 30 Abs. 1 Satz 1 GmbHG ergibt (§ 31 Abs. 1 GmbHG), nicht geeignet, eine einseitige Leistung der GmbH aus dem Stammkapital an den Gesellschafter bilanziell auszugleichen.[65] Im Rahmen eines Austauschvertrages ist es mithin nicht nur erforderlich, dass der Zahlungsanspruch gegen den Gesellschafter vollwertig ist; er muss vielmehr auch der Höhe nach dem Markt- und nicht nur einem nach Abschreibungswerten errechneten Buchwert des geleisteten Gegenstandes entsprechen.[66] Vor diesem Hintergrund darf, wenn ein Vermögensgegenstand von der Gesellschaft auf 100 € abgeschrieben, hierfür von einem Dritten aber noch ein Marktwert von 120 € zu erzielen ist, eine Veräußerung an den Gesellschafter nur zu diesem Preis erfolgen.[67] Von Marktüblichkeit kann nicht ausgegangen werden, wenn die GmbH ihrem Gesellschafter einen Preis gewährt, der unter ihren eigenen Selbstkosten liegt.[68] Sind die Preise, für die eine GmbH Leis-

13

---

62 Scholz/*Verse*, § 30 Rn. 88 mit Nachw. der Materialien; MünchKommGmbHG/*Ekkenga*, § 30 Rn. 243; Michalski/Heidinger/Leible/Schmidt/*Heidinger*, § 30 Rn. 206; Gehrlein/Born/Simon/*Kuntz*, § 30 Rn. 65; a. A. Roth/*Altmeppen*, § 30 Rn. 145; Baumbach/Hueck/*Fastrich*, § 30 Rn. 43.
63 Baumbach/Hueck/*Fastrich*, § 30 Rn. 43; Rowedder/Schmidt-Leithoff/*Pentz*, § 30 Rn. 74; Michalski/Heidinger/Leible/Schmidt/*Heidinger*, § 30 Rn. 206; Gehrlein/Born/Simon/*Kuntz*, § 30 Rn. 65; Scholz/*Verse*, § 30 Rn. 88.
64 MünchKommGmbHG/*Ekkenga*, § 30 Rn. 200; Michalski/Heidinger/Leible/Schmidt/*Heidinger*, § 30 Rn. 187; vgl. auch Bork/Schäfer/*Thiessen*, § 30 Rn. 64 ff.
65 Rowedder/Schmidt-Leithoff/*Pentz*, § 30 Rn. 70; Lutter/*Hommelhoff*, § 30 Rn. 27.
66 Roth/*Altmeppen* § 30 Rn. 75; Michalski/Heidinger/Leible/Schmidt/*Heidinger*, § 30 Rn. 187; Lutter/*Hommelhoff*, § 30 Rn. 32; Rowedder/Schmidt-Leithoff/*Pentz*, § 30 Rn. 68; Ulmer/*Habersack*, § 30 Rn. 107.
67 Scholz/*Verse*, § 30 Rn. 83.
68 BGH, Urt. v. 1.12.1986 – II ZR 306/85, BB 1987, 433 = NJW 1987, 1194.

Kap. 7 Sicherung der Kapitalerhaltung

tungen an ein Unternehmen erbringt, das einem Gesellschafter verbunden ist, nicht marktüblich, so haftet auch ein Minderheitsgesellschafter nach §§ 30 Abs. 1, 31 GmbHG, sofern er aufgrund seines Einflusses auf die Geschäftsführung der Gesellschaft die Preise jedenfalls mitgestaltet hat.[69]

(2) Sonderfall: Nicht bilanzierungsfähige Vermögenswerte

14 Konsequent zu Ende gedacht, könnte die bilanzielle Betrachtung zu dem kaum erwünschten Ergebnis führen, dass nicht aktivierungsfähige **immaterielle Vermögenswerte** ohne Weiteres an den Gesellschafter ausgekehrt werden dürfen. Um einer Überspannung des bilanziellen Denkens entgegenzuwirken, ist in Fällen der Weggabe immaterieller Werte – anders als bei der Überlassung von Geschäftschancen[70] – zu verlangen, dass ihr wirklicher Preis von dem Gesellschafter entgolten wird. Dieser Preis ist notfalls mit Hilfe eines **Drittvergleichs** zu ermitteln.[71] Dank dieser Betrachtungsweise könnten in den Bereich der Existenzvernichtungshaftung verlagerte Konstellationen in den sicheren Hafen des § 30 GmbHG zurückgeführt werden. Indes ist das Aktivierungsverbot mittlerweile auf wenige Ausnahmen beschränkt worden (vgl. § 248 HGB) und die Gesellschaft insofern durch ein Ausschüttungsverbot gemäß § 268 Abs. 8 HGB geschützt.[72] Umgekehrt ist die Gesellschaft zur Entgeltung immaterieller Leistungen des Gesellschafters in Höhe von deren wahrem Marktwert berechtigt. Darum bestehen keine Bedenken, wenn der Gesellschafter für nicht einlagefähige Dienstleistungen eine marktkonforme Vergütung erhält.[73]

cc) Beherrschungs- und Gewinnabführungsverträge

15 § 30 Abs. 1 Satz 1 GmbHG ist nach Satz 2 der Norm auch bei Bestehen eines Beherrschungs- oder Gewinnabführungsvertrages nicht anwendbar. Dabei werden nicht nur **Leistungen zwischen den Parteien** eines solchen Vertrages erfasst. Mit der Anknüpfung an das Merkmal des Bestehens (und nicht bloß an Leistungen aufgrund) eines Beherrschungs- oder Gewinnabführungsvertrages hat der Gesetzgeber vielmehr auch **Leistungen an dritte Konzernunternehmen** auf Veranlassung des herrschenden Unternehmens von dem Auszahlungsverbot entbunden.[74]

---

69 BGH, Beschl. v. 15.10.2007 – II ZR 243/06, DStR 2007, 2270 Tz. 6.
70 MünchKommGmbHG/*Ekkenga*, § 30 Rn. 203; a. A. Michalski/Heidinger/Leible/Schmidt/*Heidinger*, § 30 Rn. 188.
71 Michalski/Heidinger/Leible/Schmidt/*Heidinger*, § 30 Rn. 188; vgl. auch MünchKommGmbHG/*Ekkenga*, § 30 Rn. 201; Gehrlein/Born/Simon/*Kuntz*, § 30 Rn. 40.
72 Roth/*Altmeppen*, § 30 Rn. 76.
73 Michalski/Heidinger/Leible/Schmidt/*Heidinger*, § 30 Rn. 188.
74 Scholz/*Verse*, § 30 Rn. 73; Bork/Schäfer/*Thiessen*, § 30 Rn. 106; MünchKommGmbHG/*Ekkenga*, § 30 Rn. 269; vgl. auch Gehrlein/Born/Simon/*Kuntz*, § 30 Rn. 93; Lutter/*Hommelhoff*, § 30 Rn. 47.

dd) Verdeckte Gewinnausschüttung, verdeckte Sondervorteile

Eine nach den Grundsätzen der §§ 30ff. GmbHG zu behandelnde „verdeckte Gewinnausschüttung", die auch als verdeckter Sondervorteil bezeichnet wird, liegt in jeder außerhalb der förmlichen Gewinnverwendung vorgenommenen Leistung der Gesellschaft aus ihrem Vermögen an einen ihrer Gesellschafter, der **keine gleichwertige Gegenleistung** gegenübersteht. Ob im Einzelfall ein normales Austauschgeschäft oder eine verdeckte Gewinnausschüttung von Gesellschaftsvermögen vorliegt, beurteilt sich im Rahmen eines **Drittvergleichs** danach, ob ein gewissenhaft nach kaufmännischen Grundsätzen handelnder Geschäftsführer das Geschäft unter sonst gleichen Umständen zu den gleichen Bedingungen auch mit einem Nichtgesellschafter abgeschlossen hätte, ob die Leistung also durch betriebliche Gründe gerechtfertigt war.[75] Dieser Bewertungsmaßstab, der einen gewissen unternehmerischen Handlungsspielraum anerkennt, schließt die Berücksichtigung **subjektiver Erwägungen** der Geschäftsführer, die Leistung und Gegenleistung für ausgeglichen halten, aus.[76] Die steuerrechtliche Figur der verdeckten Gewinnausschüttung besagt für sich noch nicht, ob ein Erstattungsanspruch gegen den Gesellschafter besteht. Eine solche Zahlung ist aus der Sicht des Kapitalerhaltungsrechts unbedenklich, soweit sie aus ungebundenem Vermögen geleistet werden kann.[77] Eine mit den Kapitalerhaltungsregeln vereinbare verdeckte Gewinnausschüttung, die zugunsten eines **Alleingesellschafters** stets zulässig ist,[78] kann unter dem Aspekt der **Gleichbehandlung** im Innenverhältnis **mehrerer Gesellschafter** Ausgleichsansprüche begründen.[79]

16

ee) Geschäftsführervergütung

Handelt es sich um die Vergütung eines Gesellschafter-Geschäftsführers, so sind die diesem tatsächlich gewährten Leistungen mit dem Gehalt zu vergleichen, das ein Fremdgeschäftsführer für eine gleiche Tätigkeit erhalten hätte. Dabei sind alle Umstände zu berücksichtigen, die für eine angemessene Festsetzung der Bezüge von Bedeutung zu sein pflegen. Dazu gehören außer Art und Umfang der Tätigkeit insbesondere Art, Größe und Leistungsfähigkeit des Betriebs sowie Alter, Ausbildung, Berufserfahrung und Fähigkeiten des Geschäftsführers. Sind die **Gesamtbezüge** – einschließlich einer gewinnunabhängigen Tantieme bzw. eines Dienstwagens – bei Anlegung dieses Maßstabs nicht überhöht, dann ver-

17

---

75 OLG Düsseldorf, Urt. v. 21.10.2016 – I-16 U 178/15, BeckRS 2016, 21147 Tz. 62.
76 BGH, Urt. v. 13.11.1995 – II ZR 113/94, BB 1996, 128 = NJW 1996, 589.
77 BGH, Urt. v. 23.6.1997 – II ZR 220/95, BGHZ 136, 125 = BB 1997, 1807 = NJW 1997, 2599.
78 BGH, Urt. v. 10.5.1993 – II ZR 74/92, BGHZ 122, 333 = BB 1993, 1314 = NJW 1993, 1922.
79 BGH, Urt. v. 13.11.1995 – II ZR 113/94, BB 1996, 128 = NJW 1996, 589.

Kap. 7   Sicherung der Kapitalerhaltung

stößt ihre Zahlung nicht gegen § 30 GmbHG.[80] Verschlechtern sich die wirtschaftlichen Verhältnisse der Gesellschaft in wesentlichem Maße, kann allerdings ein Organmitglied aufgrund der von ihm als solche geschuldeten Treuepflicht gehalten sein, einer Herabsetzung seiner Bezüge zuzustimmen.[81] Dem Drittvergleich hält die Zahlung einer **Abfindung** an einen Gesellschafter-Geschäftsführer und die Fortsetzung seiner Tätigkeit als freier Handelsvertreter nicht stand.[82]

ff) Verzicht auf möglichen Gewinn

18   Auch der Verzicht auf einen möglichen Gewinnaufschlag, wenn etwa die Gesellschaft ihre Leistung zum Einstandspreis für den Gesellschafter erbringt, bedeutet regelmäßig eine Auszahlung von Gesellschaftsvermögen. Dies ist jedenfalls anzunehmen, sofern für die Gesellschaft tatsächlich die Möglichkeit bestanden hätte, den höheren Verkehrswert zu erzielen und damit den Gewinn im Rahmen eines **Drittgeschäfts** zu realisieren.[83] Hingegen kann die Abnahme der gesamten oder eines großen Teils der Produktion zum Herstellungspreis seitens des Gesellschafters unter dem Blickpunkt des § 30 GmbHG ausnahmsweise dann gerechtfertigt sein, wenn der dabei der GmbH zufließende Vorteil, die Sicherstellung der Fortführung des Betriebs, im Rahmen einer Gesamtbetrachtung den Nachteil der Vermögensausschüttung etwa deshalb aufwiegt, weil der Gesellschafter eine anderweitig schwer absetzbare Überproduktion abnimmt.[84]

gg) Unschädlichkeit eines reinen Passiventauschs

19   Entrichtet die Gesellschaft die einem ausgeschiedenen Gesellschafter geschuldete Abfindung aus gebundenem Vermögen, so ist der Gesellschafter nach § 30 GmbHG zur Rückzahlung verpflichtet. Anders verhält es sich in einer solchen Gestaltung, wenn ein Mitgesellschafter der GmbH ein (nach früherer Rechtslage) eigenkapitalersetzendes **Darlehen** gewährt und daraus die Abfindung beglichen wird. Wegen der Unterbilanz waren zwar der Abfindungsanspruch des ausgeschiedenen wie auch der Darlehensrückzahlungsanspruch des Mitgesellschafters durch § 30 GmbHG gesperrt. Die Zahlung der Abfindung hat die Unterbi-

---

80   BGH, Urt. v. 15.6.1992 – II ZR 88/91, BB 1992, 1583 = NJW 1992, 2894.
81   BGH, Urt. v. 15.6.1992 – II ZR 88/91, BB 1992, 1583 = NJW 1992, 2894.
82   BGH, Urt. v. 30.3.1998 – II ZR 146/96, BGHZ 138, 211 = BB 1998, 969 = NJW 1998, 2667.
83   Michalski/Heidinger/Leible/Schmidt/*Heidinger*, § 30 Rn. 86; Rowedder/Schmidt-Leithoff/*Pentz*, § 30 Rn. 43; Ulmer/*Habersack*, § 30 Rn. 51 und 62; *Goette*, § 3 Rn. 34; wohl ebenso Roth/*Altmeppen*, § 30 Rn. 77; a. A. Hachenburg/*Goerdeler/W. Müller*, § 30 Rn. 61.
84   Rowedder/Schmidt-Leithoff/*Pentz*, § 30 Rn. 43; in dieselbe Richtung Michalski/Heidinger/Leible/Schmidt/*Heidinger*, § 30 Rn. 86.

lanz aber nicht vertieft, weil an die Stelle des gesperrten Abfindungsanspruchs der ebenfalls gesperrte Darlehensrückzahlungsanspruch getreten ist. Der bloße Austausch gleichrangiger Passiva birgt keinen Nachteil für die Gläubiger der GmbH und fällt daher nicht unter § 30 GmbHG.[85]

3. Unterbilanz und Überschuldung

Im Rahmen der §§ 30, 31 GmbHG ist strikt zwischen Unterbilanz und Überschuldung zu trennen.[86] Unterschreitet das Reinvermögen das Stammkapital der GmbH, so liegt eine Unterbilanz vor. Weitergehend spricht man von einer bilanziellen Überschuldung, wenn die Verbindlichkeiten höher sind als die Vermögenswerte der GmbH. Entgegen früherer Rechtsprechung werden beide Konstellationen von §§ 30, 31 GmbHG erfasst.[87] Der Gesellschafter hat die an ihn geflossenen Leistungen der GmbH – also sowohl im Falle einer Unterbilanz als auch einer Überschuldung – auszugleichen. Allerdings werden bei der Ermittlung des Gesellschaftsvermögens jeweils unterschiedliche Methoden angewendet je nachdem, ob es sich um den Ausgleich einer Unterbilanz oder einer Überschuldung handelt. Ob eine Leistung der GmbH an ihren Gesellschafter zur bilanziellen Überschuldung führt oder eine solche vertieft, ist für die Anwendung der §§ 30, 31 GmbHG ohne Bedeutung.[88]

20

4. Unterbilanz

a) Feststellung der Unterbilanz

Nach ständiger Rechtsprechung wird bei einer GmbH die Frage, ob eine Entnahme, also eine Auszahlung an einen Gesellschafter, zu einer Unterbilanz führt, nicht anhand eines Vermögensstatus mit Bilanzansätzen zu Verkehrs- oder Liquidationswerten beantwortet; vielmehr kommt es auf die Vermögenssituation der GmbH an, wie sie sich aus einer für den **Zeitpunkt der Entnahme** aufzustellenden, den Anforderungen des § 42 GmbHG entsprechenden Bilanz zu **fort-**

21

---

85 BGH, Urt. v. 30.6.2003 – II ZR 326/01, BB 2003, 1749 = NJW-RR 2003, 1265.
86 Vgl. die unklare Begriffsbildung „Unterdeckung", die nicht zwischen Unterbilanz und Überschuldung unterscheidet, wiedergegeben in BGH, Urt. v. 23.6.1997 – II ZR 220/95, BGHZ 136, 125 = BB 1997, 1807 = NJW 1997, 2599; so auch *Goette*, § 3 Rn. 17, Fn. 40.
87 BGH, Urt. v. 5.2.1990 – II ZR 114/89, BB 1990, 728 = NJW 1990, 1730 in Ergänzung zu BGH, Urt. v. 29.3.1973 – II ZR 25/70, BGHZ 60, 324 = BB 1973, 580 = NJW 1973, 1036; ebenso Baumbach/Hueck/*Fastrich*, § 30 Rn. 20; Hachenburg/*Goerdeler/W. Müller*, § 30 Rn. 46; Rowedder/Schmidt-Leithoff/*Pentz*, § 30 Rn. 13; Scholz/*Verse*, § 30 Rn. 54.
88 BGH, Urt. v. 22.3.2010 – II ZR 12/08, BGHZ 185, 44 = BB 2010, 1619 = NJW 2010, 1948 Tz. 59.

Kap. 7 Sicherung der Kapitalerhaltung

geführten Buchwerten ergibt.[89] Darin sind etwa vorhandene stille Reserven nicht auszuweisen.[90] Auf diese Weise wird im Interesse des Gläubigerschutzes vermieden, dass die Unsicherheiten und Unwägbarkeiten einer Bewertung etwaiger stiller Reserven dazu führen, dass Beträge an den Gesellschafter ausgeschüttet werden, die in Wahrheit zur Erhaltung des gezeichneten Kapitals erforderlich sind.[91] Ausgangspunkt der Bewertung ist der letzte **Jahresabschluss**, und damit ist die Gesellschaft an ihre bisherige Bewertungs- und Bilanzierungspraxis und namentlich ihre einmal ausgeübten Bewertungswahlrechte gebunden und darf folglich keine **stillen Reserven** auflösen.[92] Das Gesetz hat ebenso Vermögensgegenstände von der Aktivierung ausgeschlossen, deren Werthaltigkeit nicht hinreichend objektivierbar, vielmehr von subjektiven Werturteilen abhängig ist. Hierzu zählen insbesondere ein nicht derivativ erworbener, selbst geschaffener **Firmenwert**, soweit für ihn nicht die Eigenschaften eines Vermögensgegenstandes nachgewiesen werden können (§ 248 Abs. 1 Satz 1 im Gegensatz zu § 246 Abs. 1 Satz 4 HGB) sowie bestimmte **immaterielle Vermögensgegenstände** des Anlagevermögens, die nicht entgeltlich erworben worden sind (§ 248 Abs. 2 Satz 2 HGB).[93] Andere immaterielle Vermögensgegenstände des Anlagevermögens können aktiviert werden. Eigene Anteile der GmbH (§ 33 GmbHG) sind seit dem BilMoG nicht mehr mit den realen Anschaffungskosten zu aktivieren, sondern mit ihrem Nennwert vom gezeichneten Kapital abzusetzen (§ 272 Abs. 1a HGB), die überschießenden Anschaffungskosten mit den frei verfügbaren Rücklagen zu verrechnen; damit bleiben eigene Anteile der GmbH bei der Berechnung des Aktivvermögens außer Betracht.[94] Ausstehende Gesellschaftereinlagen sind zu aktivieren und, soweit sie uneinbringlich sind, abzuschreiben.[95] Rückzahlungsansprüche aus Darlehen der Gesellschaft gegen ihre Gesellschafter müssen mit ihren wahren Werten aktiviert werden, es sei denn, das Darlehen ist nicht durch einen vollwertigen Gegenleistungs- oder Rückge-

---

[89] BGH, Urt. v. 13.2.2006 – II ZR 62/04, BB 2006, 792 = NJW-RR 2006, 760 Tz. 29; BGH, Urt. v. 7.11.1988 – II ZR 46/88, BGHZ 106, 7 = NJW 1989, 982.
[90] BGH, Urt. v. 5.4.2011 – II ZR 263/08, NJW 2011, 2294 Tz. 17; ebenso Roth/*Altmeppen*, § 30 Rn. 13.
[91] BGH, Urt. v. 8.11.2004 – II ZR 300/02, BB 2005, 176 = NZG 2005, 137; BGH, Urt. v. 11.12.1989 – II ZR 78/89, BGHZ 109, 334 = BB 1990, 317 = NJW 1990, 1109 (zur KG).
[92] Lutter/*Hommelhoff*, § 30 Rn. 12; MünchKommGmbHG/*Ekkenga*, § 30 Rn. 86 f.; Baumbach/Hueck/*Fastrich*, § 30 Rn. 17; Rowedder/Schmidt-Leithoff/*Pentz*, § 30 Rn. 10.
[93] Vgl. BGH, Urt. v. 11.12.1989 – II ZR 78/89, BGHZ 109, 334 = BB 1990, 317 = NJW 1990, 1109 (zur KG).
[94] Scholz/*Verse*, § 30 Rn. 65; Gehrlein/Born/Simon/*Kuntz*, § 30 Rn. 21; MünchKommGmbHG/*Ekkenga*, § 30 Rn. 103.
[95] Lutter/*Hommelhoff*, § 30 Rn. 13; Scholz/*Verse*, § 30 Rn. 63; MünchKommGmbHG/*Ekkenga*, § 30 Rn. 99.

währanspruch gedeckt (vgl. § 30 Abs. 1 Satz 2 HS 2 GmbHG); in diesem Fall ist der Anspruch nach den allgemeinen bilanzrechtlichen Regeln in seinem Wert zu berichtigen.[96] Auf der anderen Seite sind Gesellschafterdarlehen, die nach früherem Recht als eigenkapitalersetzend galten, bei Fehlen einer Rangrücktrittsvereinbarung naturgemäß als Verbindlichkeiten zu passivieren. Eine Passivierung von Gesellschafterdarlehen jedweder Art erscheint in der Unterbilanz – anders als in der Überschuldungsbilanz (dazu sogleich) – auch dann geboten, wenn der Gesellschafter seinen **Rangrücktritt**, also sinngemäß erklärt hat, er wolle wegen der genannten Forderung erst nach der Befriedigung sämtlicher Gesellschaftsgläubiger berücksichtigt werden (einfacher Rangrücktritt);[97] ist hingegen ein qualifizierter Rangrücktritt gegeben, möchte der Gesellschafter also – bis zur Abwendung der Krise – auch nicht vor, sondern nur zugleich mit den Einlagerückgewähransprüchen seiner Mitgesellschafter berücksichtigt werden, mithin so behandelt werden, als handele es sich bei seiner Gesellschafterleistung um statutarisches Kapital, so ist das Darlehen nicht zu passivieren.[98] Außer Ansatz bleiben Aufwendungen für die Gründung des Unternehmens (§ 248 Abs. 1 Nr. 1 HGB) wie auch solche für die Ingangsetzung und Erweiterung des Geschäftsbetriebs, die nach der Streichung des § 269 Satz 1 HGB[99] ebenfalls unter das Verbot des § 248 Abs. 1 Nr. 1 HGB fallen.[100] Für die Beurteilung, ob eine Unterbilanz vorliegt, ist als maßgebender Zeitpunkt an denjenigen der effektiven Leistung, d.h. der Erfüllung der entsprechenden Verbindlichkeit anzuknüpfen.[101] Die Gesellschaft ist nicht verpflichtet, im Zahlungszeitpunkt eine **Zwischenbilanz** aufzustellen.[102] Sofern später Streit über die Zulässigkeit der Zahlung entsteht, kann die Bilanzaufstellung (im gerichtlichen Verfahren) nachgeholt werden.[103]

---

96 BGH, Urt. v. 23.4.2012 – II ZR 252/10, BGHZ 193, 96 = BB 2012, 1628 = NZG 2012, 667 Tz. 25.
97 BGH, Urt. v. 29.9.2008 – II ZR 234/07, NJW 2009, 68 Tz. 11 (zum Eigenkapitalersatzrecht); so auch MünchKommGmbHG/*Ekkenga*, § 30 Rn. 112; Michalski/Heidinger/Leible/Schmidt/*Heidinger*, § 30 Rn. 40; Rowedder/Schmidt-Leithoff/*Pentz*, § 30 Rn. 10; Scholz/*Verse*, § 30 Rn. 69; Ulmer/*Habersack*, § 30 Rn. 40; Gehrlein/Born/Simon/*Kuntz*, § 30 Rn. 24.
98 MünchKommGmbHG/*Ekkenga*, § 30 Rn. 114; Gehrlein/Born/Simon/*Kuntz*, § 30 Rn. 24.
99 Im Zuge des BilMoG v. 25.5.2009 (BGBl. I S. 1102).
100 Baumbach/Hopt/*Merkt*, HGB, 38. Aufl. 2018, § 248 Rn. 1.
101 BGH, Urt. v. 22.9.2003 – II ZR 229/02, BB 2003, 2423 = NJW 2003, 3629; ebenso Baumbach/Hueck/*Fastrich*, § 30 Rn. 22; Gehrlein/Born/Simon/*Kuntz*, § 30 Rn. 30; Roth/*Altmeppen*, § 30 Rn. 17.
102 Rowedder/Schmidt-Leithoff/*Pentz*, § 30 Rn. 9; Ulmer/*Habersack*, § 30 Rn. 42; MünchKommGmbHG/*Ekkenga*, § 30 Rn. 84; a.A. Bork/Schäfer/*Thiessen*, § 30 Rn. 15.
103 BGH, Urt. v. 22.9.2003 – II ZR 229/02, BB 2003, 2423 = NJW 2003, 3629.

Kap. 7 Sicherung der Kapitalerhaltung

b) Haftungsgrenze

22 Eine Unterbilanz ist gegeben, wenn das Reinvermögen der Gesellschaft (Aktiva minus Verbindlichkeiten) das Stammkapital nicht mehr deckt. Kennzeichnend für eine Unterbilanz ist also, dass die Stammkapitalziffer durch das vorhandene Vermögen nicht mehr erreicht wird, ohne dass eine Überschuldung eingetreten ist.[104] Im Falle einer Unterbilanz beschränkt sich der Erstattungsanspruch gegen den Gesellschafter aus § 31 GmbHG auf das **Maß der Unterbilanz**, mithin den Betrag, um den die Stammkapitalziffer unterschritten wird.[105] Der Höhe nach kann der Ausgleich niemals über die Stammkapitalziffer hinausgehen.[106] Falls die Zahlung nur zum Teil eine Unterbilanz bewirkt, ist der Rückgewähranspruch entsprechend zu vermindern.

5. Überschuldung

a) Begriff der Überschuldung

23 Die Überschuldung ist von der bloßen Unterbilanz zu unterscheiden. Eine Unterbilanz der GmbH tritt schon ein, sobald die Passiva unter Einbeziehung des Stammkapitals die Aktiva übersteigen. Eine **bilanzielle Überschuldung** liegt hingegen vor, wenn die Aktiva der Gesellschaft hinter den Passiva, zu denen in diesem Zusammenhang die Verbindlichkeiten und Rückstellungen, nicht aber die **Stammkapitalziffer** gehören, zurückbleiben.[107] Eine bilanzielle Überschuldung muss mangels Auflösung stiller Reserven nicht bedeuten, dass die Verbindlichkeiten das Vermögen der Gesellschaft überragen. Von einer **materiellen (rechnerischen) Überschuldung** spricht man schließlich, wenn selbst bei Aufdeckung stiller Reserven – also Bewertung nach Verkehrswerten – ein Reinvermögen nicht mehr vorhanden ist.[108] Die für die Feststellung einer Unterbilanz geltenden Grundsätze des § 42 GmbHG können auf die Beurteilung, ob Überschuldung eingetreten ist, nicht übertragen werden. Vielmehr ist eine rechnerische Überschuldung im insolvenzrechtlichen Sinne, d.h. im Sinne von § 19 Abs. 2 Satz 1 InsO zu fordern, bei der das Vermögen des Schuldners die beste-

---

104 *K. Schmidt*, § 37, III. 1. d; Michalski/Heidinger/Leible/Schmidt/*Heidinger*, § 30 Rn. 27.
105 BGH, Urt. v. 23.6.1997 – II ZR 220/95, BGHZ 136, 125 = BB 1997, 1807 = NJW 1997, 2599.
106 MünchKommGmbHG/*Ekkenga*, § 31 Rn. 8; Gehrlein/Born/Simon/*Kuntz*, § 31 Rn. 10.
107 Rowedder/Schmidt-Leithoff/*Pentz*, § 30 Rn. 12; Michalski/Heidinger/Leible/Schmidt/*Heidinger*, § 30 Rn. 45; Baumbach/Hueck/*Fastrich*, § 30 Rn. 20.
108 Michalski/Heidinger/Leible/Schmidt/*Heidinger*, § 30 Rn. 45; Gehrlein/Born/Simon/*Kuntz*, § 30 Rn. 28.

henden Verbindlichkeiten nicht mehr deckt. Diesbezüglich hat die Finanzkrise zu einer Akzentverschiebung geführt, die mittlerweile dauerhaft Bestand hat.[109]

b) Feststellung der rechnerischen Überschuldung

aa) Vermögensbilanz

(1) Aktivvermögen

Überschuldung liegt gemäß § 19 Abs. 2 Satz 1 HS 1 InsO vor, wenn das Vermögen der Gesellschaft die bestehenden Verbindlichkeiten nicht mehr deckt. Diese Bewertung erfordert grundsätzlich die Aufstellung einer **Überschuldungsbilanz**, die auch als Vermögensbilanz oder Vermögensstatus bezeichnet wird. Wird eine Überschuldungsbilanz nicht erstellt, kann einer rechnerischen Überschuldung nach der Handelsbilanz indizielle Bedeutung zukommen,[110] zumal wenn der Insolvenzverwalter insolvenzrechtlich bedeutsame Abweichungen mitteilt.[111] In der Überschuldungsbilanz sind das Aktivvermögen und die Verbindlichkeiten gegenüberzustellen. Bei der Bewertung, ob eine Überschuldung der Gesellschaft vorliegt, sind Ansprüche gegen die Gesellschafter aktivierbar, gleich ob es sich um rückständige Einlagen, Forderungen aus § 9 GmbHG, Forderungen auf Leistung von Nachschüssen, vertragliche oder vertraglich anerkannte Ansprüche auf Verlustübernahme analog § 302 AktG handelt.[112] Zu den Aktiva gehört auch ein auf § 31 GmbHG beruhender Rückzahlungsanspruch gegen einen **solventen** Gesellschafter.[113] Hingegen sind Ansprüche aus § 64 (früher § 64 Abs. 2) GmbHG nicht zu berücksichtigen, weil sie erst mit Insolvenzeröffnung entstehen, nicht der GmbH, sondern den Gläubigern in ihrer Gesamtheit zustehen und ihre Berücksichtigung folglich dem mit der Norm bezweckten

24

---

109 Vgl. Bork/Schäfer/*Thiessen*, § 30 Rn. 28 und Anh. § 30 Rn. 60; Gehrlein/Born/Simon/*Gehrlein*, Vor § 64 Rn. 23; Roth/*Altmeppen*, Vor § 64 Rn. 30 f.; Lutter/Hommelhoff/*Kleindiek*, Anh. zu § 64 Rn. 25 ff.
110 BGH, Beschl. v. 8.3.2012 – IX ZR 102/11, WM 2012, 665 Tz. 5; BGH, Urt. v. 15.3.2011 – II ZR 204/09, NJW 2011, 2427 Tz. 33; BGH, Beschl. v. 26.4.2010 – II ZR 60/09, NZG 2010, 905 Tz. 11; BGH, Urt. v. 16.3.2009 – II ZR 280/07, BB 2009, 1207 = NJW 2009, 2454 Tz. 10; BGH, Beschl. v. 15.10.2007 – II ZR 236/06, NZG 2008, 148; BGH, Urt. v. 8.1.2001 – II ZR 88/99, BGHZ 146, 264 = BB 2001, 430 = NJW 2001, 1280.
111 BGH, Beschl. v. 5.11.2007 – II ZR 262/06, BB 2008, 189 = NJW-RR 2008, 495; vgl. auch OLG München, Urt. v. 17.1.2019 – 23 U 998/18, BeckRS 2019, 152 Tz. 17.
112 Rowedder/Schmidt-Leithoff/*M. Schmidt-Leithoff/Schneider*, Vor § 64 Rn. 131; Scholz/*K. Schmidt/Bitter*, Vor § 64 Rn. 52.
113 BGH, Urt. v. 25.7.2005 – II ZR 390/03, BGHZ 164, 50 = BB 2005, 2144 = NJW 2005, 3137.

Kap. 7 Sicherung der Kapitalerhaltung

Gläubigerschutz zuwiderliefe.[114] Der maßgebliche Unterschied zwischen einer Überschuldungsbilanz und einer regulären Handelsbilanz ist in den Ansätzen der Aktiva zu erkennen. Statt der in der Handelsbilanz ausgewiesenen **Buchwerte** sind die tatsächlichen **Verkehrs- bzw. Liquidationswerte** zugrunde zu legen. Deshalb sind immaterielle Vermögensgüter wie ein selbst geschaffener Firmenwert oder technisches Know-how werterhöhend auszuweisen.[115] Allgemein gesprochen sind auf der Aktivseite der Überschuldungsbilanz alle – aber auch nur diejenigen – Vermögenswerte anzusetzen, die im Falle der Insolvenzeröffnung nach § 135 InsO zu den verwertbaren Bestandteilen der Masse gehören würden.[116]

(2) Passivvermögen

25 Das Passivvermögen umfasst alle Verbindlichkeiten zum Nennwert, die im Insolvenzfall aus der Masse bedient werden müssen; freie Rücklagen und das Stammkapital gehören nicht auf die Passivseite.[117] Entsprechendes gilt gemäß § 19 Abs. 2 Satz 2 InsO für ein mit einer **Rangrücktrittserklärung** ausgestattetes Gesellschafterdarlehen, das erst nach Befriedigung sämtlicher Gläubiger beglichen werden soll.[118] Ebenso ist ein Darlehen außer Betracht zu lassen, das ausdrücklich für den Sanierungsfall gegeben wurde,[119] sei es auch als sog. gesplittete Einlage.[120]

---

114 Baumbach/Hueck/*Haas*, Vor § 64 Rn. 45; Michalski/Heidinger/Leible/Schmidt/*Nerlich*, § 60 Rn. 104; Rowedder/Schmidt-Leithoff/*M. Schmidt-Leithoff/Schneider*, Vor § 64 Rn. 134; a. A. Scholz/*Bitter*, Vor § 64 Rn. 53.
115 BGH, Urt. v. 30.9.1996 – II ZR 51/95, BB 1996, 2561 = NJW 1997, 196.
116 BGH, Urt. v. 13.7.1992 – II ZR 269/91, BGHZ 119, 201 = BB 1992, 1898 = NJW 1992, 2891; OLG Brandenburg, Urt. v. 23.1.2015 – 6 U 195/12, BeckRS 2015, 1192 Tz. 30; ebenso Lutter/Hommelhoff/*Kleindiek*, Anh. zu § 64 Rn. 39.
117 OLG Brandenburg, Urt. v. 23.1.2015 – 6 U 195/12, BeckRS 2015, 1192 Tz. 30; so auch Scholz/*K. Schmidt/Bitter*, Vor § 64 Rn. 57; Lutter/Hommelhoff/*Kleindiek*, Anh. zu § 64 Rn. 41; Michalski/Heidinger/Leible/Schmidt/*Nerlich*, § 60 Rn. 105.
118 BGH, Urt. v. 5.3.2015 – IX ZR 133/14, BGHZ 204, 231 = NJW 2015, 1672 Tz. 17; BGH, Urt. v. 13.2.2006 – II ZR 62/04, BB 2006, 792 = NJW-RR 2006, 760 Tz. 29; BGH, Urt. v. 8.1.2001 – II ZR 88/99, BGHZ 146, 264 = BB 2001, 430 = NJW 2001, 1280; BGH, Urt. v. 6.12.1993 – II ZR 102/93, BGHZ 124, 282 = BB 1994, 392 = NJW 1994, 724; OLG München, Urt. v. 18.1.2018 – 23 U 2702/17, GmbHR 2018, 570 Tz. 31; gleichsinnig Michalski/Heidinger/Leible/Schmidt/*Nerlich*, § 60 Rn. 110; Lutter/Hommelhoff/*Kleindiek*, Anh. zu § 64 Rn. 45.
119 BGH, Urt. v. 28.6.1999 – II ZR 272/98, BGHZ 142, 116 = BB 1999, 1672 = NJW 1999, 2809.
120 BGH, Beschl. v. 1.3.2010 – II ZR 13/09, NJW-RR 2010, 955 Tz. 6.

(3) Ergebnis

Die Frage, ob eine rechnerische Überschuldung vorliegt, bemisst sich folglich nach dem Ergebnis der Überschuldungsbilanz. Weist die Überschuldungsbilanz eine negative Differenz aus, so ist von einer rechnerischen Überschuldung der Gesellschaft auszugehen.

26

bb) Maßgeblichkeit des zweistufigen Überschuldungsbegriffs

Im Falle einer **rechnerischen Überschuldung** der GmbH war nach der zur Konkursordnung entwickelten herrschenden Auffassung nicht gesagt, dass auch eine Überschuldung im Rechtssinne vorlag. Nach der Rechtsprechung konnte von einer Überschuldung nur dann gesprochen werden, wenn das Vermögen der Gesellschaft bei Ansatz von Liquidationswerten unter Einbeziehung der stillen Reserven die bestehenden Verbindlichkeiten nicht deckte (rechnerische Überschuldung) und die Finanzkraft der Gesellschaft nach überwiegender Wahrscheinlichkeit mittelfristig nicht zur Fortführung des Unternehmens ausreichte (Überlebens- oder Fortbestehensprognose). Es galt also ein zweistufiger Überschuldungsbegriff. Danach konnte trotz rechnerischer Überschuldung allein eine **günstige Fortbestehensprognose** der Wertung einer rechtlichen Überschuldung entgegenstehen.[121] Dies hatte der Gesetzgeber indes bei der Schaffung der zum 1.1.1999 in Kraft getretenen Insolvenzordnung verworfen und in § 19 Abs. 2 Satz 1 InsO die Überschuldungsprüfung nach Liquidationswerten (einstufiger Überschuldungsbegriff) als Regelfall festgeschrieben. Demgegenüber bildete die Überschuldungsprüfung nach Fortführungswerten, die eine positive Fortbestehensprognose voraussetzt, den Ausnahmefall, erforderte eine günstige Fortführungsprognose doch sowohl den Fortführungswillen des Schuldners bzw. seiner Organe als auch die objektive – grundsätzlich aus einem aussagefähigen Unternehmenskonzept (Ertrags- und Finanzplan) herzuleitende – Überlebensfähigkeit des Unternehmens.[122] Nach dem damaligen § 19 Abs. 2 Satz 2 InsO konnte in die Taxierung der einzelnen Vermögensgegenstände ein durch die Fortführung des Unternehmens erhöhter Wert (sog. Going-Concern-Wert) einfließen. Eine günstige Fortbestehensprognose wurde folglich als bloßer Faktor für die Wertermittlung, nicht aber als selbstständig einer Überschuldung entgegenstehender Tatbestand anerkannt. Jedoch bestand, wenn die Überschuldungsbilanz trotz günstiger Fortführungsprognose zu einem

27

---

121 BGH, Urt. v. 15.3.2011 – II ZR 204/09, NJW 2011, 2427 Tz. 30; BGH, Urt. v. 12.3.2007 – II ZR 315/05, BB 2007, 1243 = NJW 2007, 3130. Tz. 14; BGH, Urt. v. 6.6.1994 – II ZR 292/91, BGHZ 126, 181 = BB 1994, 1657 = NJW 1994, 2220; BGH, Urt. v. 13.7.1992 – II ZR 269/91, BGHZ 119, 201 = BB 1992, 1898 = NJW 1992, 2891.
122 BGH, Urt. v. 18.10.2010 – II ZR 151/09, NZG 2010, 1393 Tz. 11; BGH, Beschl. v. 9.10.2006 – II ZR 303/05, BB 2007, 125 = NZI 2007, 44 Tz. 3.

negativen Ergebnis gelangte, nicht mehr die Möglichkeit, allein wegen der günstigen Fortbestehensprognose eine Überschuldung abzulehnen.[123] Im Zeichen der Finanzkrise ist der Gesetzgeber im Oktober 2008 durch Neufassung des § 19 Abs. 2 InsO (mittlerweile dessen Satz 1), zunächst befristet und dann **auf Dauer**,[124] **zum zweistufigen Überschuldungsbegriff zurückgekehrt**, wie ihn die Rechtsprechung für die Konkursordnung anerkannt hatte. Damit gilt nunmehr wieder, dass auch eine bilanziell überschuldete GmbH dann nicht im insolvenzrechtlichen Sinne überschuldet ist, wenn sie eine günstige Fortführungsprognose aufweist. Angesichts des Wortlauts des § 19 Abs. 2 Satz 1 InsO („es sei denn") liegt die Darlegungs- und Beweislast für diese Fortführungsprognose bei der Geschäftsführung.[125] Für die bilanzielle Überschuldung der GmbH trägt hingegen der Gläubiger die Darlegungs- und Beweislast.[126] Mit Blick auf § 30 Abs. 1 GmbHG bedeutet dies dessen Anwendbarkeit – nur – im Falle von Entnahmen, die eine insolvenzrechtliche Überschuldung herbeiführen oder vertiefen.

c) Haftungsgrenze

28 Wird durch die Zahlung an einen Gesellschafter eine Überschuldung herbeigeführt oder vertieft, so könnte die Anwendbarkeit des § 30 GmbHG Bedenken begegnen, weil in diesem Fall ein noch zu schützendes Stammkapital überhaupt nicht mehr vorhanden ist. In Abkehr von seiner früheren Rechtsprechung, wonach §§ 30, 31 GmbHG bei Eintritt einer Überschuldung nur entsprechend anwendbar sind,[127] hat der BGH das Regelungswerk zwischenzeitlich für unmittelbar einschlägig erklärt. Die Erstattungspflicht aus §§ 30, 31 GmbHG greift über eine Unterbilanz hinaus auch bei einer **Überschuldung** direkt ein. Die Sicherung des Stammkapitals ist nicht gegenständlich, sondern als rein rechnerischer Schutz des Gesellschaftsvermögens angelegt und dementsprechend der Rechnungsposten „Stammkapital" auch dann noch zu schützen, wenn das Aktivver-

---

123 BGH, Urt. v. 27.4.2009 – II ZR 253/07, NZG 2009, 750 Tz. 12; BGH, Urt. v. 5.2.2007 – II ZR 234/05, BGHZ 171, 46 = BB 2007, 791 = NJW-RR 2007, 759 Tz. 19; BGH, Beschl. v. 9.10.2006 – II ZR 303/05, BB 2007, 125 = NZI 2007, 44 Tz. 3.
124 Im Zuge des Gesetzes vom 5.12.2012, BGBl. I S. 2418.
125 OLG München, Urt. v. 18.1.2018 – 23 U 2702/17, GmbHR 2018, 570 Tz. 30.
126 BGH, Urt. v. 15.3.2011 – II ZR 204/09, NJW 2011, 2427 Tz. 9; BGH, Urt. v. 27.4.2009 – II ZR 253/07, NZG 2009, 750 Tz. 9; BGHZ 171, 46 = BB 2007, 791 = NJW-RR 2007, 759 Tz. 16; BGH, Urt. v. 6.6.1994 – II ZR 292/91, BGHZ 126, 181 = BB 1994, 1657 = NJW 1994, 2220; zur Maßgeblichkeit der Grundsätze der Beweisvereitelung, wenn der Geschäftsführer die ihm obliegenden Pflichten nach §§ 238, 257 HGB, § 41 GmbHG (Führung und Aufbewahrung von Büchern und Unterlagen) verletzt hat, BGH, Urt. v. 12.3.2007 – II ZR 315/05, BB 2007, 1243 = NJW 2007, 3130 Tz. 14.
127 BGH, Urt. v. 29.3.1973 – II ZR 25/70, BGHZ 60, 324 = BB 1973, 580 = NJW 1973, 1036.

mögen der Gesellschaft nicht mehr die vorhandenen Verbindlichkeiten sowie den rechnerischen Betrag des Stammkapitals deckt.[128] § 30 GmbHG deckt also nicht nur die Erhaltung vorhandenen Stammkapitals, sondern auch den Fall ab, dass Zahlungen an Gesellschafter nach Verlust des Stammkapitals der Gesellschaft nur noch unter Herbeiführung oder Vertiefung einer Überschuldung aus Fremdmitteln erfolgen können. Die Erstattungspflicht des begünstigten Gesellschafters (§ 31 Abs. 1 und 2 GmbHG) erstreckt sich also auf den **gesamten nicht durch Eigenkapital gedeckten Fehlbetrag**.[129] Nach § 31 Abs. 1 GmbHG muss ein Gesellschafter Zahlungen, die er entsprechend dem Verbot des § 30 Abs. 1 GmbHG aus dem zur Erhaltung des Stammkapitals erforderlichen Vermögen erhalten hat, der Gesellschaft erstatten.[130] Deshalb erscheint es gerechtfertigt, die Erstattungspflicht des durch eine Auszahlung begünstigten Gesellschafters gemäß § 31 Abs. 1 und 2 GmbHG auf den gesamten, nicht durch Eigenkapital gedeckten Fehlbetrag zu erstrecken.[131] Das Auszahlungsverbot und ein etwaiger Rückgewähranspruch gegen den Gesellschafter werden nicht durch die Höhe des Nennkapitals begrenzt, sondern sie bestimmen sich darüber hinaus nach den ungedeckten Verbindlichkeiten.[132] Der Anspruch geht – begrenzt auf den Betrag des verlorenen Stammkapitals **und** der darüber hinausgehenden Überschuldung der GmbH – auf Rückgewähr des aus dem Gesellschaftsvermögen Empfangenen.[133] Soweit nach vollständiger Rückgewähr der verbotenen Zahlung eine Unterbilanz oder Überschuldung gegeben ist, unterliegt der Gesellschafter nach § 31 GmbHG keiner weiteren Zahlungspflicht, weil die Vorschrift nicht zur **Nachschussleistung** verpflichtet.[134]

---

128 BGH, Urt. v. 22.3.2010 – II ZR 12/08, BGHZ 185, 44 = BB 2010, 1619 = NJW 2010, 1948 Tz. 53; BGH, Urt. v. 5.2.1990 – II ZR 114/89, BB 1990, 728 = NJW 1990, 1730; ebenso Hachenburg/*Goerdeler/W. Müller*, § 30 Rn. 46; Rowedder/Schmidt-Leithoff/ *Pentz*, § 30 Rn. 13.
129 BGH, Urt. v. 25.2.2002 – II ZR 196/00, BGHZ 150, 61 = BB 2002, 1012 = NJW 2002, 1803.
130 BGH, Urt. v. 25.9.1976 – II ZR 162/75, BGHZ 67, 171 = BB 1976, 1528 = NJW 1977, 104.
131 BGH, Urt. v. 25.2.2002 – II ZR 196/00, BGHZ 150, 61 = BB 2002, 1012 = NJW 2002, 1803.
132 BGH, Urt. v. 13.7.1981 – II ZR 256/79, BGHZ 81, 252 = BB 1981, 1664 = NJW 1981, 2570; so auch Rowedder/Schmidt-Leithoff/*Pentz*, § 30 Rn. 13; Hachenburg/ *Goerdeler/W. Müller*, § 30 Rn. 46.
133 BGH, Urt. v. 8.7.1985 – II ZR 269/84, BGHZ 95, 188 = BB 1985, 1814 = NJW 1985, 2947; BGH, Urt. v. 24.3.1980 – II ZR 213/77, BGHZ 76, 326 = BB 1980, 797 = NJW 1980, 1524.
134 Michalski/Heidinger/Leible/Schmidt/*Heidinger*, § 31 Rn. 29; MünchKomm-GmbHG/*Ekkenga*, § 31 Rn. 9.

6. Anwendbarkeit auf die GmbH & Co. KG

29 Der Anwendungsbereich der §§ 30, 31 GmbHG ist auch dann eröffnet, wenn der **Gesellschafter der Komplementär-GmbH, der zugleich Kommanditist der GmbH & Co. KG** ist, eine Zuwendung aus dem Vermögen der GmbH & Co. KG erhält. In diesem Fall, der sich von der ohne Weiteres durch § 30 GmbHG erfassten Konstellation einer Leistung der Komplementär-GmbH an den Gesellschafter unterscheidet, ist § 30 GmbHG einschlägig, sofern durch die Leistung der GmbH & Co. KG das Vermögen der Komplementär-GmbH nicht mehr dem Stammkapitalwert entspricht. Dies kann zum einen dann geschehen, wenn die im Übrigen vermögenslose GmbH ihr Kapital als Einlage in die KG eingebracht hat und der Wert ihrer Beteiligung an der KG infolge einer Zuwendung an den Gesellschafter unter den Stammkapitalnennwert herabsinkt.[135] Daneben kann, wenn die GmbH eigenes Reinvermögen hat, aber keinen oder nur einen verhältnismäßig geringen Kapitalanteil an der KG hält, die Zuwendung an den Gesellschafter, von der Minderung des Kapitalanteils abgesehen, auch darüber hinaus zu einer Aufzehrung ihres Stammkapitals führen: Gemeint ist der Fall, dass die GmbH zum Ausgleich der Passivposten, die sich aus ihrer Haftung für die Verbindlichkeiten der KG (§§ 128, 161 Abs. 2 HGB) ergeben, infolge der Aushöhlung des Vermögens der KG keinen dieser gegenüber realisierbaren Freistellungs- bzw. Regressanspruch (§§ 110, 161 Abs. 2 HGB) mehr aktivieren kann und ihr Vermögen aus diesem Grund unter die Ziffer des Stammkapitals herabgedrückt wird.[136] Diese Rechtsprechung hat der BGH in zweierlei Hinsicht erweitert, und zwar zum einen auf Zuwendungen an den **Kommanditisten, der nicht zugleich Gesellschafter der Komplementär-GmbH ist**, sofern keine natürliche Person als Komplementärin unbeschränkt haftet,[137] zum anderen dahingehend, dass es mit Blick auf Zuwendungen an einen **Gesellschafter der Kom-**

---

135 Roth/*Altmeppen*, § 30 Rn. 173; Bork/Schäfer/Thiessen, § 30 Rn. 46; MünchKommGmbHG/*Ekkenga*, § 30 Rn. 189.
136 BGH, Urt. v. 8.7.1985 – II ZR 269/84, BGHZ 95, 188 = NJW 1985, 2947; BGH, Urt. v. 24.3.1980 – II ZR 213/77, BGHZ 76, 326 = NJW 1980, 1524; BGH, Urt. v. 29.9.1977 – II ZR 157/76, BGHZ 69, 274 = NJW 1978, 150; BGH, Urt. v. 27.9.1976 – II ZR 162/75, BGHZ 67, 171 = NJW 1977, 104; BGH, Urt. v. 29.3.1973 – II ZR 25/70, BGHZ 60, 324 = BB 1973, 580 = NJW 1973, 1036; so auch Ulmer/*Habersack*, § 30 Rn. 126; Scholz/*Verse*, § 30 Rn. 130; Rowedder/Schmidt-Leithoff/*Pentz*, § 30 Rn. 118.
137 BGH, Urt. v. 27.3.1995 – II ZR 30/94, BB 1995, 1049 = NJW 1995, 1960; BGH, Urt. v. 22.10.1990 – II ZR 238/89, BB 1991, 14 = NJW 1991, 1057; BGH, Urt. v. 19.2.1990 – II ZR 268/88, BGHZ 110, 342 = NJW 1990, 1725; zustimmend Michalski/Heidinger/Leible/Schmidt/*Heidinger*, § 30 Rn. 170; Lutter/*Hommelhoff*, § 30 Rn. 64; Rowedder/Schmidt-Leithoff/*Pentz*, § 30 Rn. 119; Scholz/*Verse*, § 30 Rn. 131; kritisch Bork/Schäfer/Thiessen, § 30 Rn. 101; ebenso für andere Fälle als die Einheitsgesellschaft Ulmer/*Habersack*, § 30 Rn. 128; Gehrlein/Born/Simon/*Kuntz*, § 30 Rn. 107; MünchKommGmbHG/*Ekkenga*, § 30 Rn. 192.

plementär-GmbH unerheblich ist, ob dieser zugleich Kommanditist ist und ob eine natürliche Person unbeschränkt haftet.[138] Bei der Zahlung aus ihrem Vermögen steht der KG selbst der Erstattungsanspruch aus § 31 GmbHG zu; er ist von der GmbH als ihrer Komplementärin zu verfolgen.[139]

III. Auszahlungsempfänger

Das Auszahlungsverbot richtet sich nach dem Wortlaut des § 30 GmbHG an Gesellschafter. In bestimmten Konstellationen werden indes auch gesellschaftsfremde Dritte erfasst. 30

1. Gesellschafter

a) Direkte Leistung an Gesellschafter

Adressat des Auszahlungsverbots ist der Gesellschafter im Sinne des § 16 GmbHG. Da das Kapitalerhaltungsgebot mit der Leistung der Einlage korrespondiert, setzen §§ 30, 31 GmbHG voraus, dass derjenige, der auf Kosten des Stammkapitals eine Auszahlung verlangt oder erhalten hat, bei **Begründung** der Auszahlungsverpflichtung (noch) Gesellschafter gewesen ist. Unschädlich ist es, wenn der (frühere) Gesellschafter bei Bewirken der Leistung der GmbH nicht mehr angehört.[140] Das Ausscheiden zwischen Kausalgeschäft und Leistungsbewirkung befreit den Gesellschafter also nicht von seiner Rückzahlungspflicht. Das Verbot gilt ausnahmsweise **vor Erwerb** der Mitgliedschaft, wenn die Leistung im Blick auf die künftige Gesellschafterstellung erfolgt.[141] Dies kann beim 31

---

138 BGH, Urt. v. 21.3.2017 – II ZR 93/16, BGHZ 214, 258 = BB 2017, 1362 = NJW-RR 2017, 1069 Tz. 12; BGH, Urt. v. 9.2.2014 – II ZR 360/13, NZG 2015, 225 Tz. 10.
139 BGH, Urt. v. 9.2.2014 – II ZR 360/13, NZG 2015, 225 Tz. 12; BGH, Urt. v. 10.12.2007 – II ZR 180/06, BGHZ 174, 370 = NJW-RR 1008, 480 Tz. 10; BGH, Urt. v. 19.2.1990 – II ZR 268/88, BGHZ 110, 342 = NJW 1990, 1725; BGH, Urt. v. 27.9.1976 – II ZR 162/75, BGHZ 67, 171 = NJW 1977, 104; BGH, Urt. v. 29.3.1973 – II ZR 25/70, BGHZ 60, 324 = BB 1973, 580 = NJW 1973, 1036; ebenso Ulmer/*Habersack*, § 31 Rn. 6; Michalski/Heidinger/Leible/Schmidt/*Heidinger*, § 31 Rn. 12; a. A. MünchKommGmbHG/*Ekkenga*, § 31 Rn. 22; Lutter/*Hommelhoff*, § 31 Rn. 3: Inhaberschaft der GmbH; Scholz/*Verse*, § 31 Rn. 91: Inhaberschaft von KG und GmbH.
140 BGH, Urt. v. 13.7.1981 – II ZR 256/79, BGHZ 81, 252 = BB 1981, 1664 = NJW 1981, 2570; BGH, Urt. v. 29.9.1977 – II ZR 157/76, BGHZ 69, 274 = BB 1977, 1730 = NJW 1978, 160; BGH, Urt. v. 24.3.1954 – II ZR 23/53, BGHZ 13, 49 = BB 1954, 360 = NJW 1954, 1157; ebenso Lutter/*Hommelhoff*, § 30 Rn. 19; Roth/*Altmeppen*, § 30 Rn. 26; Baumbach/Hueck/*Fastrich*, § 30 Rn. 23; Gehrlein/Born/Simon/*Kuntz*, § 31 Rn. 18; Bork/Schäfer/*Thiessen*, § 30 Rn. 96.
141 Roth/*Altmeppen*, § 30 Rn. 27; Rowedder/Schmidt-Leithoff/*Pentz*, § 30 Rn. 18; Lutter/*Hommelhoff*, § 30 Rn. 19; *Goette*, § 3 Rn. 36; MünchKommGmbHG/*Ekkenga*, § 30 Rn. 151.

Kap. 7 Sicherung der Kapitalerhaltung

Management-buy-out-Verfahren, wenn das Vermögen der übernommenen Gesellschaft als Kreditmittel dient, Probleme aufwerfen.[142] Wird bei einem Anteilserwerb der Kaufpreis durch Übertragung von Wertpapieren der GmbH besichert, sind sowohl der Veräußerer als auch der Erwerber Adressat des Kapitalerhaltungsgebots; da die beiden gesamtschuldnerisch haften, kann die Gesellschaft wahlweise gegen einen von ihnen vorgehen und ist nicht etwa verpflichtet, sich primär an den Erwerber zu halten.[143] Ausnahmsweise genügt auch eine Vereinbarung nach Ausscheiden, die im Zusammenhang mit dem Ausscheiden getroffen wird, indem etwa der Kaufpreis für die Anteilsveräußerung aus der Gesellschaftskasse bezahlt wird.[144]

b) Leistung an Gesellschafter über Dritten

32 Mit der Zuwendung an einen Dritten, die bei wirtschaftlicher Betrachtung dem Gesellschafter zugutekommt, kann eine Leistung an den Gesellschafter erbracht werden. Dies ist etwa anzunehmen, wenn die Drittzahlung im **Einverständnis** oder auf **Anweisung** des Gesellschafters geschieht.[145] Nicht anders verhält es sich, sofern die Leistung der Gesellschaft für **Rechnung** des Gesellschafters erfolgt: Wird ein dem Gesellschafter eingeräumter Anspruch auf Auszahlung eines – in Wirklichkeit nicht vorhandenen – Gewinns unter den Voraussetzungen des § 30 GmbHG einverständlich mit einer Forderung verrechnet, die der GmbH gegen ein dem Gesellschafter wirtschaftlich gehörendes Unternehmen zusteht, so ist er, wenn dieses später in Vermögensverfall gerät, zum Ersatz verpflichtet, soweit die Forderung der Gesellschaft an Wert verloren hat.[146] Ferner trifft den Gesellschafter eine Erstattungspflicht, falls die GmbH seine Steuerschuld aus gebundenem Vermögen begleicht.[147] Des Weiteren reicht es für die Anwendung

---

142 Rowedder/Schmidt-Leithoff/*Pentz*, § 30 Rn. 18.
143 BGH, Urt. v. 18.6.2007 – II ZR 86/06, BGHZ 173, 1 = BB 2007, 2025 = NJW-RR 2008, 51 Tz. 12 und 15 ff.; ebenso Ulmer/*Habersack*, § 30 Rn. 69; Baumbach/Hueck/*Fastrich*, § 30 Rn. 23; a. A. MünchKommGmbHG/*Ekkenga*, § 30 Rn. 177; Gehrlein/Born/Simon/*Kuntz*, § 30 Rn. 78: Haftung nur des Anteilserwerbers.
144 BGH, Urt. v. 24.3.1954 – II ZR 23/53, BGHZ 13, 49 = BB 1954, 360 = NJW 1954, 1157; OLG Hamburg, Urt. v. 27.7.2012 – 11 U 135/11, GmbHR 2012, 1742; so auch Lutter/*Hommelhoff*, § 30 Rn. 19; Michalski/Heidinger/Leible/Schmidt/*Heidinger*, § 30 Rn. 112.
145 BGH, Urt. v. 29.5.2000 – II ZR 118/98, BGHZ 144, 336 = BB 2000, 1483 = NJW 2000, 2577; BGH, Urt. v. 8.7.1985 – II ZR 269/84, BGHZ 95, 188 = BB 1985, 1814 = NJW 1985, 2947; BGH, Urt. v. 13.7.1981 – II ZR 256/79, BGHZ 81, 252 = BB 1981, 1664 = NJW 1981, 2570; ebenso Rowedder/Schmidt-Leithoff/*Pentz*, § 30 Rn. 20; MünchKommGmbHG/*Ekkenga*, § 30 Rn. 170; Lutter/*Hommelhoff*, § 30 Rn. 20.
146 BGH, Urt. v. 10.5.1993 – II ZR 74/92, BGHZ 122, 333 = BB 1993, 1314 = NJW 1993, 1922; zustimmend Roth/*Altmeppen*, § 30 Rn. 31.
147 BGH, Urt. v. 22.9.2003 – II ZR 229/02, BB 2003, 2423 = NJW 2003, 3629; BGH, Urt. v. 29.3.1973 – II ZR 25/70, BGHZ 60, 324 = BB 1973, 580 = NJW 1973, 1036.

des § 30 GmbHG aus, wenn sich die Gesellschaft gegenüber dem Gesellschafter zur Erfüllung einer für sie fremden Verbindlichkeit verpflichtet und dieser Verpflichtung nachkommt.[148] Aber auch in dem Fall, dass der Gesellschafter eine Sicherheit zur Verfügung stellt (etwa eine Bürgschaft), ohne die ein Dritter der GmbH kein Darlehen gewähren würde, und die Gesellschaft die Darlehensverbindlichkeit unter Verstoß gegen § 30 Abs. 1 GmbHG tilgt, entsteht eine Erstattungspflicht des Gesellschafters.[149]

2. Dritte

Leistungen der Gesellschaft an einen Dritten, der tatsächlich Zuwendungsempfänger ist, können dem Gesellschafter in bestimmten Konstellationen zugerechnet werden. Dies ist dann der Fall, wenn die Leistung an den Dritten eine Zuwendung an den Gesellschafter enthält oder auf Veranlassung des Gesellschafters erfolgte und durch dessen Eigeninteresse motiviert war.[150] Die Zahlung an den Dritten steht dann einer Zahlung an den Gesellschafter gleich. Der Gesellschafter und der Dritte sind in diesen Fällen **Gesamtschuldner** des Erstattungsanspruchs.[151]

33

a) Treuhand, stiller Gesellschafter

Leistungen der Gesellschaft an den **Treuhänder** selbst sind als Leistung an einen Gesellschafter zu bewerten, weil der Treuhänder die Gesellschafterstellung (§ 16 GmbHG) einnimmt.[152] Zugleich wirkt die Leistung an den Treuhänder auch als Leistung an den **Treugeber**. Nach der Rechtsprechung des BGH hat derjenige, der als so genannter Hintermann mittelbar eine Beteiligung an einer GmbH für einen auf seine Rechnung handelnden Mittels- oder Strohmann hält, sowohl für die Aufbringung des Stammkapitals (§§ 19, 24 GmbHG) als auch die Erhaltung des Stammkapitals im Rahmen der §§ 30, 31 GmbHG (und der §§ 32a, 32b GmbHG a.F.) wie der unmittelbare Gesellschafter einzustehen.[153] Die Einstandspflicht des Treugebers ist auch dann gegeben, wenn der Treuhän-

34

---

148 BGH, Urt. v. 24.3.1954 – II ZR 23/53, BGHZ 13, 49 = BB 1954, 360 = NJW 1954, 1157.
149 BGH, Urt. v. 20.7.2009 – II ZR 36/08, NJW 2009, 2883 Tz. 13 (zum Eigenkapitalersatzrecht); BGH, Urt. v. 25.9.1976 – II ZR 162/75, BGHZ 67, 171 = BB 1976, 1528 = NJW 1977, 104.
150 OLG Düsseldorf, Urt. v. 21.10.2016 – I-16 U 178/15, BeckRS 2016, 21147 Tz. 48 f.
151 BGH, Urt. v. 28.2.2005 – II ZR 103/02, BB 2005, 846 = NZG 2005, 395; ebenso Lutter/*Hommelhoff*, § 31 Rn. 6; Rowedder/Schmidt-Leithoff/*Pentz*, § 31 Rn. 9 f.
152 Michalski/Heidinger/Leible/Schmidt/*Heidinger*, § 30 Rn. 115; Rowedder/Schmidt-Leithoff/*Pentz*, § 30 Rn. 22; MünchKommGmbHG/*Ekkenga*, § 30 Rn. 155.
153 BGH, Urt. v. 21.11.2005 – II ZR 277/03, BGHZ 165, 106 = BB 2006, 570 = NJW 2006, 1283; BGH, Urt. v. 24.11.2003 – II ZR 171/01, BGHZ 157, 72 = BB 2004, 293

Kap. 7 Sicherung der Kapitalerhaltung

der die empfangene Leistung nicht an den Treugeber weitergeleitet hat.[154] Der **Komplementär** der Gesellschafterin einer GmbH kann einem Gesellschafter der GmbH gleichgestellt werden, wenn er die KG beherrscht oder wegen der von ihm erbrachten Leistung einen Freistellungsanspruch gegen die KG erworben hat.[155] Der **stille Gesellschafter** unterliegt den Kapitalerhaltungsregeln, wenn er aufgrund der vertraglichen Ausgestaltung als atypischer stiller Gesellschafter einem unmittelbaren GmbH-Gesellschafter weitgehend gleichgestellt ist. Dies ist anzunehmen, wenn dem stillen Gesellschafter neben der Gewinnbeteiligung weitreichende Befugnisse zur Einflussnahme auf die Geschäftsführung und die Gestaltung der Gesellschaft an die Hand gegeben sind.[156] Prinzipiell dasselbe gilt für denjenigen, zu dessen Gunsten ein Pfandrecht oder ein Nießbrauch an einem GmbH-Geschäftsanteil besteht.[157]

b) Verbundene Unternehmen

35 Um einer besonders nahe liegenden Umgehung des § 30 GmbHG entgegenzutreten, müssen sich Dritte eine Leistung auch dann unmittelbar zurechnen lassen, wenn sie gesellschaftsrechtlich mit der leistenden Gesellschaft verbunden sind. Dies gilt vor allem für den Fall, dass an eine Gesellschaft ausgezahlt wird, an der ein Gesellschafter der leistenden Gesellschaft maßgeblich beteiligt ist. Hier ist der Gesellschafter selbst als mittelbar Begünstigter zur Rückzahlung verpflichtet.[158] Es gilt aber auch für den Fall, dass jemand Gesellschafter-Gesellschafter der leistenden GmbH ist und bestimmenden Einfluss auf den Gesellschafter aus-

---

= NJW 2004, 1111; BGH, Urt. v. 13.4.1992 – II ZR 225/91, BGHZ 118, 107 = BB 1992, 1374 = NJW 1992, 2023; BGH, Urt. v. 20.2.1989 – II ZR 167/88, BGHZ 107, 7 = NJW 1989, 1800; BGH, Urt. v. 8.7.1985 – II ZR 269/84, BGHZ 95, 188 = BB 1985, 1814 = NJW 1985, 2947; BGH, Urt. v. 14.12.1959 – II ZR 187/57, BGHZ 31, 258 = BB 1960, 18 = NJW 1960, 285; ebenso Roth/*Altmeppen*, § 30 Rn. 34; Scholz/*Verse*, § 30 Rn. 50; MünchKommGmbHG/*Ekkenga*, § 30 Rn. 156.

154 Roth/*Altmeppen*, § 30 Rn. 33; Gehrlein/Born/Simon/*Kuntz*, § 30 Rn. 85; MünchKommGmbHG/*Ekkenga*, § 30 Rn. 156; a. A. Scholz/*Verse*, § 30 Rn. 50; Ulmer/*Habersack*, § 30 Rn. 72: nur bei Veranlassung oder Einverständnis des Treugebers mit der Leistung.

155 BGH, Urt. v. 18.11.1996 – II ZR 207/95, BB 1997, 220 = NJW 1997, 740.

156 BGH, Beschl. v. 5.4.2011 – II ZR 173/10, NJW-RR 2011, 1061 Tz. 4 (zum Eigenkapitalersatzrecht); BGH, Urt. v. 13.2.2006 – II ZR 62/04, BB 2006, 792 = NJW-RR 2006, 760; BGH, Urt. v. 7.11.1988 – II ZR 46/88, BGHZ 106, 7 = BB 1989, 100 = NJW 1989, 710; so auch Gehrlein/Born/Simon/*Kuntz*, § 30 Rn. 85.

157 BGH, Beschl. v. 5.4.2011 – II ZR 173/10, NJW-RR 2011, 1061 Tz. 4 (zum Eigenkapitalersatzrecht); gleichsinnig Gehrlein/Born/Simon/*Kuntz*, § 30 Rn. 85.

158 BGH, Urt. v. 5.5.2008 – II ZR 108/07, NJW-RR 2008, 1134 Tz. 10; BGH, Urt. v. 28.2.2005 – II ZR 103/02, BB 2005, 846.

III. Auszahlungsempfänger **Kap. 7**

üben kann.[159] Jedenfalls ist aber stets auch der nominelle Gesellschafter Schuldner des Rückgewähranspruchs.[160] Für eine maßgebliche Beteiligung an der anderen Gesellschaft reicht grundsätzlich eine **Mehrheitsbeteiligung** aus, aufgrund derer der Gesellschafter beherrschenden Einfluss auf das leistende Unternehmen ausüben, also dessen Geschäftspolitik bestimmen und Weisungen an dessen Geschäftsführer durch entsprechenden Gesellschafterbeschluss (§ 46 Nr. 5 GmbHG) durchsetzen kann. Dazu genügt – vorbehaltlich einer abweichenden Regelung in der Satzung – eine einfache Mehrheit, also eine Beteiligung von mehr als 50%.[161] Selbst eine Beteiligung von exakt 50% kann ausreichen, wenn der Gesellschafter in dem verbundenen Unternehmen als alleinvertretungsberechtigter Geschäftsführer bestimmenden Einfluss ausübt.[162] Ebenfalls ausreichend ist es, wenn mehrere Gesellschafter durch Bündelung ihrer Beteiligungen die GmbH beherrschen.[163] Die maßgebliche Beteiligung des Gesellschafters muss an beiden Unternehmen bestehen. Bei der Beurteilung der Frage, ob es sich um verbundene Unternehmen handelt, kann jedoch nicht auf die Verteilung der Geschäftsanteile zu dem Zeitpunkt abgestellt werden, in dem die **Verbindlichkeit begründet** wird, sondern in der Regel nur auf den Zeitpunkt, zu dem die Gesellschaft tatsächlich in Anspruch genommen wird. Die Umgehungsgefahr besteht nicht mehr, wenn kein Gesellschafter der leistenden Gesellschaft im Zeitpunkt der Erfüllung der Verbindlichkeit an der den Vermögensgegenstand empfangenden Gesellschaft beteiligt ist.[164] Besichert eine GmbH einen ihrer Muttergesellschaft gewährten Kredit, ist das Sicherungsgeschäft – Globalabtretung – nicht schon deshalb sittenwidrig, weil die GmbH nicht mehr genügend freies Vermögen hat, um ihre Gläubiger zu befriedigen. Die außerhalb der Rege-

---

159 BGH, Urt. v. 28.2.2012 – II ZR 115/11, BB 2012, 1564 = NJW-RR 2012, 815 Tz. 17; BGH, Urt. v. 20.7.2009 – II ZR 36/08, NJW 2009, 2883 Tz. 20; BGH, Urt. v. 5.5.2008 – II ZR 108/07, NJW-RR 2008, 1134 Tz. 9.
160 BGH, Urt. v. 20.7.2009 – II ZR 36/08, NJW 2009, 2883 Tz. 21.
161 BGH, Urt. v. 5.5.2008 – II ZR 108/07, NJW-RR 2008, 1134 Tz. 10; BGH, Urt. v. 28.2.2005 – II ZR 103/02, BB 2005, 846 = NZG 2005, 395; BGH, Urt. v. 27.11.2000 – II ZR 179/99, BB 2001, 166 = NJW 2001, 1490; MünchKommGmbHG/*Ekkenga*, § 30 Rn. 179.
162 BGH, Urt. v. 28. 2 2012 – II ZR 115/11, BB 2012, 1564 = NJW-RR 2012, 815 Tz. 19; BGH, Urt. v. 13.12.2004 – II ZR 206/02, BB 2005, 232 = NJW-RR 2005, 335; vgl. auch OLG Düsseldorf, Urt. v. 21.10.2016 – I-16 U 178/15, BeckRS 2016, 21147 Tz. 51.
163 BGH, Urt. v. 16.1.2006 – II ZR 76/04, BGHZ 166, 8 = BB 2006, 847 = NJW 2006, 1736.
164 BGH, Urt. v. 13.12.2004 – II ZR 206/02, BB 2005, 232 = NJW-RR 2005, 335; BGH, Urt. v. 27.11.2000 – II ZR 179/99, BB 2001, 166 = NJW 2001, 1490; BGH, Urt. v. 21.6.1999 – II ZR 70/98, BB 1999, 1675 = NJW 1999, 2822; BGH, Urt. v. 13.11.1995 – II ZR 113/94, BB 1996, 128 = NJW 1996, 589; BGH, Urt. v. 21.9.1981 – II ZR 104/80, BGHZ 81, 311 = BB 1981, 2026 = NJW 1982, 382; ausführlich Michalski/Heidinger/Leible/Schmidt/*Heidinger*, § 30 Rn. 124 und 172 ff.

Kap. 7 Sicherung der Kapitalerhaltung

lung der §§ 30, 31 GmbHG stehende **Bank** ist danach Forderungsinhaber geworden. Erst wenn sich für die Bank aufdrängt, dass ein wirtschaftlicher Zusammenbruch des Konzerns droht, kommt eine Haftung der Bank gegenüber den Gläubigern der Konzerngesellschaften nach § 826 BGB in Betracht.[165]

c) Leistungen an Familienangehörige

36 Im Aktienrecht verbieten die Vorschriften zur Gewährung von Organkrediten nicht nur Zahlungen an einen für Rechnung des Organmitglieds handelnden Dritten, die ohne Zustimmung des Aufsichtsrats erfolgen, sondern bestimmen dasselbe auch für Zahlungen an Ehegatten und minderjährige Kinder des Vorstands- bzw. Aufsichtsratsmitglieds (§§ 89 Abs. 3, 115 Abs. 2 AktG). Hierbei handelt es sich um eine gesetzliche Typisierung von Umgehungstatbeständen, die der BGH eine Zeit lang auf das Verbot der Kapitalrückzahlung übertragen hat.[166] Von dieser typisierenden Betrachtungsweise ist der BGH allerdings abgerückt und stellt nunmehr auf die Umstände des Einzelfalls ab;[167] namentlich soll darauf abzustellen sein, ob das vom nahen Angehörigen gewährte Darlehen aus Mitteln des Gesellschafters stammt oder ob umgekehrt letzterer den Geschäftsanteil nur treuhänderisch für den das Darlehen gewährenden Angehörigen hält.[168] Konsequent sieht der BGH den Umstand, dass der Fremdgeschäftsführer einer GmbH der Ehemann von deren Alleingesellschafterin ist, nicht als zwingenden Grund, ihm die Aufrechnung gegen die GmbH zu versagen.[169] Plausibel ist für § 30 Abs. 1 GmbHG der Vorschlag einer widerleglichen Vermutung dahingehend, dass der Gesellschafter die Leistung an den nahen Familienangehörigen veranlasst hat.[170]

---

165 BGH, Urt. v. 19.3.1998 – IX ZR 22/97, BGHZ 138, 291 = BB 1998, 1966 = NJW 1998, 2592.
166 BGH, Urt. v. 28.9.1981 – II ZR 223/80, BGHZ 81, 365 = BB 1981, 365 = NJW 1981, 386; aber auch BGH, Urt. v. 14.6.1993 – II ZR 252/92, BB 1993, 1546 = NJW 1993, 2179 (zum Eigenkapitalersatzrecht); zurückhaltend im Hinblick auf Art. 6 GG Rowedder/Schmidt-Leithoff/*Pentz*, § 30 Rn. 25; ablehnend Gehrlein/Born/Simon/*Kuntz*, § 30 Rn. 86; Roth/*Altmeppen*, § 30 Rn. 53.
167 BGH, Urt. v. 18.2.1991 – II ZR 259/89, BB 1991, 641 = NJW-RR 1991, 744; diesem Schwenk zustimmend Ulmer/*Habersack*, § 30 Rn. 76; Scholz/*Verse*, § 30 Rn. 41; MünchKommGmbHG/*Ekkenga*, § 30 Rn. 159.
168 BGH, Urt. v. 6.4.2009 – II ZR 277/07, NZG 2009, 782 Tz. 9 (zum Eigenkapitalersatzrecht); BGH, Urt. v. 18.2.1991 – II ZR 259/89, BB 1991, 641 = NJW-RR 1991, 744; vgl. auch BGH, Urt. v. 12.4.2011 – II ZR 17/10, BB 2011, 1804 = NZG 2011, 667 Tz. 15 (zur verdeckten Sacheinlage).
169 BGH, Urt. v. 8.2.1999 – II ZR 261/97, BB 1999, 1295 = NJW 1999, 2123.
170 MünchKommGmbHG/*Ekkenga*, § 30 Rn. 162; Roth/*Altmeppen*, § 30 Rn. 49; Baumbach/Hueck/*Fastrich*, § 30 Rn. 26; wohl auch Gehrlein/Born/Simon/*Kuntz*, § 30 Rn. 86; in dieselbe Richtung Rowedder/Schmidt-Leithoff/*Pentz*, § 30 Rn. 25: Indiz für eine unzulässige Auszahlung.

IV. Der Erstattungsanspruch

1. Umfang des Anspruchs

Im Falle einer **Unterbilanz** beschränkt sich der Erstattungsanspruch gegen den Gesellschafter aus § 31 GmbHG auf das **Maß der Unterbilanz**, mithin den Betrag, um den die Stammkapitalziffer unterschritten wird.[171] Der Höhe nach kann der Ausgleich in diesem Fall **nicht** über die Stammkapitalziffer hinausgehen.[172] Falls die Zahlung nur zum Teil eine Unterbilanz bewirkt, ist der Rückgewähranspruch entsprechend zu vermindern. Im Falle einer **Überschuldung** geht der Anspruch – begrenzt auf den Betrag des verlorenen Stammkapitals **und** der darüber hinausgehenden Überschuldung der GmbH – auf Rückgewähr des aus dem Gesellschaftsvermögen Empfangenen.[173] Soweit nach vollständiger Rückgewähr der verbotenen Zahlung eine Unterbilanz oder Überschuldung gegeben ist, unterliegt der Gesellschafter nach § 31 GmbHG indes keiner weiteren Zahlungspflicht, weil die Vorschrift nicht zur **Nachschussleistung** verpflichtet.[174] Wird beim Ausscheiden eines Gesellschafters aus einer GmbH deren Stammkapital durch Forderungsverzichte des Ausscheidenden „auf null" gestellt, darf die Gesellschaft auf die verbliebenen Forderungen des früheren Gesellschafters, die bei der Beendigung der Gesellschafterstellung eigenkapitalersetzenden Charakter angenommen haben, aus ihrem Vermögen keine Zahlungen erbringen. Wird hiergegen verstoßen, hat der ausgeschiedene Gesellschafter den empfangenen Betrag an die GmbH zurückzugewähren.[175]

37

2. Inhalt des Anspruchs

Der Rückgewähranspruch ist gesellschaftsrechtlicher Natur und kein Bereicherungsanspruch, sodass sich der Gesellschafter nicht auf §§ 814, 817, 818 Abs. 3 BGB berufen kann.[176] Der Gesellschafter hat grundsätzlich das Empfangene in natura zu erstatten, d. h. den verbotswidrig weggegebenen Gegenstand zurückzu-

38

---

171 BGH, Urt. v. 23.6.1997 – II ZR 220/95, BGHZ 136, 125 = BB 1997, 1807 = NJW 1997, 2599.
172 *Goette*, § 3 Rn. 24.
173 BGH, Urt. v. 28.2.2012 – II ZR 115/11, BB 2012, 1564 = NJW-RR 2012, 815 Tz. 21; BGH, Urt. v. 8.7.1985 – II ZR 269/84, BGHZ 95, 188 = BB 1985, 1814 = NJW 1985, 2947; BGH, Urt. v. 24.3.1980 – II ZR 213/77, BGHZ 76, 326 = BB 1980, 797 = NJW 1980, 1524.
174 Michalski/Heidinger/Leible/Schmidt/*Heidinger*, § 31 Rn. 29; MünchKommGmbHG/*Ekkenga*, § 31 Rn. 9.
175 BGH, Urt. v. 15.11.2004 – II ZR 299/02, BB 2005, 177 = NZG 2005, 179.
176 Rowedder/Schmidt-Leithoff/*Pentz*, § 31 Rn. 12; MünchKommGmbHG/*Ekkenga*, § 31 Rn. 1 und 35.

Kap. 7 Sicherung der Kapitalerhaltung

geben.[177] Soweit es sich um eine Zuwendung von Geld handelt, ist der empfangene Betrag zu erstatten.[178] Besteht die Zuwendung darin, dass die Gesellschaft eine Forderung gegen den Leistungsempfänger aufgegeben hat, so muss dessen Verbindlichkeit wieder begründet werden. Wenn es sich um eine fällige Verbindlichkeit handelt, kann die Gesellschaft unmittelbar **Zahlung** verlangen.[179] Steht der Gesellschaft ein Anspruch auf Wiederbegründung einer erlassenen Verbindlichkeit zu, kann sie ebenfalls Zahlung fordern, sofern die Verbindlichkeit fällig ist.[180] Handelt es sich um die Leistung von Sachen, sind diese gegenständlich **in Natur** herauszugeben. Sofern eine Rückgabe nicht möglich ist, hat der Gesellschafter durch eine Geldzahlung Wertersatz zu leisten. Dieselbe Verpflichtung besteht dann, wenn zwischenzeitlich – d. h. zwischen verbotswidriger Weggabe und Rückgabe des betreffenden Gegenstandes – ein Wertverlust eingetreten ist.[181] Dabei hat die Gesellschaft lediglich darzulegen und ggf. zu beweisen, dass und in welcher Höhe ein solcher Wertverlust eingetreten ist, der durch die Rückgabe nicht oder nicht vollständig ausgeglichen wird.[182] Dem Gesellschafter steht es offen, einer Haftung dadurch zu entgehen, dass er darlegt und ggf. beweist, dass dieselbe Wertminderung auch dann eingetreten wäre, wenn der Gegenstand nicht an ihn gegeben worden, sondern bei der Gesellschaft verblieben wäre.[183]

3. Fälligkeit des Anspruchs

39 Der Erstattungsanspruch wird mit seinem Entstehen sofort fällig. Seine Fälligkeit hängt nicht davon ab, dass die **Gesellschafterversammlung** beschließt, ihn

---

177 BGH, Urt. v. 17.3.2008 – II ZR 24/07, BGHZ 176, 62 = BB 2008, 1192 = NJW 2008, 2118 Tz. 9; ebenso Scholz/*Verse*, § 31 Rn. 17; Gehrlein/Born/Simon/*Kuntz*, § 31 Rn. 8; Lutter/*Hommelhoff*, § 31 Rn. 8; Rowedder/Schmidt-Leithoff/*Pentz*, § 31 Rn. 15; Bork/Schäfer/*Thiessen*, § 31 Rn. 31; Ulmer/*Habersack*, § 31 Rn. 23 f.; MünchKommGmbHG/*Ekkenga*, § 31 Rn. 6; a. A. *K. Schmidt*, § 37, III. 2. a; Hachenburg/*Goerdeler/W. Müller*, § 31 Rn. 25: wahlweise Geldzahlung statt Rückgabe in Natur.
178 Michalski/Heidinger/Leible/Schmidt/*Heidinger*, § 31 Rn. 29; Baumbach/Hueck/*Fastrich*, § 31 Rn. 16.
179 BGH, Urt. v. 8.7.1985 – II ZR 269/84, BGHZ 95, 188 = BB 1985, 1814 = NJW 1985, 2947.
180 BGH, Urt. v. 2.10.2000 – II ZR 64/99, BB 2000, 2487 = NJW 2001, 370.
181 BGH, Urt. v. 17.3.2008 – II ZR 24/07, BGHZ 176, 62 = BB 2008, 1192 = NJW 2008, 2118 Tz. 10; BGH, Urt. v. 10.5.1983 – II ZR 74/92, BGHZ 122, 333 = BB 1993, 1314 = NJW 1993, 1922; gleichsinnig Bork/Schäfer/*Thiessen*, § 31 Rn. 37.
182 BGH, Urt. v. 17.3.2008 – II ZR 24/07, BGHZ 176, 62 = BB 2008, 1192 = NJW 2008, 2118 Tz. 10.
183 BGH, Urt. v. 17.3.2008 – II ZR 24/07, BGHZ 176, 62 = BB 2008, 1192 = NJW 2008, 2118 Tz. 11; so auch Scholz/*Verse*, § 31 Rn. 19; Rowedder/Schmidt-Leithoff/*Pentz*, § 31 Rn. 15; Roth/*Altmeppen*, § 30 Rn. 161; Bork/Schäfer/*Thiessen*, § 31 Rn. 38.

IV. Der Erstattungsanspruch Kap. 7

geltend zu machen (§ 46 Nr. 2 GmbHG).[184] Die Gesellschafter können die Rückforderung nicht dadurch unterlaufen, dass sie sie nicht beschließen. Ferner können die Gesellschafter den Geschäftsführer nicht anweisen, von einer Rückforderung abzusehen.[185]

4. Nachträgliche Auffüllung des Stammkapitals

a) Kein nachträglicher Wegfall des Erstattungsanspruchs

Für Ansprüche aus § 31 Abs. 1 GmbHG sind allein die bilanziellen Verhältnisse zum **Zeitpunkt der Auszahlung** maßgebend. Liegt danach ein Verstoß gegen § 30 GmbHG vor, so entfällt der Erstattungsanspruch durch spätere Auffüllung des Stammkapitals nicht. Für den Bestand des Erstattungsanspruchs ist eine nachträgliche Besserung der Vermögenssituation der GmbH ohne Bedeutung. Ein einmal wegen Verstoßes gegen § 30 Abs. 1 GmbHG entstandener Erstattungsanspruch der Gesellschaft gemäß § 31 Abs. 1 GmbHG entfällt nicht von Gesetzes wegen, wenn das Gesellschaftskapital zwischenzeitlich anderweitig bis zur Höhe der Stammkapitalziffer nachhaltig wiederhergestellt ist. Es ist den Gesellschaftern vorbehalten, über die Verwendung der Rückzahlung nach Maßgabe der inneren Verhältnisse der Gesellschaft und etwa bestehender Verpflichtungen zu entscheiden.[186]

40

b) Behandlung von Rückstellungen

Im Falle einer bilanziellen Unterdeckung infolge einer **Rückstellung**, die erst nach rechtskräftiger Abweisung des zugrunde liegenden Anspruchs mit Wirkung von da an aufzulösen ist, gilt nichts anderes. Sie ist kein fiktives, sondern ein reguläres, im Rahmen des § 30 GmbHG zu berücksichtigendes Passivum. Die Rückstellung soll in Verbindung mit § 30 GmbHG sicherstellen, dass auch die zur Bedienung ungewisser Verbindlichkeiten (mit einem Abschlag) ggf. erforderlichen Mittel im Gesellschaftsvermögen verbleiben und nicht an Gesell-

41

---

184 BGH, Urt. v. 22.9.2003 – II ZR 229/02, BB 2003, 2423 = NJW 2003, 3629; BGH, Urt. v. 8.12.1986 – II ZR 55/86, BB 1987, 293 = NJW 1987, 779; BGH, Urt. v. 24.3.1980 – II ZR 213/77, BGHZ 76, 326 = BB 1980, 797 = NJW 1980, 1524; zustimmend Rowedder/Schmidt-Leithoff/*Pentz*, § 31 Rn. 12; Gehrlein/Born/Simon/*Kuntz*, § 31 Rn. 13; Lutter/*Hommelhoff*, § 31 Rn. 11; Bork/Schäfer/*Thiessen*, § 31 Rn. 25; MünchKommGmbHG/*Ekkenga*, § 31 Rn. 10.
185 BGH, Urt. v. 8.12.1986 – II ZR 55/86, BB 1987, 293 = NJW 1987, 779.
186 BGH, Urt. v. 23.4.2012 – II ZR 252/10, BGHZ 193, 96 = BB 2012, 1628 = NZG 2012, 667 Tz. 29; BGH, Urt. v. 18.6.2007 – II ZR 86/06, BGHZ 173, 1 = BB 2007, 2025 = NZG 2007, 704 Tz. 16; BGH, Urt. v. 22.9.2003 – II ZR 229/02, BB 2003, 2423 = NJW 2003, 3629; BGH, Urt. v. 29.5.2000 – II ZR 118/98, BGHZ 144, 336 = BB 2000, 1483 = NJW 2000, 2577; gleichsinnig Bork/Schäfer/*Thiessen*, § 31 Rn. 28 f.; MünchKommGmbHG/*Ekkenga*, § 31 Rn. 32.

schafter ausgeschüttet werden. Für eine bilanzielle Unterdeckung ist gleichgültig, ob diese auf Rückstellungen oder (sonstigen) Verbindlichkeiten beruht. Es würde der **sofortigen Fälligkeit** des Anspruchs aus § 31 GmbHG widersprechen, wenn die Gesellschaft mit dessen Realisierung im Fall einer ungewissen, in eine Rückstellung eingegangenen Verbindlichkeit zuwarten müsste, bis der Streit darüber rechtskräftig entschieden oder anderweitig zu ihren Gunsten beigelegt ist. Die Rückstellung für ungewisse Verbindlichkeiten ist so lange fortzuführen, bis ihre Erledigung feststeht.[187]

5. Anspruch gegen gutgläubigen Gesellschafter

42 Beruft sich der nach § 31 Abs. 2 GmbHG in Anspruch genommene Gesellschafter auf seine vermeintliche **Gutgläubigkeit**, trägt er hierfür die Beweislast.[188] Auf die Gutgläubigkeit kommt es ohnehin nicht an, wenn die Klagesumme nach § 31 Abs. 2 GmbHG zur Befriedigung der Gläubiger benötigt wird. Das ist grundsätzlich der Fall, wenn die Gesellschaft zahlungsunfähig oder auch nur überschuldet ist.[189] Auch in diesem Rahmen ist nicht zu entscheiden, ob eine in einer Rückstellung berücksichtigte Verbindlichkeit tatsächlich besteht. Maßgeblich ist vielmehr insoweit eine bilanzielle Betrachtungsweise nach den Grundsätzen einer Überschuldungsbilanz (§ 19 Abs. 2 Satz 1 InsO), die das Schuldendeckungspotenzial der Gesellschaft nach Liquidationswerten zeigt. Dabei kommt es bei § 31 Abs. 2 GmbHG nicht auf den Vermögensstatus zum **Zeitpunkt** der verbotenen Auszahlung, sondern denjenigen der tatrichterlichen **Verhandlung** über den entsprechenden Anspruch an.[190]

6. Aufrechnung, Erlass, Stundung

43 Das Aufrechnungsverbot des § 19 Abs. 2 Satz 2 GmbHG gilt analog für den Rückzahlungsanspruch der Gesellschaft aus § 31 GmbHG. Zwar bezieht sich § 19 Abs. 2 Satz 2 GmbHG nach seiner systematischen Stellung nur auf die Ein-

---

187 BGH, Urt. v. 22.9.2003 – II ZR 229/02, BB 2003, 2423 = NJW 2003, 3629.
188 BGH, Urt. v. 22.9.2003 – II ZR 229/02, BB 2003, 2423 = NJW 2003, 3629; ebenso Roth/*Altmeppen*, § 31 Rn. 22; Bork/Schäfer/*Thiessen*, § 31 Rn. 123; MünchKommGmbHG/*Ekkenga*, § 31 Rn. 50; Gehrlein/Born/Simon/*Kuntz*, § 31 Rn. 27.
189 MünchKommGmbHG/*Ekkenga*, § 31 Rn. 48; Gehrlein/Born/Simon/*Kuntz*, § 31 Rn. 25; Bork/Schäfer/*Thiessen*, § 31 Rn. 48.
190 BGH, Urt. v. 22.9.2003 – II ZR 229/02, BB 2003, 2423 = NJW 2003, 3629; so auch Scholz/*Verse*, § 31 Rn. 44; zustimmend Ulmer/*Habersack*, § 31 Rn. 41; Bork/Schäfer/*Thiessen*, § 31 Rn. 51; Gehrlein/Born/Simon/*Kuntz*, § 31 Rn. 25; MünchKommGmbHG/*Ekkenga*, § 31 Rn. 49; kritisch Baumbach/Hueck/*Fastrich*, § 31 Rn. 19; a. A. Rowedder/Schmidt-Leithoff/*Pentz*, § 31 Rn. 28: Auszahlungszeitpunkt; ebenso wohl BGH, Urt. v. 23.4.2012 – II ZR 252/10, BGHZ 193, 96 = BB 2012, 1628 = NZG 2012, 667 Tz. 27.

lageforderung. Die Regelung der §§ 30, 31 GmbHG soll der Erhaltung des zur Gläubigerbefriedigung erforderlichen, durch die Stammkapitalziffer gebundenen Vermögens der Gesellschaft dienen. Angesichts des engen **funktionalen Zusammenhangs** zwischen Kapitalaufbringung und Kapitalerhaltung ist es daher geboten, die Regelung des § 19 Abs. 2 Satz 2 GmbHG in erweiternder Auslegung auch auf den Anspruch aus § 31 GmbHG zu erstrecken. Es gibt keinen sachlichen Grund, der es rechtfertigen könnte, dem Gesetzgeber zu unterstellen, er habe die Aufrechnung nur für den Fall versagen wollen, dass die Gesellschaft das im Gesellschaftsvertrag festgesetzte Stammkapital erstmalig von den Gesellschaftern einfordert, ihr den durch das Aufrechnungsverbot gewährten Schutz aber habe versagen wollen, wenn sie anschließend Beträge zurückfordert, die sie den Gesellschaftern unter Verletzung des Gesetzes aus dem durch die Stammkapitalziffer gebundenen Vermögen ausgezahlt hat.[191] Der Erstattungsanspruch aus § 31 Abs. 1 GmbHG wird mit seinem Entstehen sofort fällig und kann dem Gesellschafter **nicht erlassen** werden (§ 31 Abs. 4 GmbHG). Ebenso wie die Einlageforderung darf der funktionell vergleichbare Erstattungsanspruch nicht gestundet werden.[192]

7. Ausfallhaftung

Die Mitgesellschafter des begünstigten Gesellschafters trifft gemäß § 31 Abs. 3 GmbHG eine Ausfallhaftung, die **doppelt subsidiär** an zwei Voraussetzungen gekoppelt ist: Einmal muss die Rückzahlung an die Gesellschaft zur Gläubigerbefriedigung erforderlich sein;[193] zum anderen darf der geschuldete Betrag bei dem erstattungspflichtigen Gesellschafter nicht zu erlangen sein. Ein fruchtloser Vollstreckungsversuch erbringt den Nachweis, dass der Betrag bei dem Primärschuldner nicht zu erlangen ist. Der umständliche Weg der Klageerhebung braucht aber nicht beschritten zu werden, sofern die fehlende Leistungsfähigkeit auf andere Weise dargetan werden kann.[194] Im Blick auf die Gesellschaftereigenschaft ist § 16 GmbHG ausschlaggebend, wobei der Haftung nur diejenigen Gesellschafter unterliegen, die der GmbH im Zeitpunkt der verbotenen Zahlung an-

44

---

191 BGH, Urt. v. 27.11.2000 – II ZR 83/00, BGHZ 146, 105 = BB 2001, 165 = NJW 2001, 830; im selben Sinne Gehrlein/Born/Simon/*Kuntz*, § 31 Rn. 35; MünchKommGmbHG/*Ekkenga*, § 31 Rn. 73.
192 BGH, Urt. v. 24.11.2003 – II ZR 171/01, BGHZ 157, 72 = BB 2004, 293 = NJW 2004, 1111 (insoweit fortgeltend); ebenso MünchKommGmbHG/*Ekkenga*, § 31 Rn. 70; Bork/Schäfer/*Thiessen*, § 31 Rn. 77; Rowedder/Schmidt-Leithoff/*Pentz*, § 31 Rn. 44; für Orientierung an § 30 GmbHG Gehrlein/Born/Simon/*Kuntz*, § 31 Rn. 37; Roth/*Altmeppen*, § 31 Rn. 35.
193 Zur Feststellung dieses Merkmals ist auf denselben Zeitpunkt abzustellen wie bei § 31 Abs. 2 GmbHG; dazu soeben zu Rn. 42 a. E.
194 Michalski/Heidinger/Leible/Schmidt/*Heidinger*, § 31 Rn. 59; MünchKommGmbHG/ *Ekkenga*, § 31 Rn. 54.

Kap. 7 Sicherung der Kapitalerhaltung

gehören.[195] Was den Umfang der Ausfallhaftung nach § 31 Abs. 3 GmbHG angeht, würde man den Belangen der betreffenden Gesellschafter auch bei angemessener Berücksichtigung der Gläubigerinteressen nicht gerecht, wenn sie wie die durch eine Auszahlung begünstigten Gesellschafter gemäß § 31 Abs. 1 und 2 GmbHG für den gesamten, nicht durch Eigenkapital gedeckten Fehlbetrag, also auch für den die Stammkapitalziffer übersteigenden Betrag, einzustehen hätten. Dies wäre mit der besonderen Haftungsstruktur der GmbH und mit dem Fehlen einer gesetzlichen Nachschuss- und Übernahmepflicht der Gesellschafter unvereinbar. Der BGH hat zunächst offengelassen, ob sich die Ausfallhaftung, die sich pro rata nach dem Verhältnis der Geschäftsanteile richtet und bei Ausfall einzelner Gesellschafter auf die übrigen ausdehnt (§ 31 Abs. 3 Satz 2 GmbHG), auf die Höhe des Stammkapitals oder der Einlagebeträge der Gesellschafter beschränkt.[196] Mittlerweile hat er aber entschieden, dass die Ausfallhaftung nicht den gesamten durch Eigenkapital nicht gedeckten Fehlbetrag erfasst, sondern **auf den Betrag der Stammkapitalziffer beschränkt** ist; für eine weitergehende Beschränkung auf den Einlagebetrag des jeweiligen Mitgesellschafters in Parallele zu § 24 GmbHG sieht er hingegen wegen des insofern ungleich höheren Fehlbetrags in den von § 31 Abs. 3 GmbHG miterfassten Überschuldungsfällen keinen Anlass, und nichts anderes gilt für eine Beschränkung der Solidarhaftung der Mitgesellschafter auf das Stammkapital abzüglich der eigenen Einlage des jeweiligen Gesellschafters.[197] Die Rechtsfolgen eines Verstoßes gegen das Kapitalerhaltungsgebot aus § 30 GmbHG richten sich ausschließlich nach § 31 GmbHG. Die abschließende Regelung dieser Vorschrift schließt eine weitergehende Haftung auch bei **schuldhafter Mitwirkung** der anderen Gesellschafter an dem Vermögensentzug grundsätzlich aus.[198]

---

195 Baumbach/Hueck/*Fastrich*, § 31 Rn. 21; *Goette*, § 3 Rn. 54; Gehrlein/Born/Simon/*Kuntz*, § 31 Rn. 29; Lutter/*Hommelhoff*, § 31 Rn. 21; Scholz/*Verse*, § 31 Rn. 56; a. A. Rowedder/Schmidt-Leithoff/*Pentz*, § 31 Rn. 35: auch Haftung desjenigen, der zu dem Zeitpunkt Gesellschafter ist, zu dem der Ausfall des Zahlungsempfängers feststeht; offen BGH, Urt. v. 11.7.2005 – II ZR 285/03, BB 2005, 2094 = NJW-RR 2005, 1485.
196 BGH, Urt. v. 25.2.2002 – II ZR 196/00, BGHZ 150, 61 = BB 2002, 1012 = NJW 2002, 1803.
197 BGH, Urt. v. 11.7.2005 – II ZR 285/03, BB 2005, 2094 = NJW-RR 2005, 1485; BGH, Urt. v. 22.9.2003 – II ZR 229/02, BB 2003, 2423 = NJW 2003, 3629; zustimmend Rowedder/Schmidt-Leithoff/*Pentz*, § 31 Rn. 38; Gehrlein/Born/Simon/*Kuntz*, § 31 Rn. 28; Baumbach/Hueck/*Fastrich*, § 31 Rn. 24; Ulmer/*Habersack*, § 31 Rn. 55; Scholz/*Verse*, § 31 Rn. 61; MünchKommGmbHG/*Ekkenga*, § 31 Rn. 63; a. A. Lutter/*Hommelhoff*, § 31 Rn. 22; Bork/Schäfer/*Thiessen*, § 31 Rn. 73: Stammkapital abzüglich eigener Einlage des solidarisch haftenden Gesellschafters.
198 BGH, Urt. v. 25.2.2002 – II ZR 196/00, BGHZ 150, 61 = BB 2002, 1012 = NJW 2002, 1803; zustimmend MünchKommGmbHG/*Ekkenga*, § 31 Rn. 67.

8. Verjährung

Nach früherem Recht verjährte der Erstattungsanspruch, wenn der Empfänger **45** gutgläubig war, nach § 31 Abs. 5 Satz 1 GmbHG a. F. in fünf Jahren. Fiel dem Schuldner eine bösliche Handlungsweise zur Last, sollte diese Verjährungsfrist nach § 31 Abs. 5 Satz 2 GmbHG a. F. nicht gelten; dann blieb der Rückgriff auf die 30-jährige Verjährungsfrist des § 195 BGB a. F. Seit dem 1.1.2002 beträgt indes die Regelverjährung nach §§ 195, 199 Abs. 1 BGB nur noch drei Jahre. Der Gesetzgeber hat mittlerweile eine Klarstellung insofern getroffen, als der Anspruch nach § 31 Abs. 1 GmbHG – gleich ob der Gesellschafter gutgläubig ist oder böslich handelt[199] – **nach Ablauf von zehn Jahren** verjährt (§ 31 Abs. 5 GmbHG). Damit gilt für die Kapitalerhaltung dieselbe Frist wie für die Kapitalaufbringung (§ 19 Abs. 6 GmbHG). Eine Verkürzung der Verjährung, die mit Ablauf des Tages beginnt, an dem die zu erstattende Zahlung geleistet oder die (einer Darlehensvergabe gleich gestellte)[200] Sicherheit bestellt worden ist,[201] ist nicht möglich.[202] Besteht die Auszahlung in der einer Sicherung dienenden Übertragung von Wertpapieren der GmbH, so entsteht der Erstattungsanspruch mit der Folge der Ingangsetzung der Verjährungsfrist – wenn nicht bereits mit Abschluss des dinglichen Übertragungsakts – jedenfalls mit der Verwertung und nicht erst mit der Auskehr des Erlöses.[203] Gegen die subsidiär haftenden Mitgesellschafter kann die GmbH nicht zehn, sondern nur fünf Jahre lang vorgehen.

9. Darlegungs- und Beweislast

Die Darlegungs- und Beweislast für das Bestehen von Unterbilanzhaftungsansprüchen **46** trifft grundsätzlich die **Gesellschaft** bzw. im Falle ihrer Insolvenz den **Insolvenzverwalter**. Beide haben grundsätzlich den Nachweis zu führen, dass die Leistung zulasten des Stammkapitals bewirkt wurde.[204] Ist eine Vorbelas-

---

199 Böslich handelt ein Gesellschafter, der die Auszahlung in Kenntnis ihrer Unzulässigkeit entgegennimmt, also weiß, dass bereits Überschuldung oder eine Unterbilanz besteht oder dass infolge der Auszahlung das zur Deckung des Stammkapitals erforderliche Vermögen nunmehr angegriffen wird (BGH, Urt. v. 23.6.1997 – II ZR 220/95, BGHZ 136, 125 = BB 1997, 1807 = NJW 1997, 2599).
200 Zur verbotenen Auszahlung i. S. des § 30 Abs. 1 GmbHG, wie sie bei Bestellung einer Sicherheit für den Darlehensrückzahlungsanspruch eines Sicherungsnehmers gegen einen Gesellschafter vorliegt, oben zu Rn. 11 a. E.
201 BGH, Urt. v. 21.3.2017 – II ZR 93/16, BGHZ 214, 258 = BB 2017, 1362 = NJW-RR 2017, 1069 Tz. 13.
202 Bork/Schäfer/*Thiessen*, § 31 Rn. 85; MünchKommGmbHG/*Ekkenga*, § 31 Rn. 76.
203 BGH, Urt. v. 18.6.2007 – II ZR 86/06, BGHZ 173, 1 = BB 2007, 2025 = NZG 2007, 704 Tz. 25.
204 Rowedder/Schmidt-Leithoff/*Pentz*, § 31 Rn. 40; Bork/Schäfer/*Thiessen*, § 31 Rn. 121; MünchKommGmbHG/*Ekkenga*, § 30 Rn. 291.

Kap. 7 Sicherung der Kapitalerhaltung

tungsbilanz auf den Eintragungsstichtag nicht erstellt worden oder sind nicht einmal geordnete Geschäftsaufzeichnungen vorhanden, auf deren Grundlage der Insolvenzverwalter seiner Darlegungspflicht nachkommen kann, ergeben sich aber hinreichende Anhaltspunkte dafür, dass das Stammkapital der Gesellschaft schon im Gründungsstadium angegriffen oder verbraucht worden ist oder dass sogar darüber hinausgehende Verluste entstanden sind, so ist es Sache der Gesellschafter darzulegen, dass eine Unterbilanz nicht bestanden hat.[205]

10. Erstattungsanspruch bei Verstoß gegen § 43a GmbHG

47 Wird entgegen dem Verbot des § 43a Satz 1 GmbHG an einen Geschäftsführer, einen anderen gesetzlichen Vertreter, Prokuristen oder zum gesamten Geschäftsbetrieb ermächtigten Handlungsbevollmächtigten aus dem gebundenen Gesellschaftsvermögen ein Kredit gewährt, so besteht ein sofortiger Erstattungsanspruch der Gesellschaft aus § 43a Satz 2 GmbHG. Auf diesen Anspruch, der auf die Höhe des Betrags begrenzt ist, der zur Erreichung des satzungsgemäßen Stammkapitals erforderlich ist,[206] findet § 31 Abs. 4 und 5 GmbHG (Erlassverbot; Verjährung) entsprechende Anwendung,[207] nicht aber § 31 Abs. 2 GmbHG (Einschränkung zugunsten gutgläubiger Empfänger).[208]

V. Ansprüche gegen Gesellschafter wegen existenzvernichtenden Eingriffs

48 Die Bestandsvernichtungs- oder (gleichbedeutend) Existenzvernichtungshaftung hat in den vergangenen Jahren in Rechtsprechung und Schrifttum eine geradezu **stürmische Entwicklung** genommen. Das erst nach der Jahrtausendwende kreierte Rechtsinstitut ist an die Stelle des aufgegebenen Tatbestands der Haftung im qualifiziert faktischen Konzern getreten und wurde dementsprechend als Fall der Durchgriffshaftung der GmbH-Gläubiger auf die GmbH-Gesellschafter verstanden. Das Rechtsinstitut sollte den Gesellschaftsgläubigern die direkte Inanspruchnahme des Gesellschafters ermöglichen, falls dieser die Gesellschaft durch einen existenzvernichtenden Eingriff in die Insolvenz geführt

---

205 BGH, Urt. v. 17.2.2003 – II ZR 281/00, BB 2003, 703; im selben Sinne Lutter/*Hommelhoff*, § 30 Rn. 23.
206 Lutter/Hommelhoff/*Kleindiek*, § 43a Rn. 12; Bork/Schäfer/*Klöhn*, § 43a Rn. 7; Roth/*Altmeppen*, § 43a Rn. 11; Gehrlein/Born/Simon/*Buck-Heeb*, § 43a Rn. 14.
207 Roth/*Altmeppen*, § 43a Rn. 14; Lutter/Hommelhoff/*Kleindiek*, § 43a Rn. 14; Gehrlein/Born/Simon/*Buck-Heeb*, § 43a Rn. 16.
208 MünchKommGmbHG/*Löwisch*, § 43a Rn. 78; Baumbach/Hueck/Zöllner/*Noack*, § 43a Rn. 7; Roth/*Altmeppen*, § 43a Rn. 14; Rowedder/Schmidt-Leithoff/*Schnorbus*, § 43a Rn. 11; a. A. Lutter/Hommelhoff/*Kleindiek*, § 43a Rn. 14; Bork/Schäfer/*Klöhn*, § 43a Rn. 7; Scholz/U. H. Schneider/S. Schneider, § 43a Rn. 54.

V. Ansprüche gegen Gesellschafter wegen Existenzvernichtung   Kap. 7

hatte. Die den Gesellschaftsgläubigern zur Seite stehende Anspruchsgrundlage, sei es eine analoge Anwendung des § 128 HGB,[209] eine teleologische Reduktion des § 13 Abs. 2 GmbHG[210] oder der Rückgriff auf § 826 BGB,[211] blieb lange Zeit im Dunkeln. Die Rechtsprechung war auch in ihren Ergebnissen nicht stringent, weil die im Grundsatz gegebene Durchgriffshaftung von dem Gesellschafter durch den Nachweis unterlaufen werden konnte, der Gesellschaft im Vergleich zu der Vermögenslage bei redlichem Verhalten nur einen begrenzten Nachteil zugefügt zu haben. Konnte er diesen Nachweis führen, so beschränkte sich seine Außenhaftung auf den Schaden der Gesellschaft.[212] Deshalb sah sich der BGH veranlasst, ein neues Haftungsmodell zu entwickeln. Mit der Entscheidung *Trihotel* hat er **§ 826 BGB als Anspruchsgrundlage** fruchtbar gemacht, zugleich aber mit der Annahme einer bloßen Innenhaftung im Verhältnis der GmbH zu ihren Gesellschaftern einen deutlichen Schwenk vollzogen.[213] Ein den Sittenwidrigkeitsvorwurf begründender Verstoß gegen die aus der Organstellung (hier: als Gesellschafter) resultierende Pflichten ist dann gegeben, wenn die Organstellung zur Durchsetzung eigener Interessen in einer Weise missbraucht wird, die als grobe Missachtung des Mindestmaßes an Loyalität und Rücksichtnahme zu werten ist, dessen Aufrechterhaltung die Gemeinschaft als für ihre Ordnung maßgebenden Wert für geboten erachtet.[214]

1. Haftungsvoraussetzungen

Die GmbH genießt einen Bestandsschutz in dem Sinne, dass ihre Gesellschafter bei Eingriffen in ihr Vermögen und ihre Geschäftschancen angemessene Rücksicht auf die ihrer Disposition entzogenen gesellschaftlichen Belange zu nehmen haben. An einer solchen angemessenen Rücksichtnahme auf die Eigenbelange der abhängigen GmbH fehlt es dann, wenn diese infolge der Eingriffe ihres Gesellschafters ihren **Verbindlichkeiten** nicht mehr nachkommen kann. Veranlasst der Gesellschafter die GmbH, ihre liquiden Mittel in einen von ihm beherrschten konzernierten Liquiditätsverbund einzubringen, trifft ihn die Pflicht, bei Dispo-

49

---

209 Vgl. BGH, Urt. v. 16.7.2007 – II ZR 3/04, BGHZ 173, 246 = BB 2007, 1970 = NJW 2007, 2689 Tz. 27.
210 Vgl. BGH, Urt. v. 16.7.2007 – II ZR 3/04, BGHZ 173, 246 = BB 2007, 1970 = NJW 2007, 2689 Tz. 18 und 21.
211 Vgl. BGH, Urt. v. 16.7.2007 – II ZR 3/04, BGHZ 173, 246 = BB 2007, 1970 = NJW 2007, 2689 Tz. 22.
212 BGH, Urt. v. 13.12.2004 – II ZR 206/02, BB 2005, 234 = NZG 2005, 177.
213 BGH, Urt. v. 16.7.2007 – II ZR 3/04, BGHZ 173, 246 = BB 2007, 1970 = NJW 2007, 2689; nachfolgend BGH, Urt. v. 2.9.2009 – II ZR 292/07, BGHZ 179, 344 = BB 2009, 1037 = NJW 2009, 2127 Tz. 15 f.; BGH, Urt. v. 28.4.2008 – II ZR 264/06, BGHZ 176, 204 = BB 2008, 1697 = NJW 2008, 2437 Tz. 10.
214 BGH, Urt. v. 2.9.2009 – II ZR 292/07, BGHZ 179, 344 = BB 2009, 1037 = NJW 2009, 2127 Tz. 20.

Kap. 7 Sicherung der Kapitalerhaltung

sitionen über ihr Vermögen auf ihr Eigeninteresse an der Aufrechterhaltung ihrer Fähigkeit, ihren Verbindlichkeiten nachzukommen, angemessene Rücksicht zu nehmen und ihre Existenz nicht zu gefährden.[215] Entziehen die Gesellschafter unter Außerachtlassung der gebotenen Rücksichtnahme der Gesellschaft durch offene oder verdeckte Entnahmen ohne angemessenen Ausgleich Vermögenswerte und beeinträchtigen sie dadurch in einem ins Gewicht fallenden Ausmaß die Fähigkeit der Gesellschaft zur Erfüllung ihrer Verbindlichkeiten, so liegt darin ein Missbrauch der Rechtsform der GmbH. Das gilt auch und erst recht bei Vorliegen einer Unterbilanz. Unter einem existenzvernichtenden Eingriff ist ein gezielter, **betriebsfremden Zwecken** dienender Eingriff in das Gesellschaftsvermögen zu verstehen.[216] Der Eingriff muss zur Insolvenz der Gesellschaft führen oder eine bereits bestehende Insolvenz vertiefen.[217] Ein existenzvernichtender Eingriff kann auch darin liegen, dass der betreffenden GmbH der den Gläubigern dienende Haftungsfonds nicht durch einen Zugriff auf ihr Aktivvermögen, sondern durch die Vermehrung von Schulden mittelbar entzogen wird, etwa dadurch, dass die Verschmelzung einer insolvenzreifen übertragenden GmbH als Gestaltungsmittel für deren liquidationslose Abwicklung eingesetzt und hierdurch die Insolvenz der übernehmenden GmbH herbeiführt oder vertieft wird.[218] Jedenfalls kann existenzvernichtend nur ein kompensationsloser Eingriff sein, sodass Fälle ausscheiden, in denen die Gesellschafter der GmbH nach einem Vermögensentzug Mittel in gleicher Höhe zugeführt haben[219] oder der Weggabe von Vermögensgegenständen eine gleichwertige Gegenleistung gegenübersteht.[220] Entsprechendes gilt für bloße Managementfehler.[221] Auch das bloße Zulassen von Zahlungen auf Forderungen, die nach früherem Recht „gesperrt" waren, also von den Geschäftsführern der GmbH nicht hätten bedient werden dürfen,[222] kann als solches allein nicht schon einen Anspruch wegen eines exis-

---

215 BGH, Urt. v. 17.9.2001 – II ZR 178/99, BGHZ 149, 10 = BB 2001, 2233 = NJW 2001, 3622.
216 BGH, Urt. v. 13.12.2004 – II ZR 256/02, BB 2005, 286 = NZG 2005, 214.
217 BGH, Urt. v. 24.7.2012 – II ZR 177/11, NJW-RR 2012, 1240 Tz. 21; BGH, Urt. v. 2.9.2009 – II ZR 292/07, BGHZ 179, 344 = BB 2009, 1037 = NJW 2009, 2127 Tz. 16; BGH, Beschl. v. 7.1.2008 – II ZR 314/05, BB 2008, 521 = NJW-RR 2008, 629 Tz. 12; BGH, Urt. v. 13.12.2007 – IX ZR 116/06, NZI 2008, 238 Tz. 10; LAG Hamm, Urt. v. 30.1.2015 – 10 Sa 828/14, DStR 2015, 2140.
218 BGH, Urt. v. 6.11.2018 – II ZR 199/17, BB 2019, 206 = NJW 2019, 589 Tz. 29 ff.
219 BGH, Urt. v. 2.9.2009 – II ZR 292/07, BGHZ 179, 344 = BB 2009, 1037 = NJW 2009, 2127 Tz. 16; BGH, Urt. v. 25.2.2002 – II ZR 196/00, BGHZ 150, 61 = BB 2002, 1012 = NJW 2002, 1803.
220 BGH, Urt. v. 24.7.2012 – II ZR 177/11, NJW-RR 2012, 1240 Tz. 21; LAG Hamm, Urt. v. 30.1.2015 – 10 Sa 828/14, DStR 2015, 2140.
221 BGH, Urt. v. 13.12.2004 – II ZR 256/02, BB 2005, 286 = NZG 2005, 214.
222 Zu den Eigenkapitalersatzregeln, wie sie vor Inkrafttreten des MoMiG (vom 23.10.2008, BGBl. I S. 2026) galten, vgl. die Voraufl., 9. Kapitel.

V. Ansprüche gegen Gesellschafter wegen Existenzvernichtung Kap. 7

tenzvernichtenden Eingriffs begründen.[223] Im Unterlassen einer angemessenen Kapitalausstattung der Gesellschaft im Sinne einer Unterkapitalisierung liegt schon begrifflich kein Eingriff in das Gesellschaftsvermögen vor, sodass eine Einordnung als besondere Fallgruppe der Existenzvernichtungshaftung systemwidrig wäre.[224] Ebenso wenig ist der Gesellschafter verpflichtet, das Unternehmen im Interesse der Gläubiger fortzuführen oder gar seine Ertragskraft durch Investitionen zu erhalten oder wiederherzustellen.[225] Bei einer Einstellung der Unternehmenstätigkeit muss er allerdings gemäß § 73 GmbHG das Vermögen der GmbH ordnungsgemäß verwerten und aus dem Erlös die Gläubiger befriedigen; anderenfalls haftet er nach § 826 BGB gegenüber der Liquidationsgesellschaft, ohne dass es einer Insolvenzverursachung oder -vertiefung bedürfte.[226]

Die Überleitung des Kundenstamms auf ein anderes Unternehmen kann einen existenzvernichtenden Eingriff darstellen. Dies gilt insbesondere, wenn ein dem früheren Unternehmen als Vertreiber von Automobilen gegen den Produzenten zustehender Ausgleichsanspruch aus § 89b HGB nicht geltend gemacht wird. Andererseits scheidet eine Haftung aus, sofern dem früheren Unternehmen für Verkäufe an dessen Kunden eine angemessene Provision bezahlt wird.[227] Die – unberechtigte – Veräußerung einer Bank zur Sicherheit übereigneter Unternehmensgegenstände durch die Gesellschaft stellt keinen existenzvernichtenden Eingriff dar, weil es sich nicht um eigenes, sondern um Sicherungsgut eines bestimmten Gläubigers handelt.[228] Dagegen liegt ein existenzvernichtender Eingriff vor, wenn die Gesellschafter sämtliche Vermögenswerte der überschuldeten Gesellschaft auf eine neue GmbH übertragen und die Altgesellschaft in eine masselose Insolvenz führen.[229] Ebenso fällt dem Gesellschafter einer GmbH und einer von ihm beherrschten Schwestergesellschaft ein existenzvernichtender Eingriff zur Last, wenn sie der GmbH planmäßig deren Vermögen entziehen und es auf die Schwestergesellschaft verlagern, um den Zugriff der Gesellschaftsgläubiger zu verhindern und auf diese Weise das von der GmbH betriebene Unternehmen ohne Rücksicht auf die entstandenen Schulden fortführen zu können.[230] Zwar sind die Gesellschafter nicht verpflichtet, den Geschäftsbetrieb im

---

223 BGH, Urt. v. 15.9.2014 – II ZR 442/13, GmbHR 2015, 644 Tz. 9.
224 BGH, Urt. v. 28.4.2008 – II ZR 264/06, BGHZ 176, 204 = BB 2008, 1697 = NJW 2008, 2437 Tz. 12 f.
225 Vgl. BGH, Urt. v. 23.4.2012 – II ZR 252/10, BGHZ 193, 96 = BB 2012, 1628 = NZG 2012, 667 Tz. 17.
226 BGH, Urt. v. 23.4.2012 – II ZR 252/10, BGHZ 193, 96 = BB 2012, 1628 = NZG 2012, 667 Tz. 13; BGH, Urt. v. 2.9.2009 – II ZR 292/07, BGHZ 179, 344 = BB 2009, 1037 = NJW 2009, 2127 Tz. 39 f.
227 BGH, Urt. v. 13.12.2004 – II ZR 206/02, BB 2005, 234 = NZG 2005, 177.
228 BGH, Urt. v. 13.12.2004 – II ZR 256/02, BB 2005, 286 = NZG 2005, 214.
229 BGH, Urt. v. 24.6.2002 – II ZR 300/00, BGHZ 151, 181 = BB 2002, 1823 = NJW 2002, 3024.
230 BGH, Urt. v. 20.9.2004 – II ZR 302/02, BB 2004, 2372 = NZG 2004, 1107.

Kap. 7 Sicherung der Kapitalerhaltung

Interesse der Gläubiger aufrechtzuerhalten. Sie dürfen aber nicht **außerhalb eines Liquidationsverfahrens** das Vermögen der alten GmbH auf eine neue Gesellschaft verlagern und den Gläubigern der Alt-GmbH den Haftungsfonds entziehen. So verhält es sich, wenn ein Krankenhausbetrieb ohne nach außen erkennbaren Bruch unter einem neuen Rechtsträger fortgesetzt wird. Die Haftung kommt auch zum Tragen, wenn die GmbH zum Zeitpunkt der schädigenden Handlung bereits überschuldet ist, diese Überschuldung aber noch vertieft wird mit der Folge, dass die Gläubiger noch schlechter dastehen als ohne die schädigende Handlung.[231] Existenzvernichtend ist auch die Zahlung einer Sonderprovision an den Geschäftsführer-Gesellschafter nach Eintritt der Überschuldung.[232] Zieht der Gesellschafter hingegen Forderungen der GmbH auf sein eigenes Konto ein, um mit diesen Mitteln Verbindlichkeiten der Gesellschaft zu begleichen, und tilgt er zusätzlich in beträchtlichem Umfang aus eigenem Vermögen weitere Gesellschaftsschulden, so liegt kein existenzvernichtender Eingriff vor.[233] Anders liegen die Dinge, wenn ein Gesellschafter-Geschäftsführer im Prozess der GmbH gegen ihn seine Organstellung dazu missbraucht, dem Prozessbevollmächtigten der Gesellschaft das Mandat zu entziehen, um dadurch ein die Klage abweisendes, für ihn günstiges Versäumnisurteil zu erwirken.[234] In jedem Fall erfordert der **Vorsatz** – mindestens Eventualvorsatz[235] – Kenntnis der Schädigung sowie der die Sittenwidrigkeit ausfüllenden tatsächlichen Umstände – nicht aber das Bewusstsein der Sittenwidrigkeit.[236] Die Gesellschaft trägt die **Darlegungs- und Beweislast** für die objektiven und subjektiven Tatbestandsmerkmale des § 826 BGB und hat insbesondere auch den vollen Kausalitätsnachweis zu führen.[237]

---

231 BGH, Urt. v. 20.9.2004 – II ZR 302/02, BB 2004, 2372 = NZG 2004, 1107.
232 BGH, Urt. v. 13.12.2007 – IX ZR 116/06, NZI 2008, 238 Tz. 12.
233 BGH, Urt. v. 2.6.2008 – II ZR 104/07, NJW-RR 2008, 1417 Tz. 10.
234 BGH, Urt. v. 2.9.2009 – II ZR 292/07, BGHZ 179, 344 = BB 2009, 1037 = NJW 2009, 2127 Tz. 21.
235 Die Voraussetzungen der Gesellschafterhaftung in subjektiver Hinsicht für zu hoch einschätzend Ulmer/*Casper*, Anh. § 77 Rn. 144 ff.; Roth/*Altmeppen*, § 13 Rn. 121 ff.; a. A. MünchKommGmbHG/*Merkt*, Anh. § 13 Rn. 572.
236 BGH, Urt. v. 2.9.2009 – II ZR 292/07, BGHZ 179, 344 = BB 2009, 1037 = NJW 2009, 2127 Tz. 24; BGH, Urt. v. 16.7.2007 – II ZR 3/04, BGHZ 173, 246 = BB 2007, 1970 = NJW 2007, 2689 Tz. 30.
237 BGH, Urt. v. 23.4.2012 – II ZR 252/10, BGHZ 193, 96 = BB 2012, 1628 = NZG 2012, 667 Tz. 13; BGH, Beschl. v. 7.1.2008 – II ZR 314/05, BB 2008, 521 = NJW-RR 2008, 629 Tz. 14; BGH, Urt. v. 16.7.2007 – II ZR 3/04, BGHZ 173, 246 = BB 2007, 1970 = NJW 2007, 2689 Tz. 41; teilweise kritisch Roth/*Altmeppen*, § 13 Rn. 100 ff.

V. Ansprüche gegen Gesellschafter wegen Existenzvernichtung **Kap. 7**

2. Rechtsfolgen

Die wesentliche Änderung des neuen Haftungsmodells liegt nicht in den – vor- 50
stehend erläuterten – Voraussetzungen, sondern in den Rechtsfolgen einer Bestandsvernichtung, die sich in **zwei Grundthesen** zusammenfassen lassen: Der BGH hält erstens weiterhin an der **Existenzvernichtungshaftung** des Gesellschafters für missbräuchliche, zur Insolvenz der GmbH führende oder diese vertiefende, kompensationslose Eingriffe in das der vorrangigen Befriedigung der Gesellschaftsgläubiger dienende Gesellschaftsvermögen nach Maßgabe der bisher entwickelten Grundsätze fest. Zweitens gibt der BGH die an diesen Eingriff gekoppelte Durchgriffshaftung des Gesellschafters gegenüber den Gesellschaftsgläubigern auf; an ihre Stelle tritt eine aus § 826 BGB hergeleitete, an die missbräuchliche Schädigung des Gesellschaftsvermögens anknüpfende Haftung des Gesellschafters **im Verhältnis zur Gesellschaft**.[238] An diese Grundthesen schließen sich eine Reihe notwendiger rechtlicher Folgerungen an: Da die Existenzvernichtungshaftung als **Innenhaftung** ausgestaltet ist, kommen daneben konkurrierende Ansprüche der Gesellschaftsgläubiger gegen den Gesellschafter – wie der BGH formuliert[239] – „zumindest grundsätzlich" nicht in Betracht. Direktansprüche der Gesellschaftsgläubiger werden allerdings für besonders gelagerte Ausnahmefälle erwogen, in denen das Restvermögen der Gesellschaft gezielt zur Schädigung eines einzigen verbliebenen Gesellschaftsgläubigers beiseite geschafft wird.[240] Nach Eröffnung des **Insolvenzverfahrens** ist der originär der Gesellschaft zustehende Anspruch aus Existenzvernichtungshaftung ohne die Notwendigkeit eines Rückgriffs auf § 93 InsO[241] von dem Insolvenzverwalter zu verfolgen.[242] Auch im Falle der Nichteröffnung des Insolvenzverfahrens – insbesondere bei masseloser Insolvenz – scheidet ein Direktanspruch der Gesellschaftsgläubiger gegen den Gesellschafter aus. Darum müssen die Gesellschaftsgläubiger erst einen Titel gegen die GmbH erwirken, um nach Pfändung und Überweisung der Ansprüche wegen Bestandsvernichtung gegen den Gesell-

---

238 BGH, Urt. v. 16.7.2007 – II ZR 3/04, BGHZ 173, 246 = BB 2007, 1970 = NJW 2007, 2689 Tz. 16 f.; der Zuordnung zu § 826 BGB wie auch dem Konzept der Innenhaftung gegenüber kritisch Lutter/Hommelhoff/*Bayer*, § 13 Rn. 46; MünchKommGmbHG/*Merkt*, Anh. § 13 Rn. 540; zu ersterem ebenso Michalski/Heidinger/Leible/Schmidt/*Lieder*, § 13 Rn. 434 ff.; Rowedder/Schmidt-Leithoff/*Pentz*, § 13 Rn. 125 ff.
239 BGH, Urt. v. 16.7.2007 – II ZR 3/04, BGHZ 173, 246 = BB 2007, 1970 = NJW 2007, 2689 Tz. 33.
240 BGH, Urt. v. 16.7.2007 – II ZR 3/04, BGHZ 173, 246 = BB 2007, 1970 = NJW 2007, 2689 Tz. 33.
241 Roth/*Altmeppen*, § 13 Rn. 107; a.A. MünchKommGmbHG/*Merkt*, Anh. § 13 Rn. 582; Ulmer/*Raiser*, § 13 Rn. 175.
242 BGH, Urt. v. 16.7.2007 – II ZR 3/04, BGHZ 173, 246 = BB 2007, 1970 = NJW 2007, 2689 Tz. 34; so auch Bork/Schäfer/*Weller*/*Discher*, § 13 Rn. 55; Michalski/Heidinger/Leible/Schmidt/*Lieder*, § 13 Rn. 465.

Kap. 7 Sicherung der Kapitalerhaltung

schafter vorgehen zu können.[243] Der **Schaden** bemisst sich nach den der Gesellschaft entzogenen Werten einschließlich der Kosten des Insolvenzverfahrens.[244] Der Anspruch aus § 826 BGB, der nach Maßgabe der §§ 195, 199 BGB und nicht nach den Sonderverjährungsvorschriften des GmbHG **verjährt**,[245] ist gegenüber Ansprüchen aus §§ 30, 31 GmbHG **nicht subsidiär**; vielmehr umfasst der Schaden auch Erstattungsansprüche aus §§ 30, 31 GmbHG, zwischen beiden Ansprüchen besteht, soweit sie sich überschneiden, Anspruchsgrundlagenkonkurrenz.[246] Die Haftung trifft nicht nur den Gesellschafter, sondern auch denjenigen, der als **Gesellschafter-Gesellschafter** über eine von ihm beherrschte Gesellschaft mittelbar an der geschädigten GmbH beteiligt ist.[247] Davon abgesehen haften auch solche Personen, die nicht Gesellschafter, aber Teilnehmer einer von einem Gesellschafter verübten Bestandsvernichtung sind (§§ 826, 830 BGB).[248]

3. Haftung im qualifiziert faktischen Konzern

51   Der Schutz einer abhängigen GmbH gegenüber Eingriffen ihres Alleingesellschafters folgt nicht dem Haftungssystem des Konzernrechts des Aktiengesetzes (§§ 291 ff. AktG). **Der BGH hat damit die Haftung aus qualifiziert faktischem Konzern aufgegeben.** An ihre Stelle ist die Ausfallhaftung wegen existenzvernichtenden Eingriffs getreten. Im Übrigen gelten die Grundsätze der Haftung aus Treupflichtverletzung gegenüber den Mitgesellschaftern.[249]

---

243 BGH, Urt. v. 16.7.2007 – II ZR 3/04, BGHZ 173, 246 = BB 2007, 1970 = NJW 2007, 2689 Tz. 36; ebenso MünchKommGmbHG/*Merkt*, Anh. § 13 Rn. 583.
244 BGH, Urt. v. 24.7.2012 – II ZR 177/11, NJW-RR 2012, 1240 Tz. 28 f.; BGH, Urt. v. 16.7.2007 – II ZR 3/04, BGHZ 173, 246 = BB 2007, 1970 = NJW 2007, 2689 Tz. 55 ff.
245 BGH, Urt. v. 24.7.2012 – II ZR 177/11, NJW-RR 2012, 1240 Tz. 14.
246 BGH, Urt. v. 24.7.2012 – II ZR 177/11, NJW-RR 2012, 1240 Tz. 31; BGH, Urt. v. 2.9.2009 – II ZR 292/07, BGHZ 179, 344 = BB 2009, 1037 = NJW 2009, 2127 Tz. 44; BGH, Urt. v. 16.7.2007 – II ZR 3/04, BGHZ 173, 246 = BB 2007, 1970 = NJW 2007, 2689 Tz. 38 ff.; ebenso Roth/*Altmeppen*, § 13 Rn. 113; Ulmer/*Raiser*, § 13 Rn. 176; Gehrlein/Born/Simon/*Maul*, Anh. 2 (GmbH-Konzernrecht) Rn. 81; MünchKommGmbHG/*Merkt*, Anh. § 13 Rn. 575.
247 BGH, Urt. v. 24.7.2012 – II ZR 177/11, NJW-RR 2012, 1240 Tz. 14; BGH, Urt. v. 16.7.2007 – II ZR 3/04, BGHZ 173, 246 = BB 2007, 1970 = NJW 2007, 2689 Tz. 44.
248 BGH, Urt. v. 16.7.2007 – II ZR 3/04, BGHZ 173, 246 = BB 2007, 1970 = NJW 2007, 2689 Tz. 46; LAG Hamm, Urt. v. 30.1.2015 – 10 Sa 828/14, DStR 2015, 2140; ebenso Ulmer/*Raiser*, § 13 Rn. 170; Bork/Schäfer/*Weller*/Discher, § 13 Rn. 54; MünchKommGmbHG/*Merkt*, Anh. § 13 Rn. 597.
249 BGH, Urt. v. 25.2.2002 – II ZR 196/00, BGHZ 150, 61 = BB 2002, 1012 = NJW 2002, 1803; BGH, Urt. v. 17.9.2001 – II ZR 178/99, BGHZ 149, 10 = BB 2001, 2233 = NJW 2001, 3622.

VI. Durchgriffshaftung

Die in § 13 Abs. 2 GmbHG statuierte Befreiung der Gesellschafter von der Haftung für Verbindlichkeiten der Gesellschaft ist für die juristische Person GmbH konstituierend. Nach dem Rechtsinstitut der **Durchgriffshaftung** muss der GmbH-Gesellschafter in besonderen Ausnahmefällen allerdings für Verbindlichkeiten der Gesellschaft persönlich einstehen. In diesen Fällen versagt die Berufung auf das Haftungsprivileg des § 13 Abs. 2 GmbHG; die haftungsausschließende Trennung zwischen Gesellschafter und Gesellschaft ist aufgehoben, die Schuldverpflichtung der Gesellschaft greift auf den Gesellschafter durch.[250] Dabei geht es um Sachverhalte, bei denen die Berufung auf die förmliche Verschiedenheit von Gesellschaft und Gesellschafter objektiv dem Zweck der Rechtsordnung widerspricht und damit gegen Treu und Glauben (§ 242 BGB) verstößt.[251] Die Durchgriffshaftung kommt danach zum Tragen, wenn das Trennungsprinzip zu Ergebnissen führt, die mit **Treu und Glauben** nicht in Einklang stehen, und wenn die Ausnutzung der rechtlichen Verschiedenheit zwischen der juristischen Person und den hinter ihr stehenden natürlichen Personen einen **Rechtsmissbrauch** bedeutet.[252] Bei der Befürwortung einer Durchgriffshaftung ist die Rechtsprechung im konkreten Einzelfall sehr zurückhaltend, weil über die Rechtsfigur einer juristischen Person nicht leichtfertig und schrankenlos hinweggegangen werden kann. Die Ansprüche sind von dem **darlegungs- und beweisbelasteten Gesellschaftsgläubiger** gegen den Gesellschafter, den eine sekundäre Darlegungslast trifft, geltend zu machen. Nach Eröffnung des Insolvenzverfahrens über das Vermögen der GmbH hat der **Insolvenzverwalter** Ansprüche aus Durchgriffshaftung gegen die Gesellschafter zu verfolgen. Eine Forderungsfeststellung im Insolvenzverfahren über das Vermögen der GmbH wirkt nur zulasten des Gesellschafters, wenn er am Verfahren beteiligt war und der Forderungsanmeldung widersprechen konnte.[253] Haftet der Gesellschafter danach persönlich, so kann er dem Gesellschaftsgläubiger Einwendungen, die nicht in seiner Person begründet sind, analog § 129 HGB nur entgegenhalten, soweit die GmbH das (noch) könnte.[254] Mit Hilfe der Durchgriffshaftung können Steuerschulden der GmbH gegen einen Gesellschafter auch dann verfolgt wer-

52

---

250 BSG, Urt. v. 7.12.1983 – 7 Rar 20/82, NJW 1984, 2117; *K. Schmidt*, § 9, IV. 1. a.
251 BGH, Urt. v. 14.12.1959 – II ZR 187/57, BGHZ 31, 258 = BB 1960, 18 = NJW 1960, 285.
252 BGH, Urt. v. 5.11.1980 – VIII ZR 230/79, BGHZ 78, 318 = BB 1981, 200 = NJW 1981, 522; so auch Roth/*Altmeppen*, § 13 Rn. 131; Lutter/Hommelhoff/*Bayer*, § 13 Rn. 11.
253 BGH, Urt. v. 14.11.2005 – II ZR 178/03, BGHZ 165, 85 = BB 2006, 961 = NJW 2006, 1344.
254 BGH, Urt. v. 16.9.1985 – II ZR 275/84, BGHZ 95, 330 = BB 1985, 2065 = NJW 1986, 188.

Kap. 7 Sicherung der Kapitalerhaltung

den, wenn die Finanzverwaltung aufgrund steuerlicher Tatbestände unmittelbar gegen den Gesellschafter vorgehen könnte.[255]

1. Vermögensvermischung

53 Die bisher einzige klar strukturierte Fallgruppe eines Haftungsdurchgriffs hat die Rechtsprechung zur Vermögensvermischung entwickelt. Danach kommt eine persönliche Haftung von GmbH-Gesellschaftern in Betracht, wenn die Abgrenzung zwischen Gesellschafts- und Privatvermögen durch eine undurchsichtige oder gar fehlende Buchführung oder auf andere Weise verschleiert worden ist. Denn dann können die Kapitalerhaltungsvorschriften, deren Einhaltung ein unverzichtbarer Ausgleich für die Beschränkung der Haftung auf das Gesellschaftsvermögen (§ 13 Abs. 2 GmbHG) ist, nicht funktionieren.[256] Das Fehlen einer „doppelten Buchführung" begründet für sich genommen nicht schon eine Durchgriffshaftung, solange sich die Vermögenszuflüsse und -abflüsse sowie die Trennung von Gesellschafts- und Privatvermögen des Gesellschafters noch aufgrund sonstiger Unterlagen (Kassenbücher, betriebswirtschaftliche Auswertungen) nachvollziehen lassen. Eine unzureichende Buchführung durch den Fremdgeschäftsführer ist nicht dem Gesellschafter anzulasten, weil die Durchgriffshaftung keine **Zustands**-, sondern eine **Verhaltenshaftung** darstellt.[257] Von einer **Vermögensvermengung** kann nur ausgegangen werden, wenn sich nicht ermitteln lässt, welcher Vermögensgegenstand zum Gesellschafts- und welcher Vermögensgegenstand zum Privatvermögen gehört. Bei einer **Entnahme** von Gesellschaftsvermögen kann von einer solchen Ununterscheidbarkeit keine Rede sein.[258] Die persönliche Haftung kann unter dem genannten Gesichtspunkt nur diejenigen Gesellschafter treffen, die aufgrund des ihnen in dieser Stellung gegebenen Einflusses für den Vermögensvermischungstatbestand verantwortlich sind. Über derartige Einflussmöglichkeiten verfügen in der Regel nur solche Gesellschafter, die auf die Gesellschaft einen beherrschenden Einfluss ausüben können. Dazu gehören Minderheitsgesellschafter nur dann, wenn

---

255 BGH, Urt. v. 14.11.2005 – II ZR 178/03, BGHZ 165, 85 = BB 2006, 961 = NJW 2006, 1344.
256 BGH, Urt. v. 13.4.1994 – II ZR 16/93, BGHZ 125, 366 = BB 1994, 1095 = NJW 1994, 1801; BGH, Urt. v. 16.9.1985 – II ZR 275/84, BGHZ 95, 330 = BB 1985, 2065 = NJW 1986, 188; BGH, Urt. v. 12.11.1984 – II ZR 250/83, BB 1987, 77 = NJW 1985, 740; zustimmend Michalski/Heidinger/Leible/Schmidt/*Lieder*, § 13 Rn. 396; Lutter/Hommelhoff/*Bayer*, § 13 Rn. 19; Gehrlein/Born/Simon/*Maul*, § 13 Rn. 23; Ulmer/*Raiser*, § 13 Rn. 132.
257 BGH, Urt. 14.11.2005 – II ZR 178/03, BGHZ 165, 85 = BB 2006, 961 = NJW 2006, 1344.
258 BGH, Urt. v. 16.9.1985 – II ZR 275/84, BGHZ 95, 330 = BB 1985, 2065 = NJW 1986, 188; BGH, Urt. v. 12.11.1984 – II ZR 250/83, BB 1987, 77 = NJW 1985, 740; ebenso Michalski/Heidinger/Leible/Schmidt/*Lieder*, § 13 Rn. 397.

sie aufgrund besonderer tatsächlicher oder rechtlicher Umstände die Geschicke des Unternehmens bestimmen können. Dies ist etwa der Fall, wenn einem Gesellschafter zwar nicht rechtlich, wohl aber wirtschaftlich die Mehrheit der Anteile gehört, weil andere Gesellschafter ihre Anteile als Treuhänder für ihn halten oder er in der Gesellschafterversammlung immer mit der Unterstützung bestimmter anderer Gesellschafter rechnen kann.[259]

2. Sphärenvermischung

Von einer Sphärenvermischung spricht man, wenn die **Trennung der Rechtssubjekte** nicht hinreichend offen gelegt und die unterschiedliche Sphäre von Gesellschafter und Gesellschaft oder mehreren Gesellschaften im Rechtsverkehr verschleiert wird.[260] Dies kann etwa anzunehmen sein, wenn ähnliche Firmen unter identischer Anschrift mit dem gleichen Personal geführt werden. Die mangelnde organisatorische Trennung kann den Durchgriff auf den Gesellschafter rechtfertigen.[261] In diesen Fällen wird häufig bereits eine **Rechtsscheinhaftung** in Betracht kommen.[262]

54

3. Unterkapitalisierung

Die streitigste Fallgruppe der Durchgriffshaftung bildet die materielle **Unterkapitalisierung**. Sie liegt vor, wenn das Eigenkapital nicht ausreicht, um den nach Art und Umfang der angestrebten oder tatsächlichen Geschäftstätigkeit unter Berücksichtigung der Finanzierungsmethoden bestehenden, nicht durch Kredite Dritter zu deckenden mittel- oder langfristigen Finanzbedarf zu befriedigen.[263] Ist die Gesellschaft unterkapitalisiert, also mit völlig unzureichenden Mitteln ausgestattet, die einen Misserfolg zulasten der Gläubiger bei normalem Geschäftsverlauf erwarten lassen, so wird im Falle der durch die Unterkapitalisierung verschuldeten **Insolvenz** der GmbH von einer Strömung des Schrifttums eine unmittelbare Haftung der verantwortlichen Gesellschafter anerkannt.[264] Die Rechtsprechung ist demgegenüber von Zurückhaltung geprägt. Lediglich in zwei vereinsrecht-

55

---

259 BGH, Urt. v. 13.4.1994 – II ZR 16/93, BGHZ 125, 366 = BB 1994, 1095 = NJW 1994, 1801; gleichsinnig Bork/Schäfer/*Weller/Discher*, § 13 Rn. 36.
260 Baumbach/Hueck/*Fastrich*, § 13 Rn. 46.
261 *K. Schmidt*, § 9, IV. 2. b.
262 Baumbach/Hueck/*Fastrich*, § 13 Rn. 46; Michalski/Heidinger/Leible/Schmidt/*Lieder*, § 13 Rn. 404; Lutter/Hommelhoff/*Bayer*, § 13 Rn. 24; Gehrlein/Born/Simon/*Maul*, § 13 Rn. 25; Rowedder/Schmidt-Leithoff/*Pentz*, § 13 Rn. 157; Ulmer/*Raiser*, § 13 Rn. 135; vgl. auch BGH, Urt. v. 20.3.2001 – X ZR 63/99, BB 2001, 1224 = NJW 2001, 2716.
263 Ulmer/*Raiser*, § 13 Rn. 136; Baumbach/Hueck/*Fastrich*, § 13 Rn. 47.
264 Lutter/Hommelhoff/*Bayer*, § 13 Rn. 20 m. w. N.; vgl. auch die Nachweise bei Scholz/*Bitter*, § 13 Rn. 143.

Kap. 7 Sicherung der Kapitalerhaltung

lichen Fällen hat der BGH einen Durchgriff wegen Unterkapitalisierung befürwortet.[265] In weiteren Entscheidungen hat er hingegen Distanz erkennen lassen[266] und nunmehr klargestellt, dass ein solches Rechtsinstitut weder gesetzlich normiert noch im Wege richterlicher Rechtsfortbildung anerkannt ist. Eine über das Mindeststammkapital von 25.000 € und die anschließende Gewährleistung seiner Erhaltung hinausgehende „Finanzausstattungspflicht" des Gesellschafters wäre systemwidrig und würde letztlich die GmbH als Gesellschaftsform selbst in Frage stellen. Das GmbHG will nicht die Lebensfähigkeit einer jeden GmbH sicherstellen, sondern nur einen generellen Mindestschutz der Gläubiger gewähren. Der Gesellschafter ist grundsätzlich nicht verpflichtet, der GmbH ein „mitwachsendes Finanzpolster" zur Verfügung zu stellen, wenn sich ergibt, dass die Gesellschaft hinsichtlich ihres finanziellen Bedarfs, gemessen am Geschäftsumfang, zu niedrig ausgestattet ist.[267] Vielmehr kann hier allenfalls – ohne dass die Voraussetzungen im Einzelnen schon geklärt wären[268] – die Generalnorm der vorsätzlichen sittenwidrigen Schädigung nach § 826 BGB in Betracht kommen.[269]

4. Einpersonengesellschaft

56 In der scheinbar für eine Durchgriffshaftung prädestinierten Einpersonengesellschaft hat das Rechtsinstitut keinen Anwendungsbereich gefunden. Der Umstand, dass das Unternehmen nur von einem Gesellschafter getragen wird, rechtfertigt für sich genommen keine **Haftungsverschärfung**.[270]

5. Umgekehrter Durchgriff

57 Mit einem umgekehrten Durchgriff sind Konstellationen gemeint, in denen die GmbH für Verbindlichkeiten ihres Gesellschafters haften soll.[271] Ein solcher

---

265 BGH, Urt. v. 10.12.2007 – II ZR 239/05, BGHZ 175, 12 = NJW 2008, 670 Tz. 15; BGH, Urt. v. 8.7.1970 – VIII ZR 28/69, BGHZ 54, 222 = BB 1970, 1024 = NJW 1970, 2015; vgl. auch BGH, Urt. v. 5.11.1980 – VIII ZR 230/79, BGHZ 78, 318 = NJW 1981, 522.
266 BGH, Urt. v. 26.3.1984 – II ZR 171/83, BGHZ 90, 381 = NJW 1984, 1893.
267 BGH, Urt. v. 28.4.2008 – II ZR 264/06, BGHZ 176, 204 = BB 2008, 1697 = NJW 2008, 2437 Tz. 17 ff. und 23.
268 Ansätze bei Roth/*Altmeppen*, § 13 Rn. 145 ff.; Bork/Schäfer/*Weller*/*Discher*, § 13 Rn. 41; Rowedder/Schmidt-Leithoff/*Pentz*, § 13 Rn. 151 ff.
269 BGH, Urt. v. 28.4.2008 – II ZR 264/06, BGHZ 176, 204 = BB 2008, 1697 = NJW 2008, 2437 Tz. 21 und 25; *Goette*, § 9 Rn. 45; für Außenhaftung Scholz/*Bitter*, § 13 Rn. 145 ff.
270 BGH, Urt. v. 10.5.1993 – II ZR 74/92, BGHZ 122, 333 = BB 1993, 1314 = NJW 1993, 1922; ebenso Roth/*Altmeppen*, § 13 Rn. 141.
271 BGH, Urt. v. 5.11.1980 – VIII ZR 230/79, BGHZ 78, 318 = BB 1981, 200 = NJW 1981, 522; *K. Schmidt*, § 9, IV. 6.

Durchgriff kann nicht anerkannt werden, weil er mit den Kapitalerhaltungsvorschriften des GmbH-Gesetzes unvereinbar ist; denn das Vermögen der GmbH ist ausschließlich für ihre Gläubiger reserviert.[272] Auch zulasten der **Einpersonengesellschaft** scheidet im Gläubigerinteresse eine Haftung für Verbindlichkeiten ihres Gesellschafters aus.[273]

VII. Weitere Haftung von Gesellschaftern

1. Mithaftung des Gesellschafters neben der GmbH

Ein Kreditinstitut, das einer GmbH ein Darlehen gewährt, hat grundsätzlich ein berechtigtes Interesse an der persönlichen Haftung der maßgeblich beteiligten Gesellschafter. Die gängige Bankpraxis, bei der Gewährung von Geschäftskrediten für eine GmbH **Bürgschaften der Gesellschafter** zu verlangen, ist deshalb rechtlich nicht zu beanstanden. Die kreditgebende Bank kann davon ausgehen, dass der Gesellschafter, der sich an einer GmbH beteiligt, dies aus eigenem finanziellem Interesse tut und schon deshalb mit der Haftung kein unzumutbares Risiko auf sich nimmt. Weder die krasse finanzielle Überforderung eines bürgenden Gesellschafters noch seine emotionale Verbundenheit mit einem die Gesellschaft beherrschenden Dritten begründen daher die Vermutung der Sittenwidrigkeit. Die vom BGH entwickelten Grundsätze zur **Sittenwidrigkeit von Mithaftung und Bürgschaft finanziell überforderter Lebenspartner** gelten somit grundsätzlich nicht für GmbH-Gesellschafter, die für Verbindlichkeiten der GmbH die Mithaftung oder eine Bürgschaft übernehmen. Anders verhält es sich, wenn der GmbH-Gesellschafter ohne eigenes wirtschaftliches Interesse ausschließlich Strohmannfunktion hat, die Mithaftung oder Bürgschaft nur aus emotionaler Verbundenheit mit der hinter ihm stehenden Person übernimmt und beides für die kreditgebende Bank evident ist.[274] Bei einem nicht mit der Geschäftsführung betrauten Minderheitsgesellschafter, der 10% der Gesellschaftsanteile hält, ist ein eigenes wirtschaftliches Interesse an der Kreditaufnahme anzunehmen. Nur bei unbedeutenden Bagatell- und Splitterbeteiligungen kann nach dem Schutzgedanken des § 138 Abs. 1 BGB eine andere rechtliche Beurteilung in Betracht kommen.[275]

58

---

272 BGH, Urt. v. 16.10.2003 – IX ZR 55/02, BGHZ 156, 310 = NJW 2004, 217; BGH, Urt. v. 12.2.1990 – II ZR 134/89, BB 1990, 730 = NJW-RR 1990, 738; zustimmend Scholz/*Bitter*, § 13 Rn. 185; Lutter/Hommelhoff/*Bayer*, § 13 Rn. 47; Rowedder/Schmidt-Leithoff/*Pentz*, § 13 Rn. 170; Ulmer/*Raiser*, § 13 Rn. 56; MünchKommGmbHG/*Merkt*, § 13 Rn. 366.
273 BGH, Urt. v. 16.10.2003 – IX ZR 55/02, NJW 2004, 217; gleichsinnig Bork/Schäfer/Weller/*Discher*, § 13 Rn. 59; Ulmer/*Raiser*, § 13 Rn. 56.
274 BGH, Urt. v. 15.1.2002 – XI ZR 98/01, BB 2002, 425 = NJW 2002, 956.
275 BGH, Urt. v. 10.12.2002 – XI ZR 82/02, BB 2003, 326 = NJW 2003, 967.

2. Haftung der Gesellschafter untereinander

a) Bestehendes Gesellschaftsverhältnis

59 Macht ein Gesellschafter gegen einen Mitgesellschafter einen Schaden geltend, weil durch dessen Verhalten das Vermögen der GmbH gemindert wurde, so handelt es sich um einen **mittelbaren Schaden**, weil die Beteiligung des betreffenden Gesellschafters nicht mehr werthaltig ist. Mit Rücksicht auf die Zweckbindung des Gesellschaftsvermögens hat die Beseitigung des Schadens dadurch zu erfolgen, dass der Schadensbetrag an die GmbH zu leisten ist.[276] Es besteht kein Schadensersatzanspruch eines Gesellschafters gegen einen Mitgesellschafter, der seine Einlagepflicht durch Übereignung ihm nicht gehörender Gegenstände erfüllt, an denen die GmbH mangels näherer Kenntnis des Geschäftsführers gutgläubig Eigentum erwirbt. Selbst wenn dem Mitgesellschafter die Verletzung einer Offenbarungspflicht vorzuwerfen ist, fällt der Schaden nicht in den **Schutzbereich der verletzten Pflicht**. Die Pflichtverletzung hat sich infolge des gutgläubigen Erwerbs der GmbH und der mithin wirksamen Erfüllung der Einlagepflicht nicht ausgewirkt.[277]

b) Beendetes Gesellschaftsverhältnis

60 Gehört der Gesellschafter der GmbH nicht mehr an, weil er zwischenzeitlich seinen Geschäftsanteil veräußert hat, kann er von seinen Mitgesellschaftern wegen einer Maßnahme, die eine Wertminderung seines Geschäftsanteils verursacht hat, Schadensersatz verlangen. Eine Pflichtverletzung ist gegeben, wenn einem Gesellschafter durch ein überhöhtes Geschäftsführergehalt ein **verdeckter Sondervorteil** gewährt wurde. Fehlt es in einer Drei-Personen-Gesellschaft im Blick auf das Geschäftsführergehalt an der gemäß § 46 Nr. 5 GmbHG gebotenen Beschlussfassung, besteht ein Schadensersatzanspruch des unwissenden Gesellschafters nur, wenn das tatsächlich gezahlte Gehalt überhöht ist, also keine gleichwertige Gegenleistung für die Arbeitsleistung bildet. Stehen Gehalt und Arbeitsleistung in einem ausgewogenen Verhältnis, kann der Schadensersatzanspruch nicht auf die fehlende Beschlussfassung gestützt werden. Im Falle einer Kompetenzverletzung trifft freilich den in Anspruch genommenen Gesellschafter die Beweislast für die Angemessenheit der Vergütung.[278]

---

276 BGH, Urt. v. 21.10.2002 – II ZR 118/02, BB 2003, 14 = NJW-RR 2003, 170.
277 BGH, Urt. v. 21.10.2002 – II ZR 118/02, BB 2003, 14 = NJW-RR 2003, 170.
278 BGH, Urt. v. 11.12.2006 – II ZR 166/05, BB 2007, 285 = NJW 2007, 917.

Kapitel 8
Gesellschafterdarlehen in der Insolvenz

Übersicht

	Rn.
I. Legitimationsgrundlage der gesetzlichen Regelung	1
II. Befriedigung eines Darlehens (§ 135 Abs. 1 Nr. 2 InsO)	4
1. Entbehrlichkeit einer Krise	4
2. Rechtshandlung, Gläubigerbenachteiligung	5
3. Gesellschafterdarlehen	7
a) Grundsatz	7
b) Abtretung von Darlehen oder Beteiligung	8
c) Nutzungsentgelt kein Gesellschafterdarlehen	13
4. Befriedigung einer gleichgestellten Forderung	14
a) Schuldverschreibung	15
b) Bereicherungsanspruch	16
c) Forderungen aus Austauschgeschäften	17
d) Darlehenszinsen	23
5. Einbeziehung verbundener Unternehmen	24
a) Grundsatz	24
b) Abgabe der Beteiligung	26
c) Atypische stille Beteiligung	27
6. Darlehen naher Angehöriger	28
a) Grundsatz: Keine gesellschaftergleiche Forderung	28
b) Kein Anscheinsbeweis für Strohmanngeschäft	29
III. Anfechtung der Besicherung eines Gesellschafterdarlehens (§ 135 Abs. 1 Nr. 1 InsO)	30
1. Begriff der Sicherung	30
2. Keine Sperrwirkung des § 135 Abs. 1 Nr. 2 für § 135 Abs. 1 Nr. 1 InsO	31
3. Bargeschäftsprivileg unanwendbar	32
4. Abgabe der Beteiligung	36

	Rn.
IV. Freiwerden einer für ein Drittdarlehen gegebenen Gesellschaftersicherung (§ 135 Abs. 2 InsO)	37
1. Rechtshandlung	37
a) Grundsatz	37
b) Zeitpunkt	40
2. Erwerb der Gesellschafterstellung nach Sicherheitengewährung	41
3. Gläubigerbenachteiligung	42
V. Nutzungsanspruch der insolventen Gesellschaft gegen Gesellschafter (§ 135 Abs. 3 InsO)	44
1. Kein Anspruch auf unentgeltliche Nutzungsüberlassung	44
2. Aussonderungssperre	47
a) Anspruch auch gegen verbundene Gesellschaften	47
b) Voraussetzungen des Nutzungsanspruchs	48
c) Berechnung der Vergütung	49
VI. Gewährung eines Gesellschafterdarlehens keine unentgeltliche Leistung	50
VII. Rangrücktritt	51
1. Inhalt der Erklärung	52
a) Früheres Recht	52
b) Heutiges Recht	53
2. Rechtsfolge eines Rangrücktritts	54
a) Schuldänderungsvertrag	55
b) Vertrag zugunsten Dritter	56
3. Anfechtbarkeit einer trotz eines Rangrücktritts geleisteten Zahlung	57
a) Unentgeltlichkeit	58
b) Rechtswirkungen eines Rangrücktritts	59

Kap. 8 Gesellschafterdarlehen in der Insolvenz

I. Legitimationsgrundlage der gesetzlichen Regelung

1 Bei der insolvenzrechtlichen Behandlung von Gesellschaftsdarlehen wird generell auf das Merkmal „kapitalersetzend" verzichtet und jedes Gesellschafterdarlehen dem Nachrang des § 39 Abs. 1 Nr. 5 InsO unterworfen. In Konsequenz dieser Änderung wird durch eine Verschärfung des § 135 Abs. 1 Nr. 2 InsO die Rückgewähr jedes – und nicht nur eines „kapitalersetzenden" – Gesellschafterdarlehens durch die Gesellschaft binnen eines Jahres vor Antragstellung von der Insolvenzanfechtung erfasst, ohne dass das bisherige Erfordernis einer „Gesellschaftskrise" hinzutreten muss. Mit Hilfe der Einbeziehung **„gleichgestellter Forderungen"** wird außerdem der bisherige § 32a GmbHG a. F. in personeller – durch Einbeziehung Dritter – und sachlicher Hinsicht übernommen. Die Vorschrift des § 135 Abs. 1 Nr. 2 InsO unterstellt die Rückgewähr eines Darlehens im Sinne des § 39 Abs. 1 Nr. 5 InsO wie auch einer gleichgestellten Forderung der Anfechtung. Im Blick auf die Reichweite der Regelungen im Verhältnis zu Dritten kann folglich auf die zum Eigenkapitalersatzrecht entwickelte Rechtsprechung zurückgegriffen werden.[1]

2 Die Bestimmung des § 135 InsO knüpft an die sogenannten Novellenregeln der §§ 32a, 32b GmbHG a. F. an. Im Blick auf die Vielgestaltigkeit der Sachverhalte, die der Darlehensgewährung durch einen Gesellschafter wirtschaftlich gleichen und daher im Interesse des Gläubigerschutzes entsprechenden Rechtsfolgen unterworfen werden müssen, hat der Gesetzgeber bereits bei Einführung der Novellenregeln, die für das geltende Recht **Leitbildfunktion** haben, von dem Versuch Abstand genommen, die in Betracht kommenden Tatbestände im Einzelnen kasuistisch zu regeln. Vielmehr sollte die Rechtsprechung mit Hilfe der **Generalklausel** des § 32a Abs. 3 Satz 1 GmbHG a. F. in den Stand gesetzt werden, nicht ausdrücklich vom Wortlaut des Gesetzes erfasste, jedoch vergleichbare Sachverhalte gleichzubehandeln. Diese Regelungstechnik hat das MoMiG in Anlehnung an § 32a Abs. 3 Satz 1 GmbHG a. F. durch die Einführung des Merkmals der „gleichgestellten Forderung" in § 39 Abs. 1 Nr. 5, § 135 Abs. 1 InsO beibehalten. Darum ist auch bei der Auslegung des Tatbestands der gleichgestellten Forderung (§ 39 Abs. 1 Nr. 5, § 135 Abs. 1 Nr. 2 InsO) in Übereinstimmung mit dem früheren Recht Vorsorge dagegen zu treffen, dass der Gesellschafter das mit einer Darlehensgewährung verbundene Risiko auf die Gemeinschaft der Gesellschaftsgläubiger abwälzt.[2] Die ausdrückliche Bezugnahme des Gesetzgebers auf die Novellenregeln verbunden mit der Erläuterung, die Regelungen zu den Gesellschafterdarlehen in das Insolvenzrecht verlagert zu haben, legt die Annahme nahe, dass das durch das MoMiG umgestaltete Recht und damit auch § 135

---

[1] BGH, Urt. v. 21.2.2013 – IX ZR 32/12, ZInsO 2013, 543 Rn. 11.
[2] BGH, Urt. v. 21.2.2013 – IX ZR 32/12, ZInsO 2013, 543 Rn. 12.

II. Befriedigung eines Darlehens (§ 135 Abs. 1 Nr. 2 InsO)   Kap. 8

Abs. 1 Nr. 2 InsO mit der **Legitimationsgrundlage** des früheren Rechts im Sinne einer Finanzierungsfolgenverantwortung harmoniert.[3]
Die Finanzierungsfolgenverantwortung des Gesellschafters ist bei der Auslegung von § 135 Abs. 1 InsO also weiterhin beachtlich. Kann eine mit geringem Stammkapital gegründete Gesellschaft überhaupt nur aufgrund ihr gewährter Gesellschafterdarlehen ihren Geschäftsbetrieb aufnehmen, besteht bei Gewährung einer Sicherung durch die Gesellschaft die Gefahr, dass ab Aufnahme der werbenden Tätigkeit bis zu einer etwaigen Insolvenz praktisch ihr gesamtes Gesellschaftsvermögen unter Ausschluss der Gläubiger dem Gesellschafter vorbehalten bleibt. Die Inanspruchnahme einer Sicherung für ein Gesellschafterdarlehen belegt, dass der Gesellschafter, der in die Rolle eines außenstehenden Dritten einzurücken sucht, die Übernahme einer **Finanzierungsfolgenverantwortung** ablehnt. Der bereits in der beschränkten Haftung liegende Risikoanreiz des Gesellschafters wird zusätzlich erhöht, wenn er aus dem Gesellschaftsvermögen dank einer Sicherung im Verhältnis zu den sonstigen Gläubigern auch noch vorrangig befriedigt wird. Ein gesicherter Gesellschafter, der um die Erfüllung seines Rückzahlungsanspruchs nicht fürchten muss, wird in Wahrnehmung der Geschäftsführung zur Eingehung unangemessener, wenn nicht gar unverantwortlicher, allein die ungesicherten Gläubiger treffender geschäftlicher Wagnisse neigen. Die Gewährung von Gesellschafterdarlehen, die durch das Gesellschaftsvermögen gesichert werden, ist darum mit einer ordnungsgemäßen Unternehmensfinanzierung nicht vereinbar.[4]

3

II. Befriedigung eines Darlehens (§ 135 Abs. 1 Nr. 2 InsO)

1. Entbehrlichkeit einer Krise

Nach den eindeutigen gesetzlichen Vorgaben der § 39 Abs. 1 Nr. 5, § 135 Abs. 1 und 2 InsO kommt es auf die Krise der Gesellschaft nicht mehr an. Der Gesetzgeber hat mit § 39 Abs. 1 Nr. 5 InsO bewusst auf das Merkmal der **Kapitalersetzung** verzichtet. Die Neuregelung verweist jedes Gesellschafterdarlehen bei Eintritt der Gesellschaftsinsolvenz in den **Nachrang**. Dasselbe gilt für die Neufassung von § 135 InsO. Rückzahlungen auf Gesellschafterdarlehen sind innerhalb der Jahresfrist des § 135 Abs. 1 Nr. 2 InsO n. F. stets anfechtbar. Die Anfechtung beschränkt sich nicht mehr auf solche Fälle, in denen zurückgezahlte **Gesellschafterdarlehen** eigenkapitalersetzend waren und die Befriedigung der Gesellschafter ihrer Finanzierungsfolgenverantwortung widersprach. Dieses Gesetzesverständnis ist eindeutig und – soweit ersichtlich – auch unumstritten. In Konsequenz dieser Änderung wird durch eine Verschärfung des § 135 Abs. 1

4

---

[3] BGH, Urt. v. 21.2.2013 – IX ZR 32/12, ZInsO 2013, 543 Rn. 18.
[4] BGH, Urt. v. 14.2.2019 – IX ZR 149/16, WM 2019, 650 Rn. 50.

Kap. 8 Gesellschafterdarlehen in der Insolvenz

Nr. 2 InsO die Rückgewähr jedes Gesellschafterdarlehens durch die Gesellschaft binnen eines Jahres vor Insolvenzantragstellung von der Insolvenzanfechtung erfasst, ohne dass das bisherige Erfordernis einer „**Gesellschaftskrise**" hinzutreten muss.[5] Weder für eine teleologische Reduktion des § 135 InsO in dem Sinne, dass dem Gesellschafter der Entlastungsbeweis ermöglicht wird, zum Zeitpunkt der Rückführung des Darlehens habe noch kein Insolvenzgrund vorgelegen, noch für eine analoge Anwendung des § 136 Abs. 2 InsO bleibt im Hinblick auf das Gesamtkonzept der neuen Regelungen Raum. Der Gesetzgeber wollte mit der Neuregelung die Rechtslage erheblich einfacher und übersichtlicher gestalten und dadurch zu einer größeren **Rechtssicherheit** und einfacheren Handhabbarkeit der Eigenkapitalgrundsätze gelangen. Er hat dabei unter Abwägung der Interessen sowohl der Insolvenzgläubiger als auch der Gesellschafter die Rückzahlung des Gesellschafterkredits und eines durch den Gesellschafter abgesicherten Kredits nicht mehr dem Kapitalerhaltungsrecht unterworfen, sondern dem durch feste Fristen gekennzeichneten Insolvenzanfechtungsrecht.[6]

2. Rechtshandlung, Gläubigerbenachteiligung

5 Unter dem weit auszulegenden Begriff der **Rechtshandlung** ist jedes von einem Willen getragene Verhalten zu verstehen, das eine rechtliche Wirkung auslöst und das Vermögen des Schuldners zum Nachteil der Insolvenzgläubiger verändern kann.[7] Erfolgten **Zahlungen** des Gesellschafters auf das Konto der Schuldnerin zur Rückführung eines **Darlehens**, so wurde der Gesellschafter in eigener Sache und nicht als Geschäftsführer der Schuldnerin tätig. Dass es durch die Einzahlungen des Gesellschafters auf das im Soll geführte Konto infolge Verrechnung zu einer Rückführung des Kontokorrentkredits kam, beruhte jedoch (auch) auf der zwischen der Schuldnerin und der Bank getroffenen **Kontokorrentabrede**. Die Kontokorrentabrede ist demnach die **Rechtshandlung** i. S. d. § 135 Abs. 2 InsO.[8] Gewährt ein Gesellschafter seiner Gesellschaft fortlaufend zur Vorfinanzierung der von ihr abzuführenden Sozialversicherungsbeiträge Kredite, die in der Art eines Kontokorrentkredits jeweils vor Erhalt des Nachfolgedarlehens mit Hilfe öffentlicher Beihilfen abgelöst werden, ist die Anfechtung wie bei einem **Kontokorrentkredit** auf die Verringerung des **Schuldsaldos** im Anfechtungszeitraum beschränkt. Infolge der jeweils nur vorübergehend benötigten Liquidität und des engen zeitlichen Zusammenhangs von Zahlung und Rückzahlung erfolgte die Abwicklung der nacheinander abgelösten Darlehen absprache-

---

5 BGH, Beschl. v. 30.4.2015 – IX ZR 196/13, WM 2015, 1119 Rn. 5.
6 BGH, Beschl. v. 30.4.2015 – IX ZR 196/13, WM 2015, 1119 Rn. 7.
7 BGH, Urt. v. 4.7.2013 – IX ZR 229/12, BGHZ 198, 77 = WM 2013, 1615 = NJW 2013, 3031 Rn. 15.
8 BGH, Urt. v. 4.7.2013 – IX ZR 229/12, BGHZ 198, 77 = WM 2013, 1615 = NJW 2013, 3031 Rn. 15 f.

II. Befriedigung eines Darlehens (§ 135 Abs. 1 Nr. 2 InsO) Kap. **8**

gemäß in der Art eines Kontokorrentkredits.⁹ Diese Grundsätze gelten nicht, wenn nach Gewährung eines Darlehen über 25.000 € zwei Monate später ein weiteres Darlehen über 30.000 € gegeben wird, beide Darlehen keinem besonderen **Zweck**, sondern der Deckung des allgemeinen Liquiditätsbedarfs der Schuldnerin dienen, unterschiedliche Vertragsbedingungen vereinbart sind und unterschiedliche Sicherungen bestellt werden.¹⁰

Nehmen Gesellschafter und Gesellschaft taggleiche Hin- und Herzahlungen im **6** Rahmen des gleichen darlehensähnlichen Verhältnisses ohne wirksamen anderen Rechtsgrund vor, kommt eine darlehensgleiche Forderung nur in Höhe des Saldos in Betracht. Im Rahmen eines kontokorrentähnlichen Gesellschafterdarlehensverhältnisses ist eine Befriedigung des Darlehensrückzahlungsanspruchs gegenüber dem Gesellschafter nur anfechtbar, soweit der im Anfechtungszeitraum bestehende höchste Saldo bis zum Zeitpunkt der Eröffnung des Insolvenzverfahrens endgültig zurückgeführt worden ist. Maßgeblich für den Umfang der Anfechtung ist der höchste innerhalb des Anfechtungszeitraums erreichte Stand des Darlehens, soweit dieser endgültig zurückgeführt worden ist. Zwischenzeitlich niedrigere Darlehensstände sind hingegen unerheblich, wenn der Gesellschafter im Rahmen der kontokorrentähnlichen Handlungen das Darlehen innerhalb des Anfechtungszeitraums wieder ausgereicht hat. Reicht der Gesellschafter bereits zurückgeführte Zahlungen im Rahmen des einheitlichen kontokorrentähnlichen Verhältnisses wieder aus, erhöht er damit jedoch das von ihm übernommene Insolvenzrisiko nicht, so dass solche erneuten und später nicht mehr zurückgeführten Auszahlungen den Umfang des Anfechtungsanspruchs vermindern. Demgemäß hat der Bundesgerichtshof in seinen bisherigen Entscheidungen darauf abgestellt, inwiefern der Masse Mittel im Umfang des höchsten zurückgeführten Darlehensstandes wieder entzogen worden sind.¹¹

3. Gesellschafterdarlehen

a) Grundsatz

Nach § 135 Abs. 1 Nr. 2 InsO anfechtbar ist auch die Tilgung kurzfristiger **Über-** **7** **brückungskredite**, die ein Gesellschafter der Insolvenzschuldnerin gewährt hat. Der Gesetzgeber hat mit § 39 Abs. 1 Nr. 5 InsO bewusst auf das Merkmal **kapitalersetzend** verzichtet und verweist jedes **Gesellschafterdarlehen** bei Eintritt der Gesellschaftsinsolvenz in den Nachrang. Dasselbe gilt für § 135 InsO. Rückzahlungen auf Gesellschafterdarlehen sind innerhalb der Jahresfrist des § 135 Abs. 1 Nr. 2 InsO stets anfechtbar. Die Anfechtung beschränkt sich

---

9 BGH, Urt. v. 7.3.2013 – IX ZR 7/12, WM 2013, 708 Rn. 17 ff.; BGH, Urt. v. 4.7.2013 – IX ZR 229/12, BGHZ 198, 77 = WM 2013, 1615 = NJW 2013, 3031 Rn. 32 ff.
10 BGH, Beschl. v. 16.1.2014 – IX ZR 116/13, WM 2014, 329 Rn. 6.
11 BGH, Urt. v. 27.6.2019 – IX ZR 167/18.

Kap. 8 Gesellschafterdarlehen in der Insolvenz

nicht mehr auf solche Fälle, in denen zurückgezahlte Gesellschafterdarlehen **eigenkapitalersetzend** waren und die Befriedigung der Gesellschafter ihrer **Finanzierungsfolgenverantwortung** widersprach. Dieses Gesetzesverständnis ist eindeutig und unumstritten.[12] Löst ein Gesellschafter ein der GmbH gewährtes Darlehen ab, kann er seinen **Regressanspruch** gegen die Gesellschaft nur als nachrangige Forderung (§ 39 Abs. 1 Nr. 5 InsO) geltend machen. Die binnen Jahresfrist von der Gesellschaft gewährte Befriedigung des Regressanspruchs ist als Befriedigung einer gleichgestellten Forderung anfechtbar.[13] Zahlt ein Gesellschafter, dem im letzten Jahr vor dem Eröffnungsantrag von der Gesellschaft Darlehen zurückgewährt worden sind, die erhaltenen Beträge an die Gesellschaft zurück, um die ursprüngliche Vermögenslage der Gesellschaft wiederherzustellen, entfällt die mit der Rückgewährung eingetretene objektive **Gläubigerbenachteiligung**; erfolgt die Rückzahlung auf ein im Soll geführtes Konto der Gesellschaft bei einer Bank, für das der Gesellschafter eine Sicherheit bestellt hat oder als Bürge haftet, kann die Rückführung des Saldos gemäß § 135 Abs. 2 InsO anfechtbar sein.[14]

b) Abtretung von Darlehen oder Beteiligung

8   Der für ein **Gesellschafterdarlehen** durch § 39 Abs. 1 Nr. 5 InsO angeordnete Nachrang kann nicht ohne weiteres dadurch unterlaufen werden, dass der **Gesellschafter** als Darlehensgeber seine Beteiligung an der Gesellschaft aufgibt oder die Darlehensforderung an einen **Nichtgesellschafter** abtritt. Das Nachrangrisiko muss der **Zessionar** mangels der Möglichkeit eines gutgläubigen einredefreien Erwerbs gemäß § 404 BGB gegen sich gelten lassen. Der Rückgriff auf § 404 BGB entspricht auch der Intention des Gesetzgebers, bei der Einbeziehung Dritter die zum Kapitalersatzrecht entwickelten Rechtsgrundsätze anzuwenden. Allerdings wäre in Fällen einer Übertragung der Gesellschafterstellung oder der Abtretung der Forderung an einen außenstehenden Dritten ein zeitlich unbegrenzter **Nachrang** der Darlehensforderung unangemessen. Vielmehr bleibt auf der Grundlage des in § 135 Abs. 1 Nr. 2 InsO zum Ausdruck kommenden Rechtsgedankens der Nachrang für ein **Gesellschafterdarlehen** nur erhalten, wenn der Gesellschafter innerhalb der Jahresfrist vor Antragstellung entweder seine Gesellschafterposition aufgibt oder die Forderung auf einen Nichtgesellschafter überträgt.[15]

---

12 BGH, Urt. v. 7.3.2013 – IX ZR 7/12, DB 2013, 810 Rn. 14.
13 BGH, Urt. v. 1.12.2011 – IX ZR 11/11, WM 2011, 2376 Rn. 9; Urt. v. 4.7.2013 – IX ZR 229/12, BGHZ 198, 77 = WM 2013, 1615 = NJW 2013, 3031 Rn. 21.
14 BGH, Urt. v. 4.7.2013 – IX ZR 229/12, WM 2013, 1615 Rn. 15 ff.
15 BGH, Urt. v. 21.2.2013 – IX ZR 32/12, ZInsO 2013, 543 Rn. 25.

II. Befriedigung eines Darlehens (§ 135 Abs. 1 Nr. 2 InsO)

aa) Anfechtung gegenüber Zessionar

Ein abgetretenes **Darlehen** unterliegt dem Nachrang des § 39 Abs. 1 Nr. 5 InsO, wenn die Zession binnen eines Jahres vor dem Antrag auf Eröffnung des Insolvenzverfahrens über das Vermögen des Schuldners vereinbart wurde. Mit dem **Nachrang** ist folgerichtig die Anfechtbarkeit nach § 135 Abs. 1 Nr. 2 InsO verbunden. Wegen der ebenfalls binnen der Jahresfrist zu ihren Gunsten bewirkten Befriedigung ist die **Zessionarin** auch der Anfechtung des § 135 Abs. 1 Nr. 2 InsO unterworfen.[16]

9

bb) Anfechtung gegenüber Zedenten

Wird die Forderung aus einem abgetretenen **Gesellschafterdarlehen** von der Gesellschaft durch Zahlung an den Zessionar getilgt, kann diese Befriedigung gemäß § 135 Abs. 1 Nr. 2 InsO auch gegenüber dem Gesellschafter angefochten werden. Der **Zessionar** und der Gesellschafter sind **Gesamtschuldner** der anfechtbaren Leistung.[17]

10

Infolge der den Gesellschafter treffenden **Finanzierungsfolgenverantwortung** dürfen die Rechtsfolgen des zwingenden § 135 Abs. 1 Nr. 2 InsO nicht durch die Wahl einer bestimmten rechtlichen Konstruktion aufgeweicht oder unterlaufen werden. Darum kann nicht gebilligt werden, dass ein Gesellschafter, der seiner GmbH Darlehensmittel zuwendet, die mit ihrer Rückgewähr verbundenen rechtlichen Folgen einer Anfechtung durch eine Abtretung seiner Forderung vermeidet. Aus dieser Erwägung werden angesichts der schier unerschöpflichen Gestaltungsfantasie der Gesellschafter und ihrer Berater im Rahmen von § 135 Abs. 1 Nr. 2 InsO **Umgehungstatbestände** erfasst, denen bereits der allein an objektive Merkmale anknüpfende Tatbestand des § 135 InsO vorzubeugen sucht. Deshalb ist aufgrund der im Rahmen dieser Vorschrift anzustellenden wirtschaftlichen Betrachtungsweise die im Wege einer Abtretung ebenso wie die durch eine Anweisung bewirkte **Drittzahlung** als Leistung an den **Gesellschafter** zu behandeln. Entscheidend ist dabei, dass die Zahlung, auch wenn sie äußerlich an einen Dritten erfolgt, in diesen Gestaltungen auf eine der Durchsetzung seiner eigenen wirtschaftlichen Interessen gerichtete Willensentschließung des **Gesellschafters** zurückgeht und sich darum auch als solche an ihn darstellt.[18]

11

Könnte sich der Gesellschafter durch eine mit dem **Verkauf** der Darlehensforderung verbundene Abtretung enthaften, wäre ihm die Möglichkeit eröffnet, zum eigenen wirtschaftlichen Vorteil eine Forderung zu verwerten, die im Insolvenzverfahren zum Schutz der Gesellschaftsgläubiger dem Vermögen der GmbH zugeordnet bleiben muss (§ 135 Abs. 1 Nr. 2 InsO). Dem Gesellschafter ist es je-

12

---

16 BGH, Urt. v. 21.2.2013 – IX ZR 32/12, ZInsO 2013, 543 Rn. 27.
17 BGH, Urt. v. 21.2.2013 – IX ZR 32/12, ZInsO 2013, 543 Rn. 28.
18 BGH, Urt. v. 21.2.2013 – IX ZR 32/12, ZInsO 2013, 543 Rn. 31.

Kap. 8 Gesellschafterdarlehen in der Insolvenz

doch versagt, durch den Verkauf eines Gesellschafterdarlehens auf dem Rücken der Gläubiger zu spekulieren und das Anfechtungsrisiko auf sie abzuwälzen. Folglich ist es ohne Bedeutung, ob der Gesellschafter infolge der Anfechtbarkeit der Zahlung der Schuldnerin **Rückgriffsansprüchen** des Forderungserwerbers ausgesetzt war oder solche Ansprüche wegen eines Haftungsausschlusses nicht zu befürchten hatte. Würde auf die Haftungslage abgestellt, wäre einer missbräuchlichen Umgehung der Anfechtung durch die Möglichkeit einer entsprechenden Vertragsgestaltung Tür und Tor geöffnet.[19]

c) Nutzungsentgelt kein Gesellschafterdarlehen

13 **Kreditrückzahlungen** unterliegen gemäß § 135 Abs. 1 Nr. 2 InsO als Befriedigung einer Forderung auf Rückgewähr eines Darlehens ohne zusätzliche tatbestandliche Voraussetzungen der Anfechtung. Werden von der Gesellschaft hingegen Nutzungsentgelte entrichtet, greift § 135 Abs. 1 Nr. 2 InsO wegen der abweichenden Forderungsart nicht unter dem Gesichtspunkt der Rückgewähr eines Darlehens durch. Da nach dem gesetzgeberischen Konzept des MoMiG bei einer **Nutzungsüberlassung** die Kreditgewährung nur das Entgelt betreffen kann und sich nicht schon in der vorausgehenden Nutzungsüberlassung selbst äußert, ist die Grundlage entfallen, die Tilgung eines Nutzungsentgelts einer Darlehensrückzahlung gleichzustellen. Ist eine Nutzungsüberlassung durch den Gesellschafter nach dem heutigen Verständnis einer **Darlehensgewährung** nicht wirtschaftlich vergleichbar, kann die Tilgung von **Nutzungsentgelten** nicht als Darlehensrückzahlung, sondern nur im Falle einer vorherigen Stundung oder eines Stehenlassens als Befriedigung einer darlehensgleichen Forderung gemäß § 135 Abs. 1 Nr. 2 InsO der Anfechtung unterworfen werden.[20]

4. Befriedigung einer gleichgestellten Forderung

14 Die Anfechtbarkeit nach § 135 Abs. 1 Nr. 2 InsO erfasst sowohl die Befriedigung von Gesellschafterdarlehen als auch ihnen **wirtschaftlich entsprechender Forderungen**.

a) Schuldverschreibung

15 Das in **Schuldverschreibungen** verbriefte Leistungsversprechen der Schuldnerin begründet anfechtungsrechtlich eine Forderung im Sinne von § 39 Abs. 1 Nr. 5 InsO.[21] Die Vorschrift des § 135 Abs. 1 Nr. 1 InsO unterstellt die Gewährung einer Sicherung für den Anspruch eines Gesellschafters auf Rückgewähr

---

19 BGH, Urt. v. 21.2.2013 – IX ZR 32/12, ZInsO 2013, 543 Rn. 32.
20 BGH, Urt. v. 29.1.2015 – IX ZR 279/13, ZInsO 2015, 559 Rn. 69.
21 BGH, Urt. v. 14.2.2019 – IX ZR 149/16, WM 2019, 650 Rn. 56.

II. Befriedigung eines Darlehens (§ 135 Abs. 1 Nr. 2 InsO) **Kap. 8**

eines Darlehens im Sinne des § 39 Abs. 1 Nr. 5 InsO wie auch einer gleichgestellten Forderung der Anfechtung. Darunter fällt jeder Rückzahlungsanspruch aus der Zurverfügungstellung von Kreditmitteln. Gleichgestellte Forderungen sind Verbindlichkeiten, die einem Gesellschafterdarlehen wirtschaftlich entsprechen. Entscheidend ist, ob die fragliche Rechtshandlung wie ein Darlehen Finanzierungsfunktion hat. Die Rechtsprechung soll aus gesetzgeberischer Sicht mit Hilfe der Generalklausel der wirtschaftlichen Vergleichbarkeit in den Stand gesetzt werden, nicht ausdrücklich vom Wortlaut des Gesetzes erfasste, jedoch vergleichbare Sachverhalte gleich zu behandeln.[22] Dabei kann dahinstehen, ob Schuldverschreibungen unmittelbar einen Anspruch auf Darlehensrückgewähr verkörpern. Jedenfalls entsprechen die aus dem verbrieften Schuldversprechen (§ 793 BGB) abzuleitenden Forderungen der Anleihegläubiger wirtschaftlich der Forderung auf Rückzahlung eines Darlehens. Die von der Schuldnerin ausgegebene Anleihe ist ebenso wie ein Darlehen auf die Überlassung von Fremdkapital gerichtet und hat deswegen Kreditierungswirkung. Folgerichtig fallen die Forderungen aus der Schuldverschreibung – wie ein Anspruch auf Darlehensrückgewähr – in den sachlichen Anwendungsbereich von § 39 Abs. 1 Nr. 5 InsO.[23]

b) Bereicherungsanspruch

Jede Forderung eines Gesellschafters auf Rückzahlung eines vom Gesellschafter aus seinem Vermögen der Gesellschaft zur Verfügung gestellten Geldbetrags ist darlehensgleich, sofern ein solcher Rückzahlungsanspruch durchgängig seit der Überlassung des Geldes bestand und sich Gesellschafter und Gesellschaft von vornherein einig waren, dass die Gesellschaft das Geld zurückzuzahlen habe. So stellen bereicherungsrechtliche Ansprüche eines Gesellschafters auf Rückgewähr des auf der Grundlage eines **unwirksamen Darlehensvertrags** gewährten Geldbetrags eine einem Darlehen wirtschaftlich gleichstehende Forderung dar.[24] Unter welchen Voraussetzungen die Verpflichtung der Gesellschaft, einen tatsächlich von ihrem Gesellschafter erhaltenen Geldbetrag zurückzuzahlen, eine darlehensgleiche Forderung im Sinne des § 135 Abs. 1 Nr. 2 InsO darstellt, hängt nicht davon ab, ob ein wirksamer Parteiwille zur Gewährung eines Darlehens vorliegt oder dieser Parteiwille mit den guten Sitten vereinbar ist, sondern ob die Gesellschaft nach dem übereinstimmenden Willen von vornherein verpflichtet ist, dem Gesellschafter die erhaltenen Geldbeträge zurückzuzahlen.[25]

16

---

22 BGH, Urt. v. 14.2.2019 – IX ZR 149/16, WM 2019, 650 Rn. 59.
23 BGH, Urt. v. 14.2.2019 – IX ZR 149/16, WM 2019, 650 Rn. 60.
24 BGH, Urt. v. 27.6.2019 – IX ZR 167/18.
25 BGH, Urt. v. 27.6.2019 – IX ZR 167/18.

Kap. 8 Gesellschafterdarlehen in der Insolvenz

c) Forderungen aus Austauschgeschäften

17 Ungeachtet des Entstehungsgrundes sind einem Darlehen alle aus **Austauschgeschäften** herrührenden Forderungen gleich zu achten, die der Gesellschaft rechtlich oder rein faktisch gestundet wurden, weil jede **Stundung** bei wirtschaftlicher Betrachtung eine **Darlehensgewährung** bewirkt.

aa) Bargeschäft

18 Stehen gelassene Gehaltsansprüche eines Gesellschafters können darum wirtschaftlich einem Darlehen entsprechen.[26] Wird eine Leistung bargeschäftlich abgewickelt, scheidet eine rechtliche oder rein faktische Stundung, die zur **Umqualifizierung** als Darlehen führt, aus.[27] Ein **Baraustausch** liegt bei länger währenden Vertragsbeziehungen in Anlehnung an § 286 Abs. 3 BGB vor, wenn Leistung und Gegenleistung binnen eines Zeitraums von 30 Tagen abgewickelt werden.[28] Eine Stundungswirkung kommt nicht in Betracht, wenn eine Lohnzahlung bargeschäftlich binnen 30 Tagen nach Fälligkeit abgewickelt wurde.[29] Gleiches gilt für innerhalb dieser Frist beglichene **Mietforderungen**.[30]

bb) Stundung oder Stehenlassen einer Forderung aus Austauschgeschäft über mehr als drei Monate

19 Wird die aus einem üblichen Austauschgeschäft herrührende Forderung eines Gesellschafters über einen Zeitraum von mehr als drei Monaten rechtsgeschäftlich oder faktisch zugunsten seiner Gesellschaft gestundet, handelt es sich grundsätzlich um eine darlehensgleiche Forderung.

20 Rechtsgeschäftliche Fälligkeitsabreden, die im Rahmen von Verkehrsgeschäften zwischen der Gesellschaft und ihrem Gesellschafter getroffen werden, können wirtschaftlich einer Darlehensgewährung entsprechen. Da nicht jede geringfügige Überschreitung der marktüblichen Zahlungsfristen zur Annahme einer darlehensgleichen Forderung führt, haben auch Fälligkeitsvereinbarungen diese Wirkung nur dann, wenn sie deutlich von den im Verkehr mit dritten Vertragspartnern üblichen Konditionen abweichen. In Anknüpfung an die zeitlichen Grenzen möglicher Fälligkeitsvereinbarungen können Forderungen eines Gesellschafters aus normalen Verkehrsgeschäften wie einer Warenlieferung ebenfalls als darle-

---

26 BGH, Urt. v. 10.7.2014 – IX ZR 192/13, WM 2014, 1488 Rn. 50.
27 BGH, Urt. v. 10.7.2014 – IX ZR 192/13, WM 2014, 1488 Rn. 51; Urt. v. 29.1.2015 – IX ZR 279/13, ZInsO 2015, 559 Rn. 70.
28 BGH, Urt. v. 10.7.2014 – IX ZR 192/13, WM 2014, 1488 Rn. 31 ff.; Urt. v. 29.1.2015 – IX ZR 279/13, ZInsO 2015, 559 Rn. 71.
29 BGH, Urt. v. 10.7.2014 – IX ZR 192/13, WM 2014, 1488 Rn. 51.
30 BGH, Urt. v. 29.1.2015 – IX ZR 279/13, ZInsO 2015, 559 Rn. 70 ff.

II. Befriedigung eines Darlehens (§ 135 Abs. 1 Nr. 2 InsO)   Kap. 8

hensähnlich zu bewerten sein, wenn sie deutlich über einen verkehrsüblichen Zeitraum hinaus durch Stehenlassen faktisch gestundet werden.[31]

Bei der rechtlichen Bewertung, ob ein verkehrsüblicher Zeitraum merklich überschritten wird, ist zu berücksichtigen, dass nach dem gesetzlichen Leitbild des § 271a Abs. 1 BGB eine Vereinbarung, nach der der Gläubiger die Erfüllung einer Entgeltforderung erst nach mehr als 60 Tagen nach Empfang der Gegenleistung verlangen kann, nur wirksam ist, wenn sie ausdrücklich getroffen und im Hinblick auf die Belange des Gläubigers nicht grob unbillig ist. Mit Hilfe der Regelung sollen insbesondere kleinere Unternehmen von der mit langen Zahlungsfristen verbundenen Last des „Gläubigerkredits" befreit werden. Bedarf es einer eindeutigen Missachtung üblicher Zahlungsfristen, ist nicht bereits dann von einer darlehensgleichen Forderung auszugehen, wenn der zulässige Fälligkeitszeitraum von 60 Tagen nicht gewahrt ist.[32] 21

Vielmehr verhält es sich gemeinhin erst dann im Sinne einer Darlehensgewährung, wenn der Gesellschaft zur Tilgung einer Gesellschafterforderung vereinbarungsgemäß mit Hilfe einer die Fälligkeit nicht berührenden und daher durch § 271a BGB nicht verwehrten rechtlichen oder faktischen Stundung über ein noch zulässiges Zahlungsziel hinaus ein zusätzlicher Zahlungszeitraum eröffnet wird und sich daraus in einer Gesamtschau der Schluss auf eine Kreditgewährung unzweifelhaft aufdrängt. Dies ist im Allgemeinen anzunehmen, wenn eine fällige Forderung von dem Gesellschafter länger als drei Monate rechtsgeschäftlich gestundet oder tatsächlich stehen gelassen wird. Bei Darlehensverträgen unbestimmter Dauer legt das Gesetz durch § 488 Abs. 3 Satz 2 BGB eine ordentliche Kündigungsfrist von drei Monaten fest. Ist dieser Zeitraum verstrichen, gewinnt eine auf einem sonstigen Rechtsgrund beruhende Forderung typischerweise Darlehenscharakter, weil die Gesellschaft bei wirtschaftlicher Betrachtung nicht anders steht, als wenn ihr ein innerhalb dieser Frist ordentlich kündbares Darlehen gewährt worden wäre. Durch eine drei Monate überschreitende rechtsgeschäftliche oder faktische Stundung gibt der Gläubiger für gewöhnlich zu erkennen, der Gesellschaft eine darlehensgleiche Forderung zu belassen.[33] 22

d) Darlehenszinsen

Bezahlt der Schuldner vertraglich vereinbarte **Darlehenszinsen**, sind diese Leistungen grundsätzlich nicht nach § 135 Abs. 1 Nr. 2 InsO anfechtbar. Anfechtbar gemäß § 135 Abs. 1 Nr. 2 InsO ist eine Rechtshandlung, die Befriedigung für eine Forderung auf Rückgewähr eines Darlehens oder für eine einem Darlehen gleichgestellte Forderung gewährt hat. Vertraglich vereinbarte Darlehenszinsen 23

---

31 BGH, Urt. v. 11.7.2019 – IX ZR 210/18.
32 BGH, Urt. v. 11.7.2019 – IX ZR 210/18.
33 BGH, Urt. v. 11.7.2019 – IX ZR 210/18.

oder vertraglich geschuldete Zinsen für eine gleichgestellte Forderung sind keine Befriedigung einer Forderung auf Rückgewähr eines Darlehens. Darlehenszinsen führen dazu, dass die mit der Überlassung des Darlehenskapitals auf Zeit eingeräumte Kapitalnutzung eine entgeltliche Leistung darstellt. Sie stellen in erster Linie ein Entgelt für die Nutzung dar. Für die Überlassung eines Gegenstandes zum Gebrauch oder zur Ausübung hat der Bundesgerichtshof bereits entschieden, dass keine Grundlage besteht, die Tilgung eines Nutzungsentgelts einer Darlehensrückzahlung gleichzustellen. Sie kann mithin nur noch im Falle eines vorherigen Stehenlassens oder eine Stundung des Nutzungsentgelts als Befriedigung einer darlehensgleichen Forderung gemäß § 135 Abs. 1 Nr. 2 InsO angefochten werden.[34]

5. Einbeziehung verbundener Unternehmen

a) Grundsatz

24 Eine mittelbare Beteiligung am Haftkapital der Gesellschaft ist für eine Gesellschafterstellung ausreichend, wenn diese der unmittelbaren Beteiligung gleichsteht.[35] Leistungen Dritter werden im Rahmen des § 135 InsO erfasst, wenn der Dritte bei wirtschaftlicher Betrachtung infolge einer **horizontalen** oder **vertikalen** Verbindung einem **Gesellschafter** gleichsteht. Die Beteiligung kann in der Weise ausgestaltet sein, dass ein Gesellschafter an beiden Gesellschaften, der die Leistung annehmenden und der die Leistung gewährenden **Gesellschaft**, und zwar an der letztgenannten maßgeblich beteiligt ist. Eine maßgebliche **Beteiligung** in diesem Sinn ist gegeben, wenn der Gesellschafter auf die Entscheidungen des hilfeleistenden Unternehmens, nämlich auf die Gewährung oder auf den Abzug der Leistung an das andere Unternehmen, einen bestimmenden **Einfluss** ausüben, insbesondere dem **Geschäftsführungsorgan** der Hilfe gewährenden Gesellschaft durch **Gesellschafterbeschlüsse** gemäß § 46 Nr. 6 GmbHG entsprechende Weisungen erteilen kann. Dazu genügt bei einer GmbH & Co. KG eine Beteiligung von mehr als 50 vH.[36] Zwar verfügten zwei Brüder als Gesellschafter in einer vom BGH entschiedenen Sache einzeln nur über eine Beteiligung von genau 50 vH an der Klägerin und Darlehensgeberin. Eine getrennte Betrachtung der jeweiligen Beteiligungswerte würde jedoch dem Umstand nicht gerecht, dass sich die Brüder als Mehrheitsgesellschafter der Schuldnerin unter dem Dach der Klägerin zusammengeschlossen haben, um der Schuldnerin die benötigten Betriebsgegenstände mietweise zu überlassen. Vor diesem Hintergrund sind die Beteiligungswerte von jeweils 50 vH an der Klägerin auf 100 vH

---

34 BGH, Urt. v. 27.6.2019 – IX ZR 167/18.
35 BGH, Beschl. v. 23.11.2017 – IX ZR 218/16, NZG 2018, 109 Rn. 6.
36 BGH, Urt. v. 18.7.2013 – IX ZR 219/11, Rn. 23 ff.; BGHZ 198, 64 = WM 2013, 1565; v. 29.1.2015 – IX ZR 279/13, ZInsO 2015, 559 Rn. 50.

II. Befriedigung eines Darlehens (§ 135 Abs. 1 Nr. 2 InsO)　　**Kap. 8**

zu addieren, weil die Brüder die Klägerin kraft Bündelung ihrer Beteiligungen im gleichgerichteten Interesse übereinstimmend als **Vermieterin** der Schuldnerin eingesetzt haben. Das koordinierte Zusammenwirken der Gesellschafter ermöglicht die gemeinsame Zurechnung der wechselseitigen Beteiligungen. In dem hier gegebenen Fall einer Betriebsaufspaltung bilden das Besitz- und das Betriebsunternehmen eine wirtschaftliche Einheit, die es rechtfertigt, die Mehrheitsgesellschafter beider Unternehmen der Verantwortung des § 135 Abs. 3 InsO zu unterwerfen.[37] Die Darlehensforderung eines Unternehmens kann einem Gesellschafterdarlehen auch dann gleichzustellen sein, wenn ein an der darlehensnehmenden Gesellschaft lediglich mittelbar beteiligter Gesellschafter an der darlehensgewährenden Gesellschaft maßgeblich beteiligt ist.[38] Es entspricht einhelliger Meinung, dass die von einem (mittelbaren) Alleingesellschafter zusätzlich übernommene stille Einlage als darlehensgleiche Leistung dieses Gesellschafters anzusehen ist.[39]

Der personelle Anwendungsbereich von § 135 Abs. 1 Nr. 1 InsO liegt vor, wenn   25
die Anfechtungsgegnerin zum Zeitpunkt der Insolvenzeröffnung über das Vermögen der Schuldnerin an ihr zu etwa 40 vH beteiligt und zugleich mindestens im November 2012 Inhaberin der Teilschuldverschreibungen war. Unerheblich ist, dass sie nicht Ersterwerberin der Schuldverschreibungen war. Auch wenn die Anfechtungsgegnerin die Schuldverschreibungen von einer anderen Gesellschafterin erworben hat, begründet allein ihre eigene Gesellschafterstellung die Anwendbarkeit von § 39 Abs. 1 Nr. 5, § 135 InsO. Hierfür ist nämlich unbeachtlich, ob der Kredit gerade von einem Gesellschafter gewährt wird. Es genügt, wenn ein Gesellschafter zum Zeitpunkt der Insolvenzeröffnung oder danach oder zu einem beliebigen Zeitpunkt innerhalb eines Jahres vor Stellung des Insolvenzantrags in die Kreditgeberposition eingerückt ist. Entsprechendes gilt, wenn für ein Gesellschafterdarlehen oder eine entsprechende Forderung eine Sicherung gewährt wird. Vorliegend gilt dieses Ergebnis umso mehr, als die Anfechtungsgegnerin ihre Position von der Gesellschafterin ableitet, die den Einwendungen aus § 39 Abs. 1 Nr. 5, § 135 InsO ebenso wie die Beklagte ausgesetzt gewesen wäre.[40]

b) Abgabe der Beteiligung

Es ist unerheblich, dass der Beklagte vor der Zahlung der Schuldnerin an ihn sei-   26
ne **Gesellschaftsbeteiligung** an einen Dritten übertragen hat. Der für ein Gesellschafterdarlehen durch § 39 Abs. 1 Nr. 5 InsO angeordnete **Nachrang** kann nicht dadurch unterlaufen werden, dass der Gesellschafter als **Darlehensgeber**

37　BGH, Urt. v. 29.1.2015 – IX ZR 279/13, ZInsO 2015, 559 Rn. 51.
38　BGH, Urt. v. 15.11.2018 – IX ZR 39/18, ZInsO 2019, 259 Rn. 9 ff.
39　BGH, Beschl. v. 23.11.2017 – IX ZR 218/16, NZG 2018, 109 Rn. 7.
40　BGH, Urt. v. 14.2.2019 – IX ZR 149/16, WM 2019, 650 Rn. 62, 63.

seine Beteiligung an der Gesellschaft aufgibt. Allerdings wäre in Fällen einer **Übertragung der Gesellschafterstellung** ein zeitlich unbegrenzter Nachrang der Darlehensforderung unangemessen. Deshalb bleibt auf der Grundlage des in § 135 Abs. 1 Nr. 2 InsO zum Ausdruck kommenden Rechtsgedankens der Nachrang für ein **Gesellschafterdarlehen** nur erhalten, wenn der Gesellschafter seine Gesellschafterposition innerhalb der Jahresfrist vor Antragstellung aufgibt. Mit dem Nachrang ist folgerichtig die Anfechtbarkeit nach § 135 Abs. 1 Nr. 2 InsO verbunden.[41]

c) Atypische stille Beteiligung

27 Das Darlehen eines Dritten ist danach als Gesellschafterdarlehen zu bewerten, wenn der Dritte bei wirtschaftlicher Betrachtung einem Gesellschafter gleichsteht. Dies gilt jedenfalls für den **Gesellschafter-Gesellschafter**, also denjenigen, der an der Gesellschafterin der Gesellschaft beteiligt ist und aufgrund einer qualifizierten Anteilsmehrheit einen beherrschenden Einfluss auf die Gesellschafterin ausüben kann.[42] Der **atypisch stille Gesellschafter** einer GmbH & Co. KG steht mit seinen Ansprüchen wirtschaftlich dem Gläubiger eines Gesellschafterdarlehens insolvenzrechtlich gleich, wenn in einer Gesamtbetrachtung seine Rechtsposition nach dem Beteiligungsvertrag der eines **Kommanditisten** im Innenverhältnis weitgehend angenähert ist. Dies ist der Fall, wenn im Innenverhältnis das Vermögen der Geschäftsinhaberin und die Einlage des Stillen als gemeinschaftliches Vermögen behandelt werden, die **Gewinnermittlung** wie bei einem Kommanditisten stattfindet, die Mitwirkungsrechte des Stillen in der Kommanditgesellschaft der **Beschlusskompetenz** eines Kommanditisten in **Grundlagenangelegenheiten** zumindest in ihrer schuldrechtlichen Wirkung nahe kommen und die **Informations- und Kontrollrechte** des Stillen denen eines Kommanditisten nachgebildet sind.[43]

6. Darlehen naher Angehöriger

a) Grundsatz: Keine gesellschaftergleiche Forderung

28 Eine einem Gesellschafterdarlehen wirtschaftlich entsprechende Rechtshandlung liegt nicht schon vor, weil es sich bei dem Darlehensgeber um eine **nahestehende Person** (§ 138 Abs. 1 Nr. 2, Abs. 2 Nr. 3 InsO) handelt. Entscheidend gegen die Anwendung des § 138 InsO im Anwendungsbereich des § 39 Abs. 1 Nr. 5 InsO spricht, dass die Vorschrift in der Sache auf einen anderen Regelungsbereich zugeschnitten ist. Soweit in den Anfechtungsvorschriften der Insolvenz-

---

41 BGH, Beschl. v. 30.4.2015 – IX ZR 196/13, WM 2015, 1119 Rn. 3.
42 BGH, Urt. v. 21.2.2013 – IX ZR 32/12, ZInsO 2013, 543 Rn. 21.
43 BGH, Urt. v. 28.6.2012 – IX ZR 191/11, ZInsO 2012, 1775 Rn. 10 ff.

ordnung auf § 138 InsO verwiesen wird, ist hiermit eine Umkehr der Beweislast zum Nachteil der nahestehenden Person verbunden. Hiervon werden Handlungen erfasst, die sich ohnehin durch eine besondere Verdächtigkeit auszeichnen (§ 131 Abs. 2 Satz 2, § 132 Abs. 3 i.V.m. § 130 Abs. 3, § 133 Abs. 2 InsO) oder bei denen die in § 138 InsO genannte Person der Insolvenz besonders nahesteht (§ 130 Abs. 3 InsO). Gewährt hingegen eine nahestehende Person der Gesellschaft ein Darlehen, ist dies für sich genommen unverdächtig. Erst die Zurechnung zum Gesellschafter löst den Verdacht aus und zieht die Abwertung der ansonsten einwandfreien Forderung nach sich. Bei einer Zurechnung allein über § 138 InsO würde somit das unverdächtige Darlehen eines Dritten so behandelt, als stamme es aus dem Vermögen des **Gesellschafters**. Eine solche generelle Gleichsetzung ließe unberücksichtigt, dass auch eine dem Gesellschafter nahestehende Person der Gesellschaft ein Darlehen als außenstehender Dritter gewähren kann.[44]

b) Kein Anscheinsbeweis für Strohmanngeschäft

Es kann keinen **Beweis des ersten Anscheins** begründen, dass der zur Familie des Schuldners gehörende Darlehensgeber den Kredit ohne entsprechende Sicherheiten und ohne Informationsrechte ausgereicht hat. Gleiches gilt für den Kredit einer Gesellschaft, die sich in der Hand eines Familienangehörigen befindet. Im Übrigen dürfte es nicht ungewöhnlich sein, Privatdarlehen innerhalb der Familie allein im Vertrauen auf die Person des zur Familie gehörenden Darlehensnehmers zu gewähren. Für die Annahme eines feststehenden Erfahrungssatzes, der geeignet ist, die Darlegungs- und Beweislast allein im Hinblick auf die fehlenden Sicherheiten zulasten des Darlehensgebers zu verschieben, ist deshalb kein Raum.[45]

III. Anfechtung der Besicherung eines Gesellschafterdarlehens (§ 135 Abs. 1 Nr. 1 InsO)

1. Begriff der Sicherung

Die **Sicherungszession** wird von § 135 Abs. 1 Nr. 1 InsO erfasst. Mit der Abtretung an den Gesellschafter hat sich als notwendige weitere Voraussetzung des Anfechtungstatbestandes eine Gläubigerbenachteiligung verwirklicht.[46] Für die Anfechtbarkeit ist es ohne Bedeutung, dass die Sicherung infolge des Einzugs der abgetretenen Forderung durch den Gesellschafter im Zeitpunkt der Verfahrenseröffnung nicht mehr bestand. Gegenteiliges ergibt sich nicht aus dem Wort-

---
44 BGH, Urt. v. 17.2.2011 – IX ZR 131/10, WM 2011, 563 Rn. 9 ff.
45 BGH, Urt. v. 17.2.2011 – IX ZR 131/10, WM 2011, 563 Rn. 22 ff.
46 BGH, Urt. v. 18.7.2013 – IX ZR 219/11, WM 2013, 1565 Rn. 8.

Kap. 8 Gesellschafterdarlehen in der Insolvenz

laut des § 135 Abs. 1 Nr. 1 InsO. Danach ist vielmehr allein entscheidend, dass eine **Sicherung** für eine Forderung bestellt wurde, die im Fall einer späteren Insolvenz als nachrangig zu behandeln wäre. Darum gestattet § 135 Abs. 1 Nr. 1 InsO auch die Anfechtung einer innerhalb der Anfechtungsfrist für eine nachrangige Forderung gewährten Sicherung, auf die der Gesellschafter zur Befriedigung seiner Forderung vor Verfahrenseröffnung zugegriffen hat.[47]

2. Keine Sperrwirkung des § 135 Abs. 1 Nr. 2 für § 135 Abs. 1 Nr. 1 InsO

31   Die Regelung des § 135 Abs. 1 Nr. 1 InsO ist auch nicht deshalb unanwendbar, weil der **Gesellschafter** die ihm gewährte Sicherung außerhalb der Frist des § 135 Abs. 1 Nr. 2 InsO zur Befriedigung seiner Forderung versilbert hat. Entgegen einer im Schrifttum vertretenen Auffassung entfaltet § 135 Abs. 1 Nr. 2 InsO im Verhältnis zu § 135 Abs. 1 Nr. 1 InsO keine Sperrwirkung. Jede **Rechtshandlung** ist selbständig auf ihre Ursächlichkeit für gläubigerbenachteiligende Folgen zu überprüfen und gegebenenfalls in deren Anfechtung einzubeziehen, selbst wenn sich die Rechtshandlungen wirtschaftlich ergänzen. Da die einzelne anfechtbare Rechtshandlung ein eigenes selbständiges Rückgewährschuldverhältnis begründet, ist der Eintritt einer **Gläubigerbenachteiligung** isoliert mit Bezug auf die konkret angefochtene Minderung des Aktivvermögens zu beurteilen. Darum kann die Gewährung einer Sicherung (§ 135 Abs. 1 Nr. 1 InsO) und die Gewährung einer Befriedigung (§ 135 Abs. 1 Nr. 2 InsO) innerhalb der für sie jeweils maßgeblichen Frist selbständig angefochten werden.[48] Die Vorschrift des § 135 Abs. 1 Nr. 1 und 2 InsO differenziert tatbestandlich in Anlehnung an die allgemeine **Deckungsanfechtung** zwischen **Sicherung** und **Befriedigung** und sieht überdies unterschiedliche **Anfechtungsfristen** vor. Sowohl bei einer Sicherung als auch bei einer Befriedigung greift der Gläubiger auf Schuldnervermögen zu, wobei die Besicherung einen Vorteil bietet, welcher wirtschaftlich der Befriedigung gleichkommt. Nur wenn die Sicherung in jeder Hinsicht unanfechtbar ist, unterliegt die hieraus unmittelbar erlangte Deckung ebenfalls keiner Anfechtung. Umgekehrt gilt das nicht. Der tatbestandliche Gleichlauf mit der Deckungsanfechtung spricht deshalb auch dagegen, die Anfechtung einer Sicherung wegen der daraus erlangten Befriedigung zu beschränken.[49]

---

47 BGH, Urt. v. 18.7.2013 – IX ZR 219/11, WM 2013, 1565 Rn. 9.
48 BGH, Urt. v. 18.7.2013 – IX ZR 219/11, WM 2013, 1565 Rn. 13.
49 BGH, Urt. v. 18.7.2013 – IX ZR 219/11, WM 2013, 1565 Rn. 16.

III. Anfechtung der Besicherung eines Gesellschafterdarlehens   Kap. 8

3. Bargeschäftsprivileg unanwendbar

Das Bargeschäftsprivileg gilt nach Sinn und Zweck des § 135 Abs. 1 Nr. 1 InsO 32
nicht bei der Anfechtung der Besicherung eines Gesellschafterdarlehens.

Der Nachrang der Gesellschafterforderungen nach § 39 Abs. 1 Nr. 5 InsO und 33
der Anfechtungstatbestand des § 135 Abs. 1 InsO sollen in Übereinstimmung
mit dem früheren Recht Vorsorge dagegen treffen, dass der Gesellschafter das
mit einer Darlehensgewährung verbundene Risiko auf die Gemeinschaft der Gesellschaftsgläubiger abwälzt. Die Finanzierungsfolgenverantwortung des Gesellschafters ist bei der Auslegung von § 135 Abs. 1 InsO weiterhin beachtlich.
Kann eine mit geringem Stammkapital gegründete Gesellschaft überhaupt nur
aufgrund ihr gewährter Gesellschafterdarlehen ihren Geschäftsbetrieb aufnehmen, besteht bei Gewährung einer Sicherung durch die Gesellschaft die Gefahr,
dass ab Aufnahme der werbenden Tätigkeit bis zu einer etwaigen Insolvenz
praktisch ihr gesamtes Gesellschaftsvermögen unter Ausschluss der Gläubiger
dem Gesellschafter vorbehalten bleibt. Die Inanspruchnahme einer Sicherung
für ein Gesellschafterdarlehen belegt, dass der Gesellschafter, der in die Rolle
eines außenstehenden Dritten einzurücken sucht, die Übernahme einer Finanzierungsfolgenverantwortung ablehnt. Der bereits in der beschränkten Haftung liegende Risikoanreiz des Gesellschafters wird zusätzlich erhöht, wenn er aus dem
Gesellschaftsvermögen dank einer Sicherung im Verhältnis zu den sonstigen
Gläubigern auch noch vorrangig befriedigt wird. Ein gesicherter Gesellschafter,
der um die Erfüllung seines Rückzahlungsanspruchs nicht fürchten muss, wird
in Wahrnehmung der Geschäftsführung zur Eingehung unangemessener, wenn
nicht gar unverantwortlicher, allein die ungesicherten Gläubiger treffender geschäftlicher Wagnisse neigen. Die Gewährung von Gesellschafterdarlehen, die
durch das Gesellschaftsvermögen gesichert werden, ist darum mit einer ordnungsgemäßen Unternehmensfinanzierung nicht vereinbar.[50]

Der Gesellschafter ist zudem im Gegensatz zu externen Gläubigern über die als 34
Sicherung in Betracht kommenden Vermögensgegenstände seines Unternehmens unterrichtet. Grundgedanke des neuen Rechts ist es, Gesellschafterdarlehen ohne Rücksicht auf einen Eigenkapitalcharakter einer insolvenzrechtlichen
Sonderbehandlung zu unterwerfen und auf diese Weise eine darlehensweise Gewährung von Finanzmitteln der Zuführung haftenden Eigenkapitals weitgehend
gleichzustellen. In der Insolvenz werden gemäß § 39 Abs. 1 Nr. 5 und § 135
Abs. 1 Nr. 1 und 2 InsO Gesellschafterdarlehen faktisch wie Eigenkapital behandelt. Dadurch wird die Finanzierungsfolgenverantwortung des Gesellschafters
eingefordert sowie das Risikogleichgewicht zwischen Gesellschaftern und sonstigen Gesellschaftsgläubigern gewahrt. Mit diesem Konzept wäre unvereinbar,
wenn eine innerhalb der Frist des § 135 Abs. 1 Nr. 1 InsO gewährte Sicherheit

---

50 BGH, Urt. v. 14.2.2019 – IX ZR 149/16, WM 2019, 650 Rn. 50.

Kap. 8 Gesellschafterdarlehen in der Insolvenz

für ein Gesellschafterdarlehen insolvenzfest wäre.[51] Eine Privilegierung anfänglicher Sicherheiten für Gesellschafterdarlehen unterliefe zudem das erklärte Ziel des Gesetzgebers, Rückzahlungen aus Gesellschafterdarlehen im Jahr vor der Antragstellung einem konsequenten Anfechtungsregime zu unterwerfen.[52]

35 Auch Sinn und Zweck des Bargeschäftsprivilegs sprechen dagegen, von ihm im Anwendungsbereich des § 135 Abs. 1 InsO Gebrauch zu machen. Der entscheidende Grund für die Ausnahmeregelung des § 142 InsO ist nach der Vorstellung des Gesetzgebers der wirtschaftliche Gesichtspunkt, dass ein Schuldner, der sich in der Krise befindet, praktisch vom Geschäftsverkehr ausgeschlossen würde, wenn selbst die von ihm abgeschlossenen wertäquivalenten Bargeschäfte der Anfechtung unterlägen. Das Bargeschäftsprivileg soll es dem krisenbefallenen Schuldner also ermöglichen, seine Handlungsfähigkeit trotz Krise aufrechtzuerhalten. Um diesem Schutzzweck zu genügen, ist es ausreichend, dass die Gesellschaft in der Krise unanfechtbare Geschäfte mit neutralen Dritten tätigen kann. Die Besicherung eines Gesellschafterdarlehens kann regelmäßig nicht als übliches Umsatzgeschäft des allgemeinen Geschäftsverkehrs angesehen werden. Stattdessen kommt es hierdurch zum Abfluss letzter, womöglich noch werthaltiger Sicherheiten aus dem Gesellschaftsvermögen, ohne dass das operative Geschäft unmittelbar befördert wird.[53]

4. Abgabe der Beteiligung

36 Wenn ein Gesellschafter eine gegen die Gesellschaft gerichtete Darlehensforderung binnen eines Jahres vor Antragstellung abtritt und die Gesellschaft anschließend die Verbindlichkeit gegenüber dem Zessionar tilgt, unterliegt nach Verfahrenseröffnung neben dem Zessionar auch der Gesellschafter der Anfechtung. Infolge der den Gesellschafter treffenden Finanzierungsfolgenverantwortung dürfen die Rechtsfolgen des zwingenden § 135 Abs. 1 Nr. 2 InsO nicht durch die Wahl einer bestimmten rechtlichen Konstruktion aufgeweicht oder unterlaufen werden. Darum kann nicht gebilligt werden, dass ein Gesellschafter, der seiner GmbH Darlehensmittel zuwendet, die mit ihrer Rückgewähr verbundenen rechtlichen Folgen einer Anfechtung durch eine Abtretung seiner Forderung vermeidet. Diese Grundsätze gelten auch bei der Anfechtung von Sicherheiten gemäß § 135 Abs. 1 Nr. 1 InsO.[54]

---

51 BGH, Urt. v. 14.2.2019 – IX ZR 149/16, WM 2019, 650 Rn. 51.
52 BGH, Urt. v. 14.2.2019 – IX ZR 149/16, WM 2019, 650 Rn. 52.
53 BGH, Urt. v. 14.2.2019 – IX ZR 149/16, WM 2019, 650 Rn. 53.
54 BGH, Urt. v. 14.2.2019 – IX ZR 149/16, WM 2019, 650 Rn. 85, 86.

IV. Freiwerden einer für ein Drittdarlehen gegebenen Gesellschaftersicherung (§ 135 Abs. 2 InsO)

1. Rechtshandlung

a) Grundsatz

Die Vorschrift des § 135 Abs. 2 InsO setzt als **Rechtshandlung** der Gesellschaft eine Darlehensrückführung voraus, durch die eine Sicherheit des Gesellschafters frei wird. Der Begriff der Rechtshandlung ist weit auszulegen. Rechtshandlung ist jedes von einem Willen getragene Handeln vor Eröffnung des Insolvenzverfahrens, das eine rechtliche Wirkung auslöst. Die Rückführung eines **Kontokorrentkredits** beruht stets auch auf einer Rechtshandlung des Schuldners, weil etwaige Zahlungen nur nach Maßgabe der zwischen ihm und seinem Kreditinstitut getroffenen **Kontokorrentabrede** Tilgungswirkung entfalten. Mit Rücksicht auf die Kontokorrentabrede liegt selbst einer von dem Gesellschafter aus Eigenmitteln bewirkten Darlehensrückzahlung eine Rechtshandlung der GmbH als Schuldnerin zugrunde. Nicht anders verhält es sich, wenn die Darlehensrückführung auch durch Kontoverfügungen des **vorläufigen Verwalters** veranlasst wurde, gleich ob er nur mitbestimmend (§ 21 Abs. 2 Satz 1 Nr. 2 Fall 2 InsO) tätig oder mit voller Verwaltungs- und **Verfügungsbefugnis** ausgestattetet (§ 22 Abs. 1 Satz 1, § 21 Abs. 2 Satz 1 Nr. 2 Fall 1 InsO) ist. Auch hier vollzieht sich die **Darlehensrückführung** ungeachtet der von dem vorläufigen Verwalter gegenüber dem Bankinstitut abgegebenen Widerrufserklärungen auf dem Boden der von der Gesellschaft mit dem Bankinstitut geschlossenen Kontokorrentvereinbarung.[55]

Selbst wenn man eine Darlehensrückführung allein durch die von dem Kläger als vorläufigem Insolvenzverwalter getroffenen Kontoverfügungen zugrunde legt, wären anfechtbare Rechtshandlungen der Schuldnerin gegeben. Rechtshandlungen des späteren **Insolvenzschuldners**, denen der **vorläufige Insolvenzverwalter** zugestimmt hat, oder des vorläufigen Insolvenzverwalters, der namens und in Vollmacht des späteren Insolvenzschuldners gehandelt hat, können jedenfalls dann, wenn kein allgemeines **Verfügungsverbot** angeordnet war, nach den Vorschriften der §§ 129 ff. InsO angefochten werden. Rechtshandlungen eines mit einer allgemeinen Verwaltungs- und Verfügungsbefugnis (§ 22 Abs. 1 Satz 1 InsO) ausgestatteten vorläufigen Verwalters sind unanfechtbar, soweit er als Organ der **Insolvenzmasse Masseverbindlichkeiten** (§ 55 Abs. 2 Satz 1 InsO) begründet, besichert oder tilgt. Keinen aus Erwägungen des Vertrauensschutzes hergeleiteten Bedenken unterliegt dagegen die **Anfechtbarkeit**, wenn der mit einer allgemeinen **Verfügungsbefugnis** oder einer Einzelermächtigung versehene vorläufige Verwalter Altverbindlichkeiten der künftigen Mas-

---

55 BGH, Urt. v. 20.2.2014 – IX ZR 164/13, DB 2014, 651 Rn. 9.

Kap. 8 Gesellschafterdarlehen in der Insolvenz

se erfüllt oder besichert, die nach Verfahrenseröffnung als Insolvenzforderungen (§ 38 InsO) zu bewerten wären.[56]

39 Erfüllt die Gesellschaft einen Werkvertrag, für den ein Dritter eine **Anzahlungsbürgschaft** übernommen hat, liegt darin gegenüber dem Gesellschafter, der dem Dritten für die Bürgschaft eine Sicherheit gestellt hat, keine Rückgewähr einer gleichgestellten Forderung. Die von der Schuldnerin erbrachten Werkleistungen sind keine zur Anfechtung nach § 135 Abs. 2 InsO führenden Leistungen auf die allein von der Beklagten besicherten Ansprüche der Bank. Die Anzahlungsbürgschaften der Bank sicherten nur den bedingten Anspruch auf Rückgewähr der von dem Auftraggeber geleisteten Anzahlungen bei Scheitern der Vertragserfüllung. Der Anspruch auf Rückzahlung einer Vorleistung oder einer Abschlagszahlung ist ein aufschiebend bedingter Anspruch. Soweit die Schuldnerin die den jeweiligen Dritten geschuldeten Werke fertiggestellt hat und die Vertragserfüllung nicht gescheitert ist, sind die von den Anzahlungsbürgschaften gesicherten Forderungen nicht entstanden. Es kann dahinstehen, ob in der Werkleistung die **Rückzahlung einer einem Darlehen wirtschaftlich entsprechenden Forderung** des Auftraggebers gesehen werden könnte. Diese Forderung wurde von der Beklagten nicht besichert.[57]

b) Zeitpunkt

40 Bei wertender Betrachtung besteht kein Unterschied zwischen der **Rückzahlung** eines gesellschaftergesicherten Darlehens innerhalb der Fristen des § 135 Abs. 1 Nr. 2 InsO und derjenigen nach der Eröffnung des Insolvenzverfahrens. Der gesetzlich geregelte Fall (§ 135 Abs. 2, § 143 Abs. 3 InsO) lässt ausreichen, dass Mittel der Gesellschaft aufgewandt wurden und dass die vom Gesellschafter gestellte Sicherheit hierdurch freigeworden ist. Nichts anderes gilt in dem Fall der **Befriedigung** des Gläubigers nach der Eröffnung des Insolvenzverfahrens. Darum ist der Gesellschafter entsprechend § 143 Abs. 3 InsO zur Erstattung des an den Gläubiger ausgekehrten Betrages zur Insolvenzmasse verpflichtet.[58]

2. Erwerb der Gesellschafterstellung nach Sicherheitengewährung

41 Eine **Sicherung** hat nicht deshalb unberücksichtigt zu bleiben, weil sie von dem Gesellschafter bestellt wurde, bevor er in die Gesellschafterstellung eingerückt ist. Die Anfechtung von Gesellschafterhilfen setzt lediglich voraus, dass ein **Gesellschafter** innerhalb der jeweiligen Anfechtungsfristen eine Sicherung (§ 135 Abs. 1 Nr. 1 InsO) oder eine **Befriedigung** (§ 135 Abs. 1 Nr. 2 InsO) für ein

---
56 BGH, Urt. v. 20.2.2014 – IX ZR 164/13, DB 2014, 651 Rn. 10 ff.
57 BGH, Beschl. v. 26.1.2017 – IX ZR 125/15, WM 2017, 445 Rn. 7.
58 BGH, Urt. v. 1.12.2011 – IX ZR 11/11, WM 2011, 2376 Rn. 12 ff.

IV. Freiwerden einer Gesellschaftersicherung   **Kap. 8**

Darlehen oder – wie hier – eine Befreiung von einer für ein **Gesellschaftsdarlehen** übernommenen **Sicherung** (§ 135 Abs. 2 InsO) erlangt hat. Da es im Unterschied zum **Eigenkapitalersatzrecht** nicht mehr auf eine innerhalb der **Anfechtungsfrist** getroffene **Finanzierungsentscheidung** ankommt, unterliegt nach einhelliger Auffassung auch ein Darlehens- oder Sicherungsgeber als **Gesellschafter** nach Maßgabe des § 135 InsO der Anfechtung, wenn er seine Beteiligung erst nach Gewährung der Finanzierungshilfe erworben hat.[59]

3. Gläubigerbenachteiligung

In der Insolvenz der Gesellschaft wäre der **Darlehensgeber** gemäß § 44a InsO   **42** gehalten gewesen, sich vorrangig aus der von dem Gesellschafter gestellten Sicherung zu befriedigen. Vor Verfahrenseröffnung war der Gesellschafter verpflichtet, die Gesellschaft von einer Inanspruchnahme durch den Darlehensgeber freizustellen. In diesem Fall hätte seine **Regressforderung** im Rang nach den **Insolvenzforderungen** (§ 39 Abs. 1 Nr. 5 InsO) gestanden. Tilgt entgegen diesen Grundsätzen die Gesellschaft das Drittdarlehen, unterwirft § 135 Abs. 2 InsO die damit verbundene Befreiung des Gesellschafters von seiner **Sicherung** der Anfechtung. Der Regelung des § 135 Abs. 2 InsO liegt der Rechtsgedanke zugrunde, dass es wirtschaftlich einer **Darlehensgabe** des Gesellschafters an seine Gesellschaft (§ 135 Abs. 1 InsO) entspricht, wenn er einem Dritten für einen der Gesellschaft überlassenen Kredit eine Sicherung gewährt. Aus dieser Erwägung wird eine **Gesellschaftersicherung** anfechtungsrechtlich wie Vermögen der Gesellschaft behandelt und die Befreiung des Gesellschafters von seiner Sicherung der Rückführung eines Gesellschafterdarlehens gleichgestellt.[60] Tilgt eine Gesellschaft ein von ihr selbst und ihrem Gesellschafter besichertes Darlehen gegenüber dem Darlehensgeber, liegt die Gläubigerbenachteiligung bei der Anfechtung der Befreiung des Gesellschafters von seiner Sicherung in dem Abfluss der Mittel aus dem Gesellschaftsvermögen, weil der Gesellschafter im Verhältnis zur Gesellschaft zur vorrangigen Befriedigung der von ihm besicherten Verbindlichkeit verpflichtet ist. Nach Verfahrenseröffnung ordnet § 44a InsO an, dass der Darlehensgläubiger für seine noch offene Forderung in erster Linie aus der Gesellschaftersicherheit Befriedigung suchen muss. Wurde der Darlehensgläubiger vor Verfahrenseröffnung durch die Gesellschaft befriedigt, wird nach Verfahrenseröffnung der durch § 44a InsO gebotene Haftungsvorrang des Gesellschafters mit Hilfe von § 135 Abs. 2 InsO wiederhergestellt, indem die Gesellschaft von dem Gesellschafter Erstattung des an den Darlehensgläubiger gezahlten Betrages verlangen kann. Mit Rücksicht auf die vorrangige Haftung des Gesellschafters werden die Gesellschaftsgläubiger benachteiligt, wenn das

---
59 BGH, Urt. v. 20.2.2014 – IX ZR 164/13, DB 2014, 651 Rn. 15.
60 BGH, Urt. v. 20.2.2014 – IX ZR 164/13, DB 2014, 651 Rn. 18.

durch den Gesellschafter besicherte Darlehen aus Mitteln der Gesellschaft beglichen wird.[61] Auch wenn die Gesellschaft selbst dem Darlehensgeber eine anfechtungsfeste Sicherung stellt, bleibt es bei dem Grundsatz des § 44a InsO, wonach der Gesellschafter im Verhältnis zur Gesellschaft vorrangig zur Befriedigung des Darlehensgebers verpflichtet ist.[62] Mit der Verwertung einer von der Gesellschaft gegebenen insolvenzfesten Sicherung durch den Darlehensgeber ist wie im Falle einer sonstigen Erfüllungsleistung der Gesellschaft ein Abfluss von Gesellschaftsvermögen verbunden, dessen Verlust die für § 135 Abs. 2 InsO erforderliche Gläubigerbenachteiligung darstellt.[63]

43 Bei Rückführung eines **Kontokorrentkredits** bildet der Höchstbetrag des von der Gesellschaft im letzten Jahr vor der Insolvenzeröffnung in Anspruch genommenen Kredits den Ausgangspunkt für die Berechnung des gegen den Gesellschafter gerichteten Erstattungsanspruchs. Soweit dieser Betrag aus Mitteln der Schuldnerin zurückgezahlt wurde, greift der Anfechtungsanspruch aus § 143 Abs. 3 Satz 1, § 135 Abs. 2 InsO gegen den Gesellschafter als Sicherungsgeber durch.[64] Führt die Gesellschaft durch die Zahlung des Gesellschafters auf das **debitorische Konto** das besicherte Drittdarlehen nur teilweise zurück und kann der Gesellschafter weiterhin aus der von ihm bestellten **Sicherheit** von der Bank in Anspruch genommen werden, darf die Summe aus dem Anfechtungsanspruch nach § 135 Abs. 2 InsO und der fortbestehenden Verpflichtung des Gesellschafters aus der Sicherheit den Höchstbetrag der eingegangenen Sicherheitsverpflichtungen des Gesellschafters nicht übersteigen.[65]

V. Nutzungsanspruch der insolventen Gesellschaft gegen Gesellschafter (§ 135 Abs. 3 InsO)

1. Kein Anspruch auf unentgeltliche Nutzungsüberlassung

44 Nach Wegfall des **Eigenkapitalersatzrechts** besteht kein Anspruch des Insolvenzverwalters auf **unentgeltliche Nutzung** von Betriebsanlagen, die der Gesellschafter seiner Gesellschaft vermietet hat.

45 Ansprüche aus einem gemäß § 108 Abs. 1 Satz 1 InsO nach Insolvenzeröffnung fortbestehenden **Mietverhältnis** sind **Masseverbindlichkeiten** (§ 55 Abs. 1 Nr. 2 Fall 2 InsO), wenn ihre Erfüllung für die Zeit nach der Eröffnung des **Insolvenzverfahrens** erfolgen muss. Ansprüche für die Zeit vor Eröffnung des Insolvenzverfahrens kann der **Vermieter** dagegen gemäß § 108 Abs. 3 InsO nur als

---

61 BGH, Urt. v. 13.7.2017 – IX ZR 173/16, Rn. 18.
62 BGH, Urt. v. 13.7.2017 – IX ZR 173/16, Rn. 21.
63 BGH, Urt. v. 13.7.2017 – IX ZR 173/16, Rn. 22.
64 BGH, Urt. v. 20.2.2014 – IX ZR 164/13, DB 2014, 651 Rn. 23.
65 BGH, Urt. v. 4.7.2013 – IX ZR 229/12, WM 2013, 1615 Rn. 19 ff.

V. Nutzungsanspruch der insolventen Gesellschaft gegen Gesellschafter **Kap. 8**

Insolvenzgläubiger geltend machen. Nach Verfahrenseröffnung erwachsene **Mietforderungen** stellen darum **Masseverbindlichkeiten** dar. Die Vorschrift des § 39 Abs. 1 Nr. 5 InsO belegt vor Verfahrenseröffnung erzeugte Gesellschafterforderungen unter bestimmten Voraussetzungen mit einem **Nachrang**. Handelt es sich um nach Verfahrenseröffnung entstandene, den Regelungen der §§ 103 ff. InsO zuzuordnende **Masseverbindlichkeiten**, ist § 39 Abs. 1 Nr. 5 InsO aus rechtssystematischen Erwägungen nicht einschlägig.[66]

Auch nach seinem Sinn und Zweck findet § 39 Abs. 1 Nr. 5 InsO auf nach Verfahrenseröffnung zugunsten eines Gesellschafters aus einem **Mietverhältnis** hervorgegangene **Masseverbindlichkeiten** keine Anwendung. Eine von den Grundregeln der §§ 103 ff. InsO abweichende Rechtsfolge findet in der Neuregelung des § 39 Abs. 1 Nr. 5, § 135 Abs. 3 InsO keine Entsprechung, weil diese nach ihrer Systematik nicht mehr an einen **eigenkapitalersetzenden** Charakter der Leistung anknüpft und die Insolvenz der Gesellschaft keine Auswirkungen auf die Eigentümerstellung des Gesellschafters hinsichtlich des überlassenen Gegenstandes hat.[67] Die Vorschrift des § 30 Abs. 1 Satz 3 GmbHG ordnet in Abkehr von dem früheren Rechtszustand an, dass **Gesellschafterdarlehen** und Leistungen aus Rechtshandlungen, die einem Gesellschafterdarlehen wirtschaftlich entsprechen, nicht der Kapitalbindung des § 30 Abs. 1 Satz 1 GmbHG unterliegen. Zugleich wurden §§ 32a, 32b GmbHG a. F. als Grundvorschriften des **Eigenkapitalersatzrechts** aufgehoben und der inhaltlich darauf bezogene § 135 Abs. 1 InsO des Tatbestandsmerkmals „kapitalersetzend" entkleidet. Diese Gesetzesänderungen verdeutlichen, dass Gesellschafterdarlehen und gleichgestellte Leistungen einschließlich einer **Nutzungsüberlassung** nicht wie haftendes **Eigenkapital** zu behandeln sind. Stellt eine Nutzungsüberlassung keine Kreditgewährung dar, können von § 39 Abs. 1 Nr. 5 InsO, der seinen Geltungsbereich auf einem **Darlehen** gleichgestellte Forderungen erstreckt, **Nutzungen** nicht erfasst werden. Damit kann ein Anspruch des Insolvenzverwalters auf unentgeltliche Gebrauchsüberlassung nicht aus § 39 Abs. 1 Nr. 5 InsO hergeleitet werden.[68]

46

2. Aussonderungssperre

a) Anspruch auch gegen verbundene Gesellschaften

Eine **Aussonderungssperre** kann in der **Insolvenz** einer Gesellschaft auch gegenüber einem mittelbaren **Gesellschafter** geltend gemacht werden. Die Bestimmung des § 135 Abs. 3 InsO ordnet eine **Aussonderungssperre** für von einem Gesellschafter zum Gebrauch überlassene Gegenstände an, die zur **Fort**-

47

---
66 BGH, Urt. v. 29.1.2015 – IX ZR 279/13, ZInsO 2015, 559 Rn. 33.
67 BGH, Urt. v. 29.1.2015 – IX ZR 279/13, ZInsO 2015, 559 Rn. 39.
68 BGH, Urt. v. 29.1.2015 – IX ZR 279/13, ZInsO 2015, 559 Rn. 40.

führung des Unternehmens des Schuldners von erheblicher Bedeutung sind. Im Unterschied zu § 39 Abs. 1 Nr. 5, § 135 Abs. 1 InsO erstreckt sich der Tatbestand des § 135 Abs. 3 InsO seinem Wortlaut nach nicht ausdrücklich auf wirtschaftlich entsprechende **Rechtshandlungen**.[69] Da § 135 Abs. 4 InsO auf § 39 Abs. 4 und 5 InsO verweist und diese Vorschriften mit § 39 Abs. 1 Nr. 5 InsO korrespondieren, ist die Auslegung vorzugswürdig, dass § 39 Abs. 1 Nr. 5 InsO auch im Rahmen des § 135 Abs. 3 InsO Geltung beansprucht. Sie kann sich auf die weitere Erwägung stützen, dass die Einbeziehung gesellschaftergleicher **Dritter**, die dem Eigenkapitalersatzrecht zugrunde lag, von dem Gesetzgeber des MoMiG auch für das neue Recht ganz allgemein fortgeführt wurde. Ferner manifestiert sich der Wille des Gesetzgebers, mittelbare Gesellschafter der Regelung zu unterwerfen, in dem bei Einführung des § 135 Abs. 3 InsO betonten Hinweis auf die **Treuepflicht** der Gesellschafter, die auch für verbundene Unternehmen gilt. Darum kann dem Gesamtzusammenhang des § 135 Abs. 3 InsO, der einen Gleichlauf mit den Regelungen über **Gesellschafterdarlehen** und **gleichgestellte Forderungen** herzustellen sucht, entnommen werden, dass auch **gesellschaftergleiche Dritte** erfasst werden.[70]

b) Voraussetzungen des Nutzungsanspruchs

48 Der Gesetzgeber hat mit § 135 Abs. 3 InsO eine Regelung geschaffen, welche die Rechtsfolgen der Streichung der **eigenkapitalersetzenden Nutzungsüberlassung** durch die Gewährung eines zeitlich beschränkten entgeltlichen **Nutzungsrechts** der Masse abmildern soll, das sich auf den Durchschnitt des im Jahr vor Antragstellung von der Schuldnerin an den Gesellschafter anfechtungsfrei tatsächlich Geleisteten bemisst.[71] Die Vorschrift ist nicht einschlägig, wenn der Betrieb stillgelegt wird.[72] Eine **Aussonderungssperre** scheidet aus, wenn der **Überlassungsvertrag** fortwirkt und der Gesellschafter gegenüber dem Insolvenzverwalter keine Aussonderung verlangen kann. Der Regelungsbereich des § 135 Abs. 3 InsO ist nicht berührt, sofern das vertragliche Nutzungsverhältnis zwischen dem Gesellschafter und der Gesellschaft nach Verfahrenseröffnung fortbesteht.[73] Dauert ein **Mietverhältnis** gemäß § 108 Abs. 1 Satz 1 InsO über die Verfahrenseröffnung hinaus fort, kann der Gesellschafter auch nach Verfahrenseröffnung die vereinbarte vertragliche **Miete** als **Masseverbindlichkeit** beanspruchen.[74] Endet hingegen der **Miet-** oder **Pachtvertrag**, darf der Gesellschafter den ihm an dem Nutzungsrecht zustehenden **Aussonderungsanspruch**

---

69 BGH, Urt. v. 29.1.2015 – IX ZR 279/13, ZInsO 2015, 559 Rn. 47.
70 BGH, Urt. v. 29.1.2015 – IX ZR 279/13, ZInsO 2015, 559 Rn. 48.
71 BGH, Urt. v. 29.1.2015 – IX ZR 279/13, ZInsO 2015, 559 Rn. 53.
72 BGH, Urt. v. 29.1.2015 – IX ZR 279/13, ZInsO 2015, 559 Rn. 62.
73 BGH, Urt. v. 29.1.2015 – IX ZR 279/13, ZInsO 2015, 559 Rn. 57.
74 BGH, Urt. v. 29.1.2015 – IX ZR 279/13, ZInsO 2015, 559 Rn. 58.

V. Nutzungsanspruch der insolventen Gesellschaft gegen Gesellschafter **Kap. 8**

gemäß § 135 Abs. 3 Satz 1 InsO für die Dauer von höchstens einem Jahr nicht geltend machen, wenn der Gegenstand für die Fortführung des Unternehmens des Schuldners von erheblicher Bedeutung ist. Als Gegenleistung für die der Vorschrift des § 21 Abs. 2 Satz 1 Nr. 5 InsO nahestehende **Aussonderungssperre** ist dem Gesellschafter gemäß § 135 Abs. 3 Satz 2 InsO ein **Ausgleich** zu leisten, der dem **Durchschnitt** der im letzten Jahr vor Antragstellung erbrachten Vergütung entspricht. Da mit der Regelung des § 135 Abs. 3 InsO eine Ausgleichspflicht für eine vertragslose Zeitspanne geschaffen wird, begründet die Norm ein gesetzliches Schuldverhältnis zwischen dem Gesellschafter und der Masse.[75] Fehlt es an einem Aussonderungsrecht, ist § 135 Abs. 3 Satz 2 InsO unanwendbar und das volle vertraglich vereinbarte **Nutzungsentgelt** geschuldet.[76] Für dieses Verständnis spricht auch der Ausnahmecharakter des § 135 Abs. 3 InsO, der eine nach Streichung des **Eigenkapitalersatzrechts** entstandene Schutzlücke zu schließen sucht, indem das **Aussonderungsrecht** des Gesellschafters im Blick auf solche Gegenstände, die für die Fortführung des Unternehmens von erheblicher Bedeutung sind, beschränkt wird.[77] Mithin setzt die Ermäßigung des Entgeltanspruchs gemäß § 135 Abs. 3 Satz 2 InsO voraus, dass das vertragliche Besitzrecht der Gesellschaft beendet ist.[78]

c) Berechnung der Vergütung

Das **Nutzungsentgelt** bemisst sich nach dem **Durchschnitt** des im letzten Jahr vor Stellung des Insolvenzantrages anfechtungsfrei tatsächlich Geleisteten.[79] Der **Gesellschafter** soll grundsätzlich dieselbe **Vergütung** erhalten, die ihm zuvor tatsächlich zugeflossen ist; ihm soll kein darüber hinausgehendes **Sonderopfer** abverlangt werden. War etwa für eine **Gebrauchsüberlassung** eine bestimmte Vergütung vereinbart, wurde diese jedoch nicht entrichtet, so bestimmt sich die Höhe des **Ausgleichs** nach dem im letzten Jahr tatsächlich vom Schuldner Geleisteten. Falls die **Nutzungsdauer** ein Jahr unterschreitet, ist der **Durchschnitt** der während dieses Zeitraums erbrachten Zahlungen zu berücksichtigen. Nach Sinn und Zweck der Vorschrift können nur solche Zahlungen bei der Bemessung des Anspruchs angerechnet werden, die der Gesellschafter trotz der Verfahrenseröffnung behalten darf. Darum haben anfechtbare **Zahlungen** außer Ansatz zu bleiben, weil sie dem Gesellschafter keine dauerhaft verbleibende Befriedigung gewähren.[80] Abweichend von dem auf einem Redaktionsversehen beruhenden Wortlaut des § 135 Abs. 3 Satz 2 InsO ist nicht der **Zeitpunkt der**

49

---

75 BGH, Urt. v. 29.1.2015 – IX ZR 279/13, ZInsO 2015, 559 Rn. 59.
76 BGH, Urt. v. 29.1.2015 – IX ZR 279/13, ZInsO 2015, 559 Rn. 60.
77 BGH, Urt. v. 29.1.2015 – IX ZR 279/13, ZInsO 2015, 559 Rn. 64.
78 BGH, Urt. v. 29.1.2015 – IX ZR 279/13, ZInsO 2015, 559 Rn. 65.
79 BGH, Urt. v. 29.1.2015 – IX ZR 279/13, ZInsO 2015, 559 Rn. 53.
80 BGH, Urt. v. 29.1.2015 – IX ZR 279/13, ZInsO 2015, 559 Rn. 55.

Verfahrenseröffnung, sondern entsprechend den allgemeinen anfechtungsrechtlichen Grundsätzen der **Zeitpunkt der Antragstellung** als **Stichtag** der **Jahresfrist** für die Berechnung des Ausgleichsanspruchs heranzuziehen. Diese Betrachtungsweise stellt sicher, dass entsprechend dem Willen des Gesetzgebers das von etwaigen Rechtswirkungen des Eröffnungsverfahrens unbeeinflusste tatsächliche Zahlungsverhalten des Schuldners die Grundlage für die Bemessung des Anspruchs bildet. Handelt es sich – wie von § 135 Abs. 3 InsO vorausgesetzt – um betriebsnotwendige Gegenstände, ist nach Antragstellung mit einer Anordnung nach § 21 Abs. 2 Satz 1 Nr. 5 InsO zu rechnen. Ungeachtet einer solchen Anordnung wird ein nach Antragstellung eingesetzter **vorläufiger Verwalter** seine Zustimmung für Zahlungen an den Gesellschafter in aller Regel versagen. Da dem faktischen Zahlungsverhalten der Gesellschaft Vorrang zukommt, ist es sachgerecht, den Anspruch nach Maßgabe der vor Antragstellung geleisteten Vergütung und damit ungeachtet verfahrensbedingter Ausfälle zu bemessen.[81]

VI. Gewährung eines Gesellschafterdarlehens keine unentgeltliche Leistung

50 Die Auszahlung eines Gesellschafterdarlehens an die Gesellschaft kann in der Insolvenz des Gesellschafters nicht als **unentgeltliche Leistung** (§ 134 InsO) des Gesellschafters angefochten werden. Die Ausreichung eines **Darlehens** ist grundsätzlich ein entgeltliches Geschäft, weil der Darlehensvertrag den Darlehensnehmer nach § 488 Abs. 1 Satz 2 BGB verpflichtet, einen vereinbarten Zins zu zahlen, jedenfalls aber das zur Verfügung gestellte Darlehen bei **Fälligkeit** zurückzuzahlen. Handelt es sich nach diesen Grundsätzen um ein entgeltliches Geschäft, kann die von dem Schuldner erbrachte Zuwendung nicht schon deshalb als unentgeltlich angefochten werden, weil die Gegenleistung ausgeblieben ist. Hiervon sind Fallgestaltungen zu unterscheiden, in denen ein verlorener Zuschuss formal in die Form eines Darlehens gekleidet worden ist. Hierdurch kann der Schutz der Gläubigergesamtheit vor unentgeltlichen Verfügungen des Schuldners nicht vereitelt werden.[82] Dem Darlehen steht – neben einer etwaigen Verzinsung des Darlehensbetrages – als vereinbarte Gegenleistung der außerhalb der Insolvenz der Gesellschaft rechtlich durchsetzbare **Anspruch auf Rückzahlung des Darlehens** nach Fälligkeit (§ 488 Abs. 1 Satz 2 BGB) gegenüber.[83] Die Abwertung des Rückzahlungsanspruchs beschränkt sich vielmehr in tatsächlicher und zeitlicher Hinsicht auf Fälle, in denen das Insolvenzverfahren über das Vermögen der Gesellschaft eröffnet worden ist. § 39 Abs. 1 Nr. 5 InsO

---

81 BGH, Urt. v. 29.1.2015 – IX ZR 279/13, ZInsO 2015, 559 Rn. 56.
82 BGH, Urt. v. 13.10.2016 – IX ZR 184/14, ZIP 2016, 2483 Rn. 14.
83 BGH, Urt. v. 13.10.2016 – IX ZR 184/14, ZIP 2016, 2483 Rn. 19.

VII. Rangrücktritt **Kap. 8**

enthält lediglich eine für den Fall der Insolvenz der Gesellschaft eingreifende Regelung.[84] Auf eine **Gewährung** oder das **Stehenlassen** eines Darlehens in der **Krise** der Gesellschaft im Sinne des § 32a Abs. 1 GmbHG a. F. kann für die nach neuem Recht zu beurteilenden Fälle aufgrund der Aufgabe des Merkmals „kapitalersetzend" und der nun voraussetzungslosen Anordnung des Nachrangs für alle Ansprüche aus Gesellschafterdarlehen und Forderungen aus Rechtshandlungen, die einem solchen Darlehen wirtschaftlich entsprechen, nicht mehr abgestellt werden.[85]

VII. Rangrücktritt

Einer Gesellschaft gewährte Darlehen müssen grundsätzlich passiviert werden und können zu ihrer **Überschuldung** (§ 19 InsO) beitragen. Rangrücktrittsvereinbarungen dienen deshalb dem Zweck, eine Forderung im **Überschuldungsstatus** einer Gesellschaft unberücksichtigt zu lassen und dadurch ihre Insolvenz zu vermeiden. Die Rechtsfolgen einer **Rangrücktrittsvereinbarung** stimmen überein, gleich ob sie zwischen einer Gesellschaft und einem Gesellschafter oder einem außenstehenden Dritten, insbesondere einem **Darlehensgeber**, geschlossen wurde.[86]

51

1. Inhalt der Erklärung

a) Früheres Recht

Soll eine Rangrücktrittsvereinbarung die Vermeidung einer Insolvenz sicherstellen, muss sie nach der bis zum Inkrafttreten des MoMiG am 1.11.2008 maßgeblichen Gesetzeslage sowohl vor als nach **Verfahrenseröffnung** ausschließen, dass eine **Darlehensforderung** als Verbindlichkeit in die Bilanz aufgenommen wird. Demzufolge muss sich der Regelungsbereich einer Rangrücktrittsvereinbarung auf den **Zeitraum** vor und nach Insolvenzeröffnung erstrecken.[87] Eine Forderung braucht danach nicht passiviert zu werden, wenn der betreffende Gläubiger aufgrund eines qualifizierten **Rangrücktritts** sinngemäß erklärt hat, er wolle wegen der Forderung erst nach der Befriedigung sämtlicher Gesellschaftsgläubiger und – bis zur Abwendung der **Krise** – auch nicht vor, sondern nur zugleich mit den Einlagerückgewähransprüchen der Gesellschafter berücksichtigt, also so behandelt werden, als handele es sich bei dem Darlehen um **statutarisches Kapital**. Ein **Rücktritt** in den Rang von § 39 Abs. 2 InsO a. F. genügt den Anforderungen an einen qualifizierten Rangrücktritt, wenn der Gesell-

52

---

84 BGH, Urt. v. 13.10.2016 – IX ZR 184/14, ZIP 2016, 2483 Rn. 21.
85 BGH, Urt. v. 13.10.2016 – IX ZR 184/14, ZIP 2016, 2483 Rn. 16.
86 BGH, Urt. v. 5.3.2015 – IX ZR 133/14, Rn. 14.
87 BGH, Urt. v. 5.3.2015 – IX ZR 133/14, BGHZ 204, 231 Rn. 16.

Kap. 8 Gesellschafterdarlehen in der Insolvenz

schafter in dieser Klasse an die letzte Stelle tritt. Als Folge des Rangrücktritts besteht keine Notwendigkeit, die Forderung in den **Schuldenstatus** der Gesellschaft aufzunehmen. Einer darüber hinausgehenden Erklärung des Gesellschafters, insbesondere eines Verzichts auf die Forderung, bedarf es nicht. Bei einer im engen Wortsinn unzureichenden Vereinbarung kann sich im Wege der Auslegung ergeben, dass ein umfassender Rangrücktritt gewollt war.[88]

b) Heutiges Recht

53 Diesen Anforderungen an den Inhalt einer **Rangrücktrittsvereinbarung** ist auch auf der Grundlage des durch das MoMiG umgestalteten Rechts (§ 19 Abs. 2 Satz 2, § 39 Abs. 2 InsO) im Wesentlichen zu genügen. Abweichend von dem früheren Verständnis kann die Erklärung nach dem Wortlaut des § 19 Abs. 2 Satz 2, § 39 Abs. 2 darauf beschränkt werden, hinter die Forderungen aus § 39 Abs. 1 Nr. 5 InsO zurückzutreten, ohne darüber hinaus eine Gleichstellung mit den Einlagerückgewähransprüchen zu verlautbaren.[89] In Einklang mit dem bisherigen Recht ist zur Vermeidung der andernfalls unumgänglichen Insolvenzantragspflicht (§ 15a InsO) zu verlangen, dass der Rangrücktritt auch den **Zeitraum** vor Verfahrenseröffnung erfasst. Eine Forderung kann nicht vor **Verfahrenseröffnung** durchsetzbar sein, nach Verfahrenseröffnung aber ausgeblendet werden, wenn es um die Feststellung der Überschuldung geht. Der **Überschuldungsstatus** würde die Schuldendeckungsfähigkeit nicht zutreffend abbilden, wenn eine vorinsolvenzliche **Durchsetzungssperre** fehlte. Diese rechtliche Würdigung entspricht dem Willen des Gesetzgebers, wonach – abgesehen von der Rangtiefe – an den von dem Bundesgerichtshof für eine Rangrücktrittsvereinbarung zwecks Befreiung von der **Passivierungspflicht** entwickelten Voraussetzungen festgehalten werden soll. Da die Neuregelung dem **Geschäftsführer** nach der Vorstellung des Gesetzgebers die Entscheidung, ob eine Forderung zu passivieren ist, erleichtern soll, muss ein Rangrücktritt, weil von seiner Reichweite die **Geschäftsleiter** treffende **Insolvenzantragspflicht** (§ 15a InsO) abhängt, gerade auch vor Verfahrenseröffnung gelten.[90]

2. Rechtsfolge eines Rangrücktritts

54 Wird eine mit einem qualifizierten Rangrücktritt versehene Verbindlichkeit trotz Insolvenzreife beglichen, kann die Zahlung mangels eines **Rechtsgrundes** kondiziert werden.

---

88 BGH, Urt. v. 5.3.2015 – IX ZR 133/14, BGHZ 204, 231 Rn. 17.
89 BGH, Urt. v. 5.3.2015 – IX ZR 133/14, BGHZ 204, 231 Rn. 18.
90 BGH, Urt. v. 5.3.2015 – IX ZR 133/14, BGHZ 204, 231 Rn. 19.

VII. Rangrücktritt **Kap. 8**

a) Schuldänderungsvertrag

Eine qualifizierte Rangrücktrittsvereinbarung stellt einen **Schuld- oder Schuldänderungsvertrag** dar, nach dessen Inhalt die Forderung des Gläubigers nicht mehr **passiviert** wird und nur im Falle eines die Verbindlichkeiten übersteigenden Aktivvermögens befriedigt werden darf. Aufgrund des Schuld- oder Schuldänderungsvertrages wird die Forderung mit **dinglicher** Kraft inhaltlich dahin umgewandelt, dass sie nicht mehr zu passivieren ist. Die **Forderung** bildet im Verhältnis zu den übrigen Gläubigern **haftendes Kapital** und darf deshalb nicht an den Forderungsinhaber ausbezahlt werden. Damit wird der Forderung vereinbarungsgemäß eine nachrangige Stellung zugewiesen, die eine Befriedigung nur aus freiem, nicht zur Schuldendeckung benötigten Vermögen der Gesellschaft gestattet. Durch die Vereinbarung wird die Rangfolge, aber nicht der Bestand der Forderung geändert, sodass etwaige **Sicherungsrechte** nicht berührt werden.[91] Infolge der Nachrangvereinbarung darf die Forderung nicht getilgt werden, wenn sich der Schuldner im Stadium der **Insolvenzreife** befindet. Darum verwirklicht sich in der **Rangrücktrittsvereinbarung** eine **Durchsetzungssperre**, die aufgrund einer rechtsgeschäftlichen Vereinbarung der Bindung **kapitalersetzender Darlehen** entspricht. Der Schuldner, der die Forderung bei Insolvenzreife entgegen der Rangrücktrittsvereinbarung berichtigt, hat infolge der Schuldänderung auf eine **Nichtschuld** geleistet.[92]

55

b) Vertrag zugunsten Dritter

Eine **Rangrücktrittsvereinbarung** kann als **Vertrag zugunsten Dritter** (§ 328 Abs. 1 BGB), der zum Vorteil aller **Gläubiger** des Schuldners Rechte begründet, nicht durch eine Abrede des Schuldners mit dem Forderungsgläubiger aufgehoben werden.[93] Zugunsten der bisherigen Gläubiger, aber auch der nach Abschluss der Vereinbarung hinzutretenden **Neugläubiger** wird aufgrund der Rangrücktrittserklärung rechtsverbindlich bekundet, dass die zurücktretende Forderung mangels einer **Passivierungspflicht** nicht die **Insolvenz** des Schuldners auslösen wird, was – sofern nicht andere insolvenzverursachende Umstände hinzukommen – eine volle Befriedigung der übrigen Gläubigerforderungen erwarten lässt.[94] Im Interesse des **Gläubigerschutzes** ist es unumgänglich, eine Bindung der Vertragsparteien an eine Rangrücktrittserklärung anzuerkennen, die eine freie Aufhebung des Übereinkommens ausschließt. Darum kann die mit einer Rangrücktrittserklärung verbundene Vorsorge gegen den Eintritt eines **Insolvenzgrundes** nur verwirklicht werden, wenn den Gläubigern eine gesicherte

56

---

91 BGH, Urt. v. 5.3.2015 – IX ZR 133/14, BGHZ 204, 231 Rn. 32.
92 BGH, Urt. v. 5.3.2015 – IX ZR 133/14, BGHZ 204, 231 Rn. 34.
93 BGH, Urt. v. 5.3.2015 – IX ZR 133/14, BGHZ 204, 231 Rn. 35.
94 BGH, Urt. v. 5.3.2015 – IX ZR 133/14, BGHZ 204, 231 Rn. 37.

Kap. 8 Gesellschafterdarlehen in der Insolvenz

Rechtsposition verschafft wird. Deshalb wird die Begründung eines selbstständigen Rechts der Gläubiger bei einem Rangrücktritt stets miterklärt.[95] Der Kreis der hierdurch begünstigten Gläubiger ist entgegen im Schrifttum geäußerter Bedenken hinreichend bestimmt. Es genügt, wenn die begünstigten Dritten nachträglich bestimmbar sind. Einer Beschränkung des Kreises der in den Vertrag einbezogenen Dritten bedarf es nicht, wenn durch ihre Einbeziehung eine Ausweitung des Haftungsrisikos, was wegen der auf eine Einzelforderung beschränkten Durchsetzungssperre ausgeschlossen ist, nicht eintritt. Mithin kann ein Vertrag zugunsten sämtlicher Gläubiger eines Schuldners begründet werden.[96] Als Vertrag zugunsten Dritter kann eine Rangrücktrittsvereinbarung grundsätzlich nicht ohne Mitwirkung der begünstigten Gläubiger aufgehoben werden. Allerdings kann das Recht des Dritten gemäß § 328 Abs. 2 BGB an gewisse Voraussetzungen geknüpft werden. Die von einem Rangrücktritt erfasste Forderung darf nach dem Inhalt der maßgeblichen Vereinbarung aus freiem Vermögen der Schuldnerin beglichen werden. Ein Recht der Gläubiger wird folglich nicht begründet, wenn eine zur Deckung sämtlicher **Verbindlichkeiten** genügende **Vermögensmasse** vorhanden ist. Mithin ist eine Aufhebung einer Rangrücktrittserklärung ohne Mitwirkung der Gläubiger zulässig, wenn eine **Insolvenzreife** der Schuldnerin nicht vorliegt oder beseitigt ist.[97]

3. Anfechtbarkeit einer trotz eines Rangrücktritts geleisteten Zahlung

57 Eine trotz eines qualifizierten Rangrücktritts im Stadium der Insolvenzreife bewirkte Zahlung kann als **unentgeltliche Leistung** angefochten werden.

a) Unentgeltlichkeit

58 Unentgeltlich ist danach eine Leistung, wenn ein Vermögenswert des Verfügenden zugunsten einer anderen Person aufgegeben wird, ohne dass dem Verfügenden ein entsprechender Vermögenswert zufließen soll. Der insolvenzrechtliche Begriff der unentgeltlichen Leistung setzt eine Einigung über die Unentgeltlichkeit als solche nicht voraus. Maßgebend ist in erster Linie der objektive Sachverhalt. Erst wenn feststeht, dass der Zahlungsempfänger einen Gegenwert für seine Zuwendung erbracht hat, ist zu prüfen, ob gleichwohl der Hauptzweck des Geschäfts Freigiebigkeit gewesen ist. Bei Zahlung auf eine **Nichtschuld** fehlt es, selbst wenn einem bereicherungsrechtlichen Rückforderungsanspruch § 814 BGB entgegensteht, an der Entgeltlichkeit der Leistung.[98]

---

95 BGH, Urt. v. 5.3.2015 – IX ZR 133/14, BGHZ 204, 231 Rn. 38.
96 BGH, Urt. v. 5.3.2015 – IX ZR 133/14, BGHZ 204, 231 Rn. 40 f.
97 BGH, Urt. v. 5.3.2015 – IX ZR 133/14, BGHZ 204, 231 Rn. 42.
98 BGH, Urt. v. 5.3.2015 – IX ZR 133/14, BGHZ 204, 231 Rn. 49.

b) Rechtswirkungen eines Rangrücktritts

Die Gewährung eines nach früherem Recht kapitalersetzenden Darlehens oder auch das Stehenlassen eines Darlehens mit der Folge seiner Umqualifizierung in Gesellschaftskapital ist als **unentgeltliche Leistung** des Gesellschafters an seine Gesellschaft zu bewerten. Der durch die Überlassung eigenkapitalersetzender Mittel bewirkte Rangrücktritt des Anspruchs auf Rückzahlung, der in der **Insolvenz** dessen wirtschaftliche Wertlosigkeit zur Folge hat, wird ohne ausgleichende Gegenleistung der Gesellschaft gewährt. Wird umgekehrt ein kraft Eigenkapitalersatzrecht gesperrter Zahlungsanspruch befriedigt, liegt wegen der verbotenen Zahlung aus dem Stammkapital eine unentgeltliche Leistung der Gesellschaft an den Gesellschafter vor.[99] Die Parteien haben mit einem **Rangrücktritt** ein rechtsgeschäftliches **Zahlungsverbot** vereinbart, als dessen Rechtsfolge Zahlungen des Schuldners an den Gläubiger im Stadium der **Insolvenzreife** ohne **Rechtsgrund** erbracht werden. Rechtlich sind ein gesetzliches und ein rechtsgeschäftliches **Zahlungsverbot** gleich zu behandeln. Mithin führt auch das zwischen den Parteien kraft des **Rangrücktritts** vereinbarte rechtsgeschäftliche Zahlungsverbot zur **Rechtsgrundlosigkeit** und damit **Unentgeltlichkeit** der Leistung.[100]

---

99 BGH, Urt. v. 5.3.2015 – IX ZR 133/14, BGHZ 204, 231 Rn. 51.
100 BGH, Urt. v. 5.3.2015 – IX ZR 133/14, BGHZ 204, 231 Rn. 52.

Kapitel 9
Haftung in der Eigenverwaltung

Übersicht

	Rn.		Rn.
I. Einleitung	1	IV. Haftung der Gesellschafter	41
II. Aufgabenzuweisung in der Eigenverwaltung	2	1. Einflussnahme auf die Geschäftsführung	42
III. Haftung des Geschäftsführers	3	a) Weisungen	43
1. Zahlungsverbot des § 64 GmbHG	4	b) Wechsel der Geschäftsleitung	44
a) Voraussetzungen der Vorschrift	5	c) Insolvenzfreier Bereich	45
b) Folgerungen für Eigenverwaltung	6	2. Gesellschaft mit beschränkter Haftung (GmbH)	46
c) Folgerungen für Schutzschirmverfahren	14	a) Unzulässige Zahlungen	47
d) Zahlungsverbot des § 64 Satz 3 GmbHG, § 92 Abs. 2 Satz 3 AktG	16	b) Darlehen	48
		3. Offene Handelsgesellschaft (oHG)	49
2. Insolvenzverschleppungshaftung	18	V. Geltendmachung der Ansprüche	51
a) Grundsätze	18	1. Inhalt der Verweisungsnormen	52
b) Folgerungen	19	a) § 92 InsO	52
3. Haftung aus § 43 Abs. 2 GmbHG, § 93 Abs. 2 AktG	20	b) § 93 InsO	53
a) Pflichtenmaßstab	20	2. Folgerungen	54
b) Innenhaftung im Verhältnis zur Gesellschaft	21	a) Gesamtschaden	55
c) Erfasste Schäden	22	b) Gesellschafterhaftung	58
d) Außenhaftung gegenüber Gläubigern	26	3. Besonderheiten bei der GmbH	59
4. Haftung aus §§ 60, 61 InsO	31	a) Entbehrlichkeit eines Gesellschafterbeschlusses für Inanspruchnahme von Geschäftsführern und Gesellschaftern	59
a) Haftung der Gesellschaft	32		
b) Haftung der Geschäftsleiter	35	b) Übergang der Anspruchsverfolgung von Geschäftsleiter auf Sachwalter	60
c) Geschützter Personenkreis	40	VI. Fazit	61

I. Einleitung

Bekanntlich hat der Gesetzgeber durch das Gesetz zur weiteren Erleichterung 1
der Sanierung von Unternehmen (ESUG) das Ziel verfolgt, den Sanierungsge-

Kap. 9 Haftung in der Eigenverwaltung

danken zu fördern, indem dem Schuldner unter erleichterten Voraussetzungen der Zugang zur Eigenverwaltung eröffnet wird. Das Insolvenzgericht kann gemäß § 270 Abs. 1 und 2 InsO eine Eigenverwaltung anordnen, wenn der Schuldner einen entsprechenden Antrag stellt und aus dieser Maßnahme keine Nachteile für die Gläubiger zu besorgen sind. Mit dem in § 270b InsO zur Vorbereitung einer Eigenverwaltung geregelten Schutzschirmverfahren will der Gesetzgeber dem Schuldner einen Anreiz setzen, frühzeitig einen Insolvenzantrag zu stellen. Das Schutzschirmverfahren kann gemäß § 270b Abs. 1 InsO in Fällen drohender Zahlungsunfähigkeit oder Überschuldung beantragt werden, wenn eine Sanierung nicht offensichtlich aussichtslos ist. Der wesentliche Unterschied der Eigenverwaltung im Vergleich zu einem Regelinsolvenzverfahren äußert sich darin, dass der Schuldner gemäß § 270 Abs. 1 Satz 1 InsO verfügungsbefugt bleibt und lediglich nach §§ 270c, 274, 275 InsO der Aufsicht eines Sachwalters unterliegt. Mit der ungeschmälerten Verfügungsbefugnis verknüpft sich die Frage, welchen Haftungsregeln den Schuldner, seine Organe und Gesellschafter im Verfahren der Eigenverwaltung treffen.

II. Aufgabenzuweisung in der Eigenverwaltung

2   Die Verteilung der Aufgaben in der Eigenverwaltung ergibt sich aus §§ 270 ff. InsO. Vor Verfahrenseröffnung kann auf den Antrag auf Eröffnung in Eigenverwaltung nach § 270a Abs. 1 Satz 2 InsO ein vorläufiger Sachwalter bestellt werden, dem insbesondere die Kontrollbefugnisse der §§ 274, 275 InsO zustehen. Gleiches gilt gemäß § 270b Abs. 2 Satz 1, §§ 270a, 274, 275 InsO im Schutzschirmverfahren. Der Sachwalter tritt verallgemeinernd ausgedrückt an die Stelle eines im Regelinsolvenzverfahren eingesetzten vorläufigen Insolvenzverwalters, wobei ihm neben der Überwachung des Schuldners (§ 274 Abs. 2 InsO) und der Zustimmung bei außergewöhnlichen Maßnahmen (§ 275 InsO) insbesondere die Insolvenzanfechtung (§ 280 InsO) und die Führung der Insolvenztabelle (§ 270c Satz 2 InsO) obliegen. Demgegenüber nimmt der Schuldner abweichend von einem Regelverfahren gemäß § 270 Abs. 1 Satz 1 InsO die Verwaltungs- und Verfügungsbefugnis über sein Vermögen alleine wahr. Darum hat er die Masse zu sichern und zu verwalten und grundsätzlich das Unternehmen bis zum Berichtstermin fortzuführen. In diesem Zusammenhang hat der Schuldner notwendige Zahlungen zu veranlassen und den Zahlungsverkehr abzuwickeln, falls nicht der Sachwalter die Kassenführung gemäß § 275 Abs. 2 InsO an sich zieht. Der Schuldner hat unter Beachtung der Aus- und Absonderungsrechte das Sicherungsgut zu verwerten (§ 282 InsO) und gemäß § 279 InsO die Wahlrechte aus §§ 103 ff. InsO auszuüben. Die Verteilung des Erlöses an die Gläubiger ist von dem Schuldner zu verantworten (§ 283 Abs. 2 InsO). Im Schutzschirmverfahren (§ 270b InsO) als besonderer Form der vorläufigen Eigenverwaltung (§ 270a InsO) hat der Schuldner entsprechend dem Verfahrensziel einen Insol-

venzplan auszuarbeiten (§ 270b Abs. 1 InsO). Ferner ist der Eintritt der Zahlungsunfähigkeit unverzüglich anzuzeigen (§ 270b Abs. 4 Satz 2 InsO).[1]

III. Haftung des Geschäftsführers

Die Eigenverwaltung betrifft regelmäßig das Vermögen einer insolvenzreifen juristischen Person und als typischer Rechtsform des Mittelstandes das einer GmbH. Es liegt auf der Hand, dass einem Geschäftsführer in einer derartigen Krisensituation vielfältige Haftungsgefahren drohen.

1. Zahlungsverbot des § 64 GmbHG

Ab dem Eintritt der Insolvenzreife unterliegen gemäß § 64 Satz 1 GmbHG, § 92 Abs. 2 Satz 1 AktG, § 99 Satz 1 GenG und § 130a Abs. 1 Satz 1 HGB Geschäftsleiter einer GmbH, einer AG, einer Genossenschaft sowie einer GmbH & Co. KG, die keine natürliche Person als persönlich haftenden Gesellschafter hat, dem Verbot, Zahlungen zulasten des Gesellschaftsvermögens zu bewirken. Die Regelungen sind unbeschadet geringfügiger tatbestandlicher Unterschiede in einem einheitlichen Sinne zu deuten[2] und untersagen dem Geschäftsleiter – schlagwortartig ausgedrückt – jegliche Zahlungen aus dem Gesellschaftsvermögen nach Eintritt der Insolvenzreife.[3] Ausnahmsweise sind jeweils nach Satz 2 dieser Bestimmungen Zahlungen erlaubt, die mit der Sorgfalt eines ordentlichen und gewissenhaften Geschäftsmanns vereinbar sind.[4]

a) Voraussetzungen der Vorschrift

Der zeitliche Anwendungsbereich der Regelung ist ab der materiellen Insolvenz der Gesellschaft, also Zahlungsunfähigkeit oder Überschuldung, eröffnet. Das Zahlungsverbot entfaltet damit sofort ab Eintritt der Insolvenzreife und nicht erst ab dem Ende der dreiwöchigen Insolvenzantragsfrist Bindungswirkung.[5] Der in der Person der Gesellschaft begründete Anspruch entsteht bereits mit Vornahme der verbotenen Zahlungen, nicht etwa erst nach Verfahrenseröffnung.[6] Der Begriff der „Zahlungen" ist als haftungsbegründende, von dem Geschäfts-

---

1 Vgl. im einzelnen *Thole/Brünkmans*, ZIP 2013, 1097.
2 Vgl. BT-Drucks. 7/3441, S. 47; BGH, Urt. v. 26.3.2007 – II ZR 310/05, WM 2007, 973 Rn. 7.
3 Vgl. nur BGH, Beschl. v. 5.2.2007 – II ZR 51/06, WM 2007, 1465 Rn. 4, Leitsatz 1.
4 Vgl. BGH, Urt. v. 8.1.2001 – II ZR 88/99, BGHZ 146, 264, 274 f.
5 BGH, Urt. v. 16.3.2009 – II ZR 280/07, WM 2009, 851 Rn. 12.
6 BGH, Beschl. v. 23.9.2010 – IX ZB 204/09, ZInsO 2010, 2101 Rn. 13.

Kap. 9 Haftung in der Eigenverwaltung

führer veranlasste[7] Rechtshandlung[8] in einem weiten Sinne auszulegen,[9] der jede Übertragung von Vermögensgegenständen oder Wirtschaftsgütern einschließt.[10] Bei einem Verstoß gegen die Zahlungsverbote sind nach Auffassung der Rechtsprechung die einzelnen Vermögensabflüsse von den Geschäftsleitern jeweils durch Rückzahlung an die Masse abzugelten.[11] Zusammengefasst braucht die Gesellschaft zur Begründung eines Anspruchs aus § 64 GmbHG im Fall der Insolvenz lediglich darzulegen, dass ein nach Insolvenzreife gezahlter Betrag in der Insolvenzmasse fehlt.[12]

b) Folgerungen für Eigenverwaltung

6 Steht eine Haftung aus § 64 GmbHG im Raum, ist zu klären, ob die Vorschrift in den jeweiligen Verfahrensstadien der Eigenverwaltung überhaupt anwendbar ist.

aa) Vorläufige Eigenverwaltung

(1) Grundsatz

7 Wäre die Regelung des § 64 GmbHG ab Stellung eines Insolvenzantrages nicht mehr anwendbar,[13] weil sich der Regelungszweck der Norm darin erschöpft, den Geschäftsführer nach Insolvenzreife zur Antragstellung zu veranlassen,[14] könnte der Geschäftsführer nach Anordnung der auf einem Insolvenzantrag beruhenden vorläufigen Eigenverwaltung nicht mehr aus dieser Norm in Anspruch genommen werden. Es ist jedoch kein tragfähiger Grund ersichtlich, die Bestimmung des § 64 GmbHG einschließlich der Parallelvorschriften nach Antragstellung für unbeachtlich zu erklären. Der zeitliche Anwendungsbereich der Regelung ist ab der materiellen Insolvenz der Gesellschaft, also Zahlungsunfähigkeit oder Überschuldung, eröffnet. Das Zahlungsverbot entfaltet damit sofort ab Eintritt der Insolvenzreife und nicht erst ab dem Ende der dreiwöchigen Insolvenzan-

---

7 BGH, Urt. v. 16.3.2009 – II ZR 32/08, WM 2009, 955 Rn. 13.
8 Baumbach/Hueck/*Haas*, GmbHG, 21. Aufl., § 64 Rn. 63.
9 BGH, Urt. v. 16.3.2009 – II ZR 32/08, WM 2009, 955 Rn. 12; *Müller*, NZG 2015, 1021, 1022.
10 BT-Drucks. 16/6140, S. 112; Scholz/*Schmidt*, GmbHG, 11. Aufl., § 64 Rn. 28 ff.; Baumbach/Hueck/*Haas*, GmbHG, 20. Aufl., § 64 Rn. 65; *Sandhaus*, in: Gehrlein/Born/Simon, GmbHG, 3. Aufl., § 64 Rn. 16; *Müller*, DB 2015, 723; *Casper*, ZIP 2016, 793, 794.
11 BGH, Urt. v. 8.1.2001 – II ZR 88/99, BGHZ 146, 264, 278 f.; v. 28.1.2016 – II ZR 394/13, WM 2016, 275 Rn. 49.
12 BGH, Urt. v. 18.3.1974 – II ZR 2/72, NJW 1974, 1088, 1089; *Thole*, Gläubigerschutz durch Insolvenzrecht, S. 693; *Müller*, NZG 2015, 1021, 1022; *Habersack/Foerster*, NZG 2016, 153, 177.
13 In diesem Sinne *Brinkmann*, DB 2012, 1369.
14 Vgl. *Haas*, ZHR 178 (2014), 603, 605.

tragsfrist Bindungswirkung. Auch wenn ein Geschäftsleiter wegen laufender Sanierungsbemühungen innerhalb der längstens dreiwöchigen Frist des § 15a Abs. 1 Satz 1 InsO noch keinen Antrag auf Eröffnung des Insolvenzverfahrens stellen muss, hat er doch das Gesellschaftsvermögen für den Fall zu sichern, dass die Sanierungsbemühungen fehlschlagen und das Vermögen im Rahmen eines Insolvenzverfahrens zu verteilen ist.[15] Der Zweck der Sicherung des Insolvenzvermögens ist auch im Zeitraum zwischen der Antragstellung und der Verfahrenseröffnung verpflichtend, weil das Zahlungsverbot eine gleichmäßige Verteilung der Masse gerade nach Verfahrenseröffnung sicherstellen soll.[16] Andernfalls hätte der Geschäftsführer einen Freibrief, im Anschluss an die Antragstellung die Masse nach eigenem Ermessen auf die Gläubiger zu verteilen.[17] Die Haftung aus § 64 GmbHG kann der Geschäftsleiter nur vermeiden, indem er sich nach Antragstellung weitgehend passiv verhält.[18]

(2) Privilegierung

Der Geschäftsführer unterliegt gemäß § 64 Satz 2 GmbHG keiner Erstattungspflicht, sofern die Zahlung mit der Sorgfalt eines ordentlichen Geschäftsmannes vereinbar ist. Bei der Interpretation der Norm ist nach Antragstellung eine gewisse Großzügigkeit angezeigt, weil die Befolgung der Antragspflicht erkennen lässt, dass es nicht mehr um typische Konstellationen einer Insolvenzverschleppung geht.[19] Darum darf der Geschäftsführer Zahlungen vornehmen, welche für die Betriebsfortführung durch einen künftigen – vorläufigen – Verwalter unverzichtbar sind.[20] Entsprechend der Rechtslage vor Antragstellung ist der Geschäftsführer berechtigt,[21] trotz Insolvenzreife rückständige Umsatz- und Lohnsteuern an das Finanzamt[22] und rückständige Arbeitnehmeranteile zur Sozialversicherung an die Einzugsstelle zu entrichten.[23] Wird der öffentliche Gläubiger vor der Zahlung über die Insolvenzlage der Gesellschaft unterrichtet, wird nach

8

---

15 BGH, Urt. v. 16.3.2009 – II ZR 280/07, WM 2009, 851 Rn. 12.
16 OLG Brandenburg ZIP 2007, 724, 725; OLG Köln GmbHR 2014, 1039; *Sandhaus*, in: Gehrlein/Born/Simon, GmbHG, 3. Aufl., § 64 Rn. 8; *Bachmann*, ZIP 2015, 101, 107; *Thole/Brünkmanns*, ZIP 2013, 1097, 1100 f.; *Schmidt/Poertzgen*, NZI 2013, 369, 376; *Thole/Brünkmans*, ZIP 2013, 1097, 1101; *Weber/Knapp*, ZInsO 2014, 2245, 2250 f.; a. A. *Haas*, ZHR 178 (2014), 603, 619 ff.
17 *Klinck*, DB 2014, 938, 939.
18 *Bachmann*, ZIP 2015, 101, 102.
19 *Bachmann*, ZIP 2015, 101, 108; *Thole/Brünkmans*, ZIP 2013, 1097, 1101.
20 *Schmidt/Poertzgen*, NZI 2013, 369, 374.
21 *Thole*, DB 2015, 662, 665.
22 Vgl. nur BGH, Urt. v. 25.1.2011 – II ZR 196/09, WM 2011, 406 Rn. 11 ff.
23 Vgl. nur BGH, Urt. v. 25.1.2011 – II ZR 196/09, WM 2011, 406 Rn. 17 ff.

Kap. 9 Haftung in der Eigenverwaltung

Verfahrenseröffnung vielfach die Insolvenzanfechtung durchgreifen.[24] Überdies dürften mit Rücksicht auf die der Masse zukommende Gegenleistung Zahlungen auf Bargeschäfte über betriebsnotwendige Leistungen nicht zu beanstanden sein.[25]

(3) Einsetzung eines vorläufigen Verwalters

9 Im Regelverfahren ist zu berücksichtigen, dass nach Antragstellung vielfach ein vorläufiger Verwalter bestellt wird, sodass Verfügungen nur mit dessen Zustimmung Wirksamkeit entfalten (§ 21 Abs. 2 Nr. 2 Fall 2 InsO). Das Erfordernis der Zustimmung lässt die haftungsbegründende Notwendigkeit der Mitwirkung des Geschäftsführers nicht entfallen, sodass dieser weiter von den Bindungen des § 64 GmbHG nicht befreit ist.[26] Das Einverständnis des von dem Geschäftsleiter zutreffend informierten vorläufigen Verwalters dürfte grundsätzlich entweder das für eine Haftung aus § 64 GmbHG erforderliche Verschulden des Geschäftsführers entfallen lassen oder den Ausnahmetatbestand der Sorgfalt eines ordentlichen Geschäftsmannes (§ 64 Satz 2 GmbHG) erfüllen.[27] Wird ein starker vorläufiger Verwalter eingesetzt (§ 22 Abs. 1 Satz 1 InsO), kann der Geschäftsführer mangels Verfügungsbefugnis und ihm zurechenbarer Zahlungen aus § 64 GmbHG nicht mehr haftbar gemacht werden.[28] Trifft der Geschäftsführer trotz fehlender Befugnis eine Verfügung, die der vorläufige Verwalter nicht mehr rückgängig machen kann, unterliegt er freilich der Haftung des § 64 GmbHG.[29] Andererseits ist der Geschäftsführer nicht verpflichtet, den vorläufigen Verwalter von einer der Masse nachteiligen Handlung abzuhalten.[30]

10 Wird im Vorfeld der Eigenverwaltung ein vorläufiger Sachwalter (§ 270a Abs. 1 InsO) bestellt, bleibt die Verfügungsbefugnis des Geschäftsführers gleichwohl unberührt. Deswegen hat er weiter den Pflichten des § 64 GmbHG zu genügen.[31] Der Einwand, der Geschäftsführer werde nunmehr als Walter der Gläubigerinteressen tätig,[32] überzeugt nicht, weil er mangels Geltung des § 276a InsO im Eröffnungsverfahren weiter den Weisungen der Gesellschafterversammlung nachzukommen hat.[33] Die Einleitung des an keine strengen Voraussetzungen ge-

---

24 Schmidt/*Undritz*, InsO, 19. Aufl., § 270a Rn. 7.
25 *Bachmann*, ZIP 2015, 101, 108.
26 *Spliedt*, in: Schmidt/Uhlenbruck, Die GmbH in Krise, Sanierung und Insolvenz, 6. Aufl., Rn. 9.148.
27 *Schmidt/Poertzgen*, NZI 2013, 369, 374.
28 *Schmidt/Poertzgen*, NZI 2013, 369, 374.
29 *Schmidt/Poertzgen*, NZI 2013, 369, 374.
30 Baumbach/Hueck/*Haas*, GmbHG, 20. Aufl., § 64 Rn. 67a.
31 *Spliedt*, in: Schmidt/Uhlenbruck, Die GmbH in Krise, Sanierung und Insolvenz, 6. Aufl., Rn. 9.148.
32 In diesem Sinne *Haas*, ZHR 178 (2014), 603, 613.
33 *Klinck*, DB 2014, 938, 940.

knüpften Eigenverwaltungsverfahrens, das nur bei offensichtlicher Aussichtslosigkeit zu versagen ist (§ 270a InsO), bietet keine Gewähr dafür, dass die Gläubigerinteressen stets hinreichend gewahrt werden.[34] Die mitunter zu beobachtende erhebliche Dauer des Eröffnungsverfahrens bewirkt keine Suspendierung des § 64 GmbHG,[35] weil das Eröffnungsverfahren seiner Rechtsnatur nach nicht auf einen längeren Zeitraum angelegt ist. Davon abgesehen gilt § 64 GmbHG nicht zuletzt bei einer in der Praxis leider häufiger zu beobachtenden dauerhaften Verschleppung. Ferner wird § 64 GmbHG nicht durch das insolvenzrechtliche Schutzsystem verdrängt.[36] Schon im Gläubigerinteresse ist es geboten, gerade in dieser Phase § 64 GmbHG für anwendbar zu erklären.[37]

Allerdings ist der Geschäftsleiter bei vorläufiger Eigenverwaltung regelmäßig von der Haftung befreit, sofern er im Einvernehmen mit allen Mitgliedern des vorläufigen Gläubigerausschusses oder im Einverständnis mit dem vorläufigen Sachwalter handelt.[38] Die Zustimmung des Gläubigerausschusses wirkt haftungsbefreiend, weil dieser gemäß § 272 Abs. 1 Nr. 1 InsO die Aufhebung der Eigenverwaltung erwirken kann. Ähnliches gilt für den vorläufigen Sachwalter, der gemäß § 274 Abs. 3 InsO durch eine Mitteilung an den Gläubigerausschuss den Anstoß für eine Beendigung der Eigenverwaltung geben kann. Wer die vorläufige Eigenverwaltung beenden kann, ist berechtigt, bei ihrer Ausübung haftungsbefreiende Weisungen zu erteilen. Ferner ist die Tilgung von Masseverbindlichkeiten gestattet.[39] Auch wenn eine Masseverbindlichkeit pflichtwidrig begründet wurde, muss sie, ohne dass § 64 GmbHG entgegensteht, berichtigt werden. Eine davon zu trennende Frage ist es, ob wegen der Begründung der Verpflichtung, die tatbestandsmäßig nicht von § 64 GmbHG erfasst wird,[40] eine anderweitige Haftung durchgreift. Eine solche Haftung folgt aus § 43 Abs. 2 GmbHG, weil die Gesellschaft durch nachteilige Verträge einen Schaden erleidet.[41] Wie sonst im Eröffnungsverfahren sind dem Geschäftsführer Ausgaben zum Zwecke einer ordnungsgemäßen Betriebsfortführung gestattet.[42]

---

34 *Klinck*, DB 2014, 938, 940.
35 In diesem Sinne *Haas*, ZHR 178 (2014), 603, 615.
36 *Spliedt*, in: Schmidt/Uhlenbruck, Die GmbH in Krise, Sanierung und Insolvenz, 6. Aufl., Rn. 9.148; a. A. *Haas* ZHR 178 (2014), 603, 622 ff.
37 *Klinck*, DB 2014, 938, 940.
38 *Schmidt/Poertzgen*, NZI 2013, 369, 376; zweifelnd Schmidt/*Undritz*, InsO, 19. Aufl., § 270 Rn. 21; a. A. *Klink*, DB 2014, 938, 941.
39 *Bachmann*, ZIP 2015, 101, 108; a. A. *Klinck*, DB 2014, 938, 941.
40 BGH, Urt. v. 30.3.1998 – II ZR 146/96, BGHZ 138, 211, 216 f.; Urt. v. 29.11.1999 – II ZR 273/98, BGHZ 143, 184, 187 f.; v. 18.11.2014 – II ZR 231/13, BGHZ 203, 218 Rn. 17; Scholz/*Schmidt*, GmbHG, 11. Aufl., § 64 Rn. 33; *Habersack/Foerster*, ZHR 178 (2014), 387, 395.
41 Vgl. Scholz/*Schneider*, GmbHG, 11. Aufl., § 43 Rn. 100.
42 *Schmidt/Poertzgen*, NZI 2013, 369, 375 f.

Kap. 9 Haftung in der Eigenverwaltung

bb) Eröffnung in Eigenverwaltung

12 Im Regelinsolvenzverfahren entfaltet das Zahlungsverbot des § 64 GmbHG nach Verfahrenseröffnung keine Wirkung gegenüber dem Geschäftsführer. Dieser ist wegen des Verlusts der Verfügungsbefugnis (§§ 80 ff. InsO) nicht in der Lage, masseschmälernde Anordnungen zu treffen.[43] Ferner ist zu berücksichtigen, dass der Normzweck des § 64 GmbHG, das Schuldnervermögen zu sichern, mit der Verfahrenseröffnung untergeht. Im Regelinsolvenzverfahren kommt es vielfach zur Liquidation des Schuldnervermögens, die § 64 GmbHG – nur bis zur Verfahrenseröffnung – gerade verhindern will.[44] Darum kann die Vorschrift nach Verfahrenseröffnung keine Anwendung finden.[45] Die Interessen der Insolvenz- und Massegläubiger werden insoweit hinreichend und abschließend durch die Haftung des Insolvenzverwalters nach §§ 60, 61 InsO gesichert.[46]

13 Obwohl im Rahmen des Eigenverwaltungsverfahrens die Verfügungsbefugnis des Schuldners und damit des Geschäftsführers einer GmbH auch nach Verfahrenseröffnung unangetastet bleibt, findet § 64 GmbHG auch dort keine weitere Anwendung. Es darf nicht aus dem Blick verloren werden, dass die Eigenverwaltung, falls eine Sanierung nicht gelingt, in eine mit § 64 GmbHG unvereinbare Liquidation des Schuldnerunternehmens münden kann.[47] Die Interessen der Gläubigergesamtheit nimmt nach Verfahrenseröffnung im Eigenverwaltungsverfahren der Sachwalter wahr. Eine Legitimation zugunsten der Anwendung des § 64 GmbHG ist nicht mehr gegeben.[48] Sollen gemäß § 283 Abs. 2 InsO die Gläubiger durch den Schuldner im Rahmen einer Liquidation befriedigt werden, kann § 64 GmbHG nicht mehr gelten.[49] Dass den Gesetzesmaterialien kein Anhalt für oder gegen die Anwendbarkeit des § 64 GmbHG entnommen werden kann,[50] spricht dafür, dass der Gesetzgeber entsprechend der herkömmlichen Würdigung § 64 GmbHG nicht mehr als einschlägig erachtet. Wenig überzeugend erscheint es, nach Verfahrenseröffnung § 64 GmbHG für anwendbar zu erklären, aber den Geschäftsführer mit Rücksicht auf den Zweck der Unternehmensfortführung auf der Grundlage des § 64 Satz 2 GmbHG generell von einer

---

43 *Thole/Brünkmans*, ZIP 2013, 1097, 1100; *Bachmann*, ZIP 2015, 101, 107.
44 Vgl. *Klinck*, DB 2014, 938, 942.
45 Baumbach/Hueck/*Haas*, GmbHG, 20. Aufl., § 64 Rn. 67b; *Sandhaus*, in: Gehrlein/Born/Simon, GmbHG, 3. Aufl., § 64 Rn. 8; *Haas*, ZHR 178 (2014), 603, 607 ff.; *Weber/Knapp*, ZInsO 2014, 2245, 2253; a. A. *Klinck*, DB 2014, 938, 942.
46 *Schmidt/Poertzgen*, NZI 2013, 369, 376.
47 Vgl. *Klinck*, DB 2014, 938, 940; Schmidt/*Undritz*, InsO, 19. Aufl., § 270 Rn. 19.
48 Baumbach/Hueck/*Haas*, GmbHG, 20. Aufl., § 64 Rn. 67b; *Sandhaus*, in: Gehrlein/Born/Simon, GmbHG, 3. Aufl., § 64 Rn. 8.
49 *Spliedt*, in: Schmidt/Uhlenbruck, Die GmbH in Krise, Sanierung und Insolvenz, Rn. 9.147; *Thole/Brünkmans*, ZIP 2013, 1097, 1100.
50 Vgl. *Bachmann*, ZIP 2015, 101, 107.

Haftung freizustellen,[51] wenn er in Einklang mit den Vorgaben der InsO eine den Gläubigerinteressen entsprechende Verwertung und Verteilung der Masse vornimmt.[52] Immerhin ist zu berücksichtigen, dass der Schuldner und damit auch der Geschäftsführer ohnehin an den Insolvenzzweck mit der Folge gebunden ist, dass insolvenzzweckwidrige Maßnahmen unwirksam sind.[53]

c) Folgerungen für Schutzschirmverfahren

Ein Schutzschirmverfahren kann gemäß § 270b Satz 1 InsO nur eingeleitet werden, sofern der Schuldner drohend zahlungsunfähig oder überschuldet ist. Folglich ist für eine Anordnung nach § 270b InsO kein Raum, wenn bei der Gesellschaft bereits der Insolvenzgrund der Zahlungsunfähigkeit verwirklicht ist. Kommt ein Schutzschirmverfahren mit anderen Worten nur bei erst drohender Zahlungsunfähigkeit in Betracht, gilt das Zahlungsverbot des § 64 Satz 1 und 2 GmbHG – noch – nicht. Leistet der Geschäftsführer Zahlungen, ist er mangels Eingreifen des Insolvenzgrundes der Zahlungsunfähigkeit nicht der Haftung des § 64 GmbHG unterworfen. Hingegen kann ein Schutzschirmverfahren bei schon eingetretener Überschuldung, also dem Insolvenzgrund des § 19 InsO, angeordnet werden. In diesem Fall kann sich der Geschäftsführer der Gefahr aussetzen, für gleichwohl bewirkte Zahlungen nach § 64 GmbHG verantwortbar gemacht zu werden.

14

Im Falle der Überschuldung oder des nachträglichen Eintritts der Zahlungsunfähigkeit sind zugunsten des Geschäftsführers die haftungsbeschränkenden Grundsätze zu berücksichtigen, die im Rahmen der vorläufigen Eigenverwaltung entwickelt wurden. Da dem Sanierungsgedanken verstärkte Bedeutung zukommt, entsprechen Zahlungen, die eine Betriebsfortführung fördern, im angemessenen und erforderlichen Umfang der Sorgfalt eines ordentlichen Geschäftsmannes (§ 64 Satz 2 GmbHG).[54]

15

d) Zahlungsverbot des § 64 Satz 3 GmbHG, § 92 Abs. 2 Satz 3 AktG

In Einklang mit den vorstehenden Ausführungen ist auch § 64 Satz 3 GmbHG bzw. § 92 Abs. 2 Satz 3 AktG zulasten der Geschäftsleiter bis zu Verfahrenseröffnung anwendbar. Allerdings werden die tatbestandlichen Voraussetzungen der Vorschriften im Zeitraum der Antragstellung bis zur Verfahrenseröffnung vielfach nicht gegeben sein. Der Gesetzgeber erblickt in § 64 Satz 3 GmbHG, nach dessen Inhalt der Geschäftsführer Zahlungen an Gesellschafter zu erstatten

16

---

51 In diesem Sinne *Bachmann*, ZIP 2015, 101, 108; Schmidt/*Undritz*, InsO, 19. Aufl., § 270 Rn. 21.
52 In diesem Sinne *Klinck*, DB 2014, 938, 942.
53 *Thole/Brünkmans*, ZIP 2013, 1097, 1100.
54 *Schmidt/Poertzgen*, NZI 2013, 369, 375 f.

Kap. 9 Haftung in der Eigenverwaltung

hat, die zur Zahlungsunfähigkeit der Gesellschaft führen mussten, eine Ergänzung der Haftung der Gesellschafter aus Existenzvernichtung. Die Vorschrift knüpft den Erstattungsanspruch an die Voraussetzung, dass die Zahlung zur Zahlungsunfähigkeit der Gesellschaft führen musste. Die Zahlungsunfähigkeit wird durch eine Zahlung an den Gesellschafter nicht verursacht, wenn die Gesellschaft bereits zahlungsunfähig ist.[55]

17 Bei dieser Sachlage hat § 64 Satz 3 GmbHG einen der materiellen Insolvenzreife vorgelagerten, engen Anwendungsbereich, der am ehesten vor Antragstellung erfüllt sein wird. Ist ein Insolvenzantrag wegen Zahlungsunfähigkeit bereits gestellt, kann die Vorschrift nicht mehr eingreifen. Hingegen kann sie ausnahmsweise einschlägig sein, wenn der Eigenantrag auf drohende Zahlungsunfähigkeit (§ 18 InsO) oder vor Eintritt der Zahlungsunfähigkeit auf Überschuldung (§ 19 InsO) gestützt ist. Insbesondere im Schutzschirmverfahren (§ 270b InsO), das bei drohender Zahlungsunfähigkeit in Betracht kommt, können Zahlungen an Gesellschafter den Tatbestand des § 64 Satz 3 GmbHG erfüllen, wenn sie die Zahlungsunfähigkeit der Gesellschaft auslösen.

2. Insolvenzverschleppungshaftung

a) Grundsätze

18 Wird eine GmbH zahlungsunfähig oder überschuldet, hat der Geschäftsführer nach § 15a Abs. 1 Satz 1 InsO, § 64 Abs. 1 GmbHG a. F. ohne schuldhaftes Zögern, spätestens aber drei Wochen nach Eintritt der Zahlungsunfähigkeit oder Überschuldung einen Insolvenzeröffnungsantrag zu stellen. Diese Vorschriften sind Schutzgesetze i. S. d. § 823 Abs. 2 BGB. Ihr Schutzzweck erfasst nicht nur Alt-, sondern auch Neugläubiger, die in Unkenntnis der Insolvenzreife der Gesellschaft noch in Rechtsbeziehungen zu ihr getreten sind.[56] Der objektive Tatbestand des Schutzgesetzes ist erfüllt, wenn der Geschäftsleiter trotz erkennbarer Insolvenzreife keinen Antrag auf Eröffnung des Insolvenzverfahrens stellt.[57] Die Antragspflicht endet, sobald ein ordnungsgemäßer Insolvenzantrag gestellt worden ist. Auf die Verfahrenseröffnung kommt es nicht an.[58] Die Erfüllung der Antragspflicht wirkt ex nunc, beseitigt also nicht eine bereits eingetretene Insolvenzverschleppung.[59]

---

55 BGH, Urt. v. 9.10.2012 – II ZR 298/11, BGHZ 195, 42 Rn. 7.
56 BGH, Urt. v. 14.5.2012 – II ZR 130/10, ZInsO 2012, 1367 Rn. 9.
57 BGH, Urt. v. 14.5.2012 – II ZR 130/10, ZInsO 2012, 1367 Rn. 10.
58 MünchKommInsO/*Klöhn*, 3. Aufl., § 15a Rn. 132.
59 Scholz/*Schmidt*, GmbHG, 11. Aufl., § 64 Rn. 166; MünchKommInsO/*Klöhn*, 3. Aufl., § 15a Rn. 132; *Gehrlein*, in: Gehrlein/Born/Simon, GmbHG, 3. Aufl., Rn. 124 vor § 64.

b) Folgerungen

Endet die Insolvenzverschleppungshaftung mit der Antragstellung, kommt ihr im vorliegenden Zusammenhang keine Bedeutung zu. Eine vorläufige Eigenverwaltung (§ 270a InsO), ein Schutzschirmverfahren (§ 270b InsO) und die Eröffnung in Eigenverwaltung (§ 270 InsO) setzen einen Insolvenzantrag voraus. Nachdem er tatsächlich gestellt worden ist, scheidet eine Insolvenzverschleppungshaftung begrifflich aus. Schließt die Antragstellung eine Insolvenzverschleppungshaftung aus,[60] kann allenfalls eine Aufklärungspflicht des Geschäftsleiters gegenüber einem neuen Vertragspartner in Betracht kommen, deren Verletzung Ansprüche aus Verschulden bei Vertragsschluss begründet.[61]

19

3. Haftung aus § 43 Abs. 2 GmbHG, § 93 Abs. 2 AktG

a) Pflichtenmaßstab

Die Vorschriften über die Haftung der Geschäftsleiter – insbesondere § 43 Abs. 2 GmbHG, § 93 Abs. 2 AktG – sind mit Rücksicht auf die fortbestehende Befugnis zum Abschluss von Verpflichtungs- und Verfügungsgeschäften grundsätzlich sowohl während eines vorläufigen Eigenverwaltungs- bzw. Schutzschirmverfahrens als auch nach Anordnung der Eigenverwaltung anwendbar.[62] Der Pflichtenmaßstab der Geschäftsleiter ist nach Insolvenzantragstellung in einem vorläufigen Eigenverwaltungsverfahren wie auch nach Anordnung der Eigenverwaltung im Vergleich zur Tätigkeit der werbenden Gesellschaft leicht modifiziert. Bereits im vorläufigen Eigenverwaltungsverfahren hat der Schuldner im Gläubigerinteresse insolvenzspezifische Pflichten zu erfüllen.[63] Nach Verfahrenseröffnung ist das Interesse der Gesellschaft nunmehr vor dem Hintergrund des § 276a InsO an dem Interesse der Gläubiger als den wirtschaftlichen Eigentümern des Unternehmens[64] auszurichten.[65] Darum haben die Geschäftsführer der Sorgfalt eines ordentlichen und gewissenhaften Insolvenzverwalters zu genügen.[66] Immerhin wird man sagen können, dass die Gesellschafterinteressen in einem Konflikt mit den Gläubigerbelangen zurücktreten müssen, weil die Legalitätspflicht und damit die Pflicht zur Beachtung der einschlägigen insolvenzrechtlichen Regelungen in der Insolvenz den Gläubigerbelangen den Vor-

20

---

60 Ulmer/*Casper*, GmbHG, 2. Aufl., § 64 Rn. 160.
61 Gottwald/*Haas/Kolman*, Insolvenzrechts-Handbuch, 5. Aufl., § 92 Rn. 136.
62 *Brinkmann*, DB 2012, 1369; *Bachmann*, ZIP 2015, 101, 104.
63 *Brinkmann*, DB 2012, 1369; *Thole/Brünkmans*, ZIP 2013, 1097, 1098.
64 MünchKommInsO/*Klöhn*, 3. Aufl., § 276a Rn. 8.
65 MünchKommInsO/*Klöhn*, 3. Aufl., § 276a Rn. 5.
66 *Spliedt*, in: Schmidt/Uhlenbruck, Die GmbH in Krise, Sanierung und Insolvenz, 6. Aufl., Rn. 9.134, Rn. 9.145; *Ringstmeier*, in: Ahrens/Gehrlein/Ringstmeier, InsO, 3. Aufl., § 270 Rn. 29, 32.

Kap. 9 Haftung in der Eigenverwaltung

rang zuweist. Ob der Insolvenzverwalter und damit der Geschäftsführer in der Eigenverwaltung für eine unternehmerische Fehlentscheidung haftet, ist am Insolvenzzweck der bestmöglichen Befriedigung der Insolvenzgläubiger unter Berücksichtigung der von den Insolvenzgläubigern getroffenen Verfahrensentscheidungen zu messen.[67] Die sog. Business-Judgement-Rule des § 93 Abs. 1 Satz 2 AktG, der zufolge eine Pflichtverletzung nicht vorliegt, wenn das Leitungsorgan bei einer unternehmerischen Entscheidung vernünftigerweise annehmen durfte, auf der Grundlage angemessener Information zum Wohle der Gesellschaft zu handeln, kann in diesem Rahmen für Insolvenzverwalter und damit auch für die Geschäftsleiter bei der Eigenverwaltung gelten.[68]

b) Innenhaftung im Verhältnis zur Gesellschaft

21   Die Vorschriften der § 43 Abs. 2 GmbHG, § 93 Abs. 2 AktG begründen eine Binnenhaftung der Geschäftsleiter im Verhältnis zu dem Unternehmen. Der Geschäftsführer haftet bei Verletzung seiner Pflichten nur der Gesellschaft und nicht den Gesellschaftsgläubigern. Insbesondere ist er einer Haftung enthoben, wenn er einen Gesellschafterbeschluss oder eine Weisung des einzigen Gesellschafters befolgt.[69] Zwar umfassen die Pflichten zur ordnungsgemäßen Geschäftsführung, die dem Geschäftsführer einer GmbH bzw. den Mitgliedern des Vorstands einer Aktiengesellschaft aufgrund ihrer Organstellung obliegen, auch die Verpflichtung, dafür zu sorgen, dass sich die Gesellschaft rechtmäßig verhält und ihren gesetzlichen Verpflichtungen nachkommt. Diese Legalitätspflicht besteht aber grundsätzlich nur der Gesellschaft gegenüber und nicht auch im Verhältnis zu außenstehenden Dritten. Denn die Bestimmungen der § 43 Abs. 1 GmbHG, § 93 Abs. 1 AktG regeln allein die Pflichten des Geschäftsführers bzw. Vorstandsmitglieds aus seinem durch die Bestellung begründeten Rechtsverhältnis zur Gesellschaft. Sie dienen nicht dem Zweck, Gesellschaftsgläubiger vor den mittelbaren Folgen einer sorgfaltswidrigen Geschäftsleitung zu schützen.[70]

c) Erfasste Schäden

22   Die Schadenersatzpflicht aus § 43 Abs. 2 GmbHG, § 93 Abs. 2 AktG beschränkt sich auf die Eigenschäden der Gesellschaft.

aa) Fehlender Eigenschaden

23   Wird Baugeld nicht zur Bezahlung der beteiligten Bauhandwerker, sondern für baufremde Ausgaben, also für andere Gesellschaftszwecke eingesetzt, so ent-

---

67 BGH, Urt. v. 16.3.2017 – IX ZR 253/15, Rn. 12.
68 *Brinkmann*, DB 2012, 1369 f.
69 BGH, Urt. v. 14.12.1959 – II ZR 187/57, BGHZ 31, 258, 278.
70 BGH, Urt. v. 10.7.2012 – VI ZR 341/10, ZInsO 2012, 1953 Rn. 22, 23.

steht dadurch zwar möglicherweise den Bauunternehmern, nicht aber ohne Weiteres der Gesellschaft ein Schaden. An einem solchen fehlt es insbesondere dann, wenn mit dem Geld andere Gesellschaftsschulden beglichen oder – gleichwertige – Vermögensgegenstände für die Gesellschaft angeschafft werden.[71] Verschlechtern sich infolge einer verzögerten Antragstellung die Befriedigungsaussichten der Gläubiger, manifestiert sich darin kein Schaden der Gesellschaft.[72] Auch die Begründung von Verbindlichkeiten nach Antragstellung bedeutet keinen Schaden der Gesellschaft.[73] Gemäß § 64 GmbHG verbotene Zahlungen lösen keinen Schaden der Gesellschaft aus, soweit dadurch Verbindlichkeiten zurückgeführt werden.[74] Da die Gesamtgläubigerschäden nur über § 64 GmbHG und § 823 Abs. 2 BGB, § 15a InsO ausgeglichen werden, sind die mit einer Insolvenz typischerweise verbundenen Zerschlagungsverluste nicht nach § 43 Abs. 2 GmbHG zu ersetzen.[75] Ein Eigenschaden der Gesellschaft tritt nicht ein, wenn durch eine keinen Deliktstatbestand ausfüllende Pflichtwidrigkeit des Geschäftsleiters ein Dritter eine Vermögenseinbuße erleidet.[76] Die Annahme von Schmiergeld durch den Geschäftsführer begründet nur dann einen Eigenschaden der Gesellschaft, wenn diese ohne das Schmiergeld eine höhere vertragliche Leistung erhalten hätte.[77]

bb) Verbindung von Eigen- und Fremdschaden

Aufgrund der Legalitätspflicht ist der Geschäftsführer verpflichtet, im Rahmen der Eigenverwaltung die maßgeblichen gesetzlichen Vorgaben zu beachten. Rechtshandlungen, welche die Gläubiger benachteiligen, können ausnahmsweise eine Haftung gegenüber der Gesellschaft auslösen, wenn dieser selbst aus der Maßnahme ein Schaden erwächst.[78] Als Beispiel wäre an die Missachtung von Sanierungs- und Verwertungschancen zu denken.[79] Gleiches dürfte gelten, wenn Geschäftsleiter das Gesellschaftsvermögen schmälern, indem sie Bestandteile beiseite schaffen.[80]

24

---

71 BGH, Urt. v. 21.3.1994 – II ZR 260/92, ZIP 1994, 872, 874; *Buck-Heeb*, in: Gehrlein/Born/Simon, GmbHG, 3. Aufl., § 43 Rn. 66.
72 Baumbach/Hueck/*Haas*, GmbHG, 21. Aufl., § 64 Rn. 160.
73 BGH, Urt. v. 30.3.1998 – II ZR 146/96, BGHZ 138, 211, 216 f.
74 *Michalski*/Haas/Ziemons, GmbHG, 2. Aufl., § 43 Rn. 209.
75 *Michalski*/Haas/Ziemons, GmbHG, 2. Aufl., § 43 Rn. 209.
76 BGH, Urt. v. 10.7.2012 – VI ZR 341/10, ZInsO 2012, 1953 Rn. 19 ff.
77 Ulmer/*Paefgen*, GmbHG, 2. Aufl., § 43 Rn. 189.
78 *Thole/Brünkmans*, ZIP 2013, 1097, 1100.
79 *Thole/Brünkmans*, ZIP 2013, 1097, 1100.
80 *Bachmann*, ZIP 2015, 101, 102.

Kap. 9 Haftung in der Eigenverwaltung

cc) Eigenschaden wegen Haftung für Fremdschaden

25 Hingegen könnte ein Schaden der Gesellschaft fehlen, wenn der Geschäftsleiter mit Aus- und Absonderungsrechten belastetes Vermögen zugunsten der Gesellschaft verwertet. Ein Schaden kann auch aus einer solchen Maßnahme erwachsen, sofern der Berechtigte die Gesellschaft in Haftung nimmt.[81] Falls die Gesellschaft für ein Fehlverhalten ihres Geschäftsführers einstehen muss, erleidet sie nämlich selbst einen Schaden.[82]

d) Außenhaftung gegenüber Gläubigern

26 Infolge des Binnenhaftungskonzepts kann eine Haftung des Geschäftsleiters im Verhältnis zu außenstehenden Dritten lediglich aus anderen speziellen Anspruchsgrundlagen hergeleitet werden.[83]

aa) Deliktsrecht

27 Die von der GmbH zum Schutz absoluter Rechtsgüter zu beachtenden Pflichten können auch ihren Geschäftsführer in einer Garantenstellung aus den ihm übertragenen organisatorischen Aufgaben treffen und bei Verletzung dieser Pflichten seine deliktische Eigenhaftung auslösen. Der Geschäftsführer einer GmbH haftet unmittelbar, wenn er persönlich eine unerlaubte Handlung begeht. Derjenige, der in vorwerfbarer Weise bei der Entziehung des Eigentums eines Dritten mitwirkt, ohne selbst Besitz zu erlangen, haftet grundsätzlich dem Eigentümer nach § 823 Abs. 1 BGB auf Schadensersatz. Den Geschäftsführer trifft die Verpflichtung, durch entsprechende Maßnahmen eine Verletzung des Vorbehaltseigentums der Lieferanten durch Dispositionen über die Lieferungen im Rahmen des Möglichen zu verhindern. Kommt er dieser Pflicht nicht nach, haftet er dem Eigentümer aus § 823 Abs. 1 BGB.[84] Diese Rechtsprechung ist einschlägig, wenn der Geschäftsführer bei der Eigenverwaltung Aus- und Absonderungsrechte von Gläubigern verletzt.[85]

bb) Haftung für erfolglosen Sanierungsversuch

28 Das zuständige Gesellschaftsorgan braucht bei Feststellung einer Insolvenzlage gemäß § 15a InsO nicht unbedingt sofort einen Insolvenzantrag zu stellen. Es muss nur ohne schuldhaftes Zögern handeln. Das schließt die Befugnis und ggf.

---

81 *Lücke/Simon*, in: Saenger/Inhester, GmbHG, 3. Aufl., § 43 Rn. 50.
82 *Koppensteiner/Gruber*, in: Rowedder/Schmidt-Leithoff, GmbHG, 5. Aufl., § 43 Rn. 22.
83 BGH, Urt. v. 10.7.2012 – VI ZR 341/10, ZInsO 2012, 1953 Rn. 24.
84 BGH, Urt. v. 5.12.1989 – VI ZR 335/88, BGHZ 109, 297, 302 ff.
85 *Thole/Brünkmans*, ZIP 2013, 1097, 1099.

sogar die Pflicht ein, mit der Sorgfalt eines ordentlichen und gewissenhaften Geschäftsleiters zu prüfen und zu entscheiden, ob nicht andere, weniger einschneidende Maßnahmen besser als ein Insolvenzverfahren geeignet sind, Schaden von der Gesellschaft, ihren Gläubigern und der Allgemeinheit abzuwenden. Das hierdurch der Unternehmensleitung eingeräumte pflichtmäßige Ermessen wird durch die für seine Ausübung gesetzte Höchstfrist von drei Wochen noch unterstrichen, aber auch begrenzt.[86]

Das geschäftsführende Gesellschaftsorgan muss bei einer erkannten Überschuldung nach pflichtmäßigem Ermessen die Aussichten und Vorteile eines Sanierungsversuchs gegen die Nachteile abwägen, die nicht eingeweihten Kunden bei einem Scheitern des Versuchs durch zwischenzeitliche Vermögensbewegungen entstehen können. Entscheidet es sich nach sorgfältiger und gewissenhafter Prüfung für einen solchen Versuch und darf es ihn den Umständen nach als sinnvoll ansehen, so verstößt es nicht schon deshalb gegen die guten Sitten oder das Betrugsverbot, weil eine für das Gelingen des Versuchs unerlässliche Fortführung des Betriebs unter Geheimhaltung seiner bedrängten Lage die Möglichkeit einschließt, dass hierdurch Getäuschte bei einem Zusammenbruch des Unternehmens einen Schaden erleiden, der ihnen bei sofortiger Einleitung eines Insolvenzverfahrens erspart geblieben wäre. Erst wenn ernste Zweifel an dem Gelingen eines Sanierungsversuchs bestehen und deshalb damit zu rechnen ist, dass er den Zusammenbruch des Unternehmens allenfalls verzögern, aber nicht auf die Dauer verhindern wird, kann der Vorwurf sittenwidrigen Handelns zum Schaden der Gläubiger (§ 826 BGB) vor allem dann berechtigt sein, wenn dieses Handeln auf eigensüchtigen Beweggründen beruht.[87] Damit räumt die Rechtsprechung Geschäftsleitern durchaus Ermessen ein, innerhalb der Frist des § 15a InsO einen Sanierungsversuch in die Wege zu leiten. Fehlen eigensüchtige Beweggründe, dürfte eine deliktische Haftung der Geschäftsleiter nach einer gescheiterten Sanierung ausscheiden. 29

cc) Verschulden bei Vertragsschluss

Da Vertragsbeziehungen nur zwischen der Gesellschaft und einem Vertragspartner zustande kommen, ist für eine Vertragshaftung des Geschäftsleiters regelmäßig kein Raum. Ein Insolvenzverwalter, der pflichtwidrig eine erkennbar nicht gedeckte Masseschuld begründet, haftet ohne Hinzutreten besonderer Umstände nicht persönlich aus Verschulden bei Vertragsschluss. Mehr als das im Geschäftsverkehr übliche Verhandlungsvertrauen nimmt auch ein Verwalter nicht in Anspruch, der als solcher in Erscheinung tritt. Von einem besonderen Vertrauenstatbestand lässt sich erst dann sprechen, wenn der Verwalter beim Verhand- 30

---

86 BGH, Urt. v. 9.7.1979 – II ZR 118/77, BGHZ 75, 96, 108.
87 BGH, Urt. v. 9.7.1979 – II ZR 118/77, BGHZ 75, 96, 114.

lungspartner ein zusätzliches, von ihm persönlich ausgehendes Vertrauen auf die Vollständigkeit und Richtigkeit seiner Erklärungen und die Durchführbarkeit des vereinbarten Geschäftes hervorgerufen hat.[88] Diese Grundsätze können auf den Geschäftsleiter in Ausübung der Eigenverwaltung übertragen werden.[89] Besondere haftungsbegründende Umstände werden regelmäßig nicht gegeben sein.[90] Eine Haftung dürfte ohne eine besondere garantieähnliche Erklärung auch dann nicht eingreifen, wenn der Geschäftsleiter einen Vertrag in dem Bewusstsein schließt, dass die Masse nicht zur Begleichung der Verbindlichkeit ausreicht.[91] Schon gar nicht haftet der Geschäftsleiter, sofern er die fehlende Leistungsfähigkeit der Gesellschaft lediglich pflichtwidrig nicht erkennt.[92]

4. Haftung aus §§ 60, 61 InsO

31 Der vorstehende Befund belegt, dass ein umfassender Schutz der Gläubiger der Gesellschaft wegen schadensstiftender Handlungen der Geschäftsleiter im Eigenverwaltungsverfahren nicht gegeben ist, solange gegen diesen Personenkreis ein Direktanspruch nicht durchgreift. Zwar unterliegt der Sachwalter gemäß § 274 Abs. 1, § 60 InsO einer Haftung, die sich jedoch auf seine Überwachungsaufgabe beschränkt und darum nicht tauglich ist, die durch die Geschäftsleiter beeinträchtigten Gläubigerbelange umfassend zu wahren.[93] Zudem verweist die Bestimmung des § 274 Abs. 1 InsO bewusst nicht auf § 61 InsO, weil Masseverbindlichkeiten nur durch den Schuldner selbst begründet werden.[94] Mithin zeigt sich bei strikter Gesetzesbefolgung im Blick auf die Haftung der Geschäftsleiter im Vergleich zum Regelinsolvenzverfahren, wo der Insolvenzverwalter nach §§ 60, 61 InsO haftet, ein spürbares, schwerlich hinnehmbares Haftungsdefizit.[95] Darum sind die Regelungen der §§ 60, 61 InsO auf die Geschäftsleiter einer in Eigenverwaltung befindlichen Gesellschaft analog anwendbar.[96]

---

88 BGH, Urt. v. 24.5.2005 – IX ZR 114/01, ZInsO 2005, 885, 886; BGH, Urt. v. 26.4.2018 – IX ZR 238/17, ZInsO 2018, 1200 Rn. 37 ff.
89 Vgl. BGH, Urt. v. 14.4.1987 – IX ZR 260/86, BGHZ 100, 346, 351 f.
90 *Thole/Brünkmans*, ZIP 2013, 1097, 1099.
91 BGH, Urt. v. 18.10.1993 – II ZR 255/92, GmbHR 1994, 464, 465 f.; v. 6.6.1994 – II ZR 292/91, BGHZ 126, 181, 189 f.
92 BGH, Urt. v. 18.10.1993 – II ZR 255/92, GmbHR 1994, 464, 465 f.; Urt. v. 6.6.1994 – II ZR 292/91, BGHZ 126, 181, 189 f.; Scholz/*Schneider*, GmbHG, 11. Aufl., § 43 Rn. 314; Ulmer/*Paefgen*, GmbHG, 2. Aufl., § 43 Rn. 345; a. A. *Brinkmann*, DB 2012, 1369, 1370.
93 *Bachmann*, ZIP 2015, 101, 102; *Thole/Brünkmans*, ZIP 2013, 1097, 1101.
94 *Bachmann*, ZIP 2015, 101, 102; Schmidt/*Undritz*, InsO, 19. Aufl., § 274 Rn. 6.
95 In diesem Sinne *Thole/Brünkmans*, ZIP 2013, 1097, 1102 ff.
96 BGH, Urt. v. 26.4.2018 – IX ZR 238/17, ZInsO 2018, 1200 Rn. 47 ff.

III. Haftung des Geschäftsführers   **Kap. 9**

a) Haftung der Gesellschaft

Es mag ein auf den ersten Blick fernliegender Gedanke sein, den eigenverwaltenden Schuldner selbst einer Haftung nach §§ 60, 61 InsO zu unterziehen, weil dessen gesamtes Vermögen (§ 35 Abs. 1 InsO) ohnehin im Verfahren zugunsten der Gläubiger verwertet wird und darum eine besondere Haftungsmasse zur Befriedigung von Ansprüchen aus §§ 60, 61 InsO nicht vorhanden ist.[97] Eine Besserstellung der Geschädigten könnte allenfalls daraus erwachsen, dass ihre Ansprüche aus §§ 60, 61 InsO zu Masseverbindlichkeiten aufgewertet werden.[98] Freilich steht der Befund, dass der Schuldner außerstande ist, seinen bestehenden Verbindlichkeiten zu genügen, einer Haftung für weitere Ansprüche rechtlich nicht entgegen.[99] Allerdings steckt in der Frage des Regelungsbedürfnisses für eine zusätzliche Haftung ein richtiger Kern: Unabhängig von der Realisierbarkeit etwaiger Ansprüche bedarf es aus Gläubigersicht einer Haftung der Gesellschaft nach §§ 60, 61 InsO nicht, wenn diese für haftungsbegründende Maßnahmen ihres Geschäftsleiters, welcher rein faktisch wie ein Insolvenzverwalter agiert, ohnehin nach allgemeinen Grundsätzen einstehen muss.

32

aa) Haftung der Masse für Handlungen des Insolvenzverwalters

Falls der Insolvenzverwalter durch eine insolvenzspezifische, aber auch eine insolvenzunspezifische Pflichtwidrigkeit einen Einzelschaden eines Beteiligten verursacht, haftet die Insolvenzmasse in analoger Anwendung des § 31 BGB gemäß § 55 Abs. 1 Nr. 1 InsO hierfür.[100] Speziell die Zurechnung von unerlaubten Handlungen des Insolvenzverwalters zulasten der Masse erfolgt nach § 31 BGB. Danach ist für eine Zurechnung Voraussetzung, dass zwischen den Aufgaben des Verwalters und der schädigenden Handlung ein sachlicher, nicht bloß zufälliger zeitlicher und örtlicher Zusammenhang besteht. Der Verwalter darf sich nicht so weit von seinen Aufgaben entfernt haben, dass er für Außenstehende erkennbar außerhalb des allgemeinen Rahmens der ihm übertragenen Aufgaben gehandelt hat.[101] Die Zurechnungsnorm des § 31 BGB ermöglicht es, die Masse für die Verletzung vertraglicher oder deliktischer Pflichten durch den Insolvenzverwalter haften zu lassen.[102] Die Haftung des Verwalters aus § 61 InsO beruht

33

---

97 *Bachmann*, ZIP 2015, 101, 103.
98 *Thole/Brünkmans*, ZIP 2013, 1097, 1102; a. A. *Spliedt*, in: Schmidt/Uhlenbruck, Die GmbH in Krise, Sanierung und Insolvenz, Rn. 9.140.
99 BGH, Urt. v. 29.6.1972 – II ZR 123/71, BGHZ 59, 148, 149 ff.; Urt. v. 17.3.1987 – VI ZR 282/85, BGHZ 100, 190, 198.
100 Jaeger/*Gerhardt*, InsO, 2007, § 60 Rn. 186; MünchKommInsO/*Schoppmeyer*, 3. Aufl., § 60 Rn. 112.
101 BGH, Beschl. v. 29.6.2006 – IX ZR 48/04, NZI 2006, 592 Rn. 3.
102 BGH, Urt. v. 1.12.2005 – IX ZR 115/01, ZInsO 2006, 100 Rn. 16; BAG, Urt. v. 25.1.2007 – 6 AZR 559/06, ZIP 2007, 1169 Rn. 24.

darauf, dass der Primäranspruch aus der Masseverbindlichkeit nicht gegen den Schuldner durchgesetzt werden kann,[103] es also zur Nichterfüllung einer Masseverbindlichkeit kommt.[104] Dies bedeutet, dass Pflichtverletzungen des Insolvenzverwalters, die eine Haftung nach §§ 60, 61 InsO auslösen, regelmäßig zugleich Ansprüche gegen die Masse begründen.[105] Im Blick auf die jeweils in Betracht kommenden Ansprüche sind die Masse und der Verwalter als Gesamtschuldner anzusehen, ohne dass die Masse primär verpflichtet wäre.[106]

bb) Haftung der Gesellschaft für Maßnahmen der Geschäftsleitung in der Eigenverwaltung

34 Ebenso haftet die Gesellschaft bei einer Eigenverwaltung ihren Gläubigern nach § 31 BGB für Pflichtverletzungen ihrer Geschäftsleiter. Da die insolvente Gesellschaft ohnehin gegenüber ihren Gläubigern für Pflichtverletzungen des Geschäftsführers einzutreten hat, besteht kein praktisches Bedürfnis, für derartige Pflichtverletzungen eine zusätzliche Haftung der Gesellschaft aus §§ 60, 61 InsO herzuleiten.[107] Der Zweck der §§ 60, 61 InsO liegt darin, im Falle von Pflichtverletzungen neben dem Schuldner einen personenverschiedenen, leistungsfähigen Dritten in Regress zu nehmen zu können.[108] Dieser Zweck wird verfehlt, wenn sich die Haftung aus §§ 60, 61 InsO unmittelbar gegen den Schuldner richtet. Die Regelung der §§ 60, 61 InsO will Dritte mit Hilfe eines Direktanspruchs der Ungelegenheit entheben, sich aus Ansprüchen des Schuldners gegen den Verwalter zu befriedigen.[109] Darum erscheint es wenig sachgerecht, eine Haftung der Gesellschaft aus §§ 60, 61 InsO gegenüber Verfahrensbeteiligten allein zu dem Zweck zu konstruieren, damit diese mit Hilfe des in § 43 Abs. 2 GmbHG wurzelnden Freistellungsanspruchs der Gesellschaft gegen die Geschäftsleiter Rückgriff nehmen können.[110]

---

103 Jaeger/*Gerhardt*, InsO, 2007, § 61 Rn. 1.
104 MünchKommInsO/*Schoppmeyer*, 3. Aufl., § 61 Rn. 30.
105 *Spliedt*, in: Schmidt/Uhlenbruck, Die GmbH in Krise, Sanierung und Insolvenz, Rn. 9.142.
106 BGH, Urt. v. 1.12.2005 – IX ZR 115/01, ZInsO 2006, 100 Rn. 15 f.; BAG, Urt. v. 25.1.2007 – 6 AZR 559/06, ZIP 2007, 1169 Rn. 24; MünchKommInsO/*Schoppmeyer*, 3. Aufl., § 60 Rn. 112; HmbKommInsO/*Weitzmann*, 6. Aufl., § 60 Rn. 3; Uhlenbruck/*Sinz*, InsO, 14. Aufl., § 60 Rn. 129.
107 Zutreffend MünchKommInsO/*Tetzlaff*, 3. Aufl., § 270 Rn. 167.
108 *Spliedt*, in: Schmidt/Uhlenbruck, Die GmbH in Krise, Sanierung und Insolvenz, Rn. 9.140; Kübler/*Flöther*, Handbuch Restrukturierung in der Insolvenz, 2. Aufl., § 18 Rn. 6.
109 Vgl. MünchKommInsO/*Schoppmeyer*, 3. Aufl., § 60 Rn. 1.
110 *Bachmann*, ZIP 2015, 101, 104; *Weber/Knapp*, ZInsO 2014, 2245, 2250; a. A. Thole/ Brünkmans, ZIP 2013, 1097, 1103.

III. Haftung des Geschäftsführers   Kap. 9

b) Haftung der Geschäftsleiter

Als Zwischenergebnis ist festzuhalten, dass die Gesellschaft im Rahmen der Eigenverwaltung ohne die Notwendigkeit eines Rückgriffs auf §§ 60, 61 BGB für Pflichtverletzungen ihres Geschäftsleiters gegenüber ihren Gläubigern einzutreten hat. Als Flankenschutz sollte dieser Haftung entsprechend dem Modell der Regelverwaltung eine Eigenhaftung der Geschäftsleiter aus §§ 60, 61 InsO zur Seite gestellt werden.[111]   35

aa) Haftungsbedürfnis

Sollen Gläubiger bei der Eigenverwaltung nicht schlechter als im Regelinsolvenzverfahren gestellt werden, drängt sich der Gedanke auf, die Geschäftsführer, die der Sache nach zugleich die Aufgaben des Insolvenzverwalters verrichten, nach §§ 60, 61 InsO haftbar zu machen.[112] Hierfür spricht die weitere Erwägung, dass die Geschäftsführer nach Eröffnung des Eigenverwaltungsverfahrens nicht mehr aufgrund gesellschaftsrechtlicher Leitungsmacht tätig werden, sondern insolvenzrechtliche Rechte und Pflichten ausüben.[113] Es wäre ungereimt, im Falle einer Pflichtverletzung nur den auf eine bloße Überwachung beschränkten Sachwalter[114] gemäß § 274 Abs. 1, § 60 InsO haftbar zu machen,[115] hingegen die Geschäftsleiter als Entscheidungsträger der Eigenverwaltung von einer insolvenzrechtlichen Haftung freizustellen. Da der Schuldner selbst im Eigenverwaltungsverfahren die Funktionen des Insolvenzverwalters übernimmt, erscheint vielmehr eine Haftung seiner Vertretungsorgane aus §§ 60, 61 InsO durchaus angemessen.[116] Dabei fällt ins Gewicht, dass die Geschäftsleiter anstelle einer Regelinsolvenz auch im Eigeninteresse ihrer häufig daneben gegebenen Gesellschafterstellung den Weg des Eigenverwaltungsverfahrens einschlagen, wodurch nicht zuletzt die Zahlung einer Verwaltervergütung erspart wird.[117] Eine rein gesellschaftsrechtliche Haftung aus § 43 GmbHG, § 93 AktG würde ausblenden, dass die Eigenverwaltung auf besonderen insolvenzrechtlichen Befugnissen beruht.[118] Nach dem Willen des Gesetzes (§ 270 Abs. 2 Nr. 2 InsO) darf die Eigenverwaltung nur angeordnet werden, wenn sie nicht zu Nachteilen für die Gläubiger führen wird, zu denen auch die Massegläubiger zählen. Nachteile ließen sich nicht ausschließen, wenn die Verfahrensbe-   36

---

111 BGH, Urt. v. 26.4.2018 – IX ZR 238/17, ZInsO 2018, 1200 Rn. 47 ff.
112 Vgl. *Thole/Brünkmans*, ZIP 2013, 1097, 1106.
113 *Madaus*, KTS 2015, 115, 124.
114 *Bachmann*, ZIP 2015, 101, 102.
115 *Madaus*, KTS 2015, 115, 125.
116 Zutreffend *Madaus*, KTS 2015, 115, 125; vgl. auch *Thole/Brünkmans*, ZIP 2013, 1097, 1102 ff.
117 Kübler/*Flöther*, Handbuch Restrukturierung in der Insolvenz, 2. Aufl., § 18 Rn. 4.
118 *Madaus*, KTS 2015, 115, 124.

Kap. 9 Haftung in der Eigenverwaltung

teiligten haftungsrechtlich einen geringeren Schutz als in einem Regelverfahren genießen würden. Die Gleichstellung des Eigenverwaltungsverfahrens mit dem Regelverfahren erfordert daher als Äquivalent der Haftung des Insolvenzverwalters eine Haftung der Geschäftsleiter. Einem etwaigen Missbrauch des Verfahrens kann nur zuverlässig vorgebeugt werden, indem den Geschäftsleitern die Haftung eines Insolvenzverwalters aus §§ 60, 61 InsO aufgebürdet wird.[119]

bb) Außenhaftung statt bloßer Innenhaftung

37 Uneinigkeit herrscht allerdings, ob es sich insoweit um eine Innenhaftung der Geschäftsführer im Verhältnis zu der Gesellschaft oder eine Außenhaftung gegenüber den Gläubigern der Gesellschaft handelt. Teils wird einer Innenhaftung der Geschäftsleiter der Vorrang gegeben. Zwar könne der Geschäftsführer dogmatisch gesehen nicht einem Insolvenzverwalter gleichgestellt werden. Immerhin sei aber zu beachten, dass er nach § 64 GmbHG einer Krisenhaftung unterliege.[120] Infolge ihrer Legalitätspflicht hätten die Geschäftsführer den speziellen Pflichten der Gesellschaft in der Insolvenz zu genügen. Deswegen seien die Geschäftsleiter der Gesellschaft im Innenverhältnis zum Ausgleich verpflichtet, soweit diese nach §§ 60, 61 InsO Gläubigern hafte.[121]

(1) Haftung als Gegenstück der Verwaltungsbefugnis

38 Entscheidend ist in vorliegendem Zusammenhang die unleugbare Erkenntnis,[122] dass sich im Interesse einer Gleichstellung der Eigenverwaltung mit dem Regelinsolvenzverfahren eine Haftung der Geschäftsleiter, die faktisch das Verwalteramt ausüben,[123] nach §§ 60, 61 InsO aufdrängt. Wer die Rechte und Pflichten eines Insolvenzverwalters wahrnimmt, sollte damit als Gegenstück notwendig der Insolvenzverwalterhaftung unterliegen. Dabei ist zu beachten, dass der Geschäftsführer die durch die Verfahrenseröffnung zunächst verlorene und kraft Anordnung der Eigenverwaltung verliehene[124] Verfügungsbefugnis nach §§ 80 ff. InsO ausübt. Da die Verfügungsbefugnis insolvenzrechtlicher Natur ist, erweisen sich insolvenzzweckwidrige Verfügungen als unwirksam.[125] Der Geschäftsleiter verwertet besicherte Gegenstände (§ 282 InsO), befindet sowohl über die Erfüllung nicht vollständig abgewickelter Verträge (§ 279 InsO) als

---

119 BGH, Urt. v. 26.4.2018 – IX ZR 238/17, ZInsO 2018, 1200 Rn. 62.
120 *Thole/Brünkmans*, ZIP 2013, 1097, 1104.
121 *Thole/Brünkmans*, ZIP 2013, 1097, 1105, 1106; zu Recht skeptisch Scholz/*Schmidt*, InsO, 11. Aufl., § 64 Rn. 26 Fn. 1.
122 *Thole/Brünkmans*, ZIP 2013, 1097, 1103; *Bachmann*, ZIP 2015, 101, 103.
123 *Bachmann*, ZIP 2015, 101, 103.
124 *Ringstmeier*, in: Ahrens/Gehrlein/Ringstmeier, InsO, 3. Aufl., § 270 Rn. 32; unklar BGH, Urt.v. 9.3.2017 – IX ZR 177/15, ZInsO 2017, 704 Rn. 8.
125 Schmidt/*Undritz*, InsO, 19. Aufl., § 270 Rn. 17.

III. Haftung des Geschäftsführers   Kap. 9

auch über die Ausübung von Sonderkündigungsrechten (§§ 109, 113 InsO), kann die Feststellung einer Forderung durch seinen Widerspruch verhindern (§ 283 Abs. 1 InsO) und entscheidet über die Aufnahme unterbrochener (§ 240 ZPO) Rechtsstreitigkeiten.[126] Damit werden dem Geschäftsführer Befugnisse übertragen, die nicht in seiner gesellschaftsrechtlichen Organstellung wurzeln.[127] Folglich wird der Geschäftsführer als Amtswalter mit gesetzlich bestimmten Rechten und Pflichten tätig.[128] Die persönliche Haftung des Insolvenzverwalters beruht auf der ihm durch die Berufung in dieses Amt verliehenen Handlungsmacht. Dieser Haftungsgrund gilt gleichermaßen für die Organe einer Gesellschaft, die kraft Anordnung der Eigenverwaltung in den Rechts- und Pflichtenkreis eines Insolvenzverwalters einrücken.[129] Verantwortet die Geschäftsleitung einer eigenverwalteten Gesellschaft im weiten Umfang Funktionen eines Insolvenzverwalters, muss sie notwendigerweise für etwaige Pflichtverletzungen in diesem Bereich gleich einem Insolvenzverwalter haften.[130] Der Insolvenzverwalter wird bei der Ausübung seines privaten Amtes gegenüber einer Vielzahl von Rechtsträgern in verschiedenster Weise zur Erfüllung des Insolvenzzwecks tätig. Damit sind Risiken für diejenigen verbunden, die die Insolvenzordnung in Abhängigkeit zu seiner Amtsführung bringt.[131] Infolge des Übergangs der Befugnisse des Insolvenzverwalters auf die Organe der Gesellschaft wird deren Verantwortungsbereich im Vergleich zu dem Rechtszustand vor Verfahrenseröffnung deutlich gesteigert. Um eine verantwortliche Ausübung der ihnen in der Eigenverwaltung verliehenen Befugnisse eines Insolvenzverwalters sicherzustellen, erweist sich eine Haftung der Geschäftsleiter nach §§ 60, 61 InsO als unumgänglich.[132] Schließlich kann nicht außer Betracht bleiben, dass vielfach die vor Antragstellung tätigen und nunmehr die Eigenverwaltung betreibenden Geschäftsführer der Gesellschaft die unternehmerische Verantwortung dafür tragen, dass es zu der Insolvenz gekommen ist. Wird den Geschäftsleitern ungeachtet früherer unternehmerischer Misserfolge dank der Eigenverwaltung die – sozusagen letzte – Möglichkeit einer Sanierung des insolventen Unternehmens in Eigenregie eingeräumt, ist mit der Fortsetzung der Geschäftsführung eine verschärfte Haftung nach insolvenzrechtlichen Grundsätzen unweigerlich verbunden.[133]

---

126 *Madaus*, KTS 2015, 115, 124; *Ringstmeier*, in: Ahrens/Gehrlein/Ringstmeier, InsO, 3. Aufl., § 270 Rn. 31.
127 *Madaus*, KTS 2015, 115, 124; *Häsemeyer*, Insolvenzrecht, 4. Aufl., Rn. 8.13.
128 *Häsemeyer*, Insolvenzrecht, 4. Aufl., Rn. 8.13; Schmidt/*Undritz*, InsO, 19. Aufl., § 270 Rn. 17.
129 BGH, Urt. v. 26.4.2018 – IX ZR 238/17, ZInsO 2018, 1200 Rn. 57.
130 BGH, Urt. v. 26.4.2018 – IX ZR 238/17, ZInsO 2018, 1200 Rn. 54.
131 BGH, Urt. v. 26.4.2018 – IX ZR 238/17, ZInsO 2018, 1200 Rn. 58.
132 BGH, Urt. v. 26.4.2018 – IX ZR 238/17, ZInsO 2018, 1200 Rn. 59.
133 BGH, Urt. v. 26.4.2018 – IX ZR 238/17, ZInsO 2018, 1200 Rn. 60.

Kap. 9   Haftung in der Eigenverwaltung

(2) Unbeschränkte Außenhaftung mit Verwaltung betrauter natürlicher Personen

39   Mit den insolvenzrechtlichen Rechten und Pflichten der Geschäftsleiter geht notwendig eine Haftung aus §§ 60, 61 InsO einher. Da die Geschäftsleiter für Pflichtverletzungen ohnedies gegenüber der Gesellschaft schon nach § 43 Abs. 2 GmbHG eine Innenhaftung trifft, wäre es wenig sachgerecht, mit Hilfe einer Analogie die Regelung der §§ 60, 61 InsO im Eigenverwaltungsverfahren zu einer Innenhaftung gegenüber der Gesellschaft auszugestalten. Vielmehr entspricht es der Konzeption des § 56 InsO, die Insolvenzverwaltung natürlichen Personen zu übertragen, die unbeschränkt nach außen haften.[134] Vor diesem Hintergrund sprechen alle guten Gründe für eine Außenhaftung der Geschäftsleiter nach §§ 60, 61 InsO gegenüber den Verfahrensbeteiligten.[135] Eine Haftung nach § 61 InsO scheidet nicht deshalb aus, weil der Sachwalter bei der Begründung von Masseverbindlichkeiten mitwirkt (§ 275 InsO).[136] Vielmehr besteht eine gesamtschuldnerische Haftung des Geschäftsleiters und des Sachwalters, wenn Masseverbindlichkeiten nicht beglichen werden können.[137] Es ist kein tragfähiger Grund ersichtlich, Geschäftsleiter im Verhältnis zu dem Insolvenzverwalter bei der Begründung von Masseverbindlichkeiten durch die Nichtanwendung des § 61 InsO zu privilegieren.[138]

c) Geschützter Personenkreis

40   Aus §§ 60, 61 InsO können nur die Verfahrensbeteiligten Ansprüche gegen den Insolvenzverwalter herleiten. Insolvenzspezifische Pflichten hat der Verwalter gegenüber dem Schuldner und insbesondere den Insolvenzgläubigern, aber auch gegenüber den Massegläubigern im Sinne der §§ 53 ff. InsO sowie gegenüber den Aussonderungs- und Absonderungsberechtigten wahrzunehmen. So hat er für eine möglichst weitgehende gleichmäßige Befriedigung der Insolvenzforderungen zu sorgen (§§ 1, 187 ff. InsO), Massegläubiger vorweg (§ 53 InsO) und ggf. in der Rangfolge des § 209 InsO zu befriedigen sowie die dinglichen Rechte der Aussonderungs- und Absonderungsberechtigten (§§ 47 ff.) zu beachten. In-

---

134 *Häsemeyer*, Insolvenzrecht, 4. Aufl., Rn. 8.14; MünchKommInsO/*Tetzlaff*, 3. Aufl., § 270 Rn. 180; *Madaus*, KTS 2015, 115, 125 f.; vgl. BGH, Beschl. v. 19.9.2013 – IX (AR) VZ 1/12, BGHZ 198, 225 Rn. 27.
135 AG Duisburg, ZIP 2005, 2335; *Häsemeyer*, Insolvenzrecht, 4. Aufl., Rn. 8.14; *Madaus*, KTS 2015, 115, 125 f.; Kübler/*Flöther*, Handbuch Restrukturierung in der Insolvenz, 2. Aufl., § 18 Rn. 26 ff.; MünchKommInsO/*Tetzlaff*, 3. Aufl., § 270 Rn. 179 f.; HmbKommInsO/*Fiebig*, 6. Aufl., § 270 Rn. 43; *Hill*, ZInsO 2010, 1825, 1829.
136 In diesem Sinne *Madaus*, KTS 2015, 115, 126.
137 MünchKommInsO/*Tetzlaff*, § 270 Rn. 179 f.
138 *Klein/Thiele*, ZInsO 2013, 2233, 2244 f.; a. A. Scholz/*Schmidt*, GmbHG, 11. Aufl., § 64 Rn. 26.

solvenzspezifische Pflichten obliegen dem Verwalter danach im Verhältnis zu einer insolventen Schuldnerin, aber – gleich ob es sich um die Vorstände einer Aktiengesellschaft oder die Geschäftsführer einer GmbH handelt – nicht im Verhältnis zu ihren Organen.[139] Da der Schuldner selbst zu dem geschützten Personenkreis gehört, kann eine GmbH im Eigenverwaltungsverfahren den Geschäftsführer für Pflichtverletzungen sowohl gemäß § 43 Abs. 2 GmbHG als auch nach § 60 InsO – die Regelung des § 61 InsO dürfte ihr gegenüber regelmäßig nicht eingreifen – auf Schadensersatz in Anspruch nehmen. Zwischen beiden Vorschriften besteht dann Anspruchskonkurrenz. Möglicherweise ist nicht auszuschließen, dass in bestimmten Konstellationen, wenn etwa die Missachtung der Vorgaben der Gläubiger keine gesellschaftsrechtliche Pflicht verletzt,[140] nur eine Haftung nach § 60 InsO durchgreift.

IV. Haftung der Gesellschafter

Gesellschafter können in der Insolvenz ihres Unternehmens verschiedensten Ansprüchen ausgesetzt sein. Die maßgeblichen Haftungstatbestände bleiben auch in der Eigenverwaltung wirksam.[141] Nachfolgend sollen lediglich spezielle Problemlagen der Eigenverwaltung erörtert werden.   41

1. Einflussnahme auf die Geschäftsführung

Da die Eigenverwaltung anstelle eines Insolvenzverwalters durch die Organe der insolventen Gesellschaft erfolgt, versucht § 276a InsO der Gefahr verfahrensfremder Einflussnahmen durch die Gesellschafter vorzubeugen. Ist der Schuldner eine juristische Person oder eine Gesellschaft ohne Rechtspersönlichkeit, so haben gemäß § 276a InsO der Aufsichtsrat, die Gesellschafterversammlung oder entsprechende Organe keinen Einfluss auf die Geschäftsführung des Schuldners.   42

a) Weisungen

Die Bestimmung des § 276a Satz 1 InsO stellt klar, dass Weisungen der Gesellschafterversammlung oder des Aufsichtsrats einer Gesellschaft an die Geschäftsführungsorgane des Unternehmens im Eigenverwaltungsverfahren unzulässig sind. Überwachungsorgane im Sinne der Vorschrift sind je nach Rechtsform insbesondere der Aufsichtsrat und die Hauptversammlung sowie die Gesellschafterversammlung.[142] Den Kontrollorganen sollen in der Eigenverwal-   43

---

139 BGH, Beschl. v. 14.4.2016 – IX ZR 161/15, ZInsO 2016, 1058 Rn. 14.
140 BGH, Urt. v. 16.3.2017 – IX ZR 253/15, Rn. 12.
141 *Madaus*, KTS 2015, 115, 124.
142 BT-Drucks. 17/5712, S. 42.

tung keine weitergehende Einflussrechte als in der Regelinsolvenz zuwachsen. Der Vorstand einer AG, die Geschäftsführer einer GmbH und die geschäftsführenden Gesellschafter einer Personengesellschaft sind mithin im Innenverhältnis von gesellschaftsrechtlichen Weisungen freigestellt.[143] Bei der AG kommt hinzu, dass dem Aufsichtsrat im Blick auf die Geschäftsführung ein Weisungsrecht gegenüber den Vorstandsmitgliedern grundsätzlich verwehrt ist.[144] Da eine Unterscheidung danach, ob die Weisung Gläubigernachteile hervorruft, mitunter schwierig zu treffen ist, kann für vermeintlich gläubigerfreundliche Weisungen eine Ausnahme nicht gelten.[145] Weisungen einer Konzernmutter an die Konzerntochter, die von einem Aufsichtsrat, einer Gesellschafterversammlung oder einem sonstigen Organ wahrgenommen werden, sind unbeachtlich.[146] Infolge ihres Bezugs zu Kontroll- und Weisungsrechten sind auch allgemeine Prüfungs- und Auskunftsrechte (vgl. etwa § 51a GmbHG) der Gesellschafter suspendiert.[147] Im Antragsverfahren ist § 276a InsO mangels eines Verweises der §§ 270a, 270b InsO auf diese Regelung unanwendbar; eine Vorwirkung auf das Antragsverfahren bedürfte einer gesetzlichen Grundlage.[148] Es wäre auch nicht angemessen, den Gesellschaftern bereits in einem Stadium, in dem die Verfahrenseröffnung noch völlig ungeklärt ist, zentrale Befugnisse zu entziehen.[149] Wird die Geschäftsleitung im Antragsverfahren ausgetauscht, sollte das Gericht freilich genau prüfen, ob sich daraus Nachteile ergeben, die einer Eigenverwaltung entgegenstehen (§ 270 Abs. 2 Nr. 2 InsO).[150]

b) Wechsel der Geschäftsleitung

44 Grundsätzlich obliegt die Abberufung und Bestellung von Geschäftsführungsorganen im Regelinsolvenzverfahren allein den Gesellschaftern.[151] Eine Mitwirkung des Insolvenzverwalters ist entbehrlich, weil die Organe nicht mehr vertretungsbefugt sind. Anders verhält es sich im Eigenverwaltungsverfahren, weil die Vertretung der Gesellschaft weiterhin dem Geschäftsführungsorgan obliegt. Eine Ausrichtung der Geschäftsführung an den Gläubigerinteressen wäre ge-

---

143 HK-InsO/*Landfermann*, 6. Aufl., § 276a Rn. 6.
144 BGH, Urt. v. 5.5.2008 – II ZR 108/07, NJW-RR 2008, 1134 Rn. 13; HmbKommInsO/*Fiebig*, 6. Aufl., § 276a Rn. 6.
145 HK-InsO/*Landfermann*, 6. Aufl., § 276a Rn. 6; a.A. *Zipperer*, ZIP 2012, 1492, 1494 f.
146 HK-InsO/*Landfermann*, 6. Aufl., § 276a Rn. 7.
147 Schmidt/*Undritz*, InsO, 19. Aufl., § 276a Rn. 2.
148 Schmidt/*Undritz*, InsO, 19. Aufl., § 276a Rn.3; *Zipperer*, ZIP 2012, 1494 f.; a.A. *Ströhmann/Längsfeld*, NZI 2013, 273 f.; HK-InsO/*Landfermann*, 6. Aufl., § 276a Rn. 16.
149 *Pape*, in: Kübler/Prütting/Bork, InsO, 2017, § 276a Rn. 6.
150 Schmidt/*Undritz*, InsO, 19. Aufl., § 276a Rn. 3.
151 BGH, Beschl. v. 24.3.2016 – IX ZB 32/15, ZInsO 2016, 906 Rn. 19.

fährdet, wenn die Geschäftsleiter befürchten müssten, von den Gesellschaftern nach deren Interessenlage abberufen zu werden.[152] Aus dieser Erwägung ist die Abberufung und Bestellung von Mitgliedern der Geschäftsleitung gemäß § 276a Satz 2 InsO nur wirksam, wenn der Sachwalter zustimmt. Zur Sicherung der Unabhängigkeit der Geschäftsführung wird ein Austausch von Organen an die Zustimmung des Sachwalters gekoppelt.[153] Eine Zustimmungspflicht des Sachwalters ist nach § 276a Satz 3 InsO gegeben, wenn die Maßnahme nicht zu Nachteilen für die Gläubiger führt. Die Voraussetzungen des Ausnahmetatbestands sind von der Gesellschaft zu beweisen,[154] sodass etwaige Zweifel zu ihren Lasten gehen.[155]

c) Insolvenzfreier Bereich

Nicht berührt werden die Befugnisse der Gesellschafterorgane, die sich nicht auf die Verwaltung der Masse beziehen. Hier bleiben – wie im Bereich der Regelverwaltung – die Befugnisse der Gesellschafter voll erhalten. Die Kompetenzen einer Hauptversammlung für die Wahl oder die Abberufung von Aufsichtsratsmitgliedern wie auch für Satzungsänderungen können wahrgenommen werden.[156] Ebenso kann ein Aktionär gemäß § 122 Abs. 1 AktG die Einberufung der Hauptversammlung verlangen.[157] Uneingeschränkt sind die Befugnisse der Organe schließlich, soweit – etwa nach einer auch bei einem insolventen Verband möglichen Freigabe[158] – insolvenzfreies Vermögen betroffen ist. **45**

2. Gesellschaft mit beschränkter Haftung (GmbH)

Eine allgemeine Gesellschafterhaftung kann im Eigenverwaltungsverfahren nicht aus dem ohnedies gemäß § 276a InsO suspendierten unternehmerischen Einfluss des Gesellschafters hergeleitet werden. **46**

a) Unzulässige Zahlungen

Die Grundsätze der Kapitalerhaltung (§ 30 GmbHG) gelten auch im Zeitraum des Eigenverwaltungsverfahrens. Unter Verstoß gegen § 30 GmbHG bewirkte **47**

---

152 HK-InsO/*Landfermann*, 6. Aufl., § 276a Rn. 11.
153 Schmidt/*Undritz*, InsO, 19. Aufl., § 276a Rn. 5.
154 HK-InsO/*Landfermann*, 6. Aufl., § 276a Rn. 13.
155 Schmidt/*Undritz*, InsO, 19. Aufl., § 276a Rn. 5.
156 HK-InsO/*Landfermann*, 6. Aufl., § 276a Rn. 9; Schmidt/*Undritz*, InsO, 19. Aufl., § 276a Rn. 4.
157 Schmidt/*Undritz*, InsO, 19. Aufl., § 276a Rn. 4.
158 Uhlenbruck/*Hirte*, InsO, 14. Aufl., § 35 Rn. 305; Jaeger/*Windel*, InsO, § 80 Rn. 30; offengelassen von BGH, Urt.v. 9.3.2017 – IX ZR 177/15, ZInsO 2017, 704 Rn. 9.

Kap. 9 Haftung in der Eigenverwaltung

Zahlungen sind folglich von den Gesellschaftern zu erstatten.[159] Solche Zahlungen dürften mit Rücksicht auf das Gläubigerinteresse zudem als evident insolvenzzweckwidrig zu bewerten sein.[160] Verfügungen des Insolvenzverwalters sind unwirksam, welche dem Insolvenzzweck der gleichmäßigen Gläubigerbefriedigung (vgl. § 1 Satz 1 InsO) offenbar zuwiderlaufen, bei denen der Verstoß also für einen verständigen Beobachter ohne weiteres ersichtlich ist.[161] Mithin wäre auch ein sonstiger, zumindest bereicherungsrechtlicher Erstattungsanspruch begründet.[162] Ebenso unterliegt der Gesellschafter einer Haftung nach § 826 BGB, sofern er einen existenzvernichtenden Eingriff vornimmt.[163] Ferner besteht ein Erstattungsanspruch, wenn die Gesellschaft verbotswidrige Auszahlungen nach § 199 InsO an den Gesellschafter erbringt.[164]

b) Darlehen

48   Wird eine Gesellschafterdarlehen vor Verfahrenseröffnung gewährt, erleidet es im Insolvenzverfahren den Nachrang des § 39 Abs. 1 Nr. 5 InsO. Dies gilt auch für eine etwa nach Antragstellung gegebene kurzfristige Zwischenfinanzierung. Vermieden werden kann die Nachrangigkeit durch eine Ermächtigung zur Begründung von Masseverbindlichkeiten. Falls der Kredit erst nach Verfahrenseröffnung ausgereicht wird, finden die Restriktionen des § 39 Abs. 1 Nr. 5, § 135 InsO keine Anwendung, sodass eine Masseforderung gegeben ist.[165]

3. Offene Handelsgesellschaft (oHG)

49   Für das Regelinsolvenzverfahren ist anerkannt, dass Schuldner der durch Rechtshandlungen des Insolvenzverwalters nach Verfahrenseröffnung begründeten Masseverbindlichkeiten (§ 55 Abs. 1 Nr. 1 Fall 1 InsO) der Insolvenzschuldner ist, sich die Haftung während des Verfahrens jedoch auf die Gegenstände der Insolvenzmasse beschränkt. Diese Grundsätze gelten allgemein, also bei der Insolvenz einer natürlichen Person, aber auch einer Gesellschaft ohne Rechtspersönlichkeit. Die Gesellschafter einer offenen Handelsgesellschaft haften darum nicht persönlich für die Kosten des Insolvenzverfahrens über das Vermögen der Gesellschaft und die von dem Verwalter in diesem Verfahren begründeten Masseverbindlichkeiten.[166]

---

159 *Brinkmann*, DB 2012, 1369, 1372.
160 *Brinkmann*, DB 2012, 1369, 1372.
161 BGH, Urt. v. 20.3.2088 – IX ZR 68/06, NJW-RR 2008, 1074 Rn. 4.
162 *Brinkmann*, DB 2012, 1369, 1372.
163 Vgl. BGH, Urt. v. 16.7.2007 – II ZR 3/04, BGHZ 173, 246.
164 Gottwald/*Haas*, Insolvenzrechts-Handbuch, 5. Aufl., § 90 Rn. 57.
165 *Spliedt*, in: Schmidt/Uhlenbruck, Die GmbH in Krise, Sanierung und Insolvenz, Rn. 9.133.
166 BGH, Urt. v. 24.9.2009 – IX ZR 234/07, ZInsO 2009, 2198 Rn. 10 ff.

Da der Gesellschafter bei der Eigenverwaltung die Geschäftsführung weiter aus- 50
übt, könnte man abweichend von vorstehenden Erwägungen zu der Folgerung
einer Haftung für die von ihm veranlassten Verbindlichkeiten gelangen. Im Eigenverwaltungsverfahren ist der Gesellschafter aber nicht als Teilhaber, sondern gemäß § 276a InsO in seiner Funktion als Mitglied der Geschäftsleitung zur Geschäftsführung berufen. Deshalb hat der Gesellschafter die Masse fremdnützig zu verwalten. Ist kein Raum für gesellschaftsrechtliche Einflussrechte auf die Geschäftsführung, haften die Gesellschafter folgerichtig nicht nach § 128 HGB.[167] Verletzt der Gesellschafter Geschäftsführungspflichten, haftet er im Innenverhältnis nach § 280 BGB. Entgegen § 708 BGB gilt ein objektiver Sorgfaltsmaßstab; eine Billigung der Maßnahme durch die Gesellschafter wirkt im Blick auf § 276a InsO nicht haftungsbefreiend.[168] Da § 276a InsO nicht bereits im Rahmen der vorläufigen Eigenverwaltung gilt,[169] bleibt die Haftung aus § 128 HGB für Verbindlichkeiten aus diesem Verfahrensstadium bestehen.

V. Geltendmachung der Ansprüche

Die Bestimmung des § 280 InsO sieht vor, dass neben der Insolvenzanfechtung 51
(§§ 129 ff. InsO) die Verfolgung von Gesamtschäden (§ 92 InsO) sowie der persönlichen Haftung der Gesellschafter (§ 93 InsO) von dem Sachwalter wahrgenommen wird. Es erscheint eine Auslegung vorzugswürdig und interessengerecht, dem Sachwalter die Geltendmachung aller Schadensersatzansprüche gegen Organvertreter und Gesellschafter zuzuweisen.

1. Inhalt der Verweisungsnormen

a) § 92 InsO

Ansprüche der Gläubiger auf Ersatz des Gesamtschadens, den sie gemeinsam 52
durch eine Verminderung der Insolvenzmasse erlitten haben, können gemäß
§ 92 InsO nur von dem Insolvenzverwalter verfolgt werden. § 92 InsO enthält keine Anspruchsgrundlage, sondern regelt die Einziehung einer aus einer anderen Rechtsgrundlage herrührenden Forderung. Die Norm erfasst nur solche Schadensersatzansprüche, die auf einer Verkürzung der Insolvenzmasse beruhen; ihr Zweck ist es, eine gleichmäßige Befriedigung der Gläubiger aus dem Vermögen des wegen Masseverkürzung haftpflichtigen Schädigers zu sichern. Maßgebliche Voraussetzung des Einziehungsrechts ist folglich eine Verminde-

---

167 Gottwald/*Haas*, Insolvenzrechts-Handbuch, 5. Aufl., § 90 Rn. 61; *Haas*, ZHR 178 (2014), 603, 617 f.; a. A. MünchKommInsO/*Klöhn*, 3. Aufl., § 276a Rn. 35.
168 Gottwald/*Haas*, Insolvenzrechts-Handbuch, 5. Aufl., § 90 Rn. 61 f.
169 *Pape*, in: Kübler/Prütting/Bork, InsO, 2012, § 276a Rn. 6.

Kap. 9 Haftung in der Eigenverwaltung

rung der Insolvenzmasse, die sich in einer Verringerung der Aktiva oder in einer Vermehrung der Passiva manifestieren kann.[170]

b) § 93 InsO

53 Nach § 93 InsO kann im Insolvenzverfahren über das Vermögen einer Personengesellschaft die persönliche Haftung des Gesellschafters für Verbindlichkeiten der Gesellschaft während der Dauer des Insolvenzverfahrens nur von dem Insolvenzverwalter der Gesellschaft geltend gemacht werden. Bei der gerichtlichen Geltendmachung der Gesellschafterhaftung wird der Insolvenzverwalter als gesetzlicher Prozessstandschafter der einzelnen Gläubiger tätig, weil der in Anspruch genommene Gesellschafter durch Zahlung an ihn konkrete Gläubigerforderungen zum Erlöschen bringt.[171] Die Ermächtigung nach § 93 InsO gilt für die unmittelbare unbeschränkte persönliche Haftung der Gesellschafter einer Gesellschaft ohne Rechtspersönlichkeit; sie kann nicht auf beliebige andere Fälle gesamtschuldnerischer Haftung wie die Haftung aus § 133 UmwG übertragen werden.[172]

2. Folgerungen

54 Die Bestimmung des § 92 InsO erfasst Gesamtschäden, die als Vermehrung der Aktiva oder Passiva durch Pflichtverletzungen der eigenverwaltenden Geschäftsleiter verursacht wurden. Dagegen beschränkt sich § 93 InsO auf die Haftung der Gesellschafter einer Personengesellschaft. Diese Bestimmung sollte im Rahmen des § 280 InsO auf jegliche Gesellschafterhaftung ausgedehnt werden, weil es sich um typische Fälle eines Interessenwiderstreits im Verhältnis zu dem Geschäftsführer handelt, in denen der Grundsatz der Verwaltungs- und Verfügungsbefugnis des Schuldners durchbrochen werden sollte.[173]

a) Gesamtschaden

55 Bestimmte Ansprüche der Gesellschaft sollten wegen der Gefahr einer Unvoreingenommenheit nicht von den Geschäftsleitern geltend gemacht werden.[174] Zur Anwendung des § 92 InsO genügt es, wenn die Insolvenzgläubiger gemeinschaftlich durch eine Verminderung des zur Insolvenzmasse gehörenden Vermögens vor oder nach der Eröffnung des Insolvenzverfahrens einen Schaden erlitten haben.[175] Pflichtverletzungen der Geschäftsleiter begründen wegen der da-

---

170 BGH, Beschl. v. 14.7.2011 – IX ZB 210/10, ZInsO 2011, 1453 Rn. 11.
171 BGH, Beschl. v. 12.7.2012 – IX ZR 217/11, ZInsO 2012, 1587 Rn. 9.
172 BGH, Beschl. v. 20.6.2013 – IX ZR 221/12, DB 2013, 1661 Rn. 1.
173 FK-InsO/*Foltis*, 8. Aufl., § 280 Rn. 1.
174 MünchKommInsO/*Kirchhof*, 3. Aufl., § 280 Rn. 1.
175 BGH, Urt. v. 16.3.2017 – IX ZR 253/15, Rn. 10.

V. Geltendmachung der Ansprüche   **Kap. 9**

raus folgenden Verbindlichkeit einen Gesamtschaden der Gesellschaft. Ansprüche wegen eines Gesamtschadens aus § 92 InsO richten sich darum typischerweise gegen die Organe der Gesellschaft, welche die Eigenverwaltung durchführen.[176] Es kann aber nicht verlangt werden, dass der Schuldner einer Forderung selbst gegen sich vorgeht.[177] Zur Vermeidung einer Interessenkollision hat anstelle der verbliebenen Organe der Sachwalter Ansprüche gegen Organmitglieder einer Kapitalgesellschaft wegen Pflichtverletzungen zu verfolgen.[178] Mithin obliegt die Geltendmachung der Ansprüche gegen Geschäftsleiter aus § 43 Abs. 2 GmbHG, § 92 Abs. 2 AktG dem Sachwalter.[179] Dabei sollte es keinen Unterschied machen, ob die Ansprüche vor oder nach Eröffnung des Eigenverwaltungsverfahrens entstanden sind. Gleiches sollte für – notwendigerweise vorinsolvenzrechtliche – Ansprüche aus § 64 GmbHG[180] und aus § 823 Abs. 2 BGB, § 15a InsO[181] gelten.

Macht sich der Geschäftsleiter infolge von Pflichtverletzungen in der Eigenverwaltung nach §§ 60, 61 InsO haftbar, ist dieser Schaden ebenfalls durch den Sachwalter geltend zu machen. Mindert der Insolvenzverwalter durch ein pflichtwidriges Verhalten die Insolvenzmasse, handelt es sich um einen Gesamtschaden (§ 92 InsO) der Gemeinschaft der Gläubiger. Der Schaden ist von dem hierfür gemäß § 60 InsO verantwortlichen Insolvenzverwalter durch Zahlung an die Insolvenzmasse auszugleichen. Der Gemeinschaftsschaden kann nicht durch einen der betroffenen Masse- oder Insolvenzgläubiger verfolgt werden; vielmehr obliegt die Durchsetzung während des Insolvenzverfahrens einem Sonderverwalter oder neu bestellten Insolvenzverwalter.[182] Diese Grundsätze sind auf die Eigenverwaltung mit der Maßgabe zu übertragen, dass Schadensersatzansprüche aus §§ 60, 61 gegen den Geschäftsführer von dem Sachwalter durchzusetzen sind.

56

Anders verhält es sich indessen für einen Einzelschaden, der infolge einer Pflichtwidrigkeit in der Person eines bestimmten Gläubigers entstanden ist. Ein solcher Schaden ist etwa verwirklicht, wenn der Insolvenzverwalter Aus- und Absonderungsrechte einzelner Berechtigter verletzt. Den daraus resultierenden Einzelschaden hat der Geschädigte, weil an ihn anstelle der Masse Ersatz zu leisten ist, und nicht der Sachwalter zu verfolgen.[183]

57

---

176 *Ringstmeier*, in: Ahrens/Gehrlein/Ringstmeier, InsO, 3. Aufl., § 280 Rn. 1.
177 FK-InsO/*Foltis*, 8. Aufl., § 280 Rn. 2.
178 MünchKommInsO/*Kirchhof*, 3. Aufl., § 280 Rn. 3.
179 *Brinkmann*, DB 2012, 1369; FK-InsO/*Foltis*, 8. Aufl., § 280 Rn. 2.
180 Gottwald/*Haas*, Insolvenzrechts-Handbuch, 5. Aufl., § 90 Rn. 81; HK-InsO/*Landfermann*, 6. Aufl., § 280 Rn. 4.
181 *Pape*, in: Kübler/Prütting/Bork, InsO, 2017, § 280 Rn. 2.
182 BGH, Beschl. v. 14.5.2009 – IX ZR 93/08, ZInsO 2009, 2008 Rn. 6.
183 BGH, Beschl. v. 10.7.2008 – IX ZB 172/07, ZInsO 2008, 921 Rn. 13.

Kap. 9 Haftung in der Eigenverwaltung

b) Gesellschafterhaftung

58 Die Bestimmung des § 93 InsO ist auf eine Gesellschaft ohne Rechtspersönlichkeit zugeschnitten, etwa die Kommanditistenhaftung aus § 171 Abs. 2 HGB.[184] Die Vorschrift sollte im Rahmen der Eigenverwaltung generell Ansprüche gegen die Gesellschafter einer GmbH erfassen.[185] Hierfür streitet der Gedanke, dass der Sachwalter gemäß § 280 InsO sämtliche Insolvenzanfechtungsansprüche und mithin insbesondere Anfechtungsansprüche gegen Gesellschafter (§ 135 InsO) zu verfolgen hat.[186] Für Ansprüche im Zusammenhang mit der Gewährung von Gesellschafterhilfen sollte folgerichtig stets der Sachwalter zuständig sein.[187] Dies hätte die wünschenswerte Folge, dass sich sämtliche Ansprüche gegen Organe und Gesellschafter in der Hand des Sachwalters vereinigen.

3. Besonderheiten bei der GmbH

a) Entbehrlichkeit eines Gesellschafterbeschlusses für Inanspruchnahme von Geschäftsführern und Gesellschaftern

59 Demgegenüber wäre ein enges Verständnis des § 280 InsO gerade im Bereich der GmbH untunlich. Ersatzansprüche gegen Gesellschafter und Geschäftsführer können gemäß § 46 Nr. 8 GmbHG nur auf der Grundlage eines Gesellschafterbeschlusses durchgesetzt werden. Ein Gesellschafterbeschluss ist materielles Erfordernis für die Geltendmachung der Forderung, sodass eine ohne Beschluss der Gesellschafter erhobene Klage wegen Fehlens einer materiellen Anspruchsvoraussetzung als unbegründet abzuweisen ist.[188] Es bedarf keiner näheren Darlegung, dass die Gesellschafter gerade in der Insolvenz schwerlich geneigt sein werden, einen solchen Beschluss zu fassen. Dementsprechend wird das Beschlusserfordernis als entbehrlich erachtet, wenn die Geltendmachung des Anspruchs im weitesten Sinne zum Zweck der Gläubigerbefriedigung geboten ist.[189] Darum bedarf es für die Geltendmachung eines Schadensersatzanspruchs gegen Geschäftsführer und Gesellschafter einer GmbH dann keines Beschlusses der Gesellschafterversammlung, wenn über das Vermögen der Gesellschaft das Insolvenzverfahren eröffnet worden ist.[190] Vielmehr kann der Insolvenzverwalter unmittelbar den Anspruch verfolgen. Ebenso hängt die Einforderung rück-

---

184 Gottwald/*Haas*, Insolvenzrechts-Handbuch, 5. Aufl., § 90 Rn. 80.
185 *Spliedt*, in: Schmidt/Uhlenbruck, Die GmbH in Krise, Sanierung und Insolvenz, Rn. 9.51.
186 FK-InsO/*Foltis*, 8. Aufl., § 280 Rn. 2.
187 MünchKommInsO/*Kirchhof*, 3. Aufl., § 280 Rn. 3.
188 BGH, Urt. v. 14.7.2004 – VIII ZR 224/02, ZInsO 2004, 1203, 1204, 1205.
189 Scholz/*Schmidt*, GmbHG, 11. Aufl., § 46 Rn. 152; *Teichmann*, in: Gehrlein/Born/Simon, GmbHG, 3. Aufl., § 46 Rn. 52.
190 BGH, Urt. v. 14.7.2004 – VIII ZR 224/02, ZInsO 2004, 1203, 1204, 1205.

ständiger Einlagen gemäß § 46 Nr. 2 GmbHG von einem Gesellschafterbeschluss ab. Auch hier wird ein Beschluss als entbehrlich erachtet, wenn der Anspruch in der Insolvenz von dem Verwalter betrieben wird. Sobald die Liquidität für die Gläubigerbefriedigung im Rahmen des Insolvenzverfahrens zur Verfügung stehen muss, ist der Zufluss des Eigenkapitals nicht mehr Gegenstand des unternehmerischen Ermessens. Dementsprechend ist der Insolvenzverwalter an gesetzliche oder satzungsrechtliche Einschränkungen, die Art oder Zeitpunkt der Geltendmachung der Ansprüche betreffen und ihre Durchsetzung erschweren, nicht gebunden.[191] Diese Folgerungen zur Entbehrlichkeit eines Gesellschafterbeschlusses gelten in gleicher Weise für die Eigenverwaltung, weil § 276a InsO Weisungen der Gesellschafter an die Geschäftsleiter untersagt.

b) Übergang der Anspruchsverfolgung von Geschäftsleiter auf Sachwalter

Das Gesetz bezweckt in diesen Konstellationen eine Beschränkung der Geschäftsführerkompetenz,[192] um eine unbefangene Vertretung der Gesellschaft sicherzustellen, welche von sachfremden Erwägungen unbeeinflusst ist und sachdienliche Gesellschaftsbelange wahrt.[193] Die Gefahr einer Interessenkollision wäre umso größer, wenn in der Insolvenz die Verfolgung eines Anspruchs nicht von einem Gesellschafterbeschluss abhinge und der Geschäftsleiter – der vielfach zugleich Gesellschafter ist – entgegen der Intention des Gesetzes nach eigenem Ermessen vorgehen dürfte. Sofern die internen Mitwirkungsrechte der Gesellschafterversammlung nach § 276a InsO suspendiert sind, muss in der Insolvenz zugleich die damit korrespondierende Zuständigkeit der Geschäftsleitung, die durch die Notwendigkeit eines Gesellschafterbeschlusses gezügelt werden soll, entfallen.[194] Aus dieser Erwägung ist im Regelverfahren der Insolvenzverwalter und im Eigenverwaltungsverfahren der Sachwalter zur Verwirklichung der Ansprüche gegen Geschäftsführer und Gesellschafter einer GmbH berufen.

60

VI. Fazit

Das Eigenverwaltungsverfahren kann seinen Zweck der Erleichterung einer Sanierung nur erfüllen, wenn die Gläubiger in gleicher Weise wie in einem Regelverfahren gesichert sind. Ansprüche aus § 64 GmbHG, § 92 AktG sind gegen Geschäftsleiter gegeben, die bis zur zeitlichen Grenze der Verfahrenseröffnung verbotene Zahlungen veranlassen. Geschäftsleiter trifft vor und nach Verfah-

61

---

191 BGH, Urt. v. 10.5.1982 – II ZR 89/81, BGHZ 84, 47, 48; BGH, Urt. v. 15.10.2007 – II ZR 216/06, ZInsO 2008, 42 Rn. 18.
192 BGH, Urt. v. 20.11.1958 – II ZR 17/57, BGHZ 28, 355, 357; Scholz/*Schmidt*, GmbHG, 11. Aufl., § 46 Rn. 139.
193 Vgl. BGH, Urt. v. 16.10.2006 – II ZR 7/05, NJW-RR 2007, 98 Rn. 5.
194 Vgl. BGH, Urt. v. 15.10.2007 – II ZR 216/06, ZInsO 2008, 42 Rn. 18.

renseröffnung eine Schadensersatzpflicht aus § 43 Abs. 2 GmbHG, § 93 Abs. 2 AktG im Innenverhältnis zu der Gesellschaft. Gegenüber den Gläubigern der Gesellschaft haften die Geschäftsleiter aus §§ 60, 61 InsO. Die Geltendmachung der Ansprüche obliegt dem Sachwalter. Die Gesellschafter sind gemäß § 276a InsO nach Verfahrenseröffnung zu Einflussnahmen auf die Geschäftsleiter nicht mehr berechtigt. Die Abberufung und Bestellung von Organmitgliedern dürfen sie nur im Einverständnis mit dem Sachwalter vornehmen.

Kapitel 10
Die GmbH in der Regelinsolvenz

Übersicht

I. Eröffnungsverfahren........... 1
  1. Eigenantrag einer juristischen Person................... 2
    a) Vertretungsbefugnisse..... 3
    b) Rücknahme eines von einem anderen Vertretungsorgan gestellten Antrags........ 7
    c) Beschwerde............ 10
  2. Fremdantrag.............. 11
    a) Bestimmung der Schuldnerin im Antrag......... 12
    b) Missbräuchliche Antragstellung................ 13
  3. Zahlungsunfähigkeit........ 15
    a) Liquiditätsbilanz........ 16
    b) Zahlungseinstellung...... 17
  4. Nachrangigkeit einer Forderung..................... 21
  5. Offene Gesellschafterdarlehen als Insolvenzgrund......... 24
  6. Befriedigungsaussichten..... 28
II. Abgrenzung der Befugnisse im eröffneten Verfahren....... 29
  1. Umfang des Insolvenzbeschlags................. 30
    a) Gegenwärtiges Vermögen. 31
    b) Vertragsangebot als Neuerwerb................ 32
    c) Freigabe von Vermögen... 34
  2. Grundsätze ordnungsgemäßer Verwaltung................. 37
  3. Befugnisse des Verwalters... 39
    a) Verfügungen............ 39
    b) Einzug von Forderungen.. 40
    c) Einzug im Gesellschaftsverhältnis wurzelnder Forderungen gegen Gesellschafter................ 42
    d) Einzug von Schadensersatzansprüchen gegen Geschäftsführer................. 45
    e) Behandlung gegenseitiger Verträge............... 49
    f) Vollmachten............ 50
  4. Organisationsverfassung der Gesellschaft........... 51
    a) Grundsatz............. 52
    b) Die Rechtsstellung der Geschäftsführer...... 54
    c) Die Rechtsstellung der Gesellschafter....... 65
III. Auskunftspflichten der Geschäftsleiter..................... 74
  1. Grundsatz................ 75
  2. Umfang der Auskunftspflicht. 76
IV. Haftung.................... 78
  1. Haftungsbereiche.......... 79
  2. Geschützter Personenkreis... 80
  3. Haftungsmaßstab.......... 83
    a) Pflichtverletzung........ 84
    b) Wettbewerbsverstoß...... 85
  4. Zurechnung von Pflichtverletzungen des Verwalters zum Nachteil der Masse..... 86
V. Insolvenz und Bestand der Gesellschaft............. 87
  1. Auflösung der Gesellschaft.. 88
  2. Liquidation der Gesellschaft. 89
    a) Aufgabe des Insolvenzverwalters.............. 90
    b) Entbehrlichkeit einer Liquidation............. 91
  3. Löschung der Gesellschaft... 92
  4. Fortsetzung der aufgelösten Gesellschaft.............. 94

Kap. 10 Die GmbH in der Regelinsolvenz

I. Eröffnungsverfahren

1 Ein Insolvenzverfahren über das Vermögen einer Gesellschaft kann insbesondere auf Antrag eines außenstehenden Dritten eröffnet werden. Dabei gelten die üblichen Rechtsgrundsätze. Rechtliche Besonderheiten sind hingegen zu beachten, wenn es sich um einen Eigenantrag der Gesellschaft handelt oder der Insolvenzantrag von einem Gesellschafter gestellt wird.

1. Eigenantrag einer juristischen Person

2 Wird ein Eigenantrag gestellt, kann er nur Wirksamkeit entfalten, wenn eine vertretungsberechtigte Person gehandelt hat. Insoweit ist zu berücksichtigen, dass die Insolvenzordnung im Blick auf die Vertretungsbefugnis eigenständige, von den einschlägigen Vorschriften etwa des GmbHG und des AktG abweichende Regelungen statuiert.

a) Vertretungsbefugnisse

3 In erster Linie wird die Gesellschaft bei der Antragstellung durch ihre Geschäftsleiter vertreten.

aa) Geschäftsleiter

4 Bei einer juristischen Person sind insbesondere die Mitglieder des Vertretungsorgans sowie die Liquidatoren befugt, einen Insolvenzantrag im Namen der Gesellschaft zu stellen (§ 15 Abs. 1 Satz 1 InsO). Ein Bevollmächtigter der Gesellschaft, gleich ob Prokurist oder Generalbevollmächtigter, ist zur Antragstellung nicht berechtigt. Geschäftsführer und Liquidatoren sind nach dem Wortlaut des § 15 Abs. 1 Satz 1 InsO ohne Rücksicht auf ihre gesellschaftsrechtliche Vertretungsbefugnis, also auch in Fällen einer Gesamtvertretung, kraft durch die InsO verliehener Vertretungsmacht einzeln befugt, einen Eröffnungsantrag zu stellen.[1] Die ihnen eingeräumte Einzelvertretungsmacht geht der ansonsten geltenden Vertretungsregelung vor, sie kann durch die Satzung nicht beseitigt oder beschränkt werden.[2] Da die Rechtsprechung den faktischen Geschäftsführer der Insolvenzantragspflicht des § 15a InsO und damit in Verbindung mit § 823 Abs. 2 BGB der Insolvenzverschleppungshaftung unterwirft,[3] ist ihm – was mittelbar § 6 Abs. 5 GmbHG wegen der dort genannten Obliegenheiten entnommen werden kann – ebenfalls im Rahmen des § 15 InsO ein Antragsrecht zuzubilligen.

---

1 BGH, Beschl. v. 10.7.2008 – IX ZB 122/07, NJW-RR 2008, 1439 Rn. 5.
2 BGH, Beschl. v. 24.3.2016 – IX ZB 32/15, ZInsO 2016, 906 Rn. 14.
3 BGH, Urt. v. 11.7.2005 – II ZR 235/03, NZI 2006, 63.

I. Eröffnungsverfahren **Kap. 10**

Nur wenn der Antrag auf drohende Zahlungsunfähigkeit gestützt und nicht von 5
allen vertretungsberechtigten Mitgliedern gestellt wird, kommt es ausnahmsweise auf die Vertretungsmacht des antragstellenden Mitglieds des Vertretungsorgans an (§ 18 Abs. 3 InsO). Gesellschaftern und Aufsichtsratsmitgliedern ist – abgesehen vom Fall der Führungslosigkeit (§ 15 Abs. 1 Satz 2InsO) – eine Antragstellung verwehrt; stehen ihnen Forderungen gegen die Gesellschaft zu, können sie in ihrer Eigenschaft als Gläubiger einen Fremdantrag stellen. Die Geschäftsführer sind jedenfalls zu einer Antragstellung verpflichtet, wenn die Gesellschafter sie durch einen mit einer Mehrheit von drei Viertel gefassten Gesellschafterbeschluss (§ 60 Abs. 1 Nr. 2) hierzu anweisen. Selbst ein mit einfacher Mehrheit gefasster Beschluss ist von dem andernfalls fristlos kündbaren Geschäftsführer zu befolgen.[4] Eine Weisung der Gesellschafterversammlung, keinen Insolvenzantrag zu stellen, ist mit Rücksicht auf die Insolvenzantragspflicht (§ 15a InsO) nur verbindlich, wenn tatsächlich kein Insolvenzgrund eingreift.

bb) Gesellschafter und Aufsichtsräte

Im Falle der Führungslosigkeit einer GmbH (§ 15 Abs. 1 Satz 2 InsO) sind die 6
Gesellschafter, bei einer AG und Genossenschaft auch die Mitglieder des Aufsichtsrats jeweils einzeln antragsbefugt. Nach der Legaldefinition des § 10 Abs. 2 Satz 2 InsO (ebenso § 35 Abs. 1 Satz 2 GmbHG) ist eine Gesellschaft führungslos, die keinen organschaftlichen Vertreter, also weder einen Geschäftsführer noch einen Liquidator, hat. Führungslosigkeit ist anzunehmen, wenn nach Errichtung der GmbH der wirksamen Bestellung einer Person zum ersten Geschäftsführer ein Bestellungsverbot entgegensteht. Gleiches gilt in Fällen, in denen das Amt des einzigen Geschäftsführers durch Tod, Amtsunfähigkeit, Abberufung oder Amtsniederlegung endet, ohne dass ein anderer Geschäftsführer ordnungsgemäß eingesetzt wird. Eine Gesellschaft ist auch führungslos, wenn der rechtsunwirksam bestellte Geschäftsführer faktisch das Unternehmen leitet.

b) Rücknahme eines von einem anderen Vertretungsorgan gestellten Antrags

Ein Insolvenzantrag kann nach § 13 Abs. 2 InsO bis zur Verfahrenseröffnung 7
oder seiner Abweisung zurückgenommen werden. Im Falle der Vertretung einer GmbH durch mehrere Geschäftsführer oder im Falle der Führungslosigkeit einer aus mehreren Gesellschaftern bestehenden GmbH bestünde danach die Möglichkeit, dass der von einem Geschäftsführer oder Gesellschafter gestellte Antrag von einem anderen Geschäftsführer oder Gesellschafter zurückgenommen wird – und der zuerst Handelnde nunmehr seinen Antrag wiederholt.

---

[4] BGH, Urt. v. 20.6.2005 – II ZR 18/03, NJW 2005, 3069; Urt. v. 15.10.2007 – II ZR 236/06, NZG 2008, 148 Rn. 1.

Kap. 10 Die GmbH in der Regelinsolvenz

8 Gemäß § 15 Abs. 1 InsO ist jedes Mitglied des Vertretungsorgans einer juristischen Person berechtigt, die Eröffnung des Insolvenzverfahrens über das Vermögen der juristischen Person zu beantragen. Wenn der Antrag allgemeinen Regeln entsprechend von demjenigen zurückgenommen werden kann, der ihn gestellt hat, Antragsteller die juristische Person ist und Sonderregeln für die Antragsrücknahme fehlen, liegt die Annahme nahe, insoweit bleibe es bei den allgemeinen Vertretungsregeln. Rücknahmeberechtigt ist dann jedes zur Vertretung des Schuldners berechtigte Organ. Allerdings stellt sich die Frage nach dem Sinn eines Antragsrechts für einzelne Mitglieder des Vertretungsorgans, wenn dieser Antrag ohne oder sogar gegen den Willen des Antragstellers von (anderen) gesetzlichen Vertretern des Schuldners zurückgenommen werden kann. Überwiegend wird in Rechtsprechung und Literatur daher die Ansicht vertreten, dass der gemäß § 15 Abs. 1 InsO gestellte Antrag nur von derjenigen natürlichen Person zurückgenommen werden kann, die ihn gestellt hat.

9 Allerdings ist die Gestaltung ins Auge zu fassen, dass die Gesellschaft nach Ausscheiden des Antragstellers aus der Geschäftsführung nur noch durch den Geschäftsführer gesetzlich vertreten wird und dieser die Rücknahme des Antrages des Ausgeschiedenen erklärt. Obwohl er den Eröffnungsantrag nicht gestellt hat, steht ihm das Recht zur Abgabe der Erklärung auf Rücknahme des Antrags nach § 13 Abs. 2 InsO zu. Würde der Dispositionsgrundsatz insoweit nicht gelten, näherte sich das Eröffnungsverfahren über das Vermögen einer juristischen Person oder Gesellschaft ohne Rechtspersönlichkeit einem Amtsverfahren an. Aus dem Sinn und Zweck der Erweiterung der Antragsbefugnis können sich allerdings Einschränkungen des Dispositionsgrundsatzes ergeben.[5]

c) Beschwerde

10 Wird das Insolvenzverfahren auf Antrag der Gesellschaft eröffnet, steht ihr gegen diese Entscheidung grundsätzlich kein Beschwerderecht zu. Diese rechtliche Würdigung beruht auf der Erwägung, dass der Schuldner durch die seinem Antrag entsprechende Verfahrenseröffnung keine formelle Beschwer als Zulässigkeitsvoraussetzung für die Einlegung eines Rechtsmittels erleidet. Daran anknüpfend ist einem Schuldner, der die auf seinem Antrag beruhende Verfahrenseröffnung unter dem Gesichtspunkt einer die Kosten des Verfahrens nicht deckenden Masse (§ 26 InsO) beanstandet hat, die Beschwer abzusprechen. Da das Gesetz dem Schuldner einen Antrag auf Einstellung des Verfahrens wegen Massearmut versagt, erschiene es unangemessen, ihm die Verfolgung dieses Ziels auf einen von ihm gestellten Eröffnungsantrag hin zu ermöglichen. Handelt es sich um eine Handelsgesellschaft, ist ein rechtliches Interesse der Organe, die

---

5 BGH, Beschl. v. 10.7.2008 – IX ZB 122/07, ZInsO 2008, 922 Rn. 5 ff.

nach Abweisung eines Insolvenzantrags mangels Masse aufgelöste Gesellschaft selbst liquidieren zu können, nicht anzuerkennen.[6]

2. Fremdantrag

Ein Fremdantrag kann von einem außenstehenden Gläubiger gestellt werden, aber auch von einem Gesellschafter, dem etwa aus Drittgeschäften rückständige Forderungen gegen die Gesellschaft zustehen.

a) Bestimmung der Schuldnerin im Antrag

Ein Antrag auf Eröffnung des Insolvenzverfahrens ist gegen einen bestimmten Schuldner zu richten. Forderung und Insolvenzgrund sind glaubhaft zu machen (§ 14 Abs. 1 InsO). Insbesondere die Angaben zur Zahlungsunfähigkeit oder Überschuldung des Antragsgegners gelten nicht notwendig auch für dessen Rechtsnachfolger. Schon deshalb verbietet es sich, einen Insolvenzantrag, der gegen eine gelöschte Handelsgesellschaft – eine AG – gerichtet ist, in dem Sinne auszulegen oder umzudeuten, dass er als Eröffnungsantrag gegen den Rechtsnachfolger – eine GmbH und Co. KG – zu behandeln ist.[7]

b) Missbräuchliche Antragstellung

Der Antrag eines Gläubigers ist gemäß § 14 Abs. 1 InsO nur zulässig, wenn er ein rechtliches Interesse an der Eröffnung des Insolvenzverfahrens hat. In aller Regel wird einem Gläubiger, dem eine Forderung zusteht und der einen Eröffnungsgrund glaubhaft macht, das rechtliche Interesse an der Eröffnung des Insolvenzverfahrens schon wegen des staatlichen Vollstreckungsmonopols nicht abgesprochen werden können. Ausnahmsweise fehlt es an einem Rechtsschutzinteresse, wenn der Antrag allein zu dem Zweck gestellt wird, einen Konkurrenten aus dem Wettbewerb zu entfernen.

Eine solche Konstellation kann gegeben sein, wenn ein Minderheitengesellschafter gestützt auf offene Forderungen einen Insolvenzantrag stellt, um den Geschäftsbetrieb der Schuldnerin zu übernehmen. Das Rechtsschutzinteresse entfällt jedoch nur dann, wenn der Gläubiger ausschließlich insolvenzwidrige Zwecke verfolgt. Erstrebt der Gläubiger neben einer quotalen Befriedigung zugleich die Ausschaltung eines zahlungsunfähigen Wettbewerbers, kann ihm ein Rechtsschutzinteresse nicht versagt werden. Der Nebenzweck, einen insolventen Schuldner an einer weiteren Tätigkeit zu hindern, schließt mit Rücksicht auf den allgemeinen Verkehrsschutz zur Vermeidung einer fortwährenden Gläubigergefährdung das Rechtsschutzinteresse nicht aus.[8]

---

6 BGH, Beschl. v. 17.7.2008 – IX ZB 225/07, ZInsO 2008, 859 Rn. 4 ff.
7 BGH, Beschl. v. 25.9.2008 – IX ZB 221/07, WM 2008, 2128 Rn. 4 ff.
8 BGH, Beschl. v. 19.5.2011 – IX ZB 214/10, ZInsO 2011, 1063 Rn. 5 ff.

3. Zahlungsunfähigkeit

15 Der Begriff der Zahlungsunfähigkeit beurteilt sich im gesamten Insolvenzrecht und darum auch im Rahmen des Insolvenzanfechtungsrechts nach § 17 InsO. Zur Feststellung der Zahlungsunfähigkeit im Sinne des § 17 Abs. 2 Satz 1 InsO kann eine Liquiditätsbilanz aufgestellt werden. Eine solche Liquiditätsbilanz ist im Anfechtungsprozess jedoch entbehrlich, wenn eine Zahlungseinstellung (§ 17 Abs. 2 Satz 2 InsO) die gesetzliche Vermutung der Zahlungsunfähigkeit begründet.[9]

a) Liquiditätsbilanz

16 In die zur Feststellung der Zahlungsunfähigkeit gemäß §17 Abs. 2 Satz1 InsO aufzustellende Liquiditätsbilanz sind auf der Aktivseite neben den verfügbaren Zahlungsmitteln (sog. Aktiva I) die innerhalb von drei Wochen flüssig zu machenden Mittel (sog. Aktiva II) einzubeziehen und zu den am Stichtag fälligen und eingeforderten Verbindlichkeiten (sog. Passiva I) sowie den innerhalb von drei Wochen fällig werdenden und eingeforderten Verbindlichkeiten (sog. Passiva II) in Beziehung zu setzen. Auch die innerhalb von drei Wochen nach dem Stichtag fällig werdenden Verbindlichkeiten (Passiva II) sind bei der Feststellung der Zahlungsunfähigkeit zu berücksichtigen.[10] Den Gesetzesmaterialien ist zu entnehmen, dass der Begriff der Zahlungsunfähigkeit nicht rein stichtagsbezogen zu verstehen ist. Vielmehr ist auch die zeitliche Dauer einer etwaigen Liquiditätslücke zu berücksichtigen, um die Zahlungsunfähigkeit von einer nur vorübergehenden Zahlungsstockung abzugrenzen.[11] Dem von dem Gesetzgeber verfolgten Interesse einer frühzeitigen Verfahrenseröffnung widerspräche es, würde man bei der Feststellung der Zahlungsunfähigkeit lediglich die innerhalb von drei Wochen nach dem Stichtag flüssig zu machenden Mittel, nicht aber die in demselben Zeitraum fälligen Verbindlichkeiten einbeziehen, da damit der Zeitpunkt der Insolvenzreife theoretisch sogar auf Dauer verzögert werden könnte. Dem Schuldner würde ermöglicht, mit den neu hinzukommenden Mitteln lediglich die Altverbindlichkeiten zu begleichen und damit eine unter Umständen erhebliche Unterdeckung dauerhaft vor sich herzuschieben, die am Ende des Dreiwochenzeitraums sogar noch größer sein könnte als zu Beginn.[12] Andernfalls würde die Ermittlung der Zahlungsunfähigkeit zeitlich verzerrt und Aktiv- und Passivseite würden bei der Erstellung der Liquiditätsbilanz künstlich einer unterschiedlichen Bewertung unterworfen: Während der Zahlungsmittelbestand dynamisch, nämlich zeitraumbezogen ermittelt würde, würde der Be-

---

9 BGH, Urt. v. 12.10.2017 – IX ZR 50/15, WM 2017, 2322 Rn. 10.
10 BGH, Urt. v. 19.12.2017 – II ZR 88/16, BB 2018, 460 Rn. 33 ff.
11 BGH, Urt. v. 19.12.2017 – II ZR 88/16, BB 2018, 460 Rn. 43.
12 BGH, Urt. v. 19.12.2017 – II ZR 88/16, BB 2018, 460 Rn. 50.

stand an fälligen Verbindlichkeiten ausschließlich statisch stichtagsbezogen festgestellt. Dies widerspräche allgemeinen betriebswirtschaftlichen Bewertungsgrundsätzen.[13]

b) Zahlungseinstellung

Zahlungseinstellung ist dasjenige nach außen hervortretende Verhalten des Schuldners, in dem sich typischerweise ausdrückt, dass er nicht in der Lage ist, seine fälligen Zahlungspflichten zu erfüllen. Es muss sich mindestens für die beteiligten Verkehrskreise der berechtigte Eindruck aufdrängen, dass der Schuldner außerstande ist, seinen fälligen Zahlungsverpflichtungen zu genügen. Die tatsächliche Nichtzahlung eines erheblichen Teils der fälligen Verbindlichkeiten reicht für eine Zahlungseinstellung aus. Das gilt selbst dann, wenn tatsächlich noch geleistete Zahlungen beträchtlich sind, aber im Verhältnis zu den fälligen Gesamtschulden nicht den wesentlichen Teil ausmachen. Die Nichtzahlung einer einzigen Verbindlichkeit kann eine Zahlungseinstellung begründen, wenn die Forderung von insgesamt nicht unbeträchtlicher Höhe ist.[14] Eine insolvenzrechtlich erhebliche Zahlungsunwilligkeit liegt nur vor, wenn der Schuldner tatsächlich noch zahlungsfähig ist. Sind die gesetzlichen Voraussetzungen für eine Zahlungseinstellung erfüllt, wird gemäß § 17 Abs. 2 Satz 2 InsO gesetzlich vermutet, dass nicht lediglich Zahlungsunwilligkeit, sondern Zahlungsunfähigkeit vorlag. Im Fall der Zahlungseinstellung setzt deshalb die Feststellung der anfechtungsrechtlich unerheblichen Zahlungsunwilligkeit die Feststellung der Zahlungsfähigkeit voraus. Sie muss der Anfechtungsgegner beweisen.[15] Da die im Falle einer Zahlungseinstellung vermutete Zahlungsunfähigkeit auf einem objektiven Mangel an auszugebenden Zahlungsmitteln beruht (Geldilliquidität), kommt es allenfalls insoweit auf ein vorhandenes Vermögen an, als der Schuldner in der Lage wäre, dieses kurzfristig zu liquidieren.[16]

aa) Zahlungseinstellung begründet Vermutung der Zahlungsunfähigkeit

Zur Feststellung der Zahlungsunfähigkeit im Sinne des § 17 Abs. 2 Satz 1 InsO ist die Aufstellung einer Liquiditätsbilanz entbehrlich, wenn eine Zahlungseinstellung (§ 17 Abs. 2 Satz 2 InsO) die gesetzliche Vermutung der Zahlungsunfähigkeit begründet. Eine Zahlungseinstellung kann aus einem einzelnen, aber auch aus einer Gesamtschau mehrerer darauf hindeutender, in der Rechtsprechung entwickelter Beweisanzeichen gefolgert werden. Sind derartige Indizien vorhanden, bedarf es einer darüber hinausgehenden Darlegung und Feststellung

---
13 BGH, Urt. v. 19.12.2017 – II ZR 88/16, BB 2018, 460 Rn. 53.
14 BGH, Urt. v. 12.10.2017 – IX ZR 50/15, WM 2017, 2322 Rn. 12.
15 BGH, Urt. v. 12.10.2017 – IX ZR 50/15, WM 2017, 2322 Rn. 13.
16 BGH, Urt. v. 12.10.2017 – IX ZR 50/15, WM 2017, 2322 Rn. 15.

Kap. 10 Die GmbH in der Regelinsolvenz

der genauen Höhe der gegen den Schuldner bestehenden Verbindlichkeiten oder einer Unterdeckung von mindestens 10 vH nicht.[17]

bb) Voraussetzungen einer Zahlungseinstellung

19 Die tatsächliche Nichtzahlung eines erheblichen Teils der fälligen Verbindlichkeiten kann eine Zahlungseinstellung begründen. Das gilt selbst dann, wenn tatsächlich noch geleistete Zahlungen beträchtlich sind, aber im Verhältnis zu den fälligen Gesamtschulden nicht den wesentlichen Teil ausmachen. Ein weiteres Indiz für eine Zahlungseinstellung kann in der Nichtzahlung sowie der schleppenden Zahlung von Sozialversicherungsbeiträgen oder Steuerforderungen erblickt werden. Haben im fraglichen Zeitpunkt fällige Verbindlichkeiten bestanden, die bis zur Verfahrenseröffnung nicht mehr beglichen worden sind, kann regelmäßig von einer Zahlungsunfähigkeit zu diesem Zeitpunkt ausgegangen werden. Eigene Erklärungen des Schuldners, fällige Verbindlichkeiten nicht begleichen zu können, deuten auf eine Zahlungseinstellung hin, auch wenn sie mit einer Stundungsbitte versehen sind. Schließlich können gegen den Schuldner betriebene Vollstreckungsverfahren die Schlussfolgerung der Zahlungseinstellung nahelegen. Verwirklichen sich mehrere gewichtige Beweisanzeichen, ermöglicht dies die Bewertung, dass eine Zahlungseinstellung vorliegt.[18]

cc) Größe der Liquiditätslücke ohne Bedeutung

20 Vor diesem Hintergrund kann eine Zahlungseinstellung nicht allein deswegen abgelehnt werden, weil es an Feststellungen dazu fehlt, ob ein erheblicher Teil der fälligen Verbindlichkeiten nicht beglichen wurde. Scheidet dieses Indiz einer Zahlungseinstellung aus, kann diese vielmehr aus sonstigen, im konkreten Streitfall einschlägigen Beweisanzeichen gefolgert werden. Bei dieser Sachlage verbietet es sich, allein mangels Darlegung des Verhältnisses der fälligen Verbindlichkeiten zu den Gesamtverbindlichkeiten eine Zahlungseinstellung abzulehnen. Diese Würdigung liefe auf die Notwendigkeit der Erstellung einer Liquiditätsbilanz hinaus, die in Anwendung des § 17 Abs. 2 Satz 2 InsO gerade entbehrlich ist.[19]

4. Nachrangigkeit einer Forderung

21 Eine mit „Nachrangigkeit" überschriebene Klausel in den Bedingungen eines Genussrechts, aus der sich klar und unmissverständlich ergibt, dass die Forderungen der Genussrechtsgläubiger gegenüber einfachen Insolvenzgläubigern

---

17 BGH, Beschl. v. 15.11.2018 – IX ZR 81/18.
18 BGH, Beschl. v. 15.11.2018 – IX ZR 81/18.
19 BGH, Beschl. v. 15.11.2018 – IX ZR 81/18.

nachrangig sind, enthält auch dann keinen zur Nichtigkeit der Nachrangregelung gegenüber den einfachen Insolvenzgläubigern führende unangemessene Benachteiligung aufgrund eines Verstoßes gegen das Transparenzgebot, wenn eine von der Klausel zusätzlich vorgesehene Regelung der Rangklasse innerhalb der nachrangigen Forderungen unklar ist oder Auslegungszweifel aufwirft, sofern die Regelungen insoweit inhaltlich und sprachlich trennbar sind.

Die Vereinbarung einer Verlustbeteiligung legt einen der Hauptleistungsinhalte bei der Gewährung von Genussrechten fest. Damit ist diese Vereinbarung der Inhaltskontrolle entzogen, weil es sich nicht um von Rechtsvorschriften abweichende oder diese ergänzende Bestimmungen handelt (§ 307 Abs. 3 Satz 1 BGB). Gleiches gilt für die Vereinbarung eines Nachrangs bei einem Genussrecht. Genussrechte erhalten ihren Inhalt erst durch die vertragliche Gestaltung; einen gesetzlichen vorgegebenen Inhalt gibt es nicht. Die Frage, ob die Ansprüche aus einem Genussrecht nachrangige Forderungen begründen, betrifft ebenfalls den Hauptleistungsinhalt eines Genussrechts.[20]   22

Nach § 307 Abs. 1 Satz 2 BGB kann sich eine unangemessene Benachteiligung des Vertragsgegners auch daraus ergeben, dass eine Bestimmung nicht klar und verständlich ist. Der Verwender Allgemeiner Geschäftsbedingungen ist nach den Grundsätzen von Treu und Glauben verpflichtet, Rechte und Pflichten seiner Vertragspartner möglichst klar und durchschaubar darzustellen. Der Verwender muss folglich einerseits die tatbestandlichen Voraussetzungen und Rechtsfolgen so genau beschreiben, dass für ihn keine ungerechtfertigten Beurteilungsspielräume entstehen.[21] Bei der Bewertung der Transparenz einer Vertragsklausel ist auf die Erwartungen und Erkenntnismöglichkeiten eines durchschnittlichen Vertragspartners des Verwenders im Zeitpunkt des Vertragsschlusses abzustellen.[22] Die Überschrift des fraglichen Klausel besteht allein aus dem Wort „Nachrangigkeit". Schon dies macht deutlich, dass die Rechte der Genussrechtsinhaber im Vergleich zu den Ansprüchen einfacher Gläubiger eingeschränkt werden. Die Bestimmung enthält sodann in drei Absätzen jeweils getrennte Regelungen, die dem Genussrechtsgläubiger sämtlich und unmissverständlich klarmachen, dass die von ihm erworbenen Ansprüche gegenüber Ansprüchen anderer Gläubiger, für die kein Nachrang besteht, nur solche „zweiter Klasse" sind. Insbesondere versteht ein durchschnittlicher Vertragspartner des Verwenders nach seinen Erwartungen und Erkenntnismöglichkeiten im Zeitpunkt des Vertragsschlusses die einzelnen Bestimmungen dahin, dass seine Ansprüche aus den Genussrechten – gleich welcher Art – in jedem Fall erst nach den Ansprüchen solcher anderer Gläubiger befriedigt werden, für die kein Nachrang besteht.[23] Unklarheiten und   23

---

20 BGH, Urt. v. 22.3.2018 – IX ZR 99/17, ZInsO 2018, 1091 Rn. 31.
21 BGH, Urt. v. 22.3.2018 – IX ZR 99/17, ZInsO 2018, 1091 Rn. 34.
22 BGH, Urt. v. 22.3.2018 – IX ZR 99/17, ZInsO 2018, 1091 Rn. 35.
23 BGH, Urt. v. 22.3.2018 – IX ZR 99/17, ZInsO 2018, 1091 Rn. 37.

Kap. 10 Die GmbH in der Regelinsolvenz

Auslegungszweifel über die Frage, welchen Rang die Forderungen der Genussrechtsinhaber unter allen nachrangigen Forderungen einnehmen, berühren nicht den Nachrang gegenüber Insolvenzforderungen.[24]

5. Offene Gesellschafterdarlehen als Insolvenzgrund

24 Dem Gesellschafter können aus Drittgeschäften mit der Gesellschaft unbeglichene Forderungen zustehen, die ihm wie jedem anderen Gläubiger die Befugnis verleihen, gegen die Gesellschaft einen Insolvenzantrag zu stellen. Dies gilt auch dann, wenn der Antrag auf ein rückständiges Gesellschafterdarlehen gestützt wird. Ein Gesellschafter kann als nachrangiger Gläubiger (§ 39 Abs. 1 Nr. 5 InsO) eines Darlehens einen Insolvenzantrag auch dann stellen, wenn er keine ernsthafte Befriedigungsaussichten erwarten darf. Die Regelung des § 174 Abs. 3 InsO bezieht sich auf eröffnete Verfahren, die im Falle fehlender Befriedigungsaussichten nicht mit der Anmeldung und Prüfung nachrangiger Forderungen belastet werden sollen. Damit trifft das Gesetz jedoch keine weitergehende Aussage dahin, dass ein Insolvenzantrag und die Verfahrenseröffnung auf eine nachrangige Forderung nicht gestützt werden können.

25 Vielmehr ist § 39 Abs. 1 Nr. 5 InsO zu entnehmen, dass nachrangig zu befriedigende Gesellschafter zu den Insolvenzgläubigern (§ 38 InsO) gehören. Der Gesetzgeber will die nachrangigen Gläubiger von Anfang an in das Insolvenzverfahren einbeziehen und lediglich im weiteren Verfahren wegen ihrer geringen Befriedigungsaussichten eine Verzögerung vermeiden, indem eine Anmeldung solcher Forderungen nur auf besondere Aufforderung erfolgen soll. Mithin sind die nachrangigen Insolvenzgläubiger ebenso Insolvenzgläubiger wie die nicht nachrangigen.

26 In ausdrücklicher Abkehr von dem Regierungsentwurf hat der Gesetzgeber zudem § 19 Abs. 2 Satz 2 InsO dahin gefasst, dass nachrangige Forderungen im Sinne von § 39 Abs. 1 InsO bei der Prüfung einer Überschuldung zu berücksichtigen sind. Dadurch soll eine unkontrollierte Zunahme masseloser Insolvenzen verhindert werden. Nachrangige Forderungen im Sinne des § 39 Abs. 1 Nr. 5 InsO sind – wenn keine weitergehende Nachrangvereinbarung getroffen (§ 39 Abs. 2 InsO) wurde – abweichend zu der für den früheren Rechtszustand überwiegend vertretenen Auffassung nach jetziger Gesetzeslage bei der Prüfung der Zahlungsunfähigkeit (§ 17 InsO) in die Liquiditätsprognose einzubeziehen, weil mit der Abschaffung des Eigenkapitalersatzrechts (§ 30 Abs. 1 Satz 3 GmbHG) das präventive Auszahlungsverbot für Gesellschafterdarlehen entfallen ist. Sind nachrangige Forderungen bei der Prüfung der Insolvenz sonstigen Forderungen gleichzustellen, entspricht es dem Gesetzeszweck, dass die Insolvenzeröffnung auch auf der Grundlage einer nachrangigen Forderung beantragt werden kann.

---

24 BGH, Urt. v. 22.3.2018 – IX ZR 99/17, ZInsO 2018, 1091 Rn. 4.

Demgemäß ist § 174 Abs. 3 InsO, der erst nach Feststellung der Teilungsmasse eingreift, eine Beschneidung der Antragsbefugnis nachrangiger Insolvenzgläubiger nicht zu entnehmen.[25]

Ferner hängt das Rechtsschutzinteresse für einen Insolvenzantrag generell nicht davon ab, ob der Gläubiger in dem Verfahren eine Befriedigung erlangen kann. Auch im Falle völliger Masseunzulänglichkeit wird das Rechtsschutzinteresse für einen Eröffnungsantrag nicht berührt. Aus § 26 InsO ergibt sich, dass auch Verfahren ohne Verteilungsperspektive zu eröffnen sind, wenn nur die Verfahrenskosten gedeckt sind.[26]

27

6. Befriedigungsaussichten

Schließlich hängt das Rechtsschutzinteresse des Antragstellers für seinen Insolvenzantrag nicht davon ab, ob er in dem eröffneten Verfahren eine Befriedigung erlangen kann. Auch im Falle völliger Masseunzulänglichkeit wird das Rechtsschutzinteresse für einen Eröffnungsantrag nicht berührt. Aus § 26 InsO ergibt sich, dass auch Verfahren ohne Verteilungsperspektive zu eröffnen sind, wenn nur die Verfahrenskosten gedeckt sind.[27]

28

II. Abgrenzung der Befugnisse im eröffneten Verfahren

Die Abgrenzung der Befugnisse des Insolvenzverwalters von denen der Geschäftsführer und Gesellschafter kann im Grundsatz der gesetzlichen Regelung entnommen werden. Der Insolvenzbeschlag erstreckt sich gemäß §§ 148, 35 InsO auf das gesamte Vermögen des Schuldners. Folgerichtig obliegt die Verwaltung und Verfügung des Schuldnervermögens nach §§ 80, 81 InsO anstelle des Schuldners alleine dem Insolvenzverwalter. Rechte und Befugnisse der Geschäftsführer und Gesellschafter können in der Insolvenz einer Gesellschaft mithin nur gegeben sein, wenn nicht die Verwaltung der Insolvenzmasse betroffen ist. Soweit die Befugnisse des Verwalters reichen, werden diejenigen des Schuldners verdrängt.[28]

29

1. Umfang des Insolvenzbeschlags

Das Insolvenzverfahren erfasst gemäß § 35 Abs. 1 InsO das gesamte Vermögen, das dem Schuldner zur Zeit der Eröffnung des Verfahrens gehört und das er während des Verfahrens erlangt (Insolvenzmasse). Der Insolvenzbeschlag erstreckt

30

---

25 BGH, Beschl. v. 23.9.2010 – IX ZB 282/09, ZInsO 2010, 209 Rn. 10.
26 BGH, Beschl. v. 23.9.2010 – IX ZB 282/09, ZInsO 2010, 209 Rn. 11.
27 BGH, Beschl. v. 15.9.2016 – IX ZB 32/16, WM 2016, 2128 Rn. 21.
28 BGH, Urt. v. 26.2.2015 – IX ZR 174/13, ZInsO 2015, 688 Rn. 16.

Kap. 10 Die GmbH in der Regelinsolvenz

sich mithin sowohl auf das vorhandene Vermögen als auch auf einen während der Verfahrensdauer erlangten Neuerwerb.

a) Gegenwärtiges Vermögen

31 Die Insolvenzmasse bildet bei einer Gesellschaft das gesamte Sachvermögen im Sinne der Mobiliar- und Immobiliargegenstände einschließlich der Beteiligungen an anderen Unternehmen. Hinzu kommen Forderungen der Gesellschaft aus Lieferungen und Leistungen, Forderungen der Gesellschaft gegen Gesellschafter aus dem Gesellschaftsverhältnis (§§ 5, 7, 9, 19 GmbHG), Ansprüche gegen die Geschäftsführer (§ 43 Abs. 2, § 64 GmbHG), gesetzliche Ansprüche sowie verwertbare Immaterialgüterrechte.[29] Pfändbar und massezugehörig sind Patentrechte (§ 15 Abs. 1 Satz 2 PatG), Geschmacks- und Gebrauchsmusterrechte (§ 30 Abs. 1 Nr. 2 GeschmMG, § 22 Abs. 1 Satz 2 GebrMG) sowie Marken (§ 29 Abs. 3 MarkenG).[30] Ausschließliche Lizenzen fallen im Unterschied zu einfachen Lizenzen in die Masse.[31] Ein Geheimverfahren gehört, gleichgültig, ob ihm eine patentfähige Erfindung zugrunde liegt oder nicht, dann zum Geschäftsvermögen des Erfinders, wenn dieser durch gewerbliche Ausnutzung des Verfahrens seinen Willen kundgetan hat, es wirtschaftlich zu verwerten.[32] Zur Insolvenzmasse gehört auch das Handelsgeschäft des Schuldners. Mit dem Geschäft fällt alles in die Insolvenzmasse, was dem Geschäftsbetrieb dient: nicht nur die pfändbaren Gegenstände, sondern auch die nicht der Pfändung unterliegenden, dem Unternehmen zugehörigen vermögenswerten Gegenstände, Beziehungen und Verhältnisse. Dazu zählt auch der Firmenname des Unternehmens.[33] Das Unternehmen der Gesellschaft ist von dem Verwalter bis zur Entscheidung der Gläubigerversammlung (§§ 157, 159 InsO, die nicht durch eine eigenmächtige Betriebseinstellung präkludiert werden darf, fortzuführen.[34] Eine vorzeitige Stilllegung des Betriebs ist gemäß § 158 InsO nur mit Zustimmung des vorläufigen Gläubigerausschusses zulässig.[35] Pfändungsfreie Gegenstände (§ 36 InsO) kann es in der Insolvenz einer juristischen Person nicht geben. Darum unterliegen neben der Firma der Nießbrauch, eine beschränkt persönliche Dienstbarkeit und ein dingliches Vorkaufsrecht dem Insolvenzbeschlag.[36]

---

29 *Schmidt*, in: Schmidt/Uhlenbruck, Die GmbH in Krise, Sanierung und Insolvenz, 5. Aufl., Rn. 7.11.
30 Vgl. *Ahrens*, in: Ahrens/Gehrlein/Ringstmeier, InsO, 3. Aufl., § 35 Rn. 112 ff.
31 Vgl. *Ahrens*, in: Ahrens/Gehrlein/Ringstmeier, InsO, 3. Aufl., § 35 Rn 116.
32 BGH, Urt. v. 25.1.1955 – I ZR 15/53, BGHZ 16, 172, 175.
33 BGH, Urt. v. 27.9.1982 – II ZR 51/82, BGHZ 85, 221, 222 f.
34 *Baumbach/Hueck/Haas*, GmbHG, 20. Aufl., § 60 Rn. 42.
35 *Jaeger/Henckel*, InsO, § 35 Rn. 11; *Baumbach/Hueck/Haas*, GmbHG, 20. Aufl., § 60 Rn. 42.
36 *Jaeger/Müller*, InsO, § 35 Rn. 145.

b) Vertragsangebot als Neuerwerb

Ob der Schuldner nach der Eröffnung des Insolvenzverfahrens über sein Vermögen ein ihm persönlich unterbreitetes Vertragsangebot annehmen kann oder ob die Annahme des Angebots dem Insolvenzverwalter vorbehalten ist, hängt davon ab, ob die durch das Angebot vermittelte Rechtsposition zur Masse gehört und damit Neuerwerb im Sinne von § 35 Abs. 1 InsO darstellt. Dies gilt etwa für das an den Schuldner gerichtete formgerechte Angebot (§ 15 Abs. 4 GmbHG), Geschäftsanteile an einer GmbH zu erwerben.

32

Ein Vertragsangebot verschafft dem Empfänger eine rechtlich geschützte Position. Gemäß § 145 BGB ist der Antragende an den Antrag gebunden, wenn er die Bindung nicht ausgeschlossen hat. Gemäß § 146 BGB erlischt der Antrag erst, wenn er abgelehnt oder nicht nach den §§ 147 bis 149 BGB rechtzeitig angenommen wird. Zur Masse gehört die Rechtsposition des Angebotsempfängers nach den allgemeinen Regeln (§§ 35, 36 InsO) dann, wenn sie abtretbar (§§ 398 ff. BGB) und damit pfändbar (§§ 851, 857 ZPO) ist. Ob dies der Fall ist, lässt sich nicht generell, sondern nur für den jeweiligen Einzelfall durch Auslegung der Parteierklärungen entscheiden. Sehr oft wird ein Vertragsangebot, das sich an einen bestimmten Angebotsempfänger richtet, ausschließlich für diesen bestimmt sein. Eine Abtretung kommt dann nicht in Betracht. Dem Anbieter kann nicht ohne oder sogar gegen seinen Willen ein anderer als der gewollte Vertragspartner aufgedrängt werden. Es gibt jedoch Ausnahmen. Das aus der Gebundenheit des Antragenden folgende Recht des Angebotsempfängers kann jedenfalls dann abgetreten werden, wenn letzterem die entsprechende Befugnis vertraglich eingeräumt worden ist. Hat der Antragende sich ausdrücklich oder den Umständen nach damit einverstanden erklärt, dass der Angebotsempfänger den Antrag an einen beliebigen Dritten weiterleiten kann, wird ihm dieser Dritte nicht ohne oder gegen seinen Willen aufgedrängt.[37] Die Antragenden waren von vornherein mit einem anderen Vertragspartner als dem Schuldner einverstanden. Die Rechtsposition, welche der Schuldner nach Zugang der Angebote innehatte, war abtretbar, damit pfändbar und fiel als Neuerwerb in die Insolvenzmasse. Gemäß § 80 Abs. 1 InsO war es Sache des Verwalters, über die Annahme oder Ablehnung des Angebots zu entscheiden.[38]

33

c) Freigabe von Vermögen

Der Verwalter ist auch im Insolvenzverfahren über das Vermögen einer Gesellschaft befugt, Massegegenstände freizugeben.[39]

34

---
37 BGH, Urt. v. 26.2.2015 – IX ZR 174/13, WM 2015, 620 Rn. 17 ff.
38 BGH, Urt. v. 26.2.2015 – IX ZR 174/13, WM 2015, 620 Rn. 20.
39 BGH, Urt. v. 21.4.2005 – IX ZR 281/03, BGHZ 163, 32, 35 ff.; a. A. *Schmidt*, in: Schmidt/Uhlenbruck, Die GmbH in Krise, Sanierung und Insolvenz, 5. Aufl., Rn. 7.18; *Jaeger/Müller*, InsO, § 35 Rn. 146 ff.

aa) Grundsatz

35 Ein rechtlich schutzwürdiges Bedürfnis, dem Verwalter die Möglichkeit der Freigabe einzuräumen, besteht regelmäßig dort, wo zur Masse Gegenstände gehören, die wertlos sind oder Kosten verursachen, welche den zu erwartenden Veräußerungserlös möglicherweise übersteigen. Dies hat insbesondere bei wertausschöpfend belasteten oder erheblich kontaminierten Grundstücken große praktische Bedeutung. Es wäre mit dem Zweck der Gläubigerbefriedigung nicht zu vereinbaren, wenn der Insolvenzverwalter in solchen Fällen gezwungen wäre, Gegenstände, die nur noch geeignet sind, das Schuldnervermögen zu schmälern, allein deshalb in der Masse zu behalten, um eine Vollbeendigung der Gesellschaft zu bewirken.[40] Die Freigabe bewirkt, dass der Insolvenzbeschlag erlischt und die Gesellschaft die Verfügungsbefugnis zurückerhält.[41] Da die Freigabe das Recht der Gesellschaft als früherer Berechtigter zuweist, kann eine freigegebene Forderung nicht etwa auf der Grundlage des § 432 BGB von den Gesellschaftern verfolgt werden. Der Insolvenzverwalter kann nicht durch eine Freigabeerklärung das Recht einzelner Gesellschafter begründen, eine Gesellschaftsforderung im eigenen Namen geltend zu machen.[42]

bb) Konkludente Freigabe

36 Die Erklärung des Insolvenzverwalters, den Rechtsstreit nicht aufzunehmen (§ 85 Abs. 2 InsO), ist bei Berücksichtigung der gesetzlichen Auslegungsregeln der §§ 133, 157 BGB dahingehend aufzufassen, dass er den Rechtsstreit dem Schuldner freigebe, ihm also dessen Fortsetzung überlasse. Damit hat der Schuldner die Prozessführungsgewalt, die er durch die Eröffnung des Insolvenzverfahrens verlor, wiedergewonnen. Er kann daher den Rechtsstreit von sich aus aufnehmen.[43] Die Ablehnung der Aufnahme des Prozesses ist danach notwendigerweise mit der Freigabe des streitgegenständlichen Massevermögens verbunden; denn der Schuldner erhält die gesetzliche Prozessführungsbefugnis nur zurück, sofern der Streitgegenstand wieder zum massefreien Vermögen gehört.[44]

2. Grundsätze ordnungsgemäßer Verwaltung

37 Die Pflicht zur ordnungsgemäßen Bewahrung und Verwaltung der Insolvenzmasse ist vielfach nicht schon dann erfüllt, wenn es dem Verwalter gelingt, den

---

40 BGH, Urt. v. 21.4.2005 – IX ZR 281/03, BGHZ 163, 32, 36.
41 BGH, Urt. v. 21.4.2005 – IX ZR 281/03, BGHZ 163, 32, 35.
42 BGH, Urt. v. 23.4.1964 – II ZR 222/61, WM 1964, 651 f.
43 BGH, Urt. v. 21.10.1965 – Ia ZR 144/63, NJW 1966, 51.
44 BGH, Urt. v. 21.4.2005 – IX ZR 281/03, BGHZ 163, 32, 36.

Bestand der Masse zu erhalten. Der Insolvenzverwalter kann gehalten sein, bis zur endgültigen Verteilung der Masse nicht benötigte Gelder nicht nur zu sichern, sondern auch zinsgünstig anzulegen. Dies gilt schon deshalb, weil nicht benötigte Gelder Zinsen tragen könnten. Zur Masseverwaltungspflicht gehört danach auch ein allgemeines Wertmehrungsgebot. Das gilt auch und gerade im Rahmen einer Betriebsfortführung, wenn auch unter Berücksichtigung der besonderen Bedingungen eines Insolvenzverfahrens, der Orientierung allen Handelns des Insolvenzverwalters am Insolvenzzweck der bestmöglichen gemeinschaftlichen Gläubigerbefriedigung (§ 1 InsO) und der maßgeblichen Entscheidungen der Insolvenzgläubiger (§§ 157, 158 InsO) über die Zukunft des schuldnerischen Unternehmens.[45] Wird dem Verwalter einer insolventen Immobiliengesellschaft eine Eigentumswohnung zu einem überaus günstigen Preis angeboten, handelt es sich um ein Geschäft, welches die Masse ohne sonderlichen Aufwand und ohne großes Risiko erheblich vermehrt hätte. Darum ist die Entscheidung des Verwalters, die Wohnung nicht für die Masse zu erwerben, mit einer ordentlichen und gewissenhaften Insolvenzverwaltung nicht zu vereinbaren.[46]

Der Insolvenzverwalter ist für die Anmeldung solcher Angelegenheiten befugt und ggf. auch verpflichtet, die im Zusammenhang mit der Ausübung seiner Rechte zur Verwaltung und Verwertung der Insolvenzmasse eintreten, etwa die Anmeldung einer Firmenänderung bei einer Veräußerung der bisherigen Firma, das Ausscheiden eines Kommanditisten oder das Ausscheiden eines Gesellschafters bei einer in Insolvenz befindlichen OHG.[47] Der Insolvenzverwalter hat der Rechnungslegungspflicht nach § 41 GmbHG zu genügen, den testierten Jahresabschluss zum Handelsregister einzureichen und die steuerlichen Angelegenheiten der Gesellschaft auch für den Zeitraum vor Verfahrenseröffnung umfassend zu erledigen. Die Arbeitgeberpflichten treffen den Insolvenzverwalter auch im Blick auf die Abführung von Sozialversicherungsbeiträgen.[48]

38

3. Befugnisse des Verwalters

a) Verfügungen

Das Recht, über das zur Insolvenzmasse gehörende Vermögen des Schuldners zu verfügen, geht auf den Insolvenzverwalter über (§ 80 Abs. 1 InsO). Dessen Verfügungsbefugnis ist prinzipiell unbeschränkt. Der Verwalter ist zwar verpflichtet, von seiner Verfügungsbefugnis nur nach den Bestimmungen der Insolvenzordnung Gebrauch zu machen. Unwirksam ist eine Verfügung des Verwalters aber regelmäßig nur, wenn sie dem Insolvenzzweck der gleichmäßigen Gläubigerbe-

39

---

45 BGH, Urt. v. 16.3.2017 – IX ZR 253/15, ZInsO 2017, 827 Rn. 13.
46 BGH, Urt. v. 16.3.2017 – IX ZR 253/15, ZInsO 2017, 827 Rn. 15.
47 OLG Köln ZInsO 2001, 717, 718.
48 *Baumbach/Hueck/Haas*, GmbHG, 20. Aufl., § 60 Rn. 48.

friedigung (§ 1 Satz 1 InsO) klar und eindeutig zuwiderläuft.[49] Wirksam sind dagegen Verfügungen des Insolvenzverwalters, die nur unzweckmäßig oder sogar unrichtig sind.[50] Durch einen nicht novierenden Vergleich über eine Insolvenzforderung wird die betroffene Forderung modifiziert, verstärkt, unstreitig gestellt und *als solche* neu begründet, ohne dass ihre Qualität als Insolvenzforderung dadurch jedoch eine Änderung erfährt.[51] Insolvenzzweckwidrig ist die weitergehende Vereinbarung des Insolvenzverwalters mit einem Insolvenzgläubiger, dessen Forderung zu einer Masseforderung aufzuwerten, wenn der Masse daraus kein Vorteil erwächst. Eine solche Abrede widerspricht der vom Gesetz gewollten grundsätzlichen Gleichbehandlung aller Gläubiger.[52] Verfügungen des Schuldners nach Verfahrenseröffnung oder nach Erlass eines vorläufigen Verfügungsverbots sind – abgesehen von Fällen eines grundbuchmäßigen Gutglaubensschutzes – gemäß § 81 Abs. 1 Satz 1 InsO schlechthin unwirksam.[53]

b) Einzug von Forderungen

40   Der Insolvenzverwalter hat die dem Schuldner zustehenden Forderungen einzuziehen. Die Bestimmung des § 82 InsO schützt den Leistenden in seinem Vertrauen auf die Empfangszuständigkeit seines Gläubigers, wenn ihm die Eröffnung des Insolvenzverfahrens über dessen Vermögen solange unbekannt geblieben ist, wie er den Leistungserfolg noch zu verhindern vermag. Der Schutz des § 82 InsO beschränkt sich allerdings auf den guten Glauben des Leistenden in den Fortbestand der zum Zeitpunkt des Entstehens der Verbindlichkeit noch gegebenen, durch die Eröffnung des Insolvenzverfahrens oder den Erlass eines vorläufigen Verfügungsverbots nachträglich entfallenden Empfangszuständigkeit des Schuldners. Die Vorschrift greift hingegen nicht zugunsten des Leistenden ein, wenn durch eine von dem Schuldner nach Eröffnung des Insolvenzverfahrens oder nach Erlass eines vorläufigen Verfügungsverbots getroffene Verfügung – gleich ob im Wege einer Forderungsabtretung (§§ 398 ff. BGB) oder einer Einziehungsermächtigung (§ 362 Abs. 2, § 185 Abs. 1) – die Einziehungsbefugnis eines Dritten begründet werden soll. Verfügungen des Schuldners nach Verfahrenseröffnung oder nach Erlass eines vorläufigen Verfügungsverbots sind – abgesehen von Fällen eines grundbuchmäßigen Gutglaubensschutzes – gemäß § 81 Abs. 1 Satz 1 InsO schlechthin unwirksam. Beruht das Einziehungsrecht eines Dritten auf einer solchen Verfügung, ist die Regelung des § 81 Abs. 1 Satz 1 InsO mit der dort enthaltenen Nichtigkeitsfolge gegenüber § 82 InsO vorrangig.[54]

---

49 BGH, Urt. v. 8.5.2014 – IX ZR 118/12, BGHZ 201, 121 Rn. 13.
50 BGH, Urt. v. 20.3.2014 – IX ZR 80/13, ZInsO 2014, 1009 Rn. 14.
51 BGH, Urt. v. 10.3.1994 – IX ZR 98/93, ZIP 1994, 720, 722.
52 BGH, Urt. v. 28.2.1985 – IX ZR 157/84, ZIP 1985, 553, 554.
53 BGH, Beschl. v. 12.7.2012 – IX ZR 210/11, ZInsO 2012, 1417 Rn. 6.
54 BGH, Beschl. v. 12.7.2012 – IX ZR 210/11, ZInsO 2012, 1417 Rn. 6.

II. Abgrenzung der Befugnisse im eröffneten Verfahren **Kap. 10**

Ermächtigt der noch uneingeschränkt verfügungsbefugte Schuldner einen anderen zum Empfang einer Leistung (§ 362 Abs. 2, § 185 Abs. 1 BGB), wird ein Drittschuldner im Falle einer nach Verfahrenseröffnung an den Ermächtigten bewirkten Leistung gemäß § 82 Satz 1 InsO von seiner Schuld befreit, wenn er keine Kenntnis von der Verfahrenseröffnung hatte. Erteilt der Schuldner die Ermächtigung hingegen erst nach Verfahrenseröffnung oder nach Erlass eines Verfügungsverbots (§ 81Abs. 1 Satz 1, § 24 Abs. 1, § 21 Abs. 2 Satz 1 Nr. 2 InsO), ist die Ermächtigung als Verfügung unwirksam. Dann kommt einer Leistung auch des gutgläubigen Drittschuldners an den vermeintlich Ermächtigten keine schuldbefreiende Wirkung zu.[55] **41**

c) Einzug im Gesellschaftsverhältnis wurzelnder Forderungen gegen Gesellschafter

Nach Insolvenzeröffnung offenbart sich dem Verwalter nicht selten, dass gegen die Gesellschafter Forderungen aus dem Gesellschaftsverhältnis bestehen. Dabei kann es sich insbesondere um offene Einlageforderungen oder Schadensersatzansprüche aus der Gründung oder Geschäftsführung handeln. Die Geltendmachung dieser Forderungen weist § 46 Nr. 2, 8 der Bestimmung der Gesellschafterversammlung zu. Es liegt auf der Hand, dass Gesellschafter nach Verfahrenseröffnung im Eigeninteresse vielfach wenig geneigt sind, den Weg zur Geltendmachung dieser Ansprüche zu ebnen. Aus dieser Erwägung ist nach Verfahrenseröffnung ein Gesellschafterbeschluss zur Geltendmachung dieser Forderungen entbehrlich. **42**

Die statutarisch verbindliche Resteinlageschuld des Gesellschafters gegenüber der insolventen GmbH wird mit Eröffnung des Insolvenzverfahrens aufgrund der Anforderung durch den Insolvenzverwalter fällig. Zwar entscheidet die Gesellschafterversammlung grundsätzlich nach § 46 Nr. 2 GmbHG über die Einforderung von Geldeinlagen. Dies gilt nicht nur für die Stammeinlage selbst, sondern auch für ein darüber hinaus zu leistendes Aufgeld. Mit der Eröffnung des Insolvenzverfahrens entfällt jedoch für den Insolvenzverwalter bei der Einforderung ausstehender Einlageforderungen die Notwendigkeit der Einholung eines Gesellschafterbeschlusses gemäß § 46 Nr. 2 GmbHG. Denn mit der Verfahrenseröffnung geht das Recht, die zur Insolvenzmasse der GmbH im Sinne des § 35 InsO zählende Forderung geltend zu machen, auf den Insolvenzverwalter über. Mit dem Wegfall der bisherigen Rechtszuständigkeit entfällt auch die Kompetenz der Gesellschafterversammlung. Sobald die Liquidität für die Gläubigerbefriedigung im Rahmen des Insolvenzverfahrens zur Verfügung stehen muss, ist der Zufluss des Eigenkapitals nicht mehr Gegenstand des unternehmerischen Ermessens. Dementsprechend ist der Insolvenzverwalter an gesetzliche **43**

---

55 BGH, Beschl. v. 12.7.2012 – IX ZR 210/11, ZInsO 2012, 1417 Rn. 7.

oder satzungsrechtliche Einschränkungen, die Art oder Zeitpunkt der Geltendmachung der Ansprüche betreffen und ihre Durchsetzung erschweren, nicht gebunden.

44 Diese Grundsätze sind im Stadium des eröffneten Insolvenzverfahrens auf das Agio in der Ausgestaltung als statutarische Nebenleistungspflicht auch dann übertragbar, wenn das Agio zumindest im Grundsatz nicht in erster Linie dem alleinigen Gläubigerschutz dient, sondern im Interesse der Gesellschaft liegt. Denn das Agio verliert seine primäre Funktion als in die freie Kapitalrücklage einstellbares, nicht gebundenes Eigenkapital jedenfalls dann, wenn die Gesellschaft in die Insolvenz geraten ist. Dementsprechend entfällt in dieser Situation auch hinsichtlich des Agio die Notwendigkeit eines Einforderungsbeschlusses der Gesellschafterversammlung aufgrund des § 46 Nr. 2 GmbHG oder einer entsprechenden statutarischen Vereinbarung.[56]

d) Einzug von Schadensersatzansprüchen gegen Geschäftsführer

45 Grundsätzlich bedarf es gemäß § 46 Nr. 8 GmbHG ebenfalls eines Beschlusses der Gesellschafterversammlung, wenn die Gesellschaft Ansprüche – auch deliktische Ansprüche – gegen ihren Geschäftsführer geltend machen will. Auch diese Regelung gilt nicht mehr in der Insolvenz der Gesellschaft.

46 Die Vorschrift macht die Verfolgung derartiger Ansprüche – abgesehen von etwaigen Opportunitätsgründen, die hier keine Rolle spielen – deshalb von einem Beschluss der Gesellschafter abhängig, weil dem obersten Gesellschaftsorgan vorbehalten und nicht dem Entschluss der Geschäftsführer überlassen werden soll, ob ein Geschäftsführer wegen Pflichtverletzung belangt und die damit verbundene Offenlegung innerer Gesellschaftsverhältnisse trotz der für Ansehen und Kredit der Gesellschaft möglicherweise abträglichen Wirkung in Kauf genommen werden soll. Da diese Gesichtspunkte auch zutreffen, wenn sich der Geschäftsführer nicht mehr im Amt befindet, ist § 46 Nr. 8 GmbHG auf die Geltendmachung von Ersatzansprüchen gegen einen ausgeschiedenen Geschäftsführer gleichfalls anwendbar.

47 Ein Gesellschafterbeschluss ist materielles Erfordernis für die Geltendmachung der Forderung, sodass eine ohne Beschluss der Gesellschafter erhobene Klage wegen Fehlens einer materiellen Anspruchsvoraussetzung als unbegründet abzuweisen ist.[57] Durch § 46 Nr. 8 GmbHG soll unter anderem verhindert werden, dass die mit der Inanspruchnahme des Geschäftsführers wegen Pflichtverletzung verbundene Offenlegung innerer Gesellschaftsverhältnisse trotz der für Ansehen und Kredit der Gesellschaft möglicherweise abträglichen Wirkung ohne Ein-

---

56 BGH, Urt. v. 15.10.2007 – II ZR 216/06, ZInsO 2008, 42 Rn. 16 ff.; anders wohl *Ulmer/Casper*, GmbHG, 2. Aufl., § 64 Rn. 76.
57 BGH, Urt. v. 14.7.2004 – VIII ZR 224/02, ZInsO 2004, 1203 Rn. 20.

schaltung des obersten Gesellschaftsorgans geschieht. Zum Schutz der Gesellschaft im Geschäftsverkehr kann über ein Vorgehen gegen den Geschäftsführer nur die Gesellschafterversammlung entscheiden.

Anders verhält es sich jedoch im Insolvenzverfahren der Gesellschaft. Im Insolvenzverfahren verdienen die Interessen der Gesellschaftsgläubiger an einer Vermehrung der Masse den Vorrang, während ein Schutzbedürfnis der in der Regel nur abzuwickelnden Gesellschaft nicht mehr gegeben ist. Für eine Entschließung der Gesellschafter besteht daher keine Notwendigkeit mehr.[58] **48**

e) Behandlung gegenseitiger Verträge

Es obliegt dem Insolvenzverwalter, die Wahlrechte nach §§ 103 ff. InsO auszuüben. Daraus folgt im Gegenschluss, dass der Geschäftsführer nicht befugt ist, über die Durchführung von Verträgen zu befinden, die von beiden Seiten nicht vollständig erfüllt sind. Kein Wahlrecht ist eröffnet, sofern ein Vertrag vor Verfahrenseröffnung vollständig erfüllt ist. Im Falle eines Lizenzkaufs ist der Lizenzvertrag im Sinne von § 103 InsO in der Regel beiderseits vollständig erfüllt, wenn die gegenseitigen Hauptleistungspflichten ausgetauscht sind, also der Lizenzgeber die Lizenz erteilt und der Lizenznehmer den Kaufpreis gezahlt hat. Anders verhält es sich, wenn die Lizenz mangels Vereinbarung der Zahlung eines Entgelts nicht aufgrund eines typischen Kaufvertrags erteilt wird. Vielmehr handelt es sich um einen Austauschvertrag eigener Art, wenn sich Konzerngesellschaften der Schuldnerin im Interesse eines gemeinsamen Markenauftritts zur Nutzung der Marke Ecosoil und die Schuldnerin im Gegenzug zur unentgeltlichen Einräumung eines entsprechenden Nutzungsrechts für die Dauer des Bestehens des Ecosoil-Konzerns verpflichten. Dieser gegenseitige Vertrag wurde allerdings vor Eröffnung des Insolvenzverfahrens beiderseits vollständig erfüllt. Die Schuldnerin hat den Gesellschaften bereits vor Eröffnung des Insolvenzverfahrens eine entsprechende Lizenz eingeräumt, die Gesellschaften haben diese Lizenz daraufhin vereinbarungsgemäß genutzt. Es ist nicht ersichtlich, dass Nebenleistungspflichten der Lizenzvertragsparteien offen sind, die zur Anwendung des § 103 InsO führen könnten.[59] **49**

f) Vollmachten

Die für die Gesellschaft ausgesprochenen Prokuren und Handlungsvollmachten erlöschen gemäß § 117 Abs. 1 InsO materiellrechtlich durch die Eröffnung des Insolvenzverfahrens.[60] Nach Verfahrenseröffnung ist der Entscheidung der Gesellschafterversammlung nicht mehr vorbehalten (§ 46 Nr. 7 GmbHG), Bevoll- **50**

---

58 BGH, Urt. v. 14.7.2004 – VIII ZR 224/02, ZInsO 2004, 1203 Rn. 22.
59 BGH, Urt. v. 25.10.2015 – I ZR 173/14, ZInsO 2016, 150 Rn. 45.
60 LG Halle, ZIP 2004, 2294, 2295.

Kap. 10 Die GmbH in der Regelinsolvenz

mächtigte einzusetzen. Vielmehr kann allein der Insolvenzverwalter eine Handlungsvollmacht wie auch eine Prokura erteilen.[61]

4. Organisationsverfassung der Gesellschaft

51 Die Organisationsverfassung der Gesellschaft wird durch die Verfahrenseröffnung nicht berührt.

a) Grundsatz

52 Die Eröffnung des Insolvenzverfahrens hat auf die Struktur der betroffenen Gesellschaft keinen Einfluss. Das gilt unabhängig von der Rechtsform der Gesellschaft. Ist die Schuldnerin eine Personengesellschaft, richten sich Geschäftsführung und Vertretung – begrenzt durch die Befugnisse des Insolvenzverwalters – weiterhin nach §§ 114 ff., §§ 125 ff. HGB. Die bis zur Eröffnung geschäftsführungs- und vertretungsbefugten Gesellschafter nehmen die Rechte der Schuldnerin im Insolvenzverfahren wahr. Gleiches gilt für Organe einer juristischen Person, die ihre Stellung auch nach der Eröffnung behalten, nicht etwa durch Liquidatoren (§ 66 GmbHG) ersetzt werden, aber nur noch solche Aufgaben wahrnehmen, die nicht die Insolvenzmasse betreffen.[62]

53 Die Gesellschaftsorgane bestehen also grundsätzlich fort. Ihre Rechte und Pflichten beschränken sich infolge des Übergangs der Verwaltungs- und Verfügungsbefugnis (§§ 80, 81 InsO) auf den Insolvenzverwalter auf den insolvenzfreien Bereich sowie auf die Verwaltung des freien, insbesondere von dem Insolvenzverwalter freigegebenen Vermögens.

b) Die Rechtsstellung der Geschäftsführer

54 Infolge des Übergangs der Verwaltungs- und Verfügungsbefugnis auf den Insolvenzverwalter (§§ 80, 81 InsO) sind die Befugnisse des Geschäftsführers stark geschmälert.[63]

aa) Amtsstellung

(1) Organfunktion

55 Ist die Schuldnerin eine Gesellschaft mit beschränkter Haftung, bleiben die Geschäftsführer im Amt. Ihnen obliegen die Aufgaben der Schuldnerin im Insolvenzverfahren (§ 35 GmbHG). Es bleibt auch bei der Zuständigkeit der Gesell-

---

61 *Scholz/Bitter*, GmbHG, 11. Aufl., Vor § 64 Rn. 120.
62 BGH, Beschl. v. 11.1.2007 – IX ZB 271/04, ZInsO 2007, 267 Rn. 21.
63 VG Gießen, ZIP 2005, 2074, 2076.

II. Abgrenzung der Befugnisse im eröffneten Verfahren   Kap. 10

schafterversammlung für die Bestellung und die Abberufung der Geschäftsführer (§ 46 Nr. 5 GmbHG), soweit der Gesellschaftsvertrag nichts anderes vorsieht. Die Bestellung der Geschäftsführer ist zu jeder Zeit widerruflich (§ 38 Abs. 1 GmbHG).[64] Daran ändert die Eröffnung des Insolvenzverfahrens über das Vermögen einer Gesellschaft mit beschränkter Haftung nichts. Die Gesellschafterversammlung behält auch im eröffneten Insolvenzverfahren über das Vermögen der Gesellschaft das Recht, den oder die Geschäftsführer abzuberufen.[65] Der Insolvenzverwalter ist nicht berechtigt, einen Geschäftsführer abzuberufen; er kann allenfalls dessen Anstellungsvertrag kündigen. Ist eine Aktiengesellschaft bei Eröffnung des Insolvenzverfahrens ohne gesetzlichen Vertreter, muss das Gericht einen Notvorstand (§ 85 AktG) bestellen, damit die Schuldnerin im Verfahren handlungsfähig bleibt. Der Verwalter kann über die Organstellung nicht verfügen.[66] Ist der endgültige Verwalter also nicht berechtigt, dem geschäftsführenden Gesellschafter einer Personengesellschaft die Geschäftsführungsbefugnis zu entziehen (vgl. §§ 117, 118 HGB) oder den Geschäftsführer einer Gesellschaft mit beschränkter Haftung abzuberufen (vgl. § 46 Nr. 5 GmbHG), gilt Gleiches auch für den vorläufigen Verwalter.[67]

(2) Dienstverhältnis

Durch die Eröffnung des Insolvenzverfahrens über das Vermögen der Gesellschaft wird der Anstellungsvertrag des Geschäftsführers nicht beendet, wie sich aus §§ 108 Abs. 1, 113 Abs. 1 InsO ergibt. Danach bestehen Dienstverhältnisse mit Wirkung für die Insolvenzmasse fort, können allerdings von dem Insolvenzverwalter nach Maßgabe des § 113 Abs. 1 InsO gekündigt werden. Diese Vorschriften gelten für alle Dienstverhältnisse einschließlich desjenigen eines (beherrschenden) Gesellschafter-Geschäftsführers in der Insolvenz der Gesellschaft.[68] Mit der Bestellung des Insolvenzverwalters geht die Kündigungsbefugnis der Gesellschafterversammlung (§ 46 Nr. 5 GmbHG) auf ihn über (vgl. § 113 InsO). Das gilt auch für die „Nachschiebebefugnis", die der Verwalter seinerseits nicht innerhalb von zwei Wochen nach Kenntniserlangung von dem nachgeschobenen Grund ausüben muss.[69]

56

Eine schuldhafte Insolvenzverschleppung durch den Geschäftsführer einer GmbH berechtigt diese zur Kündigung seines Anstellungsvertrages aus wichtigem Grund (§ 626 Abs. 1 BGB). § 64 GmbHG weist der Gesellschaft einen Ersatzanspruch gegen ihren Geschäftsführer im Fall einer Masseverkürzung zu-

57

---

64 BGH, Beschl. v. 11.1.2007 – IX ZB 271/04, ZInsO 2007, 267 Rn. 21.
65 BGH, Beschl. v. 24.3.2016 – IX ZB 32/15, ZInsO 2016, 906 Rn. 19.
66 BGH, Beschl. v. 11.1.2007 – IX ZB 271/04, ZInsO 2007, 267 Rn. 21.
67 BGH, Beschl. v. 11.1.2007 – IX ZB 271/04, ZInsO 2007, 267 Rn. 22.
68 BGH, Urt. v. 20.6.2005 – II ZR 18/03, ZInsO 2005, 762, 763.
69 BGH, Urt. v. 20.6.2005 – II ZR 18/03, ZInsO 2005, 762, 763.

gunsten einzelner Gläubiger zu. Aus dieser Sicht ist es der Gesellschaft im Rahmen von § 626 Abs. 1 BGB nicht zuzumuten, einen ihre Insolvenz schuldhaft verschleppenden Geschäftsführer weiterzubeschäftigen und ihm auch noch über die Eröffnung des Insolvenzverfahrens hinaus – bis zum Wirksamwerden einer etwaigen Kündigung durch den Insolvenzverwalter gemäß § 113 Abs. 1 InsO – Gehalt aus der Insolvenzmasse § 55 Abs. 1 Nr. 2 InsO zu zahlen. Die Ausschlussfrist des § 626 Abs. 2 Satz 1 BGB beginnt nicht vor Beendigung des pflichtwidrigen Dauerverhaltens.[70] Demgegenüber stellt allein die Verfahrenseröffnung keinen außerordentlichen Kündigungsgrund dar, weil andernfalls die Wertung des § 133 InsO unterlaufen würde. Ordentlich kann das Dienstverhältnis mit einer Frist von drei Monaten gemäß § 113 Satz 3 InsO gekündigt werden.[71]

58 Solange das Dienstverhältnis fortdauert, kann der Insolvenzverwalter den Geschäftsführer als Gehilfen im Bereich der Insolvenzverwaltung einsetzen. Dabei nimmt der Geschäftsführer keine Organbefugnisse wahr. Zu Lasten der Masse kann er nur auf der Grundlage einer ihm von dem Insolvenzverwalter erteilten Vollmacht tätig werden.[72]

(3) Dienstbezüge

59 Vor Verfahrenseröffnung begründete Gehaltsforderungen bilden Insolvenzforderungen (§ 38 InsO), danach entstandene sind Masseschulden (§ 55 Abs. 1 Nr. 2 InsO). Allerdings können gemäß § 87 Abs. 2 AktG Dienstbezüge der Vorstände einer AG mit Rücksicht auf die Insolvenz gekürzt werden. Das Recht zur Herabsetzung der Bezüge gemäß § 87 Abs. 2 AktG ist ein einseitiges Gestaltungsrecht der Aktiengesellschaft, das durch eine Gestaltungserklärung ausgeübt wird, die der Aufsichtsrat in Vertretung der Gesellschaft (§ 112 AktG) gegenüber dem Vorstandsmitglied abgibt. Der Anwendungsbereich der Bestimmung erfasst den Zeitraum sowohl vor als auch nach der Eröffnung des Insolvenzverfahrens.[73] Eine Verschlechterung der Lage der Gesellschaft im Sinne von § 87 Abs. 2 AktG tritt jedenfalls dann ein, wenn die Gesellschaft insolvenzreif wird. Die Weiterzahlung der Bezüge ist unbillig, wenn der Vorstand pflichtwidrig gehandelt hat oder ihm zwar kein pflichtwidriges Verhalten vorzuwerfen ist, die Verschlechterung der Lage der Gesellschaft jedoch in die Zeit seiner Vorstandsverantwortung fällt und ihm zurechenbar ist.[74] Die Herabsetzung der Bezüge muss mindestens auf einen Betrag erfolgen, dessen Gewährung angesichts der Verschlechterung der Lage der Gesellschaft nicht mehr als unbillig angese-

---

70 BGH, Urt. v. 20.6.2005 – II ZR 18/03, ZInsO 2005, 762, 763.
71 BGH, Urt. v. 20.6.2005 – II ZR 18/03, ZInsO 2005, 762, 763.
72 *Scholz/Bitter*, GmbHG, 11. Aufl., Vor § 64 Rn. 151.
73 BGH, Urt. v. 27.10.2015 – II ZR 296/14, BGHZ 207, 190 Rn. 22 f.
74 BGH, Urt. v. 27.10.2015 – II ZR 296/14, BGHZ 207, 190 Rn. 38.

hen werden kann. Die Vorschrift erlaubt andererseits keine Herabsetzung der Bezüge des Vorstandsmitglieds, die weiter geht, als es die Billigkeit angesichts der Verschlechterung der Lage der Gesellschaft erfordert.[75]

Die Bestimmung ist auf GmbH-Geschäftsführer nicht entsprechend anwendbar. Die unterschiedliche Behandlung von Geschäftsführern und Vorständen hinsichtlich ihrer Vergütung ist im Gesetz angelegt. Ihr kann entnommen werden, dass die Treuepflicht des Vorstands, der anders als der Geschäftsführer einer GmbH die Gesellschaft in eigener Verantwortung leitet (§ 76 Abs. 1 AktG), bei einer dem Vorstand zurechenbaren Verschlechterung der Lage der Gesellschaft in besonderem Maße aus Billigkeitsgründen eine Herabsetzung der Vergütung gebieten kann.[76] Bei GmbH-Geschäftsführern wird man allenfalls aus der allgemeinen Treuepflicht herleiten können, eine Minderung der Vergütung hinnehmen zu müssen. **60**

bb) Freies Vermögen

Der Insolvenzverwalter ist nicht der gesetzliche Vertreter der Schuldnerin in Bezug auf das freie Vermögen, das nicht zur Masse gehört. Nach ständiger Rechtsprechung des Reichsgerichts und des Bundesgerichtshofs ist der Verwalter nicht Vertreter des Schuldners, sondern Partei kraft Amtes. Partei- und Prozessfähigkeit des Schuldners bleiben von der Eröffnung des Insolvenzverfahrens unberührt. Gleiches gilt für die Organstellung der Organe einer juristischen Person. Die Organe bleiben bestehen, nehmen aber nur solche Kompetenzen wahr, die nicht die Insolvenzmasse betreffen. Der Verwalter ist damit nicht der gesetzliche Vertreter der Gesellschaft in Bezug auf das „freie" Vermögen, das nicht zur Masse gehört. Insoweit wird die Gesellschaft vielmehr weiter durch ihre Geschäftsführer vertreten.[77] Nicht die Insolvenzmasse betreffende öffentlichrechtliche Streitigkeiten der Gesellschaft etwa im Blick auf eine Gewerbeuntersagung werden von den Geschäftsführern betrieben.[78] Gibt der Insolvenzverwalter Schadensersatzansprüche gegen Gesellschafter frei, können diese mit Zustimmung der Gesellschafterversammlung (§ 46 Nr. 6 GmbHG) von dem Geschäftsführer verfolgt werden.[79] **61**

cc) Wahrnehmung der Schuldneraufgaben

Die Geschäftsführer nehmen die Aufgaben der selbst nicht handlungsfähigen Gesellschaft in dem Insolvenzverfahren wahr. Insoweit wirkt ihre Vertretungsbe- **62**

---

75 BGH, Urt. v. 27.10.2015 – II ZR 296/14, BGHZ 207, 190 Rn. 44.
76 BGH, Urt. v. 27.10.2015 – II ZR 296/14, BGHZ 207, 190 Rn. 25.
77 BGH, Urt. v. 26.1.2006 – IX ZR 282/03, ZInsO 2006, 260 Rn. 6.
78 VG Gießen, ZIP 2005, 2072, 2074.
79 *Baumbach/Hueck/Haas*, GmbHG, 20. Aufl., § 60 Rn. 53.

Kap. 10   Die GmbH in der Regelinsolvenz

fugnis fort. Die Geschäftsführer bleiben im Amt und vertreten die GmbH (§ 35 Abs. 1 GmbHG), soweit nicht das Verwaltungs- und Verfügungsrecht des Insolvenzverwalters nach § 80 Abs. 1 InsO betroffen ist.[80] Mehrere Mitglieder des Vertretungsorgans sind nach Maßgabe der bis zur Verfahrenseröffnung geltenden Regelungen vertretungsbefugt.[81] Sofern gesetzlich oder kraft Gesellschaftsvertrages Gesamtvertretung besteht, gelten grundsätzlich auch diese Regeln fort.[82] Darum können die Geschäftsleiter für die Gesellschaft Rechtsbehelfe nach §§ 34, 253 InsO einlegen, Einreden gegen die Schlussrechnung des Insolvenzverwalters erheben (§ 66 InsO), Anträge gegenüber dem Gericht mit dem Ziel der Verfahrensbeendigung (§§ 212, 213 InsO)[83] oder im Blick auf einen Untersagungsantrag nach § 161 Satz 2 InsO stellen.[84] Ferner können die Geschäftsführer der Feststellung angemeldeter Forderungen widersprechen und insoweit einen Antrag auf Wiedereinsetzung in den vorigen Stand (§ 186 InsO) erheben.[85] Das Vorschlagsrecht für einen Insolvenzplan (§ 218 Abs. 1 InsO) wie auch die Eigenverwaltung (§ 270 Abs. 2 InsO) nehmen die Geschäftsführer wahr. Auskunftsrechte der Gesellschaft gegen den Insolvenzverwalter werden von den Geschäftsleitern geltend gemacht.[86] Da diese Maßnahmen regelmäßig nicht die laufende Geschäftsführung betreffen, haben die Geschäftsleiter die Zustimmung der Gesellschafterversammlung einzuholen und deren Weisungen zu beachten.[87]

dd) Innergesellschaftsrechtliche Funktionen

63   Unberührt von der Insolvenz bleiben die innergesellschaftsrechtlichen Funktionen der Geschäftsführer. Soweit der durch das Insolvenzverfahren nicht verdrängte gesellschaftsrechtliche Bereich berührt ist, bleiben sämtliche gesellschafts- und registerrechtlichen Pflichten weiterhin beim Gesellschafter bzw. Geschäftsführer. Hierzu gehört auch die Anmeldung der Abberufung eines früheren Geschäftsführers einer GmbH und die Bestellung eines neuen zum Geschäftsführer. Diese Maßnahmen betreffen nur die Vertretungsverhältnisse der Gesellschaft und nicht die Insolvenzmasse. Die Erfüllung dieser Pflichten gemäß §§ 39, 78 GmbHG obliegt weiterhin dem Geschäftsführer und nicht dem Insolvenzverwalter.[88] Ausnahmsweise kann der Insolvenzverwalter das Ausscheiden von Geschäftsführern anmelden, falls kein weiterer Geschäftsführer

---

80   VG Gießen, ZIP 2005, 2072, 2074.
81   BGH, Beschl. v. 24.3.2016 – IX ZB 32/15, ZInsO 2016, 906 Rn. 13.
82   BGH, Beschl. v. 24.3.2016 – IX ZB 32/15, ZInsO 2016, 906 Rn. 13.
83   BGH, Beschl. v. 24.3.2016 – IX ZB 32/15, ZInsO 2016, 906 Rn. 14.
84   BGH, Beschl. v. 24.3.2016 – IX ZB 32/15, ZInsO 2016, 906 Rn. 13.
85   Vgl. *Scholz/Bitter*, GmbHG, 11. Aufl., Vor § 64 Rn. 150.
86   *Scholz/Bitter*, GmbHG, 11. Aufl., Vor § 64 Rn. 150.
87   *Baumbach/Hueck/Haas*, GmbHG, 20. Aufl., § 60 Rn. 47.
88   OLG Köln ZInsO 2001, 717, 718; OLG Rostock Rpfleger 2003, 444, 445.

II. Abgrenzung der Befugnisse im eröffneten Verfahren **Kap. 10**

mehr vorhanden ist.[89] Die Einberufung der Gesellschafterversammlung,[90] die mangels insolvenzfreien Vermögens auf Kosten der Gesellschafter stattfindet,[91] und die Einreichung der Gesellschafterliste zum Handelsregister[92] obliegt weiterhin den Geschäftsführern.

Es ist anerkannt, dass die Eröffnung des Insolvenzverfahrens den gesellschafts- **64** rechtlichen Bereich außerhalb der Insolvenzmasse nicht berührt. Somit sind Anmeldungen von Rechtsänderungen, die die Insolvenzmasse nicht betreffen, nach wie vor von den Organen der Gesellschaft vorzunehmen.[93] Wirksamkeit erlangt die Erhöhung des Stammkapitals nicht durch die Anmeldung, sondern als Änderung des Gesellschaftsvertrags erst durch die Eintragung im Handelsregister (§ 54 Abs. 3 GmbHG). Sonach ist der Insolvenzverwalter zur Anmeldung einer beschlossenen Erhöhung des Stammkapitals auch nach Eröffnung des Insolvenzverfahrens nicht berufen, da sie bis zur Erlangung der Rechtswirksamkeit nach § 54 Abs. 3 GmbHG der Dispositionsbefugnis der Gesellschafter unterliegt. Nachdem Rechte des Insolvenzverwalters hier nicht berührt sind, steht ihm die Vertretungsbefugnis für die Gesellschaft im gegenständlichen Verfahren nicht zu.[94]

c) Die Rechtsstellung der Gesellschafter

Die Gesellschafter bleiben, weil die Struktur der Gesellschaft durch die Verfah- **65** renseröffnung nicht berührt wird, grundsätzlich oberstes Organ der Gesellschaft. Aus §§ 80, 81 InsO erfahren ihre Befugnisse aber erhebliche Beschränkungen. Insbesondere sind die Gesellschafter nicht dem Insolvenzverwalter übergeordnet. Die Zuständigkeit der Gesellschafterversammlung beschränkt sich auf den von dem Insolvenzverfahren nicht erfassten Bereich.[95]

aa) Gesellschafterbeschlüsse

Die Gesellschafter sind ungeachtet der Verfahrenseröffnung berechtigt, Gesell- **66** schafterbeschlüsse zu fassen. Insbesondere können sie Geschäftsführer bestellen und abberufen. Mangels Verwaltungs- und Verfügungsbefugnis sind sie jedoch

---

89 LG Baden-Baden ZIP 1996, 1352.
90 *Scholz/Bitter*, GmbHG, 11. Aufl., Vor § 64 Rn. 150; *Ulmer/Casper*, GmbHG, 2. Aufl., § 64 Rn. 76.
91 *Ulmer/Casper*, GmbHG, 2. Aufl., § 64 Rn. 76.
92 *Baumbach/Hueck/Haas*, GmbHG, 20. Aufl., § 60 Rn. 45; *Ulmer/Casper*, GmbHG, 2. Aufl., § 64 Rn. 76.
93 *Ulmer/Casper*, GmbHG, 2. Aufl., § 64 Rn. 76.
94 BayObLG, BB 2004, 797.
95 *Ulmer/Casper*, GmbHG, 2. Aufl., § 64 Rn. 77.

gehindert, mit einem Geschäftsführer einen Dienstvertrag zu schließen.[96] Ist kein Geschäftsführer mehr vorhanden, können die Gesellschafter analog § 46 Nr. 8 GmbHG einen Vertreter zur Wahrnehmung ihrer Interessen bestellen oder beim Amtsgericht die Ernennung eines Notgeschäftsführers (§ 29 BGB) beantragen.[97] Das den Geschäftsführern gegenüber bestehende Weisungsrecht ist auf den den Geschäftsführern verbliebenen Gestaltungsrahmen insbesondere des freigegebenen Vermögens begrenzt.[98] Weisungsrechte gegenüber dem Insolvenzverwalter bestehen naturgemäß nicht.

67 Die Gesellschafter können den Geschäftsleitern Entlastung (§ 46 Nr. 5 GmbHG) erteilen; der damit nur im Bereich der GmbH zugunsten der Geschäftsleiter verbundene Haftungsverzicht wirkt nicht gegenüber der Masse.[99] Vor Verfahrenseröffnung von den Gesellschaftern beschlossene Nachschüsse (§ 26 GmbHG) zieht der Verwalter ein. Die Gesellschafter sind nach Verfahrenseröffnung nicht befugt, den Beschluss aufzuheben. Erfolgt der Beschluss – wenig wahrscheinlich – nach Verfahrenseröffnung, handelt es sich ebenfalls um einen von dem Insolvenzverwalter geltend zu machenden Neuerwerb (§ 35 Abs. 1 InsO).[100] Die Gesellschafterversammlung entscheidet über die Genehmigung von Anteilsübertragungen (§ 15 Abs. 4 GmbHG) und über die Einziehung (§ 34 GmbHG) von Geschäftsanteilen. Rechte aus eigenen Geschäftsanteilen der GmbH werden nach Verfahrenseröffnung von dem Insolvenzverwalter wahrgenommen.

bb) Satzungsänderungen

68 Allein die Gesellschafter besitzen die Kompetenz zu Satzungsänderungen. Diese sind zulässig, soweit sie mit dem Insolvenzverfahren vereinbar sind. Im Insolvenzverfahren von besonderer Bedeutung sind Satzungsänderungen über eine Kapitalerhöhung.

(1) Ablauf einer Kapitalerhöhung

69 Eine reguläre Kapitalerhöhung verwirklicht sich bei der GmbH in mehreren Stadien vom Kapitalerhöhungsbeschluss (§ 53 GmbHG) über die Übernahmeerklärung hinsichtlich der neuen Stammeinlage (§ 55 GmbHG), die Einzahlung der Mindesteinlage (§ 56a GmbHG), die Anmeldeversicherung der Geschäftsführung über die Einzahlung (§ 57 Abs. 2 GmbHG) und schließlich die Eintragung der Kapitalerhöhung in das Handelsregister (§ 54 Abs. 3 GmbHG). Da der Kapi-

---

96 *Scholz/Bitter*, GmbHG, 11. Aufl., Vor § 64 Rn. 142.
97 *Scholz/Bitter*, GmbHG, 11. Aufl., Vor § 64 Rn. 151.
98 *Scholz/Bitter*, GmbHG, 11. Aufl., Vor § 64 Rn. 142.
99 *Uhlenbruck/Hirte*, InsO, 14. Aufl., § 11 Rn. 188; *Scholz/Bitter*, GmbHG, 11. Aufl., Vor § 64 Rn. 143; *Ulmer/Casper*, GmbHG, 2. Aufl., § 64 Rn. 79.
100 Jaeger/*Müller*, InsO, § 35 Rn. 171.

talerhöhungsbeschluss, mit dem die förmliche Übernahme üblicherweise verbunden wird, die maßgebliche Zäsur bildet, kann grundsätzlich erst nach Eintritt dieser Voraussetzung die Einlage geleistet werden.[101]

(2) Vorauszahlungen auf künftige Kapitalerhöhung

Erhebliche rechtliche Risiken können Vorauszahlungen auf eine vor Verfahrenseröffnung beschlossene Kapitalerhöhung bergen. Dies gilt insbesondere, wenn der Gesellschafter eine Voreinzahlung auf eine erst noch zu beschließende Kapitalerhöhung leistet. Voreinzahlungen auf eine künftige Kapitalerhöhung haben grundsätzlich nur dann Tilgungswirkung, wenn der eingezahlte Betrag im Zeitpunkt der Beschlussfassung und der mit ihr üblicherweise verbundenen Übernahmeerklärung noch als solcher im Gesellschaftsvermögen zweifelsfrei vorhanden ist. Dies ist dann der Fall, wenn und soweit sich geschuldete Betrag entweder in der Kasse der Gesellschaft befindet oder der Gesellschafter auf ein Konto der Gesellschaft einzahlt, soweit dieses anschließend und fortdauernd bis zur Fassung des Kapitalerhöhungsbeschlusses ein Guthaben ausweist.[102] Ausnahmsweise können Voreinzahlungen unter engen Voraussetzungen als wirksame Erfüllung der später übernommenen Einlageschuld anerkannt werden, wenn nämlich die Beschlussfassung über die Kapitalerhöhung im Anschluss an die Voreinzahlung mit aller gebotenen Beschleunigung nachgeholt wird, ein akuter Sanierungsfall vorliegt, andere Maßnahmen nicht in Betracht kommen und die Rettung der sanierungsfähigen Gesellschaft scheitern würde, falls die übliche Reihenfolge der Durchführung der Kapitalerhöhungsmaßnahme beachtet werden müsste.[103]

70

(3) Bindung an vor Insolvenz beschlossene Kapitalerhöhung

Das geltende Recht kennt keine Regel, die zu der Annahme nötigen könnte, die zwischenzeitliche Eröffnung des Insolvenzverfahrens über das Vermögen der Gesellschaft stehe der Eintragung und damit dem Wirksamwerden einer vorher beschlossenen und ordnungsgemäß angemeldeten Kapitalerhöhung ipso iure entgegen. Der Beschluss, das Stammkapital der Gesellschaft zu erhöhen, wird zwar häufig noch in der Erwartung gefasst worden sein, damit dem Eintritt der Gesellschaftsinsolvenz entgegenwirken zu können. Die Gesellschafter sind aber, wenn sie infolge der Enttäuschung dieser Erwartung die Kapitalerhöhung nicht wirksam werden lassen wollen, nicht gehindert, die Geschäftsführer bis zur Eröffnung des Insolvenzverfahrens anzuweisen, die Anmeldung zurückzunehmen. Auch danach bleibt ihnen bis zur Eintragung die Möglichkeit, den Ka-

71

---

101 BGH, Urt. v. 26.6.2006 – II ZR 43/05, BGHZ 168, 201 Rn. 13.
102 BGH, Urt. v. 19.1.2016 – II ZR 61/15, ZInsO 2016, 707 Rn. 18.
103 BGH, Urt. v. 26.6.2006 – II ZR 43/05, BGHZ 168, 201 Rn. 15.

pitalerhöhungsbeschluss aufzuheben. Darüber hinaus ist der einzelne Gesellschafter, dem die kritische Lage der Gesellschaft bei Übernahme der neuen Stammeinlage nicht bekannt war, zusätzlich dadurch geschützt, dass er regelmäßig berechtigt ist, den Übernahmevertrag aus wichtigem Grund zu kündigen.[104] Dieser Würdigung ist uneingeschränkt zu folgen, soweit die Wirksamkeit einer beschlossenen, aber noch nicht eingetragenen Kapitalerhöhung grundsätzlich durch die Verfahrenseröffnung nicht berührt wird. Eine Befugnis der Gesellschafter, den Kapitalerhöhungsbeschluss nach Verfahrenseröffnung aufzuheben oder den Geschäftsführer zur Rücknahme der Anmeldung anzuweisen, erscheint mit Blick auf § 80 InsO bedenklich.[105] Rechtfertigen lässt sich die höchstrichterliche Auffassung nur aus der Erwägung, dass der Gesellschafterbeschluss den gesellschaftsrechtlichen Bereich der Gesellschaft bis zur Eintragung nicht verlassen hat und deshalb nicht der Verfügungsbefugnis des Insolvenzverwalters untersteht.[106] Überaus fragwürdig erscheint jedenfalls das dem Gesellschafter bei Unkenntnis der kritischen Lage der Gesellschaft zugebilligte außerordentliche Kündigungsrecht, weil das Insolvenzrisiko von dem Gesellschafter zu tragen ist.[107]

(4) Kapitalerhöhung nach Verfahrenseröffnung

72 Nach Verfahrenseröffnung kann eine Kapitalerhöhung (§ 55 GmbHG) beschlossen werden, die freilich als Neuerwerb in die Masse fällt (§ 35 Abs. 1 InsO). Deshalb liegt es im Interesse der Gesellschafter, eine Kapitalerhöhung nach Verfahrenseröffnung nur im Zusammenhang eines Insolvenzplans (§§ 217 ff. InsO) zu beschließen, der eine Sanierung vorsieht.[108] Kraft eines Insolvenzplans kann weitergehend eine Kapitalerhöhung gegen den Willen der Gesellschafter beschlossen werden, um die Gesellschafter im Rahmen eines „Debt-Equity-Swap" aus der Gesellschaft zu verdrängen.[109] Die Leistungen auf die Einlagen sind an den Insolvenzverwalter zu erbringen.

cc) Nichtigkeits- und Anfechtungsklage

73 Das GmbH-Gesetz enthält – anders als das AktG – keine eigenständige Regelung über die Geltendmachung von Beschlussmängeln. Es entspricht jedoch der

---

104 BGH, Urt. v. 7.11.1994 – II ZR 248/93, ZIP 1995, 28, 29; zustimmend Scholz/*Priester*, GmbHG, 11. Aufl., § 55 Rn. 91; Ulmer/*Casper*, GmbHG, 2. Aufl., § 55 Rn. 36.
105 Jaeger/*Müller*, InsO, § 35 Rn. 165.
106 BayObLG ZIP 2004, 1426.
107 Jaeger/*Müller*, InsO, § 35 Rn. 166 ff.
108 Ulmer/*Casper*, GmbHG, 2. Aufl., § 64 Rn. 78; Scholz/*Bitter*, GmbHG, 11. Aufl., Vor § 64 Rn. 145.
109 Ulmer/*Casper*, GmbHG, 2. Aufl., § 64 Rn. 78; Scholz/*Bitter*, GmbHG, 11. Aufl., Vor § 64 Rn. 145.

ständigen Rechtsprechung des Bundesgerichtshofs, dass die aktienrechtlichen Vorschriften entsprechend heranzuziehen sind, sofern ein bestimmtes Beschlussergebnis festgestellt ist.[110] Für die Frage, wer richtiger Beklagter der gegen die Beschlüsse der Gesellschafterversammlung erhobenen Klage ist, ist die Norm des § 80 Abs. 1 InsO heranzuziehen. Danach geht durch die Eröffnung des Insolvenzverfahrens das Recht des Schuldners, das zur Insolvenzmasse gehörende Vermögen zu verwalten und über es zu verfügen, auf den Insolvenzverwalter über. Dies hat zur Folge, dass immer dann, wenn Beschlüsse der Gesellschafterversammlung angefochten werden, die das zur Insolvenzmasse gehörende Vermögen betreffen, die Klage gegen den Insolvenzverwalter zu richten ist.[111] Anfechtungs- und Nichtigkeitsklagen gegen Beschlüsse der Gesellschafterversammlung einer GmbH, die die Feststellung des Jahresabschlusses, die Entlastung des Geschäftsführers sowie die Übernahme von Personalkosten zum Gegenstand haben, sind nach Eröffnung des Insolvenzverfahrens gegen den Insolvenzverwalter zu richten, weil das Recht der Schuldnerin, das zur Insolvenzmasse gehörende Vermögen zu verwalten und über es zu verfügen, auf den Insolvenzverwalter übergeht.[112] Bei Beschlüssen, deren erfolgreiche Anfechtung eine Vermehrung der Masse zur Folge hat, ist ausnahmsweise stets die Gesellschaft selbst richtige Partei, weil dem Verwalter die Verteidigung eines solchen Beschlusses nicht angesonnen werden kann.[113] Der Insolvenzverwalter kann in dieser Funktion Beschlüsse der Gesellschafterversammlung nicht angreifen.[114]

III. Auskunftspflichten der Geschäftsleiter

Die Auskunfts- und Mitwirkungspflichten des Schuldners aus § 97 InsO gelten gemäß § 20 Abs. 1 Satz 2 InsO auch im Insolvenzeröffnungsverfahren. Wenn sich das Eröffnungsverfahren gegen eine Gesellschaft und damit nicht gegen eine natürliche Person richtet, sind gemäß § 20 Abs. 1 Satz 2, § 101 Abs. 1 Satz 1 InsO die Mitglieder des Vertretungsorgans zur Auskunft verpflichtet. Insoweit handelt es sich um persönliche Pflichten der Geschäftsleiter im Insolvenzverfahren, sodass ein Weisungsrecht der Gesellschafterversammlung nicht besteht.[115]

74

---

110 BGH, Beschl. v. 24.3.2016 – IX ZB 32/15, ZInsO 2016, 906 Rn. 20.
111 OLG München GmbHR 2011, 89, 90.
112 OLG München GmbHR 2011, 89, 90; Baumbach/Hueck/*Haas*, GmbHG, 20. Aufl., § 60 Rn. 56.
113 Baumbach/Hueck/*Haas*, GmbHG, 20. Aufl., § 60 Rn. 56.
114 Baumbach/Hueck/*Haas*, GmbHG, 20. Aufl., § 60 Rn. 56.
115 Baumbach/Hueck/*Haas*, GmbHG, 20. Aufl., § 60 Rn. 47.

Kap. 10   Die GmbH in der Regelinsolvenz

1. Grundsatz

75 Die Regelung des § 101 Abs. 1 Satz 2 InsO will dem Missbrauch begegnen, dass Geschäftsleiter ihr Amt in der Krise niederlegen, um sich ihren verfahrensrechtlichen Verpflichtungen zu entziehen. Vor diesem Hintergrund unterliegen die ehemaligen Mitglieder des Vertretungsorgans nicht einer lediglich subsidiären Auskunftspflicht, die erst eingreift, wenn neu bestellte Organe die Auskunft nicht erteilen können oder wollen. Vielmehr ist der Auskunftspflicht im Interesse einer effektiven Verfahrensförderung auch dann uneingeschränkt zu genügen, wenn neu bestellte Vertretungsorgane vorhanden sind.[116] Der Auskunftspflicht unterliegt auch ein nicht in das Handelsregister eingetragener faktischer Geschäftsführer, weil er auch der Insolvenzantragspflicht des § 15a InsO nachzukommen hat.[117] Für die Qualifizierung einer Person als faktischer Geschäftsführer genügt es nicht, dass sie auf die satzungsmäßigen Geschäftsführer gesellschaftsintern einwirkt. Erforderlich ist auch ein nach außen hervortretendes, üblicherweise der Geschäftsführung zuzurechnendes Handeln.[118] In Fällen der Führungslosigkeit trifft die Auskunftspflicht nach § 101 Abs. 1 Satz 2 InsO die Gesellschafter.

2. Umfang der Auskunftspflicht

76 Wird gegen eine GmbH ein Insolvenzantrag gestellt, hat der Geschäftsführer über die rechtlichen, wirtschaftlichen und tatsächlichen Verhältnisse der von ihm vertretenen Gesellschaft einschließlich gegen Gesellschafter und ihn selbst gerichteter Ansprüche Auskunft zu erteilen. Er ist hingegen nicht verpflichtet, über seine eigenen Vermögensverhältnisse und die Realisierbarkeit etwaiger gegen ihn gerichteter Ansprüche Angaben zu machen.

77 Die Auskunftspflicht des Geschäftsführers einer GmbH erstreckt sich inhaltlich auf sämtliche rechtlichen, wirtschaftlichen und tatsächlichen Verhältnisse der Gesellschaft. In diesem Rahmen hat er auch Tatsachen zu offenbaren, die Forderungen der insolventen Gesellschaft gegen ihn selbst – etwa aus § 64 GmbHG – nahelegen können. Auskunft ist nach §§ 20, 97 InsO über alle das Verfahren betreffenden Verhältnisse zu erteilen. Dieser Begriff ist weit auszulegen und umfasst alle rechtlichen, wirtschaftlichen und tatsächlichen Verhältnisse, die für das Verfahren in irgendeiner Weise von Bedeutung sein können. Die Verpflichtung zur Auskunft ist nicht davon abhängig, dass an den Schuldner entsprechende Fragen gerichtet werden. Der Schuldner muss vielmehr die betroffenen Umstände von sich aus, ohne besondere Nachfrage offenlegen, soweit sie offensicht-

---

116 BGH, Beschl. v. 5.3.2015 – IX ZB 62/14, ZInsO 2015, 740 Rn. 8.
117 *Piekenbrock*, in: Ahrens/Gehrlein/Ringstmeier, InsO, 3. Aufl., § 101 Rn. 4.
118 BGH, Urt. v. 25.2.2002 – II ZR 196/00, BGHZ 150, 61, 69 = ZInsO 2002, 582.

lich für das Insolvenzverfahren von Bedeutung sein können und nicht klar zutage liegen. Von dem Geschäftsführer einer GmbH ist namentlich über alle Aktiva und Passiva der Gesellschaft, also sämtliche Forderungen und Verbindlichkeiten, Auskunft zu erteilen. Die Auskunftspflicht des Geschäftsführers erstreckt sich auch auf die tatsächlichen Umstände, durch die Forderungen der Gesellschaft oder gegen sie gerichtete Verbindlichkeiten entstanden sind. Ansprüche der insolventen Gesellschaft gegen Gesellschafter und Geschäftsführer sind Bestandteil der Insolvenzmasse. Die Auskunftspflicht dient darum auch dem Zweck, Ansprüche des insolventen Unternehmens gegen Gesellschafter oder Geschäftsführer aufzudecken. Mit Rücksicht auf den Vorrang der Gläubigerinteressen sind von den Geschäftsführern folglich Informationen zu offenbaren, die sich zum Nachteil der Gesellschafter oder auch zum eigenen Nachteil auswirken können.[119]

IV. Haftung

In der Gesellschaftsinsolvenz kommt eine Haftung sowohl des Insolvenzverwalters als auch der Geschäftsleiter in Betracht. **78**

1. Haftungsbereiche

Bei einer Gesellschaftsinsolvenz bestehen getrennte Haftungsbereiche des Insolvenzverwalters einerseits (§ 60f InsO) und der Geschäftsleiter andererseits (§ 43 Abs. 2 GmbHG, § 93 Abs. 2 Satz 1 AktG). Den Insolvenzverwalter trifft eine Haftung, wenn ihm eine Pflichtverletzung bei der Verwaltung der Insolvenzmasse anzulasten ist. Hingegen kommt eine Haftung der Geschäftsleiter nur in Betracht, soweit sie im inneren Organisationsbereich der Gesellschaft tätig werden oder von dem Verwalter freigegebenes Vermögen verwalten. **79**

2. Geschützter Personenkreis

Der Insolvenzverwalter ist gemäß § 60 Abs. 1 Satz 1 InsO allen Beteiligten zum Schadensersatz verpflichtet, wenn er schuldhaft die Pflichten verletzt, die ihm nach diesem Gesetz obliegen. Insolvenzspezifische Pflichten hat der Verwalter gegenüber dem Schuldner und insbesondere den Insolvenzgläubigern, aber auch gegenüber den Massegläubigern im Sinne der §§ 53 ff. InsO sowie gegenüber den Aussonderungs- und Absonderungsberechtigten wahrzunehmen. So hat er für eine möglichst weitgehende gleichmäßige Befriedigung der Insolvenzforderungen zu sorgen (§§ 1, 187 ff. InsO), Massegläubiger vorweg (§ 53 InsO) und ggf. in der Rangfolge des § 209 InsO zu befriedigen sowie die dinglichen Rechte **80**

---

[119] BGH, Beschl. v. 5.3.2015 – IX ZB 62/14, ZInsO 2015, 740 Rn. 11 ff.

Kap. 10 Die GmbH in der Regelinsolvenz

der Aussonderungs- und Absonderungsberechtigten (§§ 47 ff. InsO) zu beachten. Insolvenzspezifische Pflichten obliegen dem Verwalter danach im Verhältnis zu einer insolventen Schuldnerin, aber – gleich ob es sich um die Vorstände einer Aktiengesellschaft oder die Geschäftsführer einer GmbH handelt – nicht im Verhältnis zu ihren Organen. Der Verwalter hat gegenüber den Organen nur insoweit Pflichten zu erfüllen, als diese ihm als Vertreter der Schuldnerin oder Insolvenz- oder Massegläubiger gegenübertreten.[120] Der Geschäftsführer ist ausschließlich Schuldner der Masse, dem gegenüber der Verwalter keine insolvenzspezifischen Pflichten zu erfüllen hat.[121]

81 Deswegen kann der Geschäftsführer einer insolventen GmbH nicht von dem Insolvenzverwalter Schadensersatz verlangen, weil dieser es versäumt hat, aussichtsreiche Anfechtungsansprüche (§§ 129 ff. InsO) zu verfolgen, welche den auf § 64 GmbHG gestützten Erstattungsanspruch gegen den Geschäftsführer vermindert hätten. Ebenso scheidet eine Schadensersatzpflicht aus, sofern der Insolvenzverwalter eine Haftpflichtversicherung der GmbH der Versicherungsnehmerin beendet hat, die gegen den Geschäftsführer gerichtete Ansprüche aus § 64 GmbHG abgedeckt hätte.[122]

82 Diese Würdigung bedeutet im Ergebnis jedoch nicht, dass der Insolvenzverwalter bei Nichtfortführung einer Versicherung in jedem Fall von jeder Haftung freigestellt ist. Den Insolvenzverwalter treffen Versicherungspflichten im Interesse des Schuldners und seiner Gläubiger zum Zweck der Obhut und des Erhalts des Schuldnervermögens. Unter dem Gesichtspunkt der bestmöglichen Wahrung der Gläubigerinteressen kann es geboten sein, eine zugunsten des Geschäftsführers einer insolventen GmbH abgeschlossene Haftpflichtversicherung aufrechtzuerhalten, sofern Haftungsansprüche gegen den Geschäftsführer mangels finanzieller Leistungsfähigkeit nicht durchsetzbar sind.[123]

3. Haftungsmaßstab

83 Bedeutsame Parallelen zwischen Geschäftsführer- und Verwalterhaftung zeigen sich bei der Bestimmung des einschlägigen Haftungsmaßstabs. Handelt es sich um die Wahrnehmung von der Gesellschaft zugewiesenen Geschäftschancen durch den Geschäftsführer oder Verwalter zur Förderung des eigenen wirtschaftlichen Interesses, hat die höchstrichterliche Rechtsprechung den jeweiligen Pflichtenmaßstab angenähert.

---

120 BGH, Beschl. v. 14.4.2016 – IX ZR 161/15, ZInsO 2016, 1058 Rn. 14.
121 BGH, Beschl. v. 14.4.2016 – IX ZR 161/15, ZInsO 2016, 1058 Rn. 15.
122 BGH, Beschl. v. 14.4.2016 – IX ZR 161/15, ZInsO 2016, 1058 Rn. 15.
123 BGH, Beschl. v. 14.4.2016 – IX ZR 161/15, ZInsO 2016, 1058 Rn. 16.

a) Pflichtverletzung

Der Insolvenzverwalter ist allen Beteiligten zum Schadensersatz verpflichtet, wenn er schuldhaft die Pflichten verletzt, die ihm nach der Insolvenzordnung obliegen (§ 60 Abs. 1 Satz 1 InsO). Zu seinen Pflichten gehört es, das zur Insolvenzmasse gehörende Vermögen zu bewahren und ordnungsgemäß zu verwalten. Diese Pflicht hat sich am gesetzlichen Leitbild des ordentlichen und gewissenhaften Insolvenzverwalters auszurichten, welches an die handels- und gesellschaftsrechtlichen Sorgfaltsanforderungen angelehnt ist (§ 347 Abs. 1 HGB, § 93 Abs. 1 Satz 1 AktG, § 34 Abs. 1 Satz 1 GenG, § 43 Abs. 1 GmbHG), aber den Besonderheiten des Insolvenzverfahrens Rechnung zu tragen hat. Maßstab aller unternehmerischen Entscheidungen des Insolvenzverwalters im Rahmen einer Betriebsfortführung ist der Insolvenzzweck der bestmöglichen gemeinschaftlichen Befriedigung der Insolvenzgläubiger (§ 1 InsO) sowie das von den Gläubigern gemeinschaftlich beschlossene Verfahrensziel – Abwicklung des Unternehmens, Veräußerung oder Insolvenzplan – als Mittel der Zweckerreichung.[124] Zur Masseverwaltungspflicht gehört danach auch ein allgemeines Wertmehrungsgebot.[125] Ist die Schuldnerin im Immobiliensektor tätig, handelt der Verwalter pflichtwidrig, wenn er den der Masse günstigen Ankauf einer Wohnung unterlässt.[126]

84

b) Wettbewerbsverstoß

Das gemäß § 88 Abs. 1 AktG den Vorstand einer Aktiengesellschaft treffende Verbot, im Geschäftszweig der Gesellschaft für eigene oder fremde Rechnung Geschäfte zu machen, gilt für den geschäftsführenden Gesellschafter einer Personengesellschaft, einer Erwerbs-BGB-Gesellschaft und den Geschäftsführer einer Gesellschaft mit beschränkter Haftung. Aus der Treuepflicht des Geschäftsführers wird hergeleitet, dass es ihm ohne ausdrückliche Erlaubnis nicht gestattet ist, im Geschäftszweig der Gesellschaft Geschäfte für eigene Rechnung zu tätigen oder tätigen zu lassen oder den Vollzug bereits von der Gesellschaft abgeschlossener Verträge durch Abwicklung auf eigene Rechnung oder in sonstiger Weise zu beeinträchtigen oder zu vereiteln. Der Geschäftsführer darf Geschäftschancen nicht für sich, sondern nur für die Gesellschaft ausnutzen und hat ihr, wenn er hiergegen verstößt, einen dadurch entstandenen Schaden zu ersetzen.[127] Dieser Rechtsgedanke lässt sich auf einen Insolvenzverwalter übertragen, der das Unternehmen des Insolvenzschuldners fortführt. Bietet sich ihm die Möglichkeit, ein für die Masse vorteilhaftes Geschäft zu schließen, ist ihm je-

85

---

124 BGH, Urt. v. 16.3.2017 – IX ZR 253/15, ZInsO 2017, 827 Rn. 12.
125 BGH, Urt. v. 16.3.2017 – IX ZR 253/15, ZInsO 2017, 827 Rn. 13.
126 BGH, Urt. v. 16.3.2017 – IX ZR 253/15, ZInsO 2017, 827 Rn. 15.
127 BGH, Urt. v. 16.3.2017 – IX ZR 253/15, ZInsO 2017, 827 Rn. 20.

denfalls dann verboten, das Geschäft an sich zu ziehen, wenn die Geschäftschance in den Geschäftsbereich des Schuldnerunternehmens fällt und diesem zugeordnet ist.[128]

4. Zurechnung von Pflichtverletzungen des Verwalters zum Nachteil der Masse

86 Von der persönlichen Haftung des Verwalters zu trennen ist die Haftung der Masse für Pflichtverletzungen dieser Person. Die Zurechnung von unerlaubten Handlungen erfolgt nach heute allgemeiner Auffassung in entsprechender Anwendung von § 31 BGB. Danach ist für eine Zurechnung Voraussetzung, dass zwischen den Aufgaben des Verwalters und der schädigenden Handlung ein sachlicher, nicht bloß zufälliger zeitlicher und örtlicher Zusammenhang besteht. Der Verwalter darf sich nicht so weit von seinen Aufgaben entfernt haben, dass er für Außenstehende erkennbar außerhalb des allgemeinen Rahmens der ihm übertragenen Aufgaben gehandelt hat.[129] Auch für vertragliche Pflichtverletzungen bildet § 31 BGB die einschlägige Zurechnungsnorm.[130] Gleiches gilt beim Handeln eines Geschäftsführers.

V. Insolvenz und Bestand der Gesellschaft

87 Gemäß § 60 Abs. 1 Nr. 4 GmbHG wird die GmbH durch Eröffnung des Insolvenzverfahrens aufgelöst. Die Gesellschaft besteht freilich nach der Insolvenzeröffnung als Rechtsträgerin grundsätzlich fort. Sie bleibt Inhaberin des Gesellschaftsvermögens, Gläubigerin der dazu gehörenden Ansprüche sowie Schuldnerin der Verbindlichkeiten. Die Verfahrenseröffnung wird im Handelsregister publiziert, sodass die Gesellschaft aufgelöst wird und ihren Zweck im Sinne einer Abwicklung ändert.[131] Die aufgelöste Gesellschaft tritt in das Liquidationsstadium ein und besteht mit dem Liquidationszweck fort. Damit ist die Gesellschaft nicht erloschen, aber auch keine werbende Gesellschaft mehr. Die Rechts- und Parteifähigkeit der Gesellschaft bleibt ungeachtet eines Insolvenzverfahrens so lange erhalten, als sie über Vermögen verfügt.[132]

---

128 BGH, Urt. v. 16.3.2017 – IX ZR 253/15, ZInsO 2017, 827 Rn. 21.
129 BGH, Beschl. v. 29.6.2006 – IX ZR 48/04, NZI 2006, NZI 2006, 592 Rn. 3.
130 Scholz/*Bitter*, GmbHG, 11. Aufl., Vor § 64 Rn. 31.
131 Vgl. *Beckmann/Hoffmann*, in: Gehrlein/Born/Simon, GmbHG, 3. Aufl., Vor § 60 Rn. 3, § 60 Rn. 2 jeweils m. w. N., abweichend *Schmidt*, in: Schmidt/Uhlenbruck, Die GmbH in Krise, Sanierung und Insolvenz, 5. Aufl., Rn. 7.5.
132 VG Gießen, ZIP 2005, 2074, 2076.

V. Insolvenz und Bestand der Gesellschaft **Kap. 10**

1. Auflösung der Gesellschaft

Eine GmbH ist mit Insolvenzeröffnung aufgelöst (§ 60 Abs. 1 Nr. 4 GmbHG). **88**
Sie ist aber damit noch nicht vollbeendigt. Das Fehlen eines den Kosten entsprechenden liquiden Vermögens, das nach § 207 InsO zur Einstellung des Insolvenzverfahrens führt (Masselosigkeit), ist mit der Vermögenslosigkeit nicht gleichzusetzen. Darum verliert die Gesellschaft noch nicht ihre Fähigkeit, vor Gericht zu klagen und verklagt zu werden. Eine Vertretung durch Liquidatoren erfolgt nach § 66 Abs. 1 GmbHG nicht in den Fällen der Gesellschaftsauflösung durch Insolvenz, solange dieses Verfahren schwebt.[133] Als Folge der Insolvenzeröffnung geht die Verwaltungs- und Verfügungsbefugnis auf den Insolvenzverwalter über (§ 80 InsO). Lediglich für den nicht auf den Insolvenzverwalter übergegangenen Restbereich an gesellschaftsrechtlichen Befugnissen bleiben die Zuständigkeiten des Geschäftsführers erhalten.[134] Ist eine GmbH infolge Zurückweisung eines Insolvenzantrags wegen Masselosigkeit aufgelöst worden (§ 60 Abs. 1 Nr. 5 GmbHG), kann die Gesellschaft gleichwohl mit der Behauptung, ihr stehe ein vermögensrechtlicher Anspruch zu, einen Aktivprozess führen. Insoweit gilt sie weiterhin als parteifähig.[135]

2. Liquidation der Gesellschaft

Mit der Auflösung ändert sich der Zweck der Gesellschaft von der werbenden **89**
Tätigkeit hin auf den Abwicklungszweck. In der sich nun anschließenden Liquidationsphase ist die Gesellschaft abzuwickeln. Ist dies geschehen und ein etwaiges Restvermögen an die Teilhaber ausgekehrt worden, ist die Gesellschaft mit ihrer Löschung im Handelsregister vollbeendet.

a) Aufgabe des Insolvenzverwalters

Dem Insolvenzverwalter obliegt nach § 199 Satz 2 InsO grundsätzlich die Abwicklung der Gesellschaft.[136] Das Insolvenzverfahren dient allerdings vorrangig **90**
dazu, die Gläubiger des Schuldners gemeinschaftlich zu befriedigen, indem dessen Vermögen verwertet und der Erlös verteilt wird (§ 1 Abs. 1 InsO). Daraus folgt, dass das Ziel einer Vollbeendigung der Gesellschaft im Insolvenzverfahren jedenfalls dort zurücktreten muss, wo es in Widerspruch zu den Belangen der Gläubigergesamtheit gerät. Das berechtigte Interesse der Gläubiger, aus der

---

133 BGH, Urt. v. 7.10.1994 – V ZR 58/93, ZIP 1994, 1685; v. 28.3.1996 – IX ZR 77/95, ZIP 1996, 842.
134 BGH, Urt. v. 7.10.1994 – V ZR 58/93, ZIP 1994, 1685; v. 28.3.1996 – IX ZR 77/95, ZIP 1996, 842.
135 BGH, Urt. v. 3.4.2003 – IX ZR 287/99, WM 2003, 969, 970.
136 Vgl. Kap. 11 Rn. 11.

Kap. 10   Die GmbH in der Regelinsolvenz

Masse eine Befriedigung ihrer Ansprüche zu erhalten und deshalb möglichst die Entstehung von Verbindlichkeiten zu vermeiden, die das zur Verteilung zur Verfügung stehende Vermögen schmälern, hat im Rahmen der insolvenzrechtlichen Abwicklung unbedingten Vorrang.[137]

b) Entbehrlichkeit einer Liquidation

91 Ist die Liquidation abgeschlossen und verteilbares Vermögen unstreitig nicht mehr vorhanden, ist die Gesellschaft materiell-rechtlich nicht mehr existent; auch mit begrenztem Zweck „gilt" sie nicht mehr als rechtsfähige Person „fortbestehend", wie das zunächst nach der Auflösung der Fall war. Denn das dauerte nur bis zur Beendigung der Liquidation an. Da die Liquidation der Verwertung und Verteilung des verbliebenen Gesellschaftsvermögens dient, ist sie nach ihrem Zwecke beendet, wenn keine Liquidationsmasse mehr vorhanden ist.[138] Dies gilt auch dann, wenn die Löschung einer GmbH wegen Vermögenslosigkeit erfolgte und tatsächlich kein Vermögen, das (noch) zu verteilen sein könnte, vorhanden ist. Eine Liquidation hat nicht stattgefunden und kann auch nicht stattfinden, weil kein Aktivvermögen vorhanden ist. Die GmbH existiert infolge Vollbeendigung sachlich-rechtlich nicht mehr und kann deshalb auch nicht mehr rechtsfähig sein.[139] Eine juristische Person ist unabhängig von ihrer Löschung im einschlägigen Register voll beendet und nicht mehr parteifähig, wenn sie aufgelöst worden ist und kein Vermögen mehr besitzt.[140]

3. Löschung der Gesellschaft

92 Die Löschung einer vermögenslosen GmbH nach § 394 Abs. 1 FamFG hat zur Folge, dass die Gesellschaft grundsätzlich ihre Rechtsfähigkeit verliert und damit nach § 50 Abs. 1 ZPO auch ihre Fähigkeit, Partei eines Rechtsstreits zu sein. Die Gesellschaft ist materiell-rechtlich nicht mehr existent. Nur wenn Anhaltspunkte dafür bestehen, dass noch verwertbares Vermögen vorhanden ist, bleibt die Gesellschaft trotz der Löschung rechts- und parteifähig.[141] Als Vermögen kommen etwa Ansprüche der insolventen GmbH gegen Geschäftsführer aus § 64 GmbHG in Betracht.[142] Die Löschung hat keine rechtsgestaltende Wirkung in den Sinn, dass sie die GmbH endgültig erlöschen lässt, sondern beurkundet nur eine Tatsache. Stellt sich nach der Löschung heraus, dass die Gesellschaft

---

137 BGH, Urt. v. 21.4.2005 – IX ZR 281/03, BGHZ 163, 32, 35 f.
138 BGH, Urt. v. 5.4.1979 – II ZR 73/78, BGHZ 74, 212, 213.
139 BGH, Urt. v. 29.9.1981 – VI ZR 21/80, ZIP 1981, 1268.
140 BGH, Urt. v. 21.10.1985 – II ZR 82/85, WM 1986, 145.
141 BGH, Beschl. v. 20.5.2015 – VII ZB 53/13, ZInsO 2015, 1411 Rn. 19.
142 BGH, Urt. v. 11.9.2000 – II ZR 370/99, WM 2000, 2158, 2159.

noch Vermögen hat, so wird nunmehr ihre Abwicklung durchgeführt.[143] Wertlose Aktiva und Forderungen, wegen derer nicht vollstreckt werden kann, sind kein verwertbares Vermögen. In solchen Fällen ist das Interesse des Gläubigers einer liquidierten und gelöschten Gesellschaft, für die lediglich abstrakte Möglichkeit, dass sich doch noch Zugriffsmasse findet, einen Vollstreckungstitel erwirken zu können, nicht schützenswert.[144]

Diese Grundsätze gelten auch bei Löschung einer GmbH im Handelsregister nach Durchführung des Insolvenzverfahrens. Sie steht der Anordnung einer Nachtragsverteilung ausnahmsweise nicht entgegen. Sofern noch Vermögen vorhanden ist, ist eine Gesellschaft trotz ihrer Löschung nicht beendet und bleibt für eine Nachtragsliquidation parteifähig. Entsprechend kann eine Nachtragsverteilung nach § 203 InsO angeordnet werden.[145] Folglich ist die Gesellschaft trotz der Löschung nicht beendet.[146] 93

4. Fortsetzung der aufgelösten Gesellschaft

Wird eine Gesellschaft mit beschränkter Haftung durch die Eröffnung des Insolvenzverfahrens über das Vermögen der Gesellschaft aufgelöst, kann sie nur in den in § 60 Abs. 1 Nr. 4 GmbHG genannten Fällen fortgesetzt werden. Dies gilt auch dann, wenn die Gesellschaft über ein das satzungsgemäße Stammkapital übersteigendes Vermögen verfügt und alle Gläubiger im Insolvenzverfahren befriedigt wurden. 94

Gegen eine Fortsetzungsmöglichkeit in anderen als den in § 60 Abs. 1 Nr. 4 GmbHG genannten Fällen spricht der Umstand, dass der Wortlaut der Norm im Zuge der Insolvenzrechtsreform des Jahres 1994 nicht erweitert wurde. Die Regelung in § 60 Abs. 1 Nr. 4 GmbHG ordnet nicht nur die Auflösung der Gesellschaft im Fall der Eröffnung des Insolvenzverfahrens über ihr Vermögen an, sondern sieht ausdrücklich die Möglichkeit der Fortsetzung vor, wenn das Verfahren auf Antrag der Gesellschaft gemäß §§ 212, 213 InsO eingestellt wird oder nach Bestätigung eines Insolvenzplans, welcher den Fortbestand der Gesellschaft vorsieht, aufgehoben wird. In diesen Fällen kann die Gesellschaft durch einen Fortsetzungsbeschluss der Gesellschafter nach allgemeinen Grundsätzen fortgesetzt werden. Der Gesetzgeber hat mit § 60 Abs. 1 Nr. 4 GmbHG zwei gangbare Wege aufgezeigt, die sowohl den Erhalt der Gesellschaft als auch deren weitere Teilnahme am Marktgeschehen ermöglichen.[147] 95

---

143 BGH, Urt. v. 29.9.1967 – V ZR 40/66, BGHZ 48, 303, 307.
144 BGH, Beschl. v. 20.5.2015 – VII ZB 53/13, ZInsO 2015, 1411 Rn. 19.
145 BGH, Beschl. v. 16.1.2014 – IX ZB 122/12, ZInsO 2014, 340 Rn. 7.
146 BGH, Urt. v. 18.6.2015 – IX ZB 86/12, ZInsO 2015, 1396 Rn. 12.
147 BGH, Beschl. v. 28.5.2015 – II ZB 13/14, ZInsO 2015, 1576 Rn. 7 ff.

Kap. 10 Die GmbH in der Regelinsolvenz

96 Bei einer Beendigung des Insolvenzverfahrens nach Schlussverteilung gemäß § 200 InsO besteht demgegenüber regelmäßig kein fortsetzungsfähiges Unternehmen. Die Auflösungsfolge des § 60 Abs. 1 Nr. 4 GmbHG dient dem Gläubigerschutz und es ist im Regelfall nicht zu erwarten, dass die Gesellschaft in den nicht in § 60 Abs. 1 Nr. 4 GmbHG genannten Fällen nach Abschluss des Insolvenzverfahrens noch über maßgebliches Gesellschaftsvermögen verfügt, welches eine Fortsetzung der Gesellschaft ohne Gefährdung der Gläubiger rechtfertigen könnte.[148]

---

148 BGH, Beschl. v. 28.5.2015 – II ZB 13/14, ZInsO 2015, 1576 Rn. 12.

Kapitel 11
Auflösung und Beendigung der GmbH

Übersicht

	Rn.		Rn.

I. Auflösung, Liquidation und Beendigung der Gesellschaft 1
  1. Beendigung einer GmbH in drei Phasen 1
  2. Zusammenfallen von Auflösung und Beendigung 2
II. Auflösungsgründe 3
  1. Befristung 4
  2. Auflösungsbeschluss 5
    a) Voraussetzungen 5
    b) Anfechtung 6
  3. Auflösung kraft Hoheitsakts... 7
    a) Auflösungsurteil 7
    b) Auflösung im Verwaltungsweg 10
  4. Insolvenzeröffnung 11
  5. Ablehnung der Insolvenzeröffnung 12
  6. Registergerichtliche Verfügung 13
  7. Gesellschaftsvertragliche Auflösungsgründe 14
III. Fortsetzung einer aufgelösten GmbH 15
  1. Fortsetzungsbeschluss 16
  2. Keine Vollbeendigung 17
  3. Beseitigung des Auflösungsgrundes 18
    a) Zeitablauf (§ 60 Abs. 1 Nr. 1 GmbHG), Auflösungsbeschluss (§ 60 Abs. 1 Nr. 2 GmbHG) 19
    b) Hoheitsakt (§ 60 Abs. 1 Nr. 3 GmbHG) 20
    c) Eröffnung des Insolvenzverfahrens (§ 60 Abs. 1 Nr. 4 GmbHG) 21
    d) Ablehnung der Insolvenzeröffnung mangels Masse (§ 60 Abs. 1 Nr. 5 GmbHG) 22
    e) Registergerichtliche Verfügung 23
IV. Liquidation 24
  1. Bestellung und Anstellung des Liquidators 25
  2. Vertretungsmacht der Liquidatoren 26
  3. Aufgaben der Liquidatoren im Innenverhältnis 27
    a) Geschäftsführung 27
    b) Beendigung der laufenden Geschäfte 28
    c) Erfüllung der Verpflichtungen 29
    d) Einziehung der Forderungen 30
    e) Umsetzung des Gesellschaftsvermögens in Geld . 31
    f) Vermögensverteilung 32
V. Vollbeendigung 33

I. Auflösung, Liquidation und Beendigung der Gesellschaft
1. Beendigung einer GmbH in drei Phasen

Als Gegenstück ihrer streng formalisierten, sich über mehrere Stadien erstre- **1** ckenden Gründung kann die GmbH ebenfalls nur in einem **formalisierten**

Kap. 11 Auflösung und Beendigung der GmbH

mehraktigen Verfahren rechtlich vernichtet werden.[1] Die Beseitigung der Gesellschaft vollzieht sich in **drei Phasen**:[2] Die **Auflösung** der GmbH (§§ 60 bis 62 GmbHG) tritt aufgrund bestimmter, vornehmlich in § 60 Abs. 1 GmbHG geregelter Tatbestände ein. Ein Auflösungsgrund führt noch nicht zur Beendigung der Gesellschaft. Als Folge der Auflösung ist vielmehr der auf Gewinnerzielung bezogene Zweck der werbenden GmbH auf Abwicklung gerichtet.[3] Die aufgelöste GmbH besteht fort und ist als zweite Stufe einem **Liquidationsverfahren** (Abwicklungsverfahren; §§ 65 bis 74 GmbHG) unterworfen, in dessen Rahmen die laufenden Geschäfte zu beenden sind, das Gesellschaftsvermögen zwecks Befriedigung der Gläubiger in Geld umzusetzen und ein danach etwa verbleibender Erlös an die Gesellschafter zu verteilen ist (§ 70 GmbHG). Mit Abschluss des Liquidationsverfahrens und der Löschung im Handelsregister (Doppeltatbestand) verwirklicht sich die **Vollbeendigung** der Gesellschaft, also ihr Untergang als juristische Person.[4]

2. Zusammenfallen von Auflösung und Beendigung

2   Ausnahmsweise fallen Auflösung und Vollbeendigung zusammen, wenn – abgesehen von Verschmelzung und Umwandlung – eine Liquidation nicht stattfindet. Wird die Gesellschaft nach § 394 FamFG (früher § 141a FGG) wegen **Vermögenslosigkeit** im Handelsregister gelöscht, so scheidet eine Liquidation naturgemäß aus.[5] Systemwidrig ist die Regelung des § 60 Abs. 1 Nr. 7 GmbHG, nach der die Gesellschaft mit der Löschung, welche die vorherigen Verfahrensschritte entbehrlich macht, aufgelöst wird.[6] Der Begriff der Vermögenslosigkeit des § 394 FamFG ist in einem engen Sinne zu interpretieren. Eine Löschung wegen Vermögenslosigkeit ist erst dann möglich, wenn die Gesellschaft vermögenslos geworden ist, also ohne verwertbares Vermögen dasteht, nicht aber solange überhaupt noch Vermögen, wenn auch möglicherweise weit unter der Stammkapital-

---

1   Michalski/Heidinger/Leible/Schmidt/*Nerlich*, § 60 Rn. 3; MünchKommGmbHG/*Berner*, § 60 Rn. 2.
2   Lutter/Hommelhoff/*Kleindiek*, § 60 Rn. 1; *K. Schmidt*, § 38, IV. 1. a; Michalski/Heidinger/Leible/Schmidt/*Nerlich*, § 60 Rn. 3; Gehrlein/Born/Simon/*Beckmann/Hofmann*, Vor §§ 60 ff. Rn. 2 ff.
3   BGH, Beschl. v. 18.10.2016 – II ZB 18/15, NJW-RR 2017, 162 Tz. 15; BGH, Urt. v. 23.11.1998 – II ZR 70/97, NJW 1999, 1481; Roth/*Altmeppen*, § 60 Rn. 6.
4   Rowedder/Schmidt-Leithoff/*Gesell*, § 60 Rn. 79 und § 74 Rn. 12; Bork/Schäfer/*Roth*, § 60 Rn. 3.
5   *K. Schmidt*, § 38, IV. 1. b; Michalski/Heidinger/Leible/Schmidt/*Nerlich*, § 60 Rn. 16; MünchKommGmbHG/*Berner*, § 60 Rn. 62.
6   Rowedder/Schmidt-Leithoff/*Gesell*, § 60 Rn. 2 und 31; Gehrlein/Born/Simon/*Beckmann/Hofmann*, § 60 Rn. 46; MünchKommGmbHG/*Berner*, § 60 Rn. 153.

ziffer, vorhanden ist.[7] Die Zuführung auch nur geringer Mittel beseitigt die Vermögenslosigkeit.[8] Für das Amtslöschungsverfahren wie auch für ein evtl. Beschwerdeverfahren ist die (gelöschte) Gesellschaft als fortbestehend anzusehen sowie beschwerdeberechtigt und kann nach wie vor durch ihren bisherigen gesetzlichen Vertreter vertreten werden.[9] Ergibt sich nachträglich, d.h. nach ihrer Löschung, dass die Gesellschaft tatsächlich noch über Vermögen verfügt, hat nunmehr ihre Abwicklung zu erfolgen (§ 66 Abs. 5 GmbHG),[10] bezeichnet als **Nachtragsliquidation**.[11] In diesem Sonderfall führt der Löschungseintrag tatsächlich (nur) zur Auflösung der Gesellschaft (§ 60 Abs. 1 Nr. 7 GmbHG).[12] Die Bestellung eines Nachtragsliquidators für eine wegen Vermögenslosigkeit im Handelsregister gelöschte GmbH kann mit Blick auf § 273 Abs. 4 Satz 1 AktG in analoger Anwendung sowie auf § 66 Abs. 5 Satz 2 GmbHG nicht von Amts wegen, sondern nur auf Antrag erfolgen.[13]

II. Auflösungsgründe

Die gesetzlichen Auflösungsgründe sind in § 60 Abs. 1 GmbHG geregelt. Durch den Gesellschaftsvertrag können nach § 60 Abs. 2 GmbHG weitere Auflösungsgründe statuiert werden.   3

1. Befristung

Die Auflösung infolge Zeitablaufs (§ 60 Abs. 1 Nr. 1 GmbHG), der kaum praktische Bedeutung zukommt, erfordert gemäß § 3 Abs. 2 GmbHG eine entsprechende Abrede im Gesellschaftsvertrag. Die fehlende **Eintragung** der Befristung (§ 10 Abs. 2 GmbHG) berührt nicht die Wirksamkeit der Vereinbarung.[14] Falls die Zeitbestimmung nicht im Gesellschaftsvertrag verankert ist, kann sich eine Verpflichtung der Gesellschafter ergeben, gemäß § 60 Abs. 1 Nr. 2 GmbHG   4

---

7 BGH, Urt. v. 16.3.1992 – II ZB 17/91, BGHZ 117, 323 = BB 1992, 1018 = NJW 1992, 1824; vgl. auch OLG Frankfurt, Beschl. v. 29.1.2015 – 20 W 116/12, NJW-RR 2015, 928 Tz. 7 f.; OLG Karlsruhe, Beschl. v. 21.8.2014 – 11 Wx 92/13, NJW-RR 2014, 1507 Tz. 11; OLG Düsseldorf, Beschl. v. 5.3.2014 – I-3 Wx 187/12, NZG 2014, 508.
8 Lutter/Hommelhoff/*Kleindiek*, § 60 Rn. 16; Gehrlein/Born/Simon/*Beckmann/Hofmann*, § 60 Rn. 49.
9 OLG Düsseldorf, Beschl. v. 28.2.2017 – I-3 Wx 126/16, NJW-RR 2017, 674 Tz. 8.
10 BGH, Urt. v. 11.9.2000 – II ZR 370/99, BB 2000, 2274 = NJW 2001, 304; OLG Düsseldorf, Beschl. v. 30.4.2015 – I-3 Wx 61/14, NZG 2015, 1026 Tz. 8.
11 Scholz/*K. Schmidt*, § 74 Rn. 18; MünchKommGmbHG/*Berner*, § 60 Rn. 291.
12 Scholz/*K. Schmidt/Bitter*, § 60 Rn. 58; MünchKommGmbHG/*Berner*, § 60 Rn. 190.
13 OLG Bremen, Beschl. v. 12.2.2016 – 2 W 9/16, NJW-RR 2016, 672 Tz. 18.
14 Baumbach/Hueck/*Haas*, § 60 Rn. 13; Scholz/*K. Schmidt/Bitter*, § 60 Rn. 9; Bork/Schäfer/*Roth*, § 60 Rn. 4; MünchKommGmbHG/*Berner*, § 60 Rn. 79.

Kap. 11 Auflösung und Beendigung der GmbH

an der Auflösung mitzuwirken.[15] Der Endtermin muss nicht kalendermäßig fixiert sein; ausreichend ist ein **objektiv bestimmbarer Zeitpunkt** wie der Tod eines Gesellschafters oder der Ablauf eines Schutzrechts.[16] Soll die Auflösung vom Eintritt eines ungewissen künftigen Ereignisses abhängen, so liegt ein satzungsmäßig bestimmter, an eine auflösende Bedingung gekoppelter Auflösungsgrund (§ 60 Abs. 2 GmbHG) vor.[17] Mit Erreichen des vereinbarten Zeitpunkts ist die Gesellschaft – ohne etwa das zusätzliche Erfordernis eines Gesellschafterbeschlusses und auch dann, wenn die GmbH von den Gesellschaftern weiter betrieben wird – automatisch aufgelöst.[18] Der Auflösung kann durch eine **Satzungsänderung** oder einen **Fortsetzungsbeschluss** begegnet werden. In beiden Fällen bedarf es neben einer Dreiviertelmehrheit (§ 60 Abs. 1 Nr. 2 GmbHG) der Gesellschafter auch der Zustimmung aller nebenleistungspflichtigen Gesellschafter (§ 53 Abs. 3 GmbHG).[19]

2. Auflösungsbeschluss

a) Voraussetzungen

5   Die GmbH wird nach § 60 Abs. 1 Nr. 2 GmbHG durch einen Gesellschafterbeschluss aufgelöst. Gegenstand des keiner besonderen **Rechtfertigung** bedürfenden[20] Beschlusses ist allein die Auflösung, also die Überführung der Gesellschaft in das Liquidationsstadium.[21] Mangels einer Befristung – eine auflösende Bedingung scheidet aus[22] – wird der Beschluss, der nach § 60 Abs. 1 Nr. 2 GmbHG der Mehrheit von **drei Viertel** der abgegebenen, nicht aller vorhandenen Stimmen bedarf,[23] sofort wirksam.[24] Die Eintragung nach § 65 GmbHG wirkt lediglich de-

---

15 Lutter/Hommelhoff/*Kleindiek*, § 60 Rn. 2.
16 Baumbach/Hueck/*Haas*, § 60 Rn. 14; Ulmer/*Casper*, § 60 Rn. 25; MünchKommGmbHG/*Berner*, § 60 Rn. 81.
17 Scholz/*K. Schmidt*/*Bitter*, § 60 Rn. 9; Baumbach/Hueck/*Haas*, § 60 Rn. 14.
18 Rowedder/Schmidt-Leithoff/*Gesell*, § 60 Rn. 14; Ulmer/*Casper*, § 60 Rn. 26; Bork/Schäfer/*Roth*, § 60 Rn. 5; Gehrlein/Born/Simon/*Beckmann*/*Hofmann*, § 60 Rn. 6; MünchKommGmbHG/*Berner*, § 60 Rn. 80.
19 Lutter/Hommelhoff/*Kleindiek*, § 60 Rn. 3 und 35; Ulmer/*Casper*, § 60 Rn. 134 f.; Michalski/Heidinger/Leible/Schmidt/*Nerlich*, § 60 Rn. 31; MünchKommGmbHG/*Berner*, § 60 Rn. 80 und 255; a.A. Gehrlein/Born/Simon/*Beckmann*/*Hofmann*, § 60 Rn. 67: einstimmiger Beschluss erforderlich.
20 BGH, Urt. v. 1.2.1988 – II ZR 75/87, BGHZ 103, 184 = BB 1988, 577 = NJW 1988, 1579; BGH, Urt. v. 28.1.1980 – II ZR 124/78, BGHZ 76, 352 = BB 1980, 550 = NJW 1980, 1278; ebenso Rowedder/Schmidt-Leithoff/*Gesell*, § 60 Rn. 16.
21 Scholz/*K. Schmidt*/*Bitter*, § 60 Rn. 13; Gehrlein/Born/Simon/*Beckmann*/*Hofmann*, § 60 Rn. 19; MünchKommGmbHG/*Berner*, § 60 Rn. 102.
22 Lutter/Hommelhoff/*Kleindiek*, § 60 Rn. 5.
23 Baumbach/Hueck/*Haas*, § 60 Rn. 17.
24 Rowedder/Schmidt-Leithoff/*Gesell*, § 60 Rn. 15.

klaratorisch.²⁵ Stimmenthaltungen und ungültige Stimmen, die als nicht abgegeben gelten, werden bei der Berechnung der Mehrheit nicht berücksichtigt.²⁶ Ein Gesellschafter ist nicht durch § 181 BGB gehindert, auch für einen anderen Gesellschafter an der Abstimmung mitzuwirken. Gesetzliche Vertreter können das Stimmrecht für einen minderjährigen Gesellschafter ohne die Notwendigkeit einer vormundschaftsgerichtlichen Genehmigung wahrnehmen.²⁷ Der Begriff „Auflösungsbeschluss" braucht nicht verwendet zu werden, wenn der **Auflösungswille** auf andere Weise – auch konkludent – zum Ausdruck kommt.²⁸ Es ist eine Frage des Einzelfalles, ob der Beschluss über die Veräußerung oder Einstellung des Unternehmens als Auflösungsbeschluss zu verstehen ist.²⁹ Im Zusammenhang mit der Sanierung von Betrieben der DDR durch die Treuhandanstalt hat der BGH die stille Liquidation durch Betriebseinstellung als Auflösung bewertet.³⁰ Der Beschluss ist, weil er – in aller Regel – keine Satzungsänderung darstellt, formlos gültig; er kann im Umlaufverfahren (§ 48 Abs. 2 GmbHG), aber auch nur mündlich gefasst werden.³¹ Die Kompetenz der Gesellschafter ist zwingend und kann nicht durch die **Satzung** auf andere Organe verlagert werden.³² Die Satzung kann die Mehrheitserfordernisse abmildern oder verschärfen.³³ Ist „Unauflösbarkeit" der Gesellschaft vereinbart, so kann die Auflösung nur durch einstimmigen Beschluss erfolgen.³⁴ Mit diesem Beschluss ist nicht – mit Blick auf die „Unauflösbarkeit" – eine formbedürftige Satzungsänderung verbunden, weil durch diesen Begriff lediglich das Mehrheitserfordernis modifiziert wird.³⁵

---

25 BGH, Beschl. v. 18.10.2016 – II ZB 18/15, NJW-RR 2017, 162 Tz. 15; BGH, Urt. v. 23.11.1998 – II ZR 70/97, NJW 1999, 1481; ebenso MünchKommGmbHG/*Berner*, § 60 Rn. 102.
26 Lutter/Hommelhoff/*Kleindiek*, § 60 Rn. 6; MünchKommGmbHG/*Berner*, § 60 Rn. 89.
27 BGH, Urt. v. 22.9.1969 – II ZR 144/68, BGHZ 52, 316 = NJW 1970, 33.
28 BayObLG, Beschl. v. 2.11.1994 – 3 Z BR 152/94, BB 1995, 168 = NJW-RR 1995, 1001; so auch MünchKommGmbHG/*Berner*, § 60 Rn. 100; Lutter/Hommelhoff/*Kleindiek*, § 60 Rn. 5; enger Scholz/*K. Schmidt/Bitter*, § 60 Rn. 13: Anerkennung konkludent gefasster Auslösungsbeschlüsse nur ganz ausnahmsweise.
29 Michalski/Heidinger/Leible/Schmidt/*Nerlich*, § 60 Rn. 43; Baumbach/Hueck/*Haas*, § 60 Rn. 19.
30 BGH, Urt. v. 23.11.1998 – II ZR 70/97, NJW 1999, 1481.
31 Roth/*Altmeppen*, § 60 Rn. 12; Michalski/Heidinger/Leible/Schmidt/*Nerlich*, § 60 Rn. 40; Ulmer/*Casper*, § 60 Rn. 45; MünchKommGmbHG/*Berner*, § 60 Rn. 101.
32 Ulmer/*Casper*, § 60 Rn. 29; Baumbach/Hueck/*Haas*, § 60 Rn. 17; Rowedder/Schmidt-Leithoff/*Gesell*, § 60 Rn. 17.
33 Gehrlein/Born/Simon/*Beckmann/Hofmann*, § 60 Rn. 20; MünchKommGmbHG/*Berner*, § 60 Rn. 94.
34 Scholz/*K. Schmidt/Bitter*, § 60 Rn. 19; Bork/Schäfer/*Roth*, § 60 Rn. 8.
35 Rowedder/Schmidt-Leithoff/*Gesell*, § 60 Rn. 16; Baumbach/Hueck/*Haas*, § 60 Rn. 18; Scholz/*K. Schmidt/Bitter*, § 60 Rn. 19; MünchKommGmbHG/*Berner*, § 60 Rn. 91; a. A. Ulmer/*Casper*, § 60 Rn. 38 und 46; *Goette*, § 10 Rn. 25.

Kap. 11   Auflösung und Beendigung der GmbH

b) Anfechtung

6   Falls der Auflösungsbeschluss **nichtig** ist, bleibt die Gesellschaft als werbende bestehen. Dagegen treten die Rechtsfolgen der Auflösung sofort ein, wenn der Beschluss lediglich **anfechtbar** ist. Die Auflösung kann aber durch eine erfolgreiche Anfechtungsklage rückwirkend beseitigt werden.[36] Der Beschluss kann der **Anfechtung** unterliegen. Aus der Liquidation und Zerschlagung des Gesellschaftsunternehmens kann ein Anfechtungsgrund nicht hergeleitet werden, weil dieser Nachteil zwangsläufige Folge einer durch Gesetz oder Satzung zugelassenen Auflösung ist.[37] Auch kann die Anfechtung nicht auf den Umstand gestützt werden, dass der eine Gesellschafter wirtschaftlich mehr am Fortbestand der Gesellschaft mit dem sich daraus ergebenden Gewinnbezug, der andere mehr an ihrer Auflösung und der Auszahlung des Auseinandersetzungserlöses interessiert ist. Die gesetzliche Folge der Auflösung, die Liquidation, betrifft nach § 66 GmbHG alle Gesellschafter in rechtlich gleicher Weise. Dass sie sich wirtschaftlich verschieden auswirken kann, liegt an den persönlichen Verhältnissen des Gesellschafters und ist regelmäßig in Kauf zu nehmen. Deshalb vermag der Umstand, dass ein die Auflösung betreibender Gesellschafter eher als der andere wirtschaftlich in der Lage ist, das Betriebsvermögen aus der Liquidationsmasse aufzukaufen und zu verwerten, seine Stimmrechtsausübung noch nicht als treuwidrig zu beanstanden.[38] Indes liegt ein die Anfechtung rechtfertigender **Stimmrechtsmissbrauch** vor, wenn der Mehrheitsgesellschafter den Auflösungsbeschluss vorbereitet, indem er zur Überleitung des Betriebsvermögens eine Auffanggesellschaft gründet und zur Fortsetzung des Geschäftsbetriebs die Mitarbeiter der Gesellschaft abwirbt.[39]

3. Auflösung kraft Hoheitsakts

a) Auflösungsurteil

7   Die Gesellschaft wird gemäß § 60 Abs. 1 Nr. 3 GmbHG durch gerichtliches Urteil (§ 61 GmbHG) oder Entscheidung einer Verwaltungsbehörde (§ 62 GmbHG) aufgelöst.

---

36   BGH, Urt. v. 28.1.1980 – II ZR 124/78, BGHZ 76, 352 = BB 1980, 550 = NJW 1980, 1278.
37   BGH, Urt. v. 28.1.1980 – II ZR 124/78, BGHZ 76, 352 = BB 1980, 550 = NJW 1980, 1278.
38   BGH, Urt. v. 28.1.1980 – II ZR 124/78, BGHZ 76, 352 = BB 1980, 550 = NJW 1980, 1278.
39   BGH, Urt. v. 28.1.1980 – II ZR 124/78, BGHZ 76, 352 = BB 1980, 550 = NJW 1980, 1278; vgl. auch BGH, Urt. v. 1.2.1988 – II ZR 75/87, BGHZ 103, 184 = BB 1988, 577 = NJW 1988, 1579 (zur AG); gleichsinnig Michalski/Heidinger/Leible/Schmidt/*Nerlich*, § 60 Rn. 46; Scholz/*K. Schmidt/Bitter*, § 60 Rn. 17.

aa) Auflösungsgrund

Materielle Auflösungsvoraussetzung ist die Unmöglichkeit der Zweckerreichung oder ein anderer wichtiger Grund. Die **Unmöglichkeit der Zweckerreichung** kann auf rechtlichen oder wirtschaftlichen Gründen beruhen. Beispiel ist die Nichtigerklärung eines Patents, auf dessen Auswertung der Gesellschaftszweck gerichtet ist.[40] Entsprechendes gilt, wenn einer Bank die Erlaubnis nach dem Kreditwesengesetz entzogen wird.[41] Bei der Bewertung, ob ein – kein Verschulden erfordernder[42] – **wichtiger Grund** eingreift, ist zu beachten, dass die Auflösungsklage das äußerste Mittel (**ultima ratio**) zur Lösung eines Gesellschafterkonflikts darstellt.[43] Falls die Störung durch den **Ausschluss** oder **Austritt** eines oder mehrerer Gesellschafter behoben werden kann, ist für eine Auflösungsklage kein Raum.[44] Der wichtige Grund muss nach dem Wortlaut des § 61 GmbHG in den Verhältnissen der Gesellschaft liegen. Zu berücksichtigen sind aber auch die Verhältnisse der Gesellschafter, falls sie in der GmbH weiterwirken. Ein unheilbares Zerwürfnis der Gesellschafter kann in einer personalistisch strukturierten, auf vertrauensvolle Zusammenarbeit angelegten Gesellschaft einen Auflösungsgrund bilden.[45] Entsprechendes gilt für den Konflikt zweier gleich starker Gesellschaftergruppen, der die Willensbildung blockiert.[46]

8

bb) Verfahren

§ 61 GmbHG eröffnet einer Minderheit die Möglichkeit, die Auflösung der Gesellschaft durch Gestaltungsurteil zu erwirken. **Aktivlegitimiert** sind nur Gesellschafter (nicht Nießbraucher oder Pfandgläubiger),[47] deren Geschäftsanteile allein oder zusammen mindestens **10 % des Stammkapitals** entsprechen; bei der Berechnung bleiben eigene Anteile der GmbH außer Ansatz.[48] Im Gesellschaftsvertrag kann die Erhebung der Auflösungsklage etwa durch die Ermäßi-

9

---

40 MünchKommGmbHG/*Limpert*, § 61 Rn. 26.
41 Lutter/Hommelhoff/*Kleindiek*, § 61 Rn. 9.
42 BGH, Urt. v. 23.2.1981 – II ZR 229/79, BGHZ 80, 346 = BB 1981, 1729 = NJW 1981, 2302.
43 Scholz/*K. Schmidt/Bitter*, § 61 Rn. 3; Lutter/Hommelhoff/*Kleindiek*, § 61 Rn. 1; Bork/Schäfer/*Roth*, § 61 Rn. 2; Gehrlein/Born/Simon/*Beckmann/Hofmann*, § 61 Rn. 8; MünchKommGmbHG/*Limpert*, § 61 Rn. 19.
44 Lutter/Hommelhoff/*Kleindiek*, § 61 Rn. 1; Rowedder/Schmidt-Leithoff/*Gesell*, § 61 Rn. 1; Michalski/Heidinger/Leible/Schmidt/*Nerlich*, § 61 Rn. 11 f.; Bork/Schäfer/*Roth*, § 61 Rn. 2.
45 BGH, Urt. v. 23.2.1981 – II ZR 229/79, BGHZ 80, 346 = BB 1981, 1729 = NJW 1981, 2302.
46 Ulmer/*Casper*, § 61 Rn. 22; Baumbach/Hueck/*Haas*, § 61 Rn. 11; MünchKommGmbHG/*Limpert*, § 61 Rn. 33.
47 Baumbach/Hueck/*Haas*, § 61 Rn. 15; MünchKommGmbHG/*Limpert*, § 61 Rn. 43.
48 Roth/*Altmeppen*, § 61 Rn. 7; MünchKommGmbHG/*Limpert*, § 61 Rn. 45.

gung des Quorums oder die Fixierung stets genügender wichtiger Gründe erleichtert, kann aber nicht erschwert werden.[49] Mehrere Gesellschafter sind **notwendige Streitgenossen** (§ 62 ZPO).[50] **Passivlegitimiert** ist die Gesellschaft: Die Klage ist gegen die vom Geschäftsführer vertretene GmbH zu richten (§ 61 Abs. 2 GmbHG).[51] Falls der Gesellschafter-Geschäftsführer die Auflösungsklage erhoben hat und darum die Gesellschaft nicht vertreten kann (was selbst bei Befreiung von den Beschränkungen des § 181 BGB der Fall ist),[52] ist entweder vom Registergericht ein Notgeschäftsführer (entsprechend § 29 BGB) oder vom Prozessgericht ein besonderer (Prozess-)Vertreter (§ 57 ZPO) zu bestellen.[53] Ausschließlich zuständig (§ 61 Abs. 3 GmbHG) ist die Kammer für Handelssachen des Landgerichts am Sitz der Gesellschaft (§ 17 ZPO, § 95 Abs. 1 Nr. 4 lit. a GVG). Die Einsetzung eines **Schiedsgerichts** kann nach neuerem Verständnis im Gesellschaftsvertrag vereinbart werden.[54] Die Auflösung erfolgt durch ein stattgebendes **Gestaltungsurteil**, dessen Wirkung (erst) mit Rechtskraft eintritt.[55] Trotz der Fassung des § 61 Abs. 1 GmbHG als „Kann-Vorschrift" ist das Gericht verpflichtet, die Auflösung auszusprechen, wenn die rechtlichen Voraussetzungen gegeben sind.[56]

b) Auflösung im Verwaltungsweg

10 Die Regelung des § 62 GmbHG gestattet eine Auflösung wegen Gefährdung des Gemeinwohls. Dabei hat das Gesetz Konstellationen im Blick, in denen die Gesellschafter der GmbH gesetzwidrige Beschlüsse fassen oder gesetzwidrige Handlungen der Geschäftsführer wissentlich dulden und dadurch das Gemeinwohl gefährden. Gesetzeswidrig sind Verstöße gegen zwingende Normen des GmbH-Rechts, des Kartell- und Wirtschaftsrechts, des Steuerrechts wie auch des Strafrechts. Sofern die Gesetzeswidrigkeit nicht bereits Gesellschafterbeschlüssen anhaftet, bedarf es für die Zurechnung von Verhalten der Geschäfts-

---

49 Rowedder/Schmidt-Leithoff/*Gesell*, § 61 Rn. 4; Gehrlein/Born/Simon/*Beckmann*/*Hofmann*, § 61 Rn. 5 f.
50 Gehrlein/Born/Simon/*Beckmann*/*Hofmann*, § 61 Rn. 28; MünchKommGmbH/*Limpert*, § 61 Rn. 48; Lutter/Hommelhoff/*Kleindiek*, § 61 Rn. 3; Scholz/*K. Schmidt*/*Bitter*, § 61 Rn. 8.
51 Baumbach/Hueck/*Haas*, § 61 Rn. 17; MünchKommGmbH/*Limpert*, § 61 Rn. 46.
52 MünchKommGmbH/*Limpert*, § 61 Rn. 46; Ulmer/*Casper*, § 61 Rn. 31 mit Fn. 82.
53 Lutter/Hommelhoff/*Kleindiek*, § 61 Rn. 4; MünchKommGmbH/*Limpert*, § 61 Rn. 46.
54 BGH, Urt. v. 19.7.2004 – II ZR 65/03, BB 2004, 1870 = NJW 2004, 2898.
55 Scholz/*K. Schmidt*/*Bitter*, § 61 Rn. 11.
56 Roth/*Altmeppen*, § 61 Rn. 10; Ulmer/*Casper*, § 61 Rn. 41; Gehrlein/Born/Simon/ *Beckmann*/*Hofmann*, § 61 Rn. 34; Bork/Schäfer/*Roth*, § 61 Rn. 14; MünchKommGmbH/*Limpert*, § 61 Rn. 51.

führer des weiteren Merkmals der Wissentlichkeit.[57] Ein Tätigwerden der Behörden können nur **Gesetzesverstöße** rechtfertigen, die das **Gemeinwohl** gefährden. Damit sind schwer wiegende Fälle gemeint, die breite Verkehrskreise oder die Öffentlichkeit bedrohen.[58] Zuständige Behörde ist analog § 396 Abs. 1 Satz 1 AktG die oberste Landesbehörde, regelmäßig das **Wirtschaftsministerium**. Die Behörde hat nicht im Wege der Auflösungsklage vorzugehen. Vielmehr stellt § 62 GmbHG eine **Ermächtigungsgrundlage** dar, die Auflösung durch privatrechtsgestaltenden Verwaltungsakt anzuordnen, der von der GmbH im Wege der Anfechtungsklage (§ 42 Abs. 1 Fall 1 VwGO), auch im Wege des vorläufigen Rechtsschutzes, vor den Verwaltungsgerichten angegriffen werden kann.[59] § 62 Abs. 2 Satz 2 und 3 GmbHG sind durch die VwGO obsolet geworden.[60]

4. Insolvenzeröffnung

Die Gesellschaft wird nach § 60 Abs. 1 Nr. 4 GmbHG zwingend mit der Eröffnung des Insolvenzverfahrens aufgelöst. Dabei ist es ohne Bedeutung, ob der **Insolvenzgrund** der Zahlungsunfähigkeit (§ 17 InsO) oder der Überschuldung (§ 19 InsO) vorliegt. Die Auflösung tritt mit Rechtskraft des Eröffnungsbeschlusses ein.[61] Die Insolvenzeröffnung hat auf die Parteifähigkeit wie auf die Struktur der Gesellschaft keinen Einfluss, deren Organe behalten ihre Stellung;[62] allerdings geht die Verwaltungs- und Verfügungsbefugnis auf den **Insolvenzverwalter** über (§ 80 Abs. 1 InsO), ihm obliegt die vollständige Abwicklung der Gesellschaft (vgl. § 199 Satz 2 InsO).[63] Die Insolvenz des Gesellschafters berührt den Fortbestand der Gesellschaft nicht, kann aber in der Satzung als (vertraglicher) Auflösungsgrund nach § 60 Abs. 2 GmbHG eingefügt werden.[64]

---

57 Lutter/Hommelhoff/*Kleindiek*, § 62 Rn. 4; Bork/Schäfer/*Roth*, § 62 Rn. 3.
58 Gehrlein/Born/Simon/*Beckmann/Hofmann*, § 62 Rn. 6; MünchKommGmbHG/*Limpert*, § 62 Rn. 32; Roth/*Altmeppen*, § 62 Rn. 3.
59 MünchKommGmbHG/*Limpert*, § 62 Rn. 56; Gehrlein/Born/Simon/*Beckmann/Hofmann*, § 62 Rn. 11; Baumbach/Hueck/*Haas*, § 62 Rn. 11; Roth/*Altmeppen*, § 62 Rn. 4.
60 Lutter/Hommelhoff/*Kleindiek*, § 62 Rn. 2; Bork/Schäfer/*Roth*, § 62 Rn. 8.
61 Rowedder/Schmidt-Leithoff/*Gesell*, § 60 Rn. 22; hinsichtlich der Rechtskraft a. A. MünchKommGmbHG/*Berner*, § 60 Rn. 112.
62 OLG Koblenz, Urt. v. 18.1.2018 – 6 U 148/17, BeckRS 2018, 13561 Tz. 37; OLG Hamm, Beschl. v. 2.9.2014 – 27 W 97/14, BeckRS 2015, 18313 Tz. 8.
63 Rowedder/Schmidt-Leithoff/*Gesell*, § 60 Rn. 22.
64 Scholz/*K. Schmidt/Bitter*, § 60 Rn. 21 und 71; Bork/Schäfer/*Roth*, § 60 Rn. 13 und 21; MünchKommGmbHG/*Berner*, § 60 Rn. 111 und 214.

5. Ablehnung der Insolvenzeröffnung

12 Auch die Ablehnung der Eröffnung des Insolvenzverfahrens mangels Masse (§ 60 Abs. 1 Nr. 5 GmbHG) bewirkt ipso iure die Auflösung der GmbH. Die GmbH bleibt **partei- und rechtsfähig**.[65] Infolge der Auflösung ist das Restvermögen zu liquidieren und die Gesellschaft zu beenden.[66]

6. Registergerichtliche Verfügung

13 § 60 Abs. 1 Nr. 6 GmbHG verleiht der rechtskräftigen Verfügung des Registergerichts zwingend die Wirkung eines Auflösungsgrundes, mit der **Mängel des Gesellschaftsvertrages** beanstandet werden (§ 399 Abs. 4 FamFG [früher § 144a Abs. 4 FGG]). Nach früherem Recht verhielt es sich ebenso, wenn nach dem im Zuge des MoMiG aufgehobenen § 144b FGG festgestellt wurde, dass der Alleingesellschafter seinen **Einlageverpflichtungen** aus § 19 Abs. 4 GmbHG a. F. nicht genügt hatte.

7. Gesellschaftsvertragliche Auflösungsgründe

14 Die Satzung kann die gesetzlich geregelten Auflösungsgründe nicht einschränken, aber beliebige zusätzliche Auflösungsgründe vorsehen.[67] Da auch hier die Auflösung ipso iure mit der Verwirklichung des Tatbestands eintritt,[68] müssen die Auflösungsgründe **eindeutig bestimmt** sein, bestünde anderenfalls doch die Gefahr, dass der Auflösungsgrund nicht erkannt und die Gesellschaft als werbende weitergeführt wird.[69] Als Auflösungsgrund können beispielsweise der Tod, das Ausscheiden oder die Insolvenz eines Gesellschafters, die Pfändung eines Geschäftsanteils, die Einstellung der Mitarbeit, der Entzug einer gewerberechtlichen Erlaubnis, der zeitliche Ablauf eines Schutzrechts oder die Feststellung eines bestimmten Verlusts in der Jahresbilanz vereinbart werden.[70] Zu unbestimmt sind die Klauseln der „mangelnden Rentabilität" oder eines „wichti-

---

65 BGH, Urt. v. 3.4.2003 – IX ZR 287/99, BB 2003, 1401 = NZG 2003, 813; ebenso Bork/Schäfer/*Roth*, § 60 Rn. 17; Gehrlein/Born/Simon/*Beckmann/Hofmann*, § 60 Rn. 39; MünchKommGmbHG/*Berner*, § 60 Rn. 121.
66 Lutter/Hommelhoff/*Kleindiek*, § 60 Rn. 9; MünchKommGmbHG/*Berner*, § 60 Rn. 122; Bork/Schäfer/*Roth*, § 60 Rn. 17.
67 Gehrlein/Born/Simon/*Beckmann/Hofmann*, § 60 Rn. 54; Baumbach/Hueck/*Haas*, § 60 Rn. 89; Roth/*Altmeppen*, § 60 Rn. 31.
68 Michalski/Heidinger/Leible/Schmidt/*Nerlich*, § 60 Rn. 308; Lutter/Hommelhoff/ *Kleindiek*, § 60 Rn. 26.
69 MünchKommGmbHG/*Berner*, § 60 Rn. 218; Michalski/Heidinger/Leible/Schmidt/ *Nerlich*, § 60 Rn. 310; Bork/Schäfer/*Roth*, § 60 Rn. 21; Ulmer/*Casper*, § 60 Rn. 110.
70 Baumbach/Hueck/*Haas*, § 60 Rn. 89; MünchKommGmbHG/*Berner*, § 60 Rn. 221.

gen Grundes".⁷¹ Fehlt der Satzungsbestimmung die notwendige Klarheit, kann sie als **(Stimmbindungs-)Vereinbarung** der Gesellschafter auszulegen sein, unter bestimmten Voraussetzungen an einer Auflösung durch Beschluss nach § 60 Abs. 1 Nr. 2 GmbHG mitzuwirken.⁷² Nicht selten sehen Gesellschaftsverträge ein **Kündigungsrecht** der Gesellschafter vor. Streitig ist, ob die Ausübung des Kündigungsrechts zur **Auflösung** der Gesellschaft oder lediglich zum **Ausscheiden** des Kündigenden aus der Gesellschaft führt. Zur Vermeidung von Streitigkeiten sollten die Rechtsfolgen einer Kündigung im Gesellschaftsvertrag unzweideutig fixiert werden. Fehlt es an einer Klarstellung, dürfte vor dem Hintergrund des § 131 Abs. 3 Nr. 3 HGB im Zweifel ein Ausscheiden des Gesellschafters gegen Abfindung gewollt sein.⁷³ In diese Richtung tendiert auch der BGH: Die Kündigung der GmbH durch einen Gesellschafter führt nur dann zur Auflösung, wenn dies in der Satzung ausdrücklich bestimmt ist. Soll nach der Satzung dagegen im Falle der Kündigung die Gesellschaft von den verbleibenden Gesellschaftern fortgesetzt werden, sofern diese Gegenteiliges nicht binnen einer bestimmten Frist verlautbaren, ist die GmbH nicht aufgelöst; eines besonderen Fortsetzungsbeschlusses bedarf es in diesem Fall nicht.⁷⁴ Die Gesellschaft kann nach **Treu und Glauben** zu einer Teilliquidation verpflichtet sein, um stille Reserven aufzulösen, die es ihr ermöglichen, ohne Verstoß gegen § 30 GmbHG begründete Ansprüche eines Gesellschafters erfüllen zu können.⁷⁵

III. Fortsetzung einer aufgelösten GmbH

Mit der Fortsetzung der aufgelösten Gesellschaft ist ihre **Rückumwandlung** in eine werbende Gesellschaft gemeint. Diese Konstellation ist von der liquidationswidrigen Fortsetzung der werbenden Geschäfte zu unterscheiden. Die Fortsetzung dient dem Zweck, die Gesellschaft aus dem Liquidationsstadium zu lösen und als werbende Gesellschaft weiter zu betreiben.⁷⁶ Die in § 60 Abs. 1 Nr. 4 GmbHG ausdrücklich eröffnete Möglichkeit der Fortsetzung ist – unter

15

---

71 Scholz/*K. Schmidt*/*Bitter*, § 60 Rn. 76; Gehrlein/Born/Simon/*Beckmann*/*Hofmann*, § 60 Rn. 55; MünchKommGmbHG/*Berner*, § 60 Rn. 222.
72 Rowedder/Schmidt-Leithoff/*Gesell*, § 60 Rn. 42; vgl. auch MünchKommGmbHG/*Berner*, § 60 Rn. 220.
73 Lutter/Hommelhoff/*Kleindiek*, § 60 Rn. 27; Rowedder/Schmidt-Leithoff/*Gesell*, § 60 Rn. 44; a. A. Baumbach/Hueck/*Haas*, § 60 Rn. 90; Ulmer/*Casper*, § 60 Rn. 114 ff.; Gehrlein/Born/Simon/*Beckmann*/*Hofmann*, § 60 Rn. 57: Auflösung der Gesellschaft.
74 BGH, Urt. v. 2.12.1996 – II ZR 243/95, NJW-RR 1997, 606.
75 BGH, Urt. v. 13.2.2006 – II ZR 62/04, BB 2006, 792 = NJW-RR 2006, 760.
76 Scholz/*K. Schmidt*/*Bitter*, § 60 Rn. 79; Rowedder/Schmidt-Leithoff/*Gesell*, § 60 Rn. 65; Lutter/Hommelhoff/*Kleindiek*, § 60 Rn. 28; Roth/*Altmeppen*, § 60 Rn. 36; Gehrlein/Born/Simon/*Beckmann*/*Hofmann*, § 60 Rn. 61.

Kap. 11 Auflösung und Beendigung der GmbH

den nachfolgenden drei Voraussetzungen – für **alle Auflösungsgründe** anerkannt.[77]

1. Fortsetzungsbeschluss

16 Die Weiterführung als werbende Gesellschaft setzt einen Fortsetzungsbeschluss der Gesellschaft voraus, der analog § 60 Abs. 1 Nr. 2 GmbHG, § 274 Abs. 1 Satz 2 AktG einer Mehrheit von **drei Vierteln** der abgegebenen Stimmen bedarf.[78] Sieht der Gesellschaftsvertrag für die Auflösung eine andere Mehrheit vor, so gilt dies auch für den Fortsetzungsbeschluss.[79] Dieser kann grundsätzlich formlos und außerdem konkludent gefasst werden.[80] Ist der Fortsetzungsbeschluss – etwa wegen einer Kapitalerhöhung – mit einer Satzungsänderung verbunden, ist die notarielle Form des § 53 Abs. 2 GmbHG zu beachten.[81] Überstimmte Gesellschafter haben nicht allein wegen der Fortsetzung ein **Austrittsrecht**.[82] Der Eintragung des Fortsetzungsbeschlusses im Handelsregister kommt nur **deklaratorische Bedeutung** zu.[83]

2. Keine Vollbeendigung

17 Eine Fortsetzung kann nur beschlossen werden, solange die GmbH als juristische Person existent und noch nicht **vollbeendet** ist. Darum scheidet eine Fortsetzung aus, wenn die Gesellschaft als letzte Maßnahme der Liquidation (§ 72 GmbHG) mit der Verteilung des Vermögens an die Gesellschafter **begonnen** hat (vgl. § 274 Abs. 1 Satz 1 AktG).[84] In diesem Fall erfordert der Neubeginn die Neugründung einer Gesellschaft. Die Begleichung der Gesellschaftsschulden hindert dagegen die Fortsetzung nicht.[85] Indes finden die Grundsätze der wirtschaftlichen Neugründung auch in der Liquidation einer GmbH Anwendung.

---

77 Michalski/Heidinger/Leible/Schmidt/*Nerlich*, § 60 Rn. 325; Ulmer/*Casper*, § 60 Rn. 124; wohl auch MünchKommGmbHG/*Berner*, § 60 Rn. 235.
78 Lutter/Hommelhoff/*Kleindiek*, § 60 Rn. 29; Baumbach/Hueck/*Haas*, § 60 Rn. 92.
79 Michalski/Heidinger/Leible/Schmidt/*Nerlich*, § 60 Rn. 341; Rowedder/Schmidt-Leithoff/*Gesell*, § 60 Rn. 70.
80 Rowedder/Schmidt-Leithoff/*Gesell*, § 60 Rn. 69; MünchKommGmbHG/*Berner*, § 60 Rn. 251 f.
81 Scholz/*K. Schmidt/Bitter*, § 60 Rn. 87 und 92.
82 Baumbach/Hueck/*Haas*, § 60 Rn. 92; Ulmer/*Casper*, § 60 Rn. 137; MünchKommGmbHG/*Berner*, § 60 Rn. 259; a. A. Roth/*Altmeppen*, § 60 Rn. 46.
83 Roth/*Altmeppen*, § 60 Rn. 36; Bork/Schäfer/*Roth*, § 60 Rn. 31.
84 Lutter/Hommelhoff/*Kleindiek*, § 60 Rn. 29; Baumbach/Hueck/*Haas*, § 60 Rn. 91a; a. A. Roth/*Altmeppen*, § 60 Rn. 41 ff.; Gehrlein/Born/Simon/*Beckmann/Hofmann*, § 60 Rn. 63; MünchKommGmbHG/*Berner*, § 60 Rn. 245; mittlerweile auch Scholz/*K. Schmidt/Bitter*, § 60 Rn. 82.
85 Scholz/*K. Schmidt/Bitter*, § 60 Rn. 82.

III. Fortsetzung einer aufgelösten GmbH **Kap. 11**

Denn die mit der wirtschaftlichen Neugründung verbundenen Probleme eines wirksamen Gläubigerschutzes – d. h. die Gefahr einer Umgehung der Gründungsvorschriften mit der Folge, dass die gesetzliche und gesellschaftsvertragliche Kapitalausstattung bei Aufnahme der wirtschaftlichen Tätigkeit nicht gewährleistet ist[86] – bestehen auch im Zusammenhang mit der Verwendung des leeren Mantels einer Abwicklungsgesellschaft, deren Abwicklung nicht weiter betrieben wurde.[87]

3. Beseitigung des Auflösungsgrundes

Eine Fortsetzung kommt nur nach Beseitigung des Auflösungsgrundes in Betracht.[88] 18

a) Zeitablauf (§ 60 Abs. 1 Nr. 1 GmbHG), Auflösungsbeschluss (§ 60 Abs. 1 Nr. 2 GmbHG)

Beruht die Auflösung auf einer Befristung, ist eine Satzungsänderung (§§ 53, 54 GmbHG) vorzunehmen, wenn die Dauer der Gesellschaft verlängert werden soll. Fallen der Fortsetzungsbeschluss und der **satzungsändernde Beschluss** zusammen, so ist für beide die notarielle Form des § 53 Abs. 2 Satz 1 GmbHG einzuhalten.[89] Im Fall des § 60 Abs. 1 Nr. 2 GmbHG genügt ein formfrei gültiger Fortsetzungsbeschluss als **actus contrarius** zum Auflösungsbeschluss.[90] 19

b) Hoheitsakt (§ 60 Abs. 1 Nr. 3 GmbHG)

Nach Erlass eines Auflösungsurteils (§ 61 GmbHG) kann die Gesellschaft durch einen Fortsetzungsbeschluss mit **Zustimmung** des (der) klagenden Gesellschafter(s) weitergeführt werden.[91] Durch die Zustimmung erledigt sich eine laufende Auflösungsklage.[92] Im Fall der verwaltungsbehördlichen Auflösung (§ 62 20

---

86 Dazu in Kap. 1 zu Rn. 87 ff.
87 BGH, Versäumnisurt. v. 10.12.2013 – II ZR 53/12, BB 2014, 914 = NJW-RR 2014, 416 Tz. 10; ebenso Baumbach/Hueck/*Haas*, § 60 Rn. 91; MünchKommGmbHG/*Berner*, § 60 Rn. 237 und 246.
88 Roth/*Altmeppen*, § 60 Rn. 37; MünchKommGmbHG/*Berner*, § 60 Rn. 262.
89 Michalski/Heidinger/Leible/Schmidt/*Nerlich*, § 60 Rn. 351; Lutter/Hommelhoff/*Kleindiek*, § 60 Rn. 31.
90 Rowedder/Schmidt-Leithoff/*Gesell*, § 60 Rn. 74; Gehrlein/Born/Simon/*Beckmann/Hofmann*, § 60 Rn. 65; MünchKommGmbHG/*Berner*, § 60 Rn. 266; Michalski/Heidinger/Leible/Schmidt/*Nerlich*, § 60 Rn. 352.
91 Ulmer/*Casper*, § 60 Rn. 141; Michalski/Heidinger/Leible/Schmidt/*Nerlich*, § 60 Rn. 353; Baumbach/Hueck/*Haas*, § 60 Rn. 94; MünchKommGmbHG/*Berner*, § 60 Rn. 268; a. A. Scholz/*K. Schmidt/Bitter*, § 60 Rn. 94; Roth/*Altmeppen*, § 60 Rn. 49: Wegfall des wichtigen Grundes genügt, kein Zustimmungserfordernis.
92 Rowedder/Schmidt-Leithoff/*Gesell*, § 60 Rn. 75.

GmbHG) kommt eine Fortsetzung erst nach **Rücknahme des Verwaltungsakts** in Betracht. Eine Fortsetzung allein kraft Beschlusses der Gesellschafter scheidet aus.[93] Eine Aufhebung der Verfügung im Rechtsmittelverfahren führt zur rückwirkenden Beseitigung des Auflösungsgrundes.[94]

c) Eröffnung des Insolvenzverfahrens (§ 60 Abs. 1 Nr. 4 GmbHG)

21 Nach Eröffnung des Insolvenzverfahrens ist eine Fortsetzung nur unter den in § 60 Abs. 1 Nr. 4 GmbHG geregelten Voraussetzungen zulässig. Danach kann die Gesellschaft fortgesetzt werden, wenn entweder das Insolvenzverfahren auf Antrag des Schuldners mit Zustimmung der Gläubiger eingestellt (§§ 212, 213 InsO) oder nach einem Insolvenzplan, der den Fortbestand der Gesellschaft vorsieht,[95] aufgehoben worden ist (§ 258 InsO). In den anderen Fällen der **Insolvenzbeendigung** – Einstellung mangels Masse (§ 207 InsO), Einstellung wegen Masseunzulänglichkeit (§ 211 InsO) – ist eine Fortsetzung ausgeschlossen, weil für ein Weiterleben einer gescheiterten GmbH keine Rechtfertigung besteht; der Insolvenzverwalter hat die Liquidation der Gesellschaft zu Ende zu führen.[96] Jedenfalls ausgeschlossen ist eine Fortsetzung der nach § 60 Abs. 1 Nr. 4 GmbHG aufgelösten Gesellschaft nach der Schlussverteilung.[97]

d) Ablehnung der Insolvenzeröffnung mangels Masse (§ 60 Abs. 1 Nr. 5 GmbHG)

22 Nach Ablehnung der Eröffnung eines Insolvenzantrags mangels Masse ist für eine Fortsetzung der Gesellschaft kein Raum. Finanziell **gescheiterte Gesellschaften** sind nicht erhaltungswürdig. Einer Gesellschaft, die ihr gesamtes Vermögen zum Nachteil der Gläubiger verloren hat, kann eine weitere Teilnahme am Rechtsverkehr nicht ermöglicht werden. Gesellschaften, die nicht einmal

---

93 Ulmer/*Casper*, § 60 Rn. 142; Baumbach/Hueck/*Haas*, § 60 Rn. 93; Rowedder/Schmidt-Leithoff/*Gesell*, § 60 Rn. 75; MünchKommGmbHG/*Berner*, § 60 Rn. 269.
94 Michalski/Heidinger/Leible/Schmidt/*Nerlich*, § 60 Rn. 355; MünchKommGmbHG/*Berner*, § 60 Rn. 270.
95 Zum Erfordernis, dass der Insolvenzplan eine Fortführungsplanung enthält, OLG Celle, Beschl. v. 8.3.2019 – 9 W 17/19, NZG 2019, 543 Tz. 11 ff. (nicht rkr.).
96 BGH, Beschl. v. 28.4.2015 – II ZB 13/14, NJW-RR 2015, 1132 Tz. 9 ff.; OLG Celle, Beschl. v. 29.12.2010 – 9 W 136/10, NZG 2011, 464; BayObLG, Beschl. v. 14.10.1993 – 3Z BR 116/93, BB 1994, 98 = NJW 1994, 594; KG, Beschl. v. 1.7.1993 – 1 W 6135/92, BB 1993, 1750 = NJW-RR 1994, 229; Ulmer/*Casper*, § 60 Rn. 146; Baumbach/Hueck/*Haas*, § 60 Rn. 95; Rowedder/Schmidt-Leithoff/*Gesell*, § 60 Rn. 76; MünchKommGmbHG/*Berner*, § 60 Rn. 273; a.A. Scholz/*K. Schmidt*/*Bitter*, § 60 Rn. 96; Gehrlein/Born/Simon/*Beckmann*/*Hofmann*, § 60 Rn. 70; Roth/*Altmeppen*, § 60 Rn. 52: Fortsetzung nach Beseitigung der Vermögenslosigkeit oder Überschuldung.
97 BGH, Beschl. v. 28.4.2015 – II ZB 13/14, NJW-RR 2015, 1132 Tz. 12; OLG Schleswig, Beschl. v. 1.4.2014 – 2 W 89/13, NZG 2014, 698.

III. Fortsetzung einer aufgelösten GmbH **Kap. 11**

mehr die Mittel zur Durchführung eines Insolvenzverfahrens besitzen, sollen im **öffentlichen Interesse** nach dem Willen des Gesetzgebers möglichst rasch beendet werden: Der nur noch vorhandene leere Mantel soll nicht durch einfachen Fortsetzungsbeschluss und Zuführung neuer Mittel ohne die Kontrolle eines förmlichen Gründungsvertrages in die Lage versetzt werden, wieder werbend am Geschäftsverkehr teilzunehmen.[98] Gegen eine Fortsetzung streiten auch die von dem BGH für die **Mantelverwendung** aufgestellten Grundsätze.[99]

e) Registergerichtliche Verfügung

Im Falle einer Auflösung nach § 60 Abs. 1 Nr. 6 GmbHG setzt der Fortsetzungsbeschluss die **Behebung des Satzungsmangels** im Wege der Satzungsänderung in der Form des § 53 Abs. 2 Satz 1 GmbHG voraus.[100] Bei einer **Amtslöschung** nach § 60 Abs. 1 Nr. 7 GmbHG ist eine Fortsetzung regelmäßig ausgeschlossen, weil die Gesellschaft durch Verwirklichung des **Doppeltatbestands** der Vermögenslosigkeit und der Löschung als juristische Person untergeht.[101] Ist die gelöschte Gesellschaft tatsächlich nicht vermögenslos, so ist die GmbH nur aufgelöst und noch nicht vollbeendet. In diesem Sonderfall kann ein Fortsetzungsbeschluss gefasst werden, wenn der Gesellschaft das zur Abwendung der Zahlungsunfähigkeit und Überschuldung benötigte **Kapital** zugeführt wird.[102]

23

---

98 BayObLG, Beschl. v. 14.10.1993 – 3Z BR 116/93, BB 1994, 98 = NJW 1994, 594; OLG Frankfurt, Beschl. v. 27.7.2017 – 20 W 112/14, BeckRS 2017, 140366 Tz. 23 ff.; KG, Beschl. v. 17.10.2016 – 22 W 70/16, NJW-RR 2017, 361 Tz. 6 f.; KG, Beschl. v. 1.7.1993 – 1 W 6135/92, BB 1993, 1750 = NJW-RR 1994, 229; für die GmbH & Co. KG auch BGH, Urt. v. 8.10.1979 – II ZR 257/78, BGHZ 75, 180 = BB 1980, 11 = NJW 1980, 233; aus dem Schrifttum Rowedder/Schmidt-Leithoff/*Gesell*, § 60 Rn. 77; Michalski/Heidinger/Leible/Schmidt/*Nerlich*, § 60 Rn. 357 ff.; MünchKommGmbHG/*Berner*, § 60 Rn. 277; a. A. Scholz/*K. Schmidt/Bitter*, § 60 Rn. 97; Gehrlein/Born/Simon/*Beckmann/Hofmann*, § 60 Rn. 71; Ulmer/*Casper*, § 60 Rn. 147; Roth/*Altmeppen*, § 60 Rn. 57: Fortsetzung nach Beseitigung der Vermögenslosigkeit oder Überschuldung; vergleichbar Baumbach/Hueck/*Haas*, § 60 Rn. 96.
99 BGH, Beschl. v. 9.12.2002 – II ZB 12/02, BGHZ 153, 158 = BB 2003, 324 = NJW 2003, 892; BGH, Beschl. v. 7.7.2003 – II ZB 4/02, BGHZ 155, 318 = BB 2003, 2079 = NJW 2003, 3198; vgl. oben 1. Kap. zu Rn. 87 ff.
100 Michalski/Heidinger/Leible/Schmidt/*Nerlich*, § 60 Rn. 363; Gehrlein/Born/Simon/ *Beckmann/Hofmann*, § 60 Rn. 72; MünchKommGmbHG/*Berner*, § 60 Rn. 278.
101 Vgl. oben zu Rn. 1 und unten zu Rn. 33.
102 Baumbach/Hueck/*Haas*, § 60 Rn. 98; Michalski/Heidinger/Leible/Schmidt/*Nerlich*, § 66 Rn. 106 f.; a. A. Lutter/Hommelhoff/*Kleindiek*, § 60 Rn. 32; Rowedder/Schmidt-Leithoff/*Gesell*, § 60 Rn. 79; MünchKommGmbHG/*Berner*, § 60 Rn. 282; ausnahmslos gegen jede Fortsetzungsfähigkeit auch KG, Beschl. v. 31.8.2018 – 22 W 33/ 15, NJW-RR 2019, 98 Tz. 11; OLG Celle, Beschl. v. 3.1.2008 – 9 W 124/07, NZG 2008, 271.

Kap. 11 Auflösung und Beendigung der GmbH

IV. Liquidation

24 Ablauf und Zweck der **Liquidation (Abwicklung)** sind in § 70 GmbHG zusammengefasst: Die Liquidatoren haben die laufenden Geschäfte zu beenden, die Verpflichtungen der GmbH zu erfüllen, ihre Forderungen einzuziehen, das verbleibende Vermögen in Geld zu versilbern und an die Gesellschafter entsprechend ihrer Beteiligung auszukehren.

1. Bestellung und Anstellung des Liquidators

25 Als (geborene) **Liquidatoren (Abwickler)** sind nach § 66 Abs. 1 GmbHG – mit Ausnahme des Insolvenzverfahrens – die **Geschäftsführer** berufen. Das Anstellungsverhältnis der Geschäftsführer bleibt während des Liquidationsstadiums unberührt. Sowohl für das Amt als auch den Anstellungsvertrag gilt gegenüber dem Geschäftsführer der **Grundsatz der Kontinuität**.[103] Allerdings kann die Liquidation durch Satzung oder – mit einfacher Mehrheit[104] – durch Gesellschafterbeschluss anderen unbeschränkt geschäftsfähigen natürlichen oder juristischen Personen[105] (gekorenen Liquidatoren) übertragen werden (§ 66 Abs. 1 GmbHG). Auch wenn nur ein einzelner Liquidator bestellt wird, ist eine abstrakte, für ein mehrgliedriges Organ geltende Vertretungsregelung zum Handelsregister anzumelden.[106] Auf Antrag einer mit wenigstens 10% beteiligten Gesellschafterminderheit kann – und muss[107] – die Bestellung eines Liquidators, wenn ein **wichtiger Grund** gegeben ist, durch das Amtsgericht[108] erfolgen (§ 66 Abs. 2 GmbHG); dafür ist freilich erst dann Raum, wenn eine ordentliche Bestimmung eines Liquidators nach § 66 Abs. 1 GmbHG nicht gelingt und eine wirksame Bestellung durch Gesellschafterbeschluss auch nicht zu erwarten ist.[109] Wie die strengen Voraussetzungen zeigen, handelt es sich bei der gerichtlichen Bestellung um ein nur ausnahmsweise zulässiges Verfahren zur Verhinderung der Führungslosigkeit der Gesellschaft und zum Zwecke des Schutzes der Minderheit der Gesellschafter.[110] Jedenfalls sind die Liquidatoren (und ihre Ver-

---

103 BGH, Beschl. v. 18.10.2016 – II ZB 18/15, NJW-RR 2017, 162 Tz. 16; ebenso MünchKommGmbHG/*H.-F. Müller*, § 66 Rn. 12; Scholz/*K. Schmidt*, § 66 Rn. 6; Bork/Schäfer/*Servatius*, § 66 Rn. 2; Rowedder/Schmidt-Leithoff/*Gesell*, § 66 Rn. 21.
104 Lutter/Hommelhoff/*Kleindiek*, § 66 Rn. 4; Gehrlein/Born/Simon/*Beckmann/Hofmann*, § 66 Rn. 9.
105 Scholz/*K. Schmidt*, § 66 Rn. 3 und 3a; Baumbach/Hueck/*Haas*, § 66 Rn. 5 ff.
106 BGH, Beschl. v. 7.5.2007 – II ZB 21/06, NJW-RR 2007, 1261 Tz. 6.
107 Bork/Schäfer/*Servatius*, § 66 Rn. 17; Gehrlein/Born/Simon/*Beckmann/Hofmann*, § 66 Rn. 14; MünchKommGmbHG/*H.-F. Müller*, § 66 Rn. 41.
108 MünchKommGmbHG/*H.-F. Müller*, § 66 Rn. 37; Roth/*Altmeppen*, § 66 Rn. 32; Lutter/Hommelhoff/*Kleindiek*, § 66 Rn. 6; Bork/Schäfer/*Servatius*, § 66 Rn. 14.
109 OLG Düsseldorf, Beschl. v. 22.2.2019 – I-3 Wx 167/18, NZG 2019, 580 Tz. 20 ff.
110 OLG Düsseldorf, Beschl. v. 22.2.2019 – I-3 Wx 167/18, NZG 2019, 580 Tz. 17.

IV. Liquidation **Kap. 11**

tretungsmacht) zur Eintragung im Handelsregister anzumelden (§ 67 Abs. 1 GmbHG). Im Falle der Bestellung eines Liquidators kraft Satzung oder Gesellschafterbeschlusses ist nach Annahme des Amtes, zu dessen Übernahme die ausersehene Person nicht verpflichtet ist,[111] zwischen dem Liquidator und der durch die Gesellschafterversammlung vertretenen GmbH (§ 46 Nr. 5 GmbHG) ein Anstellungsverhältnis zu schließen. Kommt eine Einigung nicht zustande, kann der Liquidator gemäß § 612 Abs. 2 BGB Zahlung einer angemessenen, vor dem Prozess-, nicht dem Amtsgericht geltend zu machenden Vergütung beanspruchen.[112] Handelt es sich um einen gerichtlich bestellten Liquidator, so kann das Amtsgericht keinen Anstellungsvertrag als **Zwangsvertrag** dekretieren; vielmehr ist die Vergütung vom Amtsgericht **analog § 265 Abs. 4 AktG** unter Berücksichtigung der Maßstäbe des § 612 Abs. 2 BGB festzusetzen.[113] Üblich sind die Sätze eines Konkurs- bzw. Insolvenzverwalters.[114] Der als Liquidator tätige Rechtsanwalt kann ein zusätzliches Honorar nach anwaltlichem Gebühren- bzw. Vergütungsrecht für die Wahrnehmung solcher Aufgaben verlangen, zu deren sachgerechter Erledigung selbst ein als Liquidator erfahrener Nichtjurist einen Rechtsanwalt hinzuziehen müsste.[115]

2. Vertretungsmacht der Liquidatoren

Die Liquidatoren sind anstelle der Geschäftsführer[116] Geschäftsführungs- und Vertretungsorgan der aufgelösten GmbH; sie allein sind gesetzliche Vertreter der Gesellschaft.[117] Wie sich aus der Zusammenschau der §§ 68, 70 und 71 Abs. 4 GmbHG ergibt, verfügen Liquidatoren in Übereinstimmung mit den Geschäftsführern der werbenden GmbH über eine **unbeschränkte und unbeschränkbare Vertretungsmacht**,[118] wobei sich bei Missbrauch der Vertretungsmacht Schranken nach den für die Geschäftsführer entwickelten Regeln ergeben.[119] Vor der Durchführung einzelner Verwertungsmaßnahmen können die Liquidatoren, ähnlich wie die Geschäftsführer der werbenden GmbH, bei Vor-

26

---

111 Rowedder/Schmidt-Leithoff/*Gesell*, § 66 Rn. 23; Scholz/*K. Schmidt*, § 66 Rn. 50.
112 BGH, Urt. v. 25.7.2005 – II ZR 199/03, NZI 2006, 126; Rowedder/Schmidt-Leithoff/ *Gesell*, § 66 Rn. 23; Scholz/*K. Schmidt*, § 66 Rn. 50; Michalski/Heidinger/Leible/ Schmidt/*Nerlich*, § 66 Rn. 74.
113 MünchKommGmbHG/*H.-F. Müller*, § 66 Rn. 74; Bork/Schäfer/*Servatius*, § 66 Rn. 20.
114 BGH, Urt. v. 25.7.2005 – II ZR 199/03, NZI 2006, 126.
115 BGH, Urt. v. 17.9.1998 – IX ZR 237/97, BB 1998, 2384 = NJW 1998, 3567.
116 Rowedder/Schmidt-Leithoff/*Gesell*, § 68 Rn. 2.
117 BGH, Beschl. v. 18.10.2016 – II ZB 18/15, NJW-RR 2017, 162 Tz. 16.
118 Scholz/*K. Schmidt*, § 68 Rn. 2; Rowedder/Schmidt-Leithoff/*Gesell*, § 70 Rn. 5; Baumbach/Hueck/*Haas*, § 70 Rn. 2; Roth/*Altmeppen*, § 68 Rn. 2; Bork/Schäfer/*Servatius*, § 68 Rn. 2.
119 BGH, Urt. v. 8.1.2019 – II ZR 364/18, BB 2019, 1100 = NJW 2019, 1512 Tz. 46.

Kap. 11 Auflösung und Beendigung der GmbH

nahme besonders bedeutsamer Geschäfte (etwa der Verpflichtung zur Übertragung des ganzen Gesellschaftsvermögens der Gesellschaft) verpflichtet sein, eine Entscheidung der Gesellschafterversammlung herbeizuführen.[120] Der Umfang der Vertretungsmacht ist nicht durch den **Liquidationszweck** begrenzt.[121] Dies folgt im Übrigen aus § 70 Satz 2 GmbHG, der zur Beendigung schwebender auch den Abschluss neuer Geschäfte gestattet.[122] Der gerichtlich bestellte Liquidator genießt, falls das Gericht keine Beschränkung anordnet, eine identische Vertretungsmacht.[123] Ist nur ein Liquidator bestellt, verfügt er naturgemäß über eine unbeschränkte **Einzelvertretungsmacht**; mehrere Liquidatoren besitzen vorbehaltlich einer gegenteiligen Bestimmung im Gesellschaftsvertrag oder eines anderweitigen Beschlusses der Gesellschafterversammlung **Gesamtvertretungsmacht** (§ 68 Abs. 1 Satz 2 GmbHG).[124] Dies gilt auch für den Fall, dass für die Geschäftsführer Einzelvertretungsbefugnis bestimmt war und die Geschäftsführer (als geborene Liquidatoren) weiterhin für die Gesellschaft tätig sind, und unabhängig davon, ob die Liquidatoren von der Gesellschaft oder vom Amtsgericht (früher: Registergericht) bestellt wurden.[125] Fällt unter den Liquidatoren einer von zwei Gesamtvertretern aus, wächst dem verbliebenen keine Einzelvertretungsmacht zu; vielmehr muss, falls nicht von der Möglichkeit der gerichtlichen Bestellung (§ 29 BGB) Gebrauch gemacht wird, die GmbH, um ihre Handlungsfähigkeit zu wahren, umgehend einen Nachfolger einsetzen.[126] Freilich könnte diese Rechtsprechung inzwischen überholt sein, weil beim Wegfall eines Geschäftsführers dem verbleibenden Alleinvertretungsmacht zuwächst[127] und diese Bewertung möglicherweise auf die Liquidation zu übertragen ist. Liquidatoren unterliegen den Vertretungsbeschränkungen des § 181 BGB; dies gilt auch, wenn ein von diesen Beschränkungen befreiter Geschäftsführer als geborener Liquidator (§ 66 GmbHG) tätig wird.[128] Sofern nach Bestellung und Ein-

---

120 BGH, Urt. v. 8.1.2019 – II ZR 364/18, BB 2019, 1100 = NJW 2019, 1512 Tz. 47 f.
121 MünchKommGmbHG/*H.-F. Müller*, § 70 Rn. 3; Gehrlein/Born/Simon/*Brünkmans/Hofmann*, § 70 Rn. 2; Lutter/Hommelhoff/*Kleindiek*, § 68 Rn. 5.
122 BGH, Urt. v. 23.11.1998 – II ZR 70/97, NJW 1999, 1481; *Goette*, § 10 Rn. 43.
123 Lutter/Hommelhoff/*Kleindiek*, § 68 Rn. 3.
124 BGH, Beschl. v. 7.5.2007 – II ZB 21/06, NJW-RR 2007, 1261 Tz. 10; so auch Rowedder/Schmidt-Leithoff/*Gesell*, § 68 Rn. 3.
125 BGH, Urt. v. 27.10.2008 – II ZR 255/07, NJW-RR 2009, 333 Tz. 9 f.
126 BGH, Urt. v. 8.2.1993 – II ZR 62/92, BGHZ 121, 263 = NJW 1993, 1654; ebenso Lutter/Hommelhoff/*Kleindiek*, § 68 Rn. 3; Baumbach/Hueck/*Haas*, § 68 Rn. 2; Gehrlein/Born/Simon/*Brünkmans/Hofmann*, § 68 Rn. 6; Scholz/*K. Schmidt*, § 68 Rn. 4; MünchKommGmbHG/*H.-F. Müller*, § 68 Rn. 3; differenzierend Roth/*Altmeppen*, § 68 Rn. 7: Erfordernis der Erkennbarkeit der unerwünschten Einzelvertretungsmacht im Gesellschaftsvertrag.
127 BGH, Beschl. v. 4.5. und 26.2.2007 – II ZR 330/05, BB 2007, 1411 = NJW-RR 2007, 1260.
128 BGH, Urt. v. 27.10.2008 – II ZR 255/07, NJW-RR 2009, 333 Tz. 15; OLG Köln, Beschl. v. 21.9.2016 – 2 Wx 377/16, NZG 2016, 1314 Tz. 11 ff.; OLG Rostock, Urt. v.

tragung eines Liquidators der frühere, nicht mehr vertretungsberechtigte Geschäftsführer für die GmbH rechtsgeschäftlich auftritt und der Vertragspartner ihn nach § 179 Abs. 1 BGB in Regress nimmt, kann nicht wegen der Eintragung von der Kenntnis des Vertragspartners über die fehlende Vertretungsmacht ausgegangen werden, weil die Möglichkeit einer rechtsgeschäftlichen Bevollmächtigung des früheren Geschäftsführers durch den Liquidator gegeben ist.[129] Die Vertretungsmacht der Liquidatoren umfasst auch die **Prozessvertretung**: Die GmbH wird selbst in einem Rechtsstreit, in dem ein Gesellschafter nicht nur die Anfechtbarkeit, sondern die Nichtigkeit des Auflösungsbeschlusses geltend macht, durch ihre Liquidatoren vertreten.[130] Allerdings wird auch die in Liquidation befindliche GmbH, in der es einen fakultativen Aufsichtsrat gibt, in einem Rechtsstreit mit ihrem ehemaligen Geschäftsführer durch den Aufsichtsrat vertreten, wenn die Satzung nichts Abweichendes bestimmt (§ 52 Abs. 1 GmbHG i.V. mit § 112 Satz 1 AktG).[131] Die Vertretungsbefugnis der Liquidatoren erlischt nach Beendigung ihrer Tätigkeit und Anzeige an das Gericht. Taucht nach Löschung durch das Registergericht Vermögen der GmbH auf, so bedarf es einer **Nachtragsliquidation**. Da keine Liquidatoren oder Geschäftsführer mehr im Amt sind, hat das Registergericht neue Liquidatoren zu bestellen. Die Vertretungsbefugnis der früheren Liquidatoren lebt nicht wieder auf. Vielmehr hat das Gericht analog § 273 Abs. 4 AktG, § 66 Abs. 5 Satz 2 GmbHG auf Antrag die bisherigen oder andere Abwickler nach seinem Ermessen neu zu bestellen.[132] Zur Antragstellung ist ein Beteiligter befugt; dies kann ein Gesellschafter, Gläubiger, früherer Liquidator oder sonstiger Dritter sein, der ein berechtigtes Interesse glaubhaft macht.[133] Ist ein Nachtragsliquidator ohne Einschränkung seines Kompetenzbereichs bestellt, so stellt sich eine diesbezügliche nachträgliche Begrenzung gleichsam als „Teilabberufung" dar.[134]

6.10.2003 – 3 U 188/03, NJW-RR 2004, 1109; so auch Lutter/Hommelhoff/*Kleindiek*, § 68 Rn. 4; MünchKommGmbHG/*H.-F. Müller*, § 68 Rn. 7; a. A. Scholz/*K. Schmidt*, § 68 Rn. 5a; Roth/*Altmeppen*, § 68 Rn. 4.
129 BGH, Urt. v. 9.11.2004 – X ZR 101/03, NJW-RR 2005, 268.
130 BGH, Urt. v. 10.11.1980 – II ZR 51/80, BB 1981, 199 = NJW 1981, 1041; BGH, Urt. v. 14.12.1961 – II ZR 97/59, BGHZ 36, 207 = BB 1962, 196 = NJW 1962, 538; Lutter/Hommelhoff/*Kleindiek*, § 68 Rn. 5.
131 OLG Brandenburg, Urt. v. 9.1.2019 – 7 U 81/17, BeckRS 2019, 125 Tz. 35 ff.
132 BGH, Beschl. v. 23.2.1970 – II ZB 5/69, BGHZ 53, 264 = BB 1970, 510 = NJW 1970, 1044; Baumbach/Hueck/*Haas*, § 60 Rn. 106; Rowedder/Schmidt-Leithoff/*Gesell*, § 74 Rn. 24.
133 Roth/*Altmeppen*, § 74 Rn. 31; Bork/Schäfer/*Servatius*, § 66 Rn. 37; MünchKommGmbHG/*H.-F. Müller*, § 66 Rn. 84.
134 OLG Düsseldorf, Urt. v. 19.11.2013 – I-3 Wx 83/13, NZG 2014, 230 (Hervorhebung im Original).

Kap. 11 Auflösung und Beendigung der GmbH

3. Aufgaben der Liquidatoren im Innenverhältnis

a) Geschäftsführung

27 Die Geschäftsführungsbefugnis der Liquidatoren ist im Gegensatz zur Vertretungsmacht beschränkt. Gemäß § 70 Satz 2 GmbHG dürfen neue Geschäfte nur eingegangen werden, um schwebende Geschäfte zu erfüllen. Ferner wird die Geschäftsführung durch den Liquidationszweck beschränkt.[135] Liquidatoren sind wie Geschäftsführer den Weisungen der Gesellschafterversammlung untergeordnet. Einen von den Gesellschaftern beschlossenen **Liquidationsplan** haben die Liquidatoren zu befolgen, soweit er nicht gegen Gesetze verstößt oder eine Ersatzpflicht der Liquidatoren gegenüber Dritten begründet.[136] In Ermangelung von Weisungen der Gesellschafter haben die Liquidatoren selbst ein **Liquidationskonzept** zu entwickeln, das zur alsbaldigen Beendigung der Gesellschaft bei möglichst günstigen Liquidationsergebnissen führt.[137] Orientieren sich die Liquidatoren nicht am **Liquidationszweck**, können sie sich gegenüber den Gesellschaftern schadensersatzpflichtig machen (§§ 71 Abs. 4, 43 Abs. 2 GmbHG) und nach § 66 Abs. 3 GmbHG abberufen werden.[138] Die Geltendmachung des Ersatzanspruchs setzt allerdings einen Beschluss der Gesellschafterversammlung (§ 46 Nr. 8 GmbHG) voraus.[139] Sofern ein Gesellschafter eigene deliktische Ansprüche gegen den Liquidator verfolgt, ist ein Gesellschafterbeschluss (§ 46 Nr. 8 GmbHG) entbehrlich.[140]

b) Beendigung der laufenden Geschäfte

28 Das von § 70 Satz 1 GmbHG in den Vordergrund gestellte Merkmal der Beendigung der laufenden Geschäfte ist als **Beendigung der Geschäftstätigkeit** zu verstehen.[141] Die Beendigung der laufenden Geschäfte bedeutet darum nicht

---

135 Gehrlein/Born/Simon/*Brünkmans/Hofmann*, § 70 Rn. 3; MünchKommGmbHG/*H.-F. Müller*, § 70 Rn. 5.
136 Scholz/*K. Schmidt*, § 70 Rn. 5; Gehrlein/Born/Simon/*Brünkmans/Hofmann*, § 70 Rn. 8.
137 Lutter/Hommelhoff/*Kleindiek*, § 70 Rn. 4.
138 Michalski/Heidinger/Leible/Schmidt/*Nerlich*, § 70 Rn. 13; Gehrlein/Born/Simon/ *Brünkmans/Hofmann*, § 70 Rn. 24; Bork/Schäfer/*Servatius*, § 70 Rn. 1; zu den Voraussetzungen für die gerichtliche Abberufung eines von den Gesellschaftern bestellten Liquidators nach § 66 Abs. 2 und Abs. 3 Satz 1 GmbHG OLG Frankfurt, Beschl. v. 9.11.2017 – 20 W 22/16, BeckRS 2017, 151081 Tz. 14 ff.
139 BGH, Urt. v. 20.11.1958 – II ZR 17/57, BGHZ 28, 355 = BB 1958, 1272 = NJW 1959, 194; ebenso Gehrlein/Born/Simon/*Brünkmans/Hofmann*, § 70 Rn. 24.
140 BGH, Urt. v. 23.6.1969 – II ZR 272/67, BB 1969, 973 = NJW 1969, 1712; Baumbach/ Hueck/*Haas*, § 69 Rn. 18 a. E.
141 Scholz/*K. Schmidt*, § 70 Rn. 7; Rowedder/Schmidt-Leithoff/*Gesell*, § 70 Rn. 7; Michalski/Heidinger/Leible/Schmidt/*Nerlich*, § 70 Rn. 15; MünchKommGmbHG/*H.-F. Müller*, § 70 Rn. 9; Gehrlein/Born/Simon/*Brünkmans/Hofmann*, § 70 Rn. 22.

etwa, vertragswidrig Geschäfte abzubrechen und ihre Erfüllung zu verweigern.[142] Es besteht auch keine Verpflichtung, sofort sämtliche Verträge zu kündigen und die Produktion einzustellen. Vielmehr ist stets auf eine möglichst effektive Verwertung des Gesellschaftsvermögens Bedacht zu nehmen. Darum kann sich die Liquidation bei einem Großunternehmen über mehrere Jahre hinziehen.[143] Jedenfalls ist eine **zeitlich begrenzte Betriebsfortführung** zur Vermeidung von Abwicklungsverlusten nicht zu beanstanden.[144] Eine geordnete Abwicklung kann gebieten, aus vorhandenen Vorräten verkaufsfähige Produkte zu fertigen, zu diesem Zweck notwendige Anlagegüter zu kaufen und die Kündigung der Dauerschuldverhältnisse – Arbeits- und Mietverhältnisse – auf einen möglichst günstigen Zeitpunkt hinauszuschieben.[145] Über den Wortlaut des § 70 Satz 2 GmbHG hinaus dürfen neue Geschäfte abgeschlossen werden, soweit sie objektiv dem Abwicklungszweck dienen und subjektiv dazu bestimmt sind.[146]

c) Erfüllung der Verpflichtungen

Voraussetzung der Vermögensverteilung ist nach § 73 Abs. 1 GmbHG die Schuldentilgung. Da die Vermögensverteilung den Zweck der Liquidation bildet, kommt der Erfüllung der Verbindlichkeiten besondere Bedeutung zu. Fällige Verpflichtungen sind, gleich, ob der Gläubiger den Anspruch geltend macht oder nicht, zu erfüllen, **nicht fällige und streitige Verpflichtungen** durch Hinterlegung (§§ 372 ff. BGB) oder auf andere Weise (§§ 232 ff. BGB) zu sichern.[147] Die Liquidatoren haben grundsätzlich keine Rangordnung der Gläubiger zu beachten und nicht für eine gleichmäßige oder quotenmäßige Befriedigung der Gläubiger zu sorgen.[148] So sind Gläubiger aus von den Liquidatoren nach § 70 Satz 2 GmbHG eingegangenen Neugeschäften nicht anders zu behandeln als „Altgläubiger".[149] Selbst bei einer masselosen Liquidation gilt nicht der Grund-

29

---

142 Rowedder/Schmidt-Leithoff/*Gesell*, § 70 Rn. 8.
143 Michalski/Heidinger/Leible/Schmidt/*Nerlich*, § 70 Rn. 15.
144 Scholz/*K. Schmidt*, § 70 Rn. 7; Baumbach/Hueck/*Haas*, § 70 Rn. 4; Gehrlein/Born/Simon/*Brünkmans*/*Hofmann*, § 70 Rn. 22; MünchKommGmbHG/*H.-F. Müller*, § 70 Rn. 9.
145 Rowedder/Schmidt-Leithoff/*Gesell*, § 70 Rn. 8.
146 Baumbach/Hueck/*Haas*, § 70 Rn. 10; Scholz/*K. Schmidt*, § 70 Rn. 16; ähnlich Bork/Schäfer/*Servatius*, § 70 Rn. 14.
147 Baumbach/Hueck/*Haas*, § 70 Rn. 5 und § 73 Rn. 4; Scholz/*K. Schmidt*, § 70 Rn. 11 und § 73 Rn. 11; Lutter/Hommelhoff/*Kleindiek*, § 73 Rn. 8.
148 Michalski/Heidinger/Leible/Schmidt/*Nerlich*, § 70 Rn. 23; Rowedder/Schmidt-Leithoff/*Gesell*, § 70 Rn. 11; Roth/*Altmeppen*, § 70 Rn. 14; Baumbach/Hueck/*Haas*, § 70 Rn. 5; Lutter/Hommelhoff/*Kleindiek*, § 73 Rn. 8.
149 BGH, Urt. v. 18.11.1969 – II ZR 83/68, BGHZ 53, 71 = BB 1970, 188 = NJW 1970, 469; ebenso Scholz/*K. Schmidt*, § 70 Rn. 10; Lutter/Hommelhoff/*Kleindiek*, § 73 Rn. 8; Michalski/Heidinger/Leible/Schmidt/*Nerlich*, § 70 Rn. 23.

satz der Gleichbehandlung der Gläubiger.[150] Auch Schulden gegenüber Gesellschaftern aus normalen **Verkehrsgeschäften** müssen erfüllt werden, und nichts anderes gilt mit Blick auf die Verpflichtung zur Dividendenzahlung aus einem vor Auflösung wirksam gefassten Gewinnverteilungsbeschluss nach § 29 GmbHG; jedoch kann insoweit die Sperre des § 30 GmbHG eingreifen.[151] Die Grundsätze ordnungsgemäßer Liquidation gebieten zwar nicht, dass ein Gesellschafter schuldrechtliche Ansprüche gegen die Gesellschaft mit Rücksicht auf die Forderungen fremder Gläubiger zurückstellt. Sie verbieten aber die **Bevorzugung eines Gesellschafters** in der Weise, dass diesem eine noch unerfüllte Einlageforderung abgetreten und damit ein zum Grundstock des Gesellschaftsvermögens gehörender Wert dem Zugriff aller Fremdgläubiger entzogen, also praktisch eine gehörige Abwicklung durch eine auf den Kreis der Gesellschafter beschränkte Zuteilung des möglicherweise einzigen Vermögensgegenstandes ersetzt wird.[152] Gesellschafterforderungen, die aus dem Gesellschaftsverhältnis herrühren und daher keine Drittforderungen sind, dürfen erst nach Befriedigung der übrigen Gläubiger und Ablauf des Sperrjahres nach § 73 GmbHG beglichen werden.[153] Jedenfalls müssen die Liquidatoren aber, sobald sie Zahlungsunfähigkeit oder Überschuldung feststellen, das Insolvenzverfahren einleiten (§ 15a Abs. 1 Satz 1 InsO) und haben die sich aus § 71 Abs. 4 i.V. mit § 64 GmbHG ergebenden Pflichten zu beachten.[154]

d) Einziehung der Forderungen

30   Die Einziehung der Forderungen sichert eine liquide Abwicklungsmasse. Die Liquidatoren haben nicht nur die Zahlungsforderungen, sondern auch alle auf

---

150 Roth/*Altmeppen*, § 70 Rn. 15; Lutter/Hommelhoff/*Kleindiek*, § 73 Rn. 8; Baumbach/Hueck/*Haas*, § 70 Rn. 5 und § 73 Rn. 3; Michalski/Heidinger/Leible/Schmidt/*Nerlich*, § 70 Rn. 23; a. A. Bork/Schäfer/*Servatius*, § 70 Rn. 9; Scholz/*K. Schmidt/Bitter*, § 60 Rn. 28 ff.; Scholz/*K. Schmidt*, § 73 Rn. 9; MünchKommGmbHG/*H.-F. Müller*, § 70 Rn. 12.
151 Gehrlein/Born/Simon/*Brünkmans/Hofmann*, § 70 Rn. 13; MünchKommGmbHG/*H.-F. Müller*, § 70 Rn. 11; Michalski/Heidinger/Leible/Schmidt/*Nerlich*, § 70 Rn. 20; Rowedder/Schmidt-Leithoff/*Gesell*, § 70 Rn. 10; Scholz/*K. Schmidt*, § 70 Rn. 8 f.; Roth/*Altmeppen*, § 70 Rn. 19; wohl auch Baumbach/Hueck/*Haas*, § 70 Rn. 6.
152 BGH, Urt. v. 18.11.1969 – II ZR 83/68, BGHZ 53, 71 = BB 1970, 188 = NJW 1970, 469.
153 Scholz/*K. Schmidt*, § 70 Rn. 9 und § 73 Rn. 2; Gehrlein/Born/Simon/*Brünkmans/Hofmann*, § 70 Rn. 13; Roth/*Altmeppen*, § 70 Rn. 18 und 20; MünchKommGmbHG/*H.-F. Müller*, § 70 Rn. 11.
154 MünchKommGmbHG/*H.-F. Müller*, § 70 Rn. 6 und 12; Rowedder/Schmidt-Leithoff/*Gesell*, § 70 Rn. 11; Bork/Schäfer/*Servatius*, § 70 Rn. 9; Lutter/Hommelhoff/*Kleindiek*, § 70 Rn. 9 und 11 sowie § 73 Rn. 8; Ulmer/*Paura*, § 70 Rn. 11; Baumbach/Hueck/*Haas*, § 70 Rn. 6.

andere Leistungen gerichteten Ansprüche, etwa einen Auflassungsanspruch,[155] Dienstleistungs- und Werkansprüche, zu verfolgen.[156] Anstelle einer Einziehung kann eine Forderung auch verkauft und abgetreten (Factoring) oder zur Aufrechnung gestellt werden.[157] Ebenso sind die Forderungen gegen **Gesellschafter** einzuziehen, ungeachtet ob sie aus **Verkehrsgeschäften** oder dem **Gesellschaftsverhältnis** herrühren.[158] Forderungen aus dem Gesellschaftsverhältnis dürfen jedoch nur insoweit eingezogen werden, als sie für die Liquidation – Schuldentilgung, Verteilung des Restvermögens auf die Gesellschafter – benötigt werden. Dies gilt insbesondere für Ansprüche auf Kapitalaufbringung und Kapitalerhaltung.[159] Der zahlungsunwillige Gesellschafter trägt die **Beweislast** für die Behauptung, dass der eingeforderte Betrag für die Liquidation nicht gebraucht wird.[160] Die Einziehung von Einlagen oder sonstigen Forderungen aus dem Gesellschaftsverhältnis hängt nicht von einer Beschlussfassung nach § 46 Nr. 2 GmbHG ab.[161]

e) Umsetzung des Gesellschaftsvermögens in Geld

Die Versilberung des Vermögens dient dem Zweck, einerseits die Verbindlichkeiten zu tilgen und andererseits das danach verbliebene Restvermögen auf die Gesellschafter zu verteilen.[162] Gegenstände, die ein Gesellschafter der GmbH zur Nutzung zur Verfügung gestellt hat, sind ihm analog § 732 BGB zurückzugeben.[163] Die Umsetzung in Geld kann zur Vermeidung von Zerschlagungsverlusten verwirklicht werden, indem das Unternehmen, was nicht der Zustimmung

31

---

155 RG, Urt. v. 30.9.1899 – Rep. V 137/99, RGZ 44, 80.
156 Rowedder/Schmidt-Leithoff/*Gesell*, § 70 Rn. 13; Scholz/*K. Schmidt*, § 70 Rn. 12; Baumbach/Hueck/*Haas*, § 70 Rn. 7.
157 Michalski/Heidinger/Leible/Schmidt/*Nerlich*, § 70 Rn. 24; Scholz/*K. Schmidt*, § 70 Rn. 12; Bork/Schäfer/*Servatius*, § 70 Rn. 10; Gehrlein/Born/Simon/*Brünkmans/Hofmann*, § 70 Rn. 17; MünchKommGmbHG/*H.-F. Müller*, § 70 Rn. 13.
158 Michalski/Heidinger/Leible/Schmidt/*Nerlich*, § 70 Rn. 25; Lutter/Hommelhoff/*Kleindiek*, § 70 Rn. 12; MünchKommGmbHG/*H.-F. Müller*, § 70 Rn. 14; vgl. auch BGH, Urt. v. 11.9.2000 – II ZR 370/99, BB 2000, 2274 = NJW 2001, 304.
159 BGH, Beschl. v. 9.2.2012 – IX ZB 230/10, GmbHR 2012, 483 Tz. 12.
160 BGH, Urt. v. 18.11.1969 – II ZR 83/68, BGHZ 53, 71 = BB 1970, 188 = NJW 1970, 469; Michalski/Heidinger/Leible/Schmidt/*Nerlich*, § 70 Rn. 25; Rowedder/Schmidt-Leithoff/*Gesell*, § 70 Rn. 14; Lutter/Hommelhoff/*Kleindiek*, § 70 Rn. 12; MünchKommGmbHG/*H.-F. Müller*, § 70 Rn. 14.
161 Rowedder/Schmidt-Leithoff/*Gesell*, § 70 Rn. 14; MünchKommGmbHG/*H.-F. Müller*, § 70 Rn. 14.
162 Michalski/Heidinger/Leible/Schmidt/*Nerlich*, § 70 Rn. 26; Baumbach/Hueck/*Haas*, § 70 Rn. 8; Rowedder/Schmidt-Leithoff/*Gesell*, § 70 Rn. 15; Scholz/*K. Schmidt*, § 70 Rn. 13.
163 Scholz/*K. Schmidt*, § 70 Rn. 13; Gehrlein/Born/Simon/*Brünkmans/Hofmann*, § 70 Rn. 19.

der Gesellschafter bedarf,[164] als Ganzes veräußert wird.[165] Die Gesellschafter haben dann freilich ein Vorkaufsrecht.[166] Das gesamte Unternehmen oder einzelne Vermögensgegenstände können – zum wahren Wert[167] – auch an einen Gesellschafter oder eine Gesellschaftergruppe veräußert werden. Der Gleichbehandlungsgrundsatz gebietet indes, dass der Liquidator das Unternehmen auch den anderen Gesellschaftern zum Kauf offeriert.[168] Darum setzt die Veräußerung an einen oder mehrere Gesellschafter analog § 162 InsO die Zustimmung der weiteren Gesellschafter voraus.[169]

f) Vermögensverteilung

32 Die Liquidation vollendet sich mit der Vermögensverteilung (§ 72 GmbHG), die erst nach Ablauf des **Sperrjahres** (§ 73 Abs. 1 GmbHG) erfolgen darf. Die Verteilung bestimmt sich – wenn der Gesellschaftsvertrag nichts anderes vorsieht – nach dem Maßstab der Beteiligung der Gesellschafter (§ 72 GmbHG). Grundsätzlich können die Gesellschafter, weil das Vermögen nach § 70 GmbHG zu versilbern ist, (nur) Geldzahlung beanspruchen, mögen sie auch satzungsgemäß Sacheinlagen geleistet haben.[170] Zur Nutzung überlassene Gegenstände sind den Gesellschaftern analog § 732 BGB in Natur herauszugeben.[171] Bei entsprechender Regelung in der Satzung oder mit **Einverständnis** aller Gesellschafter können ihnen im Wege der **Realteilung** Sachwerte zugewendet werden, insbesondere solche, die sie selbst als Sacheinlage erbracht haben.[172] Die Erfüllung bestimmt sich nach der Art der Verteilung. Der Anteil am Liquidationserlös ist den Gesellschaftern auszuzahlen; eine Realteilung wird durch Übertragung von Vermögensgegenständen verwirklicht.[173] Ein Verstoß gegen das Sperrjahr des § 73 Abs. 1 GmbHG führt nicht zur Unwirksamkeit der Vermögensübertragung nach § 134 BGB.[174] Anders ist es aber, wenn Liquidator und Gesellschafter bewusst gegen § 73 Abs. 1 GmbHG verstoßen; in diesem Fall ist die Vermögensvertei-

---

164 Michalski/Heidinger/Leible/Schmidt/*Nerlich*, § 70 Rn. 27; Baumbach/Hueck/*Haas*, § 70 Rn. 8.
165 Baumbach/Hueck/*Haas*, § 70 Rn. 8; MünchKommGmbHG/*H.-F. Müller*, § 70 Rn. 16; Ulmer/*Paura*, § 70 Rn. 19.
166 Bork/Schäfer/*Servatius*, § 70 Rn. 13.
167 Rowedder/Schmidt-Leithoff/*Gesell*, § 70 Rn. 17; Scholz/*K. Schmidt*, § 70 Rn. 14.
168 Gehrlein/Born/Simon/*Brünkmans/Hofmann*, § 70 Rn. 20; MünchKommGmbHG/ *H.-F. Müller*, § 70 Rn. 17; Michalski/Heidinger/Leible/Schmidt/*Nerlich*, § 70 Rn. 28.
169 Scholz/*K. Schmidt*, § 70 Rn. 14.
170 Baumbach/Hueck/*Haas*, § 72 Rn. 3; MünchKommGmbHG/*H.-F. Müller*, § 72 Rn. 8.
171 Bork/Schäfer/*Servatius*, § 72 Rn. 10; Baumbach/Hueck/*Haas*, § 72 Rn. 3; MünchKommGmbHG/*H.-F. Müller*, § 70 Rn. 15 und § 72 Rn. 8.
172 MünchKommGmbHG/*H.-F. Müller*, § 72 Rn. 9; Roth/*Altmeppen*, § 72 Rn. 6.
173 Baumbach/Hueck/*Haas*, § 72 Rn. 17.
174 Bork/Schäfer/*Servatius*, § 73 Rn. 19; Gehrlein/Born/Simon/*Brünkmans/Hofmann*, § 73 Rn. 20.

lung nichtig, und die Gläubiger der Gesellschaft können auf den verteilten Vermögenswert zugreifen.[175] Jedenfalls aber besteht analog § 31 Abs. 1 GmbHG ein Anspruch der Gesellschaft auf Rückerstattung von unter Verstoß gegen § 73 Abs. 1 und 2 GmbHG erfolgten Auszahlungen an den Gesellschafter; dies gilt unabhängig davon, ob die Auszahlung zu einer Unterbilanz geführt hat oder nicht.[176] Der schuldhafte[177] Verstoß eines Liquidators gegen § 73 Abs. 1 und 2 GmbHG führt zur Schadensersatzpflicht gegenüber der Gesellschaft (§ 73 Abs. 3 GmbHG). Indes liegt, wenn die Forderung eines Gläubigers bei der Verteilung des Gesellschaftsvermögens an die Gesellschafter unberücksichtigt bleibt, der Schaden beim Gläubiger. Ihm steht gegen den Liquidator zwar kein Schadensersatzanspruch aus § 823 Abs. 2 BGB i. V. mit § 73 Abs. 3 GmbHG zu, weil Letzterer kein Schutzgesetz darstellt; der Liquidator ist ihm aber analog §§ 268 Abs. 2 Satz 1, 93 Abs. 5 AktG unmittelbar zum Ersatz bis zur Höhe der verteilten Beträge verpflichtet, wenn die Gesellschaft bereits im Handelsregister gelöscht ist.[178]

V. Vollbeendigung

Die Liquidation ist beendet, wenn das Sperrjahr (§ 73 Abs. 1 GmbHG) abgelaufen, kein verteilbares Vermögen mehr vorhanden ist und keine weiteren Liquidationsmaßnahmen zu erledigen sind.[179] An der Beendigung fehlt es, solange ein

33

---

175 BGH, Urt. v. 4.7.1973 – VIII ZR 156/72, BB 1973, 1280 = NJW 1973, 1695; im selben Sinne Scholz/*K. Schmidt*, § 73 Rn. 19; Lutter/Hommelhoff/*Kleindiek*, § 73 Rn. 11; a. A. unter Bezugnahme auf BGH, Urt. v. 23.6.1997 – II ZR 220/95, BGHZ 136, 125 = BB 1997, 1807 = NJW 1997, 2599 (zu § 30 GmbHG) Bork/Schäfer/*Servatius*, § 73 Rn. 19.
176 BGH, Urt. v. 2.3.2009 – II ZR 264/07, BB 2009, 1235 = NZG 2009, 659 Tz. 19 f.; BGH, Urt. v. 9.2.2009 – II ZR 292/07, BGHZ 179, 344 = BB 2009, 1037 = NJW 2009, 2127 Tz. 44; ebenso Gehrlein/Born/Simon/*Brünkmans*/*Hofmann*, § 73 Rn. 20; Rowedder/Schmidt-Leithoff/*Gesell*, § 73 Rn. 33; MünchKommGmbHG/*H.-F. Müller*, § 73 Rn. 47.
177 Gehrlein/Born/Simon/*Brünkmans*/*Hofmann*, § 73 Rn. 25.
178 BGH, Urt. v. 13.3.2018 – II ZR 158/16, BGHZ 218, 80 = NJW-RR 2018, 738 Tz. 13 ff. und 30 ff.; ebenso Bork/Schäfer/*Servatius*, § 73 Rn. 15; Roth/*Altmeppen*, § 72 Rn. 23; hingegen für Schutzgesetzqualität des § 73 GmbHG Baumbach/Hueck/*Haas*, § 72 Rn. 22; Gehrlein/Born/Simon/*Brünkmans*/*Hofmann*, § 73 Rn. 30.
179 Lutter/Hommelhoff/*Kleindiek*, § 74 Rn. 2; Baumbach/Hueck/*Haas*, § 74 Rn. 2; MünchKommGmbHG/*H.-F. Müller*, § 74 Rn. 3; zur Eintragung der Löschung ausnahmsweise vor Ablauf des Sperrjahres bei Versicherung der Vermögenslosigkeit der Gesellschaft allein durch den Liquidator OLG Hamm, Beschl. v. 2.9.2016 – 27 W 63/16, BeckRS 2016, 124896 Tz. 4; OLG Jena, Beschl. v. 20.5.2015 – 6 W 506/14, BeckRS 2015, 12375 Tz. 12; zustimmend MünchKommGmbHG/*H.-F. Müller*, § 73 Rn. 12; dagegen OLG Celle, Beschl. v. 17.10.2018 – 9 W 80/18, NZG 2018, 1425 Tz. 12 f. (nicht rkr.).

Kap. 11 Auflösung und Beendigung der GmbH

die Gesellschaft betreffendes Steuerverfahren noch nicht abgeschlossen ist.[180] Mit der **Beendigung der Liquidation**, die nur das Abwicklungsverfahren zum Abschluss bringt, ist noch nicht die Vollbeendigung der Gesellschaft verbunden.[181] Der Liquidator hat vielmehr eine Schlussrechnung zu erstellen und den Schluss der Liquidation zum Handelsregister anzumelden (§ 74 Abs. 1 Satz 1 GmbHG). Das Registergericht muss sodann, sofern es keine begründete Zweifel an der Richtigkeit der angemeldeten Tatsachen, namentlich der Vermögenslosigkeit der Gesellschaft hat,[182] die GmbH löschen (§ 74 Abs. 1 Satz 2 GmbHG). Von der Löschung im Handelsregister ist das Erlöschen der GmbH als juristische Person (**Vollbeendigung**) zu unterscheiden. Nach früherem Verständnis ging die GmbH als Rechtssubjekt mit Eintritt ihrer Vermögenslosigkeit unter; der Eintragung der Löschung kam nur **deklaratorische** Bedeutung zu.[183] Nach heute vorherrschender Auffassung setzt das Erlöschen einen **Doppeltatbestand**, die **Vermögenslosigkeit** und die **Eintragung** des Erlöschens in das Handelsregister, voraus; damit kommt der Eintragung auch, aber nicht allein, **konstitutive** Wirkung zu.[184] Fehlt es an einer dieser beiden Voraussetzungen, weil etwa nachträglich Gesellschaftsvermögen aufgefunden wird, besteht die Gesellschaft fort und ist im Rahmen einer **Nachtragsliquidation** abzuwickeln.

---

180 OLG Hamm, Beschl. v. 29.7.2015 – 27 W 50/15, NJW-RR 2015, 1450 Tz. 14 und 18; OLG Hamm, Beschl. v. 1.7.2015 – 27 W 71/15, NJW-RR 2015, 1134 Tz. 5; differenzierend OLG Düsseldorf, Beschl. v. 1.2.2017 – I-3 Wx 300/16, NJW-RR 2017, 810 Tz. 16; OLG Jena, Beschl. v. 20.5.2015 – 6 W 506/14, BeckRS 2015, 12375 Tz. 14.
181 Scholz/*K. Schmidt*, § 74 Rn. 2; MünchKommGmbHG/*H.-F. Müller*, § 74 Rn. 5.
182 OLG Düsseldorf, Beschl. v. 4.8.2015 – I-3 Wx 114/15, NZG 2015, 1161 Tz. 11.
183 RG, Urt. v. 12.10.1937 – II 51/37, RGZ 156, 23; RG, Urt. v. 27.4.1937 – VII 331/36, RGZ 155, 42; RG, Urt. v. 12.11.1935 – II 48/35, RGZ 149, 293; RG, Urt. v. 26.10.1931 – VIII 117/31, RGZ 134, 91.
184 BGH, Beschl. v. 20.5.2015 – VII ZR 53/13, NJW 2015, 2424 Tz. 19; BGH, Urt. vom 5.7.2012 – III ZR 116/11, NZG 2012, 916 Tz. 27; BGH, Urt. v. 25.10.2010 – II ZR 115/09, NJW-RR 2011, 115 Tz. 22, jeweils auch zu den Voraussetzungen fortwirkender Parteifähigkeit der Gesellschaft trotz deren Löschung; BAG, Urt. v. 4.6.2003 – 10 AZR 448/02, NZA 2003, 1049 = GmbHR 2003, 1009; BAG, Urt. v. 22.3.1988 – 3 AZR 350/86, NJW 1988, 2637; gleichsinnig Baumbach/Hueck/*Haas*, § 60 Rn. 6; Lutter/Hommelhoff/*Kleindiek*, § 74 Rn. 6 f.; Scholz/*K. Schmidt*, § 74 Rn. 13 f.; *K. Schmidt*, § 38, IV. 3. d; Roth/*Altmeppen*, § 60 Rn. 7; Gehrlein/Born/Simon/Beckmann/*Hofmann*, Vor §§ 60 ff. Rn. 8 f.; ausführlich MünchKommGmbHG/*Berner*, § 60 Rn. 33 ff.; außerdem Nachw. in Fn. 4.

Literaturverzeichnis

Ahrens/Gehrlein/Ringstmeier, InsO, 3. Aufl. 2017

Baumbach/Hueck, GmbHG, 21. Aufl. 2017
Bork/Schäfer, GmbHG, 4. Aufl. 2019

Gehrlein/Born/Simon, GmbHG, 4. Aufl. 2019
Goette, Die GmbH, 2. Aufl. 2002
Gottwald, Insolvenzrechts-Handbuch, 5. Aufl. 2015

Hachenburg, GmbHG, 8. Aufl. 1992/97
Häsemeyer, Insolvenzrecht, 4. Aufl. 2007
Heckschen/Heidinger, Die GmbH in der Gestaltungs- und Beratungspraxis, 4. Aufl. 2018

Kreft, Insolvenzordnung (Heidelberger-Kommentar), 7. Aufl. 2014 (zit.: HK-InsO/*Bearbeiter*)
Kübler, Handbuch Restrukturierung in der Insolvenz Eigenverwaltung und Insolvenzplan, 2. Aufl. 2015
Kübler/Prütting/Bork (Hrsg.), InsO – Kommentar zur Insolvenzordnung, Stand: 2017
Limmer/Hertel/Frenz/Mayer, Würzburger Notarhandbuch, 5. Aufl. 2018 (zit.: Würzburger Notarhandbuch/*Bearbeiter*)

Lutter/Hommelhoff, GmbHG, 19. Aufl. 2016

Michalski/Heidinger/Leible/J. Schmidt, GmbH-Gesetz, 3. Aufl. 2017
Münchener Kommentar zum GmbHG, 3. Aufl. 2018/19
Münchener Kommentar zur Insolvenzordnung InsO, 3. Aufl. 2012 (zit.: MünchKommInsO/*Bearbeiter*)

Roth/Altmeppen, GmbHG, 9. Aufl. 2019
Rowedder/Schmidt-Leithoff, GmbHG, 6. Aufl. 2017

Saenger/Inhester, GmbHG, 3. Aufl. 2016
A. Schmidt (Hrsg.), Hamburger Kommentar zum Insolvenzrecht, 6. Aufl. 2016 (zit.: HmbKommInsO/*Bearbeiter*)
K. Schmidt, Gesellschaftsrecht, 4. Aufl. 2002
K. Schmidt, InsO, 19. Auf. 2016
Scholz, GmbHG, Band 1 (§§ 1 bis 34) 12. Aufl. 2017; Band 2 (§§ 35 bis 52) und Band 3 (§§ 53 bis 85), 11. Aufl. 2013/15

Thole, Gläubigerschutz durch Insolvenzrecht, Anfechtung und verwandte Regelungsinstrumente in der Unternehmensinsolvenz, 2010

Uhlenbruck, InsO, 14. Aufl. 2015
Ulmer/Habersack/Löbbe, GmbHG, 2. Aufl. 2013/16

Wimmer (Hrsg.), Frankfurter Kommentar zur Insolvenzordnung, 8. Aufl. 2014 (zit.: FK-InsO/*Bearbeiter*)

Sachregister

Fettgedruckte Zahlen verweisen auf die Kapitel, magere kennzeichnen die Randnummern.

Abberufung des Geschäftsführers **4** 9 f.; **5** 33 ff.
– Amtsniederlegung **5** 41 ff.
– Aufhebungsvertrag **5** 44
– aus wichtigem Grund **5** 38 f.
– ordentliche **5** 33 ff.
– Weiterbeschäftigungsanspruch **5** 40
Abfindung
– Beschränkung **3** 55 ff.
– des ausgeschlossenen Gesellschafters **3** 54 ff.
– des Gesellschafters bei Einziehung **3** 20 ff.
– Nachfolgeregelung gegenüber Erben **2** 10
– Zahlung aus ungebundenem Vermögen **3** 51
Abtretung
– der Darlehensforderung **8** 8 ff., 36
– des Geschäftsanteils
   – Beschränkung (Vinkulierung) **2** 35 ff.
   – fehlerhafte **2** 43
   – Genehmigung **2** 37 ff.
   – gutgläubiger Erwerb **2** 84 f.
   – in Gründungsphase **1** 76
AGB-Inhaltskontrolle des Gesellschaftsvertrages **1** 34
Anfechtung von Darlehensrückzahlungen **8** 4, 23
Anfechtungs- und Nichtigkeitsklage gegen Gesellschafterbeschlüsse
– Anfechtbarkeit von Beschlüssen **4** 80 ff.
– Anwendbarkeit der Klagen **4** 68 ff.
– Nichtigkeit von Beschlüssen **4** 72 ff.
Anmeldung der Gesellschaft s. Handelsregister

Anmeldung von Forderungen in der Insolvenz **8** 24 f.
Anstellungsverhältnis des Geschäftsführers
– Beendigung **5** 73 ff.
   – allgemeine Beendigungsgründe **5** 73
   – Aufhebungsvertrag **5** 88
   – fristlose Kündigung **5** 78 ff.
   – ordentliche Kündigung **5** 75 ff.
– Begründung **5** 45 ff.
– Pflichten des Geschäftsführers **5** 64 ff.
– Rechte des Geschäftsführers **5** 50 ff.
– Rechtsnatur **5** 47
Anteilsveräußerung s. Geschäftsanteil
Aufhebungsvertrag mit Geschäftsführer
– Anstellungsverhältnis **5** 88
– Organverhältnis **5** 44
Auflösung **10** 88
– Auflösungsgründe
   – Ablehnung der Insolvenzeröffnung **11** 12
   – Auflösungsbeschluss **11** 5 f.
   – Befristung **11** 4
   – gesellschaftsvertragliche Regelung **11** 14
   – Hoheitsakt **11** 7 ff.
   – Insolvenzeröffnung **11** 11
   – registergerichtliche Verfügung **11** 13
– Fortsetzung der aufgelösten GmbH **10** 94; **11** 15 ff.
– Liquidation **10** 89 ff.; **11** 24 ff.
   – Aufgaben der Liquidatoren **11** 27 ff.
   – Bestellung/Anstellung der Liquidatoren **11** 25

595

– Vertretungsmacht der Liquidatoren 11 26
– Vollbeendigung   11 33
Aufrechnung
– Einlageforderung   6 39
– Erstattungsanspruch   7 43
– durch GmbH   6 41 ff.
– durch Gesellschafter   6 40
Ausfallhaftung
– der Mitgesellschafter
   – bei Kaduzierung   6 84
   – hinsichtlich Erstattungsanspruch 7 44
– des ausgeschlossenen Gesellschafters bei Kaduzierung   6 83
Ausschließung eines Gesellschafters
– Abfindung   3 54 ff.
– Ausschließungsgründe   3 30 ff.
– Durchführung   3 46 ff.
– Satzungsregelung zu Ausschließungsgründen   3 38 ff.
– Verhältnis zur Einziehung   3 2, 26
Ausschüttungs-Rückhol-Verfahren 6 68 ff.
Austauschverträge   2 34; 7 13 f.
Austritt eines Gesellschafters 3 58 f.
Auszahlungsempfänger   7 30 ff.
– Dritte
   – Familienangehörige   7 36
   – Treuhand   7 34
   – verbundene Unternehmen   7 35
– Gesellschafter   7 31 f.
Auszahlungsverbot   7 8 ff.; 10 26

Bareinlage   6 5 ff.
– Aufrechnungsverbot   6 39 ff.
– Befreiungsverbot   6 32 ff.
– Erfüllung   4 6 ff.; 6 7 ff.
– Fälligkeit   4 6; 6 5
– Verjährung   6 31
Beendigung der GmbH   11 1 ff.
Befreiungsverbot s. Bareinlage
Befriedigung eines Darlehens   8 4 ff.

Beschlussanfechtung s. Anfechtungs- und Nichtigkeitsklage gegen Gesellschafterbeschlüsse
Beschlussfassung der Gesellschafter
– Ablauf der Gesellschafterversammlung   4 39 ff.
– kombinierte Beschlussfassung 4 67
– Mehrheitserfordernisse   4 44 f.
– schriftliche Beschlussfassung   4 66
– Stimmrecht   4 50 ff.
– Teilnahmerecht in der Gesellschafterversammlung   4 46 ff.
Betriebsaufspaltung   8 24
Beurkundung des Gesellschaftsvertrages
– als Vorgesellschaft   1 41 ff.
– ausländische   1 28
– notarielle   1 27
Beweislast s. Darlegungs- und Beweislast
Bilanzielle Betrachtungsweise 6 18 ff.; 7 10
Bürgschaft   8 39

Cash Pool   1 66; 6 13 ff., 47; 7 11
Culpa in contrahendo   1 56; 5 117

Darlegungs- und Beweislast   1 53; 5 95, 112, 122; 7 46; 8 29; 9 22, 29, 67
Darlehen   8 4 ff., 9, 28 ff., 39, 41, 46, 51 ff. ; 9 48
Dienstvertrag des Geschäftsführers 5 47
Differenzhaftung   6 3, 52
Dritte
– als Auszahlungsempfänger   7 30 ff.
– Vertrag zugunsten Dritter   8 56
Durchgriffshaftung   7 52 ff.
– Einpersonengesellschaft   7 56
– Sphärenvermischung   7 54
– umgekehrter Durchgriff   7 57
– Unterkapitalisierung   7 55
– Vermögensvermischung   7 53

Sachregister

Eigenkapitalersatzrecht **8** 1, 41, 44 ff., 48; **9** 1 ff.
- Erstattungsanspruch s. Erstattungsanspruch und Eigenkapitalersatzrecht
- Novellenregeln **8** 2

Einberufung der Gesellschafterversammlung
- Form und Inhalt **4** 32 ff.
- Kompetenz **4** 24 ff.
- Mängel
  - Heilung **4** 36 ff.
  - Rechtsfolgen **4** 73

Eingriff, existenzvernichtender
s. existenzvernichtender Eingriff

Einpersonengesellschaft
- Durchgriffshaftung **7** 58

Einpersonengründung **1** 15, 62

Eintragung s. Handelsregister

Einziehung
- Begriff **3** 3
- Durchführung **3** 12 ff.
- Erhaltung des Stammkapitals **3** 10 f.
- Rechtmäßigkeitsprüfung **3** 25
- Rechtsfolgen **3** 16 ff.
- Satzungsgrundlage **3** 4 ff.
- Verhältnis zur Einziehung **3** 2, 26
- Zuständigkeit **4** 8

Empfangsberechtigte Person **5** 13, 15

Erfüllung der Bareinlageschuld **6** 7 ff.

Erlass
- der Einlageverpflichtung **6** 33
- der Erstattungsverpflichtung **7** 43

Eröffnungsverfahren
- Befrieddigungsaussichten **10** 28
- Eigenantrag **10** 2 ff.
- Fremdantrag **10** 11 ff.
- Nachrangigkeit einer Forderung **10** 21 ff.
- Zahlungsunfähigkeit **10** 15 ff.

Erstattungsanspruch (§ 31 GmbHG)
- Aufrechnung **7** 43
- Ausfallhaftung **7** 44
- Darlegungs- und Beweislast **7** 46
- Erlass **7** 43

- Fälligkeit **7** 39
- Inhalt **7** 38
- nachträgliche Auffüllung des Stammkapitals **7** 40 f.
- Stundung **7** 43
- Umfang **7** 37
- Verjährung **7** 45

Existenzvernichtender Eingriff **7** 48 ff.
- Haftungsvoraussetzungen **7** 49
- Rechtsfolgen **7** 50 f.

Factoring **11** 30

Fälligkeit
- Bareinlage **4** 6
- Erstattungsanspruch **7** 39
- Leistung auf Kapitalerhöhung **6** 62

Familienangehörige
- als Auszahlungsempfänger **7** 36
- als Darlehensempfänger **8** 29

Fehlerhafte Gesellschaft **1** 71 ff.
- Beitrittsmangel **1** 75
- Eintragung der GmbH **1** 74
- Geschäftsanteil, Abtretung **1** 76 f.; **2** 43
- Vor-GmbH **1** 72 f.

Finanzierungsfolgenverantwortung **8** 3, 7, 11, 33 f.

Firma **1** 17 f., 85

Form des Gesellschaftsvertrages **1** 27 ff.

Formzwang bei Anteilsveräußerung **2** 11 ff.
- Verfügungsgeschäft **2** 27
- Verpflichtungsgeschäft **2** 14 ff.
- Zweck **2** 12

Fortsetzung der aufgelösten GmbH
s. Auflösung

Führungslosigkeit der GmbH **5** 15; **10** 5 ff., 75

Garantieversprechen **5** 118

Gebrauchsüberlassung s. Nutzungsüberlassung

597

Genehmigung s. Abtretung des Geschäftsanteils
Geschäftsanschrift s. Handelsregister
Geschäftsanteil **2** 1 ff.
- Abtretung s. dort
- Einziehung **3** 1 ff.
- fehlerhafte Übertragung **2** 43
- Formzwang bei Veräußerung **2** 11 ff.
- Gewährleistung bei Veräußerung **2** 28 ff.
- gutgläubiger Erwerb **2** 84 ff.
- Mitberechtigung **2** 45 ff.
- Teilung und Zusammenlegung **2** 44; **4** 8
- Veräußerlichkeit **2** 3
- Vererblichkeit **2** 6 ff.
- Vernichtung infolge Einziehung **3** 17
- Verwertung bei Kaduzierung **6** 82
Geschäftsführer
- Abberufung s. dort
- Anstellungsverhältnis s. dort
Auskunftspflicht **10** 74 ff.
- Berufung/Bestellung **4** 10; **5** 24 ff.
- Bestellungsakt **5** 31
  - Bestellungshindernisse **5** 25 ff.
  - Bestellungsorgan **5** 28 ff.
  - Person des Geschäftsführers **5** 24 ff.
- Entlastung **4** 11 ff.
- Geschäftsführung s. dort
- Haftung **5** 89 ff.
- Insolvenzverursachung s. dort
- Pflichten s. Anstellungsverhältnis des Geschäftsführers
- Rechte s. Anstellungsverhältnis des Geschäftsführers
- Ruhegehalt **5** 56 ff.
- Vergütung **5** 50 ff.
- Vertretung **5** 2 ff.
Geschäftsführung
- Begriff **5** 16
- Gesamtgeschäftsführung **5** 18 f.
- Grenzen **5** 20 ff.

Gesellschaft, fehlerhafte s. fehlerhafte Gesellschaft
Gesellschafter
- Abfindung s. dort
- Ausschließung s. dort
- Austritt **3** 58 f.
- Ausübung der Gesellschafterrechte **2** 75 ff.
- Auszahlungsempfänger **7** 31 f.
- Beschlussfassung s. dort
- Gesellschaftsvertrag **1** 7 ff.
- Haftung
  - Durchgriffshaftung s. dort
  - existenzvernichtender Eingriff s. dort
  - wegen Bestellung eines Amtsunfähigen **5** 27
  - weitere Haftung **7** 58 ff.
- Nachweis der Gesellschafterstellung **2** 50 ff.
- Stimm- und Teilnahmerecht s. Beschlussfassung der Gesellschafter
Gesellschafterbeschluss
- Anfechtungs- und Nichtigkeitsklage gegen Gesellschafterbeschlüsse s. dort
- Beschlussfassung s. Beschlussfassung der Gesellschafter
Gesellschafterdarlehen **8** 1 ff.; **10** 24 ff.
Gesellschafterliste **2** 50 ff.
Gesellschafterversammlung
- Beschlussfassung s. dort
- Einberufung s. dort
- Kompetenzen
  - Katalog des § 46 GmbHG **4** 4 ff.
  - statutarische Regelungen **4** 3
  - zwingende Zuständigkeiten **4** 2
Gesellschaftsvermögen, Minderung **7** 10 ff.
- Austauschverträge **7** 13 f.
- Beherrschungs- und Gewinnabführungsverträge **7** 15
- Darlehensvergabe **7** 11 f.

598

– Geschäftsführervergütung 7 17
– verdeckte Gewinnausschüttung 7 16
– Verzicht auf möglichen Gewinn
  7 18
Gesellschaftsvertrag 1 7 ff.
– AGB-Inhaltskontrolle 1 34
– Auslegung 1 33
– Form 1 27 ff.
– Gesellschafter 1 13 ff.
– Gesellschaftszweck 1 8 ff.
– körperschaftliche Regelungen 1 23
– Mindestinhalt 1 16 ff.
– und Musterprotokoll s. dort
Gesellschaftszweck 1 8 ff.
Gewährleistung bei Anteilsveräußerung 2 28 ff.
Gewinnausschüttung 2 102 ff.
– verdeckte 7 16
Gläubigerbenachteiligung 3 23;
  8 5 f., 42 f.
Gleichgestellte Forderung
  8 1 f., 14 ff., 23, 47
Gründerhaftung 5 115

Haftkapital 8 24
Haftung des Geschäftsführers s. Geschäftsführer
Haftung des Gesellschafters s. Gesellschafter
Haftung von Prokuristen und Handlungsbevollmächtigten 5 126 ff.
Haftungsbereich 10 79
Haftungsgrenze
– Überschuldung 7 23 ff.
– Unterbilanz 7 21 f.
Haftungsmaßstab 10 83 ff.
Haftungsübernahme im Verhältnis Vor-GmbH/GmbH 1 6
Handelndenhaftung 1 54 ff.
Handelsregister
– Anmeldung 1 66 f.
– Eintragung 1 70
– Genehmigungspflicht 1 68
– Geschäftsanschrift 1 67

– registergerichtliche Prüfung 1 68
Heilung
– des formwidrigen Verpflichtungsgeschäfts 2 24 ff.
– von Beschlussmängeln 4 79
– von Einberufungsmängeln 4 36 ff.
Hin- und Herzahlen
– Beurteilungszeitpunkt 6 22 ff.
– bilanzielle Betrachtungsweise
  6 18 ff.
– Hintergrund 6 13 ff.
Hinauskündigungsklausel 3 40 ff.

Inhaltskontrolle s. AGB-Inhaltskontrolle
Insolvenzanfechtung 8 1, 4; 9 8
Insolvenzantragspflicht 8 53
Insolvenzverschleppung 5 119 ff.
– Altgläubiger 5 120
– Darlegungs- und Beweislast 5 122
– Geltendmachung des Anspruchs
  5 122
– Neugläubiger 5 121
– Verjährung 5 122
Insolvenzverursachung 5 109 ff.
– Darlegungs- und Beweislast 5 112
– Entlastung 5 113
– Inhalt der Ersatzpflicht 5 114
– Kausalität 5 111
– Zahlung 5 110
Insolvenzverwalter
– Befugnisse 10 39 ff.

Kaduzierung
– Anwendungsbereich 6 72
– Stufenregress 6 79 ff.
– Verfahrensgang 6 73 ff.
– Wirkungen 6 78 ff.
Kapitalaufbringung
– Bareinlage s. dort
– Kaduzierung s. dort
– Kapitalerhöhung s. dort
– Korrelat der Haftungsbefreiung 6 1
– Sacheinlage s. dort

Sachregister

– Unversehrtheitsgrundsatz **6** 3 f.
– Voreinzahlung **6** 8, 64
Kapitalerhaltung
– Auszahlungsempfänger s. dort
– Durchgriffshaftung s. dort
– Erstattungsanspruch (§ 31 GmbHG) s. dort
– existenzvernichtender Eingriff s. dort
– Kapitalschutz **7** 1 ff.
– Mithaftung der Gesellschafter s. dort
– Reichweite des Vermögensschutzes **7** 7 ff.
Kapitalerhöhung **6** 60 ff.
– Ausschüttungs-Rückhol-Verfahren s. dort
– Fälligkeit **6** 62
– genehmigtes Kapital **6** 71
– Vorausleistungen **6** 64 ff.
– Zahlung **6** 63, 67
Kapitalschutz s. Kapitalerhaltung
Kontrolle, registergerichtliche s. Handelsregister
Kreditgewährung **5** 101
Krise **8** 4, 50, 52
Kündigung s. Anstellungsverhältnis des Geschäftsführers

Limited **1** 78
Liquidation s. Auflösung

Mantelgründung **1** 87 ff.
Masseschmälerung **5** 102 ff.
Masseverbindlichkeit **8** 38, 45 f., 48; **9** 11, 32, 48 f.
Mehrheitserfordernisse s. Beschlussfassung der Gesellschafter
Mitberechtigung s. Geschäftsanteil
Mitgliedschaft
– Verlust
  – Abfindung s. dort
  – Ausschließung s. Ausschließung eines Gesellschafters
  – Austritt eines Gesellschafters s. dort
  – Einziehung s. dort

– Kaduzierung s. dort
Mithaftung der Gesellschafter **7** 58
Musterprotokoll **1** 39 ff.
– Abweichung **1** 39
– Änderung **1** 40
– Inhalt **1** 36

Nachrang **8** 4 ff., 8 f., 26, 45; **10** 21 ff.
Neugründung durch Mantelverwendung **1** 90
Nichtigkeitsklage s. Anfechtungs- und Nichtigkeitsklage gegen Gesellschafterbeschlüsse
Nutzungsüberlassung **8** 13, 44 ff.

Organverhältnis des Geschäftsführers
– Abberufung s. Abberufung des Geschäftsführers
– Abgrenzung zum Anstellungsverhältnis **5** 23
– Berufung/Bestellung s. Geschäftsführer

Pflichtverletzung des Geschäftsführers **5** 90 ff.

Qualifizierter faktischer Konzern **7** 51
Quotenschaden **5** 120

Rangrücktritt **8** 51 ff.
Rechtskauf **2** 28
Rechtsscheinhaftung **1** 18
Registergerichtliche Prüfung s. Handelsregister
Reserve, stille s. stille Reserven
Ruhegehalt s. Geschäftsführer

Sacheinlage
– Begriff **6** 44
– Forderungen und ihre Sacheinlagefähigkeit **6** 25
– Gegenstand **6** 45
– gutgläubiger Erwerb durch die GmbH **6** 46

Sachregister

Sacheinlage, verdeckte
- Begriff 6 47 ff.
- Beweislast 6 55
- Heilung 6 49, 58
- Hintergrund der Kodifizierung 6 47 ff.
- Rechtsfolgen nach altem Recht 6 48
- Rückwirkung der Neuregelung 6 57
- Wertanrechnung 6 52 ff.

Satzungsgrundlage
- für Ausschließungsgründe 3 38 ff.
- für Einziehung s. dort
- für Vinkulierung 2 36

Schadensersatzanspruch der GmbH gegen Geschäftsführer 5 90 ff.
Sicherheiten 8 41 f.
- Anfechtung der Gewährung 8 36

Sitz 1 19
Sonderkündigungsrecht 9 38
Sozialversicherungsbeiträge, Nichtabführung 5 124
Sphärenvermischung s. Durchgriffshaftung
Stammeinlagen 1 22
Stammkapital 1 21; 7 40 f.; 11 9
Stehenlassen von Darlehen 7 12; 8 19 ff., 50, 59
Stille Reserven 7 13
Stiller Gesellschafter 7 34
Stimmrecht s. Beschlussfassung der Gesellschafter
Stufenregress s. Kaduzierung
Stundung
- der Einlageleistung 6 35
- des Erstattungsanspruchs 7 43

Tantieme 5 51
Teilung s. Geschäftsanteil
Treuhand 1 32; 7 34

Überschuldung 7 23 ff.; 8 51, 53
Unterbilanz 1 49; 7 21 f.
Unterbilanzhaftung 1 48 ff., 95

Unterkapitalisierung s. Durchgriffshaftung
Unternehmensgegenstand 1 8, 20
Unternehmenskauf 2 28
Unternehmergesellschaft 1 78 ff.
- Anmeldung 1 84
- Firma 1 85
- Folgen der Bildung des gesetzlichen Mindeststammkapitals 1 86
- Gründung 1 79
- Rücklage 1 82
- Stammkapital, Mindeststammkapital 1 80 f.
- und Musterprotokoll 1 35
Unversehrtheitsgrundsatz s. Kapitalaufbringung

Verbundene Unternehmen 7 35
Verdeckte Sacheinlage s. Sacheinlage, verdeckte
Verfügung, registergerichtliche 11 13, 23
Vergütung s. Geschäftsführer
Verlustdeckungshaftung 1 52, 61
Vermögensbilanz 7 24 ff.
Vermögensschutz
- Auszahlung 7 8 ff.
- Stammkapital als Ausgangsgröße 7 7
- Überschuldung 7 23 ff.
- Unterbilanz 7 21 f.
Vermögensvermischung s. Durchgriffshaftung
Versorgungszusage 5 59 ff.
Vertragsauslegung s. Gesellschaftsvertrag
Vertrauensschaden 5 121
Vertretungsbefugnis 10 3 ff.
Vertretungsorgan 5 1 ff.; 10 7
Vinkulierung s. Abtretung des Geschäftsanteils
Vollbeendigung s. Auflösung
Vollmacht
- Form (zur Abtretung) 2 22

601

Vorausleistung s. Kapitalerhöhung
Vorgesellschaft
- Einpersonen-GmbH **1** 15, 45
- und fehlerhafte Gesellschaft **1** 72
- Haftung für Verbindlichkeiten der Vorgesellschaft
  - Beweislast **1** 53
  - Handelndenhaftung **1** 54 ff.
  - unechte s. dort
  - Unterbilanzhaftung **1** 48 ff.
  - Verlustdeckungshaftung **1** 52
- Innenverhältnis **1** 44
- Rechtsfähigkeit **1** 42
- Rechtsnatur **1** 41
  unechte **1** 61 ff.
- Vertretung **1** 43
Vor-GmbH s. Vorgesellschaft
Vorgründungsgesellschaft **1** 2 ff.

Vorratsgründung s. Mantelgründung
Vorvertrag **1** 31

Wettbewerbsverbot **5** 67 ff.
Wichtiger Grund
- Abberufung des Geschäftsführers s. dort
- Ausschließung eines Gesellschafters **3** 30 ff.
Widerspruch **2** 94

Zahlungsunfähigkeit **5** 104; **9** 1 ff.; **10** 15 ff.
Zinsen **6** 19
Zugang an GmbH **5** 12 ff.
Zusammenlegung s. Geschäftsanteil
Zustellung an GmbH **5** 12 ff.